ARQUITETURA E ORGANIZAÇÃO DE COMPUTADORES

8ª edição

Pearson Education
EMPRESA CIDADÃ

WILLIAM STALLINGS

ARQUITETURA E ORGANIZAÇÃO DE COMPUTADORES

8ª edição

Tradução
Daniel Vieira
Ivan Bosnic

Revisão Técnica
Ricardo Pannain
Professor Doutor do Centro de Ciências Exatas, Ambientais e de Tecnologias da PUC-Campinas e do Instituto de Computação da UNICAMP

PEARSON

Título original: *Computer organization and architecture: designing for performance, eight edition*

Tradução autorizada a partir da edição original em inglês,
publicada pela Pearson Education, Inc. sob o selo Prentice Hall.

Diretor editorial: Roger Trimer
Gerente editorial: Sabrina Cairo
Supervisor de produção editorial: Marcelo Françozo
Editora: Marina S. Lupinetti
Preparação: Mônica Santos
Revisão: Regiane Miyashiro e Opportunity translations
Capa: Alexandre Mieda sobre o projeto original de Kristine Carney
Diagramação: Raquel Coelho / Casa de Ideias

Dados Internacionais de Catalogação na Publicação (CIP)
(Câmara Brasileira do Livro, SP, Brasil)

Stallings, William
Arquitetura e organização de computadores /
William Stallings. — 8. ed. — São Paulo : Pearson Pratice Hall, 2010.

Título original: Computer organization and architecture.
Vários tradutores.
ISBN 978-85-7605-564-8

1. Arquitetura de computadores. 2. Organização de computador I. Título.

09-10377 CDD -004.22

Índices para catálogo sistemático:

1. Computadores : Arquitetura : Ciência da computação 004.22

4ª reimpressão — novembro 2013
Direitos exclusivos para a língua portuguesa cedidos à
Pearson Education do Brasil,
uma empresa do grupo Pearson Education
Rua Nelson Francisco, 26, Limão
CEP: 02712-100, São Paulo — SP
Fone: (11) 2178-8686 — Fax: (11) 2178-8688
e-mail: vendas@pearson.com

Para Tricia (ATS),
minha amada esposa,
a pessoa mais amável e gentil

Sumário

Parte 3 — A unidade central do processamento

Parte 4 — A unidade de controle

Parte 5 — Organização paralela

Prefácio

Objetivos

Este livro trata da estrutura e função dos computadores. Sua finalidade é apresentar, da forma mais clara e completa possível, a natureza e as características dos sistemas computacionais da atualidade.

Essa tarefa é desafiadora por diversos motivos. Primeiro, existe uma grande variedade de produtos que podem justificadamente ostentar o nome de computador, desde microprocessadores de um único chip, que custam alguns poucos dólares, até supercomputadores, que custam dezenas de milhões de dólares. A variedade existe não apenas no custo, mas também no tamanho, no desempenho e nas formas de aplicação. Segundo, o rápido ritmo das mudanças que sempre caracterizou a tecnologia associada aos computadores continua sem descanso. Tais mudanças atingem todos os aspectos da tecnologia associada aos computadores, desde as tecnologias básicas do circuito integrado, usadas para construir componentes do computador, até o uso cada vez maior dos conceitos de organização paralela na combinação desses componentes.

Apesar da variedade e do ritmo de mudança no campo da computação, certos conceitos fundamentais aplicam-se por toda a parte de modo consistente. A aplicação desses conceitos depende do estado atual da tecnologia e dos objetivos de preço/desempenho do projetista. A intenção deste livro é oferecer uma discussão profunda dos fundamentos da organização e arquitetura do computador e relacioná-los a questões atuais de projeto.

O tema desta obra engloba a seguinte questão: sempre foi importante projetar sistemas de computação para que eles alcançassem alto desempenho; porém, nunca tal requisito foi mais forte ou mais difícil de satisfazer que hoje. Todas as características de desempenho básicas dos sistemas computacionais, incluindo a velocidade de processador, velocidade de memória, capacidade de memória e taxas de dados de interconexão, estão aumentando rapidamente e, além disso, elas estão aumentando em velocidades diferentes. Isso dificulta projetar um sistema balanceado, que maximize o desempenho e a utilização de todos os elementos. Assim, o projeto de um computador cada vez mais se torna um jogo que consiste em mudar a estrutura ou a função em uma área para compensar uma divergência de desempenho em outra. Veremos esse jogo sendo jogado em diversas decisões de projeto no decorrer do livro.

Um sistema computacional, como qualquer outro sistema, consiste em um conjunto de componentes inter-relacionados. O sistema é mais bem caracterizado em termos de estrutura (o modo como os componentes são interconectados) e função (a operação dos componentes individuais). Além do mais, a organização de um computador é hierárquica. Cada componente principal pode também ser descrito decompondo-o em seus principais subcomponentes e descrevendo sua estrutura e função. Para garantir a clareza e a facilidade de compreensão, essa organização hierárquica é descrita neste livro com uma abordagem *top-down*:

- *Sistema computacional:* seus principais componentes são processador, memória e E/S.
- *Processador:* seus principais componentes são unidade de controle, registradores, ALU e unidade de execução de instrução.

- *Unidade de controle:* oferece sinais de controle para a operação e coordenação de todos os componentes do processador. Tradicionalmente, uma implementação com microprogramação tem sido usada onde os principais componentes são memória de controle, lógica de sequência de microinstrução e registradores. Mais recentemente, a microprogramação tem se sobressaído menos, mas continua sendo uma técnica de implementação importante.

O objetivo desta edição é apresentar o conteúdo utilizando um padrão que apresente o material novo em um contexto claro. Isso minimiza as chances de que o leitor se perca, colaborando mais para a motivação do que aconteceria com uma abordagem inversa à *top-down*.

No decorrer da discussão, aspectos do sistema são vistos dos pontos de vista da arquitetura (os atributos de um sistema visíveis a um programador de linguagem de máquina) e da organização (as unidades operacionais e suas interconexões que concretizam a arquitetura).

Exemplos de sistema

Este texto tem por finalidade familiarizar o leitor com os princípios de projeto e com questões de implementação dos sistemas operacionais atuais. Consequentemente, um tratamento puramente conceitual ou teórico seria inadequado. Para ilustrar os conceitos e associá-los a escolhas de projeto do mundo real, que precisam ser feitas, duas famílias de processadores foram escolhidas como exemplos:

- *Arquitetura Intel x86:* a arquitetura x86 é a mais utilizada para sistemas computacionais não embarcados. O x86 é essencialmente um computador com conjunto de instruções complexo (CISC) com alguns recursos RISC. Os membros recentes da família x86 utilizam princípios de projeto superescalar e multicore. A evolução de recursos na arquitetura x86 oferece um estudo de caso exclusivo da evolução da maioria das características de projeto e da arquitetura de computador.
- *ARM:* a arquitetura embarcada ARM é comprovadamente o processador embarcado mais utilizado, presente em telefones celulares, iPods, equipamentos de sensor remoto e muitos outros dispositivos. O ARM é essencialmente um computador com conjunto reduzido de instruções (RISC). Os membros recentes da família ARM utilizam princípios de projeto superescalar e multicore.

Muitos dos exemplos, mas não todos, são retirados dessas duas famílias de computadores: o Intel x86 e a família de processadores embarcados ARM. Diversos outros sistemas, tanto atuais quanto históricos, oferecem exemplos de recursos importantes de projeto de arquitetura de computador.

Estrutura do texto

Este livro é organizado em cinco partes (consulte o Capítulo 0 para ter uma visão geral):

- Visão geral
- O sistema de computação
- A unidade central de processamento
- A unidade de controle
- Organização paralela

Uma série de recursos pedagógicos, incluindo o uso de simulações interativas e diversas figuras e tabelas, enriquece o conteúdo desta edição. Cada capítulo contém uma lista de principais termos, perguntas de revisão, problemas para resolver em casa, sugestões de leitura adicional e Site Webs recomendados. O livro também conta com extenso glossário e referência bibliográfica.

Público

Esta obra é destinada ao público acadêmico e profissional. Como livro-texto, é intencionada para um a dois semestres do curso de graduação acadêmica em ciência da computação, engenharia de computação e engenharia elétrica. Aborda todos os tópicos em *CS 220 Computer Architecture*, que é uma das áreas centrais do *IEEE/ACM Computer Curricula 2001*.

Para o profissional interessado na área, o livro serve como um volume de referência básica e é adequado para autoestudo.

Material complementar

A Sala Virtual (sv.pearson.com.br), oferece aos leitores que utilizam o livro, tanto professores quanto alunos, vasto material complementar. Nele, são encontrados:

Para professores*

- Apresentações em *PowerPoint*.
- Figura e tabelas utilizadas no livro.
- Manual de soluções (em inglês) das perguntas e dos problemas apresentados em cada capítulo.

Para estudantes

- Indicação de um site de recursos do aluno de ciência da computação (em inglês) que contém links e documentos úteis aos alunos em seu desenvolvimento contínuo. Este site inclui uma relevante revisão da matemática básica: conselhos sobre pesquisa, escrita e trabalhos de casa; links para itens de recurso ciência da computação, como repositórios de relatório e bibliografias; e outros links úteis.
- Um conjunto de problemas (em inglês) suplementares com soluções. Tais trabalhos podem ser usados por estudantes para melhorar seu conhecimento resolvendo esses problemas e, depois, verificando suas respostas.
- Três capítulos on-line (em inglês): Sistemas numéricos, Lógica digital e Arquitetura IA-64.
- Nove apêndices on-line (C a K, em inglês) que expandem o conteúdo abordado no livro. Os tópicos incluem recursão e diversos assuntos relacionados à memória.
- Outros documentos úteis (em inglês) que tratam de temas abordados ao longo do livro.
- Sites web úteis: uma relação de links nos quais os estudantes encontram grande quantidade de tópicos que permitem leitura complementar (em inglês).
- Simulações interativas: um total de 20 simulações interativas ilustram as principais funções e algoritmos na organização de computador e projeto de arquitetura. O companion website inclui também links para os sites com pacotes de software disponíveis para download que servem como estruturas para a implementação do projeto. No livro, quando determinado tópico contar com simulação interativa, ele trará o ícone @.
- *Manual de projetos (em inglês):* importante componente importante de um curso de organização e arquitetura de computador, este livro oferece um grau de suporte sem paralelo para os trabalhos de projeto sugeridos nas áreas de simulação interativa, projetos de pesquisa, projetos de simulação, projetos em linguagem de montagem, trabalhos de leitura/relatório, trabalhos de escrita. Veja mais detalhes no Apêndice A deste livro.
- *Exercícios adicionais*: exercícios de múltipla escolha relacionados aos temas de cada capítulo.

O que há de novo na oitava edição

Desde a publicação da sétima edição deste livro, o campo no qual ele se insere tem sofrido inovações e melhorias contínuas. Nesta nova edição, tento capturar tais mudanças e manter uma cobertura ampla e abrangente do campo inteiro. Para iniciar esse processo de revisão, a sétima edição deste livro foi extensivamente revisada por diversos professores que lecionam a matéria e por profissionais que trabalham na área. O resultado é que, em muitos lugares, a narrativa foi esclarecida e estreitada e as ilustrações foram melhoradas. Além disso, diversos novos problemas para resolver em casa "testados em campo" foram acrescentados.

Além desses requintes para melhorar a pedagogia e a facilidade para o usuário, houve mudanças substanciais em todo o livro. Aproximadamente a mesma organização de capítulos foi retida, mas grande parte do material foi revisada e um material novo foi acrescentado. As mudanças mais notáveis são as seguintes:

* Material de uso exclusivo de professores, protegido por senha. Para adquirir sua senha, contate seu representante ou envie um e-mail para *universitários@pearson.com*.

- *Processadores embarcados:* a oitava edição agora inclui cobertura dos processadores embarcados e as questões de projeto exclusivas que eles apresentam. A arquitetura ARM é utilizada como um estudo de caso.
- *Processadores multicore:* esta nova edição inclui uma cobertura do que se tornou o novo desenvolvimento mais comum em arquitetura de computador: o uso de múltiplos processadores em um único chip. O capítulo 18 é dedicado a esse assunto.
- *Memória cache:* o capítulo 4, que é dedicado à memória cache, foi extensivamente revisado, atualizado e expandido para oferecer uma cobertura técnica e pedagógica mais ampla e melhorada por meio do uso de diversas figuras, além de ferramentas de simulação interativas.
- *Avaliação de desempenho:* o capítulo 2 inclui uma discussão significativamente abrangente da avaliação de desempenho, incluindo uma nova discussão de *benchmarks* e uma análise da lei de Amdahl.
- *Linguagem de montagem:* um novo apêndice foi acrescentado, abordando linguagem de montagem e montadores.
- *Dispositivos lógicos programáveis:* a discussão dos PLDs no capítulo 20, sobre lógica digital, foi expandida com a inclusão da introdução aos FPGAs (Field-Programmable Gate Arrays).
- *SDRAM DDR:* DDR tornou-se a tecnologia de memória principal dominante em desktops e servidores, particularmente DDR2 e DDR3. A tecnologia DDR é explicada no capítulo 5, com detalhes adicionais no Apêndice K.
- *Linear Tape Open (LTO):* LTO tornou-se o formato de "superfita" mais vendido, e bastante utilizado com sistemas de computação grandes e pequenos, especialmente para backup. LTO é explicado no capítulo 6, com detalhes adicionais no Apêndice J.

A cada nova edição, é muito difícil manter uma quantidade de páginas razoável enquanto se acrescenta material novo. Em parte, esse objetivo é realizado eliminando-se material obsoleto e estreitando-se a narrativa. Para esta edição, capítulos e apêndices que são de interesse menos geral foram colocados online, como arquivos PDF individuais. Isso permitiu uma expansão do material sem o aumento correspondente no tamanho e no preço.

Agradecimentos

Esta nova edição foi beneficiada com a revisão de diversas pessoas, que doaram generosamente parte de seu tempo e experiência. As seguintes pessoas revisaram todo ou grande parte do manuscrito: Azad Azadmanesh *(University of Nebraska-Omaha;:* Henry Casanova *(University of Hawaii);* Marge Coahran *(Grinnell College);* Andree Jacobsen *(University of New Mexico);* Kurtis Kredo *(University of California — Davis);* Jiang Li *(Austin Peay State University);* Rachid Manseur *(SUNY, Oswego);* John Masiyowski *(George Mason University);* Fuad Muztaba *(Winston-Salem State University);* Bill Sverdlik *(Eastern Michigan University);* e Xiaobo Zhou *(University of Colorado Colorado Springs).*

Obrigado também às pessoas que forneceram críticas detalhadas de um único capítulo: Tim Mensch, Balbir Singh, Michael Spratte (*Hewlett-Packard*), Francois-Xavier Peretmere, John Levine, Jeff Kenton, Glen Herrmannsfeldt, Robert Thorpe, Grzegorz Mazur (*Institute of Computer Science*, Warsaw University of Technology), Ian Ameline, Terje Mathisen, Edward Brekelbaum (*Varilog Research Inc*), Paul DeMone e Mikael Tillenius. Também gostaria de agradecer a Jon Marsh, da ARM Limited, pela crítica do material sobre ARM.

A professora Cindy Norris, da Appalachian State University, o professor Bin Mu, da University of New Brunswick, e o professor Kenrick Mock, da University of Alaska, gentilmente forneceram problemas para deveres de casa.

Aswin Sreedhar, da University of Massachusetts, desenvolveu as tarefas de simulação interativa e também escreveu o banco de testes.

O professor Miguel Angel Vega Rodriguez, o professor Dr. Juan Manuel Sanchez Perez, e o professor Dr. Juan Antonio Gomez Pulido, todos da University of Extremadura, Espanha, prepararam os problemas do SMPCache no manual de instrutores e escreveram o SMPCache User's Guide.

Todd Bezenek, da University of Wisconsin, e James Stine, da Lehigh University, prepararam os problemas SimpleScalar no manual do instrutor, e Todd também foi o autor do SimpleScalar User's Guide.

Agradeço também a Adrian Pullin, do *Liverpool Hope University College*, que desenvolveu os slides do PowerPoint para o livro.

Finalmente, gostaria de agradecer às muitas pessoas responsáveis pela publicação do livro; todas realizaram um excelente trabalho, como sempre. Isso inclui minha editora Tracy Dunkelberger, sua assistente Melinda Haggerty, e a gerente de produção Rose Kernan. Além disso, Jake Warde, da *Warde Publishers*, controlou as revisões; e Patricia M. Daly fez a revisão do texto.

CAPÍTULO

0

1 2 3 4 5 6 7 8 9 10 11 12 13 14 15 16 17 18

Guia do leitor

Este livro, com o site Web que o acompanha, trabalha com vasto material. Neste capítulo, oferecemos uma visão geral ao leitor.

0.1 Esboço do livro

Este livro é organizado em cinco partes:

Parte 1: oferece uma visão geral de organização e arquitetura do computador, e examina como o projeto do computador evoluiu.

Parte 2: examina os principais componentes de um computador e suas interconexões, entre eles e com o mundo exterior. Essa parte também inclui uma discussão detalhada da memória interna e externa e da entrada/saída (E/S). Finalmente, examinamos o relacionamento entre a arquitetura de um computador e o sistema operacional rodando na arquitetura examinada.

Parte 3: examina a arquitetura e a organização interna do processador. Essa parte começa com uma discussão da aritmética do computador. Depois, ela examina a arquitetura do conjunto de instruções. O restante da parte lida com a estrutura e a função do processador, incluindo uma discussão das abordagens RISC (do inglês *Reduced Instruction Set Computer* — computador com conjunto reduzido de instruções) e superescalar.

Parte 4: discute a estrutura interna da unidade de controle do processador e o uso da microprogramação.

Parte 5: lida com a organização paralela, incluindo o multiprocessamento simétrico, *clusters* e arquitetura multicore.

Diversos capítulos e apêndices on-line no site Web deste livro abordam tópicos adicionais, relevantes ao assunto.

Um resumo mais detalhado de cada parte, capítulo por capítulo, aparece no início dessa parte.

Este texto serve para familiarizá-lo com os princípios de projeto e as questões de implementação da organização e arquitetura do computador contemporâneo. Consequentemente, um tratamento puramente conceitual ou teórico seria inadequado. Este livro utiliza exemplos de uma série de máquinas diferentes para esclarecer e reforçar os conceitos apresentados. Muitos dos exemplos, mas não todos, são retirados de duas famílias de computadores:

a família Intel x86 e a família ARM (*Advanced RISC Machine*). Esses dois sistemas juntos compreendem a maior parte das tendências atuais de projeto de computador. A arquitetura Intel x86 é basicamente um CISC (*Complex Instruction Set Computer* — computador com conjunto complexo de instruções) com alguns recursos de RISC, enquanto o ARM é basicamente um RISC. Os dois sistemas utilizam princípios de projeto superescalar e ambos oferecem suporte para configurações de múltiplos processadores e multicore.

0.2 Mapa para leitores e professores

Este livro segue uma abordagem top-down para a apresentação do material. Conforme discutiremos com mais detalhes na Seção 1.2, um sistema de computação pode ser visto como uma estrutura hierárquica. No nível mais alto, estamos interessados nos principais componentes dos computadores: processador, E/S, memória, dispositivos periféricos. A Parte 2 do livro examina esses componentes e verifica cada um, exceto o processador, com certos detalhes. Essa técnica nos permite ver os requisitos funcionais externos que controlam o projeto do processador, preparando o terreno para a Parte 3. Na Parte 3, examinamos o processador com mais detalhes. Como temos o contexto fornecido pela Parte dois, podemos, na parte seguinte, ver as decisões de projeto que devem ser feitas de modo que o processador dê suporte à função geral do sistema de computação. Em seguida, na Parte 4, examinamos a unidade de controle, que está no núcleo do processador. Novamente, o projeto da unidade de controle pode ser mais bem explicado no contexto da função que ele realiza dentro do contexto do processador. Finalmente, a Parte 5 examina os sistemas com múltiplos processadores, incluindo *clusters*, computadores com multiprocessadores e computadores multicore.

0.3 Por que estudar arquitetura e organização de computadores?

O ***IEEE/ACM Computer Curricula 2001***, preparado pela *Joint Task Force on Computing Curricula* da IEEE (*Institute of Electrical and Electronics Engineers*), *Computer Society* e ACM (*Association for Computing Machinery*), lista a arquitetura do computador como um dos assuntos centrais que devem estar no currículo de todos os alunos de ciência da computação e engenharia da computação. O relatório diz o seguinte:

> O computador está no âmago da computação. Sem ele, a maior parte das disciplinas de computação hoje seria um ramo da matemática teórica. Para ser um profissional em qualquer campo da computação hoje, não se deve considerar o computador como apenas uma caixa preta que executa programas como que por mágica. Todos os alunos de computação deverão adquirir algum conhecimento e apreciação dos componentes funcionais de um sistema de computação, suas características, seu desempenho e suas interações. Também existem implicações práticas. Os alunos precisam entender arquitetura de computador a fim de estruturar um programa de modo que ele seja executado de forma mais eficiente em uma máquina real. Selecionando um sistema para usar, eles deverão ser capazes de entender a decisão entre diversos componentes, como velocidade de clock da CPU *versus* tamanho de memória.

Uma publicação mais recente da força-tarefa, *Computer Engineering 2004 Curriculum Guidelines*, enfatizou a importância da arquitetura e da organização de computador da seguinte forma:

> Arquitetura de computador é um componente chave da engenharia da computação, e o engenheiro de computador deverá ter um conhecimento prático desse assunto. Ela trata de todos os aspectos do projeto, da organização e da integração da CPU no próprio sistema de computação. A arquitetura se estende para cima no software do computador, pois a arquitetura de um processador precisa cooperar com o sistema operacional e o software do sistema. É difícil projetar bem um sistema operacional sem o conhecimento da arquitetura básica. Além do mais, o projetista do computador precisa ter um conhecimento do software a fim de implementar a arquitetura ideal.
>
> O currículo de arquitetura de computador precisa alcançar vários objetivos. Ele precisa oferecer uma visão geral da arquitetura do computador e ensinar aos alunos a operação de uma máquina de computação

típica. Ele precisa abordar os princípios básicos, embora reconhecendo a complexidade dos sistemas comerciais existentes. O ideal é que ele reforce tópicos que são comuns a outras áreas da engenharia de computação, por exemplo, ensinar o endereçamento indireto do registrador reforça o conceito de ponteiros em C. Finalmente, os alunos precisam entender como diversos dispositivos periféricos interagem e são ligados a uma CPU.

Clements (2000[a]) oferece os seguintes exemplos como motivos para estudar arquitetura de computador:

1. Suponha que um aluno formado entre na indústria e lhe peça para selecionar o computador mais econômico para ser usado por toda uma grande organização. Um conhecimento das implicações de gastar mais para diversas alternativas, como uma cache maior ou uma taxa de clock de processador mais alta, é essencial para tomar essa decisão.
2. Muitos processadores não são usados nos PCs ou servidores, mas em sistemas embarcados. Um projetista pode programar um processador em C que seja embutido em algum sistema de tempo real ou maior, como um controlador inteligente da eletrônica do automóvel. A depuração do sistema pode exibir o uso de um analisador lógico que apresenta o relacionamento entre solicitações de interrupção dos sensores do motor e código em nível de máquina.
3. Os conceitos usados na arquitetura de computador encontram aplicação em outros cursos. Em particular, o modo como o computador oferece suporte arquitetural para linguagens de programação e facilidades do sistema operacional reforça os conceitos dessas áreas.

Como podemos ver, analisando o sumário deste livro, a organização e a arquitetura do computador compreendem uma grande faixa de questões e conceitos de projeto. Um bom conhecimento geral desses conceitos será útil em outras áreas de estudo e no trabalho futuro após a graduação.

0.4 Recursos da Internet e Web

Existem diversos recursos disponíveis na Internet e na Web que dão suporte a este livro e ajudam os leitores a acompanharem os desenvolvimentos neste setor.

Sites Web para este livro

Existe uma página Web para este livro disponível em <www.prenhall.com/stallings_br>. Veja o prefácio no início do livro para obter uma descrição detalhada desse site.

Também mantenho o *Computer Science Student Resource Site* (em inglês), disponível em <WilliamStallings.com/StudentSupport.html>. A finalidade desse site é oferecer documentos, informações e links para alunos de ciência da computação e profissionais. Links e documentos são organizados em seis categorias:

- **Math:** inclui uma revisão básica de matemática, um manual de análise de fila, um manual de sistema de numeração e links para diversos sites de matemática.
- **How-to:** conselhos e orientação para solucionar problemas de dever de casa, escrever relatórios técnicos e preparar apresentações técnicas.
- **Research resources:** links para importantes coleções de artigos, relatórios técnicos e bibliografias.
- **Miscellaneous:** diversos outros documentos e links úteis.
- **Computer science careers:** links e documentos úteis para aqueles que estão considerando uma carreira em ciência da computação.
- **Humor and other diversions:** você precisa tirar sua atenção do trabalho de vez em quando.

Outros sites Web

Existem diversos sites Web que oferecem informações relacionadas aos tópicos deste livro. Em capítulos subsequentes, listas de sites Web específicos podem ser encontradas na seção *Leitura recomendada e sites Web*. Como os endereços de sites costumam mudar com frequência, o livro não oferece URLs. Para todos os sites listados no livro, o link apropriado poderá ser encontrado no site Web deste livro. Outros links não mencionados neste livro serão acrescentados ao site com o passar do tempo.

A seguir estão alguns sites Web de interesse geral relacionados a organização e arquitetura de computador:

- **WWW Computer Architecture Home Page:** um índice abrangente de informações relevantes a pesquisadores de arquitetura de computador, incluindo grupos de arquitetura e projetos, organizações técnicas, literatura, emprego e informações comerciais.
- **CPU Info Center:** informações sobre processadores específicos, incluindo artigos técnicos, informações de produto e anúncios mais recentes.
- **Processor Emporium:** coleção de informações interessantes e úteis.
- **ACM Special Interest Group on Computer Architecture:** informações sobre atividades e publicações do SIGARCH.
- **IEEE Technical Committee on Computer Architecture:** cópias do boletim do TCCA.

Newsgroups USENET

Diversos newsgroups USENET são dedicados a algum aspecto da organização e da arquitetura do computador. Praticamente em todos os grupos da USENET existe uma alta relação sinal-ruído, mas vale a pena verificar se algum atende às suas necessidades. Os mais relevantes são os seguintes:

- **comp.arch:** um newsgroup geral para discussão de arquitetura de computador. Geralmente, é muito bom.
- **comp.arch.arithmetic:** discute algoritmos e padrões aritméticos do computador.
- **comp.arch.storage:** discute produtos, tecnologia e uso prático.
- **comp.parallel:** discute computadores paralelos e aplicações.

Referências

a CLEMENTS, A. "The undergraduate curriculum in computer architecture". *IEEE Micro*, mai./jun. 2000.

PARTE

1 2 3 4

Visão geral

ASSUNTOS DA PARTE 1

A finalidade da Parte 1 é oferecer uma base e um contexto para o restante deste livro. Apresentamos aqui os conceitos fundamentais de organização e arquitetura do computador.

MAPA DA PARTE 1

Capítulo 1 Introdução

O Capítulo 1 introduz o conceito do computador como um sistema hierárquico. Um computador pode ser visto como uma estrutura de componentes e sua função descrita em termos da função coletiva dos seus componentes em cooperação. Cada componente, por sua vez, pode ser descrito em termos de sua estrutura interna e função. Os principais níveis dessa visão hierárquica são apresentados. O restante do livro é organizado, de cima para baixo, usando esses níveis.

Capítulo 2 Evolução e desempenho do computador

O Capítulo 2 tem duas finalidades. Primeiro, uma discussão sobre a história da tecnologia de computador, que é um modo fácil e interessante de ser apresentado aos conceitos básicos de organização e arquitetura do computador. O capítulo também mostra as tendências da tecnologia que tornaram o desempenho o foco do projeto de sistemas de computação e visualiza diversas técnicas e estratégias usadas para se alcançar um desempenho balanceado e eficiente.

CAPÍTULO

0 **1** 2 3 4 5 6 7 8 9 10 11 12 13 14 15 16 17 18

Introdução

Este livro trata da estrutura e da função dos computadores. Sua finalidade é apresentar, da forma mais clara e completa possível, a natureza e as características dos computadores dos dias modernos. Essa tarefa é desafiadora por dois motivos.

Primeiro, existe uma considerável variedade de produtos, desde microcomputadores de único chip, custando alguns poucos dólares, até supercomputadores, custando dezenas de milhões de dólares, que podem merecidamente ostentar o nome *computador*. A variedade é exibida não apenas no custo, mas também no tamanho, no desempenho e na aplicação. Segundo, o rápido ritmo da mudança que sempre caracterizou a tecnologia do computador continua sem descanso. Essas mudanças abrangem todos os aspectos da tecnologia do computador, desde a tecnologia básica do circuito integrado, usada para construir componentes do computador, até o uso cada vez maior de conceitos de organização paralela na combinação desses componentes.

Apesar da variedade e do ritmo da mudança no campo da computação, certos conceitos fundamentais se aplicam de forma corrente. Sem dúvida, a aplicação desses conceitos depende do estado atual da tecnologia e dos objetivos de preço/desempenho do projetista. A intenção deste livro é fornecer uma discussão completa sobre os fundamentos de organização e arquitetura do computador e relacioná-los a questões contemporâneas de projeto de computador. Este capítulo apresenta a técnica descritiva a ser utilizada.

1.1 Organização e arquitetura

Ao descrever computadores, normalmente é feita uma distinção entre *arquitetura de computador* e *organização de computador*. Embora seja difícil dar definições precisas para esses termos, existe um consenso sobre as áreas gerais cobertas por cada um (por exemplo, ver Vranesic (1980[a]), Siewiorek (1982[b]) e Bell (1978[c]); uma visão alternativa interessante é apresentada em Reddi (1976[d]).

Arquitetura de computador refere-se aos atributos de um sistema visíveis a um programador ou, em outras palavras, aqueles atributos que possuem um impacto direto sobre a execução lógica de um programa. *Organização de computador* refere-se às unidades operacionais e suas interconexões que realizam as especificações arquiteturais. Alguns exemplos de atributos arquiteturais incluem o conjunto de instruções, o número de bits usados para representar diversos tipos de dados (por exemplo, números, caracteres), mecanismos de E/S e técnicas para endereçamento de memória. Atributos organizacionais incluem os detalhes do hardware transparentes ao programador, como sinais de controle, interfaces entre o computador e periféricos e a tecnologia de memória utilizada.

Por exemplo, é uma questão de projeto arquitetural se um computador terá uma instrução de multiplicação. É uma questão organizacional se essa instrução será implementada por uma unidade de multiplicação especial ou por um mecanismo que faça uso repetido da unidade de adição do sistema. A decisão organizacional pode ser baseada na antecipação da frequência de uso da instrução de multiplicação, na velocidade relativa das duas técnicas e no custo e tamanho físico de uma unidade de multiplicação especial.

Historicamente, e ainda hoje, a distinção entre arquitetura e organização tem sido importante. Muitos fabricantes de computador oferecem uma família de modelos de computador, todos com a mesma arquitetura, mas com diferenças na organização. Consequentemente, os diferentes modelos na família têm diferentes características de preço e desempenho. Além do mais, uma arquitetura em particular pode se espalhar por muitos anos e abranger diversos modelos de computador diferentes, com sua organização variando conforme a mudança da tecnologia. Um exemplo proeminente desses dois fenômenos é a arquitetura IBM System/370, introduzida inicialmente em 1970 e que incluía diversos modelos. O cliente com requisitos modernos poderia comprar um modelo mais barato, mais lento, e, se a demanda aumentasse, atualizar mais tarde para um modelo mais caro e mais rápido, sem ter que abandonar o software desenvolvido. Com o passar dos anos, a IBM introduziu muitos novos modelos com tecnologia melhorada para substituir outros modelos, oferecendo ao cliente maior velocidade, menor custo ou ambos. Esses modelos mais novos retinham a mesma arquitetura, de modo que o investimento de software do cliente foi protegido. O interessante é que a arquitetura System/370, com algumas melhorias, sobreviveu até os dias de hoje como a arquitetura da linha de produtos de mainframe da IBM.

Em uma classe de computadores chamada microcomputadores, o relacionamento entre arquitetura e organização é muito próximo. As mudanças na tecnologia não apenas influenciam a organização, como também resultam na introdução de arquiteturas mais poderosas e mais flexíveis. Geralmente, há menor requisito para compatibilidade de geração a geração para essas máquinas menores. Assim, existe mais interação entre decisões de projeto organizacional e arquitetural. Um exemplo intrigante disso é o computador com conjunto de instruções reduzido (RISC) que examinamos no Capítulo 13.

Este livro examina a organização e a arquitetura do computador. A ênfase talvez seja mais no lado da organização. Porém, como uma organização de computador precisa ser projetada para implementar determinada especificação arquitetural, um tratamento completo da organização exige um exame detalhado também da arquitetura.

1.2 Estrutura e função

Um computador é um sistema complexo; computadores contemporâneos contêm milhões de componentes eletrônicos elementares. Como, então, alguém poderia descrevê-los com clareza? A chave é reconhecer a natureza hierárquica dos sistemas mais complexos, incluindo o computador (Simon, 1996[e]). Um sistema hierárquico é um conjunto de subsistemas inter-relacionados, cada um destes, por sua vez, hierárquico em estrutura até alcançarmos algum nível mais baixo de subsistema elementar.

A natureza hierárquica dos sistemas complexos é essencial para seu projeto e sua descrição. O projetista só precisa lidar com um nível particular do sistema de cada vez. Em cada nível, o sistema consiste em um conjunto de componentes e seus inter-relacionamentos. O comportamento em cada nível depende somente de uma caracterização simplificada e resumida do sistema, no próximo nível mais baixo. Em cada nível, o projetista está interessado na estrutura e na função:

- **Estrutura:** o modo como os componentes são inter-relacionados.
- **Função:** a operação individual de cada componente como parte da estrutura.

Em termos de descrição, temos duas escolhas: começar de baixo e subir até uma descrição completa, ou começar com uma visão de cima e decompor o sistema em suas subpartes. A evidência de diversos campos sugere que a abordagem de cima para baixo (ou *top-down*) é a mais clara e mais eficaz (Weinberg, 1975[f]).

A abordagem usada neste livro vem desse ponto de vista. O sistema de computador será descrito de cima para baixo. Começamos com os componentes principais de um computador, descrevendo sua estrutura e função, e prosseguimos para camadas sucessivamente mais baixas da hierarquia. O restante desta seção oferece uma visão geral muito breve desse plano de ataque.

Função

Tanto a estrutura quanto o funcionamento de um computador são, essencialmente, simples. A Figura 1.1 representa as funções básicas que um computador pode realizar. Em termos gerais, existem apenas quatro:

- Processamento de dados.
- Armazenamento de dados.
- Movimentação de dados.
- Controle.

O computador, naturalmente, precisa ser capaz de *processar dados*. Os dados podem assumir muitas formas e o intervalo de requisitos de processamento é amplo. Porém, veremos que existem apenas alguns métodos fundamentais ou tipos de processamento de dados.

Também é essencial que um computador *armazene dados*. Mesmo que o computador esteja processando dados dinamicamente (ou seja, os dados entram, são processados e os resultados saem imediatamente), o computador precisa armazenar temporariamente pelo menos as partes dos dados que estão sendo trabalhadas em determinado momento. Assim, existe pelo menos uma função de armazenamento de dados a curto prazo. Igualmente importante, o computador realiza uma função de armazenamento de dados a longo prazo. Os arquivos de dados são armazenados no computador para subsequente recuperação e atualização.

O computador precisa ser capaz de *movimentar dados* entre ele e o mundo exterior. O ambiente operacional do computador consiste em dispositivos que servem como suas origens ou destinos de dados. Quando os dados são recebidos ou entregues a um dispositivo conectado diretamente ao computador, o processo é conhecido como *entrada/saída* (E/S), e o dispositivo é referenciado como *um periférico*. Quando os dados são movimentados por distâncias maiores, de ou para um dispositivo remoto, o processo é conhecido como *comunicações de dados*.

Finalmente, é preciso haver *controle* dessas três funções, e esse controle é exercido por quem fornece instruções ao computador. Dentro do computador, uma unidade de controle gerencia os recursos do computador e coordena o desempenho de suas partes funcionais em resposta a essas instruções.

Nesse nível geral de discussão, o número de operações que podem ser realizadas é baixo. A Figura 1.2 representa os quatro tipos possíveis de operações. O computador pode funcionar como um dispositivo de movimentação de dados (Figura 1.2a), simplesmente transferindo dados de um periférico ou linha de comunicações para outra. Ele também pode funcionar como um dispositivo de armazenamento de dados (Figura 1.2b), com dados transferidos do ambiente externo para o armazenamento do computador (leitura) e vice-versa (escrita). Os dois diagramas finais mostram operações envolvendo processamento de dados, sobre dados no armazenamento (Figura 1.2c) ou a caminho entre o armazenamento e o ambiente externo (Figura 1.2d).

Figura 1.1 Uma visão funcional do computador

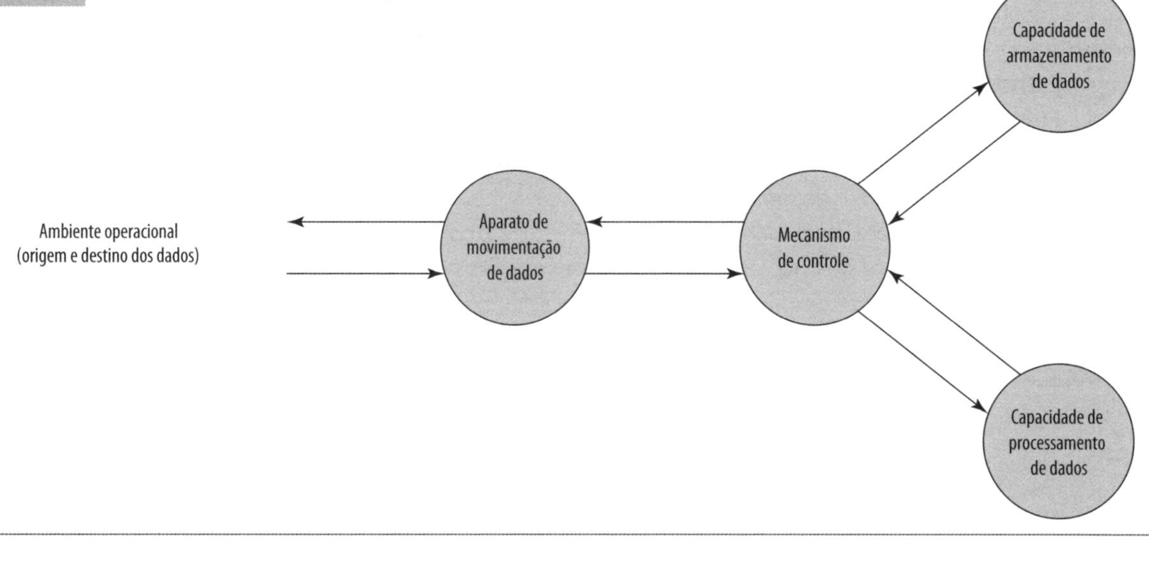

Figura 1.2 Operações possíveis do computador

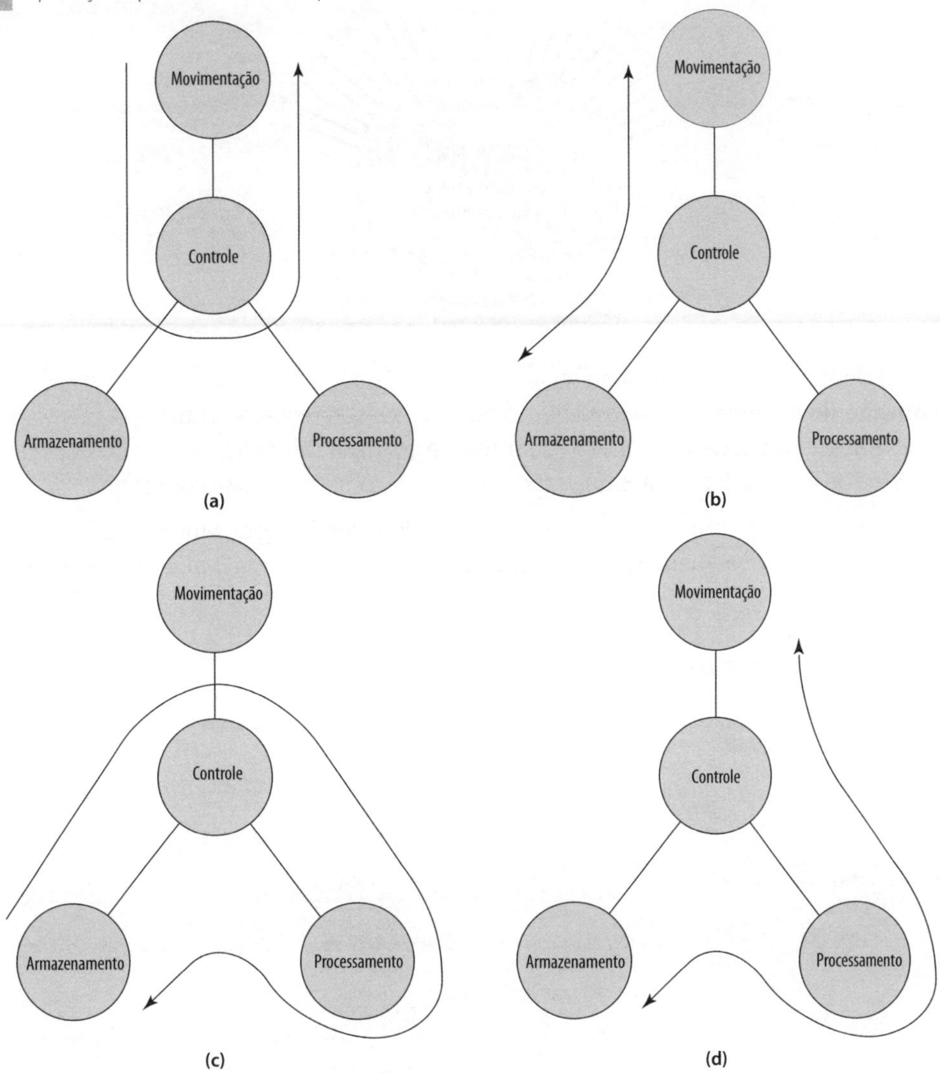

A discussão anterior pode parecer absurdamente generalizada. Certamente é possível, mesmo em um nível superior da estrutura do computador, diferenciar uma série de funções, mas, para citar Siewiorek (1982[9]),

> Há consideravelmente pouca modelagem da estrutura do computador para caber na função a ser realizada. Na raiz disso está a natureza de uso geral dos computadores, em que toda a especialização funcional ocorre no momento da programação, e não no momento do projeto.

Estrutura

A Figura 1.3 é a representação mais simples possível de um computador. O computador interage de alguma forma com seu ambiente externo. Em geral, todas essas ligações com o ambiente externo podem ser classificadas como dispositivos periféricos ou linhas de comunicação. Teremos algo a dizer sobre os dois tipos de ligação.

Porém, a maior preocupação neste livro é a estrutura interna do próprio computador, que aparece na Figura 1.4. Existem quatro componentes estruturais principais:

- **Unidade central de processamento (CPU):** controla a operação do computador e realiza suas funções de processamento de dados; normalmente é chamado apenas de *processador*.
- **Memória principal:** armazena dados.

Figura 1.3 O computador

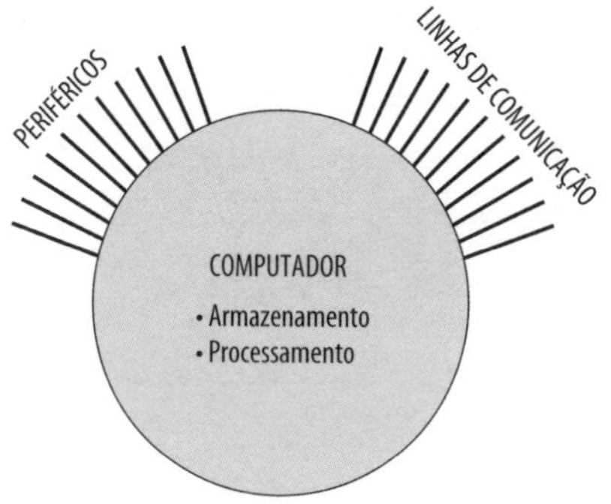

- **E/S:** move dados entre o computador e seu ambiente externo.
- **Interconexão do sistema:** algum mecanismo que oferece comunicação entre CPU, memória principal e E/S. Um exemplo comum de interconexão do sistema é por meio de um *barramento do sistema*, consistindo em uma série de fios condutores aos quais todos os outros componentes se conectam.

Pode haver um ou mais de cada um dos componentes mencionados. Tradicionalmente, havia apenas um único processador. Nos anos recentes, aumentou o uso de múltiplos processadores em um único computador. Algumas

Figura 1.4 O computador: estrutura de alto nível

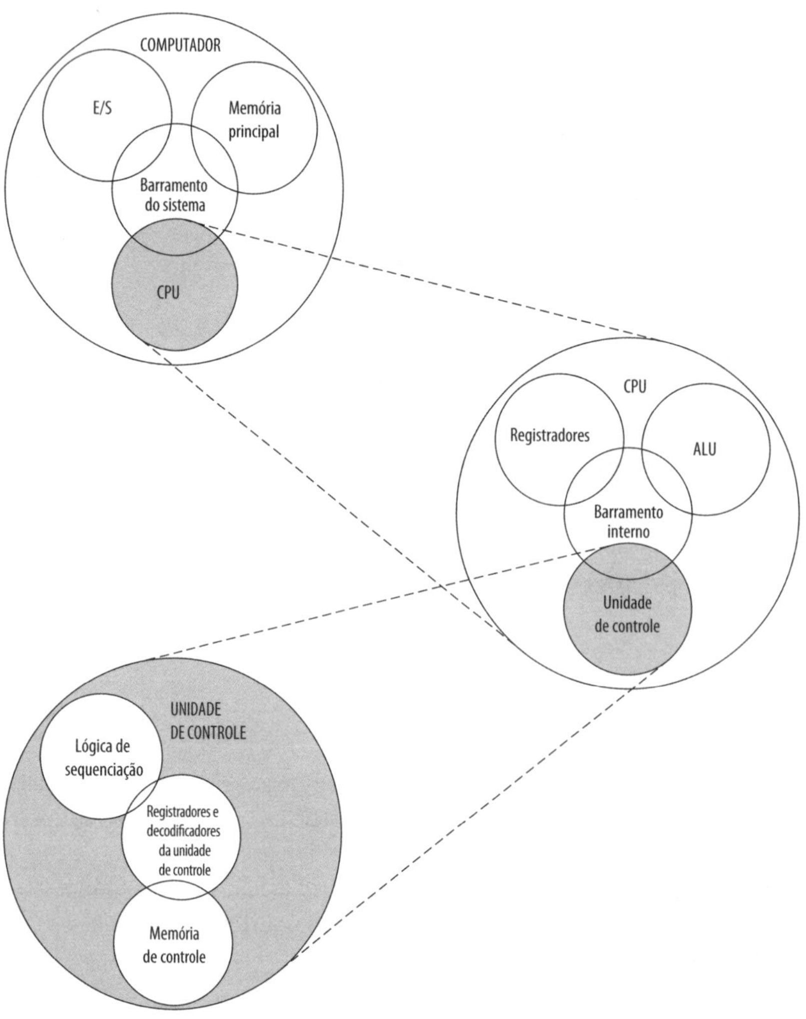

questões de projeto relacionadas a múltiplos processadores afloram e são discutidas com o prosseguimento do texto; a Parte 5 trata desses tipos de computadores.

Cada um desses componentes será examinado com detalhes na Parte 2. Porém, para nossos propósitos, o componente mais interessante (e, de algumas formas, o mais complexo) é a CPU. Seus principais componentes estruturais são os seguintes:

- **Unidade de controle:** controla a operação da CPU e, portanto, do computador.
- **Unidade aritmética e lógica (ALU,** do inglês ***arithmetic and logic unit*****):** realiza as funções de processamento de dados do computador.
- **Registradores:** oferece armazenamento interno à CPU.
- **Interconexão da CPU:** algum mecanismo que oferece comunicação entre unidade de controle, ALU e registradores.

Cada um desses componentes será examinado com certos detalhes na Parte 3, onde veremos que a complexidade é acrescentada com o uso de técnicas de organização paralela e *pipeline*. Finalmente, existem várias técnicas de implementação da unidade de controle; uma técnica comum é uma implementação *microprogramada*. Essencialmente, uma unidade de controle microprogramada opera executando microinstruções que definem a funcionalidade da unidade de controle. Com essa técnica, a estrutura da unidade de controle pode ser representada, como na Figura 1.4. Essa estrutura será examinada na Parte 4.

Principais termos e perguntas de revisão

Principais termos

Unidade aritmética e lógica (ALU)	Organização do computador	Processador
	Unidade de controle	Registradores
Unidade central de processamento (CPU)	Entrada/saída (E/S)	Barramento do sistema
Arquitetura do computador	Memória principal	

Perguntas de revisão

1.1 Qual é, em termos gerais, a distinção entre a organização e a arquitetura do computador?

1.2 Qual é, em termos gerais, a distinção entre a estrutura e a função do computador?

1.3 Quais são as quatro funções principais de um computador?

1.4 Liste e defina resumidamente os principais componentes estruturais de um computador.

1.5 Liste e defina resumidamente os principais componentes estruturais de um processador.

Referências

a VRANESIC, Z. e THURBER, K. "Teaching computer structures". *Computer,* jun. 1980.

b SIEWIOREK, D.; BELL, C. e NEWELL, A. *Computer structures: principles and examples.* Nova York: McGraw-Hill, 1982.

c BELL, C; MUDGE, J. e MCNAMARA, J. *Computer engineering: a DEC view of hardware systems design.* Bedford, MA: Digital Press, 1978.

d REDDI, S. e FEUSTEL, E. "A conceptual framework for computer architecture". *Computing Surveys,* jun. 1976.

e SIMON, H. *The sciences of the artificial.* Cambridge, MA: MIT Press, 1996.

f WEINBERG, G. *An introduction to general systems thinking.* Nova York: Wiley, 1975.

g SIEWIOREK, D.; BELL, C. e NEWELL, A. *Computer structures: principles and examples.* Nova York: McGraw-Hill, 1982.

CAPÍTULO

0 1 **2** 3 4 5 6 7 8 9 10 11 12 13 14 15 16 17 18

Evolução e desempenho do computador

PRINCIPAIS PONTOS

- A evolução dos computadores tem sido caracterizada pelo aumento na velocidade do processador, diminuição no tamanho do componente, aumento no tamanho da memória e aumento na capacidade e velocidade da E/S.
- Um fator responsável pelo grande aumento na velocidade do processador é o encolhimento no tamanho dos componentes do microprocessador; isso reduz a distância entre os componentes e, portanto, aumenta a velocidade. Contudo, os verdadeiros ganhos na velocidade nos anos recentes têm vindo da organização do processador, incluindo o uso intenso das técnicas de pipeline e execução paralela e do uso de técnicas de execução especulativas (tentativa de execução de instruções futuras que poderiam ser necessárias). Todas essas técnicas são projetadas para manter o processador ocupado pelo máximo de tempo possível.
- Uma questão crítica no projeto de sistema de computador é equilibrar o desempenho dos diversos elementos de modo que os ganhos no desempenho em uma área não sejam prejudicados por um atraso em outras áreas. Em particular, a velocidade do processador aumentou mais rapidamente do que o tempo de acesso da memória. Diversas técnicas são usadas para compensar essa divergência, incluindo caches, caminhos de dados mais largos da memória ao processador, e chips de memória mais inteligentes.

Vamos começar nosso estudo dos computadores com um breve histórico. O histórico por si só é interessante e também tem a finalidade de oferecer uma visão geral da estrutura e da função do computador. Em seguida, focalizamos a questão do desempenho. Uma consideração da necessidade pela utilização balanceada dos recursos do computador oferece um contexto que será útil por todo o livro. Finalmente, veremos rapidamente a evolução dos dois sistemas que servem como exemplo-chave no decorrer do livro: as famílias de processadores Intel x86 e ARM.

2.1 Um breve histórico dos computadores

A primeira geração: válvulas

ENIAC O ENIAC (*Electronic Numerical Integrator And Computer*), projetado e construído na Universidade da Pensilvânia, foi o primeiro computador digital eletrônico de uso geral do mundo. O projeto foi uma resposta às necessidades dos EUA durante a Segunda Guerra Mundial. O *Ballistics Research Laboratory* (BRL) do Exército, uma agência responsável por desenvolver tabelas de faixa e trajetória para novas armas, estava tendo dificuldade para fornecer essas tabelas com precisão e dentro de um espaço de tempo razoável. Sem essas tabelas de disparo, as novas armas e artilharia eram inúteis aos artilheiros. O BRL empregou mais de 200 pessoas que, usando calculadoras de mesa, solucionavam as equações de balística necessárias. A preparação das tabelas para uma única arma exigiria muitas horas, até mesmo dias, de uma pessoa.

John Mauchly, professor de engenharia elétrica na Universidade da Pensilvânia, e John Eckert, um de seus alunos formados, propôs construir um computador de uso geral usando válvulas para a aplicação do BRL. Em 1943, o Exército aceitou essa proposta, e foi iniciado o trabalho no ENIAC. A máquina resultante era enorme, pesava 30 toneladas, ocupando 1 500 pés quadrados de superfície e contendo mais de 18 000 válvulas. Quando estava em operação, ela consumia 140 kilowatts de potência. Ela também era substancialmente mais rápida que qualquer computador eletromecânico, capaz de realizar 5 000 adições por segundo.

O ENIAC era uma máquina decimal, ao invés de binária. Ou seja, os números eram representados em formato decimal e a aritmética era realizada no sistema decimal. Sua memória consistia em 20 "acumuladores", cada um capaz de manter um número decimal de 10 dígitos. Um anel de 10 válvulas representava cada dígito. A qualquer momento, somente uma válvula estava no estado LIGADO, representando um dos 10 dígitos. A principal desvantagem do ENIAC foi que ele tinha que ser programado manualmente, por meio da ligação de chaves e conexão e desconexão de cabos.

O ENIAC foi concluído em 1946, muito tarde para ser usado no esforço da guerra. Em vez disso, sua primeira tarefa foi realizar uma série de cálculos complexos que foram usados para ajudar a determinar a viabilidade da bomba de hidrogênio. O uso do ENIAC para um propósito diferente daquele para o qual foi construído demonstrou sua natureza de uso geral. O ENIAC continuou a operar sob a gerência do BRL até 1955, quando foi desmontado.

A MÁQUINA DE VON NEUMANN A tarefa de entrar e alterar programas para o ENIAC era extremamente enfadonha. O processo de programação poderia ser facilitado se o programa pudesse ser representado em uma forma adequada para armazenamento na memória junto com os dados. Então, um computador poderia obter suas instruções lendo-as da memória, e um programa poderia ser criado ou alterado definindo-se os valores de uma parte da memória.

Essa ideia, conhecida como *conceito de programa armazenado*, normalmente é atribuída aos projetistas do ENIAC, principalmente o matemático John von Neumann, que foi consultor no projeto ENIAC. Alan Turing desenvolveu a ideia praticamente ao mesmo tempo. A primeira publicação da ideia foi em uma proposta de 1945 de von Neumann para um novo computador, o EDVAC (*Electronic Discrete Variable Computer*).

Em 1946, von Neumann e seus colegas começaram o projeto de um novo computador de programa armazenado, conhecido como computador IAS, no *Princeton Institute for Advanced Studies*. O computador IAS, embora não concluído antes de 1952, é o protótipo de todos os computadores de uso geral.

A Figura 2.1 mostra a estrutura geral de um computador IAS (compare com a parte do meio da Figura 1.4). Ela consiste em:

- Uma memória principal, que armazena dados e instruções.[1]
- Uma unidade lógica e aritmética (ALU) capaz de operar sobre dados binários.
- Uma unidade de controle, que interpreta as instruções na memória e faz com que sejam executadas.
- Equipamento de entrada e saída (E/S) operado pela unidade de controle.

Essa estrutura foi esboçada na proposta inicial de von Neumann, que vale a pena citar neste ponto (VON Neumann, 1993[a]):

> 2.2 **Primeiro:** como o dispositivo é principalmente um computador, ele terá que realizar as operações elementares da aritmética mais frequentemente. São elas adição, subtração, multiplicação e divisão. Portanto, é razoável que ele contenha unidades especializadas apenas para essas operações.

1 Neste livro, a menos que observado de outra forma, o termo *instrução* refere-se a uma instrução de máquina que é interpretada e executada diretamente pelo processador, ao contrário de uma instrução em uma linguagem de alto nível, como Ada ou C++, que primeiro precisa ser compilada para uma série de instruções de máquina antes que seja executada.

Figura 2.1 Estrutura de um computador IAS

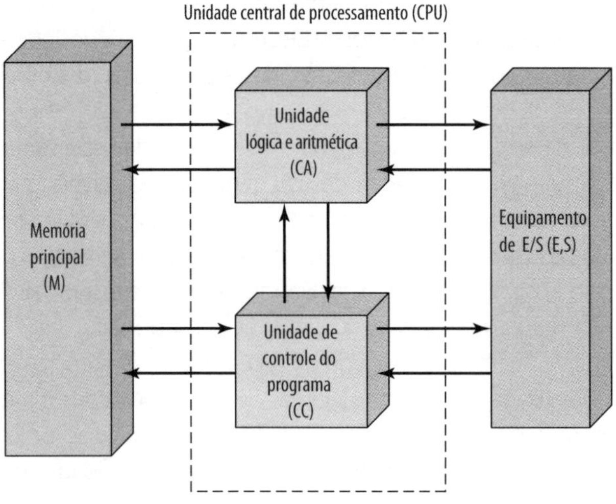

Deve-se observar, porém, que embora esse princípio como tal provavelmente seja seguro, o modo específico em que é realizado exige uma análise mais criteriosa. Em qualquer velocidade, uma parte *aritmética central* do dispositivo provavelmente terá que existir, e isso constitui *a primeira parte específica: CA* (do inglês ***Central Arithmetic***).

2.3 **Segundo:** o controle lógico do dispositivo, ou seja, a sequenciação apropriada de suas operações, pode ser executado de forma mais eficiente por um órgão de controle central. Se o dispositivo tiver que ser *flexível*, ou seja, de *propósito geral*, então deve-se distinguir entre as instâncias específicas dadas para isso, definindo um problema em particular e as unidades gerais de controle que fazem essas instruções — não importa quais sejam — serem executadas. O primeiro deverá ser armazenado de alguma maneira; o segundo é representado por partes operacionais definidas do dispositivo. Por *controle central*, queremos dizer apenas essa última função, e as unidades que o realizam formam *a segunda parte específica: CC.*

2.4 **Terceiro:** qualquer dispositivo que tiver que executar sequências de operações longas e complicadas (especificamente de cálculos) precisa ter uma memória considerável [...]

(b) As instruções que controlam um problema complicado podem constituir um material considerável, principalmente se o código for circunstancial (que é na maioria dos arranjos). Esse material precisa ser relembrado.

Em qualquer velocidade, a *memória* total constitui *a terceira parte específica do dispositivo: M.*

2.6 As três partes específicas, CA, CC e M, correspondem aos neurônios *associativos* no sistema nervoso humano. Ainda falta discutir os equivalentes dos neurônios *sensoriais* ou *aferentes* e os neurônios *motores* ou *eferentes*. Estas são as unidades de *entrada* e *saída* do dispositivo.

O dispositivo precisa ser capaz de manter contato de entrada e saída (sensorial e motor) com algum meio específico desse tipo. O meio será chamado de *meio de gravação exterior do dispositivo:* ***R*** (do inglês ***recording***).

2.7 **Quarto:** o dispositivo precisa ter unidades para transferir [...] informações de R para suas partes específicas C e M. Essas unidades formam sua *entrada*, a *quarta parte específica: I* (do inglês *input*). Veremos que é melhor fazer todas as transferências de R (por I) para M, e nunca diretamente de C.

2.8 **Quinto:** o dispositivo precisa ter unidades para transferir [...] de suas partes específicas C e M para R. Essas unidades formam sua *saída, a quinta parte específica: O* (do inglês *output*). Veremos novamente que é melhor fazer todas as transferências de M (por O) para R, e nunca diretamente de C.

Com raras exceções, todos os computadores de hoje têm essa mesma estrutura e função geral, e são conhecidos como máquinas de von Neumann. Assim, vale a pena, neste ponto, descrever rapidamente a operação do computador IAS (Burks, 1946[b]). Após Hayes (1998[c]), a terminologia e a notação de Von Neumann são alteradas como a seguir para conformar mais de perto com o uso moderno; os exemplos e as ilustrações que acompanham esta discussão são baseados nesse último texto.

A memória do IAS consiste em 1 000 locais de armazenamento, chamados *palavras* (*words*), de 40 dígitos binários (bits) cada.[2] Tanto dados quanto instruções são armazenados lá. Números são representados em formato binário e cada instrução é um código binário. A Figura 2.2 ilustra esses formatos. Cada número é representado por um bit de sinal e um valor de 39 bits. Uma palavra também pode conter duas instruções de 20 bits, com cada instrução consistindo em um código de operação de 8 bits (*opcode*), especificando a operação a ser realizada, e um endereço de 12 bits, designando uma das palavras na memória (numeradas de 0 a 999).

A unidade de controle opera o IAS buscando instruções da memória e executando-as uma de cada vez. Para explicar isso, um diagrama de estrutura mais detalhado é necessário, conforme indicado na Figura 2.3. Essa figura revela que a unidade de controle e a ALU contêm locais de armazenamento, chamados *registradores*, definidos da seguinte forma:

- **Registrador de buffer de memória** (**MBR,** do inglês *memory buffer register*): contém uma palavra a ser armazenada na memória ou enviada à unidade de E/S, ou é usada para receber uma palavra da memória ou de uma unidade de E/S.
- **Registrador de endereço de memória** (**MAR**, do inglês *memory address register*): especifica o endereço na memória da palavra a ser escrita ou lida no MBR.
- **Registrador de instrução** (**IR**, do inglês *instruction register*): contém o *opcode* de 8 bits da instrução que está sendo executada.
- **Registrador de buffer de instrução** (**IBR,** do inglês *instruction buffer register*): empregado para manter temporariamente a próxima instrução a ser executada.
- **Contador de programa** (**PC,** do inglês *program counter*): contém o endereço do próximo par de instruções a ser apanhado da memória.

Figura 2.2 Formatos de memória do IAS

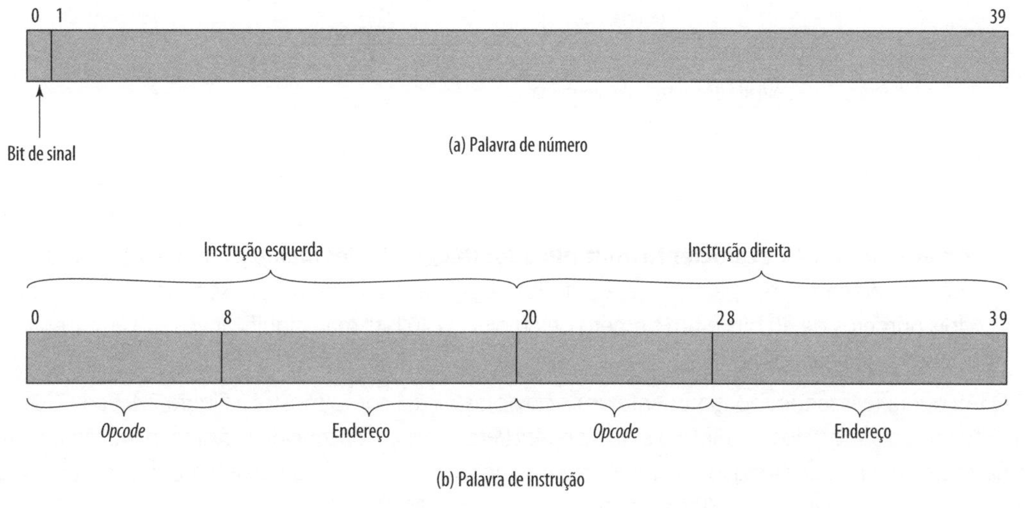

2 Não existe uma definição universal para o termo palavra. Em geral, uma palavra é um conjunto ordenado de bytes ou bits, que é a unidade normal na qual a informação pode ser armazenada, transmitida ou operada dentro de determinado computador. Normalmente, se um processador tem um conjunto de instruções de tamanho fixo, então o tamanho da instrução é igual ao tamanho da palavra.

Figura 2.3 Estrutura expandida do computador IAS

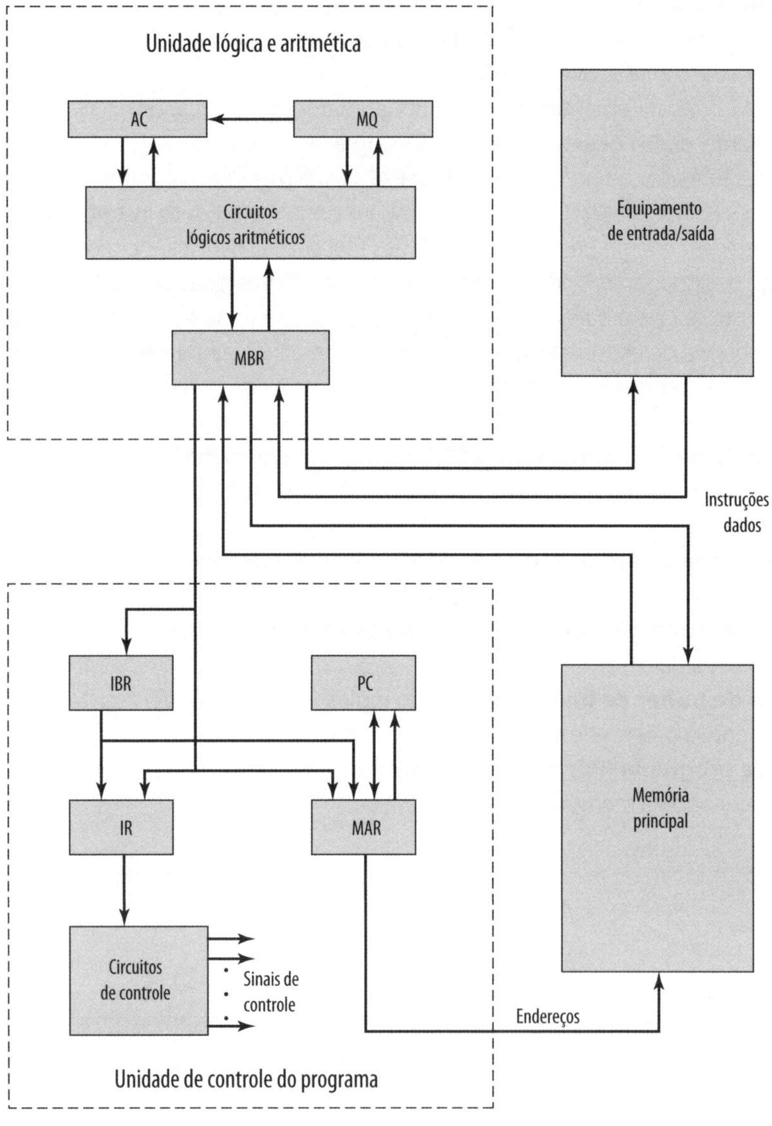

- **Acumulador (AC) e quociente multiplicador** (**MQ**, do inglês *multiplier quotient*): empregado para manter temporariamente operandos e resultados de operações da ALU. Por exemplo, o resultado de multiplicar dois números de 40 bits é um número de 80 bits; os 40 bits mais significativos são armazenados no AC e o menos significativos no MQ.

O IAS opera realizando repetidamente um *ciclo de instrução*, como mostra a Figura 2.4. Cada ciclo de instrução consiste em dois subciclos. Durante o *ciclo de busca* (*fetch cycle*), o *opcode* da próxima instrução é carregado no IR e a parte de endereço é carregada no MAR. Essa instrução pode ser retirada do IBR ou pode ser obtida da memória carregando-se uma palavra no MBR, e depois para o IBR, IR e MAR.

Figura 2.4 Fluxograma parcial da operação do IAS

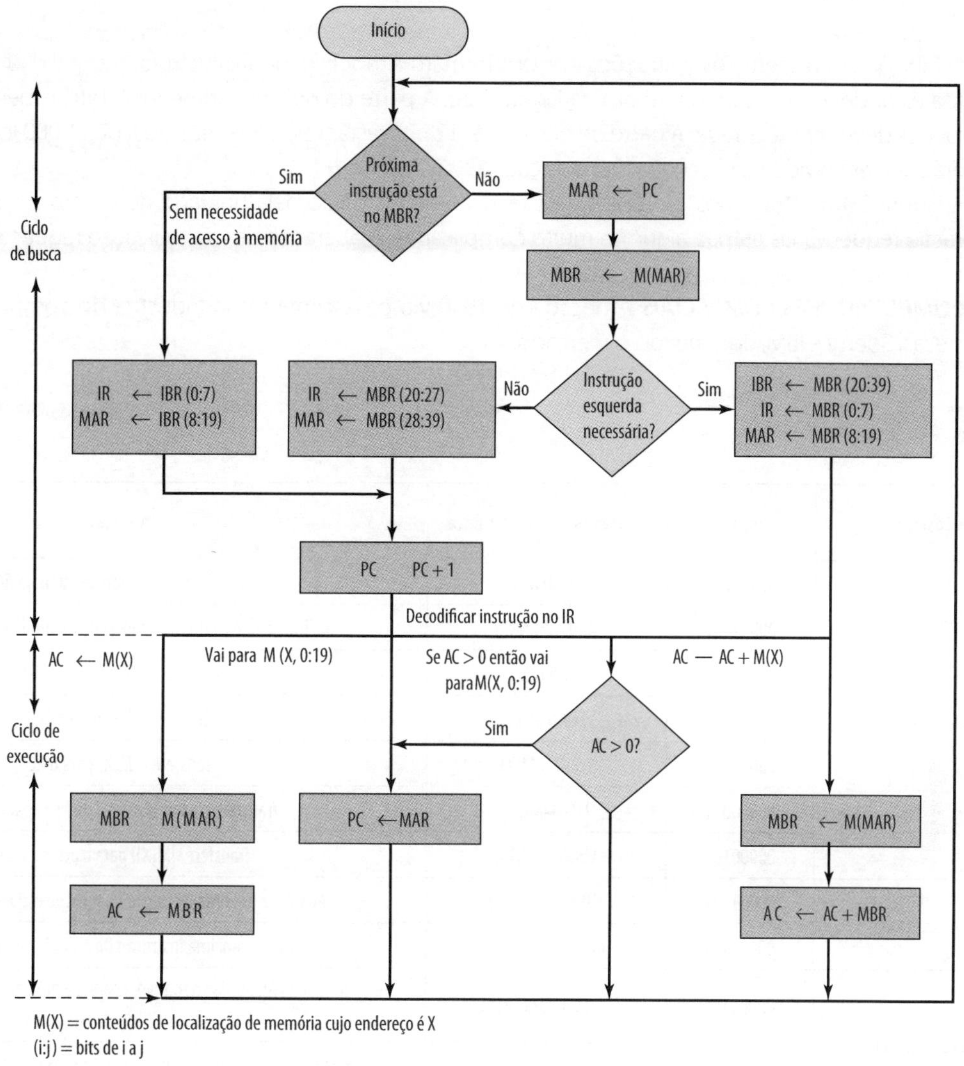

Por que a indireção? Essas operações são controladas por circuitos eletrônicos e resultam no uso de caminhos de dados. Para simplificar a eletrônica, somente um registrador é usado para especificar o endereço na memória para uma leitura ou escrita e somente um registrador é usado para a origem ou o destino.

Quando o *opcode* está no IR, o *ciclo de execução* é realizado. O circuito de controle interpreta o *opcode* e executa a instrução enviando os sinais de controle apropriados para que os dados sejam movidos ou uma operação seja realizada pela ALU.

O computador IAS tinha um total de 21 instruções, listadas na Tabela 2.1. Estas podem ser agrupadas da seguinte forma:

- **Transferência de dados:** movem dados entre memória e registradores da ALU ou entre dois registradores da ALU.
- **Desvio incondicional:** normalmente, a unidade de controle executa instruções em sequência a partir da memória. Essa sequência pode ser alterada por uma instrução de desvio, que facilita operações repetitivas.
- **Desvio condicional:** o desvio pode se tornar dependente de uma condição, permitindo assim pontos de decisão.
- **Aritméticas:** operações realizadas pela ALU.

- **Modificação de endereço:** permite que os endereços sejam calculados na ALU e depois inseridos em instruções armazenadas na memória. Isso permite a um programa uma flexibilidade de endereçamento considerável.

A Tabela 2.1 apresenta as instruções em um formato simbólico, de fácil leitura. Na realidade, cada instrução precisa estar de acordo com o formato da Figura 2.2b. A parte do *opcode* (primeiros 8 bits) especifica qual das 21 instruções deve ser executada. A parte de endereço (12 bits restantes) especifica qual dos 1.000 locais de memória deverá estar envolvido na execução da instrução.

A Figura 2.4 mostra vários exemplos de execução de instrução pela unidade de controle. Observe que cada operação requer várias etapas, algumas muito complicadas. A operação de multiplicação requer 39 suboperações, uma para cada posição de bit, exceto o bit de sinal.

COMPUTADORES COMERCIAIS A década de 1950 viu o nascimento da indústria do computador com duas empresas, Sperry e IBM, dominando o mercado.

Tabela 2.1 O conjunto de instruções do IAS

Tipo de instrução	*Opcode*	Representação simbólica	Descrição
Transferência de dados	00001010	LOAD MQ	Transfere o conteúdo de MQ para AC
	00001001	LOAD MQ,M(X)	Transfere o conteúdo do local de memória X para MQ
	00100001	STOR M(X)	Transfere o conteúdo de AC para o local de memória X
	00000001	LOAD M(X)	Transfere M(X) para o AC
	00000010	LOAD – M(X)	Transfere – M(X) para o AC
	00000011	LOAD |M(X)|	Transfere o valor absoluto de M(X) para o AC
	00000100	LOAD – |M(X)|	Transfere -|M(X)| para o acumulador
Desvio incondicional	00001101	JUMP M(X,0:19)	Apanha a próxima instrução da metade esquerda de M(X)
	00001110	JUMP M(X,20:39)	Apanha a próxima instrução da metade direita de M(X)
Desvio condicional	00001111	JUMP+ M(X,0:19)	Se o número no AC for não negativo, apanha a próxima instrução da metade esquerda de M(X)
	00010000	JUMP+ M(X,20:39)	Se o número no AC for não negativo, apanha a próxima instrução da metade direita de M(X)
Aritmética	00000101	ADD M(X)	Soma M(X) a AC; coloca o resultado em AC
	00000111	ADD |M(X)|	Soma |M(X)| a AC; coloca o resultado em AC
	00000110	SUB M(X)	Subtrai M(X) de AC; coloca o resultado em AC
	00001000	SUB |M(X)|	Subtrai |M(X)| de AC; coloca o resto em AC
	00001011	MUL M(X)	Multiplica M(X) por MQ; coloca os bits mais significativos do resultado em AC; coloca bits menos significativos em MQ
	00001100	DIV M(X)	Divide AC por M(X); coloca o quociente em MQ e o resto em AC
	00010100	LSH	Multiplica o AC por 2; ou seja, desloca à esquerda uma posição de bit
	00010101	RSH	Divide o AC por 2; ou seja, desloca uma posição à direita
Modificação de endereço	00010010	STOR M(X,8:19)	Substitui campo de endereço da esquerda em M(X) por 12 bits mais à direita de AC
	00010011	STOR M(X,28:39)	Substitui campo de endereço da direita em M(X) por 12 bits mais à direita de AC

Em 1947, Eckert e Mauchly formaram a Eckert-Mauchly Computer Corporation para manufaturar computadores comercialmente. Sua primeira máquina de sucesso foi o UNIVAC I (*Universal Automatic Computer*), que foi comissionado pelo Birô do Censo dos Estados Unidos da América para os cálculos de 1950. A Eckert-Mauchly Computer Corporation tornou-se parte da divisão UNIVAC da Sperry-Rand Corporation, que construiu uma série de máquinas sucessoras.

O UNIVAC I foi o primeiro computador comercial de sucesso. Ele tinha como finalidade aplicações científicas e comerciais. O primeiro artigo descrevendo o sistema listava cálculos algébricos de matriz, problemas estatísticos, cobranças de prêmio para uma companhia de seguros e problemas de logística como exemplos das tarefas que ele poderia realizar.

O UNIVAC II, que tinha maior capacidade de memória e maior desempenho que o UNIVAC I, foi entregue no final da década de 1950 e ilustrava várias tendências que permaneceram características da indústria de computação. Primeiro, os avanços na tecnologia permitiram que as empresas continuassem a construir computadores maiores e mais poderosos. Segundo, cada empresa tentou tornar suas novas máquinas *compatíveis*[3] com as máquinas mais antigas, ou os programas escritos para as máquinas mais antigas poderiam ser executados nas novas máquinas. Essa estratégia foi adotada na esperança de reter a base de clientes; ou seja, quando um cliente decide comprar uma nova máquina, ele provavelmente a recebe da mesma empresa, para evitar perder o investimento nos programas.

A divisão UNIVAC também iniciou o desenvolvimento de computadores da série 1100, que deveria ser sua principal fonte de receita. Essa série ilustra uma distinção que existia na época. O primeiro modelo, o UNIVAC 1103 e seus sucessores, por muitos anos, foram voltados principalmente para aplicações científicas, envolvendo cálculos grandes e complexos. Outras empresas se concentraram em aplicações comerciais, que envolviam grandes quantidades de dados de texto. Essa separação, em grande parte, desapareceu, mas ficou evidente por muitos anos.

A IBM, então o principal fabricante de equipamento de processamento de cartão perfurado, entregou seu primeiro computador de programa armazenado, o 701, em 1953. O 701 era voltado principalmente para aplicações científicas (Bashe et al., 1981[d]). Em 1955, a IBM introduziu o produto 702, que tinha uma série de recursos de hardware que o capacitavam para aplicações comerciais. Estes foram os primeiros de uma longa série de computadores 700/7000, que estabeleceram a IBM como o fabricante de computadores esmagadoramente dominante.

A segunda geração: transistores

A primeira mudança importante no computador eletrônico veio com a substituição da válvula pelo transistor. O transistor é menor, mais barato e dissipa menos calor que uma válvula, mas pode ser usado da mesma forma que uma válvula para construir computadores. Diferente da válvula, que exige fios, placas de metal, uma cápsula de vidro e um vácuo, o transistor é um *dispositivo de estado sólido*, feito de silício.

O transistor foi inventado na Bell Laboratórios em 1947 e, por volta da década de 1950, deu início a uma revolução eletrônica. Porém, não foi antes da década de 1950 que os computadores transistorizados foram disponibilizados comercialmente. A IBM novamente foi a primeira empresa a oferecer a nova tecnologia. A NCR e, com mais sucesso, a RCA foram as pioneiras com algumas máquinas pequenas a transistor. A IBM veio pouco depois com a série 7000.

O uso do transistor define a *segunda geração* de computadores. Foi bastante aceito classificar os computadores em gerações com base na tecnologia de hardware fundamental empregada (Tabela 2.2). Cada nova geração é caracterizada por maior desempenho de processamento, maior capacidade de memória e tamanho menor que a anterior.

Mas também existem outras mudanças. A segunda geração viu a introdução de unidades lógicas e aritméticas e unidades de controle mais complexas, o uso de linguagens de programação de alto nível e a disponibilidade do *software de sistema* com o computador.

3 Também chamadas *compatíveis para trás* (*downward compatible*). O mesmo conceito, do ponto de vista do sistema mais antigo, é conhecido como *compatível para frente* (*foward compatible*).

Tabela 2.2 Gerações de computador

Geração	Datas aproximadas	Tecnologia	Velocidade típica (operações por segundo)
1	1946 – 1957	Válvula	40.000
2	1958 – 1964	Transistor	200.000
3	1965 – 1971	Integração em escala pequena e média	1.000.000
4	1972 – 1977	Integração em escala grande	10.000.000
5	1978 – 1991	Integração em escala muito grande	100.000.000
6	1991-	Integração em escala ultragrande	1.000.000.000

A segunda geração é digna de nota também pelo surgimento da *Digital Equipment Corporation* (DEC). A DEC foi fundada em 1957 e, nesse ano, entregou seu primeiro computador, o PDP-1. Esse computador e essa empresa iniciaram o fenômeno do minicomputador, que se tornaria tão proeminente na terceira geração.

O IBM 7094 Desde a introdução da série 700 em 1952 até a introdução do último membro da série 7000 em 1964, essa linha de produtos IBM passou por uma evolução que é típica dos produtos de computação. Os membros sucessivos da linha de produtos mostram desempenho maior, capacidade maior e/ou menor custo.

A Tabela 2.3 ilustra essa tendência. O tamanho da memória principal, em múltiplos de 2^{10} palavras de 36 bits, cresceu de 2K ($1K = 2^{10}$) para 32K palavras,[4] enquanto o tempo para acessar uma palavra de memória, *tempo de ciclo de memória*, caiu de 30 μs para 1,4 μs. O número de *opcodes* cresceu de modestos 24 para 185.

A última coluna indica a velocidade de execução relativa da CPU. As melhorias de velocidade são alcançadas pela eletrônica melhorada (por exemplo, uma implementação de transistor é mais rápida que uma implementação de válvula) e circuitos mais complexos. Por exemplo, o IBM 7094 inclui um *Instruction Backup Register*, usado para armazenar a próxima instrução. A unidade de controle apanha duas palavras adjacentes da memória para uma busca de instrução. Exceto pela ocorrência de uma instrução de desvio, que normalmente é pouco frequente, isso significa que a unidade de controle precisa acessar a memória para uma instrução em apenas metade dos ciclos de instrução. Essa pré-busca reduz significativamente o tempo médio do ciclo de instrução.

Tabela 2.3 Exemplo de membros da série IBM 700/7000

Número do modelo	Primeira entrega	Tecnologia de CPU	Tecnologia de memória	Tempo de ciclo (μs)	Tamanho de memória (K)	Número de *opcodes*	Número de registradores de índice	Ponto flutuante hardwired	E/S sobreposta (canais)	Sobreposição de busca de instrução	Velocidade (relativa ao 701)
701	1952	Válvulas	Tubos eletrostáticos	30	2–4	24	0	não	não	não	1
704	1955	Válvulas	Core	12	4–32	80	3	sim	não	não	2,5
709	1958	Válvulas	Core	12	32	140	3	sim	sim	não	4
7090	1960	Transistor	Core	2,18	32	169	3	sim	sim	não	25
7094 I	1962	Transistor	Core	2	32	185	7	sim (precisão dupla)	sim	sim	30
7094 II	1964	Transistor	Core	1,4	32	185	7	sim (precisão dupla)	sim	sim	50

4 Uma discussão dos usos dos prefixos numéricos, como kilo e giga, pode ser encontrada em um documento de suporte no *Computer Science Student Resource Site*, disponível em <WilliamStallings.com/StudentSupport.html>.

O restante das colunas da Tabela 2.3 se tornará claro com a continuação do texto.

A Figura 2.5 mostra uma configuração grande (muitos periféricos) de um IBM 7094, que representa os computadores de segunda geração (Bell, 1971[e]). Várias diferenças do computador IAS merecem ser mencionadas. A mais importante delas é o uso de *canais de dados*. Um canal de dados é um módulo de E/S independente, com seu próprio processador e seu próprio conjunto de instruções. Em um sistema de computador com esses dispositivos, a CPU não executa completamente instruções de E/S. Essas instruções são armazenadas em uma memória principal para serem executadas por um processador de uso específico no próprio canal de dados. A CPU inicia uma transferência de E/S enviando um sinal de controle ao canal de dados, instruindo-o a executar uma sequência de instruções na memória. O canal de dados realiza sua tarefa independentemente da CPU e sinaliza à CPU quando a operação termina. Esse arranjo libera a CPU de um peso considerável de processamento.

Outro recurso novo é o *multiplexador*, que é o ponto de término central para os canais de dados, a CPU e a memória. O multiplexador escalona o acesso à memória da CPU e dos canais de dados, permitindo que esses dispositivos atuem independentemente.

A terceira geração: circuitos integrados

Um transistor isolado, autocontido, é chamado de *componente discreto*. Pelos anos 1950 e início dos anos 1960, o equipamento eletrônico era composto principalmente de componentes discretos — transistores, resistores, capacitores e assim por diante. Os componentes discretos eram fabricados separadamente, empacotados em seus próprios invólucros e soldados ou ligados em placas de circuito tipo masonite, que eram então instaladas nos computadores, osciloscópios e outros equipamentos eletrônicos. Sempre que um equipamento eletrônico exigia um transistor, um pequeno tubo de metal, contendo uma peça de silício do tamanho de uma cabeça de alfinete, tinha que ser soldado a uma placa de circuito. O processo de manufatura inteiro, do transistor à placa de circuito, era dispendioso e complicado.

Esses fatos da vida estavam começando a criar problemas na indústria do computador. Os primeiros computadores de segunda geração continham cerca de 10 000 transistores. Esse número cresceu para centenas de milhares, tornando a manufatura de máquinas mais novas e mais poderosas cada vez mais difícil.

Figura 2.5 Configuração de um IBM 7094

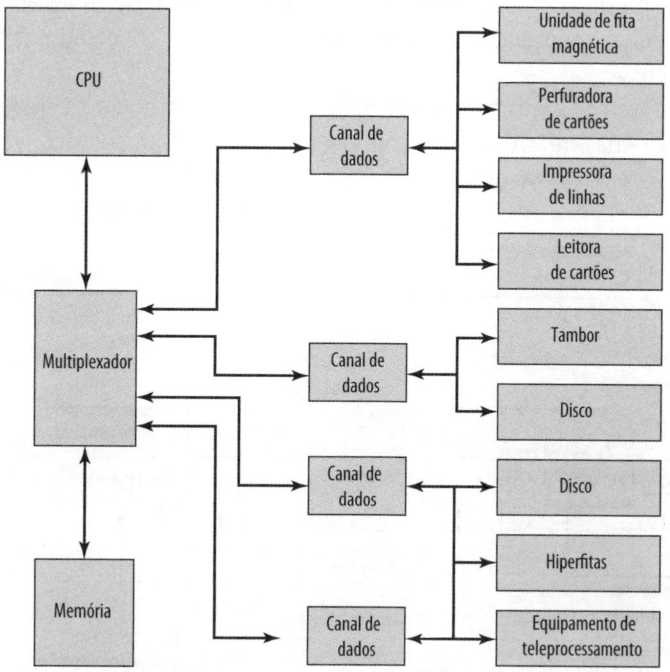

Em 1958, chegou a realização que revolucionou a eletrônica e iniciou a era da microeletrônica: a invenção do circuito integrado, que define a terceira geração de computadores. Nesta seção, oferecemos uma breve introdução à tecnologia dos circuitos integrados. Depois, examinamos talvez os dois membros mais importantes da terceira geração, ambos introduzidos no início dessa era: o IBM System/360 e o DEC PDP-8.

MICROELETRÔNICA Microeletrônica significa literalmente "pequena eletrônica". Desde os primórdios da eletrônica digital e da indústria da computação, tem havido uma tendência persistente e consistente em direção à redução no tamanho dos circuitos eletrônicos digitais. Antes de examinarmos as implicações e os benefícios dessa tendência, precisamos dizer algo sobre a natureza da eletrônica digital. Uma discussão mais detalhada pode ser encontrada no Capítulo 20.

Os elementos básicos de um computador digital, como sabemos, precisam realizar funções de armazenamento, movimentação, processamento e controle. Somente dois tipos fundamentais de componentes são necessários (Figura 2.6): portas e células de memória. Uma porta é um dispositivo que implementa uma função booleana ou lógica simples, como IF *A* AND *B* ARE TRUE THEN *C* IS TRUE (porta AND). Esses dispositivos são chamados de portas porque controlam o fluxo de dados de modo semelhante às portas de canal. A célula de memória é um dispositivo que pode armazenar um bit de dados; ou seja, o dispositivo pode estar em um de dois estados estáveis de cada vez. Interconectando grandes quantidades desses dispositivos fundamentais, podemos construir um computador. Podemos relacionar isso com nossas quatro funções básicas da seguinte forma:

- **Armazenamento de dados:** fornecido por células de memória.
- **Processamento de dados:** fornecido por portas.
- **Movimentação de dados:** os caminhos entre os componentes são usados para movimentar dados da memória para a memória e da memória pelas portas até a memória.
- **Controle:** os caminhos entre os componentes podem transportar sinais de controle. Por exemplo, uma porta terá uma ou duas entradas de dados mais uma entrada de sinal de controle que ativa a porta. Quando o sinal de controle é ON, a porta realiza sua função sobre as entradas de dados e produz uma saída de dados. De modo semelhante, a célula de memória armazenará o bit que está em seu fio de entrada quando o sinal de controle ESCRITA for ON, e colocará o bit que está na célula em seu fio de saída quando o sinal de controle LEITURA for ON.

Assim, um computador consiste em portas, células de memória e interconexões entre esses elementos. As portas e células de memória são, por sua vez, construídas de componentes eletrônicos digitais simples.

O circuito integrado explora o fato de que componentes como transistores, resistores e condutores podem ser fabricados a partir de um semicondutor como o silício. Essa é uma extensão da arte do estado sólido para fabricar um circuito inteiro em um pequeno pedaço de silício, ao invés de montar componentes discretos, feitos de partes separadas de silício no mesmo circuito. Muitos transistores podem ser produzidos ao mesmo tempo em um único wafer de silício. Igualmente importantes, esses transistores podem ser conectados com um processo de metalização para formar circuitos.

A Figura 2.7 representa os principais conceitos de um circuito integrado. Um *wafer* fino de silício é dividido em uma matriz de pequenas áreas, cada uma com poucos milímetros quadrados. O padrão de circuito idêntico é fabricado em cada área, e o wafer é dividido em *chips*. Cada chip consiste em muitas portas e/ou células de memória mais uma série de pontos de conexão de entrada e saída. Esse chip é então empacotado em um invólucro

Figura 2.6 Elementos fundamentais do computador

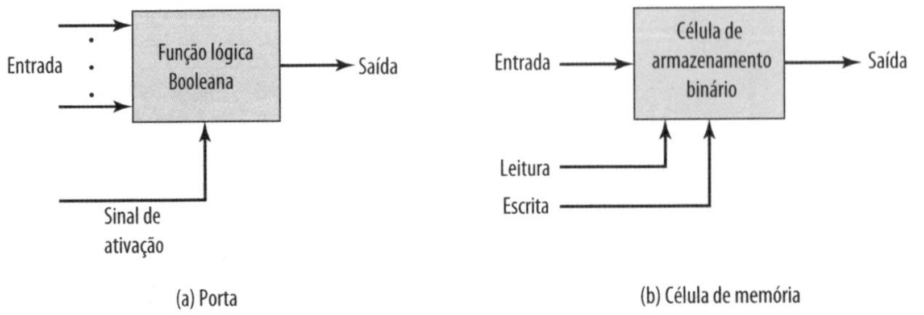

Figura 2.7 Relacionamento entre wafer, chip e porta

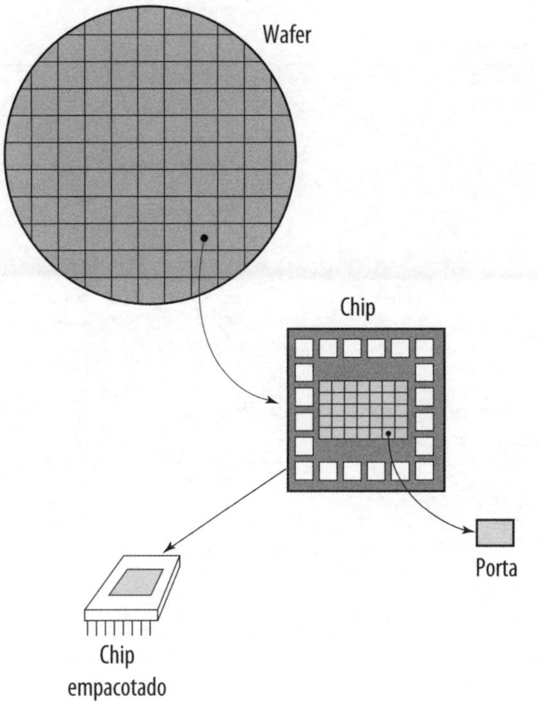

que o protege e oferece pinos para conexão com dispositivos além do chip. Diversos desses pacotes podem então ser interconectados em uma placa de circuito impresso para produzir circuitos maiores e mais complexos.

Inicialmente, somente algumas portas ou células de memória poderiam ser confiavelmente manufaturadas e empacotadas. Esses primeiros circuitos integrados são conhecidos como *integração em pequena escala* (SSI, do inglês *small-scale integration*). Com o passar do tempo, foi possível empacotar mais e mais componentes no mesmo chip. Esse crescimento na densidade é ilustrado na Figura 2.8; essa é uma das tendências tecnológicas mais marcantes já registradas.[5] Essa figura reflete a famosa lei de Moore, que foi proposta por Gordon Moore, cofundador da Intel, em 1965 (Moore, 1965[f]). Moore observou que o número de transistores que poderia ser colocado em um único chip estava dobrando a cada ano e previu corretamente que esse ritmo continuaria no futuro próximo. Para a surpresa de muitos, incluindo Moore, o ritmo continuou ano após ano e década após década. O ritmo diminuiu para dobrar a cada 18 meses na década de 1970, mas sustentou essa taxa desde então.

As consequências da lei de Moore são profundas:

1. O custo de um chip permaneceu praticamente inalterado durante esse período de rápido crescimento em densidade. Isso significa que o custo da lógica do computador e do circuito de memória caiu em uma taxa considerável.
2. Como os elementos lógicos e da memória são colocados muito próximos em chips mais densamente empacotados, a extensão do caminho elétrico é encurtada, aumentando a velocidade de operação.
3. O computador torna-se menor, fazendo com que seja mais conveniente colocá-lo em diversos ambientes.
4. Há uma redução nos requisitos de potência e resfriamento.
5. As interconexões no circuito integrado são muito mais confiáveis do que as conexões de solda. Com mais circuitos em cada chip, existem menos conexões entre chips.

IBM SYSTEM/360 Por volta de 1964, a IBM tinha uma firme compreensão do mercado de computador, com sua série de máquinas 7000. Nesse ano, ela anunciou o System/360, uma nova família de produtos de computador. Embora

5 Observe que o eixo vertical usa uma escala logarítmica. Uma revisão básica das escalas logarítmicas está no documento de revisão de matemática no *Computer Science Student Support Site*, disponível em <WilliamStallings.com/StudentSupport.html>.

Figura 2.8 Crescimento na contagem de transistores da CPU (BOHR, 2003[g])

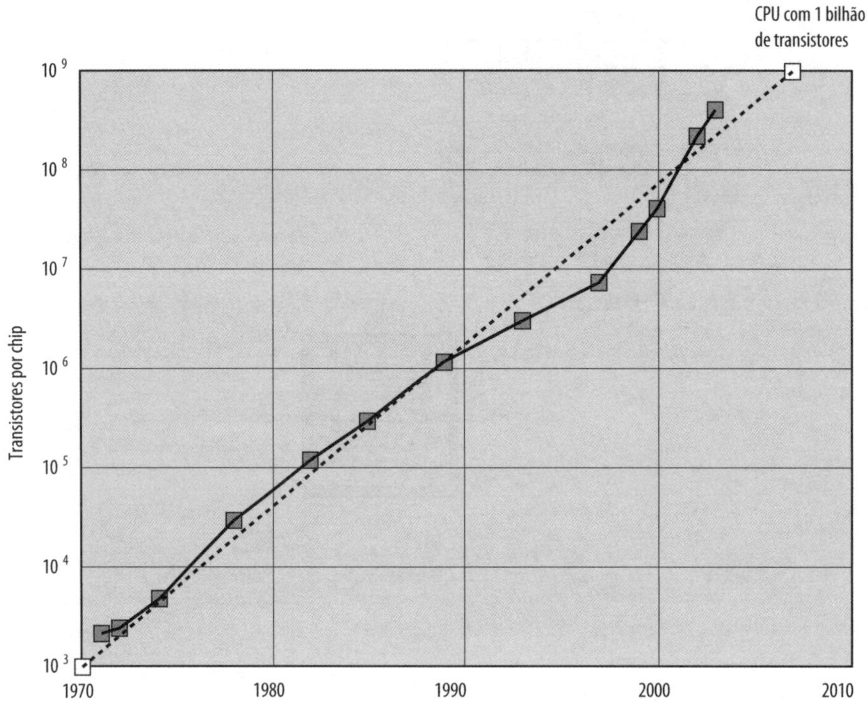

o anúncio em si não tenha sido surpresa, ele continha algumas notícias desagradáveis para os atuais clientes da IBM: a linha de produtos 360 era incompatível com as máquinas IBM mais antigas. Assim, a transição para o 360 seria difícil para a base de clientes atual. Esse foi um passo corajoso para a IBM, mas a empresa o achou necessário para romper algumas das restrições da arquitetura 7000 e produzir um sistema capaz de evoluir com a nova tecnologia de circuito integrado (Padegs, 1981[h]; Gifford, 1987[i]). A estratégia compensou financeira e tecnicamente. O 360 foi o sucesso da década e concretizou a IBM como o fornecedor de computadores dominante, com uma fatia de mercado de mais de 70%. E, com algumas modificações e extensões, a arquitetura do 360 permanece até hoje na arquitetura dos computadores mainframe[6] da IBM. Alguns exemplos usando essa arquitetura podem ser encontrados no decorrer deste texto.

O System/360 foi a primeira família de computadores planejada do setor. A família cobria uma grande faixa de desempenho e custo. A Tabela 2.4 indica algumas das principais características dos diversos modelos em 1965 (cada membro da família é distinguido por um número de modelo). Os modelos eram compatíveis no sentido de que um programa escrito para um modelo deveria ser capaz de ser executado por outro modelo da série, com diferença apenas no tempo gasto para executar.

O conceito de uma família de computadores compatíveis foi moderno e extremamente bem-sucedido. Um cliente com requisitos modestos e um orçamento correspondente poderia começar com um Modelo 30 relativamente barato. Mais tarde, se as necessidades do cliente aumentassem, seria possível atualizar para uma máquina mais rápida com mais memória, sem sacrificar o investimento no software já desenvolvido. As características de uma família são as seguintes:

- **Conjunto de instruções semelhante ou idêntico:** em muitos casos, exatamente o mesmo conjunto de instruções de máquina é aceito em todos os membros da família. Assim, um programa que executa em uma máquina também será executado em qualquer outra. Em alguns casos, o extremo inferior da família tem um conjunto de instruções que é um subconjunto daquele do topo da família. Isso significa que os programas podem subir, mas não descer.

6 O termo *mainframe* é usado para os computadores maiores e mais poderosos, que não sejam supercomputadores. As características típicas de um mainframe são que ele admite um grande banco de dados, tem hardware de E/S elaborado e é usado como recurso de processamento de dados central.

Tabela 2.4 Principais características da família System/360

Característica	Modelo 30	Modelo 40	Modelo 50	Modelo 65	Modelo 75
Tamanho máximo da memória (bytes)	64K	256K	256K	512K	512K
Taxa de dados da memória (MBytes/seg)	0,5	0,8	2,0	8,0	16,0
Tempo do ciclo do processador (μs)	1,0	0,625	0,5	0,25	0,2
Velocidade relativa	1	3,5	10	21	50
Número máximo de canais de dados	3	3	4	6	6
Taxa de dados máxima em um canal (Kbytes/s)	250	400	800	1 250	1 250

- **Sistema operacional semelhante ou idêntico:** o mesmo sistema operacional básico está disponível para todos os membros da família. Em alguns casos, recursos adicionais são acrescentados aos membros de mais alto nível.
- **Velocidade aumentada:** a taxa de execução de instruções aumenta, dos membros mais baixos aos mais altos da família.
- **Número cada vez maior de portas de E/S:** o número de portas de E/S aumenta, dos membros mais baixos aos mais altos da família.
- **Tamanho de memória crescente:** o tamanho da memória principal aumenta, dos membros mais baixos aos mais altos da família.
- **Maior custo:** em determinado ponto no tempo, o custo de um sistema aumenta dos membros mais baixos aos mais altos da família.

Como esse conceito de família poderia ser implementado? As diferenças foram conseguidas com base em três fatores: velocidade básica, tamanho e grau de simultaneidade (Stevens, 1964). Por exemplo, velocidade maior na execução de determinada instrução poderia ser obtida pelo uso de um circuito mais complexo na ALU, permitindo que as suboperações sejam executadas em paralelo. Outra forma de aumentar a velocidade era aumentar a largura do caminho de dados entre a memória principal e a CPU. No Modelo 30, somente 1 byte (8 bits) poderia ser apanhado da memória principal de cada vez, contra 8 bytes por vez no Modelo 75.

O System/360 não apenas ditou o curso futuro da IBM, mas também teve um impacto profundo sobre a indústria inteira. Muitos de seus recursos tornaram-se padrão de outros computadores grandes.

DEC PDP-8 No mesmo ano que a IBM entregou o primeiro System/360, ocorreu outra primeira remessa importantíssima: o PDP-8, da *Digital Equipment Corporation* (DEC). Na época em que o computador padrão exigia uma sala com ar condicionado, o PDP-8 (apelidado de minicomputador pelo setor, em decorrência da minissaia da época) era pequeno o suficiente para poder ser colocado sobre uma bancada de laboratório ou embutido em outro equipamento. Ele não podia fazer tudo o que o mainframe fazia, mas a US$ 16 000, ele era barato o suficiente para que cada técnico de laboratório tivesse um. Ao contrário, a série de computadores mainframe System/360, introduzida apenas alguns meses antes, custava centenas de milhares de dólares.

O baixo custo e o pequeno tamanho do PDP-8 permitiram que outro fabricante adquirisse um PDP-8 e o integrasse a um sistema total para revenda. Esses outros fabricantes passaram a ser conhecidos como *original equipment manufacturers* (OEMs), e o mercado de OEM tornou-se e continua a ser um segmento importante do mercado de computadores.

O PDP-8 foi um sucesso imediato e fez a fortuna da DEC. Essa máquina e outros membros da família PDP-8 que a seguiram (Tabela 2.5) alcançaram um estado de produção reservados inicialmente para computadores IBM, com cerca de 50 000 máquinas vendidas nos doze anos seguintes. Conforme a história oficial da DEC relata, o PDP-8 "estabeleceu o conceito de minicomputadores, preparando o caminho para uma indústria multibilionária". Ela também estabeleceu a DEC como o fornecedor de minicomputadores número um e, na época em que o PDP-8 alcançou o fim de sua vida útil, a DEC era o fabricante de computadores número dois, atrás somente da IBM.

Tabela 2.5 Evolução do PDP-8 (VOELKER, 1988[k])

Modelo	Entregue inicialmente	Custo do processador + 4K palavras de memória de 12 bits ($ 1000s)	Taxa de dados da memória (palavras/μs)	Volume (pés cúbicos)	Inovações e melhorias
PDP-8	4/65	16,2	1,26	8,0	Produção automática de *wire-wrapping*
PDP-8/5	9/66	8,79	0,08	3,2	Excecução sequencial de instruções
PDP-8/1	4/68	11,6	1,34	8,0	Circuitos integrados em média escala
PDP-8/L	11/68	7,0	1,26	2,0	Gabinete menor
PDP-8/E	3/71	4,99	1,52	2,2	Omnibus
PDP-8/M	6/72	3,69	1,52	1,8	Gabinete com a metade do tamanho e com menos *slots* que o 8/E
PDP-8/A	1/75	2,6	1,34	1,2	Memória semicondutora; processador de ponto flutuante

Ao contrário da arquitetura comutada central (Figura 2.5) usada pela IBM em seus sistemas 700/7000 e 360, os modelos mais recentes do PDP-8 usavam uma estrutura que agora é praticamente universal para microcomputadores: a estrutura de barramento, ilustrada na Figura 2.9. O barramento do PDP-8, chamado Omnibus, consiste em 96 caminhos de sinal separados, usados para transportar sinais de controle, endereço e dados. Como todos os componentes do sistema compartilham um conjunto comum de caminhos de sinal, seu uso precisa ser controlado pela CPU. Essa arquitetura é altamente flexível, permitindo que os módulos sejam conectados ao barramento para criar várias configurações.

Gerações posteriores

Além da terceira geração, existe pouco consenso geral sobre a definição das gerações de computadores. A Tabela 2.2 sugere ter havido diversas gerações posteriores, com base nos avanços na tecnologia de circuito integrado. Com a introdução da integração em grande escala (LSI, do inglês *large-scale integration*), mais de 1 000 componentes podem ser colocados em um único chip de circuito integrado. A integração em escala muito grande (VLSI, do inglês *very-large-scale integration*) alcançou mais de 10 000 componentes por chip, enquanto os chips com integração em escala ultragrande (ULSI, do inglês *ultra-large-scale integration*) podem conter mais de um milhão de componentes.

Figura 2.9 Estrutura de barramento do PDP-8

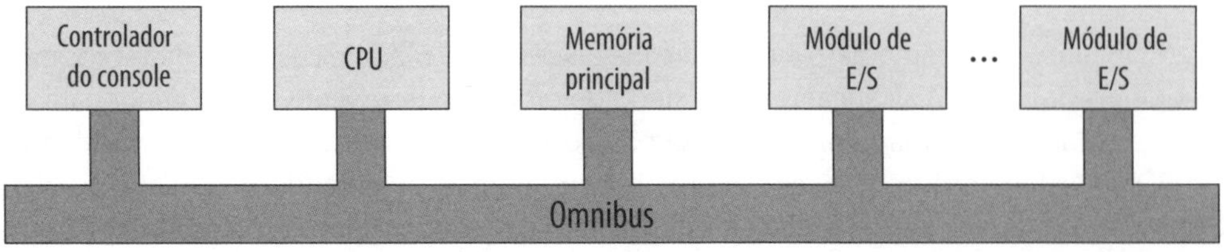

Com o rápido ritmo da tecnologia, a alta taxa de introdução de novos produtos e a importância do software e das comunicações, além do hardware, a classificação por geração torna-se menos clara e menos significativa. Pode-se dizer que a aplicação comercial de novos desenvolvimentos resultou em uma mudança importante no início da década de 1970 e que os resultados dessas mudanças ainda estão sendo estudados. Nesta seção, mencionamos dois dos mais importantes desses resultados.

MEMÓRIA SEMICONDUTORA A primeira aplicação da tecnologia de circuito integrado aos computadores foi a construção do processador (a unidade de controle e a unidade lógica e aritmética) em chips de circuito integrado. Mas também descobriu-se que essa mesma tecnologia poderia ser usada para construir memórias.

Nas décadas de 1950 e 1960, a maior parte da memória do computador era construída a partir de pequenos anéis de material ferromagnético, cada um com cerca de 1/16 de polegada de diâmetro. Esses anéis eram montados em grades de pequenos fios suspensos em pequenas telas dentro do computador. Magnetizado em uma direção, um anel (chamado *core*) representava 1; magnetizado na outra direção, ele representava 0. A memória de núcleo magnético era relativamente rápida; era necessário apenas um milionésimo de segundo para ler um bit armazenado na memória. Mas ela era cara, volumosa e usava leitura destrutiva: o simples ato de ler um core apagava os dados armazenados nele. Portanto, era necessário instalar circuitos para restaurar os dados assim que eles fossem extraídos.

Então, em 1970, a Fairchild produziu a primeira memória de semicondutor relativamente grande. Esse chip, aproximadamente com o tamanho de um único core, poderia manter 256 bits de memória. Ela era não destrutiva e muito mais rápida que o core; levava apenas 70 bilionésimos de segundo para ler um bit. Porém, o custo por bit era mais alto do que o do core.

Em 1974, ocorreu um evento embrionário: o preço por bit da memória semicondutora caiu para menos que o preço por bit da memória core. Depois disso, houve um declínio contínuo e rápido no custo da memória acompanhado por um aumento correspondente na densidade da memória física. Isso preparou o caminho para máquinas menores e mais rápidas do que aquelas de alguns anos antes, com memórias maiores e mais caras. Os desenvolvimentos na tecnologia da memória, juntamente com os desenvolvimentos na tecnologia de processador — a serem discutidos em seguida —, mudaram a natureza dos computadores em menos de uma década. Embora os computadores volumosos e caros continuem sendo uma parte do panorama, o computador também foi levado ao "usuário final", como máquinas de escritório e computadores pessoais.

Desde 1970, a memória semicondutora tem passado por 13 gerações: 1K, 4K, 16K, 64K, 256K, 1M, 4M, 16M, 64M, 256M, 1G, 4G, e, no momento em que este livro era escrito, 16 Gbits em um único chip ($1K = 2^{10}$, $1M = 2^{20}$, $1G = 2^{30}$). Cada geração forneceu quatro vezes a densidade de armazenamento da geração anterior, acompanhada pelo custo por bit e tempo de acesso em declínio.

MICROPROCESSADORES Assim como a densidade dos elementos nos chips de memória continuava a subir, a densidade dos elementos dos chips do processador subiram. Com o passar do tempo, mais e mais elementos eram colocados em cada chip, de modo que menos e menos chips eram necessários para construir um único processador do computador.

Uma descoberta inovadora foi alcançada em 1971, quando a Intel desenvolveu seu 4004. Ele foi o primeiro chip a conter em si *todos* os componentes de uma CPU: nascia o microprocessador.

O 4004 pode somar dois números de 4 bits e pode multiplicar apenas pela adição repetida. Pelos padrões de hoje, o 4004 é desesperadamente primitivo, mas ele marcou o início de uma evolução contínua da capacidade e do poder do microprocessador.

Essa evolução pode ser vista mais facilmente no número de bits com que o processador lida de cada vez. Não existe uma medida clara disso, mas talvez a melhor medida seja a largura do barramento: o número de bits de dados que podem ser trazidos ou enviados do processador de cada vez. Outra medida é o número de bits no acumulador ou no conjunto de registradores de uso geral. Normalmente, essas medidas coincidem, mas nem sempre. Por exemplo, diversos microprocessadores foram desenvolvidos para operarem sobre números de 16 bits nos registradores, mas só podem ler e escrever 8 bits de cada vez.

O próximo passo importante na evolução do microprocessador foi a introdução, em 1972, do Intel 8008. Esse foi o primeiro microprocessador de 8 bits e tinha quase o dobro da complexidade do 4004.

Nenhum desses passos teria o mesmo impacto do próximo evento importante: a introdução do Intel 8080 em 1974. Esse foi o primeiro microprocessador de uso geral. Enquanto o 4004 e o 8008 tinham sido projetados para aplicações específicas, o 8080 foi projetado para ser a CPU de um microcomputador de uso geral. Assim como o 8008, o 8080 é um microprocessador de 8 bits, porém, é mais rápido, tem um conjunto de instruções mais rico e uma grande capacidade de endereçamento.

Praticamente na mesma época, microprocessadores de 16 bits começaram a ser desenvolvidos. Porém, somente no final da década de 1970 é que apareceram os poderosos microprocessadores de 16 bits de uso geral. Um destes foi o 8086. O próximo passo nessa tendência ocorreu em 1981, quando a Bell Laboratórios e a Hewlett-Packard desenvolveram microprocessadores de 32 bits, de único chip. A Intel introduziu seu microprocessador de 32 bits, o 80386, em 1985 (Tabela 2.6).

Tabela 2.6 Evolução dos microprocessadores Intel

(a) Processadores da década de 1970

	4004	8008	8080	8086	8088
Introduzido	1971	1972	1974	1978	1979
Velocidades de clock	108 kHz	108 kHz	2 MHz	5 MHz, 8 MHz, 10 MHz	5 MHz, 8 MHz
Largura do barramento	4 bits	8 bits	8 bits	16 bits	8 bits
Número de transistores	2 300	3 500	6 000	29 000	29 000
Dimensão mínima da tecnologia de fabricação (μm)	10		6	3	6
Memória endereçável	640 bytes	16 KB	64 KB	1 MB	1 MB

(b) Processadores da década de 1980

	80286	386TM DX	386TM SX	486TM DX CPU
Introduzido	1982	1985	1988	1989
Velocidades de clock	6–12,5 MHz	16–33 MHz	16 –33 MHz	25–50 MHz
Largura do barramento	16 bits	32 bits	16 bits	32 bits
Número de transistores	134.000	275.000	275.000	1,2 milhão
Dimensão mínima da tecnologia de fabricação (μm)	1,5	1	1	0,8–1
Memória endereçável	16 MB	4 GB	16 MB	4 GB
Memória virtual	1 GB	64 TB	64 TB	64 TB
Cache	–	–	–	8 kB

(c) Processadores da década de 1990

	486TM SX	Pentium	Pentium Pro	Pentium II
Introduzido	1991	1993	1995	1997
Velocidades de clock	16–33MHz	60–166 MHz	150–200 MHz	200–300 MHz
Largura do barramento	32 bits	32 bits	64 bits	64 bits
Número de transistores	1,185 milhão	3,1 milhões	5,5 milhões	7,5 milhões
Dimensão mínima da tecnologia de fabricação (μm)	1	0,8	0,6	0,35
Memória endereçável	4 GB	4 GB	64 GB	64 GB
Memória virtual	64 TB	64 TB	64 TB	64 TB
Cache	8kB	8kB	512 kB L1 e 1 MB L2	512 kB L2

(Continua)

Tabela 2.6 Evolução dos microprocessadores Intel (*continuação*)

(d) Processadores recentes

	Pentium III	Pentium 4	Core 2 Duo	Core 2 Quad
Introduzido	1999	2000	2006	2008
Velocidades de clock	450–660 MHz	1,3–1,8 GHz	1,06–1,2 GHz	3 GHz
Largura do barramento	64 bits	64 bits	64 bits	64 bits
Número de transistores	9,5 milhões	42 milhões	167 milhões	820 milhões
Dimensão mínima da tecnologia de fabricação (nm)	250	180	65	45
Memória endereçável	64 GB	64 GB	64 GB	64 GB
Memória virtual	64 TB	64 TB	64 TB	64 TB
Cache	512 KB L2	256 KB L2	2 MB L2	6 MB L2

2.2 Projetando visando ao desempenho

Ano após ano, o custo dos sistemas de computação continua a cair drasticamente, enquanto o desempenho e a capacidade desses sistemas continua a subir de forma igualmente drástica. Em uma loja de atacado local, você pode conseguir um computador pessoal por menos de US$ 1 000, com desempenho melhor que o de um mainframe IBM de 10 anos atrás. Assim, temos praticamente potência de computação "grátis". E essa revolução tecnológica contínua permitiu o desenvolvimento de aplicações de incrível complexidade e poder. Por exemplo, as aplicações de desktop que exigem a grande potência dos sistemas atuais baseados em microprocessador incluem

- processamento de imagens;
- reconhecimento de voz;
- videoconferência;
- criação de multimídia;
- anotação de arquivos de voz e vídeo; e
- modelagem de simulação.

Os sistemas de estação de trabalho agora admitem aplicações de engenharia e científicas altamente sofisticadas, além de sistemas de simulação, e têm a capacidade de suportar aplicações de imagem e vídeo. Além disso, as empresas estão contando com servidores cada vez mais poderosos para lidar com o processamento de transação e banco de dados, e para dar suporte a redes cliente/servidor massivas, que substituíram os imensos centros de computador mainframe do passado.

O que é fascinante sobre tudo isso, do ponto de vista da arquitetura e da organização do computador, é que, por um lado, os blocos de montagem básicos para os milagres do computador de hoje são praticamente os mesmos daqueles do computador IAS de 50 anos atrás, enquanto, por outro lado, as técnicas para espremer a última gota de desempenho dos materiais em mãos têm se tornado cada vez mais sofisticadas.

Essa observação serve como um princípio de orientação para a apresentação neste livro. Enquanto prosseguirmos pelos diversos elementos e componentes de um computador, dois objetivos são buscados. Primeiro, o livro explica a funcionalidade fundamental em cada área em consideração, e segundo, explora as técnicas exigidas para alcançar o máximo de desempenho. No restante desta seção, destacamos alguns dos fatores mais fortes para se alcançar o máximo de desempenho.

Velocidade do microprocessador

O que dá aos processadores Intel x86 ou computadores mainframe da IBM essa potência incrível é a busca implacável de velocidade pelos fabricantes de chip de processador. A evolução dessas máquinas continua a comprovar a lei de Moore, mencionada anteriormente. Como essa lei sustenta, os fabricantes de chips podem desencadear uma nova geração de chips a cada três anos — com quatro vezes a quantidade de transistores. Em chips de memória, isso quadruplicou a capacidade da memória de acesso aleatório e dinâmico (DRAM, do inglês *dynamic random-access memory*), ainda a tecnologia básica para a memória principal, a cada três anos. Nos microprocessadores, a adição de novos circuitos, e o aumento de velocidade que vem da redução das distâncias entre eles, melhorou o desempenho de quatro a cinco vezes a cada três anos ou mais desde que a Intel lançou sua família x86 em 1978.

Mas a velocidade bruta do microprocessador não alcança seu potencial a menos que receba um fluxo constante de trabalho para fazer na forma de instruções de computador. Qualquer coisa que atrapalhe esse fluxo suave mina a potência do processador. Consequentemente, enquanto os fabricantes de chips estiverem ocupados aprendendo a fabricar chips com densidade cada vez maior, os projetistas de processadores deverão aparecer com técnicas ainda mais elaboradas para alimentar o monstro. Entre as técnicas embutidas nos processadores contemporâneos estão as seguintes:

- **Previsão de desvio:** o processador antecipa o código de instrução apanhado da memória e prevê quais desvios, ou grupos de instruções, provavelmente serão processados em seguida. Se o processador acertar na maior parte do tempo, ele poderá buscar antecipadamente as instruções corretas e mantê-las em um buffer, de modo que o processador continue ocupado. Os exemplos mais sofisticados dessa estratégia preveem não apenas o próximo desvio, mas múltiplos desvios adiante. Assim, a previsão de desvio aumenta a quantidade de trabalho disponível para o processador executar.
- **Análise de fluxo de dados:** o processador analisa quais instruções são dependentes dos resultados uma da outra, ou dos dados, para criar uma sequência otimizada de instruções. De fato, as instruções são escalonadas para serem executadas quanto estiverem prontas, independentemente da ordem original do programa. Isso impede atrasos desnecessários.
- **Execução especulativa:** usando a previsão de desvio e a análise do fluxo de dados, alguns processadores especulativamente executam instruções antes do seu surgimento real na execução do programa, mantendo os resultados em locais temporários. Isso permite que o processador mantenha seus mecanismos de execução o mais ocupados possível, executando instruções que provavelmente serão necessárias.

Estas e outras técnicas sofisticadas tornam-se necessárias pelo poder completo do processador. Elas fazem com que seja possível explorar a velocidade bruta do processador.

Balanço do desempenho

Embora a potência do processador tenha corrido na frente em velocidade espantosa, outros componentes críticos do computador não a acompanharam. O resultado é uma necessidade de procurar o equilíbrio do desempenho: um ajuste da organização e da arquitetura para compensar a diferença entre as capacidades dos diversos componentes.

Em nenhum outro lugar o problema criado por tais diferenças é mais crítico do que na interface entre o processador e a memória principal. Considere a história representada na Figura 2.10. Embora a velocidade do processador tenha aumentado rapidamente, a velocidade com que os dados podem ser transferidos entre a memória principal e o processador ficou para trás. A interface entre o processador e a memória principal é o caminho mais crítico no computador inteiro, pois é responsável por transportar um fluxo constante de instruções do programa e dados entre os chips de memória e o processador. Se a memória ou o caminho deixar de manter o ritmo com as demandas insistentes do processador, este entra em um estado de espera, e perde-se um tempo valioso de processamento.

Existem várias maneiras de um arquiteto de sistemas atacar esse problema, todas refletidas nos projetos contemporâneos de computador. Considere os seguintes exemplos:

- Aumentar o número de bits que são recuperados ao mesmo tempo, tornando a DRAM "mais larga" em vez de "mais profunda" e usando caminhos de dados largos no barramento.
- Alterar a interface da DRAM para torná-la mais eficiente, incluindo uma cache[7] ou outro esquema de buffering no chip de DRAM.
- Reduzir a frequência de acesso à memória incorporando estruturas de cache cada vez mais complexas e eficientes entre o processador e a memória principal. Isso inclui a incorporação de uma ou mais caches no chip do processador, bem como uma cache, fora do chip, próxima do chip do processador.

7 Uma cache é uma memória rápida, relativamente pequena, interposta entre uma memória maior e mais lenta e a lógica que acessa a memória maior. A cache mantém dados acessados recentemente e é projetada para agilizar o acesso subsequente aos mesmos dados. As caches são discutidas no Capítulo 4.

Figura 2.10 Diferença de desempenho entre lógica e memória (Borkar, 2003[1])

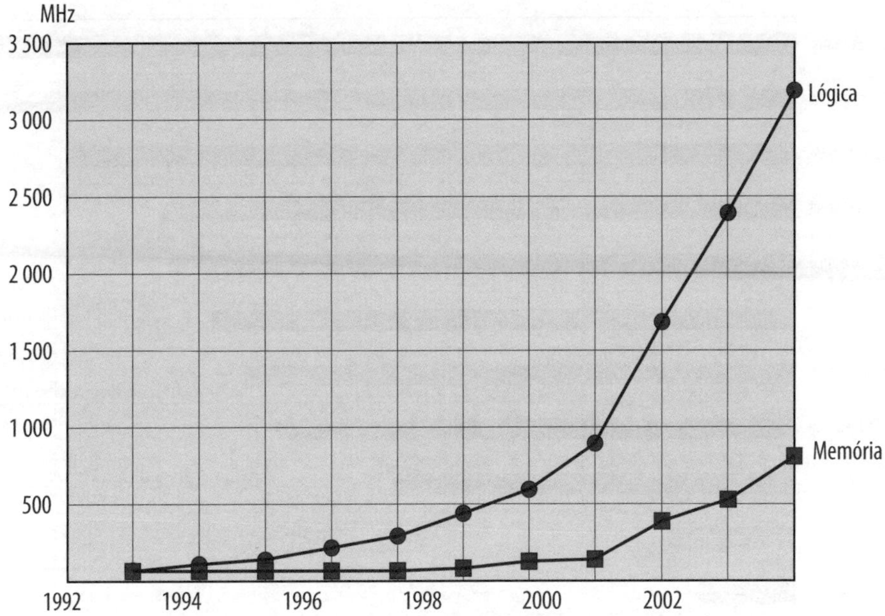

- Aumentar a largura de banda de interconexão entre os processadores e a memória usando barramentos de velocidade mais alta e usando uma hierarquia de barramentos para armazenar e estruturar o fluxo de dados.

Outra área de foco de projeto é o tratamento dos dispositivos de E/S. À medida que os computadores se tornam mais rápidos e mais capazes, aplicações mais sofisticadas são desenvolvidas para dar suporte ao uso de periféricos com demandas intensivas de E/S. A Figura 2.11 oferece alguns exemplos de dispositivos periféricos típicos em uso nos computadores pessoais e estações de trabalho. Esses dispositivos criam demandas consideráveis de vazão de dados. Embora a geração atual de processadores possa tratar dos dados lançados por esses dispositivos, ainda resta o problema de movimentar esses dados entre o processador e o periférico. As estratégias aqui incluem esquemas de caching e buffering, mais o uso de barramentos de interconexão de maior velocidade e estruturas de barramentos mais elaboradas. Além disso, o uso de configurações de processador múltiplo pode auxiliar a satisfazer as demandas de E/S.

A chave em tudo isso é o equilíbrio. Os projetistas constantemente lutam para equilibrar as demandas de vazão e processamento dos componentes do processador, memória principal, dispositivos de E/S e estruturas de interconexão. Esse projeto precisa ser constantemente repensado para lidar com dois fatores em constante evolução:

- A taxa em que o desempenho está mudando nas diversas áreas da tecnologia (processador, barramentos, memória, periféricos) difere bastante de um tipo de elemento para outro.
- Novas aplicações e novos dispositivos periféricos constantemente mudam a natureza da demanda sobre o sistema em termos do perfil de instrução típico e dos padrões de acesso aos dados.

Assim, o projeto do computador é uma forma de arte em constante evolução. Este livro tenta apresentar os fundamentos nos quais essa forma de arte é baseada e apresentar uma análise do estado atual dela.

Melhorias na organização e na arquitetura do chip

À medida que os projetistas lutam com o desafio de balancear o desempenho do processador com o da memória principal e de outros componentes do computador, permanece a necessidade de aumentar a velocidade do processador. Para isso, existem três técnicas:

- Aumentar a velocidade de hardware do processador. Esse aumento deve-se fundamentalmente ao encolhimento do tamanho das portas lógicas no chip do processador, de modo que mais portas possam ser reunidas mais de perto, aumentando a taxa de clock. Com portas mais próximas, o tempo de propagação para os

Figura 2.11 Taxas de dados típicas dos dispositivo de E/S

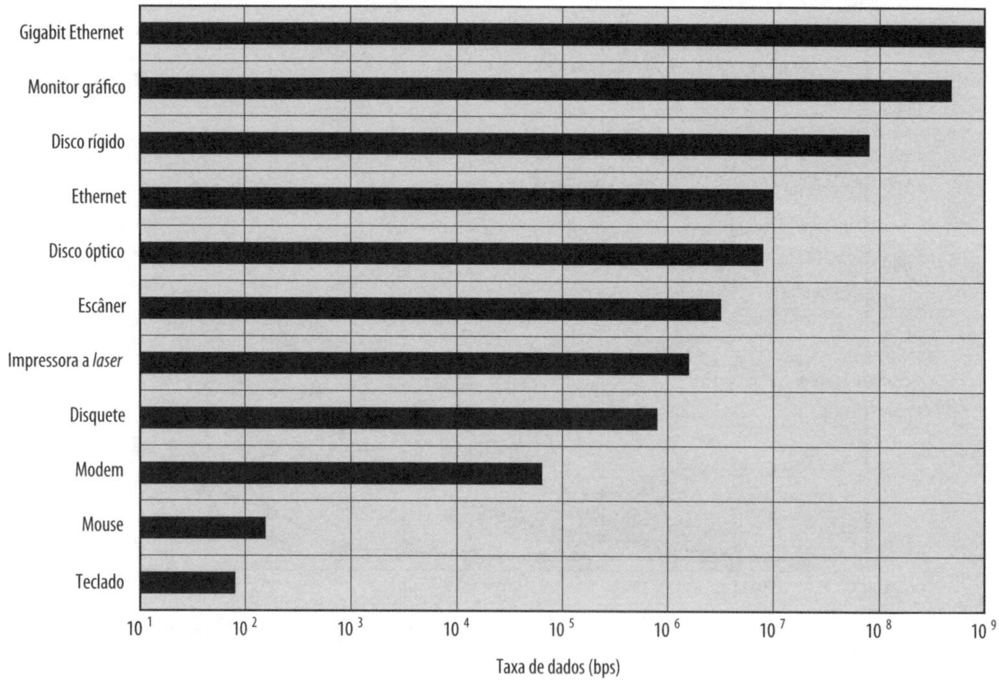

sinais é significativamente reduzido, permitindo um aumento de velocidade do processador. Um aumento na taxa de clock significa que operações individuais são executadas mais rapidamente.

- Aumentar o tamanho e a velocidade das caches interpostas entre o processador e a memória principal. Em particular, dedicando uma parte do próprio chip do processador à cache, os tempos de acesso à cache caem significativamente.
- Fazer mudanças na organização e na arquitetura do processador, que aumentam a velocidade efetiva da execução da instrução. Tipicamente, isso envolve o uso do paralelismo de uma forma ou de outra.

Tradicionalmente, o fator dominante nos ganhos de desempenho tem sido em aumentos na velocidade do clock e densidade lógica. A Figura 2.12 ilustra essa tendência para chips de processador Intel. Porém, à medida que a velocidade do clock e a densidade lógica aumentam, diversos obstáculos se tornam mais significativos (Intel Research and Development, 2004[m]):

- **Potência:** à medida que a densidade da lógica e a velocidade do clock em um chip aumentam, também aumenta a densidade de potência (Watts/cm^2). A dificuldade de dissipar o calor gerado em chips de alta densidade e velocidade está se tornando um sério problema de projeto (Gibbs, 2004[n]; Borkar, 2003[e]).
- **Atraso de RC:** a velocidade em que os elétrons podem fluir em um chip entre os transistores é limitada pela resistência (R) e capacitância (C) dos fios de metal que os conectam; especificamente, o atraso aumenta à medida que o produto RC aumenta. À medida que os componentes no chip diminuem de tamanho, as interconexões de fio se tornam mais finas, aumentando a resistência. Além disso, os fios estão mais próximos, aumentando a capacitância.
- **Latência da memória:** as velocidades de memória limitam as velocidades do processador, conforme já foi discutido.

Assim, haverá mais ênfase nas abordagens de organização e arquitetura para melhorar o desempenho. A Figura 2.12 destaca as principais mudanças feitas no decorrer dos anos para aumentar o paralelismo e, portanto, a eficiência computacional dos processadores. Essas técnicas são discutidas em outros capítulos do livro.

A partir do final da década de 1980, e continuando por cerca de 15 anos, duas estratégias principais têm sido usadas para aumentar o desempenho além do que pode ser alcançado simplesmente aumentando a velocidade

Figura 2.12 Desempenho do microprocessador Intel (Gibbs, 2004ⁿ)

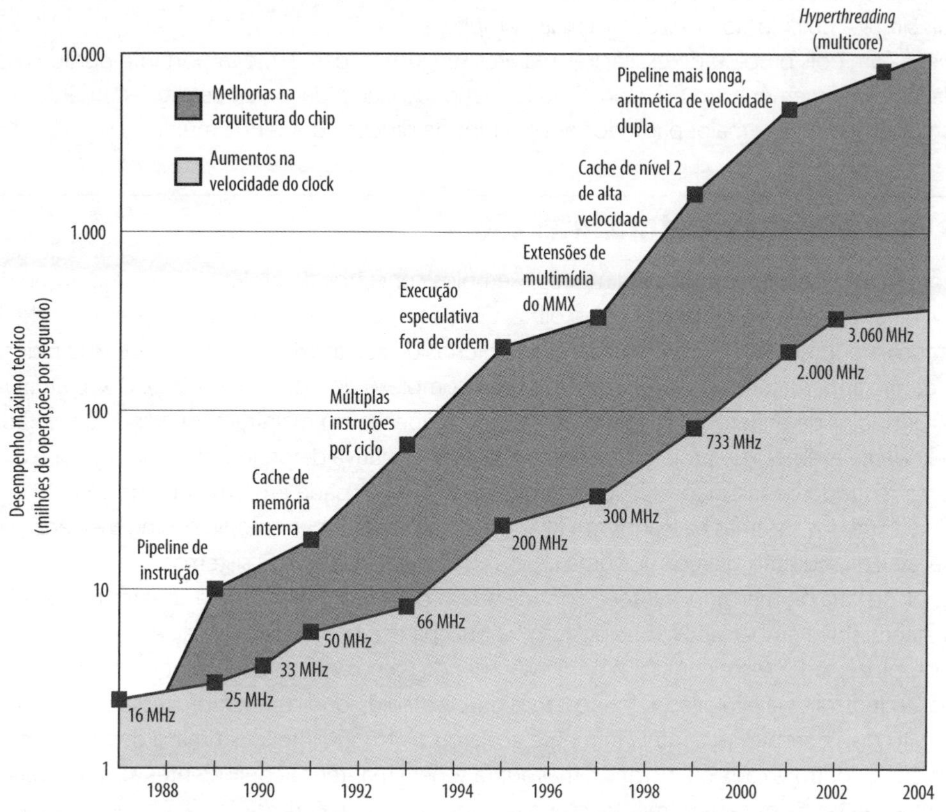

do clock. Primeiro, tem havido um aumento na capacidade da cache. Agora, existem normalmente dois ou três níveis de cache entre o processador e a memória principal. À medida que a densidade do chip tem aumentado, mais da memória cache tem sido incorporada no chip, permitindo um acesso mais rápido a ela. Por exemplo, o chip Pentium original dedicava cerca de 10% da área do chip a uma cache. O chip do Pentium 4 mais recente dedica cerca de metade de sua área às caches.

Segundo, a lógica de execução de instrução dentro de um processador tornou-se cada vez mais complexa para permitir a execução paralela das instruções dentro do processador. Duas técnicas de projeto dignas de nota são pipeline e superescalar. Um pipeline funciona como uma linha de montagem em uma fábrica, permitindo que diferentes estágios de execução de diferentes instruções ocorram ao mesmo tempo pelo pipeline. Uma técnica superescalar basicamente permite múltiplos pipelines dentro de um único processador, de modo que as instruções que não dependem umas das outras possam ser executadas em paralelo.

Essas duas técnicas estão alcançando um ponto sem retorno. A organização interna dos processadores contemporâneos é excessivamente complexa e capaz de comprimir muito paralelismo do fluxo de instruções. Parece provável que aumentos mais significativos nessa direção serão relativamente modestos (Gibbs, 2004ⁿ). Com três níveis de cache no chip do processador, cada um oferecendo capacidade substancial, também parece que os benefícios da cache estejam chegando a um limite.

Porém, simplesmente contar com o aumento na taxa de clock para aumentar o desempenho faz com que nos deparemos com o problema de dissipação de potência já citado. Quanto maior a taxa de clock, maior a quantidade de potência a ser dissipada, sem falar que alguns limites físicos fundamentais já estão sendo atingidos.

Com todas essas dificuldades em mente, os projetistas passaram para uma técnica fundamentalmente nova para melhorar o desempenho: colocar múltiplos processadores no mesmo chip, com uma grande cache compartilhada. O uso de múltiplos processadores no mesmo chip, também conhecido como múltiplos cores, ou ***multicore***, oferece o potencial de aumentar o desempenho sem aumentar a taxa de clock. Estudos indicam que, dentro de um processador, o aumento no desempenho é aproximadamente proporcional à raiz quadrada do aumento na complexidade (Borkar, 2003[1]). Mas, se o software puder suportar o uso efetivo de múltiplos processadores e, então, dobrar o número de processadores, quase dobra também seu desempenho. Assim, a estratégia é usar dois processadores mais simples no chip, ao invés de um mais complexo.

Além disso, com dois processadores, caches maiores são justificadas. Isso é importante porque o consumo de potência da lógica da memória em um chip é muito menor do que o da lógica de processamento. Nos próximos anos, podemos esperar que a maior parte dos novos chips de processador tenha múltiplos processadores.

2.3 Evolução da arquitetura Intel x86

No decorrer deste livro, contamos com muitos exemplos concretos de projeto e implementação de computador para ilustrar os conceitos e esclarecer as escolhas. Quase sempre, o livro conta com exemplos de duas famílias de computadores: o Intel X86 e a arquitetura ARM. As ofertas de x86 atuais representam os resultados de décadas de esforço de projeto em computadores com conjunto complexo de instruções (CISC). O x86 atual incorpora os sofisticados princípios de projeto antigamente encontrados apenas em mainframes e supercomputadores e serve como um excelente exemplo de projeto CISC. Uma técnica alternativa de projeto de processador é o computador com conjunto reduzido de instruções (RISC). A arquitetura ARM é usada em uma grande variedade de sistemas embarcados e é um dos sistemas baseados em RISC mais poderosos e bem projetados no mercado.

Nesta seção e na seguinte, oferecemos uma rápida visão geral desses dois sistemas.

Em termos de fatia de mercado, a Intel é considerada, a décadas, o fabricante número um de microprocessadores para sistemas não embarcados, uma posição da qual parece improvável recuar. A evolução de seu principal produto microprocessador serve como um bom indicador da tecnologia de computador em geral.

A Tabela 2.6 mostra essa evolução. É interessante que, à medida que os microprocessadores se tornaram mais rápidos e muito mais complexos, a Intel realmente acelerou o ritmo. A Intel costumava desenvolver microprocessadores, um após o outro, a cada quatro anos, mas agora espera manter os concorrentes acuados, retirando um ou dois anos desse tempo de desenvolvimento, como tem feito com a maioria das gerações recentes do x86.

Vale a pena listar alguns dos destaques da evolução da linha de produtos da Intel:

- **8080:** o primeiro microprocessador de uso geral do mundo. Esta era uma máquina de 8 bits, com um caminho de dados de 8 bits para a memória. O 8080 foi usado no primeiro computador pessoal, o Altair.
- **8086:** uma máquina muito mais poderosa, de 16 bits. Além de um caminho de dados mais largo e registradores maiores, o 8086 ostentava uma cache de instruções, ou fila, que fazia a pré-busca de algumas instruções antes que fossem executadas. Uma variante desse processador, o 8088, foi usado no primeiro computador pessoal da IBM, assegurando o sucesso da Intel. O 8086 é o primeiro aparecimento da arquitetura x86.
- **80286:** esta extensão do 8086 permitia o endereçamento de uma memória de 16 MB, em vez de apenas 1 MB.
- **80386:** a primeira máquina de 32 bits da Intel e uma reformulação geral do produto. Com uma arquitetura de 32 bits, o 80386 competia em complexidade e potência com os minicomputadores e mainframes introduzidos alguns anos antes. Esse foi o primeiro processador da Intel a aceitar multitarefa, significando que poderia executar vários programas ao mesmo tempo.
- **80486:** o 80486 introduziu o uso de tecnologia de cache muito mais sofisticada e poderosa, e pipeline sofisticado de instrução. O 80486 também ofereceu um coprocessador matemático embutido, tirando da CPU principal operações matemáticas complexas.
- **Pentium:** com o Pentium, a Intel introduziu o uso de técnicas superescalares, que permitem que múltiplas instruções sejam executadas em paralelo.
- **Pentium Pro:** o Pentium Pro continuou o movimento em direção à organização superescalar, iniciada com o Pentium, com o uso agressivo de renomeação de registrador, previsão de desvio, análise de fluxo de dados e execução especulativa.
- **Pentium II:** o Pentium II incorporou a tecnologia MMX da Intel, que foi projetada especificamente para processar dados de vídeo, áudio e gráfico de forma eficiente.
- **Pentium III:** o Pentium III incorpora instruções adicionais de ponto flutuante para dar suporte ao software gráfico 3D.

- **Pentium 4:** o Pentium 4 inclui ponto flutuante adicional e outras melhorias para multimídia.[8]
- **Core:** esse é o primeiro microprocessador Intel x86 com um dual core, referindo-se à implementação de dois processadores em um único chip.
- **Core 2:** o Core 2 estende a arquitetura para 64 bits. O Core 2 Quad oferece quatro processadores em um único chip.

Mais de 30 anos após sua introdução em 1978, a arquitetura x86 continua a dominar o mercado de processadores fora dos sistemas embarcados. Embora a organização e a tecnologia das máquinas x86 tenha mudado drasticamente durante as décadas, a arquitetura do conjunto de instruções evoluiu para permanecer compatível com versões anteriores. Assim, qualquer programa escrito em uma versão mais antiga da arquitetura x86 pode ser executado nas versões mais novas. Todas as mudanças na arquitetura do conjunto de instruções envolveram acréscimos ao conjunto de instruções, sem subtrações. A taxa de mudança tem sido o acréscimo de aproximadamente uma instrução por mês acrescentada à arquitetura durante os 30 anos (Anthes, 2008[o]), de modo que existem agora mais de 500 itens no conjunto de instruções.

O x86 oferece uma excelente ilustração dos avanços em hardware de computador durante os últimos 30 anos. O 8086 de 1978 foi introduzido com uma velocidade de clock de 5 MHz e tinha 29 000 transistores. Um Intel Core 2 Quad, introduzido em 2008, opera a 3 GHz, um ganho de velocidade com um fator de 600, e tem 820 milhões de transistores, cerca de 28 000 vezes a quantidade do 8086. Ainda assim, o Core 2 tem um invólucro ligeiramente maior que o 8086 e tem um custo comparável.

2.4 Sistemas embarcados e o ARM

A arquitetura ARM refere-se a uma arquitetura de processador que evoluiu dos princípios de projeto RISC e é usada em sistemas embarcados. O Capítulo 13 examina os princípios de projeto RISC com detalhes. Nesta seção, oferecemos uma breve visão geral do conceito de sistemas, e depois examinamos a evolução da ARM.

Sistemas embarcados

O termo *sistema embarcado* refere-se ao uso de eletrônica e software dentro de um produto, ao contrário de um computador de uso geral, como um sistema de laptop ou desktop. A seguir, veja uma boa definição geral:[9]

Sistema embarcado. Uma combinação de hardware e software de computador, e talvez partes adicionais mecânicas e outras, projetada para realizar uma função dedicada. Em muitos casos, os sistemas embarcados fazem parte de um sistema ou produto maior, assim como no caso de um sistema de freios ABS em um carro.

Os sistemas embarcados existem em muito mais quantidade do que os sistemas de computador de uso geral, abrangendo uma ampla gama de aplicações (Tabela 2.7). Esses sistemas possuem requisitos e restrições bastante variáveis, como os seguintes (Grimheden e Torngren, 2005[q]):

- Sistemas de pequenos a grandes, implicando restrições de custo muito diferentes e, portanto, diferentes necessidades de otimização e reuso.
- Relaxados para requisitos muito estritos e combinações de diferentes requisitos de qualidade, por exemplo, com relação a segurança, confiabilidade, tempo real, flexibilidade e legislação.
- Tempos de vida de curto a longo.
- Diferentes condições ambientais em termos de, por exemplo, radiação, vibrações e umidade.
- Diferentes características de aplicação, resultando em cargas estáticas *versus* dinâmicas, velocidade de lenta a rápida, tarefas com uso intenso de computação contra interface e/ou combinações destes.

---

8 Com o Pentium 4, a Intel passou de números romanos para números arábicos nos números de modelo.

9 Michael Barr. *Embedded Systems Glossary*. Netrino Technical Library. Diposnível em <http://www.netrino.com/Publications/Glossary/index.php>.

Tabela 2.7 Exemplos de sistemas embarcados e seus mercados (Noergarrd, 2005[p])

Mercado	Dispositivo embutido
Automotivo	Sistema de ignição Controle de motor Sistema de freio
Eletrônico (para consumo)	Televisores digitais e analógicos Caixas set-top (DVD, VCR, cabo) *Personal Digital Assistants* (PDA) Aparelhos de cozinha (refrigeradores, torradeiras, fornos de micro-ondas) Automóveis Brinquedos/jogos Telefones/celulares/pagers Câmeras Sistemas de posicionamento global (GPS, do inglês *global positioning systems*)
Controle industrial	Robótica e sistemas de controle para manufatura Sensores
Médico	Bombas de infusão Máquinas de diálise Dispositivos protéticos Monitores cardíacos
Automação de escritório	Máquinas de fax Fotocopiadoras Impressoras Monitores Escâneres

- Diferentes modelos de computação, variando desde sistemas de evento discreto até aqueles envolvendo dinâmica de tempo contínuo (normalmente conhecidos como sistemas híbridos).

Normalmente, os sistemas embarcados estão fortemente acoplados ao seu ambiente. Isso pode ocasionar restrições em tempo real impostas pela necessidade de interagir com o ambiente. Restrições, como velocidades de movimento exigidas, precisão de medição e durações de tempo exigidas, ditam a temporização das operações de software. Se múltiplas atividades tiverem que ser gerenciadas simultaneamente, tem-se restrições de tempo real mais complexas.

A Figura 2.13, baseada em Koopman (1996[r]), mostra em termos gerais uma organização de sistema embarcado. Além do processador e da memória, existem diversos elementos que diferem do desktop ou laptop típico:

- Pode haver uma variedade de interfaces que permitem que o sistema meça, manipule e interaja de outras maneiras com o ambiente externo.
- A interface humana pode ser tão simples quanto uma luz piscando ou tão complicada quanto a visão robótica em tempo real.
- A porta de diagnóstico pode ser usada para diagnosticar o sistema que está sendo controlado, e não apenas para diagnóstico do computador.
- Hardware programável (FPGA), para aplicação específica (ASIC) ou mesmo um não digital pode ser utilizado para aumentar o desempenho ou a segurança.
- O software normalmente tem uma função fixa e é específico à aplicação.

Evolução do ARM

ARM é uma família de microprocessadores e microcontroladores baseados em RISC, projetados pela ARM Inc., Cambridge, Inglaterra. A empresa não fabrica processadores, mas projeta arquiteturas de microprocessador

Figura 2.13 Organização possível de um sistema embarcado

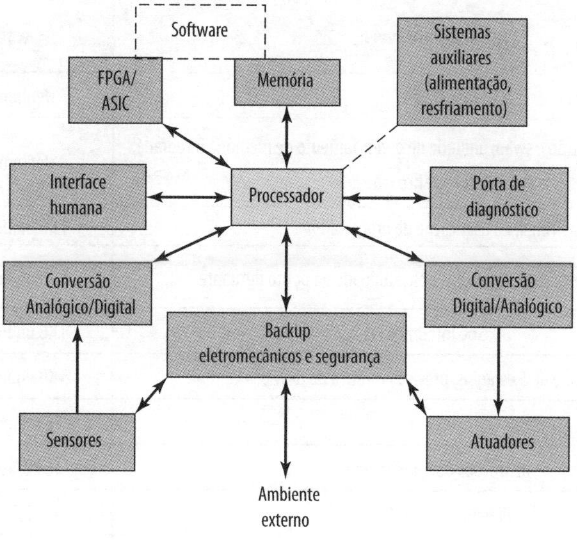

e multicore, e as licencia aos fabricantes. Os chips ARM são processadores de alta velocidade, conhecidos por seu pequeno tamanho do *die* e baixos requisitos de potência. Eles são bastante utilizados em PDAs e outros dispositivos portáteis, incluindo jogos e telefones, além de uma grande variedade de produtos para o consumo. Chips ARM são os processadores presentes nos populares dispositivos iPod e iPhone da Apple. A ARM provavelmente é a arquitetura de processador embutido mais utilizada e certamente a arquitetura de processador mais utilizada de qualquer tipo no mundo.

As origens da tecnologia ARM vêm da empresa britânica Acorn Computers. No início da década de 1980, a Acorn ganhou um contrato da British Broadcasting Corporation (BBC) para desenvolver uma nova arquitetura de microcomputador para o BBC Computer Literacy Project. O sucesso desse contrato permitiu à Acorn prosseguir e desenvolver o primeiro processador RISC comercial, o Acorn RISC Machine (ARM). A primeira versão, ARM1, começou a operar em 1985 e foi usada para pesquisa e desenvolvimento interno, além de ser usada como um coprocessador na máquina da BBC. Também em 1985, a Acorn lançou o ARM2, que tinha maior funcionalidade e velocidade dentro do mesmo espaço físico. Outras melhorias foram alcançadas com o lançamento do ARM3 em 1989.

Durante esse período, a Acorn usou a empresa VLSI Technology para fazer a fabricação real dos chips de processador. A VLSI era licenciada para comercializar o chip por conta própria e teve algum sucesso fazendo com que outras empresas usassem o ARM em seus produtos, particularmente como um processador embutido.

O projeto ARM combinou com uma necessidade comercial crescente por um processador de alto desempenho, baixo consumo de energia, pequeno tamanho e baixo custo para aplicações embarcadas. Mas o desenvolvimento além disso estava fora do escopo das capacidades da Acorn. Consequentemente, uma nova empresa foi organizada, com Acorn, VLSI e Apple Computer como parceiros fundadores, conhecida como ARM Ltd. A Acorn RISC Machine tornou-se a Advanced RISC Machine.[10] A primeira oferta da nova empresa, uma melhoria sobre o ARM3, foi designada como ARM6. Subsequentemente, a empresa introduziu diversas novas famílias, com maior funcionalidade e desempenho. A Tabela 2.8 mostra algumas características delas. Os números nessa tabela são apenas aproximações; os valores reais variam bastante para diferentes implementações.

De acordo com o site Web do ARM (arm.com), os processadores ARM são projetados para atender às necessidades de três categorias de sistemas:

10 A empresa retirou a designação *Advanced RISC Machine* no final da década de 1990. Agora, a arquitetura é conhecida simplesmente como ARM.

Tabela 2.8 Evolução da ARM

Família	Recursos notáveis	Cache	MIPS típico @ MHz
ARM1	RISC 32 bits	Nenhuma	
ARM2	Instruções de multiplicação e swap; unidade de gerenciamento de memória integrada, processador gráfico e de E/S	Nenhuma	7 MIPS @ 12 MHz
ARM3	Primeira a usar cache de processador	4 KB unificada	12 MIPS @ 25 MHz
ARM6	Primeira a aceitar endereços de 32 bits: unidade de ponto flutuante	4 KB unificada	28 MIPS @ 33 MHz
ARM7	SoC integrado	8 KB unificada	60 MIPS @ 60 MHz
ARM8	Pipeline de 5 estágios; previsão estática de desvio	8 KB unificada	84 MIPS @ 72 MHz
ARM9		16 KB/16 KB	300 MIPS @ 300 MHz
ARM9E	Instruções DSP melhoradas	16 KB/16 KB	220 MIPS @ 200 MHz
ARM10E	Pipeline de 6 estágios	32 KB/32 KB	
ARM11	Pipeline de 9 estágios	Variável	740 MIPS @ 665 MHz
Cortex	Pipeline superescalar de 13 estágios	Variável	2 000 MIPS @ 1 GHz
XScale	Processador de aplicações; pipeline de 7 estágios	32 KB/32 KB L1 512KB L2	1 000 MIPS @ 1,25 GHz

DSP = processador de sinal digital (do inglês *digital signal processor*)

SoC = sistema em um chip (do inglês *system on a chip*)

- **Sistemas embarcados de tempo real:** sistemas para aplicações de armazenamento, automotivas, industriais e de redes.
- **Plataformas de aplicação:** dispositivos executando sistemas operacionais abertos, incluindo Linux, Palm OS, Symbian OS e Windows CE em aplicações sem fio, entretenimento e imagens digitais.
- **Aplicações seguras:** smart cards, placas SIM e terminais de pagamento.

2.5 Avaliação de desempenho

Na avaliação do hardware do processador e na definição de requisitos para novos sistemas, o desempenho é um dos principais parâmetros a se considerar, juntamente com custo, tamanho, segurança, confiabilidade e, em alguns casos, consumo de potência.

É difícil fazer comparações de desempenho significativas entre diferentes processadores, mesmo entre os processadores na mesma família. A velocidade bruta é muito menos importante do que como um processador funciona quando executa determinada aplicação. Infelizmente, o desempenho da aplicação depende não apenas da velocidade bruta do processador, mas do conjunto de instruções, da escolha da linguagem de implementação, da eficiência do compilador e da habilidade da programação feita para implementar a aplicação.

Começamos esta seção com uma visão de algumas medidas tradicionais de velocidade do processador. Depois, examinamos o enfoque mais comum para avaliar o desempenho do processador e do sistema de computação. Depois disso, veremos uma discussão de como avaliar os resultados de múltiplos testes. Finalmente, examinamos as observações produzidas considerando a lei de Amdahl.

Velocidade do clock e instruções por segundo

O CLOCK DO SISTEMA As operações realizadas por um processador, como busca e decodificação de uma instrução, realização de uma operação aritmética e assim por diante, são controladas por um clock do sistema. Normalmente, todas as operações começam com o pulso do clock. Assim, no nível mais fundamental, a velocidade de um processador é ditada pela frequência de pulso produzida pelo clock, medida em ciclos por segundo, ou Hertz (Hz).

Normalmente, os sinais de clock são gerados por um cristal de quartzo, que gera uma onda de sinal constante enquanto a alimentação é aplicada. Essa onda é convertida em um *stream* de pulsos de voltagem digital, que é fornecido em um fluxo constante aos circuitos do processador (Figura 2.14). Por exemplo, um processador de 1 GHz recebe 1 bilhão de pulsos por segundo. A taxa de pulsos é conhecida como ***taxa de clock***, ou ***velocidade de clock***. Um incremento (ou pulso) do clock é conhecido como um ***ciclo de clock***, ou um ***clock tick***. O tempo entre os pulsos é o ***tempo de ciclo***.

A taxa de clock não é arbitrária, mas precisa ser apropriada para o *layout* físico do processador. As ações no processador exigem que os sinais sejam enviados de um elemento do processador para outro. Quando um sinal é colocado em uma linha dentro do processador, é preciso alguma quantidade finita de tempo para os níveis de voltagem se estabilizarem, de modo que um valor preciso (1 ou 0) esteja disponível. Além do mais, dependendo do *layout* físico dos circuitos do processador, alguns sinais podem mudar mais rapidamente do que outros. Assim, as operações precisam ser sincronizadas e ritmadas de modo que valores de sinal elétrico (voltagem) apropriados estejam disponíveis para cada operação.

A execução de uma instrução envolve uma série de etapas discretas, como buscar a instrução na memória, decodificar as diversas partes da instrução, carregar e armazenar dados e realizar operações aritméticas e lógicas. Assim, grande parte das instruções na maioria dos processadores requer múltiplos ciclos de clock para completar. Algumas instruções podem usar apenas alguns ciclos, enquanto outras exigem dezenas. Além disso, quando é usado o pipeline, múltiplas instruções estão sendo executadas simultaneamente. Assim, uma comparação direta de velocidades de clock em diferentes processadores não diz a história toda sobre o desempenho.

TAXA DE EXECUÇÃO DE INSTRUÇÃO Um processador é controlado por um clock com uma frequência constante f ou, de modo equivalente, um tempo de ciclo constante τ, onde $\tau = 1/f$. Defina a contagem de instruções, I_c, para um programa como o número de instruções de máquina executadas para esse programa até que ele rode até o fim ou por algum intervalo de tempo definido. Observe que esse é o número de execuções de instrução e não o número de instruções no código objeto do programa. Um parâmetro importante é a média de ciclos por instrução (CPI, do inglês *cycles per instruction*) para um programa. Se todas as instruções exigissem o mesmo

Figura 2.14 Clock do sistema

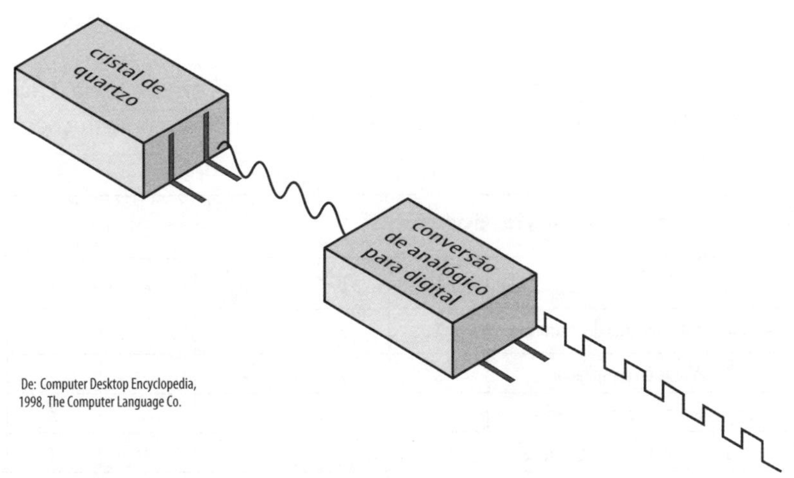

número de ciclos de clock, então o *CPI* seria um valor constante para um processador. Porém, em determinado processador, o número de ciclos de clock exigido varia para diferentes tipos de instruções, como load, store, branch e assim por diante. Considere que CPI_i seja o número de ciclos exigidos para a instrução tipo *i*, e I_i seja o número de instruções executadas de tipo *i* para determinado programa. Então, podemos calcular um *CPI* geral como a seguir:

$$CPI = \frac{\sum_{i=1}^{n} (CPI_i \times I_i)}{I_c} \, . \qquad \textbf{(2.1)}$$

O tempo de processador *T* necessário para executar determinado programa pode ser expresso como:

$$T = I_c \times CPI \times \tau \, .$$

Podemos refinar essa formulação reconhecendo que, durante a execução de uma instrução, parte do trabalho é feito pelo processador, e parte do tempo uma palavra está sendo transferida da e para a memória. Nesse último caso, o tempo para transferir depende do tempo de ciclo da memória, que pode ser maior que o tempo de ciclo do processador. Podemos reescrever a equação anterior como:

$$T = I_c \times [p + (m \times k)] \times \tau ,$$

onde *p* é o número de ciclos de processador necessários para decodificar e executar a instrução, *m* é o número de referências de memória necessárias e *k* é a razão entre o tempo de ciclo da memória e o tempo de ciclo do processador. Os cinco fatores de desempenho na equação anterior (I_c, *p*, *m*, *k*, $\boldsymbol{\tau}$) são influenciados por quatro atributos do sistema: o projeto do conjunto de instruções (conhecido como *arquitetura do conjunto de instruções*), a tecnologia do compilador (quão efetivo é o compilador para produzir um programa em linguagem de máquina eficiente, de um programa em linguagem de alto nível), a implementação do processador e a hierarquia da cache e da memória. A Tabela 2.9, baseada em Hwang (1993[5]), é uma matriz em que uma dimensão mostra os cinco fatores de desempenho e a outra dimensão mostra os quatro atributos do sistema. Um X em uma célula indica um atributo do sistema que afeta um fator de desempenho.

Uma medida comum do desempenho para um processador é a taxa em que as instruções são executadas, expressa como milhões de instruções por segundo (MIPS, do inglês *millions of instructions per second*), conhecida como ***taxa MIPS***. Podemos expressar a taxa MIPS em termos da taxa de clock e do *CPI* da seguinte forma:

$$\text{Taxa MIPS} = \frac{I_c}{T \times 10^6} = \frac{f}{CPI \times 10^6} \, . \qquad \textbf{(2.2)}$$

Por exemplo, considere a execução de um programa que resulta na execução de 2 milhões de instruções em um processador de 400 MHz. O programa consiste em quatro tipos principais de instruções. A mistura de instruções

Tabela 2.9 Fatores de desempenho e atributos do sistema

	I_c	*p*	*m*	*k*	τ
Arquitetura do conjunto de instruções	X	X			
Tecnologia do compilador	X	X	X		
Implementação do processador		X			X
Hierarquia da cache e da memória				X	X

Tabela 2.10 Mistura de instruções e CPI

Tipo de instrução	CPI	Número de instruções (%)
Aritmética e lógica	1	60%
Load/store com acerto de cache	2	18%
Desvio	4	12%
Referência de memória com falha de cache	8	10%

e o CPI para cada tipo de instrução aparecem na Tabela 2.10, com base no resultado de um experimento de *trace* de programa.

O CPI médio quando o programa é executado em um uniprocessador com os resultados de *trace* mostrados é $CPI = 0{,}6 + (2 \times 0{,}18) + (4 \times 0{,}12) + (8 \times 0{,}1) = 2{,}24$. A taxa MIPS correspondente é $(400 \times 10^6)/(2{,}24 \times 10^6) \approx 178$.

Outra medida de desempenho comum lida apenas com instruções de ponto flutuante. Estas são comuns em muitas aplicações científicas e de jogos. O desempenho do ponto flutuante é expresso como milhões de operações de ponto flutuante por segundo (MFLOPS, do inglês *million of floating-point operations per second*), definido da seguinte forma:

$$\text{Taxa MFLOPS} = \frac{\textit{Número de operações de ponto flutuante executadas em um programa}}{\textit{Tempo de execução} \times 10^6}$$

Benchmarks

Medidas como MIPS e MFLOPS provaram ser inadequadas para avaliar o desempenho dos processadores. Devido a diferenças nos conjuntos de instruções, a taxa de execução de instrução não é um meio válido de comparar o desempenho de diferentes arquiteturas. Por exemplo, considere esta instrução em linguagem de alto nível:

```
A = B + C  /* considere todas as quantidades na memória principal */
```

Com a arquitetura tradicional do conjunto de instruções, conhecida como CISC, essa instrução pode ser compilada em uma instrução de processador:

```
add   mem(B),  mem(C),  mem  (A)
```

Em uma máquina RISC típica, a compilação se pareceria com o seguinte:

```
load   mem(B),   reg(1);
load   mem(C),   reg(2);
add    reg(1),   reg(2),   reg(3);
store  reg(3),   mem (A)
```

Devido à natureza da arquitetura RISC (discutida no Capítulo 13), ambas as máquinas podem executar a instrução original em linguagem de alto nível aproximadamente no mesmo tempo. Se este exemplo for representativo das duas máquinas, então, se a máquina CISC for classificada com 1 MIPS, a máquina RISC seria classificada com 4 MIPS. Mas ambas realizam a mesma quantidade de trabalho em linguagem de alto nível na mesma quantidade de tempo.

Além do mais, o desempenho de certo processador em determinado programa pode não ser útil para determinar como esse processador funcionará em um tipo de aplicação muito diferente. Consequentemente, a partir do final da década de 1980 e início da seguinte, o interesse industrial e acadêmico passou para a medição do desempenho dos sistemas usando um conjunto de programas de benchmark. O mesmo conjunto de programas pode ser executado em diferentes máquinas, com os tempos de execução comparados.

Weicker (1990[t]) lista as características desejadas de um programa de benchmark:

1. É escrito em uma linguagem de alto nível, tornando-o portável entre diferentes máquinas.
2. Representa um tipo particular de estilo de programação, como programação de sistemas, programação numérica ou programação comercial.
3. Pode ser medido com facilidade.
4. Tem uma ampla distribuição.

BENCHMARKS SPEC A necessidade comum nas comunidades industrial, acadêmica e de pesquisa para medidas de desempenho de computador geralmente aceitas tem levado ao desenvolvimento de pacotes de benchmark padronizados. Um pacote de bechmark é uma coleção de programas, definidos em uma linguagem de alto nível, que, juntos, tentam oferecer um teste representativo de um computador em determinada área de aplicação ou de programação de sistema. A mais conhecida dessa coleção de pacotes de benchmark é definida e mantida pela *System Performance Evaluation Corporation* (SPEC), um consórcio da indústria. As medidas de desempenho SPEC são bastante usadas para fins de comparação e pesquisa.

O mais conhecido dos pacotes de benchmark da SPEC é o SPEC CPU2006. Esse é o pacote padrão da indústria para aplicações com uso intensivo do processador. Ou seja, o SPEC CPU2006 é apropriado para medir o desempenho de aplicações que gastam a maior parte de seu tempo realizando cálculos, do que E/S. O pacote CPU2006 é baseado em aplicações existentes que já foram portadas para uma grande variedade de plataformas pelos membros do setor SPEC. Ele consiste em 17 programas de ponto flutuante escritos em C, C++ e Fortran, e 12 programas de inteiros escritos em C e C++. O pacote contém mais de 3 milhões de linhas de código. Essa é a quinta geração de pacotes com uso intensivo de CPU da SPEC, substituindo o SPEC CPU2000, SPEC CPU95, SPEC CPU92 e SPEC CPU89 (Henning, 2007[u]).

Outros pacotes SPEC são os seguintes:

- **SPECjvm98:** voltado para avaliar o desempenho dos aspectos combinados de hardware e software da plataforma cliente de *Java Virtual Machine* (JVM).
- **SPECjbb2000 (Java Business Benchmark):** um benchmark para avaliar aplicações de comércio eletrônico baseadas em Java no lado do servidor.
- **SPECweb99:** avalia o desempenho dos servidores da World Wide Web (WWW).
- **SPECmail2001:** criado para medir o desempenho do sistema que atua como servidor de correio.

AVALIANDO RESULTADOS Para obter uma comparação confiável do desempenho de diversos computadores, é preferível executar uma série de programas de benchmark diferentes em cada máquina e depois avaliar os resultados. Por exemplo, se houver *m* diferentes programas de benchmark, então uma ***média aritmética*** simples pode ser calculada da seguinte forma:

$$R_A = \frac{1}{m}\sum_{i=1}^{m} R_i \qquad \textbf{(2.3)}$$

onde R_i é a taxa de execução de instrução na linguagem de alto nível para o i-ésimo programa de benchmark.

Uma alternativa é usar a ***média harmônica***:

$$R_H = \frac{m}{\sum_{i=1}^{m} \frac{1}{R_i}} \qquad \textbf{(2.4)}$$

No final das contas, o usuário se preocupa com o tempo de execução de um sistema, e não com sua taxa de execução. Se usarmos a média aritmética das taxas de instrução de diversos programas de benchmark, obtemos um resultado que é proporcional à soma dos inversos dos tempos de execução. Mas isso não é inversamente proporcional à soma dos tempos de execução. Em outras palavras, a média aritmética da taxa de instrução não se relaciona claramente ao tempo de execução. Por outro lado, a taxa de instrução da média harmônica é o inverso do tempo médio de execução.

Benchmarks SPEC não se preocupam com as taxas de execução de instrução. Em vez disso, duas métricas fundamentais são interessantes: uma métrica de velocidade e uma métrica de taxa. A ***métrica de velocidade*** mede a capacidade de um computador completar uma única tarefa. O SPEC define um *runtime* básico para cada programa de benchmark usando uma máquina de referência. Os resultados para um sistema em teste são relatados como a ***razão*** entre o tempo de execução de referência e o tempo de execução do sistema. A razão é calculada da seguinte forma:

$$r_i = \frac{Tref_i}{Tsut_i}, \qquad \textbf{(2.5)}$$

onde $Tref_i$ é o tempo de execução do programa de benchmark *i* no sistema de referência e $Tsut_i$ é o tempo de execução do programa de benchmark *i* no sistema em teste.

Como um exemplo de cálculo e relatório, considere o Sun Blade 6250, que consiste em dois chips com quatro cores, ou processadores, por chip. Um dos benchmarks de inteiros SPEC CPU2006 é o 464.h264ref. Essa é uma implementação de referência do H.264/AVC (*advanced video coding*), o padrão de compactação de vídeo mais moderno. O sistema Sun executa esse programa em 934 segundos. A implementação de referência requer 22.135 segundos. A razão é calculada como: 22.136/934 = 23,7.

Como o tempo para o sistema em teste está no denominador, quanto maior a razão, mais alta é a velocidade. Uma medida de desempenho geral para o sistema em teste é calculada tirando-se a média dos valores para as razões de todos os 12 benchmarks de inteiros. A SPEC especifica o uso de uma ***média geométrica***, definida da seguinte forma:

$$r_G = \left(\prod_{i=1}^{n} r_i \right)^{1/n}, \qquad \textbf{(2.6)}$$

onde r_i é a razão para o *i*-ésimo programa de benchmark. Para o Sun Blade 6250, as razões de velocidade de inteiros do SPEC foram relatadas como mostra a Tabela 2.11.

A métrica de velocidade é calculada apanhando-se a 12ª raiz do produto das razões:

$(17,5 \times 14 \times 13,7 \times 17,6 \times 14,7 \times 18,6 \times 17 \times 31,3 \times 23,7 \times 9,23 \times 10,9 \times 14,7)^{1/12} = 18,5$

A ***métrica de taxa*** mede a vazão ou taxa de uma máquina executando uma série de tarefas. Para a métrica de taxa, várias cópias dos benchmarks são executadas simultaneamente. Em geral, o número de cópias é igual ao número de processadores na máquina. Novamente, uma razão é usada para relatar os resultados, embora o cálculo seja mais complexo. A razão é calculada da seguinte forma:

$$r_i = \frac{N \times Tref_i}{Tsut_i}, \qquad \textbf{(2.7)}$$

onde $Tref_i$ é o tempo de execução de referência para o benchmark *i*, *N* é o número de cópias do programa que são executadas simultaneamente, e $Tsut_i$ é o tempo decorrido desde o início da execução do programa em todos os *N* processadores do sistema em teste, até o término de todas as cópias do programa. Novamente, uma média geométrica é calculada para determinar a medida de desempenho geral.

Tabela 2.11 Razões de velocidades de inteiros do SPEC

Benchmark	Razão
400.perlbench	17,5
401.bzip2	14,0
403.gcc	13,7
429.mcf	17,6
445.gobmk	14,7
456.hmmer	18,6

Benchmark	Razão
458.sjeng	17,0
462. libquantum	31,3
464.h264ref	23,7
471.omnetpp	9,23
473.astar	10,9
483.xalancbmk	14,7

SPEC escolheu usar uma média geométrica, pois é o mais apropriado para números normalizados, como razões. Fleming e Wallace (1986[v]) demonstram que a média geométrica tem a propriedade de manter relacionamentos de desempenho de forma coerente, independentemente do computador usado como base para normalização.

Lei de Amdahl

Ao considerar o desempenho do sistema, os projetistas de sistemas de computação procuraram maneiras de melhorar o desempenho aperfeiçoando a tecnologia ou mudando o projeto. Alguns exemplos incluem o uso de processadores paralelos, o uso de uma hierarquia de cache de memória e *speedup* no tempo de acesso da memória e na taxa de transferência de E/S devido às melhorias na tecnologia. Em todos esses casos, é importante observar que um *speedup* em um aspecto da tecnologia ou projeto não resulta em uma melhoria correspondente no desempenho. Essa limitação é expressa de forma sucinta pela lei de Amdahl.

A lei de Amdahl foi proposta inicialmente por Gene Amdahl (1967[w]), e lida com o potencial *speedup* de um programa usando múltiplos processadores em comparação com um único processador. Considere um programa rodando em um único processador, de modo que uma fração $(1 - f)$ do tempo de execução envolva um código inerentemente serial e uma fração f envolva código infinitamente paralelizável sem *overhead* de escalonamento. Considere que T seja o tempo de execução total do programa usando um único processador. Então, o *speedup* usando um processador paralelo com N processadores, que explora totalmente a parte paralela do programa, é o seguinte:

$$Speedup = \frac{\text{tempo para executar programa em um único processador}}{\text{tempo para executar programa em N processadores paralelos}}$$

$$= \frac{T(1-f) + Tf}{T(1-f) + \dfrac{Tf}{N}} = \frac{1}{(1-f) + \dfrac{f}{N}}.$$

Podemos chegar a duas conclusões importantes:

1. Quando f é pequeno, o uso de processadores paralelos tem pouco efeito.
2. Quando N se aproxima do infinito, o *speedup* é limitado por $1/(1 - f)$, de modo que existem retornos decrescentes para o uso de mais processadores.

Essas conclusões são muito pessimistas, uma declaração proposta inicialmente em Gustafson (1988[x]). Por exemplo, um servidor pode manter múltiplas *threads* ou múltiplas tarefas para lidar com múltiplos clientes e executar as *threads* ou tarefas em paralelo até o limite do número de processadores. Muitas aplicações de banco de dados envolvem cálculos sobre grandes quantidades de dados, que podem ser divididos em múltiplas tarefas em paralelo. Apesar disso, a lei de Amdahl ilustra os problemas enfrentados pela indústria no desenvolvimento de máquinas multicore com um número cada vez maior de processadores: o software que roda nessas máquinas precisa ser adaptado para um ambiente de execução altamente paralelo, para explorar o poder do processamento paralelo.

A lei de Amdahl pode ser generalizada para avaliar qualquer melhoria de projeto ou técnica em um sistema de computação. Considere qualquer melhoria a um recurso de um sistema que resulte em um *speedup*, o qual pode ser expresso como:

$$Speedup = \frac{\text{Desempenho após melhoria}}{\text{Desempenho antes da melhoria}} = \frac{\text{Tempo de execução antes da melhoria}}{\text{Tempo de execução após melhoria}}. \quad \textbf{(2.8)}$$

Suponha que o recurso do sistema seja usado durante a execução de uma fração do tempo f, antes da melhoria, e que o *speedup* desse recurso após a melhoria seja SU_f. Então, o *speedup* geral do sistema é:

$$Speedup = \frac{1}{(1-f) + \dfrac{f}{SU_f}}.$$

Por exemplo, suponha que uma tarefa utilize muitas operações de ponto flutuante, com 40% do tempo sendo consumido por operações de ponto flutuante. Com um novo projeto de hardware, o módulo de ponto flutuante é agilizado por um fator de *K*. Então, o *speedup* geral é:

$$Speedup = \frac{1}{0{,}6 + \dfrac{0{,}4}{K}}.$$

Assim, independentemente de *K*, o *speedup* máximo é 1,67.

2.6 Leitura recomendada e sites Web

Uma descrição da série IBM 7000 pode ser encontrada em Bell e Newell (1971[e]). Há uma boa explicação do IBM 360 em Siewiorek, Bell e Newell, (1982[y]) e do PDP-8 e outras máquinas DEC em Bell, Mudge e McNamara, (1978[z]). Esses três livros também contêm diversos exemplos detalhados de outros computadores no decorrer da história dessas máquinas até o início da década de 1980. Um livro mais recente, que inclui um excelente conjunto de estudos de caso de máquinas históricas, é Blaauw e Brooks (1997[aa]). Uma boa história do microprocessador é Betker, Fernando e Whalen (1997[bb]).

Olukotun et al. (2007[cc]), Hammond, Noylay e Olukotun (1997[dd]) e Sakai (2002[ee]) discutem a motivação para pro múltiplos processadores em um único chip.

Brey2009[ff] oferece um bom estudo da linha de microprocessadores da Intel. A própria documentação da Intel também é boa (Intel Corp; 2008[gg]).

A documentação mais completa, disponível para a arquitetura ARM, é de Seal (2000[hh]).[11] Furber (2000[ii]) é outra excelente fonte de informações. Smith (2008[jj]) é uma comparação interessante das abordagens ARM e x86 para processadores embutidos em dispositivos móveis sem fio.

Para ver discussões interessantes da lei de Moore e suas consequências, consulte Hutcheson e Hutcheson (1996[kk]), Schaller (1997[ll]) e Bohr (1998[mm]).

Henning (2006[nn]) oferece uma descrição detalhada de cada um dos benchmarks no CPU2006. Smith (1988[oo]) discute os méritos relativos das médias aritmética, harmônica e geométrica.

Sites Web recomendados

Intel Developer's Page: página Web da Intel para desenvolvedores, oferece um ponto de partida para acessar informações sobre o Pentium. Também inclui o Intel Technology Journal.

ARM: página web da ARM Limited, desenvolvedora da arquitetura ARM. Inclui documentação técnica.

Standard Performance Evaluation Corporation: SPEC é uma organização bastante reconhecida no setor de computação por seu desenvolvimento de benchmarks padronizados para medir e comparar o desempenho de diferentes sistemas de computação.

Top500 Supercomputer Site: oferece uma breve descrição de arquitetura e organização dos produtos de supercomputador atuais, incluindo comparações.

Charles Babbage Institute: oferece links para diversos sites Web que lidam com a história dos computadores.

---

11 Conhecido na comunidade ARM como o "ARM ARM".

Principais termos, perguntas de revisão e problemas

Principais termos

Acumulador (AC)	Ciclo de instrução	*Opcode*
Lei de Amdahl	Registrador de instrução (IR)	*Original equipment manufacturer* (OEM)
Unidade lógica e aritmética (ALU)	Conjunto de instruções	Unidade de controle do programa
Benchmark	Circuito integrado (CI)	Contador de programa (PC)
Chip	Memória principal	SPEC
Canal de dados	Registrador de endereço da memória (MAR)	Computador de programa armazenado
Sistema embarcado	Registrador de buffer de memória (MBR)	Compatibilidade
Ciclo de execução	Microprocessador	Máquina de von Neumann
Ciclo de busca	Multicore	Wafer
Entrada/saída (E/S)	Multiplexador	Palavra
Registrador de buffer de instrução (IBR)		

Perguntas de revisão

2.1 O que é um computador de programa armazenado?

2.2 Quais são os quatro componentes principais de qualquer computador de uso geral?

2.3 No nível de circuito integrado, quais são os três constituintes principais de um sistema de computação?

2.4 Explique a lei de Moore.

2.5 Liste e explique as principais características de uma família de computadores.

2.6 Qual é a principal característica que distingue um microprocessador?

Problemas

2.1 Considere que **A** = A(1), A(2),... , A(1 000) e **B** = B(1), B(2),..., B(1 000) sejam dois vetores (*arrays* unidimensionais) compostos de 1 000 números em cada um, que são somados para formar um *array* C tal que C(I) = A(I) + B(I) para I = 1,2,..., 1 000. Usando o conjunto de instruções do IAS, escreva um programa para esse problema. Ignore o fato de que o IAS foi projetado para ter apenas 1 000 palavras de armazenamento.

2.2 **a.** No IAS, como ficaria a instrução de código de máquina para carregar o conteúdo do endereço de memória 2?

b. Quantas viagens à memória a CPU precisa fazer para completar essa instrução durante o ciclo de instrução?

2.3 No IAS, descreva em português o processo que a CPU precisa assegurar para ler um valor da memória e escrever um valor na memória em termos do que é colocado em MAR, MBR, barramento de endereço, barramento de dados e barramento de controle.

2.4 Dado o conteúdo de memória do computador IAS, mostrado a seguir,

Endereço	Conteúdo
08A	010FA210FB
08B	010FA0F08D
08C	020FA210FB

mostre o código em linguagem de montagem para o programa, começando no endereço 08A. Explique o que esse programa faz.

2.5 Na Figura 2.3, indique a largura, em bits, de cada caminho de dados (por exemplo, entre AC e ALU).

2.6 No IBM 360 Modelos 65 e 75, os endereços são espalhados em duas unidades separadas da memória principal (por exemplo, todas as palavras de número par em uma unidade e todas as palavras de número ímpar em outra). Qual poderia ser a finalidade dessa técnica?

2.7 Com referência à Tabela 2.4, vemos que o desempenho relativo do IBM 360 Modelo 75 é 50 vezes o do 360 Modelo 30, embora o tempo de ciclo de instrução seja apenas 5 vezes mais rápido. Como você explica essa discrepância?

2.8 Enquanto analisa a loja de computadores de Billy Bob, você escuta um cliente perguntando a ele qual é o computador mais rápido na loja que ele possa comprar. Billy Bob responde: "Você está olhando para nossos Macintoshes. O Mac mais rápido que temos trabalha com uma velocidade de clock de 1,2 gigahertz. Se você realmente quer a máquina mais rápida, então deve comprar nosso Intel Pentium IV de 2,4 gigahertz em vez disso". Billy Bob está certo? O que você diria para ajudar esse cliente?

2.9 O ENIAC era uma máquina decimal, onde um registrador era representado por um anel de 10 válvulas. A qualquer momento, somente uma válvula estava no estado ON, representando um dos 10 dígitos. Supondo que o ENIAC tivesse a capacidade de ter várias válvulas no estado ON e OFF simultaneamente, por que essa representação é "esbanjadora" e que faixa de valores inteiros poderíamos representar usando 10 válvulas?

2.10 Um programa de benchmark é executado em um processador a 40 MHz. O programa executado consiste em 100.000 execuções de instrução, com a seguinte mistura de instruções e quantidade de ciclos de clock:

Tipo de instrução	Quantidade de instruções	Ciclos por instrução
Aritmética de inteiros	45 000	1
Transferência de dados	32 000	2
Ponto flutuante	15 000	2
Transferência de controle	8 000	2

Determine o CPI efetivo, a taxa de MIPS e o tempo de execução para esse programa.

2.11 Considere duas máquinas diferentes, com dois conjuntos de instruções diferentes, ambos tendo uma taxa de clock de 200 MHz. As medições a seguir são registradas nas duas máquinas rodando determinado conjunto de programas de benchmark:

Tipo de instrução	Quantidade de instruções (milhões)	Ciclos por instrução
Máquina A		
Aritmética e lógica	8	1
Load e store	4	3
Desvio	2	4
Outros	4	3
Máquina A		
Aritmética e lógica	10	1
Load e store	8	2
Desvio	2	4
Outros	4	3

a. Determine o CPI efetivo, a taxa MIPS e o tempo de execução para cada máquina.

b. Comente os resultados.

2.12 Os primeiros exemplos de projeto CISC e RISC são o VAX 11/780 e o IBM RS/6000, respectivamente. Usando um programa de benchmark típico, o resultado são as seguintes características de máquina:

Processador	Frequência de clock	Desempenho	Tempo de CPU
VAX 11/780	5 MHz	1 MIPS	12 *x* segundos
IBM RS/6000	25 MHz	18 MIPS	*x* segundos

A coluna final mostra que o VAX exigia 12 vezes mais tempo que o IBM, medido em tempo de CPU.

a. Qual é o tamanho relativo da quantidade de instruções do código de máquina para esse programa de benchmark rodando nas duas máquinas?

b. Quais são os valores de *CPI* para as duas máquinas?

2.13 Quatro programas de benchmark são executados em três computadores com os seguintes resultados:

	Computador A	Computador B	Computador C
Programa 1	1	10	20
Programa 2	1 000	100	20
Programa 3	500	1 000	50
Programa 4	100	800	100

A tabela mostra o tempo de execução em segundos, com 100 000 000 instruções executadas em cada um dos quatro programas. Calcule os valores de MIPS para cada computador para cada programa. Depois, calcule as médias aritmética e harmônica considerando pesos iguais para os quatro programas, e classifique os computadores com base na média aritmética e a média harmônica.

2.14 A tabela a seguir, baseada em dados relatados na literatura (Heath, 1984[pp]), mostra os tempos de execução, em segundos, para cinco diferentes programas de benchmark em três máquinas.

Benchmark	Processador		
	R	M	Z
E	417	244	134
F	83	70	70
H	66	153	135
I	39 449	35 527	66 000
K	772	368	369

a. Calcule a métrica de velocidade para cada processador para cada benchmark, normalizada para a máquina R. Ou seja, os valores de razão para R são todos iguais a 1,0. Outras razões são calculadas por meio da Equação 2.5, com R tratado como o sistema de referência. Depois, calcule o valor da média aritmética para cada sistema usando a Equação 2.3. Essa é a técnica utilizada em Heath (1984[pp]).

b. Repita a parte (a) usando M como máquina de referência. Esse cálculo não foi tentado em Heath (1984[pp]).

c. Qual máquina é a mais lenta, com base em cada um dos dois cálculos anteriores?

d. Repita os cálculos das partes (a) e (b) usando a média geométrica, definida na Equação 2.6. Qual máquina é a mais lenta, com base nos dois cálculos?

2.15 Para esclarecer os resultados do problema anterior, examinamos um exemplo mais simples.

Benchmark	Processador		
	X	Y	Z
1	20	10	40
2	40	80	20

a. Calcule o valor da média aritmética para cada sistema usando X como a máquina de referência e depois usando Y como a máquina de referência. Demonstre que, intuitivamente, as três máquinas têm um desempenho relativamente equivalente e que a média aritmética gera resultados enganosos.

b. Calcule o valor da média geométrica para cada sistema usando X como a máquina de referência e depois usando Y como a máquina de referência. Demonstre que os resultados são mais realistas do que com a média aritmética.

2.16 Considere o exemplo na Seção 2.5 para o cálculo da taxa média de CPI e MIPS, que produziram o resultado de CPI = 2,24 e taxa MIPS = 178. Agora, suponha que o programa possa ser executado em oito tarefas paralelas ou *threads* com aproximadamente o mesmo número de instruções executadas em cada tarefa. A execução é em um sistema de 8 processadores, com cada processador (core) tendo o mesmo desempenho do único processador usado originalmente. A coordenação e a sincronização entre as partes acrescentam mais 25 000 execuções de instrução a cada tarefa. Considere a mesma mistura de instruções do exemplo para cada tarefa, mas aumente o CPI para referência à memória com cada perda de cache para 12 ciclos, devido à disputa pela memória.

a. Determine o CPI médio.

b. Determine a taxa MIPS correspondente.

c. Calcule o fator de *speedup*.

d. Compare o fator de *speedup* real com o fator de *speedup* teórico determinado pela lei de Amdhal.

2.17 Um processador acessa a memória principal com um tempo de acesso médio de T_2. Uma memória cache menor é interposta entre o processador e a memória principal. A cache tem um tempo de acesso significativamente mais rápido de $T_1 < T_2$. A cache mantém, a qualquer momento, cópias de algumas palavras da memória principal e é projetada de modo que as palavras mais prováveis de serem acessadas no futuro próximo estejam na cache. Suponha que a probabilidade de que a próxima palavra acessada pelo processador esteja na cache seja H, conhecido como razão de acerto.

a. Para qualquer acesso à memória isolado, qual é o *speedup* teórico de acessar uma palavra na cache ao invés da memória principal?

b. Considere que T seja o tempo de acesso médio. Expresse T como uma função de T_1, T_2 e H. Qual é o *speedup* geral como uma função de H?

c. Na prática, um sistema pode ser projetado de modo que o processador deva primeiro acessar a cache para determinar se a palavra está na cache e, se não estiver, então acessar a memória principal, de modo que, em uma perda (ao contrário de um acerto), o tempo de acesso à memória é $T_1 + T_2$. Expresse T como uma função de T_1, T_2 e H. Agora, calcule o *speedup* e compare com o resultado produzido na parte (b).

Referências

a VON NEUMANN, J. *First draft of a report on the EDVAC*. Moore School, University of Pennsylvania, 1945. Reimpresso em *IEEE* Annals on the History of Computing, Nº 4, 1993.

b BURKS, A.; GOLDSTINE, H. e VON NEUMANN, J. *Preliminary discussion of the logical design of an electronic computer instrument*. Relatório preparado pelo U.S. Army Ordnance Dept., 1946. Reimpresso em Bell, 1971.

c HAYES, J. *Computer architecture and organization*. Nova York: McGraw-Hill, 1998.

d BASHE, C.; BUCHOLTZ, W.; HAWKINS, G.; INGRAM, J. e ROCHESTER, N. "The architecture of IBM's early computers". *IBM Journal of Research and Development*, set. 1981.

e BELL, e NEWELL, A. *Computers structures: readings and examples*. Nova York: McGraw-Hill, 1971.

f MOORE, G. "Cramming more components onto integrated circuits". *Electronics Magazine*, 19 de abr. 1965.

g BOHR, M. "High performance logic technology and reliability challenges". *International Reability Physics Symposium*, mar. 2003. Disponível em <www.irps.org/03-41st>.

h PADEGS, A. "System/360 and beyond". *IBM Journal of Research and Development*, set. 1981.

i GIFFORD, D. e SPECTOR, A. "Case study: IBM's System/360-370 architecture". *Communications of the ACM*, abr. 1987.

j STEVENS, W. "The structure of System/360, Part II: system implementation". *IBM Systems Journal*, Vol. 3, Nº 2, 1964. Reimpresso em SIEWIOREK, BELL e NEWELL, 1982.

k VOELKER, J. "The PDP-8". *IEEE Spectrum*, nov. 1988.

l BORKAR, S. "Getting gigascale chips: challenges and opportunities in continuing Moore's law". *ACM Queue*, out. 2003.

m Intel Research and Development. *Architecting the era of tera*. Intel White Paper, fev. 2004. Disponível em <www.intel.com/labs/teraera/index.htm>.

n GIBBS, W. "A split at the core". *Scientific American*, nov. 2004.

o ANTHES, G. "What's next for the x86?" *ComputerWorld*, 16 de jun. 2008.

p NOERGARRD, T. *Embedded systems architecture: a comprehensive guide for engineers and programmers*. Nova York: Elsevier, 2005.

q GRIMHEDEN, M. e TORNGREN, M. "What is embedded systems and how should it be taught? — Results from a didactic analysis". *ACM Transactions on Embedded Computing Systems*, ago. 2005.

r KOOPMAN, P. "Embedded system design issues (the rest of the story). *Proceedings, 1996 International Conference on Computer Design*, 1996.

s HWANG, K. *Advanced computer architecture*. Nova York: McGraw-Hill, 1993.

t WEICKER, R. "An overview of common benchmarks". *Computer*, dez. 1990.

u HENNING, J. "SPEC CPU suite growth: an historical perspective". *Computer Architecture News*, mar. 2007.

v FLEMING, P. e WALLACE, J. "How not to lie with statistics: the correct way to summarize benchmark results". *Communications of the ACM*, mar. 1986.

w AMDAHL, G. "Validity of the single-processor approach to achieving large-scale computing capability". *Proceedings, of the AFIPS Conference*, 1967.

x GUSTAFSON, J. "Reevaluating Amdahl's law". *Communications of the ACM*, mai. 1988.

y SIEWIOREK, D.; Bell, C. e NEWELL, A. *Computer structures: principles and examples*. Nova York: McGraw-Hill, 1982.

z BELL, C. MUDGE, J. e MCNAMARA, J. *Computer engineering: a dec view of hardware systems design*. Bedford, MA: Digital Press, 1978.

aa BLAAUW, G. e BROOKS, F. *Computer architecture: concepts and evolution*. Reading, MA: Addison-Wesley, 1997.

bb BETKER, M.; FERNANDO, J. e WHALEN, S. "The history of the microprocessor". *Bell Labs Technical Journal*, out. 1997.

cc OLUKOTUN, K., et al. "The case for a single-chip multiprocessador." *Proceedings, Seventh International Conference on Architectural Support for Programming Languages and Operating Systems*, 1996

dd HAMMOND, L.; NAYFAY, B. e OLUKOTUN, K. "A single-chip multiprocessor". *Computer*, set. 1997.

ee SAKAI, S. "CMP on SoC: architect's view". *Proceedings. l5th International Symposium on System Synthesis*, 2002.

ff BREY, B. *The Intel microprocessors: 8086/8066, 80186/80188, 80286, 80386, 80486, Pentium, Pentium Pro Processor, Pentium II, Pentium III, Pentium 4 and core 2 with 64-bit extensions.* Upper Saddle River, NJ: Prentice Hall, 2009.

gg Intel Corp. Intel ® 64 and *IA-32 Intel Architectures Software Developer's Manual* (*3 volumes*). Denver, CO, 2008. www.intel.com/products/processor/manuals.

hh SEAL, D., ed. *ARM architecture reference manual*. Reading, MA: Addison-Wesley, 2000.

ii FURBER, S. *ARM system-on-chip architecture*. Reading, MA: Addison-Wesley, 2000.

jj Smith, B. "ARM and Intel battle over the mobile chip's future". *Computer*, mai. 2008.

kk HUTCHESON, G. e HUTCHESON, J. "Technology and economics in the semiconductor industry". *Scientific American*, jan. 1996.

ll SCHALLER, R. "Moore's law: past, present, and Future". *IEEE Spectrum*, jun. 1997.

mm BOHR, M. "Silicon trends and limits for advanced microprocessors". *Communications of the ACM*, mar. 1998.

nn HENNING, J. "SPEC CPU2006 benchmark descriptions". *Computer Architecture News*, set. 2006.

oo SMITH, J. "Characterizing computer performance with a single number". *Communications of the ACM*, out. 1988.

pp HEATH, J. "Re-evaluation of RISC 1". *Computer Architecture News*, mar. 1984.

PARTE

1 **2** 3 4

O sistema de computação

ASSUNTOS DA PARTE 2

Um sistema de computação consiste em processador, memória, dispositivos de E/S e as interconexões entre esses componentes principais. Com a exceção do processador, que é suficientemente complexo para dedicarmos a Parte 3 ao seu estudo, a Parte 2 examina cada um desses componentes com detalhes.

MAPA DA PARTE 2

Capítulo 3 Visão de alto nível da função e interconexão do computador

No nível superior, um computador consiste em um processador, memória e componentes de E/S. O comportamento funcional do sistema consiste na troca de dados e sinais de controle entre esses componentes. Para dar suporte a essa troca, os componentes precisam ser interconectados. O Capítulo 3 começa com um breve exame dos componentes do computador e seus requisitos de entrada e saída. O capítulo então examina os principais aspectos que afetam o projeto de interconexão, especialmente a necessidade de oferecer suporte a interrupções. A maior parte do capítulo é dedicada a um estudo da abordagem mais comum da interconexão: o uso de uma estrutura de barramentos.

Capítulo 4 Memória cache

A memória do computador apresenta uma grande variedade de tipo, tecnologia, organização, desempenho e custo. O sistema de computação típico é equipado com uma hierarquia de subsistemas de memória, alguns internos (acessíveis diretamente pelo processador) e alguns externos (acessíveis pelo processador por meio de um módulo de E/S). O Capítulo 4 começa com uma visão geral dessa hierarquia. Em seguida, o capítulo trata dos detalhes do projeto da memória cache, incluindo caches de código e dados separados e caches de dois níveis.

Capítulo 5 Memória interna

O projeto de um sistema de memória principal é uma batalha sem fim entre três requisitos de projeto concorrentes: grande capacidade de armazenamento, acesso rápido e baixo custo. Com a evolução da tecnologia de memória, cada uma dessas três características está mudando, de modo que as decisões de projeto na organização da memória principal devem ser revisadas novamente a cada nova implementação. O Capítulo 5 focaliza aspectos do projeto relacionados à memória interna. Primeiro, a natureza e a organização da memória semicondutora principal é examinada. Depois, exploramos as organizações recentes da memória DRAM avançada.

Capítulo 6 Memória externa

Para uma capacidade de armazenamento realmente grande e para um armazenamento mais permanente do que existe para a memória principal, uma organização de memória externa é necessária. O tipo mais usado de memória externa é o disco magnético, e grande parte do Capítulo 6 se concentra nesse assunto. Primeiro, examinamos a tecnologia e as considerações de projeto do disco magnético. Depois, explicamos o uso da organização RAID (do inglês *redundant arry of independent disks*) para melhorar o desempenho da memória em disco. O Capítulo 6 também examina o armazenamento óptico e em fita.

Capítulo 7 Entrada/Saída

Módulos de E/S são interconectados com o processador e a memória principal, e cada um controla um ou mais dispositivos externos. O Capítulo 7 é dedicado a diversos aspectos da organização de E/S. Essa é uma área complexa e menos compreendida do que outras áreas do projeto de sistema de computação em termos de atender as demandas de desempenho. O Capítulo 7 examina os mecanismos pelos quais um módulo de E/S interage com o restante do sistema de computação, usando as técnicas da E/S programada, E/S de interrupção e acesso direto à memória (DMA, do inglês *direct memory access*). A interface entre um módulo de E/S e os dispositivos externos também é descrita.

Capítulo 8 Suporte ao sistema operacional

Um exame detalhado dos sistemas operacionais (OS, do inglês *operation systems*) está fora do escopo deste livro. Porém, é importante entender as funções básicas de um sistema operacional e como ele explora o hardware para oferecer o desempenho desejado. O Capítulo 8 descreve os princípios básicos dos sistemas operacionais e discute os recursos de projeto específicos no hardware de computador voltados para oferecer suporte ao sistema operacional. O capítulo começa com uma breve história, que serve para identificar os principais tipos de sistemas operacionais e para motivar seu uso. Em seguida, a multiprogramação é explicada examinando as funções de escalonamento a longo e curto prazos. Finalmente, um estudo do gerenciamento de memória inclui uma discussão sobre segmentação, paginação e memória virtual.

CAPÍTULO

0 1 2 **3** 4 5 6 7 8 9 10 11 12 13 14 15 16 17 18

Visão de alto nível da função e interconexão do computador

PRINCIPAIS PONTOS

- Um ciclo de instrução consiste em uma busca de instrução, seguida por zero ou mais buscas de operandos, seguidas por zero ou mais armazenamentos de operandos, seguidos por uma verificação de interrupção (se as interrupções estiverem habilitadas).
- Os principais componentes do sistema de computação (processador, memória principal, módulos de E/S) precisam ser interconectados a fim de trocar dados e sinais de controle. O meio de interconexão mais popular é o uso de um barramento do sistema compartilhado, consistindo em múltiplas linhas. Nos sistemas contemporâneos, normalmente existe uma hierarquia de barramentos para melhorar o desempenho.
- Os principais elementos de projeto para os barramentos incluem arbitração (a permissão para enviar sinais nas linhas do barramento pode ser controlada de forma central ou distribuída); temporização (os sinais no barramento podem ser sincronizados com um clock central ou enviados de forma assíncrona com base na transmissão mais recente); e largura (número de linhas de endereço e número de linhas de dados).

No nível superior, um computador consiste em CPU, memória e componentes de E/S, com um ou mais módulos de cada tipo. Esses componentes são interconectados de alguma forma para realizar a função básica do computador, que é executar programas. Assim, em um nível mais alto, podemos descrever um sistema de computação (1) descrevendo o comportamento externo de cada componente — ou seja, os dados e sinais de controle que ele troca com outros componentes; e (2) descrevendo a estrutura de interconexão e os controles exigidos para gerenciar o uso da estrutura de interconexão.

Essa visão de alto nível da estrutura e da função é importante devido ao seu poder explicativo na compreensão da natureza de um computador. Igualmente importante é o seu uso para entender as questões cada vez mais complexas da avaliação de desempenho. Um conhecimento da estrutura e função de alto nível gera compreensão dos gargalos do sistema, caminhos alternativos, a magnitude de falhas do sistema caso um componente falhe e a facilidade de acrescentar melhorias de desempenho. Em muitos casos, os requisitos para maior poder do sistema e capacidades à prova de falhas estão sendo atendidos pela mudança do projeto, em vez de simplesmente aumentar a velocidade e a confiabilidade dos componentes individuais.

Este capítulo enfoca as estruturas básicas utilizadas para a interconexão dos componentes do computador. Ele começa com uma rápida explicação dos componentes básicos e seus requisitos de interface. Depois, vemos um panorama funcional e, em seguida, somos preparados para examinar o uso de barramentos para interconectar os componentes do sistema.

3.1 Componentes do computador

Conforme discutimos no Capítulo 2, praticamente todos os projetos de computadores modernos são baseados em conceitos desenvolvidos por John Von Neumann no *Institute for Advanced Studies*, em Princeton. Esse projeto é conhecido como *arquitetura de Von Neumann* e é baseado em três conceitos principais:

- Dados e instruções são armazenados em uma única memória de leitura e escrita.
- O conteúdo dessa memória é endereçável por local, sem considerar o tipo de dados neles contido.
- A execução ocorre em um padrão sequencial (a menos que modificado explicitamente) de uma instrução para a seguinte.

O raciocínio por trás desses conceitos foi discutido no Capítulo 2, mas merece ser resumido aqui. Existe um pequeno conjunto de componentes lógicos básicos que podem ser combinados de diversas maneiras para armazenar dados binários e realizar operações aritméticas e lógicas sobre esses dados. Se houver um cálculo em particular a ser realizado, uma configuração de componentes lógicos projetados especificamente para esse cálculo poderia ser construída. Podemos pensar no processo de conexão dos vários componentes na configuração desejada como uma forma de programação. O "programa" resultante está na forma de hardware e é chamado de *programa hardwired.*

Agora, considere esta alternativa: suponha que queremos construir uma configuração de uso geral das funções aritméticas e lógicas. Esse conjunto de hardware realizará diversas funções sobre os dados, dependendo dos sinais de controle aplicados ao hardware. No caso original do hardware customizado, o sistema aceita dados e produz resultados (Figura 3.1a). Com o hardware de uso geral, o sistema aceita dados e sinais de controle e produz resultados. Assim, em vez de religar o hardware para cada novo programa, o programador simplesmente precisa fornecer um novo conjunto de sinais de controle.

Como os sinais de controle devem ser fornecidos? A reposta é simples, porém sutil. O programa inteiro, na realidade, é uma sequência de etapas. Em cada etapa, alguma operação aritmética ou lógica é realizada sobre alguns dados. Para cada etapa, um novo conjunto de sinais de controle é necessário. Vamos oferecer um código exclusivo para cada conjunto possível de sinais de controle, e vamos acrescentar ao hardware de uso geral um segmento que pode aceitar um código e gerar sinais de controle (Figura 3.1b).

Figura 3.1 Abordagens de hardware e software

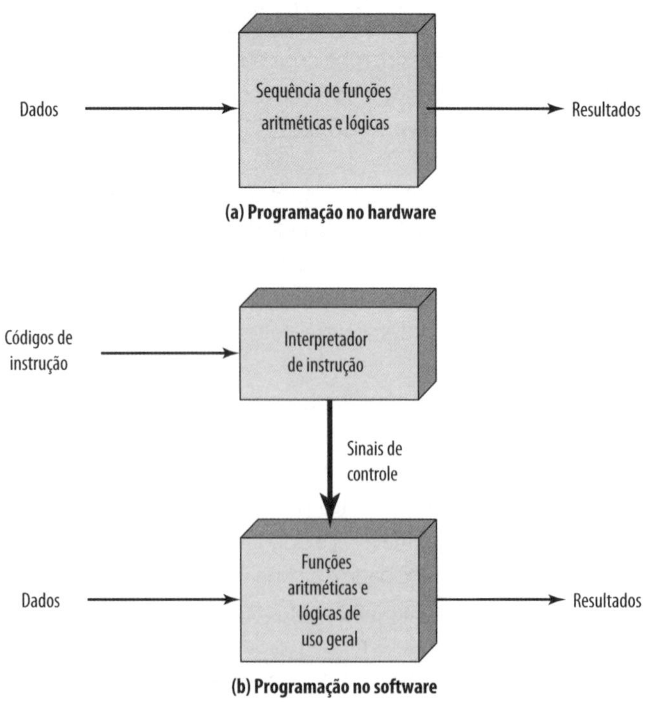

A programação agora é muito mais fácil. Em vez de religar o hardware para cada novo programa, tudo o que precisamos fazer é oferecer uma nova sequência de códigos. Cada código, com efeito, é uma instrução, e parte do hardware interpreta cada instrução e gera sinais de controle. Para distinguir esse novo método de programação, uma sequência de códigos ou instruções é chamada de *software*.

A Figura 3.1b indica dois componentes importantes do sistema: um interpretador de instrução e um módulo para funções aritméticas e lógicas de uso geral. Esses dois constituem a CPU. Vários outros componentes são necessários para resultar em um computador funcionando. Dados e instruções precisam ser colocados no sistema e para isso, precisamos de algum tipo de módulo de entrada. Esse módulo contém componentes básicos para aceitar dados e instruções em alguma forma e convertê-los para uma forma interna de sinais que possam ser usados pelo sistema. Também é necessário um meio de informar resultados, e este tem a forma de um módulo de saída. Juntos, estes são chamados de *componentes de E/S*.

Mais um componente é necessário: um dispositivo de entrada que trará dados e instruções sequencialmente. Mas um programa não é invariavelmente executado de forma sequencial; ele pode saltar (por exemplo, a instrução jump do IAS). De modo semelhante, as operações sobre dados podem exigir acesso a mais do que apenas um elemento de cada vez em uma sequência predeterminada. Assim, deverá haver um lugar para armazenar instruções e dados temporariamente. Esse módulo é chamado de *memória*, ou *memória principal*, para distingui-la do armazenamento externo, ou dispositivos periféricos. Von Neumann indicou que a mesma memória poderia ser usada para armazenar tanto instruções quanto dados.

A Figura 3.2 ilustra esses componentes de alto nível e sugere as interações entre eles. A CPU troca dados com a memória. Para essa finalidade, ela normalmente utiliza dois registradores internos (à CPU): um registrador de endereço de memória (MAR), que especifica o endereço na memória para a próxima leitura ou escrita, e um registrador de buffer de memória (MBR), que contém os dados a serem escritos na memória ou recebe os dados lidos da memória. De modo semelhante, um registrador de endereço de E/S (I/O AR) especifica um dispositivo de E/S em particular. Um registrador de buffer de E/S (I/O BR) é usado para a troca de dados entre um módulo de E/S e a CPU.

Um módulo de memória consiste em um conjunto de locais, definidos por endereços numerados sequencialmente. Cada local contém um número binário que pode ser interpretado como uma instrução ou um dado. Um

Figura 3.2 Componentes do computador: visão de alto nível

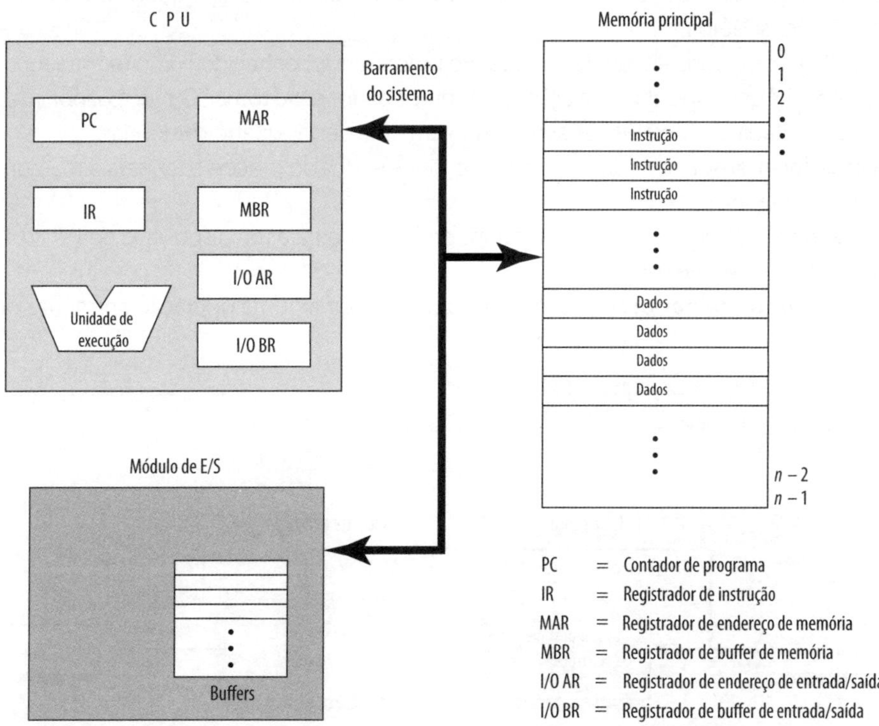

módulo de E/S transfere dados dos dispositivos externos para a CPU e a memória, e vice-versa. Ele contém buffers internos para manter esses dados temporariamente, até que possam ser enviados.

Tendo examinado rapidamente esses principais componentes, agora, vamos passar a uma visão geral de como esses componentes funcionam juntos para executar programas.

3.2 Função do computador

A função básica realizada por um computador é a execução de um programa, que consiste em um conjunto de instruções armazenadas na memória. O processador faz o trabalho real executando instruções especificadas no programa. Esta seção oferece uma visão geral dos principais elementos da execução do programa. Em sua forma mais simples, o processamento de instrução consiste em duas etapas: o processador lê (*busca*) instruções da memória, uma de cada vez, e executa cada instrução. A execução do programa consiste em repetir o processo de busca e execução de instrução. A execução da instrução pode envolver diversas operações e depende da natureza da instrução (ver, por exemplo, a parte inferior da Figura 2.4).

O processamento exigido para uma única instrução é chamado de *ciclo de instrução*. Usando a descrição simplificada em duas etapas dadas anteriormente, o ciclo de instrução é representado na Figura 3.3. As duas etapas são conhecidas como *ciclo de busca* e *ciclo de execução*. A execução do programa só termina se a máquina for desligada, se houver algum tipo de erro irrecuperável ou se for encontrada uma instrução do programa que interrompa o computador.

Busca e execução de instruções

No início de cada ciclo de instrução, o processador busca uma instrução da memória. Em um processador típico, um registrador chamado contador de programa (PC) mantém o endereço da instrução a ser buscada em seguida. A menos que seja solicitado de outra maneira, o processador sempre incrementa o PC após cada busca de instrução, de modo que buscará a próxima instrução em sequência (ou seja, a instrução localizada no próximo endereço de memória mais alto). Assim, por exemplo, considere um computador em que cada instrução ocupa uma palavra de memória de 16 bits. Suponha que o contador de programa esteja definido no local 300. O processador em seguida buscará a instrução no local 300. Nos ciclos de instrução seguintes, ele buscará instruções dos locais 301, 302, 303 e assim por diante. Essa sequência pode ser alterada, como explicamos logo em seguida.

A instrução lida é carregada em um registrador no processador, conhecido como registrador de instrução (IR). A instrução contém bits que especificam a ação que o processador deve tomar. O processador interpreta a instrução e realiza a ação solicitada. Em geral, essas ações estão em uma destas quatro categorias:

- **Processador-memória:** os dados podem ser transferidos do processador para a memória ou da memória para o processador.
- **Processador-E/S:** os dados podem ser transferidos de ou para um dispositivo periférico, transferindo entre o processador e um módulo de E/S.
- **Processamento de dados:** o processador pode realizar alguma operação aritmética ou lógica sobre os dados.

Figura 3.3 Ciclo de instrução básico

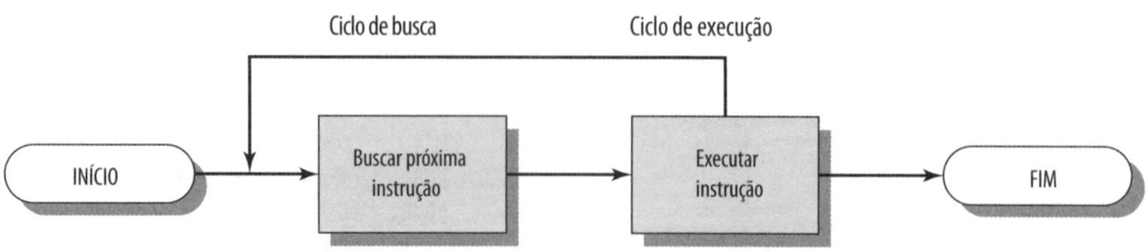

- **Controle:** uma instrução pode especificar que a sequência de execução seja alterada. Por exemplo, o processador pode buscar uma instrução do local 149, que especifica que a próxima instrução seja do local 182. O processador se lembrará desse fato definindo o contador de programa como 182. Assim, no próximo ciclo de busca, a instrução será apanhada do local 182, em vez de 150.

A execução de uma instrução pode envolver uma combinação dessas ações.

Considere um exemplo simples, usando uma máquina hipotética, que inclui as características listadas na Figura 3.4. O processador contém um único registrador de dados, chamado acumulador (AC). Instruções e dados possuem 16 bits de extensão. Assim, é conveniente organizar a memória usando palavras de 16 bits. O formato de instrução oferece 4 bits para o *opcode*, de modo que pode haver até $2^4 = 16$ *opcodes* diferentes, e até $2^{12} = 4\,096$ (4K) palavras de memória podem ser endereçadas diretamente.

A Figura 3.5 ilustra uma execução parcial de programa, mostrando as partes relevantes dos registradores de memória e processador.[1] O fragmento de programa mostrado soma o conteúdo da palavra de memória no endereço 940 ao conteúdo da palavra de memória no endereço 941 e armazena o resultado no segundo local. Três instruções, que podem ser descritas como três ciclos de busca e três de execução, são necessárias:

1. O PC contém 300, o endereço da primeira instrução. Essa instrução (o valor 1940 em hexadecimal) é carregada no registrador de instrução IR e o PC é incrementado. Observe que esse processo envolve o uso de um registrador de endereço de memória (MAR) e um registrador de buffer de memória (MBR). Para simplificar, esses registradores intermediários são ignorados.
2. Os 4 primeiros bits (primeiro dígito hexadecimal) no IR indicam que o AC deve ser carregado. Os 12 bits restantes (três dígitos hexadecimais) especificam o endereço (940) de onde os dados devem ser carregados.
3. A próxima instrução (5941) é buscada do local 301 e o PC é incrementado.
4. O conteúdo antigo do AC e o conteúdo do local 941 são acrescentados e o resultado é armazenado no AC.
5. A próxima instrução (2941) é buscada do local 302 e o PC é incrementado.
6. O conteúdo do AC é armazenado no local 941.

Figura 3.4 Características de uma máquina hipotética

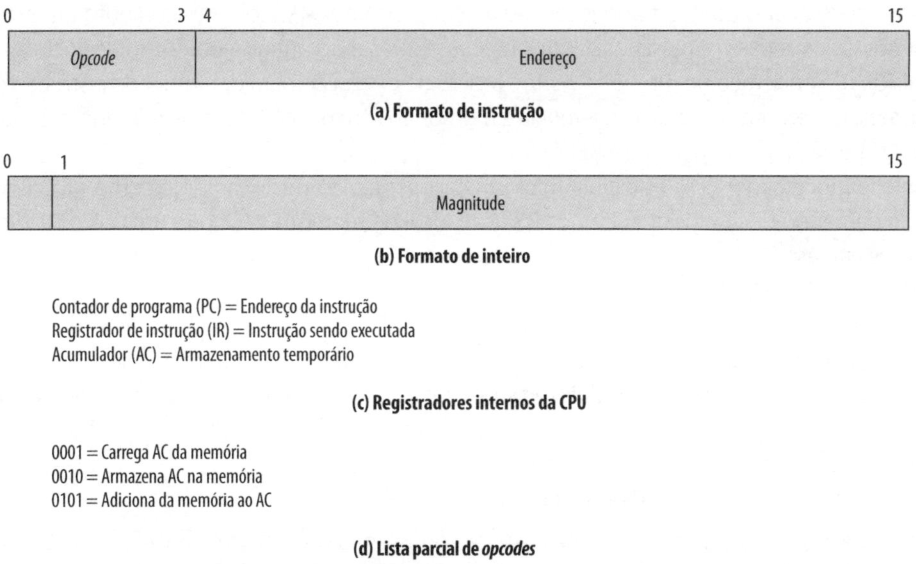

1 É usada a notação hexadecimal, na qual cada dígito representa 4 bits. Essa é a notação mais conveniente para representar o conteúdo da memória e registradores quando o tamanho da palavra é um múltiplo de 4. Veja, no Capítulo 19, uma revisão básica sobre sistemas numéricos (decimal, binário, hexadecimal).

Figura 3.5 Exemplo de execução de programa (conteúdo da memória e dos registradores em hexadecimal)

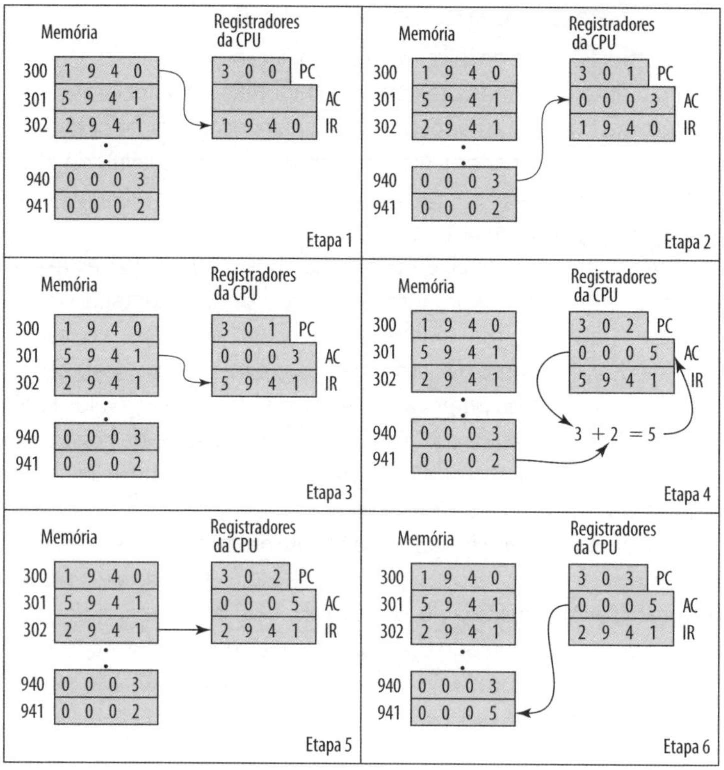

Neste exemplo, três ciclos de instrução, cada um consistindo em um ciclo de busca e um ciclo de execução, são necessários para somar o conteúdo do local 940 ao conteúdo de 941. Com um conjunto de instruções mais complexo, menos ciclos seriam necessários. Alguns processadores mais antigos, por exemplo, incluíam instruções contendo mais de um endereço de memória. Assim, o ciclo de execução para determinada instrução em tais processadores poderia envolver mais de uma referência à memória. Além disso, em vez de referências à memória, uma instrução pode especificar uma operação de E/S.

Por exemplo, o processador PDP-11 inclui uma instrução, expressa simbolicamente como ADD B,A, que armazena a soma do conteúdo dos locais de memória B e A ao local de memória A. Ocorre um único ciclo de instrução com as seguintes etapas:

- Buscar a instrução ADD.
- Ler o conteúdo do local de memória A no processador.
- Ler o conteúdo do local de memória B para o processador. Para que o conteúdo de A não seja perdido, o processador precisa ter pelo menos dois registradores para armazenar valores de memória, ao invés de um único acumulador.
- Somar os dois valores.
- Escrever o resultado do processador no local de memória A.

Assim, o ciclo de execução para determinada instrução pode envolver mais de uma referência à memória. Além disso, em vez de referências à memória, uma instrução pode especificar uma operação de E/S. Lembrando dessas considerações adicionais, a Figura 3.6 oferece uma visão mais detalhada do ciclo de instrução básico da Figura 3.3. A figura está na forma de um diagrama de estado. Para qualquer ciclo de instrução dado, alguns estados podem ser nulos e outros podem ser visitados mais de uma vez. Os estados podem ser descritos da seguinte forma:

- **Cálculo de endereço de instrução (iac, do inglês *instruction address calculation*):** determina o endereço da próxima instrução a ser executada. Normalmente, isso envolve acrescentar um número fixo ao

Figura 3.6 Diagrama de estado do ciclo de instrução

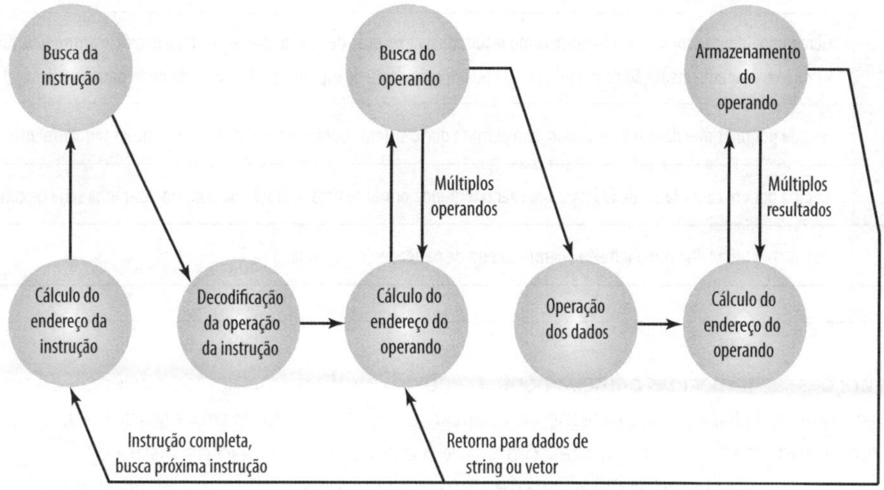

endereço da instrução anterior. Por exemplo, se cada instrução tem 16 bits de extensão e a memória é organizada em palavras de 16 bits, então some 1 ao endereço anterior. Se, ao invés disso, a memória é organizada como bytes de 8 bits endereçáveis individualmente, então some 2 ao endereço anterior.

- **Busca da instrução (if, do inglês *instruction fetch*):** lê a instrução do seu local da memória para o processador.
- **Decodificação da operação da instrução (iod, do inglês *instruction operation decoding*):** analisa a instrução para determinar o tipo de operação a ser realizado e o operando ou operandos a serem utilizados.
- **Cálculo do endereço do operando (oac, do inglês *operation address calculation*):** se a operação envolve referência a um operando na memória ou disponível via E/S, então determina o endereço do operando.
- **Busca do operando (of, do inglês *operation fetch*):** busca o operando da memória ou o lê da E/S.
- **Operação dos dados (do, do inglês *data operation*):** realiza a operação indicada na instrução.
- **Armazenamento do operando (os, do inglês *operand store*):** escreve o resultado na memória ou envia para a E/S.

Os estados na parte superior da Figura 3.6 envolvem uma troca entre o processador e a memória ou um módulo de E/S. Os estados na parte inferiror do diagrama envolvem apenas operações internas do processador. O estado oac aparece duas vezes, pois uma instrução pode envolver uma leitura, uma escrita ou ambos. Porém, a ação realizada durante esse estado é fundamentalmente a mesma nos dois casos, e, por isso, apenas um único identificador de estado é necessário.

Observe também que o diagrama possibilita múltiplos operandos e resultados, pois algumas instruções em algumas máquinas exigem isso. Por exemplo, a instrução ADD A,B do PDP-11 resulta na seguinte sequência de estados: iac, if, iod, oac, of, oac, of, do, oac, os.

Finalmente, em algumas máquinas, uma única instrução pode especificar uma operação a ser realizada sobre um vetor (array unidimensional) de números ou uma string (array unidimensional) de caracteres. Como a Figura 3.6 indica, isso envolveria operações repetitivas de busca e/ou armazenamento de operando.

Interrupções

Praticamente todos os computadores oferecem um mecanismo por meio do qual outros módulos (E/S, memória) podem interromper o processamento normal do processador. A Tabela 3.1 lista as classes de interrupção mais comuns. A natureza específica dessas interrupções será examinada mais adiante neste livro, especialmente nos capítulos 7 e 12. Porém, precisamos introduzir o conceito agora, para entender mais claramente a natureza do ciclo de instrução e as implicações das interrupções sobre a estrutura de interconexão. O leitor não precisa se preocupar neste estágio com os detalhes da geração e processamento de interrupções, mas apenas se concentrar na comunicação entre os módulos, resultante das interrupções.

Tabela 3.1 Classes de interrupções

Programa	Gerada por alguma condição que ocorre como resultado da execução de uma instrução, como o *overflow* aritmético, divisão por zero, tentativa de executar uma instrução de máquina ilegal ou referência fora do espaço de memória permitido para o usuário.
Timer	Gerada por um timer dentro do processo. Isso permite que o sistema operacional realize certas funções regularmente.
E/S	Gerada por um controlador de E/S para sinalizar o término normal de uma operação ou para sinalizar uma série de condições de erro.
Falha de hardware	Gerada por uma falha como falta de energia ou erro de paridade de memória.

As interrupções são fornecidas primeiramente como um modo de melhorar a eficiência do processamento. Por exemplo, a maioria dos dispositivos externos é muito mais lenta do que o processador. Suponha que o processador esteja transferindo dados a uma impressora usando o esquema de ciclo de instrução da Figura 3.3. Após cada operação de escrita, o processador deve parar e permanecer ocioso até que a impressora o alcance. A extensão dessa pausa pode estar na ordem de muitas centenas ou mesmo milhares de ciclos de instrução que não envolvem memória. Claramente, esse é um grande desperdício de uso do processador.

A Figura 3.7a ilustra esse estado de coisas. O programa do usuário realiza uma série de chamadas WRITE intercaladas com processamento. Os segmentos de código 1, 2 e 3 referem-se às sequências de instruções que não envolvem E/S. As chamadas WRITE são para um programa de E/S que é um utilitário do sistema e que realizará a operação de E/S real. O programa de E/S consiste em três seções:

- Uma sequência de instruções, rotuladas como 4 na figura, para preparar para a operação de E/S real. Isso pode incluir a cópia dos dados para a saída em um buffer especial e a preparação dos parâmetros para um comando de dispositivo.
- O comando de E/S real. Sem o uso de interrupções, quando esse comando é emitido, o programa precisa esperar pelo dispositivo de E/S para realizar a função solicitada (ou sondar o dispositivo periodicamente). O programa poderia esperar simplesmente realizando uma operação de teste repetidamente, para determinar se a operação de E/S terminou.
- Uma sequência de instruções, rotulada como 5 na figura, para completar a operação. Isso pode incluir a marcação de um flag, indicando o sucesso ou a falha da operação.

Como a operação de E/S pode levar um tempo relativamente longo para terminar, o programa de E/S fica preso, esperando que a operação termine; daí o programa de E/S ser interrompido no ponto da chamada WRITE por algum período considerável.

INTERRUPÇÕES E O CICLO DE INSTRUÇÃO Com as interrupções, o processador pode estar engajado na execução de outras instruções enquanto uma operação de E/S está em andamento. Considere o fluxo de controle na Figura 3.7b. Como antes, o programa do usuário alcança um ponto em que faz uma chamada do sistema na forma de uma chamada WRITE. O programa de E/S que é invocado, nesse caso, consiste apenas no código de preparação e o comando de E/S real. Depois que essas poucas instruções tiverem sido executadas, o controle retorna ao programa do usuário. Enquanto isso, o dispositivo externo está ocupado aceitando e imprimindo dados vindos da memória do computador. Essa operação de E/S é realizada simultaneamente com a execução de instruções no programa do usuário.

Quando o dispositivo externo estiver pronto para ser atendido — ou seja, quando estiver pronto para aceitar mais dados do processador —, o módulo de E/S para o dispositivo externo envia um sinal de *requisição de interrupção* ao processador. O processador responde suspendendo a operação do programa atual, desviando para um programa para atender a esse dispositivo de E/S em particular, conhecido como tratador de interrupção, e retomando a execução original depois que o dispositivo for atendido. Os pontos em que essas interrupções ocorrem são indicados por um asterisco na Figura 3.7b.

Do ponto de vista do programa do usuário, uma interrupção é apenas isso: uma interrupção da sequência de execução normal. Quando o processamento da interrupção tiver terminado, a execução retoma (Figura 3.8).

Figura 3.7 Fluxo de controle do programa sem e com interrupções

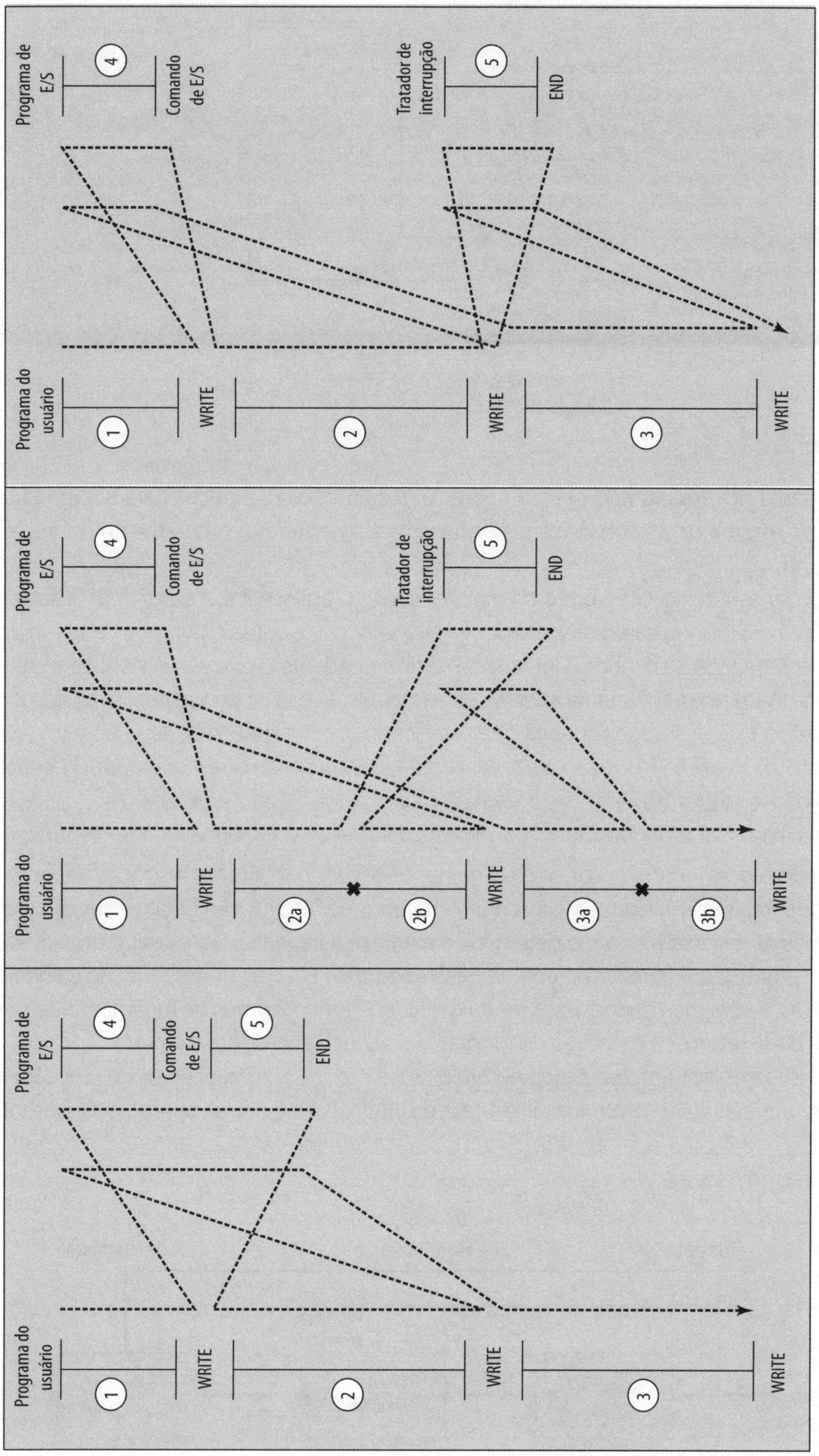

(a) Sem interrupções

(b) Interrupções; curta espera pela E/S

(c) Interrupções; longa espera pela E/S

Figura 3.8 Transferência de controle via interrupções

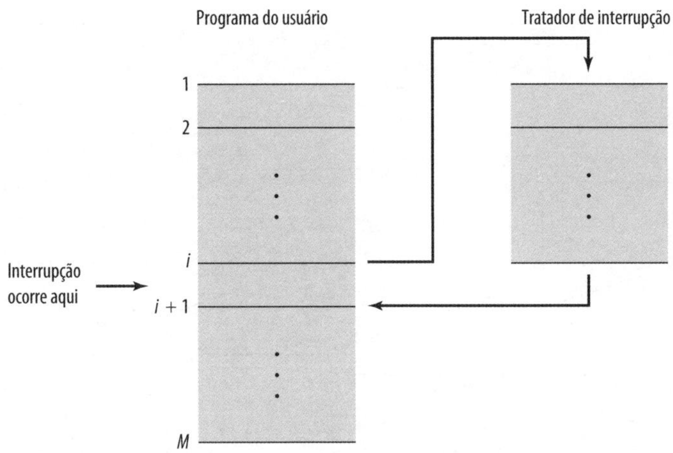

Assim, o programa do usuário não precisa conter qualquer código especial para acomodar as interrupções; o processador e o sistema operacional são responsáveis por suspender o programa do usuário e depois retomá-lo no mesmo ponto.

Para acomodar as interrupções, um *ciclo de interrupção* é acrescentado ao ciclo de instrução, como mostra a Figura 3.9. No ciclo de interrupção, o processador verifica se houve alguma interrupção, que é indicada pela presença de um sinal de interrupção. Se nenhuma interrupção estiver pendente, o processador prossegue para o ciclo de busca, lendo a próxima instrução do programa atual. Se uma interrupção estiver pendente, o processador faz o seguinte:

- Suspende a execução do programa que está sendo executado e salva seu contexto. Isso significa salvar o endereço da próxima instrução a ser executada (conteúdo atual do contador de programa) e quaisquer outros dados relevantes à atividade atual do processador.
- Armazena no contador do programa o endereço inicial de uma rotina de *tratamento de interrupção*.

O processador, agora, continua com o ciclo de busca, obtendo a primeira instrução da rotina de tratamento de interrupção, que tratará a interrupção. O programa tratador de interrupção geralmente faz parte do sistema operacional. Normalmente, esse programa determina a natureza da interrupção e realiza quaisquer ações necessárias. No exemplo que usamos, o tratador determina qual módulo de E/S gerou a interrupção e pode se desviar para um programa que escreverá mais dados nesse módulo de E/S. Quando a rotina de tratamento de interrupção terminar, o processador pode retomar a execução do programa do usuário no ponto da interrupção.

É evidente que existe algum *overhead* envolvido nesse processo. Instruções extras precisam ser executadas (no tratador de interrupção) para determinar a natureza da interrupção e decidir sobre a ação apropriada. Apesar disso,

Figura 3.9 Ciclo de instrução com interrupções

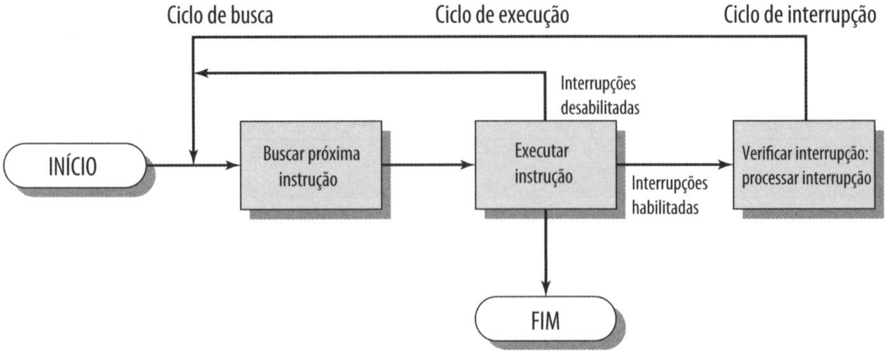

devido à quantidade de tempo relativamente grande que seria desperdiçada pela simples espera por uma operação de E/S, o processador pode ser empregado de modo muito mais eficiente com o uso de interrupções.

Para apreciar o ganho na eficiência, considere a Figura 3.10, que é um diagrama de tempo baseado no fluxo de controle nas figuras 3.7a e 3.7b. As figuras 3.7b e 3.10 consideram que o tempo exigido para a operação de E/S é relativamente curto: menos do que o tempo para completar a execução das instruções entre as operações de escrita no programa do usuário. O caso mais típico, especialmente para um dispositivo lento como uma impressora, é que a operação de E/S levará muito mais tempo do que a execução de uma sequência de instruções do usuário. A Figura 3.7c indica esse estado de coisas. Nesse caso, o programa do usuário alcança a segunda chamada WRITE antes que a operação de E/S gerada pela primeira chamada termine. O resultado é que o programa do usuário está travado nesse ponto. Quando a operação de E/S anterior terminar, essa nova chamada WRITE poderá ser processada, e uma nova operação de E/S poderá ser iniciada. A Figura 3.11 mostra a sincronização para essa situação com e sem o uso de interrupções. Podemos ver que ainda existe um ganho na eficiência, pois parte do tempo durante o qual a operação de E/S está sendo realizada sobrepõe a execução das instruções do usuário.

A Figura 3.12 mostra um diagrama de estado do ciclo de instruções revisado, que inclui o processamento do ciclo de interrupção.

INTERRUPÇÕES MÚLTIPLAS A discussão até aqui focou apenas a ocorrência de uma única interrupção. Suponha, porém, que ocorram múltiplas interrupções. Por exemplo, um programa pode estar recebendo dados de uma linha de comunicações e imprimindo resultados. A impressora gerará uma interrupção toda vez que completar uma operação de impressão. O controlador da linha de comunicação gerará uma interrupção toda vez que uma unidade de dados chegar. A unidade poderia ser um único caractere ou um bloco, dependendo da natureza do controle das comunicações. De qualquer forma, é possível que uma interrupção de comunicações ocorra enquanto uma interrupção de impressora esteja sendo processada.

Duas técnicas podem ser utilizadas para lidar com múltiplas interrupções. A primeira é desativar as interrupções enquanto uma interrupção estiver sendo processada. Uma *interrupção desabilitada* significa simplesmente que o

Figura 3.10 Sincronização do programa: espera curta pela E/S

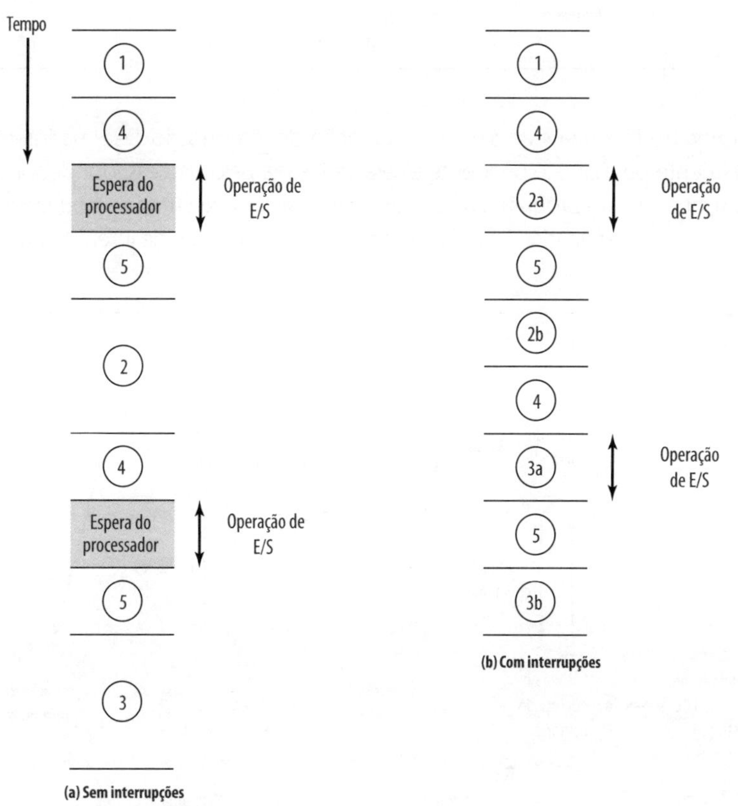

Figura 3.11 Sincronização do programa: espera longa pela E/S

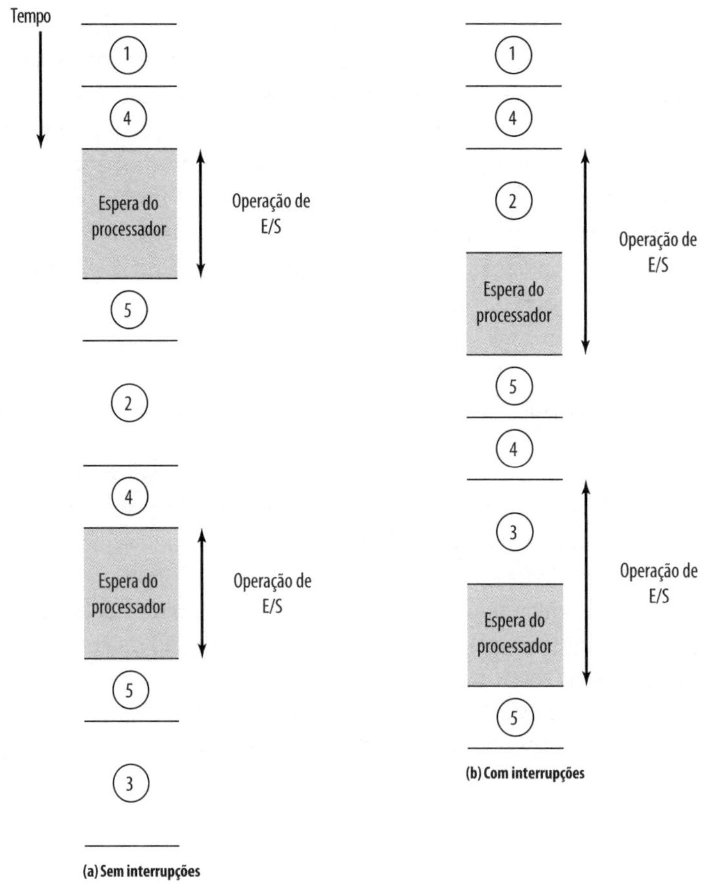

processador pode ignorar e ignorará esse sinal de requisição de interrupção. Se uma interrupção ocorrer durante esse tempo, ela geralmente permanece pendente e será verificada pelo processador depois que ele tiver habilitado as interrupções. Assim, quando um programa do usuário estiver sendo executado e houver uma interrupção, as interrupções são imediatamente desabilitadas. Depois que a rotina de tratamento de interrupção terminar, as interrupções

Figura 3.12 Diagrama de estado do ciclo de instruções, com interrupções

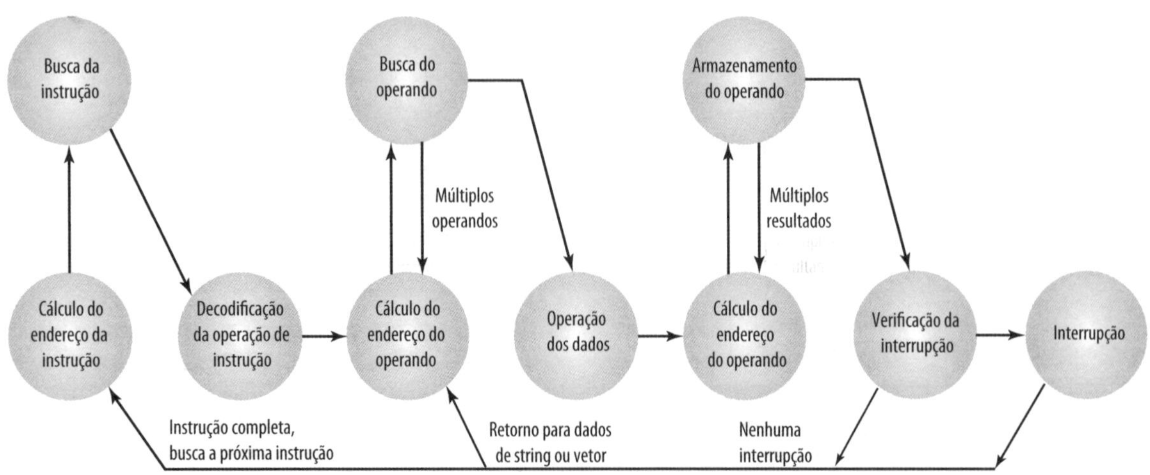

são habilitadas antes que o programa do usuário retome, e o processador verifica se houve interrupções adicionais. Essa técnica é boa e simples, pois as interrupções são tratadas em ordem estritamente sequencial (Figura 3.13a).

A desvantagem da técnica anterior é que ela não leva em consideração a prioridade relativa ou necessidades de tempo crítico. Por exemplo, quando a entrada chega da linha de comunicações, ela pode precisar ser absorvida rapidamente, para dar espaço para mais entrada. Se o primeiro lote de entrada não for processado antes que o segundo lote chegue, dados poderão ser perdidos.

Uma segunda técnica é definir prioridades para interrupções e permitir que uma interrupção de maior prioridade faça com que um tratamento de interrupção com menor prioridade seja interrompido (Figura 3.13b). Como um exemplo dessa segunda técnica, considere um sistema com três dispositivos de E/S: uma impressora, um disco e uma linha de comunicações, com prioridades cada vez maiores de 2, 4 e 5, respectivamente. A Figura 3.14, baseada em um exemplo de Tanenbaum e Woodhull (1997[a]), ilustra uma sequência possível. Um usuário inicia em $t = 0$. Em $t = 10$, ocorre uma interrupção da impressora; a informação do usuário é colocada na pilha do sistema e a execução continua na rotina de serviço de interrupção (ISR, do inglês *interrupt service routine*). Enquanto essa rotina ainda está sendo executada, em $t = 15$, ocorre uma interrupção de comunicação. Como a linha de comunicações tem prioridade mais alta que a impressora, a interrupção é considerada. A ISR da impressora é interrompida, seu estado é colocado na pilha e a execução continua na ISR de comunicação. Enquanto essa rotina está sendo executada, ocorre uma interrupção de disco ($t = 20$). Como essa interrupção tem prioridade menor, ela é simplesmente retida, e a ISR de comunicação é executada até o final.

Figura 3.13 Transferência de controle com múltiplas interrupções

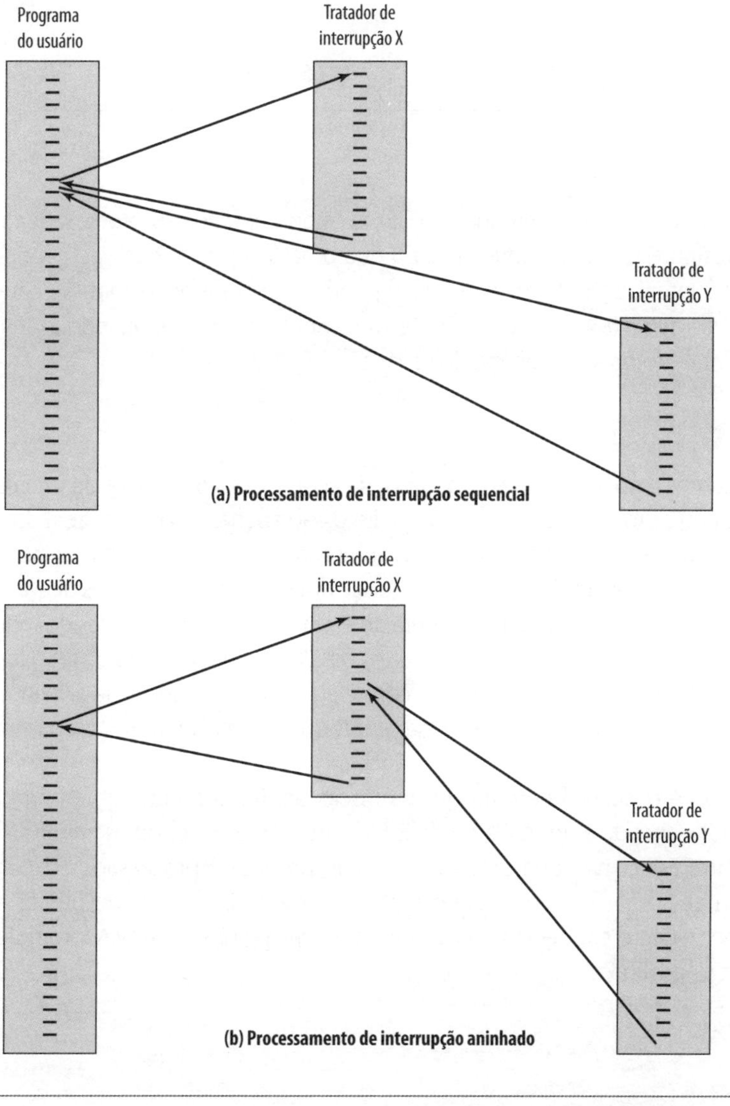

Figura 3.14 Exemplo de sequência de tempo de múltiplas interrupções

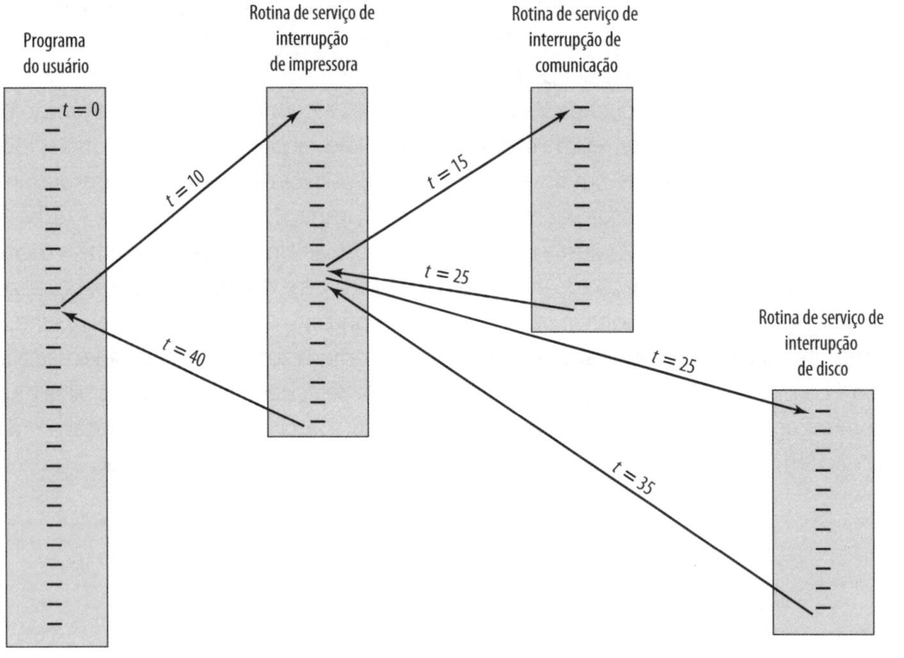

Quando a ISR de comunicação termina ($t = 25$), o estado anterior do processador, que é a execução da ISR de impressora, é restaurado. Porém, antes mesmo que uma única instrução nessa rotina possa ser executada, o processador aceita a interrupção de disco de maior prioridade e transfere o controle para a ISR de disco. Somente quando essa rotina terminar ($t = 35$) é que a ISR de impressora é retomada. Quando a última rotina termina ($t = 40$), o controle finalmente retorna ao programa do usuário.

Função de E/S

Até aqui, discutimos a operação do computador de acordo com o controle do processador, e vimos principalmente a interação entre processador e memória. A discussão apenas aludiu ao papel do componente de E/S. Esse papel é discutido com detalhes no Capítulo 7, mas apresentamos um rápido resumo aqui.

Um módulo de E/S (por exemplo, um controlador de disco) pode trocar dados diretamente com o processador. Assim como o processador pode iniciar uma leitura ou escrita com a memória, designando o endereço de um local específico, o processador também pode ler ou escrever dados em um módulo de E/S. Nesse último caso, o processador identifica um dispositivo específico que é controlado por um módulo de E/S em particular. Assim, poderia ocorrer uma sequência de instruções semelhante em formato à da Figura 3.5, com instruções de E/S em vez de instruções de referência à memória.

Em alguns casos, é desejável permitir que as trocas de E/S ocorram diretamente com a memória. Nesse caso, o processador concede a um módulo de E/S a autoridade de ler ou escrever na memória, de modo que a transferência entre E/S e memória pode ocorrer sem prender o processador. Durante essa transferência, o módulo de E/S emite comandos de leitura ou escrita à memória, tirando do processador a responsabilidade pela troca. Essa operação é conhecida como acesso direto à memória (DMA, do inglês *direct memory access*), e é examinada no Capítulo 7.

3.3 Estrutura de interconexão

Um computador consiste em um conjunto de componentes ou módulos de três tipos básicos (processador, memória e E/S) que se comunicam entre si. Com efeito, um computador é uma rede de módulos básicos. Assim, é preciso haver caminhos para a conexão dos módulos.

A coleção de caminhos conectando os diversos módulos é chamada de *estrutura de interconexão*. O projeto dessa estrutura depende das trocas que precisam ser feitas entre os módulos.

A Figura 3.15 sugere os tipos de trocas que são necessárias, indicando as principais formas de entrada e saída para cada tipo de módulo.[2]

- **Memória:** normalmente, um módulo de memória consiste em *N* palavras de mesmo tamanho. Cada palavra recebe um endereço numérico exclusivo (0, 1, ..., *N* – 1). Uma palavra de dados pode ser lida ou escrita na memória. A natureza da operação é indicada por sinais de controle de leitura e escrita. O local para a operação é especificado por um endereço.
- **Módulo de E/S:** por um ponto de vista interno (ao sistema de computação), a E/S é funcionalmente semelhante à memória. Existem duas operações, leitura e escrita. Além disso, um módulo de E/S pode controlar mais de um dispositivo externo. Podemos nos referir a cada uma das interfaces para um dispositivo externo

Figura 3.15 Módulos do computador

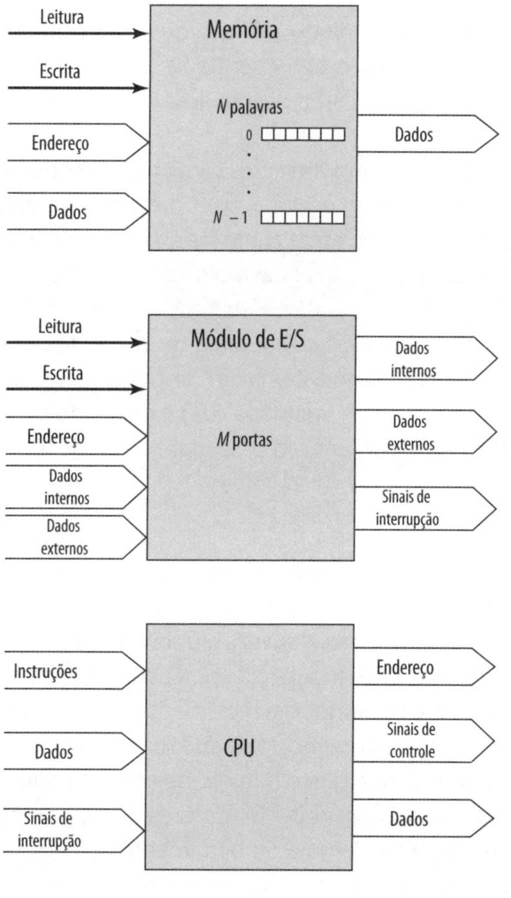

2 As setas grossas representam múltiplas linhas de sinal transportando múltiplos bits de informação em paralelo. Cada seta estreita representa uma única linha de sinal.

como uma *porta*, dando a cada uma um endereço exclusivo (por exemplo, 0, 1, ..., $M - 1$). Além disso, existem caminhos de dados externos para a entrada e saída de dados com um dispositivo externo. Finalmente, um módulo de E/S pode ser capaz de enviar sinais de interrupção ao processador.

- **Processador:** o processador lê instruções e dados, escreve dados após o processamento e usa sinais de controle para controlar a operação geral do sistema. Ele também recebe sinais de interrupção.

A lista anterior define os dados a serem trocados. A estrutura de interconexão deve admitir os seguintes tipos de transferências:

- **Memória para processador:** o processador lê uma instrução ou uma unidade de dados da memória.
- **Processador para memória:** o processador escreve uma unidade de dados na memória.
- **E/S para processador:** o processador lê dados de um dispositivo de E/S por meio de um módulo de E/S.
- **Processador para E/S:** o processador envia dados para o dispositivo de E/S.
- **E/S de ou para a memória:** para esses dois casos, um módulo de E/S tem permissão para trocar dados diretamente com a memória, sem passar pelo processador, usando o DMA.

Com o passar dos anos, diversas estruturas de interconexão foram experimentadas. De longe, a mais comum é o barramento e diversas estruturas de barramento múltiplo. O restante deste capítulo é dedicado a uma avaliação das estruturas de barramento.

3.4 Interconexão de barramento

Um barramento é um caminho de comunicação que conecta dois ou mais dispositivos. Uma característica-chave de um barramento é que ele é um meio de transmissão compartilhado. Múltiplos dispositivos se conectam ao barramento, e um sinal transmitido por qualquer dispositivo está disponível para recepção por todos os outros dispositivos conectados ao barramento. Se dois dispositivos transmitirem durante o mesmo período, seus sinais serão sobrepostos e ficarão distorcidos. Assim, somente um dispositivo de cada vez pode transmitir com sucesso.

Tipicamente, um barramento consiste em múltiplos caminhos de comunicação, ou linhas. Cada linha é capaz de transmitir sinais representando o binário 1 e o binário 0. Com o tempo, uma sequência de dígitos binários pode ser transmitida por uma única linha. Juntas, várias linhas de um barramento podem ser usadas para transmitir dígitos binários simultaneamente (em paralelo). Por exemplo, uma unidade de dados de 8 bits pode ser transmitida por oito linhas de barramento.

Os sistemas de computação contêm diversos barramentos diferentes, que oferecem caminhos entre os componentes em diversos níveis da hierarquia do sistema de computação. Um barramento que conecta os principais componentes do computador (processador, memória, E/S) é chamado de *barramento do sistema*. As estruturas de interconexão de computador mais comuns são baseadas no uso de um ou mais barramentos do sistema.

Estrutura de barramento

Um barramento do sistema consiste, normalmente, em cerca de 50 a centenas de linhas separadas. Cada linha recebe um significado ou função em particular. Embora existam muitos projetos de barramento diferentes, em qualquer barramento as linhas podem ser classificadas em três grupos funcionais (Figura 3.16): linhas de dados, endereço e controle. Além disso, pode haver linhas de distribuição de potência, que fornecem energia aos módulos conectados.

As ***linhas de dados*** oferecem um caminho para movimentação de dados entre os módulos do sistema. Essas linhas, coletivamente, são chamadas de *barramento de dados*. O barramento de dados pode consistir em 32, 64, 128 ou ainda mais linhas separadas, sendo que o número de linhas é conhecido como a *largura* do barramento de dados. Como cada linha só pode transportar 1 bit de cada vez, o número de linhas determina quantos bits podem ser transferidos de uma só vez. A largura do barramento de dados é um fator chave para determinar o desempenho geral do sistema. Por exemplo, se o barramento de dados tiver 32 bits de largura e cada instrução tiver 64 bits de extensão, então o processador precisa acessar o módulo de memória duas vezes durante cada ciclo de instrução.

As ***linhas de endereço*** são usadas para designar a origem ou o destino dos dados no barramento de dados. Por exemplo, se o processador deseja ler uma palavra (8, 16 ou 32 bits) de dado da memória, ele coloca

Figura 3.16 Esquema de interconexão de barramento

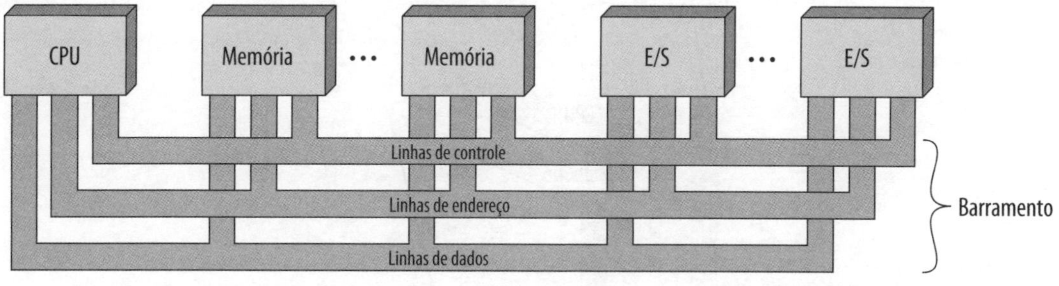

o endereço da palavra desejada nas linhas de endereço. Claramente, a largura do barramento de endereço determina a capacidade de memória máxima possível do sistema. Além do mais, as linhas de endereço geralmente também são usadas para endereçar portas de E/S. Normalmente, os bits de ordem mais alta são usados para selecionar um módulo em particular no barramento, e os bits de ordem mais baixa selecionam um local de memória ou porta de E/S dentro do módulo. Por exemplo, em um barramento de endereço de 8 bits, o endereço 01111111 e mais baixos poderiam referenciar locais em um módulo de memória (módulo 0) com 128 palavras de memória, e o endereço 10000000 e mais altos poderiam referenciar dispositivos conectados a um módulo de E/S (módulo 1).

As ***linhas de controle*** são usadas para controlar o acesso e o uso das linhas de dados e endereço. Como as linhas de dados e endereço são compartilhadas por todos os componentes, é preciso haver um meio de controlar seu uso. Os sinais de controle transmitem informações de comando e sincronização entre os módulos do sistema. Os sinais de sincronização indicam a validade da informação de dados e endereço. Os sinais de comando especificam operações a serem realizadas. As linhas de controle típicas incluem:

- **Escrita de memória:** faz com que os dados no barramento sejam escritos no local endereçado.
- **Leitura de memória:** faz com que os dados do local endereçado sejam colocados no barramento.
- **Escrita de E/S:** faz com que os dados no barramento sejam enviados para a porta de E/S endereçada.
- **Leitura de E/S:** faz com que os dados da porta de E/S endereçada sejam colocados no barramento.
- **ACK de transferência:** indica que dados foram aceitos do barramento ou colocados nele.
- **Solicitação de barramento (*bus request*):** indica que um módulo precisa obter controle do barramento.
- **Concessão de barramento (*bus grant*):** indica que um módulo solicitante recebeu controle do barramento.
- **Requisição de interrupção (*interrupt request*):** indica que a interrupção está pendente.
- **ACK de interrupção:** confirma que a interrupção pendente foi reconhecida.
- **Clock:** é usado para operações de sincronização.
- **Reset:** inicializa todos os módulos.

A operação do barramento é a seguinte. Se um módulo deseja enviar dados para outro, ele precisa fazer duas coisas: (1) obter o uso do barramento e (2) transferir dados por meio do barramento. Se um módulo quiser requisitar dados de outro módulo, ele precisa (1) obter o uso do barramento e (2) transferir uma requisição ao outro módulo pelas linhas de controle e endereço apropriadas. Depois, ele precisa esperar que esse segundo módulo envie os dados.

Fisicamente, o barramento do sistema é, na realidade, uma série de condutores elétricos paralelos. No arranjo clássico do barramento, esses condutores são linhas de metal coladas a uma placa de circuito impresso. O barramento se estende por todos os componentes do sistema, cada um preso a algumas ou todas as linhas do barramento. O arranjo físico clássico é representado na Figura 3.17. Neste exemplo, o barramento consiste em duas colunas verticais de condutores. Em intervalos regulares ao longo das colunas, existem pontos de conexão na forma de *slots* que se estendem horizontalmente para dar suporte a uma placa de circuito impresso. Cada um dos principais componentes do sistema ocupa uma ou mais placas e se encaixa no barramento nesses *slots*. O arranjo inteiro está incluído em um chassi. Esse esquema ainda pode ser usado para alguns dos barramentos associados a um sistema de computação. Porém, os sistemas modernos tendem a ter todos os principais componentes na mesma placa com mais elementos no mesmo chip do processador. Assim, um barramento no chip pode conectar

Figura 3.17 Realização física típica de uma arquitetura de barramento

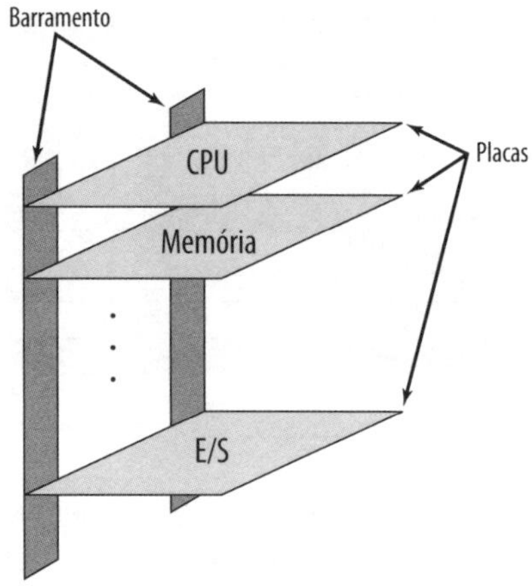

o processador e a memória cache, enquanto um barramento na placa pode conectar o processador à memória principal e a outros componentes.

Esse arranjo é o mais conveniente. Um pequeno sistema de computação pode ser adquirido e depois expandido mais tarde (mais memória, mais E/S) acrescentando-se mais placas. Se um componente em uma placa falhar, essa placa pode facilmente ser removida e substituída.

Hierarquia de barramento múltiplo

Se muitos dispositivos estiverem conectados ao barramento, o desempenho será prejudicado. Existem duas causas principais:

1. Em geral, quanto mais dispositivos conectados ao barramento, maior o tamanho do barramento e, portanto, maior o atraso de propagação. Esse atraso determina o tempo gasto para os dispositivos coordenarem o uso do barramento. Quando o controle do barramento passa de um dispositivo para outro com frequência, esses atrasos de propagação podem afetar visivelmente o desempenho.
2. O barramento pode se tornar um gargalo à medida que a demanda de transferência de dados agregada se aproxima da capacidade do barramento. Esse problema pode ser combatido, até certo ponto, aumentando a taxa de dados que o barramento pode transportar e usando barramentos mais largos (por exemplo, aumentando o barramento de dados de 32 para 64 bits). Porém, como as taxas de dados geradas pelos dispositivos conectados (por exemplo, controladores de gráficos e vídeo, interfaces de rede) estão crescendo rapidamente, essa é uma corrida que um barramento único por fim está destinado a perder.

Assim, a maioria dos sistemas de computação utiliza múltiplos barramentos, geralmente dispostos em uma hierarquia. Uma estrutura tradicional típica aparece na Figura 3.18a. Existe um barramento local que conecta o processador a uma memória cache e que pode aceitar um ou mais dispositivos locais. O controlador da memória cache conecta a cache não apenas a esse barramento local, mas a um barramento do sistema ao qual estão conectados todos os módulos da memória principal. Conforme veremos no Capítulo 4, o uso de uma estrutura de cache isola o processador de um requisito para acessar a memória principal com frequência. Logo, a memória principal pode ser movida do barramento local para o barramento do sistema. Desse modo, as transferências de E/S de e para a memória principal pelo barramento do sistema não interferem com a atividade do processador.

É possível conectar controladores de E/S diretamente no barramento do sistema. Uma solução mais eficiente é utilizar um ou mais barramentos de expansão para essa finalidade. Uma interface de barramento de expansão coloca em um buffer as transferências de dados entre o barramento do sistema e os controladores de E/S no barramento de expansão. Esse arranjo permite que o sistema aceite uma grande variedade de dispositivos de E/S e, ao mesmo tempo, isole o tráfego memória-para-processador do tráfego de E/S.

A Figura 3.18a mostra alguns exemplos típicos de dispositivos de E/S que poderiam ser conectados ao barramento de expansão. As conexões de rede incluem redes locais (LANs, do inglês *local area networks*) como uma

Ethernet de 10 Mbps e conexões a redes remotas (WANs, do inglês *wide area networks*), como rede de comutação de pacotes. SCSI (do inglês *small computer system interface*) é um tipo de barramento utilizado para dar suporte a unidades de discos locais e outros periféricos. Uma porta serial poderia ser usada para dar suporte a uma impressora ou um escânner.

Essa arquitetura de barramento tradicional é razoavelmente eficaz, mas começa a fracassar quando um desempenho cada vez maior é visto nos dispositivos de E/S. Em resposta a essas demandas crescentes, uma técnica comum usada pela indústria é montar um barramento de alta velocidade que esteja rigorosamente integrado ao restante do sistema, exigindo apenas uma ponte entre o barramento do processador e o barramento de alta velocidade. Esse arranjo às vezes é conhecido como arquitetura mezanino.

A Figura 3.18b mostra uma realização típica dessa técnica. Novamente, existe um barramento local que conecta o processador a um controlador de cache, que por sua vez, é conectado a um barramento do sistema que admite memória principal. O controlador de cache é integrado a uma ponte, ou dispositivo de armazenamento temporário (buffer), que se conecta ao barramento de alta velocidade. Esse barramento tem suporte para conexões com LANs de alta velocidade, como Fast Ethernet a 100 Mbps, controladores de estação de trabalho de vídeo e gráficos, além de

Figura 3.18 Exemplo de configurações de barramento

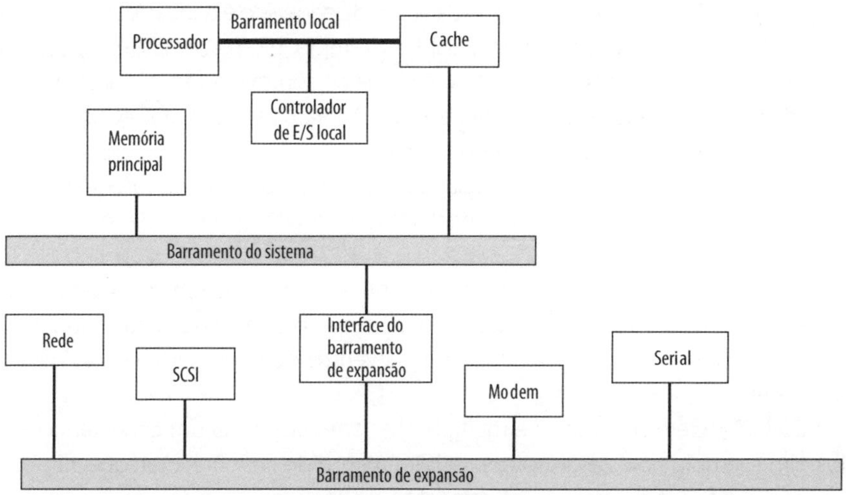

(a) Arquitetura de barramento tradicional

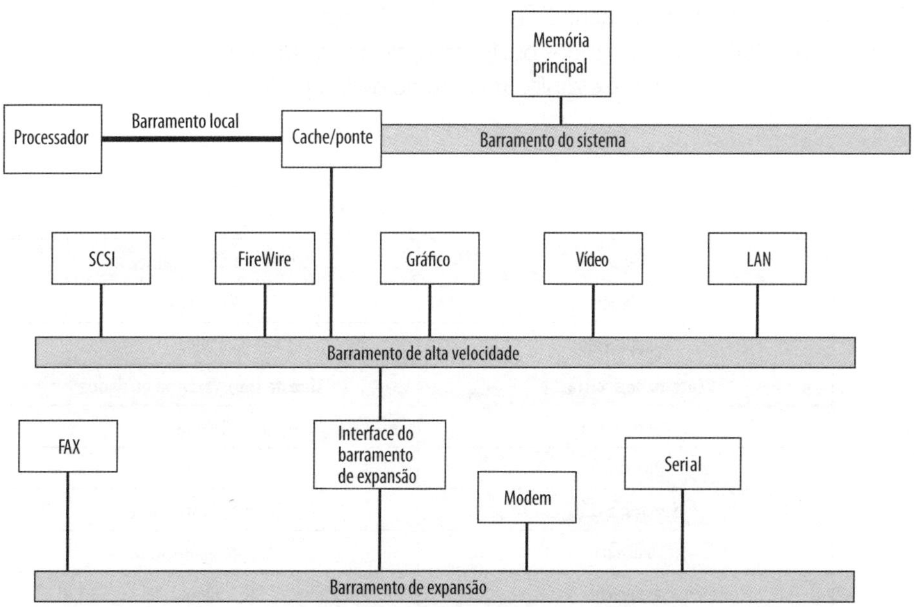

(b) Arquitetura de alto desempenho

controladores de interface com barramentos periféricos locais, incluindo SCSI e FireWire. O último é um arranjo de barramento de alta velocidade projetado especificamente para dar suporte a dispositivos de E/S de alta capacidade. Os dispositivos de menor velocidade ainda são aceitos por um barramento de expansão, por meio de uma interface que faz o armazenamento temporário dos dados do tráfego entre o barramento de expansão e o barramento de alta velocidade.

A vantagem desse arranjo é que o barramento de alta velocidade faz os dispositivos de alta demanda serem integrados mais de perto do processador e, ao mesmo tempo, ele é independente do processador. Assim, as diferenças nas velocidades do processador e do barramento de alta velocidade e as definições da linha de sinal são toleradas. As mudanças na arquitetura do processador não afetam o barramento de alta velocidade, e vice-versa.

Elementos do projeto de barramento

Embora exista uma grande variedade de implementações de barramento diferentes, existem poucos parâmetros ou elementos de projeto básicos que servem para classificar e diferenciar barramentos. A Tabela 3.2 lista os principais elementos.

TIPOS DE BARRAMENTO As linhas de barramento podem ser separadas em dois tipos genéricos: dedicado e multiplexado. Uma linha de barramento dedicada é atribuída permanentemente a uma função ou a um subconjunto físico de componentes de computador.

Um exemplo de dedicação funcional é o uso de linhas de endereço e dados dedicadas separadas, o que é comum em muitos barramentos. Porém, isso não é essencial. Por exemplo, informações de endereço e dados podem ser transmitidas pelo mesmo conjunto de linhas usando uma linha de controle Address Valid. No início de uma transferência de dados, o endereço é colocado no barramento e a linha Address Valid é ativada. Nesse ponto, cada módulo tem um período especificado para copiar o endereço e determinar se ele é o módulo endereçado. O endereço é então removido do barramento, e as mesmas conexões do barramento são usadas para a subsequente transferência de dados de leitura ou escrita. Esse método de uso das mesmas linhas para múltiplas finalidades é conhecido como *multiplexação de tempo*.

A vantagem desse método é o uso de menos linhas, o que economiza espaço e, normalmente, custo. A desvantagem é que um circuito mais complexo é necessário dentro de cada módulo. Além disso, existe uma redução em potencial no desempenho, pois certos eventos que compartilham as mesmas linhas não podem ocorrer em paralelo.

A *dedicação física* refere-se ao uso de múltiplos barramentos, cada um conectando apenas um subconjunto de módulos. Um exemplo típico é o uso de um barramento de E/S para interconectar todos os módulos de E/S; esse barramento é então conectado ao barramento principal por meio de algum tipo de módulo adaptador de E/S. A vantagem em potencial da dedicação física é a alta vazão, pois existe menos disputa pelo barramento. Uma desvantagem é o aumento do tamanho e do custo do sistema.

MÉTODO DE ARBITRAÇÃO Em todos os sistemas, menos os mais simples, mais de um módulo pode precisar do controle do barramento. Por exemplo, um módulo de E/S pode precisar ler ou escrever diretamente na me-

Tabela 3.2 Elementos do projeto de barramento

Tipo	Largura do barramento
Dedicado	Endereço
Multiplexado	Dados
Método de arbitração	**Tipo de transferência de dados**
Centralizado	Leitura
Distribuído	Escrita
Sincronização	Ler-modificar-escrever
Síncrona	Leitura-após-escrita
Assíncrona	Bloco

mória, sem enviar os dados ao processador. Como somente um circuito de cada vez pode fazer transmissões com sucesso pelo barramento, algum método de arbitração é necessário. Os diversos métodos podem ser classificados como centralizados ou distribuídos. Em um esquema centralizado, um único dispositivo de hardware, chamado de *controlador* ou *árbitro de barramento,* é responsável por alocar tempo no barramento. O dispositivo pode ser um módulo separado ou parte do processador. Em um esquema distribuído, não existe um controlador central. Ao invés disso, cada módulo contém lógica de controle de acesso e os módulos atuam juntos para compartilhar o barramento. Com os dois métodos de arbitração, a finalidade é designar um dispositivo, seja o processador ou um módulo de E/S, como mestre. O mestre pode, então, iniciar uma transferência de dados (por exemplo, leitura ou escrita) com algum outro dispositivo, que atua como escravo para essa troca em particular.

TEMPORIZAÇÃO A temporização do barramento refere-se ao modo como os eventos são coordenados no barramento. Os barramentos utilizam temporização síncrona ou assíncrona.

Com a ***temporização síncrona***, a ocorrência de eventos no barramento é determinada por um clock. O barramento inclui uma linha de clock, sobre a qual um clock é trasmitido como uma sequência regular de 1s e 0s alternados, com a mesma duração. Uma única transmissão 1-0 é conhecida como *ciclo de clock* ou *ciclo de barramento*, e define um *slot* de tempo. Todos os outros dispositivos no barramento podem ler a linha de clock e todos os eventos começam no início de um ciclo de clock. A Figura 3.19 mostra um diagrama de sincronização típico, porém simplificado, para operações síncronas de leitura e escrita (veja no Apêndice 3A uma descrição dos diagramas de sincronização). Outros sinais do barramento podem mudar na transição inicial do sinal de clock (com um pequeno atraso de reação). A maioria dos eventos dura um único ciclo de clock. Nesse exemplo simples, o processador coloca um endereço de memória nas linhas de endereço durante o primeiro ciclo de clock e pode ativar diversas linhas de estado. Quando as linhas de estado tiverem se estabilizado, o processador emite um sinal de ativação de endereço. Para uma operação de leitura, o processador emite um comando de leitura no

Figura 3.19 Temporização de operações de barramento síncronas

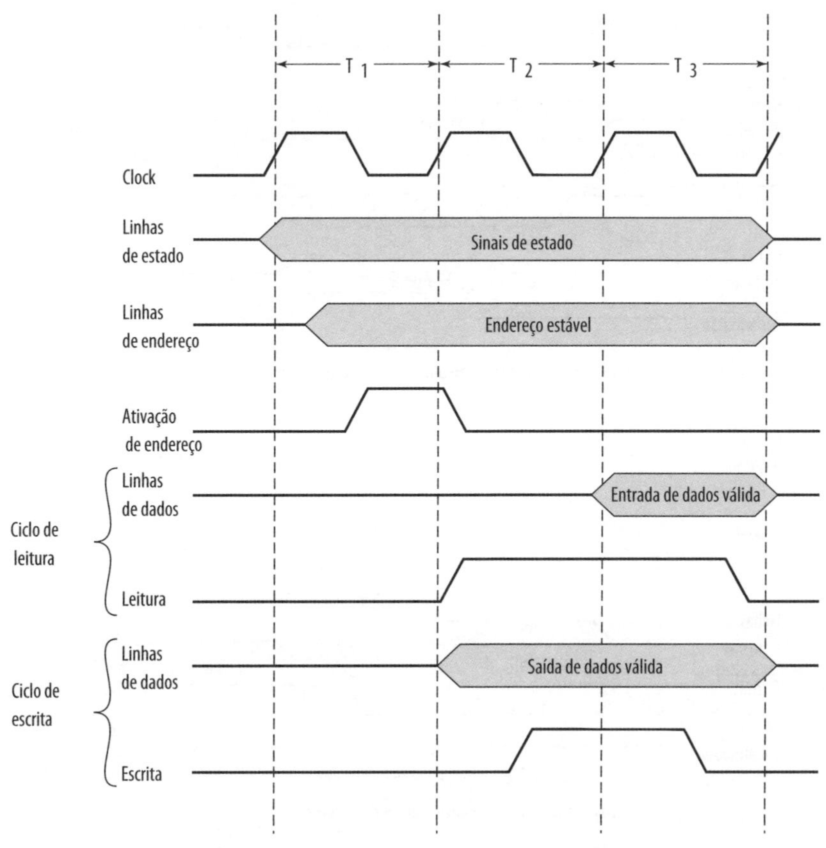

início do segundo ciclo. Um módulo de memória reconhece o endereço e, após um atraso de um ciclo, coloca os dados nas linhas de dados. O processador lê os dados das linhas e retira o sinal de leitura. Para uma operação de escrita, o processador coloca os dados nas linhas no início do segundo ciclo e emite um comando de escrita após as linhas de dados terem se estabilizado. O módulo de memória copia a informação das linhas de dados durante o terceiro ciclo de clock.

Com a ***temporização assíncrona***, a ocorrência de um evento em um barramento segue e depende da ocorrência de um evento anterior. No exemplo de leitura simples da Figura 3.20a, o processador coloca sinais de endereço e estado no barramento. Depois de uma pausa para esses sinais se estabilizarem, ele emite um comando de leitura, indicando a presença de sinais válidos de endereço e controle. A memória apropriada decodifica o endereço e responde colocando os dados na linha de dados. Quando as linhas de dados tiverem se estabilizado, o módulo de memória ativa a linha de confirmação para sinalizar ao processador de que os dados estão disponíveis. Quando o mestre tiver lido os dados das linhas de dados, ele desativa o sinal de leitura. Isso faz com que o módulo de memória retire os dados e a linha de confirmação. Finalmente, quando a linha de confirmação for retirada, o mestre remove a informação do endereço.

A Figura 3.20b mostra uma operação de escrita assíncrona simples. Nesse caso, o mestre coloca os dados na linha de dados ao mesmo tempo em que coloca sinais nas linhas de estado e endereço. O módulo de memória responde ao comando de escrita copiando os dados das linhas de dados e, depois, ativando a linha de confirmação. O mestre, então, remove o sinal de escrita e o módulo de memória remove o sinal de confirmação.

A temporização síncrona é mais simples de implementar e testar. Porém, ela é menos flexível que a temporização assíncrona. Como todos os dispositivos em um barramento síncrono estão presos a uma taxa de

Figura 3.20 Temporização de operações de barramento assíncronas

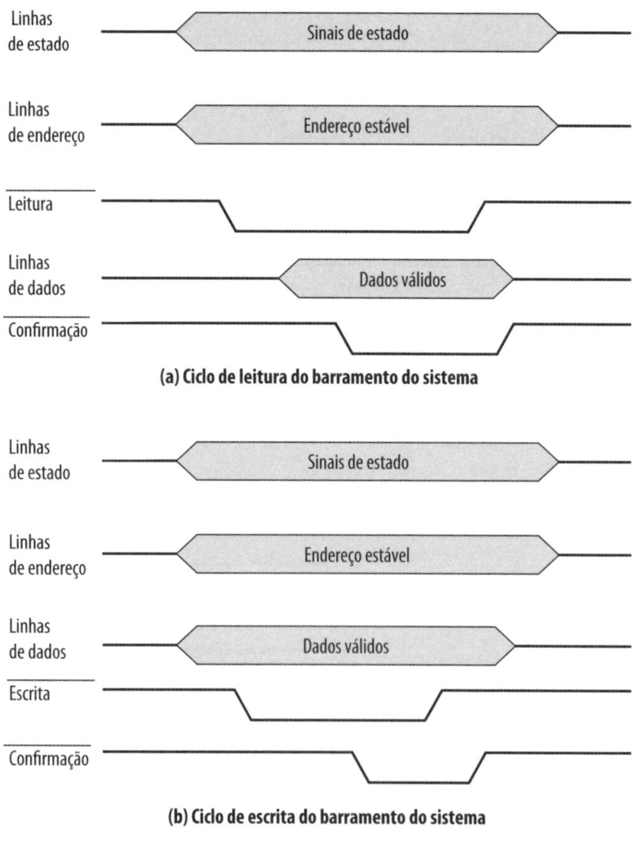

clock fixa, o sistema não pode tirar proveito dos avanços no desempenho do dispositivo. Com a temporização assíncrona, uma mistura de dispositivos lentos e rápidos, usando tecnologia mais antiga e mais nova, pode compartilhar um barramento.

LARGURA DO BARRAMENTO Já explicamos o conceito de largura do barramento. A largura do barramento de dados tem um impacto sobre o desempenho do sistema: quanto mais largo o barramento de dados, maior o número de bits transferidos de cada vez. A largura do barramento de endereço tem um impacto direto sobre a capacidade do sistema: quanto mais largo o barramento de endereço, maior o intervalo de locais que podem ser referenciados.

TIPO DE TRANSFERÊNCIA DE DADOS Finalmente, um barramento permite diversos tipos de transferência de dados, conforme ilustramos na Figura 3.21. Todos os barramentos permitem transferências de escrita (mestre para escravo) e leitura (escravo para mestre). No caso de um barramento de endereço/dados multiplexado, o barramento primeiro é usado para especificar o endereço e depois para transferir os dados. Para uma operação de leitura, normalmente existe uma espera enquanto os dados estão sendo buscados do escravo para serem colocados no barramento. Para uma leitura ou uma escrita, também pode haver uma espera se for necessário passar pela arbitração para obter controle do barramento para o restante da operação (ou seja, apoderar-se do barramento para solicitar uma leitura ou escrita, depois apoderar-se do barramento novamente para realizar uma leitura ou escrita).

Figura 3.21 Tipos de transferência de dados do barramento

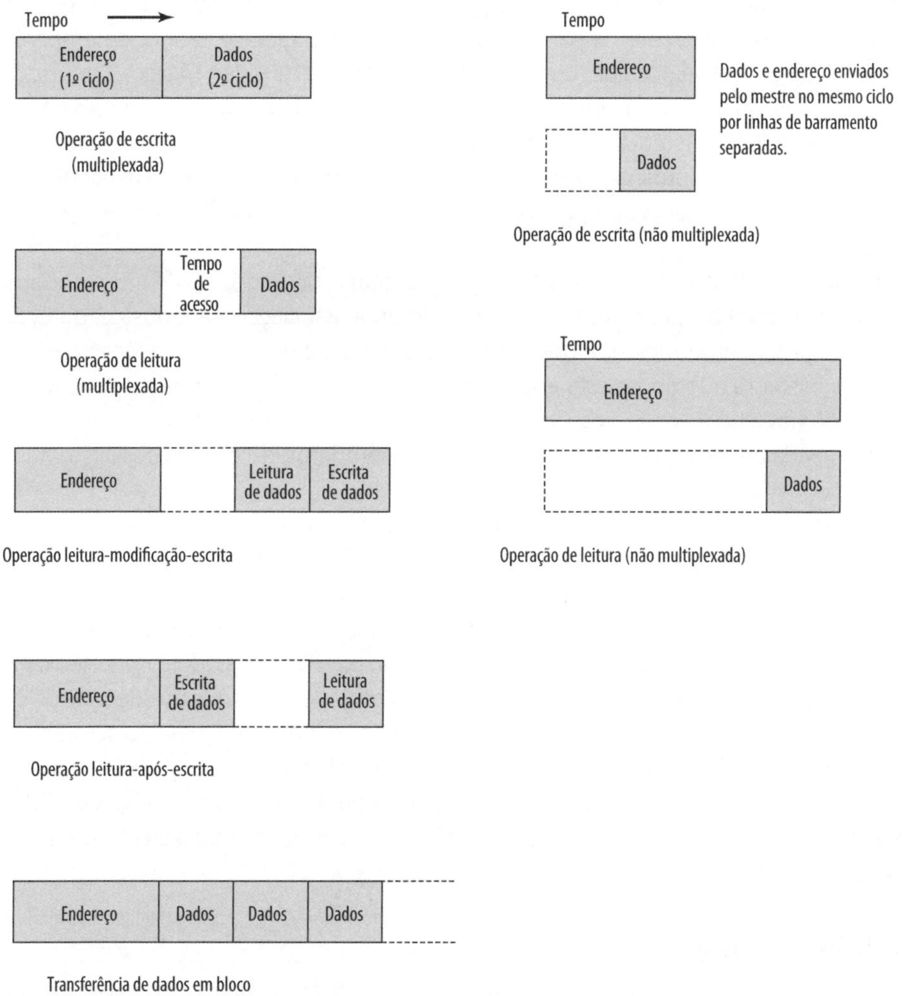

No caso de barramentos de endereço e dados dedicados, o endereço é colocado no barramento de endereço e permanece lá enquanto os dados são colocados no barramento de dados. Para uma operação de escrita, o mestre coloca os dados no barramento de dados assim que o endereço tiver sido estabilizado e o escravo tiver a oportunidade de reconhecer seu endereço. Para uma operação de leitura, o escravo coloca os dados no barramento assim que tiver reconhecido seu endereço e apanhado os dados.

Alguns barramentos permitem diversas outras operações de combinação. Uma operação leitura-modificação-escrita é simplesmente uma leitura seguida imediatamente por uma escrita no mesmo endereço. O endereço só é transmitido uma vez, no início da operação. A operação inteira normalmente é indivisível, para impedir qualquer acesso ao elemento de dados por outros mestres de barramento (*bus masters*) em potencial. A finalidade principal dessa capacidade é proteger os recursos de memória compartilhada em um sistema de multiprogramação (veja Capítulo 8).

Leitura-após-escrita é uma operação indivisível, que consiste em uma escrita seguida imediatamente por uma leitura do mesmo endereço. A operação de leitura pode ser realizada para fins de verificação.

Alguns sistemas de barramento também permitem uma transferência de dados em bloco. Nesse caso, um ciclo de endereço é seguido por *n* ciclos de dados. O primeiro item de dados é transferido de ou para o endereço especificado; os itens de dados restantes são transferidos de ou para endereços subsequentes.

3.5 PCI

O barramento PCI (PCI do inglês *peripheral component interconnect*) é um barramento de grande largura de banda, independente de processador, que pode funcionar como um mezanino ou barramento periférico. Em comparação com outras especificações de barramento comuns, o PCI oferece melhor desempenho de sistema para subsistemas de E/S de alta velocidade (por exemplo, adaptadores de vídeo gráficos, controladores de interface de rede, controladores de disco e assim por diante). O padrão atual permite o uso de até 64 linhas de dados a 66 MHz, para uma taxa de transferência bruta de 528 MB/s, ou 4,224 Gbps. Mas não é apenas a velocidade alta que torna o PCI atraente. O PCI é projetado especificamente para atender economicamente os requisitos de E/S dos sistemas modernos; ele requer muito poucos chips para ser implementado e admite outros barramentos conectados a ele.

A Intel começou a trabalhar no PCI em 1990, para seus sistemas baseados no Pentium, e logo lançou todas as patentes ao domínio público, promovendo a criação de uma associação da indústria, o PCI *Special Interest Group* (PCI SIG), para desenvolver melhor e manter a compatibilidade das especificações do PCI. O resultado é que o PCI tem sido bastante adotado e está encontrando uso cada vez maior nos sistemas de computadores pessoais, estações de trabalho e servidores. Como a especificação é de domínio público e é adotada por uma grande parte da indústria de microprocessadores e periféricos, produtos PCI criados por diferentes fornecedores são compatíveis.

O PCI foi projetado para admitir uma série de configurações baseadas em microprocessadores, incluindo sistemas de processador único e múltiplo. Consequentemente, ela oferece um conjunto de funções de uso geral e utiliza a temporização síncrona e um esquema de arbitração centralizada.

A Figura 3.22a mostra um uso típico do barramento PCI em um sistema de único processador. Um controlador de DRAM e ponte combinados oferecem um acoplamento adequado com o processador, possibilitando a transferência de dados em altas velocidades. A ponte atua como um buffer de dados, de modo que a velocidade do barramento PCI pode diferir da capacidade de transferência do E/S do processador. Em um sistema multiprocessador (Figura 3.22b), uma ou mais configurações PCI podem ser conectadas por pontes ao barramento do sistema do processador. O barramento do sistema admite apenas as unidades de processador/cache, memória principal e pontes PCI. Novamente, o uso de pontes mantém o PCI independente da velocidade do processador, enquanto oferece a capacidade de receber e enviar dados rapidamente.

Estrutura de barramento

O barramento PCI pode ser configurada como um barramento de 32 ou 64 bits. A Tabela 3.3 define as 49 linhas de sinal obrigatórias para o barramento PCI. Estas são divididas nos seguintes grupos funcionais:

Figura 3.22 Exemplo de configurações PCI

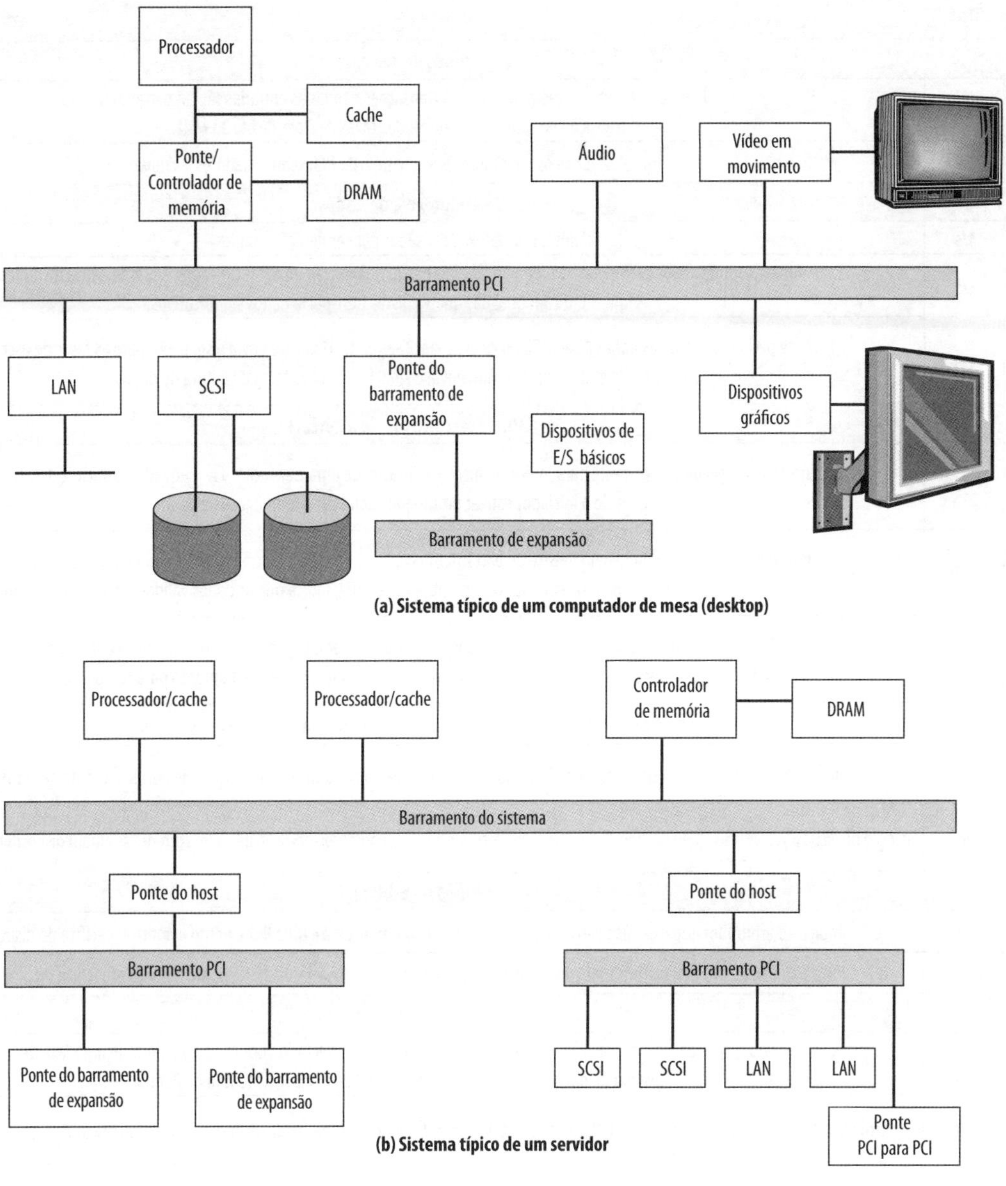

- **Pinos do sistema:** incluem os pinos de clock e reset.
- **Pinos de endereços e de dados:** incluem 32 linhas que são multiplexadas no tempo para endereços e dados. As outras linhas nesse grupo são usadas para interpretar e validar as linhas de sinal que carregam os endereços e dados.
- **Pinos de controle da interface:** controlam a temporização de transações e oferecem coordenação entre iniciadores e destinos.
- **Pinos de arbitração:** diferente das outras linhas de sinal PCI, estas não são linhas compartilhadas. Em vez disso, cada mestre PCI tem seu próprio par de linhas de arbitração que a conectam diretamente ao arbitrador do barramento PCI.
- **Pinos de erros:** usado para indicar erros de paridade e outros.

Tabela 3.3 Linhas de sinal do PCI obrigatórias

Designação	Tipo	Descrição
		Pinos do sistema
CLK	in	Fornece a temporização para todas as transações e todas as entradas são amostradas na transição de subida. São admitidas taxas de clock de até 33 MHz.
RST#	in	Inicializa todos os registradores específicos do PCI, sequenciadores e sinais.
		Pinos de endereço e de dados
AD[31::0]	t/s	Linhas multiplexadas usadas para endereços e dados.
C/BE[3::0]#	t/s	Sinais multiplexados para comandos de barramento e para habilitação de bytes de dados. Durante a fase de dados, as linhas indicam qual das quatro pistas transporta dados significativos.
PAR	t/s	Fornece paridade par pelas linhas AD e C/BE no ciclo de clock seguinte. O mestre envia o sinal PAR para as fases de escrita de dados e de endereço; o destino envia o sinal PAR para as fases de leitura de dados.
		Pinos de controle de interface
FRAME#	s/t/s	Controlado pelo mestre corrente para indicar o início e a duração de uma transação. Ele é ativado no início e desativado quando o iniciador estiver pronto para começar a última fase de dados.
IRDY#	s/t/s	Iniciador pronto, controlado pelo mestre de barramento corrente (iniciador da transação). Durante uma leitura, indica que o mestre está preparado para receber dados; durante uma escrita, indica que os dados válidos estão presentes em AD.
TRDY#	s/t/s	Destino pronto, controlado pelo destino (dispositivo selecionado). Durante uma leitura, indica que os dados válidos estão presentes em AD; durante uma escrita, indica que o destino está pronto para receber dados.
STOP#	s/t/s	Indica que o destino corrente deseja que o iniciador interrompa a transação atual.
IDSEL	in	Seleção de dispositivo de inicialização. Usado como uma seleção de chip durante as transações de leitura e escrita de configuração.
DEVSEL#	in	Seleção de dispositivo. Ativado pelo destino quando ele tiver reconhecido seu endereço. Indica ao iniciador corrente se algum dispositivo foi selecionado.
		Pinos de arbitração
REQ#	t/s	Indica ao arbitrador que esse dispositivo requer o uso do barramento. Essa é uma linha ponto a ponto específica do dispositivo.
GNT#	t/s	Indica ao dispositivo que o arbitrador concedeu acesso ao barramento. Essa é uma linha ponto a ponto específica do dispositivo.
		Pinos de erro
PERR#	s/t/s	Erro de paridade. Indica que um erro de paridade de dados é detectado por um destino durante uma fase de escrita de dados ou por um iniciador durante uma fase de leitura de dados.
SERR#	o/d	Erro do sistema. Pode ser enviado por qualquer dispositivo para relatar erros de paridade de endereço e erros críticos diferentes de paridade.

Além disso, a especificação PCI define 51 linhas de sinal opcionais (Tabela 3.4), divididas nos seguintes grupos funcionais:

- **Pinos de interrupção:** estes são disponíveis para dispositivos PCI que precisam gerar solicitações de serviço (interrupções). Assim como os pinos de arbitração, estes não são linhas compartilhadas. Em vez disso, cada dispositivo PCI tem sua própria linha ou linhas de interrupção para um controlador de interrupção.
- **Pinos de suporte à cache:** esses pinos são necessários para dar suporte a uma memória no PCI que possa ser armazenada em uma memória cache do processador ou de outro dispositivo. Esses pinos permitem os protocolos de cache *snoopy* (veja no Capítulo 18 uma discussão sobre esses protocolos).
- **Pinos de extensão de barramento de 64 bits:** incluem 32 linhas que são multiplexadas no tempo para endereços e dados, e que são combinadas com linhas de endereço/dados obrigatórias para formar um barramento de endereço/dados de 64 bits. Outras linhas nesse grupo são usadas para interpretar e validar

Tabela 3.4 Linhas de sinal PCI opcionais

Designação	Tipo	Descrição
		Pinos de interrupção
INTA#	o/d	Usado para requisitar uma interrupção.
INTB#	o/d	Usado para requisitar uma interrupção; só tem significado para dispositivos multifuncionais.
INTC#	o/d	Usado para requisitar uma interrupção; só tem significado para dispositivos multifuncionais.
INTD#	o/d	Usado para requisitar uma interrupção; só tem significado para dispositivos multifuncionais.
		Pinos de suporte de cache
SBO#	in/out	Recuo de *snoop*. Indica um acerto, em uma linha modificada na cache.
SDONE	in/out	*Snoop* completo. Indica o estado do *snoop* para o endereço corrente. Ativado quando o *snoop* tiver sido concluído.
		Pinos de extensão de barramento de 64 bits
AD[63::32]	t/s	Linhas multiplexadas para endereço e dados para estender o barramento até 64 bits.
C/BE[7::4]#	t/s	Sinais multiplexados para comandos de barramento e para habilitação de bytes de dados. Durante a fase de endereço, as linhas fornecem comandos de barramento adicionais. Durante a fase de dados, as linhas indicam qual das quatro vias de bytes da extensão carregam dados significativos.
REQ64#	s/t/s	Usado para requisitar transferência de 64 bits.
ACK64#	s/t/s	Indica que o destino está querendo realizar uma transferência de 64 bits.
PAR64	t/s	Oferece paridade par pelas linhas AD e C/BE estendidas um ciclo de clock adiante.
		JTAG/pinos de testes
TCK	in	Clock de teste. Usado para informação de estado do clock e teste de dados entrando e saindo do dispositivo durante varredura de fronteira.
TDI	in	Entrada de teste. Usado para deslocar dados e instruções de teste em forma serial para dentro do dispositivo.
TDO	out	Saída de teste. Usado para deslocar dados e instruções de teste em forma serial para fora do dispositivo.
TMS	in	Seleção de modo de teste. Usado para controlar o estado do controlador da porta de acesso de teste.
TRST#	in	Reset de teste. Usado para inicializar o controlador da porta de acesso de teste.

in Sinal apenas de entrada
out Sinal apenas de saída
t/s Bidirecional, tri-state. Sinal de E/S
s/t/s Sinal tri-state sustentado, controlado apenas por um proprietário de cada vez
o/d Dreno aberto: permite que múltiplos dispositivos compartilhem como um wire-OR
O estado ativo do sinal ocorre na voltagem baixa

as linhas de sinal que transportam endereços e dados. Finalmente, existem duas linhas que ativam dois dispositivos PCI para combinar como o uso da capacidade de 64 bits.

- **JTAG/pinos de testes:** essas linhas de sinal admitem procedimentos de teste definidos no padrão IEEE 1149.1.

Comandos PCI

A atividade do barramento ocorre na forma de transações entre um iniciador, ou mestre, e um destino. Quando um mestre do barramento adquire o controle do barramento, ele determina o tipo da transação que ocorrerá em seguida. Durante a fase de endereço da transação, as linhas C/BE são usadas para sinalizar o tipo de transação. Os comandos são os seguintes:

- *Interrupt Acknowledge* (confirmação de interrupção).
- *Special Cycle* (ciclo especial).
- *I/O Read* (leitura de E/S).
- *I/O Write* (escrita de E/S).

- *Memory Read* (leitura de memória).
- *Memory Read Line* (linha de leitura de memória).
- *Memory Read* Multiple (leitura de memória múltipla).
- *Memory Write* (escrita de memória).
- *Memory Write and Invalidate* (escrita de memory e invalidação).
- *Configuration Read* (leitura de configuração).
- *Configuration Write* (escrita de configuração).
- *Dual Address Cycle* (ciclo de endereço duplo).

Interrupt Acknowledge é um comando de leitura voltado para o dispositivo, que funciona como um controlador de interrupção no barramento PCI. As linhas de endereço não são usadas durante a fase de endereço e as linhas *byte enable* (habilitação de byte) indicam o tamanho do identificador de interrupção a ser retornado.

O comando *Special Cycle* é usado pelo iniciador para transmitir uma mensagem a um ou mais destinos.

Os comandos *I/O Read* e *Write* são usados para transferir dados entre o iniciador e um controlador de E/S. Cada dispositivo de E/S tem seu próprio espaço de endereços, e as linhas de endereço são usadas para indicar um dispositivo em particular e para especificar os dados a serem transferidos de ou para esse dispositivo. O conceito de endereços de E/S é explorado no Capítulo 7.

Os comandos de leitura e escrita de memória são usados para especificar a transferência de uma porção de dados, ocupando um ou mais ciclos de clock. A interpretação desses comandos depende do controlador de memória no barramento: se o PCI suporta ou não o protocolo PCI para transferências entre memória e cache. Se suporta a transferência de dados de e para a memória, esta é normalmente feita com linhas de cache, ou blocos.[3] Os três comandos de leitura de memória têm os usos esboçados na Tabela 3.5. O comando *Memory Write* é usado para transferir dados em um ou mais ciclos de dados para a memória. O comando *Memory Write and Invalidate* transfere dados em um ou mais ciclos para a memória. Além disso, ele garante que pelo menos uma linha de cache será escrita. Esse comando admite a função da cache de escrever de volta uma linha para a memória.

Os dois comandos de configuração permitem que um mestre leia e atualize parâmetros de configuração em um dispositivo conectado ao PCI. Cada dispositivo PCI pode incluir até 256 registradores internos, que são usados durante a inicialização do sistema para configurar esse dispositivo.

O comando *Dual Address Cycle* é usado por um iniciador para indicar que está usando o endereçamento com 64 bits.

Transferências de dados

Cada transferência de dados no barramento PCI é uma única transação que consiste em uma fase de endereço e uma ou mais fases de dados. Nesta discussão, ilustramos uma operação típica de leitura; uma operação de escrita prossegue de modo semelhante.

Tabela 3.5 Interpretação dos comandos de leitura PCI

Tipo de comando de leitura	Para memória cacheável	Para memória não cacheável
Memory Read	Transferência de metade ou menos de uma linha de cache	Transferência de dados durante 2 ciclos de clock ou menos
Memory Read Line	Transferência de mais de metade de uma linha de cache para três linhas de cache	Transferência de dados durante 3 a 12 ciclos de clock
Memory Read Multiple	Transferência de mais de três linhas de cache	Transferência de dados por mais de 12 ciclos de clock

3 Os princípios fundamentais da memória cache são descritos no Capítulo 4; os protocolos de cache baseados em barramento são descritos no Capítulo 17.

A Figura 3.23 mostra a temporização da transação de leitura. Todos os eventos são sincronizados para as transições de descida do clock, que ocorrem no meio do ciclo de clock. Os dispositivos do barramento verificam as linhas do barramento na transição de subida, no início de um ciclo do barramento. Os eventos rotulados no diagrama são descritos a seguir:

a. Quando um mestre de barramento tiver obtido o controle do barramento, ele pode iniciar a transação ativando FRAME. Essa linha permanece ativada até que o iniciador esteja pronto para completar a última fase de dados. O iniciador também coloca o endereço inicial no barramento de endereço e o comando de leitura nas linhas C/BE.
b. No início do segundo ciclo de clock, o dispositivo de destino reconhecerá seu endereço nas linhas AD.
c. O iniciador para de enviar informações pelo barramento AD. Um ciclo de *turnaround* (indicado por duas setas circulares) é necessário em todas as linhas de sinal que podem ser controladas por mais de um dispositivo, de modo que a remoção do sinal de endereço preparará o barramento para ser usado pelo dispositivo de destino. O iniciador muda a informação nas linhas C/BE para designar quais linhas AD devem ser usadas para transferência para os dados atualmente endereçados (de 1 a 4 bytes). O iniciador também ativa IRDY para indicar que está pronto para o primeiro item de dado.
d. O destino selecionado ativa DEVSEL para indicar que reconheceu seu endereço e responderá. Ele coloca os dados solicitados nas linhas AD e ativa TRDY para indicar que dados válidos estão presentes no barramento.
e. O iniciador lê os dados no início do quarto ciclo de clock e muda as linhas *byte enable* conforme a necessidade, em preparação para a próxima leitura.
f. Nesse exemplo, o destino precisa de algum tempo para se preparar para o segundo bloco de dados para transmissão. Portanto, ele desativa TRDY para sinalizar ao iniciador que não haverá novos dados durante o ciclo que chega. Com isso, o iniciador não lê as linhas de dados no início do quinto ciclo de clock e não muda o byte enable durante esse ciclo. O bloco de dados é lido no início do sexto ciclo de clock.

Figura 3.23 Operação de leitura no barramento PCI

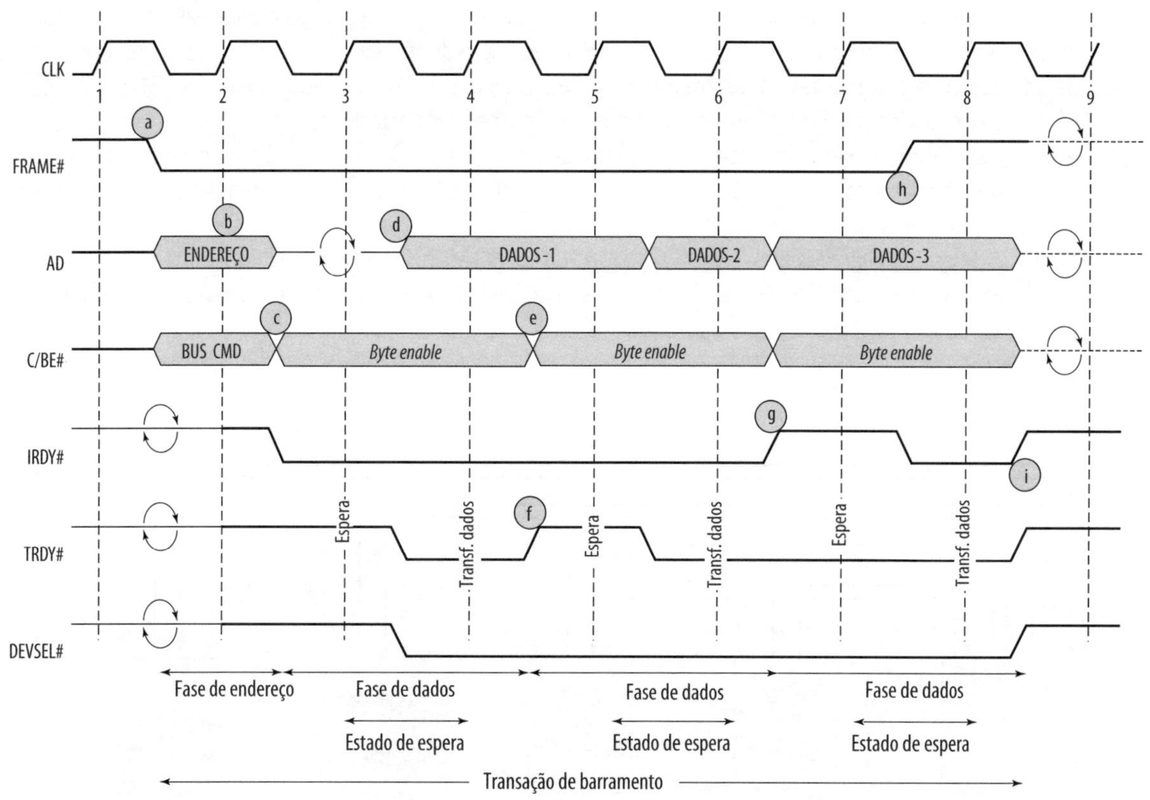

g. Durante o sexto ciclo de clock, o destino coloca o terceiro item de dados no barramento. Porém, neste exemplo, o iniciador ainda não está pronto para ler o item de dados (por exemplo, ele tem uma condição de buffer temporário cheio). Portanto, ele desativa o IRDY fazendo o destino manter o terceiro item de dados no barramento por mais um ciclo de clock.
h. O iniciador sabe que a terceira transferência de dados é a última e, portanto, desativa FRAME para sinalizar ao destino que essa é a última transferência de dados. Ele também ativa IRDY para sinalizar que está pronto para completar essa transferência.
i. O iniciador desativa IRDY, retornando o barramento ao estado ocioso, e o destino desativa TRDY e DEVSEL.

Arbitração

O barramento PCI utiliza um esquema de arbitração centralizado, síncrono, em que cada mestre tem um único sinal de requisição (REQ) e concessão, ou *grant* (GNT). Essas linhas de sinal são conectadas a um árbitro central (Figura 3.24) e um protocolo simples de requisição-concessão é utilizado para conceder acesso ao barramento.

A especificação PCI não dita um algoritmo de arbitração em particular. O árbitro pode usar uma técnica de "atender a primeira requisição que chegar", uma técnica *round-robin* ou algum tipo de esquema de prioridade. Um mestre PCI precisa arbitrar para cada transação que deseja realizar, onde uma única transação consiste em uma fase de endereço seguida por uma ou mais fases de dados contíguas.

A Figura 3.25 é um exemplo no qual o controle de barramento é arbitrado entre dois dispositivos A e B. A seguinte sequência ocorre:

a. Em algum ponto antes do início do primeiro ciclo de clock, A terá ativado seu sinal REQ. O árbitro verifica esse sinal no início do ciclo primeiro ciclo de clock.
b. Durante o ciclo primeiro ciclo de clock, B solicita o uso do barramento ativando seu sinal REQ.
c. Ao mesmo tempo, o árbitro ativa GNT-A para conceder acesso ao barramento para A.
d. O mestre de barramento A verifica GNT-A no início do segundo período de clock e descobre que ele recebeu acesso ao barramento. Ele também verifica IRDY e TRDY desativados, indicando que o barramento está ocioso. Com isso, ele ativa FRAME e coloca a informação do endereço no barramento de endereço e o comando no barramento C/BE (não mostrado). Ele também mantém o sinal REQ-A, pois tem uma segunda transação para realizar em seguida.
e. O árbitro do barramento verifica todas as linhas REQ no início do terceiro ciclo de clock e toma uma decisão de arbitração para conceder o barramento a B para a próxima transação. Depois, ele ativa GNT-B e desativa GNT-A. B não poderá usar o barramento até que ele retorne a um estado ocioso.
f. A desativa FRAME para indicar que a última (e única) transferência de dados está em andamento. Ele coloca os dados no barramento de dados e sinalizar o destino com IRDY. O destino lê os dados no início do próximo ciclo de clock.
g. No início do quinto ciclo de clock, B verifica IRDY e FRAME desativados e, portanto, consegue tomar o controle do barramento, ativando FRAME. Ele também desativa sua linha REQ, pois só deseja realizar uma transação.

Figura 3.24 Árbitro de barramento PCI

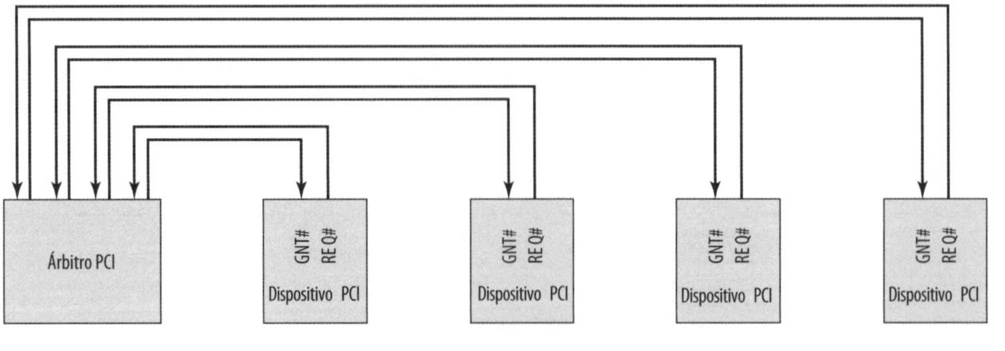

Figura 3.25 Arbitração de barramento PCI entre dois mestres

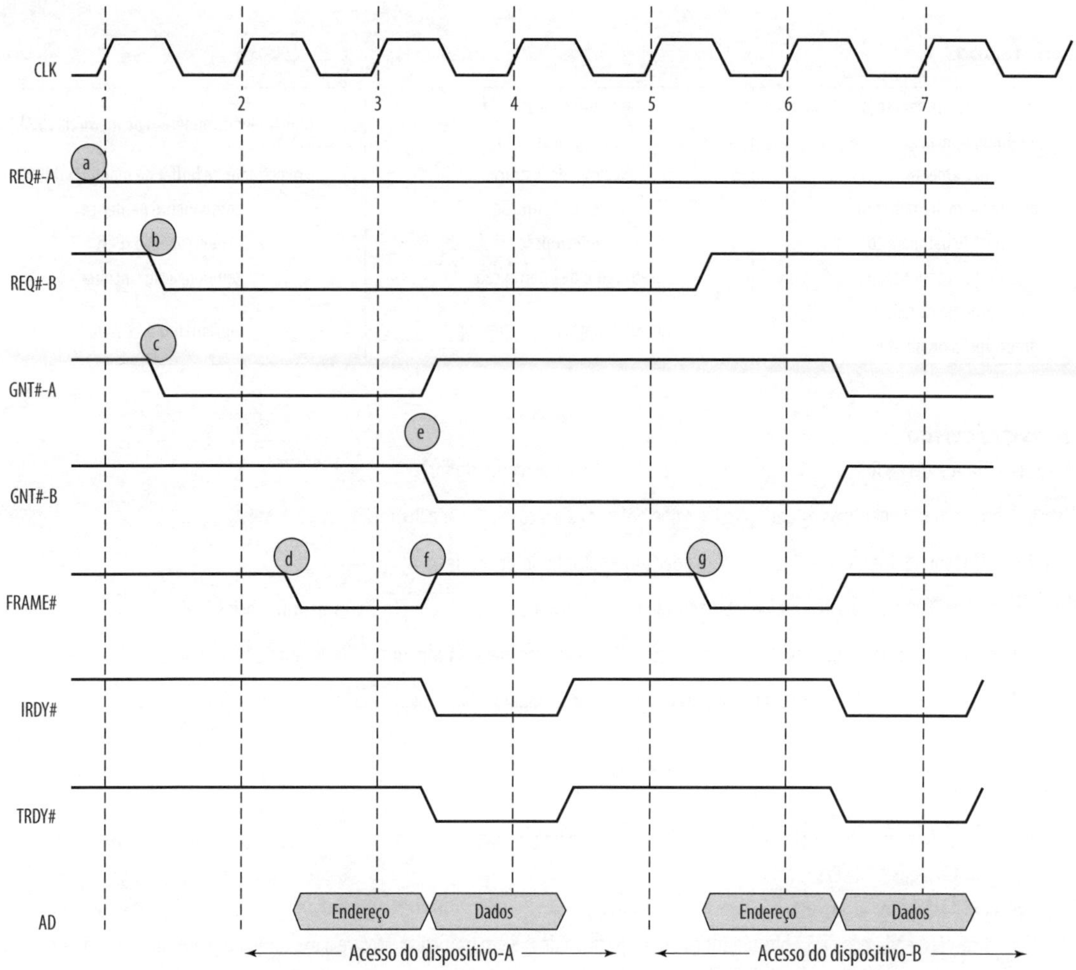

Em seguida, o mestre A recebe acesso ao barramento para sua próxima transação.

Observe que a arbitração pode ocorrer ao mesmo tempo em que o mestre de barramento atual está realizando uma transferência de dados. Portanto, nenhum ciclo do barramento é perdido ao se realizar a arbitração. Isso é conhecido como *arbitração oculta*.

3.6 Leitura recomendada e sites Web

A descrição mais clara sobre barramento PCI é encontrada em um livro de Shanley e Anderson (1999)[b]. Em Abbot (2004)[c] também existe muita informação sólida sobre barramento PCI.

Sites Web recomendados

PCI Special Interest Group: informações sobre especificações e produtos PCI.

PCI Pointers: links para vendedores de PCI e outras fontes de informação.

Principais termos, perguntas de revisão e problemas

Principais termos

barramento de endereço temporização assíncrona barramento arbitração de barramento largura de barramento arbitração centralizada barramento de dados interrupção desabilitada	arbitração distribuída ciclo de instrução execução de instrução busca de instrução interrupção tratador de interrupção rotina de tratamento de interrupção	registrador de endereço de memória (MAR) registrador de buffer de memória (MBR) componente periférico interconexão (PCI) temporização síncrona barramento do sistema

Perguntas de revisão

3.1 Que categorias gerais de funções são especificadas pelas instruções do computador?

3.2 Liste e defina resumidamente os estados possíveis que definem a execução de uma instrução.

3.3 Liste e defina resumidamente duas técnicas para lidar com múltiplas interrupções.

3.4 Que tipos de transferências a estrutura de interconexão de um computador (por exemplo, barramento) precisa aceitar?

3.5 Qual é o benefício de usar a arquitetura de barramento múltiplo em comparação com uma arquitetura de barramento único?

3.6 Liste e defina resumidamente os grupos funcionais das linhas de sinal para o barramento PCI.

Problemas

3.1 A máquina hipotética da Figura 3.4 também tem duas instruções de E/S:

0011 = Carregar AC de E/S

0011 = Armazenar AC em E/S

Nesses casos, o endereço de 12 bits identifica um dispositivo de E/S em particular. Mostre a execução do programa (usando o formato da Figura 3.5) para o programa a seguir:

1. Carregar AC do dispositivo 5.
2. Somar o conteúdo do local de memória 940.
3. Armazenar AC no dispositivo 6.

Suponha que o próximo valor apanhado do dispositivo 5 seja 3 e que o local 940 contenha o valor 2.

3.2 A execução do programa da Figura 3.5 é descrita no texto usando seis etapas. Expanda essa descrição para mostrar o uso do MAR e do MBR.

3.3 Considere um microprocessador de 32 bits hipotético com instruções de 32 bits, compostas de dois campos: o primeiro byte contém o *opcode* e o restante, o operando imediato ou o endereço de um operando.

a. Qual é a capacidade de memória máxima endereçável diretamente (em bytes)?

b. Discuta o impacto sobre a velocidade do sistema se o barramento do microprocessador tiver

1. um barramento de endereço local de 32 bits e um barramento de dados local de 16 bits, ou

2. um barramento de endereço local de 16 bits e um barramento de dados local de 16 bits.

c. Quantos bits são necessários para o contador de programa e o registrador de instrução?

3.4 Considere um microprocessador hipotético gerando um endereço de 16 bits (por exemplo, suponha que o contador de programa e os registradores de endereço tenham 16 bits de largura) e tendo um barramento de dados de 16 bits.

a. Qual é o espaço de endereço de memória máximo que o processador pode acessar diretamente se estiver conectado a uma "memória de 16 bits"?

b. Qual é o espaço de endereço de memória máximo que o processador pode acessar diretamente se estiver conectado a uma "memória de 8 bits"?

c. Que recursos arquiteturais permitirão que esse microprocessador acesse um "espaço de E/S" separado?

d. Se uma instrução de entrada e saída pode especificar um número de porta de E/S de 8 bits, quantas portas de E/S de 8 bits o microprocessador pode aceitar? Quantas portas de E/S de 16 bits? Explique.

3.5 Considere um microprocessador de 32 bits, com um barramento de dados de 16 bits, controlado por um clock de entrada de 8 MHz. Suponha que esse microprocessador tenha um ciclo de barramento cuja duração mínima seja igual a 4 ciclos de clock. Qual é a taxa de transferência de dados máxima pelo barramento que esse microprocessador pode sustentar, em bytes/s? Para aumentar seu desempenho, seria melhor tornar seu barramento de dados externo de 32 bits ou dobrar a frequência de clock externa fornecida ao microprocessador? Informe quaisquer outras suposições que você faça e explique. *Dica:* determine o número de bytes que podem ser transferidos por ciclo de barramento.

3.6 Considere um sistema de computação que contenha um módulo de E/S controlando um teletipo teclado/impressora simples. Os registradores a seguir estão contidos no processador e conectados diretamente ao barramento do sistema:

INPR: Registrador de entrada, 8 bits
OUTR: Registrador de saída, 8 bits
FGI: Flag de entrada, 1 bit
FGO: Flag de saída, 1 bit
IEN: Ativação de interrupção, 1 bit

A entrada de teclado do teletipo e a saída da impressora no teletipo são controladas pelo módulo de E/S. O teletipo é capaz de codificar um símbolo alfanumérico para uma palavra de 8 bits e decodificar uma palavra de 8 bits para um símbolo alfanumérico.

a. Descreva como o processador, usando os quatro primeiros registradores listados neste problema, pode alcançar a E/S com o teletipo.
b. Descreva como a função pode ser realizada de forma mais eficiente também empregando a IEN.

3.7 Considere dois microprocessadores tendo barramentos de dados externos de 8 e 16 bits, respectivamente. Os dois processadores são idênticos em outros aspectos e seus ciclos de barramento ocupam o mesmo espaço.

a. Suponha que todas as instruções e operandos tenham 2 bytes de extensão. Por que fator diferem as taxas de transferência de dados máximas?
b. Repita considerando que metade dos operandos e instruções tenham 1 byte de extensão.

3.8 A Figura 3.26 indica um esquema de arbitração distribuído que pode ser usado com um barramento obsoleto conhecido como Multibus I. Os agentes são encadeados fisicamente em forma de margarida em ordem de prioridade. O agente mais à esquerda no diagrama recebe um sinal *bus priority in* (BPRN) indicando que nenhum agente com prioridade mais alta deseja o barramento. Se o agente não requisitar o barramento, ele ativa sua linha *bus priority out* (BPRO). No início de um ciclo de clock, qualquer agente pode requisitar o controle do barramento reduzindo sua linha BPRO. Isso abaixa a linha BPRN do próximo agente na cadeia, que por sua vez, precisa abaixar sua linha BPRO. Assim, o sinal propaga a extensão da cadeia. Ao final dessa reação em cadeia, deverá haver apenas um agente cujo BPRN está ativado e cujo BPRO não está. Esse agente tem prioridade. Se, no início de um ciclo de barramento, o barramento não estiver ocupado (BUSY inativo), o agente que tem prioridade pode apanhar o controle do barramento ativando a linha BUSY.

É preciso um certo tempo para que o sinal BPR se propague do agente de prioridade mais alta para o de prioridade mais baixa. Esse tempo deve ser menor que o ciclo de clock? Explique.

3.9 O barramento SBI do VAX utiliza um esquema de arbitração distribuído e síncrono. Cada dispositivo SBI (ou seja, processador, memória, módulo de E/S) tem uma prioridade exclusiva e recebe uma linha de requisição de transferência (TR) exclusiva. O SBI tem 16 dessas linhas (TR0, TR1,...,TR15), com TR0 tendo a prioridade mais alta. Quando um dispositivo deseja usar o barramento, ele coloca uma reserva para um *slot* de

Figura 3.26 Arbitração distribuída do barramento Multibus I

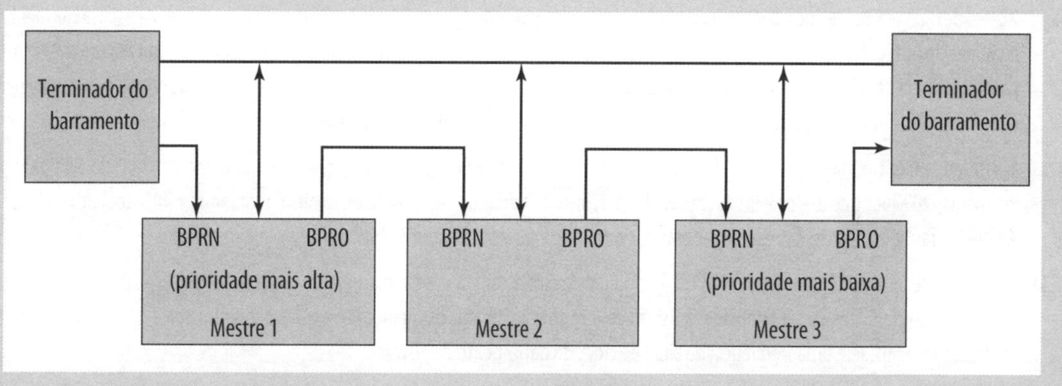

tempo futuro ativando sua linha TR durante o *slot* de tempo atual. Ao final do *slot* de tempo atual, cada dispositivo com uma reserva pendente examina as linhas TR; o dispositivo com prioridade mais alta com uma reserva utiliza o próximo *slot* de tempo.

Um máximo de 17 dispositivos pode ser conectados ao barramento. O dispositivo com prioridade 16 não tem linha TR. Por que não?

3.10 No SBI do VAX, o dispositivo com menor prioridade normalmente tem o tempo médio de espera mais baixo. Por esse motivo, o processador normalmente recebe a prioridade mais baixa no SBI. Por que o dispositivo de prioridade 16 normalmente tem o tempo médio de espera mais baixo? Sob que circunstâncias isso não seria verdadeiro?

3.11 Para uma operação de leitura síncrona (Figura 3.19), o módulo de memória precisa colocar os dados no barramento suficientemente antes da transição de descida do sinal Read para permitir o estabelecimento do sinal. Suponha que o barramento do microprocessador tenha um clock de 10 MHz e que o sinal Read comece a cair no meio da segunda metade de T_3.

a. Determine a extensão do ciclo de instrução de leitura de memória.

b. Quando, no máximo, os dados da memória devem ser colocados no barramento? Permita 20 ns para o estabelecimento das linhas de dados.

3.12 Considere um microprocessador que tenha uma sincronização de leitura de memória conforme mostra a Figura 3.19. Após alguma análise, um projetista determina que a memória não consegue oferecer dados de leitura a tempo por cerca de 180 ns.

a. Quantos estados de espera (ciclos de clock) precisam ser inseridos para a operação apropriada do sistema se a frequência do sinal de clock do barramento é de 8 MHz?

b. Para forçar os estados de espera, uma linha de estado Ready é empregada. Quando o processador tiver emitido um comando Read, ele precisa esperar até que a linha Ready seja ativada antes de tentar ler dados. Em que intervalo de tempo devemos manter a linha Ready baixa a fim de forçar o processador a inserir o número requisitado de estados de espera?

3.13 Um microprocessador tem uma sincronização de escrita na memória conforme mostra a Figura 3.19. Seu fabricante especifica que a largura do sinal Write pode ser determinada por $T - 50$, onde T é o período de clock em ns.

a. Que largura devemos esperar para o sinal Write se a frequência do sinal de clock do barramento é de 5 MHz?

b. O manual do microprocessador especifica que os dados permanecem válidos por 20 ns após a transição de descida do sinal Write. Qual é a duração total da apresentação de dados válida para a memória?

c. Quantos estados de espera devemos inserir se a memória exigir a apresentação de dados válida por pelo menos 190 ns?

3.14 Um microprocessador tem uma instrução direta de incremento de memória, que soma 1 ao valor em um local da memória. A instrução tem cinco estágios: buscar do *opcode* (quatro ciclos de clock do barramento), buscar do endereço do operando (três ciclos), buscar do operando (três ciclos), soma de 1 ao operando (três ciclos) e armazenamento do operando (três ciclos).

a. Por que quantidade (em percentagem) que a duração da instrução aumentará se tivermos que inserir dois estados de espera do barramento em cada operação de leitura e escrita de memória?

b. Repita considerando que a operação de incremento use 13 ciclos em vez de 3 ciclos.

3.15 O microprocessador Intel 8088 tem uma temporização do barramento de leitura semelhante à da Figura 3.19, mas requer quatro ciclos de clock do processador. Os dados válidos estão no barramento por uma quantidade de tempo que se estende para o quarto ciclo de clock do processador. Considere uma frequência do sinal de clock do processador de 8 MHz.

a. Qual é a taxa máxima de transferência de dados?

b. Repita, mas considere a necessidade de inserir um estado de espera por byte transferido.

3.16 O Intel 8086 é um processador de 16 bits semelhante, de várias maneiras, ao 8088 de 8 bits. O 8086 utiliza um barramento de 16 bits que pode transferir 2 bytes de cada vez, desde que o byte de mais baixa ordem tenha um endereço par. Porém, o 8086 permite operandos de palavra com alinhamento par ou ímpar. Se uma palavra com alinhamento ímpar for referenciada, dois ciclos de memória, cada um consistindo em quatro ciclos de barramento, são necessários para transferir a palavra. Considere uma instrução no 8086 que envolva dois operandos de 16 bits. Quanto tempo é necessário para buscar os operandos? Dê a faixa de respostas possíveis. Considere uma frequência de sinal de clock de 4 MHz e nenhum estado de espera.

3.17 Considere um microprocessador de 32 bits cujo ciclo de barramento tenha a mesma duração de um microprocessador de 16 bits. Suponha que, na média, 20% dos operandos e instruções tenham 32 bits de tamanho, 40% tenham 16 bits de tamanho e 40% tenham 8 bits de tamanho. Calcule o ganho ao buscar instruções e operandos com o microprocessador de 32 bits.

3.18 O microprocessador do Problema 3.14 inicia o estágio de busca de operando da instrução de incremento direto da memória ao mesmo tempo em que um teclado ativa uma linha de requisição de interrupção. Depois de quanto tempo o processador entra no ciclo de processamento de interrupção? Considere uma frequência do sinal de clock do barramento de 10 MHz.

3.19 Desenhe e explique um diagrama de temporização para uma operação de escrita com um barramento PCI (semelhante à Figura 3.23).

Apêndice 3A Diagramas de temporização

Neste capítulo, os diagramas de temporização são usados para ilustrar sequências de eventos e dependências entre eventos. Para o leitor não acostumado com diagramas de temporização, este apêndice oferece uma breve explicação.

A comunicação entre os dispositivos conectados a um barramento ocorre ao longo de um conjunto de linhas capazes de transportar sinais. Dois níveis de sinal (níveis de voltagem) diferentes, representando o binário 0 e o binário 1, podem ser transmitidos. Um diagrama de temporização mostra o nível de sinal em uma linha como uma função do tempo (Figura 3.27a). Por convenção, o nível de sinal binário 1 é representado como um nível mais alto que o do binário 0. Normalmente, o binário 0 é o valor padrão, ou seja, se nenhum dado ou outro sinal estiver sendo transmitido, então o nível em uma linha é aquele que representa o binário 0. Uma transição de sinal de 0 para 1 normalmente é referenciada como a *borda de subida* do sinal; uma transição de 1 para 0 é considerada uma *borda de descida*. Essas transições não são instantâneas, mas esse tempo de transição normalmente é pequeno em comparação com a duração de um nível de sinal. Por clareza, a transição normalmente é representada como uma linha inclinada, que exagera a quantidade de tempo relativa que a transição utiliza. Ocasionalmente, você verá diagramas que usam linhas verticais, o que incorretamente sugere que a transição é instantânea. Em um diagrama de temporização, pode acontecer que uma quantidade de tempo variável ou, pelo menos, irrelevante, se passe entre os eventos de interesse. Isso é representado por uma lacuna na linha de tempo.

Os sinais às vezes são representados em grupos (Figura 3.27b). Por exemplo, se os dados forem transferidos um byte de cada vez, então oito linhas são necessárias. Em geral, não é importante saber o valor exato sendo transferido em tal grupo, mas se os sinais estão presentes ou não.

Uma transição de sinal em uma linha pode disparar um dispositivo conectado para fazer mudanças de sinal em outras linhas. Por exemplo, se um módulo de memória detectar um sinal de controle de leitura (transição 0 ou 1), ele colocará sinais de dados nas linhas de dados. Esses

Figura 3.27 Diagramas de temporização

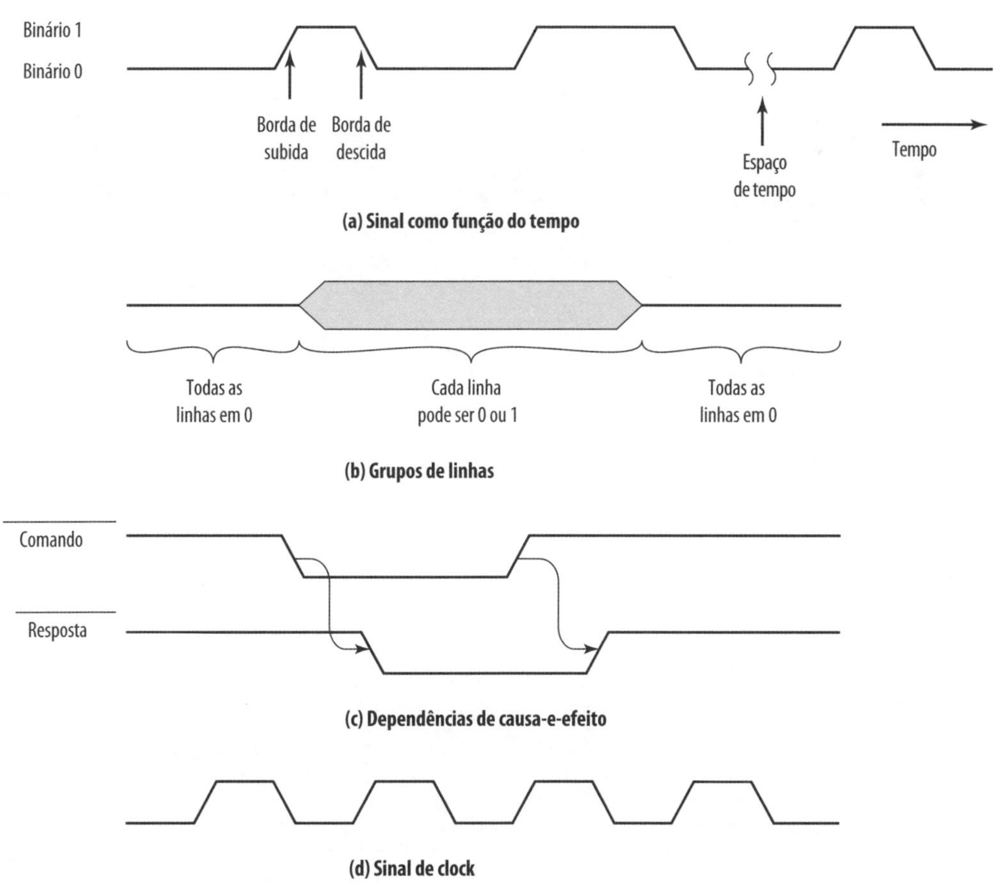

relacionamentos de causa e efeito produzem sequências de eventos. Setas são usadas nos diagramas de temporização para mostrar essas dependências (Figura 3.27c).

Na Figura 3.27c, a barra superior no nome do sinal indica que o sinal está ativo baixo, conforme mostrado. Por exemplo, $\overline{\text{Command}}$ está ativo em 0 volts. Isso significa que $\overline{\text{Command}} = 0$ é interpretado como o lógico 1, ou verdadeiro.

Uma linha de clock normalmente faz parte de um barramento do sistema. Um clock eletrônico está conectado à linha de clock e oferece uma sequência de transições repetitiva, regular (Figura 3.27d). Outros eventos podem ser sincronizados com o sinal de clock.

Referências

a TANENBAUM, A. e WOODHULL, A. *Operating systems: design and implementation.* Upper Saddle River, NJ: Prentice Hall, 1997.

b SHANLEY, T. e ANDERSON, D. *PCI systems architecture.* Richardson, TX: Mindshare Press, 1999.

c ABBOT, D. *PCI bus demystified.* Nova York: Elsevier, 2004.

CAPÍTULO

0 1 2 3 **4** 5 6 7 8 9 10 11 12 13 14 15 16 17 18

Memória cache

PRINCIPAIS PONTOS

- A memória do computador é organizada em uma hierarquia. No nível mais alto (mais perto do processador), estão os registradores do processador. Em seguida, vêm um ou mais níveis de cache. Quando são usados múltiplos níveis, eles são indicados por L1, L2 e assim por diante. Em seguida, vem a memória principal, que normalmente é uma memória dinâmica de acesso aleatório e dinâmico (DRAM). Todos estes são considerados internos ao sistema de computação. A hierarquia continua com a memória externa, com o próximo nível geralmente sendo um disco rígido fixo, e um ou mais níveis abaixo disso consistindo em mídia removível, como discos ópticos e fita.
- À medida que descemos na hierarquia da memória, encontramos custo/bit menor, capacidade maior e tempo de acesso mais lento. Seria bom usar apenas a memória mais rápida, mas, como ela é a memória mais cara, trocamos tempo de acesso pelo custo, usando mais da memória mais lenta. O desafio de projeto é organizar os dados e os programas na memória de modo que as palavras de memória acessadas normalmente estejam na memória mais rápida.
- Em geral, é provável que a maioria dos acessos futuros à memória principal, feitos pelo processador, seja para locais acessados recentemente. Assim, a cache retém automaticamente uma cópia de algumas das palavras usadas recentemente, vindas das DRAM. Se a memória cache for projetada corretamente, então, na maior parte do tempo, o processador solicitará palavras da memória que já estão na cache.

Embora aparentemente simples em conceito, a memória do computador exibe talvez a gama mais variada de tipo, tecnologia, organização, desempenho e custo do que qualquer recurso de um sistema de computação. Como consequência, o sistema de computação típico é equipado com uma hierarquia de subsistemas de memória, algumas internas ao sistema (acessíveis diretamente pelo processador) e algumas externas (acessíveis pelo processador por meio de um módulo de E/S).

Este capítulo e o seguinte focalizam os elementos da memória interna, enquanto o Capítulo 6 é dedicado à memória externa. Para começar, a primeira seção examina as principais características das memórias de computador. O restante do capítulo examina um elemento essencial de todos os sistemas de computação modernos: a memória cache.

4.1 Visão geral do sistema de memória do computador

Características dos sistemas de memória

O assunto complexo da memória de computador pode ser melhor compreendido se classificarmos os sistemas de memória de acordo com suas principais características. As mais importantes estão listadas na Tabela 4.1.

O termo **localização** na Tabela 4.1 indica se a memória é interna ou externa ao computador. A memória interna normalmente significa a memória principal, mas existem outras formas de memória interna. O processador requer sua própria memória local, na forma de registradores (por exemplo, veja a Figura 2.3). Além disso, conforme veremos, a parte da unidade de controle do processador também pode exigir sua própria memória interna. Vamos deixar a discussão desses dois últimos tipos de memória interna para capítulos posteriores. A cache é outra forma de memória interna. A memória externa consiste em dispositivos de armazenamento periféricos, como disco e fita, que são acessíveis ao processador por meio de controladores de E/S.

Uma característica óbvia da memória é a sua **capacidade**. Para a memória interna, isso normalmente é expresso em termos de bytes (1 byte = 8 bits) ou palavras. Os tamanhos comuns de palavra são 8, 16 e 32 bits. A capacidade da memória externa normalmente é expressa em termos de bytes.

Um conceito relacionado é a **unidade de transferência**. Para a memória interna, a unidade de transferência é igual ao número de linhas elétricas para dentro e para fora do módulo de memória. Isso pode ser igual ao tamanho da palavra, mas normalmente é maior, como 64, 128 ou 256 bytes. Para esclarecer esse ponto, considere três conceitos relacionados para a memória interna:

- **Palavra:** a unidade "natural" de organização da memória. O tamanho da palavra normalmente é igual ao número de bits usados para representar um inteiro e ao tamanho da instrução. Infelizmente, existem muitas exceções. Por exemplo, o CRAY C90 (um modelo de supercomputador CRAY mais antigo) tem um tamanho de palavra de 64 bits, mas usa a representação de inteiros com 46 bits. A arquitetura Intel x86 tem uma grande variedade de tamanhos de instrução, expressos como múltiplos de bytes e uma palavra com tamanho de 32 bits.
- **Unidades endereçáveis:** em alguns sistemas, a unidade endereçável é a palavra. Porém, muitos sistemas permitem o endereçamento no nível de byte. De qualquer forma, o relacionamento entre o tamanho em bits A de um endereço e o número N de unidades endereçáveis é $2^A = N$.

Tabela 4.1 Principais características dos sistemas de memória do computador

Localização	**Desempenho**
Interna (por exemplo, registradores do processador, memória principal, cache)	Tempo de acesso
Externa (por exemplo, discos ópticos, discos magnéticos, fitas)	Tempo de ciclo
Capacidade	Taxa de transferência
Número de palavras	**Tipo físico**
Número de bytes	Semicondutor
Unidade de transferência	Magnético
Palavra	Óptico
Bloco	Magneto-óptico
Método de acesso	**Características físicas**
Sequencial	Volátil/não volátil
Direto	Apagável/não apagável
Aleatório	**Organização**
Associativo	Módulos de memória

- **Unidade de transferência:** para a memória principal, este é o número de bits lidos ou escritos na memória de uma só vez. A unidade de transferência não precisa ser igual a uma palavra ou uma unidade endereçável. Para a memória externa, os dados normalmente são transferidos em unidades muito maiores que uma palavra e estas são chamadas de blocos.

Outra distinção entre os tipos de memória é o **método de acesso** das unidades de dados, que inclui os seguintes:

- **Acesso sequencial:** a memória é organizada em unidades de dados chamadas registros. O acesso é feito em uma sequência linear específica. A informação de endereçamento armazenada é usada para separar registros e auxiliar no processo de recuperação. Um mecanismo compartilhado de leitura-escrita é usado, e este precisa ser movido do seu local atual para o local desejado, passando e rejeitando cada registro intermediário. Assim, o tempo para acessar um registro qualquer é altamente variável. As unidades de fita, discutidas no Capítulo 6, são de acesso sequencial.
- **Acesso direto:** assim como o acesso sequencial, o acesso direto envolve um mecanismo compartilhado de leitura-escrita compartilhado. Porém, os blocos ou registros individuais têm um endereço exclusivo, baseado no local físico. O acesso é realizado pelo acesso direto, para alcançar uma vizinhança geral, mais uma busca sequencial, contagem ou espera, até alcançar o local final. Novamente, o tempo de acesso é variável. As unidades de disco, discutidas no Capítulo 6, são de acesso direto.
- **Acesso aleatório:** cada local endereçável na memória tem um mecanismo de endereçamento exclusivo, fisicamente interligado. O tempo para acessar determinado local é independente da sequência de acessos anteriores e é constante. Assim, qualquer local pode ser selecionado aleatoriamente, e endereçado e acessado diretamente. A memória principal e alguns sistemas de cache são de acesso aleatório.
- **Associativo:** esse é o tipo de memória de acesso aleatório que permite fazer uma comparação de um certo número de bit desejados dentro de uma palavra para uma combinação especificada, e faz isso para todas as palavras simultaneamente. Assim, uma palavra é recuperada com base em uma parte de seu conteúdo, em vez do seu endereço. Assim como a memória de acesso aleatório comum, cada local tem seu próprio mecanismo de endereçamento, e o tempo de recuperação é constante, independentemente do local ou padrões de acesso anteriores. As memórias cache podem empregar o acesso associativo.

Do ponto de vista do usuário, as duas características mais importantes da memória são capacidade e **desempenho**. Três parâmetros de desempenho são usados:

- **Tempo de acesso (latência):** para a memória de acesso aleatório, esse é o tempo gasto para realizar uma operação de leitura ou escrita, ou seja, o tempo desde o instante em que um endereço é apresentado à memória até o instante em que os dados foram armazenados ou se tornaram disponíveis para uso. Para a memória de acesso não aleatório, o tempo de acesso é o tempo gasto para posicionar o mecanismo de leitura-escrita no local desejado.
- **Tempo de ciclo de memória:** esse conceito é aplicado principalmente à memória de acesso aleatório, e consiste no tempo de acesso mais qualquer tempo adicional antes que um segundo acesso possa iniciar. Esse tempo adicional pode ser exigido para a extinção de transientes nas linhas de sinal ou para a regeneração de dados, se eles forem lidos destrutivamente. Observe que o tempo de ciclo de memória se refere ao barramento do sistema, e não do processador.
- **Taxa de transferência:** essa é a taxa em que os dados podem ser transferidos para dentro ou fora de uma unidade de memória. Para a memória de acesso aleatório, ela é igual a 1/(tempo de ciclo).

Para a memória de acesso não aleatório, existe a seguinte relação:

$$T_N = T_A + \frac{n}{R} \qquad \textbf{(4.1)}$$

onde

T_N = tempo médio para ler ou escrever N bits

T_A = tempo de acesso médio

n = número de bits

R = taxa de transferência em bits por segundo (bps)

Diversas **tecnologias** de memória foram empregados. As mais comuns hoje são memória semicondutora, memória de superfície magnética, usada para disco e fita, e óptica e magneto-óptica.

Várias **características físicas** de armazenamento de dados são importantes. Em uma memória volátil, a informação se deteriora naturalmente ou se perde quando a energia elétrica é desligada. Em uma memória não volátil, a informação uma vez gravada permanece sem deterioração até que seja deliberadamente mudada; nenhuma energia elétrica é necessária para reter a informação. As memórias com superfície magnética são não voláteis. A memória semicondutora pode ser volátil ou não. A memória não apagável não pode ser alterada, exceto destruindo-se a unidade de armazenamento. A memória semicondutora desse tipo é conhecida como ***memória somente de leitura*** (ROM, do inglês *read-only memory*). Inevitavelmente, uma memória prática não apagável também precisa ser não volátil.

Para a memória somente de leitura, a **organização** é um aspecto fundamental de projeto. Com ***organização***, queremos dizer o arranjo físico de bits para formar palavras. O arranjo óbvio nem sempre é usado, conforme explicamos no Capítulo 5.

A hierarquia de memória

As restrições de projeto sobre a memória de um computador podem ser resumidas por três questões: Quanto? Com que velocidade? Com que custo?

A questão da quantidade é, de certa forma, livre. Se houver capacidade, as aplicações provavelmente serão desenvolvidas para utilizá-la. A questão da velocidade, de certa forma, é mais fácil de responder. Para conseguir maior desempenho, a memória precisa ser capaz de acompanhar a velocidade do processador. Ou seja, enquanto o processador está executando instruções, não gostaríamos que ele tivesse que parar, aguardando por instruções ou operandos. A questão final também precisa ser considerada. Para um sistema prático, o custo da memória deve ser razoável em relação a outros componentes.

Como se pode esperar, existe uma relação entre as três características principais da memória, a saber: capacidade, tempo de acesso e custo. Diversas tecnologias são usadas para implementar sistemas de memória e, por meio desse espectro de tecnologias, existem as seguintes relações:

- Tempo de acesso mais rápido, maior custo por bit.
- Maior capacidade, menor custo por bit.
- Maior capacidade, tempo de acesso mais lento.

O dilema que o projetista enfrenta é claro. O projetista gostaria de usar tecnologias de memória que oferecessem grande capacidade de memória, tanto porque a capacidade é necessária quanto porque o custo por bit é baixo. Porém, para atender os requisitos de desempenho, ele precisa usar memórias caras, relativamente com menor capacidade e com menores tempos de acesso.

Para sair desse dilema, é preciso não contar com um único componente ou tecnologia de memória, mas empregar uma **hierarquia de memória**. Uma hierarquia típica é ilustrada na Figura 4.1. Enquanto se desce na hierarquia, ocorre o seguinte:

a. Diminuição do custo por bit.
b. Aumento da capacidade.
c. Aumento do tempo de acesso.
d. Frequência de acesso à memória pelo computador.

Assim, memórias menores, mais caras e mais rápidas são complementadas por memórias maiores, mais baratas e mais lentas. A chave para o sucesso dessa organização é o item (d): diminuição na frequência de acesso. Veremos esse conceito com mais detalhes quando discutirmos sobre a memória cache, mais adiante neste capítulo, e a memória virtual, no Capítulo 8. Neste ponto, oferecemos uma rápida explicação.

Figura 4.1 A hierarquia de memória

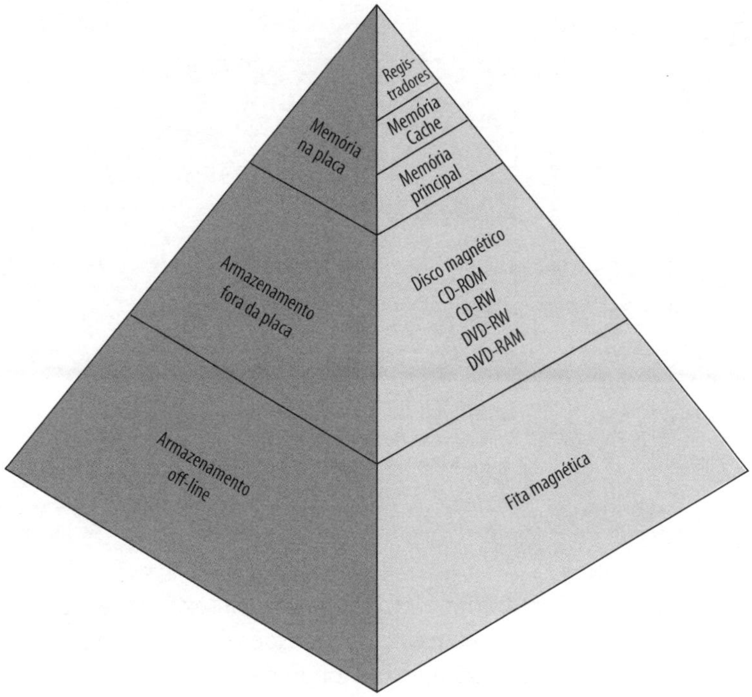

Exemplo 4.1 Suponha que o processador tenha acesso a dois níveis de memória. O nível 1 contém 1.000 palavras e tem um tempo de acesso de 0,01 μs; o nível 2 contém 100.000 palavras e tem um tempo de acesso de 0,1 μs. Suponha que, se uma palavra a ser acessada estiver no nível 1, então o processador a acessa diretamente. Se estiver no nível 2, então a palavra primeiro é transferida para o nível 1 e depois é acessada pelo processador. Para simplificar, ignoramos o tempo necessário para o processador determinar se a palavra está no nível 1 ou no nível 2. A Figura 4.2 mostra o formato geral da curva que abrange essa situação. A figura mostra o tempo médio de acesso para uma memória de dois níveis como uma função da razão de acerto *H*, onde *H* é definido como a fração de todos os acessos à memória que são encontrados na memória mais rápida (por exemplo, a cache), T_1 é o tempo de acesso ao nível 1, e T_2 é o tempo de acesso ao nível 2.[1] Como podemos ver, para altas percentagens de acesso ao nível 1, o tempo médio de acesso total é muito mais próximo daquele do nível 1 do que do nível 2.

Em nosso exemplo, suponha que 95% dos acessos à memória sejam encontrados na cache. Então, o tempo médio para acessar uma palavra pode ser expresso como:

$$(0{,}95)(0{,}01\ \mu s) + (0{,}05)(0{,}01\ \mu s + 0{,}1\ \mu s) = 0{,}0095 + 0{,}0055 = 0{,}015\ \mu s$$

O tempo de acesso médio é muito mais próximo de 0,01 *μs* do que de 0,1 *μs*, conforme desejado.

O uso de dois níveis de memória para reduzir o tempo médio de acesso funciona em princípio, mas somente se as condições de (a) a (d) se aplicarem. Empregando diferentes tecnologias, existe um espectro de sistemas de memória que satisfaz as condições de (a) a (c). Felizmente, a condição (d) também geralmente é válida.

A base para a validade da condição (d) é um princípio conhecido como **localidade de referência** (DENNING, 1968[a]). Durante o curso de execução de um programa, as referências de memória pelo processador, para instruções e para dados, tendem a se agrupar. Os programas normalmente contêm uma série de loops iterativos

1 Se a palavra acessada for encontrada na memória mais rápida, tem-se um **acerto**. Uma **falha** ocorre se a palavra acessada não for encontrada na memória mais rápida.

Figura 4.2 Desempenho dos acessos envolvendo apenas o nível 1 (razão de acerto)

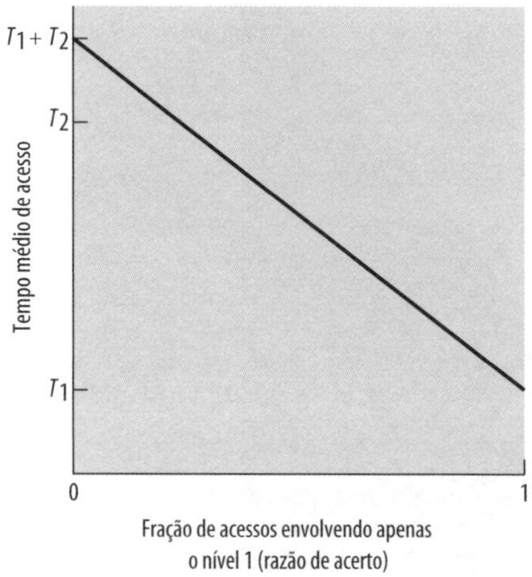

e sub-rotinas. Quando um loop ou sub-rotina inicia sua execução, existem referências repetidas a um pequeno conjunto de instruções. De modo semelhante, operações sobre tabelas e arrays envolvem o acesso a um conjunto de palavras de dados agrupadas. Durante um longo período de tempo os conjuntos mudam, mas para um pequeno período de tempo o processador trabalha com conjuntos fixos de referências à memória.

De forma correspondente, é possível organizar dados pela hierarquia de modo que a percentagem de acessos a cada nível sucessivamente inferior é muito menor que para o nível acima. Considere o exemplo de dois níveis, já apresentado. Suponha que a memória de nível 2 contenha todas as instruções e dados do programa. Os conjuntos atuais podem ser temporariamente colocados no nível 1. De vez em quando, um dos conjuntos no nível 1 terá que ser passado para o nível 2, para dar espaço para um novo conjunto chegando ao nível 1. Porém, na média, a maioria das referências será para instruções e dados contidos no nível 1.

Esse princípio pode ser aplicado por mais de dois níveis de memória, conforme sugerido pela hierarquia mostrada na Figura 4.1. O tipo de memória mais rápido, menor e mais caro consiste nos registradores internos ao processador. Normalmente, um processador terá algumas dezenas desses registradores, embora algumas máquinas contenham centenas de registradores. Pulando dois níveis abaixo, a memória principal é o principal sistema de memória interna do computador. Cada local na memória principal tem um endereço exclusivo. A memória principal normalmente é estendida com uma memória cache menor, de maior velocidade. A cache normalmente não é visível ao programador ou, na verdade, ao processador. Esse é um dispositivo para organizar a movimentação de dados entre a memória principal e os registradores do processador, para melhorar o desempenho.

As três formas de memória que descrevemos normalmente são voláteis e empregam a tecnologia semicondutora. O uso de três níveis explora o fato de que existem diversos tipos de memória semicondutora vem em diversos tipos, que diferem em velocidade e custo. Os dados são armazenados de forma mais permanente em dispositivos externos, de armazenamento em massa, sendo os mais comuns o disco rígido e a mídia removível, como disco magnético removível, fita e armazenamento óptico. A memória externa, não volátil, também é chamada de **memória secundária** ou **memória auxiliar**. Estas são usadas para armazenar arquivos de programa e dados e, normalmente, são visíveis ao programador apenas em termos de arquivos e registros, ao contrário de bytes ou palavras individuais. O disco também é usado para oferecer uma extensão à memória principal, conhecida como memória virtual, que será discutida no Capítulo 8.

Outras formas de memória podem ser incluídas na hierarquia. Por exemplo, grandes mainframes IBM incluem uma forma de memória interna conhecida como armazenamento expandido. Este usa uma tecnologia de semicondutora que é mais lenta e menos dispendiosa do que a da memória principal. Estritamente falando, essa memória não se encaixa na hierarquia, mas é um apêndice: os dados podem ser movidos entre a memória principal e o armazenamento expandido, mas não entre o armazenamento expandido e a memória externa. Outras formas de memória secundária incluem os discos ópticos e magneto-ópticos. Finalmente, outros níveis podem ser efetivamente introduzidos à hierarquia por meio do uso de software. Uma parte da memória principal pode ser usada como um buffer para manter temporariamente os dados que devem ser levados ao disco. Essa técnica, às vezes chamada de cache de disco,[2] melhora o desempenho de duas maneiras:

- As gravações em disco são agrupadas. Em vez de muitas transferências de dados pequenas, temos algumas transferências de dados grandes. Isso melhora o desempenho do disco e minimiza o envolvimento do processador.
- Alguns dados destinados para escrita podem ser referenciados por um programa antes da próxima cópia no disco. Nesse caso, os dados são recuperados rapidamente da cache de disco, ao invés de lentamente do disco.

O Apêndice 4A examina as implicações de desempenho das estruturas de memória multinível.

4.2 Princípios da memória cache

O uso da memória cache visa obter velocidade de memória próxima das memórias mais rápidas que existem e, ao mesmo tempo, disponibilizar uma memória de grande capacidade ao preço de memórias semicondutoras mais baratas. O conceito é ilustrado na Figura 4.3a. Existe uma memória principal relativamente grande e lenta junto com a memória cache, menor e mais rápida. A cache contém uma cópia de partes da memória principal. Quando o processador tenta ler uma palavra da memória, é feita uma verificação para determinar se a palavra está na cache. Se estiver, ela é entregue ao processador. Se não, um bloco da memória principal, consistindo em algum número fixo de palavras, é lido para a cache e depois a palavra é fornecida ao processador. Devido ao fenômeno de localidade de referência, quando um bloco de dados é levado para a cache para satisfazer uma única referência de memória, é provável que haja referências futuras a esse mesmo local da memória ou a outras palavras no mesmo bloco.

A Figura 4.3b representa o uso de múltiplos níveis de cache. A cache L2 é mais lenta e normalmente maior que a cache L1, e a cache L3 é mais lenta e normalmente maior que a cache L2.

A Figura 4.4 representa a estrutura de um sistema de cache/memória principal. A memória principal consiste em até 2^n palavras endereçáveis, com cada palavra tendo um endereço distinto de n bits. Para fins de mapeamento, essa memória é considerada como sendo uma série de blocos de tamanho fixo com K palavras cada. Ou seja, existem $M = 2^n/K$ blocos na memória principal. A cache consiste em m blocos, chamados **linhas**.[3] Cada linha contém K palavras, mais um tag de alguns bits. Cada linha também inclui bits de controle (não mostrados), como um bit para indicar se a linha foi modificada desde que foi carregada na cache. A largura de uma linha, sem incluir tag e bits de controle, é o tamanho da linha. O tamanho da linha pode ter apenas 32 bits, com cada "palavra" sendo um único byte; nesse caso, o tamanho da linha é de 4 bytes. O número de linhas é consideravelmente menor que o número de blocos da memória principal ($m << M$). A qualquer momento, algum subconjunto dos blocos de memória reside nas linhas na cache. Se uma palavra em um bloco de memória for lida, esse bloco é transferido para uma das linhas da cache. Como existem mais blocos do que linhas, uma linha individual não pode ser dedicada exclusiva e permanentemente a determinado bloco. Assim, cada linha inclui uma tag que identifica qual bloco em particular está atualmente sendo armazenado. O tag normalmente é uma parte do endereço da memória principal, conforme descrito posteriormente nesta seção.

A Figura 4.5 ilustra a operação de leitura. O processador gera o endereço de leitura (RA, do inglês *read address*) de uma palavra a ser lida. Se a palavra estiver na cache, ela é entregue ao processador. Caso contrário, o bloco contendo essa palavra é carregado na cache e a palavra é entregue ao processador. A Figura 4.5 mostra essas duas operações ocorrendo em paralelo e reflete a organização mostrada na Figura 4.6, que é típica das organizações de cache modernas. Nessa organização, a cache se conecta ao processador por meio de linhas de dados, controle e endereço. As linhas de dados e endereços também se conectam a buffers de dados e endereços, que se conectam a um barramento do sistema, do qual a memória principal é acessada. Quando ocorre um acerto de cache (*cache hit*),

2 A cache de disco geralmente é uma técnica puramente do software, e não é examinada neste livro. Veja uma discussão em Stallings (2009b).

3 Referindo-se à unidade básica da cache, o termo linha, em vez de bloco, é usado por dois motivos: (1) para evitar confusão com um bloco da memória principal, que contém o mesmo número de palavras de dados que uma linha de cache; e (2) porque uma linha de cache inclui não apenas K palavras de dados, como um bloco da memória principal, mas também inclui tag e bits de controle.

Figura 4.3 Cache e memória principal

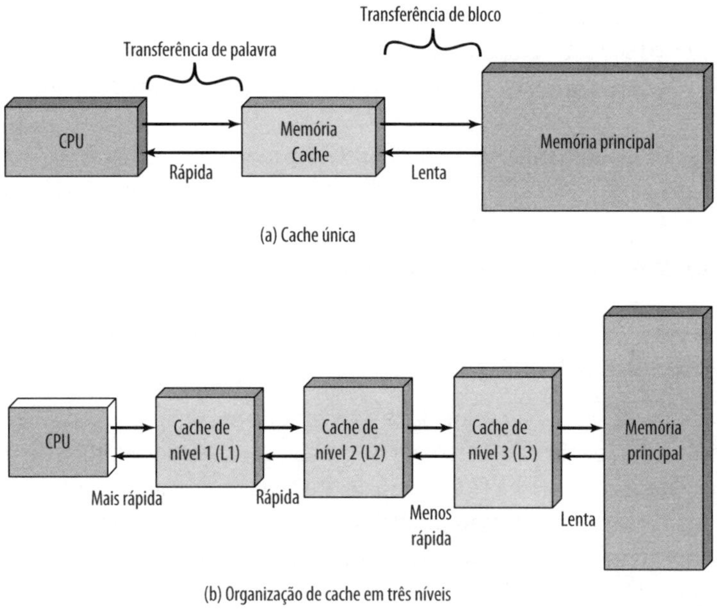

os buffers de dados e endereço são desativados e a comunicação é apenas entre o processador e a memória cache, sem tráfego no barramento do sistema. Quando ocorre uma falha de cache (*cache miss*), o endereço desejado é carregado no barramento do sistema e os dados são transferidos através do buffer de dados para a cache e para o processador. Em outras organizações, a cache é fisicamente interposta entre o processador e a memória principal para todas as linhas de dados, endereço e controle são ligadas à cache. Nesse último caso, para uma falha de cache, a palavra desejada primeiro é lida para a cache e depois transferida da cache para o processador.

Figura 4.4 Estrutura de cache/memória principal

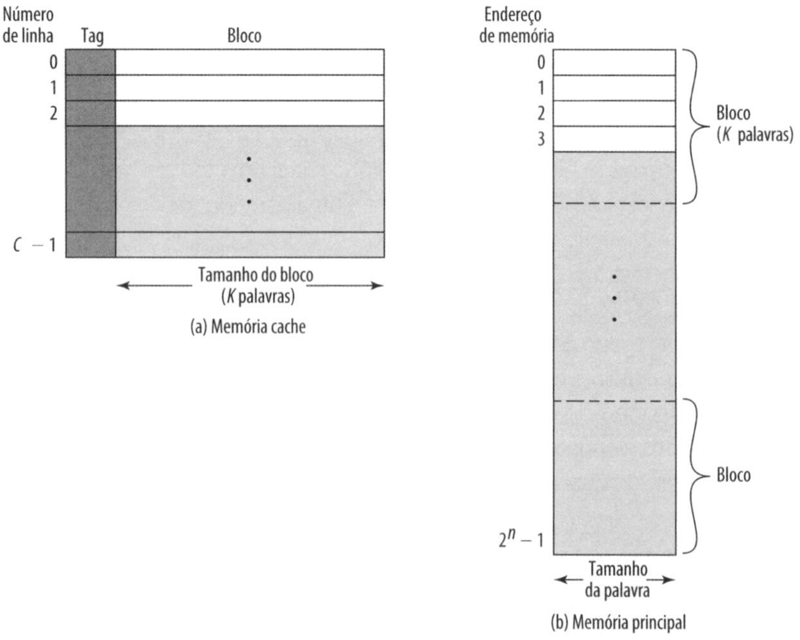

Figura 4.5 Operação de leitura de cache

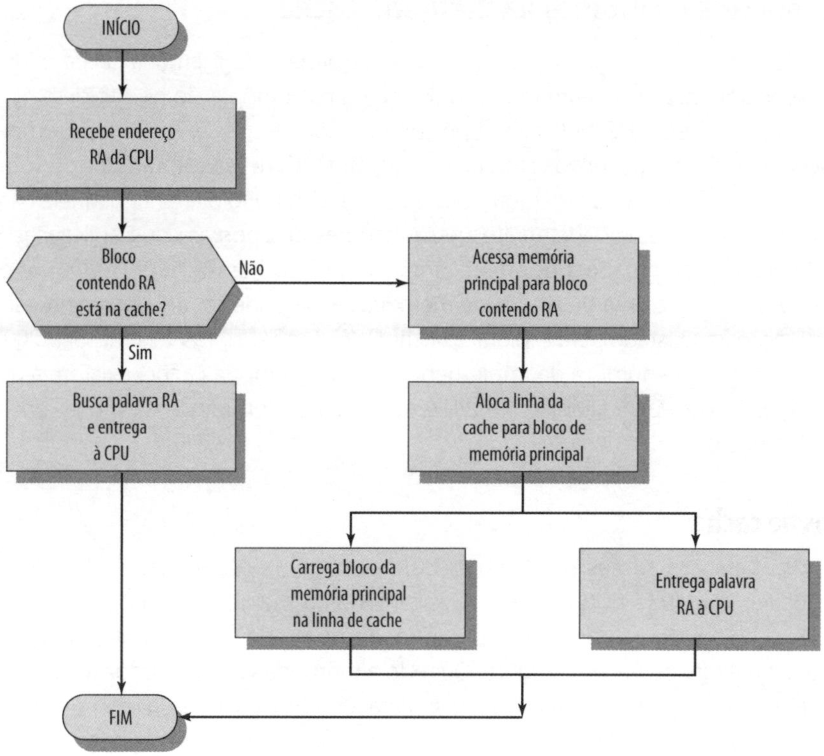

Figura 4.6 Organização típica da memória cache

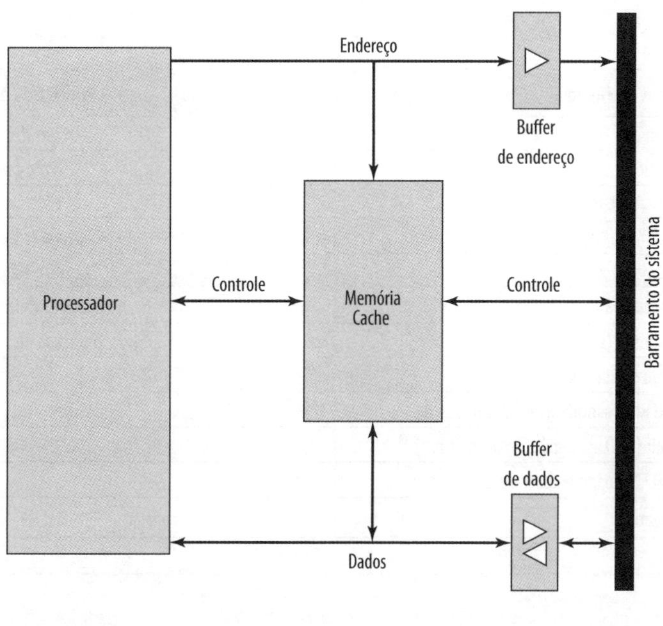

Uma discussão sobre os parâmetros de desempenho relacionados ao uso da cache pode ser vista no Apêndice 4A.

4.3 Elementos do projeto da memória cache

Esta seção oferece uma visão geral dos parâmetros de projeto de memória cache e informa alguns resultados típicos. Ocasionalmente, nos referimos ao uso de caches na computação de alto desempenho (HPC, do inglês *high performance computing*). A HPC lida com supercomputadores e software para supecomputador, especialmente para aplicações científicas, que envolvem grandes quantidades de dados, cálculos de vetores e matrizes e uso de algoritmos paralelos. O projeto de memória cache para HPC é muito diferente daquele para outras plataformas de hardware e aplicações. Na verdade, muitos pesquisadores descobriram que aplicações HPC não funcionam bem em arquiteturas de computador que empregam memórias caches (BAIL, 1993[c]). Outros pesquisadores, desde então, têm demonstrado que uma hierarquia de memória cache pode ser útil para melhorar o desempenho se o software de aplicação for ajustado para explorar a cache (WANG e TAFTI, 1999[d]); (PRESSEL, 2001[e]).[4]

Embora haja um grande número de implementações de memória cache, existem alguns elementos básicos de projeto que servem para classificar e diferenciar as arquiteturas de memórias cache. A Tabela 4.2 lista os principais elementos.

Endereços de cache

Quase todos os processadores não embutidos, e muitos processadores embutidos, admitem memória virtual, um conceito discutido no Capítulo 8. Basicamente, a memória virtual é uma facilidade que permite que os programas enderecem a memória a partir de um ponto de vista lógico, sem considerar a quantidade de memória principal disponível fisicamente. Quando a memória virtual é usada, os campos de endereço das instruções de máquina contêm endereços virtuais. Para leituras e escritas da memória principal, uma unidade de gerenciamento da memória (MMU, do inglês *memory management unit*) física traduz cada endereço virtual para um endereço físico na memória principal.

Quando são usados endereços virtuais, o projetista do sistema pode escolher colocar a cache entre o processador e a MMU ou entre a MMU e a memória principal (Figura 4.7). Uma **cache lógica**, também conhecida como **cache virtual**, armazena dados usando **endereços virtuais**. O processador acessa a cache diretamente, sem passar pela MMU. Uma cache física armazena dados usando **endereços físicos** da memória principal.

Tabela 4.2 Elementos do projeto de cache

Endereços de cache	**Política de escrita**
Lógicos	*Write-through*
Físicos	*Write-back*
Tamanho de cache	*Write once*
Função de mapeamento	**Tamanho de linha**
Direta	**Número de caches**
Associativa	Um ou dois níveis
Associativa em conjunto (*set associative*)	Unificada ou separada
Algoritmo de substituição	
Usado menos recentemente (LRU, do inglês *least recently used*)	
Primeiro a entrar, primeiro a sair (FIFO, do inglês *first-in-first-out*)	
Usado menos frequentemente (LFU, do inglês *least frequently used*)	
Aleatório	

4 Para ver uma discussão geral sobre HPC, consulte Dowd e Severance (1998[f]).

Figura 4.7 Caches lógicas e físicas

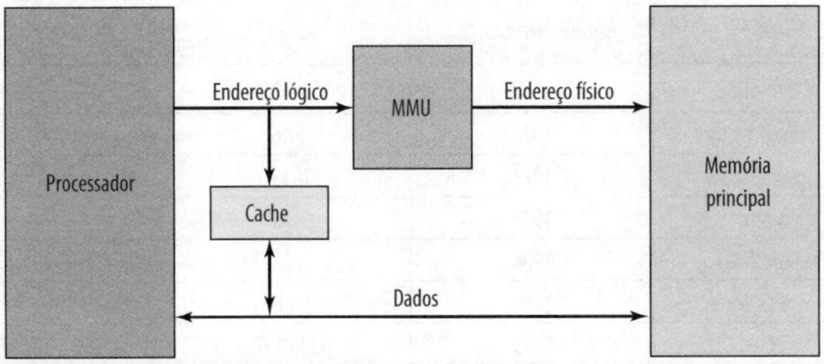

(a) Cache lógica

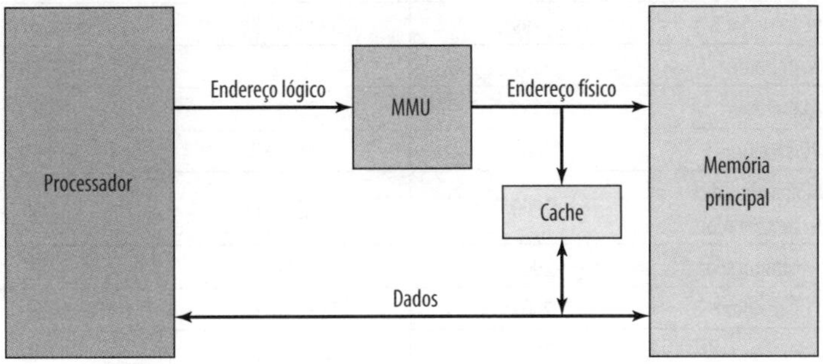

(b) Cache física

Uma vantagem óbvia da cache lógica é que a velocidade de acesso a ela é maior do que para uma cache física, pois a cache pode responder antes que a MMU realize uma tradução de endereço. A desvantagem é que a maioria dos sistemas de memória virtual fornece, a cada aplicação, o mesmo espaço de endereços de memória virtual. Ou seja, cada aplicação vê uma memória virtual que começa no endereço 0. Assim, o mesmo endereço virtual em duas aplicações diferentes refere-se a dois endereços físicos diferentes. A memória cache, portanto, precisa ser completamente esvaziada a cada troca de contexto de aplicação, ou então bits extras precisam ser adicionados a cada linha da cache para identificar a que espaço de endereço virtual esse endereço se refere.

O assunto de cache lógica *versus* física é complexo, e está fora do escopo deste livro. Para obter uma discussão mais profunda, consulte Cekleov e Dubois (1997[g]) e Jacob, Ng e Wang (2008[h]).

Tamanho da memória cache

O primeiro item na Tabela 4.2, o tamanho da memória cache, já foi discutido. Gostaríamos que o tamanho da cache fosse pequeno o suficiente para que o custo médio geral por bit fosse próximo do custo médio da memória principal isolada e grande o suficiente para que o tempo de acesso médio geral fosse próximo do tempo de acesso médio da cache isolada. Existem várias outras motivações para minimizar o tamanho da cache. O resultado é que caches grandes tendem a ser ligeiramente mais lentas que as pequenas — mesmo quando construídas com a mesma tecnologia de circuito integrado e colocadas no mesmo lugar no chip e na placa de circuito. A área disponível do chip e da placa também limita o tamanho da cache. Como o desempenho da cache é muito sensível à natureza da carga de trabalho, é impossível chegar a um único tamanho ideal de cache. A Tabela 4.3 lista os tamanhos de cache de alguns processadores atuais e antigos.

Tabela 4.3 Tamanhos de memória cache de alguns processadores

Processador	Tipo	Ano de introdução	Cache L1[a]	Cache L2	Cache L3
IBM 360/85	Mainframe	1968	16 a 32 KB	—	—
PDP-11/70	Minicomputador	1975	1 KB	—	—
VAX 11/780	Minicomputador	1978	16 KB	—	—
IBM 3033	Mainframe	1978	64 KB	—	—
IBM 3090	Mainframe	1985	128 a 256 KB	—	—
Intel 80486	PC	1989	8 KB	—	—
Pentium	PC	1993	8 KB/8 KB	256 a 512 KB	—
PowerPC 601	PC	1993	32 KB	—	—
PowerPC 620	PC	1996	32 KB/32 KB	—	—
PowerPC G4	PC/servidor	1999	32 KB/32 KB	256 KB a 1 MB	2 MB
IBM S/390 G4	Mainframe	1997	32 KB	256 KB	2 MB
IBM S/390 G6	Mainframe	1999	256 KB	8 MB	—
Pentium 4	PC/servidor	2000	8 KB/8 KB	256 KB	—
IBM SP	Servidor avançado/ Supercomputador	2000	64 KB/32 KB	8 MB	—
CRAY MTA[b]	Supercomputador	2000	8 KB	2 MB	—
Itanium	PC/servidor	2001	16 KB/16 KB	96 KB	4 MB
SGI Origin 2001	Servidor avançado	2001	32 KB/32 KB	4 MB	—
Itanium 2	PC/servidor	2002	32 KB	256 KB	6 MB
IBM POWER5	Servidor avançado	2003	64 KB	1,9 MB	36 MB
CRAY XD-1	Supercomputador	2004	64 KB/64 KB	1 MB	—
IBM POWER6	PC/servidor	2007	64 KB/64 KB	4 MB	32 MB
IBM z10	Mainframe	2008	64 KB/128 KB	3 MB	24 a 48 MB

a Dois valores separados por uma barra referem-se a caches de instrução e dados.

b As duas caches são apenas de instrução; não há caches de dados.

Função de mapeamento

Como existem menos linhas de cache do que blocos da memória principal, é necessário haver um algoritmo para mapear os blocos da memória principal às linhas de cache. Além do mais, é preciso haver um meio para determinar qual bloco da memória principal atualmente ocupa uma linha da cache. A escolha da função de mapeamento dita como a cache é organizada. Três técnicas podem ser utilizadas: direta, associativa e associativa em conjunto (*set associative*). Vamos examinar cada uma por sua vez. Em cada caso, examinamos a estrutura geral e depois um exemplo específico.

Exemplo 4.2 Para todos os três casos, o exemplo inclui os seguintes elementos:

- A cache pode manter 64 KBytes.
- Os dados são transferidos entre a memória principal e a cache em blocos de 4 bytes cada. Isso significa que a cache é organizada como 16 K = 2^{14} linhas de 4 bytes cada.
- A memória principal consiste em 16 MBytes, com cada byte endereçável diretamente por um endereço de 24 bits (2^{24} = 16 M). Assim, para fins de mapeamento, podemos considerar que a memória principal consiste em 4 M blocos de 4 bytes cada.

MAPEAMENTO DIRETO A técnica mais simples, conhecida como mapeamento direto, mapeia cada bloco da memória principal a apenas uma linha de cache possível. O mapeamento é expresso como:

$i = j$ módulo m

onde

i = número da linha da cache

j = número do bloco da memória principal

m = número de linhas da cache

A Figura 4.8a mostra o mapeamento para os primeiros ***m*** blocos de memória principal. Cada bloco da memória principal mapeia uma linha exclusiva da cache. Os próximos ***m*** blocos da memória principal mapeiam a cache da mesma forma; ou seja, o bloco B_m da memória principal mapeia a linha L_0 da cache, o bloco B_{m+1} mapeia a linha L_1, e assim por diante.

A função de mapeamento é facilmente implementada por meio do endereço da memória principal. A Figura 4.9 ilustra o mecanismo geral. Para fins de acesso à cache, cada endereço da memória principal pode ser visto como consistindo em três campos. Os ***w*** bits menos significativos identificam uma palavra ou um byte dentro de um bloco da memória principal; na maioria das máquinas modernas, o endereço está no nível de byte. Os ***s*** bits restantes especificam um dos 2^s blocos da memória principal. A lógica de cache interpreta esses ***s*** bits como uma tag de ***s*** − ***r*** bits (parte mais significativa) e um campo de linha de ***r*** bits. O segundo campo identifica uma das ***m*** = 2^r linhas da cache. Resumindo,

- Tamanho do endereço = $(s + w)$ bits.
- Número de unidades endereçáveis = 2^{s+w} palavras ou bytes.
- Tamanho do bloco = tamanho da linha = 2^w palavras ou bytes.
- Número de blocos na memória principal = $\frac{2^{s+w}}{2^w} = 2^s$.
- Número de linhas na cache = $m = 2^r$.
- Tamanho da cache = 2^{r+w} palavras ou bytes.
- Tamanho da tag = $(s - r)$ bits.

Figura 4.8 Mapeamento da memória principal para a cache: direto e associativo

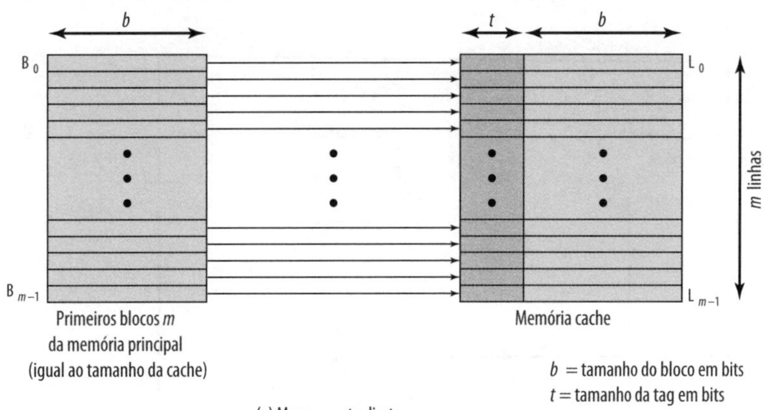

(a) Mapeamento direto

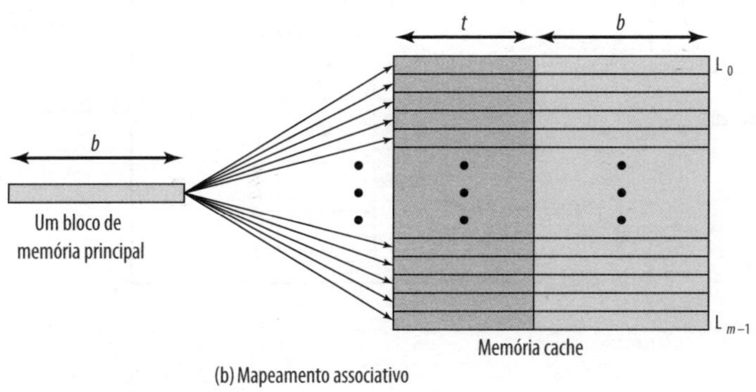

(b) Mapeamento associativo

O efeito desse mapeamento é que os blocos da memória principal são alocados nas linhas da cache como mostrado na Tabela 4.4.

Assim, o uso de uma parte do endereço como o número da linha oferece um mapeamento exclusivo de cada bloco da memória principal à cache. Quando um bloco é armazenado na sua respectiva linha, é necessário marcar os dados para distingui-los de outros blocos que podem ser alocados nessa linha. Os $s - r$ bits mais significativos têm essa finalidade.

Exemplo 4.2a A Figura 4.10 mostra nosso sistema de exemplo usando o mapeamento direto.[5] No exemplo, $m = 16\text{ K} = 2^{14}$ e $i = j$ módulo 2^{14}. O mapeamento torna-se

Linha de cache	Endereço de memória inicial do bloco
0	000000, 010000, ..., FF0000
1	000004, 010004, ..., FF0004
⋮	⋮
$2^{14} - 1$	00FFFC, 01FFFC, ..., FFFFFC

Observe que não existem dois blocos mapeados para o mesmo número de linha que tenham o mesmo número de tag. Assim, os blocos com endereços iniciais 000000, 010000, ..., FF0000 possuem números de tag 00, 01, ..., FF, respectivamente.

Retornando à Figura 4.5, uma operação de leitura funciona da seguinte forma. O sistema da memória cache recebe um endereço de 24 bits. O número de linha com 14 bits é usado como um índice para a cache acessar uma linha em particular. Se o número de tag com 8 bits for igual ao número de tag atualmente armazenado nesse linha, então o número da palavra com 2 bits é usado para selecionar um dos 4 bytes nessa linha. Caso contrário, o campo de tag-mais-linha com 22 bits é usado para buscar um bloco da memória principal. O endereço real que é usado para a busca é o campo de tag-mais-linha com 22 bits concatenado com dois bits 0, de modo que 4 bytes sejam apanhados a partir do início do bloco.

Figura 4.9 Organização da memória com mapeamento direto

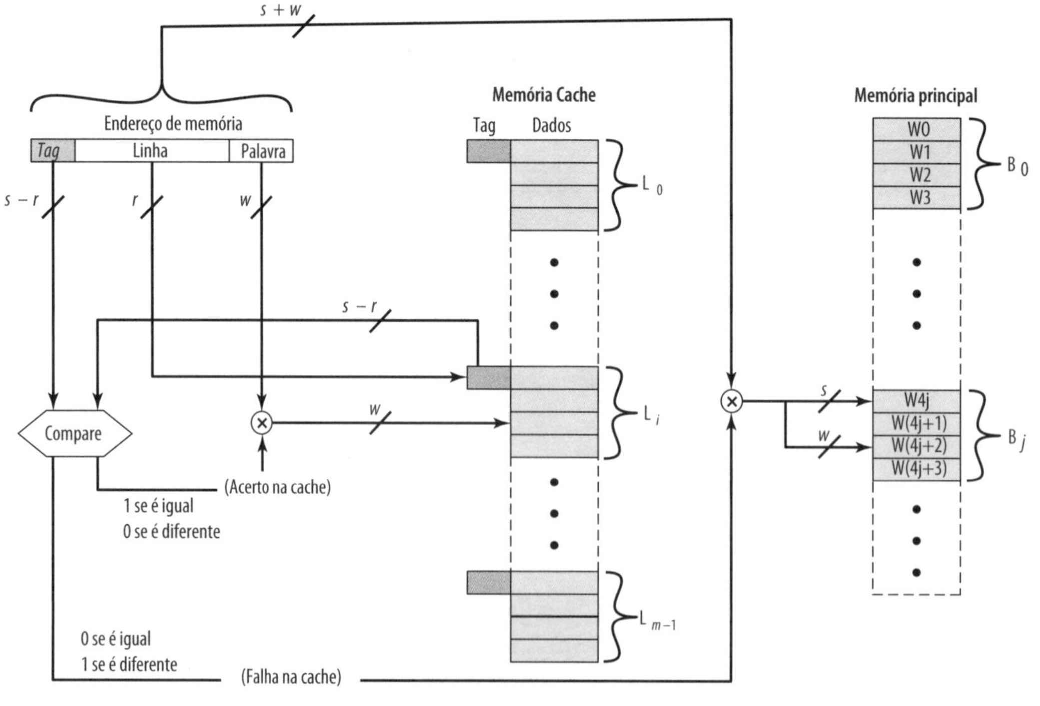

5 Nesta e nas figuras seguintes, os valores de memória são representados em notação hexadecimal. Veja, no Capítulo 19, um manual básico sobre sistemas numéricos (decimal, binário, hexadecimal).

Tabela 4.4 Mapeamento dos blocos da memória principal nas linhas da cache

Linha de cache	Blocos de memória principal mapeados
0	$0, m, 2m, ..., 2^s - m$
1	$1, m+1, 2m+1, ..., 2^s - m + 1$
⋮	⋮
$m - 1$	$m - 1, 2m - 1, 3m - 1, \ldots, 2^s - 1$

Figura 4.10 Exemplo de mapeamento direto

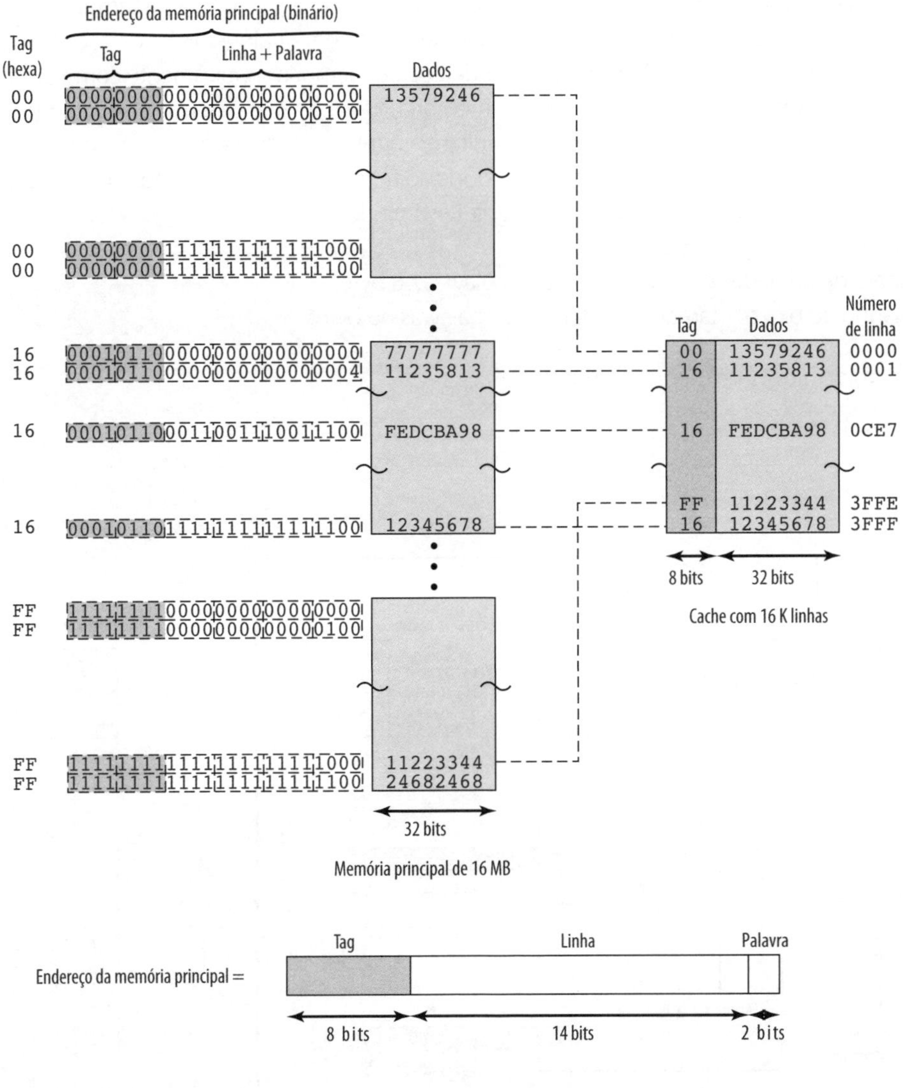

Nota: Valores de endereço de memória estão em binário; outros valores em hexadecimal.

A técnica de mapeamento direto é simples e pouco dispendiosa para se implementar. Sua principal desvantagem é que existe um local de cache fixo para cada bloco. Assim, se um programa referenciar palavras repetidamente de dois blocos diferentes, mapeados para a mesma linha, então os blocos serão continuamente trocados na cache, e a razão de acerto será baixa (um fenômeno conhecido como ***thrashing***).

Simulador de cache vítima seletiva

Uma técnica para diminuir a penalidade de falha é guardar o que foi descartado caso seja necessário novamente. Como os dados descartados já foram lidos, podem ser usados novamente a um custo pequeno. Essa reciclagem é possível usando uma *victim cache*. A *victim cache* foi proposta originalmente como um método para reduzir as perdas de conflito das caches mapeadas diretamente sem afetar seu tempo de acesso. A *victim cache* é uma cache totalmente associativa, cujo tamanho normalmente é de 4 a 16 linhas de cache, residindo entre uma cache L1 mapeada diretamente e o próximo nível de memória. Esse conceito é explorado no Apêndice D.

MAPEAMENTO ASSOCIATIVO O mapeamento associativo compensa a desvantagem do mapeamento direto, permitindo que cada bloco da memória principal seja carregado em qualquer linha da cache (Figura 4.8b). Nesse caso, a lógica de controle da cache interpreta um endereço de memória simplesmente como um campo Tag e um campo Palavra. O campo Tag identifica o bloco da memória principal. Para determinar se um bloco está na cache, a lógica de controle da cache precisa comparar simultaneamente a tag de cada linha. A Figura 4.11 ilustra a lógica. Observe que nenhum campo no endereço corresponde ao número de linha, de modo que o número de linhas na cache não é determinado pelo formato do endereço. Resumindo,

- Tamanho do endereço = ($s + w$) bits.
- Número de unidades endereçáveis = 2^{s+w} palavras ou bytes.
- Tamanho do bloco = tamanho da linha = 2^w palavras ou bytes.
- Número de blocos na memória principal $= \dfrac{2^{s+w}}{2^w} = 2^s$.

Figura 4.11 Organização da memória cache totalmente associativa

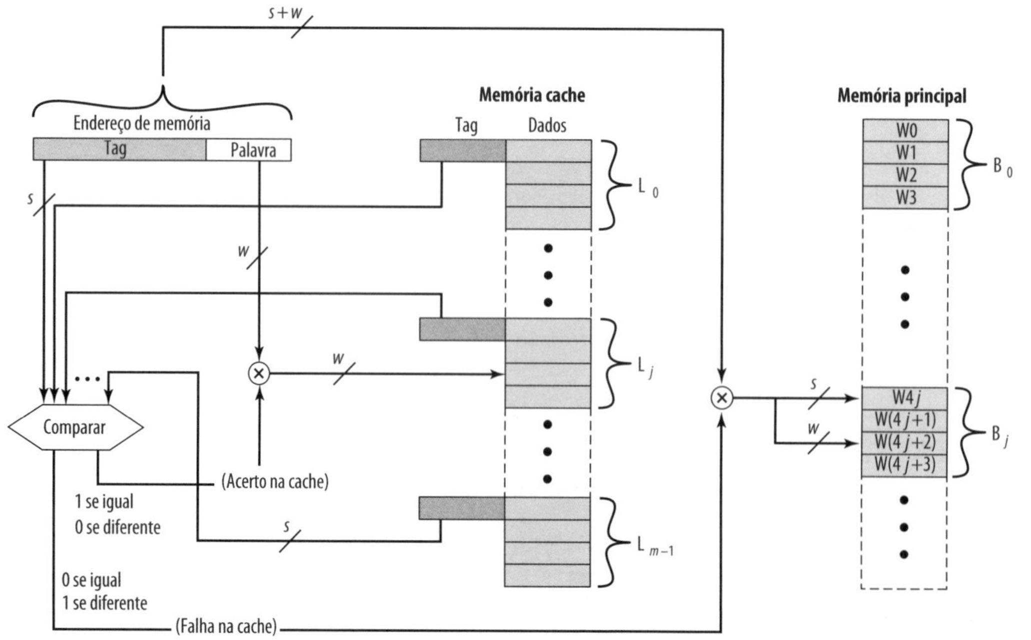

- Número de linhas na cache = indeterminado.
- Tamanho da tag = *s* bits.

Exemplo 4.2b A Figura 4.12 mostra nosso exemplo usando o mapeamento associativo. Um endereço da memória principal consiste em uma tag de 22 bits e um número do byte de 2 bits. A tag de 22 bits precisa ser armazenada com o bloco de dados de 32 bits para cada linha na cache. Observe que são os 22 bits mais à esquerda (mais significativos) do endereço que formam a tag. Assim, o endereço hexadecimal de 24 bits 16339C tem a tag de 22 bits 058CE7. Isso pode ser visto facilmente na notação binária:

endereço de memória	0001	0110	0011	0011	1001	1100	(binário)
	1	6	3	3	9	C	(hexa)
tag (22 bits mais à esquerda)	00	0101	1000	1100	1110	0111	(binário)
	0	5	8	C	E	7	(hexa)

Figura 4.12 Exemplo de mapeamento associativo

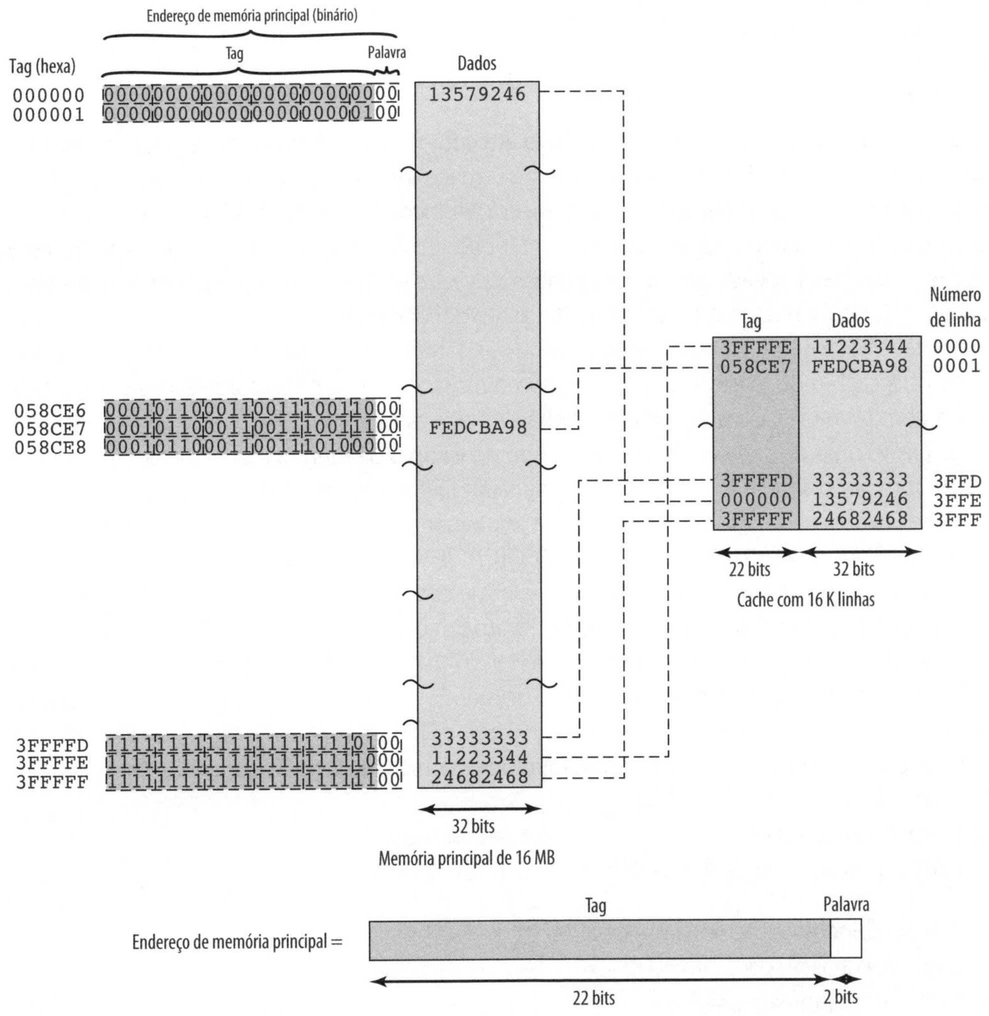

Nota: valores de endereço de memória em binário; outros, em hexadecimal

Com o mapeamento associativo, existe flexibilidade em relação a qual bloco substituir quando um novo bloco for lido para a cache. Os algoritmos de substituição, discutidos mais adiante nesta seção, são projetados para maximizar a razão de acerto. A principal desvantagem do mapeamento associativo é a complexidade do circuito necessário para comparar as ***tags*** de todas as linhas da cache em paralelo.

Simulador de análise de tempo de cache

MAPEAMENTO ASSOCIATIVO EM CONJUNTO (SET ASSOCIATIVE) O mapeamento associativo em conjunto é um meio-termo que realça os pontos fortes das técnicas direta e associativa, enquanto reduz suas desvantagens.

Neste caso, a cache é uma série de conjuntos, cada um consistindo em uma série de linhas. Os relacionamentos são:

$m = v \times k$

$i = j$ módulo v

onde

i = número do conjunto de cache

j = número de bloco da memória principal

m = número de linhas na cache

v = número de conjuntos

k = número de linhas em cada conjunto

Isso é conhecido como mapeamento associativo em conjunto com $\boldsymbol{k}$ linhas por conjunto (*k-way*). Com o mapeamento associativo em conjunto, o bloco B_j pode ser mapeado para qualquer uma das linhas do conjunto $\boldsymbol{j}$. A Figura 4.13a ilustra esse mapeamento para os primeiros $\boldsymbol{v}$ blocos da memória principal. Assim como no mapeamento associativo, cada palavra é mapeada para múltiplas linhas de cache. Para o mapeamento associativo em conjunto, cada palavra é mapeada para todas as linhas de cache em um conjunto específico, de modo que o bloco B_0 da memória principal é mapeada no conjunto 0, e assim por diante. Assim, a cache associativa em conjunto pode ser implementada fisicamente como $\boldsymbol{v}$ caches associativas. Também é possível implementar a cache associativa em conjunto como $\boldsymbol{k}$ caches de mapeamento direto, como mostra a Figura 4.13b. Cada cache mapeada diretamente é conhecida como uma via, consistindo em $\boldsymbol{v}$ linhas. As primeiras $\boldsymbol{v}$ linhas da memória principal são mapeadas diretamente nas $\boldsymbol{v}$ linhas de cada via; o próximo grupo de $\boldsymbol{v}$ linhas da memória principal é mapeado de modo semelhante, e assim por diante. A implementação mapeada diretamente em geral é usada para pequenos graus de associatividade (valores pequenos de $\boldsymbol{k}$) enquanto a implementação com mapeamento associativo normalmente é usada para graus de associatividade mais altos (JACOB, NG E WANG, 2008[h]).

Para o mapeamento associativo em conjunto, a lógica de controle de cache interpreta um endereço de memória como três campos: Tag, Set e Palavra. Os d bits especificam um dos $v = 2^d$ conjuntos. Os s bits dos campos Tag e Set especificam um dos 2^s blocos da memória principal. A Figura 4.14 ilustra a lógica de controle de cache. Com o mapeamento totalmente associativo, a tag em um endereço de memória é muito grande e precisa ser comparada com a tag de cada linha na cache. Com o mapeamento associativo em conjunto com k vias, a tag em um endereço de memória é muito menor e só é comparada com as k tags dentro de um único conjunto. Resumindo,

- Tamanho do endereço = $(s + w)$ bits.
- Número de unidades endereçáveis = 2^{s+w} palavras ou bytes.
- Tamanho do bloco = tamanho da linha = 2^w palavras ou bytes.
- Número de blocos na memória principal $= \dfrac{2^{s+w}}{2^w} = 2^s$.
- Número de linhas no conjunto = k.
- Número de conjuntos = $v = 2^d$.
- Número de linhas na cache = $m = kv = k \times 2^d$.
- Tamanho da cache = $k \times 2^{d+w}$ palavras ou bytes.
- Tamanho da tag = $(s - d)$ bits.

Figura 4.13 Mapeamento da memória principal na memória cache: associativa em conjunto com *k* linhas por conjunto (*k-way*)

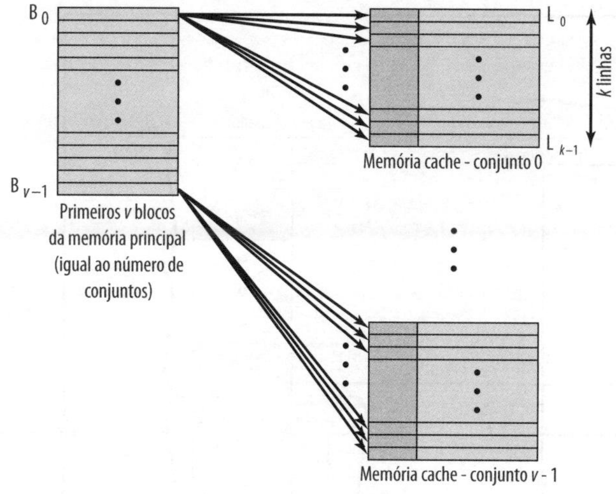

(a) *v* caches mapeadas associativas

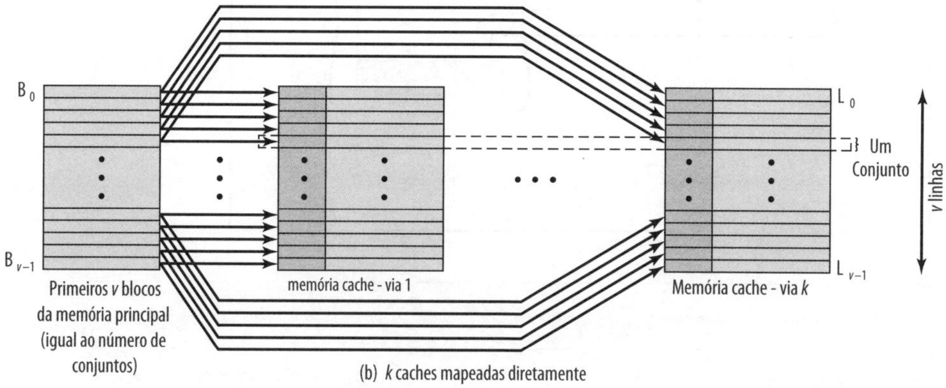

(b) *k* caches mapeadas diretamente

Exemplo 4.2c A Figura 4.15 mostra nosso exemplo usando o mapeamento associativo em conjunto com duas linhas em cada conjunto, denominado associativo em conjunto com duas linhas por conjunto (*2-way*). O número de conjunto com 13 bits identifica um conjunto exclusivo de duas linhas dentro da cache. Ele também oferece o número do bloco na memória principal, módulo 2^{13}. Isso determina o mapeamento dos blocos nas linhas. Assim, os blocos 000000, 008000,..., FF8000 da memória principal são mapeados no conjunto 0 da cache. Qualquer um desses blocos pode ser carregado em qualquer uma das duas linhas no conjunto. Observe que nenhum dos dois blocos mapeados no mesmo conjunto de cache possui o mesmo número de tag. Para uma operação de leitura, o número de 13 bits é usado para determinar qual conjunto de duas linhas deve ser examinado. As duas linhas no conjunto são examinadas comparando com o número de tag do endereço a ser acessado.

No caso extremo de $v = m$, $k = 1$, a técnica associativa em conjunto se reduz ao mapeamento direto, e para $v = 1$, $k = m$, ela se reduz ao mapeamento associativo. O uso de duas linhas por conjunto ($v = m/2$, $k = 2$) é a organização associativa em conjunto mais comum. Ela melhora significativamente a razão de acerto em relação ao mapeamento direto. A associação em conjunto com quatro linhas por conjunto ($v = m/4$, $k = 4$) cria uma melhoria adicional modesta por um custo adicional relativamente pequeno (Mayberry e Efland, 1984,[i] Hill, 1989[j]). Outros aumentos no número de linhas por conjunto têm pouco efeito.

Figura 4.14 Organização da memória cache associativa em conjunto com *k* linhas por conjunto

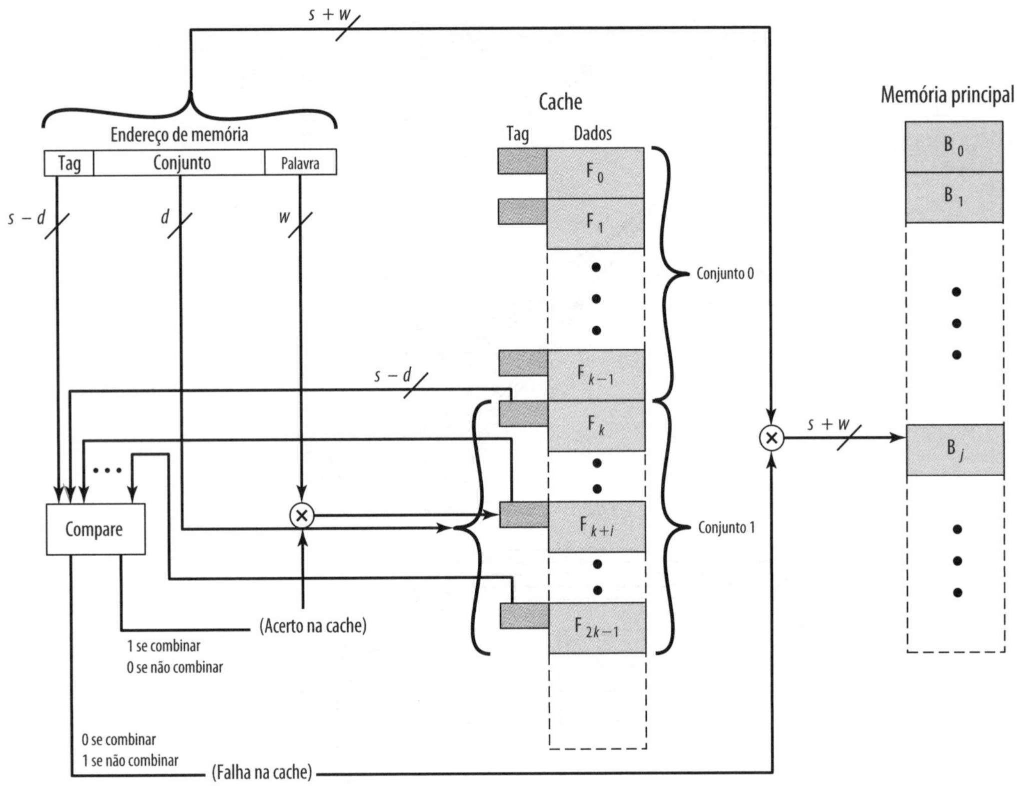

Figura 4.15 Exemplo de mapeamento associativo em conjunto com duas linhas por conjunto

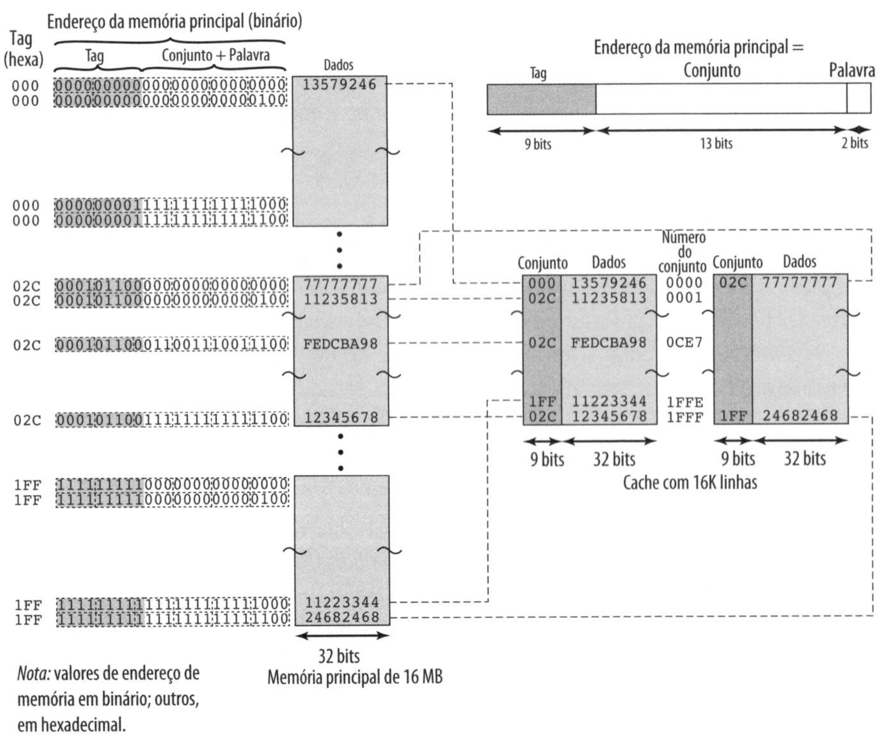

A Figura 4.16 mostra os resultados de um estudo de simulação do desempenho da cache associativa em conjunto como uma função do tamanho da cache (Genu, 2004[k]). A diferença no desempenho entre mapeamento direto e associativo em conjunto com 2 linhas por conjunto é significativa até pelo menos um tamanho de cache de 64 KB. Observe também que a diferença entre duas linhas por conjunto e quatro vias a 4 KB é muito menor do que a diferença ao passar de 4 KB para 8 KB no tamanho da cache. A complexidade da cache aumenta em proporção com a associatividade e, nesse caso, não seria justificável contra o aumento no tamanho da cache para 8 ou mesmo 16 KBytes. Um ponto final a ser observado é que, além de cerca de 32 KB, o aumento no tamanho da cache não ocasiona aumento significativo no desempenho.

Os resultados da Figura 4.16 são baseados na simulação da execução de um compilador GCC. Diferentes aplicações podem gerar resultados diferentes. Por exemplo, Cantin e Hill (2001[l]) relatam os resultados para o desempenho da cache usando muitos dos benchmarks SPEC CPU2000. Os resultados de Cantin e Hill (2001[l]) na comparação da razão de acerto com o tamanho da cache seguem o mesmo padrão da Figura 4.16, mas os valores específicos são um tanto diferentes.

Simulador de cache
Simulador de cache multitarefa

Algoritmos de substituição

Uma vez que a cache estiver cheia, e um novo bloco for trazido para a cache, um dos blocos existentes precisa ser substituído. Para o mapeamento direto, existe apenas uma linha possível para qualquer bloco em particular e nenhuma escolha é possível. Para as técnicas associativa e associativa em conjunto, um algoritmo de substituição é necessário. Para alcançar alta velocidade, tal algoritmo precisa ser implementado em hardware. Diversos algoritmos foram experimentados. Mencionamos quatro dos mais comuns. Provavelmente, o mais eficaz seja o usado menos recentemente (LRU, do inglês *least recently used*): substitua aquele bloco no conjunto que permaneceu na cache por mais tempo sem qualquer referência a ele. Para a associatividade em conjunto com duas linhas por conjunto, isso é facilmente implementado. Cada linha inclui um bit USE. Quando uma linha é referenciada, seu bit USE é definido como 1, e o bit USE da outra linha nesse conjunto é definido como 0. Quando um bloco tiver que ser lido para o conjunto, a linha cujo bit USE for 0 é utilizada. Como estamos supondo que os locais de memória usados mais recentemente são mais prováveis de serem referenciados, LRU deverá oferecer a melhor razão de acerto. LRU também é relativamente fácil de implementar para uma cache totalmente associativa. O mecanismo de cache mantém uma lista separada de índices para todas as linhas na cache. Quando uma linha é referenciada, ela passa para a

Figura 4.16 Associatividade variável pelo tamanho da cache

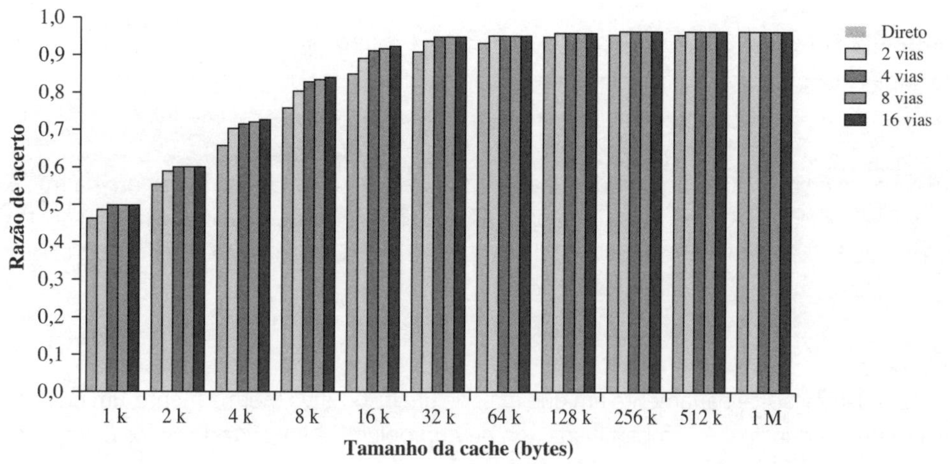

frente da lista. Para substituição, a linha no final da lista é usada. Devido à sua simplicidade de implementação, LRU é o algoritmo de substituição mais popular.

Outra possibilidade é primeiro a entrar, primeiro a sair (FIFO, do inglês *first-in-first-out*): substitua o bloco no conjunto que esteve na cache por mais tempo. O algoritmo FIFO é facilmente implementado como uma técnica round-robin ou de buffer circular. Ainda outra possibilidade de algoritmo é o usado menos frequentemente (LFU, do inglês *least frequently used*): substitua aquele bloco no conjunto que teve menos referências. O algoritmo LFU poderia ser implementado associando um contador a cada linha. Uma técnica não baseada no uso (ou seja, não LRU, LFU, FIFO ou alguma variante) é escolher uma linha aleatória dentre as linhas candidatas. Estudos de simulação têm mostrado que a substituição aleatória oferece um desempenho apenas ligeiramente inferior a um algoritmo baseado no uso (Smith, 1982[m]).

Política de escrita

Quando um bloco que está residente na cache estiver para ser substituído, existem dois casos a considerar. Se o bloco antigo na cache não tiver sido alterado, então ele pode ser substituído por um novo bloco sem primeiro atualizar o bloco antigo. Se pelo menos uma operação de escrita tiver sido realizada em uma palavra nessa linha da cache, então a memória principal precisa ser atualizada escrevendo a linha de cache no bloco de memória antes de trazer o novo bloco. Diversas políticas de escrita são possíveis, com escolhas econômicas de desempenho. Existem dois problemas a combater. Primeiro, mais de um dispositivo pode ter acesso à memória principal. Por exemplo, um módulo de E/S pode ser capaz de ler-escrever diretamente na memória. Se uma palavra tiver sido alterada apenas na cache, então a palavra correspondente da memória é inválida. Além do mais, se o dispositivo de E/S tiver alterado a memória principal, então a palavra da cache é inválida. Um problema mais complexo ocorre quando múltiplos processadores são conectados ao mesmo barramento e cada processador tem sua própria cache local. Então, se uma palavra for alterada em uma cache, ela possivelmente poderia invalidar uma palavra em outras caches.

A técnica mais simples é denominada ***write-through***. Usando essa técnica, todas as operações de escrita são feita na memória principal e também na cache, garantindo que a memória principal sempre seja válida. Qualquer outro módulo processador-cache pode monitorar o tráfego para a memória principal para manter a consistência dentro de sua própria cache. A principal desvantagem dessa técnica é que ela gera um tráfego de memória considerável e podendo vir a ser um gargalo. Uma técnica alternativa, conhecida como ***write-back***, minimiza as escritas na memória. Com ***write-back***, as atualizações são feitas apenas na cache. Quando ocorre uma atualização, um **bit de modificação**, ou **bit de uso**, associado à linha, é marcado. Depois, quando um bloco é substituído, ele é escrito de volta na memória principal se, e somente se, o bit de modificação estiver marcado. O problema com *write-back* é que partes da memória principal podem ficar inválidas, e daí os acessos pelos módulos de E/S só podem ser permitidos pela cache. Isso exige circuitos complexos e gera um gargalo em potencial. A experiência tem mostrado que a percentagem de referências à memória que são escritas está na ordem de 15% (SMITH, 1982[m]). Porém, para aplicações de HPC, esse número pode se aproximar a 33% (multiplicação de vetores), e pode chegar a até 50% (transposição de matrizes).

Exemplo 4.3 Considere uma cache com um tamanho de linha de 32 bytes e uma memória principal que requer 30 ns para transferir uma palavra de 4 bytes para qualquer linha que seja escrita pelo menos uma vez antes de ser retirada da cache; qual é o número médio de vezes que a linha precisa ser escrita antes de ser retirada para que uma cache *write-back* seja mais eficiente do que uma cache *write-through*?

Para o caso *write-back*, cada linha modificada é escrita de volta uma vez, no momento da troca, usando $8 \times 30 = 240$ ns. Para o caso *write-through*, cada atualização da linha requer que uma palavra seja escrita na memória principal, usando 30 ns. Portanto, se a linha média que é escrita pelo menos uma vez for escrita mais de 8 vezes antes de ser trocada, então *write-back* é mais eficiente.

Em uma organização de barramento em que mais de um dispositivo (normalmente, um processador) tem uma cache e a memória principal é compartilhada, um novo problema é introduzido. Se os dados em uma cache forem alterados, isso invalida não apenas a palavra correspondente na memória principal, mas também essa mesma palavra em outras caches (se qualquer outra cache tiver essa mesma palavra). Mesmo que uma política *write-through* seja usada, as outras caches podem conter dados inválidos. Diz-se que um sistema que impede esse problema mantém coerência de cache. Algumas das técnicas possíveis para a coerência de cache são:

- **Observação do barramento com *write-through*:** cada controlador de cache monitora as linhas de endereço para detectar as operações de escrita para a memória por outros mestres de barramento. Se outro mestre escrever em um local na memória compartilhada que também reside na memória cache, o controlador de cache invalida essa entrada da cache. Essa estratégia depende do uso de uma política *write-through* por todos os controladores de cache.
- **Transparência do hardware:** um hardware adicional é usado para garantir que todas as atualizações na memória principal por meio da cache sejam refletidas em todas as caches. Assim, se um processador modificar uma palavra em sua cache, essa atualização é escrita na memória principal. Além disso, quaisquer palavras correspondentes em outras caches são semelhantemente atualizadas.
- **Memória não chacheável:** somente uma parte da memória principal é compartilhada por mais de um processador, e esta é designada como não mantida em cache. Nesse tipo de sistema, todos os acessos à memória compartilhada são falhas de cache, pois a memória compartilhada nunca é copiada para a cache. A memória não mantida em cache pode ser identificada usando lógica de seleção de chip ou bits mais significativos de endereço alto.

A coerência de cache é um campo de pesquisa atual. Esse assunto é explorado com mais detalhes na Parte 5.

Tamanho da linha

Outro elemento de projeto é o tamanho da linha. Quando um bloco de dados é recuperado e colocado na cache, não apenas a palavra desejada, mas também algumas palavras adjacentes são armazenadas. À medida que o tamanho do bloco aumenta de tamanhos muito pequenos para maiores, a razão de acerto a princípio aumentará devido ao princípio da localidade, que diz que os dados nas vizinhanças de uma palavra referenciada provavelmente serão referenciados no futuro próximo. À medida que o tamanho do bloco aumenta, dados mais úteis são trazidos para a cache. Contudo, a razão de acerto começará a diminuir enquanto o bloco se torna ainda maior e a probabilidade de uso da informação recém-trazida se torna menor que a probabilidade de reutilizar as informações que foram substituídas. Dois efeitos específicos entram em cena:

- Blocos maiores reduzem o número de blocos que cabem em uma cache. Como cada busca de bloco escreve sobre o conteúdo antigo da cache, um número pequeno de blocos resulta em dados sendo modificados pouco depois de serem buscados.
- À medida que o bloco se torna maior, cada palavra adicional fica mais distante da palavra solicitada e, portanto, tem menos probabilidade de ser necessária no futuro próximo.

O relacionamento entre o tamanho do bloco e a razão de acerto é complexo, dependendo das características de localidade de um programa em particular, e nenhum valor ideal definitivo foi encontrado. Um tamanho de 8 a 64 bytes parece ser razoavelmente próximo do ideal (SMITH, 1987[n]; PRZYBYLSKI, HOROWITZ e HENNESSY, 1988[o]; PRZYBYLSKI, 1990[p]; HANDY, 1993[q]). Para sistemas HPC, tamanhos de linha de cache com 64 e 128 bytes são usados com mais frequência.

Número de memórias caches

Quando as memórias caches foram introduzidas originalmente, o sistema de memória típico tinha uma única cache. Mais recentemente, o uso de múltiplas caches tem se tornado comum. Dois aspectos de projeto dizem respeito ao número de níveis de memórias caches e ao uso de caches unificadas ou separadas.

CACHES MULTINÍVEL À medida que a densidade lógica aumenta, torna-se possível ter uma cache no mesmo chip que o processador: a cache no chip (*on chip*). Em comparação com uma cache conectada por meio de um barramento externo, a cache no chip reduz a atividade do barramento externo do processador e, portanto, agiliza o tempo de execução e aumenta o desempenho geral do sistema. Quando a instrução a leitura dos dados são feitos na cache no chip, não existe o acesso ao barramento. Com os caminhos de dados internos ao processador são curtos, em comparação com o tamanho do barramento, os acessos à cache no chip serão feitos mais rapido que os ciclos de barramento com estado *zero-wait* (tempo de espera nulo). Além do mais, durante esse período, o barramento estará livre para aceitar outras transferências.

A inclusão de uma cache no chip deixa aberta a questão de se uma cache fora do chip, ou externa, ainda é desejável. Normalmente, a resposta é sim, e a maior parte dos projetos contemporâneos inclui caches dentro e fora do chip. A organização mais simples desse tipo é conhecida como uma cache de dois níveis, com a cache interna designada como nível 1 (L1 — *level 1*) e a cache externa designada como nível 2 (L2). O motivo para incluir uma cache L2 é o seguinte: se não houver cache L2 e o processador fizer uma solicitação de acesso para um local de memória que não esteja na cache L1, então o processador precisa acessar a memória DRAM ou ROM pelo barramento. Devido à baixa velocidade do barramento e ao alto tempo de acesso à memória, tem-se um desempenho. Por outro lado, se uma cache L2 SRAM (RAM estática) for usada, então normalmente a informação que falta pode ser recuperada rapidamente. Se a SRAM for rápida o suficiente para corresponder à velocidade do barramento, então os dados podem ser acessados usando uma transação no estado zero-wait, o tipo mais rápido de transferência de barramento.

Dois recursos de projeto moderno de cache para caches multinível merecem ser citados. Primeiro, para uma cache L2 fora do chip, muitos projetos não usam o barramento do sistema como caminho para transferência entre a cache L2 e o processador, mas usam um caminho de dados separado, a fim de reduzir a carga sobre o barramento do sistema. Segundo, com o encolhimento contínuo dos componentes do processador, diversos processadores agora incorporam a cache L2 no chip do processador, melhorando o desempenho.

A economia em potencial devido ao uso de uma cache L2 depende da taxas de acerto nas caches L1 e L2. Vários estudos têm mostrado que, em geral, o uso de uma cache de segundo nível melhora o desempenho (por exemplo, ver Azimi, Prosod e Bhat (1992[r]); Novitsky, Azimi e Ghaznavi (1993[s]); Handy (1993[q]). Porém, o uso de caches multinível complica todas as questões de projeto relacionadas a caches, incluindo tamanho, algoritmo de substituição e política de escrita; veja algumas discussões a respeito disso em Handy (1993) e Peir, Hsu e Smith (1999[t]).

A Figura 4.17 mostra os resultados de um estudo de simulação de desempenho da cache de dois níveis como uma função do tamanho da cache (GENU, 2004[k]). A figura pressupõe que as duas caches têm o mesmo tamanho de linha e mostra a razão de acerto total. Ou seja, um acerto é contado se os dados desejados aparecerem na cache L1 ou L2. A figura mostra o impacto da L2 sobre os acertos totais com relação ao tamanho da L1. L2 tem pouco efeito sobre o número total de acertos de cache até que seja pelo menos o dobro do tamanho da

Figura 4.17 Razão de acerto total (L1 e L2) para L1 de 8 KB e 16 KB

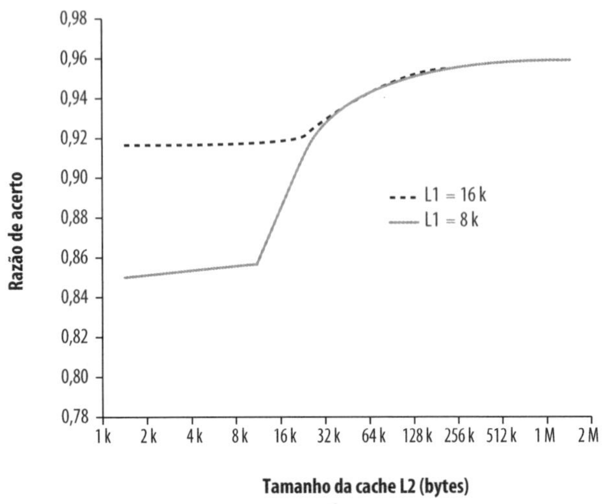

cache L1. Observe que a parte mais íngreme da inclinação para uma cache L1 de 8 KBytes é para uma cache L2 de 16 KBytes. Novamente para uma cache L1 de 16 KBytes, a parte mais íngreme da curva é para um tamanho de cache L2 de 32 KBytes. Antes desse ponto, a cache L2 tem pouco ou nenhum impacto sobre o desempenho da cache total. A necessidade de a cache L2 ser maior que a cache L1 para afetar o desempenho faz sentido. Se a cache L2 tiver o mesmo tamanho de linha e capacidade da cache L1, seu conteúdo mais ou menos espelhará o da cache L1.

Com a disponibilidade cada vez maior de área no chip, a maior parte dos microprocessadores modernos passou a cache L2 para dentro do chip processador e acrescentou uma cache L3. Originalmente, a cache L3 era acessível pelo barramento externo. Mais recentemente, a maioria dos microprocessadores incorporou uma cache L3 no chip. De qualquer forma, parece haver uma vantagem no desempenho para acrescentar um terceiro nível (por exemplo, ver GHAI, JOYNER e JOHN, 1998[u]).

CACHES UNIFICADAS VERSUS SEPARADAS Quando a cache no chip apareceu inicialmente, muitos dos projetos consistiam em uma única cache usada para armazenar referências a dados e instruções. Mais recentemente, tornou-se comum dividir a cache em duas: uma dedicada a instruções e uma dedicada a dados. Essas duas caches existem no mesmo nível, normalmente como duas caches L1. Quando o processador tenta buscar uma instrução da memória principal, ele primeiro consulta a cache L1 de instrução, e quando o processador tenta buscar dados da memória principal, ele primeiro consulta a cache L1 de dados.

Existem duas vantagens em potencial de uma cache unificada:

- Para determinado tamanho de cache, uma cache unificada tem uma taxa de acerto mais alta que as caches divididas, pois ela equilibra a carga entre buscas de instrução e dados automaticamente. Ou seja, se um padrão de execução envolve muito mais buscas de instrução do que buscas de dados, então a cache tenderá a ser preenchida com instruções, e se um padrão de execução envolve relativamente mais buscas de dados, acontecerá o oposto.
- Somente uma cache precisa ser projetada e implementada.

Apesar dessas vantagens, a tendência é em direção a caches separadas, particularmente para máquina superescalares, como o Pentium e o PowerPC, que enfatizam a execução de instrução paralela e a pré-busca de instruções futuras previsíveis. A principal vantagem do projeto de cache separada é que isso elimina a disputa pela cache entre a unidade de busca/decodificação de instrução e a unidade de execução. Isso é importante em qualquer projeto que conta com o pipeline de instruções. Normalmente, o processador buscará instruções antes da hora e preencherá um buffer, ou pipeline, com instruções a serem executadas. Suponha agora que tenhamos uma cache de instrução/dados unificada. Quando a unidade de execução realiza um acesso à memória para carregar e armazenar dados, a solicitação é submetida à cache unificada. Se, ao mesmo tempo, o mecanismo de pré-busca de instrução emitir uma solicitação de leitura à cache para uma instrução, essa solicitação será temporariamente bloqueada para que a cache possa atender a unidade de execução primeiro, permitindo que ela complete a instrução atualmente em execução. Essa disputa pela cache pode diminuir o desempenho, interferindo com o uso eficiente da pipeline de instruções. A estrutura de cache separada contorna essa dificuldade.

4.4 Organização da memória cache do Pentium 4

A evolução da organização da cache é vista claramente na evolução dos microprocessadores Intel (Tabela 4.4). O 80386 não inclui uma cache no chip. O 80486 inclui uma única cache no chip de 8 KBytes, usando um tamanho de linha de 16 bytes e uma organização associativa em conjunto com quatro linhas por conjunto. Todos os processadores Pentium incluem duas caches L1 no chip, uma para dados e uma para instruções. Para o Pentium 4, a cache de dados L1 tem 16 KBytes, usando um tamanho de linha de 64 bytes e uma organização associativa em conjunto com quatro linhas por conjunto. A cache de instruções do Pentium 4 é descrita mais adiante. O Pentium II também inclui uma cache L2 que alimenta ambas as caches L1. A cache L2 é associativa em conjunto com oito linhas por conjuntos, com um tamanho de 512 KB e um tamanho de linha de 128 bytes. Uma cache L3 foi acrescentada para o Pentium III, e passou a residir no chip com as versões avançadas do Pentium 4.

Tabela 4.4 Evolução de cache da Intel

Problema	Solução	Processador em que o recurso apareceu inicialmente
Memória externa mais lenta que o barramento do sistema.	Acrescentar cache externa usando tecnologia de memória mais rápida	386
O aumento da velocidade di processador torna o barramento externo um gargalo para o acesso à memória cache..	Mover a cache externa para o chip, trabalhando na mesma velocidade do processador	486
Cache interna um tanto pequena, devido ao espaço limitado no chip.	Acrescentar cache L2 externa usando tecnologia mais rápida que a memória principal	486
Quando ocorre uma disputa entre o mecanismo de pré-busca de instruções e a unidade de execução no acesso simultâneo à memória cache. Nesse caso, a busca antecipada é adiada até o término do acesso da unidade de execução aos dados.	Criar caches separadas para dados e instruções	Pentium
Maior velocidade do processador torna o barramento externo um gargalo para o acesso à cache L2.	Criar barramento back-side separado, que trabalha com velocidade mais alta que o barramento externo principal (front-side). O barramento back-side é dedicado à cache L2.	Pentium Pro
	Mover cache L2 para o chip do processador.	Pentium II
Algumas aplicações lidam com bancos de dados enormes, e precisam ter acesso rápido a grandes quantidades de dados. As caches no chip são muito pequenas.	Acrescentar cache L3 externa.	Pentium III
	Mover cache L3 para o chip.	Pentium 4

A Figura 4.18 contém uma visão simplificada da organização do Pentium 4, destacando o posicionamento das três caches. O núcleo do processador consiste em quatro componentes principais:

- **Unidade de busca/decodificação:** busca instruções do programa na ordem a partir da cache L2, decodifica-as para uma série de micro-operações e armazena os resultados na cache de instruções L1.
- **Lógica de execução fora da ordem:** escalona a execução das micro-operações, sujeito a dependências de dados e disponibilidade de recursos; assim, as micro-operações podem ser escalonadas para execução em uma ordem diferente daquela em que foram obtidas do fluxo de instruções. Se o tempo permitir, essa unidade escalona a executa antecipadamente micro-operações que podem ser solicitadas no futuro.
- **Unidades de execução:** essas unidades executam micro-operações, buscando os dados solicitados da cache de dados L1 e armazenando os resultados temporariamente em registradores.
- **Subsistema de memória:** essa unidade inclui as caches L2 e L3 e o barramento do sistema, que é usado para acessar a memória principal quando as caches L1 e L2 tiverem uma falta de cache e para acessar os recursos de E/S do sistema.

Diferente da organização usada em todos os modelos Pentium anteriores, e na maioria dos outros processadores, a cache de instruções do Pentium 4 localiza-se entre a lógica de decodificação de instrução e o núcleo de execução. O raciocínio por trás dessa decisão de projeto é o seguinte: conforme discutiremos com mais detalhes no Capítulo 14, o processo do Pentium decodifica, ou traduz, instruções de máquina do Pentium para instruções simples tipo RISC, chamadas de micro-operações. O uso de micro-operações simples, de tamanho fixo, permite o uso do pipeline superescalar e técnicas de escalonamento que melhoram o desempenho. Contudo, as instruções de máquina do Pentium são difíceis de decodificar; elas têm um número variável de bytes e muitas opções diferentes. Acontece que o desempenho é melhorado se essa decodificação for feita independentemente da lógica de escalonamento e pipeline. Retornaremos a esse tópico no Capítulo 14.

Figura 4.18 Diagrama em blocos do Pentium 4

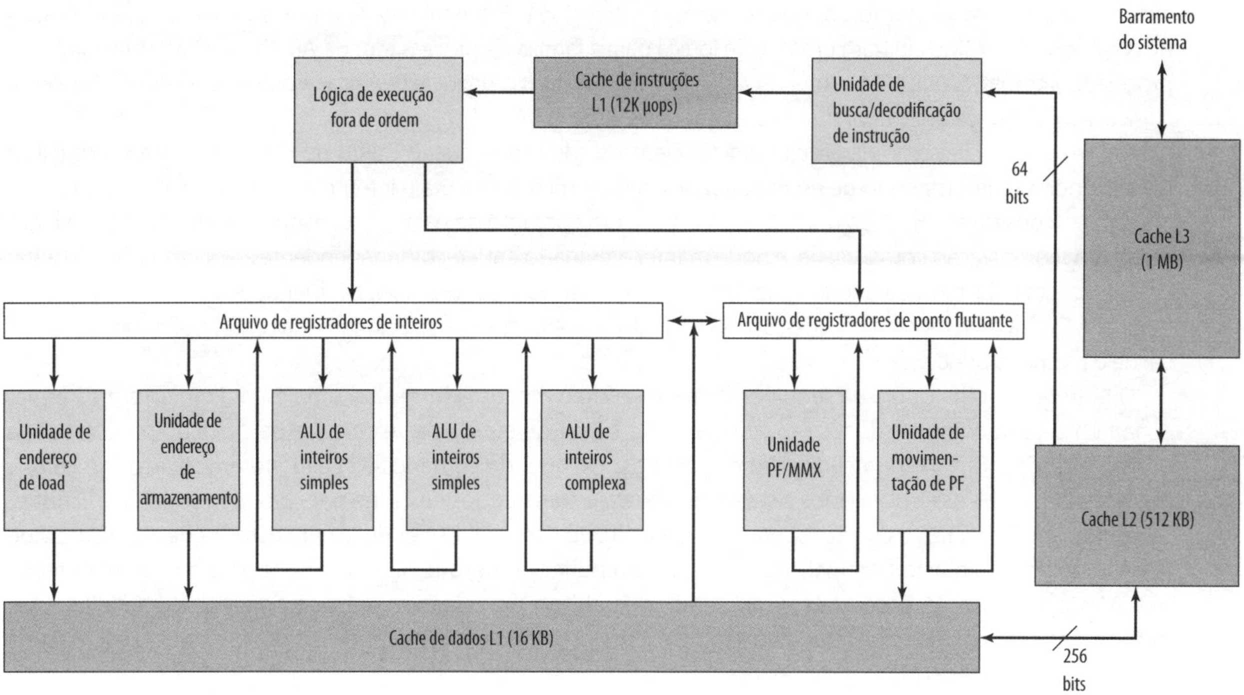

A cache de dados emprega uma política *write-back*: os dados são escritos na memória principal apenas quando são removidos da cache e houver uma atualização. O processador Pentium 4 pode ser configurado dinamicamente para aceitar a política *write-through*.

A cache de dados L1 é controlada por dois bits em um dos registradores de controle, rotulados como bits CD (*cache disable*) e NW (*not write-through*) (Tabela 4.5). Há também duas instruções do Pentium 4 que podem ser usadas para controlar a cache de dados: INVD invalida (esvazia) a memória cache interna e sinaliza a cache externa (se houver) para invalidar. WBINVD escreve de volta e invalida a cache interna e depois escreve de volta e invalida a cache externa.

As caches L2 e L3 são associativas em conjunto com oito linhas por conjunto, com um tamanho de linha de 128 bytes.

4.5 Organização de cache da ARM

A organização de cache da ARM evoluiu com a arquitetura geral da família ARM, refletindo a busca contínua de desempenho, que é a força motriz para todos os projetistas de microprocessador.

Tabela 4.5 Modos operacionais da cache do Pentium 4

Bits de controle		Modo operacional		
CD	**NW**	Cache *Fills*	*Write-throughs*	*Invalidates*
0	0	Habilitado	Habilitado	Habilitado
1	0	Desabilitado	Habilitado	Habilitado
1	1	Desabilitado	Desabilitado	Desabilitado

Nota: CD = 0; NW = 1 é uma combinação inválida.

A Tabela 4.6 mostra essa evolução. Os modelos ARM7 usavam uma cache L1 unificada, enquanto todos os modelos subsequentes usam uma separada dividida para instruções e dados. Todos os projetos ARM utilizam uma cache associativa em conjunto, com o grau de associatividade e o tamanho de linha variado. Os núcleos em cache do ARM com uma MMU utilizam uma cache lógica para a família de processador de ARM7 até ARM10, incluindo os processadores Intel StongARM e Intel Xscale. A família ARM11 usa uma cache física. A diferença entre cache lógica e física já foi discutida anteriormente neste capítulo (Figura 4.7).

Um recurso interessante da arquitetura ARM é o uso de um pequeno buffer de escrita *first-in-first-out* (FIFO) para melhorar o desempenho de escrita da memória. O buffer de escrita é interposto entre a cache e a memória principal, e consiste em um conjunto de endereços e um conjunto de palavras de dados. O buffer de escrita é pequeno em comparação com a cache, e pode manter até quatro endereços independentes. Normalmente, o buffer de escrita está habilitado para toda a memória principal, embora possa ser seletivamente desabilitado no nível de página. A Figura 4.19, retirada de Sloss, Symes e Wright (2004[v]), mostra o relacionamento entre buffer de escrita, da cache e memória principal.

O buffer de escrita opera da seguinte forma: quando o processador realiza uma escrita em uma área armazenamento temporário, os dados são colocados no buffer de escrita na velocidade de clock do processador e o processador continua a execução. Uma escrita ocorre quando os dados na cache forem escritos de volta à memória principal. Assim, os dados a serem escritos são transferidos da cache para o buffer de escrita. O buffer de escrita, então, realiza a escrita externa em paralelo. Porém, se o buffer de escrita estiver cheio (seja porque já existe o número máximo de palavras de dados no buffer ou porque não existe slot para o novo endereço), então as operações do processador são adiadas ("stall" no processador) até que haja espaço suficiente no buffer. Enquanto as operações que não são de escrita prosseguem, o buffer de escrita continua a escrever na memória principal até que o buffer esteja completamente vazio.

Os dados escritos no buffer de escrita não estão disponíveis para leitura de volta na cache até que os dados tenham sido transferidos do buffer de escrita para a memória principal. Esse é o principal motivo para o buffer de escrita ser muito pequeno. Mesmo assim, a menos que exista uma proporção grande de escritas em um programa em execução, o buffer de escrita melhora o desempenho.

4.6 Leitura recomendada

Jacob, Ng e Wang (2008[h]) tem um tratamento excelente e atualizado sobre projeto de cache. Outro tratamento profundo é Handy (1993[q]). Um artigo clássico que ainda merece ser lido é Smith (1982[m]); ele estuda os diversos elementos do projeto de cache e apresenta os resultados de um grande conjunto de análises. Outro clássico interessante é Wilkes (1965[w]), que provavelmente é o primeiro artigo a introduzir o conceito da cache. Goodman (1983[x])

Tabela 4.6 Características da memória cache do ARM

Núcleo	Tipo de cache	Tamanho de cache (kB)	Tamanho da linha de cache (palavras)	Associatividade (linhas por conjunto)	Local	Tamanho do buffer de escrita (palavras)
ARM720T	Unificada	8	4	4 linhas por conjunto	Lógico	8
ARM920T	Separada	16/16 D/I	8	64 linhas por conjunto	Lógico	16
ARM926EJ-S	Separada	4-128/4-128 D/I	8	4 linhas por conjunto	Lógico	16
ARM1022E	Separada	16/16 D/I	8	64 linhas por conjunto	Lógico	16
ARM1026EJ-S	Separada	4-128/4-128 D/I	8	4 linhas por conjunto	Lógico	8
Intel StrongARM	Separada	16/16 D/I	4	32 linhas por conjunto	Lógico	32
Intel Xscale	Separada	32/32 D/I	8	32 linhas por conjunto	Lógico	32
ARM11 36-JF-S	Separada	4-64/4-64 D/I	8	4 linhas por conjunto	Físico	32

Figura 4.19 Organização da cache e do buffer de escrita do ARM

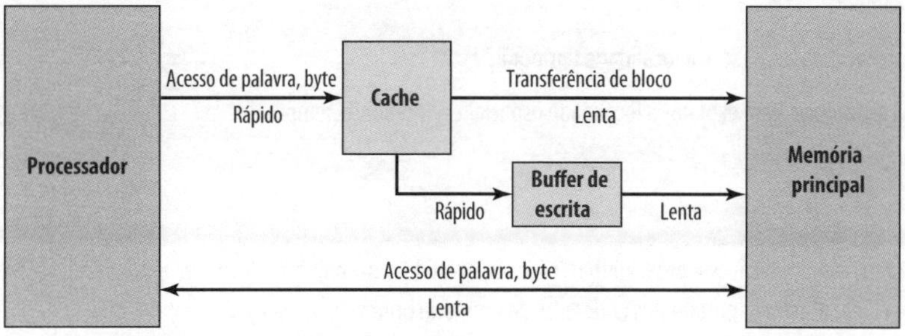

também fornece uma análise útil do comportamento da cache. Outra análise valiosa é Bell, Casasent e Bell (1974[y]). Agarwal (1989[z]) que apresenta um exame detalhado de uma série de questões de projeto de cache relacionadas a multiprogramação e multiprocessamento. Higbie (1990[aa]) oferece um conjunto de fórmulas simples que podem ser usadas para estimar o desempenho da cache como uma função de diversos parâmetros de cache.

Principais termos, perguntas de revisão e problemas

Principais termos

Tempo de acesso	Cache de instruções	Acesso sequencial
Mapeamento associativo	Cache L1	Mapeamento associativo em conjunto
Acerto de cache (*cache hit*)	Cache L2	Localidade espacial
Linha de cache (*cache miss*)	Cache L3	Cache separada
Memória cache	Localidade	Tag
Falha de cache	Cache lógica	Localidade temporal
Conjunto de cache	Hierarquia de memória	Cache unificada
Cache de dados	Cache multinível	Cache virtual
Acesso direto	Cache física	*Write-back*
Mapeamento direto	Acesso aleatório	*Write once*
Computação de alto desempenho (HPC)	Algoritmo de substituição	*Write-through*
Razão de acerto		

Perguntas de revisão

4.1 Quais são as diferenças entre acesso sequencial, acesso direto e acesso aleatório?

4.2 Qual é o relacionamento geral entre tempo de acesso, custo de memória e capacidade?

4.3 Como o princípio de localidade se relaciona com o uso de múltiplos níveis de memória?

4.4 Quais são as diferenças entre mapeamento direto, mapeamento associativo e mapeamento associativo em conjunto?

4.5 Para uma cache mapeada diretamente, um endereço de memória principal é visto como consistindo em três campos. Liste e defina os três campos.

4.6 Para uma cache associativa, um endereço de memória principal é visto como consistindo em dois campos. Liste e defina os dois campos.

4.7 Para uma cache associativa em conjunto, um endereço da memória principal é visto como consistindo em três campos. Liste e defina os três campos.

4.8 Qual é a diferença entre localidade espacial e localidade temporal?

4.9 Em geral, quais são as estratégias para explorar a localidade espacial e a localidade temporal?

Problemas

4.1 Uma cache associativa em conjunto consiste em 64 linhas, ou slots, divididas em conjuntos de quatro linhas. A memória principal contém 4 K blocos de 128 palavras cada. Mostre o formato dos endereços da memória principal.

4.2 Uma cache associativa em conjunto com duas linhas por conjuntos possui linhas de 16 bytes e um tamanho total de 8 KBytes. A memória principal de 64 MBytes é endereçável por byte. Mostre o formato dos endereços da memória principal.

4.3 Para os endereços hexadecimais da memória principal 111111, 666666, BBBBBB, mostre a seguinte informação, em formato hexadecimal:

a. Valores de tag, linha e palavra para uma cache de mapeamento direto, usando o formato da Figura 4.10.

b. Valores de tag e palavra para uma cache associativa, usando o formato da Figura 4.12.

c. Valores de tag, conjunto e palavra para uma cache associativa em conjunto com duas vias, usando o formato da Figura 4.15.

4.4 Liste os seguintes valores:

a. Para o exemplo de cache direta da Figura 4.10: tamanho do endereço, número de unidades endereçáveis, tamanho de bloco, número de blocos na memória principal, número de linhas na cache, tamanho da tag.

b. Para o exemplo de cache associativa da Figura 4.12: tamanho do endereço, número de unidades endereçáveis, tamanho de bloco, número de blocos na memória principal, número de linhas na cache, tamanho da tag.

c. Para o exemplo de cache associativa em conjunto com duas linhas por conjunto da Figura 4.15: tamanho do endereço, número de unidades endereçáveis, tamanho de bloco, número de blocos na memória principal, número de linhas no conjunto, número de conjuntos, número de linhas na cache, tamanho da tag.

4.5 Considere um microprocessador de 32 bits que tem uma cache associativa em conjunto com quatro linhas por conjunto de 16 KBytes no chip. Suponha que a cache tenha um tamanho de linha de quatro palavras de 32 bits. Desenhe um diagrama de blocos dessa cache, mostrando sua organização e como os diferentes campos de endereço são usados para determinar um acerto/falha de cache. Onde, na cache, a palavra no local de memória ABCDE8F8 é mapeada?

4.6 Dadas as seguintes especificações para uma memória cache externa: associativa em conjunto com quatro vias; tamanho de linha de duas palavras de 16 bits; capaz de acomodar um total de 4 K palavras de 32 bits da memória principal; usada com um processador de 16 bits que emite endereços de 24 bits. Projete a estrutura de cache com todas as informações pertinentes e mostre como ela interpreta os endereços do processador.

4.7 O Intel 80486 tem uma cache unificada no chip. Ela contém 8 KBytes e tem uma organização associativa em conjunto com quatro linhas por conjunto e um tamanho de bloco de quatro palavras de 32 bits. A cache é organizada em 128 conjuntos. Existe um único "bit válido de linha" e três bits, B0, B1 e B2 (os bits "LRU"), por linha. Em uma falha de cache, o 80486 lê uma linha de 16 bytes da memória principal em apenas uma leitura de memória pelo barramento. Desenhe um diagrama simplificado da cache e mostre como os diferentes campos do endereço são interpretados.

4.8 Considere uma máquina com uma memória principal endereçável por byte com 2^{16} bytes e um tamanho de bloco de 8 bytes. Suponha que uma cache mapeada diretamente, consistindo em 32 linhas, seja usada com essa máquina.

a. Como um endereço de memória de 16 bits é dividido em tag, número de linha e número de byte?

b. Em que linha seriam armazenados os bytes com cada um dos seguintes endereços?

0001 0001 0001 1011
1100 0011 0011 0100
1101 0000 0001 1101
1010 1010 1010 1010

c. Suponha que o byte com endereço 0001 1010 0001 1010 seja armazenado na cache. Quais são os endereços dos outros bytes armazenados junto com ele?

d. Quantos bytes de memória no total podem ser armazenados na cache?

e. Por que a tag também é armazenada na cache?

4.9 Para sua cache no chip, o Intel 80486 usa um algoritmo de substituição conhecido como **pseudo LRU (pseudo *Least Recently Used*)**. Associado a cada um dos 128 conjuntos de quatro linhas (rotuladas como L0, L1, L2, L3) existem três bits, B0, B1 e B2. O algoritmo de substituição funciona da seguinte maneira: quando uma linha tiver que ser substituída, a cache primeiro determinará se o uso mais recente foi de L0 e L1 ou L2 e L3. Depois, a cache determinará qual do par de blocos foi usado menos recentemente e o marcará para substituição. A Figura 4.20 ilustra a lógica.

a. Especifique como os bits B0, B1 e B2 são definidos e depois descreva, em palavras, como eles são usados no algoritmo de substituição representado na Figura 4.20.

b. Mostre que o algoritmo do 80486 se aproxima de um algoritmo LRU verdadeiro. *Dica*: considere o caso em que a ordem de uso mais recente é L0, L2, L3, L1.

c. Demonstre que um algoritmo LRU verdadeiro exigiria 6 bits por conjunto.

4.10 Uma cache associativa em conjunto tem um tamanho de bloco de quatro palavras de 16 bits e um tamanho de conjunto de 2. A cache pode acomodar um total de 4.096 palavras. O tamanho da memória principal que pode ser mantido em cache é de 64 K $\times$ 32 bits. Projete a estrutura da cache e mostre como os endereços do processador são interpretados.

4.11 Considere um sistema de memória que usa um endereço de 32 bits para endereçar em nível de byte, mais uma cache que usa um tamanho de linha de 64 bytes.

a. Considere uma cache mapeada diretamente com um campo de tag no endereço de 20 bits. Mostre o formato de endereço e determine os seguintes parâmetros: número de unidades endereçáveis, número de blocos na memória principal, número de linhas na cache, tamanho da tag.

b. Considere uma cache associativa. Mostre o formato de endereço e determine os seguintes parâmetros: número de unidades endereçáveis, número de blocos na memória principal, número de linhas na cache, tamanho da tag.

c. Considere uma cache associativa em conjunto com quatro linhas por conjunto, com um campo de tag no endereço de 9 bits. Mostre o formato de endereço e determine os seguintes parâmetros: número de unidades endereçáveis, número de blocos na memória principal, número de linhas no conjunto, número de conjuntos na cache, número de linhas na cache, tamanho da tag.

4.12 Considere um computador com as seguintes características: total de 1 MByte de memória principal; tamanho de palavra de 1 byte; tamanho de bloco de 16 bytes; e tamanho de cache de 64 KBytes.

a. Para os endereços de memória principal F0010, 01234 e CABBE, indique os deslocamentos de tag, endereço de linha de cache e palavra para uma cache mapeada diretamente.

b. Indique dois endereços quaisquer da memória principal com diferentes tags que são mapeados para o mesmo *slot* de cache para uma cache mapeada diretamente.

Figura 4.20 Estratégia de substituição de cache no chip do Intel 80486

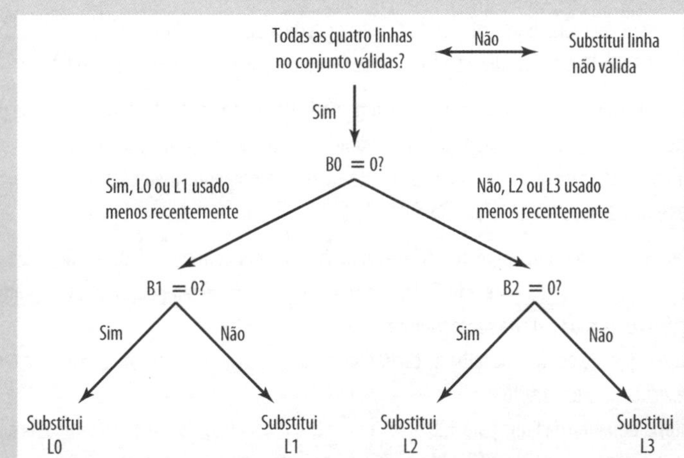

c. Para os endereços da memória principal F0010 e CABBE, indique os valores correspondentes de tag e deslocamento para uma cache totalmente associativa.

d. Para os endereços da memória principal F0010 e CABBE, indique os valores correspondentes de tag, conjunto de cache e deslocamento para uma cache associativa em conjunto com duas vias.

4.13 Descreva uma técnica simples para implementar um algoritmo de substituição LRU em uma cache associativa em conjunto com quatro linhas por conjunto.

4.14 Considere novamente o Exemplo 4.3. Como a resposta mudaria se a memória principal usasse uma capacidade de transferência em bloco com um tempo de acesso da primeira palavra de 30 ns e um tempo de acesso de 5 ns para cada palavra subsequente?

4.15 Considere o código a seguir:

```
for (i = 0; i < 20; i++)
    for (j = 0; j < 10; j++)
        a[i] = a[i]*j
```

a. Dê um exemplo da localidade espacial no código.

b. Dê um exemplo da localidade temporal no código.

4.16 Generalize as Equações (4.2) e (4.3), no Apêndice 4A, para hierarquias de memória de *N* níveis.

4.17 Um sistema de computação contém uma memória principal de 32 K palavras de 16 bits. Ele também tem uma cache de 4 K palavras dividida em conjuntos de quatro linhas com 64 palavras por linha. Considere que a cache esteja inicialmente vazia. O processador busca palavras dos locais 0, 1, 2,..., 4.351, nessa ordem. Depois, ele repete essa sequência de busca mais nove vezes. A cache é 10 vezes mais rápida que a memória principal. Estime a melhoria resultante do uso da cache. Considere uma política de LRU para a substituição em bloco.

4.18 Considere uma cache de 4 linhas de 16 bytes cada. A memória principal é dividida em blocos de 16 bytes cada. Ou seja, o bloco 0 tem bytes com endereços de 0 a 15, e assim por diante. Agora, considere um programa que acessa a memória na seguinte sequência de endereços:

Uma vez: 63 até 70

Loop dez vezes: 15 até 32; 80 até 95

a. Suponha que a cache seja organizada como mapeada diretamente. Os blocos de memória 0, 4 e assim por diante são atribuídos à linha 1; os blocos 1, 5 e assim por diante à linha 2; e assim sucessivamente. Calcule a razão de acerto.

b. Suponha que a cache seja organizada como associativa em conjunto com duas linhas por conjunto, com dois conjuntos de duas linhas cada. Os blocos de numeração par são atribuídos a um conjunto 0 e os blocos de numeração ímpar são atribuídos ao conjunto 1. Calcule a razão de acerto para a cache associativa em conjunto com duas vias usando o esquema de substituição o LRU "usado menos recentemente".

4.19 Considere um sistema de memória com os seguintes parâmetros:

$T_c = 100$ ns $\quad C_c = 10^{-4}$ \$/bit

$T_m = 1200$ ns $\quad C_m = 10^{-5}$ \$/bit

a. Qual é o custo de 1 MByte de memória principal?

b. Qual é o custo de 1 MByte de memória principal usando a tecnologia de memória cache?

c. Se o tempo de acesso efetivo é 10% maior que o tempo de acesso à cache, qual é a razão de acerto *H*?

4.20 **a.** Considere uma cache L1 com um tempo de acesso de 1 ns e uma razão de acerto de $H = 0{,}95$. Suponha que possamos mudar o projeto da cache (tamanho da cache, organização) de modo que aumentemos *H* para 0,97, mas aumentando o tempo de acesso para 1,5 ns. Quais condições deverão ser atendidas para que essa mudança resulte em um desempenho melhorado?

b. Explique por que esse resultado faz sentido intuitivamente.

4.21 Considere uma cache de um único nível com um tempo de acesso de 2,5 ns, um tamanho de linha de 64 bytes e uma razão de acerto de $H = 0{,}95$. A memória principal usa uma capacidade de transferência em bloco que tem um tempo de acesso da primeira palavra (4 bytes) de 50 ns e um tempo de acesso de 5 ns para cada palavra subsequente.

a. Qual é o tempo de acesso quando existe uma falha de cache? Suponha que a cache espere até que a linha tenha sido buscada da memória principal e depois reexecute para um acerto.

b. Suponha que aumentar o tamanho da linha para 128 bytes aumente o *H* para 0,97. Isso reduz o tempo de acesso médio à memória?

4.22 Um computador tem uma cache, uma memória principal e um disco usado para memória virtual. Se uma palavra referenciada estiver na cache, 20 ns são necessários para acessá-la. Se estiver na memória principal, mas não na cache, 60 ns são necessários para carregá-la para a cache, e depois a referência é iniciada novamente. Se a palavra não estiver na memória principal, 12 ms são necessários para buscar a palavra do disco, seguidos por 60 ns para copiá-la para a cache e depois a referência é iniciada novamente. A razão de acerto da cache é 0,9 e a razão de acerto da memória principal é 0,6. Qual é o tempo médio em nanossegundos necessário para acessar uma palavra referenciada nesse sistema?

4.23 Considere uma cache com um tamanho de linha de 64 bytes. Suponha que, na média, 30% das linhas na cache estejam modificadas. Uma palavra consiste em 8 bytes.

a. Suponha que haja uma taxa de falha de 3% (razão de acerto de 0,97). Calcule a quantidade de tráfego da memória principal, em termos de bytes por instrução para políticas *write-through* e *write-back*. A memória é lida na cache uma linha por vez. Porém, para *write-back*, uma única palavra pode ser escrita da cache para a memória principal.

b. Repita a parte (a) para uma taxa de 5%.

c. Repita a parte (a) para uma taxa de 7%.

d. Com esses resultados, a que conclusão você pode chegar?

4.24 No microprocessador Motorola 68020, um acesso à cache leva dois ciclos de clock. O acesso a dados da memória principal pelo barramento até o processador leva três ciclos de clock no caso de nenhuma inserção de estado de espera; os dados são entregues ao processador em paralelo com entrega à cache.

a. Calcule o tamanho efetivo de um ciclo de memória dada uma razão de acerto de 0,9 e uma frequência de clock de 16,67 MHz.

b. Repita os cálculos considerando a inserção de dois estados de espera de um ciclo cada por ciclo de memória. Com esses resultados, a que conclusão você pode chegar?

4.25 Considere um processador que possui um tempo de ciclo de memória de 300 ns e uma taxa de processamento de instrução de 1 MIPS. Na média, cada instrução requer um ciclo de memória do barramento para busca de instrução e um para o operando envolvido.

a. Calcule a utilização do barramento pelo processador.

b. Suponha que o processador esteja equipado com uma cache de instruções e a razão de acerto associada seja 0,5. Determine o impacto sobre a utilização do barramento.

4.26 O desempenho de um sistema de cache de um único nível para uma operação de leitura pode ser caracterizado pela seguinte equação:

$$T_a = T_c + (1 - H)T_m$$

onde T_a é o tempo médio de acesso, T_c é o tempo de acesso à cache, T_m é o tempo de acesso à memória (memória ao registrador do processador) e H é a razão de acerto. Para simplificar, consideramos que a palavra em questão é carregada na cache em paralelo com o load para o registrador do processador. Essa é a mesma forma da Equação 4.2.

a. Defina T_b = tempo para transferir uma linha entre a cache e a memória principal, e W = fração de referências de escrita. Revise a equação anterior para considerar as escritas e também as leituras, usando uma política *write-through*.

b. Defina W_b como a probabilidade de que uma linha na cache tenha sido alterada. Ofereça uma equação para T_a para a política *write-back*.

4.27 Para um sistema com dois níveis de cache, defina T_{c1} = tempo de acesso da cache de primeiro nível; T_{c2} = tempo de acesso da cache de segundo nível; T_m = tempo de acesso à memória; H_1 = razão de acerto da cache de primeiro nível; H_2 = razão de acerto da cache de primeiro e segundo níveis combinadas. Ofereça uma equação para T_a para uma operação de leitura.

4.28 Considere as seguintes características de desempenho em uma falha de leitura de cache: um ciclo de clock para enviar um endereço à memória principal e quatro ciclos de clock para acessar uma palavra de 32 bits da memória principal e transferi-la para o processador e a cache.

a. Se o tamanho da linha de cache for uma palavra, qual é a penalidade de falha (ou seja, o tempo adicional exigido para uma leitura no evento de uma falha de leitura)?

b. Qual é a penalidade de falha se um tamanho de linha de cache tiver quatro palavras e for executada uma transferência múltipla, não em rajada?

c. Qual é a penalidade de falha se o tamanho da linha de cache for quatro palavras e uma transferência for executada, com um ciclo de clock por transferência de palavra?

4.29 Para o projeto de cache do problema anterior, suponha que aumentar o tamanho da linha de uma palavra para quatro palavras resulta em uma diminuição da taxa de falha de leitura de 3,2% para 1,1%. Para os casos de transferência sem rajada e com rajada, qual é a penalidade de falha média, considerando todas as leituras, para os dois tamanhos de linha diferentes?

Apêndice 4A Características de desempenho das memórias de dois níveis

Neste capítulo, é feita uma referência a uma cache que atua como um buffer entre a memória principal e o processador, criando uma memória interna de dois níveis. Essa arquitetura de dois níveis explora uma propriedade conhecida como localidade, para oferecer melhor desempenho em relação a uma memória de um nível comparável.

O mecanismo de cache da memória principal faz parte da arquitetura do computador, implementada no hardware e normalmente invisível ao sistema operacional. Existem dois outros casos de uma técnica de memória de dois níveis que também exploram a localidade e que são, pelo menos parcialmente, implementadas no sistema operacional: memória virtual e a cache de disco (Tabela 4.7). A memória virtual é explorada no Capítulo 8; a cache de disco está fora do escopo deste livro, mas é examinada em Stallings (2009[b]). Neste apêndice, examinamos algumas das características de desempenho das memórias de dois níveis que são comuns às três técnicas.

Localidade

A base para a vantagem de desempenho de uma memória de dois níveis é um princípio conhecido como **localidade de referência** (DENNING, 1968[a]). Esse princípio afirma que as referências à memória tendem a se agrupar. Por um longo período, os agrupamentos em uso mudam, mas por um período curto, o processador está trabalhando principalmente com grupos fixos de referências à memória.

Intuitivamente, o princípio de localidade faz sentido. Considere a seguinte linha de raciocínio:

1. Com exceção das instruções de desvio e chamada, que constituem apenas uma pequena fração de todas as instruções do programa, a execução do programa é sequencial. Logo, na maior parte dos casos, a próxima instrução a ser apanhada vem imediatamente após a última instrução apanhada.
2. É raro ter uma longa sequência ininterrupta de chamadas de procedimento seguidas pela sequência de retornos correspondente. Em vez disso, um programa permanece confinado a uma janela um tanto estreita de profundidade de chamada de procedimento. Assim, por um curto período, as referências às instruções tendem a estar localizadas em alguns poucos procedimentos.
3. A maioria das construções iterativas consiste em um número relativamente pequeno de instruções repetidas muitas vezes. Pela duração da iteração, o cálculo é, portanto, confinado a uma pequena parte contígua de um programa.
4. Em muitos programas, grande parte do cálculo envolve processamento de estruturas de dados, como arrays ou sequências de registros. Em muitos casos, referências sucessivas a essas estruturas de dados serão localizadas a itens de dados próximos.

Essa linha de raciocínio tem sido confirmada em muitos estudos. Com referência ao ponto 1, diversos estudos têm analisado o comportamento dos programas em linguagem de alto nível. A Tabela 4.8 inclui os principais resultados, medindo o surgimento de vários tipos de instrução durante a execução, a partir dos estudos a seguir. O estudo mais antigo do comportamento da linguagem de programação, realizado por Knuth (1971[bb]), examinou uma coleção de programas FORTRAN usados como exercícios para alunos. Tanenbaum (1978[cc]) publicou medições coletadas de mais de 300 procedimentos usados em programas de sistema operacional e escritos em uma linguagem que aceita programação estruturada (SAL). Patterson e Sequin (1982[dd]) analisaram um conjunto de medições tomadas de compiladores e programas para editoração, projeto auxiliado por computador (CAD), classificação e comparação de arquivos. As linguagens de programação C e Pascal foram estudadas. Huck (1983[ee]) analisou quatro programas que resepresentam uma mistura de computação científica de uso geral, incluindo transformação rápida de Fourier e a integração de sistemas de equações diferenciais. Existe um acordo tão bom sobre os resultados dessa mistura de linguagens e aplicações que as instruções de desvio e chamada representam apenas uma fração das instruções executadas durante o tempo de vida de um programa. Assim, esses estudos confirmam a afirmação 1.

Tabela 4.7 Características das memórias de dois níveis

	Cache da memória principal	Memória virtual (paginação)	Cache de disco
Razões típicas de tempo de acesso	5 : 1 (memória principal × cache)	10^6 : 1 (memória principal × disco)	10^6 : 1 (memória principal × disco)
Sistema de gerenciamento de memória	Implementada por hardware especial	Combinação de hardware e software do sistema	Software do sistema
Tamanho típico de bloco ou página	4 a 128 bytes (bloco de cache)	64 a 4096 bytes (página de memória virtual)	64 a 4096 bytes (bloco ou páginas do disco)
Acesso do processador ao segundo nível	Acesso direto	Acesso indireto	Acesso indireto

Tabela 4.8 Frequência dinâmica relativa das operações em linguagens de alto nível

Carga de trabalho da linguagem em estudo	HUCK, 1983[ee] Pascal Científico	KNUTH, 1971[bb] FORTRAN Aluno	Patterson e Sequin, 1982[dd] Sistema Pascal	Patterson e Sequin, 1982[dd] Sistema C	Tanembaum, 1978[cc] Sistema SAL
Assinalamento	74	67	45	38	42
Loop	4	3	5	3	4
Call	1	3	15	12	12
IF	20	11	29	43	36
GOTO	2	9	—	3	—
Outras	—	7	6	1	6

Com relação à afirmação 2, os estudos relatados em Patterson (1985[tt]) confirmam. Isso é ilustrado na Figura 4.21, que mostra o comportamento de chamada-retorno. Cada chamada é representada pela linha descendo para a direita, e cada retorno pela linha subindo para a direita. Na figura, uma janela com profundidade igual a 5 é definida. Somente uma sequência de chamadas e retornos com um movimento de profundidade 6 em qualquer direção faz com que a janela se mova. Como podemos ver, o programa em execução pode permanecer dentro de uma janela estacionária por longos períodos. Um estudo pelos mesmos analistas de programas C e Pascal mostrou que uma janela de profundidade 8 precisará se deslocar apenas em menos de 1% das chamadas ou retornos (TAMIR e SEQUIN, 1983[gg]).

A literatura faz uma distinção entre localidade espacial e localidade temporal. A localidade espacial refere-se à tendência da execução de envolver uma série de locais de memória que estão agrupados. Isso reflete a tendência de um processador de acessar as instruções sequencialmente. A localidade espacial também reflete a tendência de um programa de acessar locais de dados sequencialmente, como ao processar uma tabela de dados. A localidade temporal refere-se à tendência de um processador de acessar locais de memória que foram usados recentemente. Por exemplo, quando um loop é executado, o processador executa o mesmo conjunto de instruções repetidamente.

Tradicionalmente, a localidade temporal é explorada mantendo valores de dados e instruções usados recentemente na memória cache e explorando uma hierarquia de cache. A localidade espacial geralmente é explorada usando blocos de cache maiores e incorporando mecanismos de pré-busca (buscando itens de uso antecipado) na lógica de controle de cache. Recentemente, tem havido uma pesquisa considerável sobre o refinamento dessas técnicas para alcançar maior desempenho, mas as estratégias básicas continuam sendo as mesmas.

Figura 4.21 Exemplo de comportamento de chamada-retorno de um programa

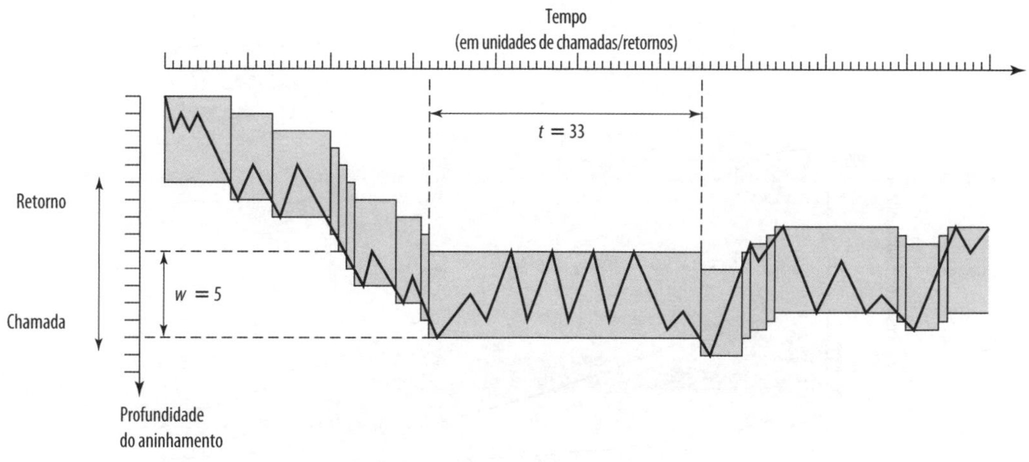

Operação da memória de dois níveis

A propriedade de localidade pode ser explorada na formação de uma memória de dois níveis. A memória de nível superior (M1) é menor, mais rápida e mais cara (por bit) do que a memória de nível inferior (M2). M1 é usada como um armazenamento temporário para parte do conteúdo da M2 maior. Quando é feita uma referência à memória, é feita uma tentativa de acessar o item em M1. Se isso tiver sucesso, então é feito um acesso rápido. Se não, então um bloco de locais de memória é copiado de M2 para M1, e o acesso então ocorre através de M1. Devido à localidade, quando um bloco é trazido para M1, deverá haver uma série de acessos a locais nesse bloco, resultando em um atendimento geral mais rápido.

Para expressar o tempo médio para acessar um item, temos que considerar não apenas as velocidades dos dois níveis de memória, mas também a probabilidade de que determinada referência possa ser encontrada em M1. Temos:

$$\begin{aligned} T_S &= H \times T_1 + (1 - H) \times (T_1 + T_2) \\ &= T_1 + (1 - H) \times T_2 \end{aligned} \tag{4.2}$$

onde

T_s = tempo de acesso médio (sistema)

T_1 = tempo de acesso de M1 (por exemplo, cache, cache de disco)

T_2 = tempo de acesso de M2 (por exemplo, memória principal, disco)

H = razão de acerto (fração do tempo em que é encontrada uma referência em M1)

A Figura 4.2 mostra o tempo de acesso médio como uma função da razão de acerto. Como podemos ver, para uma alta percentagem de acertos, o tempo médio de acesso total é muito mais próximo daquele de M1 do que de M2.

Desempenho

Vejamos alguns dos parâmetros relevantes a uma avaliação de um mecanismo de memória de dois níveis. Primeiro, considere o custo. Temos:

$$C_s = \frac{C_1 S_1 + C_2 S_2}{S_1 + S_2} \tag{4.3}$$

onde

C_s = custo médio por bit para a memória de dois níveis combinada

C_1 = custo médio por bit da memória de nível superior M1

C_2 = custo médio por bit da memória de nível inferior M2

S_1 = tamanho de M1

S_2 = tamanho de M2

Gostaríamos que $C_s \approx C_2$. Dado que $C_1 >> C_2$, isso requer $S_1 << S_2$. A Figura 4.22 mostra o relacionamento.

Figura 4.22 Relacionamento do custo de memória médio com tamanho de memória relativo para uma memória de dois níveis

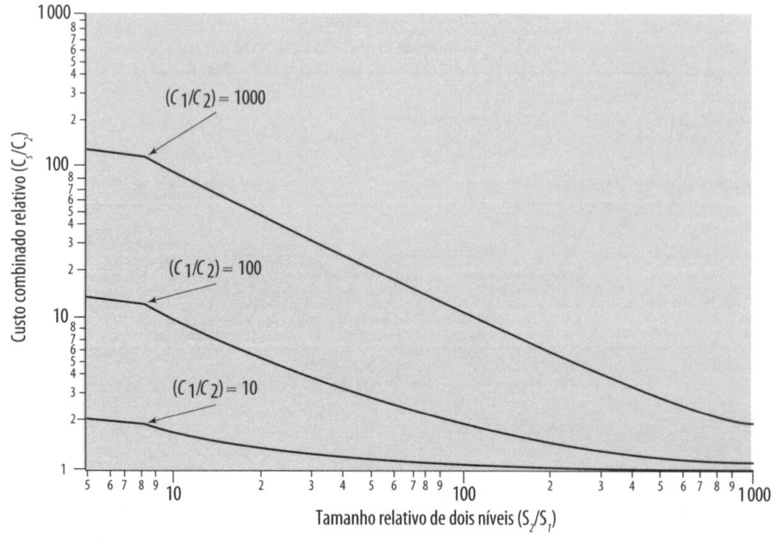

Em seguida, considere o tempo de acesso. Para uma memória de dois níveis oferecer uma melhoria de desempenho significativa, precisamos ter T_s aproximadamente igual a T_1 ($T_s \approx T_1$). Dado que T_1 é muito menor que T_2 ($T_1 << T_2$), uma razão de acerto próxima de 1 é necessária.

Assim, gostaríamos que M1 fosse pequena para reduzir o custo, e grande para melhorar a razão de acerto e, portanto, o desempenho. Existe um tamanho de M1 que satisfaça aos dois requisitos a um grau razoável? Podemos responder a essa pergunta com uma série de subperguntas:

- Que valor de razão de acerto é necessário para que $T_s \approx T_1$?
- Que tamanho de M1 garantirá a razão de acerto necessária?
- Esse tamanho satisfaz o requisito de custo?

Para conseguir isso, considere a quantidade T_1/T_s, que é conhecida como *eficiência de acesso*. Essa é uma medida da proximidade entre o tempo de acesso médio (T_s) e o tempo de acesso de M1 (T_1). Pela Equação (4.2),

$$\frac{T_1}{T_s} = \frac{1}{1 + (1 - H)\dfrac{T_2}{T_1}} \qquad \textbf{(4.4)}$$

A Figura 4.23 representa graficamente T_1/T_s como uma função da razão de acerto H, com a quantidade T_2/T_1 como um parâmetro. Normalmente, o tempo de acesso à cache no chip é de cerca de 25 a 50 vezes mais rápido que o tempo de acesso à memória principal (ou seja, T_2/T_1 é 5 a 10), o tempo de acesso à cache fora do chip é cerca de 5 a 15 vezes mais rápido que o tempo de acesso à memória principal (ou seja, T_2/T_1 é 5 a 15), e o tempo de acesso à memória principal é cerca de 1.000 vezes mais rápido que o tempo de acesso ao disco (T_2/T_1 = 1.000). Assim, uma razão de acerto na faixa de algo em torno de 0,9 parece ser necessária para satisfazer o requisito de desempenho.

Agora, podemos formular a questão sobre o tamanho relativo da memória com mais exatidão. Uma razão de acerto de, digamos, 0,8 ou melhor, é razoável para $S_1 << S_2$? Isso dependerá de diversos fatores, incluindo a natureza do software sendo executado e dos detalhes do projeto da memória de dois níveis. O principal determinante, logicamente, é o grau de localidade. A Figura 4.24 sugere o efeito que a localidade tem sobre a razão de acerto. Claramente, se M1 tiver o mesmo tamanho que M2, então a razão de acerto será 1,0: todos os itens em M2 sempre são armazenados também em M1. Agora, suponha que não haja localidade, ou seja, as referências são completamente aleatórias. Nesse caso, a razão de acerto deverá ser uma função estritamente linear do tamanho relativo da memória. Por exemplo, se M1 tiver a metade do tamanho de M2, então, a qualquer momento, metade dos itens de M2 também estão em M1, e a razão de acerto será 0,5. Na prática, porém, existe algum grau de localidade nas referências. Os efeitos da localidade moderada e forte são indicados na figura. Observe que a Figura 4.24 não é derivada de qualquer dado ou modelo específico; a figura sugere o tipo de desempenho que é visto com diversos graus de localidade.

Assim, se houver localidade forte, é possível alcançar altos valores de razão de acerto, mesmo com um tamanho de memória de nível superior relativamente pequeno. Por exemplo, diversos estudos têm mostrado que tamanhos de cache pequenos gerarão uma razão de acerto acima de 0,75, *independentemente do tamanho da memória principal* [por exemplo, Agarwal (1989[z]); Przybylski, Horowitz e Hennessy (1988[o]);

Figura 4.23 Eficiência de acesso como uma função da taxa de acerto (r = T2/T1)

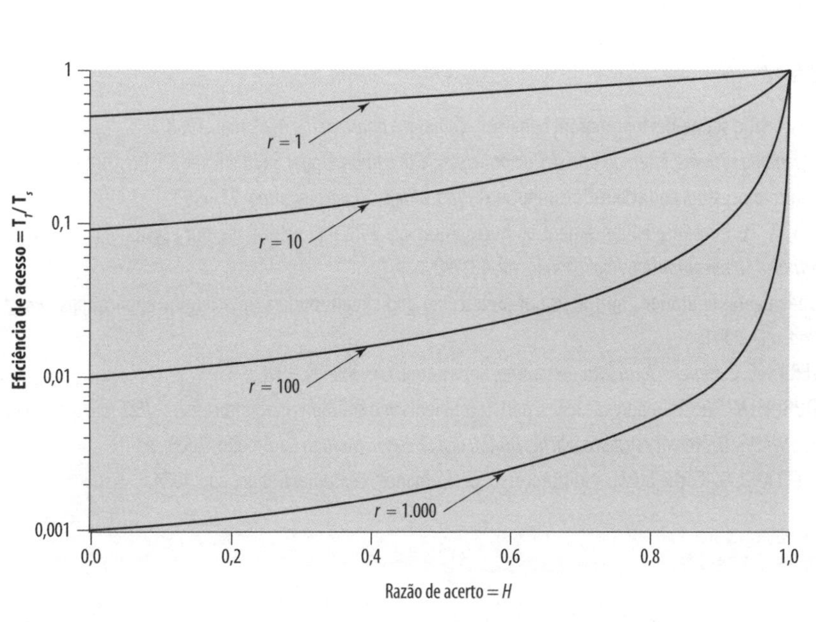

Figura 4.24 Razão de acerto como uma função do tamanho de memória relativo

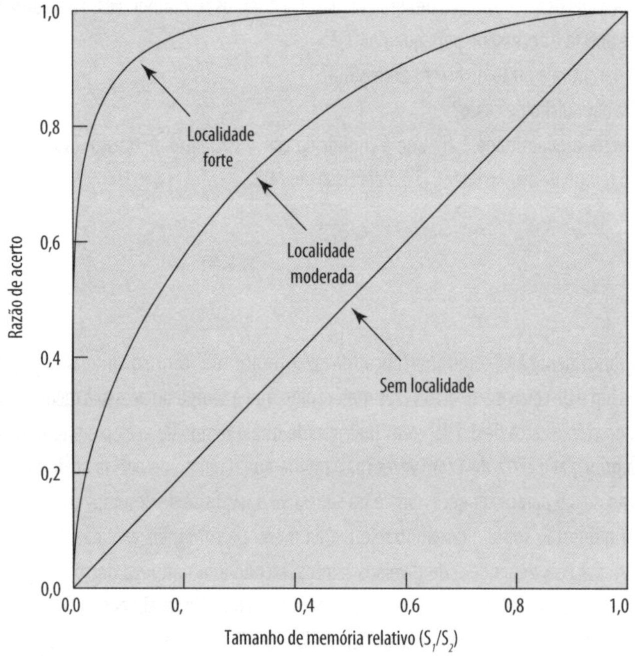

Strecker (1983[hh]) e Smith(1992[m])].[XLVI] Uma cache na faixa de 1 K a 128 K palavras geralmente é adequada, enquanto a memória principal agora normalmente está na faixa dos gigabytes. Quando considerarmos a memória virtual e a cache de disco, citaremos outros estudos que confirmam o mesmo fenômeno, especialmente que um M1 relativamente pequeno gera um valor alto de razão de acerto, devido à localidade.

Isso nos leva à última pergunta listada anteriormente: o tamanho relativo das duas memórias satisfaz o requisito de custo? A resposta é clara: sim. Se só precisarmos de uma memória de nível superior relativamente pequena para conseguir um bom desempenho, então o custo médio por bit dos dois níveis de memória se aproximará do menor custo da memória de nível inferior.

Por favor, observe que, com o envolvimento de cache L2, ou ainda de caches L2 e L3, a análise é muito mais complexa. Veja algumas discussões em Peir, Hsu e Smith (1999[t]) e Handy (1993[q]).

Referências

a DENNING, P. "The working set model for program behavior". *Communications of the ACM,* mai. 1968.

b STALLINGS, W. *Operating systems, internals and design principles, 6 th Edition.* Upper Saddle River, NJ: Prentice Hall, 2009.

c BAILEY, D. "RISC microprocessors and scientific computing". *Proceedings, Supercomputing '93,* 1993.

d WANG, G. e TAFTI, D. "Performance enhancement on microprocessors with hierarchical memory systems for solving large sparse linear systems". *International Journal of Supercomputing Applications,* vol. 13,1999.

e PRESSEL, D. "Fundamental limitations on the use of prefetching and stream buffers for scientific applications". *Proceedings, ACM Symposium on Applied Computing,* mar. 2001.

f DOWD, K. e SEVERANCE, C. *High performance computing.* Sebastopol, CA: O'Reilly, 1998.

g CEKLEOV, M. e DUBOIS, M. "Virtual-address caches, part 1: problems and solutions in uniprocessors". *IEEE Micro,* set./out. 1997.

h JACOB, B.; NG, S. e WANG, D. *Memory systems: cache, DRAM, disk.* Boston: Morgan Kaufmann, 2008.

i MAYBERRY, W. e EFLAND, G. "Cache boosts multiprocessor performance". *Computer Design,* nov. 1984.

j HILL, M. "Evaluating associativity in CPU caches". *IEEE Transactions on Computers,* dez. 1989.

k GENU, P. *A cache primer.* Application note AN2663. Freescale Semiconductor, Inc., 2004. Disponível em: <www.freescale.com/files/32bit/doc/app_note/AN2663.pdf>.

l CANTIN, J. e HILL, H. "Cache performance for selected SPEC CPU2000 benchmarks". *Computer Architecture News,* set. 2001.

m SMITH, A. "Cache memories". *ACM Computing Surveys,* set. 1982.

n SMITH, A. "Line (block) size choice for CPU cache memories". *IEEE Transactions on Communications,* set. 1987.

o PRZYBYLSKI, S.; HOROWITZ, M. e HENNESSY, J. "Performance trade-offs in cache design". *Proceedings, 15th Annual International Symposium on Computer Architecture,* jun. 1988.

p PRZYBYLSKI, S. "The performance impact of block size and fetch strategies". *Proceedings, 17th Annual International Symposium on Computer Architecture,* maio de 1990.

q HANDY, J. *The cache memory book.* San Diego: Academic Press, 1993.

r AZIMI, M.; PRASAD, B. e BHAT, K. "Two level cache architectures". *Proceedings COMPCON '92,* fev. 1992.

s NOVITSKY, J.; AZIMI, M. e GHAZNAVI, R. "Optimizing systems performance based on pentium processors". *Proceedings COMPCON '92,* fev. 1993.

t PEIR, J.; HSU, W.; e SMITH, A. "Functional implementation techniques for CPU cache memories". *IEEE Transactions on Computers,* fev. 1999.

u GHAI, S.; JOYNER, J. e JOHN, L. *Investigating the effectiveness of a third level cache.* Technical Report TR-980501-01, Laboratory for Computer Architecture, University of Texas at Austin. Disponível em: <http://lca.ece.utexas.edu/pubs-by-type.html>.

v SLOSS, A.; SYMES, D. e WRIGHT, C. *ARM System Developer's Guide.* San Francisco: Morgan Kaufmann, 2004.

w WILKES, M. "Slave memories and dynamic storage allocation", *IEEE Transactions on Electronic Computers,* abril de 1965. Reimpresso em Hill, Touppi e Sohi, 2000.

x GOODMAN, J. "Using cache memory to reduce processor-memory bandwidth". *Proceedings, 10th Annual International Symposium on Computer Architecture,* 1983. Reimpresso em Hill, Touppi e Sohi, 2000.

y BELL, J.; CASASENT. D. e BELL, C. "An investigation into alternative cache organizations". *IEEE Transactions on Computers,* abril de 1974. Disponível em: <http://research.microsoft.com/users/GBell/gbvita.htm>.

z AGARWAL, A. *Analysis of cache performance for operating systems and multiprogramming.* Boston: Kluwer Academic Publishers, 1989.

aa HIGBIE, L. "Quick and easy cache performance analysis". *Computer Architecture News,* jun. 1990.

bb KNUTH, D. "An empirical study of FORTRAN programs". *Software Practice and Experience,* vol. 1, 1971.

cc TANENBAUM, A. "Implications of structured programming for machine architecture". *Communications of the ACM,* março de 1978.

dd PATTERSON, D. e SEQUIN, C. "A VLSI RISC". *Computer,* set. 1982.

ee HUCK, T. *Comparative analysis of computer architectures.* Stanford University Technical Report No. 83-243, maio de 1983.

ff PATTERSON, D. "Reduced instruction set computers". *Communications of the ACM.* jan. 1985.

gg TAMIR, Y. e SEQUIN, C. "Strategies for managing the register file in RISC". *IEEE Transactions on Computers,* novembro de 1983.

hh STRECKER, W. "Transient behavior of cache memories". *ACM Transactions on Computer Systems,* nov. 1983.

ii HILL, M.; Touppi, N. e SOHI G. *Readings in computer architecture.* San Francisco: Morgan Kaufmann, 2000.

CAPÍTULO

0 1 2 3 4 **5** 6 7 8 9 10 11 12 13 14 15 16 17 18

Memória interna

PRINCIPAIS PONTOS

- As duas formas básicas de memória de acesso aleatório semicondutora são a RAM dinâmica (DRAM) e a RAM estática (SRAM). A SRAM é mais rápida, mais cara e menos densa que a DRAM, e é usada para a memória cache. A DRAM é usada para a memória principal.
- As técnicas de correção de erro normalmente são usadas nos sistemas de memória. Estas envolvem a inclusão de bits redundantes que sejam uma função dos bits de dados, para formar um código de correção de erro. Se ocorrer um erro de bit, o código detectará e, normalmente, corrigirá o erro.
- Para compensar a velocidade relativamente baixa da DRAM, diversas organizações avançadas de DRAM foram introduzidas. As duas mais comuns são a DRAM síncrona e a DRAM RamBus. Ambas envolvem o uso do clock do sistema para proporcionar a transferência de blocos de dados.

Iniciamos este capítulo com uma análise dos subsistemas de memória principal semicondutora, incluindo memórias ROM, DRAM e SRAM. Depois, examinamos as técnicas de controle de erro usadas para melhorar a confiabilidade da memória. Em seguida, examinamos arquiteturas DRAM mais avançadas.

5.1 Memória principal semicondutora

Nos primeiros computadores, a forma mais comum de armazenamento de acesso aleatório para a memória principal do computador empregava uma matriz de loops ferromagnéticos em forma de anel, chamados de núcleos. Logo, a memória principal normalmente era chamada de núcleo (ou ***core***, em inglês), um termo que persiste até hoje. Com o advento da microeletrônica, as memórias semicondutoras superaram de longe a memória de núcleo magnético. Hoje, o uso de chips semicondutores para a memória principal é quase universal. Os principais aspectos dessa tecnologia são explorados nesta seção.

Organização

O elemento básico de uma memória semicondutora é a célula de memória. Embora diversas tecnologias eletrônicas sejam utilizadas, todas as células de memória semicondutora compartilham certas propriedades:

- apresentam dois estados estáveis (ou semiestáveis), que podem ser usados para representar o binário 1 e 0;
- são capazes de ser escritas (pelo menos uma vez), para definir o estado; e
- são capazes de ser lidas, para verificar o estado.

A Figura 5.1 representa a operação de uma célula da memória. Normalmente, a célula tem três terminais funcionais, capazes de transportar um sinal elétrico. O terminal de seleção, como o nome sugere, seleciona uma célula de memória para uma operação de leitura ou escrita. O terminal de controle indica leitura ou escrita. Para a escrita, o outro terminal fornece um sinal elétrico que define o estado da célula como 1 ou 0. Para a leitura, o terminal é usado para a saída do estado da célula. Os detalhes da organização interna, funcionalidade e tempo de acesso da célula de memória dependem da tecnologia específica de circuito integrado usada e estão fora do escopo deste livro, exceto por um breve resumo. Para os nossos propósitos, vamos considerar que as células individuais podem ser selecionadas para operações de leitura e escrita.

DRAM e SRAM

Todos os tipos de memória que exploraremos neste capítulo são de acesso aleatório. Ou seja, palavras individuais da memória são acessadas diretamente por meio da lógica de endereçamento ***interna***.

A Tabela 5.1 lista os principais tipos de memória de semicondutor. O mais comum é conhecido como ***memória de acesso aleatório*** (RAM). Este, logicamente, é um uso incorreto do termo, pois todos os tipos listados na tabela são de acesso aleatório. Uma característica distinta da RAM é a possibilidade de ler dados da memória e escrever novos dados na memória de modo fácil e rápido. Tanto a leitura quanto a escrita são realizadas por meio de sinais elétricos.

Figura 5.1 Operação da célula de memória

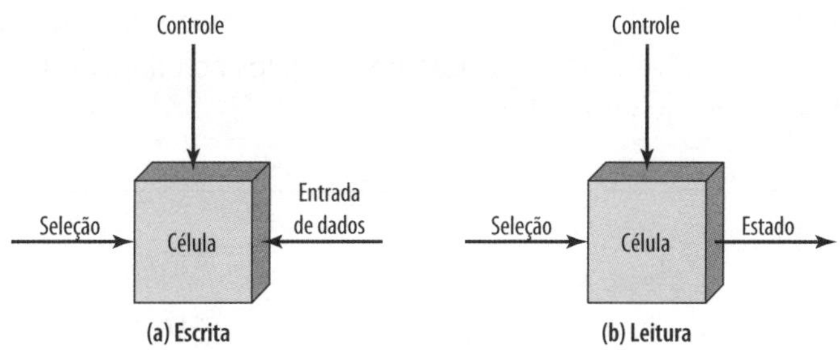

Tabela 5.1 Tipos de memória de semicondutor

Tipo de memória	Categoria	Apagamento	Mecanismo de escrita	Volatilidade
Memória de acesso aleatório (RAM)	Memória de leitura-escrita	Eletricamente, em nível de byte	Eletricamente	Volátil
Memória somente de leitura (ROM)	Memória somente de leitura	Não é possível	Máscaras	Não volátil
ROM programável (PROM, do inglês *programmable ROM*)			Eletricamente	
PROM apagável (EPROM, do inglês *erasable PROM*)	Memória principalmente de leitura	Luz UV, nível de chip		
PROM eletricamente apagável (EEPROM, do inglês *electrically erasable PROM*)		Eletricamente, nível de byte		
Memória flash		Eletricamente, nível de bloco		

Outra característica distinta da RAM é que ela é volátil. Uma RAM precisa receber uma fonte de alimentação constante. Se a energia for interrompida, os dados são perdidos. Assim, a RAM só pode ser usada como armazenamento temporário. As duas formas tradicionais de RAM usadas nos computadores são DRAM e SRAM.

RAM DINÂMICA A tecnologia da RAM é dividida em duas tecnologias: dinâmica e estática. Uma RAM dinâmica (DRAM) é feita com células que armazenam dados como carga em capacitores. A presença ou ausência de carga em um capacitor é interpretada como um binário 1 ou 0. Como os capacitores possuem uma tendência natural para descarga, as RAM dinâmicas exigem recarga periódica ("refresh" de memória) para manter o dado armazenado. O termo ***dinâmica*** refere-se a essa tendência de perda da carga armazenada, mesmo com energia aplicada continuamente.

A Figura 5.2a é uma estrutura de DRAM típica para uma célula individual, que armazena 1 bit. A linha de endereço é ativada quando o valor do bit dessa célula deve ser lido ou escrito. O transistor atua como uma chave que é fechada (permitindo o fluxo da corrente) se uma voltagem for aplicada à linha de endereço e é aberta (sem fluxos de corrente) se nenhuma voltagem estiver presente na linha de endereço.

Para a operação de escrita, um sinal de tensão é aplicado à linha de bit; uma tensão alta representa 1, e uma tensão baixa representa 0. Um sinal é então aplicado à linha de endereço, permitindo que uma carga seja transferida ao capacitor.

Para a operação de leitura, quando a linha de endereço é selecionada, o transistor é ligado e a carga armazenada no capacitor é alimentada em uma linha de bit e em um amplificador. O amplificador compara a voltagem do capacitor com um valor de referência e determina se a célula contém um 1 lógico ou um 0 lógico. A leitura da célula descarrega o capacitor, que precisa ser restaurado para completar a operação.

Embora a célula da memória DRAM seja usada para armazenar um único bit (0 ou 1), é basicamente um dispositivo analógico. O capacitor pode armazenar qualquer valor de carga dentro de um intervalo; um valor de padrão determina se a carga é interpretada como 1 ou 0.

RAM ESTÁTICA Ao contrário, uma RAM estática (SRAM) é um dispositivo que usa os mesmos elementos lógicos usados no processador. Em uma SRAM, os valores binários são armazenados por meio de configurações das portas lógicas de um flip-flop tradicional (veja uma descrição dos flip-flops no Capítulo 20). Uma RAM estática manterá seus dados enquanto houver energia fornecida a ela.

Figura 5.2 Estruturas típicas de célula de memória

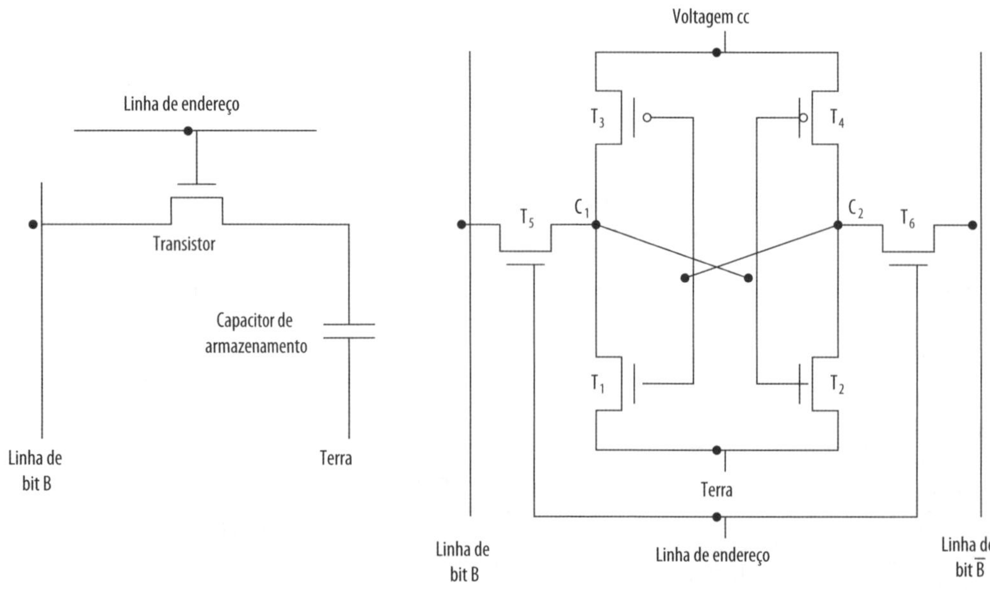

(a) Célula de RAM dinâmica (DRAM)

(b) Célula de RAM estática (SRAM)

A Figura 5.2b é uma estrutura de SRAM típica para uma célula individual. Quatro transistores (T_1, T_2, T_3, T_4) são cruzados em um arranjo que produz um estado lógico estável. No estado lógico 1, o ponto C_1 é alto e o ponto C_2 é baixo; nesse estado, T_1 e T_4 estão desligados e T_2 e T_3 estão ligados.[1] No estado lógico 0, o ponto C_1 é baixo e o ponto C_2 é alto; nesse estado, T_1 e T_4 estão ligados e T_2 e T_3 estão desligados. Os dois estados são estáveis desde que uma voltagem de corrente contínua (cc) seja aplicada. Diferente da DRAM, nenhuma recarga é necessária para reter dados.

Assim como na DRAM, a linha de endereço da SRAM é usada para abrir ou fechar uma chave. A linha de endereço controla dois transistores (T_5 e T_6). Quando um sinal é aplicado a essa linha, os dois transistores são ligados, permitindo uma operação de leitura ou escrita. Para uma operação de leitura, o valor de bit desejado é aplicado à linha B, enquanto seu complemento é aplicado à linha $\overline{B}$. Isso força os quatro transistores (T_1, T_2, T_3, T_4) ao estado correto. Para uma operação de leitura, o valor de bit é lido da linha B.

SRAM VERSUS DRAM RAM estáticas e dinâmicas são voláteis, ou seja, a potência precisa ser fornecida continuamente à memória para preservar os valores do bit. Uma célula de memória dinâmica é mais simples e menor que uma célula de memória estática. Assim, a DRAM é mais densa (células menores = mais células por unidade de área) e mais barata que uma SRAM correspondente. Por outro lado, uma DRAM requer o suporte de um circuito de ***refresh***. Para memórias maiores, o custo fixo do circuito de refresh é mais do que compensado pelo menor custo variável das células de DRAM. Assim, as DRAM tendem a ser favorecidas para requisições de grande memória. Outro ponto é que as SRAM geralmente são um pouco mais rápidas que as DRAM. Devido a essas características, a SRAM é usada para a memória cache (no chip e fora dele), e a DRAM é usada para a memória principal.

Tipos de ROM

Como o nome sugere, uma **memória somente de leitura** (ROM, do inglês *Read-Only Memory*) contém um padrão permanente de dados, que não pode ser mudado. Uma ROM é não volátil, ou seja, nenhuma fonte de energia é necessária para manter os valores dos bits na memória. Embora seja possível ler uma ROM, não é possível escrever algo novo nela. Uma aplicação importante das ROM é a microprogramação, discutida na Parte 4. Outras aplicações em potencial incluem:

- bibliotecas de funções de uso frequente;
- programas do sistema;
- tabelas de função.

Para um requisito de tamanho moderado, a vantagem da ROM é que os dados ou programa estão permanentemente na memória principal e nunca precisam ser carregados de um dispositivo de armazenamento secundário.

Uma ROM é criada como qualquer outro chip de circuito integrado, com os dados realmente gravados fisicamente no chip como parte do processo de fabricação. Isso gera dois problemas:

- A etapa de inserção de dados inclui um custo fixo relativamente grande, não importa se são fabricadas uma ou milhares de cópias de determinada ROM.
- Não há espaço para erro. Se um bit estiver errado, o lote inteiro de ROM precisa ser descartado.

Quando apenas um pequeno número de ROM com determinado conteúdo de memória é necessário, uma alternativa mais barata é a **ROM programável** (PROM). Assim como a ROM, a PROM é não volátil e pode ser escrita apenas uma vez. Para a PROM, o processo de escrita é realizado eletricamente, e pode ser realizado por um fornecedor ou cliente após a fabricação original do chip. Um equipamento especial é necessário para o processo de escrita ou "programação". As PROM oferecem flexibilidade e conveniência. A ROM continua sendo atraente para a produção em grandes volumes.

Outra variação na memória somente de leitura é a memória principalmente de leitura, que é útil para aplicações em que operações de leitura são muito mais frequentes do que operações de escrita, mas para as quais o armazenamento não volátil é necessário. Existem três formas comuns de memória principalmente de leitura: EPROM, EEPROM e memória flash.

1 Os círculos na ponta de T_3 e T_4 indicam negação.

A **memória somente de leitura programável e apagável** (EPROM) é lida e escrita eletricamente, assim como a PROM. Porém, antes de uma operação de escrita, todas as células de armazenamento precisam ser apagadas para retornar ao mesmo estado inicial, pela exposição do chip empacotado à radiação ultravioleta. O apagamento é feito pela exposição do chip de memória, que contém uma janela, à luz ultravioleta intensa. Esse processo de apagamento pode ser realizado repetidamente; cada apagamento pode levar até 20 minutos para ser realizado. Assim, a EPROM pode ser alterada múltiplas vezes e, como a ROM e a PROM, mantém seus dados quase indefinidamente. Para quantidades comparáveis de armazenamento, a EPROM é mais cara que a PROM, mas tem a vantagem da capacidade de múltiplas atualizações.

Uma forma mais atraente de memória principalmente de leitura é a **memória somente de leitura programável e apagável eletricamente** (EEPROM). Essa é uma memória principalmente de leitura que pode ser escrita a qualquer momento sem apagar o conteúdo anterior; somente o byte ou os bytes endereçados são atualizados. A operação de escrita leva muito mais tempo do que a operação de leitura, na ordem de muitas centenas de microssegundos por byte. A EEPROM combina a vantagem da não volatilidade com a flexibilidade de ser atualizável no local, usando as linhas comuns de controle, endereço e dados do barramento. A EEPROM é mais cara que a EPROM e também é menos densa, admitindo menos bits por chip.

Outra forma de memória de semicondutor é a **memória flash** (que tem esse nome devido à velocidade com que pode ser reprogramada). Introduzida inicialmente em meados da década de 1980, a memória flash é intermediária entre a EPROM e a EEPROM tanto no custo quanto na funcionalidade. Assim como a EEPROM, a memória flash usa uma tecnologia elétrica de apagamento. Uma memória flash inteira pode ser apagada em um ou alguns segundos, o que é muito mais rápido que a EPROM. Além disso, é possível apagar apenas blocos de memória, ao invés de um chip inteiro. A memória flash recebeu esse nome porque o microchip é organizado de modo que uma seção das células de memória é apagada em uma única ação, ou "flash". Porém, a memória flash não oferece apagamento em nível de byte. Assim como a EPROM, a memória flash usa apenas um transistor por bit e, portanto, consegue ter a alta densidade da EPROM (em comparação com a EEPROM).

Lógica do chip

Assim como outros produtos de circuito integrado, a memória semicondutora vem em chips empacotados (Figura 2.7). Cada chip contém um array de células de memória.

Na hierarquia de memória como um todo, vimos que existem escolhas a se fazer entre velocidade, capacidade e custo. Essas escolhas também existem quando consideramos a organização das células de memória e a lógica funcional em um chip. Para memórias semicondutoras, uma das principais questões de projeto é o número de bits de dados que podem ser lidos/escritos de cada vez. Em um extremo está uma organização em que o arranjo físico das células no array é o mesmo que o arranjo lógico (percebido pelo processador) de palavras na memória. O array é organizado em ***W*** palavras de ***B*** bits cada. Por exemplo, um chip de 16 Mbits poderia ser organizado como 1 M palavras de 16 bits. No outro extremo está a chamada organização de 1 bit por chip, em que os dados são lidos/escritos 1 bit de cada vez. Vamos ilustrar a organização do chip de memória com uma DRAM; a organização da ROM é semelhante, embora mais simples.

A Figura 5.3 mostra uma organização típica de uma DRAM de 16 Mbits. Nesse caso, 4 bits são lidos ou escritos de cada vez. Logicamente, o array de memória é organizado como quatro arrays separados a cada 2 048 elementos. Diversos arranjos físicos são possíveis. De qualquer forma, os elementos do array são conectados por fileiras horizontais (linha) e verticais (colunas). Cada fileira horizontal se conecta ao terminal *Select* de cada célula em sua linha; cada fileira vertical se conecta ao terminal *Data-In/Sense* de cada célula em sua coluna.

As fileiras de endereço fornecem o endereço da palavra a ser selecionada. Um total de $\log_2 W$ fileiras são necessárias. Em nosso exemplo, 11 fileiras de endereço são necessárias para selecionar uma das 2 048 linhas. Essas 11 fileiras são alimentadas em um decodificador de linha, que tem 11 fileiras de entrada e 2 048 fileiras de saída. A lógica do decodificador ativa uma das 2 048 saídas, dependendo do padrão de bits nas 11 fileiras de entrada ($2^{11} = 2\,048$).

Outras 11 fileiras de endereço selecionam uma das 2 048 colunas de 4 bits por coluna. Quatro linhas de dados são usadas para entrada e saída de 4 bits de e para um buffer de dados. Na entrada (escrita), o driver de bit de cada fileira é ativado para um 1 ou 0, de acordo com o valor da linha de dados correspondente. Na saída (leitura), o valor de cada linha de bit é passado por um amplificador e colocado nas às linhas de dados. A fileira de linha seleciona qual linha de células é usada para leitura ou escrita.

Figura 5.3 DRAM típica de 16 Megabits DRAM (4M × 4)

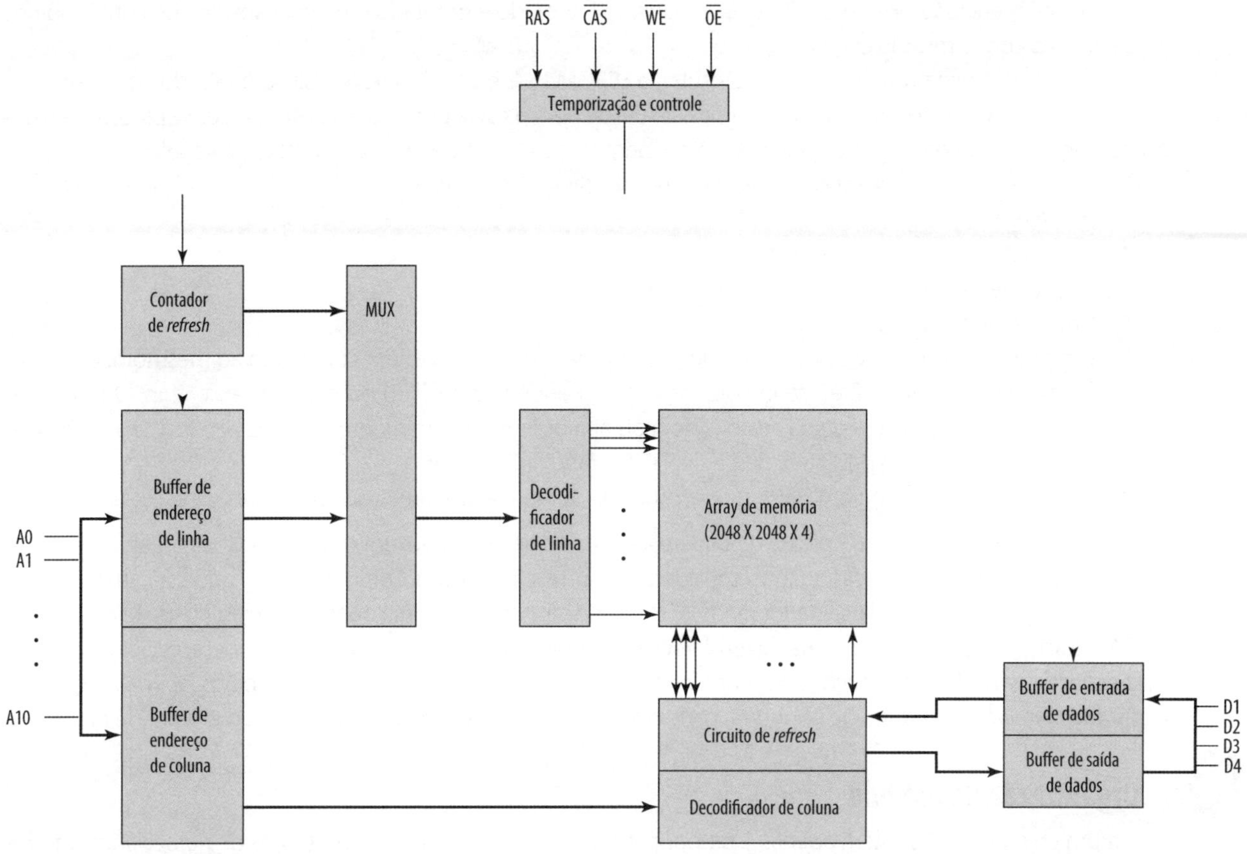

Como somente 4 bits são lidos/escritos nessa DRAM, é preciso haver múltiplas DRAMs conectadas ao controlador de memória para a leitura/escrita de uma palavra de dados no barramento.

Observe que existem apenas 11 linhas de endereço (A0-A10), metade do número que você esperaria para um array de 2048 × 2048. Isso é feito para economizar o número de pinos. As 22 linhas de endereço exigidas são passadas por uma lógica de seleção externa ao chip e multiplexadas nas 11 linhas de endereço. Primeiro, 11 sinais de endereço são passados ao chip para definir o endereço de linha do array, e depois os outros 11 sinais de endereço são apresentados para o endereço de coluna. Esses sinais são acompanhados por sinais de seleção de endereço de linha ($\overline{RAS}$, do inglês *Row Address Select)* e seleção de endereço de coluna ($\overline{CAS}$, do inglês *Column Address Select*) para permitir a temporização do chip.

Os pinos de habilitação de escrita ($\overline{WE}$, do inglês *Write Enable*) e habilitação de saída (OE, do inglês *Output Enable*) determinam se uma operação de escrita ou leitura é realizada. Dois outros pinos, que não aparecem na Figura 5.3, são terra (V_{ss}) e uma fonte de voltagem (V_{cc}).

Como um aparte, o endereçamento multiplexado mais o uso de arrays quadrados resulta em quadruplicar o tamanho da memória com cada nova geração de chips de memória. Mais um pino dedicado ao endereçamento dobra o número de linhas e coluna e, portanto, o tamanho da memória em chip cresce por um fator de 4.

A Figura 5.3 também indica a inclusão de circuitos de *refresh*. Todas as DRAM exigem uma operação de *refresh*. Uma técnica simples de *refresh*, é desativar o chip de DRAM quando todas as células de dados são regarregadas. O contador de *refresh* percorre todos os valores de linha. Para cada linha, as linhas de saída do contador de *refresh* são fornecidas ao decodificador de linha e a linha RAS é ativada. Os dados são lidos e escritos de volta ao mesmo local. Isso faz com que cada célula na linha seja recarregada.

Empacotamento do chip

Conforme mencionamos no Capítulo 2, um circuito integrado é montado em uma cápsula que contém pinos para conexão com o mundo exterior.

A Figura 5.4a mostra um exemplo de cápsula de EPROM, que é um chip de 8 Mbits organizado como 1 M × 8. Nesse caso, a organização é tratada como uma cápsula de uma palavra por chip. A cápsula inclui 32 pinos, que é um dos tamanhos de pacote de chip padrão. Os pinos admitem as linhas de sinal apresentadas a seguir:

- O endereço da palavra sendo acessada. Para palavras de 1 M, um total de 20 (2^{20} = 1 M) pinos são necessários (A0–A19).
- Os dados a serem lidos, consistindo em 8 linhas (D0–D7).
- A fonte de alimentação para o chip (V_{cc}).
- Um pino de terra (V_{ss}).
- Um pino CE. Como pode haver mais de um chip de memória, cada um conectado ao mesmo barramento de endereço, o pino CE é usado para indicar se o endereço é válido ou não para esse chip. O pino CE é ativado pela lógica conectada aos bits de mais alta ordem do barramento de endereço (ou seja, os bits de endereço acima de A19). O uso desse sinal é ilustrado atualmente.
- Uma voltagem de programa (V_{pp}) que é fornecida durante a programação (operações de escrita).

Uma configuração de pinos típica de DRAM aparece na Figura 5.4b, para um chip de 16 Mbits organizado como 4 M × 4. Existem várias diferenças quando consideramos um chip de ROM. Como uma RAM pode ser atualizada, os pinos de dados são de entrada/saída. Os pinos WE e OE indicam se essa é uma operação de escrita ou leitura. Como a DRAM é acessada por linha e coluna, e o endereço é multiplexado, somente 11 pinos de endereço são necessários para especificar as 4 M combinações de linha/coluna ($2^{11} \times 2^{11} = 2^{22}$ = 4 M). As funções dos pinos RAS e CAS já foram explicadas. Finalmente, o pino de nenhuma conexão (NC) é fornecido para que haja um número par de pinos.

Organização do módulo

Se um chip de RAM contém apenas 1 bit por palavra, então claramente precisaremos de pelo menos um número de chips igual ao número de bits por palavra. Como um exemplo, a Figura 5.5 mostra como um módulo de

Figura 5.4 Pinos e sinais do pacote de memória típico

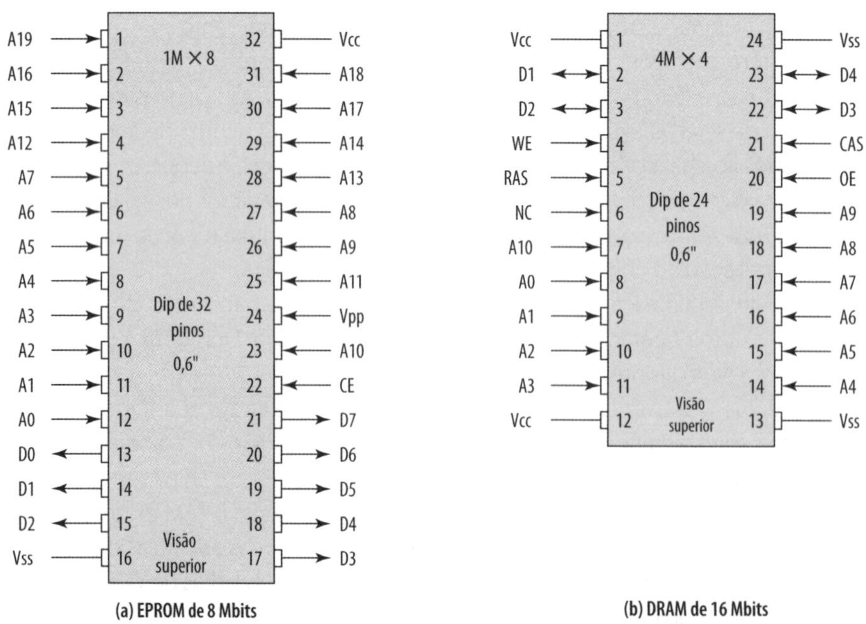

Figura 5.5 Organização de memória de 256 Kbytes

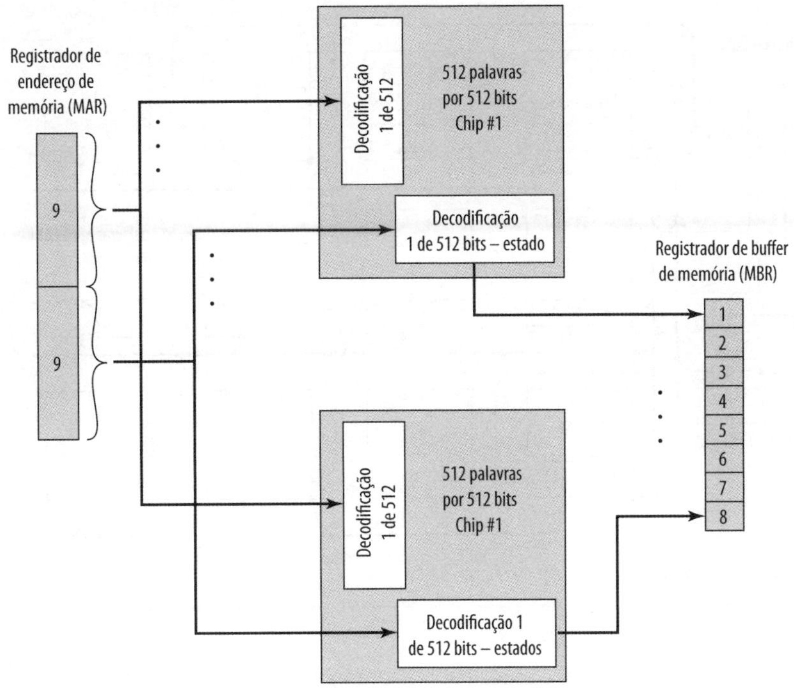

memória consistindo em 256 K palavras de 8 bits poderia ser organizado. Para palavras de 256 K, um endereço de 18 bits é necessário, sendo fornecido ao módulo a partir de alguma fonte externa (por exemplo, as linhas de endereço de um barramento ao qual o módulo está conectado). O endereço é apresentado a 8 chips de 256 K × 1 bit, cada um oferecendo a entrada/saída de 1 bit.

Essa organização funciona desde que o tamanho da memória seja igual ao número de bits por chip. No caso em que uma memória maior é necessária, um array de chips é necessário. A Figura 5.6 mostra a organização possível de uma memória consistindo em 1 M palavra por 8 bits por palavra. Nesse caso, temos quatro colunas de chips, cada coluna contendo 256 K palavras arrumadas como na Figura 5.5. Para 1 M palavra, 20 linhas de endereço são necessárias. Os 18 bits menos significativos são direcionados para todos os 32 módulos. Os 2 bits de alta ordem são entrada para um módulo lógico de seleção de grupo que envia um sinal ***chip enable*** a uma das quatro colunas de módulos.

Simulador de memória intercalada

Memória intercalada

A memória principal é composta de uma coleção de chips de memória DRAM. Diversos chips podem ser agrupados para formar um ***banco de memória***. É possível organizar os bancos de memória de um modo conhecido como memória intercalada (*interleaved memory*). Cada banco independentemente é capaz de atender a uma solicitação de leitura ou escrita da memória, de modo que um sistema com *K* bancos pode atender a *K* solicitações simultaneamente, aumentando as taxas de leitura ou escrita de memória por um fator de *K*. Se palavras consecutivas

Figura 5.6 Organização de memória de 1 MByte

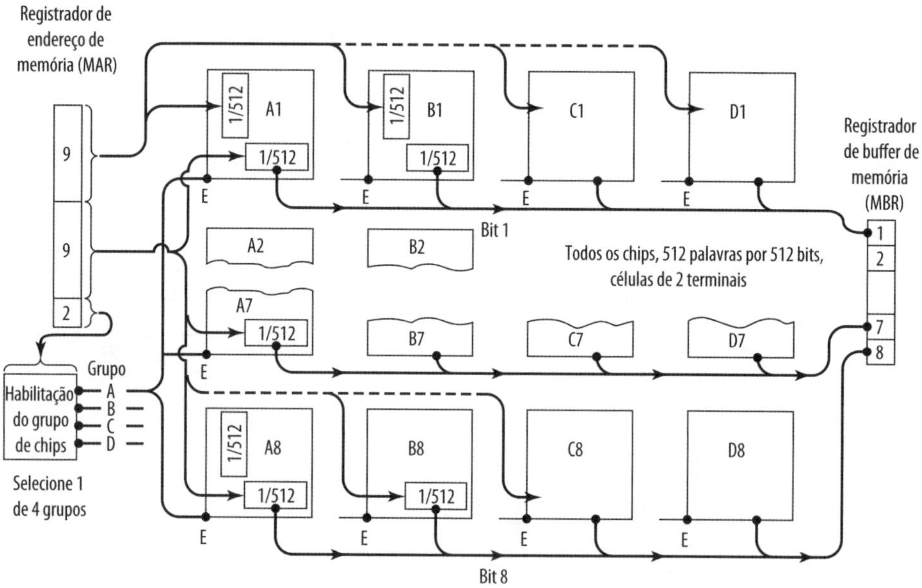

de memória forem armazenadas em diferentes bancos, então a transferência de um bloco de memória é agilizada. O Apêndice E explora o assunto de memória intercalada.

5.2 Correção de erro

Um sistema de memória semicondutora está sujeito a erros. Estes podem ser categorizados como falhas permanentes e erros não permanentes. Uma **falha permanente** é um defeito físico permanente, de modo que a célula ou células de memória afetadas não podem armazenar dados de modo confiável, mas ficam presas em 0 ou 1, ou alternam erroneamente entre 0 e 1. Os erros permanentes podem ser causados por uso intenso em ambiente impróprio, defeitos de fabricação ou desgaste. Um **erro não permanente** é um evento aleatório, não destrutivo, que altera o conteúdo de uma ou mais células de memória sem danificar a memória. Os erros permanentes podem ser causados por problemas de fonte de alimentação ou partículas alfa. Essas partículas resultam do declínio radioativo e são terrivelmente comuns, pois os núcleos radioativos são encontrados em pequenas quantidades em quase todos os materiais. Erros permanentes e não permanentes certamente são indesejáveis, e a maioria dos sistemas de memória modernos inclui lógica para detectar e corrigir erros.

A Figura 5.7 ilustra, em termos gerais, como o processo é executado. Quando os dados tiverem que ser lidos para a memória, um cálculo, representado como uma função ***f***, é realizado sobre os dados para produzir um código. O código e os dados são armazenados. Assim, se uma palavra de M bits de dados tiver que ser armazenada e o código tiver K bits de tamanho, então o tamanho real da palavra armazenada é $M + K$ bits.

Quando a palavra armazenada anteriormente é lida, o código é usado para detectar e, possivelmente, corrigir erros. Um novo conjunto de K bits de código é gerado a partir dos M bits e comparado com os bits de código armazenados. A comparação gera um de três resultados:

- Nenhum erro é detectado. Os bits de dados armazenados são enviados.
- Um erro é detectado e é possível corrigi-lo. Os bits de dados mais os bits de correção de erro são alimentados em um corretor, que produz um conjunto correto de M bits a serem enviados.
- Um erro é detectado, mas não é possível corrigi-lo. Essa condição é relatada.

Os códigos que operam nesse padrão são conhecidos como ***códigos de correção de erro***. Um código é caracterizado pelo número de erros de bit em uma palavra que ele pode corrigir e detectar.

Figura 5.7 Função do código de correção de erro

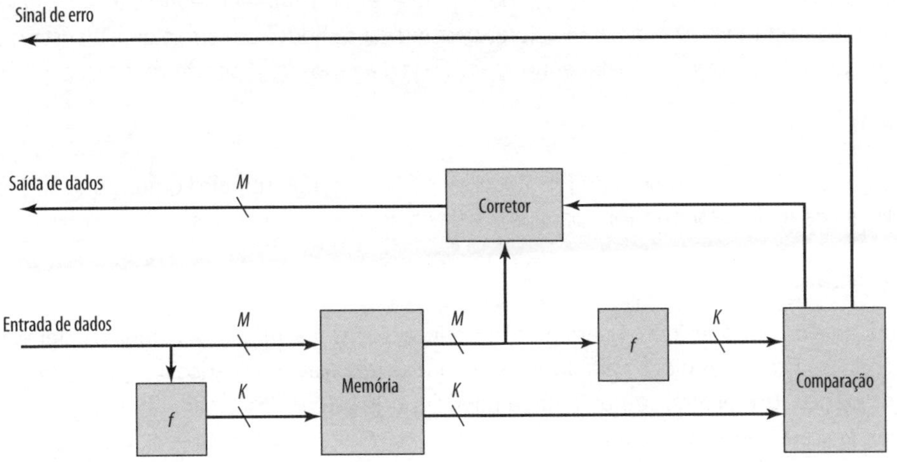

O mais simples dos códigos de correção de erro é o ***código de Hamming***, idealizado por Richard Hamming, no Bell Laboratories. A Figura 5.8 usa diagramas de Venn para ilustrar o uso desse código em palavras de 4 bits (*M* = 4). Com três círculos em interseção, existem sete regiões. Atribuímos os 4 bits de dados às regiões internas (Figura 5.8a). As regiões restantes são preenchidas com o que chamamos de ***bits de paridade***. Cada bit de paridade é escolhido de modo que o número total de 1s em seu círculo seja par (Figura 5.8b). Assim, como o círculo A inclui três dados 1 s, o bit de paridade no círculo é definido como 1. Agora, se um erro muda um dos bits de dados (Figura 5.8c), ele é facilmente encontrado. Verificando os bits de paridade, as discrepâncias são encontradas no círculo A e no círculo C, mas não no círculo B. Somente uma das sete regiões está em A e C, mas não em B. O erro, portanto, pode ser corrigido alterando-se esse bit.

Para esclarecer os conceitos envolvidos, desenvolveremos um código que pode detectar e corrigir erros de único bit em palavras de 8 bits.

Para começar, vamos determinar o tamanho que o código deverá ter. Com referência à Figura 5.7, a lógica de comparação recebe como entrada dois valores de *K* bits. Uma comparação bit a bit é feita tomando-se o

Figura 5.8 Código de correção de erro de Hamming

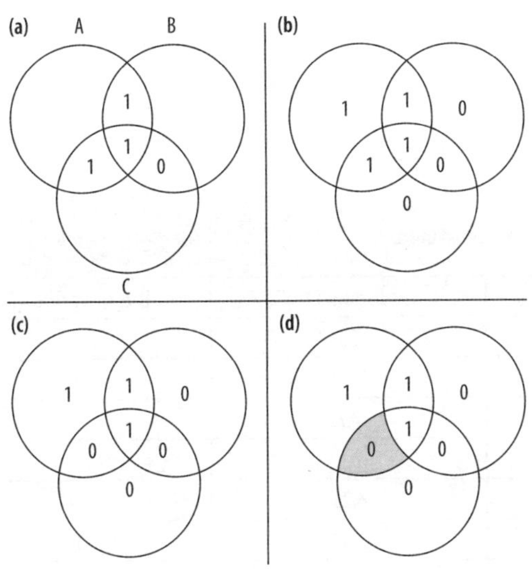

OU-EXCLUSIVO (XOR) das duas entradas. O resultado é chamado de ***palavra síndrome***. Assim, cada bit da palavra síndrome é 0 ou 1, dependendo se existe ou não uma correspondência nessa posição de bit para as duas entradas.

A palavra de síndrome, portanto, tem *K* bits de largura e tem um intervalo entre 0 e $2^K - 1$. O valor 0 indica que nenhum erro foi detectado, deixando $2^K - 1$ valores para indicar se houve um erro e qual bit estava com erro. Agora, como um erro poderia ocorrer em qualquer um dos ***M*** bits de dados ou *K* bits de verificação, precisamos ter:

$$2^K - 1 \geq M + K$$

Essa desigualdade gera o número de bits necessários para corrigir um erro de um único bit em uma palavra contendo ***M*** bits de dados. Por exemplo, para uma palavra de 8 bits de dados (***M*** = 8), temos:

- $K = 3$: $2^3 - 1 < 8 + 3$;
- $K = 4$: $2^4 - 1 > 8 + 4$.

Assim, oito bits de dados exigem quatro bits de verificação. As três primeiras colunas da Tabela 5.2 listam o número de bits de verificação exigidos para diversos tamanhos de palavra de dados.

Por conveniência, gostaríamos de gerar uma palavra síndrome de 4 bits para uma palavra de dados de 8 bits com as seguintes características:

- Se a palavra síndrome contém apenas 0s, nenhum erro foi detectado.
- Se a palavra síndrome contém um e apenas um bit definido como 1, então houve um erro em um dos 4 bits de verificação. Nenhuma correção é necessária.
- Se a palavra síndrome contém mais de um bit definido como 1, então o valor numérico da palavra síndrome indica a posição do bit de dados com erro. Esse bit de dados é invertido para a correção.

Para conseguir essas características, os bits de dados e de verificação são arrumados em uma palavra de 12 bits, conforme representado na Figura 5.9. As posições de bit são numeradas de 1 a 12. Essas posições de bit cujos números de posição são potências de 2 são designadas como bits de verificação. Os bits de verificação são calculados da seguinte forma, onde o símbolo ⊕ designa a operação OU-EXCLUSIVO:

$$\begin{aligned}
C1 &= D1 \oplus D2 \oplus D4 \oplus D5 \oplus D7 \\
C2 &= D1 \oplus D3 \oplus D4 \oplus D6 \oplus D7 \\
C4 &= D2 \oplus D3 \oplus D4 \oplus D8 \\
C8 &= D5 \oplus D6 \oplus D7 \oplus D8
\end{aligned}$$

Cada bit de verificação opera sobre todo bit de dados cujo número de posição contém um 1 na mesma posição de bit que o número de posição desse bit de verificação. Assim, todas as posições de bit de dados 3, 5, 7, 9 e 11 (D1, D2, D4, D5, D7) contêm um 1 no bit menos significativo do seu número de posição, assim como C1; as posições de bit 3, 6, 7, 10 e 11 contêm um 1 na segunda posição de bit, assim como C2; e assim por diante. Vendo por esse lado, a posição de bit ***n*** é verificada por aqueles bits C_i tais que $\Sigma i = n$. Por exemplo, a posição 7 é verificada pelos bits na posição 4, 2 e 1; e 7 = 4 + 2 + 1.

Tabela 5.2 Aumento no tamanho da palavra com correção de erro

	Correção de erro único		Correção de erro único/ detecção de erro duplo	
Bits de dados	**Bits de verificação**	**% de aumento**	**Bits de verificação**	**% de aumento**
8	4	50	5	62,5
16	5	31,25	6	37,5
32	6	18,75	7	21,875
64	7	10,94	8	12,5
128	8	6,25	9	7,03
256	9	3,52	10	3,91

Figura 5.9 Layout de bits de dados e bits de verificação

Posição de bit	12	11	10	9	8	7	6	5	4	3	2	1
Número da posição	1100	1011	1010	1001	1000	0111	0110	0101	0100	0011	0010	0001
Bit de dados	D8	D7	D6	D5		D4	D3	D2		D1		
Bit de verificação					C8				C4		C2	C1

Vamos verificar se esse esquema funciona com um exemplo. Suponha que a palavra de entrada de 8 bits seja 00111001, com o bit de dados D1 na posição mais à direita. Os cálculos são os seguintes:

$C1 = 1 \oplus 0 \oplus 1 \oplus 1 \oplus 0 = 1$
$C2 = 1 \oplus 0 \oplus 1 \oplus 1 \oplus 0 = 1$
$C4 = 0 \oplus 0 \oplus 1 \oplus 0 = 1$
$C8 = 1 \oplus 1 \oplus 0 \oplus 0 = 0$

Suponha, agora, que o bit de dados 3 sustente um erro e seja mudado de 0 para 1. Quando os bits de verificação forem recalculados, temos:

$C1 = 1 \oplus 0 \oplus 1 \oplus 1 \oplus 0 = 1$
$C2 = 1 \oplus 1 \oplus 1 \oplus 1 \oplus 0 = 0$
$C4 = 0 \oplus 1 \oplus 1 \oplus 0 = 0$
$C8 = 1 \oplus 1 \oplus 0 \oplus 0 = 0$

Quando os novos bits de verificação forem comparados com os bits de verificação antigos, a palavra síndrome é formada:

	C8	C4	C2	C1
	0	1	1	1
⊕	0	0	0	1
	0	1	1	0

O resultado é 0110, indicando que a posição de bit 6, que contém o bit de dados 3, está com erro.

A Figura 5.10 ilustra o cálculo anterior. Os bits de dados e verificação são posicionados corretamente na palavra de 12 bits. Quatro dos bits de dados têm um valor 1 (sombreado na tabela), em seus valores de posição de bit são aplicadas à função OU-EXCLUSIVO para produzir o código de Hamming 0111, que forma os quatro dígitos de verificação. O bloco inteiro que é armazenado é 001101001111. Suponha agora que o bit de dados 3, na posição de bit 6, sustente um erro e seja mudado de 0 para 1. O bloco resultante é 001101101111, com um código de

Figura 5.10 Cálculo do bit de verificação

Posição de bit	12	11	10	9	8	7	6	5	4	3	2	1
Número da posição	1100	1011	1010	1001	1000	0111	0110	0101	0100	0011	0010	0001
Bit de dados	D8	D7	D6	D5		D4	D3	D2		D1		
Bit de verificação					C8				C4		C2	C1
Palavra armazenada como	0	0	1	1	0	1	0	0	1	1	1	1
Palavra buscada como	0	0	1	1	0	1	1	0	1	1	1	1
Número da posição	1100	1011	1010	1001	1000	0111	0110	0101	0100	0011	0010	0001
Bit de verificação					0				0		0	1

Hamming de 0111. Um XOR do código de Hamming e todos os valores de posição de bit para bits de dados não zero resulta em 0110. O resultado diferente de zero detecta um erro e indica que o erro está na posição de bit 6.

O código que descrevemos é conhecido como um código de ***correção de único erro*** (SEC, do inglês *single-error-correcting*). Normalmente, a memória semicondutora é equipada com um código de correção de único erro, detecção de duplo erro (SEC-DED, do inglês *double-error-detecting*). Conforme mostra a Tabela 5.2, esses códigos exigem um bit adicional em comparação com os códigos SEC.

A Figura 5.11 ilustra como esse código funciona, novamente com uma palavra de dados de 4 bits. A sequência mostra que, se houver dois erros (Figura 5.11c), o procedimento de verificação se perde (d) e piora o problema, criando um terceiro erro (e). Para contornar o problema, um oitavo bit é acrescentado, definido de modo que o número total de 1s no diagrama seja par. O bit de paridade extra detecta o erro (f).

Um código de correção de erro melhora a confiabilidade da memória ao custo de maior complexidade. Com uma organização de 1 bit por chip, um código SEC-DED geralmente é considerado adequado. Por exemplo, as implementações IBM 30xx usavam um código SEC-DED de 8 bits para cada 64 bits de dados na memória principal. Assim, o tamanho da memória principal é, na realidade, cerca de 12% maior do que fica disponível ao usuário. Os computadores VAX usavam um SEC-DED de 7 bits para cada 32 bits de memória, para um *overhead* de 22%. Uma série de DRAM modernas utilizam 9 bits de verificação para cada 128 bits de dados, com um *overhead* de 7% (Sharma, 1997[a]).

5.3 Organizações avançadas de DRAM

Conforme discutimos no Capítulo 2, um dos gargalos mais críticos do sistema quando se usam processadores de alto desempenho é a interface com a memória interna principal. Essa interface é o caminho mais importante no sistema de computação inteiro. O bloco de montagem básico da memória principal continua sendo o chip de DRAM, como tem sido há décadas; até pouco tempo, não houve mudanças significativas na arquitetura da DRAM desde o início da década de 1970. O chip de DRAM tradicional é restrito tanto por sua arquitetura interna quanto por sua interface com o barramento de memória do processador.

Vimos que uma abordagem para melhorar o problema do desempenho da memória principal DRAM tem sido inserir um ou mais níveis de cache SRAM de alta velocidade entre a memória principal DRAM e o processador. Mas a SRAM é muito mais cara que a DRAM, e a expansão do tamanho da cache além de um certo ponto gera retornos decrescentes.

Nos anos recentes, diversas melhorias na arquitetura básica da DRAM foram exploradas, e algumas destas agora estão no mercado. Os esquemas que atualmente dominam o mercado são SDRAM, DDR-DRAM e RDRAM.

Figura 5.11 Código SEC-DEC de Hamming

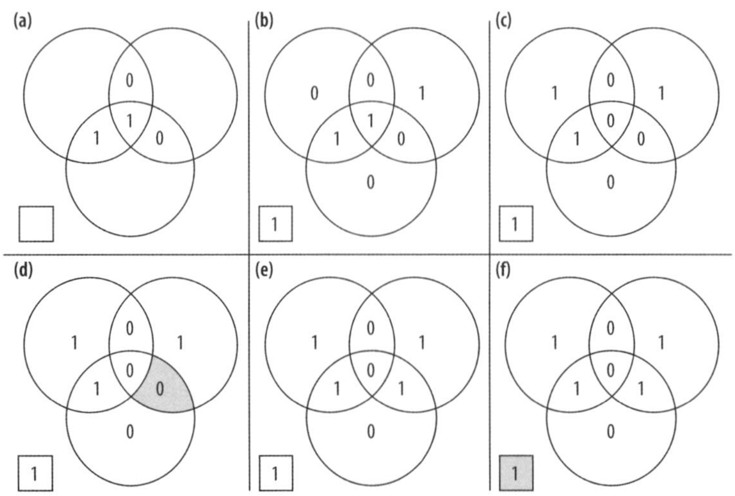

Tabela 5.3 Comparação do desempenho de algumas alternativas à DRAM

	Frequência de clock (MHz)	Taxa de transferência (GB/s)	Tempo de acesso (ns)	Contagem de pinos
SDRAM	166	1,3	18	168
DDR	200	3,2	12,5	184
RDRAM	600	4,8	12	162

A Tabela 5.3 oferece uma comparação de desempenho. CDRAM também recebeu alguma atenção. Examinaremos cada uma dessas técnicas nesta seção.

DRAM síncrona

Uma das formas mais utilizadas de DRAM é a DRAM síncrona (SDRAM, do inglês *synchronous DRAM*) (Vogley, 1994[b]). Diferente da DRAM tradicional, que é assíncrona, a SDRAM troca dados com o processador sincronizado com um sinal de clock externo e executando na velocidade plena do barramento do processador/memória, sem imposição de estados de espera.

Em uma DRAM típica, o processador apresenta endereços e níveis de controle à memória, indicando que um conjunto de dados em determinado local na memória deve ser lido da DRAM ou escrito nela. Após uma espera, isto é, o tempo de acesso, a DRAM escreve ou lê os dados. Durante o atraso do tempo de acesso, a DRAM realiza diversas funções internas, como ativar a alta capacitância das fileiras de linha e coluna, verificar os dados e roteá-los através dos buffers de saída. O processador deve simplesmente esperar por esse atraso, diminuindo o desempenho do sistema.

Com o acesso síncrono, a DRAM move dados para dentro e para fora sob o controle do clock do sistema. O processador ou outro mestre emite a instrução e informação de endereço, que é travada pela DRAM. A DRAM, então, responde após determinado número de ciclos de clock. Nesse meio-tempo, o mestre pode seguramente realizar outras tarefas enquanto a SDRAM está processando a solicitação.

A Figura 5.12 mostra a lógica interna da SDRAM de 64 Mb da IBM (IBM, 2001[c]), que é típico da organização da SDRAM, e a Tabela 5.4 define as diversas atribuições de pino.

A SDRAM emprega um modo de rajada (***burst***) para eliminar o tempo de configuração de endereço e tempo de pré-carga de fileira de linha e coluna após o primeiro acesso. No modo burst, uma série de bits de dados pode ser enviada rapidamente após o primeiro bit ter sido acessado. Esse modo é útil quando todos os bits a serem acessados estiverem na sequência e na mesma linha do array que o acesso inicial. Além disso, a SDRAM tem uma arquitetura interna de banco múltiplo, que melhora oportunidades para paralelismo no chip.

Tabela 5.4 Atribuições de pino da SDRAM

A0 a A13	Entradas de endereço
CLK	Entrada de clock
CKE	Habilitação de clock
$\overline{CS}$	Seleção se chip
$\overline{RAS}$	*Strobe* de endereço de linha
$\overline{CAS}$	*Strobe* de endereço de coluna
$\overline{WE}$	Habilitação de escrita
DQ0 a DQ7	Entrada/saída de dados
DQM	Máscara de dados

Figura 5.12 DRAM síncrona (SDRAM)

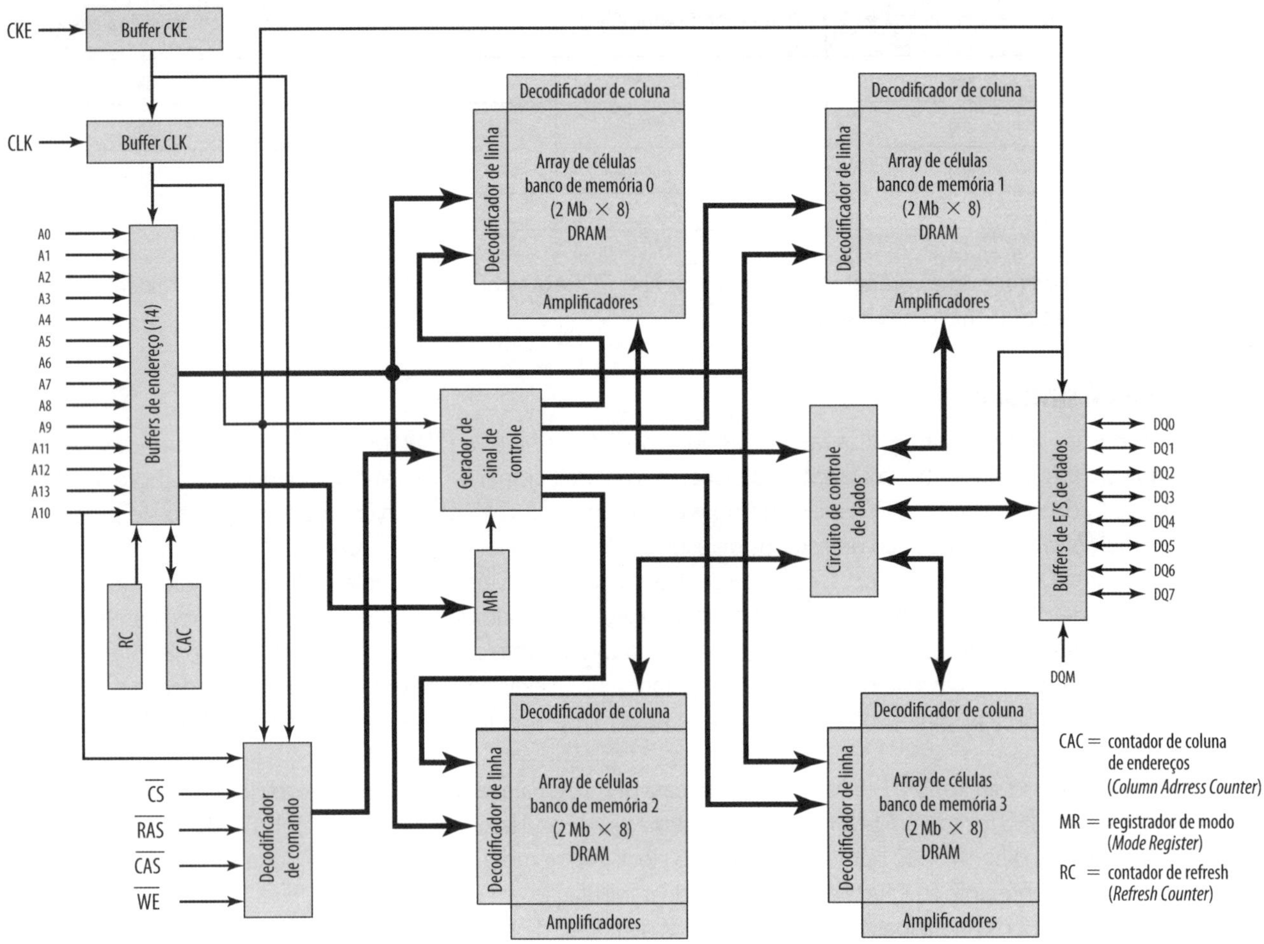

O registrador de modo (MR, do inglês *mode register*) e a lógica de controle associada é outro recurso fundamental que diferencia as SDRAM das DRAM convencionais. Ele oferece um mecanismo para personalizar a SDRAM para se ajustar às necessidades específicas do sistema. O registrador de modo especifica o tamanho da rajada, que é o número de unidades de dados separadas alimentadas sincronamente no barramento. O registrador também permite que o programador ajuste a latência entre o recebimento de uma solicitação de leitura e o início da transferência de dados.

A SDRAM funciona melhor quando está transferindo grandes blocos de dados de forma serial, como para aplicações como processamento de textos, planilhas e multimídia.

A Figura 5.13 mostra um exemplo de operação da SDRAM. Nesse caso, o tamanho de rajada é 4 e a latência é 2. O comando de leitura de rajada é iniciado com $\overline{CS}$ e $\overline{CAS}$ baixos, enquanto se mantém $\overline{RAS}$ e $\overline{WE}$ altos na transição de subida do clock. As entradas de endereço determinam o endereço de coluna inicial para a rajada, e o registrador de modo define o tipo da rajada (sequencial ou intercalada) e o tamanho da rajada (1, 2, 4, 8, página completa). O atraso a partir do início do comando até quando os dados da primeira célula aparecem nas saídas é igual ao valor da latência de $\overline{CAS}$ que é definida no registrador de modo.

Há agora uma versão avançada da SDRAM, conhecida como *Double Data Rate* SDRAM (DDR-SDRAM), que resolve a limitação de uma vez por ciclo. A DDR-SDRAM pode enviar dados ao processador duas vezes por ciclo de clock.

Figura 5.13 Temporização de leitura da SDRAM (tamanho de rajada = 4, latência de $\overline{CAS}$ = 2)

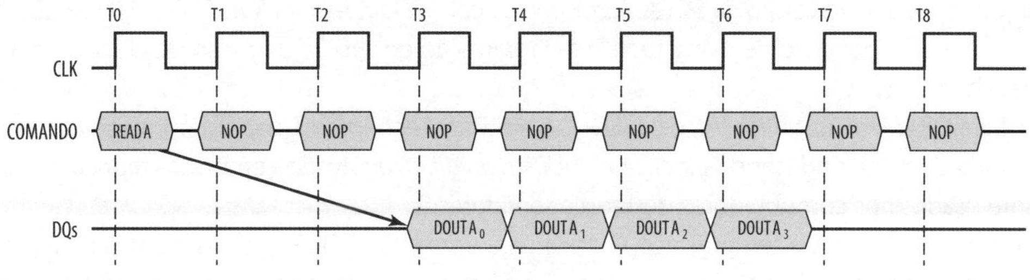

DRAM RamBus

A RDRAM, desenvolvida pela Rambus (Farmwald, 1999,[d] Crisp. 1997[e]), tem sido adotada pela Intel para os seus processadores Pentium e Itanium. Ela se tornou o concorrente principal da SDRAM. Chips RDRAM são encapsuladas verticalmente, com todos os pinos em um lado. O chip troca dados com o processador por 28 fios com não mais do que 12 centímetros de extensão. O barramento pode endereçar até 320 chips de RDRAM a uma taxa de 1,6 GBps.

O barramento RDRAM especial oferece informações de endereço e controle usando um protocolo assíncrono, orientado a bloco. Após um tempo de acesso inicial de 480 ns, isso produz a taxa de dados de 1,6 GBps. O que torna essa velocidade possível é o próprio barramento, que define impedâncias, clocking e sinais com muita precisão. Em vez de ser controlada por sinais RAS, CAS, R/W e CE usados nas DRAM convencionais, uma RDRAM recebe uma solicitação de memória pelo barramento de alta velocidade. Essa solicitação contém o endereço desejado, o tipo de operação e o número de bytes na operação.

A Figura 5.14 ilustra o layout da RDRAM. A configuração consiste em um controlador e uma série de módulos de RDRAM conectados por um barramento comum. O controlador está em uma extremidade da configuração e o canto oposto do barramento é o fim das linhas de barramento barramento. O barramento inclui 18 linhas de dados (16 dados reais, dois de paridade) pulsando no dobro da velocidade do clock; ou seja, 1 bit é enviado em cada transição do sinal de clock. Isso resulta em uma taxa de sinal em cada linha de dados de 800 Mbps. Existe um conjunto separado de 8 linhas (RC) usadas para sinais de endereço e controle. Há também um sinal de clock que começa na extremidade oposta do controlador, propaga-se até o extremo do controlador e depois retorna. Um módulo de RDRAM envia dados ao controlador de forma síncrona ao clock para o mestre, e o controlador envia dados a uma RDRAM de forma síncrona com o sinal de clock na direção oposta. As linhas de barramento restantes incluem uma tensão de referência, terra e fonte de alimentação.

Figura 5.14 Estrutura da RDRAM

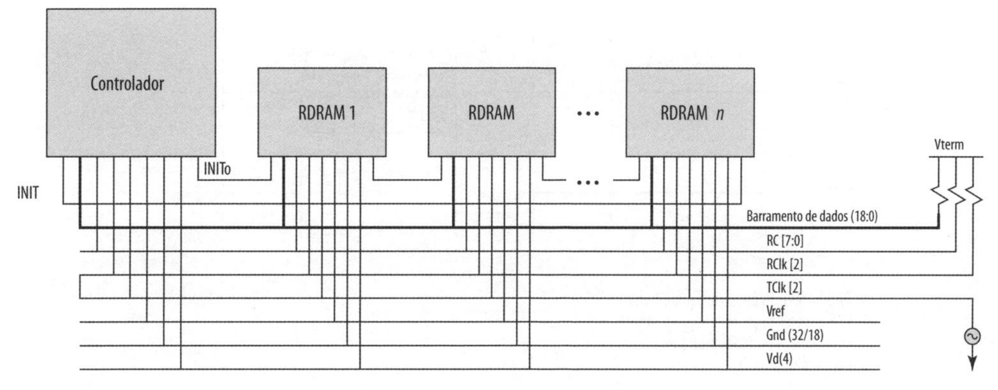

DDR-SDRAM

A SDRAM é limitada pelo fato de que só pode enviar dados ao processador uma vez por ciclo de clock do barramento. Uma nova versão da SDRAM, conhecida como *Double Data Rate* SDRAM (DDR-SDRAM), pode enviar dados duas vezes por ciclo de clock, uma vez na transição de subida do pulso de clock e uma vez na transição de descida.

A DDR-SDRAM foi desenvolvida pela JEDEC *Solid State Technology Association*, a agência de padronização da engenharia de semicondutor da *Electronic Industries Alliance*. Diversas empresas fabricam chips DDR, que são bastante usados nos computadores desktop e servidores.

A Figura 5.15 mostra a temporização básica para uma leitura DDR. A transferência de dados é sincronizada com a transição de subida e descida do clock. Ela também é sincronizada com um sinal de strobe de dados bidirecional (DQS) que é fornecido pelo controlador de memória durante uma leitura e pela DRAM durante uma escrita. Nas implementações típicas, o DQS é ignorado durante a leitura. Uma explicação do uso do DQS nas escritas está fora do nosso escopo; veja mais detalhes em Jacob, Ng e Wang (2008[f]).

Existem duas gerações de melhoria na tecnologia DDR. DDR2 aumenta a taxa de transferência de dados aumentando a frequência operacional do chip de RAM e aumentando o buffer de pré-busca de 2 bits para 4 bits por chip. O buffer de pré-busca é uma cache de memória localizada no chip de RAM. O buffer permite que o chip de RAM pré-posicione os bits a serem colocados na base de dados o mais rapidamente possível. A DDR3, introduzida em 2007, aumenta o tamanho do buffer de pré-busca para 8 bits.

Teoricamente, um módulo DDR pode transferir dados a uma taxa de clock na faixa de 200 a 600 MHz; um módulo DDR2 transfere a uma taxa de clock de 400 a 1 066 MHz; e um módulo DDR3 transfere a uma taxa de clock de 800 a 1 600 MHz. Na prática, taxas um pouco menores são alcançadas.

O Apêndice K oferece mais detalhes sobre a tecnologia DDR.

Figura 5.15 Temporização de leitura da SDRAM DDR

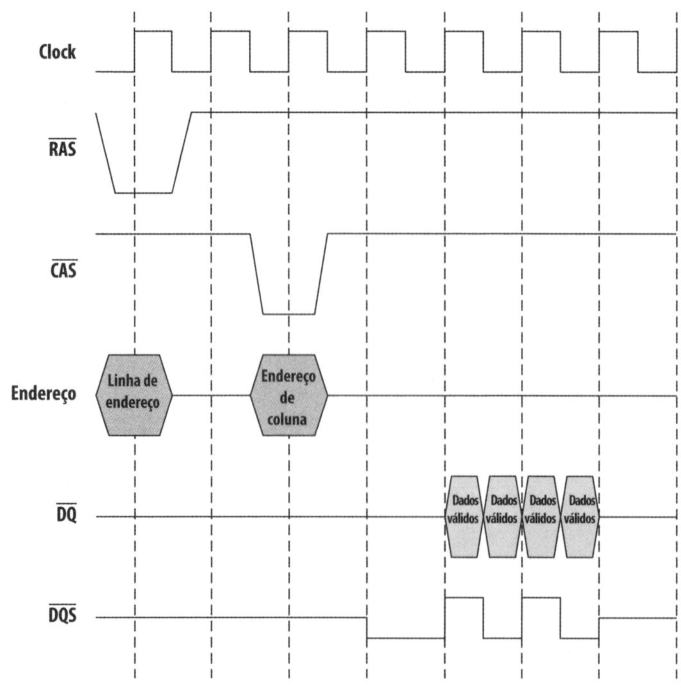

RAS = seleção de endereço de linha
CAS = seleção de endereço de coluna
DQ = dados (entrada e saída)
DQS = seleção DQ

Cache DRAM

A cache DRAM (CDRAM, do inglês *cache DRAM*), desenvolvida pela Mitsubishi (Hidaka et al., 1990[g]; Zhang, Zhu e Zhang, 2001[h]), integra uma cache SRAM pequena (16 Kb) a um chip de DRAM genérico.

A SRAM na CDRAM pode ser vista de duas maneiras. Primeiro, ela pode ser usada como uma cache verdadeira, consistindo em uma série de linhas de 64 bits. O modo de cache da CDRAM é eficaz para o acesso aleatório normal à memória.

A SRAM na CDRAM também pode ser usada como um buffer para dar suporte ao acesso serial de um bloco de dados. Por exemplo, para renovar uma tela de mapa de bits, a CDRAM pode previamente buscar os dados da DRAM no buffer de SRAM. Os acessos subsequentes ao chip resultam em acesso unicamente à SRAM.

5.4 Leitura recomendada e sites Web

Prince (1997[i]) oferece um tratamento abrangente das tecnologias de memória semicondutoras, incluindo SRAM, DRAM e memórias flash. Sharma (1997[a]) cobre o mesmo material, com mais ênfase nas questões de teste e confiabilidade. Sharma (2003[j]) e Prince (2002[k]) mostram as arquiteturas de DRAM e SRAM avançadas. Para ter uma visão profunda sobre DRAM, consulte Jacob, Ng e Wang (2008[f]) e Keeth e Baker (2001[l]). Cuppu et al. (2001[m]) oferece uma comparação de desempenho interessante dos diversos esquemas de DRAM. Bez et al. (2003[n]) é uma introdução abrangente da tecnologia de memória flash.

Uma boa explicação dos códigos de correção de erro está contida em McEliece (1985[o]). Para obter um estudo mais profundo, algumas abordagens em livro, que valem a pena ser lidas, são Adamek (1991[p]) e Blahut (1983[q]). Um tratamento teórico e matemático legível sobre códigos de correção de erro é Ash (1990[r]). Sharma (1997[a]) contém um bom estudo sobre códigos usados nas memórias principais contemporâneas.

Sites Web recomendados

The RAM Guide: boa introdução à tecnologia de RAM mais uma série de links úteis.

RDRAM: outro site útil para informações sobre RDRAM.

Principais termos, perguntas de revisão e problemas

Principais termos

Cache DRAM (CDRAM)	Falha permanente	Código de correção de único erro, detecção de duplo erro (SEC-DED)
RAM dinâmica (DRAM)	Memória não volátil	Erro não permanente
ROM programável apagável eletricamente (EEPROM)	ROM programável (PROM)	RAM estática (SRAM)
ROM programável apagável (EPROM)	DRAM RamBus (RDRAM)	DRAM síncrona (SDRAM)
Código de correção de erro (ECC)	Memória principalmente de leitura	Palavra síndrome
Correção de erro	Memória semicondutora	Memória volátil
Memória flash	Código de correção de único erro (SEC)	
Código de Hamming		

Perguntas de revisão

5.1 Quais são as principais propriedades da memória semicondutora?

5.2 Quais são os dois sentidos em que o termo *memória de acesso aleatório* é usado?

5.3 Qual é a diferença entre DRAM e SRAM em termos de aplicação?

5.4 Qual é a diferença entre DRAM e SRAM em termos das características como velocidade, tamanho e custo?

5.5 Explique por que um tipo de RAM é considerado como analógico e o outro digital.

5.6 Quais são algumas aplicações para a ROM?

5.7 Quais são as diferenças entre EPROM, EEPROM e memória flash?

5.8 Explique a função de cada pino na Figura 5.4b.

5.9 O que é bit de paridade?

5.10 Como é interpretada a palavra síndrome para o código de Hamming?

5.11 Como a SDRAM difere de uma DRAM comum?

Problemas

5.1 Sugira motivos pelos quais as RAM têm sido tradicionalmente organizadas como 1 bit por chip, enquanto as ROM normalmente são organizadas com múltiplos bits por chip.

5.2 Considere uma RAM dinâmica que precisa ter um ciclo de refresh de 64 vezes por ns. Cada operação de refresh exige 150 ns; um ciclo de memória exige 250 ns. Que percentagem do tempo de operação total da memória precisa ser dado aos circuitos de refresh?

5.3 A Figura 5.16 mostra um diagrama de temporização simplificado para uma operação de leitura de DRAM por um barramento. O tempo de acesso é considerado de t_1 a t_2. Então, existe um tempo de recarga, durando de t_2 a t_3, durante o qual os chips de DRAM terão que ser recarregados antes que o processador possa acessá-los novamente.

a. Assuma que o tempo de acesso é de 60 ns e o tempo de recarga é 40 ns. Qual é o tempo de ciclo da memória? Qual é o valor máximo de dados que essa DRAM pode sustentar, assumindo que temos 1 bit de saída?

b. Construindo um sistema com 32 bits de memória usando esses chips, qual será o valor de transferência de dados?

5.4 A Figura 5.6 indica como construir um módulo de chips que pode armazenar 1 MByte com base em um grupo de quatro chips de 256 Kbytes. Digamos que esse módulo de chips seja encapsulado como um único chip de 1 MByte, onde o tamanho da palavra é de 1 byte. Dê um diagrama de chip de alto nível de como construir uma memória de computador de 8 MBytes usando oito chips de 1 MByte. Não se esqueça de mostrar as linhas de endereços no seu diagrama e mostrar para que são usadas as linhas de endereço.

Figura 5.16 Temporização de leitura de DRAM simplificada

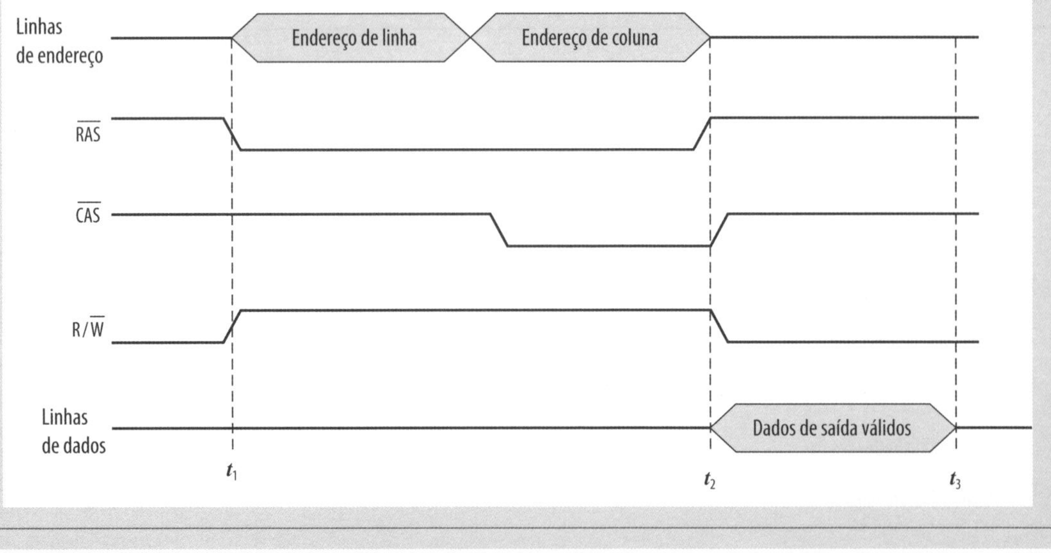

5.5 Em um sistema típico baseado no Intel 8086, conectado via barramento do sistema à memória DRAM, para uma operação de leitura, $\overline{RAS}$ é ativado pela transição final do sinal Address Enable (Figura 3.19). Porém, devido à propagação e outros atrasos, $\overline{RAS}$ não é ativo até 50 ns após Address Enable retornar para o estado baixo. Suponha que esse último ocorra no meio da segunda metade do estado T_1 (um pouco antes do que na Figura 3.19). Os dados são lidos pelo processador ao final de T_3. Contudo, para que o processador possa receber os dados corretamente, esses dados devem ser fornecidos 60 ns antes pela memória. Esse intervalo leva em conta os atrasos de propagação ao longo dos caminhos de dados (da memória ao processador) e os requisitos de hold time dos dados para o processador. Considere uma frequência de clock de 10 MHz.

a. Que velocidade (tempo de acesso) as DRAM devem ter se nenhum estado de espera tiver que ser inserido?

b. Quantos estados de espera temos que inserir por operação de leitura da memória se o tempo de acesso das DRAM for 150 ns?

5.6 A memória de um microcomputador em particular é montada a partir de DRAM 64 K × 1. De acordo com o manual da memória, o array de células da DRAM é organizado em 256 linhas. Cada linha precisa ter o refresh pelo menos uma vez a cada 4 ms. Suponha que se faça refresh a memória em uma base estritamente periódica.

a. Qual é o período entre as solicitações de refresh sucessivas?

b. Por quanto tempo precisamos de um contador de endereço de refresh?

5.7 A Figura 5.17 mostra uma das primeiras SRAM, o chip Signetics 7489 de 16 × 4, que armazena 16 palavras de 4 bits.

a. Liste o modo de operação do chip para cada pulso de entrada $\overline{CS}$ mostrado na Figura 5.17c.

b. Liste o conteúdo de memória dos locais de palavra de 0 a 6 após o pulso n.

c. Qual é o estado dos terminais de dados de saída para os pulsos de entrada de h até m?

Figura 5.17 A SRAM Signetics 7489

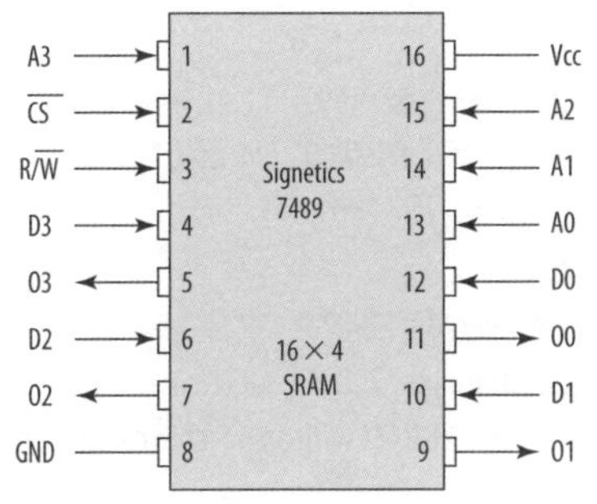

(a) Layout de pinos

Modos operacionais	Entradas			Outputs
	$\overline{CS}$	R/$\overline{W}$	D *n*	O*n*
Escrita	L	L	L	L
	L	L	H	H
Leitura	L	H	X	Data
Inibir escrita	H	L	L	H
	H	L	H	L
Armazenar - desabilitar saídas	H	H	X	H

H = nível de voltagem alto
L = nível de voltagem baixo
X = não importa

(b) Tabela verdade

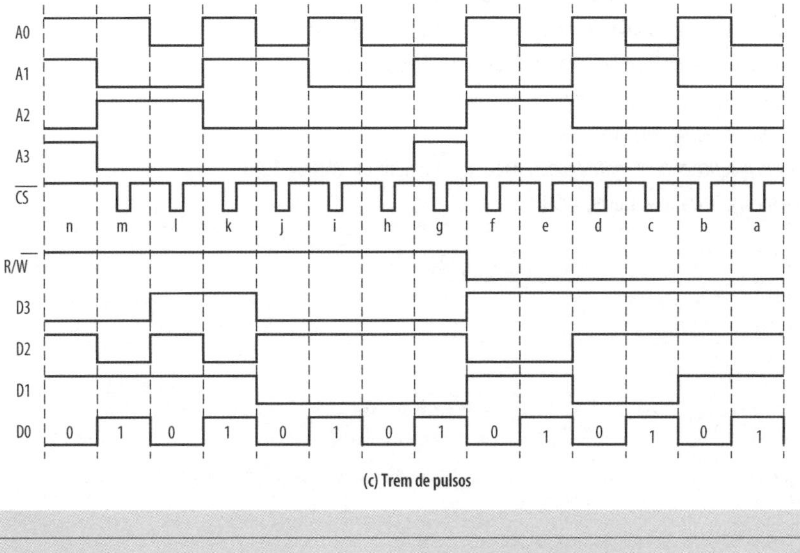

(c) Trem de pulsos

5.8 Projete uma memória de 16 bits com capacidade total de 8 192 bits usando chips de SRAM de tamanho 64 × 1 bit. Dê a configuração de array dos chips na placa de memória mostrando todos os sinais de entrada e saída exigidos para atribuir essa memória ao espaço de endereço mais baixo. O projeto deve permitir acessos de byte e palavra de 16 bits.

5.9 Uma unidade de medida comum para taxas de falha de componentes eletrônicos é a **unidade de falha** (FIT, do inglês *Failure unIT*), expressa como a taxa de falhas por bilhão de horas do dispositivo. Outra medida bem conhecida, porém pouco usada, é o **tempo médio entre falhas** (MTBF, do inglês *Mean Time Between Failures*), que é o tempo médio de operação de determinado componente até que ele falhe. Considere uma memória de 1 MB de um microprocessador de 16 bits com 256 K × 1 DRAM. Calcule seu MTBF supondo que 2 000 FIT para cada DRAM.

5.10 Para o código de Hamming mostrado na Figura 5.10, mostre o que acontece quando um bit de verificação, ao invés de um bit de dados, tem um erro.

5.11 Suponha que uma palavra de dados de 8 bits armazenada na memória seja 11000010. Usando o algoritmo de Hamming, determine quais bits de verificação seriam armazenados na memória com a palavra de dados. Mostre como você chegou a sua resposta.

5.12 Para uma palavra de 8 bits 00111001, os bits de verificação armazenados com ela seriam 0111. Suponha, quando a palavra for lida da memória, que os bits de verificação são calculados como 1101. Qual palavra de dados foi lida da memória?

5.13 Quantos bits de verificação são necessários se o código de correção de erro de Hamming for usado para detectar erros de único bit em uma palavra de dados de 1 024 bits?

5.14 Desenvolva um código SEC para uma palavra de dados de 16 bits. Gere o código para a palavra de dados 0101000000111001. Mostre que o código identificará corretamente um erro no bit de dados 5.

Referências

a SHARMA, A. *Semiconductor memories: technology, testing, and reliability.* Nova York: IEEE Press, 1997.

b VOGLEY, B. "800 megabyte per second systems via use of synchronous DRAM". *Proceedings, COMPCON '94,* mar. 1994.

c International Business Machines, Inc. *64 Mb Synchronous DRAM.* IBM Data Sheet 364164, jan. 2001.

d FARMWALD, M. e MOORING, D. "A fast path to one memory". *IEEE Spectrum,* out. 1992.

e CRISP, R. "Direct RAMBUS technology: the new main memory standard". *IEEE Micro,* nov./dez. 1997.

f JACOB, B.; Ng, S.; e Wang, D. *Memory systems: cache, DRAM, disk.* Boston: Morgan Kaufmann, 2008.

g HIDAKA, H.; MATSUDA, Y.; ASAKURA, M. e KAZUYASU, F. "The cache DRAM architecture: A DRAM with an on-chip cache memory". *IEEE Micro,* abr. 1990.

h ZHANG, Z.; ZHU, Z. e ZHANG, X. "Cached DRAM for ILP processor memory access latency reduction". *IEEE Micro,* jul./ago. 2001.

i PRINCE, B. *Semiconductor memories.* Nova York: Wiley, 1997.

j SHARMA, A. *Advanced semiconductor memories: architectures, designs, and applications.* New York: IEEE Press, 2003.

k PRINCE, B. *Emerging memories: technologies and trends.* Norwell, MA: Kluwer, 2002.

l KEETH, B. e BAKER, R. *DRAM circuit design: a tutorial.* Piscataway, NJ: IEEE Press, 2001.

m CUPPU, V, et al. "High performance DRAMS in workstation environments". *IEEE Transactions on Computers,* nov. 2001.

n BEZ, R.; et al. "Introduction to flash memory". *Proceedings of the IEEE,* abr. 2003.

o MCELIECE, R. "The reliability of computer memories". *Scientific American,* jan. 1985.

p ADAMEK, J. *Foundations of coding.* Nova York: Wiley, 1991.

q BLAHUT, R. *Theory and practice of error control codes.* Reading, MA: Addison-Wesley, 1983.

r ASH, R. *Information theory.* Nova York: Dover, 1990.

CAPÍTULO

0 1 2 3 4 5 **6** 7 8 9 10 11 12 13 14 15 16 17 18

Memória externa

PRINCIPAIS PONTOS

- Os discos magnéticos continuam sendo os componentes mais importantes da memória externa. Tanto os discos removíveis quanto os fixos, ou rígidos, são usados em sistemas que vão desde desde computadores pessoais a mainframes e supercomputadores.
- Para conseguir maior desempenho e maior disponibilidade, servidores e sistemas de grande porte utilizam tecnologia de disco RAID. RAID é uma família de técnicas para utilização de múltiplos discos como um array paralelo de dispositivos de armazenamento de dados, com a redundância embutida para compensar a falha futura.
- A tecnologia de armazenamento óptico tem se tornado cada vez mais importante em todos os tipos de sistemas de computador. Embora CD-ROM tenha sido bastante usada por muitos anos, tecnologias mais recentes, como CD e DVD regraváveis, estão se tornando cada vez mais importantes.

Este capítulo examina diversos dispositivos e sistemas de memória externa. Começamos com o dispositivo mais importante, o disco magnético. Os discos magnéticos são a base da memória externa em praticamente todos os sistemas de computação. A próxima seção examina o uso de arrays de discos para alcançar maior desempenho, examinando especificamente a família de sistemas conhecida como RAID (do inglês *redundant array of independent disks* -- array redundante de discos independentes). Um componente cada vez mais importante de muitos sistemas de computação é a memória óptica externa, e esta é examinada na terceira seção. Finalmente, descrevemos a fita magnética.

6.1 Disco magnético

Um disco é um prato circular construída de material não magnético, chamado de substrato, coberto com um material magnetizável. Tradicionalmente, o substrato tem sido alumínio ou um material de liga de alumínio. Mais recentemente, foram introduzidos substratos de vidro. O substrato de vidro apresenta diversos benefícios, incluindo os seguintes:

- Melhoria na uniformidade da superfície do filme magnético, aumentando a confiabilidade do disco.
- Redução significativa nos defeitos gerais da superfície, ajudando a reduzir os erros de leitura-gravação.
- Capacidade de aceitar alturas de voo mais baixas (descritas mais adiante).
- Melhor rigidez, para reduzir a dinâmica do disco.
- Maior capacidade de suportar choque e danos.

Leitura magnética e mecanismos de gravação

Os dados são gravados e, mais tarde, recuperados do disco por meio de uma bobina condutora, chamada **cabeça**; em muitos sistemas, existem duas cabeças, uma de leitura e uma de gravação. Durante uma operação de leitura ou gravação, a cabeça fica estacionária, enquanto a placa gira por baixo dela.

O mecanismo de gravação explora o fato de que a eletricidade que flui pela bobina produz um campo magnético. Os pulsos elétricos são enviados à cabeça de gravação, e os padrões magnéticos resultantes são gravados na superfície abaixo, com diferentes padrões para correntes positivas e negativas. A própria cabeça de gravação é feita de material facilmente magnetizável, e tem a forma de um anel retangular com um espaço (gap) em um lado e algumas voltas de fio condutor no lado oposto (Figura 6.1). Uma corrente elétrica no fio induz um campo magnético no espaço, que, por sua vez, magnetiza uma pequena área do meio de gravação. Reverter a direção da corrente reverte a direção da magnetização no meio de gravação.

O mecanismo de leitura tradicional explora o fato de que um campo magnético movendo-se em relação a uma bobina produz uma corrente elétrica na bobina. Quando a superfície do disco passa sob a cabeça, ela gera uma corrente com a mesma polaridade daquela já gravada. A estrutura da cabeça de leitura, nesse caso, é basicamente a mesma daquela de gravação e, portanto, a mesma cabeça pode ser usada para ambos. Essas cabeças únicas são usadas em sistemas de disquete e em sistemas de disco rígido mais antigos.

Os sistemas de disco rígido modernos utilizam um mecanismo de leitura diferente, exigindo uma cabeça de leitura separada, posicionada por conveniência perto da cabeça de gravação. A cabeça de leitura consiste em um sensor magnetorresistivo (MR) parcialmente blindado. O material MR tem uma resistência elétrica que depende da direção da magnetização do meio que se move por baixo dele. Passando uma corrente pelo sensor MR, as mudanças de resistência são detectadas como sinais de voltagem. O projeto MR permite uma operação em frequência mais alta, que se traduz em maiores densidades de armazenamento e velocidades de operação.

Figura 6.1 Cabeça de gravação indutora/leitura magnetorresistiva

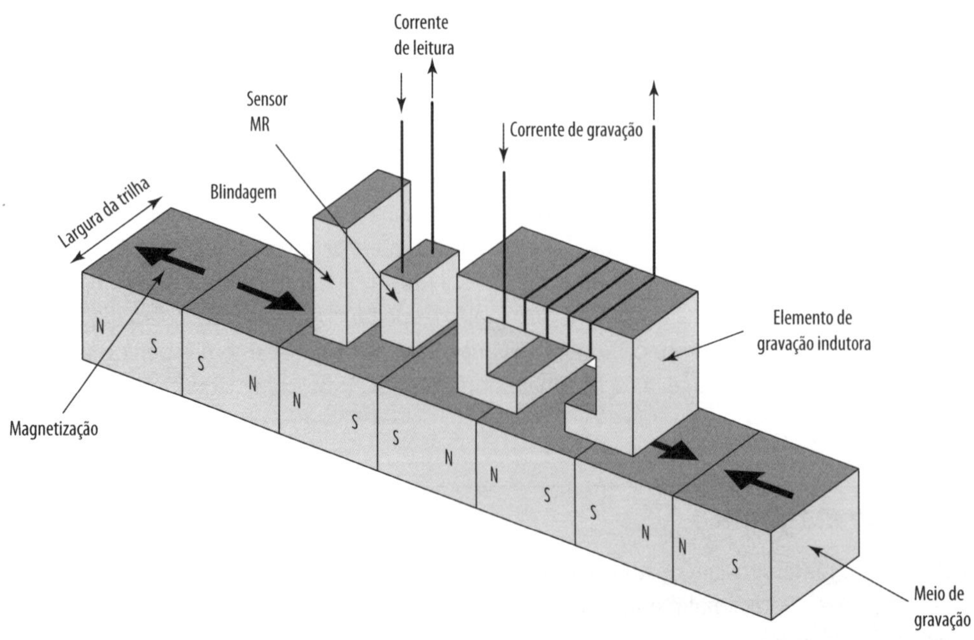

Organização e formatação de dados

A cabeça é um dispositivo relativamente pequeno, capaz de ler e escrever em uma parte do prato girando por baixo dela. Isso sugere a organização dos dados no prato em um conjunto concêntrico de anéis, chamados de **trilhas**. Cada trilha tem a mesma largura da cabeça. Existem milhares de trilhas por superfície.

A Figura 6.2 representa esse layout de dados. As trilhas adjacentes são separadas por **lacunas**. Isso impede ou, pelo menos, minimiza os erros devidos à falta de alinhamento da cabeça ou simplesmente à interferência dos campos magnéticos.

Os dados são transferidos de e para o disco em **setores** (Figura 6.2). Normalmente, existem centenas de setores por trilha, e estes podem ter tamanho fixo ou variável. Na maioria dos sistemas modernos, são usados setores de tamanho fixo, com 512 bytes, sendo o tamanho de setor quase universal. Para evitar impor requisitos de precisão excessivos no sistema, os setores adjacentes são separados por lacunas intratrilhas (intersetores).

Um bit próximo do centro de um disco em rotação passa por um ponto fixo (como uma cabeça de leitura-gravação) mais lentamente do que um bit na extremidade. Portanto, é preciso haver algum meio de compensar a variação na velocidade, para que a cabeça possa ler todos os bits na mesma velocidade. Isso pode ser feito aumentando-se o espaçamento entre os bits de informação gravados nos segmentos do disco. A informação pode, então, ser varrida com a mesma taxa, girando o disco em uma velocidade fixa, conhecida como **velocidade angular constante** (CAV, do inglês *constant angular velocity*). A Figura 6.3a mostra o layout de um disco usando CAV. O disco é dividido em uma série de setores em forma de torta e em uma série de trilhas concêntricas. A vantagem de usar a CAV é que os blocos individuais de dados podem ser endereçados diretamente por trilha e setor. Para mover a cabeça do seu local atual para um endereço específico, é preciso apenas um pequeno movimento da cabeça para uma trilha específica e uma pequena espera até que o setor correto passe sob a cabeça. A desvantagem da CAV é que a quantidade de dados que pode ser armazenada nas trilhas externas longas é exatamente a mesma que pode ser armazenada nas trilhas internas mais curtas.

Como a **densidade**, em bits por polegada linear, aumenta na passagem da trilha mais externa para a trilha mais interna, a capacidade de armazenamento de disco em um sistema com CAV é limitada pela densidade de gravação máxima que pode ser obtida na trilha mais interna. Para aumentar a densidade, os sistemas

Figura 6.2 Layout de dados de disco

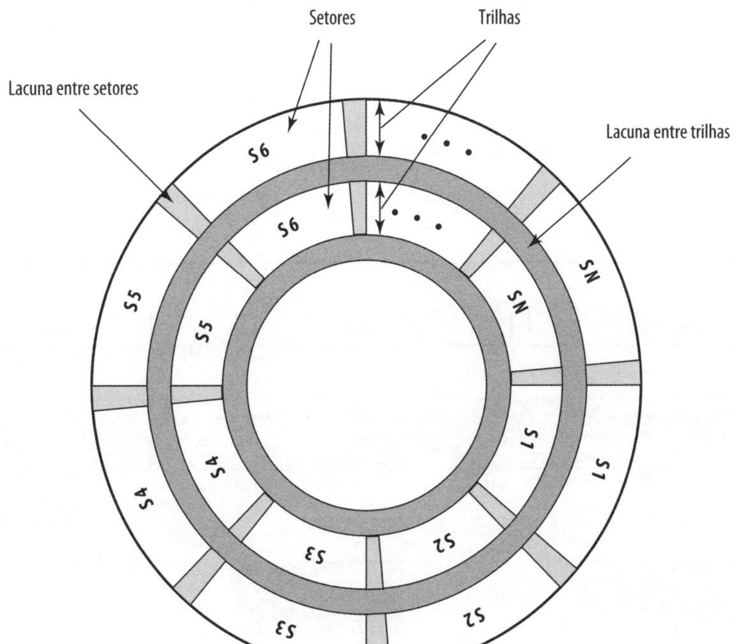

Figura 6.3 Comparação de métodos de layout de disco

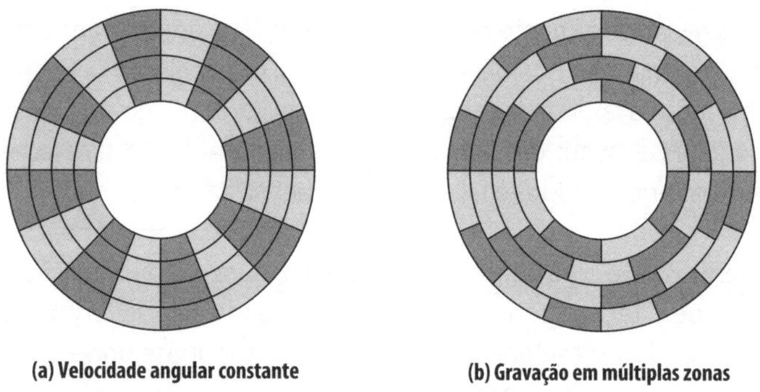

de disco rígido modernos utilizam uma técnica conhecida como **gravação em múltiplas zonas**, em que a superfície é dividida em uma série de zonas concêntricas (16 é um número típico). Dentro de uma zona, o número de bits por trilha é constante. As zonas mais distantes do centro contêm mais bits (mais setores) do que as zonas próximas do centro. Isso permite uma maior capacidade de armazenamento, ao custo de um circuito um pouco mais complexo. À medida que a cabeça do disco se move de uma zona para outra, o tamanho (ao longo da trilha) dos bits individuais muda, causando uma mudança no tempo para leituras e escritas. A Figura 6.3b sugere a natureza da gravação em múltiplas zonas; nessa ilustração, cada zona tem apenas uma trilha de largura.

É preciso haver algum meio de localizar as posições do centro dentro de uma trilha. Nitidamente, é preciso haver algum ponto de partida na trilha e um modo de identificar o início e o fim de cada setor. Esses requisitos são tratados por meio de dados de controle, gravados no disco. Assim, o disco é formatado com alguns dados extras, usados apenas pela unidade de disco, que não podem ser acessados pelo usuário.

Um exemplo de formatação de disco aparece na Figura 6.4. Nesse caso, cada trilha contém 30 setores de tamanho fixo, com 600 bytes cada. Cada setor mantém 512 bytes de dados mais informações de controle, úteis para o controlador de disco. O campo ID é um identificador ou endereço exclusivo, usado para localizar um setor em particular. O byte SYNCH é um padrão de bits especial, que delimita o início do campo. O número da trilha identifica uma trilha em uma superfície. O número da cabeça identifica uma cabeça, pois esse disco tem múltiplas superfícies (explicado mais adiante). Cada um dos campos de ID e de dados contém um código de detecção de erro.

Figura 6.4 Formato de disco Winchester (Seagate ST506)

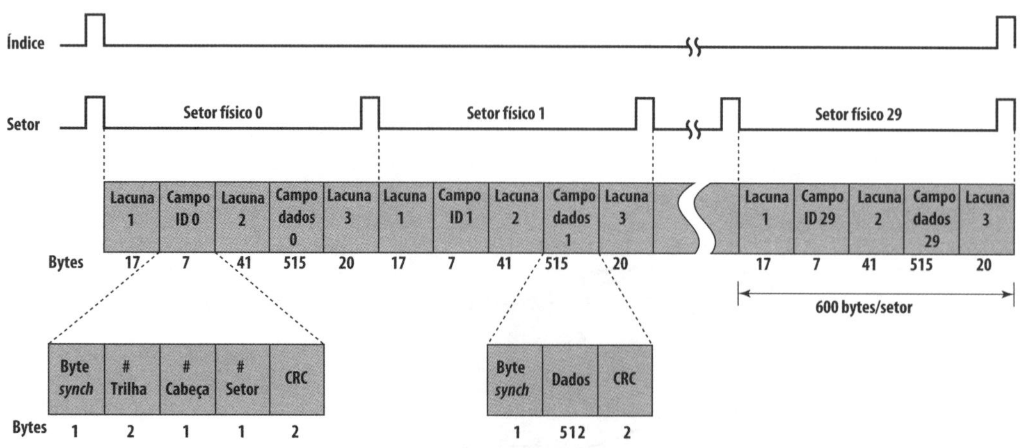

Características físicas

A Tabela 6.1 lista as principais características que diferenciam entre os diversos tipos de discos magnéticos. Primeiro, a cabeça pode ser fixa ou móvel com relação à direção radial do prato. Em um **disco com cabeça fixa**, existe uma cabeça de leitura-gravação por trilha. Todas as cabeças são montadas em um braço rígido que cobre todas as trilhas; esses sistemas são raros hoje. Em um **disco com cabeça móvel**, há somente uma cabeça de leitura-gravação. Novamente, a cabeça é montada em um braço. Como a cabeça precisa ser capaz de ser posicionada em acima de qualquer trilha, o braço pode ser estendido ou retraído para essa finalidade.

O disco em si é montado em uma unidade de disco, que consiste no braço, um eixo que faz o disco girar e o circuito eletrônico necessário para entrada e saída de dados binários. Um **disco não removível** é montado permanentemente na unidade de disco; o disco rígido em um computador pessoal é um disco não removível. Um **disco removível** pode ser removido e substituído por outro disco. A vantagem desse segundo tipo é que quantidades ilimitadas de dados estão disponíveis com um número limitado de sistemas de disco. Além do mais, esse disco pode ser movido de um sistema de computador para outro. Os disquetes e os cartuchos de disco ZIP são alguns exemplos de discos removíveis.

Para a maioria dos discos, a cobertura magnetizável é aplicada nos dois lados da placa, quando o disco é chamado de **dupla face**. Alguns sistemas de disco mais baratos utilizam discos de única face.

Algumas unidades de disco acomodam **múltiplas placas** empilhadas verticalmente, com uma fração de polegada de distância uma da outra. Múltiplos braços são utilizados (Figura 6.5). Discos com múltiplas placas empregam uma cabeça móvel, com uma cabeça de leitura-gravação por superfície de placa. Todas as cabeças são fixadas mecanicamente, de modo que todas estão na mesma distância do centro do disco e se movem juntas. Assim, a qualquer momento, todas as cabeças são posicionadas sobre as trilhas que estão à mesma distância do centro do disco. O conjunto de todas as trilhas na mesma posição relativa na placa é conhecido como um **cilindro**. Por exemplo, todas as trilhas sombreadas na Figura 6.6 fazem parte de um cilindro.

Finalmente, o mecanismo da cabeça oferece uma classificação dos discos em três tipos. Tradicionalmente, a cabeça de leitura-gravação tem sido posicionada a uma distância fixa acima da placa, permitindo a existência de uma camada de ar. No outro extremo, está o mecanismo de cabeça que realmente entra em contato físico com o meio durante uma operação de leitura ou gravação. Esse mecanismo é usado com o **disquete**, que é uma placa pequena e flexível, sendo o tipo mais barato de disco.

Para entender o terceiro tipo de disco, precisamos comentar sobre o relacionamento entre a densidade dos dados e o tamanho da camada de ar. A cabeça precisa gerar ou detectar um campo eletromagnético de magnitude suficiente para gravar e ler corretamente. Quanto mais estreita a cabeça, mais perto ela precisa estar da superfície da placa para funcionar corretamente. Uma cabeça estreita significa trilhas mais estreitas e, portanto, maior densidade de dados, o que é desejável. Porém, quanto mais perto do disco estiver a cabeça, maior o risco de erro devido a

Tabela 6.1 Características físicas dos sistemas de disco

Movimento da cabeça	Pratos
Cabeça fixa (uma por trilha)	Único prato
Cabeça móvel (uma por superfície)	Múltiplos pratos
Portabilidade do disco	**Mecanismo da cabeça**
Disco não removível	Contato (disquete)
Disco removível	Lacuna fixa
	Lacuna aerodinâmica (Winchester)
Faces	
Única face	
Dupla face	

Figura 6.5 Componentes de uma unidade de disco

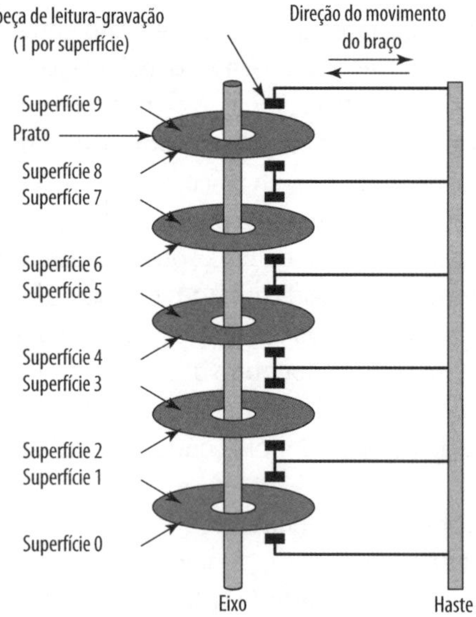

impurezas e imperfeições. Para impulsionar a tecnologia, foi desenvolvido o disco Winchester. As cabeças Winchester são usadas em montagens seladas, que são quase livres de agentes contaminadores. Elas são projetadas para operar mais perto da superfície do disco do que as cabeças de disco rígido convencionais, permitindo assim uma maior densidade de dados. A cabeça, na realidade, é uma folha aerodinâmica que se apoia levemente na superfície da placa quando o disco está sem movimento. A pressão do ar gerada pelo disco girando é suficiente para fazer a folha subir acima da superfície. O sistema sem contato resultante pode ser preparado para usar cabeças mais estreitas, que operam mais perto da superfície da placa do que as cabeças de disco rígido convencionais.[1]

A Tabela 6.2 contém parâmetros para os discos modernos de alto desempenho.

Figura 6.6 Trilhas e cilindros

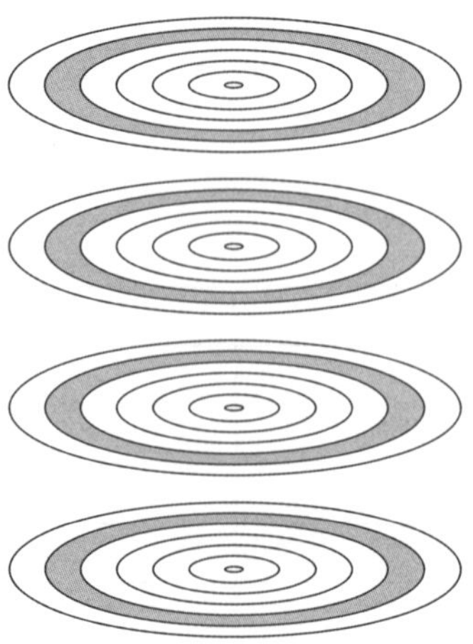

1 Como uma questão de interesse histórico, o termo ***Winchester*** foi usado originalmente pela IBM como um codinome para o modelo de disco 3340 antes do seu anúncio. O 3340 era um ***pack*** de disco removível com as cabeças seladas dentro dele. O termo agora é aplicado a qualquer unidade de disco com unidade selada, com projeto de cabeça aerodinâmica. O disco Winchester normalmente pode ser encontrado em computadores pessoais e estações de trabalho, onde é conhecido como ***disco rígido***.

Tabela 6.2 Parâmetros típicos da unidade de disco rígido

Características	Seagate Barracuda ES.2	Seagate Barracuda 7200.10	Seagate Barracuda 7200.9	Seagate	Hitachi Microdrive
Aplicação	Servidor de alta capacidade	Desktop de alto desempenho	Desktop em nível de entrada	Laptop	Dispositivos portáteis
Capacidade	1 TB	750 GB	160 GB	120 GB	8 GB
Tempo mínimo de busca entre trilhas	0,8 ms	0,3 ms	1,0 ms	–	1,0 ms
Tempo médio de busca	8,5 ms	3,6 ms	9,5 ms	12,5 ms	12 ms
Velocidade do eixo	7200 rpm	7200 rpm	7200 rpm	5400 rpm	3600 rpm
Atraso rotacional médio	4,16 ms	4,16 ms	4,17 ms	5,6 ms	8,33 ms
Taxa de transferência máxima	3 GB/s	300 MB/s	300 MB/s	150 MB/s	10 MB/s
Bytes por setor	512	512	512	512	512
Trilhas por cilindro (número de superfícies do prato)	8	8	2	8	2

Parâmetros de desempenho de disco

Os detalhes reais da operação de E/S de disco dependem no sistema de computação, do sistema operacional e da natureza do canal de E/S e do hardware do controlador de disco. O diagrama de temporização geral da transferência de E/S de disco aparece na Figura 6.7.

Quando a unidade de disco está operando, o disco está girando em velocidade constante. Para ler ou gravar, a cabeça precisa ser posicionada na trilha desejada e no início do setor desejado nessa trilha. A seleção de trilha envolve mover a cabeça em um sistema de cabeça móvel ou selecionar eletronicamente uma cabeça em um sistema de cabeça fixa. Em um sistema de cabeça móvel, o tempo gasto para posicionar a cabeça na trilha é conhecido como **tempo de busca (*seek time*)**. De qualquer forma, quando a trilha é selecionada, o controlador de disco espera até que o setor apropriado fique alinhado com a cabeça. O tempo gasto até que o início do setor alcance a direção da cabeça é conhecido como **atraso rotacional**, ou *latência rotacional*. A soma do tempo de busca, se houver, com o atraso rotacional é igual ao **tempo de acesso**, que é o tempo gasto para o posicionamento para leitura ou gravação. Quando a cabeça está na posição, a operação de leitura ou gravação é então realizada enquanto o setor se move sob a cabeça; essa é a parte de transferência de dados da operação; o tempo necessário para a transferência é o **tempo de transferência**.

Além do tempo de acesso e do tempo de transferência, existem vários atrasos de enfileiramento normalmente associados a uma operação de E/S de disco. Quando um processo emite uma solicitação de E/S, ele primeiro precisa esperar em uma fila até que o dispositivo esteja disponível. Nesse momento, o dispositivo é atribuído ao processo. Se o dispositivo compartilha um único canal de E/S ou um conjunto de canais de E/S com outras unidades de disco, então pode haver uma espera adicional para que o canal esteja disponível. Nesse ponto, a busca é realizada para iniciar o acesso ao disco.

Em alguns sistemas avançados para servidores, uma técnica conhecida como detecção de posição rotacional (RPS, do inglês *rotational positional sensing*) é utilizada. Ela funciona da seguinte forma: quando o comando de busca tiver sido emitido, o canal é liberado para tratar das outras operações de E/S. Quando a busca termina, o dispositivo determina quando os dados estarão posicionados sob a cabeça. À medida que esse setor se aproxima da cabeça, o dispositivo tenta restabelecer o caminho de comunicação de volta com o **sistema**. Se a unidade de controle ou o canal estiver ocupado com outra E/S, então a tentativa de reconexão falha e o dispositivo precisa girar por mais uma volta inteira antes que possa tentar reconectar-se, o que é chamado de falha de RPS. Esse é um elemento extra de atraso, que deve ser somado à linha de tempo da Figura 6.7.

Figura 6.7 Temporização de uma transferência de E/S de disco

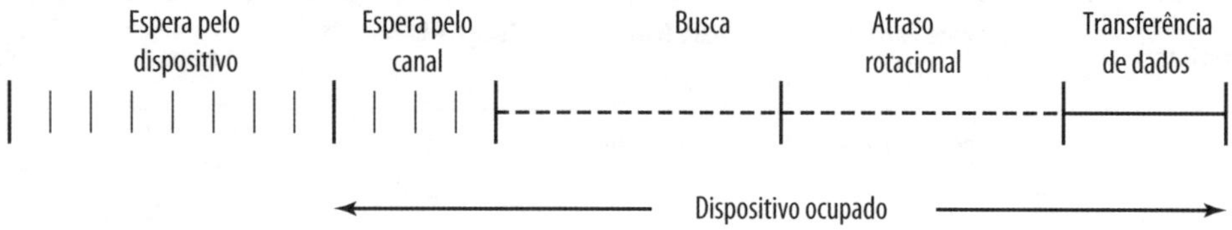

TEMPO DE BUSCA Tempo de busca é o tempo exigido para mover o braço do disco até a trilha solicitada. Essa quantidade, porém, é difícil de se precisar. O tempo de busca consiste em dois componentes: o tempo de partida inicial e o tempo gasto para atravessar as trilhas que precisam ser cruzadas quando o braço de acesso estiver com a velocidade necessária. Infelizmente, o tempo de travessia não é uma função linear do número de trilhas, mas inclui um tempo de estabelecimento (tempo após o posicionamento do cabeamento sobre a trilha de destino, até que a identificação da trilha seja confirmada).

Houve uma grande melhoria com o uso de componentes de disco menores e mais leves. Há alguns anos, um disco típico tinha 14 polegadas (36 cm) de diâmetro, enquanto o tamanho mais comum hoje é de 3,5 polegadas (8,9 cm), reduzindo a distância que o braço precisa atravessar. O tempo de busca médio típico nos discos rígidos modernos é abaixo de 10 ms.

ATRASO ROTACIONAL Os discos, que não sejam disquetes, giram em velocidades que variam de 3 600 rpm (para dispositivos portáteis, como câmeras digitais) até, no momento em que este livro foi escrito, 20 000 rpm; nessa última velocidade, há uma rotação a cada 3 ms. Assim, na média, o atraso rotacional será de 1,5 ms.

TEMPO DE TRANSFERÊNCIA O tempo de transferência de ou para o disco depende da velocidade de rotação do disco no seguinte padrão:

$$T = b/rN,$$

onde

T = tempo de transferência

b = número de bytes a serem transferidos

N = número de bytes em uma trilha

r = velocidade de rotação, em rotações por segundo

Assim, o tempo de acesso médio total pode ser expresso como:

$$T_a = T_s + 1/2r + b/rN,$$

onde T_s é o tempo médio de busca. Observe que, em uma unidade em zonas, o número de bytes por trilha é variável, complicando o cálculo.[2]

UMA COMPARAÇÃO DO TEMPO DE ACESSO Depois de definirmos esses parâmetros, vejamos duas operações diferentes de E/S que ilustram o perigo de confiar nos valores médios. Considere um disco com um tempo de busca médio anunciado de 4 ms, velocidade de rotação de 15 000 rpm e setores de 512 bytes, com 500 setores por trilha. Suponha que queiramos ler um arquivo consistindo em 2 500 setores, com um total de 1,28 MBytes. Gostaríamos de estimar o tempo total para a transferência.

Primeiro, vamos supor que o arquivo esteja armazenado da forma mais compacta possível no disco, ou seja, o arquivo ocupa todos os setores em 5 trilhas adjacentes (5 trilhas × 500 setores/trilha = 2 500 setores). Isso é conhecido como ***organização sequencial***. Agora, o tempo para leitura da primeira trilha é o seguinte:

Tempo médio de busca	4 ms
Atraso rotacional médio	2 ms
Leitura de 500 setores	4 ms
	10 ms

Suponha que as trilhas restantes agora possam ser lidas basicamente sem tempo de busca., ou seja, a operação de E/S pode acompanhar o fluxo do disco. Então, no máximo, precisamos lidar com o atraso rotacional para cada trilha subsequente. Assim, cada trilha subsequente é lida em 2 + 4 = 6 ms. Para ler um arquivo inteiro,

Tempo total = 10 + (4 × 6) = 34 ms = 0,034 segundos

2 Compare as duas equações anteriores com a Equação 4.1.

Agora, vamos calcular o tempo necessário para ler os mesmos dados usando o acesso aleatório, em vez do acesso sequencial; ou seja, os acessos aos setores são distribuídos aleatoriamente pelo disco. Para cada setor, temos

Tempo médio de busca	4 ms
Atraso rotacional médio	2 ms
Leitura de 1 setor	0,008 ms
	6,008 ms

Tempo total = 2.500 × 6,008 = 15 020 ms = 15,02 segundos

É claro que a ordem em que os setores do disco são lidos tem um efeito tremendo sobre o desempenho da E/S. No caso do acesso ao arquivo em que múltiplos setores são lidos ou gravados, temos algum controle sobre o modo como os setores de dados são distribuídos. Porém, mesmo no caso de um acesso ao arquivo, em um ambiente de multiprogramação, haverá solicitações de E/S concorrendo pelo mesmo disco. Assim, vale a pena examinar modos de melhorar o desempenho da E/S de disco em relação ao que se consegue com o acesso puramente aleatório ao disco. Isso nos leva a uma consideração sobre algoritmos de escalonamento de disco, que é o âmbito do sistema operacional e está fora do escopo deste livro (veja uma discussão a respeito em Stallings, 2009[a]).

Simulador de RAID

6.2 RAID

Conforme já explicamos, o ritmo de melhoria no desempenho do armazenamento secundário tem sido muito menor do que o ritmo das melhorias alcançadas para os processadores e memória principal. Essa divergência tem tornado o sistema de armazenamento de disco talvez a principal preocupação para a melhoria geral do desempenho do sistema de computação.

Assim como em outras áreas de desempenho do computador, os projetistas de armazenamento de disco reconhecem que, se um componente só pode ser avançado até certo ponto, ganhos adicionais no desempenho precisam ser obtidos usando-se múltiplos componentes paralelos. No caso do armazenamento em disco, isso levou ao desenvolvimento de arrays de discos que operam independentemente e em paralelo. Com vários discos, as solicitações de E/S separadas podem ser tratadas em paralelo, desde que os dados solicitados residam em discos separados. Além do mais, uma única solicitação de E/S pode ser executada em paralelo se o bloco de dados a ser acessado for distribuído por vários discos.

Com o uso de vários discos, existe uma grande variedade de modos como os dados podem ser organizados, onde a redundância pode ser acrescentada para melhorar a confiabilidade. Isso pode dificultar o desenvolvimento de esquemas de banco de dados que sejam úteis em várias plataformas e sistemas operacionais. Felizmente, a indústria acordou sobre um esquema padronizado para o projeto de banco de dados de múltiplos discos, conhecido como RAID (do inglês *redundant array of independent disks* — array redundante de discos independentes). O esquema RAID consiste em sete níveis,[3] de zero a seis. Esses níveis não implicam um relacionamento hierárquico, mas designam diferentes arquiteturas de projeto, que compartilham três características comuns:

1. RAID é um conjunto de unidades de discos físicos, vistas pelo sistema operacional como uma única unidade lógica.
2. Os dados são distribuídos pelos discos físicos de um array em um esquema conhecido como **intercalação de dados (*striping*)**, descrito mais adiante.
3. A capacidade de disco redundante é usada para armazenar informações de paridade, o que garante a facilidade de recuperação dos dados no caso de uma falha de disco.

3 Outros níveis foram definidos por alguns pesquisadores e algumas empresas, mas os sete níveis descritos nesta seção são os aceitos universalmente.

Os detalhes da segunda e terceira características diferem para os diferentes níveis de RAID. RAID 0 e RAID 1 não aceitam a terceira característica.

O termo ***RAID*** originalmente foi citado em um artigo escrito por um grupo de pesquisadores na Universidade da Califórnia, em Berkeley (PATTERSON, GIBSON E KATZ, 1988b).[4] O artigo esboçava diversas configurações e aplicações de RAID e introduzia as definições dos níveis de RAID que ainda são usadas. A estratégia RAID emprega várias unidades de disco e distribui os dados de modo que permita o acesso simultâneo aos dados a partir das várias unidades, melhorando assim o desempenho de E/S e permitindo aumentos na capacidade de modo mais fácil.

A contribuição exclusiva da proposta RAID é resolver efetivamente a necessidade de redundância. Embora permita que várias cabeças e atuadores operem simultaneamente e gere taxas de E/S e transferência mais altas, o uso de múltiplos dispositivos aumenta a probabilidade de falha. Para compensar essa menor confiabilidade, RAID utiliza informações de paridade armazenadas, permitindo a recuperação de dados perdidos devido a falhas no disco.

Agora, vamos examinar cada um dos níveis de RAID. A Tabela 6.3 oferece um guia inicial para os sete níveis. Na tabela, o desempenho de E/S aparece em termos de capacidade de transferência de dados, ou capacidade para mover dados, e taxa de solicitação de E/S, ou capacidade de atender às solicitações de E/S, pois esses níveis RAID inerentemente funcionam de formas diferentes em relação a essas duas medidas. O ponto forte de cada nível RAID é destacado por um sombreado mais escuro. A Figura 6.8 ilustra o uso dos sete esquemas RAID para dar suporte

Tabela 6.3 Níveis de RAID

Categoria	Nível	Descrição	Discos exigidos	Disponibilidade dos dados	Capacidade para grande transferência de dados de E/S	Taxa para pequena solicitação de E/S
Striping	0	Não redundante	N	Menor que disco único	Muito alta	Muito alta para leitura e gravação
Espelhamento	1	Espelhado	$2N$	Maior que RAID 2, 3, 4 ou 5; menor que RAID 6	Maior que único disco para leitura; semelhante a único disco para gravação	Até o dobro de um único disco para leitura; semelhante a único disco para gravação
Acesso paralelo	2	Redundante via código de Hamming	$N+m$	Muito mais alta que único disco; comparável a RAID 3, 4 ou 5	Mais alta de todas as alternativas listadas	Aproximadamente o dobro de um único disco
	3	Paridade de bit intercalada	$N+1$	Muito mais alta que único disco; comparável a RAID 2, 4 ou 5	Mais alta de todas as alternativas listadas	Aproximadamente o dobro de um único disco
Acesso independente	4	Paridade de bloco intercalada	$N+1$	Muito mais alta que único disco; comparável a RAID 2, 3 ou 5	Semelhante a RAID 0 para leitura; muito menor que único disco para gravação	Semelhante a RAID 0 para leitura; muito menor que único disco para gravação
	5	Paridade de bloco distribuída e intercalada	$N+1$	Muito mais alta que único disco; comparável a RAID 2, 3 ou 4	Semelhante a RAID 0 para leitura/ menor que único disco para gravação	Semelhante a RAID 0 para leitura; geralmente, menor que único disco para gravação
	6	Paridade de bloco dual distribuída e intercalada	$N+2$	Mais alta de todas as alternativas listadas	Semelhante a RAID 0 para leitura; menor que RAID 5 para gravação	Semelhante a RAID 0 para leitura; muito menor que RAID 5 para gravação

N = número de discos de datos, m é proporcional ao log N.

4 Nesse artigo, o acrônimo RAID significava *redundant array of inexpensive disks* (array redundante de discos baratos). O termo ***barato*** foi usado para comparar os pequenos discos relativamente baratos no array RAID com a alternativa, um único disco grande e caro (SLED, do inglês *single large expensive disk*). O SLED é basicamente algo do passado, com uma tecnologia de disco semelhante sendo usada para configurações RAID e não RAID. Por conseguinte, a indústria adotou o termo ***independente*** para enfatizar que o array RAID cria ganhos significativos no desempenho e na confiabilidade.

a uma capacidade de dados exigindo quatro discos sem redundância. As figuras destacam o layout dos dados do usuário e dados redundantes, indicando os requisitos de armazenamento relativos dos diversos níveis. Vamos referenciar essas figuras no decorrer da discussão.

RAID nível 0

RAID nível 0 não é um membro verdadeiro da família RAID, pois não inclui redundância para melhorar o desempenho. Porém, existem algumas aplicações, como, por exemplo, algumas em supercomputadores, em que o desempenho e a capacidade são preocupações principais e o baixo custo é mais importante do que a confiabilidade avançada.

Para RAID 0, os dados do usuário e do sistema são distribuídos por todos os discos no array. Isso tem uma vantagem notável em relação ao uso de um único disco grande: se duas solicitações de E/S diferentes estiverem pendentes para dois blocos de dados diferentes, então existe uma boa chance de que os blocos solicitados estejam em discos diferentes. Assim, as duas solicitações podem ser emitidas em paralelo, reduzindo o tempo de enfileiramento de E/S.

Mas RAID 0, assim como todos os níveis de RAID, vai além de simplesmente distribuir os dados por um array de discos: os dados são ***intercalados*** (***striped***) pelos discos disponíveis. Isso pode ser mais bem entendido considerando-se a Figura 6.9. Todos os dados do usuário e do sistema são vistos como estando armazenados em um disco lógico. O disco lógico é dividido em ***strips*** (faixas); esses strips podem ser blocos físicos, setores físicos ou alguma outra unidade. Os strips são mapeados em padrão round-robin aos discos físicos consecutivos no array RAID. Um conjunto de strips logicamente consecutivos, que mapeia exatamente um strip em cada membro do array, é conhecido como um **stripe**. Em um array com ***n*** discos, os primeiros ***n*** strips lógicos são armazenados fisicamente como o primeiro strip em cada um dos ***n*** discos, formando o primeiro stripe; os próximos ***n*** strips são

Figura 6.8 Níveis de RAID

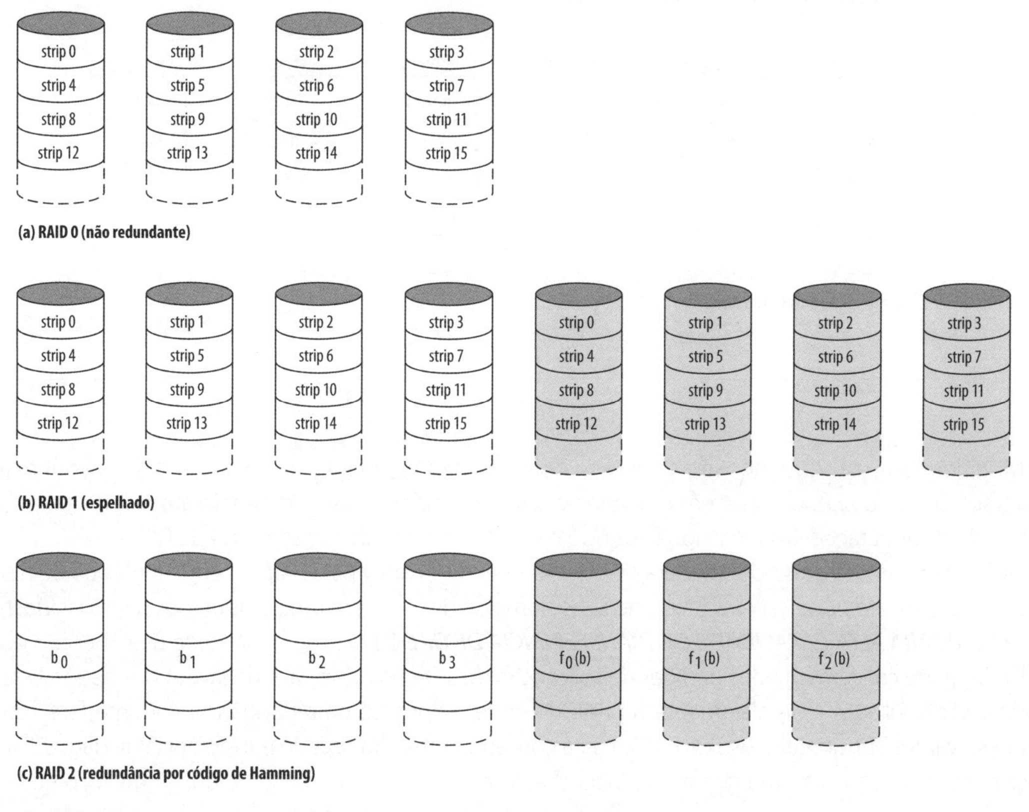

(continua)

Figura 6.8 Níveis de RAID (continuação)

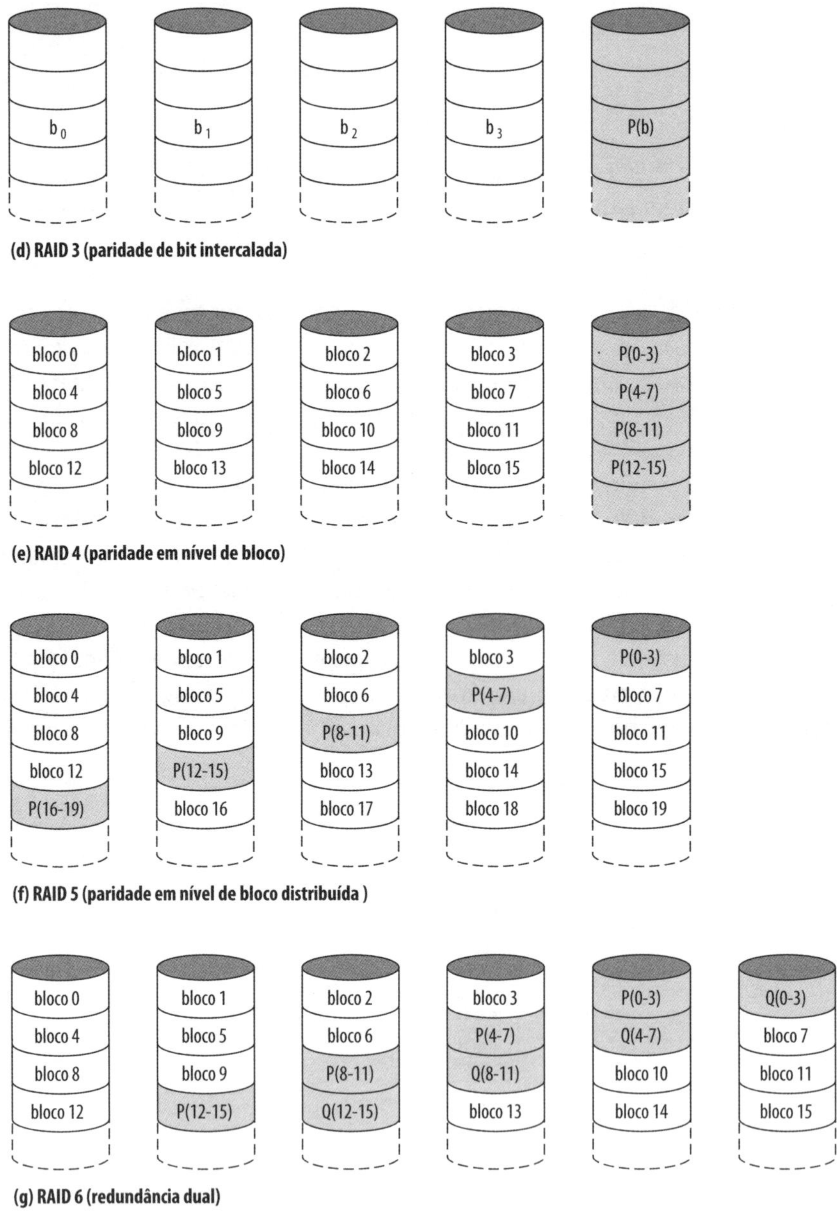

distribuídos como os segundos strips em cada disco; e assim por diante. A vantagem desse layout é que, se uma única solicitação de E/S consistir em múltiplos strips logicamente contíguos, então até ***n*** strips para essa solicitação podem ser tratados em paralelo, reduzindo bastante o tempo de transferência de E/S.

A Figura 6.9 indica o uso de software de gerenciamento de array para mapear entre o espaço de disco lógico e físico. Esse software pode ser executado no subsistema de disco ou em um computador principal (***host***).

RAID 0 PARA ALTA CAPACIDADE DE TRANSFERÊNCIA DE DADOS O desempenho de qualquer um dos níveis de RAID depende criticamente dos padrões de solicitação do sistema principal e do layout dos dados. Essas questões podem ser resolvidas mais claramente no RAID 0, onde o impacto da redundância não interfere com a análise. Primeiro, vamos considerar o uso de RAID 0 para conseguir uma alta taxa de transferência de dados. Para as aplicações possam ter uma alta taxa de transferência, dois requisitos precisam ser atendidos. Primeiro, precisa haver uma

Figura 6.9 Mapeamento de dados para um array RAID nível 0

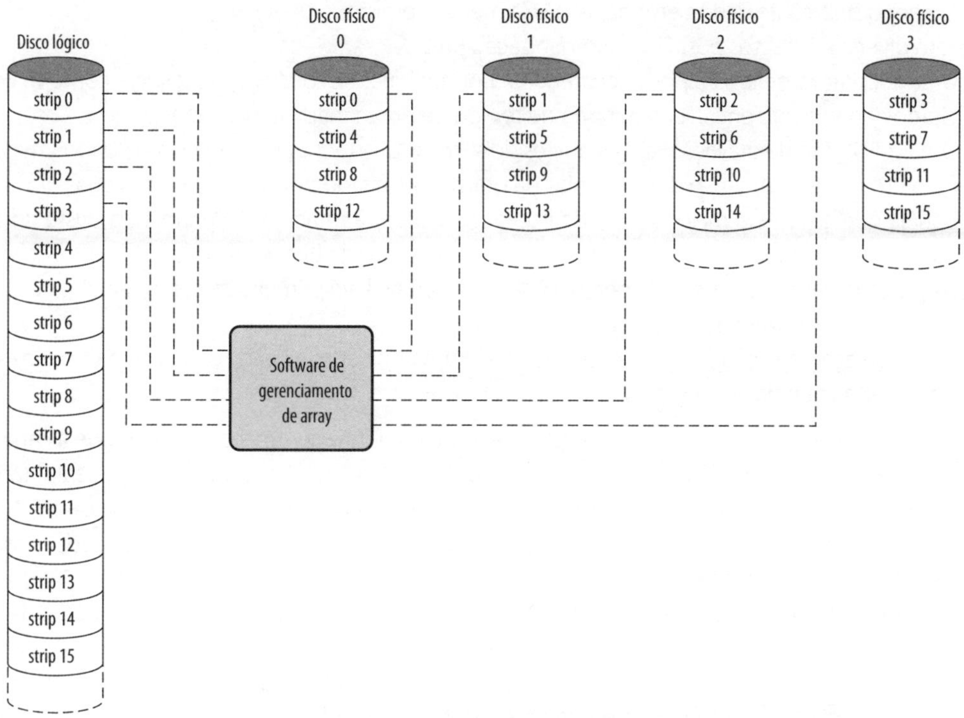

grande capacidade de transferência ao longo do caminho inteiro entre a memória do sistema principal e as unidades de disco individuais. Isso inclui barramentos controladores internos, barramentos de E/S do sistema principal, adaptadores de E/S e barramentos de memória do sistema principal.

O segundo requisito é que a aplicação deve fazer solicitações de E/S que controlem o array de disco de modo eficaz. Esse requisito é atendido se a solicitação típica for para grandes quantidades de dados logicamente contíguos, em comparação com o tamanho de um strip. Nesse caso, uma única solicitação de E/S envolve a transferência paralela de dados de vários discos, aumentando a taxa de transferência efetiva em comparação com uma transferência de único disco.

RAID 0 PARA ALTA TAXA DE SOLICITAÇÃO DE E/S Em um ambiente orientado à transação, o usuário normalmente se preocupa mais com o tempo de resposta do que com a taxa de transferência. Para uma solicitação de E/S individual para uma pequena quantidade de dados, o tempo de E/S é dominado pelo movimento das cabeças de disco (tempo de busca) e pelo movimento do disco (latência rotacional).

Em um ambiente de transação, pode haver centenas de solicitações de E/S por segundo. Um array de disco pode oferecer altas taxas de execução de E/S equilibrando a carga de E/S pelos diversos discos. O balanceamento de carga efetivo só é alcançado se houver normalmente várias solicitações de E/S pendentes. Isso, por sua vez, implica que existam múltiplas aplicações independentes ou uma única aplicação orientada à transação que é capaz de realizar múltiplas solicitações de E/S assíncronas. O desempenho também será influenciado pelo tamanho do strip. Se o tamanho do strip for relativamente grande, de modo que uma única solicitação de E/S só envolva um único acesso ao disco, então múltiplas solicitações de E/S que estão aguardando podem ser tratadas em paralelo, reduzindo o tempo de enfileiramento para cada solicitação.

RAID nível 1

RAID 1 difere dos níveis de RAID de 2 a 6 no modo como a redundância é obtida. Nesses outros esquemas RAID, alguma forma de cálculo de paridade é usada para introduzir redundância, enquanto, em RAID 1, a redundância é obtida pelo simples expediente de duplicar todos os dados. Como mostra a Figura 6.8b, o *striping* de dados é utilizado, como no RAID 0. Mas, neste caso, cada strip lógico é mapeado para dois discos físicos separados, de modo que cada disco no array tenha um disco espelho que contém os mesmos dados. O RAID 1 também pode ser implementado sem o *striping* de dados, embora isso seja menos comum.

Existem diversos aspectos positivos da organização RAID 1:

- Uma solicitação de leitura pode ser atendida por qualquer um dos dois discos que contenha os dados solicitados, aquele que envolver o mínimo de tempo de busca mais latência rotacional.
- Uma solicitação de gravação requer que os dois strips correspondentes sejam atualizados, mas isso pode ser feito em paralelo. Assim, o desempenho da gravação é ditado pela mais lenta das duas gravações (ou seja, aquela que envolve o maior tempo de busca mais latência rotacional). Porém, não existe uma "penalidade na gravação" com RAID 1. RAID níveis 2 a 6 envolvem o uso de bits de paridade. Portanto, quando um único strip é atualizado, o software de gerenciamento do array deve primeiro calcular e atualizar os bits de paridade, além de atualizar o strip real em questão.
- A recuperação de uma falha é simples. Quando uma unidade falha, os dados ainda podem ser acessados pela segunda unidade.

A principal desvantagem do RAID 1 é o custo; ele requer o dobro de espaço em disco que a capacidade lógica do disco a que ele dá suporte. Por causa disso, uma configuração RAID 1 provavelmente será limitada a unidades que armazenam software e dados do sistema, e outros arquivos muito críticos. Nesses casos, RAID 1 oferece cópia em tempo real de todos os dados, de modo que, no caso de uma falha no disco, todos os dados críticos ainda estarão imediatamente disponíveis.

Em um ambiente orientado à transação, RAID 1 pode alcançar altas taxas de solicitação de E/S se a maior parte das solicitações for para leituras. Nessa situação, o desempenho de RAID 1 pode alcançar o dobro daquele do RAID 0. Porém, se uma fração substancial das solicitações de E/S for com solicitações de gravação, então pode não haver ganho significativo no desempenho em relação à RAID 0. RAID 1 também pode oferecer melhor desempenho em relação à RAID 0 para aplicações com uso intenso de transferência de dados, com uma alta percentagem de leituras. A melhoria ocorre se a aplicação puder dividir cada solicitação de leitura de modo que os dois membros do disco participem.

RAID nível 2

RAID níveis 2 e 3 utilizam uma técnica de acesso paralelo. No array com acesso paralelo, todos os discos membros participam na execução de cada solicitação de E/S. Normalmente, os eixos das unidades individuais são sincronizados de modo que cada cabeça de disco esteja na mesma posição em cada disco a qualquer instante.

Assim como nos outros esquemas de RAID, o *striping* de dados é usado. No caso de RAID 2 e 3, os strips são muito pequenos, normalmente como um único byte ou palavra. Com RAID 2, um código de correção de erro é calculado para os bits correspondentes em cada disco de dados, e os bits do código são armazenados nas posições dos bits correspondentes nos vários discos de paridade. Normalmente, um código de Hamming é utilizado, que é capaz de corrigir erros de único bit e detectar erros em dois bits.

Embora RAID 2 exija menos discos que RAID 1, ele é bem mais caro. O número de discos redundantes é proporcional ao logaritmo do número de discos de dados. Em uma única leitura, todos os discos são acessados simultaneamente. Os dados solicitados e o código de correção de erro associado são entregues ao controlador do array. Se houver um erro de único bit, o controlador pode reconhecer e corrigir o erro instantaneamente, de modo que o tempo de acesso de leitura não é prolongado. Em uma única gravação, todos os discos de dados e discos de paridade precisam ser acessados para a operação de gravação.

RAID 2 só seria uma escolha eficaz em um ambiente em que ocorrem muitos erros de disco. Dada a alta confiabilidade dos discos individuais e unidades de disco, RAID 2 é um exagero, e normalmente não é implementado.

RAID nível 3

RAID 3 é organizado de uma forma semelhante ao RAID 2. A diferença é que RAID 3 exige apenas um único disco redundante, não importa o tamanho do array de discos. RAID 3 emprega o acesso paralelo, com dados distribuídos em pequenos strips. Em vez de um código de correção de erro, um bit de paridade simples é calculado para o conjunto de bits individuais na mesma posição em todos os discos de dados.

REDUNDÂNCIA No caso de uma falha de disco, a unidade de paridade é acessada e os dados são reconstruídos a partir dos dispositivos restantes. Quando a unidade que falhou for substituída, os dados que faltam podem ser restaurados na nova unidade e a operação continua.

A reconstrução de dados é simples. Considere um array de cinco unidades, em que X0 a X3 contêm dados e X4 é o disco de paridade. A paridade para o bit *i* é calculada da seguinte forma:

$$X4(i) = X3(i) \oplus X2(i) \oplus X1(i) \oplus X0(i)$$

onde $\oplus$ é a função OU-EXCLUSIVO (XOR).

Suponha que a unidade X1 tenha falhado. Se adicionarmos a função $X4(i) \oplus X1(i)$ aos dois lados da equação anterior, obtemos:

$$X1(i) = X4(i) \oplus X3(i) \oplus X2(i) \oplus X0(i)$$

Assim, o conteúdo de cada strip de dados em X1 pode ser regenerado a partir do conteúdo dos strips correspondentes nos discos restantes no array. Esse princípio é verdadeiro para RAID nos níveis de 3 a 6.

No caso de uma falha do disco, todos os dados ainda estão disponíveis no que é chamado de modo reduzido. Nesse modo, para leituras, os dados que faltam são regenerados no ato, usando o cálculo do OU-EXCLUSIVO. Quando os dados são gravados em um array RAID 3 reduzido, a consistência da paridade precisa ser mantida para regeneração posterior. O retorno à operação plena requer que o disco que falhou seja substituído e seu conteúdo inteiro seja regenerado no novo disco.

DESEMPENHO Como os dados são armazenados em strips muito pequenos, RAID 3 pode alcançar taxas de transferência de dados muito altas. Qualquer solicitação de E/S envolverá a transferência paralela de dados de todos os discos de dados. Para transferências grandes, a melhoria no desempenho é especialmente observável. Por outro lado, somente uma solicitação de E/S pode ser executada de cada vez. Assim, em um ambiente orientado a transação, o desempenho é prejudicado.

RAID nível 4

Os RAIDs níveis de 4 a 6 utilizam uma técnica de acesso independente. Em um array de acesso independente, cada disco membro opera independentemente, de modo que solicitações de E/S separadas podem ser satisfeitas em paralelo. Por causa disso, arrays com acesso independente são mais adequados para aplicações que exigem altas taxas de solicitação de E/S, e são relativamente menos adequados para aplicações que exigem altas taxas de transferência de dados.

Assim como nos outros esquemas de RAID, o *striping* de dados é utilizado. No caso do RAID de níveis 4 a 6, os strips são relativamente grandes. Com RAID 4, um strip de paridade bit a bit é calculado pelos strips correspondentes em cada disco de dados, e os bits de paridade são armazenados no strip correspondente no disco de paridade.

O RAID 4 envolve uma penalidade de gravação quando uma solicitação de gravação de E/S de pequeno tamanho é realizada. Toda vez que ocorre uma gravação, o software de gerenciamento do array precisa atualizar não apenas os dados do usuário, mas também os bits de paridade correspondentes. Considere um array de cinco unidades em que os dados estejam armazenados em X0 e X3 e X4 é o disco de paridade. Suponha que uma gravação seja realizada envolvendo apenas um strip no disco X1. Inicialmente, para cada bit *i*, temos o seguinte relacionamento:

$$X4(i) = X3(i) \oplus X2(i) \oplus X1(i) \oplus X0(i) \qquad \textbf{(6.1)}$$

Após a atualização, com bits potencialmente alterados indicados por ':

$$\begin{aligned} X4'(i) &= X3(i) \oplus X2(i) \oplus X1'(i) \oplus X0(i) \\ &= X3(i) \oplus X2(i) \oplus X1'(i) \oplus X0(i) \oplus X1(i) \oplus X1(i) \\ &= X3(i) \oplus X2(i) \oplus X1(i) \oplus X0(i) \oplus X1(i) \oplus X1'(i) \\ &= X4(i) \oplus X1(i) \oplus X1'(i) \end{aligned}$$

Esse conjunto de equações é derivado da seguinte forma: a primeira linha mostra que uma mudança em X1 também afetará o disco de paridade X4. Na segunda linha, adicionamos os termos $\oplus X1(i) \oplus X1(i)'$. Como o OU-EXCLUSIVO de qualquer quantidade consigo mesma é 0, isso não afeta a equação. Porém, essa é uma conveniência usada para criar a terceira linha, pela reordenação. Finalmente, a Equação 6.1 é usada para substituir os quatro primeiros termos por $X4(i)$.

Para calcular a nova paridade, o software de gerenciamento de array precisa ler o strip do usuário antigo e o strip de paridade antigo. Depois, ele pode atualizar esses dois strips com os dados novos e a paridade recém-calculada. Assim, cada gravação de strip envolve duas leituras e duas gravações.

No caso de uma gravação de E/S de tamanho maior, que envolva strips em todas as unidades de disco, a paridade é facilmente calculada usando apenas os novos bits de dados. Assim, a unidade de paridade pode ser atualizada em paralelo com as unidades de dados e não existem leituras ou gravações extras.

De qualquer forma, cada operação de gravação precisa envolver o disco de paridade, que, portanto, pode se tornar um gargalo.

RAID nível 5

RAID 5 é organizado de uma forma semelhante ao RAID 4. A diferença é que RAID 5 distribui os strips de paridade por todos os discos. Uma alocação típica é um esquema round-robin, conforme ilustrado na Figura 6.8f. Para um array de *n* discos, o strip de paridade está em um disco diferente para os primeiros *n* stripes, e o padrão então se repete.

A distribuição dos strips de paridade por todas as unidades evita o gargalo de E/S em potencial encontrado no RAID 4.

RAID nível 6

RAID 6 foi introduzido em um artigo subsequente pelos pesquisadores em Berkeley (KATZ, GIBSON E PATTERSON, 1989[c]). No esquema RAID 6, dois cálculos de paridade diferentes são executados e armazenados em blocos separados em discos diferentes. Assim, um array RAID 6 cujos dados do usuário exigirem *N* discos consiste em $N + 2$ discos.

A Figura 6.8g ilustra o esquema. P e Q são dois algoritmos de verificação de dados diferentes. Um dos dois é o cálculo de OU-EXCLUSIVO, usado no RAID 4 e 5. Mas o outro é um algoritmo de verificação de dados independente. Isso possibilita regenerar os dados mesmo que haja falha em dois discos contendo dados do usuário.

A vantagem de RAID 6 é que ele oferece uma disponibilidade de dados extremamente alta. Três discos teriam que falhar dentro do intervalo de tempo médio para reparo (MTTR, do inglês *meantime to repair*) para que os dados fossem perdidos. Por outro lado, RAID 6 exige uma penalidade de gravação substancial, pois cada gravação afeta dois blocos de paridade. Benchmarks de desempenho (EISCHEN, 2007[d]) mostram que um controlador RAID 6 pode sofrer mais de 30% de queda no desempenho geral da gravação em comparação com uma implementação RAID 5. Os desempenhos de leitura de RAID 5 e RAID 6 são semelhantes.

A Tabela 6.4 é um resumo comparativo dos sete níveis.

6.3 Memória óptica

Em 1983, um dos produtos de consumidor mais bem sucedidos de todos os tempos foi apresentado: o sistema de áudio digital de disco compacto (CD, do inglês *Compact Disk*). O CD é um disco não apagável que pode armazenar mais de 60 minutos de informação de áudio em um lado. O imenso sucesso comercial do CD permitiu o desenvolvimento da tecnologia de armazenamento de disco óptico de baixo custo, que revolucionou o armazenamento de dados em computador. Diversos sistemas de disco óptico foram introduzidos (Tabela 6.5). Vamos rever rapidamente cada um deles.

Compact disk

CD-ROM Tanto o CD de áudio quanto o CD-ROM compartilham uma tecnologia semelhante. A principal diferença é que os aparelhos de reprodução de CD-ROM são mais resistentes e possuem dispositivos de correção de erro para garantir que os dados sejam transferidos corretamente do disco ao computador. Os dois tipos de disco são fabricados da mesma forma. O disco é formado por uma resina, como o policarbonato. Informações registradas digitalmente (música ou dados do computador) são impressas como uma série de sulcos microscópicos na superfície do policarbonato. Isso é feito, em primeiro lugar, com um laser de precisão e alta intensidade, para criar um disco mestre. O mestre é usado, por sua vez, para criar um substrato para estampar cópias no policarbonato. A superfície furada é então coberta com uma superfície altamente refletora, normalmente, alumínio ou ouro. Essa

Tabela 6.4 Comparação de RAID

Nível	Vantagens	Desvantagens	Aplicações
0	Desempenho de E/S bastante melhorado, distribuindo a carga de E/S por muitos canais e unidades Não há *overhead* de cálculo de paridade envolvido Projeto muito simples Fácil de implementar	A falha de apenas uma unidade resultará na perda de todos os dados em um array	Produção e edição de vídeo Edição de imagens Aplicações de pré-impressão Qualquer aplicação exigindo alta largura de banda
1	100% de redundância de dados significa que não é preciso reconstruir em caso de falha do disco, apenas uma cópia para o disco substituto Sob certas circunstâncias, RAID 1 pode sustentar múltiplas falhas de unidade simultâneas Projeto mais simples do subsistema de armazenamento RAID	*Overhead* de disco mais alto de todos os tipos de RAID (100%) — ineficaz	Contabilidade Folha de pagamento Financeiras Qualquer aplicação exigindo disponibilidade muito alta
2	Taxas de transferência de dados extremamente altas são possíveis Quantidade mais alta a taxa de transferência de dados exigida, melhor a razão entre discos de dados e discos ECC Projeto de controlador relativamente simples em comparação com RAID 3, 4 e 5	Razão muito alta entre discos ECC e discos de dados com menores tamanhos de palavra — ineficaz Custo muito alto para cada nível — necessita requisitos de taxa de transferência muito altos para justificar	Nenhuma implementação comercial; inviável comercialmente
3	Taxa de transferência de dados para leitura muito alta Taxa de transferência de dados para gravação muito alta Falha de disco tem um impacto insignificante sobre o throughput Baixa razão entre discos de ECC (paridade) e discos de dados significa alta eficiência	Taxa de transação igual à de uma única unidade de disco no máximo (se os eixos forem sincronizados) Projeto de controlador muito complexo	Produção de vídeo e *streaming* ao vivo Edição de imagens Edição de vídeo Aplicações de pré-impressão Qualquer aplicação exigindo alta vazão
4	Taxa de transação de dados muito alta para leitura Baixa razão entre discos de ECC (paridade) e discos de dados significa alta eficiência	Projeto de controlador muito complexo Pior taxa de transação de gravação e taxa de transferência de gravação agregada Reconstrução de dados difícil e ineficaz no caso de falha de disco	Nenhuma implementação comercial; inviável comercialmente
5	Mais alta taxa de transação de dados para leitura Baixa razão entre discos de ECC (paridade) e discos de dados o que significa alta eficiência Bom tempo de transferência agregado	Projeto de controlador mais complexo de todos Difícil de reconstruir no caso de uma falha de disco (comparado com RAID nível 1)	Servidores de arquivo e aplicação Servidores de banco de dados Servidores Web, de e-mails e de notícias Servidores de intranet Nível RAID mais versátil
6	Oferece uma tolerância a falhas extremamente alta e pode sustentar múltiplas falhas de unidade simultâneas	Projeto de controlador mais complexo *Overhead* do controlador extremamente alto para calcular endereços de paridade	Solução perfeita para aplicações de missão crítica

fina superfície é protegida contra poeira e arranhões por uma camada externa de acrílico claro. Finalmente, um rótulo pode ser aplicado sobre o acrílico.

As informações são recuperadas de um CD ou CD-ROM por um laser de baixa potência, acomodado em um aparelho de disco óptico, ou unidade de disco. O laser incide no policarbonato claro enquanto um motor gira o disco (Figura 6.10). A intensidade da luz refletida do laser muda quando encontra um sulco. Especificamente, se o

Tabela 6.5 Produtos de disco óptico

CD
Compact disk. Um disco não apagável que armazena informações de áudio digitalizadas. O sistema padrão utiliza discos de 12 cm e pode gravar mais de 60 minutos de tempo de execução sem interrupção.
CD-ROM
Compact disk read-only memory. Um disco não apagável para armazenar dados de computador. O sistema padrão utiliza discos de 12 cm e pode manter mais de 650 MBytes.
CD-R
CD Gravável. Semelhante a um CD-ROM. O usuário pode gravar no disco apenas uma vez.
CD-RW
CD Regravável. Semelhante a um CD-ROM. O usuário pode apagar e regravar no disco várias vezes.
DVD
Digital versatile disk. Uma tecnologia para produzir representação digitalizada e compactada de informações de vídeo, além de grandes volumes de outros dados digitais. São usados diâmetros de 8 e 12 cm, com uma capacidade de dupla face chegando até a 17 GBytes. O DVD básico é somente de leitura (DVD-ROM).
DVD-R
DVD Gravável. Semelhante a um DVD-ROM. O usuário pode gravar no disco apenas uma vez. Só podem ser usados discos de uma face.
DVD-RW
DVD Regravável. Semelhante a um DVD-ROM. O usuário pode apagar e regravar no disco várias vezes. Só podem ser usados discos de uma face.
***Blu-Ray* DVD**
Disco de vídeo de alta definição. Oferece densidade de armazenamento de dados muito maior que o DVD, usando um laser de 405 nm (azul violeta). Uma única camada em uma única face pode armazenar 25 GBytes.

feixe de laser cair em um sulco, que tem uma superfície áspera, a luz se espalha e uma baixa intensidade é refletida de volta à origem. As áreas entre os sulcos são chamadas de ***pistas***. Uma pista é uma superfície lisa, que reflete o raio com maior intensidade. A mudança entre sulcos e pistas é detectada por um fotorresistor e convertida em um sinal digital. O sensor testa a superfície em intervalos regulares. O início ou o final de um sulco representa um 1; quando não ocorre qualquer mudança na elevação entre os intervalos, um 0 é registrado.

Lembre-se de que, em um disco magnético, a informação é registrada em trilhas concêntricas. Com o sistema de velocidade angular constante (CAV), o número de bits por trilha é constante. Um aumento na densidade é obtido com a gravação em múltiplas zonas, em que a superfície é dividida em uma série de zonas, com as zonas

Figura 6.10 Operação do CD

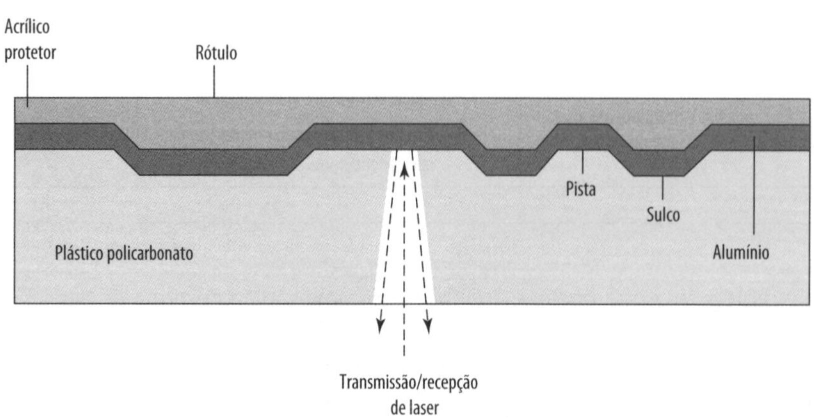

mais distantes do centro contendo mais bits que as zonas mais próximas do centro. Embora essa técnica aumente a capacidade, ela ainda não é ideal.

Para conseguir maior capacidade, CDs e CD-ROMs não organizam informações sobre trilhas concêntricas. Em vez disso, o disco contém uma única trilha espiral, começando próximo ao centro e espiralando para a borda externa do disco. Os setores perto da margem externa do disco têm o mesmo tamanho daqueles perto do interior. Assim, as informações são empacotadas por igual pelo disco em segmentos do mesmo tamanho e estes são varridos na mesma velocidade, girando o disco em uma velocidade variável. Os sulcos são então lidos pelo laser em uma **velocidade linear constante** (CLV, do inglês *constant linear velocity*). O disco gira mais lentamente para os acessos perto da margem externa do que aqueles próximos ao centro. Assim, a capacidade de uma trilha e o atraso rotacional aumentam para as posições perto da margem externa do disco. A capacidade de disco para um CD-ROM é cerca de 680 MB.

Os dados no CD-ROM são organizados como uma sequência de blocos. Um formato de bloco típico aparece na Figura 6.11. Ele consiste nos seguintes campos:

- **Sync:** o campo de sincronismo identifica o início de um bloco. Ele consiste em um byte apenas com 0s, 10 bytes apenas com 1s e um byte apenas com 0s.
- **Cabeçalho:** o cabeçalho contém o endereço de bloco e o byte de modo. O modo 0 especifica um campo de dados em branco; o modo 1 especifica o uso de um código de correção de erro e 2 048 bytes de dados; o modo 2 especifica 2 336 bytes de dados do usuário sem código de correção de erro.
- **Dados:** dados do usuário.
- **Auxiliar:** dados adicionais do usuário no modo 2. No modo 1, este é um código de correção de erro com 288 bytes.

Com o uso de CLV, o acesso aleatório se torna mais difícil. Localizar um endereço específico envolve mover a cabeça para a área geral, ajustar a velocidade de rotação e ler o endereço, e depois fazer pequenos ajustes para encontrar e acessar o setor específico.

O CD-ROM é apropriado para a distribuição de grandes quantidades de dados para um grande número de usuários. Devido ao custo do processo de gravação inicial, ele não é apropriado para aplicações individualizadas. Em comparação com os discos magnéticos tradicionais, o CD-ROM tem duas vantagens:

- O disco óptico, junto com a informação nele armazenada, podem ser replicados em massa de modo pouco dispendioso — diferente de um disco magnético. O banco de dados em um disco magnético precisa ser reproduzido copiando um disco de cada vez, usando duas unidades de disco.
- O disco óptico é removível, permitindo que o próprio disco seja usado para arquivamento. A maioria dos discos magnéticos é não removível. A informação nos discos magnéticos não removíveis precisa ser primeiro copiada para outro meio de armazenamento antes que a unidade de disco e, portanto, o disco possa ser usado para armazenar novas informações.

As desvantagens do CD-ROM são as seguintes:

- Ele é apenas de leitura e não pode ser atualizado.
- Ele tem um tempo de acesso muito maior que o de uma unidade de disco magnético, de até meio segundo.

Figura 6.11 Formato de bloco do CD-ROM

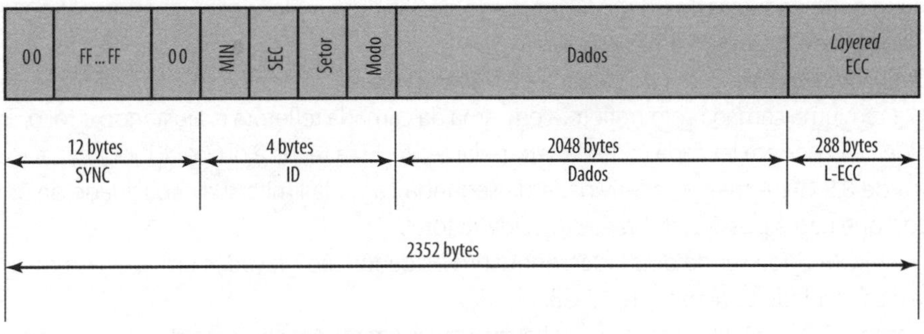

CD GRAVÁVEL Para acomodar aplicações em que apenas um ou um pequeno número de cópias de um conjunto de dados é necessário, foi desenvolvido o CD que grava uma vez e lê muitas vezes, conhecido como CD gravável (CD-R). Para o CD-R, um disco é preparado de modo que possa mais tarde ser gravado uma vez com um feixe de laser de intensidade moderada. Assim, com um controlador de disco um pouco mais caro que para o CD-ROM, o cliente pode gravar uma vez além de ler o disco.

O meio do CD-R é semelhante, mas não idêntico ao de um CD ou CD-ROM. Para CDs e CD-ROMs, a informação é gravada pelo sulco da superfície do meio, que muda a refletividade. Para um CD-R, o meio inclui uma camada de substrato. O substrato é usado para mudar a refletividade e é ativado por um laser de alta intensidade. O disco resultante pode ser lido em uma unidade de CD-R ou em uma unidade de CD-ROM.

O disco óptico de CD-R é atraente para arquivamento de documentos e arquivos. Ele oferece um registro permanente de grandes volumes de dados do usuário.

CD REGRAVÁVEL O disco óptico de CD-RW pode ser gravado e regravado repetidamente, assim como um disco magnético. Embora diversas técnicas tenham sido experimentadas, a única técnica óptica pura que provou ser atraente é denominada **mudança de fase**. O disco por mudança de fase usa um material que possui duas refletividades significativamente diferentes em dois estados de fase diferentes. Existe um estado amorfo, em que as moléculas exibem uma orientação aleatória que mal reflete a luz; e um estado cristalino, que tem uma superfície lisa, que reflete bem a luz. Um feixe de luz de laser pode mudar o material de uma fase para a outra. A principal desvantagem dos discos ópticos por mudança de fase é que o material por fim perde permanentemente estas propriedades. Os materiais atuais podem ser usados para algo entre 500 000 e 1 000 000 ciclos de apagamento.

O CD-RW tem a vantagem óbvia em relação ao CD-ROM e ao CR-R de poder ser regravado e, portanto, é usado como um armazenamento secundário verdadeiro. Dessa forma, ele concorre com o disco magnético. A principal vantagem do disco óptico é que as tolerâncias de engenharia para os discos ópticos são muito menos severas do que para os discos magnéticos de alta capacidade. Assim, eles exibem confiabilidade mais alta e vida mais longa.

Digital versatile disk

Com o amplo disco versátil digital (DVD, do inglês *digital versatile disk*), a indústria eletrônica por fim encontrou uma substituição aceitável para a fita de vídeo VHS analógica. O DVD substituiu a fita de vídeo usada nos gravadores de videocassete (VCR, do inglês *video cassete recorder*) e, mais importante para esta discussão, substituiu o CD-ROM nos computadores pessoais e servidores. O DVD leva o vídeo para a era digital. Ele oferece filmes com qualidade de imagem impressionante, e podem ser acessado aleatoriamente, como os CDs de áudio, que as máquinas de DVD também podem reproduzir. Grandes volumes de dados podem ser colocados no disco, atualmente sete vezes mais que um CD-ROM. Com a imensa capacidade de armazenamento e a excelente qualidade de imagem do DVD, os jogos para PC se tornaram mais realistas e o software educacional incorporou mais vídeo. Em seguida, na onda desse desenvolvimento, tem havido um novo pico de tráfego pela Internet e intranets corporativas, à medida que esse material é incorporado nos sites Web.

A maior capacidade do DVD deve-se a três diferenças dos CDs (Figura 6.12):

1. Os bits são acomodados mais de perto em um DVD. O espaçamento entre os loops de uma espiral em um CD é de 1,6 μm e a distância mínima entre os sulcos ao longo da espiral é de 0,834 μm. O DVD usa um laser com comprimento de onda mais curto e alcança um espaçamento de loop de 0,74 μm e uma distância mínima entre os sulcos de 0,4 μm. O resultado dessas duas melhorias é um aumento de cerca de sete vezes na capacidade, para algo em torno de 4,7 GB.
2. O DVD emprega uma segunda camada de sulcos e pistas em cima da primeira camada. Um DVD de camada dupla tem uma camada semirrefletora em cima da camada refletora e, ajustando o foco, os lasers nas unidades de DVD podem ler cada camada separadamente. Essa técnica quase dobra a capacidade do disco, para cerca de 8,5 GB. A menor refletividade da segunda camada limita sua capacidade de armazenamento, de modo que não é possível dobrar a capacidade total.
3. O DVD-ROM pode ser de dois lados, enquanto os dados são gravados em apenas um lado de um CD. Isso leva a capacidade total para até 17 GB.

Assim como o CD, os DVDs possuem versões graváveis e também somente de leitura (Tabela 6.5).

Figura 6.12 CD-ROM e DVD-ROM

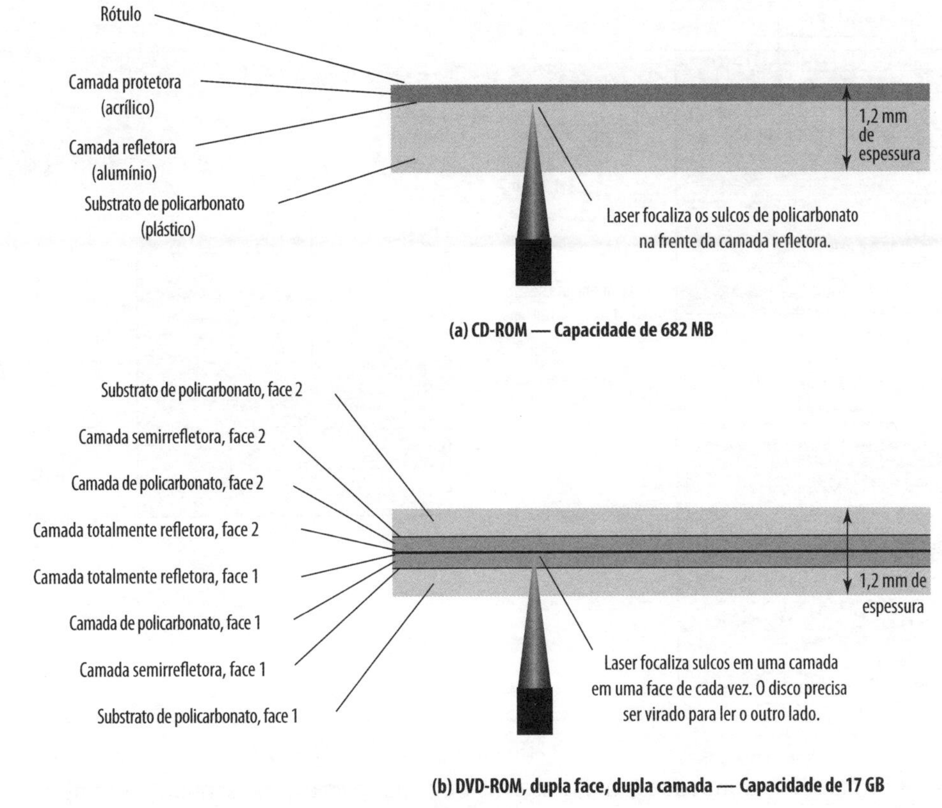

Discos ópticos de alta definição

Os discos ópticos de alta definição são projetados para armazenar vídeos de alta definição e oferecem uma capacidade de armazenamento muito maior em comparação com os DVDs. A densidade de bits mais alta é alcançada usando um laser com um comprimento de onda mais curto, na faixa do azul violeta. Os sulcos de dados, que constituem os 1s e 0s digitais, são menores nos discos ópticos de alta definição em comparação com o DVD, devido ao comprimento do laser mais curto.

Dois formatos e tecnologias de disco concorrentes competiram inicialmente pela aceitação do mercado: HD DVD e *Blu-ray* DVD. O esquema *Blu-ray,* por fim, conseguiu o domínio do mercado. O esquema HD DVD pode armazenar 15 GB em uma única camada em uma única face. O *Blu-ray* posiciona a camada de dados no disco mais perto do laser (mostrado no lado direito de cada diagrama da Figura 6.13). Isso permite um foco mais estreito e menos distorção e, portanto, menores sulcos e trilhas. O *Blu-ray* pode armazenar 25 GB em uma única camada. Existem três versões: somente leitura (BD-ROM), gravável uma vez (BD-R) e regravável (BD-RE).

6.4 Fita magnética

Os sistemas de fita utilizam as mesmas técnicas de leitura e gravação que os sistemas de disco. O meio é uma fita de poliéster flexível (semelhante ao que é usado em alguns tecidos) coberta com material magnetizável. A cobertura pode consistir em partículas de metal puro em pastas especiais ou filmes de vapor de metal. A fita e a unidade de fita são semelhantes a um sistema de gravador de fita doméstico. As larguras de fita variam de 0,38 a 1,27 cm. As fitas costumavam vir em carrretéis abertos que precisavam ser rebobinados para um segundo eixo, para serem usados. Hoje, praticamente todas as fitas são acomodadas em cartuchos.

Figura 6.13 Características da memória óptica

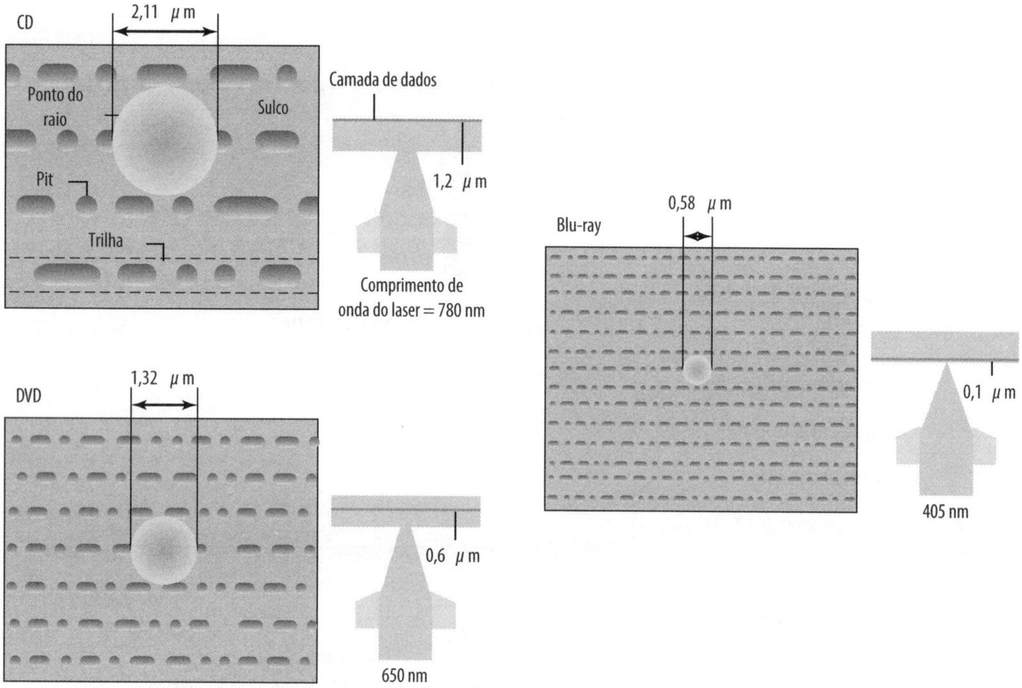

Os dados na fita são estruturados como uma série de trilhas paralelas no sentido do comprimento da fita. Os sistemas de fita mais antigos normalmente usavam nove trilhas. Isso possibilitava o armazenamento de dados um byte de cada vez, com um bit de paridade adicional sendo a nona trilha. Isso foi substituído por sistemas de fita usando 18 ou 36 trilhas, correspondendo a uma palavra ou dupla palavra digital. A gravação de dados dessa forma é conhecida como **gravação paralela**. A maioria dos sistemas modernos, em vez disso, usa a **gravação serial**, em que os dados são dispostos como uma sequência de bits ao longo de cada trilha, como é feito com os discos magnéticos. Assim como o disco, os dados são lidos e gravados em blocos contíguos, chamados ***registros físicos***, em uma fita. Os blocos na fita são separados por lacunas conhecidas como lacunas ***entre registro***. Assim como o disco, a fita é formatada para auxiliar na localização dos registros físicos.

A técnica de gravação típica usada nas fitas seriais é conhecida como **gravação em serpentina**. Nessa técnica, quando os dados estão sendo gravados, o primeiro conjunto de bits é gravado ao longo de toda a extensão da fita. Quando o final da fita é alcançado, as cabeças são reposicionadas para gravar uma nova trilha, e a fita novamente é gravada em sua extensão completa, desta vez na direção oposta. Esse processo continua, indo e voltando, até que a fita esteja cheia (Figura 6.14a). Para aumentar a velocidade, a cabeça de leitura-gravação é capaz de ler e gravar uma série de trilhas adjacentes simultaneamente (normalmente, duas a oito trilhas). Os dados ainda são gravados de forma serial ao longo das trilhas individuais, mas os blocos em sequência são armazenados em trilhas adjacentes, conforme sugere a Figura 6.14b.

Uma unidade de fita é um dispositivo de ***acesso sequencial***. Se a cabeça da fita estiver posicionada no registro 1, então, para ler o registro *N*, é preciso ler os registradores físicos de 1 até $N = 1$, um de cada vez. Se a cabeça estiver atualmente posicionada além do registro desejado, é preciso rebobinar a fita por uma certa distância e começar a ler para frente. Diferente do disco, a fita está em movimento apenas durante uma operação de leitura ou escrita.

Ao contrário da fita, a unidade de disco é denominada um dispositivo de ***acesso direto***. Uma unidade de disco não precisa ler sequencialmente todos os setores em um disco para chegar àquele que deseja. Ela só precisa esperar pelos setores intermediários dentro de uma trilha e pode fazer acessos sucessivos a qualquer trilha.

A fita magnética foi o primeiro tipo de memória secundária. Ela ainda é muito usada como o componente mais lento e de mais baixo custo da hierarquia de memória.

Figura 6.14 Características de uma fita magnética típica

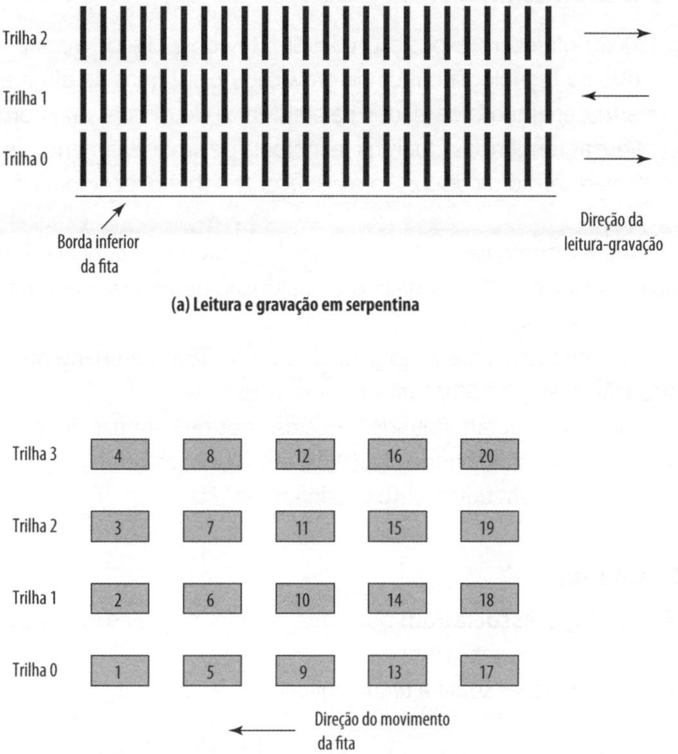

(a) Leitura e gravação em serpentina

(b) Layout em bloco para sistema que lê-grava quatro trilhas simultaneamente

A tecnologia de fita dominante nos dias de hoje é um sistema de cartucho conhecido como fita linear aberta (LTO, do inglês *linear tape open*). A LTO foi desenvolvida no final da década de 1990 como uma alternativa de fonte aberta para os diversos sistemas patenteados no mercado. A Tabela 6.6 mostra os parâmetros para as diversas gerações de LTO. Veja mais detalhes no Apêndice J.

Tabela 6.6 Unidades de fita LTO

	LTO-1	LTO-2	LTO-3	LTO-4	LTO-5	LTO-6
Data de lançamento	2000	2003	2005	2007	TBA	TBA
Capacidade compactada	200 GB	400 GB	800 GB	1600 GB	3,2 TB	6,4 TB
Taxa de transferência compactada (MB/s)	40	80	160	240	360	540
Densidade linear (bits/mm)	4880	7398	9638	13300		
Trilhas de fita	384	512	704	896		
Comprimento da fita	609 m	609 m	680 m	820 m		
Largura da fita (cm)	1,27	1,27	1,27	1,27		
Elementos de gravação	8	8	16	16		

6.5 Leitura recomendada e sites Web

Jacob, Ng e Wang (2008[e]) oferecem exposição consistente sobre discos magnéticos. Mee e Daniel (1996[f]) apresentam um bom estudo da tecnologia básica de gravação de sistemas de disco e fita. Mee e Daniel (1996[g]) focalizam as técnicas de armazenamento de dados para sistemas de disco e fita. Comerford (2000[h])é um artigo curto, porém instrutivo, sobre as tendências atuais na tecnologia de armazenamento de disco magnético. Radding (2008[i]) e Anderson (2003[j]) oferecem uma discussão mais recente sobre a tecnologia de armazenamento de disco magnético.

Um excelente estudo sobre tecnologia RAID, escrito pelos inventores do conceito RAID, é Chen et al.(1994[k]). Um bom artigo introdutório é Friedman (1996[l]). Uma boa comparação de desempenho das arquiteturas RAID é Chen e Towsley (1996[m]).

Marchant (1990[n]) oferece uma excelente visão geral do campo de armazenamento óptico. Um bom estudo da tecnologia básica de gravação e leitura é Mansuripur e Sincerbox (1997[o]).

Rosch (2003[p]) oferece uma visão abrangente de todos os tipos de sistemas de memória externos, com alguns de detalhes técnicos sobre cada um. Khurshudov (2001[q]) é outro bom estudo.

Haeusser et al. (2007[r]) oferecem um tratamento detalhado de LTO.

Sites Web recomendados

Optical Storage Technology Association: boa fonte de informações sobre tecnologia e vendedores de armazenamento óptico, mais uma extensa lista de links relevantes.

LTO site Web: oferece informações sobre a tecnologia LTO e vendedores licenciados.

Principais termos, perguntas de revisão e problemas

Principais termos

Tempo de acesso	DVD-RW	Sulco
Blu-ray	Disco de cabeça fixa	Prato
CD	Disquete	RAID
CD-ROM	Lacuna (gap)	Disco removível
CD-R	Cabeça	Atraso rotacional
CD-RW	Pista	Setor
Velocidade angular constante (CAV)	Disco magnético	Tempo de busca
Velocidade linear constante (CLV)	Fita magnética	Gravação em serpentina
Cilindro	Magnetorresistivo	Dados intercalados (strip data)
DVD	Disco de cabeça móvel	Substrato
DVD-ROM	Gravação em múltiplas zonas	Trilha
DVD-R	Disco não removível	Tempo de transferência
	Memória ótica	

Perguntas de revisão

6.1 Quais são as vantagens de usar um substrato de vidro para um disco magnético?

6.2 Como os dados são gravados em um disco magnético?

6.3 Como os dados são lidos de um disco magnético?

6.4 Explique a diferença entre um sistema CAV simples e um sistema com gravação em múltiplas zonas.

6.5 Defina os termos *trilha*, *cilindro* e *setor*.

6.6 Qual é o tamanho típico de um setor de disco?

6.7 Defina os termos *tempo de busca*, *atraso rotacional*, *tempo de acesso* e *tempo de transferência*.

6.8 Que características comuns são compartilhadas por todos os níveis de RAID?

6.9 Defina resumidamente os sete níveis de RAID.

6.10 Explique o termo *dados intercalados (striped data)*.

6.11 Como a redundância é obtida em um sistema RAID?

6.12 No contexto do RAID, qual é a distinção entre acesso paralelo e acesso independente?

6.13 Qual é a diferença entre CAV e CLV?

6.14 Que diferenças entre um CD e um DVD são responsáveis pela maior capacidade de armazenamento do segundo?

6.15 Explique a gravação em serpentina.

Problemas

6.1 Considere um disco com *N* trilhas numeradas de 0 a (*N* – 1) e considere que os setores requisitados são distribuídos aleatoria e uniformemente pelo disco. Queremos calcular o número médio de trilhas atravessadas por uma busca.

a. Primeiro, calcule a probabilidade de uma busca de tamanho *j* quando a cabeça está atualmente posicionada sobre a trilha *t*. *Dica:* isso é uma questão de determinar o número total de combinações, reconhecendo que todas as posições de trilha para o destino da busca são igualmente prováveis.

b. Em seguida, calcule a probabilidade de uma busca de tamanho *K*. *Dica*: isso envolve o somatório de todas as combinações possíveis de movimentos de *K* trilhas.

c. Calcule o número médio de trilhas atravessadas por uma busca, usando a fórmula para o valor esperado

$$E[x] = \sum_{i=0}^{N-1} i \times \Pr[x=i].$$

Dica: use as igualdades: $\sum_{i=1}^{n} i = \frac{n(n+1)}{2}$; $\sum_{i=1}^{n} i^2 = \frac{n(n+1)(2n+1)}{6}$.

d. Mostre que, para valores grandes de *N*, o número médio de trilhas atravessadas por uma busca se aproxima de *N*/3.

6.2 Defina o seguinte para um sistema de disco:

t_s = tempo de busca; tempo médio para posicionar a cabeça sobre a trilha
r = velocidade de rotação do disco, em rotações por segundo
n = número de bits por setor
N = capacidade de uma trilha, em bits
t_A = tempo para acessar um setor

Desenvolva uma fórmula para t_A como uma função dos outros parâmetros.

6.3 Considere uma unidade de disco magnético com 8 superfícies, 512 trilhas por superfície e 64 setores por trilha. O tamanho do setor é de 1 KB. O tempo de busca médio é de 8 ms, o tempo de acesso de uma trilha para outra é de 1,5 ms, e a unidade gira a 3 600 rpm. As trilhas sucessivas em um cilindro podem ser lidas sem movimento da cabeça.

a. Qual é a capacidade do disco?

b. Qual é o tempo médio de acesso? Suponha que esse arquivo seja armazenado em setores sucessivos e trilhas de cilindros sucessivos, começando no setor 0, trilha 0 do cilindro *i*.

c. Estime o tempo necessário para transferir um arquivo de 5 MB.

d. Qual é a taxa de transferência de rajada (burst)?

6.4 Considere um disco com único prato, com os seguintes parâmetros: velocidade de rotação: 7 200 rpm; número de trilhas em um lado da placa: 30.000; número de setores por trilha: 600; tempo de busca: um ms para cada cem trilhas atravessadas. Considere que o disco recebe uma solicitação para acessar um setor aleatório em uma trilha aleatória e suponha que a cabeça do disco comece na trilha 0.

a. Qual é o tempo médio de busca?

b. Qual é a o atraso rotacional médio?

c. Qual é o tempo de transferência para um setor?

d. Qual é o tempo total médio para atender a uma solicitação?

6.5 Existe uma distinção entre registros físicos e registros lógicos. Um **registro lógico** é uma coleção de elementos de dados relacionados, tratados como uma unidade conceitual, independentemente de como e onde a informação é armazenada. Um **registro físico** é uma área contígua do espaço de armazenamento, definida pelas características do dispositivo de armazenamento e do sistema operacional. Considere um sistema de disco em que cada registro físico contenha trinta registros lógicos de 120 bytes. Calcule quanto espaço em disco (em setores, trilhas e superfícies) serão necessários para armazenar 300 000 registros lógicos se o disco tiver um tamanho fixo de 512 bytes/setor, com 96 setores/trilha, 110 trilhas por superfície e 8 superfícies utilizáveis. Ignore quaisquer registros de cabeçalho de arquivo e índices de trilha, e suponha que os registros não possam se espalhar por dois setores.

6.6 Considere um disco que gira a 3 600 rpm. O tempo de busca para mover a cabeça entre trilhas adjacentes é de 2 ms. Existem 32 setores por trilha, que são armazenados em ordem linear a partir do setor 0 até o setor 31. A cabeça vê os setores em ordem ascendente. Suponha que a cabeça de leitura/gravação esteja posicionada no início do setor 1 na trilha 9. Existe um buffer de memória principal grande o suficiente para manter uma trilha inteira. Os dados são transferidos entre os locais do disco lendo da trilha de origem para o buffer da memória principal e depois gravando os dados do buffer para a trilha de destino.

a. Quanto tempo levará para transferir o setor 1 na trilha 8 para o setor 1 na trilha 9?

b. Quanto tempo levará para transferir todos os setores da trilha 8 para os setores correspondentes da trilha 9?

6.7 Deve ter ficado claro que o striping de disco pode melhorar a taxa de transferência de dados quando o tamanho do strip é pequeno em comparação com o tamanho da solicitação de E/S. Também deve estar claro que RAID 0 oferece melhor desempenho em relação a um único disco grande, pois múltiplas solicitações de E/S podem ser tratadas em paralelo. Porém, nesse último caso, o striping de disco é necessário? Ou seja, o striping de disco melhora o desempenho da taxa de solicitação de E/S em comparação com um array de disco sem striping?

6.8 Considere um array RAID com 4 unidades, com 200 GB por unidade. Qual é a capacidade de armazenamento de dados disponível para cada um dos níveis de RAID 0, 1, 3, 4, 5 e 6?

6.9 Para um CD, o áudio é convertido para digital com amostras de 16 bits, e é tratado como um fluxo de bytes de 8 bits para fins de armazenamento. Um esquema simples para armazenar esses dados, chamado gravação direta, seria representar um 1 por uma pista e um 0 por um sulco. Em vez disso, cada byte é expandido para um número binário de 14 bits. Acontece que exatamente 256 (2^8) do total de 16.134 (2^{14}) números de 14 bits possuem pelo menos dois 0s entre cada par de 1s, e esses são os números selecionados para a expansão de 8 para 14 bits. O sistema óptico detecta a presença de 1s detectando uma transição de sulco a pista ou de pista a sulco. Ele detecta 0s medindo as distâncias entre as mudanças de intensidade. Esse esquema requer que não haja 1s sucessivos; daí o uso do código de 8 para 14.

A vantagem desse esquema é a seguinte. Para determinado diâmetro do raio laser, existe um tamanho de sulco mínimo, independentemente de como os bits são representados. Com esse esquema, esse tamanho mínimo do sulco armazena 3 bits, pois pelo menos dois 0s vêm após cada 1. Com a gravação direta, o mesmo sulco seria capaz de armazenar apenas um bit. Considerando tanto o número de bits armazenados por sulco quanto a expansão de 8 para 14, que esquema armazena mais bits e por que fator?

6.10 Crie uma estratégia de backup para um sistema de computação. Uma opção é usar discos externos removíveis, que custam US$ 150 para cada unidade de 500 GB. Outra opção é comprar uma unidade de fita por US$ 2 500, e fitas de 400 GB por US$ 50 a peça. (Estes eram preços reais em 2008.) Uma estratégia de backup típica é ter dois conjuntos de mídia de backup no local, com backups gravados alternadamente neles, de modo que, caso o sistema falhe enquanto se faz o backup, a versão anterior ainda estaria intacta. Há também um terceiro conjunto mantido fora do local, com o conjunto fora do local trocado periodicamente por um conjunto no local.

a. Suponha que você tenha 1 TB (1 000 GB) de dados para fazer backup. Quanto custaria um sistema de backup de disco?

b. Quanto custaria um sistema de backup em fita para 1 TB?

c. Que tamanho cada backup precisaria ter para que a estratégia de fita fosse menos dispendiosa?

d. Que tipo de estratégia de backup favorece as fitas?

Referências

a STALLINGS, W. *Operating systems, internals and design principles, 6th Edition.* Upper Saddle River, NJ: Prentice Hall, 2009.

b PATTERSON, D.; GIBSON, G. E KATZ, R. "A case for redundant arrays of inexpensive disks (RAID)". *Proceedings, ACM SIGMOD Conference of Management of Data*, jun. 1988.

c KATZ, R; GIBSON, G. E PATTERSON, D. "Disk system architecture for high performance computing." *Proceeding of the IEEE*, dez. 1989.

d EISCHEN, C. "RAID 6 covers more bases". *Network World,* 9 abr. 2007.

e JACOB, B.; Ng, S. e Wang, D. *Memory systems: cache, DRAM, disk.* Boston: Morgan Kaufmann, 2008.

f MEE, C. e Daniel, E. eds. *Magnetic recording technology.* Nova York: McGraw-Hill, 1996.

g MEE, C. e Daniel, E. eds. *Magnetic storage handbook.* Nova York: McGraw-Hill, 1996.

h COMERFORD, R. "Magnetic storage: the medium that wouldn't die". *IEEE Spectrum,* dez. 2000.

i RADDING, A. "Small disks, big specs". *Storage Magazine,* set. 2008.

j ANDERSON, D. "You don't know jack about disks". *ACM Queue,* jun. 2003.

k CHEN, P.; LEE, E.; Gibson, G.; Katz, R. e Patterson, D. "RAID: high-performance, reliable secondary storage". *ACM Computing Surveys,* jun. 1994.

l FRIEDMAN, M. "RAID keeps going and going and...". *IEEE Spectrum,* abr. 1996.

m CHEN, S. e TOWSLEY, D. "A performance evaluation of RAID Architectures". *IEEE Transactions on Computers,* out. 1996.

n MARCHANT, A. *Optical recording.* Reading, MA: Addison-Wesley, 1990.

o MANSURIPUR, M. e SINCERBOX, G. "Principles and techniques of optical data storage". *Proceedings of the IEEE*, nov. 1997.

p ROSCH, W. *Winn L. Rosch hardware bible.* Indianapolis, IN: Que Publishing, 2003.

q KHURSHUDOV, A. *The essential guide to computer data storage.* Upper Saddle River, NJ: Prentice Hall, 2001.

r HAEUSSER, B., et al. *IBM system storage tape library guide for open systems.* IBM Redbook SG24-5946-05, out. 2007. Disponível em: <ibm.com/redbooks>.

CAPÍTULO

7

0 1 2 3 4 5 6 **7** 8 9 10 11 12 13 14 15 16 17 18

Entrada/Saída

PRINCIPAIS PONTOS

- A arquitetura de E/S do sistema de computação é a sua interface com o mundo exterior. Essa arquitetura oferece um meio sistemático de controlar a interação com o mundo exterior e fornece ao sistema operacional as informações de que precisa para gerenciar a atividade de E/S de modo eficaz.
- Existem três técnicas principais de E/S: **E/S programada**, em que a E/S ocorre sob o controle direto e contínuo do programa solicitando a operação de E/S; **E/S controlada por interrupção**, em que um programa emite um comando de E/S e depois continua a executar, até que seja interrompido pelo hardware de E/S para sinalizar o final da operação de E/S; e **acesso direto à memória (DMA)**, em que um processador de E/S especializado assume o controle de uma operação de E/S para mover um grande bloco de dados.
- Dois exemplos importantes de interfaces de E/S são **FireWire** e **InfiniBand**.

Ferramenta de projeto de sistema de E/S

Além do processador e um conjunto de módulos de memória, o terceiro elemento chave de um sistema de computação é um conjunto de módulos de E/S. Cada módulo se conecta ao barramento do sistema ou *comutador* central e controla um ou mais dispositivos periféricos. Um módulo de E/S não é simplesmente um conjunto de conectores mecânicos que conectam um dispositivo fisicamente ao barramento do sistema. Em vez disso, o módulo de E/S contém uma lógica para realizar uma função de comunicação entre o periférico e o barramento.

O leitor poderá perguntar por que não se conectam os periféricos diretamente no barramento do sistema. Os motivos são os seguintes:

- Existe uma grande variedade de periféricos, com diversos métodos de operação. Seria impraticável incorporar a lógica necessária dentro do processador para controlar todos os tipos de dispositivos.
- A taxa de transferência de dados dos periféricos normalmente é muito mais lenta do que a da memória ou do processador. Assim, é impraticável usar o barramento de alta velocidade do sistema para se comunicar diretamente com um periférico.
- Por outro lado, a taxa de transferência de dados de alguns periféricos é maior do que a da memória ou do processador. Novamente, uma diferença levaria a ineficiências se não fosse controlada corretamente.
- Os periféricos normalmente utilizam formatos de dados e tamanhos de palavras diferentes do que é usado pelo computador ao qual estão conectados.

Assim, um módulo de E/S é necessário. Esse módulo tem duas funções principais (Figura 7.1):

- Interface com o processador e a memória por meio do barramento do sistema ou ***comutador*** central.
- Interface com um ou mais dispositivos periféricos por conexões de dados adequados.

Vamos começar este capítulo com uma breve discussão sobre os dispositivos externos, seguida por uma visão geral da estrutura e função de um módulo de E/S. Depois, veremos as diversas maneiras como a função de E/S pode ser realizada em cooperação com o processador e a memória: a interface de E/S interna. Finalmente, examinamos a interface de E/S externa, entre o módulo de E/S e o mundo exterior.

7.1 Dispositivos externos

As operações de E/S são realizadas por meio de uma grande variedade de dispositivos externos, que oferecem um meio de trocar dados entre o ambiente externo e o computador. Um dispositivo externo se conecta ao computador por uma conexão com um módulo de E/S (Figura 7.1). A conexão é usada para trocar sinais de controle, estado e dados entre os módulos de E/S e o dispositivo externo. Um dispositivo externo conectado a um módulo de E/S normalmente é chamado de ***dispositivo periférico*** ou, simplesmente, um ***periférico***.

Podemos classificar os dispositivos externos em geral em três categorias:

Figura 7.1 Modelo genérico de um módulo de E/S

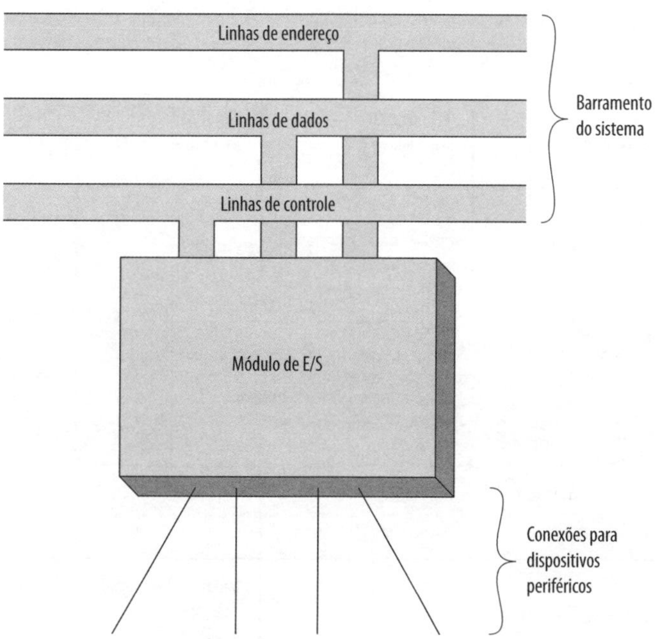

- **Legíveis ao ser humano:** adequados para a comunicação com usuários de computador.
- **Legíveis à máquina:** adequados para a comunicação com equipamentos.
- **Comunicação:** adequados para a comunicação com dispositivos remotos.

Alguns exemplos de dispositivos legíveis ao ser humano são monitores de vídeo e impressoras. Alguns exemplos de dispositivos legíveis à máquina são sistemas de disco magnético e fita, e sensores e atuadores, como aqueles usados em uma aplicação de robótica. Observe que estamos vendo os sistemas de disco e fita como dispositivos de E/S neste capítulo, enquanto, no Capítulo 6, eles são vistos como dispositivos de memória. Por um ponto de vista funcional, esses dispositivos fazem parte da hierarquia de memória, e seu uso é discutido apropriadamente no Capítulo 6. Por um ponto de vista estrutural, esses dispositivos são controlados por módulos de E/S e, por isso, devem ser considerados neste capítulo.

Dispositivos de comunicação permitem que um computador troque dados com um dispositivo remoto, que pode ser um dispositivo legível ao ser humano, como um terminal, um dispositivo legível à máquina, ou até mesmo outro computador.

Em termos muito gerais, a natureza de um dispositivo externo é indicada na Figura 7.2. A interface com o módulo de E/S ocorre na forma de sinais de controle, dados e estado. Os ***sinais de controle*** determinam a função que o dispositivo realizará como enviar dados ao módulo de E/S (INPUT ou READ), aceitar dados do módulo de E/S (OUTPUT ou WRITE), informar o estado ou realizar alguma função de controle particular ao dispositivo (por exemplo, posicionar uma cabeça de disco). Os ***dados*** estão na forma de um conjunto de bits a serem enviados ou recebidos do módulo de E/S. Os ***sinais de estado*** indicam o estado do dispositivo. Alguns exemplos são READY/NOT-READY, para indicar se o dispositivo está pronto para uma transferência de dados.

A ***lógica de controle,*** associada ao dispositivo, controla a operação do dispositivo em resposta à direção do módulo de E/S. O ***transdutor*** converte dados de elétrico para outras formas de energia durante a saída e de outras formas para elétrico durante a entrada. Normalmente, um buffer é associado ao transdutor para manter temporariamente os dados sendo transferidos entre o módulo de E/S e o ambiente externo; um tamanho de buffer de 8 a 16 bits é comum.

A interface entre o módulo de E/S e o dispositivo externo será examinada na Seção 7.7 A interface entre o dispositivo externo e o ambiente está fora do escopo deste livro, mas vamos mostrar alguns exemplos rapidamente.

Figura 7.2 Diagrama em blocos de um dispositivo externo

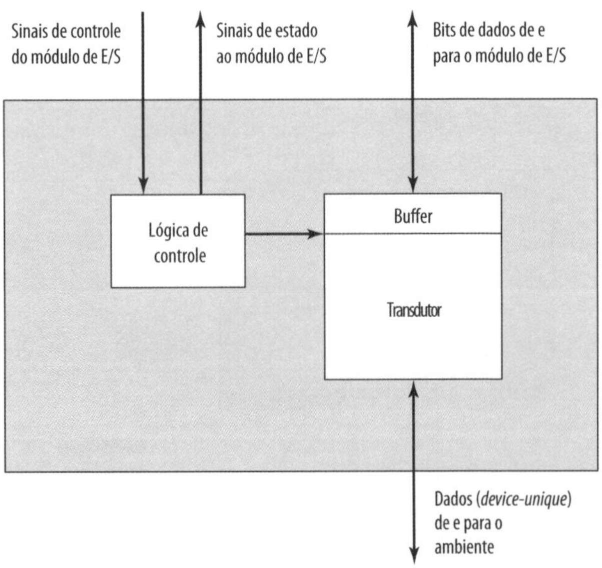

Teclado/monitor

O meio mais comum de interação entre computador/usuário é o conjunto de teclado/monitor. O usuário fornece entrada pelo teclado. Essa entrada é então transmitida ao computador e também pode ser exibida no monitor. Além disso, o monitor exibe dados fornecidos pelo computador.

A unidade de troca básica é o caractere. Associado a cada caractere existe um código, normalmente com 7 ou 8 bits. O código de texto mais utilizado é o *International Reference Alphabet* (IRA).[1] Cada caractere nesse código é representado por um código binário exclusivo com 7 bits; assim, 128 caracteres diferentes podem ser representados. Os caracteres são de dois tipos: imprimíveis e de controle. Os caracteres imprimíveis são os caracteres alfabéticos, numéricos e especiais, que podem ser impressos em papel ou exibidos em um monitor. Alguns dos caracteres de controle têm a ver com o controle da impressão ou exibição de caracteres; um exemplo é o ***carriage return***. Outros caracteres de controle tratam dos procedimentos de comunicação. Veja mais detalhes no Apêndice F.

Para a entrada do teclado, quando o usuário pressiona uma tecla, isso gera um sinal eletrônico que é interpretado pelo transdutor no teclado e traduzido para o padrão de bits do código IRA correspondente. Esse padrão de bits é então transmitido ao módulo de E/S no computador, onde o texto pode ser armazenado no mesmo código IRA. Na saída, os caracteres do código IRA são transmitidos para um dispositivo externo do módulo de E/S. O transdutor no dispositivo interpreta esse código e envia os sinais eletrônicos exigidos ao dispositivo de saída, ou para exibir o caractere indicado ou realizar a função de controle solicitada.

Unidade de disco

Uma unidade de disco contém a eletrônica para trocar sinais de dados, controle e estado com um módulo de E/S mais a eletrônica para controlar os mecanismos de leitura/escrita de disco. Em um disco de cabeça fixa, o transdutor é capaz de converter os padrões magnéticos na superfície do disco móvel em bits no buffer do dispositivo (Figura 7.2). Um disco com cabeça móvel também precisa ser capaz de fazer o braço do disco se mover radialmente para dentro e fora pela superfície do disco.

7.2 Módulos de E/S

Função do módulo

As principais funções ou requisitos para um módulo de E/S encontram-se nas seguintes categorias:

- Controle e temporização.
- Comunicação com o processador.
- Comunicação com o dispositivo.
- Armazenamento temporário (***buffering***) de dados.
- Detecção de erro

Durante qualquer período, o processador pode se comunicar com um ou mais dispositivos externos em padrões imprevisíveis, dependendo da necessidade de E/S do programa. Os recursos internos, como a memória principal e o barramento do sistema, precisam ser compartilhados entre uma série de atividades, incluindo E/S de dados. Assim, a função de E/S inclui um requisito de **controle e temporização**, para coordenar o fluxo de tráfego entre os recursos internos e dispositivos externos. Por exemplo, o controle da transferência de dados de um dispositivo externo ao processador poderia envolver a seguinte sequência de etapas:

1. O processador interroga o módulo de E/S para verificar o estado do dispositivo conectado.
2. O módulo de E/S retorna o estado do dispositivo.
3. Se o dispositivo estiver operacional e pronto para transmitir, o processador solicita a transferência de dados por meio de um comando ao módulo de E/S.

---

1 IRA é definido na ITU-T Recommendation T.50, e era conhecido originalmente como *International Alphabet Number* 5 (IA5). A versão do IRA para os EUA é conhecida como *American Standard Code for Information Interchange* (ASCII).

4. O módulo de E/S obtém uma unidade de dados (por exemplo, 8 ou 16 bits) do dispositivo externo.
5. Os dados são transferidos do módulo de E/S ao processador.

Se o sistema emprega um barramento, então cada uma das interações entre o processador e o módulo de E/S envolve uma ou mais arbitragens de barramento.

Esse cenário simplificado também ilustra que o módulo de E/S precisa se comunicar com o processador e com o dispositivo externo. A **comunicação do processador** envolve o seguinte:

- **Decodificação de comando:** o módulo de E/S aceita comandos do processador, normalmente enviados como sinais no barramento de controle. Por exemplo, um módulo de E/S para uma unidade de disco precisa aceitar os seguintes comandos: READ SECTOR, WRITE SECTOR, SEEK número de trilha e SCAN ID de registro. Cada um dos dois últimos comandos inclui um parâmetro que é enviado no barramento de dados.
- **Dados:** os dados são trocados entre o processador e o módulo de E/S pelo barramento de dados.
- **Informação de estado:** como os periféricos são muito lentos, é importante conhecer o estado do módulo de E/S. Por exemplo, se um módulo de E/S tiver que enviar dados ao processador (leitura), ele pode não ser capaz de fazer isso porque ainda está trabalhando no comando de E/S anterior. Esse fato pode ser relatado com um sinal de estado, sendo os mais comuns BUSY e READY. Também pode haver sinais para relatar diversas condições de erro.
- **Reconhecimento de endereço:** assim como cada palavra de memória tem um endereço, cada dispositivo de E/S também tem. Desse modo, um módulo de E/S precisa reconhecer um endereço exclusivo para cada periférico que controla.

Por outro lado, o módulo de E/S também deve ser capaz de realizar **comunicação com o dispositivo**. Essa comunicação envolve comandos, informação de estado e dados (Figura 7.2).

Uma tarefa essencial de um módulo de E/S é o ***buffering* de dados**. A necessidade dessa função é aparente pela Figura 2.11. Enquanto a taxa de transferência para entrada e saída na memória principal ou no processador é muito alta, as taxas da maioria dos dispositivos periféricos compreendem uma grande faixa. Os dados vindos da memória principal são enviados para um módulo de E/S em uma maneira rápida. Os dados são mantidos em um buffer no módulo de E/S e depois enviados ao dispositivo periférico em sua taxa de dados. Na direção oposta, os dados são mantidos em buffer para não reter a memória com uma operação de transferência lenta. Assim, o módulo de E/S precisa ser capaz de operar nas velocidades do dispositivo e da memória. De modo semelhante, se o dispositivo de E/S opera em uma taxa mais alta que a taxa de acesso à memória, então o módulo de E/S realiza a operação de *buffering* necessária.

Finalmente, um módulo de E/S normalmente é responsável pela **detecção de erro** e, subsequentemente, por relatar erros ao processador. Uma classe de erros inclui defeitos mecânicos e elétricos relatados pelo dispositivo (por exemplo, papel emperrado, trilha de disco com defeito). Outra classe consiste em mudanças não intencionais no padrão de bits quando são transmitidos do dispositivo ao módulo de E/S. Alguma forma de código de detecção de erro normalmente é usada para detectar erros de transmissão. Um exemplo simples é o uso de um bit de paridade em cada caractere de dados. Por exemplo, o código de caracteres IRA ocupa 7 bits de um byte. O oitavo bit é definido de modo que o número total de 1s no byte seja par (paridade par) ou ímpar (paridade ímpar). Quando um byte é recebido, o módulo de E/S verifica a paridade para determinar se ocorreu um erro.

Estrutura do módulo de E/S

Os módulos de E/S variam bastante em complexidade e o número de dispositivos externos controlados por eles. Aqui, tentaremos apenas dar uma descrição. (Um dispositivo específico, o Intel 82C55A, é descrito na Seção 7.4.) A Figura 7.3 oferece um diagrama de blocos geral de um módulo de E/S. O módulo se conecta ao restante do computador por meio de um conjunto de linhas de sinal (por exemplo, linhas de barramento do sistema). Os dados transferidos de e para o módulo são mantidos em um buffer, em um ou mais registradores de dados. Também pode haver um ou mais registradores de estado que oferecem informações do estado atual. Um registrador de estado também pode funcionar como um registrador de controle, para aceitar informações de controle detalhadas do processador. A lógica dentro do módulo interage com o processador por meio de um conjunto de linhas de controle. O processador usa as linhas de controle para emitir comandos ao módulo de E/S. Algumas das linhas de controle podem ser usadas pelo módulo de E/S (por exemplo, para sinais de arbitração

Figura 7.3 Diagrama de blocos de um módulo de E/S

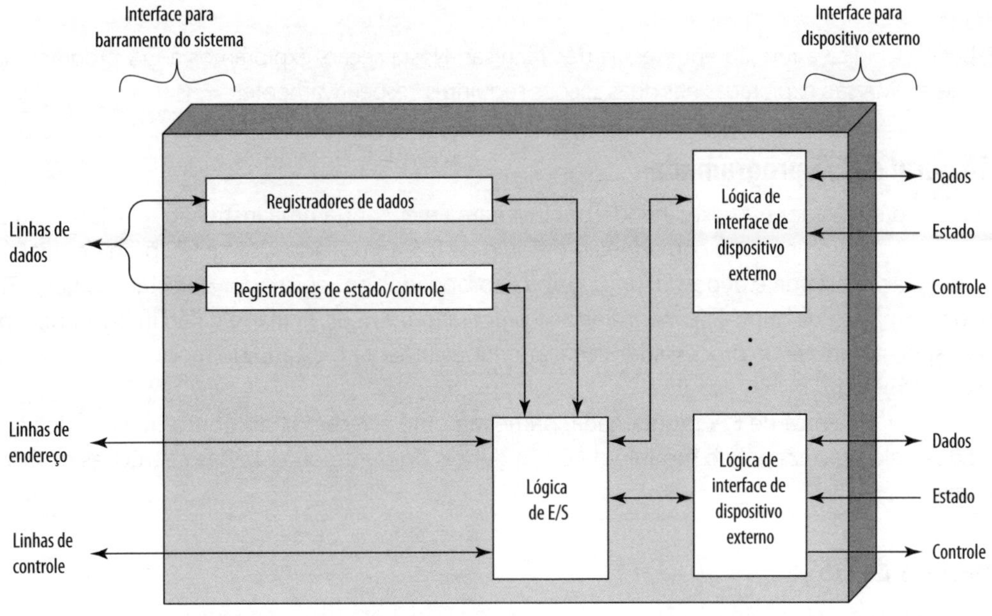

e estado). O módulo também precisa ser capaz de reconhecer e gerar endereços associados aos dispositivos que ele controla. Cada módulo de E/S tem um endereço exclusivo ou, se controlar mais de um dispositivo externo, um conjunto exclusivo de endereços. Finalmente, o módulo de E/S contém lógica específica à interface com cada dispositivo que ele controla.

Um módulo de E/S funciona para permitir que o processador veja uma grande variedade de dispositivos de uma maneira simples. Existe um espectro de capacidades que podem ser oferecidas. O módulo de E/S pode ocultar os detalhes de temporização, formatos e eletromecânica de um dispositivo externo, de modo que o processador pode funcionar em termos de comandos simples de leitura e escrita, e possivelmente comandos para abrir e fechar arquivo. Em sua forma mais simples, o módulo de E/S ainda pode ter grande parte do trabalho de controlar um dispositivo (por exemplo, rebobinar uma fita) visível ao processador.

Um módulo de E/S, que assume a maior parte do processamento, apresentando uma interface de alto nível ao processador, normalmente é conhecido como ***canal de E/S*** ou ***processador de E/S.*** Um módulo de E/S que é muito primitivo e requer controle normalmente é conhecido como ***controlador de E/S*** ou ***controlador de dispositivo***. Os controladores de E/S normalmente são vistos nos microcomputadores, enquanto os canais de E/S são usados em mainframes.

A seguir, usaremos o termo genérico ***módulo de E/S*** quando não houver confusão, e usaremos termos mais específicos onde for necessário.

7.3 E/S programada

Três técnicas são possíveis para operações de E/S. Com a ***E/S programada***, os dados são trocados entre o processador e o módulo de E/S. O processador executa um programa que lhe oferece controle direto da operação de E/S, incluindo percepção do estado de dispositivo, envio de um comando de leitura ou escrita e transferência dos dados. Quando o processador emite um comando ao módulo de E/S, ele precisa esperar até que a operação de E/S termine. Se o processador for mais rápido que o módulo de E/S, isso desperdiça o tempo do processador. Com a ***E/S controlada por interrupção***, o processador emite um comando de E/S, continua a executar outras instruções e é interrompido pelo módulo de E/S quando o último tiver completado seu trabalho. Com a E/S programada e por interrupção, o processador é responsável por obter dados da memória principal para saída, e por amarzenar dados na memória principal para entrada. A alternativa é conhecida como ***acessos direto à memória*** (DMA). Nesse modo, o módulo de E/S e a memória principal trocam dados diretamente, sem envolvimento do processador.

A Tabela 7.1 indica a relação entre essas três técnicas. Nesta seção, exploramos a E/S programada. A E/S por interrupção e DMA são exploradas nas duas seções seguintes, respectivamente.

Visão geral da E/S programada

Quando o processador está executando um programa e encontra uma instrução relacionada a E/S, ele executa essa instrução emitindo um comando ao módulo de E/S apropriado. Com a E/S programada, o módulo de E/S realizará a ação exigida e depois definirá os bits apropriados no registrador de estado de E/S (Figura 7.3). O módulo de E/S não toma outra ação para alertar o processador. Em particular, ele não interrompe o processador. Assim, é responsabilidade do processador verificar periodicamente o estado do módulo de E/S até descobrir se a operação terminou.

Para explicar a técnica de E/S programada, primeiramente a veremos do ponto de vista dos comandos de E/S emitidos pelo processador ao módulo de E/S, e depois do ponto de vista das instruções de E/S executadas pelo processador.

Comandos de E/S

Para executar uma instrução relacionada a E/S, o processador emite um endereço, especificando o módulo de E/S e dispositivo externo em particular, e um comando de E/S. Existem quatro tipos de comandos de E/S que um módulo de E/S pode receber quando é endereçado por um processador:

- **Controle:** usado para ativar um periférico e dizer-lhe o que fazer. Por exemplo, uma unidade de fita magnética pode ser instruída a rebobinar ou mover um registrador para frente. Esses comandos são ajustados ao tipo específico de dispositivo periférico.
- **Teste:** usado para testar diversas condições de estado associadas a um módulo de E/S e seus periféricos. O processador desejará saber se o periférico de interesse está ligado e disponível para uso. Ele também deseja saber se a operação de E/S mais recente terminou e se houve algum erro.
- **Leitura:** faz com que o módulo de E/S obtenha um item de dados do periférico e o coloque em um buffer interno (representado como um registrador de dados na Figura 7.3). O processador pode obter o item de dados solicitando que o módulo de E/S o coloque no barramento de dados.
- **Escrita:** faz com que o módulo de E/S apanhe um item de dado (byte ou palavra) do barramento de dados e depois transmita esse item de dado ao periférico.

A Figura 7.4a dá um exemplo do uso da E/S programada para ler um bloco de dados de um dispositivo periférico (por exemplo, um registro da fita) para a memória. Os dados são lidos em uma palavra (por exemplo, 16 bits) de cada vez. Para cada palavra lida, o processador precisa permanecer em um ciclo de verificação de estado até que determine que a palavra está disponível no registrador de dados do módulo de E/S. Esse fluxograma destaca a principal desvantagem dessa técnica: é um processo demorado, que mantém o processador ocupado desnecessariamente.

Tabela 7.1 Técnicas de E/S

	Sem interrupções	Uso de interrupções
Transferência de E/S para memória via processador	E/S programada	E/S controlada por interrupção
Transferência direta de E/S para memória		Acesso direto à memória (DMA)

Figura 7.4 Três técnicas para entrada de um bloco de dados

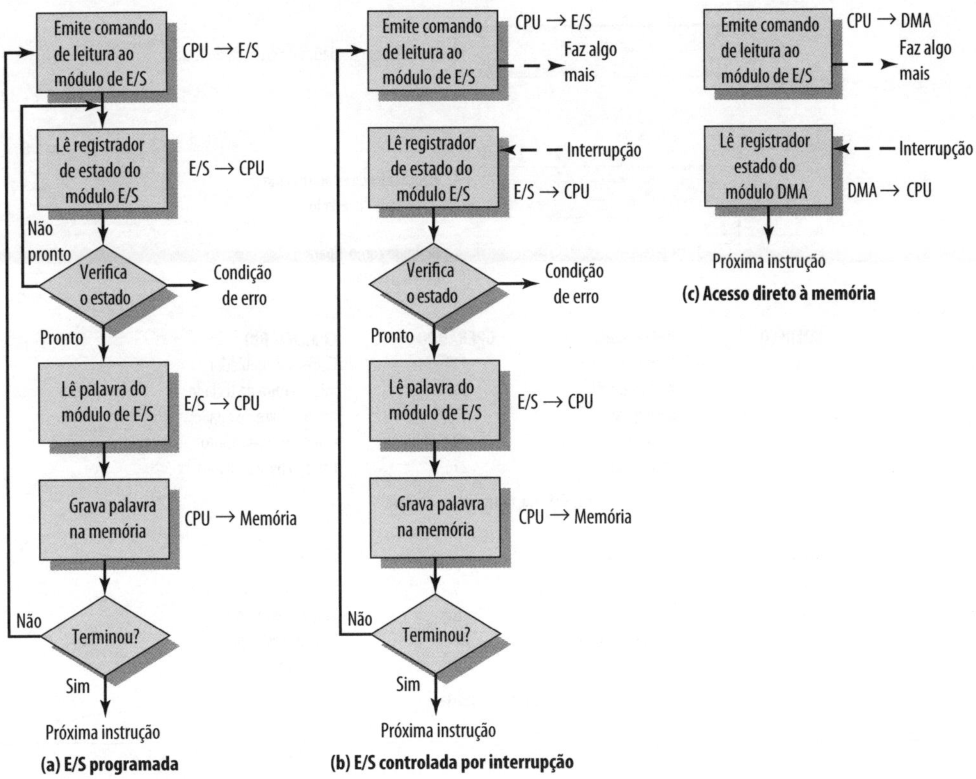

Instruções de E/S

Com a E/S programada, existe uma correspondência próxima entre as instruções relacionadas à E/S que o processador busca na memória e os comandos de E/S que o processador emite a um módulo de E/S, para executar as instruções. Ou seja, as instruções são facilmente mapeadas em comandos de E/S, e normalmente existe uma simples relação um para um. A forma da instrução depende do modo como os dispositivos externos são endereçados.

Normalmente, haverá muitos dispositivos de E/S conectados por meio dos módulos de E/S ao sistema. Cada dispositivo recebe um identificador ou endereço exclusivo. Quando o processador emite um comando de E/S, o comando contém o endereço do dispositivo desejado. Assim, cada módulo de E/S precisa interpretar as linhas de endereço para determinar se o comando é para ele mesmo.

Quando o processador, a memória principal e a E/S compartilham um barramento comum, dois modos de endereçamento são possíveis: E/S mapeada na memória e E/S independente. Com a **E/S mapeada na memória**, existe um único espaço de endereço para locais de memória e dispositivos de E/S. O processador trata os registradores de estado e dados dos módulos de E/S como locais de memória, e usa as mesmas instruções de máquina para acessar a memória e os dispositivos de E/S. Assim, por exemplo, com 10 linhas de endereço, um total combinado de $2^{10} = 1\,024$ locais de memória e endereços de E/S podem ser aceitos, em qualquer combinação.

Com a E/S mapeada na memória, uma única linha de leitura e uma única linha de escrita são necessárias no barramento. Como alternativa, o barramento pode ter linhas de leitura e escrita de memória além das linhas de comando de entrada e saída. Agora, a linha de comando especifica se o endereço se refere a um local de memória ou a um dispositivo de E/S. A faixa completa de endereços pode estar disponível para ambos. Novamente, com 10 linhas de endereço, o sistema agora pode aceitar 1 024 locais de memória e 1 024 endereços de E/S. Como o espaço de endereço para E/S é independente do espaço da memória, isso é chamado de **E/S independente**.

A Figura 7.5 compara essas duas técnicas de E/S programada. A Figura 7.5a mostra como a interface para um dispositivo de entrada simples, como um teclado de, poderia aparecer a um programador usando a E/S mapeada

Figura 7.5 E/S mapeada na memória e isolada

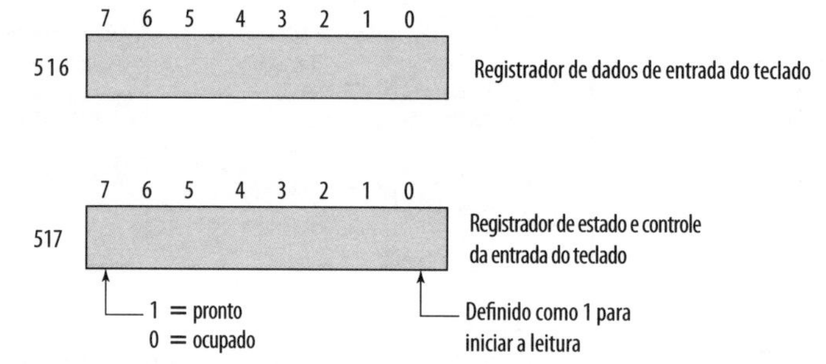

ENDEREÇO	INSTRUÇÃO	OPERANDO	COMENTÁRIO
200	Carrega AC	"1"	Carrega acumulador
	Armazena AC	517	Inicia leitura do teclado
202	Carrega AC	517	Apanha byte de estado
	Desvia se sinal = 0	202	Loop até estar pronto
	Carrega AC	216	Carrega byte de dados

(a) E/S mapeada na memória

ENDEREÇO	INSTRUÇÃO	OPERANDO	COMENTÁRIO
200	Carrega E/S	5	Inicia leitura do teclado
201	Testa E/S	5	Verifica término
	Desvia se não pronto	201	Loop até estar pronto
	Entrada	5	Carrega byte de dados

(b) E/S isolada

na memória. Considere um endereço de 10 bits, com uma memória de 512 bits (locais 0-511) e até 512 endereços de E/S (locais 512-1023). Dois endereços são dedicados à entrada do teclado de um terminal em particular. O endereço 516 refere-se ao registrador de dados e o endereço 517 refere-se ao registrador de estado, que também funciona como um registrador de controle para receber comandos do processador. O programa mostrado lerá 1 byte de dados do teclado para um registrador acumulador no processador. Observe que o processador entra em um loop até que o byte de dados esteja disponível.

Com a E/S independente (Figura 7.5b), as portas de E/S são acessíveis apenas por comandos de E/S especiais, que ativam as linhas de comando de E/S no barramento.

Para a maioria dos tipos de processadores, existe um conjunto relativamente grande de diferentes instruções para referenciar a memória. Se a E/S independente for usada, haverá apenas algumas instruções de E/S. Assim, uma vantagem da E/S mapeada na memória é que esse grande repertório de instruções pode ser usado, permitindo uma programação mais eficiente. Uma desvantagem é que um espaço de endereços de memória valioso é utilizado. Tanto a E/S mapeada na memória quanto a E/S independente são comumente utilizadas.

7.4 E/S controlada por interrupção

O problema com a E/S programada é que o processador tem que esperar muito tempo para que o módulo de E/S de interesse esteja pronto para recepção ou transmissão de dados. O processador, enquanto espera, precisa interrogar repetidamente o estado do módulo de E/S. Como resultado, o nível de desempenho do sistema inteiro é bastante degradado.

Uma alternativa é que o processador emita um comando de E/S para um módulo e depois continue realizando algum outro trabalho útil. O módulo de E/S, então, interromperá o processador para solicitar atendimento quando estiver pronto para trocar dados com o processador. O processador, então, executa a transferência de dados, como antes, e depois retoma seu processamento anterior.

Vamos considerar como isso funciona, primeiro do ponto de vista do módulo de E/S. Para a entrada, o módulo de E/S recebe um comando READ do processador. O módulo de E/S, então, prossegue para ler dados de um periférico associado. Quando os dados estão no registrador de dados do módulo, o módulo envia um sinal de interrupção ao processador por uma linha de controle. O módulo, então, espera até que seus dados sejam solicitados pelo processador. Quando a solicitação termina, o módulo coloca seus dados no barramento de dados e então está pronto para outra operação de E/S.

Do ponto de vista do processador, a ação para entrada é a seguinte. O processador emite um comando READ. Depois, ele prossegue com outras tarefas (por exemplo, o processador pode estar trabalhando em vários programas diferentes ao mesmo tempo). Ao final de cada ciclo de instrução, o processador verifica se há interrupções (Figura 3.9). Quando ocorre uma interrupção do módulo de E/S, o processador salva o contexto (por exemplo, o contador de programa e os registradores do processador) do programa atual e processa a interrupção. Nesse caso, o processador lê a palavra de dados do módulo de E/S e o armazena na memória. Depois, ele restaura o contexto do programa em que estava trabalhando (ou de algum outro programa) e retoma a execução.

A Figura 7.4b mostra o uso da E/S por interrupção para leitura de um bloco de dados. Compare isso com a Figura 7.4a. A E/S por interrupção é mais eficiente do que a E/S programada, pois elimina a espera desnecessária. Porém, a E/S por interrupção ainda consome muito tempo do processador, pois cada palavra de dados que vem da memória para o módulo de E/S ou do módulo de E/S para a memória precisa passar pelo processador.

Processamento de interrupção

Vamos examinar com mais detalhes o papel do processador na E/S controlada por interrupção. O surgimento de uma interrupção dispara uma série de eventos, tanto no hardware do processador quanto no software. A Figura 7.6 mostra uma sequência típica. Quando o dispositivo de E/S completa uma operação de E/S, ocorre a seguinte sequência de eventos de hardware:

Figura 7.6 Processamento de interrupção simples

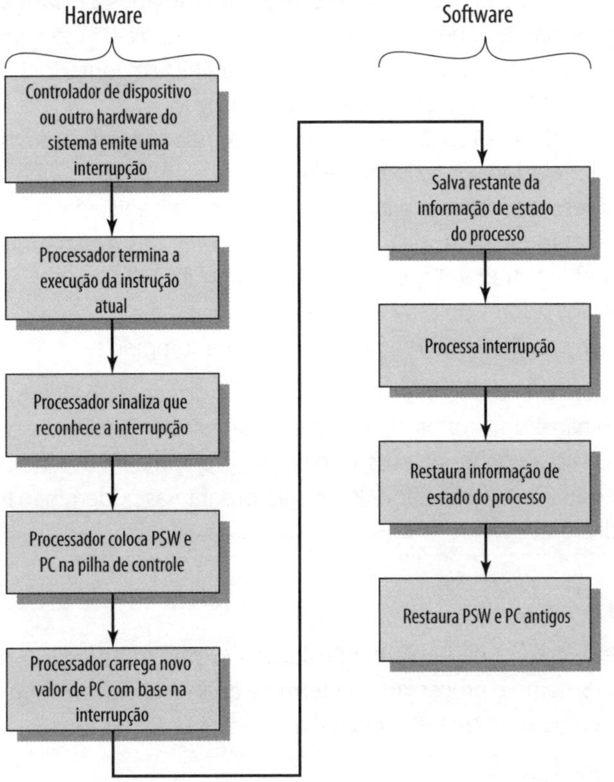

1. O dispositivo emite um sinal de interrupção ao processador.
2. O processador termina a execução da instrução atual antes de responder à interrupção, conforme indicado na Figura 3.9.
3. O processador testa uma interrupção, determina que existe interrupção e envia um sinal de confirmação ao dispositivo que a emitiu. A confirmação permite que o dispositivo remova seu sinal de interrupção.
4. O processador agora precisa se preparar para transferir o controle à rotina de interrupção. Para começar, ele precisa salvar as informações necessárias para retornar ao programa atual no ponto da interrupção. A informação mínima exigida é (a) o estado do processador, que está contido em um registrador chamado palavra de estado do programa (PSW — *program status word*), e (b) o local da próxima instrução a ser executada, que está contida no contador de programa. Estas podem ser colocadas na pilha de controle do sistema.[2]
5. O processador agora carrega o contador de programa com o local endereço inicial da rotina de tratamento de interrupção que responderá a essa interrupção. Dependendo da arquitetura de comunicação e do projeto do sistema operacional, pode haver uma única rotina, uma rotina para cada tipo de interrupção ou uma rotina para cada dispositivo e cada tipo de interrupção. Se houver mais de uma rotina de tratamento de interrupção, o processador precisa determinar qual irá chamar. Essa informação pode ter sido incluída no sinal de interrupção original, ou o processador pode ter que emitir uma solicitação ao dispositivo que emitiu a interrupção, para obter uma resposta que contém a informação necessária.

Quando o contador de programa tiver sido carregado, o processador segue para o próximo ciclo de instrução, que começa com uma busca de instrução. Como a busca de instrução é determinada pelo conteúdo do contador de programa, o resultado é que o controle é transferido para o programa manipulador de interrupção. A execução desse programa resulta nas seguintes operações:

6. Nesse ponto, o contador de programa e PSW relacionados ao programa interrompido foram salvos na pilha do sistema. Porém, existe outra informação que é considerada parte do "estado" do programa em execução. Em particular, os conteúdos dos registradores do processador precisam ser salvos, pois esses registradores podem ser usados pela rotina de tratamento de interrupção. Assim, todos os valores, mais qualquer outra informação de estado, precisam ser salvos. Normalmente, a rotina de tratamento de interrupção começará salvando o conteúdo dos registradores na pilha. A Figura 7.7a mostra um exemplo simples. Nesse caso, um programa do usuário é interrompido após a instrução no local ***N***. O conteúdo de todos os registradores mais o endereço da próxima instrução ($N + 1$) são colocados na pilha. O ponteiro de pilha é atualizado para apontar para o novo topo da pilha, e o contador de programa é atualizado para apontar para o início da rotina de tratamento de interrupção.
7. A rotina de tratamento de interrupção em seguida processa a interrupção. Isso inclui uma verificação da informação de estado relacionada à operação de E/S ou outro evento que causou uma interrupção. Ele também pode envolver o envio de comandos ou confirmações adicionais ao dispositivo de E/S.
8. Quando o processamento da interrupção termina, os valores dos registradores salvos são recuperados da pilha e restaurados aos registradores (por exemplo, veja Figura 7.7b).
9. O ato final é restaurar os valores do PSW e contador de programa da pilha. Como resultado, a próxima instrução a ser executada será do programa previamente interrompido.

Observe que é importante salvar toda a informação de estado do programa interrompido para a retomada posterior, porque a interrupção não é uma rotina chamada pelo programa. Em vez disso, ela pode ocorrer a qualquer momento e, portanto, em qualquer ponto na execução de um programa do usuário. Sua ocorrência é imprevisível. Na verdade, conforme veremos no próximo capítulo, os dois programas podem não ter algo em comum e podem pertencer a dois usuários diferentes.

Aspectos de projeto

Dois aspectos de projeto surgem na implementação da E/S por interrupção. Primeiro, como quase sempre haverá vários módulos de E/S, como o processador determina qual dispositivo emitiu a interrupção? E segundo, se houver várias interrupções, como o processador decide qual deverá processar?

2 Veja no Apêndice 10A uma discussão sobre a operação da pilha.

Figura 7.7 Mudanças na memória e registradores para uma interrupção

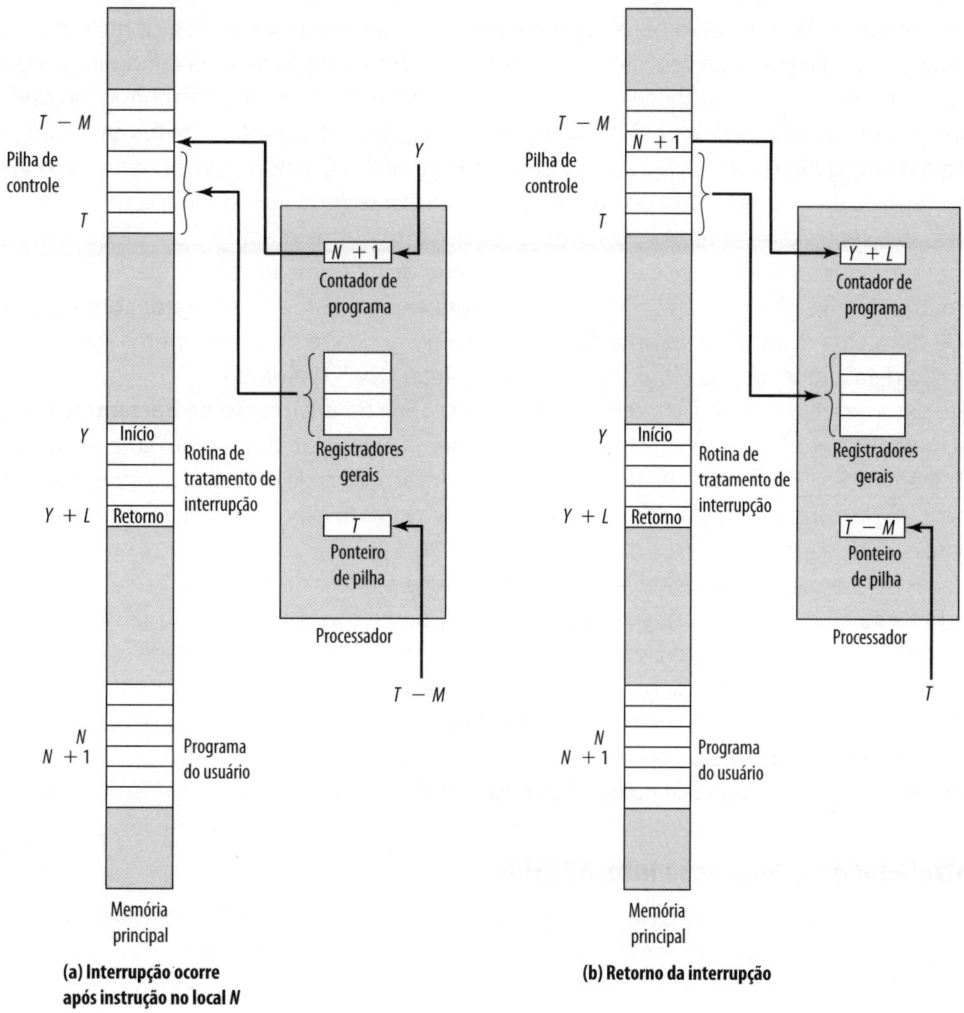

Vamos considerar primeiro a identificação do dispositivo. Quatro categorias gerais de técnicas são comumente utilizadas:

- Múltiplas linhas de interrupção.
- Verificação por software (polling).
- Daisy (verificação por hardware, vetorado).
- Arbitração de barramento (vetorado).

A técnica mais simples para o problema é oferecer **múltiplas linhas de interrupção** entre o processador e os módulos de E/S. Porém, é impraticável dedicar mais do que algumas poucas linhas de barramento ou pinos de processador às linhas de interrupção. Consequentemente, mesmo que várias linhas sejam usadas, provavelmente cada uma terá múltiplos módulos de E/S conectados a ela. Assim, uma das outras três técnicas precisa ser usada em cada linha.

Uma alternativa é a **verificação por software**. Quando o processador detecta uma interrupção, ele desvia para uma rotina de tratamento de interrupção cuja tarefa é verificar cada módulo de E/S para determinar qual módulo causou a interrupção. A verificação poderia ser por uma linha de comando separada (por exemplo, TESTI/O). Nesse caso, o processador atura TESTI/O e coloca o endereço de um módulo de E/S em particular nas linhas de endereço. O módulo de E/S responde positivamente solicitou a interrupção. Como alternativa, cada módulo de E/S poderia conter um registrador de estado endereçável. O processador, então, lê o registrador de estado de cada módulo de E/S para identificar o módulo que gerou a interrupção. Quando o módulo for identificado, o processador inicia a execução da rotina de tratamento de interrupção para este dispositivo.

A desvantagem da verificação por software é que ele é demorado. Uma técnica mais eficiente é usar uma **Daisy chain**, que oferece uma verificação por hardware. Um exemplo de uma configuração Daisy chain aparece na Figura 3.26. Para interrupções, todos os módulos de E/S compartilham uma linha de requisição de interrupção comum. A linha de reconhecimento de interrupção é estruturada em forma de uma cadeia circular (em forma de margarida – em inglês, *daisy*) através dos módulos. Quando o processador reconhece uma interrupção, ele envia uma confirmação de interrupção. Esse sinal se propaga por uma série de módulos de E/S até que o módulo requisitante e receba. O módulo requisitante normalmente responde colocando uma palavra das linhas de dados. Essa palavra é conhecida como ***vetor de interrupção***, e é o endereço do módulo de E/S ou algum outro identificador exclusivo. De qualquer forma, o processador usa o vetor como um ponteiro para a rotina de serviço de dispositivo apropriada. Isso evita a necessidade de executar uma rotina de tratamento de interrupção geral primeiro. Essa técnica é chamada de ***interrupção vetorada***.

Existe outra técnica que utiliza interrupções vetorizadas, que é a **arbitração de barramento**. Com a arbitração de barramento, um módulo de E/S precisa primeiro ganhar o controle do barramento antes de poder ativar a requisição de interrupção. Assim, somente um módulo pode ativar a linha de cada vez. Quando o processador detecta a interrupção, ele responde na linha de reconhecimento de interrupção. O módulo requisitante, então, coloca seu vetor nas linhas de dados.

As técnicas que mencionamos servem para identificar o módulo de E/S requisitante. Elas também oferecem um modo de atribuir prioridades quando mais de um dispositivo está requisitando serviço de interrupção. Com múltiplas linhas, o processador apenas apanha a linha de interrupção com a prioridade mais alta. Com o *polling* de software, a ordem em que os módulos são verificados determina suas prioridades. De modo semelhante, a ordem dos módulos em uma Daisy chain determina suas prioridades. Finalmente, a arbitração de barramento pode empregar um esquema de prioridade, conforme discutimos na Seção 3.4.

Agora, vamos examinar dois exemplos de estruturas de interrupção.

Controlador de interrupção Intel 82C59A

O Intel 80386 oferece uma única *Interrupt Request* (INTR) e uma única linha *Interrupt Acknowledge* (INTA). Para permitir que o 80386 trate de diversos dispositivos e estruturas de prioridade, ele normalmente é configurado com um árbitro de interrupção externo, o 82C59A. Os dispositivos externos são conectados ao 82C59A, que, por sua vez, se conecta ao 80386.

A Figura 7.8 mostra o uso do 82C59A para conectar múltiplos módulos de E/S para o 80386. Um único 82C59A pode tratar de até oito módulos. Se for preciso controlar mais de oito módulos, um arranjo em cascata pode ser usado, para tratar de até 64 módulos.

A única responsabilidade do 82C59A é o gerenciador de interrupções. Ele aceita requisições de interrupção dos módulos conectados, determina qual interrupção tem a maior prioridade e depois sinaliza o processador levantando a linha INTR. O processador confirma por meio da linha INTA. Isso pede ao 82C59A para colocar a informação de vetor apropriada no barramento de dados. O processador pode, então, prosseguir para processar a interrupção e se comunicar diretamente com o módulo de E/S para ler ou escrever dados.

O 82C59A é programável. O 80386 determina o esquema de prioridade a ser usado definindo uma palavra de controle no 82C59A. Os seguintes modos de interrupção são possíveis:

- **Totalmente aninhado:** as requisições de interrupção são ordenadas na prioridade de 0 (IR0) até 7 (IR7).
- **Rotação:** em algumas aplicações, diversos dispositivos que geram interrupções têm a mesma prioridade. Nesse modo, um dispositivo, depois de ser atendido, recebe a menor prioridade no grupo.
- **Máscara especial:** isso permite que o processador iniba interrupções de certos dispositivos.

A interface de periférico programável Intel 82C55A

Como um exemplo de um módulo de E/S usado para a E/S programada e E/S controlada por interrupção, consideramos o módulo Intel 82C55A *Programmable Peripheral Interface*. O 82C55A é um módulo de E/S de uso geral

Figura 7.8 Uso do controlador de interrupção 82C59A

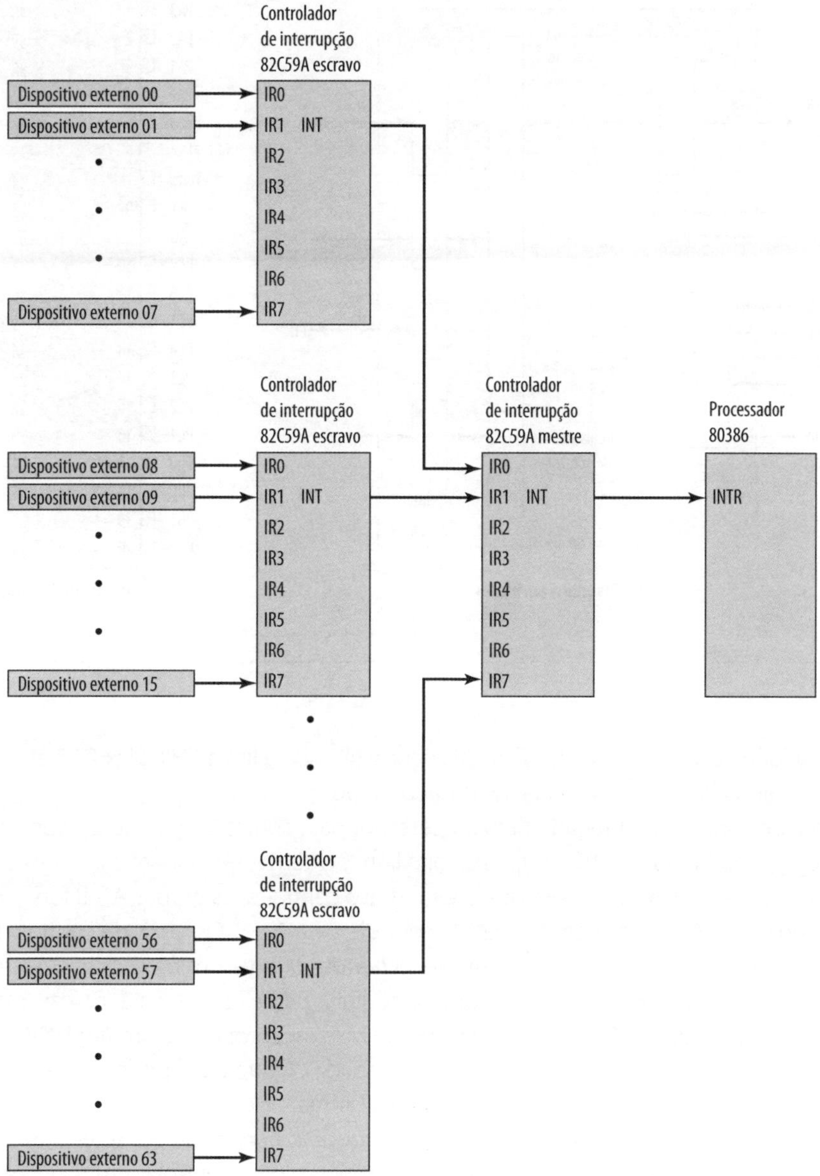

em um único chip, projetado para uso com o processador Intel 80386. A Figura 7.9 mostra um diagrama em blocos geral mais a atribuição de pinos para o pacote de 40 pinos em que ele é acomodado.

O lado direito do diagrama em blocos é a interface externa do 82C55A. As 24 linhas de E/S são programáveis pelo 80386 por meio do registrador de controle. O 80386 pode definir o valor do registrador de controle para especificar uma série de modos operacionais e configurações. As 24 linhas são divididas em três grupos de 8 bits (A, B, C). Cada grupo pode funcionar como uma porta de E/S de 8 bits. Além disso, o grupo C é subdividido em grupos de 4 bits (C_A e C_B), que podem ser usados em conjunto com as portas de E/S A e B. Configurado dessa forma, as linhas do grupo C transportam sinais de controle e de estado.

O lado esquerdo do diagrama em blocos é a interface interna do barramento do 80386. Ele inclui um barramento de dados bidirecional de 8 bits (D0 até D7), usado para transferir dados de e para as portas de E/S e transferir informações de controle ao registrador de controle. As duas linhas de endereço especificam uma das três portas de

Figura 7.9 O módulo Intel 82C55A *Programmable Peripheral Interface*

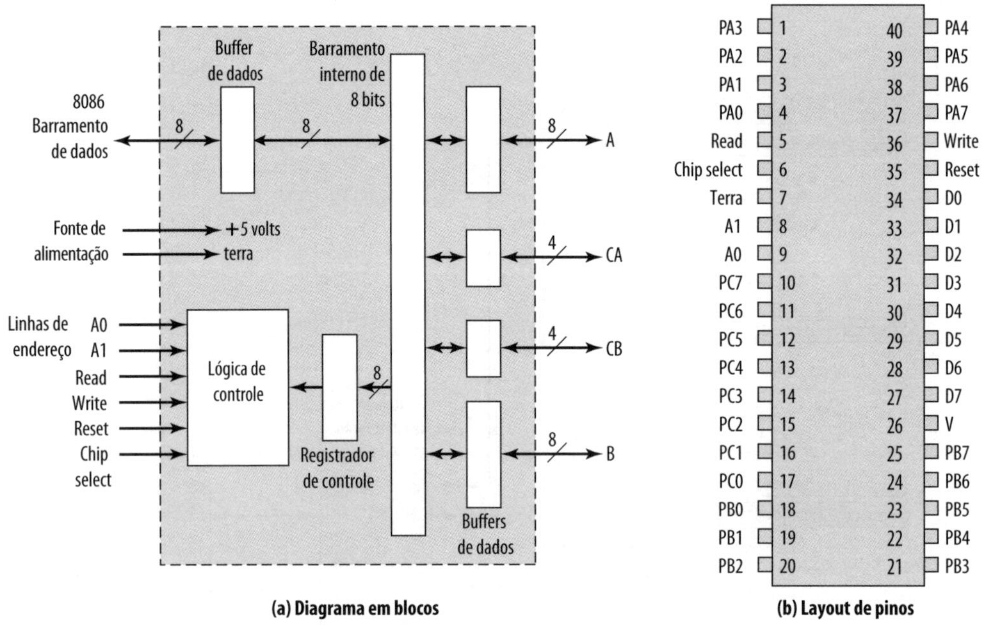

E/S ou o registrador de controle. Uma transferência ocorre quando a linha CHIP SELECT é ativada junto com a linha READ ou WRITE. A linha RESET é usada para inicializar o módulo.

O registrador de controle é carregado pelo processador para controlar o modo de operação e definir sinais, se houver. Na operação no Modo 0, os três grupos de oito linhas externas funcionam como três portas de E/S de 8 bits. Cada porta pode ser projetada como entrada ou saída. Caso contrário, os grupos A e B funcionam como portas de E/S, e as linhas do grupo C servem como linhas de controle para A e B. Os sinais de controle têm duas finalidades principais: ***handshaking*** e requisição de interrupção. O ***handshaking*** é um mecanismo de temporização simples. Uma linha de controle é usada pelo emissor como uma linha DATA READY, para indicar quando os dados estão presentes nas linhas de dados de E/S. Outra linha é usada pelo receptor como um ACKNOWLEDGE, indicando que os dados foram lidos e as linhas de dados podem ser apagadas. Outra linha pode ser designada como uma linha INTERRUPT REQUEST e ligada de volta ao barramento do sistema.

Como o 82C55A é programável por meio do registrador de controle, ele pode ser usado para controlar diversos dispositivos periféricos simples. A Figura 7.10 ilustra seu uso para controlar um teclado/terminal de vídeo. O teclado oferece 8 bits de entrada. Dois desses bits, SHIFT e CONTROL, possuem significado especial ao programa de tratamento de teclado executado pelo processador. Porém, essa interpretação é transparente ao 82C55A, que simplesmente aceita os 8 bits de dados e os apresenta no barramento de dados do sistema. Duas linhas de controle de *handshaking* são fornecidas para uso com o teclado.

O monitor também é ligado por uma porta de dados de 8 bits. Novamente, dois dos bits possuem significados especiais, que são transparentes ao 82C55A. Além das duas linhas de *handshaking*, duas linhas oferecem funções de controle adicionais.

Figura 7.10 Interface de teclado/monitor para o 82C55A

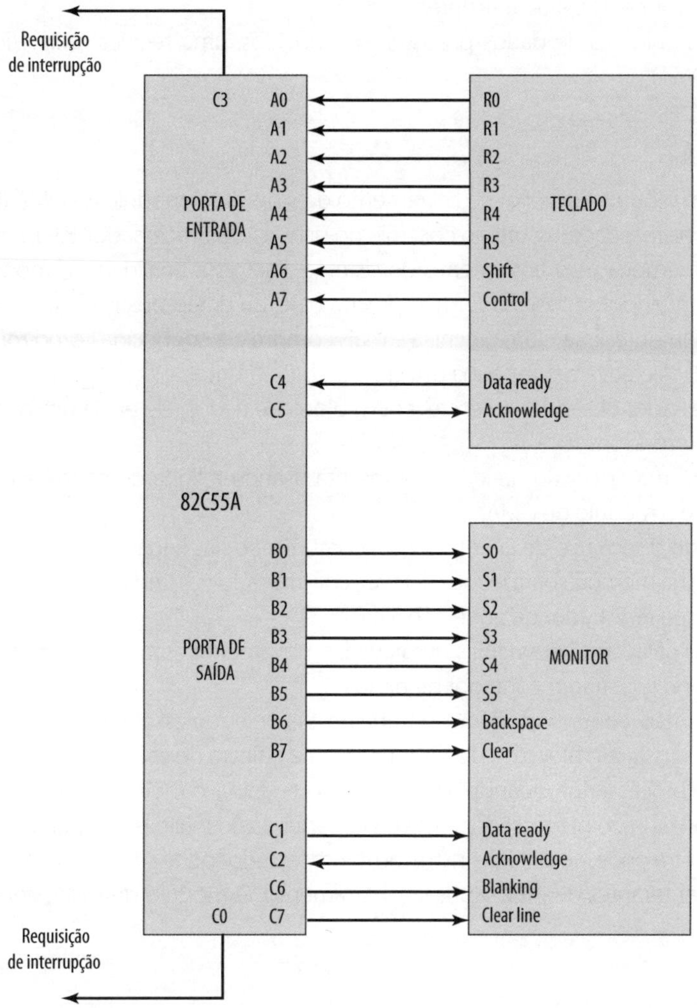

7.5 Acesso direto à memória

Desvantagens da E/S programada e controlada por interrupção

A E/S controlada por interrupção, embora mais eficiente que a E/S programada, ainda requer a intervenção ativa do processador para transferir dados entre a memória e um módulo de E/S, e quaisquer transferências de dados precisam atravessar um caminho passando pelo processador. Assim, essas duas formas de E/S têm duas desvantagens inerentes:

1. A taxa de transferência de E/S é limitada pela velocidade com a qual o processador pode testar e atender a um dispositivo.
2. O processador fica ocupado no gerenciamento de uma transferência de E/S; diversas instruções precisam ser executadas para cada transferência de E/S (como um exemplo, veja a Figura 7.5).

Existe uma espécie de escolha entre essas duas desvantagens. Considere a transferência de um bloco de dados. Usando a E/S programada simples, o processador é dedicado à tarefa de E/S e pode mover dados em uma taxa relativamente alta, à custo de não fazer mais nada. A E/S por interrupção libera o processador até certo ponto, mas depende da taxa de transferência de E/S. Apesar disso, os dois métodos possuem um impacto negativo sobre a atividade do processador e a taxa de transferência de E/S.

Quando grandes volumes de dados precisam ser movidos, uma técnica mais eficiente é necessária: acesso direto à memória (DMA).

Função do DMA

DMA envolve um módulo adicional no barramento do sistema. O módulo de DMA (Figura 7.11) é capaz de imitar o processador e, na realidade, assumir o controle do sistema do processador. Ele precisa fazer isso para transferir dados de e para a memória pelo barramento do sistema. Para essa finalidade, o módulo de DMA precisa usar o barramento apenas quando o processador não precisa dele, ou então precisa forçar o processador a suspender a operação temporariamente. Essa última técnica é mais comum e é conhecida como ***roubo de ciclo*** (*cycle stealing*), pois o módulo de DMA efetivamente rouba um ciclo do barramento.

Quando o processador deseja ler ou escrever um bloco de dados, ele envia um comando ao módulo de DMA com as seguintes informações:

- Indicação de uma operação de leitura ou escrita usando a linha de controle de leitura ou escrita entre o processador e o módulo de DMA.
- O endereço do dispositivo de E/S envolvido, comunicado nas linhas de dados.
- O local inicial na memória para ler ou escrever, comunicado nas linhas de dados e armazenado pelo módulo de DMA em seu registrador de endereço.
- O número de palavras a serem lidas ou gravadas, novamente comunicado por meio das linhas de dados e armazenado no registrador contador de dados.

O processador, então, continua com outro trabalho. Ele delegou essa operação de E/S a um módulo de DMA. O módulo de DMA transfere o bloco de dados inteiro, uma palavra de cada vez, diretamente de ou para a memória, sem passar pelo processador. Quando a transferência termina, o módulo de DMA envia um sinal de interrupção ao processador. Assim, o processador é envolvido apenas no início e no final da transferência (Figura 7.4c).

A Figura 7.12 mostra onde, no ciclo de instrução, o processador pode ser suspenso. Em cada caso, o processador é suspenso exatamente antes de precisar usar o barramento. O módulo de DMA, então, transfere uma palavra e

Figura 7.11 Diagrama em blocos típico do DMA

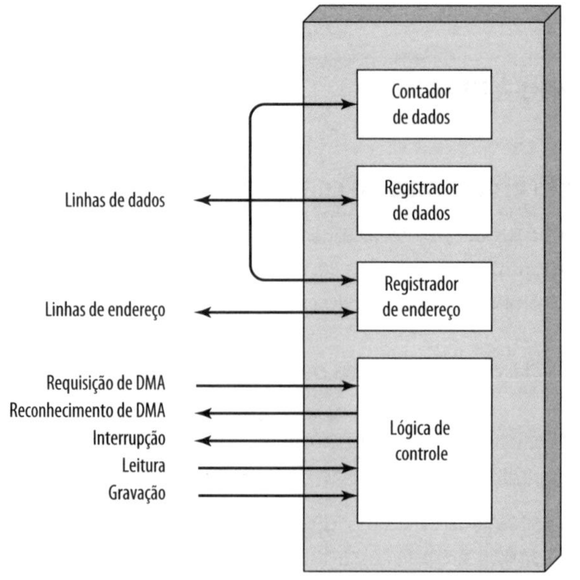

Figura 7.12 DMA e pontos de interrupção durante um ciclo de instrução

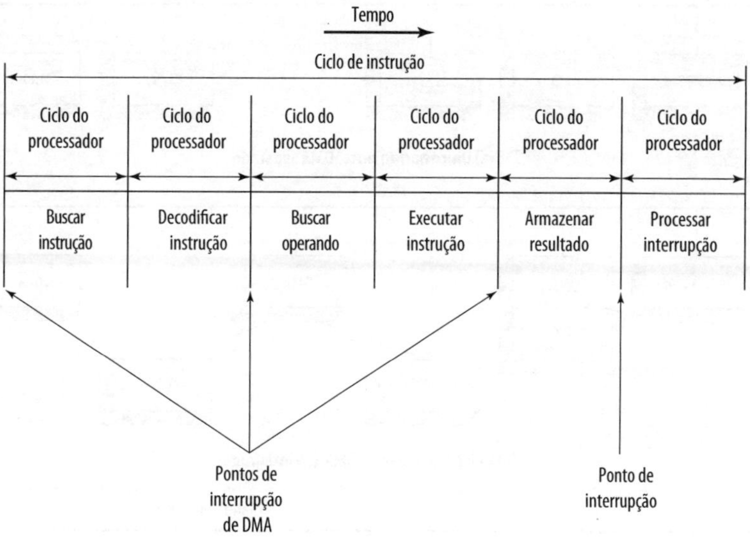

retorna o controle ao processador. Observe que isso não é uma interrupção; o processador não salva o contexto e faz algo mais. Em vez disso, o processador é interrompido por um ciclo do barramento. O efeito geral é fazer com que o processador execute mais lentamente. Apesar disso, para uma transferência de E/S de múltiplas palavras, o DMA é muito mais eficiente do que a E/S controlada por interrupção ou programada.

O mecanismo de DMA pode ser configurado de diversas maneiras. Algumas possibilidades aparecem na Figura 7.13. No primeiro exemplo, todos os módulos compartilham o mesmo barramento do sistema. O módulo de DMA, atuando como um processador substituto, utiliza E/S programada para trocar dados entre a memória e um módulo de E/S por meio do módulo de DMA. Essa configuração, embora possa ser pouco dispendiosa, certamente é ineficaz. Assim como a E/S programada controlada pelo processador, cada transferência de uma palavra consome dois ciclos de barramento.

O número de ciclos de barramento exigidos pode ser reduzido substancialmente integrando as funções de DMA e E/S. Como a Figura 7.13b indica, isso significa que existe um caminho entre o módulo de DMA e um ou mais módulos de E/S, que não inclui o barramento do sistema. A lógica de DMA pode realmente fazer parte de um módulo de E/S, ou pode ser um módulo separado que controla um ou mais módulos de E/S. Esse conceito pode ser levado um passo adiante conectando módulos de E/S a um módulo de DMA, usando um barramento de E/S (Figura 7.13c). Isso reduz o número de interfaces de E/S no módulo de DMA a um e oferece uma configuração facilmente expansível. Nesses dois casos (Figuras 7.13b e c), o barramento do sistema que o módulo de DMA compartilha com o processador e a memória é usado pelo módulo de DMA somente para trocar dados com a memória. A troca de dados entre os módulos de DMA e E/S ocorre fora do barramento do sistema.

Controlador de DMA Intel 8237A

O controlador de DMA Intel 8237A realiza a interface com a família de processadores 80x86 e com uma memória DRAM, para oferecer uma capacidade de DMA. A Figura 7.14 indica o local do módulo de DMA. Quando o módulo de DMA precisa usar os barramentos do sistema (dados, endereço e controle) para transferir dados, ele envia um sinal denominado HOLD ao processador. O processador responde com o sinal HLDA (*hold acknowledge*), indicando que o módulo de DMA pode usar os barramentos. Por exemplo, se o módulo de DMA tiver que transferir um bloco de dados da memória ao disco, ele fará o seguinte:

Figura 7.13 Configurações de DMA alternativas

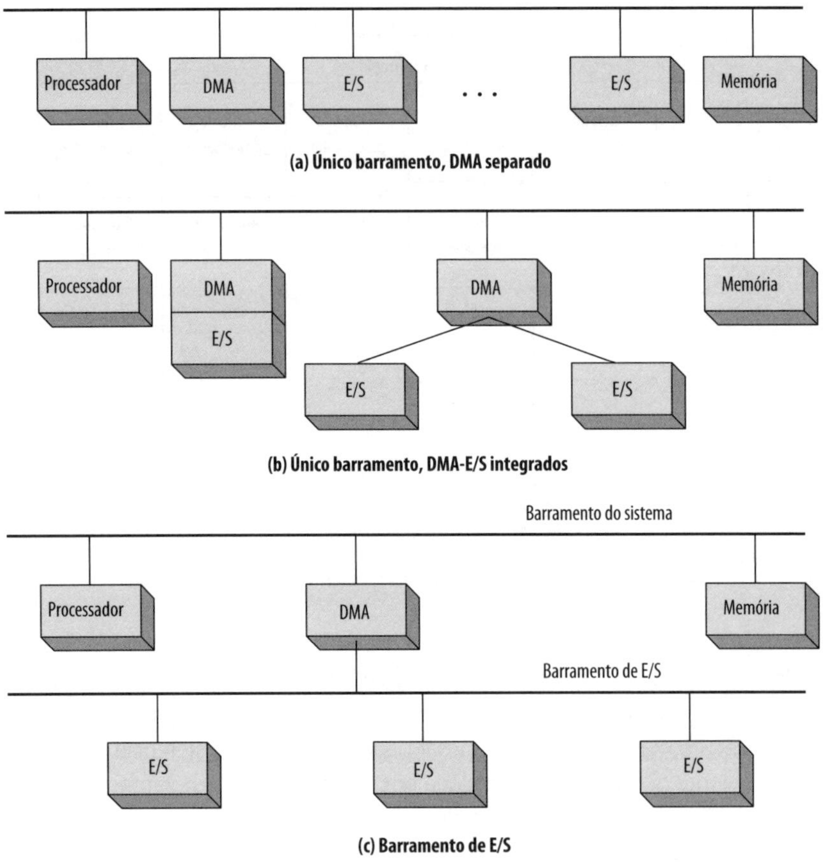

Figura 7.14 Uso do barramento do sistema pelo controlador de DMA 8237

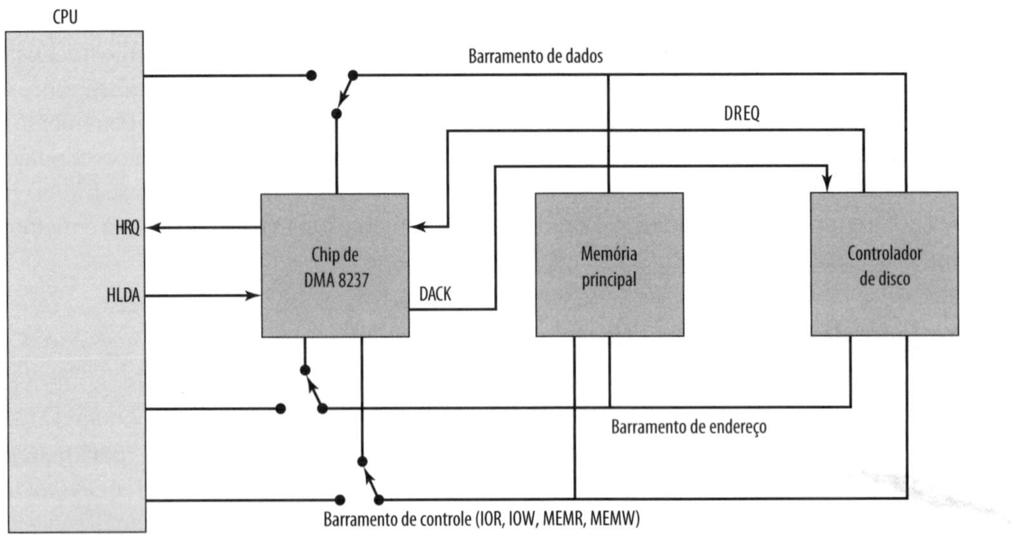

DACK = DMA *acknowledge* (reconhecimento de DMA)
DREQ = *DMA request* (requisição de DMA)
HLDA = HOLD *acknowledge* (reconhecimento de HOLD)
HRQ = HOLD *request* (requisição de HOLD)

1. O dispositivo periférico (como o controlador de disco) requisitará o serviço de DMA levantando o sinal DREQ (requisição de DMA).
2. O DMA levantará sua linha HRQ (requisição de HOLD), sinalizando à CPU através de seu pino HOLD que ele precisa usar os barramentos.
3. A CPU terminará o ciclo de barramento atual (não necessariamente a instrução atual) e responderá à solicitação de DMA levantando sua linha HDLA (confirmação de HOLD), dizendo assim ao DMA 8237 que ele pode seguir em frente e usar os barramentos para realizar sua tarefa. A linha de HOLD precisa permanecer ativa enquanto o DMA estiver realizando sua tarefa.
4. O DMA ativará a linha DACK (confirmação de DMA), que diz ao dispositivo periférico que ele começará a transferir os dados.
5. O DMA começa a transferir os dados da memória para o periférico, colocando o endereço do primeiro byte do bloco no barramento de endereço e ativando MEMR, lendo assim o byte da memória para o barramento de dados; depois, ele ativa IOW para escrevê-lo no periférico. Em seguida, o DMA decrementa o contador e incrementa o ponteiro de endereço, repetindo esse processo até que a contagem chegue a zero e a tarefa esteja encerrada.
6. Depois que o DMA terminar seu trabalho, ele desativará HRQ, sinalizando à CPU que ela pode retomar o controle de seus barramentos.

Enquanto o DMA está usando os barramentos para transferir dados, o processador fica ocioso. De modo semelhante, quando o processador está usando o barramento, o DMA fica ocioso. O DMA 8237 é conhecido como um controlador de DMA ***flutuante***. Isso significa que os dados movidos de um local para outro não passam pelo chip de DMA e não são armazenados nele. Portanto, o DMA só pode transferir dados entre uma porta de E/S e um endereço de memória, mas não entre duas portas de E/S ou dois locais de memória. Porém, conforme explicamos mais adiante, o chip de DMA pode realizar uma transferência de memória a memória através de um registrador.

O 8237 contém quatro canais de DMA, que podem ser programados independentemente, e qualquer um deles pode estar ativo a qualquer momento. Esses canais são numerados com 0, 1, 2 e 3.

O 8237 tem um conjunto de cinco registradores de controle/comando para programar e controlar a operação de DMA por um de seus canais (Tabela 7.2):

Tabela 7.2 Registradores do Intel 8237A

Bit	*Command*	Estado	*Mode*	*Single Mask*	*All Mask*
D0	H/D memória para memória	Canal 0 atingiu CF	Seleção de canal	Seleciona bit de máscara do canal	Apaga/marca bit de máscara do canal 0
D1	H/D hold de endereço do canal 0	Canal 1 atingiu CF			Apaga/marca bit de máscara do canal 1
D2	H/D controlador	Canal 2 atingiu CF	Verificar/escrever/ler transferência	Apaga/marca bit de máscara	Apaga/marca bit de máscara do canal 2
D3	Temporização normal/comprimida	Canal 3 atingiu CF		Não usado	Apaga/marca bit de máscara do canal 3
D4	Prioridade fixa/rotativa	Requisição do canal 0	H/D autoinicialização		Não usado
D5	Seleção de escrita adiada/estendida	Requisição do canal 0	Seleção de incremento/decremento de endereço		
D6	Percepção de DREQ ativo alto/baixo	Requisição do canal 0			
D7	Percepção de DACK ativo alto/baixo	Requisição do canal 0	Seleção de modo *demand/single/block/cascade*		

H/D = Habilita/desabilita
CF = Contagem final

- ***Command*:** o processador carrega esse registrador para controlar a operação do DMA. D0 habilita uma transferência de memória para memória, em que o canal 0 é usado para transferir um byte para um registrador temporário do 8237 e o canal 1 é usado para transferir o byte do registrador para a memória. Quando a transferência de memória para memória está habilitada, D1 pode ser usado para desativar o incremento/decremento no canal 0, de modo que um valor fixo pode ser escrito em um bloco de memória. D2 habilita ou desabilita o DMA.
- ***Status*:** o processador lê esse registrador para determinar o estado do DMA. Os bits D0-D3 são usados para indicar se os canais 0-3 atingiram sua CF (contagem final). Os bits D4-D7 são usados pelo processador para determinar se algum canal possui uma requisição de DMA pendente.
- ***Mode*:** o processador define esse registrador para determinar o modo de operação do DMA. Os bits D0 e D1 são usados para selecionar um canal. Os outros bits selecionam diversos modos de operação para o canal selecionado. Os bits D2 e D3 determinam se a transferência é de um dispositivo de E/S para a memória (escrita) ou da memória para a E/S (leitura), ou uma operação de verificação. Se D4 estiver marcado, então o registrador de endereço de memória e o registrador contador são recarregados com seus valores originais ao final de uma transferência de dados por DMA. Os bits D6 e D7 determinam o modo como o 8237 é utilizado. No modo ***single***, um único byte de dados é transferido. Os modos ***block*** e ***demand*** são usados para uma transferência em bloco, com o modo ***demand*** permitindo o término prematuro da transferência. O modo ***cascade*** permite que vários 8237s sejam dispostos em cascata, expandindo o número de canais para mais de 4.
- ***Single Mask*:** o processador define esse registrador. Os bits D0 e D1 selecionam o canal. O bit D2 apaga ou define o bit de máscara para esse canal. É através desse registrador que a entrada DREQ de um canal específico pode ser mascarada (desabilitada) ou desmascarada (habilitada). Enquanto o registrador ***command*** pode ser usado para desabilitar o chip de DMA inteiro, o registrador ***single mask*** permite que o programador desabilite ou habilite um canal específico.
- ***All Mask*:** esse registrador é semelhante ao registrador ***single mask***, exceto que todos os canais podem ser mascarados ou desmascarados com uma operação de escrita.

Além disso, o 8237A tem oito registradores de dados: um registrador de endereço de memória e um registrador de contagem para cada canal. O processador define esses registradores para indicar o local da memória principal a ser afetado pelas transferências.

7.6 Canais e processadores de E/S

A evolução da função de E/S

Com a evolução dos sistemas de computação, tem havido um crescimento no padrão de complexidade e sofisticação dos componentes individuais. Em nenhum outro lugar isso é mais evidente do que na função de E/S. Já vimos parte dessa evolução. As etapas dessa evolução podem ser resumidas da seguinte forma:

1. A CPU controla diretamente o dispositivo periférico. Isso é visto em dispositivos simples controlados por microprocessador.
2. Um controlador ou módulo de E/S é acrescentado. A CPU usa a E/S programada sem interrupções. Com essa etapa, a CPU fica por fora dos detalhes específicos das interfaces do dispositivo externo.
3. A mesma configuração da etapa 2 é utilizada, mas agora as interrupções são empregadas. A CPU não precisa gastar tempo esperando que uma operação de E/S seja realizada, aumentando assim sua eficiência.
4. O módulo de E/S recebe acesso direto à memória, por meio de DMA. Ele agora pode mover um bloco de dados de ou para a memória sem envolver a CPU, exceto no início e no final da transferência.
5. O módulo de E/S é aprimorado para se tornar um processador por conta própria, com um conjunto especializado de instruções, ajustado para E/S. A CPU direciona o processador de E/S a executar um programa de E/S armazenado na memória. O processador de E/S busca e executa essas instruções sem intervenção da CPU. Isso permite que a CPU especifique uma sequência de atividades de E/S e seja interrompida somente quando a sequência inteira tiver sido executada.
6. O módulo de E/S tem uma memória local própria e, de fato, é um computador separado. Com essa arquitetura, um grande conjunto de dispositivos de E/S pode ser controlado, com o mínimo de envolvimento da CPU. Um uso comum para essa arquitetura tem sido no controle da comunicação com terminais interativos. O processador de E/S cuida da maior parte das tarefas envolvidas no controle dos terminais.

Enquanto se prossegue nesse caminho de evolução, cada vez mais a função de E/S é realizada sem envolvimento da CPU. A CPU fica cada vez mais livre das tarefas relacionadas a E/S, melhorando o desempenho. Com as duas últimas etapas (5-6), ocorre uma grande mudança com a introdução do conceito de um módulo de E/S capaz de executar um programa. Para a etapa 5, o módulo de E/S normalmente é conhecido como um ***canal de E/S***. Para a etapa 6, o termo ***processador de E/S*** normalmente é utilizado. Contudo, os dois termos ocasionalmente são aplicados às duas situações. No texto seguinte, usaremos o termo ***canal de E/S***.

Características dos canais de E/S

O canal de E/S representa uma extensão do conceito de DMA. Um canal de E/S tem a capacidade de executar instruções de E/S, o que lhe oferece um controle completo sobre as operações de E/S. Em um sistema de computação com esses dispositivos, a CPU não executa instruções de E/S. Essas instruções são armazenadas na memória principal para serem executadas por um processador de uso específico no próprio canal de E/S. Assim, a CPU inicia uma transferência de E/S instruindo o canal de E/S a executar um programa na memória. O programa especificará o dispositivo ou dispositivos, a área ou as áreas da memória para armazenamento, prioridade e ações a serem tomadas para certas condições de erro. O canal de E/S segue essas instruções e controla a transferência de dados.

Dois tipos de canais de E/S são comuns, conforme ilustramos na Figura 7.15. Um ***canal seletor*** controla múltiplos dispositivos de alta velocidade e, a qualquer momento, é dedicado à transferência de dados com um desses

Figura 7.15 Arquitetura do canal de E/S

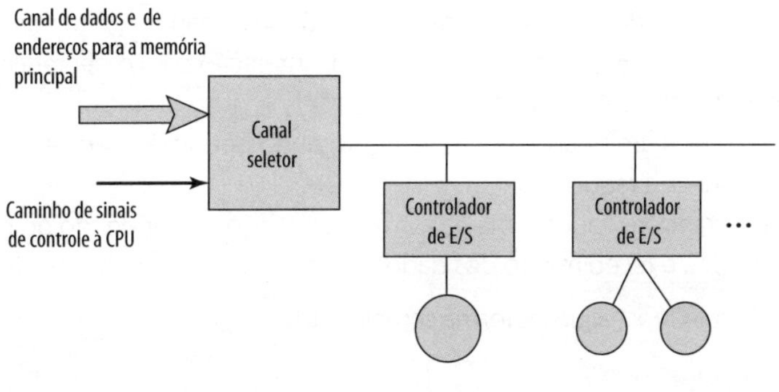

(a) Seletor

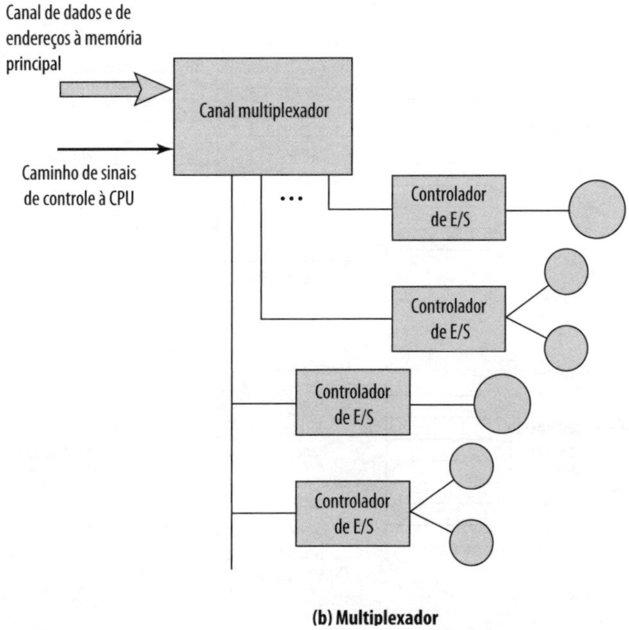

(b) Multiplexador

dispositivos. Assim, o canal de E/S seleciona um dispositivo e efetua a transferência de dados. Cada dispositivo, ou pequeno grupo de dispositivos, é tratado por um *controlador*, ou módulo de E/S, que é semelhante aos módulos de E/S que discutimos até aqui. Assim, o canal de E/S atua no lugar da CPU para controlar esses controladores de E/S. Um ***canal multiplexador*** pode tratar da E/S com vários dispositivos ao mesmo tempo. Para dispositivos de baixa velocidade, um ***multiplexador de byte*** aceita ou transmite caracteres o mais rápido possível a diversos dispositivos. Por exemplo, o fluxo de caracteres resultante de três dispositivos com diferentes velocidades e fluxos individuais A1A2A3A4..., B1B2B3B4... e C1C2C3C4... poderia ser A1B1C1A2C2A3B2C3A4, e assim por diante. Para dispositivos de alta velocidade, um ***multiplexador de bloco*** intercala os blocos de dados de vários dispositivos.

7.7 A interface externa: FireWire e InfiniBand

Tipos de interfaces

A interface para um periférico a partir de um módulo de E/S precisa ser ajustada à natureza e à operação do periférico. Uma característica importante da interface é se ela é serial ou paralela (Figura 7.16). Em uma **interface paralela**, existem múltiplas linhas conectando o módulo de E/S e o periférico, e diversos bits são transferidos simultaneamente, assim como todos os bits de uma palavra são transferidos simultaneamente pelo barramento de dados. Em uma **interface serial**, há apenas uma linha usada para transmitir dados, e os bits precisam ser transmitidos um de cada vez. Uma interface paralela tradicionalmente tem sido usada para periféricos de mais alta velocidade, como fita e disco, enquanto a interface serial tradicionalmente tem sido usada para impressoras e terminais. Com uma nova geração de interfaces seriais de alta velocidade, as interfaces paralelas estão se tornando muito menos comuns.

Nos dois casos, o módulo de E/S precisa tomar parte da interação com o periférico. Em termos gerais, a interação para uma operação de escrita é o seguinte:

1. O módulo de E/S envia um sinal de controle requisitando permissão para enviar dados.
2. O periférico reconhece a requisição.
3. O módulo de E/S transfere dados (uma palavra ou um bloco, dependendo do periférico).
4. O periférico confirma o recebimento dos dados.

Uma operação de leitura prossegue de forma semelhante.

Figura 7.16 E/S paralela e serial

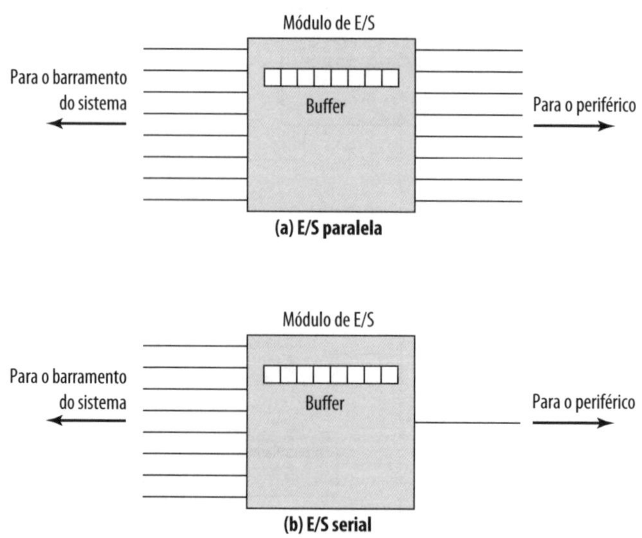

A chave para a operação de um módulo de E/S é um buffer interno que pode armazenar os dados que estão sendo passados entre o periférico e o restante do sistema. Esse buffer permite que o módulo de E/S compense as diferenças na velocidade entre o barramento do sistema e suas linhas externas.

Configurações ponto a ponto e multiponto

A conexão entre um módulo de E/S em um sistema de computação e os dispositivos externos pode ser ponto a ponto ou multiponto. Uma interface ponto a ponto oferece uma linha dedicada entre o módulo de E/S e o dispositivo externo. Em sistemas pequenos (PCs, estações de trabalho), as conexões ponto a ponto típicas são usadas para o teclado, impressora e modem externo. Um exemplo típico desse tipo de interface é a especificação EIA-232 (veja uma descrição em Stallings, 2009[a]).

De importância cada vez maior são as interfaces externas multiponto, usadas para dar suporte a dispositivos externos de armazenamento em massa (unidades de disco e fita) e dispositivos de multimídia (CD-ROMs, vídeo, áudio). Essas interfaces multiponto são, de fato, barramentos externos, e exibem o mesmo tipo de lógica dos barramentos discutidos no Capítulo 3. Nesta seção, examinamos dois exemplos importantes: FireWire e InfiniBand.

Barramento serial FireWire

Com velocidades do processador alcançando a faixa dos gigahertz e dispositivos de armazenamento mantendo múltiplos gigabits, as demandas de E/S para computadores pessoais, estações de trabalho e servidores são formidáveis. Mesmo assim, as tecnologias de canal de E/S de alta velocidade que foram desenvolvidas para sistemas de mainframe e supercomputador são muito caras e volumosas para serem usadas nesses sistemas menores. Consequentemente, tem havido grande interesse no desenvolvimento de uma alternativa de alta velocidade para a *small computer system interface* (SCSI) e outras interfaces de E/S para sistemas pequenos. O resultado é o padrão IEEE 1394, para um barramento serial de alto desempenho (*high performance serial bus*), normalmente conhecido como FireWire.

FireWire tem diversas vantagens em relação às interfaces de E/S mais antigas. Ela tem velocidade mais alta, baixo custo e é fácil de se implementar. De fato, FireWire é favorável não apenas para sistemas de computação, mas também para produtos eletrônicos para o consumidor, como câmeras digitais, aparelhos de reprodução e gravação de DVD, e televisores. Nesses produtos, o FireWire é usado para transportar imagens de vídeo, que cada vez mais vêm de fontes digitalizadas.

Um dos pontos fortes da interface FireWire é que ela usa a transmissão serial (um bit de cada vez) ao invés da paralela. As interfaces paralelas, como SCSI, exigem mais fios, o que significa cabos mais caros e mais grossos, e conectores maiores e mais caros, com mais pinos para entortar ou quebrar. Um cabo com mais fios exige blindagem para impedir interferência elétrica entre os fios. Além disso, com uma interface paralela, o sincronismo entre os fios torna-se um requisito, um problema que piora com o aumento da extensão do cabo.

Além disso, os computadores estão se tornando fisicamente menores, mesmo enquanto aumentam seus requisitos de potência de computação e E/S. Computadores portáteis e de bolso têm pouco espaço para conectores, embora precisem de altas taxas de dados para lidar com imagens e vídeo.

A intenção da interface FireWire é oferecer uma única interface de E/S com um único conector, que pode tratar de diversos dispositivos através de uma única porta, de modo que o mouse, impressora a laser, unidade de disco externa, som e conexões de rede local possam ser substituídos por esse único conector.

CONFIGURAÇÕES DE FIREWIRE O barramento FireWire utiliza uma configuração Daisy chain, com até 63 dispositivos conectados a partir de uma única porta. Além do mais, até 1 022 barramentos FireWire podem ser interconectados usando ***pontes***, permitindo que um sistema aceite tantos periféricos quantos forem necessários.

O FireWire permite o que é conhecido como *conexão a quente* (*hot plugging*), que significa que é possível conectar e desconectar periféricos sem ter que desligar o sistema de computação ou reconfigurar o sistema. Além disso, FireWire permite configuração automática; não é necessário definir manualmente IDs de dispositivo ou se preocupar com a posição relativa dos dispositivos. A Figura 7.17 mostra uma configuração FireWire simples. Com FireWire, não existem terminações, e o sistema executa automaticamente uma função de configuração para atribuir endereços. Observe também que um barramento FireWire não precisa ser uma Daisy chain estrita. Em vez disso, é possível usar uma configuração estruturada em forma de árvore.

Figura 7.17 Configuração FireWire simples

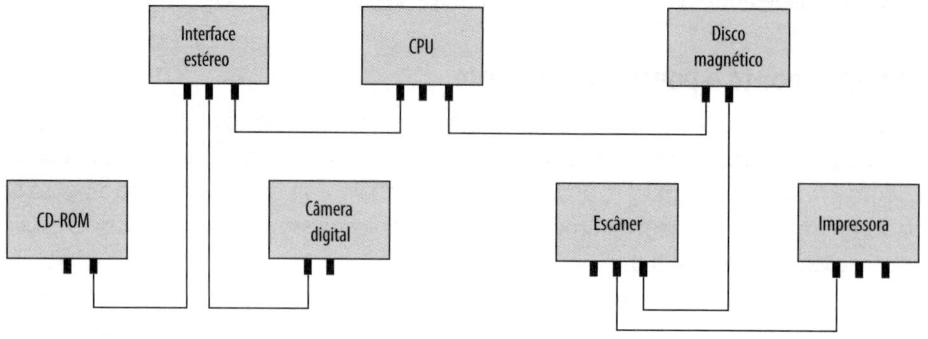

Um recurso importante do padrão FireWire é que ele especifica um conjunto de três camadas de protocolos para padronizar o modo como o sistema ***principal*** interage com os dispositivos periféricos pelo barramento serial. A Figura 7.18 ilustra essa pilha. As três camadas da pilha são as seguintes:

- **Camada física:** define os meios de transmissão que são permitidos sob FireWire e as características elétrica e de sinalização de cada um.
- **Camada de enlace:** descreve a transmissão de dados nos pacotes.
- **Camada de transação:** define um protocolo de requisição-resposta que esconde das aplicações os detalhes da camada inferior do FireWire.

Figura 7.18 Pilha de protocolos FireWire

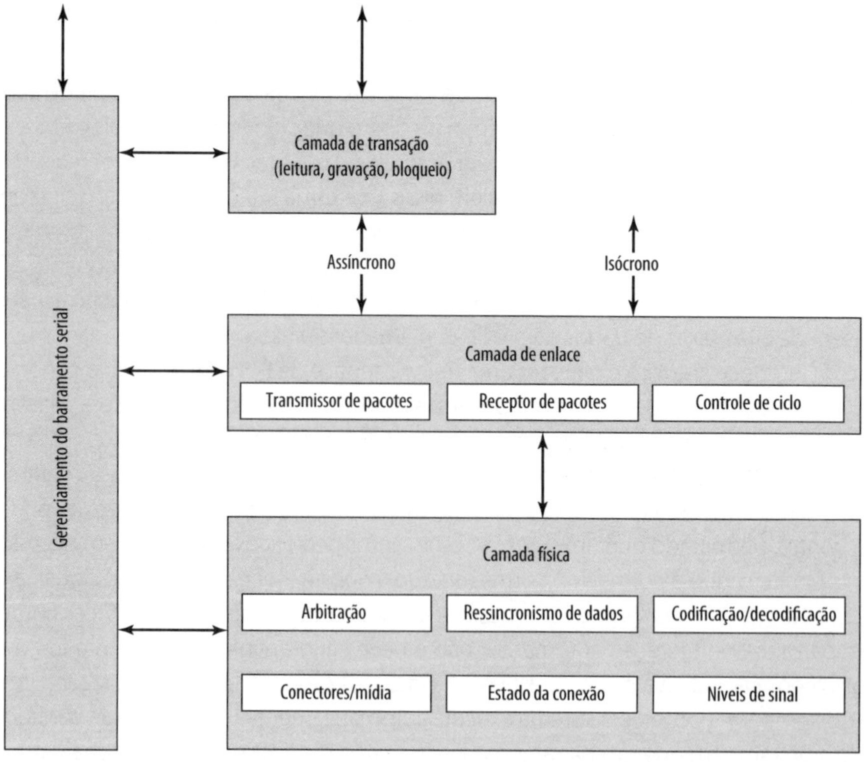

CAMADA FÍSICA A camada física do FireWire especifica vários meios de transmissão alternativos e seus conectores, com diferentes propriedades físicas e de transmissão de dados. Taxas de dados de 25 a 3 200 Mbps são definidas. A camada física converte dados binários em sinais elétricos de vários meios físicos. Essa camada também oferece serviço de arbitração que garante que somente um dispositivo de cada vez transmitirá dados.

Duas formas de arbitração são oferecidas pelo FireWire. A forma mais simples é baseada no arranjo, estruturado em árvores dos nós em um barramento FireWire, mencionado anteriormente. Um caso especial dessa estrutura é uma Daisy chain linear. A camada física contém a lógica que permite que todos os dispositivos conectados se configurem de modo que um nó seja designado como a raiz da árvore e outros nós sejam organizados em um relacionamento de pai/filho, formando a topologia de árvore. Quando essa configuração é estabelecida, o nó raiz atua como um árbitro central, e processa solicitações para acesso ao barramento no padrão primeiro a chegar, primeiro a ser atendido. No caso de requisições simultâneas, o nó com a prioridade natural mais alta recebe o acesso. A prioridade natural é determinada por qual nó concorrente é o mais próximo da raiz e, entre aqueles com a mesma distância da raiz, qual tem o menor número de ID.

O método de arbitração mencionado é suplementado por duas funções adicionais: arbitração imparcial (*fairness arbitration*) e arbitração urgente. Com a arbitração imparcial, o tempo no barramento é organizado em ***intervalos imparciais***. No início de um intervalo, cada nó define um flag arbitration_enable. Durante o intervalo, cada nó pode competir pelo acesso ao barramento. Quando um nó tiver ganho acesso ao barramento, ele reinicia seu flag arbitration_enable e não pode mais competir pelo acesso imparcial durante esse intervalo. Esse esquema torna a arbitração mais justa, pois impede que um ou mais dispositivos de alta prioridade muito atarefados monopolizem o barramento.

Além do esquema imparcial, alguns dispositivos podem ser configurados como tendo uma prioridade ***urgente***. Esses nós podem ganhar o controle do barramento várias vezes durante um intervalo imparcial. Basicamente, um contador é usado em cada nó de alta prioridade, que permite que os nós de alta prioridade controlem 75% do tempo disponível no barramento. Para cada pacote que é transmitido como não urgente, três pacotes podem ser transmitidos como urgentes.

CAMADA DE ENLACE A camada de enlace define a transmissão de dados na forma de pacotes. Dois tipos de transmissão são aceitos:

- **Assíncrono:** uma quantidade variável de dados e vários bytes de informações da camada de transação são transferidos como um pacote para um endereço explícito e uma confirmação é retornada.
- **Isócrono:** uma quantidade variável de dados é transferida em uma sequência de pacotes de tamanho fixo, transmitidos em intervalos regulares. Essa forma de transmissão utiliza endereçamento simplificado, sem reconhecimento.

A transmissão assíncrona é usada por dados que não possuem requisitos fixos de taxa de dados. Os esquemas de arbitração imparcial e arbitração urgente podem ser usados para a transmissão assíncrona. O método padrão é a arbitração imparcial. Os dispositivos que desejam uma parte substancial da capacidade do barramento ou que tenham fortes requisitos de latência utilizam o método de arbitração urgente. Por exemplo, um nó de coleta de dados em tempo real de alta velocidade pode usar a arbitração urgente quando os ***buffers*** de dados críticos estiverem acima da metade de sua capacidade total.

A Figura 7.19a representa uma transação assíncrona típica. O processo de entrega de um único pacote é chamado de subação. A subação consiste em cinco períodos:

- **Sequência de arbitração:** essa é a troca de sinais exigida para dar a um dispositivo o controle do barramento.
- **Transmissão de pacote:** cada pacote inclui um cabeçalho contendo as IDs de origem e de destino. O cabeçalho também contém informações de tipo de pacote, uma soma de verificação de CRC (*cyclic redundancy check*), e informações de parâmetro para o tipo de pacote específico. Um pacote também pode incluir um bloco de dados consistindo em dados do usuário e outro CRC.
- **Intervalo de confirmação:** esse é o atraso de tempo para que o destino receba e decodifique um pacote e gere um reconhecimento.
- **Confirmação:** o destinatário do pacote retorna um pacote de reconhecimento com um código indicando a ação tomada por ele.
- **Intervalo de subação:** esse é um período ocioso imposto para garantir que outros nós no barramento não comecem a arbitrar antes que o pacote de confirmação tenha sido transmitido.

Figura 7.19 Sub-ações do FireWire

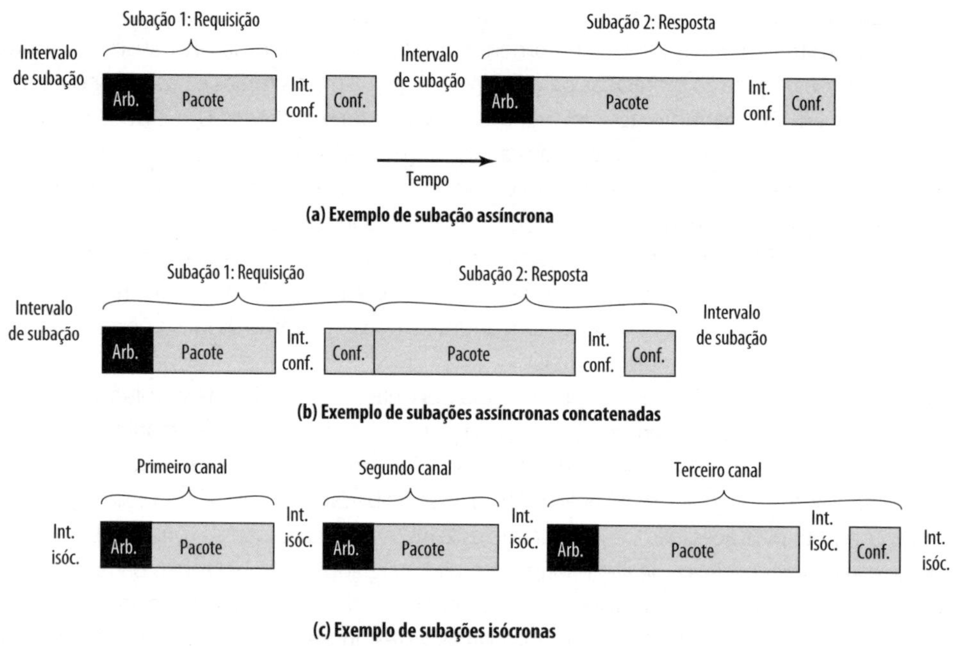

No momento em que a confirmação é enviada, o nó que está confirmando está no controle do barramento. Portanto, se a troca for uma interação de requisição/resposta entre dois nós, então o nó que está respondendo pode imediatamente transmitir o pacote de resposta sem passar por uma sequência de arbitração (Figura 7.19b).

Para dispositivos que regularmente geram ou consomem dados, como som ou vídeo digital, o acesso isócrono é permitido. Esse método garante que os dados possam ser entregues dentro de uma latência especificada, com uma taxa de dados garantida.

Para acomodar uma carga de tráfego mista de fontes de dados isócronas e assíncronas, um nó é designado como ***mestre de ciclo***. Periodicamente, o mestre de ciclo emite um pacote cycle_start. Este sinaliza a todos os outros nós, avisando que um ciclo isócrono foi iniciado. Durante esse ciclo, somente os pacotes isócronos podem ser enviados (Figura 7.19c). Cada origem de dados isócrona compete pelo acesso ao barramento. O nó vencedor imediatamente transmite um pacote. Não existe confirmação para esse pacote, e por isso outras fontes de dados isócronas imediatamente disputam o barramento após o pacote isócrono anterior ser transmitido. O resultado é que existe um pequeno intervalo entre a transmissão de um pacote e o período de arbitração para o próximo pacote, ditado por atrasos no barramento. Esse atraso, conhecido como intervalo isócrono, é menor do que um intervalo de subação.

Após todas as fontes isócronas terem sido transmitidas, o barramento permanecerá ocioso por tempo suficiente para que ocorra um intervalo de subação. Esse é o sinal para as fontes assíncronas, avisando que elas agora podem competir pelo acesso ao barramento. As fontes assíncronas podem então usar o barramento até o início do próximo ciclo isócrono.

Os pacotes isócronos são rotulados com números de canal de 8 bits, que foram previamente atribuídos por uma interação entre os dois nós que devem trocar dados isócronos. O cabeçalho, que é mais curto que aquele para pacotes assíncronos, também inclui um campo de tamanho de dados e um CRC de cabeçalho.

InfiniBand

InfiniBand é uma especificação de E/S recente, voltada para o mercado de servidores de ponta.[3] A primeira versão da especificação foi lançada em início de 2001, e tem atraído diversos fornecedores. O padrão descreve

3 InfiniBand é o resultado da união de dois projetos concorrentes: *Future I/O* (com o apoio da Cisco, HP, Compaq e IBM) e *Next Generation I/O* (desenvolvido pela Intel e com o apoio de diversas outras empresas).

uma arquitetura e especificações para o fluxo de dados entre os processadores e dispositivos de E/S inteligentes. InfiniBand tornou-se uma interface popular para redes de armazenamento e outras configurações de armazenamento grandes. Basicamente, o InfiniBand permite que servidores, armazenamento remoto e outros dispositivos de rede sejam conectados em uma fábrica central de comutadores (*switches*) e links. A arquitetura baseada em comutador pode conectar até 64 000 servidores, sistemas de armazenamento e dispositivos de rede.

ARQUITETURA INFINIBAND Embora PCI seja um método de interconexão confiável e continue a oferecer velocidades cada vez maiores, de até 4 Gbps, essa é uma arquitetura limitada em comparação com InfiniBand. Com o InfiniBand, não é preciso ter o hardware de interface de E/S básico dentro do chassi do servidor. Com InfiniBand, armazenamento remoto, redes e conexões entre servidores são realizados conectando-se todos os dispositivos a uma estrutura central de comutadores (*switches*) e conexões. A remoção da E/S do chassi do servidor permite maior densidade de servidores e possibilita uma central de dados mais flexível e expansível, visto que os nós independentes podem ser acrescentados conforme a necessidade.

Diferente do PCI, que mede as distâncias a partir da placa mãe da CPU em centímetros, o projeto de canal do InfiniBand permite que os dispositivos de E/S sejam colocados a até 17 metros de distância do servidor usando cobre, até 300 m usando fibra óptica multimodo, e até 10 km com fibra óptica de modo único. Taxas de transmissão de até 30 Gbps podem ser alcançadas.

A Figura 7.20 ilustra a arquitetura InfiniBand. Os principais elementos são os seguintes:

- ***Host channel adapter* (HCA — adaptador do canal do host):** Em vez de uma série de ***slots*** PCI, um servidor típico precisa de uma única interface para um HCA, que liga o servidor a um comutador InfiniBand. O HCA se conecta ao servidor em um controlador de memória, que tem acesso ao barramento do sistema e controla o tráfego entre o processador e a memória e entre o HCA e a memória. O HCA usa acesso direto à memória (DMA) para ler e escrever na memória.
- ***Target channel adapter* (TCA — adaptador do canal de destino):** um TCA é usado para conectar sistemas de armazenamento, roteadores e outros dispositivos periféricos a um comutador InfiniBand.
- **Comutador InfiniBand:** um comutador oferece conexões físicas ponto a ponto para uma série de dispositivos e direciona o tráfego de uma conexão para outra. Os servidores e dispositivos se comunicam por seus adaptadores, através do comutador. A inteligência do comutador gerencia as ligações sem interromper a operação dos servidores.
- **Conexões:** a conexão entre um comutador e um adaptador de canal, ou entre dois comutadores.
- **Sub-rede:** uma sub-rede consiste em um ou mais comutadores interconectados mais os links que conectam outros dispositivos a esses comutadores. A Figura 7.20 mostra uma sub-rede com um único co-

Figura 7.20 Fábrica de comutadores InfiniBand

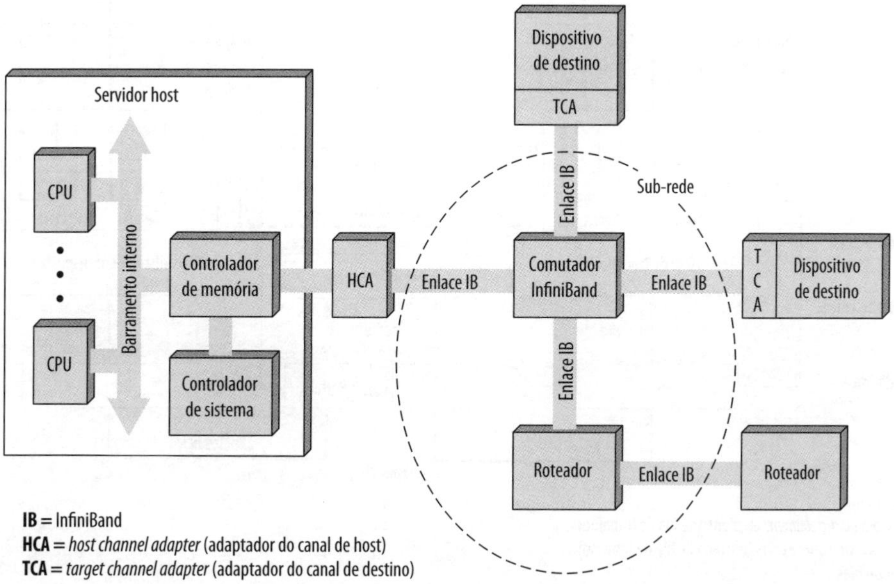

mutador, porém sub-redes mais complexas são necessárias quando muitos dispositivos tiverem que ser interconectados. As sub-redes permitem que os administradores confinem transmissões de ***broadcast*** e ***multicast*** dentro da sub-rede.

- **Roteador:** conecta sub-redes InfiniBand, ou conecta um comutador InfiniBand a uma rede, como uma rede local, uma rede remota ou uma rede de armazenamento.

Os adaptadores de canal são dispositivos inteligentes que tratam de todas as funções de E/S sem a necessidade de interromper o processador do servidor. Por exemplo, existe um protocolo de controle pelo qual um comutador descobre todos os TCAs e HCAs na estrutura e atribui endereços lógicos a cada um deles. Isso é feito sem envolvimento do processador.

O comutador InfiniBand temporariamente abre canais entre o processador e os dispositivos com os quais está se comunicando. Os dispositivos não precisam compartilhar a capacidade de um canal, como acontece com um projeto baseado em barramento, como PCI, que exige que os dispositivos disputem o acesso ao processador. Dispositivos adicionais são acrescentados à configuração conectando o TCA de cada dispositivo ao comutador.

OPERAÇÃO DO INFINIBAND Cada enlace físico entre um comutador e uma interface conectada (HCA ou TCA) pode aceitar até 16 canais lógicos, denominados **pistas virtuais**. Uma pista é reservada para o gerenciamento da estrutura e as outras pistas para transporte de dados. Os dados são enviados na forma de um fluxo de pacotes, com cada pacote contendo alguma parte do total de dados a ser transferido, mais informações de endereçamento e controle. Assim, protocolos de comunicações são usados para gerenciar a transferência de dados. Uma pista virtual é dedicada temporariamente à transferência de dados de um nó extremo a outro pela estrutura InfiniBand. O comutador InfiniBand mapeia o tráfego de uma pista de entrada para uma pista de saída para rotear os dados entre as extremidades desejadas.

A Figura 7.21 indica a estrutura lógica utilizada para dar suporte às trocas por InfiniBand. Para considerar o fato de que alguns dispositivos podem enviar dados mais rapidamente do que outros dispositivos de destino podem recebê-los, um par de filas nas duas extremidades de cada enlace mantém os dados que entram e saem temporariamente em buffers. As filas podem estar localizadas no adaptador do canal ou na memória do dispositivo conectado. Um par de filas separado é usado para cada pista virtual. O sistema principal utiliza essas filas da

Figura 7.21 Pilha de protocolos de comunicação InfiniBand

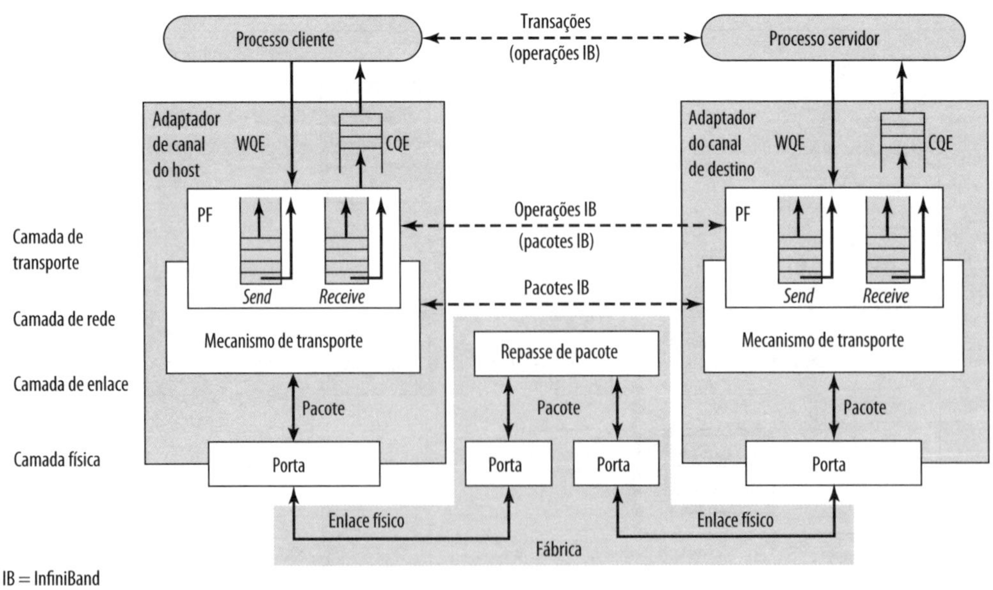

IB = InfiniBand
WQE = *work queue element* (elemento de fila de trabalho)
CQE = *completion queue entry* (entrada de fila de término)
PF = par de filas

seguinte forma. Ele coloca uma transação, chamada elemento de fila de trabalho (WQE — *work queue element*) na fila de emissão ou recepção do par de filas. As duas WQEs mais importantes são SEND e RECEIVE. Para uma operação SEND, a WQE especifica um bloco de dados no espaço de memória do dispositivo para o hardware enviar ao destino. Uma WQE RECEIVE especifica onde o hardware deve colocar dados recebidos de outro dispositivo quando esse consumidor executa uma operação SEND. O adaptador de canal processa cada WQE postada em ordem de prioridade adequada e gera uma entrada de fila de término (CQE — *completion queue entry*) para indicar o estado de término.

A Figura 7.21 também indica que uma arquitetura de protocolo é utilizada. Ela consiste em quatro camadas:

- **Física:** a especificação da camada física define três velocidades de conexão (1X, 4X e 12X), dando taxas de transmissão de 2,5, 10 e 30 Gbps, respectivamente (Tabela 7.3). A camada física também define o meio físico, incluindo cobre e fibra óptica.
- **Enlace:** essa camada define a estrutura básica do pacote, usada para trocar dados, incluindo um esquema de endereçamento que atribui um endereço exclusivo de conexão a cada dispositivo em uma sub-rede. Esse nível inclui a lógica para configurar pistas virtuais e trocar dados pelos comutadores da origem ao destino dentro de uma sub-rede. A estrutura do pacote inclui um código de detecção de erro para oferecer confiabilidade.
- **Rede:** a camada de rede direciona os pacotes entre diferentes sub-redes InfiniBand.
- **Transporte:** a camada de transporte oferece mecanismo de confiabilidade para transferências de pacotes de ponta a ponta entre uma ou mais sub-redes.

7.8 Leitura recomendada e sites Web

Uma boa discussão sobre os módulos de E/S da Intel e sua arquitetura, incluindo 82C59A, 82C55A, e 8237A, pode ser encontrada em Brey (2009[b]) e Mazidi e Mazidi (2003[c]).

FireWire é abordado com bastante detalhe em Anderson (1998[d]). Wickelgren (1997[e]) e Thompson (2000[f]) oferecem visões gerais do FireWire.

InfiniBand é abordado com bastante detalhe em Shanley (2003[g]) e Futral (2001[h]). Kagan (2001[i]) oferece uma visão geral concisa.

Sites Web recomendados

T10 Home Page: T10 é um comitê técnico do *National Committee on Information Technology Standards*, e é responsável pelas interfaces de nível mais baixo. Seu principal trabalho é a *Small Computer System Interface* (SCSI).

1394 Trade Association: inclui informações técnicas e indicadores de fornecedores de FireWire.

Infiniband Trade Association: inclui informações técnicas e indicadores de fornecedores de Infiniband.

National Facility for I/O Characterization and Optimization: uma instalação dedicada a educação e pesquisa na área de projeto e desempenho de E/S. Ferramentas e tutoriais úteis.

Tabela 7.3 Enlaces InfiniBand e taxas de vazão de dados

Enlace	Taxa de sinal (unidirecional)	Capacidade usável (80% da taxa de sinal)	Vazão de dados efetiva (envio + recebimento)
largura 1	2,5 Gbps	2 Gbps (250 Mbps)	(250 + 250) Mbps
larguras 4	10 Gbps	8 Gbps (1 Gbps)	(1 + 1) Gbps
larguras 12	30 Gbps	24 Gbps (3 Gbps)	(3 + 3) Gbps

Principais termos, perguntas de revisão e problemas

Principais termos

Roubo de ciclo	Canal de E/S	Canal multiplexador
Acesso direto à memória (DMA)	Comando de E/S	E/S paralela
FireWire	Módulo de E/S	Dispositivo periférico
InfiniBand	Processador de E/S	E/S programada
Interrupção	E/S independente	Canal seletor
E/S controlada por interrupção	E/S mapeada na memória	E/S serial

Perguntas de revisão

7.1 Liste três classificações gerais de dispositivos externos ou periféricos.

7.2 O que é o *International Reference Alphabet*?

7.3 Quais são as principais funções de um módulo de E/S?

7.4 Liste e defina resumidamente três técnicas para realizar E/S.

7.5 Qual é a diferença entre E/S mapeada na memória e E/S independente?

7.6 Quando ocorre uma interrupção de dispositivo, como o processador determina qual dispositivo emitiu a interrupção?

7.7 Quando um módulo de DMA toma o controle de um barramento, e enquanto ele retém o controle do barramento, o que o processador faz?

Problemas

7.1 Em um microprocessador típico, um endereço de E/S distinto é usado para se referir aos registradores de dados de E/S e um endereço distinto para os registradores de controle e estado em um controlador de E/S para determinado dispositivo. Esses registradores são conhecidos como **portas**. No Intel 8088, dois formatos de instrução de E/S são utilizados. Em um formato, o *opcode* de 8 bits especifica uma operação de E/S; isso é seguido por um endereço de porta de 8 bits. Outros *opcodes* de E/S implicam que o endereço de porta está no registrador DX de 16 bits. Quantas portas o 8088 pode endereçar em cada modo de endereçamento de E/S?

7.2 Um formato de instrução semelhante é usado na família de microprocessadores Zilog Z8000. Nesse caso, existe uma capacidade de endereçamento direto de porta, em que um endereço de porta de 16 bits faz parte da instrução, e uma capacidade de endereçamento indireto de porta, em que a instrução referencia um dos registradores de uso geral de 16 bits, que contém o endereço da porta. Quantas portas o Z8000 pode endereçar em cada modo de endereçamento de E/S?

7.3 O Z8000 também inclui uma capacidade de transferência de E/S em bloco que, diferente do DMA, está sob o controle direto do processador. As instruções de transferência em bloco especificam um registrador de endereço de porta (Rp), um registrador de contagem (Rc) e um registrador de destino (Rd). Rd contém o endereço da memória principal em que o primeiro byte lido da porta de entrada deve ser armazenado. Rc é qualquer um dos registradores de uso geral de 16 bits. Que tamanho de bloco de dados pode ser transferido?

7.4 Considere um microprocessador que tenha uma instrução de transferência de E/S em bloco, como aquela encontrada no Z8000. Após sua primeira execução, essa instrução leva cinco ciclos de clock para ser reexecutada. Porém, se empregarmos uma instrução de E/S sem bloqueio, isso exigirá um total de 20 ciclos de clock para a busca e execução. Calcule o aumento na velocidade com a instrução de E/S em bloco para transferir blocos de 128 bytes.

7.5 Um sistema é baseado em um microprocessador de 8 bits e tem dois dispositivos de E/S. Os controladores de E/S para esse sistema utilizam registradores separados para controle e estado. Os dois dispositivos tratam dos dados com 1 byte de cada vez. O primeiro dispositivo tem duas linhas de estado e três linhas de controle. O segundo dispositivo tem três linhas de estado e quatro linhas de controle.

a. Quantos registradores do módulo de controle de E/S de 8 bits precisamos para leitura de estado e controle de cada dispositivo?

b. Qual é o número total de registradores de módulo de controle necessários, dado que o primeiro dispositivo está apenas no dispositivo de saída?

c. Quantos endereços distintos são necessários para controlar os dois dispositivos?

7.6 Para a E/S programada, a Figura 7.5 indica que o processador fica preso em um loop de espera verificando o estado de um dispositivo de E/S. Para aumentar a eficiência, o software de E/S poderia ser escrito de modo que o processador periodicamente verificasse o estado do dispositivo. Se o dispositivo não estiver pronto, o processador poderá executar outras tarefas. Após algum intervalo, o processador volta a verificar o estado novamente.

a. Considere o esquema acima para a saída de dados um caractere de cada vez para uma impressora que opera a 10 caracteres por segundo (cps). O que acontecerá se seu estado foi verificado a cada 200 ms?

b. Em seguida, considere um teclado com um buffer de caracteres. Na média, os caracteres são inseridos a uma taxa de 10 cps. Porém, o intervalo de tempo entre dois toques de tecla consecutivos pode ser tão curto quanto 60 ms. Em que frequência o teclado deve ser verificado pelo programa de E/S?

7.7 Um microprocessador verificar o estado de um dispositivo de saída a cada 20 ms. Isso é feito por meio de um timer alertando o processador a cada 20 ms. A interface do dispositivo inclui duas portas: uma para estado e uma para saída de dados. Quanto tempo é necessário para verificar e atender ao dispositivo dada uma taxa de clock de 8 MHz? Suponha, para simplificar, que todos os ciclos de instrução pertinentes sejam de 12 ciclos de clock.

7.8 Na Seção 7.3, listamos uma vantagem e uma desvantagem da E/S mapeada na memória, comparada com a E/S independente. Liste mais duas vantagens e mais duas desvantagens.

7.9 Um sistema em particular é controlado por um operador por meio de comandos digitados em um teclado. O número médio de comandos entrados em um intervalo de 8 horas é 60.

a. Suponha que o processador verifique o teclado a cada 100 ms. Quantas vezes o teclado será verificado em um período de 8 horas?

b. Por que fração o número de verificações do processador ao teclado seria reduzido se fosse usada a E/S controlada por interrupção?

7.10 Considere um sistema empregando a E/S controlada por interrupção para determinado dispositivo que transfere dados em uma média de 8 KB/s de forma contínua.

a. Suponha que o processamento da interrupção gaste 100 ms (ou seja, o tempo para saltar até a rotina de tratamento de interrupção (ISR), executá-la e retornar ao programa principal). Determine que fração do tempo do processador é consumida por esse dispositivo de E/S se ele interromper a cada byte.

b. Agora, suponha que o dispositivo tenha dois buffers de 16 bytes e interrompa o processador quando um dos buffers estiver cheio. Naturalmente, o processamento da interrupção leva mais tempo, pois a ISR precisa transferir 16 bytes. Ao executar a ISR, o processador leva cerca de 8 ms para a transferência de cada byte. Determine que fração do tempo do processador é consumida por esse dispositivo de E/S nesse caso.

c. Agora, suponha que o processador seja equipado com uma instrução de E/S para transferência em bloco, como aquela encontrada no Z8000. Isso permite que a ISR associada transfira cada byte de um bloco em apenas 2 ms. Determine que fração do tempo do processador é consumida por esse dispositivo de E/S nesse caso.

7.11 Em praticamente todos os sistemas que incluem módulos de DMA, o acesso por DMA à memória principal recebe prioridade mais alta que o acesso da CPU à memória principal. Por quê?

7.12 Um módulo de DMA está transferindo caracteres para a memória usando o roubo de ciclo, a partir de um dispositivo transmitindo a 9 600 bps. O processador está buscando instruções na taxa de 1 milhão de instruções por segundo (1 MIPS). Por quanto tempo o processador será atrasado devido à atividade de DMA?

7.13 Considere um sistema em que os ciclos do barramento levem 500 ns. A transferência do controle do barramento em qualquer direção, do processador para o dispositivo de E/S ou vice-versa, leva 250 ns. Um dos dispositivos de E/S tem uma taxa de transferência de 50 KB/s e emprega DMA. Os dados são transferidos um byte de cada vez.

a. Suponha que empreguemos DMA em um modo de bloco. Ou seja, a interface de DMA ganha controle do barramento antes do início de uma transferência em bloco e mantém o controle do barramento até que o bloco inteiro seja transferido. Por quanto tempo o dispositivo prenderia o barramento ao transferir um bloco de 128 bytes?

b. Repita o cálculo para o modo de roubo de ciclo.

7.14 O exame do diagrama de tempo do 8237A indica que, quando uma transferência em bloco é iniciada, ela exige três ciclos de clock do barramento por ciclo de DMA. Durante o ciclo de DMA, o 8237A transfere um byte de informações entre a memória e o dispositivo de E/S.

a. Suponha que usemos uma taxa de clock de 6 MHz no 8237A. Quanto tempo é necessário para transferir um byte?

b. Qual seria a taxa de transferência de dados máxima alcançável?

c. Suponha que a memória não seja rápida o suficiente e que tenhamos que inserir dois estados de espera por ciclo de DMA. Qual será a taxa de transferência de dados real?

7.15 Suponha que, no sistema do problema anterior, um ciclo de memória leve 750 ns. Para que valor poderíamos reduzir a taxa de clock do barramento sem afetar a taxa de transferência de dados alcançável?

7.16 Um controlador de DMA atende a quatro enlaces de telecomunicação apenas de recepção (um por canal de DMA) tendo uma velocidade de 64 Kbps cada.

a. Você operaria o controlador no modo bloco ou no modo de roubo de ciclo?

b. Que esquema de prioridade você empregaria para o atendimento dos canais de DMA?

7.17 Um computador de 32 bits tem dois canais seletores e um canal multiplexador. Cada canal seletor aceita duas unidades de disco magnético e duas unidades de fita magnética. O canal multiplexador tem duas impressoras de linha, duas leitoras de cartão e 10 terminais VDT conectados a ele. Considere as seguintes taxas de transferência:

Unidade de disco	800 KBytes/s
Unidade de fita magnética	200 KBytes/s
Impressora de linha	6,6 KBytes/s
Leitora de cartões	1,2 KBytes/s
VDT	1 KBytes/s

Estime a taxa de transferência de E/S agregada máxima nesse sistema.

7.18 Um computador consiste em um processador de E/S e um dispositivo D conectado à memória principal M por meio de um barramento compartilhado com uma largura de barramento de dados de uma palavra. O processador pode executar um máximo de 10^6 instruções por segundo. Uma instrução média requer cinco ciclos de máquina, três dos quais utilizam o barramento da memória. Uma operação de leitura ou escrita da memória utiliza um ciclo de máquina. Suponha que o processador esteja continuamente executando programas em "segundo plano" que exigem 95% de sua taxa de execução de instrução, mas não quaisquer instruções de E/S. Suponha que um ciclo de processador seja igual a um ciclo de barramento. Agora, suponha que o dispositivo de E/S deva ser usado para transferir grandes blocos de dados entre M e D.

a. Se a E/S programada for usada e cada transferência de E/S de uma palavra exigir que o processador execute duas instruções, estime a taxa de transferência de dados de E/S máxima, em palavras por segundo, possível através de D.

b. Estime a mesma taxa se o DMA for utilizado.

7.19 Uma fonte de dados produz caracteres IRA de 7 bits e, a cada um deles, é anexado um bit de paridade. Derive uma expressão para a taxa de dados efetivos máxima (taxa de bits de dados IRA) por uma linha de *R* bps para os seguintes:

a. Transmissão assíncrona, com um stop bit de 1,5 unidades.

b. Transmissão síncrona de bit, com um *frame* consistindo em 48 bits de controle e 128 bits de informação.

c. O mesmo que (b), com um campo de informação de 1024 bits.

d. Síncrono de caractere, com 9 caracteres de controle por *frame* e 16 caracteres de informação.

e. O mesmo que (d), com 128 caracteres de informação.

7.20 O problema a seguir é baseado em uma ilustração sugerida dos mecanismos de E/S em Eckert (1990[j]) (Figura 7.22):

Duas mulheres estão em cada lado de uma cerca alta. Uma das mulheres, chamada Servidora de maçã, tem uma bela macieira carregada de deliciosas maçãs, crescendo em seu lado da cerca; ela está contente por fornecer maçãs à outra mulher sempre que preciso. A outra mulher, chamada Comedora de maçã, gosta de comer maçãs, mas não tem nenhuma. Na verdade, ela precisa comer suas maçãs em uma velocidade fixa (uma maçã por dia é o suficiente para afastar doenças). Se ela as comer mais rápido do que essa velocidade, ficará doente. Se comer mais lentamente, terá desnutrição. Nenhuma das duas mulheres pode falar e, portanto, o problema é levar as maçãs da Servidora de maçã para a Comedora de maçã na velocidade correta.

a. Suponha que haja um relógio despertador em cima da cerca, e que o relógio pode ter várias configurações de alarme. Como o relógio pode ser usado para solucionar o problema? Desenhe um diagrama de temporização para ilustrar a solução.

b. Agora, suponha que não haja um relógio despertador. Em vez disso, a Comedora de maçã tem uma bandeira que ela pode acenar sempre que precisar de uma maçã. Sugira uma nova solução. Seria útil que a Servidora de maçã também tivesse uma bandeira? Se for, incorpore isso à solução. Discuta as desvantagens dessa técnica.

c. Agora, retire a bandeira e considere a existência de uma longa corda. Sugira uma solução que seja superior à de (b) usando a corda.

Figura 7.22 O problema da maçã

7.21 Suponha que um microprocessador de 16 bits e dois de 8 bits devam ser ligados a um barramento do sistema. Os seguintes detalhes são dados:

1. Todos os microprocessadores têm os recursos de hardware necessários para qualquer tipo de transferência de dados: E/S programada, E/S controlada por interrupção e DMA.
2. Todos os microprocessadores têm um barramento de endereço de 16 bits.
3. Duas placas de memória, cada uma com 64 KBytes de capacidade, são interligadas ao barramento. O projetista deseja usar uma memória compartilhada que seja a maior possível.
4. O barramento do sistema admite um máximo de quatro linhas de interrupção e uma linha de DMA. Faça quaisquer outras suposições necessárias e:
   a. Dê as especificações do barramento do sistema em termos do número e tipos de linhas.
   b. Descreva um protocolo possível para a comunicação no barramento (ou seja, leitura-escrita, interrupção e sequências de DMA).
   c. Explique como os dispositivos mencionados são interligados ao barramento do sistema.

Referências

a STALLINGS, W. *Operating systems, internals and design principles, 6th Edition*. Upper Saddle River, NJ: Prentice Hall, 2009.

b BREY, B. *The Intel microprocessors: 8086/8066, 80186/80188, 80286, 80386, 80486, Pentium, Pentium Pro Processor, Pentium II, Pentium III, Pentium 4 and Core2 with 64-bit extensions*. Upper Saddle River, NJ: Prentice Hall, 2009.

c MAZIDI, M. e MAZIDI, J. *The 80x86 IBM PC and compatible computers: assembly language, design and interfacing*. Upper Saddle River, NJ: Prentice Hall, 2003.

d ANDERSON, D. *FireWire system architecture*. Reading, MA: Addison-Wesley, 1998.

e WICKELGREN, I. "The facts about Fire Wire". *IEEE Spectrum,* abr. 1997.

f THOMPSON, D. "IEEE 1394: changing the way we do multimedia communications". *IEEE Multimedia,* abr./jun. 2000.

g SHANLEY, T. *InfinBand network architecture*. Reading, MA: Addison-Wesley, 2003.

h FUTRAL, W. *InfiniBand architecture: development and deployment*. Hillsboro, OR: Intel Press, 2001.

i KAGAN, M. "InfiniBand: thinking outside the box design". *Communications System Design,* set. 2001. Disponível em: <www.csdmag.com>.

j ECKERT, R. "Communication between computers and peripheral devices — An analogy". *ACM SIGCSE Bulletin,* set. 1990.

CAPÍTULO

8

Suporte do sistema operacional

PRINCIPAIS PONTOS

- O sistema operacional (SO) é o software que controla a execução de programas em um processador e que gerencia os recursos deste. Diversas funções realizadas pelo sistema operacional, incluindo o escalonamento de processo e o gerenciamento de memória, só podem ser realizadas de modo eficiente e rápido se o hardware do processador incluir capacidades para dar suporte ao SO. Praticamente todos os processadores incluem essas capacidades de uma forma ou de outra, incluindo o hardware de gerenciamento de memória virtual e o hardware de gerenciamento de processos. O hardware inclui registradores e buffers de uso especial, além de circuitos para realizar tarefas básicas de gerenciamento de recursos.
- Uma das funções mais importantes do SO é o escalonamento de processos, ou tarefas. O SO determina qual processo deverá ser rodado a qualquer momento. Normalmente, o hardware interrompe um processo em execução de tempos em tempos para permitir que o SO tome uma nova decisão de escalonamento de modo a compartilhar o tempo do processador de modo imparcial entre diversos processos.
- Outra função importante do SO é o gerenciamento de memória. A maioria dos sistemas operacionais contemporâneos inclui uma capacidade de memória virtual, que tem dois benefícios: (1) um processo pode ser executado na memória principal sem que todas as instruções e dados para esse programa estejam presentes na memória principal de uma só vez e (2) o espaço de memória total disponível para um programa pode ultrapassar a memória principal real no sistema. Embora o gerenciamento de memória seja realizado no software, o SO conta com o suporte do hardware no processador, incluindo o hardware de paginação e segmentação.

Embora o foco deste texto seja o hardware do computador, existe uma área do software que precisa ser mostrada: o SO do computador. O SO é um programa que gerencia os recursos do computador, oferece serviços para os programadores e distribui a execução de outros programas. Algum conhecimento dos sistemas operacionais é essencial para apreciar os mecanismos pelos quais a CPU controla o sistema de computação. Em particular, as explicações do efeito das interrupções e do gerenciamento da hierarquia de memória são mais bem explicadas neste contexto.

O capítulo começa com uma visão geral e uma breve história dos sistemas operacionais. O núcleo do capítulo examina duas funções do SO que são mais relevantes ao estudo da organização e arquitetura do computador: escalonamento e gerenciamento de memória.

8.1 Visão geral do sistema operacional

Objetivos e funções do sistema operacional

Um SO é um programa que controla a execução dos programas aplicativos e atua como uma interface entre o usuário e o hardware do computador. Ele pode ser imaginado como tendo dois objetivos:

- **Conveniência:** um SO torna um computador mais conveniente para uso.
- **Eficiência:** um SO permite que os recursos do sistema de computação sejam usados de uma maneira eficiente.

Vamos examinar esses dois aspectos do SO um de cada vez.

O SISTEMA OPERACIONAL COMO UMA INTERFACE USUÁRIO/COMPUTADOR O hardware e o software utilizados para oferecer aplicações a um usuário podem ser vistos em um padrão em camadas, ou hierárquico, conforme representado na Figura 8.1. O usuário dessas aplicações, o usuário final, geralmente não se preocupa com a arquitetura do computador. Assim, o usuário final vê um sistema de computação em termos de uma aplicação. Essa aplicação pode ser expressa em uma linguagem de programação, e é desenvolvida por um programador de aplicação. Desenvolver um programa aplicativo com um conjunto de instruções do processador, que é completamente responsável por controlar o hardware do computador, é uma tarefa muito complexa. Para facilitar essa tarefa, existe um conjunto de programas de sistemas, alguns chamados de ***utilitários***. Estes implementam funções usadas com frequência, que auxiliam na criação do programa, no gerenciamento de arquivos e no controle de dispositivos de E/S. Um programador utiliza essas facilidades desenvolvendo uma aplicação, e a aplicação, enquanto está sendo executada, chama os utilitários para realizar certas funções. O programa mais importante do sistema é o SO. O SO esconde os detalhes do hardware do programador e lhe oferece uma interface conveniente para usar o sistema. Ele atua como um mediador, tornando mais fácil para o programador e os programas aplicativos acessarem e utilizarem essas facilidades e serviços.

Figura 8.1 Camadas e visões de um sistema de computação

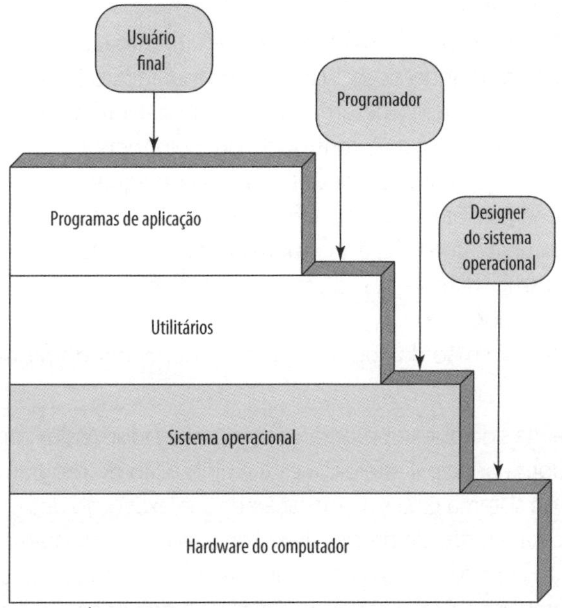

Resumindo, o SO normalmente oferece serviços nas seguintes áreas:

- **Criação de programas:** o SO oferece diversas facilidades e serviços, como editores e depuradores, para auxiliar o programador na criação de programas. Normalmente, esses serviços são programas utilitários que não fazem realmente parte do SO, mas são acessíveis por meio dele.
- **Execução do programa:** diversas tarefas precisam ser realizadas para executar um programa. As instruções e os dados precisam ser carregados para a memória principal, os dispositivos de E/S e os arquivos precisam ser inicializados, e outros recursos precisam ser preparados. O SO trata de tudo isso para o usuário.
- **Acesso aos dispositivos de E/S:** cada dispositivo de E/S exige seu próprio conjunto específico de instruções ou sinais de controle para a operação. O SO cuida dos detalhes, de modo que o programador pode pensar em termos de simples leituras e escritas.
- **Acesso controlado aos arquivos:** no caso dos arquivos, o controle precisa incluir um conhecimento não apenas da natureza do dispositivo de E/S (unidade de disco, unidade de fita), mas também do formato de arquivo no meio de armazenamento. Novamente, o SO se preocupa com os detalhes. Além disso, no caso de um sistema com múltiplos usuários simultâneos, o SO pode oferecer mecanismos de proteção para controlar o acesso aos arquivos.
- **Acesso ao sistema:** no caso de um sistema compartilhado ou público, o SO controla o acesso ao sistema como um todo e a seus recursos específicos. A função de acesso precisa oferecer proteção de recursos e dados de usuários não autorizados, e precisa resolver conflitos para disputa de recurso.
- **Detecção e resposta a erros:** uma grande variedade de erros pode ocorrer enquanto um sistema de computação está sendo operado. Estes incluem erros de hardware internos e externos, como um erro de memória ou uma falha ou defeito de dispositivo; e diversos erros de software, como estouro aritmético, tentativa de acessar um local proibido da memória e incapacidade do SO em conceder a solicitação de uma aplicação. Em cada caso, o SO precisa tomar uma medida que encerre a condição de erro com o mínimo de impacto sobre as aplicações em execução. A resposta pode variar desde encerrar o programa que causou o erro, até tentar a operação novamente ou apenas informar o erro à aplicação.
- **Contabilidade:** um bom SO coleta estatísticas de uso para diversos recursos e monitora os parâmetros de desempenho, como o tempo de resposta. Em qualquer sistema, essa informação é útil na antecipação da necessidade de melhorias futuras e no ajuste do sistema para melhorar o desempenho. Em um sistema multiusuário, a informação pode ser usada para fins de cobrança.

O SISTEMA OPERACIONAL COMO GERENCIADOR DE RECURSOS Um computador é um conjunto de recursos para o movimento, o armazenamento e o processamento de dados e para o controle dessas funções. O SO é responsável por gerenciar esses recursos.

Podemos dizer que o SO controla o movimento, o armazenamento e o processamento de dados? Por um ponto de vista, a resposta é sim. Gerenciando os recursos do computador, o SO está no controle das funções básicas da máquina, mas esse controle é exercido de uma forma curiosa. Normalmente, pensamos em um mecanismo de controle como algo externo àquele que é controlado ou, pelo menos, como algo que é uma parte distinta e separada daquilo que é controlado. (Por exemplo, um sistema de aquecimento residencial é controlado por um termostato, que é completamente distinto do aparelho de geração e distribuição de calor.) Isso não acontece com o SO, que, como um mecanismo de controle, é incomum em dois aspectos:

- O SO funciona da mesma maneira que o software comum do computador; ou seja, ele é um programa executado pelo processador.
- O SO frequentemente abre mão do controle e precisa depender do processador para permitir que ele readquira o controle.

O SO, de fato, não é nada mais do que um programa do computador. Assim como outros programas, ele oferece instruções para o processador. A principal diferença está na intenção do programa. O SO direciona o processador no uso dos outros recursos do sistema e na sincronização de sua execução dos outros programas. Mas, para que o processador faça alguma dessas coisas, ele precisa deixar de executar o programa do SO e executar outros programas. Assim, o SO abre mão do controle para o processador realizar algum trabalho "útil" e depois retoma o controle por tempo suficiente para preparar o processador para realizar o próximo trabalho. Os mecanismos envolvidos em tudo isso deverão se tornar claros à medida que prosseguimos no capítulo.

A Figura 8.2 sugere os principais recursos que são gerenciados pelo SO. Uma parte do SO está na memória principal. Isso inclui o ***kernel***, ou ***núcleo***, que contém as funções mais utilizadas no SO e, em determinado momento, outras partes do SO em uso atualmente. O restante da memória principal contém programas e dados do usuário. A alocação desse recurso (a memória principal) é controlada juntamente pelo SO e pelo hardware de gerenciamento de memória no processador, conforme veremos. O SO decide quando o dispositivo de E/S pode ser usado por um programa em execução, e controla o acesso e o uso dos arquivos. O próprio processador é um recurso, e o SO precisa determinar quanto tempo do processador deve ser dedicado à execução de determinado programa do usuário. No caso de um sistema com múltiplos processadores, essa decisão precisa abranger todos os processadores.

Tipos de sistemas operacionais

Certas características básicas servem para diferenciar diversos tipos de sistemas operacionais. As características se espalham por duas dimensões independentes. A primeira dimensão especifica se o sistema é em lote ou interativo. Em um sistema ***interativo***, o usuário/programador interage diretamente com o computador, normalmente por meio de um terminal com teclado/vídeo, para solicitar a execução de um job (tarefa) ou realizar uma transação. Além do mais, dependendo da natureza da operação, o usuário pode se comunicar com o computador durante a execução da tarefa. Um sistema em ***lote*** (ou *batch*) é o oposto do interativo. O programa do usuário é mantido junto com programas de outros usuários e submetido por um operador de computador. Depois que o programa termina, os resultados são impressos para o usuário. Os sistemas puramente em lote são raros hoje. Porém, será útil para a descrição dos sistemas operacionais contemporâneos examinar os sistemas em lote rapidamente.

Uma dimensão independente especifica se o sistema emprega ***multiprogramação*** ou não. Com a multiprogramação, tenta-se manter o processador o mais ocupado possível, fazendo com que ele trabalhe em mais de um programa de cada vez. Vários programas são carregados na memória e o processador alterna rapidamente entre eles. A alternativa é um sistema de ***uniprogramação***, que trabalha apenas com um programa de cada vez.

SISTEMAS ANTIGOS Com os computadores mais antigos, desde o final da década de 1940 até meados dos anos 1950, o programador interagia diretamente com o hardware do computador; não havia um SO. Esses processadores eram executados a partir de um console, consistindo em lâmpadas, chaves de duas posições, alguma

Figura 8.2 O sistema operacional como gerenciador de recursos

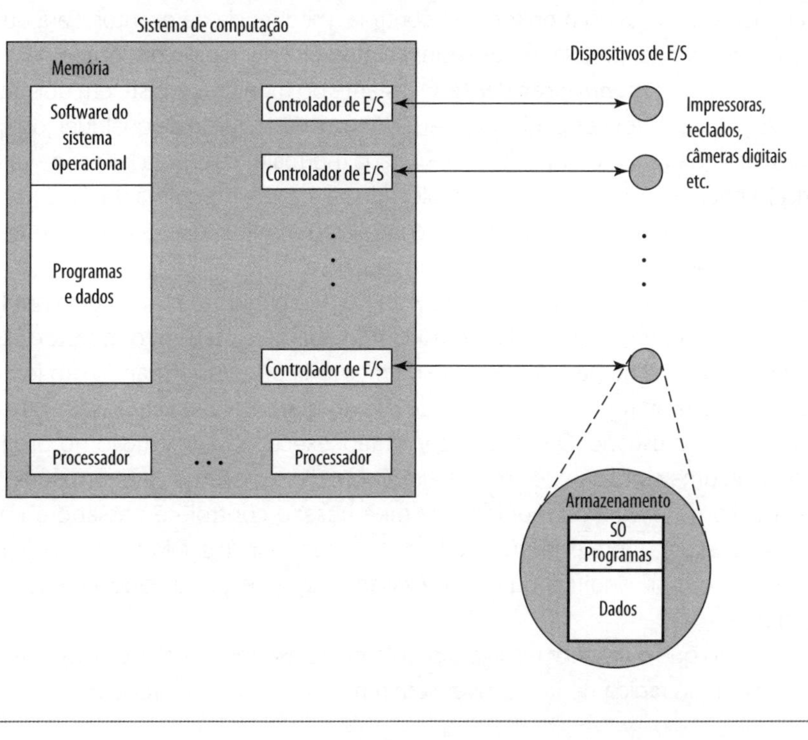

forma de dispositivo de entrada e uma impressora. Os programas no código do processador eram carregados por meio de um dispositivo de entrada (por exemplo, uma leitora de cartões). Se um erro interrompesse o programa, a condição era indicada pelas lâmpadas. O programador poderia prosseguir para examinar os registradores e a memória principal, para determinar a causa do erro. Se o programa prosseguisse para um término normal, a saída aparecia na impressora.

Esses primeiros sistemas apresentavam dois problemas principais:

- **Escalonamento:** a maioria das instalações usava uma folha de registro para reservar o tempo do processador. Normalmente, um usuário poderia reservar um período de tempo em múltiplos de uma hora ou mais. Um usuário poderia reservar por uma hora e terminar em 45 minutos; isso resultaria em um tempo de computador ocioso desperdiçado. Por outro lado, o usuário poderia encontrar problemas, não terminar no tempo alocado e ser forçado a terminar antes de resolver o problema.
- **Tempo de preparação:** um único programa, chamado de ***job***, poderia consistir em carregar o compilador mais o programa na linguagem de alto nível (programa fonte) na memória, salvar o programa compilado (programa objeto) e depois carregar e link-editar o programa objeto e as funções comuns. Cada uma dessas etapas poderia envolver a montagem ou desmontagem de fitas, ou preparação de pacotes de cartões. Se houvesse um erro, o "pobre" usuário normalmente tinha que voltar ao início da sequência de preparação. Assim, um tempo considerável era gasto apenas na preparação do programa para ser executado.

Esse modo de operação poderia ser chamado de processamento serial, refletindo o fato de que os usuários têm acesso ao computador em série. Com o passar do tempo, diversas ferramentas de software do sistema foram desenvolvidas para tentar tornar o processamento serial mais eficiente. Estas incluem bibliotecas de funções comuns, link-editores, carregadores, depuradores e rotinas de driver de E/S, que estavam disponíveis como software comum para todos os usuários.

SISTEMAS EM LOTE SIMPLES Os primeiros processadores eram muito caros e, portanto, era importante maximizar a utilização deles. O tempo desperdiçado devido ao tempo de escalonamento e preparação era inaceitável.

Para melhorar a utilização, foram desenvolvidos sistemas operacionais em lote simples. Com esse tipo de sistema, também chamado de ***monitor***, o usuário não tem mais acesso direto ao processador. Em vez disso, ele submete o job nos cartões ou em fita a um operador de computador, que dispõe os jobs sequencialmente e coloca o lote inteiro em um dispositivo de entrada, para uso pelo monitor.

Para entender como esse esquema funciona, vamos examiná-lo sob dois pontos de vista: o do monitor e o do processador. Pelo ponto de vista do monitor, este controla a sequência de eventos. Para que isso funcione dessa forma, grande parte do monitor precisa sempre estar na memória principal e disponível para execução (Figura 8.3). Essa parte é conhecida como ***monitor residente***. O restante do monitor consiste em utilitários e funções comuns que são carregadas como sub-rotinas para o programa do usuário no início de qualquer job que as requeira. O monitor lê os jobs um de cada vez pelo dispositivo de entrada (normalmente, uma leitora de cartões ou uma unidade de fita magnética). Enquanto é lido, o job atual é colocado na área do programa do usuário e o controle é passado para esse job. Quando o job termina, ele retorna o controle ao monitor, que imediatamente lê o job seguinte. Os resultados de cada job são impressos para entrega ao usuário.

Agora, considere essa sequência do ponto de vista do processador. Em um certo ponto no tempo, ele está executando instruções a partir da parte da memória principal que contém o monitor. Essas instruções fazem com que o próximo job seja lido para outra parte da memória principal. Quando um job tiver sido lido, o processador encontrará no monitor uma instrução de desvio que instrui o processador a continuar a execução no início do programa do usuário. O processador, então, executará a instrução no programa do usuário até encontrar um final ou uma condição de erro. Qualquer um desses eventos faz com que o processador busque sua próxima instrução no programa monitor. Assim, a frase "o controle é passado a um job" simplesmente significa que o processador agora está buscando e executando instruções em um programa do usuário, e "o controle retorna ao monitor" significa que o processador agora está buscando e executando instruções do programa monitor.

Deve ter ficado claro que o monitor resolve o problema do escalonamento. Um lote de jobs é enfileirado e os jobs são executados o mais rapidamente possível, sem um tempo ocioso intercalado.

Figura 8.3 Layout de memória para um monitor residente

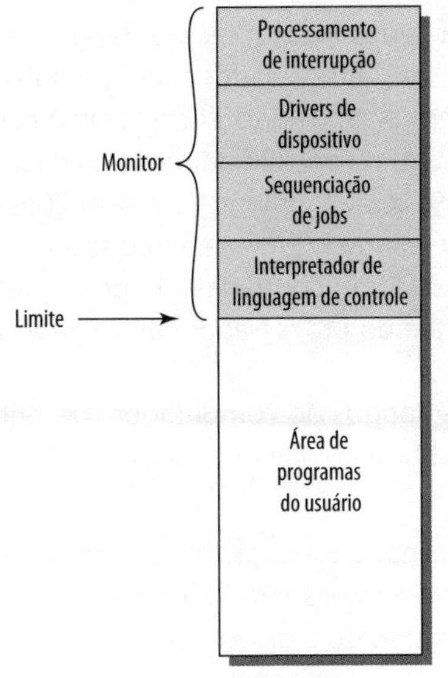

E o tempo de preparação? O monitor trata disso também. Com cada job, as instruções são inclusas em uma linguagem de controle de job (JCL, do inglês *job control language*). Esse é um tipo especial de linguagem de programação usada para fornecer instruções ao monitor. Um exemplo simples é o de um usuário submetendo um programa escrito em FORTRAN mais alguns dados a serem usados pelo programa. Cada instrução em FORTRAN e cada item de dados está em um cartão perfurado separado, ou em um registro separado na fita. Além do FORTRAN e das linhas de dados, o job inclui instruções de controle de job, que são indicadas com o início "$". O formato geral do job se parece com o seguinte:

```
$JOB
$FTN
...        } Instruções em FORTRAN
$LOAD
$RUN
...        } Dados
$END
```

Para executar esse job, o monitor lê a linha $FTN e carrega o compilador apropriado do seu armazenamento em massa (normalmente, fita). O compilador traduz o programa do usuário para um código objeto, que é armazenado na memória ou no armazenamento em massa. Se for armazenado na memória, a operação é chamada de "compilar, carregar e executar". Se for armazenado em fita, então a instrução $LOAD é necessária. Essa instrução é lida pelo monitor, que readquire o controle após a operação de compilação. O monitor chama o *loader* (carregador), que carrega o programa objeto na memória no lugar do compilador e transfere o controle para ele. Dessa maneira, um grande segmento da memória principal pode ser compartilhado entre diferentes subsistemas, embora somente um subsistema possa estar residente e executando de cada vez.

Vemos que o monitor, ou SO em lote, é simplesmente um programa de computador. Ele conta com a capacidade do processador de buscar instruções de várias partes da memória principal, a fim de obter e abrir mão do controle alternadamente. Certos outros recursos do hardware também são desejáveis:

- **Proteção da memória:** enquanto o programa do usuário está sendo executado, ele não pode alterar a área da memória contendo o monitor. Se isso for tentado, o hardware do processador deverá detectar um erro e transferir o controle ao monitor. O monitor, então, abortaria o job, imprimiria uma mensagem de erro e carregaria o próximo job.

- **Temporizador:** um temporizador é usado para impedir que um único job monopolize o sistema. Ele é definido no início de cada job. Se o temporizador expirar, ocorrerá uma interrupção e o controle retornará ao monitor.
- **Instruções privilegiadas:** certas instruções são designadas como privilegiadas e podem ser executadas apenas pelo monitor. Se o processador encontrar tal instrução enquanto executa um programa do usuário, haverá uma interrupção de erro. Entre as instruções privilegiadas estão as instruções de E/S, de modo que o monitor retém o controle de todos os dispositivos de E/S. Isso impede, por exemplo, que um programa do usuário acidentalmente leia instruções de controle de job do próximo job. Se um programa do usuário quiser realizar E/S, ele terá que solicitar que o monitor realize a operação para ele. Se uma instrução privilegiada for encontrada pelo processador enquanto estiver executando um programa do usuário, o hardware do processador considerará isso como um erro e transferirá o controle ao monitor.
- **Interrupções:** os modelos antigos de computador não tinham essa capacidade. Esse recurso dá ao SO mais flexibilidade para abrir mão do controle para os programas do usuário e readquirir o controle deles.

O tempo do processador alterna entre a execução dos programas do usuário e a execução do monitor. Existem duas penalidades: alguma memória principal agora é dada para o monitor e algum tempo do processador é consumido pelo monitor. Ambas são formas de *overhead*, ou sobrecarga. Mesmo havendo esse tipo de *overhead*, o sistema em lote simples melhora a utilização do computador.

SISTEMAS EM LOTE MULTIPROGRAMADOS Mesmo com a sequenciação de job automática fornecida por um SO em lote simples, o processador constantemente fica ocioso. O problema é que os dispositivos de E/S são lentos em comparação com o processador. A Figura 8.4 detalha um cálculo representativo referente a um programa que processa um arquivo de registradores e realiza, na média, 100 instruções do processador por registro. Neste exemplo, o computador gasta mais de 96% do seu tempo esperando que os dispositivos de E/S terminem de transferir dados! A Figura 8.5a ilustra essa situação. O processador gasta um certo tempo executando, até que alcance uma instrução de E/S. Ele precisa, então, esperar até que a instrução de E/S termine para poder prosseguir.

Essa ineficiência não é necessária. Sabemos que deve haver memória suficiente para manter o SO (monitor residente) e um programa do usuário. Suponha que haja espaço para o SO e dois programas do usuário. Agora, quando um job precisar esperar pela E/S, o processador pode alternar para outro job, que provavelmente não está esperando pela E/S (Figura 8.5b). Além do mais, poderíamos expandir a memória para manter três, quatro ou mais programas e alternar entre eles (Figura 8.5c). Essa técnica é conhecida como ***multiprogramação***, ou ***multitarefa***.[1] Esse é o tema central dos sistemas operacionais modernos.

Figura 8.4 Exemplo de utilização do sistema

Lê um registro do arquivo	15 µs
Executa 100 instruções	1 µs
Grava um registro no arquivo	15 µs
TOTAL	31 µs

Percentual de utilização da CPU $= \frac{1}{31} = 0{,}032 = 3{,}2\%$

1 O termo *multitarefa*, às vezes, é reservado para indicar múltiplas tarefas dentro do mesmo programa, que podem ser tratadas simultaneamente pelo SO, ao contrário da *multiprogramação*, que se refere a múltiplos processos de múltiplos programas. Porém, é mais comum igualar os termos *multitarefa* e *multiprogramação*, como é feito na maioria dos dicionários de padrões (por exemplo, IEEE Std 100-1992, *The New IEEE Standard Dictionary of Electrical and Electronics Terms*).

Figura 8.5 Exemplo de multiprogramação

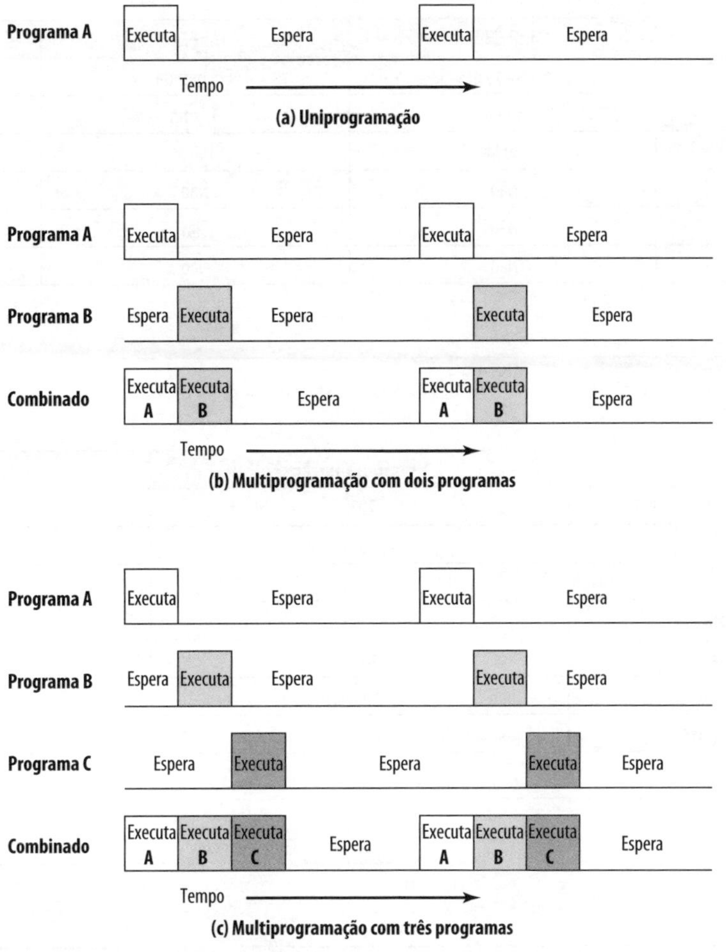

Exemplo 8.1 Este exemplo ilustra o benefício da multiprogramação. Considere um computador com 250 MBytes de memória disponível (não usada pelo SO), um disco, um terminal e uma impressora. Três programas, TAREFA1, TAREFA2 e TAREFA3, são submetidos para execução ao mesmo tempo, com os atributos listados na Tabela 8.1. Consideramos requisitos mínimos de processador para TAREFA2 e TAREFA3, e uso contínuo de disco e impressora para TAREFA3. Para um ambiente em lote simples, essas tarefas serão executadas em sequência. Assim, TAREFA1 completa em 5 minutos. TAREFA2 precisa esperar até que os 5 minutos terminem e depois termina 15 minutos após. TAREFA3 começa após 20 minutos e termina a 30 minutos do momento em que foi submetido inicialmente. A utilização média de recursos, vazão (*through put*) e tempo de resposta aparecem na coluna de uniprogramação da Tabela 8.2. A utilização dispositivo por dispositivo é ilustrada na Figura 8.6a. É evidente que existe uma subutilização bruta para todos os recursos quando calculados na média pelo período exigido de 30 minutos.

Agora, suponha que as tarefas sejam executadas simultaneamente sob um SO de multiprogramação. Como existe pouca disputa de recursos entre as tarefas, todas elas podem ser executadas em um tempo quase mínimo, enquanto coexistem com os outros no computador (supondo que TAREFA2 e TAREFA3 tenham recebido tempo de processador suficiente para manter suas operações de entrada e saída ativas). TAREFA1 exigirá 5 minutos para terminar, mas, ao final desse tempo, TAREFA2 estará 1/3 acabado, e TAREFA3 já estará pela metade. As três tarefas terão terminado dentro de 15 minutos. A melhoria é evidente quando examinamos a coluna de multiprogramação da Tabela 8.2, obtida pelo histograma mostrado na Figura 8.6b.

Tabela 8.1 Exemplo de atributos de execução de programa

	TAREFA1	TAREFA2	TAREFA3
Tipo de tarefa	Computação pesada	E/S pesada	E/S pesada
Duração	5 min	15 min	10 min
Memória exigida	50 M	100 M	80 M
Precisa de disco?	Não	Não	Sim
Precisa de terminal?	Não	Sim	Não
Precisa de impressora?	Não	Não	Sim

Tabela 8.2 Efeitos da multiprogramação sobre a utilização de recursos

	Uniprogramação	Multiprogramação
Uso de processador	20%	40%
Uso de memória	33%	67%
Uso de disco	33%	67%
Uso de impressora	33%	67%
Tempo decorrido	30 min	15 min
Taxa de *through put*	6 tarefas/h	12 tarefas/h
Tempo médio de resposta	18 min	10 min

Figura 8.6 Histogramas de utilização

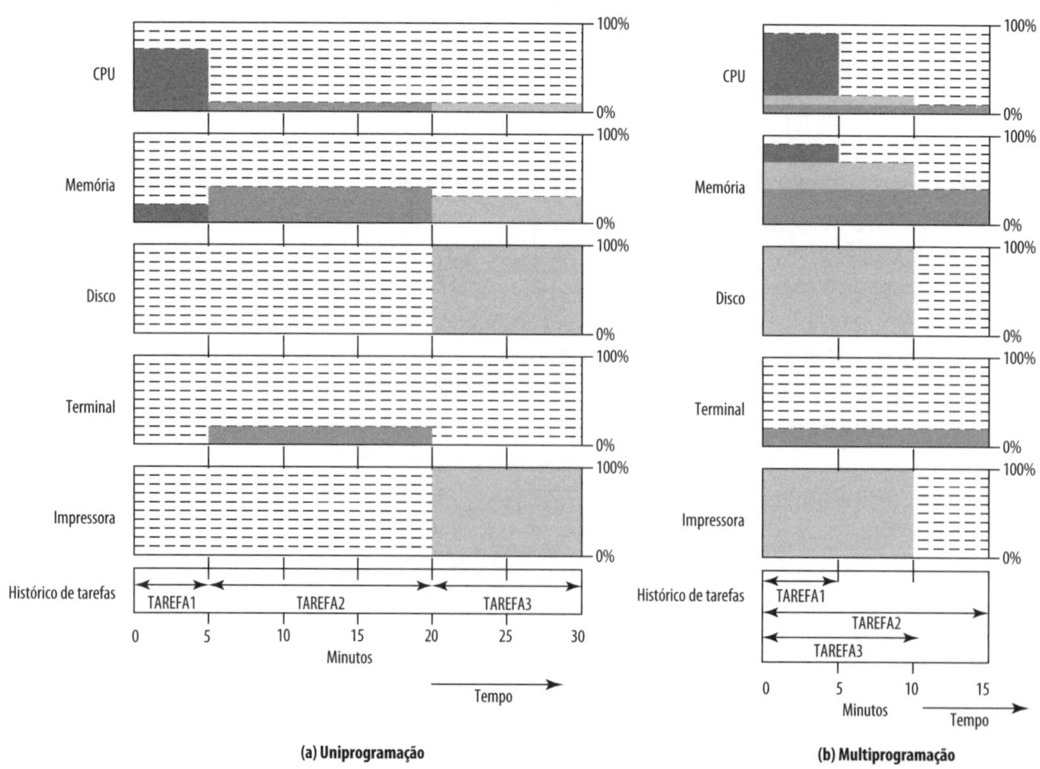

Assim como em um sistema em lote simples, um sistema em lote com multiprogramação precisa contar com certos recursos de hardware do computador. O recurso adicional mais relevante, que é útil para a multiprogramação, é o hardware que dá suporte a interrupções de E/S e DMA. Com a E/S controlada por interrupção ou DMA, o processador pode emitir um comando de E/S para um job e prosseguir com a execução de outro job enquanto a E/S é executada pelo controlador de dispositivo. Quando a operação de E/S termina, o processador é interrompido e o controle é passado para uma rotina de tratamento de interrupção no SO. Este, então, passa o controle a outro job.

Os sistemas operacionais com multiprogramação são bastante sofisticados em comparação com os sistemas de único programa, ou ***uniprogramação***. Para ter vários jobs prontos para execução, os jobs precisam ser mantidos na memória principal, exigindo alguma forma de ***gerenciamento de memória***. Além disso, se vários jobs estiverem prontos para executar, o processador precisa decidir qual executar, o que requer algum algoritmo para escalonamento. Esses conceitos são discutidos mais adiante neste capítulo.

SISTEMAS DE TEMPO COMPARTILHADO Com o uso da multiprogramação, o processamento em lote pode ser bastante eficiente. Porém, para muitos jobs, é desejável oferecer um modo em que o usuário interaja diretamente com o computador. Na realidade, para alguns jobs, como o processamento de transações, um modo interativo é essencial.

Hoje, o requisito para uma facilidade de computação interativa pode ser, e às vezes é, atendido pelo uso de um microcomputador dedicado. Essa opção não estava disponível na década de 1960, quando quase todos os computadores eram grandes e caros. Em vez disso, foi desenvolvido o sistema de tempo compartilhado.

Assim como a multiprogramação permite que o processador trate de múltiplos jobs em lote de uma só vez, ela pode ser usada para lidar com múltiplos jobs interativos. Nesse último caso, a técnica é chamada de tempo compartilhado: o tempo do processador é compartilhado entre vários usuários. Em um sistema de tempo compartilhado, vários usuários acessam o sistema simultaneamente por meio de terminais, com o SO intercalando a execução de cada programa do usuário em um curto intervalo de tempo ou *quantum* de computação. Assim, se houver *n* usuários ativamente solicitando serviço de uma só vez, cada usuário só verá uma média de 1/*n* da velocidade efetiva do computador, sem contar o *overhead* do SO. Porém, dado o tempo de reação relativamente lento do ser humano, o tempo de resposta em um sistema corretamente projetado deverá ser comparável ao de um computador dedicado.

Tanto a multiprogramação em lote quanto o compartilhamento de tempo utilizam multiprogramação. As principais diferenças estão listadas na Tabela 8.3.

8.2 Escalonamento

A chave para a multiprogramação é o escalonamento. De fato, quatro tipos de escalonamento normalmente são envolvidos (Tabela 8.4) e vamos explorá-los nesta seção. Mas, antes, vamos apresentar o conceito de ***processo***. Esse termo foi usado inicialmente pelos projetistas do SO MULTICS na década de 1960. Esse é um termo um pouco mais generalizado do que *job*. Muitas definições têm sido dadas para o termo *processo*, incluindo:

- Um programa em execução.
- O "espírito animado" de um programa.
- A entidade à qual um processador é atribuído.

Esse conceito deverá se tornar mais claro à medida que prosseguirmos.

Tabela 8.3 Multiprogramação em lote *versus* tempo compartilhado

	Multiprogramação em lote	Tempo compartilhado
Objetivo principal	Maximizar uso do processador	Minimizar tempo de resposta
Origem das diretivas ao sistema operacional	Comandos da JCL fornecidos com a tarefa	Comandos digitados no terminal

Tabela 8.4 Tipos de escalonamento

Escalonamento de longo prazo	A decisão de acrescentar ao pool de processos a serem executados
Escalonamento a médio prazo	A decisão de acrescentar ao número de processos que estão parcial ou totalmente na memória principal
Escalonamento de curto prazo	A decisão sobre qual processo disponível será executado pelo processador
Escalonamento de E/S	A decisão sobre qual solicitação de E/S pendente do processo será tratada por um dispositivo de E/S disponível

Escalonamento de longo prazo

Um escalonador a longo prazo determina quais programas são admitidos no sistema para processamento. Assim, ele controla o grau de multiprogramação (número de processos na memória). Uma vez admitido, um job ou programa do usuário se torna um processo e é acrescentado à fila para o escalonador de curto prazo. Em alguns sistemas, um processo recém-criado inicia em uma condição não carregado na memória (*swapped-out*), quando é acrescentado a uma fila para o escalonador a médio prazo.

Em um sistema em lote, ou para a parte de lote de um SO de uso geral, os jobs recém-submetidos são direcionados para o disco e mantidos em uma fila de lote. O escalonador de longo prazo cria processos a partir da fila, quando possível. Existem duas decisões envolvidas aqui. Primeiro, o escalonador precisa decidir se o SO pode assumir um ou mais processos adicionais. Segundo, o escalonador precisa decidir qual job ou jobs irá aceitar e transformar em processos. Os critérios usados podem incluir prioridade, tempo de execução esperado e requisitos de E/S.

Para programas interativos em um sistema de tempo compartilhado, uma requisição de processo é gerada quando um usuário tenta se conectar ao sistema. Os usuários de tempo compartilhado não são simplesmente enfileirados e mantidos esperando até que o sistema possa aceitá-los. Em vez disso, o SO aceitará todos os que chegam autorizados até que o sistema esteja saturado, usando alguma medida de saturação predefinida. Nesse ponto, uma requisição de conexão é atendida com uma mensagem indicando que o sistema está cheio e que o usuário deverá tentar novamente mais tarde.

Escalonamento de médio prazo

O escalonamento de médio prazo faz parte da função de troca de processo (*swapping*), descrita na Seção 8.3. Normalmente, a decisão de entrada no swapping é baseada na necessidade de gerenciar o grau de multiprogramação. Em um sistema que não usa memória virtual, o gerenciamento de memória também é um ponto. Assim, a decisão de processo de memória considerará os requisitos de memória dos processos que são removidos para o disco.

Escalonamento a curto prazo

O escalonador de longo prazo é executado com relativamente pouca frequência e toma a decisão bruta de assumir ou não um novo processo, e qual deverá assumir. O escalonador de curto prazo, também conhecido como ***despachante (dispatcher)***, é executado com frequência e toma a decisão de nível mais baixo de qual tarefa executar em seguida.

ESTADOS DE PROCESSOS Para entender a operação do escalonador de curto prazo, precisamos considerar o conceito de um ***estado de processo***. Durante o tempo de vida de um processo, seu *status* mudará diversas vezes. Seu estado em determinado momento é conhecido como um *estado*. O termo *estado* é usado porque ele indica que existe uma certa informação que define o estado nesse ponto. No mínimo, existem cinco estados definidos para um processo (Figura 8.7):

- **Novo:** o programa é admitido mas não está pronto para executar. O SO iniciará o processo, movendo-o para o estado pronto.

Figura 8.7 Modelo de processo com cinco estados

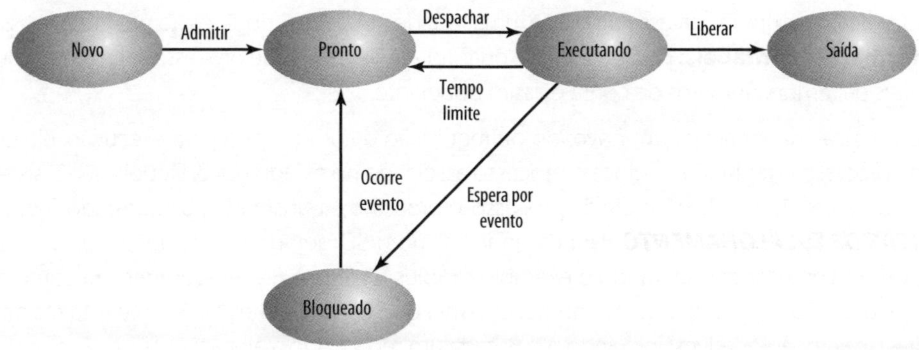

- **Pronto:** o processo está pronto para ser executado e está aguardando o acesso ao processador.
- **Em execução:** o processo está sendo executado pelo processador.
- **Suspenso:** o processo está com sua execução suspensa, aguardando por algum recurso do sistema, como a E/S.
- **Concluído:** o processo terminou e será destruído pelo SO.

Para cada processo no sistema, o SO precisa manter informações indicando o estado do processo e outras informações necessárias para a execução do processo. Para essa finalidade, cada processo é representado pelo SO por um ***bloco de controle de processo*** (Figura 8.8), que normalmente contém:

- **Identificador:** cada processo ativo possui um identificador exclusivo.
- **Estado:** o estado atual do processo (novo, pronto etc.).
- **Prioridade:** nível de prioridade relativo.
- **Contador de programa:** o endereço da próxima instrução no programa a ser executado.
- **Ponteiros de memória:** os locais inicial e final do processo na memória.
- **Dados de contexto:** estes são dados que estão presentes nos registradores do processador enquanto o processo está executando, e serão discutidos na Parte 3. Por enquanto, basta dizer que esses dados representam o

Figura 8.8 Bloco de controle do processo

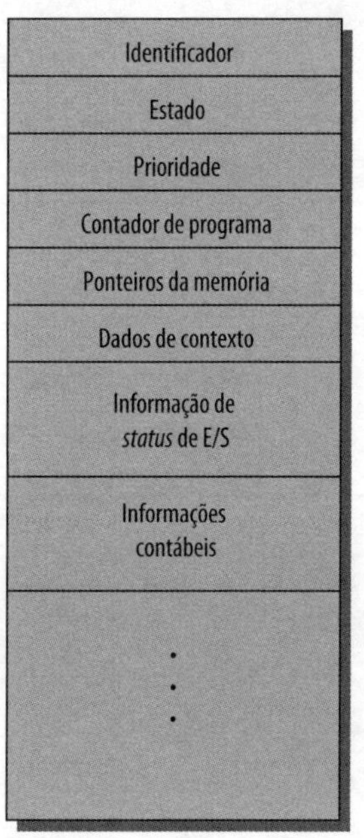

"contexto" do processo. Os dados de contexto mais o contador de programa são salvos quando o processo sai do estado de execução. Eles são recuperados pelo processador quando ele retoma a execução do processo.

- **Informações de *status* de E/S:** inclui requisições de E/S pendentes, dispositivos de E/S (por exemplo, unidades de fita) atribuídos a esse processo, uma lista de arquivos atribuídos ao processo, e assim por diante.
- **Informações contábeis:** podem incluir a quantidade de tempo de processador e tempo de clock utilizado, limites de tempo, números de conta e assim por diante.

Quando o escalonador aceita um novo job ou requisição de um usuário para execução, ele cria um bloco de controle de processo em branco e coloca o processo associado no estado novo. Depois que o sistema tiver preenchido corretamente o bloco do controle de processo, o processo é transferido para o estado pronto.

TÉCNICAS DE ESCALONAMENTO Para entender como o SO gerencia o escalonamento de diversos jobs na memória, vamos começar considerando o exemplo simples na Figura 8.9. A figura mostra como a memória principal é particionada em determinado momento. O kernel do SO, naturalmente, sempre está residente. Além disso, existem diversos processos ativos, incluindo A e B, cada um recebendo a alocação de uma parte da memória.

Começamos em um ponto no tempo em que o processo A está sendo executado. O processador está executando as instruções do programa contido na partição de memória de A. Em algum outro momento, o processador deixa de executar as instruções em A e começa a executar as instruções na área do SO. Isso acontecerá por uma destas três razões:

1. O processo A emite uma chamada de serviço (por exemplo, uma requisição de E/S) ao SO. A execução de A é suspensa até que essa chamada seja satisfeita pelo SO.

Figura 8.9 Exemplo de escalonamento

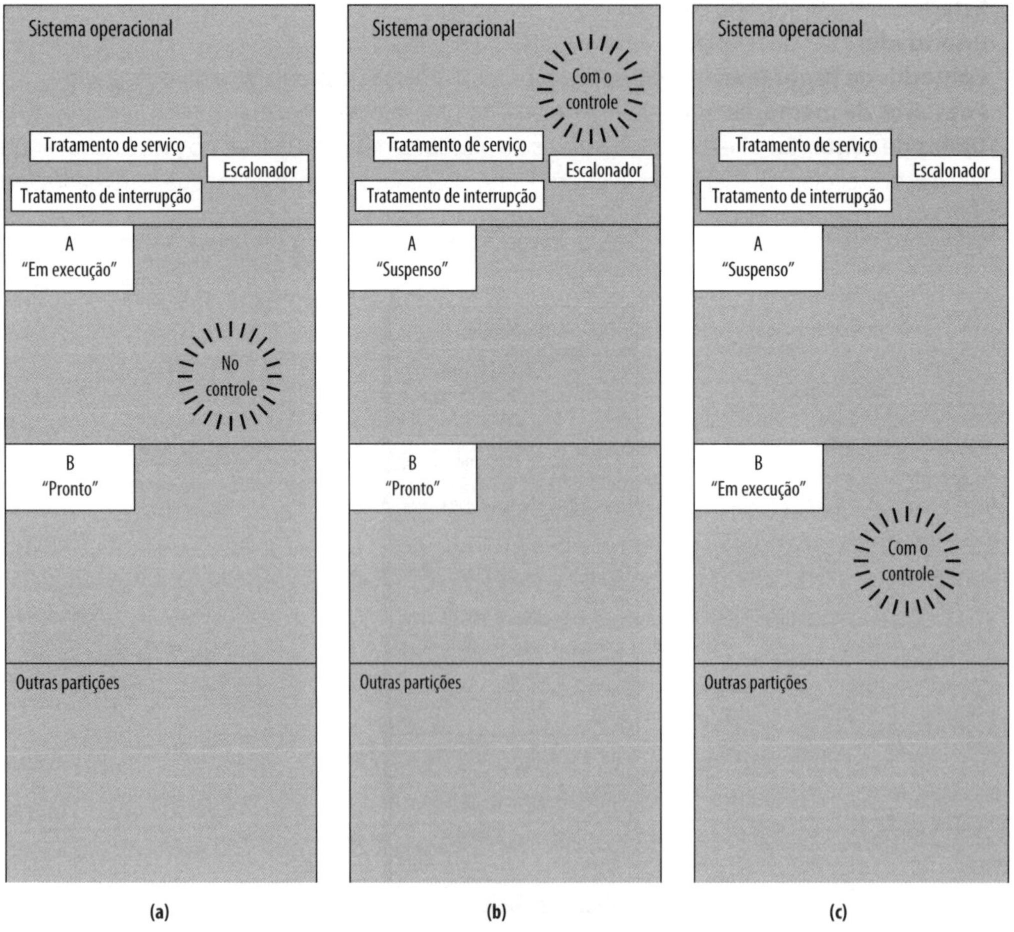

2. O processo A causa uma *interrupção*, que é um sinal gerado pelo hardware ao processador. Quando esse sinal é detectado, o processador deixa de executar A e transfere a execução ao tratamento de interrupção no SO. Diversos eventos relacionados a A causarão uma interrupção. Um exemplo é um erro, como a tentativa de executar uma instrução privilegiada. Outro exemplo é um tempo limite esgotado (*timeout*); para impedir que qualquer processo monopolize o processador, cada processo só recebe a atenção do processador; por um curto período de cada vez.
3. Algum evento não relacionado ao processo A que requeira atenção causa uma interrupção. Um exemplo é o término de uma operação de E/S.

De qualquer forma, o resultado é o seguinte: o processador salva os dados de contexto atuais e o contador de programa para A no bloco de controle do processo de A, e depois começa a executar no SO. O SO pode realizar algum trabalho, como iniciar uma operação de E/S. Depois, a parte do escalonador de curto prazo do SO decide qual processo deverá ser executado em seguida. Neste exemplo, B é escolhido. O SO instrui o processador a restaurar os dados de contexto de B e prosseguir com a execução de B onde ele parou.

Este exemplo simples destaca o funcionamento básico do escalonador a curto prazo. A Figura 8.10 mostra os principais elementos do SO envolvidos na multiprogramação e escalonamento de processos. O SO recebe o controle do processador no tratamento de interrupção se ocorrer uma interrupção, e no tratamento de chamada de serviço se ocorrer uma chamada de sistema. Quando uma interrupção ou camada de serviço for tratada, o escalonador a curto prazo será chamado para selecionar um processo para execução.

Para realizar sua tarefa, o SO mantém diversas filas. Cada fila é simplesmente uma lista de espera dos processos aguardando por algum recurso. A ***fila de longo prazo*** é uma lista dos jobs aguardando para usar o sistema. Quando as condições permitirem, o escalonador de alto nível alocará memória e criará um processo para um dos itens que está aguardando. A ***fila de curto prazo*** consiste em todos os processos no estado pronto. Qualquer um desses processos poderia usar o processador em seguida. Fica a cargo do escalonador a curto prazo escolher um. Geralmente, isso é feito com um algoritmo *round-robin*, dando a cada processo algum tempo, em forma de rodízio. Os níveis de prioridade também podem ser usados. Finalmente, existe uma ***fila de E/S*** para cada dispositivo de E/S. Mais de um processo pode requisitar o uso do mesmo dispositivo de E/S. Todos os processos aguardando para usar cada dispositivo são alinhados na fila desse dispositivo.

A Figura 8.11 sugere como os processos progridem pelo computador sob o controle do SO. Cada requisição de processo (job em lote, job interativo definido pelo usuário) é colocado na fila de longo prazo. Quando os recursos

Figura 8.10 Principais elementos de um sistema operacional para multiprogramação

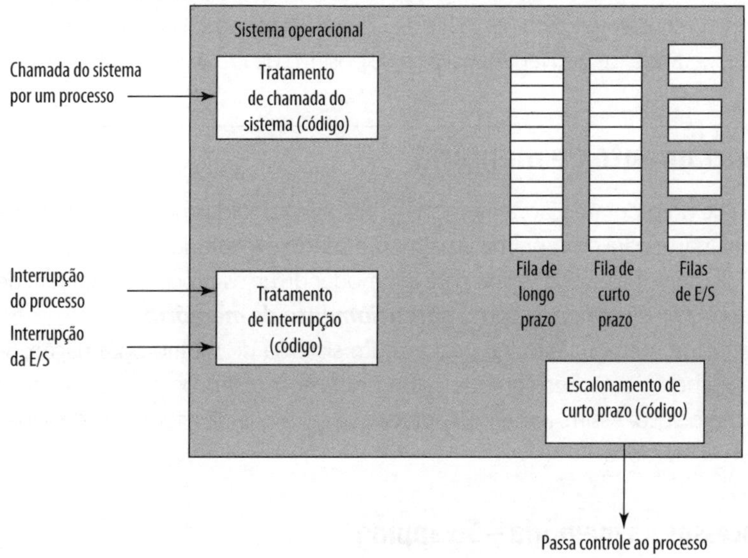

Figura 8.11 Diagrama de filas do escalonamento de processador

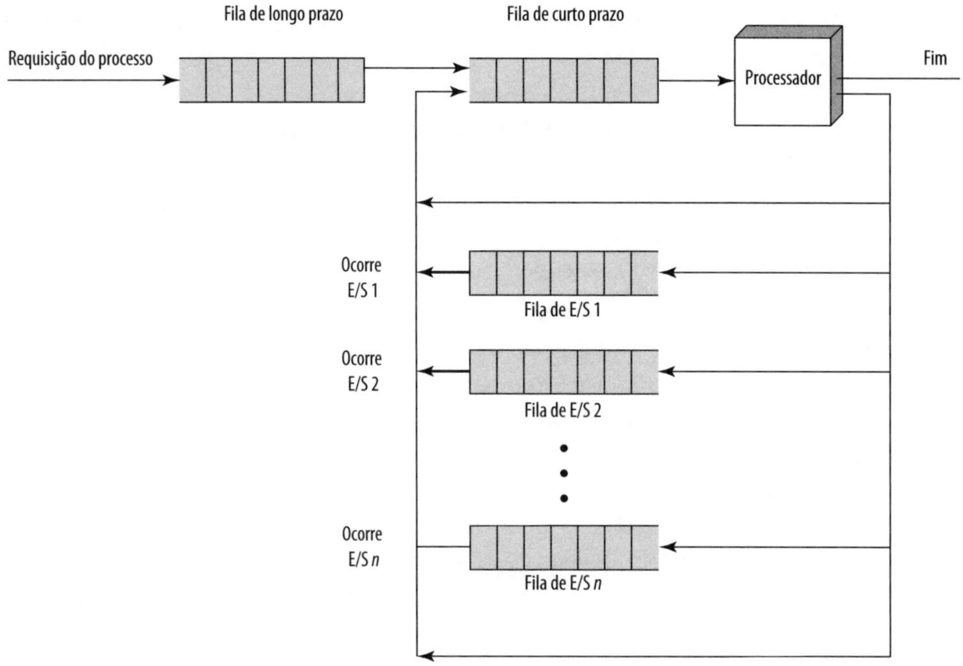

se tornam disponíveis, uma requisição do processo se torna um processo, que é então colocado no estado pronto e mantido na fila de curto prazo. O processador alterna entre executar instruções do SO e executar processos do usuário. Enquanto o SO está no controle, ele decide qual processo na fila de curto prazo deverá ser executado em seguida. Quando o SO termina suas tarefas imediatas, ele transfere o processador para o processo escolhido.

Como já dissemos, um processo sendo executado pode ser suspenso por diversos motivos. Se ele for suspenso porque o processo requisita E/S, então ele é colocado na fila de E/S apropriada. Se ele for suspenso porque terminou seu tempo ou porque o SO precisa atender a uma atividade urgente, então ele é passado para o estado pronto e colocado na fila a curto prazo.

Finalmente, mencionamos que o SO também gerencia as filas de E/S. Quando uma operação de E/S termina, o SO remove o referido processo atendido dessa fila de E/S e o coloca na fila de curto prazo. Depois, ele seleciona outro processo que está esperando (se houver) e sinaliza o dispositivo de E/S para que atenda a requisição desse processo.

8.3 Gerenciamento de memória

Em um sistema de uniprogramação, a memória principal é dividida em duas partes: uma parte para o SO (monitor residente) e uma parte para o programa atualmente sendo executado. Em um sistema de multiprogramação, a parte do "usuário" da memória é subdividida para acomodar diversos processos. A tarefa de subdivisão é executada dinamicamente pelo SO e é conhecida como ***gerenciamento de memória***.

O gerenciamento de memória eficaz é vital em um sistema de multiprogramação. Se apenas alguns processos estiverem na memória, então, em grande parte do tempo, todos os processos estarão esperando pela E/S e o processador estará ocioso. Assim, a memória precisa ser alocada de modo eficiente para encaixar o máximo de processos possível na memória.

Troca de processos na memória – Swapping

Voltando à Figura 8.11, discutimos três tipos de filas: a fila de longo prazo de solicitações de novos processos, a fila de curto prazo de processos prontos para usar o processador e as diversas filas de E/S dos processos que não estão prontos para usar o processador. Lembre-se de que o motivo para esse mecanismo elaborado é que as atividades de E/S são muito mais lentas do que a computação e, portanto, o processador em um sistema de uniprogramação fica ocioso na maior parte do tempo.

Porém, o arranjo na Figura 8.11 não resolve totalmente o problema. É verdade que, nesse caso, a memória mantém vários processos e que o processador pode passar para outro processo quando um deles estiver esperando. Mas o processador é muitas vezes mais rápido que a E/S, que será comum haver *todos* os processos na memória esperando por E/S. Assim, até mesmo com a multiprogramação, um processador poderia estar ocioso na maior parte do tempo.

O que fazer? A memória principal poderia ser expandida, e, portanto, ser capaz de acomodar mais processos. Mas existem duas falhas nessa abordagem. Primeiro, a memória principal é cara, ainda hoje. Segundo, a necessidade dos programas por memória cresceu tão rápido quanto o custo da memória caiu. Assim, uma memória maior resulta em processos maiores, e não em mais processos.

Outra solução é o *swapping*, representado na Figura 8.12. Temos uma fila de longo prazo de requisições de processos, normalmente armazenada no disco. Estes são trazidos, um por vez, à medida que houver espaço disponível. Quando os processos terminam, eles são removidos da memória principal. Agora surge a situação em que nenhum dos processos na memória estará no estado pronto (por exemplo, todos estão aguardando uma operação de E/S). Ao invés de permanecer ocioso, o processador *troca* (swaps) um desses processos de volta para o disco em uma *fila intermediária*. Essa é uma fila de processos existentes que foram temporariamente removidos da memória. O SO então traz outro processo da fila intermediária, ou então atende a requisição de um novo processo da fila de longo prazo. A execução então continua com o processo recém-chegado.

O swapping, porém, é uma operação de E/S, e, portanto, pode tornar o problema ainda pior, e não melhor. Mas, como a E/S em disco geralmente é a E/S mais rápida em um sistema (por exemplo, em comparação com a E/S de fita ou impressora), o swapping normalmente melhorará o desempenho. Um esquema mais

Figura 8.12 O uso do swapping

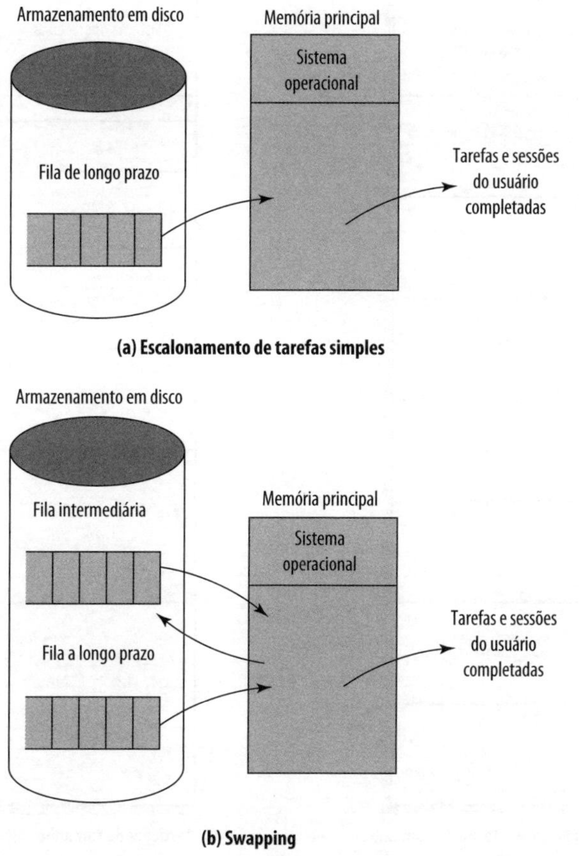

sofisticado, envolvendo memória virtual, melhora o desempenho em relação ao simples swapping. Isso será discutido mais adiante. Primeiro, porém, temos que preparar o terreno explicando sobre particionamento e paginação.

Particionamento

O esquema mais simples para o particionamento da memória disponível é usar *partições de tamanho fixo*, como mostramos na Figura 8.13. Observe que, embora as partições tenham tamanho fixo, elas não precisam ter o mesmo tamanho. Quando um processo é trazido para a memória, ele é colocado na menor partição possível que o poderá manter.

Mesmo com o uso de partições de tamanho fixo desiguais, haverá memória desperdiçada. Na maior parte dos casos, um processo não exigirá tanta memória quanto a fornecida pela partição. Por exemplo, um processo que requer 3 MBytes de memória seria colocado em uma partição de 4 M da Figura 8.13b, desperdiçando 1 M que poderia ser usado por outro processo.

Uma técnica mais eficiente é usar *partições de tamanho variável*. Quando um processo é levado para a memória, ele recebe exatamente a quantidade de memória exigida, e nada mais.

Exemplo 8.2 Um exemplo, usando 64 MBytes de memória principal, aparece na Figura 8.14. Inicialmente, a memória principal está vazia, exceto pelo SO (a). Os primeiros três processos são carregados nela, começando onde o SO termina e ocupando apenas o espaço suficiente para cada processo (b, c, d). Isso deixa um "buraco" ao final da memória, que é muito pequeno para um quarto processo. Em algum ponto, nenhum dos processos na memória

Figura 8.13 Exemplo de particionamento fixo de uma memória de 64 MBytes

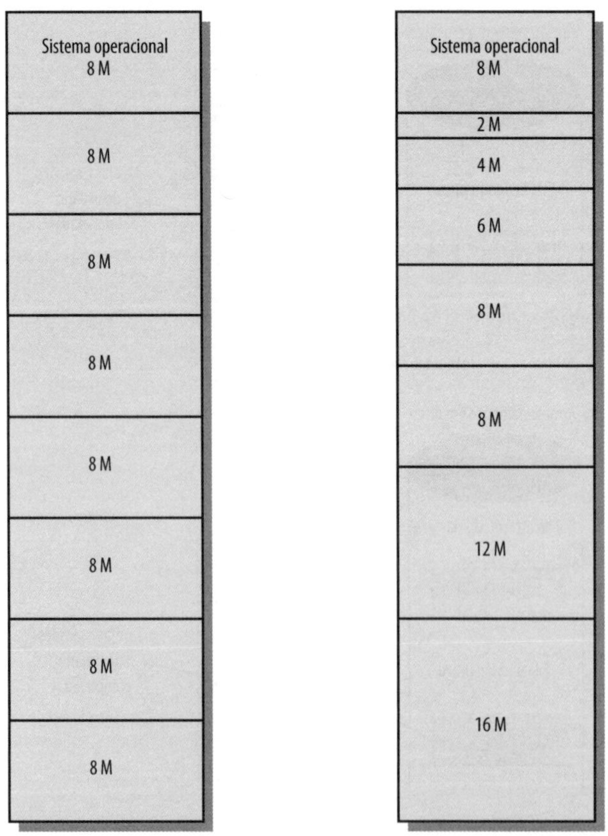

(a) Partições de mesmo tamanho

(b) Partições de tamanhos diferentes

está pronto. O SO retira o processo 2 (e), o que deixa espaço suficiente para carregar um novo processo, o processo 4 (f). Como o processo 4 é menor que o processo 2, outro buraco pequeno é criado. Mais tarde, chega um ponto em que nenhum dos processos na memória principal está pronto, mas o processo 2, no estado Pronto-Suspenso, está disponível. Como existe espaço suficiente na memória para o processo 2, o SO retira o processo 1 (g) e devolve o processo 2 para a memória (h).

Como este exemplo mostra, esse método começa bem, mas, por fim, leva a uma situação em que existem muitos buracos pequenos na memória. Com o passar do tempo, a memória torna-se cada vez mais fragmentada, e sua utilização declina. Uma técnica para contornar esse problema é a ***compactação***: de vez em quando, o SO desloca os processos na memória para colocar toda a memória livre junta em um só bloco. Esse é um procedimento demorado, desperdiçando o tempo do processador.

Antes de considerarmos algumas maneiras de lidar com as desvantagens do particionamento, temos que acertar um ponto. Considere a Figura 8.14; deve ficar óbvio que um processo provavelmente não será carregado para o mesmo local na memória principal a cada vez que for levado para lá. Além do mais, se houver compactação, um processo pode ser deslocado enquanto estiver na memória principal. Um processo na memória consiste em instruções mais dados. As instruções terão endereços para locais da memória de dois tipos:

- Endereços de itens de dados.
- Endereços de instruções, usados para instruções de desvio.

Figura 8.14 O efeito do particionamento dinâmico

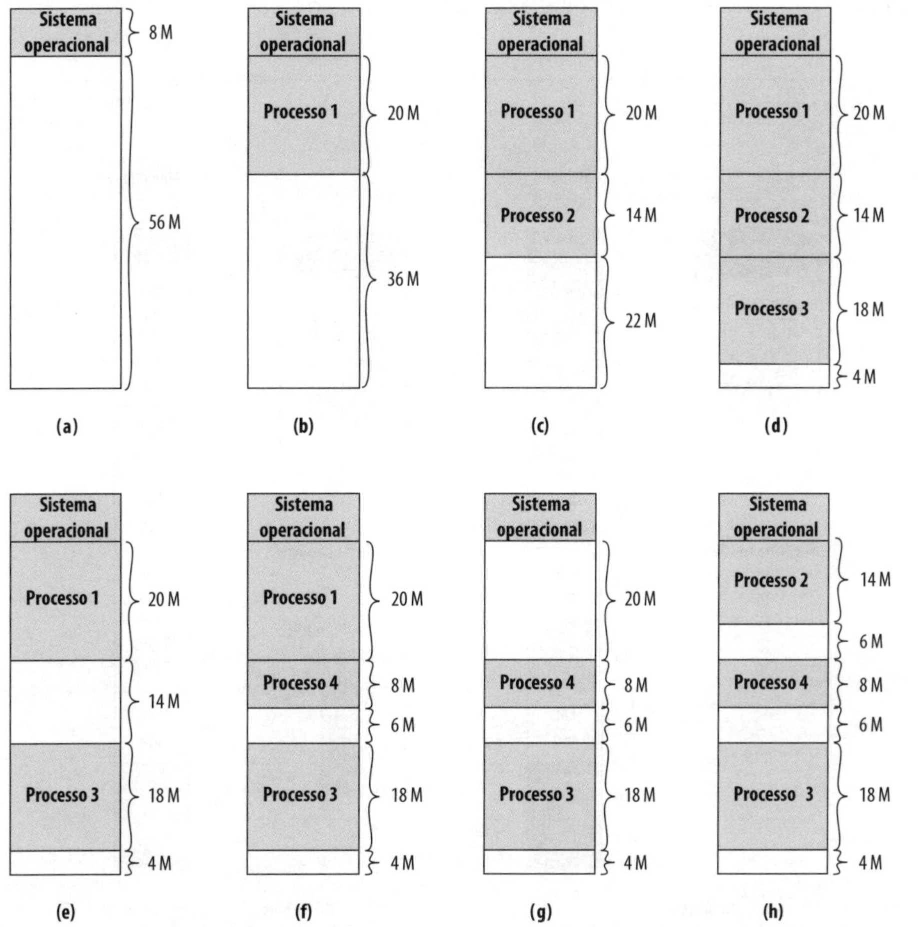

Mas esses endereços não são fixos. Eles mudarão toda vez que um processo for levado para a memória. Para resolver esse problema, existe uma distinção entre endereços lógicos e endereços fixos. Um ***endereço lógico*** é expresso como um local relativo ao início do programa. As instruções no programa contêm apenas endereços lógicos. Um ***endereço físico*** é um local real na memória principal. Quando o processador executa um processo, ele automaticamente converte do endereço lógico para o físico, somando o local inicial atual do processo, chamado de ***endereço de base***, a cada endereço lógico. Esse é outro exemplo de um recurso de hardware do processador projetado para atender a um requisito do SO. A natureza exata desse recurso de hardware depende da estratégia de gerenciamento de memória em uso. Veremos vários exemplos mais adiante neste capítulo.

Paginação

Partições desiguais de tamanho fixo e de tamanho variável são ineficazes no uso da memória. Suponha, porém, que a memória seja particionada em pedaços iguais de tamanho fixo que sejam relativamente pequenos, e que cada processo também seja dividido em pequenos pedaços de algum tamanho fixo pequeno. Então, os pedaços de um programa, conhecidos como ***páginas***, poderiam ser atribuídos aos pedaços disponíveis de memória, conhecidos como ***frames***, ou frames de página. No máximo, então, o espaço desperdiçado na memória para esse processo é uma fração da última página.

A Figura 8.15 mostra um exemplo do uso de páginas e frames. Em determinado momento no tempo, alguns dos frames na memória estão em uso e alguns estão livres. A lista dos frames livres é mantida pelo SO. O processo A, armazenado no disco, consiste em quatro páginas. Quando é o momento de carregar esse processo, o SO encontra quatro frames livres e carrega as quatro páginas do processo A nos quatro frames.

Agora suponha, como neste exemplo, que não haja frames contíguos sem uso suficientes para manter o processo. Isso impede o SO de carregar A? A resposta é não, porque podemos, mais uma vez, usar o conceito de endereço lógico. Um endereço de base simples não será mais suficiente. Em vez disso, o SO mantém uma ***tabela de página*** para cada processo. A tabela de página mostra o local para cada página no processo. Dentro

Figura 8.15 Alocação de frames livres

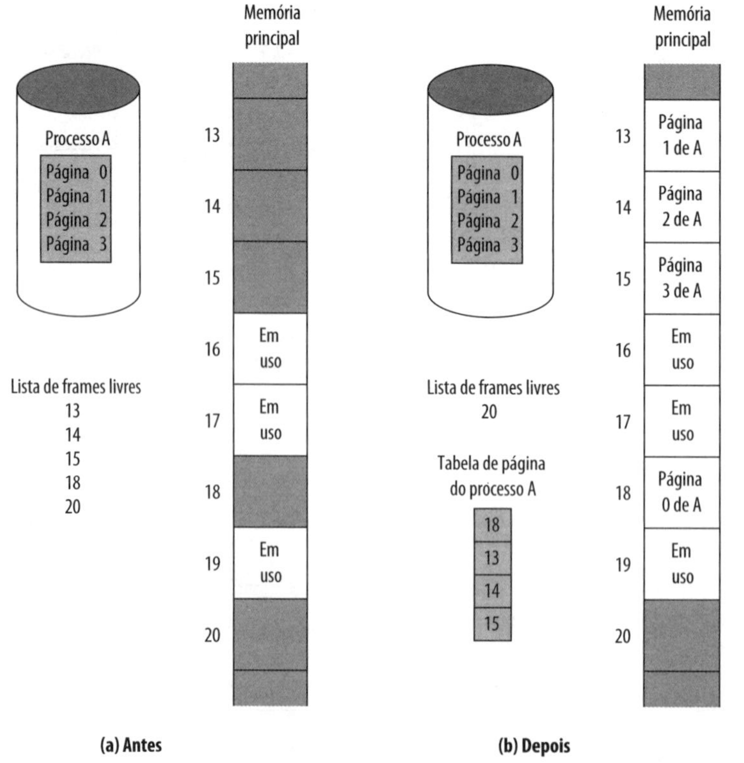

do programa, cada endereço lógico consiste em um número de página e um endereço relativo dentro da página. Lembre-se de que, no caso do particionamento simples, um endereço lógico é o local de uma palavra em relação ao início do programa; o processador traduz isso para um endereço físico. Com a paginação, a tradução de endereço de lógico para físico ainda é feita pelo hardware do processador. O processador precisa saber como acessar a tabela de página do processo atual. Recebendo um endereço lógico (número de página, endereço relativo), o processador usa a tabela de página para produzir um endereço físico (número de frame, endereço relativo). Um exemplo aparece na Figura 8.16.

Essa técnica soluciona os problemas que levantamos anteriormente. A memória principal é dividida em muitos frames pequenos de mesmo tamanho. Cada processo é dividido em páginas com o tamanho do frame: processos menores exigem menos páginas, processos maiores exigem mais. Quando um processo é trazido, suas páginas são carregadas nos frames disponíveis, e uma tabela de página é montada.

Memória virtual

PAGINAÇÃO POR DEMANDA Com o uso da paginação, sistemas de multiprogramação verdadeiramente eficazes entraram em cena. Além do mais, a simples tática de dividir um processo em páginas levou ao desenvolvimento de outro conceito importante: a memória virtual.

Para entender a memória virtual, temos que acrescentar uma melhoria ao esquema de paginação que discutimos. Essa melhoria é a ***paginação por demanda***, que simplesmente significa que cada página de um processo é trazida apenas quando necessária, ou seja, por demanda.

Considere um processo grande, consistindo em um programa longo mais uma série de arrays de dados. Por qualquer período, a execução pode ser confiada a uma pequena seção do programa (por exemplo, uma sub-rotina) e talvez apenas um ou dois arrays de dados estão sendo usados. Esse é o princípio da localidade, que apresentamos no Apêndice 4A. Logicamente, seria um desperdício carregar dezenas de páginas para esse processo quando apenas algumas páginas serão usadas antes que o programa seja suspenso. Podemos

Figura 8.16 Endereços lógicos e físicos

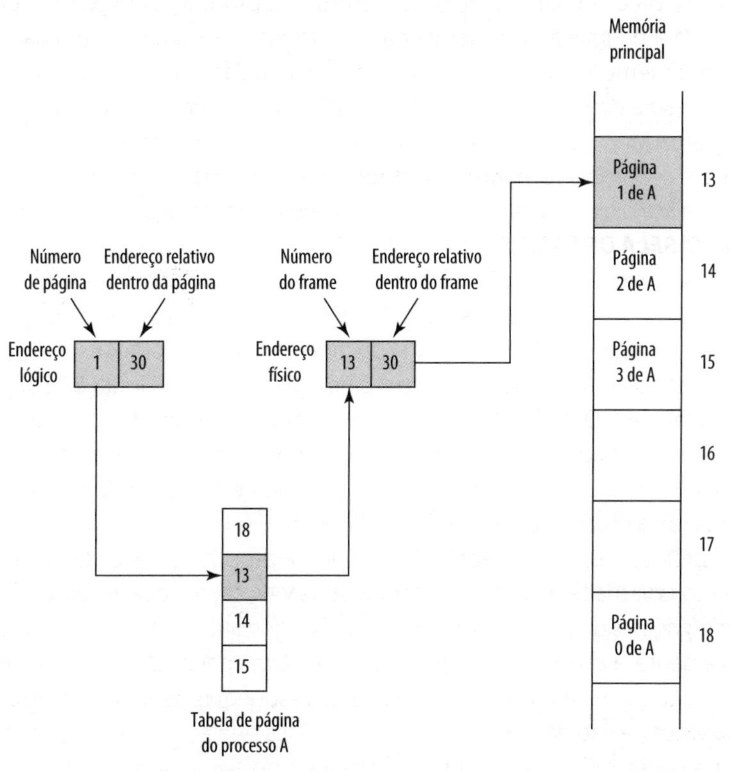

fazer um uso melhor da memória carregando apenas algumas páginas. Depois, se o programa desviar para uma instrução em uma página fora da memória principal, ou se o programa referenciar dados em uma página que não está na memória, uma interrupção de ***falta de página*** **(*page fault*)** ocorrerá. Isso diz ao SO para trazer a página desejada.

Assim, a qualquer momento, apenas algumas páginas de determinado processo estão na memória, e, portanto, mais processos podem ser mantidos na memória. Além do mais, o tempo é reduzido, pois as páginas não usadas não entram e saem da memória. Porém, o SO precisa ser inteligente sobre como gerenciar esse esquema. Quando ele traz uma página, precisa retirar outra; isso é conhecido como ***substituição de página***. Se ele retirar uma página imediatamente antes que ela precise ser usada, então ele simplesmente terá que obter essa página novamente, quase que imediatamente. Muita atividade desse tipo leva a uma condição conhecida como ***thrashing***: o processador gasta a maior parte do seu tempo trocando páginas, ao invés de executando instruções. Impedir o thrashing foi uma área de pesquisa importante na década de 1970, e levou a uma série de algoritmos complexos, porém eficientes. Basicamente, o SO tenta descobrir, com base na história recente, quais páginas têm menos probabilidade de serem usadas no futuro próximo.

Simuladores de algoritmo de substituição de página

Uma discussão sobre algoritmos de substituição de página está fora do escopo deste livro. Uma técnica potencialmente eficaz se chama "usado menos recentemente" (LRU, do inglês *least recently used*), o mesmo algoritmo discutido no Capítulo 4 para a substituição de cache. Na prática, LRU é difícil de implementar para um esquema de paginação de memória virtual. Várias técnicas alternativas que buscam aproximar o desempenho do LRU são utilizadas; veja os detalhes no Apêndice F.

Com a paginação por demanda, não é necessário carregar um processo inteiro na memória principal. Esse fato tem uma consequência marcante: é possível que um processo seja maior do que toda a memória principal. Uma das restrições mais fundamentais na programação foi elevada. Se o programa sendo escrito for muito grande, o programador precisa criar maneiras de estruturar o programa em partes que possam ser carregadas uma de cada vez. Com a paginação por demanda, essa tarefa fica para o SO e o hardware. Já o programador está lidando com uma memória imensa, com o tamanho associado ao armazenamento em disco.

Como um processo só é executado na memória principal, essa memória é conhecida como ***memória real ou física***. Mas um programador ou usuário percebe uma memória muito maior — aquela que está alocada no disco. Essa última, portanto, é denominada ***memória virtual***. A memória virtual aumenta a eficiência da multiprogramação bastante eficaz, e alivia o usuário das restrições desnecessariamente apertadas da memória principal.

ESTRUTURA DA TABELA DE PÁGINA O mecanismo básico para a leitura de uma palavra da memória envolve a tradução de um endereço virtual, ou lógico, consistindo em número de página e deslocamento, para um endereço físico, consistindo em um número de frame e deslocamento, usando uma tabela de página. Como a tabela de página tem tamanho variável, dependendo do tamanho do processo, não podemos esperar mantê-la nos registradores. Em vez disso, ela precisa estar na memória principal para ser acessada. A Figura 8.16 sugere uma implementação de hardware desse esquema. Quando determinado processo está sendo executado, um registrador mantém o endereço inicial da tabela de página para esse processo. O número de página de um endereço virtual é usado para indexar essa tabela e pesquisar o número do frame correspondente. Isso é combinado com a parte de deslocamento do endereço virtual para produzir o endereço real desejado.

Na maioria dos sistemas, existe uma tabela de página por processo, mas cada processo pode ocupar grandes quantidades de memória virtual. Por exemplo, na arquitetura VAX, cada processo pode ter até 2^{31} = 2 GBytes de memória virtual. Usando páginas de 2^9 = 512 bytes, isso significa que até 2^{22} entradas da tabela de página são exigidas por processo. Logicamente, a quantidade de memória dedicada apenas a tabelas de página poderia ser inaceitavelmente alta. Para contornar esse problema, a maioria dos esquemas de memória virtual armazena as tabelas de página na memória virtual, e não na memória real. Isso significa que as tabelas de página são sujeitas a paginação, assim como as outras páginas. Quando um processo está sendo executado, pelo menos uma parte de sua tabela de página precisa estar na memória principal, incluindo a entrada da tabela de página da página atualmente em execução. Alguns processadores utilizam um esquema de dois níveis para organizar grandes tabelas de página. Nesse esquema, existe um diretório de página, em que cada entrada aponta para uma tabela de página. Assim, se o tamanho do diretório de página for X, e se o tamanho máximo de uma tabela de página for Y, então um processo pode consistir em até X × Y páginas. Normalmente, o tamanho máximo de uma tabela de página é restrito a ser igual a uma página. Veremos um exemplo dessa técnica de dois níveis quando considerarmos o Pentium II mais adiante neste capítulo.

Uma técnica alternativa ao uso de tabelas de página de um ou dois níveis é o uso de uma estrutura de tabela de página invertida (Figura 8.17). As variações nessa técnica são usadas no PowerPC, UltraSPARC e a arquitetura IA-64. Uma implementação do Mach OS no RT-PC também usa essa técnica.

Nessa técnica, a parte do número de página de um endereço virtual é mapeada em um valor de *hash* usando uma função de *hashing* simples.[2] O valor de *hash* é um ponteiro para a tabela de página invertida, que contém as entradas da tabela de página. Existe uma entrada na tabela de página invertida para cada frame de página da memória real, em vez de uma por página virtual. Assim, uma proporção fixa da memória real é exigida para as tabelas, independentemente do número de processos ou páginas virtuais admitidas. Como mais de um endereço virtual pode ser mapeado na mesma entrada da tabela de *hash*, uma técnica de encadeamento é usada para gerenciar o *overflow*. A técnica de *hashing* resulta em cadeias que normalmente são curtas — entre uma e duas entradas. A estrutura da tabela de página é chamada invertida porque indexa as entradas da tabela de página por número de frame, em vez de número de página virtual.

Figura 8.17 Estrutura da tabela de página invertida

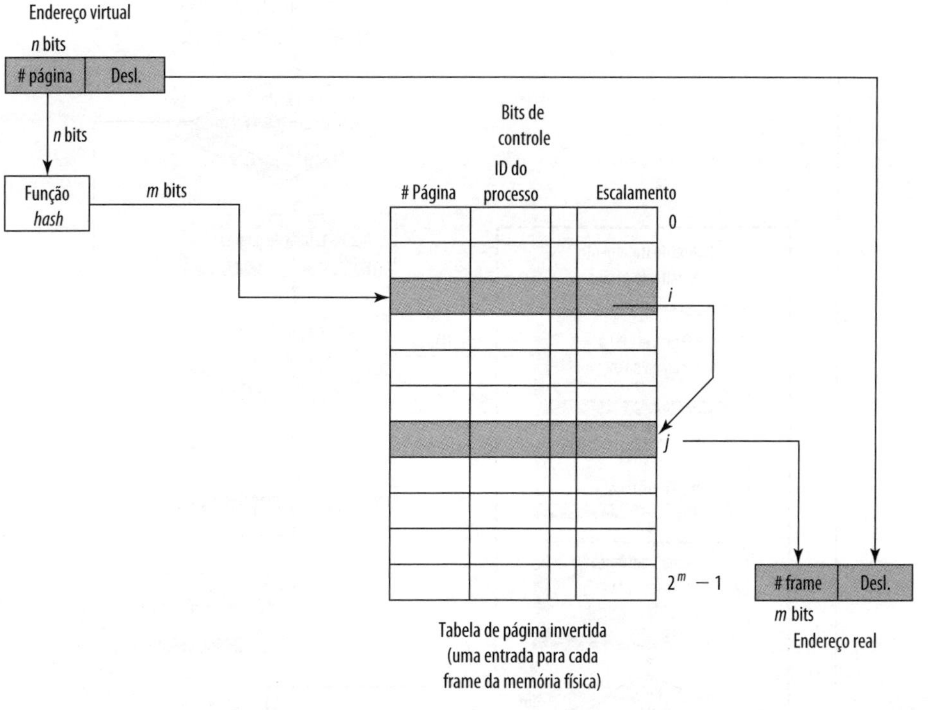

2 Uma função de *hash* mapeia números na faixa de 0 a M para números na faixa de 0 a N, onde M > N. A saída da função de *hash* é usada como um índice para a tabela de *hash*. Como mais de uma entrada é mapeada para a mesma saída, é possível que um item de entrada seja mapeado para uma entrada da tabela de *hash* que já está ocupada. Nesse caso, o novo item precisa transbordar (*overflow*) para outro local da tabela de *hash*. Normalmente, o novo item é colocado no primeiro espaço vazio subsequente, e um ponteiro do local original é fornecido para encadear as entradas. Veja mais informações sobre funções de *hash* no Apêndice C.

Translation lookaside buffer

Em princípio, então, cada referência de memória virtual pode causar dois acessos à memória física: um para buscar a entrada da tabela de página apropriada e um para buscar os dados desejados. Assim, um esquema direto de memória virtual teria o efeito de dobrar o tempo de acesso à memória. Para contornar esse problema, a maioria dos esquemas de memória virtual utiliza uma cache especial para entradas da tabela de página, normalmente chamada de *translation lookaside buffer* (TLB). Essa cache funciona da mesma maneira que uma cache de memória e contém as entradas da tabela de página que foram usadas recentemente. A Figura 8.18 é um fluxograma que mostra o uso do TLB. Pelo princípio da localidade, a maioria das referências à memória virtual será para locais nas páginas usadas recentemente. Portanto, a maioria das referências envolverá as entradas da tabela de página na cache. Os estudos do TLB do VAX mostraram que esse esquema pode melhorar o desempenho significativamente (Clark e Emer, 1985[a], Satyanarayanan e Bhandarkar, 1981[b]).

Observe que o mecanismo de memória virtual precisa interagir com o sistema de cache (não a cache do TLB, mas a cache da memória principal). Isso é ilustrado na Figura 8.19. Um endereço virtual geralmente estará na forma de um número de página, deslocamento. Primeiro, o sistema de memória consulta o TLB para ver se a entrada da tabela de página correspondente está presente. Se estiver, o endereço real (físico) é gerado combinando o número

Figura 8.18 Operação da paginação e do *translation lookaside buffer* (TLB)

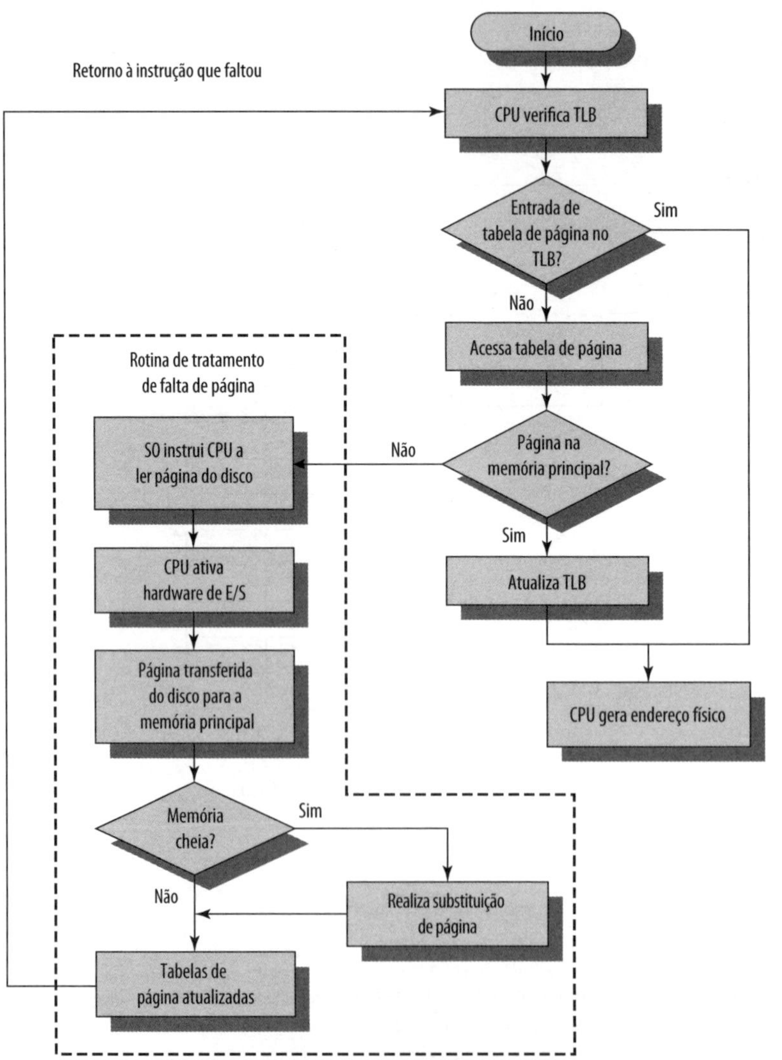

do *frame* com o deslocamento. Se não, a entrada é acessada a partir de uma tabela de página. Quando o endereço real for gerado, que está na forma de uma tag e um restante, a cache é consultada para ver se o bloco contendo essa palavra está presente (ver Figura 4.5). Nesse caso, ela retorna ao processador. Se não, a palavra é recuperada da memória principal.

O leitor deverá ser capaz de apreciar a complexidade do hardware do processador envolvida em uma única referência à memória. O endereço virtual é traduzido para um endereço real. Isso envolve referência a uma tabela de página, que pode estar no TLB, na memória principal ou no disco. A palavra referenciada pode estar na cache, na memória principal ou no disco. Nesse último caso, a página contendo a palavra precisa ser carregada para a memória principal e seu bloco carregado na cache. Além disso, a entrada da tabela de página para essa página precisa ser atualizada.

Segmentação

Existe outra maneira de subdividir a memória endereçável, conhecida como segmentação. Enquanto a paginação é invisível ao programador e serve para lhe oferecer um espaço de endereços maior, a segmentação normalmente é visível ao programador e é fornecida como uma conveniência para organizar programas e dados e como um meio de associar atributos de privilégio e proteção com instruções e dados.

A segmentação permite que o programador veja a memória como consistindo em múltiplos espaços ou segmentos de endereço. Os segmentos têm tamanho variável, realmente dinâmico. Normalmente, o programador ou o SO atribuirá programas e dados a diferentes segmentos. Pode haver uma série de segmentos de programa para diversos tipos de programas, além de uma série de segmentos de dados. Cada segmento pode ter direitos de acesso e uso atribuídos. As referências à memória consistem em uma forma de endereço (número de segmento, deslocamento).

Figura 8.19 *Translation lookaside buffer* (TLB) e operação da cache

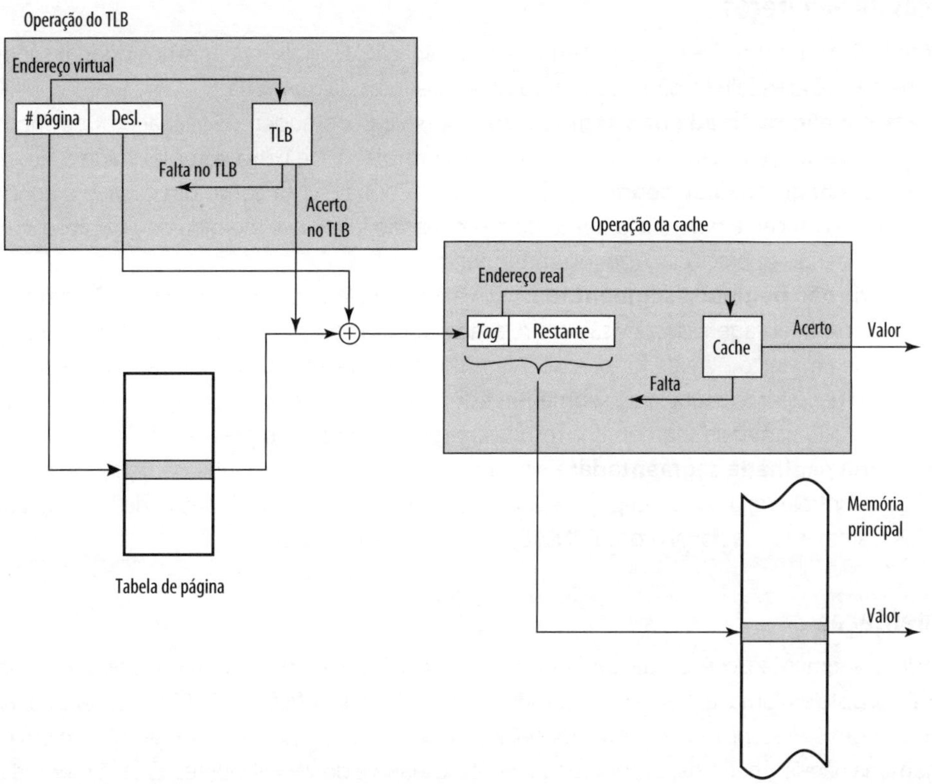

Essa organização tem diversas vantagens para o programador em relação a um espaço de endereços não segmentado:

1. Ela simplifica o tratamento de estruturas de dados que crescem. Se o programador não souber antes da hora o tamanho que determinada estrutura de dados terá, não é preciso adivinhar. A estrutura de dados pode receber seu próprio segmento, e o SO expandirá ou encolherá o segmento conforme a necessidade.
2. Ela permite que os programas sejam alterados e recompilados de modo independente, sem exigir que um conjunto inteiro de programas seja novamente link-editado e recarregado. Novamente, isso é feito usando segmentos múltiplos.
3. Ela permite o compartilhamento entre os processos. Um programador pode colocar um programa utilitário ou uma tabela de dados útil em um segmento que pode ser endereçado por outros processos.
4. Ela serve para proteção. Como um segmento pode ser construído para conter um conjunto bem definido de programas ou dados, o programador ou um administrador do sistema pode atribuir privilégios de acesso de uma maneira conveniente.

Essas vantagens não estão disponíveis com a paginação, que é invisível ao programador. Por outro lado, vimos que a paginação provê uma forma eficiente de gerenciamento de memória. Para combinar as vantagens de ambos, alguns sistemas são equipados com o hardware e o software do SO que permite o uso de ambos.

8.4 Gerenciamento de memória no Pentium

Desde a introdução da arquitetura de 32 bits, os microprocessadores evoluíram com sofisticados esquemas de gerenciamento de memória, que se baseiam nas lições aprendidas com os sistemas de média e grande escala. Em muitos casos, as versões dos microprocessadores são superiores aos seus antecedentes de sistemas maiores. Como os esquemas foram desenvolvidos pelo fornecedor de hardware do microprocessador e podem ser empregados com diversos sistemas operacionais, eles tendem a ser de uso bastante geral. Um exemplo representativo é o esquema usado no Pentium II. O hardware de gerenciamento de memória do Pentium II é basicamente o mesmo usado nos processadores Intel 80386 e 80486, com algumas melhorias.

Espaços de endereços

O Pentium II inclui hardware para segmentação e paginação. Os dois mecanismos podem ser desativados, permitindo que o usuário escolha a partir de quatro visões distintas da memória:

- **Memória não paginada não segmentada:** nesse caso, o endereço virtual é o mesmo que o endereço físico. Isso é útil, por exemplo, em aplicações de controlador de baixa complexidade e alto desempenho.
- **Memória paginada não segmentada:** aqui, a memória é vista como um espaço de endereço linear paginado. A proteção e o gerenciamento de memória são feitos por meio da paginação, o que é utilizado por alguns sistemas operacionais (por exemplo, Berkeley UNIX).
- **Memória não paginada segmentada:** aqui, a memória é vista como uma coleção de espaços de endereços lógicos. A vantagem dessa visão em relação à abordagem paginada é que ela proporciona proteção até o nível de um único byte, se for preciso. Além do mais, diferente da paginação, ela garante que a tabela de tradução necessária (a tabela de segmento) esteja no chip quando o segmento estiver na memória. Logo, a memória não paginada segmentada resulta em tempos de acesso previsíveis.
- **Memória paginada segmentada:** a segmentação é usada para definir partições de memória lógicas, sujeitas a controle de acesso, e a paginação é usada para gerenciar a alocação de memória dentro das partições. Sistemas operacionais como UNIX System V utilizam essa opção.

Segmentação

Quando a segmentação é usada, cada endereço virtual (chamado endereço lógico na documentação do Pentium II) consiste em uma referência de segmento de 16 bits e um offset de 32 bits. Dois bits da referência de segmento lidam com o mecanismo de proteção, deixando 14 bits para especificar um segmento em particular. Assim, com a memória não segmentada, a memória virtual do usuário é de 2^{32} = 4 GBytes. Com a memória segmentada, o espaço total da memória virtual visto por um usuário é de 2^{46} = 64 terabytes (TBytes). O espaço de endereço físico emprega um endereço de 32 bits para um máximo de 4 GBytes.

A quantidade de memória virtual pode realmente ser maior que 64 TBytes, porque a interpretação do processador de um endereço virtual depende de qual processo está atualmente ativo. O espaço de endereço virtual é dividido em duas partes. Metade do espaço de endereço virtual (8 K segmentos × 4 GBytes) é global, compartilhado por todos os processos; o restante é local e distinto para cada processo.

Associado a cada segmento estão duas formas de proteção: nível de privilégio e atributo de acesso. Existem quatro níveis de privilégio, do mais protegido (nível 0) ao menos protegido (nível 3). O nível de privilégio associado a um segmento de dados é sua "classificação"; o nível de privilégio associado a um segmento de programa é sua "autorização". Um programa em execução só pode acessar segmentos de dados para os quais seu nível de autorização seja menor (mais privilegiado) que ou igual ao (mesmo privilégio) nível de privilégio do segmento de dados.

O hardware não dita como esses níveis de privilégio devem ser usados; isso depende do projeto e da implementação do SO. A intenção foi que o nível de privilégio 1 fosse usado para a maior parte do SO, e o nível 0 fosse usado para aquela pequena parte do SO dedicada ao gerenciamento de memória, proteção e controle de acesso. Isso deixa dois níveis para as aplicações. Em muitos sistemas, as aplicações residirão no nível 3, com o nível 2 não sendo usado. Os subsistemas de aplicação especializados, que precisam ser protegidos porque implementam seus próprios mecanismos de segurança, são bons candidatos para o nível 2. Alguns exemplos são sistemas de gerenciamento de banco de dados, sistemas de automação de escritórios e ambientes de softwares de engenharia.

Além de regular o acesso aos segmentos de dados, o mecanismo de privilégio limita o uso de certas instruções. Algumas instruções, como aquelas lidando com registradores de gerenciamento de memória, só podem ser executadas no nível 0. As instruções de E/S só podem ser executadas até um certo nível designado pelo SO; normalmente, esse será o nível 1.

O atributo de acesso de um segmento de dados especifica se os acessos de leitura/gravação ou apenas leitura são permitidos. Para segmentos de programa, o atributo de acesso especifica o acesso de leitura/execução ou somente leitura.

O mecanismo de tradução de endereço para a segmentação envolve o mapeamento de um endereço virtual no que é conhecido como endereço linear (Figura 8.20b). Um endereço virtual consiste no offset de 32 bits e um seletor de segmento de 16 bits (Figura 8.20a). O seletor de segmento consiste nos seguintes campos:

- **Indicador de tabela (TI, do inglês *table indicator*):** indica se a tabela de segmento global ou uma tabela de segmento local deve ser usada para tradução.
- **Número de segmento:** serve como um índice para a tabela de segmento.
- **Nível de privilégio do requisitante (RPL, do inglês *requestor privilege level*):** o nível de privilégio requisitado para esse acesso.

Cada entrada em uma tabela de segmento consiste em 64 bits, como mostra a Figura 8.20c. Os campos são definidos na Tabela 8.5.

Paginação

A segmentação é um recurso opcional e pode ser desativado. Quando a segmentação está em uso, os endereços usados nos programas são endereços virtuais e são convertidos para endereços lineares, conforme descrevemos. Quando a segmentação não está em uso, os endereços lineares são usados nos programas. Nesse caso, a etapa a seguir é converter esse endereço linear em um endereço real de 32 bits.

Para entender a estrutura do endereço linear, é preciso saber que o mecanismo de paginação do Pentium II é, na realidade, uma operação de pesquisa de tabela em dois níveis. O primeiro nível é um diretório de página, que contém até 1.024 entradas. Isso divide o espaço de memória linear de 4 GBytes em 1.024 grupos de páginas, cada um com sua própria tabela de página, e cada um com 4 MBytes de extensão. Cada tabela de página contém até 1.024 entradas; cada entrada corresponde a uma única página de 4 Kbytes. O gerenciamento de memória tem a opção de usar um diretório de página para todos os processos, um diretório de página para cada processo, ou alguma combinação dos dois. O diretório de página para a tarefa atual está sempre na memória principal. As tabelas de página podem estar na memória virtual.

A Figura 8.20 mostra os formatos das entradas nos diretórios de página e tabelas de página, e os campos são definidos na Tabela 8.5. Observe que os mecanismos de controle de acesso podem ser fornecidos com base em uma página ou um grupo de páginas.

Figura 8.20 Formatos de gerenciamento de memória do Pentium

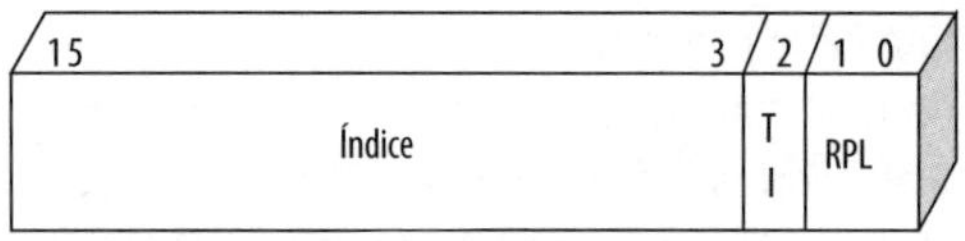

TI = *table indicator* (indicador de tabela)
RPL = *requestor privilege level* (nível de privilégio do requisitante)

(a) Seletor de segmento

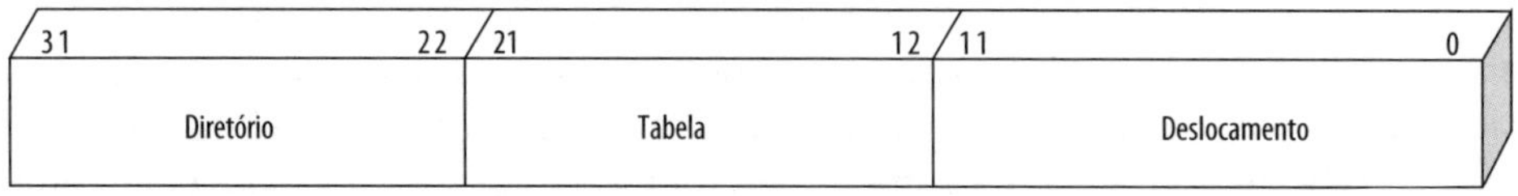

(b) Endereço linear

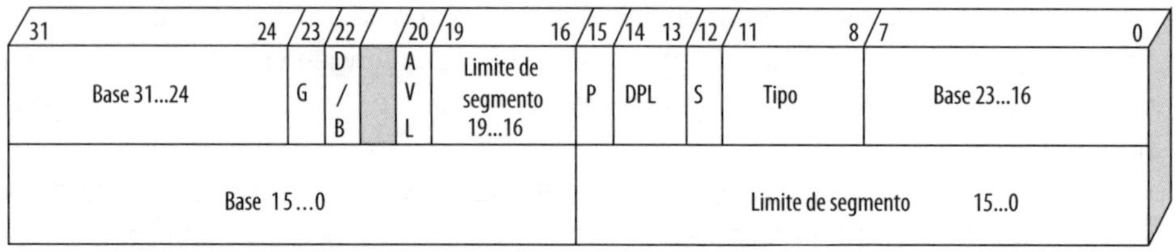

AVL = *available* (disponível) para uso pelo software do sistema
Base = endereço do segmento de base
D/B = tamanho de operação padrão
DPL = tamanho de privilégio do descritor
G = detalhamento
P = segmento presente
Tipo = tipo de segmento
S = tipo de descritor
▢ = reservado

(c) Descritor de segmento (entrada da tabela de segmento)

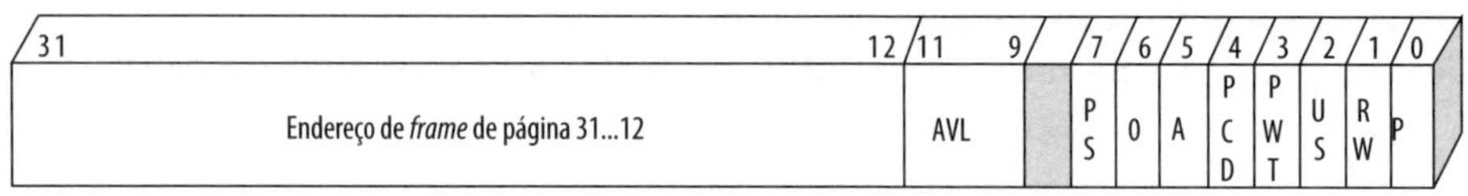

AVL = *available* (disponível) para uso do programador de sistemas
PS = tamanho da página
A = acessado
PCD = desabilitar cache de página
PWT = *write through*
US = usuário/supervisor
RW = *read/write* (leitura/gravação)
P = presente

(d) Entrada de diretório de página

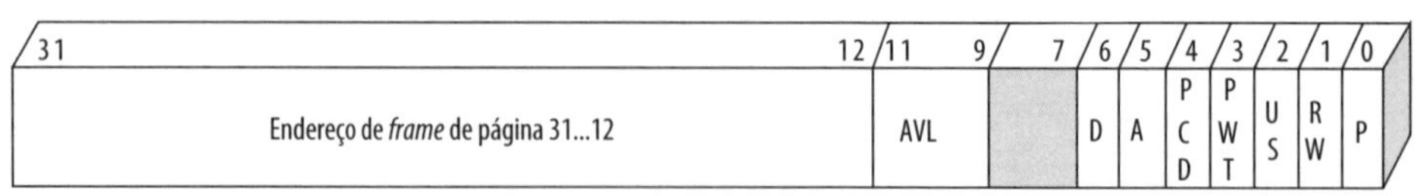

D = *dirty* (modificado)

(e) Entrada da tabela de página

Tabela 8.5 Parâmetros de gerenciamento de memória do Pentium II

Descritor de segmento (entrada da tabela de segmento)
Base
Define o endereço inicial do segmento dentro do espaço de endereço linear de 4 GBytes.
Bit D/B
Em um segmento de código indica se os operandos e modos de endereçamento são de 16 ou 32 bits.
***Descriptor privilege level* (DPL)**
Especifica o nível de privilégio do segmento referenciado por esse descritor de segmento.
Bit de detalhamento (G)
Indica se o campo Limite deve ser interpretado em unidades de um byte ou 4 KBytes.
Limite
Define o tamanho do segmento. O processador interpreta o campo de Limite de duas maneiras, dependendo do bit de detalhamento: em unidades de um byte, até um limite de tamanho de segmento de 1 MByte, ou em unidades de 4 KBytes, até um limite de tamanho de segmento de 4 GBytes.
Bit S
Determina se determinado segmento é um segmento do sistema ou um segmento de código ou dados.
Bit de segmento presente (P)
Usado para sistemas não paginados. Indica se o segmento está presente na memória principal. Para sistemas paginados, esse bit é sempre definido como 1.
Tipo
Distingue entre diversos tipos de segmentos e indica os atributos de acesso.
Entrada de diretório de página e entrada de tabela de página
Bit acessado (A)
Esse bit é definido como 1 pelo processador nos dois níveis de tabelas de página quando ocorre uma operação de leitura ou gravação na página correspondente.
Bit de modificação (D)
Esse bit é definido como 1 pelo processador quando ocorre uma operação de gravação na página correspondente.
Endereço de frame de página
Oferece o endereço físico da página na memória se o bit presente estiver marcado. Como os frames de página são alinhados em limites de 4 K, os 12 bits inferiores são 0, e somente os 20 bits superiores são inclusos na entrada. Em um diretório de página, o endereço é o de uma tabela de página.
Bit desabilitar cache de página (PCD, do inglês *Page cache disable*)
Indica se os dados da página podem ser colocados em cache.
Bit de tamanho de página (PS, do inglês *page size*)
Indica se o tamanho de página é de 4 KBytes ou 4 MBytes.
Bit de *write-through* de página (PWT — *Page Write Through*)
Indica se a política de cache *write-through* ou *write-back* será usada para os dados na página correspondente.
Bit de presente (P)
Indica se a tabela de página ou página está presente na memória principal.
Bit de leitura/escrita (RW — *read/write*)
Para páginas em nível de usuário, indica se a página é de acesso apenas de leitura ou acesso de leitura/gravação para programas em nível de usuário.
Bit de usuário/supervisor (US)
Indica se a página está disponível apenas para o sistema operacional (nível supervisor) ou se está disponível para o sistema operacional e as aplicações (nível de usuário).

O Pentium II também utiliza um TLB. O buffer pode manter 32 entradas de tabela de página. Toda vez que o diretório de página é alterado, o buffer é apagado.

A Figura 8.21 ilustra a combinação de mecanismos de segmentação e paginação. Por clareza, o TLB e os mecanismos de cache de memória não aparecem.

Finalmente, o Pentium II inclui uma nova extensão não encontrada no 80386 ou 80486, permite dois tamanhos de página. Se o bit PSE (extensão de tamanho de página) no registrador de controle 4 estiver definido como 1, então a unidade de paginação permite que o programador do SO defina uma página como 4 KByte ou 4 MByte de tamanho.

Quando páginas de 4 MBytes são usadas, existe apenas um nível de pesquisa de tabela para páginas. Quando o hardware acessa o diretório de página, a entrada do diretório de página (Figura 8.20d) tem o bit PS definido como 1. Nesse caso, os bits de 9 a 21 são ignorados e os bits de 22 a 31 definem o endereço de base para uma página de 4 MBytes na memória. Assim, existe uma única tabela de página.

O uso de páginas de 4 MBytes reduz os requisitos de armazenamento do gerenciamento de memória para grandes memórias principais. Com páginas de 4 KBytes, uma memória principal completa de 4 GBytes requer cerca de 4 MBytes de memória só para as tabelas de página. Com páginas de 4 MBytes, uma única tabela, com 4 KBytes de extensão, é suficiente para o gerenciamento de memória de página.

8.5 Gerenciamento de memória no ARM

O ARM oferece uma arquitetura versátil de sistema de memória virtual, que pode ser ajustada às necessidades do projetista de sistema embarcado.

Organização do sistema de memória

A Figura 8.22 oferece uma visão geral do hardware de gerenciamento de memória no ARM para a memória virtual. O hardware de tradução da memória virtual usa um ou dois níveis de tabelas para tradução de endereços virtuais para físicos, conforme explicamos mais adiante. O TLB é uma cache de entradas recentes tabela de página. Se uma entrada estiver disponível no TLB, então o TLB envia diretamente um endereço físico para a memória prin-

Figura 8.21 Mecanismos de tradução de endereço de memória no Pentium

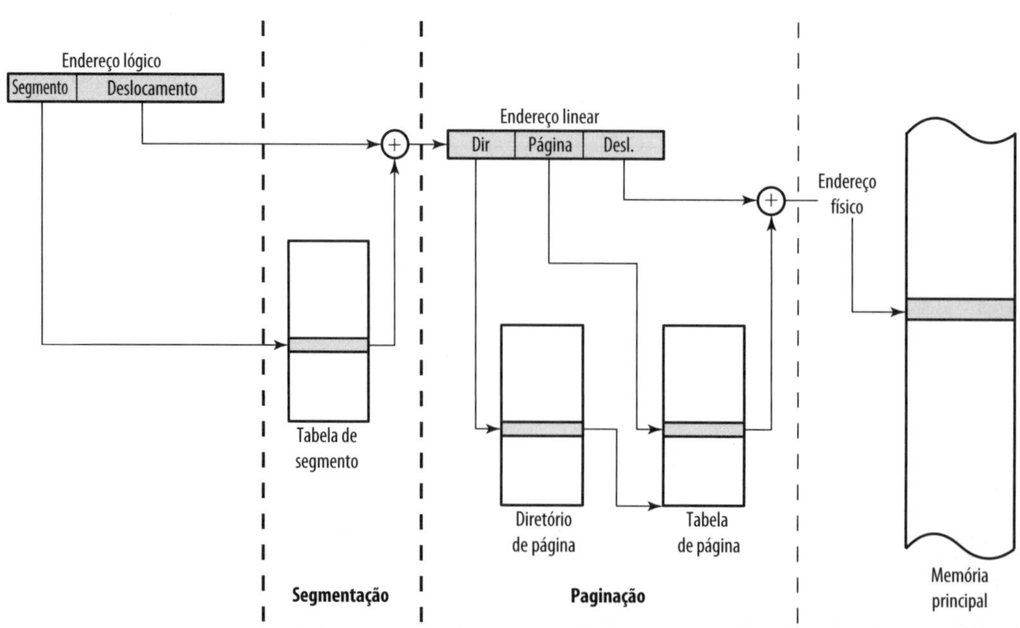

cipal, para uma operação de leitura ou escrita. Conforme explicamos no Capítulo 4, os dados são trocados entre o processador e a memória principal por meio da cache. Se for usada uma organização lógica de cache (Figura 4.7a), então o ARM fornece esse endereço diretamente à cache, além de fornecê-lo ao TLB quando houver uma falta de cache. Se for usada uma organização física de cache (Figura 4.7b), então o TLB precisa fornecer o endereço físico para a cache.

As entradas nas tabelas de tradução também incluem bits de controle de acesso, que especificam se determinado processo pode acessar determinada parte da memória. Se o acesso for negado, o hardware de controle de acesso fornece ao processador ARM um sinal de abortar.

Tradução de endereço da memória virtual

O ARM admite acesso à memória com base em seções ou páginas:.

- **Superseções (opcional):** consistem em blocos de 16 MB de memória principal.
- **Seções:** consistem em blocos de 1 MB de memória principal.
- **Páginas grandes:** consistem em blocos de 64 KB de memória principal.
- **Páginas pequenas:** consistem em blocos de 4 KB de memória principal.

Seções e superseções são usadas para permitir o mapeamento de uma grande região da memória enquanto utilizam apenas uma única entrada no TLB. Outros mecanismos de controle de acesso são estendidos dentro das páginas pequenas a subpáginas de 1 KB, e dentro das páginas grandes, a subpáginas de 16 KB. A tabela de tradução mantida na memória principal tem dois níveis:

- **Tabela de primeiro nível:** mantém traduções de seção e superseção, e ponteiros para tabelas de segundo nível.
- **Tabelas de segundo nível:** mantêm traduções de página grandes e pequenas.

A unidade de gerenciamento de memória (MMU) traduz os endereços virtuais gerados pelo processador em endereços físicos para acessar a memória principal, e também deriva e verifica a permissão de acesso. As traduções ocorrem como resultado de uma falta da TLB, e começam com uma busca de primeiro nível. Um acesso mapeado por seção só requer uma busca de primeiro nível, enquanto um acesso mapeado por página também requer uma busca de segundo nível.

Figura 8.22 Visão geral do sistema de memória do ARM

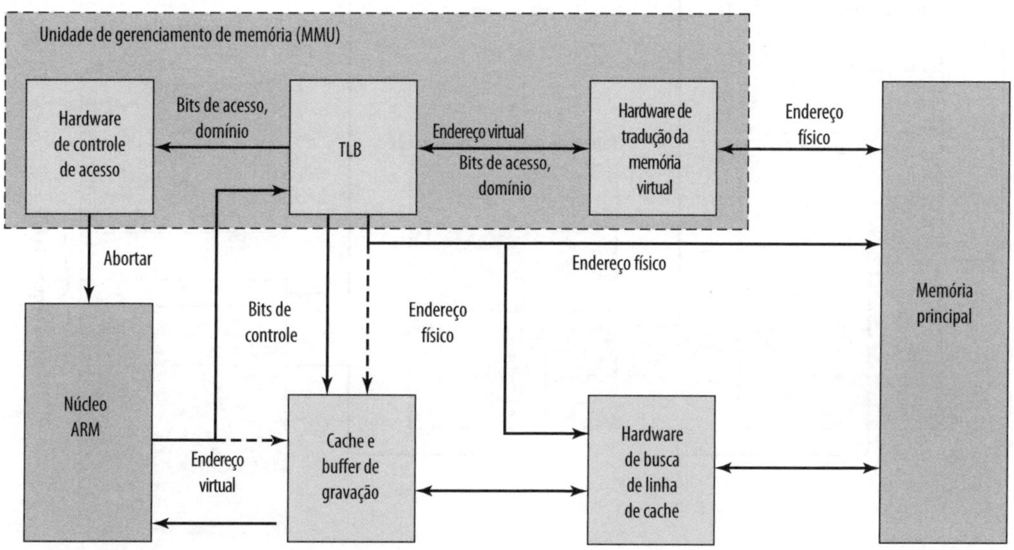

A Figura 8.23 mostra o processo de tradução de endereço de dois níveis para páginas pequenas. Existe uma única tabela de página de nível 1 (L1) com 4 K entradas de 32 bits. Cada entrada L1 aponta para uma tabela de página de nível 2 (L2) com 255 entradas de 32 bits. Cada entrada de L2 aponta para uma página de 4 KB na memória principal. O endereço virtual de 32 bits é interpretado da seguinte forma: os 12 bits mais significativos são um índice para a tabela de página L1. Os próximos 8 bits são um índice para a tabela de página L2 relevante. Os 12 bits menos significativos indexam um byte na página relevante da memória principal.

Um procedimento semelhante de pesquisa de duas páginas é utilizado para páginas grandes. Para seções e superseção, apenas a pesquisa da tabela de página L1 é necessária.

Formatos de gerenciamento de memória

Para entender melhor o esquema de gerenciamento de memória do ARM, consideramos os principais formatos, como mostra a Figura 8.24. Os bits de controle mostrados nessa figura são definidos na Tabela 8.6.

Para a tabela L1, cada entrada descreve como sua faixa de endereços virtuais de 1 MB associados é mapeada. Cada entrada tem um de quatro formatos alternativos:

Bits [1:0] = 00: os endereços virtuais associados são não mapeados, e as tentativas de acessá-los geram uma falha de tradução.

Bits [1:0] = 01: a entrada dá o endereço físico de uma tabela de página L2, que especifica como o intervalo de endereço virtual associado é mapeado.

Bits [1:0] = 01 e **bit 19 = 0:** a entrada é um descritor de seção para seus endereços virtuais associados.

Bits [1:0] = 01 e **bit 19 = 1:** a entrada é um descritor de superseção para seus endereços virtuais associados.

As entradas com bits [1:0] = 11 são reservadas.

Figura 8.23 Tradução de endereço de memória virtual do ARM para páginas pequenas

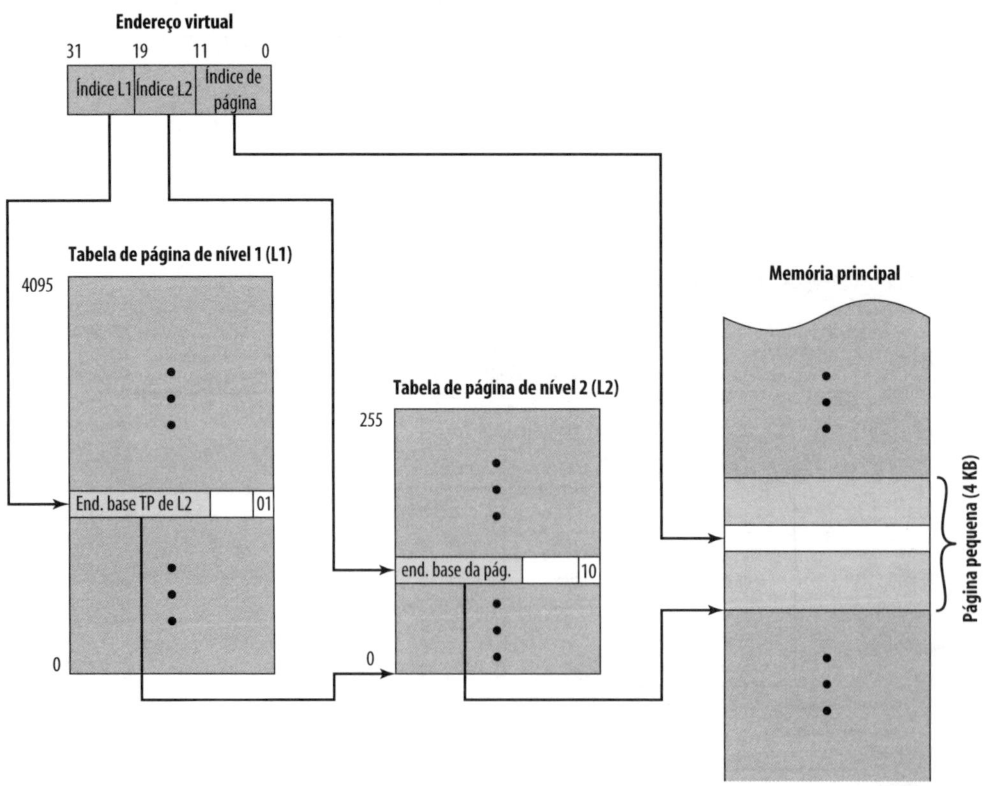

Figura 8.24 Formatos de gerenciamento de memória do ARMv6

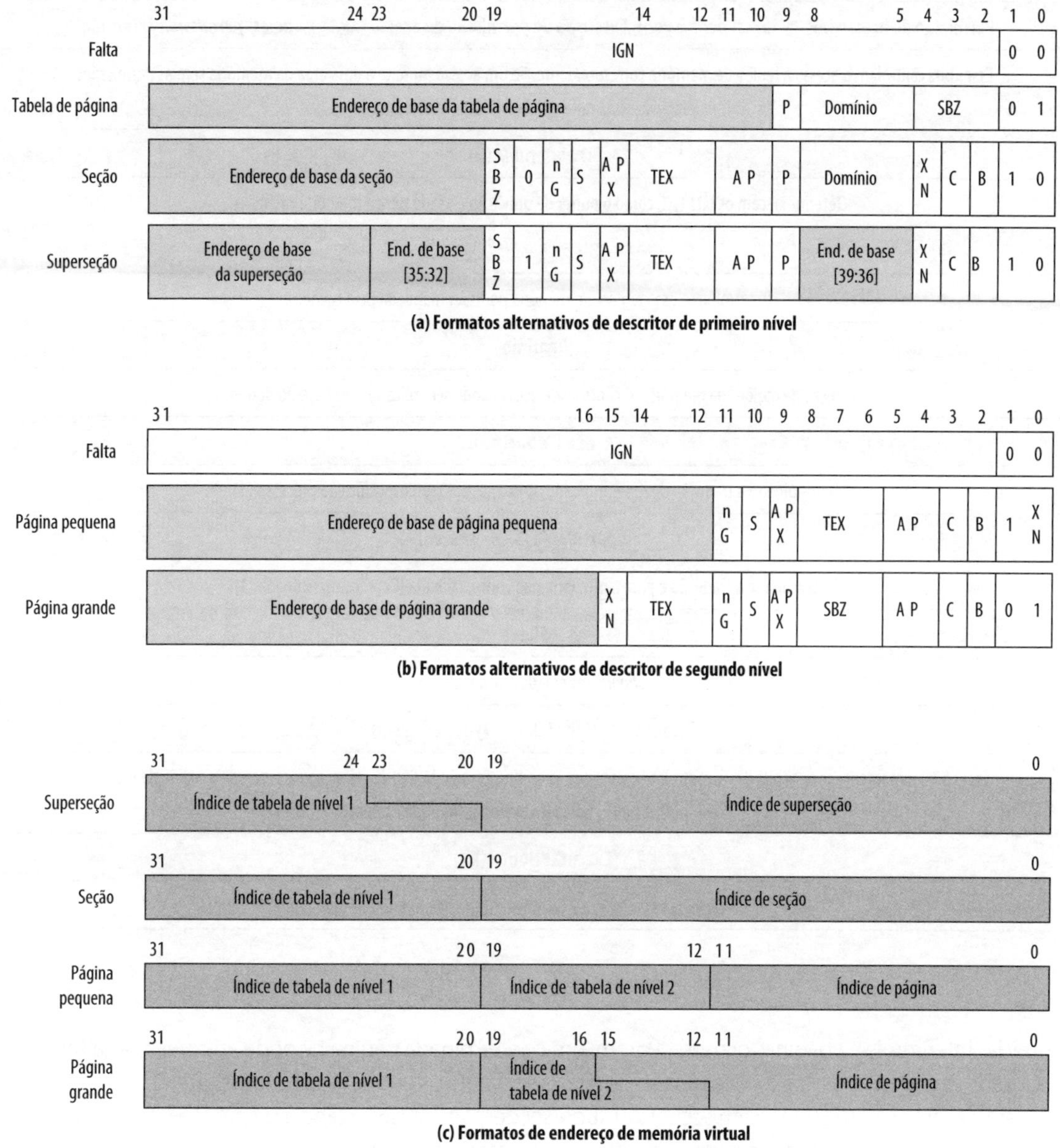

Para a memória estruturada em páginas, é preciso haver um acesso à tabela de página em dois níveis. Os bits [31:10] da entrada de página L1 contêm um ponteiro para uma tabela de página L1. Para páginas pequenas, a entrada L2 contém um ponteiro de 20 bits para o endereço de base de uma página de 4 KB na memória principal.

Para páginas grandes, a estrutura é mais complexa. Assim como os endereços virtuais para páginas pequenas, um endereço virtual para uma estrutura de página grande inclui um índice de 12 bits para a tabela de nível 1 e um índice de 8 bits para a tabela L2. Para as páginas grandes de 64 KB, a parte de índice de página do endereço virtual precisa ser de 16 bits. Para acomodar todos esses bits em um formato de 32 bits, existe uma sobreposição de 4 bits entre o campo de índice de página e o campo de índice de tabela L2. O ARM acomoda essa sobreposição exigindo que cada entrada da tabela de página em uma tabela de página L2, que aceita páginas grandes, seja replicada 16 vezes. Com efeito, o tamanho da tabela de página L2 é reduzido de 256 entradas para 16 entradas, se todas as

Tabela 8.6 Parâmetros de gerenciamento de memória do ARM

Permissão de acesso (AP — *access permission*), Extensão de permissão de acesso (APX — *access permission extension*)
Esses bits controlam o acesso à região de memória correspondente. Se um acesso for feito a uma área da memória sem as permissões exigidas, uma falta de permissão é levantada.
Bit *bufferable* (B)
Determina, com os bits TEX, como o buffer de gravação é usado para a memória cacheável.
Bit *cacheable* (C)
Determina se essa região da memória pode ser mapeada pela cache.
Domínio
Coleção de regiões da memória. O controle de acesso pode ser aplicado com base no domínio.
não Global (nG)
Determina se a tradução deve ser marcada como global (0) ou específica ao processo (1).
Compartilhado (S — *shared*)
Determina se a tradução é para a memória não compartilhada (0) ou compartilhada (1).
SBZ
Should Be Zero (deverá ser zero).
Extensão de tipo (TEX — *type extension*)
Esses bits, juntamente com os bits B e C, controlam os acessos às caches, como o buffer de gravação é usado e se a região da memória é compartilhável e, portanto, deve ser mantida coerente.
Executar Nunca (XN)
Determina se a região é executável (0) ou não executável (1).

entradas referirem-se a páginas grandes. Porém, uma determinada página L2 pode atender a uma mistura de páginas grandes e pequenas, daí a necessidade de replicação para as entradas de página grande.

Para a memória estruturada em seções ou superseções, um acesso à tabela de página de um nível é necessário. Para seções, os bits [31:20] da entrada L1 contêm um ponteiro de 12 bits para a base da seção de 1 MB na memória principal.

Para superseções, os bits [31:24] da entrada L1 contêm um ponteiro de 8 bits para a base da seção de 16 MB na memória principal. Assim como as páginas grandes, uma replicação da entrada da tabela de página é necessária. No caso de superseções, a parte do índice da tabela L1 do endereço virtual sobrepõe por 4 bits com a parte de índice da superseção do endereço virtual. Portanto, 16 entradas da tabela de página L1 idênticas são necessárias.

O intervalo de espaço de endereço físico pode ser expandido por até oito bits de endereço adicionais (bits [23:20] e [8:5]). O número de bits adicionais depende da implementação. Esses bits adicionais podem ser interpretados como estendendo o tamanho da memória física por até $2^8 = 256$. Assim, a memória física de fato pode ser de até 256 vezes o tamanho do espaço de memória disponível a cada processo individual.

Controle de acesso

Os bits de controle de acesso AP em cada entrada de tabela controlam o acesso a uma região da memória por determinado processo. Uma região da memória pode ser designada como sem acesso, apenas de leitura ou leitura-

-escrita. Além disso, a região pode ser designada como acesso privilegiado apenas, reservado para uso pelo SO e não pelas aplicações.

O ARM também emprega o conceito de um domínio, que é uma coleção de seções e/ou páginas que possuem permissões de acesso particulares. A arquitetura ARM admite 16 domínios. O recurso de domínio permite que múltiplos processos usem as mesmas tabelas de tradução enquanto mantêm algumas proteções umas das outras.

Cada entrada de tabela de página e entrada de TLB contém um campo que especifica em qual domínio a entrada se encontra. Um campo de 2 bits no *Domain Access Control Register* controla o acesso a cada domínio. Cada campo permite que o acesso a um domínio inteiro seja ativado ou desativado muito rapidamente, de modo que áreas inteiras da memória possam entrar e sair da memória virtual de modo bastante eficiente. Dois tipos de acesso de domínio são aceitos:

- **Clientes:** usuários de domínios (executam programas e acessam dados) que precisam observar as permissões de acesso das seções individuais e/ou páginas que compõem esse domínio.
- **Gerentes:** controlam o comportamento do domínio (as seções e páginas atuais no domínio, e o acesso do domínio), e contornam as permissões de acesso para entradas de tabela nesse domínio.

Um programa pode ser um cliente de alguns domínios, e um gerente de alguns outros, e não ter acesso aos domínios restantes. Isso permite uma proteção de memória bastante flexível para programas que acessam diferentes recursos da memória.

8.6 Leitura recomendada e sites Web

Stallings (2009)[c] aborda os tópicos deste capítulo com detalhes.

Sites Web recomendados

Operating System Resource Center: uma coleção útil de documentos e artigos sobre diversos tópicos de sistema operacional.

ACM Special Interest Group on Operating Systems: informações sobre publicações e conferências do SIGOPS.

IEEE Technical Committee on Operating Systems and Applications: inclui um boletim on-line e links para outros sites.

Principais termos, perguntas de revisão e problemas

Principais termos

Sistema em lote	Multitarefa	Monitor residente
Paginação por demanda	Núcleo	Segmentação
Sistemas operacionais interativos	Sistema operacional (SO)	Escalonamento de curto prazo
Interrupção	Paginação	Swapping
Job control language (JCL)	Tabela de página	Thrashing
Kernel	Particionamento	Sistema de tempo compartilhado
Endereço lógico	Endereço físico	*Translation lookaside buffer* (TLB)
Escalonamento de longo prazo	Instrução privilegiada	Programa utilitário
Escalonamento de médio prazo	Processo	Memória virtual
Gerenciamento de memória	Bloco de controle de processo	
Proteção de memória	Estado do processo	
Multiprogramação	Memória real	

Perguntas de revisão

8.1 O que é um sistema operacional?

8.2 Liste e defina resumidamente os principais serviços fornecidos por um sistema operacional.

8.3 Liste e defina resumidamente os principais tipos de escalonamento do sistema operacional.

8.4 Qual é a diferença entre um processo e um programa?

8.5 Qual é a finalidade do swapping?

8.6 Se um processo pode ser atribuído dinamicamente a diferentes locais na memória principal, qual é sua implicação para o mecanismo de endereçamento?

8.7 É necessário que todas as páginas de um processo estejam na memória enquanto o processo está sendo executado?

8.8 As páginas de um processo na memória principal precisam ser contíguas?

8.9 É necessário que as páginas de um processo na memória principal estejam em ordem sequencial?

8.10 Qual é a finalidade do *translation lookaside buffer* (TLB)?

Problemas

8.1 Suponha que tenhamos um computador multiprogramado em que cada job tenha características idênticas. Em um período de computação, *T*, para uma tarefa, metade do tempo é gasto na E/S e a outra metade na atividade do processador. Cada job é executado por um total de *N* períodos. Suponha que uma prioridade round-robin simples seja usada, e que as operações de E/S possam se sobrepor com a operação do processador. Defina as seguintes quantidades:

- Tempo de *turnaround* = tempo real para completar um job.
- *Throught put* = número médio de jobs completados por período *T*.
- Utilização do processador = percentagem de tempo que o processador está ativo (não esperando).

Calcule essas quantidades para um, dois e quatro jobs simultâneos, supondo que o período *T* seja distribuído em cada uma das seguintes maneiras:

a. E/S primeira metade, processador segunda metade.

b. E/S primeira e quarta partes, processador segunda e terceira partes.

8.2 Um programa voltado para E/S é tal que, se executado sozinho, gastaria mais tempo esperando pela E/S do que usando o processador. Um programa voltado para o processador é o oposto. Suponha que o algoritmo de escalonamento a curto prazo favoreça aqueles programas que usaram pouco tempo de processador recentemente. Explique por que esse algoritmo favorece os programas voltados para a E/S e ainda assim não nega permanentemente o tempo do processador para os programas voltados para o processador.

8.3 Um programa calcula as somas de linhas

$$C_i = \sum_{j=1}^{n} a_{ij}$$

de um array *A* de 100 por 100 elementos. Suponha que o computador use a paginação por demanda com um tamanho de página de 1.000 palavras, e que a quantidade de memória principal alocada para dados seja de cinco *frames* de página. Existe alguma diferença na taxa de falta de página se *A* fosse armazenado na memória virtual, tendo por parâmetro linhas ou colunas? Explique.

8.4 Considere um esquema de particionamento com partições de mesmo tamanho de 2^{16} bytes e um tamanho de memória principal total de 2^{24} bytes. Uma tabela de processo é mantida, que inclui um ponteiro para uma partição para cada processo residente. Quantos bits são exigidos para o ponteiro?

8.5 Considere um esquema de particionamento dinâmico. Mostre que, na média, a memória contém uma quantidade de buracos que é a metade do número de segmentos.

8.6 Suponha que a tabela de página para o processo atualmente em execução no processador se pareça com a seguinte. Todos os números são decimais, tudo é numerado a partir de zero e todos os endereços são endereços de byte da memória. O tamanho de página é de 1.024 bytes.

Número da página virtual	Bit válido	Bit de referência	Bit de modificação	Número do frame de página
0	1	1	0	4
1	1	1	1	7
2	0	0	0	—
3	1	0	0	2
4	0	0	0	—
5	1	0	1	0

a. Descreva exatamente como, em geral, um endereço virtual gerado pela CPU é traduzido para um endereço físico da memória principal.

b. A que endereço físico, se houver algum, cada um dos seguintes endereços virtuais corresponde? (Não tente tratar de quaisquer faltas de página, se houver.)

(i) 1.052
(ii) 2.221
(iii) 5.499

8.7 Dê motivos para o tamanho de página em um sistema de memória virtual não ser nem muito pequeno nem muito grande.

8.8 Um processo referencia cinco páginas, A, B, C, D e E, na seguinte ordem:

A; B; C; D; A; B; E; A; B; C; D; E

Suponha que o algoritmo de substituição seja "primeiro a entrar, primeiro a sair" (FIFO) e encontre o número de transferências de página durante essa sequência de referências, começando com uma memória principal vazia com três *frames* de página. Repita para quatro *frames* de página.

8.9 A sequência de números de página virtual a seguir é encontrada no curso de execução em um computador com memória virtual:

3 4 2 6 4 7 1 3 2 6 3 5 1 2 3

Suponha que seja adotada uma política de substituição de página usada menos recentemente (LRU). Desenhe um gráfico da razão de acerto de página (fração de referências de página em que a página se encontra na memória principal) como uma função da capacidade da página de memória principal n para $1 \leq n \leq 8$. Suponha que a memória principal esteja inicialmente vazia.

8.10 No computador VAX, as tabelas de página do usuário estão localizadas nos endereços virtuais no espaço do sistema. Qual é a vantagem de ter tabelas de página do usuário na memória virtual, e não na memória principal? Qual é a desvantagem?

8.11 Suponha que a instrução de programa

para (i = 1; i <= n; i++)
a[i] = b[i] + c[i];

seja executada em uma memória com tamanho de página de 1.000 palavras. Considere $n = 1.000$. Usando uma máquina que possui uma faixa completa de instruções registrador-para-registrador e emprega registradores de índice, escreva um programa hipotético para implementar a instrução indicada. Depois, mostre a sequência de referências de página durante a execução.

8.12 A arquitetura do IBM System/370 utiliza uma estrutura de memória de dois níveis e refere-se aos dois níveis como segmentos e páginas, embora a técnica de segmentação não tenha muitos dos recursos descritos anteriormente neste capítulo. Para a arquitetura 370 básica, o tamanho de página pode ser 2 Kbytes ou 4 Kbytes, e o tamanho do segmento é fixo em 64 Kbytes ou 1 MByte. Para as arquiteturas 370/XA e 370/ESA, o tamanho de página é de 4 Kbytes e o tamanho de segmento é de 1 MByte. Que vantagens da segmentação esse esquema não possui? Qual é o benefício da segmentação para o 370?

8.13 Considere um sistema de computação com segmentação e paginação. Quando um segmento está na memória, algumas palavras são desperdiçadas na última página. Além disso, para um tamanho de segmento s e tamanho de página p, existem s/p entradas de tabela de página. Quanto menor o tamanho da página, menor o desperdício na última página do segmento, porém maior a tabela de página. Que tamanho de página minimiza o *overhead* total?

8.14 Um computador tem uma cache, uma memória principal e um disco usados para memória virtual. Se uma palavra referenciada estiver na cache, 20 ns são necessários para acessá-la. Se estiver na memória principal, mas não na cache, 60 ns são necessários para carregá-la para a cache, e depois a referência é iniciada novamente. Se a palavra não estiver na memória principal, 12 ms são necessários para apanhar a palavra do disco, seguidos por 60 ns para copiá-la para a cache e depois a referência é iniciada novamente. A razão de acerto de cache é 0,9 e a razão de acerto da memória principal é 0,6. Qual é o tempo médio em ns necessário para acessar uma palavra referenciada nesse sistema?

8.15 Considere que uma tarefa é dividida em quatro segmentos de mesmo tamanho e que o sistema monte uma tabela de descritor de página com oito entradas para cada segmento. Assim, o sistema tem uma combinação de segmentação e paginação. Suponha também que o tamanho de página seja de 2 KBytes.

a. Qual é o tamanho máximo de cada segmento?

b. Qual é o espaço de endereço lógico para a tarefa?

c. Suponha que um elemento no local físico 00021ABC seja acessado por essa tarefa. Qual é o formato do endereço lógico que a tarefa gera para ela? Qual é o espaço de endereço físico máximo para o sistema?

8.16 Considere um microprocessador capaz de acessar até 2^{32} bytes de memória principal física. Ele implementa um espaço de endereço lógico segmentado de tamanho máximo 2^{31} bytes. Cada instrução contém o endereço inteiro em duas partes. Unidades de gerenciamento de memória (MMU) externas são usadas, cujo esquema de endereçamento atribui blocos contíguos de memória física de tamanho fixo de 2^{22} bytes aos segmentos. O endereço físico inicial de um segmento sempre é divisível por 1.024. Mostre a ligação detalhada do mecanismo de mapeamento externo que converte endereços lógicos em endereços físicos usando o número apropriado de MMU, e mostre a estrutura interna detalhada de uma MMU (supondo que cada MMU contenha uma cache de descritor de segmento mapeado diretamente com 128 entradas) e como cada MMU é selecionada.

8.17 Considere um espaço de endereço lógico paginado (composto de 32 páginas de 2 KBytes cada) mapeado em um espaço de memória física de 1 MByte.

a. Qual é o formato do endereço lógico do processador?

b. Qual é a extensão e a largura da tabela de página (desconsiderando os bits de "direitos de acesso")?

c. Qual é o efeito sobre a tabela de página se o espaço físico de memória for reduzido pela metade?

8.18 No sistema operacional de mainframe do IBM OS/390, um dos principais módulos no kernel é o *system resource manager* (SRM). Esse módulo é responsável pela alocação de recursos entre os espaços de endereço (processos). O SRM dá ao OS/390 um grau de sofisticação exclusivo entre os sistemas operacionais. Nenhum outro SO de mainframe, e certamente nenhum outro tipo de SO, pode corresponder às funções realizadas pelo SRM. O conceito de recurso inclui processador, memória real e canais de E/S. O SRM acumula estatísticas pertencentes à utilização do processador, canal e diversas estruturas de dados básicas. Sua finalidade é oferecer desempenho ideal com base no monitoramento e na análise de desempenho. A instalação destaca diversos objetivos de desempenho, e estes servem como guia para o SRM, que modifica dinamicamente as características de instalação e desempenho do job com base na utilização do sistema. Por sua vez, o SRM oferece relatórios que permitem que o operador treinado refina a configuração e as definições de parâmetros para melhorar o serviço ao usuário.

Este problema trata de um exemplo da atividade do SRM. A memória real é dividida em blocos de mesmo tamanho, chamados *frames*, dos quais pode haver muitos milhares. Cada *frame* pode manter um bloco de memória virtual conhecido como página. O SRM recebe o controle aproximadamente 20 vezes por segundo e inspeciona todo e qualquer *frame* de página. Se a página não tiver sido referenciada ou alterada, um contador é incrementado em 1. Com o passar do tempo, o SRM calcula a média desses números para determinar o número médio de segundos que um *frame* de página no sistema fica sem ser tocado. Qual poderia ser a finalidade disso, e que ação o SRM poderia tomar?

8.19 Para cada um dos formatos de endereço virtual do ARM mostrados na Figura 8.24, mostre o formato do endereço físico.

8.20 Desenhe uma figura semelhante à Figura 8.23 para a tradução da memória virtual do ARM quando a memória principal é dividida em seções.

Referências

a CLARK, D. e EMER, J. "Performance of the VAX-11/780 translation buffer: simulation and Measurement". *ACM Transactions on Computer Systems*, fev. 1985.

b SATYANARAYANAN, M. e BHANDARKAR, D. "Design trade-offs in VAX-11 translation buffer organization". *Computer*, dez. 1981.

c STALLINGS, W. *Operating systems, internals and design principles*, 6 ed. Upper Saddle River, NJ: Prentice Hall, 2009.

PARTE

1 2 **3** 4

A unidade central de processamento

ASSUNTOS DA PARTE 3

Até este ponto, vimos o processador basicamente como uma "caixa preta" e consideramos sua interação com a E/S e a memória. A Parte 3 examina a estrutura interna e a função do processador. Ele consiste em registradores, a unidade lógica e aritmética, a unidade de execução de instrução, uma unidade de controle e as interconexões entre esses componentes. As questões de arquitetura, como o projeto do conjunto de instruções e os tipos de dados, são explicadas. A parte também examina questões organizacionais, como pipeline.

MAPA DA PARTE 3

Capítulo 9 Aritmética do computador

O Capítulo 9 examina a funcionalidade da unidade lógica e aritmética (ALU) e focaliza a representação dos números e técnicas para implementar operações aritméticas. Os processadores normalmente aceitam dois tipos de aritmética: inteiros, ou ponto fixo, e ponto flutuante. Para os dois casos, o capítulo primeiro examina a representação dos números e depois discute as operações aritméticas. O importante padrão IEEE 754 é examinado com detalhes.

Capítulo 10 Conjuntos de instruções: características e funções

Do ponto de vista de um programador, a melhor maneira de entender a operação de um processador é aprender o conjunto de instruções de máquina que ele executa. O tópico complexo do projeto do conjunto de instruções ocupa os capítulos 10 e 11. O Capítulo 10 focaliza os aspectos funcionais do projeto do conjunto de instruções. Ele examina os tipos de funções que são específicas pelas instruções do computador e depois examina especificamente os tipos de operandos (que especificam os dados que serão atuados) e os tipos de operações (que especificam as operações a serem realizadas), normalmente encontrados nos conjuntos de instruções. Depois, o relacionamento das instruções do processador com a linguagem de montagem é explicado resumidamente.

Capítulo 11 Conjuntos de instruções: modos de endereçamento e formatos

Embora o Capítulo 10 possa ser visto como tratando da semântica do conjunto de instruções, o Capítulo 11 trata mais da sintaxe dos conjuntos de instruções. Especificamente, ele examina o modo como os endereços de memória são especificados e o formato geral das instruções do computador.

Capítulo 12 Estrutura e função do processador

O Capítulo 12 é dedicado a uma discussão da estrutura interna e função do processador. O capítulo descreve o uso de registradores como a memória interna da CPU, e depois junta todo o material abordado até aqui para oferecer uma visão geral da estrutura e função da CPU. A organização geral (ALU, bancos de registradores, unidade de controle) é revisada. Depois, a organização do banco de registradores é discutida. O restante do capítulo descreve o funcionamento do processador na execução de instruções de máquina. O ciclo de instruções é examinado para mostrar a função e o interrelacionamento dos ciclos de busca, indireção, execução e interrupção. Finalmente, o uso do pipeline para melhorar o desempenho é explorado em profundidade.

Capítulo 13 Reduced Instruction Set Computer (RISC)

O restante da Parte 3 examina com mais detalhes as principais tendências no projeto da CPU. O Capítulo 13 descreve a técnica associada ao conceito de um computador com conjunto de instruções reduzido (RISC), que é uma das inovações mais significativas na organização e arquitetura do computador nos últimos anos. A arquitetura RISC é um desvio radical da tendência histórica na arquitetura de processador. Uma análise dessa técnica focaliza muitas das questões importantes na organização e arquitetura do computador. O capítulo examina a motivação para o uso do projeto RISC e depois examina os detalhes do projeto do conjunto de instruções RISC e a arquitetura da CPU RISC, comparando RISC com a técnica do computador com conjunto de instruções complexo (CISC).

Capítulo 14 Paralelismo em nível de instrução e processadores superescalares

O Capítulo 14 examina uma inovação de projeto ainda mais recente e igualmente importante: o processador superescalar. Embora a tecnologia superescalar possa ser usada em qualquer processador, ela é especialmente adequada a uma arquitetura RISC. O capítulo também examina a questão geral do paralelismo em nível de instrução.

CAPÍTULO

0 1 2 3 4 5 6 7 8 **9** 10 11 12 13 14 15 16 17 18

Aritmética do computador

PRINCIPAIS PONTOS

- As duas principais questões para a aritmética do computador são o modo como os números são representados (o formato binário) e os algoritmos usados para as operações aritméticas básicas (adição, subtração, multiplicação, divisão). Essas duas considerações se aplicam à aritmética de inteiros e de ponto flutuante.
- Os números de ponto flutuante são expressos como um número (significando) multiplicado por uma constante (base) elevada a alguma potência inteira (expoente). Os números de ponto flutuante podem ser usados para representar números muito grandes e muito pequenos.
- A maioria dos processadores implementa o padrão IEEE 754 para a representação e a aritmética de ponto flutuante. O IEEE 754 define um formato de 32 bits e um de 64 bits.

Começamos nosso estudo do processador com uma visão geral da unidade lógica e aritmética (ALU — *arithmetic and logic unit*). O capítulo, em seguida, focaliza o aspecto mais complexo da ALU, a aritmética do computador. As funções lógicas que fazem parte da ALU são descritas no Capítulo 10, e as implementações das funções lógicas e aritméticas simples na lógica digital são descritas no Capítulo 20.

A aritmética do computador normalmente é realizada sobre dois tipos diferentes de números: inteiros e ponto flutuante. Nos dois casos, a representação escolhida é uma questão crucial de projeto e é tratada primeiro, seguida por uma discussão das operações aritméticas.

Este capítulo inclui diversos exemplos, cada um destacado em uma caixa com fundo cinza.

9.1 A Unidade Lógica e Aritmética (ALU)

A ALU é aquela parte do computador que realmente realiza operações lógicas e aritméticas sobre os dados. Todos os outros elementos do sistema de computação — unidade de controle, registradores, memória, E/S — existem principalmente para trazer dados para a ALU processar, e depois levar os resultados de volta. De certa forma, chegamos ao núcleo ou essência de um computador quando consideramos a ALU.

Uma ALU e, na realidade, todos os componentes eletrônicos no computador, são baseados no uso de dispositivos lógicos digitais simples, que podem armazenar dígitos binários e realizar operações lógicas booleanas simples. Para o leitor interessado, o Capítulo 20 explora a implementação da lógica digital.

A Figura 9.1 indica, em termos gerais, como a ALU é interconectada ao restante do processador. Os dados são apresentados à ALU em registradores, e os resultados de uma operação são armazenados nos registradores. Esses registradores são locais de armazenamento temporários dentro do processador, que são conectados por meio de sinais à ALU (por exemplo, veja a Figura 2.3). A ALU também pode definir flags como resultado de uma operação. Por exemplo, uma flag de *overflow* (estouro) é definida como 1 se o resultado de um cálculo ultrapassar o tamanho do registrador no qual ele deve ser armazenado. Os valores de flag também são armazenados nos registradores dentro do processador. A unidade de controle oferece sinais que controlam a operação da ALU e o movimento dos dados para dentro e fora da ALU.

9.2 Representação de inteiros

No sistema numérico binário,[1] números quaisquer podem ser representados apenas com os dígitos zero e um, o sinal de menos e a vírgula, ou ***vírgula fracionada***.

$$-1101{,}0101_2 = -13{,}3125_{10}$$

Para as finalidades de armazenamento e processamento no computador, porém, não temos o benefício dos sinais de menos e vírgulas. Somente dígitos binários (0 e 1) podem ser usados para representar os números. Se estivermos limitados a inteiros não negativos, a representação é direta.

Uma palavra de 8 bits pode representar os ńumeros de 0 a 255, incluindo

$$\begin{aligned} 00000000 &= 0 \\ 00000001 &= 1 \\ 00101001 &= 41 \\ 10000000 &= 128 \\ 11111111 &= 255 \end{aligned}$$

Em geral, se uma sequência de *n* bits de dígitos binários $a_{n-1}\, a_{n-2} \ldots a_1 a_0$ for interpretada como um inteiro sem sinal *A*, seu valor é

$$A = \sum_{i=0}^{n-1} 2^i a_i$$

Figura 9.1 Entradas e saídas da ALU

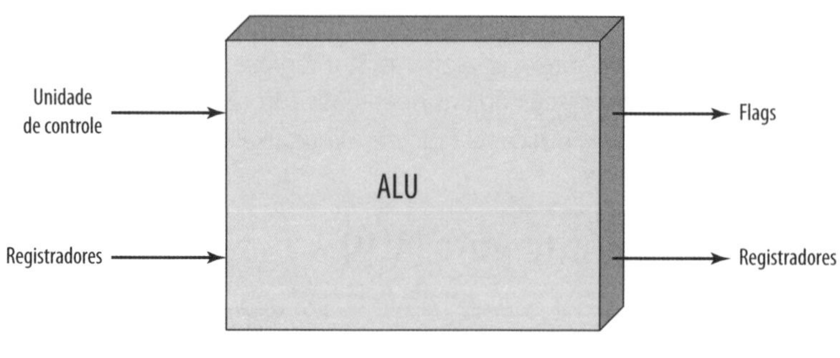

1 Veja no Capítulo 19 uma revisão básica sobre sistemas numéricos (decimal, binário, hexadecimal).

Representação em sinal-magnitude

Existem várias convenções alternativas usadas para representar números inteiros negativos e também positivos, todas envolvem o tratamento do bit mais significativo (mais à esquerda) na palavra como um bit de sinal. Se o bit de sinal for 0, o número é positivo; se o bit de sinal for 1, o número é negativo.

A forma de representação mais simples que emprega um bit de sinal é a representação sinal-magnitude. Em uma palavra de *n* bits, os *n* – 1 bits mais à direita representam a magnitude do inteiro.

$$+18 = 00010010$$
$$-18 = 10010010 \quad \text{(sinal-magnitude)}$$

O caso geral pode ser expresso da seguinte forma:

Sinal-magnitude

$$A = \begin{cases} \sum_{i=0}^{n-2} 2^i a_i & \text{if } a_{n-1} = 0 \\ -\sum_{i=0}^{n-2} 2^i a_i & \text{if } a_{n-1} = 1 \end{cases} \quad (9.1)$$

Existem diversas desvantagens na representação sinal-magnitude. Uma é que adição e subtração exigem uma consideração dos sinais dos números e de suas relativas magnitudes para executar a operação exigida. Isso deverá ficar claro na discussão da Seção 9.3. Outra desvantagem é que existem duas representações do 0:

$$+0_{10} = 00000000$$
$$-0_{10} = 10000000 \quad \text{(sinal-magnitude)}$$

Isso é inconveniente porque é ligeiramente mais difícil de testar se um valor é igual a 0 (uma operação realizada frequentemente nos computadores) do que se houvesse uma única representação.

Por causa dessas desvantagens, a representação sinal-magnitude raramente é usada na implementação da parte inteira da ALU. Em vez disso, o esquema mais comum é a representação de complemento a dois.[2]

Representação em complemento a dois

Assim como sinal-magnitude, a representação de complemento de dois utiliza o bit mais significativo como um bit de sinal, tornando mais fácil testar se um inteiro é positivo ou negativo. Ela difere do uso da representação sinal-magnitude no modo como os outros bits são interpretados. A Tabela 9.1 destaca as principais características da representação e da aritmética de complemento de dois, que são detalhadas nesta e na próxima seção.

Tabela 9.1 Características da representação e aritmética de complemento a dois

Intervalo	-2^{n-1} até $2^{n-1} - 1$
Número de representações de zero	Uma
Negação	Apanhe o complemento booleano de cada bit do número positivo correspondente, depois some 1 ao padrão de bits resultante visto como um inteiro sem sinal.
Expansão do tamanho em bits	Acrescente posições de bit adicionais à esquerda e preencha com o valor do bit de sinal original.
Regra de *overflow*	Se dois números com o mesmo sinal (positivo ou negativo) são somados, então o estouro ocorre se e somente se o resultado tem o sinal oposto.
Regra de subtração	Para subtrair B de A, apanhe o complemento a dois de B e some-o a A.

2 Na literatura, o termo *complemento de dois* ou *two's complement* é utilizado com frequência. Aqui, seguimos a prática utilizada nos documentos de padrões e omitimos o apóstrofo (por exemplo, IEEE Std 100-1992, *The New IEEE Standard Dictionary of Electrical and Electronics Terms*).

A maioria dos tratamentos da representação de complemento de dois só define as regras para produzir números negativos, sem prova formal de que o esquema "funciona". Em vez disso, nossa apresentação dos inteiros com complemento de dois nesta seção e na Seção 9.3 é baseada em Dattatreya, G. (1993[a]), que sugere que a representação de complemento de dois é mais bem entendida definindo-a em termos de uma soma ponderada de bits, conforme fizemos anteriormente para as representações sem sinal e em sinal-magnitude. A vantagem desse tratamento é que ele não deixa qualquer dúvida de que as regras para operações aritméticas na notação de complemento a dois podem não funcionar para alguns casos especiais.

Considere um inteiro de *n* bits, *A*, na representação de complemento a dois. Se *A* for positivo, então o bit de sinal, a_{n-1}, é zero. Os bits restantes representam a magnitude do número da mesma forma que a representação sinal-magnitude:

$$A = \sum_{i=0}^{n-2} 2^i a_i \qquad \text{for } A \geq 0$$

O número zero é identificado como um número positivo e, portanto, tem um bit de sinal 0 e uma magnitude contendo apenas 0s. Podemos ver que o intervalo de inteiros positivos que podem ser representados é de 0 (todos os bits de magnitude são 9) até $2^{n-1} - 1$ (todos os bits de magnitude são 1). Qualquer número maior exigiria mais bits.

Agora, para um número negativo *A* ($A < 0$), o bit de sinal, a_{n-1}, é um. Os $n-1$ bits restantes podem assumir qualquer um dos 2^{n-1} valores. Portanto, o intervalo de inteiros negativos que podem ser representados é de -1 a -2^{n-1}. Gostaríamos de atribuir os valores de bit a inteiros negativos de modo que a aritmética possa ser tratada de um modo simples, semelhante à aritmética de inteiros sem sinal. Na representação inteira sem sinal, para calcular o valor de um inteiro a partir da representação de bits, o peso do bit mais significativo é $+2^{n-1}$. Para uma representação com um bit de sinal, acontece que as propriedades aritméticas desejadas são alcançadas, conforme veremos na Seção 9.3, se o peso do bit mais significativo for -2^{n-1}. Essa é a convenção usada na representação de complemento a dois, gerando a seguinte expressão para números negativos:

$$\textbf{Complemento a dois} \quad A = -2^{n-1}a_{n-1} + \sum_{i=0}^{n-2} 2^i a_i \qquad \textbf{(9.2)}$$

A Equação 9.2 define a representação de complemento de dois para números positivos e negativos. Para $a_{n-1} = 0$, o termo $-2^{n-1}a_{n-1} = 0$ e a equação define um inteiro não negativo. Quando $a_{n-1} = 1$, o termo 2^{n-1} é subtraído do termo do somatório, resultando em um inteiro negativo.

A Tabela 9.2 compara as representações sinal-magnitude e complemento de dois para inteiros de 4 bits. Embora o complemento de dois seja uma representação estranha do ponto de vista humano, veremos que ela facilita as operações aritméticas mais importantes, adição e subtração. Por esse motivo, ela é usada quase universalmente como a representação do processador para inteiros.

Uma ilustração útil da natureza da representação de complemento de dois é uma caixa de valores, em que o valor no canto direito da caixa é 1 (2^0), e cada posição sucessiva à esquerda é o dobro em valor, até a posição mais à esquerda, que é negada. Como você pode ver na Figura 9.2a, o número de complemento de dois mais negativo que pode ser representado é -2^{n-1}; se algum dos bits diferentes do bit de sinal for 1, ele soma uma quantidade positiva ao número. Além disso, fica claro que um número negativo precisa ter um 1 em sua posição mais à esquerda e um número positivo precisa ter um 0 nessa posição. Assim, o maior número positivo é um 0 seguindo por todos os outros iguais a 1, que é igual a $2^{n-1} - 1$.

O restante da Figura 9.2 ilustra o uso da caixa de valores para converter de complemento de dois para decimal e de decimal para complemento de dois.

Tabela 9.2 Representação alternativa para inteiros de 4 bits

Representação decimal	Representação sinal-magnitude	Representação em complemento de dois	Representação polarizada
+8	–	–	1111
+7	0111	0111	1110
+6	0110	0110	1101
+5	0101	0101	1100
+4	0100	0100	1011
+3	0011	0011	1010
+2	0010	0010	1001
+1	0001	0001	1000
+0	0000	0000	0111
–0	1000	–	–
–1	1001	1111	0110
–2	1010	1110	0101
–3	1011	1101	0100
–4	1100	1100	0011
–5	1101	1011	0010
–6	1110	1010	0001
–7	1111	1001	0000
–8	–	1000	–

Convertendo entre diferentes tamanhos em bits

Às vezes, é desejável que um inteiro de *n* bits seja armazenado em *m* bits, onde $m > n$. Na notação sinal-magnitude, isso é feito com facilidade: basta mover o bit de sinal para a posição mais à esquerda e preencher com zeros.

Figura 9.2 Uso de uma caixa de valores para a conversão entre complemento de dois e decimal

+18	=	00010010	(sinal-magnitude, 8 bits)
+18	=	0000000000010010	(sinal-magnitude, 16 bits)
−18	=	10010010	(sinal-magnitude, 8 bits)
−18	=	1000000000010010	(sinal-magnitude, 16 bits)

Esse procedimento não funcionará para inteiros negativos de complemento de dois. Usando o mesmo exemplo,

+18	=	00010010	(complemento de dois, 8 bits)
+18	=	0000000000010010	(complemento de dois, 16 bits)
−18	=	11101110	(complemento de dois, 8 bits)
−32,658	=	1000000001101110	(complemento de dois, 16 bits)

A penúltima linha é facilmente vista usando a caixa de valores da Figura 9.2. A última linha pode ser verificada usando a Equação 9.2 ou uma caixa de valores de 16 bits.

Em vez disso, a regra para inteiros de complemento de dois é mover o bit de sinal para a nova posição mais à esquerda e preencher com cópias do bit de sinal. Para números positivos, preencha com zeros, e para números negativos, preencha com uns. Isso é chamado de extensão de sinal.

−18	=	11101110	(complemento de dois, 8 bits)
−18	=	1111111111101110	(complemento de dois, 16 bits)

Para ver por que essa regra funciona, vamos novamente considerar uma sequência de *n* bits de dígitos binários $a_{n-1}a_{n-2} \ldots a_1a_0$ interpretada como um inteiro de complemento de dois *A*, de modo que seu valor é

$$A = -2^{n-1}a_{n-1} + \sum_{i=0}^{n-2} 2^i a_i$$

Se *A* é um número positivo, a regra claramente funciona. Agora, se *A* é negativo e quisermos construir uma representação de *m* bits, com $m > n$, então

$$A = -2^{m-1}a_{m-1} + \sum_{i=0}^{m-2} 2^i a_i$$

Os dois valores precisam ser iguais:

$$-2^{m-1} + \sum_{i=0}^{m-2} 2^i a_i = -2^{n-1} + \sum_{i=0}^{n-2} 2^i a_i$$

$$-2^{m-1} + \sum_{i=n-1}^{m-2} 2^i a_i = -2^{n-1}$$

$$2^{n-1} + \sum_{i=n-1}^{m-2} 2^i a_i = 2^{m-1}$$

$$1 + \sum_{i=0}^{n-2} 2^i + \sum_{i=n-1}^{m-2} 2^i a_i = 1 + \sum_{i=0}^{m-2} 2^i$$

$$\sum_{i=n-1}^{m-2} 2^i a_i = \sum_{i=n-1}^{m-2} 2^i$$

$$\Rightarrow \quad a_{m-2} = \cdots = a_{n-2} = a_{n-1} = 1$$

Passando da primeira para a segunda equação, é preciso que os $n - 1$ bits menos significativos não mudem entre as duas representações. Depois, chegamos à penúltima equação, que só é verdadeira se todos os bits nas posições $n - 1$ a $m - 2$ forem 1. Portanto, a regra de extensão de sinal funciona. O leitor poderá achar a regra mais fácil de entender depois de estudar a discussão sobre a negação em complemento de dois, no início da Seção 9.3.

Representação em ponto fixo

Finalmente, mencionamos que as representações discutidas nesta seção às vezes são chamadas de ponto fixo. Isso porque a vírgula (binária) é fixa na posição à direita do bit menos significativo. O programador pode usar a mesma representação para frações binárias, escalando os números de modo que a vírgula binária seja implicitamente posicionado em algum outro local.

9.3 Aritmética com inteiros

Esta seção examina as funções aritméticas comuns sobre número na representação de complemento de dois.

Negação

Na representação sinal-magnitude, a regra para formar a negação de um inteiro é simples: inverta o bit de sinal. Na notação de complemento de dois, a negação de um inteiro pode ser formada com as seguintes regras:

1. Apanhe o complemento booleano de cada bit do inteiro (incluindo o bit de sinal). Ou seja, defina cada 1 como 0, e cada 0 como 1.
2. Tratando o resultado como um inteiro binário sem sinal, some 1.

Esse processo em duas etapas é conhecido como a ***operação de complemento de dois***, ou achar o complemento de dois de um inteiro.

$$\begin{array}{rcl} +18 & = & 00010010\,(\text{complemento de dois}) \\ \text{complemento bit a bit} & = & 11101101 \\ & & +\qquad 1 \\ & & 11101110 = -18 \end{array}$$

Conforme esperado, o negativo do negativo desse número é ele mesmo:

$$\begin{array}{rcl} -18 & = & 11101110\,(\text{complemento de dois}) \\ \text{complemento bit a bit} & = & 00010001 \\ & & \underline{+\qquad 1} \\ & & 00010010 = +18 \end{array}$$

Podemos demonstrar a validade da operação recém-descrita usando a definição da representação de complemento de dois na Equação 9.2. Novamente, interprete uma sequência de n bits de dígitos binários $a_{n-1}a_{n-2} \dots a_1a_0$ com um inteiro complemento de dois A, de modo que seu valor é

$$A = -2^{n-1}a_{n-1} + \sum_{i=0}^{n-2} 2^i a_i$$

Agora, forme o complemento booleano bit a bit, $\overline{a}_{n-1}\overline{a}_{n-2} \dots \overline{a}_0$, e, tratando isso como um inteiro sem sinal, some 1. Finalmente, interprete a sequência resultante de n bits de dígitos binários como um inteiro de complemento de dois B, de modo que seu valor é

$$B = -2^{n-1}\overline{a_{n-1}} + 1 + \sum_{i=0}^{n-2} 2^i \overline{a_i}$$

Agora, queremos $A = -B$, o que significa que $A + B = 0$. Isso é facilmente demonstrado como verdadeiro:

$$\begin{aligned} A + B &= -(a_{n-1} + \overline{a_{n-1}})2^{n-1} + 1 + \left(\sum_{i=0}^{n-2} 2^i(a_i + \overline{a_i})\right) \\ &= -2^{n-1} + 1 + \left(\sum_{i=0}^{n-2} 2^i\right) \\ &= -2^{n-1} + 1 + (2^{n-1} - 1) \\ &= -2^{n-1} + 2^{n-1} = 0 \end{aligned}$$

A derivação anterior considera que primeiro podemos tratar o complemento booleano bit a bit de *A* como um inteiro sem sinal para a finalidade de somar 1 e depois tratar o resultado como um inteiro em complemento de dois. Existem dois casos especiais a considerar. Primeiro, considere $A = 0$. Nesse caso, para uma representação de 8 bits:

0	=	00000000	(complemento a dois)
complemento bit a bit	=	11111111	
		+ 1	
		100000000	= 0

Existe um *carry* (vai um) a partir da posição do bit mais significativo, que é ignorado. O resultado é que a negação de 0 é 0, como deveria ser.

O segundo caso especial é um problema maior. Se apanharmos a negação do padrão de bits de 1 seguido por $n - 1$ zeros, voltamos ao mesmo número. Por exemplo, para palavras de 8 bits,

−128	=	10000000	(complemento a dois)
complemento bit a bit	=	01111111	
		+ 1	
		10000000	= − 128

Alguma anomalia desse tipo é inevitável. O número de padrões de bits diferentes em uma palavra de *n* bits é 2^n, que é um número par. Queremos representar inteiros positivos e negativos e 0. Se um número igual de inteiros positivos e negativos forem representados (sinal-magnitude), então existem duas representações para 0. Se houver apenas uma representação de 0 (complemento a dois), então é preciso haver uma quantidade desigual para representar números negativos e positivos. No caso do complemento de dois, para um tamanho de *n* bits, existe uma representação para -2^{n-1}, mas não para $+2^{n-1}$.

Adição e subtração

A adição em complemento de dois é ilustrada na Figura 9.3. A adição prossegue como se os dois números fossem inteiros sem sinal. Os quatro primeiros exemplos ilustram operações bem sucedidas. Se o resultado da operação for positivo, obtemos um número positivo na forma de complemento de dois, que é a mesma que na forma de inteiro sem sinal. Se o resultado da operação for negativo, obtemos um número negativo na forma de complemento a dois. Observe que, em alguns casos, existe um bit de *carry* além do final da palavra (indicado pelo sombreado), que é ignorado.

Em qualquer adição, o resultado pode ser maior do que pode ser mantido no tamanho da palavra sendo usado. Essa condição é chamada de ***overflow*** (estouro). Quando ocorre *overflow*, a ALU precisa sinalizar esse fato de modo que não haja qualquer tentativa de usar o resultado. Para detectar o *overflow*, a seguinte regra é observada:

Figura 9.3 Adição de números na representação de complemento de dois

1001 = −7 +0101 = 5 1110 = −2 (a) (−7) + (+5)	1100 = −4 +0100 = 4 10000 = 0 (b) (−4) + (+4)
0011 = 3 +0100 = 4 0111 = 7 (c) (+3) + (+4)	1100 = −4 +1111 = −1 11011 = −5 (d) (−4) + (−1)
0101 = 5 +0100 = 4 1001 = *Overflow* (e) (+5) + (+4)	1001 = −7 +1010 = −6 10011 = *Overflow* (f) (−7) + (−6)

Regra do *overflow*: se dois números são somados e ambos são positivos ou ambos negativos, então o *overflow* ocorre se, e somente se, o resultado tiver o sinal oposto.

As Figuras 9.3e e f mostram exemplos de *overflow*. Observe que o *overflow* pode ocorrer havendo ou não um *carry*. A subtração é facilmente tratada com a seguinte regra:

Regra da subtração: para subtrair um número (subtraendo) de outro (minuendo), apanhe o complemento de dois (negação) do subtraendo e some-o ao minuendo.

Assim, a subtração é obtida usando a adição, conforme ilustrado na Figura 9.4. Os dois últimos exemplos demonstram que a regra do *overflow* ainda se aplica.

Figura 9.4 Subtração de números na representação de complemento de dois (M – S)

0010 = 2 +1001 = –7 1011 = –5 (a) M = 2 = 0010 S = 7 = 0111 –S = 1001	0101 = 5 +1110 = –2 10011 = 3 (b) M = 5 = 0101 S = 2 = 0010 –S = 1110
1011 = –5 +1110 = –2 11001 = –7 (c) M = –5 = 1011 S = 2 = 0010 –S = 1110	0101 = 5 +0010 = 2 0111 = 7 (d) M = 5 = 0101 S = –2 = 1110 –S = 0010
0111 = 7 +0111 = 7 1110 = *Overflow* (e) M = 7 = 0111 S = –7 = 1001 –S = 0111	1010 = –6 +1100 = –4 10110 = *Overflow* (f) M = –6 = 1010 S = 4 = 0100 –S = 1100

Uma ideia melhor da adição e subtração em complemento a dois pode ser obtida examinando uma representação geométrica (Benham, 1992[b]), como mostra a Figura 9.5. O círculo na metade superior de cada uma das partes da figura é formado selecionando o segmento apropriado da linha de número e unindo as extremidades. Observe que, quando os números são dispostos em um círculo, o complemento a dois de qualquer número é horizontalmente o oposto desse número (indicado por linhas horizontais tracejadas). Começando em qualquer número no círculo, podemos somar *k* positivo (ou subtrair *k* negativo) a esse número movendo *k* posições em sentido horário, e podemos subtrair *k* positivo (ou somar *k* negativo) desse número movendo *k* posições em sentido anti-horário. Se uma operação aritmética ultrapassar do ponto onde as extremidades são unidas, a resposta estará incorreta (*overflow*).

Todos os exemplos das Figuras 9.3 e 9.4 são facilmente representados no círculo da Figura 9.5.

A Figura 9.6 sugere os caminhos de dados e elementos de hardware necessários para realizar a adição e a subtração. O elemento central é um somador binário, que recebe dois números para adição e produz uma soma e uma indicação de *overflow*. O somador binário trata os dois números como inteiros sem sinal. (Uma implementação de um circuito lógico pelo somador é dada no Capítulo 20.) Para a adição, os dois números são apresentados ao somador a partir de dois registradores, neste caso como registradores *A* e *B*. O resultado pode ser armazenado em um desses registradores ou em um terceiro. A indicação de *overflow* é armazenada em um flag de *overflow* de 1 bit (0 = sem *overflow*; 1 = *overflow*). Para a subtração, o subtraendo (registrador B) é passado por um circuito que calcula o complementador de dois, de modo que seu complemento de dois é passado ao somador. Observe que a Figura 9.6 só mostra os caminhos de dados. Sinais de controle são necessários para controlar se o complementador é usado ou não, dependendo se a operação é de adição ou subtração.

Multiplicação

Em comparação com a adição e a subtração, a multiplicação é uma operação complexa, seja ela realizada no hardware ou pelo software. Diversos algoritmos foram usados em diversos computadores. A finalidade desta

Figura 9.5 Representação geométrica dos inteiros de complemento de dois

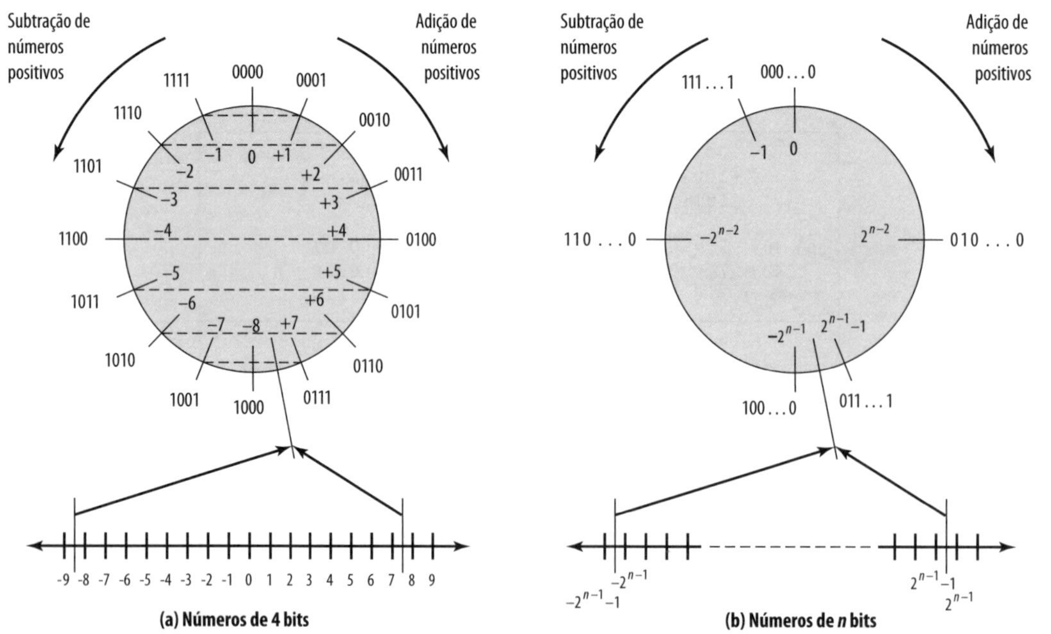

Figura 9.6 Diagrama em blocos do hardware para adição e subtração

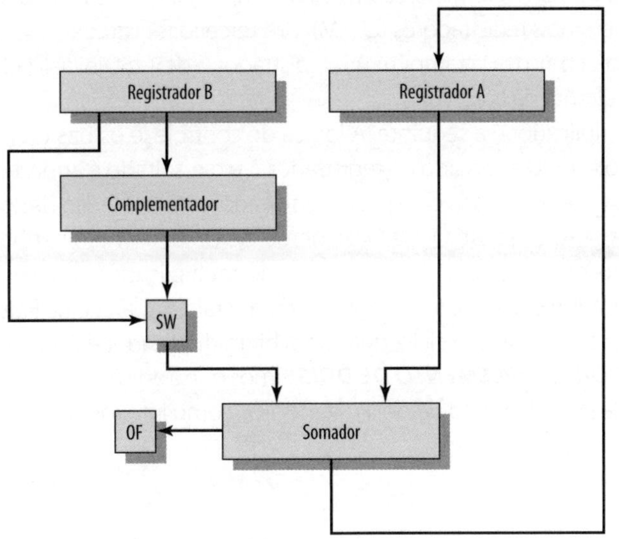

OF = bit de *overflow* (do inglês *overflow bit*)
SW = seletor – multiplexador (seleciona adição ou subtração)

subseção é dar ao leitor alguma ideia do tipo de técnica normalmente utilizado. Começamos com o problema mais simples de multiplicar dois inteiros sem sinal (não negativos) e depois examinamos uma das técnicas mais comuns para a multiplicação de números na representação de complemento a dois.

INTEIROS SEM SINAL A Figura 9.7 ilustra a multiplicação de inteiros binários sem sinal, como poderiam ser executados usando lápis e papel. Várias observações importantes podem ser feitas:

1. A multiplicação envolve a geração de produtos parciais, um para cada dígito no multiplicador. Esses produtos parciais são então somados para produzir o produto final.
2. Os produtos parciais são facilmente definidos. Quando o bit multiplicador é 0, o produto parcial é 0. Quando o multiplicador é 1, o produto parcial é o multiplicando.
3. O produto total é produzido somando-se os produtos parciais. Para essa operação, cada produto parcial sucessivo é deslocado uma posição à esquerda em relação ao produto parcial anterior.
4. A multiplicação de dois inteiros binários de *n* bits resulta em um produto de até 2*n* bits de extensão (por exemplo, $11 \times 11 = 1001$).

Em comparação com a técnica de lápis e papel, existem várias coisas que podemos fazer para tornar a multiplicação computadorizada mais eficiente. Primeiro, podemos realizar uma adição acumulada nos produtos parciais em vez de esperar até o final. Isso elimina a necessidade de armazenar de todos os produtos parciais; menos registradores são necessários. Segundo, podemos economizar algum tempo na geração de produtos parciais. Para cada

Figura 9.7 Multiplicação de inteiros binários sem sinal

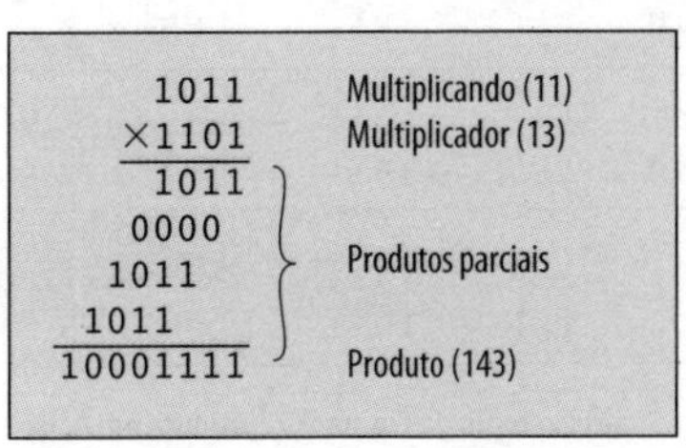

1 no multiplicador, uma operação de soma e deslocamento é necessária; mas, para cada 0, somente um deslocamento é necessário.

A Figura 9.8a mostra uma implementação possível empregando essas medidas. O multiplicador e o multiplicando são carregados em dois registradores (Q e M). Um terceiro registrador, o registrador A, também é necessário e é definido inicialmente como 0. Há também um registrador C de 1 bit, inicializado com 0, que mantém um bit de *carry* em potencial, resultante da adição.

A operação do multiplicador é a seguinte. A lógica de controle lê os bits do multiplicador um de cada vez. Se Q_0 for 1, então o multiplicando é somado ao registrador A e o resultado é armazenado no registrador A, com o bit C usado para o *overflow*. Depois, todos os bits dos registradores C, A e Q são deslocados à direita um bit, de modo que o bit C entra em A_{n-1}, A_0 entra em Q_{n-1} e Q_0 se perde. Se Q_0 for 0, então nenhuma adição é realizada, apenas o deslocamento. Esse processo é repetido para cada bit do multiplicador original. O produto de $2n$ bits resultante está contido nos registradores A e Q. Um fluxograma da operação aparece na Figura 9.9, e um exemplo é dado na Figura 9.8b. Observe que, no segundo ciclo, quando o bit multiplicador é 0, não existe uma operação de adição.

MULTIPLICAÇÃO POR COMPLEMENTO DE DOIS Vimos que a adição e a subtração podem ser realizadas sobre números na notação de complemento de dois tratando-os como inteiros sem sinal. Considere

$$\begin{array}{r} 1001 \\ +0011 \\ \hline 1100 \end{array}$$

Figura 9.8 Implementação de hardware da multiplicação binária sem sinal

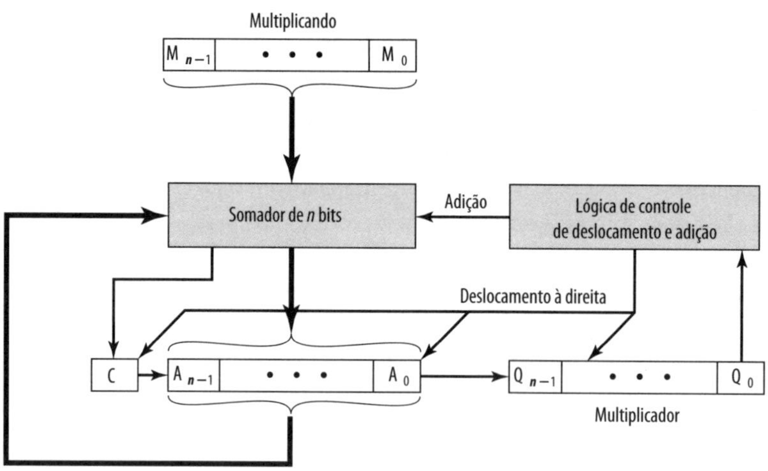

(a) Diagrama em blocos

C	A	Q	M		
0	0000	1101	1011	Valores iniciais	
0	1011	1101	1011	Adição	Primeiro ciclo
0	0101	1110	1011	Desl.	
0	0010	1111	1011	Desl.	Segundo ciclo
0	1101	1111	1011	Adição	Terceiro ciclo
0	0110	1111	1011	Desl.	
1	0001	1111	1011	Adição	Quarto ciclo
0	1000	1111	1011	Desl.	

(b) Exemplo da Figura 9.7 (produto em A, Q)

Figura 9.9 Fluxograma para a multiplicação binária sem sinal

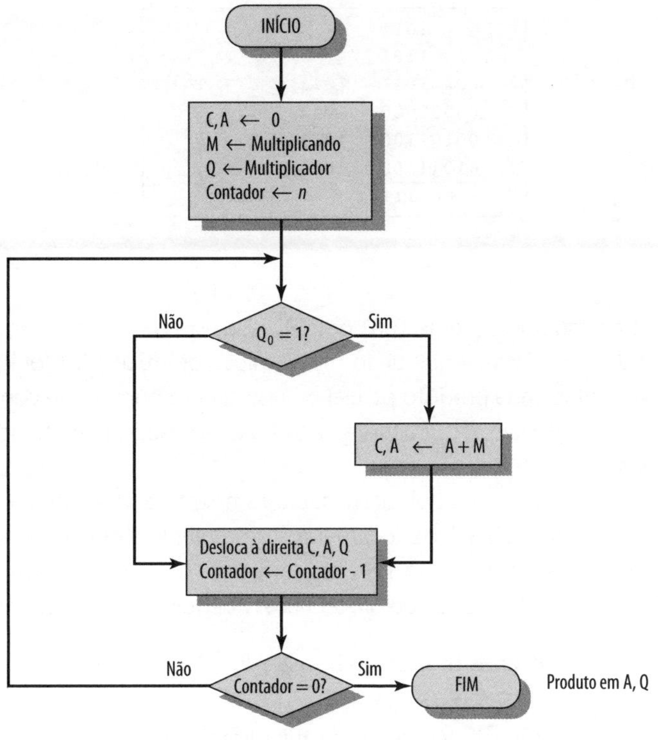

Se esses números forem considerados como inteiros sem sinal, então estamos somando 9 (1001) mais 3 (0011) para obter 12 (1100). Como inteiros de complemento a dois, estamos somando –7 (1001) a 3 (0011) para obter –4 (1100).

Infelizmente, esse esquema simples não funcionará para a multiplicação. Para ver isso, considere novamente a Figura 9.7. Multiplicamos 11 (1011) por 13 (1101) para obter 143 (10001111). Se interpretarmos estes como números de complemento de dois, temos –5 (1011) vezes –3 (1101) igual a –113 (10001111). Esse exemplo demonstra que a multiplicação direta não funcionará se o multiplicando e o multiplicador forem negativos. De fato, isso não funcionará se o multiplicando ou o multiplicador for em negativo. Para justificar essa afirmação, precisamos retornar à Figura 9.7 e explicar o que está sendo feito em termos das operações com potências de 2. Lembre-se de que qualquer número binário sem sinal pode ser expresso como uma soma de potências de 2. Assim,

$$\begin{aligned} 1101 &= 1 \times 2^3 + 1 \times 2^2 + 0 \times 2^1 + 1 \times 2^0 \\ &= 2^3 + 2^2 + 2^0 \end{aligned}$$

Além do mais, a multiplicação de um número binário por 2^n é realizada deslocando-se esse número para a esquerda por *n* bits. Com isso em mente, a Figura 9.10 modifica a Figura 9.7 para tornar explícita a geração de produtos parciais pela multiplicação. A única diferença na Figura 9.10 é que ela reconhece que os produtos parciais devem ser vistos como números de 2*n* bits gerados a partir do multiplicando de *n* bits.

Assim, como um inteiro sem sinal, o multiplicando de 4 bits 1011 é armazenado em uma palavra de 8 bits como 00001011. Cada produto parcial (diferente daquele para 2^0) consiste nesse número deslocado à esquerda, com as posições desocupadas à direita preenchidas com zeros (por exemplo, um deslocamento à esquerda de duas casas gera 00101100).

Agora podemos demonstrar que a multiplicação direta não funcionará se o multiplicando for negativo. O problema é que cada contribuição do multiplicando negativo como um produto parcial precisa ser um número negativo em um campo de 2*n* bits; os bits de sinal dos produtos parciais precisam se alinhar. Isso é demonstrado

Figura 9.10 Multiplicação de dois inteiros de 4 bits sem sinal, gerando um resultado de 8 bits

```
    1011
  × 1101
00001011   1011 × 1 × 2^0
00000000   1011 × 0 × 2^1
00101100   1011 × 1 × 2^2
01011000   1011 × 1 × 2^3
10001111
```

na Figura 9.11, que mostra a multiplicação de 1001 por 0011. Se estes números forem tratados como inteiros sem sinal, a multiplicação de 9 × 3 = 27 prossegue de forma simples. Porém, se 1001 for interpretado como o valor de complemento de dois –7, então cada produto parcial precisa ser um número de complemento de dois negativo de 2*n* (8) bits, como mostra a Figura 9.11b. Observe que isso é realizado preenchendo-se cada produto parcial à esquerda com 1s binários.

Se o multiplicador for negativo, a multiplicação direta também não funcionará. O motivo é que os bits do multiplicador não correspondem mais aos deslocamentos ou multiplicações que precisam ocorrer. Por exemplo, o número decimal de 4 bits –3 é escrito como 1101 no complemento a dois. Se simplesmente apanhássemos os produtos parciais com base em cada posição de bit, teríamos a seguinte correspondência:

$$1101 \longleftrightarrow -(1 \times 2^3 + 1 \times 2^2 + 0 \times 2^1 + 1 \times 2^0) = -(2^3 + 2^2 + 2^0)$$

De fato, o que desejamos é $-(2^1 + 2^0)$. Assim, esse multiplicador não pode ser usado diretamente da maneira como descrevemos.

Existem várias maneiras de sair desse dilema. Uma seria converter o multiplicador e o multiplicando em números positivos, realizar a multiplicação e depois apanhar o complemento de dois do resultado se, e somente se, os sinais dos dois números originais forem diferentes. Os implementadores preferiram usar técnicas que não exigem essa etapa de transformação final. Uma das mais comuns destas é o algoritmo de Booth. Esse algoritmo também tem o benefício de agilizar o processo de multiplicação, em relação a uma técnica mais direta.

O algoritmo de Booth é representado na Figura 9.12 e pode ser descrito da seguinte forma. Como antes, o multiplicador e o multiplicando são colocados nos registradores Q e M, respectivamente. Há também um registrador de 1 bit colocado logicamente à direita do bit menos significativo (Q_0) do registrador Q e chamado Q_{-1}; seu uso será explicado em breve. Os resultados da multiplicação aparecerão nos registradores A e Q. A e Q_{-1} são inicializados em 0. Como antes, a lógica de controle verifica os bits do multiplicador um de cada vez. Agora, à medida que cada bit é examinado, o bit à sua direita também é examinado. Se os dois bits forem iguais (1–1 ou 0–0), então todos os bits dos registradores A, Q e Q_{-1} são deslocados à direita por 1 bit. Se os dois bits forem diferentes, então o multiplicando é somado ou subtraído do registrador A, dependendo se os dois bits forem 0–1 ou 1–0. Após a adição ou subtração, ocorre o deslocamento à direita. De qualquer forma, o deslocamento à direita é tal que o bit mais à esquerda de A, a saber, A_{n-1}, não apenas é deslocado para A_{n-2}, mas também permanece

Figura 9.11 Comparação da multiplicação de inteiros sem sinal e em complemento a dois

```
    1001  (9)
  × 0011  (3)
00001001  1001 × 2^0
00010010  1001 × 2^1
00011011  (27)
```

(a) Inteiros sem sinal

```
    1001  (−7)
  × 0011  (3)
11111001  (−7) × 2^0 = (−7)
11110010  (−7) × 2^1 = (−14)
11101011  (−21)
```

(b) Inteiros em complemento a dois

em A_{n-1}. Isso é exigido para preservar o sinal do número em A e Q. Esse é conhecido como um ***deslocamento aritmético***, pois preserva o bit de sinal.

A Figura 9.13 mostra a sequência de eventos no algoritmo de Booth para a multiplicação de 7 por 3. De forma mais compacta, a mesma operação é representada na Figura 9.14a. O restante da Figura 9.14 mostra outros exemplos do algoritmo. Como podemos ver, isso funciona com qualquer combinação de números positivos e negativos. Observe também a eficiência do algoritmo. Os blocos de 1s ou 0s são pulados, com uma média de apenas uma adição ou subtração por bloco.

Por que o algoritmo de Booth funciona? Considere o primeiro caso de um multiplicador positivo. Em particular, considere um multiplicador positivo consistindo em um bloco de 1s cercado por 0s (por exemplo, 00011110). Como sabemos, a multiplicação pode ser obtida somando cópias devidamente deslocadas do multiplicando:

$$\begin{aligned} M \times (00011110) &= M \times (2^4 + 2^3 + 2^2 + 2^1) \\ &= M \times (16 + 8 + 4 + 2) \\ &= M \times 30 \end{aligned}$$

O número dessas operações pode ser reduzido para dois se observamos que

$$2^n + 2^{n-1} + \cdots + 2^{n-K} = 2^{n+1} - 2^{n-K} \qquad \textbf{(9.3)}$$

$$\begin{aligned} M \times (00011110) &= M \times (2^5 - 2^1) \\ &= M \times (32 - 2) \\ &= M \times 30 \end{aligned}$$

Assim, o produto pode ser gerado por uma adição e uma subtração do multiplicando. Esse esquema se estende a qualquer número de blocos de 1s em um multiplicador, incluindo o caso em que um único 1 é tratado como um bloco.

Figura 9.12 Algoritmo de Booth para a multiplicação por complemento a dois

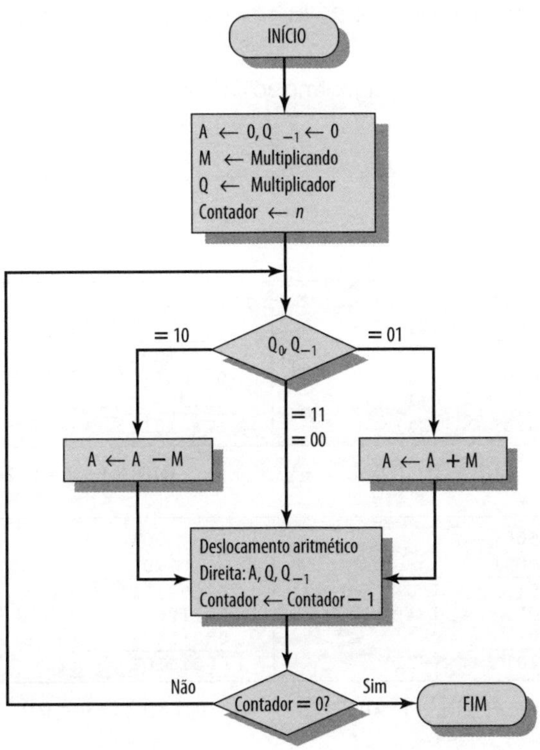

Figura 9.13 Exemplo do algoritmo de Booth (7 × 3)

A	Q	Q_{-1}	M		
0000	0011	0	0111	Valores iniciais	
1001	0011	0	0111	A ← A − M	Primeiro ciclo
1100	1001	1	0111	Deslocamento	
1110	0100	1	0111	Deslocamento	Segundo ciclo
0101	0100	1	0111	A ← A + M	Terceiro ciclo
0010	1010	0	0111	Deslocamento	
0001	0101	0	0111	Deslocamento	Quarto ciclo

$$
\begin{aligned}
M \times (01111010) &= M \times (2^6 + 2^5 + 2^4 + 2^3 + 2^1) \\
&= M \times (2^7 - 2^3 + 2^2 - 2^1)
\end{aligned}
$$

O algoritmo de Booth obedece a esse esquema realizando uma subtração quando o primeiro 1 do bloco for encontrado (1–0) e uma adição quando o final do bloco é encontrado (0–1).

Para mostrar que o mesmo esquema funciona para um multiplicador negativo, precisamos observar o seguinte. Considere que X seja um número negativo na notação de complemento a dois:

$$\text{Representação de } X = \{1x_{n-2}x_{n-3} \dots x_1x_0\}$$

Então, o valor de X pode ser expresso da seguinte forma:

$$X = -2^{n-1} + (x_{n-2} \times 2^{n-2}) + (x_{n-3} \times 2^{n-3}) + \cdots + (x_1 \times 2^1) + (x_0 \times 2^0) \tag{9.4}$$

O leitor pode verificar isso aplicando o algoritmo aos números na Tabela 9.2.

Figura 9.14 Exemplos usando o algoritmo de Booth

```
     0111
   × 0011     (0)
 11111001     1-0
 0000000      1-1
 000111       0-1
 00010101     (21)
```

(a) (7) × (3) = (21)

```
     0111
   × 1101     (0)
 11111001     1-0
 0000111      0-1
 111001       1-0
 11101011     (-21)
```

(b) (7) × (−3) = (−21)

```
     1001
   × 0011     (0)
 00000111     1-0
 0000000      1-1
 111001       0-1
 11101011     (-21)
```

(c) (−7) × (3) = (−21)

```
     1001
   × 1101     (0)
 00000111     1-0
 1111001      0-1
 000111       1-0
 00010101     (21)
```

(d) (−7) × (−3) = (21)

O bit mais à esquerda de *X* é 1, pois *X* é negativo. Suponha que o 0 mais à esquerda esteja na posição *k*. Assim, *X* tem a forma

$$\text{Representação de } X = \{111 \ldots 10x_{k-1}x_{k-2} \ldots x_1x_0\} \quad \textbf{(9.5)}$$

Então, o valor de *X* é

$$X = -2^{n-1} + 2^{n-2} + \cdots + 2^{k+1} + (x_{k-1} \times 2^{k-1}) + \cdots + (x_0 \times 2^0) \quad \textbf{(9.6)}$$

Pela Equação 9.3, podemos dizer que

$$2^{n-2} + 2^{n-3} + \cdots + 2^{k+1} = 2^{n-1} - 2^{k+1}$$

Rearrumando

$$-2^{n-1} + 2^{n-2} + 2^{n-3} + \cdots + 2^{k+1} = -2^{k+1} \quad \textbf{(9.7)}$$

Substituindo a Equação 9.7 na Equação 9.6, temos

$$X = -2^{k+1} + (x_{k-1} \times 2^{k-1}) + \cdots + (x_0 \times 2^0) \quad \textbf{(9.8)}$$

Por fim podemos retornar ao algoritmo de Booth. Lembrando a representação de *X* (Equação 9.5), fica claro que todos os bits de x_0 até o 0 mais à esquerda são tratados corretamente, pois produzem todos os termos na Equação 9.8 menos (-2^{k+1}), e assim estão na forma apropriada. À medida que o algoritmo passe o 0 mais à esquerda e encontra o próximo 1 (2^{k+1}), ocorre uma transição 1–0 e acontece uma subtração (-2^{k+1}). Esse é o termo restante na Equação 9.8.

Como um exemplo, considere a multiplicação de algum multiplicando por (–6). Na representação de complemento a dois, usando uma palavra de 8 bits, (–6) é representado como 11111010. Pela Equação 9.4, sabemos que

$$-6 = -2^7 + 2^6 + 2^5 + 2^4 + 2^3 + 2^1$$

sendo que o leitor pode facilmente verificar. Assim,

$$M \times (11111010) = M \times (-2^7 + 2^6 + 2^5 + 2^4 + 2^3 + 2^1)$$

Usando a Equação 9.7,

$$M \times (11111010) = M \times (-2^3 + 2^1)$$

que, como o leitor pode verificar, ainda é M × (–6). Finalmente, seguindo nossa linha de raciocínio anterior,

$$M \times (11111010) = M \times (-2^3 + 2^2 - 2^1)$$

Podemos ver que o algoritmo de Booth está em conformidade com esse esquema. Ele realiza uma subtração quando o primeiro 1 é encontrado (1–0), uma adição quando (01) é encontrado, e finalmente outra subtração quando o primeiro 1 do próximo bloco de 1s é encontrado. Assim, o algoritmo de Booth realiza menos adições e subtrações do que um algoritmo mais direto.

Divisão

A divisão é um pouco mais complexa que a multiplicação, mas é baseada nos mesmos princípios gerais. Como antes, a base para o algoritmo é a técnica de lápis e papel, e a operação envolve deslocamento repetitivo e adição ou subtração.

A Figura 9.15 mostra um exemplo da divisão longa de inteiros binários sem sinal. É instrutivo descrever o processo com detalhes. Primeiro, os bits do dividendo são examinados da esquerda para a direita, até que o conjunto de bits examinados represente um número maior ou igual ao divisor; isso é conhecido como o divisor sendo capaz de dividir o número. Até que esse evento ocorra, 0s são colocados no quociente da esquerda para a direita. Quando o evento ocorre, um 1 é colocado no quociente e o divisor é subtraído do dividendo parcial. O resultado é conhecido como *resto parcial*. Desse ponto em diante, a divisão segue um padrão cíclico. Em cada ciclo, bits adicionais do dividendo são anexados ao resto parcial até que o resultado seja maior ou igual ao divisor. Como antes, o divisor é subtraído desse número para produzir um novo resto parcial. O processo continua até que os bits do dividendo terminem.

A Figura 9.16 mostra um algoritmo de máquina que corresponde ao processo de divisão. O divisor é colocado no registrador M, o dividendo no registrador Q. Em cada etapa, os registradores A e Q juntos são deslocados à esquerda por 1 bit. M é subtraído de A para determinar se A divide o resto parcial.[3] Nesse caso, então Q_0 recebe um bit 1. Caso contrário, Q_0 recebe um bit 0 e M precisa ser somado de volta a A para restaurar o valor anterior. O contador é então decrementado e o processo continua por *n* etapas. Ao final, o quociente está no registrador Q e o resto está no registrador A.

Esse processo pode, com alguma dificuldade, ser estendido a números negativos. Mostramos aqui uma técnica para números de complemento de dois. Um exemplo dessa técnica aparece na Figura 9.17.

O algoritmo considera que o divisor *V* e o dividendo *D* são positivos e que $|V| < |D|$. Se $|V| = |D|$, então o quociente $Q = 1$ e o resto $R = 0$. Se $|V| > |D|$, então $Q = 0$ e $R = D$. O algoritmo pode ser resumido da seguinte forma:

1. Carregue o complemento de dois do divisor no registrador M; ou seja, o registrador M contém o negativo do divisor. Carregue o dividendo nos registradores A, Q. O dividendo precisa ser expresso como um número positivo de $2n$ bits. Assim, por exemplo, os 4 bits 0111 tornam-se 00000111.
2. Desloque A, Q à esquerda por 1 posição de bit.
3. Execute $A \leftarrow A - M$. Essa operação subtrai o divisor do conteúdo de A.
4. **a.** Se o resultado for não negativo (bit mais significativo de A = 0), então defina $Q_0 \leftarrow 1$.
   b. Se o resultado for negativo (bit mais significativo de A = 1), então defina $Q_0 \leftarrow 0$ e restaure o valor anterior de A.
5. Repita as etapas de 2 a 4 tantas vezes quantas posições de bit existirem em Q.
6. O resto está em A e o quociente em Q.

Para tratar com números negativos, sabemos que o resto é definido por

$$D = Q \times V + R$$

Considere os seguintes exemplos de divisão de inteiros com todas as combinações possíveis de sinais de *D* e *V*:

$$D = 7 \quad V = 3 \Rightarrow Q = 2 \quad R = 1$$
$$D = 7 \quad V = -3 \Rightarrow Q = -2 \quad R = 1$$
$$D = -7 \quad V = 3 \Rightarrow Q = -2 \quad R = -1$$
$$D = -7 \quad V = -3 \Rightarrow Q = 2 \quad R = -1$$

Figura 9.15 Exemplo de divisão de inteiros binários sem sinal

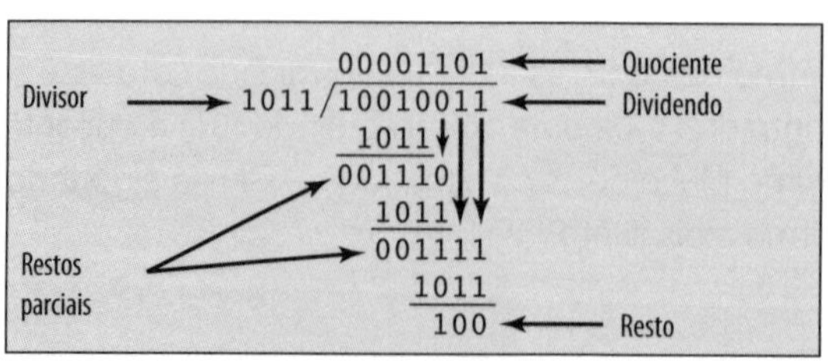

3 Essa é a subtração de inteiros sem sinal. Um resultado que requer um empréstimo do bit mais significativo é um resultado negativo.

Figura 9.16 Fluxograma para divisão binária sem sinal

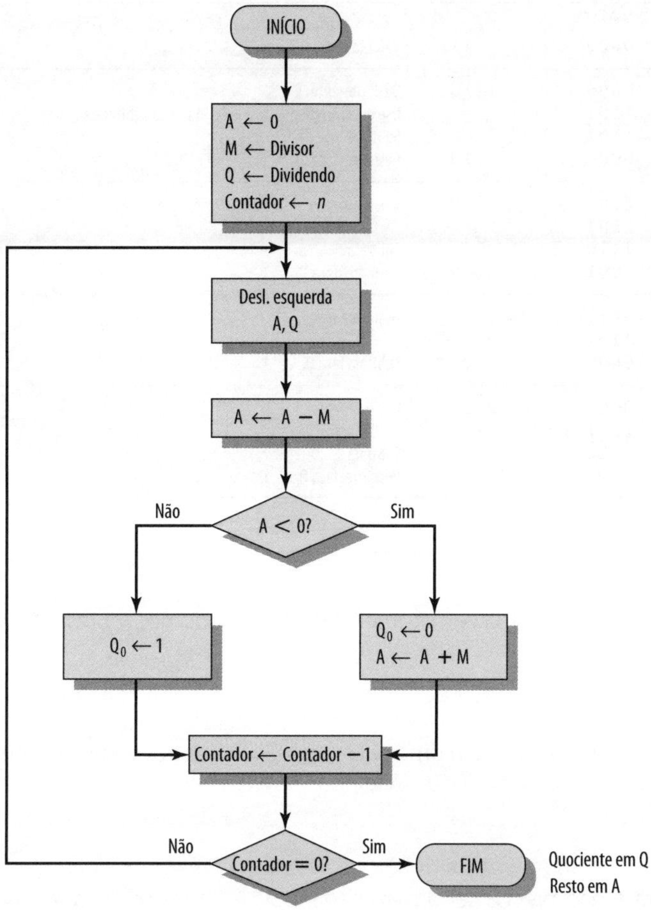

O leitor notará, pela Figura 9.17, que (–7)/(3) e (7)/(–3) produzem restos diferentes. Vemos que as magnitudes de *Q* e *R* não são afetadas pelos sinais da entrada e que os sinais de *Q* e *R* são facilmente deriváveis a partir dos sinais de *D* e *V*. Especificamente, sinal(*R*) = sinal(*D*) e sinal (*Q*) = sinal(*D*) × sinal(*V*). Logo, um modo de realizar a divisão com complemento de dois é converter os operandos em valores sem sinal e, ao fim, considerar os sinais por complementação, onde for preciso. Esse é o método escolhido para o algoritmo de divisão por restauração (PARHAMI, 2000[c]).

9.4 Representação de ponto flutuante

Princípios

Com uma notação de ponto fixo (por exemplo, complemento de dois), é possível representar um intervalo de inteiros positivos e negativos centrados em 0. Assumindo um binário fixo e ponto fracionário, esse formato permite a representação de números também com um componente fracionário.

Essa técnica tem limitações. Números muito grandes não podem ser representados, nem frações muito pequenas. Além do mais, a parte fracionária do quociente em uma divisão de dois números grandes poderia ser perdida.

Para números decimais, contornamos essa limitação usando a notação científica. Assim, 976.000.000.000.000 pode ser representado como $9{,}76 \times 10^{14}$, e 0,0000000000000976 pode ser representado como $9{,}76 \times 10^{-14}$. O que fizemos, com efeito, foi deslocar dinamicamente a vírgula decimal para um local conveniente e usar o expoente de 10 para registrar esse ponto decimal. Isso permite que um intervalo de números muito grandes e muito pequenos seja representado com apenas alguns dígitos.

Figura 9.17 Exemplo de divisão por restauração de complemento de dois (7/3)

A	Q	
0000	0111	Valor inicial
0000	1110	Deslocamento
1101		Use dois complementos de 0011 para a subtração
1101		Subtraia
0000	1110	Restaure, faça $Q_0 = 0$
0001	1100	Deslocamento
1101		
1110		Subtraia
0001	1100	Restaure, faça $Q_0 = 0$
0011	1000	Deslocamento
1101		
0000	1001	Subtraia faça $Q_0 = 1$
0001	0010	Deslocamento
1101		
1110		Subtraia
0001	0010	Restaure, faça $Q_0 = 0$

Essa mesma técnica pode ser usada com números binários. Podemos representar um número no formato

$$\pm S \times B^{\pm E}$$

Esse número pode ser armazenado em uma palavra binária com três campos:

- Sinal: mais ou menos.
- Significando S.
- Expoente E.

A ***base*** B é implícita e não precisa ser armazenada, pois é a mesma para todos os números. Normalmente, considera-se que o ponto fracionário está à direita do bit mais à esquerda (ou mais significativo) do significando. Ou seja, existe um bit à esquerda do ponto fracionário.

Os princípios utilizados na representação de números de ponto flutuante binários podem ser explicados melhor com um exemplo. A Figura 9.18a mostra um formato típico de ponto flutuante com 32 bits. O bit mais à esquerda armazena o ***sinal*** do número (0 = positivo, 1 = negativo). O valor do ***expoente*** é armazenado nos 8 bits seguintes. A representação usada é conhecida como ***representação polarizada***. Um valor fixo, chamado de polarização, é subtraído do campo para obter o verdadeiro valor do expoente. Normalmente, a polarização é igual a $(2^{k-1} - 1)$, onde ***k*** é o número de bits no expoente binário. Nesse caso, o campo de 8 bits resulta em números de 0 a 255. Com uma polarização de 127 $(2^7 - 1)$, os valores de expoente verdadeiros estão na faixa de –127 a +128. Neste exemplo, a base é considerada como sendo 2.

A Tabela 9.2 mostra a representação polarizada para inteiros de 4 bits. Observe que, quando os bits de uma representação polarizada são tratados como inteiros sem sinal, as magnitudes relativas dos números não mudam. Por exemplo, nas representações polarizada e sem sinal, o maior número é 1111 e o menor número é 0000. Isso não é verdade com a representação por sinal-magnitude ou complemento de dois. Uma vantagem da representação polarizada é que os números de ponto flutuante não negativos podem ser tratados como inteiros para fins de comparação.

A parte final da palavra (23 bits, neste caso) é o ***significando***.[4]

Qualquer número de ponto flutuante pode ser expresso de muitas maneiras.

4 O termo *mantissa*, às vezes usado no lugar de *significando*, é considerado obsoleto. *Mantissa* também significa "a parte fracionária de um logaritmo", de modo que é melhor ser evitado neste contexto.

Figura 9.18 Formato típico de ponto flutuante de 32 bits

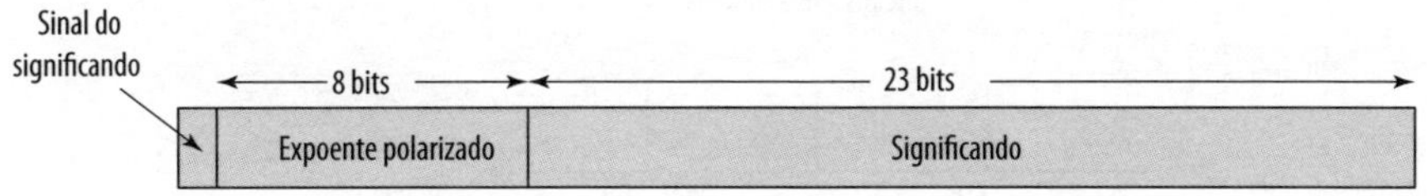

(a) Formato

$$
\begin{array}{lcl}
1.1010001 \times 2^{10100} & = 0\ 10010011\ 10100010000000000000000 = & 1.6328125 \times 2^{20} \\
-1.1010001 \times 2^{10100} & = 1\ 10010011\ 10100010000000000000000 = & -1.6328125 \times 2^{20} \\
1.1010001 \times 2^{-10100} & = 0\ 01101011\ 10100010000000000000000 = & 1.6328125 \times 2^{-2} \\
-1.1010001 \times 2^{-10100} & = 1\ 01101011\ 10100010000000000000000 = & -1.6328125 \times 2^{-2}
\end{array}
$$

(b) Exemplos

Os seguintes números são equivalentes, onde o significando é expresso em formato binário:

$$0{,}110 \times 2^5$$
$$110 \times 2^2$$
$$0{,}0110 \times 2^6$$

Para simplificar as operações sobre números de ponto flutuante, normalmente é exigido que eles sejam normalizados. Um ***número normalizado*** é aquele em que o dígito mais significativo do significando é diferente de zero. Para a representação na base 2, um número normalizado é, portanto, um número em que o bit mais significativo do significando é 1. Conforme dissemos, a convenção típica é que haja um bit à esquerda da vírgula fracionário. Assim, um número normalizado diferente de zero é aquele na forma

$$\pm 1.bbb\ldots b \times 2^{\pm E}$$

onde *b* é qualquer dígito binário (0 ou 1). Como o bit mais significativo é sempre 1, é desnecessário armazenar esse bit; ao invés disso, ele é implícito. Assim, o campo de 23 bits é usado para armazenar um significando de 24 bits com um valor no intervalo meio aberto [1, 2). Dado um número que não é normalizado, o número pode ser normalizado deslocando a vírgula fracionário à direita do bit 1 mais à esquerda e ajustando o expoente devidamente.

A Figura 9.18b oferece alguns exemplos de números armazenados nesse formato. Para cada exemplo, à esquerda está o número binário, e o centro é o padrão de bits correspondente; à direita está o valor decimal. Observe as seguintes características:

- O sinal é armazenado no primeiro bit da palavra.
- O primeiro bit do verdadeiro significando é sempre 1 e não precisa ser armazenado no campo de significando.
- O valor 127 é acrescentado ao verdadeiro expoente para ser armazenado no campo de expoente.
- A base é 2.

Por comparação, a Figura 9.19 indica o intervalo de números que podem ser representados em uma palavra de 32 bits. Usando a representação de inteiro com complemento de dois, todos os inteiros de -2^{31} a $2^{31} - 1$ podem ser representados, para um total de 2^{32} números diferentes. Com o exemplo de formato de ponto flutuante da Figura 9.18, os intervalos de números a seguir são possíveis:

- Números negativos entre $-(2 - 2^{-23}) \times 2^{128}$ e -2^{-127}.
- Números positivos entre 2^{-127} e $(2 - 2^{-23}) \times 2^{128}$.

Figura 9.19 Números expressos em formatos típicos de 32 bits

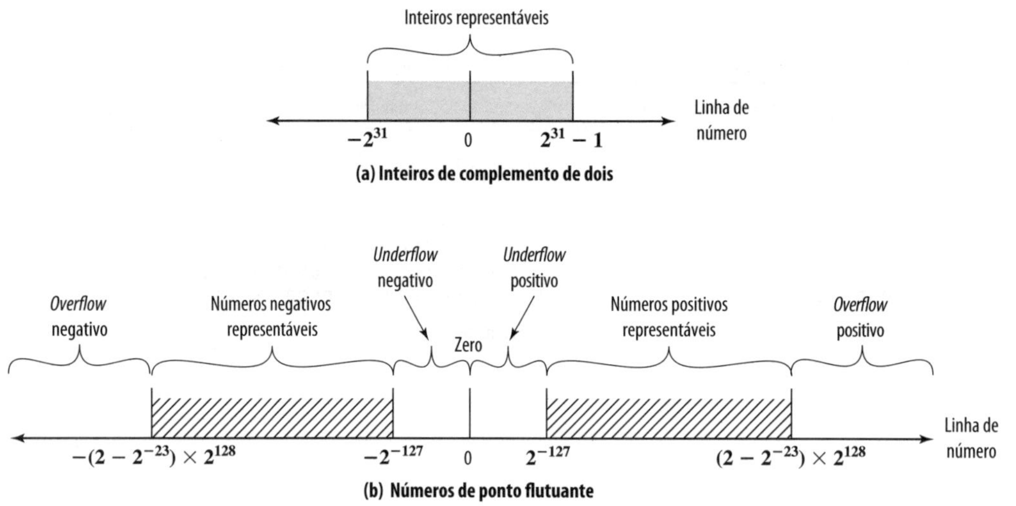

Cinco regiões na linha de números não estão incluídas nesses intervalos:

- Números negativos menores que $-(2 - 2^{-23}) \times 2^{128}$, chamados de ***overflow negativo***.
- Números negativos maiores que 2^{-127}, chamados de ***underflow negativo***.
- Zero.
- Números positivos menores que 2^{-127}, chamados de ***underflow positivo***.
- Números positivos maiores que $(2 - 2^{-23}) \times 2^{128}$, chamados de ***overflow positivo***.

A representação conforme apresentada não acomodará um valor 0. Porém, conforme veremos, as representações reais de ponto flutuante incluem um padrão de bits especial para designar zero. O *overflow* ocorre quando uma operação aritmética resulta em uma magnitude maior do que pode ser expressa com um expoente de 128 (por exemplo, $2^{120} \times 2^{100} = 2^{220}$). O *underflow* ocorre quando a magnitude fracionária é muito pequena (por exemplo, $2^{-120} \times 2^{-100} = 2^{-220}$). O *underflow* é um problema menos sério porque o resultado geralmente pode ser satisfatoriamente aproximado para 0.

É importante observar que não estamos representando mais valores individuais com a notação de ponto flutuante. O número máximo de valores diferentes que podem ser representados com 32 bits ainda é 2^{32}. O que fizemos foi espalhar esses números em dois intervalos, um positivo e um negativo. Na prática, a maioria dos números de ponto flutuante que alguém desejaria representar é representada apenas de forma aproximada. Porém, para inteiros de tamanho moderado, a representação é exata.

Além disso, observe que os números representados em notação de ponto flutuante não são espaçados uniformemente ao longo da linha de números, como os números de ponto fixo. Os valores possíveis se tornam mais próximos perto da origem e mais distantes à medida que você se afasta, como mostra a Figura 9.20. Essa é uma das desvantagens da matemática de ponto flutuante: muitos cálculos produzem resultados que não são exatos e precisam ser arredondados para o valor mais próximo que a notação pode representar.

No tipo de formato representado na Figura 9.18, existe uma escolha entre intervalo e precisão. O exemplo mostra 8 bits dedicados ao expoente e 23 ao significando. Se aumentarmos o número de bits no expoente, expandimos os intervalos de números representáveis. Mas como apenas um número fixo de valores diferentes pode ser expresso, reduzimos a densidade desses números e, portanto, a precisão. O único modo de aumentar o intervalo e a precisão é usar mais bits. Assim, a maioria dos computadores oferece, pelo menos, números de precisão simples e números de precisão dupla. Por exemplo, um formato de precisão simples poderia ser de 32 bits, e um formato de precisão dupla, de 64 bits.

Figura 9.20 Densidade dos números de ponto flutuante

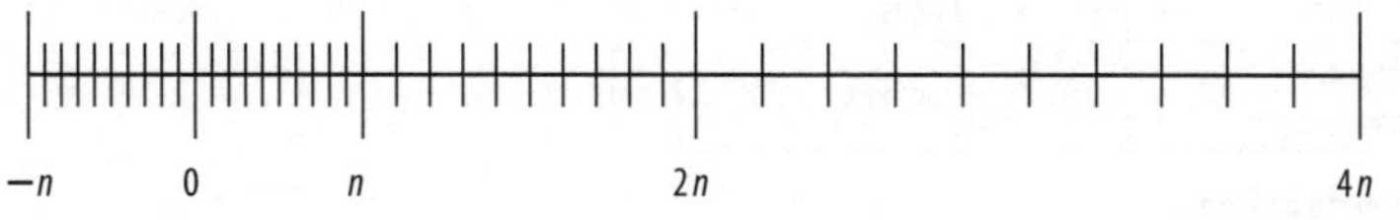

Assim, existe uma escolha entre o número de bits no expoente e o número de bits no significando. Mas é ainda mais complicado do que isso. A base implícita do expoente não precisa ser 2. A arquitetura do IBM S/390, por exemplo, usa uma base de 16 (Anderson et al., 1967[d]). O formato consiste em um expoente de 7 bits e um significando de 24 bits.

> No formato de base 16 do IBM,
>
> $$0{,}11010001 \times 2^{10100} = 0{,}11010001 \times 16^{101}$$
>
> e o expoente é armazenado para representar 5 em vez de 20.

A vantagem de usar um expoente maior é que um intervalo maior pode ser obtido para o mesmo número de bits de expoente. Mas lembre-se que não aumentamos o número de valores diferentes que podem ser representados. Assim, para um formato fixo, uma base com expoente maior oferece um maior intervalo, à custa de menor precisão.

Padrão do IEEE para a representação binária de ponto flutuante

A representação de ponto flutuante mais importante é definida no IEEE Standard 754, adotado em 1985. Esse padrão foi desenvolvido para facilitar a portabilidade dos programas de um processador para outro e encorajar o desenvolvimento de programas sofisticados, orientados numericamente. O padrão tem sido bastante adotado e é usado em praticamente todos os processadores e coprocessadores aritméticos atuais.

O padrão do IEEE define um formato simples de 32 bits e um formato duplo de 64 bits (Figura 9.21), com expoentes de 8 bits e 11 bits, respectivamente. A base pressuposta é 2. Além disso, o padrão define dois formatos estendidos, simples e duplo, cujo formato exato depende da implementação. Os formatos estendidos incluem bits adicionais no expoente (intervalo estendido) e no significando (precisão estendida). Os formatos estendidos devem ser usados para cálculos intermediários. Com sua maior precisão, os formatos estendidos reduzem a chance de um resultado final que foi contaminado por erro de arredondamento excessivo; com seu maior intervalo, eles também reduzem a chance de um *overflow* intermediário interrompendo um cálculo cujo resultado final teria sido representável em um formato básico. Uma motivação adicional para o formato estendido simples é que ele concede alguns dos benefícios de um formato duplo sem incorrer na penalidade de tempo normalmente associada à precisão mais alta. A Tabela 9.3 resume as características dos quatro formatos.

Nem todos os padrões de bits nos formatos do IEEE são interpretados pelo modo normal; em vez disso, alguns padrões de bits são usados para representar valores especiais. A Tabela 9.4 indica os valores atribuídos a diversos padrões de bit. Os valores de expoente extremos de todos zeros (0) e todos uns (1) (255 em formato simples, 2.047 em formato duplo) definem valores especiais. As classes de números a seguir são representadas:

- Para valores de expoente na faixa de 1 a 254 para o formato simples e de 1 a 2046 para o formato duplo, números de ponto flutuantes normalizados diferentes de zero são representados. O expoente é viesado, de modo que o intervalo de expoentes é de −126 a +127 no formato simples e de −1.022 a +1.023. Um número normalizado requer um bit 1 à esquerda da vírgula binária; esse bit é pressuposto, dando um significando efetivo de 24 bits ou 53 bits (chamado de *fração* no padrão).

Figura 9.21 Formatos IEEE 754

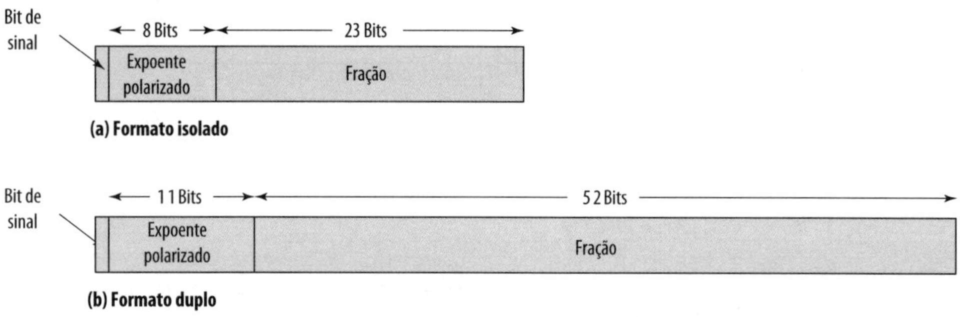

- Um expoente zero junto com uma fração igual a zero representa zero positivo ou negativo, dependendo do bit de sinal. Conforme mencionamos, é útil ter um valor exato de 0 representado.
- Um expoente com todos os bits 1 junto com uma fração igual a zero representa infinito positivo ou negativo, dependendo do bit de sinal. Também é útil ter uma representação de infinito. Isso deixa para o usuário a função de decidir se tratará o *overflow* como uma condição de erro ou carregar o valor *q* e prosseguir com o programa que estiver sendo executado.
- Um expoente de zero junto com uma fração diferente de zero representa um número desnormalizado. Nesse caso, o bit à esquerda do ponto binário é zero e o expoente verdadeiro é −126 ou −1.022. O número é positivo ou negativo, dependendo do bit de sinal.
- Um expoente com todos os bits 1 junto com uma fração diferente de zero recebe o valor NaN, que significa *Not a Number* (não um número), e é usado para sinalizar diversas condições de exceção.

O significado dos números desnormalizados e NaNs é discutido na Seção 9.5.

9.5 Aritmética de ponto flutuante

A Tabela 9.5 resume as operações básicas para aritmética de ponto flutuante. Para adição e subtração, é necessário garantir que ambos os operandos tenham o mesmo valor de expoente. Isso requer deslocar o ponto fracionário em um dos operandos para alcançar o alinhamento. A multiplicação e a divisão são mais diretas.

Tabela 9.3 Parâmetros de formato IEEE 754

Parâmetro	Formato			
	Isolado	**Estendido isolado**	**Duplo**	**Estendido duplo**
Tamanho da palavra (bits)	32	≥ 43	64	≥ 79
Tamanho do expoente (bits)	8	≥ 11	11	≥ 15
Polarização do expoente	127	Não especificado	1023	Não especificado
Expoente máximo	127	≥ 1023	1023	≥ 16383
Exponente mínimo	−126	≤ −1022	−1022	≤ −16382
Intervalo numérico (base 10)	$10^{-38}, 10^{+38}$	Não especificado	$10^{-308}, 10^{+308}$	Não especificado
Tamanho do significando (bits)*	23	≥ 31	52	≥ 63
Número de expoentes	254	Não especificado	2046	Não especificado
Número de frações	2^{23}	Não especificado	2^{52}	Não especificado
Número de valores	$1{,}98 \times 2^{31}$	Não especificado	$1{,}99 \times 2^{63}$	Não especificado

* Não incluso o bit implícito.

Tabela 9.4 Interpretação dos números de ponto flutuante IEEE 754

	Precisão simples (32 bits)				Precisão dupla (64 bits)			
	Sinal	**Expoente polarizado**	**Fração**	**Valor**	**Sinal**	**Expoente viesado**	**Fração**	**Valor**
Zero positivo	0	0	0	0	0	0	0	0
Zero negativo	1	0	0	−0	1	0	0	−0
Mais infinito	0	255 (todos 1s)	0	∞	0	2047 (todos 1s)	0	∞
Menos infinito	1	255 (todos 1s)	0	$-\infty$	1	2047 (todos 1s)	0	$-\infty$
NaN silencioso	0 ou 1	255 (todos 1s)	$\neq 0$	NaN	0 ou 1	2047 (todos 1s)	$\neq 0$	NaN
Nan sinalização	0 ou 1	255 (todos 1s)	$\neq 0$	NaN	0 ou 1	2047 (todos 1s)	$\neq 0$	NaN
Diferente de zero normalizado positivo	0	$0 < e < 255$	f	$2^{e-127}(1.f)$	0	$0 < e < 2047$	f	$2^{e-1023}(1.f)$
Diferente de zero normalizado negativo	1	$0 < e < 255$	f	$-2^{e-127}(1.f)$	1	$0 < e < 2047$	f	$-2^{e-1023}(1.f)$
Desnormalizado positivo	0	0	$f \neq 0$	$2^{e-126}(0.f)$	0	0	$f \neq 0$	$2^{e-1022}(1.f)$
Desnormalizado negativo	1	0	$f \neq 0$	$-2^{e-126}(0.f)$	1	0	$f \neq 0$	$-2^{e-1022}(1.f)$

Uma operação de ponto flutuante pode produzir uma destas condições:

- ***Overflow* de expoente:** um expoente positivo excede o valor máximo possível para expoente. Em alguns sistemas, isso pode ser designado como $+\infty$ ou $-\infty$.
- ***Underflow* de expoente:** um expoente negativo é menor que o valor mínimo possível para expoente (por exemplo, −200 é menor que −127). Isso significa que o número é muito pequeno para ser representado, e pode ser informado como 0.
- ***Underflow* de significando:** no processo de alinhamento dos significandos, os dígitos podem sair pela extremidade direita do significando. Conforme veremos, alguma forma de arredondamento é necessária.
- ***Overflow* de significando:** a adição de dois significandos com o mesmo sinal pode resultar em um *carry* pelo bit mais significativo. Isso pode ser resolvido pelo realinhamento, conforme explicaremos.

Adição e subtração

Na aritmética de ponto flutuante, adição e subtração são mais complexas do que multiplicação e divisão. Isso deve-se à necessidade de alinhamento. Existem quatro fases básicas do algoritmo para adição e subtração:

1. Verificar zeros.
2. Alinhar os significandos.

Tabela 9.5 Números e operações aritméticas de ponto flutuante

Números de ponto flutuante	Operações aritméticas
$X = X_S \times B^{X_E}$ $Y = Y_S \times B^{Y_E}$	$\left.\begin{matrix} X + Y = (X_S \times B^{X_E - Y_E} + Y_S) \times B^{Y_E} \\ X - Y = (X_S \times B^{X_E - Y_E} - Y_S) \times B^{Y_E} \end{matrix}\right\} X_E \leq Y_E$ $X \times Y = (X_S \times Y_S) \times B^{X_E + Y_E}$ $\frac{X}{Y} = \left(\frac{X_S}{Y_S}\right) \times B^{X_E - Y_E}$

3. Somar ou subtrair os significandos.
4. Normalizar o resultado.

Exemplos:

$X = 0{,}3 \times 10^2 = 30$
$Y = 0{,}2 \times 10^3 = 200$

$X + Y = (0{,}3 \times 10^{2-3} + 0{,}2) \times 10^3 = 0{,}23 \times 10^3 = 230$
$X - Y = (0{,}3 \times 10^{2-3} - 0{,}2) \times 10^3 = (-0{,}17) \times 10^3 = -170$
$X \times Y = (0{,}3 \times 0{,}2) \times 10^{2+3} = 0{,}06 \times 10^5 = 6000$
$X \div Y = (0{,}3 \div 0{,}2) \times 10^{2-3} = 1{,}5 \times 10^{-1} = 0{,}15$

Um fluxograma típico aparece na Figura 9.22. Uma narrativa passo a passo destaca as principais funções exigidas para a adição e a subtração em ponto flutuante. Consideramos um formato semelhante aos da Figura 9.21. Para a operação de adição ou subtração, os dois operandos precisam ser transferidos aos registradores que serão usados pela ALU. Se o formato de ponto flutuante incluir um bit de significando implícito, esse bit precisa se tornar explícito para a operação.

Fase 1: verificação de zero. Como a adição e a subtração são idênticas, exceto por uma mudança de sinal, o processo começa alterando o sinal do subtraendo, se essa for uma operação de subtração. Em seguida, se algum operando for 0, o outro é informado como o resultado.

Fase 2: alinhamento do significando. A próxima fase é manipular os números de modo que os dois expoentes sejam iguais.

> Para ver a necessidade de alinhar os expoentes, considere a seguinte adição em decimal:
>
> $$(123 \times 10^0) + (456 \times 10^{-2})$$
>
> Claramente, não podemos apenas somar os significandos. Os dígitos precisam primeiro ser definidos para posições equivalentes, ou seja, o 4 do segundo número precisa ser alinhado com o 3 do primeiro. Sob essas condições, os dois expoentes serão iguais, que é a condição matemática sob a qual dois números nesse formato podem ser somados. Assim,
>
> $$(123 \times 10^0) + (456 \times 10^{-2}) = (123 \times 10^0) + (4{,}56 \times 10^0) = 127{,}56 \times 10^0$$

O alinhamento pode ser conseguido deslocando-se o número menor para a direita (aumentando seu expoente) ou deslocando o número maior para a esquerda. Como qualquer uma dessas operações pode resultar em perda de dígitos, é o número menor que é deslocado; quaisquer dígitos que forem perdidos, portanto, terão significado relativamente pequeno. O alinhamento é obtido deslocando repetidamente a parte de magnitude do significando 1 dígito para a direita, e aumentando o expoente até que os dois expoentes sejam iguais. (Observe que, se a base pressuposta for 16, um deslocamento de 1 dígito é um deslocamento de 4 bits.) Se esse processo resultar em um valor 0 para o significando, então o outro número é informado como resultado. Assim, se dois números tiverem expoentes que diferem significativamente, o número menor é perdido.

Fase 3: adição. Em seguida, os dois significandos são somados, levando em conta seus sinais. Como os sinais podem ser diferentes, o resultado pode ser 0. Há também a possibilidade de *overflow* do significando por 1 dígito. Se isso acontecer, o significando do resultado é deslocado para a direita e o expoente é incrementado. Um *overflow* de expoente poderia ocorrer como resultado; isso seria informado e a operação encerrada.

Fase 4: normalização. A fase final normaliza o resultado. A normalização consiste no deslocamento dos dígitos do significando para a esquerda até que o dígito mais significativo (bit, ou 4 bits para expoente na base 16) seja diferente de zero. Cada deslocamento causa um decremento do expoente e, portanto, poderia causar um *underflow* do expoente. Finalmente, o resultado precisa ser arredondado e depois informado. Adiamos uma discussão do arredondamento para a discussão da multiplicação e divisão.

Figura 9.22 Adição e subtração de ponto flutuante (Z ← Z ± Y)

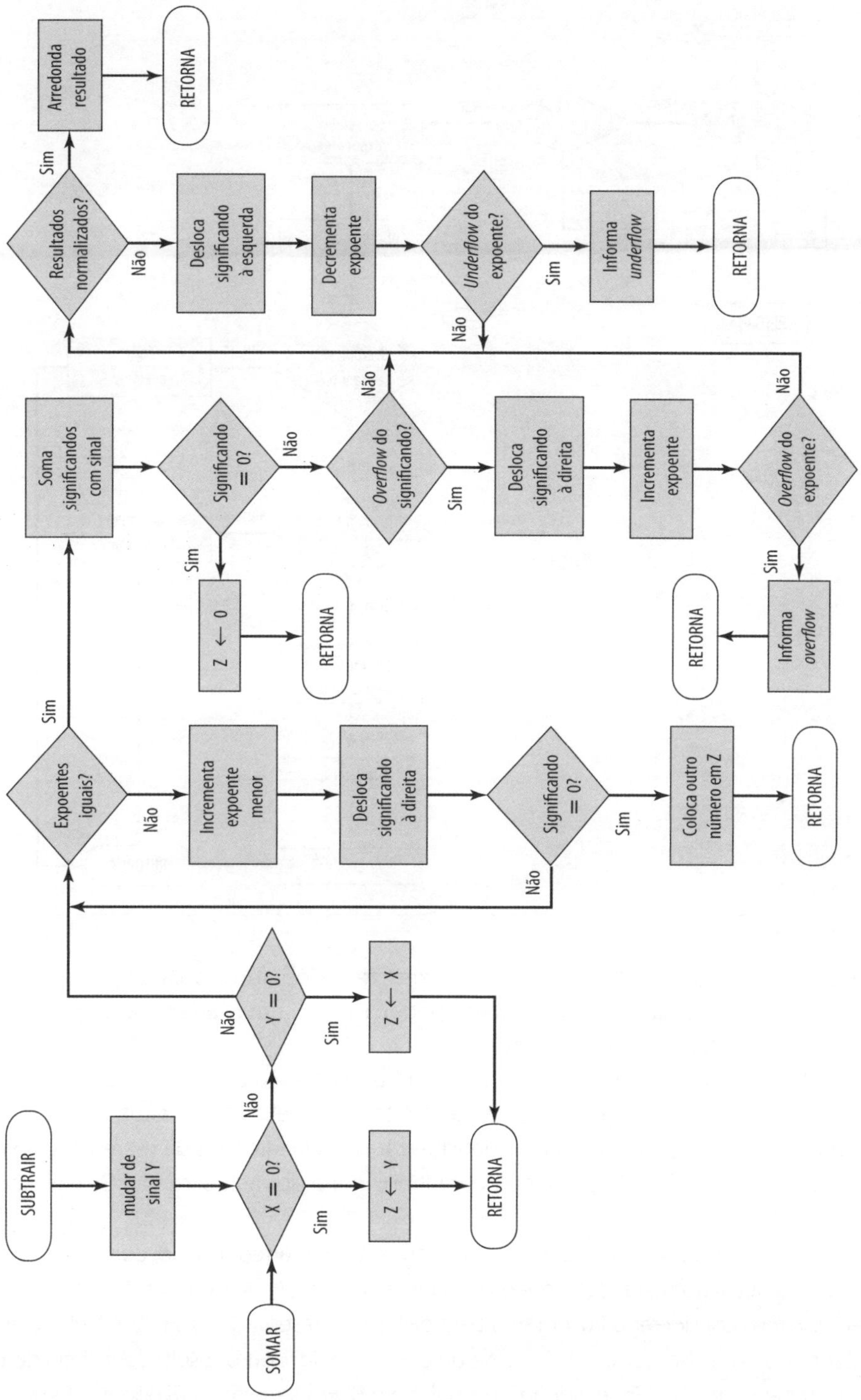

Multiplicação e divisão

A multiplicação e a divisão em ponto flutuante são processos muito mais simples que a adição e a subtração, como indica a discussão a seguir.

Inicialmente, consideramos a multiplicação, ilustrada na Figura 9.23. Primeiro, se qualquer operando for 0, 0 é informado como sendo o resultado. O próximo passo é somar os expoentes. Se os expoentes forem

Figura 9.23 Multiplicação de ponto flutuante (Z ← X × Y)

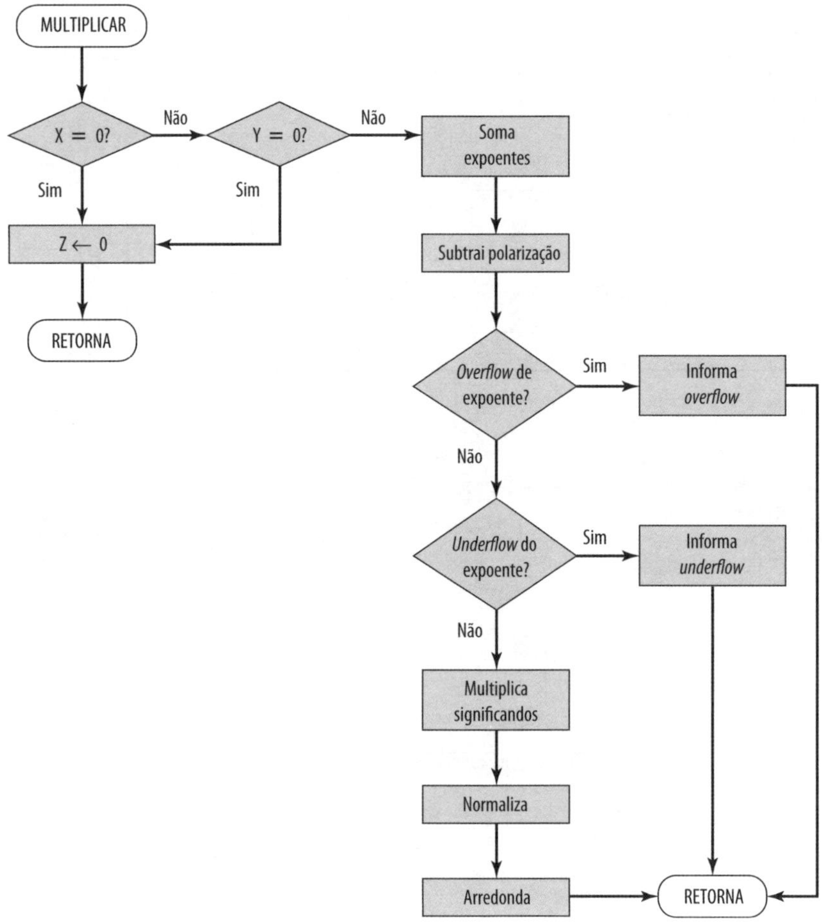

armazenados de forma polarizada, a soma do expoente teria dobrado a polarização. Assim, o valor da polarização precisa ser subtraído da soma. O resultado poderia ser ou um *overflow* ou um *underflow* de expoente, que seria informado, encerrando o algoritmo.

Se o expoente do produto estiver dentro da faixa correta, o próximo passo é multiplicar os significandos, levando em conta seus sinais. A multiplicação é realizada da mesma maneira para inteiros. Nesse caso, estamos lidando com a representação sinal-magnitude, mas os detalhes são semelhantes aos da representação em complemento de dois. O produto será o dobro do tamanho do multiplicador e do multiplicando. Os bits extras serão perdidos durante o arredondamento.

Após o cálculo do produto, o resultado é então normalizado e arredondado, como foi feito para a adição e a subtração. Observe que a normalização poderia resultar em *underflow* do expoente.

Finalmente, vamos considerar o fluxograma para divisão, representado na Figura 9.24. Novamente, o primeiro passo é testar o 0. Se o divisor for 0, um informe de erro é emitido, ou o resultado é definido como infinito, dependendo da implementação. Um dividendo 0 resulta em 0. Em seguida, o expoente do divisor é subtraído do expoente do dividendo. Isso remove a polarização, que precisa ser somado de volta. Em seguida, são feitos testes de *underflow* e *overflow* do expoente.

O próximo passo é dividir os significandos. Isso é acompanhado pela normalização e arredondamento normais.

Considerações de precisão

BITS DE GUARDA Mencionamos que, antes da operação de ponto flutuante, o expoente e o significando de cada operando são carregados nos registradores da ALU. No caso do significando, o tamanho do

Figura 9.24 Divisão de ponto flutuante (Z ← X/Y)

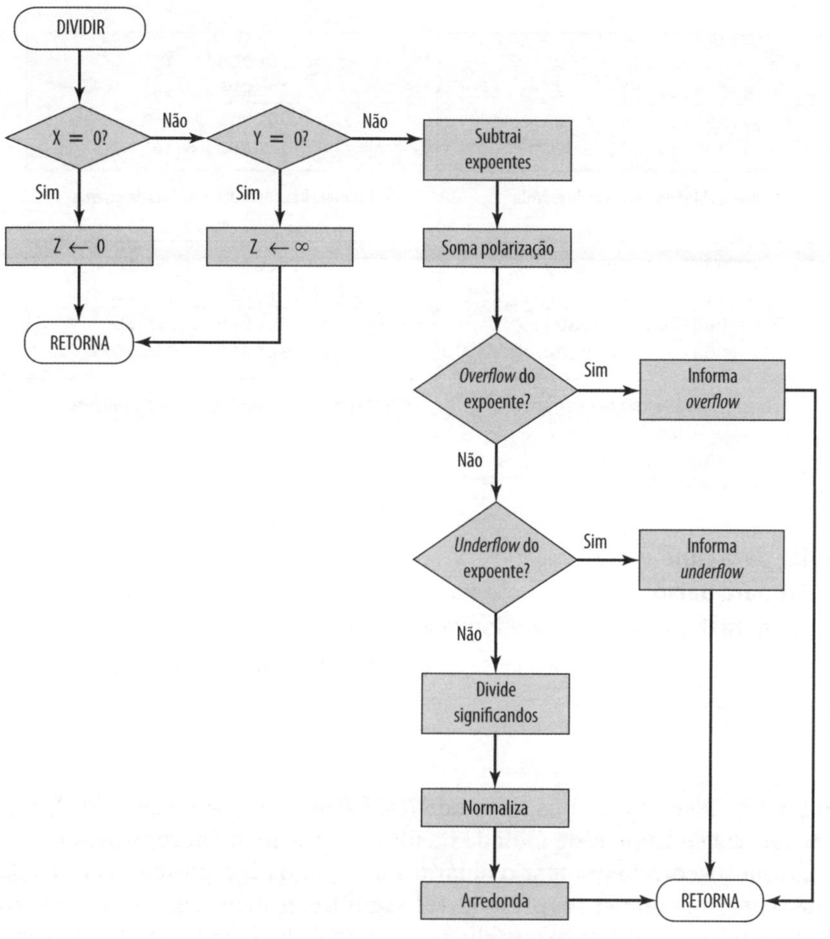

registrador é quase sempre maior que o tamanho do significando mais o bit implícito. O registrador contém bits adicionais, chamados bits de guarda, que são usados para preencher o extremo direito do significando com 0s.

O motivo para o uso dos bits de guarda é ilustrado na Figura 9.25. Considere números no formato IEEE, que tem um significando de 24 bits, incluindo um bit 1 implícito à esquerda do ponto binário. Dois números que são muito próximos em valor são $x = 1{,}00 \ldots 00 \times 2^1$ e $y = 1{,}11 \ldots 11 \times 2^0$. Se o número menor tiver que ser subtraído do maior, ele deve ser deslocado 1 bit à direita para alinhar os expoentes. Isso pode ser visto na Figura 9.25a. No processo, *y* perde 1 bit do significante; o resultado é 2^{-22}. A mesma operação é repetida na parte (b) com a adição dos bits de guarda. Agora, o bit menos significativo não se perde devido ao alinhamento, e o resultado é 2^{-23}, uma diferença de um fator de 2 da resposta anterior. Quando a raiz é 16, a perda de precisão pode ser maior. Como as Figuras 9.25c e d indicam, a diferença pode ser um fator de 16.

ARREDONDAMENTO Outro detalhe que afeta a precisão do resultado é a política de arredondamento. O resultado de qualquer operação sobre os significandos geralmente é armazenado em um registrador maior. Quando o resultado é colocado de volta ao formato de ponto flutuante, os bits extras precisam ser descartados.

Diversas técnicas foram exploradas para realizar o arredondamento. Na verdade, o padrão do IEEE lista quatro técnicas alternativas:

- **Arredondar ao mais próximo:** o resultado é arredondado para o número representável mais próximo.

Figura 9.25 O uso dos guardas de bit

(a)	(c)
x = 1.000.....00 × 2^1	x = .100000 × 16^1
−y = 0.111.....11 × 2^1	−y = .0FFFFF × 16^1
z = 0.000.....01 × 2^1	z = .000001 × 16^1
= 1.000.....00 × 2^{-22}	= .100000 × 16^{-4}

(a) Exemplo binário, sem bits de guarda **(c) Exemplo hexadecimal, sem bits de guarda**

(b)	(d)
x = 1.000.....00 0000 × 2^1	x = .100000 00 × 16^1
−y = 0.111.....11 1000 × 2^1	−y = .0FFFFF F0 × 16^1
z = 0.000.....00 1000 × 2^1	z = .000000 10 × 16^1
= 1.000.....00 0000 × 2^{-23}	= .100000 00 × 16^{-5}

(b) Exemplo binário, com bits de guarda **(d) Exemplo hexadecimal, com bits de guarda**

- **Arredondar para cima +∞:** o resultado é arredondado para mais infinito.
- **Arredondar para baixo −∞:** o resultado é arredondado para infinito negativo.
- **Arredondar para 0:** o resultado é arredondado para zero.

Vamos considerar cada uma dessas políticas por vez. ***Arredondar ao mais próximo*** é o modo de arredondamento padrão e é definido da seguinte forma: o valor representável mais próximo ao resultado infinitamente preciso será entregue.

> Se os bits extras, além dos 23 bits que podem ser armazenados, forem 10010, então os bits extras chegam a mais de metade da última posição de bit representável. Nese caso, a resposta correta é somar o binário 1 ao último bit representável, arredondando até o próximo número representável. Agora, considere que os bits extras sejam 01111. Nesse caso, os bits extras chegam a menos da metade da última posição de bit representável. A resposta correta é simplesmente descartar os bits extras (truncar), que tem o efeito de arredondar para o próximo número representável.

O padrão também leva em conta o caso especial de bits extras da forma 10000.... Aqui, o resultado está exatamente a meio caminho entre dois valores representáveis possíveis. Uma técnica possível aqui seria sempre truncar, pois essa seria a operação mais simples. Porém, a dificuldade com essa técnica simples é que ela introduz uma polarização pequena, porém cumulativa, para uma sequência de cálculos. É preciso um método não polarizado de arredondamento. Uma técnica possível seria arredondar para cima ou para baixo com base em um número aleatório que, na média, o resultado seria não polarizado. O argumento contra essa técnica é que ela não produz resultados previsíveis, determinísticos. A técnica tomada pelo padrão IEEE é forçar o resultado a ser par: se o resultado de um cálculo estiver exatamente a meio caminho entre dois números representáveis, o valor é arredondado para cima se o último bit representável for 1 e não arredondado para cima se for 0.

As duas opções seguintes, ***arredondar para mais*** e ***menos infinito*** (para cima e para baixo), são úteis na implementação de uma técnica conhecida como aritmética intervalar. A aritmética intervalar oferece um método eficiente para monitorar e controlar erros em cálculos de ponto flutuante, produzindo dois valores para cada resultado. Os dois valores correspondem às extremidades inferior e superior de um intervalo que contém o resultado verdadeiro. A largura do intervalo, que é a diferença entre as extremidades superior e inferior, indica a precisão do resultado. Se as extremidades de um intervalo não forem representáveis, então as extremidades do intervalo são arredondadas para baixo e para cima, respectivamente. Embora a largura do intervalo possa variar de acordo com a implementação, muitos algoritmos foram projetados para produzir intervalos estreitos. Se o intervalo entre os limites superior e inferior for suficientemente estreito, então um resultado suficientemente preciso foi obtido. Se não, pelo menos sabemos disso e podemos realizar uma análise adicional.

A técnica final especificada no padrão é ***arredondar para zero***. Isso, de fato, é um truncamento simples: os bits extras são ignorados. Esta certamente é a técnica mais simples. Porém, o resultado é que a magnitude do valor trucado sempre é menor ou igual ao valor original mais preciso, introduzindo uma polarização consistente para zero na operação. Esse é uma polarização séria, pois afeta cada operação para a qual existem bits extras diferentes de zero.

Padrão do IEEE para a aritmética binária de ponto flutuante

O IEEE 754 vai além da simples definição de um formato para estabelecer práticas e procedimentos específicos de modo que a aritmética de ponto flutuante produza resultados uniformes e previsíveis, independentes da plataforma de hardware. Um aspecto disso já foi discutido, a saber, o arredondamento. Esta subseção examinará três outros tópicos: infinito, NaNs e números desnormalizados.

INFINITO A aritmética de infinito é tratada como o caso limitador da aritmética real, com os valores de infinito recebendo a seguinte interpretação:

$$-\infty < (\text{cada número finito}) < +\infty$$

Com a exceção dos casos especiais discutidos mais adiante, qualquer operação aritmética envolvendo infinito gera o resultado óbvio.

Por exemplo:

$$\begin{array}{ll} 5 + (+\infty) = +\infty & 5 \div (+\infty) = +0 \\ 5 - (+\infty) = -\infty & (+\infty) + (+\infty) = +\infty \\ 5 + (-\infty) = -\infty & (-\infty) + (-\infty) = -\infty \\ 5 - (-\infty) = +\infty & (-\infty) - (+\infty) = -\infty \\ 5 \times (+\infty) = +\infty & (+\infty) - (-\infty) = +\infty \end{array}$$

NaNS SILENCIOSOS E SINALIZADORES Um NaN é uma entidade simbólica codificada em formato de ponto flutuante, do qual existem dois tipos: sinalizador (*signaling*) e silencioso (*quiet*). Um NaN sinalizador sinaliza uma exceção de operação inválida sempre que aparece como um operando. Os NaNs sinalizadores fornecem valores para variáveis não inicializadas e melhorias aritméticas que não sejam assunto do padrão. Um NaN silencioso se propaga por quase todas as operações aritméticas sem sinalizar uma exceção. A Tabela 9.6 indica operações que produzirão um NaN silencioso.

Observe que os dois tipos de NaNs possuem o mesmo formato geral (Tabela 9.4): um expoente com apenas uns e uma fração diferente de zero. O padrão de bits real da fração diferente de zero depende da implementação; os valores de fração podem ser usados para distinguir NaNs silenciosos dos NaNs sinalizadores e especificar condições de exceção particulares.

NÚMEROS DESNORMALIZADOS Números desnormalizados são incluídos no IEEE 754 para lidar com casos de *underflow* de expoente. Quando o expoente do resultado se torna muito pequeno (um expoente negativo com uma magnitude muito grande), o resultado é desnormalizado deslocando a fração para a direita e aumentando o expoente para cada deslocamento, até que o expoente esteja dentro de um intervalo representável.

A Figura 9.26 ilustra o efeito de incluir números desnormalizados. Os números representáveis podem ser agrupados em intervalos na forma $[2^n, 2^{n+1}]$. Dentro de cada um desses intervalos, a parte do expoente do número permanece constante enquanto a fração varia, produzindo um espaçamento uniforme de números representáveis dentro do intervalo. Ao nos aproximarmos de zero, cada intervalo sucessivo é a metade da largura do intervalo anterior, mas contém a mesma quantidade de números representáveis. Logo, a densidade dos números representáveis aumenta à medida que nos aproximamos de zero. Porém, se apenas os números normalizados forem usados, existe uma lacuna entre o menor número normalizado e 0. No caso do formato IEEE 754 de 32 bits, existem 2^{23} números representáveis em cada intervalo, e o menor número positivo representável é 2^{-126}. Com a inclusão de números desnormalizados, outros $2^{23} - 1$ números são uniformemente acrescentados entre 0 e 2^{-126}.

Tabela 9.6 Operações que produzem um NaN silencioso

Operação	NaN silencioso produzido por
Qualquer	Qualquer operação em um NaN sinalizador
Adição ou subtração	Subtração de magnitude de infinitos: $(+\infty) + (-\infty)$ $(-\infty) + (+\infty)$ $(+\infty) - (+\infty)$ $(-\infty) - (-\infty)$
Multiplicação	$0 \times \infty$
Divisão	$\frac{0}{0}$ ou $\frac{\infty}{\infty}$
Resto	x REM 0 ou ∞ REM y
Raiz quadrada	$\sqrt{x}$, onde $x < 0$

O uso de números desnormalizados é conhecido como *underflow gradual* (Coonen, 1981[e]). Sem os números desnormalizados, a lacuna entre o menor número diferente de zero representável e zero é muito maior do que a lacuna entre o menor número representável e o próximo número maior. O *underflow gradual* preenche essa lacuna e reduz o impacto do *underflow* do expoente a um nível comparável ao arredondamento entre os números normalizados.

9.6 Leitura recomendada e sites Web

Ercegovac e Lang (2004[f]) e Parhami (2000[c]) são excelentes tratamentos da aritmética de computador, abordando todos os tópicos deste capítulo com detalhes. Flynn e Oberman (2001[g]) trazem uma discussão útil que focaliza questões práticas de projeto e implementação. Para o aluno que pensa seriamente em aritmética de computador, uma referência muito útil é Swartzlander (1990[h]), com dois volumes. O Volume 1 foi publicado originalmente em 1980 e oferece os principais artigos (alguns muito difíceis de se obter em outro lugar) sobre fundamentos de aritmética de computador. O Volume II contém artigos mais recentes, cobrindo aspectos teóricos, de projeto e implementação da aritmética de computador.

Para a aritmética de ponto flutuante, Goldberg (1991[i]) é bem famoso: "O que todo cientista de computador precisa saber sobre aritmética de ponto flutuante". Outro tratamento excelente do assunto está contido em Knuth (1998[j]), que também aborda a aritmética de inteiros no computador. As seguintes abordagens mais profundas

Figura 9.26 O efeito de números desnormalizados do IEEE 754

(a) Formato de 32 bits sem números desnormalizados

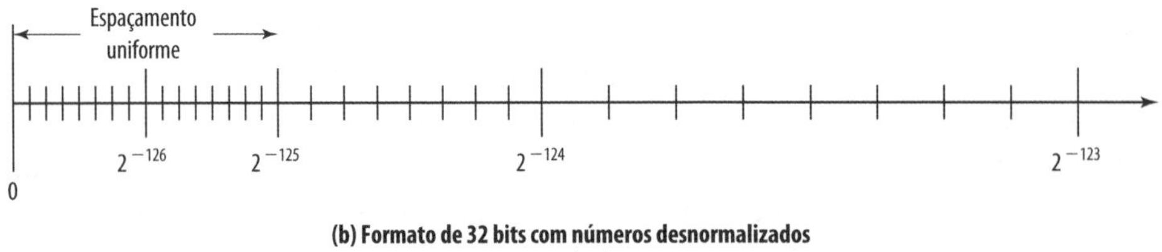

(b) Formato de 32 bits com números desnormalizados

também são valiosas: Overton (2001[k]), Even e Paul (2000[l]), Oberman e Flynn (1997[m]), Oberman e Flynn (1997[n]), Soderquist (1996[o]). Kuck, Parker e Sameh (1977[p]) é uma boa discussão dos métodos de arredondamento na aritmética de ponto flutuante. Even e Seidel (2000[q]) examina o arredondamento com relação ao IEEE 754.

Schwarz e Rrygowski (1999[r]) descrevem o primeiro processador IBM S/390 a integrar aritmética de ponto flutuante de raiz 16 e IEE 754 na mesma unidade de ponto flutuante.

Sites Web recomendados

IEEE 754: traz os documentos do IEEE 754, publicações e artigos relacionados, e um útil conjunto de links relacionados à aritmética do computador.

Principais termos, perguntas de revisão e problemas

Principais termos

Unidade lógica e aritmética (ALU)	*Mantissa*	Quociente
Deslocamento aritmético	Minuendo	Ponto fracionário
Base	Multiplicando	Resto
Representação polarizada	Multiplicador	Arredondamento
Número desnormalizado	*Overflow* negativo	Bit de sinal
Dividendo	*Underflow* negativo	Significando
Divisor	Número normalizado	*Overflow* do significando
Expoente	Representação de complemento de um	*Underflow* do significando
Overflow de expoente	*Overflow*	Representação sinal-magnitude
Underflow de expoente	Produto parcial	Subtraendo
Representação de ponto fixo	*Overflow* positivo	Representação de complemento de dois
Representação de ponto flutuante	*Underflow* positivo	
Bits de guarda	Produto	

Perguntas de revisão

9.1 Explique resumidamente as seguintes representações: sinal-magnitude, complemento a dois, polarizada.

9.2 Explique como determinar se um número é negativo nas seguintes representações: sinal-magnitude, complemento a dois, viesada.

9.3 Qual é a regra de extensão de sinal para números de complemento de dois?

9.4 Como você pode formar a negação de um inteiro na representação de complemento a dois?

9.5 Em termos gerais, quando a operação de complemento de dois em um inteiro de *n* bits produz o mesmo inteiro?

9.6 Qual é a diferença entre a representação de complemento de dois de um número e o complemento a dois de um número?

9.7 Se tratarmos 2 números de complemento de dois como inteiros sem sinal para fins de adição, o resultado é correto se interpretado como um número de complemento de dois. Isso não é verdade para a multiplicação. Por quê?

9.8 Quais são os quatro elementos essenciais de um número na notação de ponto flutuante?

9.9 Qual é o benefício de usar a representação polarizada para a parte de expoente de um número de ponto flutuante?

9.10 Quais são as diferenças entre *overflow* positivo, *overflow* do expoente e *overflow* do significando?

9.11 Quais são os elementos básicos da adição e subtração de ponto flutuante?

9.12 Dê um motivo para o uso de bits de guarda.

9.13 Liste quatro métodos alternativos de arredondamento do resultado de uma operação de ponto flutuante.

Problemas

9.1 Represente os seguintes números decimais em binário na representação sinal-magnitude e no complemento de dois, usando 16 bits: +512; −29.

9.2 Represente os seguintes valores de complemento a dois em decimal: 1101011; 0101101.

9.3 Outra representação de inteiros binários que às vezes é encontrada é o **complemento de um**. Inteiros positivos são representados da mesma maneira que sinal-magnitude. Um inteiro negativo é representado tomando-se o complemento booleano de cada bit do número positivo correspondente.

a. Forneça uma definição de números com complemento de um usando uma soma ponderada de bits, semelhante às Equações 9.1 e 9.2.

b. Qual é o intervalo de números que podem ser representados no complemento de um?

c. Defina um algoritmo para realizar adição na aritmética de complemento de um. *Nota:* a aritmética de complemento de um desapareceu do hardware na década de 1960, mas ainda sobrevive nos cálculos de soma de verificação para o *internet protocol* (IP) e o *transmission control protocol* (TCP).

9.4 Some as colunas da Tabela 9.1 para sinal-magnitude e complemento de um.

9.5 Considere a seguinte operação em uma palavra binária. Comece com o bit menos significativo. Copie todos os bits que são 0 até que o primeiro bit seja alcançado e copie esse bit também. Depois, apanhe o complemento de cada bit depois disso. Qual é o resultado?

9.6 Na Seção 9.3, a operação de complemento de dois é definida da seguinte forma. Para encontrar o complemento a dois de *x*, apanhe o complemento booleano de cada bit de *x*, e depois some 1.

a. Mostre que o seguinte é uma definição equivalente. Para um inteiro de *n* bits *x*, o complemento de dois de *x* é formado tratando *x* como um inteiro sem sinal e calculando $(2^n - X)$.

b. Demonstre que a Figura 9.5 pode ser usada graficamente para dar suporte à afirmação na parte (a), mostrando como um movimento em sentido horário é usado para conseguir a subtração.

9.7 O complemento de *r* de um número de *n* dígitos *N* na base *r* é definido como $r^n - N$ para $N \neq 0$ e 0 para $N = 0$. Ache o complemento a dez do número decimal 13250.

9.8 Calcule (72530 −13250) usando a aritmética de complemento de dez. Considere regras semelhantes àquelas para a aritmética de complemento a dois.

9.9 Considere a adição de complemento de dois de dois números de *n* bits:

$$z_{n-1}z_{n-2} \ldots z_0 = x_{n-1}x_{n-2} \ldots x_0 + y_{n-1}y_{n-2} \ldots y_0$$

Suponha que a adição bit a bit seja realizada com um bit de *carry* c_i gerado pela adição de x_i, y_i, e c_{i-1}. Considere que *n* seja uma variável binária indicando *overflow* quando $v = 1$. Preencha os valores na tabela.

Entrada	x_{n-1}	0	0	0	0	1	1	1	1
	y_{n-1}	0	0	1	1	0	0	1	1
	c_{n-2}	0	1	0	1	0	1	0	1
Saída	z_{n-1}								
	v								

9.10 Suponha que os números sejam representados por complemento de dois com 8 bits. Mostre o cálculo do seguinte:

a. 6 + 13.

b. −6 + 13.

c. 6 − 13.

d. −6 − 13.

9.11 Ache as seguintes diferenças usando a aritmética de complemento de dois:

a. 111000 − 110011.

b. 11001100 − 101110.

c. 111100001111 − 110011110011.

d. 11000011 − 11101000.

9.12 A seguinte definição de *overflow* na aritmética de complemento de dois é uma definição alternativa válida?
Se o OR-EXCLUSIVO dos bits de *carry* para dentro e fora da coluna mais à esquerda for 1, então existe uma condição de *overflow*. Caso contrário, não existe.

9.13 Compare as Figuras 9.9 e 9.12. Por que o bit C não é usado na segunda?

9.14 Dados $X = 0101$ e $y = 1010$ na notação de complemento a dois (ou seja, $X = 5, y = -6$), calcule o produto $p = X \times y$ com o algoritmo de Booth.

9.15 Use o algoritmo de Booth para multiplicar 23 (multiplicando) por 29 (multiplicador), onde cada número é representado usando 6 bits.

9.16 Prove que a multiplicação de dois números de n dígitos na base B gera um produto de não mais do que $2n$ dígitos.

9.17 Verifique a validade do algoritmo de divisão binária sem sinal da Figura 9.16 mostrando as etapas envolvidas no cálculo da divisão, representado na Figura 9.15. Use uma apresentação semelhante à da Figura 9.17.

9.18 O algoritmo de divisão de inteiros por complemento de dois, descrito na Seção 9.3, é conhecido como método restaurador, pois o valor no registrador A precisa ser restaurado após uma subtração sem sucesso. Uma técnica um pouco mais complexa, conhecida como não restauradora, evita subtração e adição desnecessárias. Proponha um algoritmo para essa última técnica.

9.19 Sob a aritmética de inteiros por computador, o quociente J/K de dois inteiros J e K é menor ou igual ao quociente normal. Verdadeiro ou falso?

9.20 Divida –145 por 13 em notação de complemento de dois binário, usando palavras de 12 bits. Use o algoritmo descrito na Seção 9.3.

9.21 **a.** Considere uma representação de ponto fixo usando dígitos decimais, em que a vírgula fracionária implícita pode estar em qualquer posição (por exemplo, à direita do dígito menos significativo, à direita do dígito mais significativo, e assim por diante). Quantos dígitos decimais são necessários para representar as aproximações da constante de Planck ($6{,}63 \times 10^{-27}$) e do número de Avogadro ($6{,}02 \times 10^{23}$)? A vírgula fracionária pressuposta deverá estar na mesma posição para ambos os números.
b. Agora, considere um formato de ponto flutuante decimal com o expoente armazenado em uma representação viesada com um viés de 50. Considera-se uma representação normalizada. Quantos dígitos decimais são necessários para representar essas constantes nesse formato de ponto flutuante?

9.22 Suponha que o expoente e seja restrito a ficar na faixa de $0 \leq e \leq X$, com uma polarização de q, que a base é b, e que o significando tem p dígitos de extensão.
a. Quais são o maior e o menor valores positivos que podem ser escritos?
b. Quais são o maior e menor valores positivos que podem ser escritos como números de ponto flutuante normalizados?

9.23 Expresse os seguintes números em formato IEEE de ponto flutuante com 32 bits:
a. –5
b. –6
c. –1,5
d. 384
e. 1/16
f. –1/32

9.24 Os seguintes números utilizam o formato IEEE de ponto flutuante com 32 bits. Qual é o valor decimal equivalente?
a. 1 10000011 11000000000000000000000
b. 0 01111110 10100000000000000000000
c. 0 10000000 00000000000000000000000

9.25 Considere um formato IEEE de ponto flutuante com 7 bits, com 3 bits para o expoente e 3 bits para o significando. Liste todos os 127 valores.

9.26 Expresse os seguintes números no formato de ponto flutuante de 32 bits da IBM, que usa um expoente de 7 bits com uma base implícita de 16 e uma polarização de expoente de 64 (40 hexadecimal). Um número de ponto flutuante normalizado requer que o dígito hexadecimal mais à esquerda seja diferente de zero; a vírgula fracionária implícita está à esquerda desse dígito.

a. 1,0	**c.** 1/64	**e.** –15,0	**g.** $7{,}2 \times 10^{75}$
b. 0,5	**d.** 0,0	**f.** $5{,}4 \times 10^{-79}$	**h.** 65 535

9.27 Considere que 5BCA0000 seja um número de ponto flutuante no formato IBM, expresso em hexadecimal. Qual é o valor decimal do número?

9.28 Qual seria o valor da polarização para:

a. Um expoente de base 2 ($B = 2$) em um campo de 6 bits?

b. Um expoente de base 8 ($B = 8$) em um campo de 7 bits?

9.29 Desenhe uma linha de números semelhante à da Figura 9.19b para o formato de ponto flutuante da Figura 9.21b.

9.30 Considere um formato de ponto flutuante com 8 bits para o expoente polarizado e 23 bits para o significando. Mostre o padrão de bits para os seguintes números nesse formato:

a. –720

b. 0,645

9.31 O texto menciona que um formato de 32 bits pode representar um máximo de 2^{32} números diferentes. Quantos números diferentes podem ser representados no formato IEEE de 32 bits? Explique.

9.32 Qualquer representação de ponto flutuante usada em um computador só pode representar certos números reais exatamente; todos os outros precisam ser aproximados. Se A' é o valor armazenado aproximando o valor real A, então o erro relativo, *r*, é expresso como:

$$r = \frac{A - A'}{A}$$

Represente a quantidade decimal +0,4 no seguinte formato de ponto flutuante: base = 2; expoente: polarizado, 4 bits; significando, 7 bits. Qual é o erro relativo?

9.33 Se $A = 1{,}427$, ache o erro relativo se A for truncado para 1,42 e se for arredondado para 1,43.

9.34 Quando as pessoas falam sobre imprecisão na aritmética de ponto flutuante, elas normalmente atribuem erros ao cancelamento que ocorre durante a subtração de quantidades quase iguais. Porém, quando X e Y são aproximadamente iguais, a diferença $X - Y$ é obtida com exatidão, sem erro. O que essas pessoas realmente querem dizer?

9.35 Os valores numéricos A e B são armazenados no computador como aproximações A' e B'. Desconsiderando quaisquer outros erros de truncamento ou arredondamento, mostre que o erro relativo do produto é aproximadamente a soma dos erros relativos nos fatores.

9.36 Um dos erros mais sérios nos cálculos de computador ocorre quando dois números quase iguais são subtraídos. Considere $A = 0{,}22288$ e $B = 0{,}22211$. O computador trunca todos os valores para quatro dígitos decimais. Assim, $A' = 0{,}2228$ e $B' = 0{,}2221$.

a. Quais são os erros relativos para A' e B'?

b. Qual é o erro relativo para $C' = A' - B'$?

9.37 Para ter uma ideia dos efeitos da desnormalização e *underflow* gradual, considere um sistema decimal que oferece 6 dígitos decimais para o significando e para o qual o menor número normalizado é 10^{-99}. Um número normalizado tem um dígito decimal diferente de zero à esquerda da vírgula decimal. Efetue os seguintes cálculos e desnormalize os resultados. Comente os resultados.

a. $(2{,}50000 \times 10^{-60}) \times (3{,}50000 \times 10^{-43})$

b. $(2{,}50000 \times 10^{-60}) \times (3{,}50000 \times 10^{-60})$

c. $(5{,}67834 \times 10^{-97}) - (5{,}67812 \times 10^{-97})$

9.38 Mostre como as seguintes adições de ponto flutuante são realizadas (onde os significandos são truncados para 4 dígitos decimais). Mostre os resultados em formato normalizado.

a. $5{,}566 \times 10^{2} + 7.777 \times 10^{2}$

b. $3{,}344 \times 10^{1} + 8{,}877 \times 10^{-2}$

9.39 Mostre como as seguintes subtrações de ponto flutuante são realizadas (onde os significandos são truncados para 4 dígitos decimais). Mostre os resultados em formato normalizado.

a. $7{,}744 \times 10^{-3} - 6{,}666 \times 10^{-3}$

b. $8{,}844 \times 10^{-3} - 2{,}233 \times 10^{-1}$

9.40 Mostre como os seguintes cálculos de ponto flutuante são realizados (onde os significandos são truncados para 4 dígitos decimais). Mostre os resultados em formato normalizado.

a. $2{,}255 \times 10^{1}) \times (1{,}234 \times 10^{0})$

b. $8{,}833 \times 10^{2}) \div (5{,}555 \times 10^{4})$

Referências

a DATTATREYA, G. "A systematic approach to teaching binary arithmetic in a first course". *IEEE Transactions on Education,* fev. 1993.

b BENHAM, J. "A geometric approach to presenting computer representations of integers". *SIGCSE Bulletin,* dez. 1992.

c PARHAMI, B. *Computer arithmetic: algorithms and hardware design.* Oxford: Oxford University Press, 2000.

d ANDERSON, S. et al. "The IBM System/360 Model 91: floating-point execution unit". *IBM Journal of Research and Development,* jan. 1967. Reimpresso em Swartzlander, 1990, Volume 1.

e COONEN J. "*Underflow* and denormalized numbers". *IEEE Computer,* mar. 1981.

f ERCEGOVAC, M. e LANG, T. *Digital arithmetic.* San Francisco: Morgan Kaufmann, 2004.

g FLYNN, M. e OBERMAN, S. *Advanced computer arithmetic design.* Nova York: Wiley, 2001.

h SWARTZLANDER, E., editor. *Computer arithmetic, Volumes I and II.* Los Alamitos, CA: IEEE Computer Society Press, 1990.

i GOLDBERG, D. "What every computer scientist should know about floating-point arithmetic". ACM *Computing Surveys,* mar. 1991.

j KNUTH, D. *The art of computer programming, Volume 2: seminumerical algorithms*. Reading, MA: Addison-Wesley, 1998.

k OVERTON, M. *Numerical computing with IEEE floating point arithmetic.* Filadélfia, PA: Society for Industrial and Applied Mathematics, 2001.

l EVEN, G. e PAUL, W. "On the design of IEEE compliant floating-point units". *IEEE Transactions on Computers,* mai. 2000.

m OBERMAN, S. e FLYNN, M. "Design issues in division and other floating-point operations". *IEEE Transactions on Computers,* fev. 1997.

n OBERMAN, S. e FLYNN, M. "Division algorithms and implementations". *IEEE Transactions on Computers,* ago. 1997.

o SODERQUIST, P. e LEESER, M. "Area and performance tradeoffs in floating-point divide and square-root ilmplementations". *ACM Computing Surveys,* set. 1996.

p KUCK, D.; PARKER, D. e SAMEH, A. "Analysis of rouding methods in floating-point arithmetic". *IEEE Transactions on Computeres,* jul. 1977.

q EVEN, G. e SEIDEL, P. "A comparison of three rounding algorithms for IEEE floating-point multiplication". *IEEE Transactions on Computers,* jul. 2000.

r SCHWARZ, E. e KRYGOWSKI, C. "The S/390 G5 floating-point unit". *IBM Journal of Research and Development,* set./nov. 1999.

CAPÍTULO

10

Conjuntos de instruções: características e funções

PRINCIPAIS PONTOS

- Os elementos essenciais de uma instrução de computador são o *opcode* (código de operação), que especifica a operação a ser realizada; as referências de operando de origem e destino, que especificam os locais de entrada e saída para a operação; e a referência da próxima instrução, que normalmente é implícita.
- Os *opcodes* especificam operações em uma das seguintes categorias gerais: operações aritméticas e lógicas; movimentação de dados entre dois registradores, registrador e memória, ou dois locais de memória; E/S; e controle.
- As referências de operando especificam um local de registrador ou memória dos dados do operando. Os tipos dos dados podem ser endereços, números, caracteres ou dados lógicos.
- Um recurso arquitetural comum nos processadores é o uso da pilha, que pode ou não estar visível ao programador. As pilhas são usadas para gerenciar chamadas e retornos de procedimento, e podem ser fornecidas como uma forma alternativa de endereçar a memória. As operações básicas da pilha são PUSH, POP e operações sobre um ou dois locais no topo da pilha. As pilhas normalmente são implementadas para crescer de endereços maiores para endereços menores.
- Os processadores endereçáveis por byte podem ser categorizados como *big-endian*, *little-endian* ou *bi-endian*. Um valor numérico com múltiplos bytes, armazenado com o byte mais significativo no endereço numérico mais baixo, é armazenado no padrão *big-endian*. O estilo *little-endian* armazena o byte mais significativo no endereço numérico mais alto. Um processador *bi-endian* pode trabalhar com os dois estilos.

Grande parte do que discutimos neste livro não é prontamente aparente ao usuário ou programador. Se um programador estiver usando uma linguagem de alto nível, como Pascal ou Ada, muito pouco da arquitetura da máquina básica é visível.

Um limite onde o projetista de computador e o programador de computador podem ver a mesma máquina é o conjunto de instruções de máquina. Do ponto de vista do projetista, o conjunto de instruções de máquina oferece os requisitos funcionais para o processador: implementar o processador é uma tarefa que em grande parte envolve implementar o conjunto de instruções de máquina. O usuário que escolhe programar em linguagem de máquina (na realidade, em linguagem de montagem; veja Apêndice B) fica ciente da estrutura do registrador e da memória, dos tipos de dados aceitos diretamente pela máquina e do funcionamento da ALU.

Uma descrição do conjunto de instruções de máquina de um computador explica bastante sobre o processador. Consequentemente, focalizamos instruções de máquina neste capítulo e no seguinte.

10.1 Características das instruções de máquina

A operação do processador é determinada pelas instruções que ele executa, conhecidas como *instruções de máquina* ou *instruções do computador*. A coleção de diferentes instruções que o processador pode executar é conhecida como *conjunto de instruções* do processador.

Elementos de uma instrução de máquina

Cada instrução precisa conter as informações exigidas pelo processador para execução. A Figura 10.1, que repete a Figura 3.6, mostra as etapas envolvidas na execução da instrução e, por implicação, define os elementos de uma instrução de máquina. Esses elementos são os seguintes:

- **Código de operação:** especifica a operação a ser realizada (por exemplo, ADD, E/S). A operação é especificada por um código binário, conhecido como código de operação, ou ***opcode*** (*operation code*).
- **Referência à operando fonte:** a operação pode envolver um ou mais operandos fontes, ou seja, operandos que são entradas para a operação.
- **Referência à operando destino:** a operação pode produzir um resultado.
- **Referência à próxima instrução:** isso diz ao processador onde buscar a próxima instrução após o término da execução desta instrução.

O endereço da próxima instrução a ser buscada poderia ser um endereço real ou um endereço virtual, dependendo da arquitetura. Geralmente, a distinção é transparente à arquitetura do conjunto de instruções. Na maior parte dos casos, a próxima instrução a ser buscada vem imediatamente após a instrução corrente. Nesses casos, não existe uma referência explícita à próxima instrução. Quando uma referência explícita é necessária, então o endereço da memória principal ou da memória virtual precisa ser fornecido. A forma como esse endereço é fornecido é discutida no Capítulo 11.

Figura 10.1 Diagrama de estado do ciclo de instrução

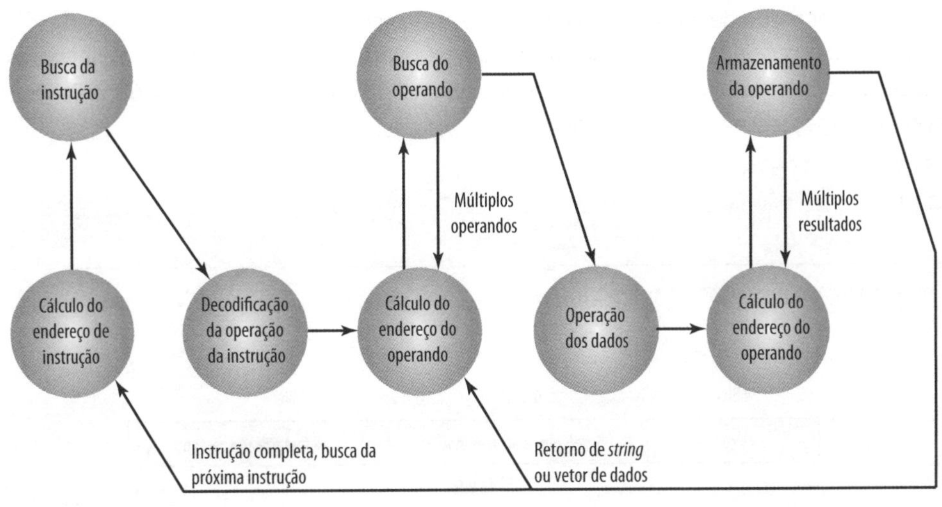

Operandos fonte e destino podem estar em uma destas quatro áreas:

- **Memória principal ou virtual:** assim como as referências à próxima instrução, o endereço da memória principal ou virtual precisa ser fornecido.
- **Registrador do processador:** com raras exceções, um processador contém um ou mais registradores que podem ser referenciados por instruções de máquina. Se houver apenas um registrador, a referência a ele pode ser implícita. Se houver mais de um registrador, então cada registrador recebe um nome ou número exclusivo, e a instrução precisa conter o número do registrador desejado.
- **Imediato:** o valor do operando está contido em um campo na instrução sendo executada.
- **Dispositivo de E/S:** a instrução precisa especificar o módulo e o dispositivo de E/S para a operação. Se a E/S mapeada na memória for usada, esse é apenas outro endereço da memória principal ou virtual.

Representação da instrução

Dentro do computador, cada instrução é representada por uma sequência de bits. A instrução é dividida em campos, correspondentes aos elementos constituintes da instrução. Um exemplo simples de um formato de instrução aparece na Figura 10.2. Como outro exemplo, o formato de instrução do IAS aparece na Figura 2.2. Com a maioria dos conjuntos de instruções, mais de um formato é utilizado. Durante a execução da instrução, uma instrução é lida para um registrador de instrução (IR) no processador. O processador precisa ser capaz de extrair os dados dos diversos campos da instrução para realizar a operação exigida.

É difícil tanto para o programador quanto para o leitor de livros-texto lidar com representações binárias das instruções de máquina. Assim, tornou-se uma prática comum usar uma *representação simbólica* das instruções de máquina. Um exemplo disso foi usado para o conjunto de instruções do IAS, na Tabela 2.1.

Os *opcodes* são representados por abreviações, chamadas *mnemônicos*, que indicam a operação. Alguns exemplos comuns são

ADD Adiciona
SUB Subtrai
MUL Multiplica
DIV Divide
LOAD Carrega dados da memória
STOR Armazena dados na memória

Operandos também são representados simbolicamente. Por exemplo, a instrução

ADD R, Y

pode significar somar o valor contido no local de dados Y com o conteúdo do registrador R. Neste exemplo, Y refere-se ao endereço de um local na memória, e R refere-se a um registrador em particular. Observe que a operação é realizada sobre o conteúdo de um local, não sobre seu endereço.

Assim, é possível escrever um programa em linguagem de máquina em forma simbólica. Cada *opcode* tem uma representação binária fixa e o programador especifica o local de cada operando simbólico. Por exemplo, o programador poderia começar com uma lista de definições:

X = 513
Y = 514

Figura 10.2 Um formato de instrução simples

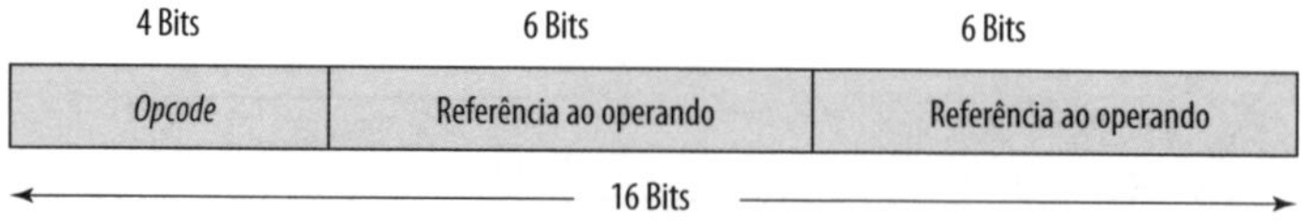

e assim por diante. Um programa simples aceitaria essa entrada simbólica, converteria os *opcodes* e as referências dos operandos para forma binária e construiria as instruções de máquina binárias.

Os programadores de linguagem de máquina são raros, quase inexistentes. A maioria dos programas hoje é escrita em uma linguagem de alto nível ou, fora isso, linguagem de montagem, que discutimos no Apêndice B. Porém, a linguagem de máquina simbólica continua sendo uma ferramenta útil para descrever instruções de máquina e vamos utilizá-la para essa finalidade.

Tipos de instrução

Considere uma instrução em linguagem de alto nível que poderia ser expressa em uma linguagem como BASIC ou FORTRAN. Por exemplo,

$X = X + Y$

Essa instrução orienta o computador a somar o valor armazenado em Y ao valor armazenado em X, colocando o resultado em X. Como isso poderia ser feito com instruções de máquina? Vamos supor que as variáveis X e Y correspondam aos locais 513 e 514. Se consideramos um conjunto simples de instruções de máquina, essa operação poderia ser feita com três instruções:

1. Carregue um registrador com o conteúdo do local de memória 513.
2. Some o conteúdo do local de memória 514 ao registrador.
3. Armazene o conteúdo do registrador no local de memória 513.

Como podemos ver, uma única instrução em BASIC pode exigir três instruções de máquina. Isso é típico do relacionamento entre uma linguagem de alto nível e uma linguagem de máquina. Uma linguagem de alto nível expressa operações em uma forma algébrica concisa, usando variáveis. Uma linguagem de máquina expressa operações em uma forma básica envolvendo a movimentação de dados de e para os registradores.

Com esse exemplo simples para nos guiar, vamos considerar os tipos de instruções que precisam ser incluídas em um computador prático. Um computador deve ter um conjunto de instruções que permita ao usuário formular qualquer tarefa de processamento de dados. Outro modo de ver isso é considerar as capacidades de uma linguagem de programação de alto nível. Qualquer programa escrito em uma linguagem de alto nível, para ser executado, precisa ser traduzido para linguagem de máquina. Assim, o conjunto de instruções de máquina precisa ser suficiente para expressar qualquer uma das instruções de uma linguagem de alto nível. Com isso em mente, podemos categorizar os tipos de instrução da seguinte forma:

- **Processamento de dados:** instruções aritméticas e lógicas.
- **Armazenamento de dados:** movimentação de dados para dentro ou fora do registrador e/ou locais de memória.
- **Movimentação de dados:** instruções de E/S.
- **Controle:** instruções de teste e desvio.

As instruções *aritméticas* oferecem capacidades de cálculo para o processamento de dados numéricos. As instruções *lógicas* (booleanas) operam sobre os bits de uma palavra como bits, e não como números; assim, elas oferecem capacidades de processamento de qualquer outro tipo de dado que o usuário possa querer empregar. Essas operações são realizadas principalmente sobre os dados nos registradores do processador. Portanto, deve haver instruções de *memória* para mover dados entre a memória e os registradores. As instruções de *E/S* são necessárias para transferir programas e dados para a memória e os resultados de cálculos de volta ao usuário. As instruções de *teste* são usadas para testar o valor de uma palavra de dados ou o *status* de um cálculo. As instruções de *desvio* são então usadas para desviar para um conjunto de instruções diferente, dependendo da decisão tomada.

Vamos examinar os diversos tipos de instruções com mais detalhes mais adiante neste capítulo.

Números de endereços

Uma das formas tradicionais de descrever a arquitetura do processador é em termos do número de endereços contidos em cada instrução. Essa dimensão tornou-se menos significativa com o aumento da complexidade de projeto do processador. Apesar disso, é útil neste ponto considerar e analisar essa distinção.

Qual é o número máximo de endereços que poderia ser preciso em uma instrução? Evidentemente, as instruções aritméticas e lógicas exigirão mais operandos. Praticamente todas as operações aritméticas e lógicas são unárias (um operando de origem) ou binárias (dois operandos de origem). Assim, precisaríamos de um máximo de dois endereços para referenciar operandos de origem. O resultado de uma operação precisa ser armazenado, sugerindo um terceiro endereço, que define um operando de destino. Finalmente, após o término de uma instrução, a próxima instrução precisa ser buscada, e seu endereço é necessário.

Essa linha de raciocínio sugere que uma instrução poderia plausivelmente ter que conter quatro referências de endereço: dois operandos de origem, um operando de destino e o endereço da próxima instrução. Na maioria das arquiteturas, quase todas as instruções possuem um, dois ou três endereços de operando, com o endereço da próxima instrução sendo implícito (obtido pelo contador de programa – PC). A maioria das arquiteturas também possui algumas instruções de uso especial, com mais operandos. Por exemplo, as instruções de *load* e *store* múltiplo da arquitetura ARM, descritas no Capítulo 11, designam até 17 operandos de registrador em uma única instrução.

A Figura 10.3 compara instruções típicas de um, dois e três endereços, que poderiam ser usadas para calcular Y = (A – B)/[C + (D × E)]. Com três endereços, cada instrução especifica dois locais de operandos de origem e um local de operando de destino. Como escolhemos não alterar o valor de qualquer um dos locais de operando, um local temporário, T, é usado para armazenar alguns resultados intermediários. Observe que existem quatro instruções e que a expressão original tinha cinco operandos.

Formatos de instrução de três endereços não são comuns, pois exigem um formato de instrução relativamente longo para manter as três referências de endereço. Com instruções de dois endereços, e para operações binárias, um endereço precisa realizar o trabalho duplo como um operando e como um resultado. Assim, a instrução SUB Y, B executa o cálculo Y – B e armazena o resultado em Y. O formato de dois endereços reduz o requisito de espaço, mas também introduz algumas coisas estranhas. Para evitar alterar o valor de um operando, a instrução MOVE é usada para mover um dos valores para um resultado ou local temporário antes de realizar a operação. Nosso programa de exemplo se expande para seis instruções.

Mais simples ainda é a instrução de um endereço. Para que esta funcione, um segundo endereço precisa ser implícito. Isso era comum nas máquinas mais antigas, com o endereço implícito sendo um registrador do processador conhecido como ***acumulador*** (AC). O acumulador contém um dos operandos e é usado para armazenar o resultado. Em nosso exemplo, oito instruções são necessárias para realizar a tarefa.

Na verdade, é possível termos zero endereços para algumas instruções. Instruções de zero endereços se aplicam a uma organização de memória especial, chamada *pilha*. Uma pilha é um conjunto de locais do tipo *last-in-first-out* (último a entrar, primeiro a sair). A pilha está em um local conhecido e, frequentemente, pelo menos os dois ele-

Figura 10.3 Programas para executar $Y = \frac{A - B}{C + (D \times E)}$

Instrução	Comentário
SUB Y, A, B	Y ← A − B
MPY T, D, E	T ← D × E
ADD T, T, C	T ← T + C
DIV Y, Y, T	Y ← Y ÷ T

(a) Instruções com três endereços

Instrução	Comentário
MOVE Y, A	Y ← A
SUB Y, B	Y ← Y − B
MOVE Y, D	T ← D
MPY T, E	T ← T × E
ADD T, C	T ← T + C
DIV Y, T	Y ← Y ÷ T

(b) Instruções de dois endereços

Instrução	Comentário
LOAD D	AC ← D
MPY E	AC ← AC × E
ADD C	AC ← AC + C
STOR Y	Y ← AC
LOAD A	AC ← A
SUB B	AC ← AC − B
DIV Y	AC ← AC ÷ T
STOR Y	Y ← AC

(c) Instruções de um endereço

mentos do topo estão nos registradores do processador. Assim, instruções com zero endereços referenciariam os dois elementos do topo da pilha. As pilhas são descritas no Apêndice 10A. Seu uso é explicado melhor mais adiante neste capítulo e no Capítulo 11.

A Tabela 10.1 resume as interpretações das instruções com zero, um, dois ou três endereços. Em cada caso na tabela, considera-se que o endereço da próxima instrução é implícito e que uma operação com dois operandos de origem e um operando de resultado deve ser realizada.

O número de endereços por instrução é uma decisão básica de projeto. Menos endereços por instrução resulta em instruções que são mais primitivas, exigindo um processador menos complexo. Isso também resulta em instruções de menor tamanho. Por outro lado, os programas contêm mais instruções no total, o que, em geral, resulta em tempos maiores de execução e programas maiores e mais complexos. Além disso, existe um limite importante entre instruções de um endereço e múltiplos endereços. Com instruções de um endereço, o programador geralmente tem à sua disposição apenas um registrador de uso geral, o acumulador. Com instruções de múltiplos endereços, é comum ter múltiplos registradores de uso geral. Isso permite que algumas operações sejam realizadas unicamente sobre registradores. Como as referências a registradores são mais rápidas que as referências à memória, tem-se rapidez na execução. Por motivos de flexibilidade e capacidade de usar múltiplos registradores, a maioria das máquinas contemporâneas emprega uma mistura de instruções de dois e três endereços.

As decisões de projeto envolvidas na escolha do número de endereços por instrução são complicadas por outros fatores. Existe a questão de se um endereço referencia um local da memória ou um registrador. Como existem menos registradores, menos bits são necessários para uma referência de registrador. Além disso, conforme veremos no próximo capítulo, uma máquina pode oferecer uma série de modos de endereçamento e a especificação do modo exige um ou mais bits. O resultado é que a maioria dos projetos de processador envolve uma série de formatos de instrução.

Projeto do conjunto de instruções

Um dos aspectos mais interessantes e mais analisados do projeto de computador é o projeto do conjunto de instruções. O projeto de um conjunto de instruções é muito complexo, pois afeta muitos aspectos do sistema de computador. Ele define muitas das funções realizadas pelo processador e, portanto, tem um efeito significativo sobre a implementação do processador. O conjunto de instruções é o meio de o programador controlar o processador. Assim, os requisitos do programador precisam ser considerados no projeto do conjunto de instruções.

Pode ser surpresa para você saber que algumas das questões mais fundamentais em relação ao projeto dos conjuntos de instruções continuam em discussão. Na realidade, nos últimos anos, o nível de divergência com relação a esses fundamentos realmente cresceu. As questões básicas mais importantes de projeto são as seguintes:

- **Repertório de operações:** quantas e quais operações oferecer, e que complexidade as operações deverão ter.
- **Tipos de dados:** os diversos tipos de dados sobre os quais as operações são realizadas.

Tabela 10.1 Utilização de endereços de instrução (instruções sem desvio)

Número de endereços	Representação simbólica	Interpretação
3	OP A, B, C	A ← B OP C
2	OP A, B	A ← A OP B
1	OP A	AC ← AC OP A
0	OP	T ← (T – 1) OP T

AC = acumulador
T = topo da pilha
(T – 1) = segundo elemento da pilha
A, B, C = locais de memória ou registradores

- **Formato de instrução:** tamanho da instrução (em bits), número de endereços, tamanho dos diversos campos, e assim por diante.
- **Registradores:** número de registradores do processador que podem ser referenciados pelas instruções e seu uso.
- **Endereçamento:** o modo ou modos pelos quais o endereço de um operando é especificado.

Essas questões são altamente inter-relacionadas e precisam ser consideradas juntas no projeto de um conjunto de instruções. Este livro, naturalmente, precisa considerá-las em alguma sequência, mas tentamos mostrar os inter-relacionamentos.

Devido à importância desse assunto, muito da Parte 3 é dedicado ao projeto do conjunto de instruções. Após esta seção introdutória, este capítulo examina os tipos de dados e o repertório de operações. O Capítulo 11 examina os modos de endereçamento (que inclui uma consideração dos registradores) e os formatos de instrução. O Capítulo 13 examina o computador com conjunto de instruções reduzido (RISC). A arquitetura RISC põe em dúvida muitas das decisões de projeto do conjunto de instruções tradicionalmente feitas nos computadores comerciais.

10.2 Tipos de operandos

As instruções de máquina operam sobre dados. As categorias gerais de dados mais importantes são:

- Endereços.
- Números.
- Caracteres.
- Dados lógicos.

Veremos, ao discutir os modos de endereçamento no Capítulo 11, que os endereços são, de fato, uma forma de dados. Em muitos casos, alguns cálculos precisam ser realizados sobre a referência do operando em uma instrução para determinar o endereço da memória principal ou virtual. Nesse contexto, os endereços podem ser considerados como inteiros sem sinal.

Outros tipos de dados comuns são números, caracteres e dados lógicos, e cada um destes é examinado rapidamente nesta seção. Além disso, algumas máquinas definem tipos de dados ou estruturas de dados especializadas. Por exemplo, pode haver operações de máquina que operam diretamente sobre uma lista ou uma *string* de caracteres.

Números

Todas as linguagens de máquina incluem tipos de dados numéricos. Até mesmo no processamento de dados não numéricos, existe a necessidade de os números atuarem como contadores, tamanhos de campo e assim por diante. Uma distinção importante entre números usados na matemática comum e números armazenados em um computador é que estes últimos são limitados. Isso é verdade em dois sentidos. Primeiro, existe um limite para a magnitude dos números representáveis em uma máquina e, segundo, no caso dos números de ponto flutuante, um limite em sua precisão. Assim, o programador precisa entender as consequências do arredondamento, do *overflow* e do *underflow*.

Três tipos de dados numéricos são comuns nos computadores:

- Inteiros binários ou ponto fixo binário.
- Ponto flutuante binário.
- Decimal.

Examinamos os dois primeiros com alguns detalhes no Capítulo 9. Resta-nos dizer algumas palavras sobre os números decimais.

Embora internamente todas as operações do computador sejam binárias em natureza, os usuários humanos do sistema lidam com números decimais. Assim, existe a necessidade de converter de decimal para binário na entrada e de binário para decimal na saída. Para aplicações onde existem muitas E/S e, comparadamente, poucos e simples cálculos, é preferível armazenar e operar os números em forma decimal. A representação mais comum para essa finalidade é ***decimal agrupado*** (*packed decimal*).[1]

1 Os livros-texto normalmente referem-se a isso como decimal codificado em binário (BCD, do inglês *binary coded decimal*). Estritamente falando, o código BCD refere-se à codificação de cada dígito decimal por uma sequência exclusiva de 4 bits. Decimal agrupado refere-se ao armazenamento de dígitos codificados em BCD usando um byte para cada dois dígitos.

Com o decimal agrupado, cada dígito decimal é representado por um código de 4 bits, no modo óbvio, com dois dígitos armazenados por byte. Assim, 0 = 0000, 1 = 0001, ..., 8 = 1000 e 9 = 1001. Observe que esse é um código ineficaz, pois somente 10 dos 16 valores possíveis em 4 bits são utilizados. Para formar números, códigos de 4 bits são enfileirados, normalmente em múltiplos de 8 bits. Assim, o código para 246 é 0000 0010 0100 0110. Esse código certamente é menos compacto que a representação binária direta, mas evita o *overhead* da conversão. Números negativos podem ser representados incluindo-se um dígito de sinal de 4 bits à esquerda ou à direita da sequência de dígitos decimais agrupados. Os valores de sinal padrão são 1100 para positivo (+) e 1101 para negativo (–).

Muitas máquinas oferecem instruções aritméticas para realizar operações diretamente sobre números decimais agrupados. Os algoritmos são muito semelhantes àqueles descritos na Seção 9.3, mas precisam considerar a operação de *carry* decimal.

Caracteres

Uma forma de dado comum é o texto, ou *strings* de caracteres. Embora os dados textuais sejam mais convenientes para os seres humanos, eles não podem, em forma de caracteres, serem facilmente armazenados ou transmitidos por sistemas de processamento de dados e comunicações. Esses sistemas são projetados para dados binários. Assim, diversos códigos foram elaborados, nos quais os caracteres são representados por uma sequência de bits. Talvez o exemplo comum mais antigo seja o código Morse. Hoje, o código de caracteres mais utilizado é o *International Reference Alphabet* (IRA), mais conhecido como *American Standard Code for Information Interchange* (ASCII; veja Apêndice F). Cada caractere nesse código é representado por um padrão exclusivo de 7 bits; assim, 128 caracteres diferentes podem ser representados. Esse é um número maior do que é necessário para representar os caracteres imprimíveis, e alguns dos padrões representam caracteres de *controle*. Alguns desses caracteres de controle têm a ver com o controle da impressão dos caracteres em uma página. Outros tratam de procedimentos de comunicação. Os caracteres codificados em IRA quase sempre são armazenados e transmitidos usando 8 bits por caractere. O oitavo bit pode ser definido como 0 ou usado como um bit de paridade, para detectar erros. Nesse último caso, o bit é definido de modo que o número total de 1s binários em cada octeto seja sempre ímpar (paridade ímpar) ou sempre par (paridade par).

Observe, na Tabela F.1 (Apêndice F) que, para o padrão de bits IRA 011XXXX, os dígitos de 0 a 9 são representados por seus equivalentes binários, 0000 a 1001, nos 4 bits mais à direita. Esse é o mesmo código do decimal agrupado. Isso facilita a conversão entre IRA de 7 bits e a representação decimal agrupada de 4 bits.

Outro código usado para codificar caracteres é o *Extended Binary Coded Decimal Interchange Code* (EBCDIC). EBCDIC é usado em mainframes IBM. Este é um código de 8 bits. Assim como IRA, EBCDIC é compatível com decimal agrupado. No caso do EBCDIC, os códigos de 11110000 a 11111001 representam os dígitos de 0 a 9.

Dados lógicos

Normalmente, cada palavra ou outra unidade endereçável (byte, meia-palavra e assim por diante) é tratada como uma única unidade de dados. Porém, às vezes é útil considerar uma unidade de *n* bits como consistindo em *n* itens de dados de 1 bit, com cada item tendo o valor 0 ou 1. Quando os dados são vistos dessa forma, eles são considerados como sendo dados *lógicos*.

Existem duas vantagens na visão orientada a bits. Primeiro, às vezes podemos querer armazenar um *array* de itens de dados booleanos ou binários, em que cada item pode assumir apenas os valores 1 (verdadeiro) e 0 (falso). Com dados lógicos, a memória pode ser usada de modo mais eficiente para esse armazenamento. Segundo, existem ocasiões em que queremos manipular os bits de um item de dados. Por exemplo, se as operações de ponto flutuante forem implementadas em software, precisamos ser capazes de deslocar bits significativos em algumas operações. Outro exemplo: para converter de IRA para decimal agrupado, precisamos extrair os 4 bits mais à direita de cada byte.

Observe que, nos exemplos anteriores, os mesmos dados são tratados às vezes como lógicos e outras vezes como numéricos ou texto. O "tipo" de uma unidade de dados é determinado pela operação que está sendo realizada sobre ele. Embora isso normalmente não aconteça em linguagens de alto nível, quase sempre acontece com a linguagem de máquina.

10.3 Tipos de dados Intel x86 e do ARM

Tipos de dados do x86

O x86 pode lidar com tipos de dados de 8 (byte), 16 (palavra), 32 (palavras duplas – *doubleword*), 64 (quatro palavras – *quadword*) e 128 (*double quadword*) bits de extensão. Para permitir o máximo de flexibilidade nas estruturas de dados e utilização de memória eficiente, as palavras não precisam ser alinhadas em endereços de número par; *palavras duplas* não precisam ser alinhadas em endereços divisíveis uniformemente por 4; e *quadwords* não precisam ser alinhadas em endereços divisíveis uniformemente por 8, e assim por diante. Porém, quando os dados são acessados por um barramento de 32 bits, as transferências de dados ocorrem em unidades de *palavras duplas*, começando em endereços divisíveis por 4. O processador converte a requisição para valores desalinhados em uma sequência de solicitações para a transferência do barramento. Assim como todas as máquinas Intel 80x86, o x86 usa o estilo *little-endian*; ou seja, o byte menos significativo é armazenado no endereço mais baixo (veja no Apêndice 10B uma discussão sobre os estilos de *endian*).

Byte, word, *doubleword*, *quadword* e *double quadword* são chamados de tipos de dados gerais. Além disso, o x86 admite um conjunto impressionante de tipos de dados específicos, que são reconhecidos e operados por instruções em particular. A Tabela 10.2 resume esses tipos.

Tabela 10.2 Tipos de dados x86

Tipo de dados	Descrição
Geral	Locais de byte, palavra (16 bits), palavras duplas (32 bits), quatro palavras (64 bits) e quatro palavras duplas (128 bits) com conteúdo binário arbitrário.
Números inteiros	Um valor binário com sinal, contido em um byte, palavra ou palavras duplas, usando a representação de complemento a dois.
Números ordinais	Um inteiro sem sinal contido em um byte, palavra ou palavras duplas.
Números em BCD (*Binary coded decimal*) (BCD) não agrupado	Uma representação de um dígito BCD no intervalo de 0 a 9, com um dígito em cada byte.
Agrupado BCD	Representação de byte agrupado de dois dígitos BCD; valor no intervalo de 0 a 99.
Ponteiro near	Um endereço efetivo de 16, 32 ou 64 bits, que representa o deslocamento dentro de um segmento. Usado para todos os ponteiros em uma memória não segmentada e para referências dentro de um segmento em uma memória segmentada.
Ponteiro far	Um endereço lógico consistindo em um seletor de segmento de 16 bits e um deslocamento de 16, 32 ou 64 bits. Ponteiros far são usados para referência à memória em um modelo de memória segmentado, onde a identidade de um segmento sendo acessado precisa ser especificada explicitamente.
Campo de bits	Uma sequência contígua de bits em que a posição de cada bit é considerada como uma unidade independente. Uma *string* de bits pode começar em qualquer posição de bit de qualquer byte e pode conter até 32 bits.
Cadeia de bits	Uma sequência contígua de bits, contendo de zero a $2^{32} - 1$ bits.
Cadeia de bytes	Uma sequência contígua de bytes, palavras ou *doublewords*, contendo de zero a $2^{32} - 1$ bytes.
Ponto flutuante	Ver Figura 10.4.
SIMD agrupada (do inglês *single instruction, multiple data* — única instrução, múltiplos dados)	Tipos de dados de 64 e 128 bits agrupados.

A Figura 10.4 ilustra os tipos de dados numéricos do x86. Os números inteiros com sinal estão em representação de complemento a dois e podem ter 16, 32 ou 64 bits de extensão. Os em ponto flutuante na realidade referem-se a um conjunto de tipos que são usados pela unidade de ponto flutuante e operados por instruções de ponto flutuante. As três representações de ponto flutuante se ajustam ao padrão IEEE 754.

Os tipos de dados SIMD (única instrução, múltiplos dados) agrupados foram introduzidos à arquitetura x86 como parte das extensões do conjunto de instruções para otimizar o desempenho de aplicações de multimídia. Essas extensões incluem MMX (Multimedia Extensions) e SSE (Streaming SIMDextensions). O conceito básico é que múltiplos operandos são agrupados em um único item de memória referenciado e que esses múltiplos operandos são operados em paralelo. Os tipos de dados são os seguintes:

- **Byte agrupado e inteiro de byte agrupado:** bytes agrupados em uma *quadword* de 64 bits ou *double quadword* de 128 bits, interpretada como um campo de bit ou como um inteiro.
- **Palavra agrupada e inteiro de palavra agrupada:** palavras de 16 bits agrupados em uma *quadword* de 64 bits ou *double quadword* de 128 bits, interpretada como um campo de bit ou como um inteiro.
- **Doubleword agrupado e inteiro de *doubleword* agrupado:** *doublewords* de 32 bits agrupados em uma *quadword* de 64 bits ou *double quadword* de 128 bits, interpretada como um campo de bit ou como um inteiro.
- **Quadword agrupado e inteiro de quadword agrupado:** duas *quadwords* de 64 bits agrupadas em uma *double quadword* de 128 bits, interpretada como um campo de bit ou como um inteiro.
- **Ponto flutuante de precisão simples agrupado e ponto flutuante de precisão dupla agrupado:** quatro valores de ponto flutuante de 32 bits ou dois valores de ponto flutuante de 64 bits agrupados em uma *double quadword* de 128 bits.

Figura 10.4 Formatos de dados numéricos x86

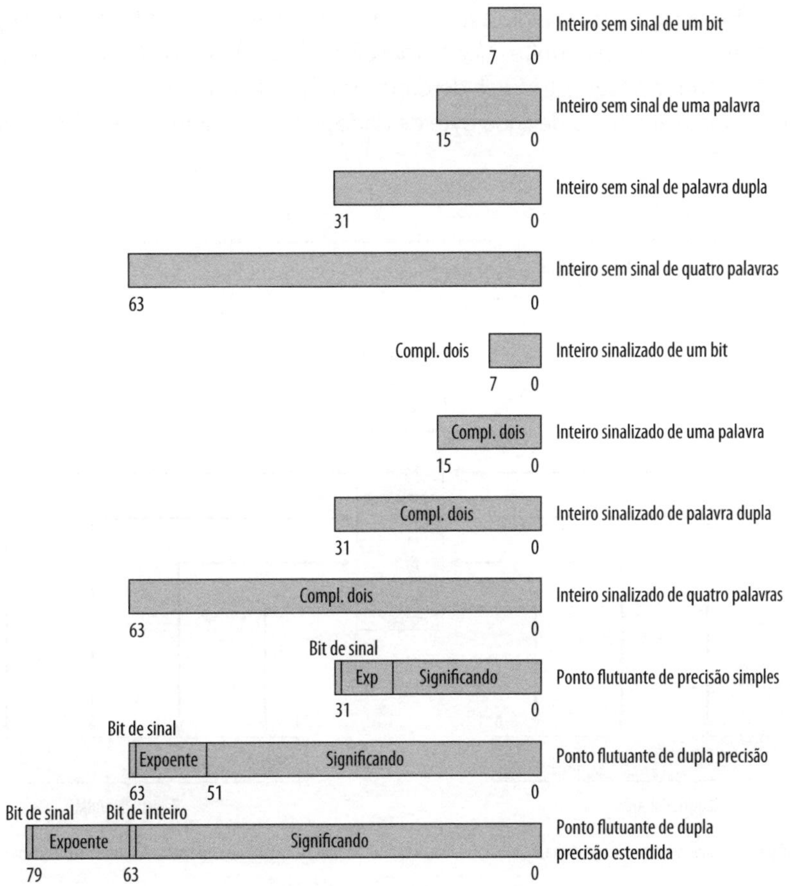

Tipos de dados do ARM

Processadores ARM admitem tipos de dados de 8 (byte), 16 (meia-palavra) e 32 (palavra) bits de extensão. Normalmente, o acesso de halfword precisa ser alinhado por halfword e os acessos de palavra precisam ser alinhados por palavra. Para tentativas de acesso desalinhadas, a arquitetura admite três alternativas.

- Caso padrão:
  - O endereço é tratado como truncado, com os bits de endereço [1:0] tratados como zero para acesso por palavra, e o bit de endereço [0] tratado como zero para acesso por meia-palavra.
  - Instruções ARM de única palavra são arquiteturalmente definidas para girar à direita os dados alinhados por palavra transferidos por um endereço não alinhado por palavra de um, dois ou três palavras, dependendo do valor dos dois bits de endereço menos significativos.
- **Verificação de alinhamento:** quando o bit de controle apropriado é definido, um sinal de abortar dados indica uma falha de alinhamento para a tentativa de acesso desalinhado.
- **Acesso desalinhado:** quando essa opção é habilitada, o processador usa um ou mais acessos à memória para gerar a transferência exigida de bytes adjacentes de modo transparente ao programador.

Para os três tipos de dados (byte, meia-palavra e palavra), uma interpretação sem sinal é admitida, em que o valor representa um inteiro sem sinal, não negativo. Os três tipos de dados também podem ser usados para os inteiros com sinal em complemento de dois.

A maioria das implementações de processador ARM não oferece hardware de ponto flutuante, o que economiza energia e área. Se a aritmética de ponto flutuante for exigida em tais processadores, ela deverá ser implementada em software. O ARM admite um coprocessador de ponto flutuante opcional, que aceita os tipos de dados de ponto flutuante de precisão simples e dupla, definidos no IEEE 754.

SUPORTE PARA ENDIAN Um bit de estado (bit E) no registrador de controle do sistema é marcado e apagado sob controle do programa, usando a instrução SETEND. O bit E define qual modo será usado *endian* para ler e armazenar dados. A Figura 10.5 ilustra a funcionalidade associada ao bit E para uma operação load ou store de uma palavra. Esse mecanismo permite o *load/store* eficiente de dados dinâmicos para projetistas de sistemas que sabem que precisam acessar estruturas de dados no tipo de *endian* oposto ao seu sistema operacional/ambiente. Observe que o endereço de cada byte de dados é fixo na memória. Porém, a ordem de bytes em um registrador é diferente.

Figura 10.5 Suporte a *endian* no ARM — Load/Store de palavra com o bit E

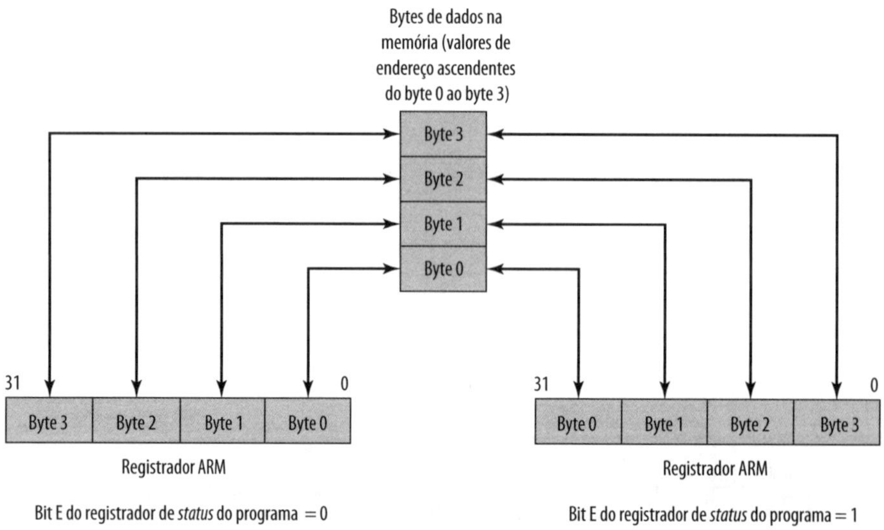

10.4 Tipos de operações

O número de *opcodes* diferentes varia bastante de uma máquina para outra. Porém, os mesmos tipos gerais de operações são encontrados em todas as máquinas. Uma categorização útil e típica é a seguinte:

- Transferência de dados.
- Aritmética.
- Lógica.
- Conversão.
- E/S.
- Controle do sistema.
- Transferência de controle.

A Tabela 10.3 (baseada em Hayes, 1998[a]) lista tipos de instrução comuns em cada categoria. Esta seção oferece um breve estudo desses diversos tipos de operações, junto com uma breve discussão das ações tomadas pelo processador para executar determinado tipo de operação (resumidas na Tabela 10.4). Esse último tópico é examinado com mais detalhes no Capítulo 12.

Transferência de dados

O tipo mais fundamental de instrução de máquina é a instrução de transferência. A instrução de transferência de dados precisa especificar várias coisas. Em primeiro lugar, o local dos operandos de origem e de destino. Cada

Tabela 10.3 Operações comuns do conjunto de instruções

Tipo	Nome da operação	Descrição
Transferência de dados	Move (transferência)	Transfere palavra ou bloco da origem ao destino
	Store (armazenar)	Transfere palavra do processador para a memória
	Load (carregar)	Transfere palavra da memória para o processador
	Exchange	Troca o conteúdo da origem e do destino
	Clear (reset)	Transfere palavra de 0s para o destino
	Set	Transfere palavra de 1s para o destino
	Push	Transfere palavra da origem para o topo da pilha
	Pop	Transfere palavra do topo da pilha para o destino
Aritmética	Add	Calcula a soma de dois operandos
	Subtract	Calcula a diferença de dois operandos
	Multiply	Calcula o produto de dois operando
	Divide	Calcula o quociente de dois operandos
	Absolute	Substitui o operando pelo seu valor absoluto
	Negate	Troca o sinal do operando
	Increment	Soma 1 ao operando
	Decrement	Subtrai 1 do operando

(Continua)

Tabela 10.3 Operações comuns do conjunto de instruções *(continuação)*

Tipo	Nome da operação	Descrição
Lógica	AND	Realiza o AND lógico
	OR	Realiza o OR lógico
	NOT (complemento)	Realiza o NOT lógico
	Exclusive-OR	Realiza o XOR lógico
	Test	Testa condição especificada; define flag(s) com base no resultado
	Compare	Faz comparação lógica ou aritmética de dois ou mais operandos; define flag(s) com base no resultado
	Set control variables	Classe de instruções para definir controles para fins de proteção, tratamento de interrupção, controle de tempo etc.
	Shift	Desloca o operando para a esquerda (direita), introduzindo constantes na extremidade
	Rotate	Desloca ciclicamente o operando para a esquerda (direita), de uma extremidade à outra
Transferência de controle	Jump (desvio)	Transferência incondicional; carrega PC com endereço especificado
	Jump conditional	Testa condição especificada; ou carrega PC com endereço especificado ou não faz nada, com base na condição
	Jump to subroutine	Coloca informação do controle do programa atual em local conhecido; salta para endereço especificado
	Return	Substitui conteúdo do PC por outro registrador de local conhecido
	Execute	Busca operando do local especificado e executa como instrução; não modifica o PC
	Skip	Incrementa o PC para saltar para a próxima instrução
	Skip conditional	Testa condição especificada; ou salta ou não faz nada, com base na condição
	Halt	Termina a execução do programa
	Wait (hold)	Termina a execução do programa; testa condição especificada repetidamente; retoma a execução quando a condição for satisfeita
	No operation	Nenhuma operação é realizada, mas a execução do programa continua
Entrada/saída	Input (leitura)	Transfere dados da porta de E/S ou dispositivo especificado para o destino (por exemplo, memória principal ou registrador do processador)
	Output (escrita)	Transfere dados da origem especificada para porta de E/S ou dispositivo
	Start I/O	Transfere instruções para o processador de E/S para iniciar operação de E/S
	Test I/O	Transfere informações de *status* do sistema de E/S para destino especificado
Conversão	Translate	Traduz valores em uma seção da memória com base em uma tabela de correspondências
	Convert	Converte o conteúdo de uma palavra de uma forma para outra (por exemplo, decimal agrupado para binário)

local pode ser memória, um registrador ou o topo da pilha. Segundo, a extensão dos dados a serem transferidos precisa ser indicada. Terceiro, assim como todas as instruções com operandos, o modo de endereçamento para cada operando precisa ser especificado. Esse último ponto é discutido no Capítulo 11.

Tabela 10.4 Ações do processador para diversos tipos de operação

Transferência de dados	Transfere dados de um local para outro
	Se a memória estiver envolvida: Determina o endereço da memória Realiza transformação de endereço de memória virtual para real Verifica cache Inicia leitura/escrita da memória
Aritmética	Pode envolver transferência de dados, antes e/ou depois
	Realiza função na ALU
	Define códigos de condição e flags
Lógica	O mesmo que aritmética
Conversão	Semelhante a aritmética e lógica. Pode envolver lógica especial para realizar conversão
Transferência de controle	Atualiza contador de programa. Para chamada/retorno de sub-rotina, gerencia passagem e ligação de parâmetros
E/S	Emite comando para módulo de E/S
	Se E/S mapeada na memória, determina o endereço mapeado na memória

A escolha das instruções de transferência de dados a incluir em um conjunto de instruções exemplifica os tipos de escolhas que o projetista precisa tomar. Por exemplo, o local geral (memória ou registrador) de um operando pode ser indicado na especificação do *opcode* ou no operando. A Tabela 10.5 mostra exemplos das instruções de transferência de dados do IBM EAS/390 mais comuns. Observe que existem variantes para indicar a quantidade de dados a serem transferidos (8, 16, 32 ou 64 bits). Além disso, existem diferentes instruções para transferências registrador para registrador, registrador para memória, memória para registrador e memória para memória. Ao contrário, o VAX tem uma instrução de movimentação (MOV) com variantes para diferentes quantidades de dados a serem movidos, mas especifica se um operando é registrador ou memória como parte do operando. A técnica do VAX é um pouco mais fácil para o programador, que precisa lidar com menos mnemônicos. Porém, ela também é menos compacta que a técnica do IBM EAS/390, pois

Tabela 10.5 Exemplos de operações de transferência de dados IBM EAS/390

Mnemônico da operação	Nome	Número de bits transferidos	Descrição
L	Load	32	Transfere de memória a registrador
LH	Load Halfword	16	Transfere de memória a registrador
LR	Load	32	Transfere de registrador a registrador
LER	Load (Short)	32	Transfere de registrador de ponto flutuante a registrador de ponto flutuante
LE	Load (Short)	32	Transfere de memória a registrador de ponto flutuante
LDR	Load (Long)	64	Transfere de registrador de ponto flutuante a registrador de ponto flutuante
LD	Load (Long)	64	Transfere de memória a registrador de ponto flutuante
ST	Store	32	Transfere de registrador a memória
STH	Store Halfword	16	Transfere de registrador a memória
STC	Store Character	8	Transfere de registrador a memória
STE	Store (Short)	32	Transfere de registrador de ponto flutuante a memória
STD	Store (Long)	64	Transfere de registrador de ponto flutuante a memória

o local (registrador *versus* memória) de cada operando deve ser especificado separadamente na instrução. Vamos voltar a essa diferença quando discutirmos sobre os formatos de instrução, no próximo capítulo.

Em termos de ação do processador, as operações de transferência de dados talvez sejam o tipo mais simples. Se a origem e o destino forem registradores, então o processador simplesmente faz com que os dados sejam transferidos de um registrador para outro; essa é uma operação interna ao processador. Se um ou ambos operandos estiverem na memória, então o processador deve realizar algumas ou todas as seguintes ações:

1. Calcular o endereço de memória, com base no modo de endereço (discutido no Capítulo 11).
2. Se o endereço se referir à memória virtual, traduzir de endereço virtual para real.
3. Determinar se o item endereçado está na cache.
4. Se não, emitir um comando para o módulo de memória.

Aritméticas

A maioria das máquinas oferece as operações aritméticas básicas de adição, subtração, multiplicação e divisão. Estas são invariavelmente fornecidas para números inteiros com sinal (ponto fixo). Normalmente, elas também são fornecidas para números de ponto flutuante e decimal agrupado.

Outras operações possíveis incluem uma série de instruções de único operando, por exemplo:

- **Absolute:** apanha o valor absoluto do operando.
- **Negate:** inverte o sinal do operando.
- **Increment:** soma 1 ao operando.
- **Decrement:** subtrai 1 do operando.

A execução de uma instrução aritmética pode envolver operações de transferência de dados para posicionar operandos para entrada na ALU, e entregar a saída da ALU. A Figura 3.5 ilustra as movimentações envolvidas nas operações de transferência de dados e aritméticas. Além disso, naturalmente, a parte da ALU do processador realiza a operação desejada.

Lógicas

A maioria das máquinas também oferece uma série de operações para manipular bits individuais de uma palavra ou outras unidades endereçáveis, normalmente conhecidas como "*bit twiddling*". Elas são baseadas em operações booleanas (veja Capítulo 20).

Algumas das operações lógicas básicas que podem ser realizadas sobre dados booleanos ou binários aparecem na Tabela 10.6. A operação NOT inverte um bit. AND, OR e Exclusive-OR (XOR) são as funções lógicas mais comuns com dois operandos. EQUAL é um teste binário útil.

Essas operações lógicas podem ser aplicadas bit a bit a unidades de dados lógicas de *n* bits. Assim, se dois registradores contêm os dados

$$(R1) = 10100101$$
$$(R2) = 00001111$$

Tabela 10.6 Operações lógicas básicas

P	Q	NOT P	P AND Q	Q OR Q	P XOR Q	P=Q
0	0	1	0	0	0	1
0	1	1	0	1	1	0
1	0	0	0	1	1	0
1	1	0	1	1	0	1

então,

(R1) AND (R2) = 00000101

onde a notação (X) significa o conteúdo do local X. Assim, a operação AND pode ser usada como uma *máscara* que seleciona certos bits em uma palavra e zeros dos bits restantes. Como outro exemplo, se dois registradores contêm

(R1) = 10100101
(R2) = 11111111

então,

(R1) XOR (R2) = 01011010

Com uma palavra definida como todos 1s, a operação XOR inverte todos os bits na outra palavra (complemento a um).

Além das operações lógicas bit a bit, a maioria das máquinas oferece uma série de funções de deslocamento e rotação. As operações mais básicas são ilustradas na Figura 10.6. Com um ***deslocamento lógico***, os bits de uma palavra são deslocados para a esquerda ou para a direita. Em uma extremidade, o bit deslocado para fora se perde. Na outra extremidade, um 0 é deslocado para dentro. Os deslocamentos lógicos são úteis principalmente para isolar campos dentro de uma palavra. Os 0s que são deslocados para dentro de uma palavra afastam informações indesejadas, que são deslocadas para fora pela outra extremidade.

Como um exemplo, suponha que queiramos transmitir caracteres de dados para um dispositivo de E/S 1 caractere de cada vez. Se cada palavra da memória tiver 16 bits de extensão e tiver dois caracteres, temos que *desagrupar* os caracteres antes que eles possam ser enviados. Para enviar os dois caracteres em uma palavra:

1. Carregue a palavra em um registrador.
2. Desloque para a direita oito vezes. Isso desloca o caractere restante para a metade direita do registrador.

Figura 10.6 Operações de deslocamento e rotação

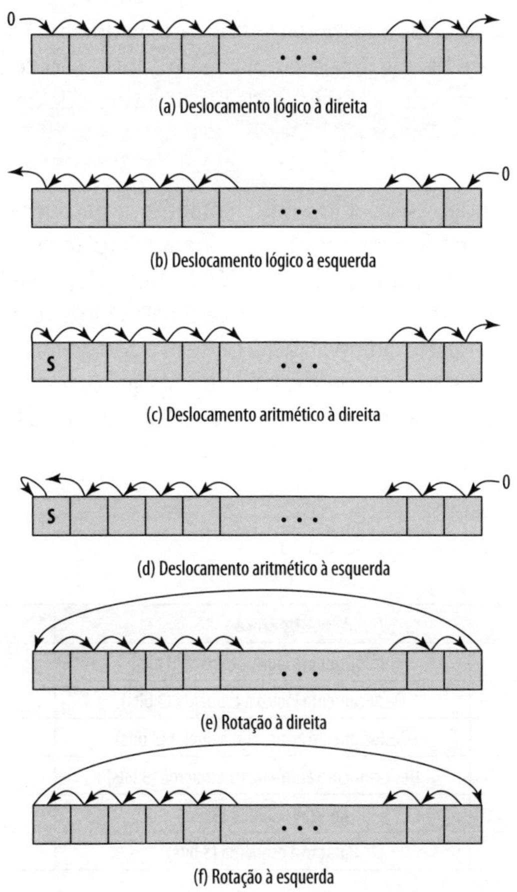

3. Realize a E/S. O módulo de E/S lê os 8 bits de ordem mais baixa do barramento de dados.

As etapas anteriores resultam em enviar os caracteres da esquerda. Para enviar o caractere da direita:

1. Carregue a palavra novamente no registrador.
2. Faça o AND com 0000000011111111. Isso mascara o caractere à esquerda.
3. Realize a E/S.

A operação de ***deslocamento aritmético*** trata os dados como um inteiro com sinal e não desloca o bit de sinal. Em um deslocamento aritmético à direita, o bit de sinal é replicado para a posição de bit à sua direita. Em um deslocamento aritmético à esquerda, um deslocamento lógico à esquerda é realizado sobre todos os bits, menos o bit de sinal, que é retido. Essas operações podem agilizar certas operações aritméticas. Com números na notação de complemento de dois, um deslocamento aritmético à direita corresponde a uma divisão por 2, truncando números ímpares. Um deslocamento aritmético à esquerda e um deslocamento lógico à esquerda correspondem a uma multiplicação por 2 quando não existe *overflow*. Se houver *overflow*, as operações de deslocamento aritmético e lógico à esquerda produzem diferentes resultados, mas o deslocamento aritmético à esquerda retém o sinal do número. Devido ao potencial para *overflow*, muitos processadores não incluem essa instrução, incluindo o PowerPC e o Itanium. Outros, como o IBM EAS/390, oferecem a instrução. Curiosamente, a arquitetura x86 inclui um deslocamento aritmético à esquerda, mas o define como sendo idêntico a um deslocamento lógico à esquerda.

As operações de ***rotação***, ou deslocamento cíclico, preservam todos os bits como operando. Um uso de uma rotação é para trazer cada bit sucessivamente para o bit mais à esquerda, onde pode ser identificado testando o sinal do dado (tratado como um número).

Assim como as operações aritméticas, as operações lógicas envolvem a atividade da ALU e podem envolver operações de transferência de dados. A Tabela 10.7 oferece exemplos de todas as operações de deslocamento e rotação discutidas nesta subseção.

Conversão

Instruções de conversão são aquelas que mudam o formato ou operam sobre o formato dos dados. Um exemplo é a conversão de decimal para binário. Um exemplo de uma instrução de edição mais complexa é a instrução Translate (TR) do EAS/390. Essa instrução pode ser usada para converter de um código de 8 bits para outro, e utiliza três operandos:

TR R1 (L), R2

O operando R2 contém o endereço do início de uma tabela de códigos de 8 bits. Os L bytes começando no endereço especificado em R1 são traduzidos, cada byte sendo substituído pelo conteúdo de uma entrada de tabela indexada por esse byte. Por exemplo, para traduzir de EBCDIC para IRA, primeiro criamos uma tabela de 256 bytes nos locais de armazenamento, digamos, 1000-10FF hexadecimal. A tabela contém os caracteres do código IRA na sequência da representação binária do código EBCDIC; ou seja, o código IRA é colocado na tabela no local relativo igual ao valor binário do código EBCDIC do mesmo caractere. Assim, os locais 10F0 a 10F9 terão os valores de 30 a 39, pois F0 é o código EBCDIC para o dígito 0, e 30 é o código IRA para o dígito 0, e assim por diante até o dígito 9.

Tabela 10.7 Exemplos de operações de deslocamento e rotação

Input	Operação	Resultado
10100110	Deslocamento lógico à direita (3 bits)	00010100
10100110	Deslocamento lógico à esquerda (3 bits)	00110000
10100110	Deslocamento aritmético à direita (3 bits)	11110100
10100110	Deslocamento aritmético à esquerda (3 bits)	10110000
10100110	Rotação à direita (3 bits)	11010100
10100110	Rotação à esquerda (3 bits)	00110101

Agora, suponha que tenhamos o EBCDIC para os dígitos 1984 começando no local 2100 e queiramos traduzir para IRA. Considere o seguinte:

- Locais 2100–2103 contêm F1 F9 F8 F4.
- R1 contém 2100.
- R2 contém 1000.

Então, se executarmos

TR R1 (4), R2

os locais 2100–2103 terão 31 39 38 34.

Entrada/saída

As instruções de entrada/saída foram discutidas com alguns detalhes no Capítulo 7. Como vimos, existem diversas técnicas que podem ser usadas, incluindo E/S programada independente, E/S programada mapeada na memória, DMA e o uso de um processador de E/S. Muitas implementações oferecem apenas algumas instruções de E/S, com ações específicas ditadas por parâmetros, códigos ou palavras de comando.

Controle do sistema

As instruções de controle do sistema são aquelas que podem ser executadas apenas enquanto o processador está em um certo estado privilegiado ou está executando um programa em uma área privilegiada especial da memória. Normalmente, essas instruções são reservadas para o uso do sistema operacional.

Alguns exemplos de operações de controle do sistema são os seguintes. Uma instrução de controle do sistema pode ler ou alterar um registrador de controle; discutimos os registradores de controle no Capítulo 12. Outro exemplo é uma instrução para ler ou modificar uma chave de proteção de armazenamento, como a que é usada no sistema de memória do EAS/390. Outro exemplo é o acesso para processar blocos de controle em um sistema multiprogramado.

Transferência de controle

Para todos os tipos de operação discutidos até aqui, a próxima instrução a ser realizada é aquela que, na memória, vem imediatamente após a instrução atual. Porém, uma fração significativa das instruções em um programa tem como função mudar a sequência de execução de instruções. Para essas instruções, a operação realizada pelo processador é atualizar o contador de programa para conter o endereço de alguma instrução na memória.

Existem vários motivos pelos quais as operações de transferência de controle são necessárias. Entre os mais importantes estão os seguintes:

1. No uso prático dos computadores, é essencial poder executar cada instrução mais de uma vez e, talvez, muitas milhares de vezes. Podem ser necessárias milhares ou talvez milhões de instruções para implementar uma aplicação. Seria impensável se cada instrução tivesse que ser escrita separadamente. Se uma tabela ou uma lista de itens tiver que ser processada, um loop de programa é necessário. Uma sequência de instruções é executada repetidamente para processar todos os dados.
2. Praticamente todos os programas envolvem alguma tomada de decisão. Gostaríamos que o computador fizesse uma coisa se uma condição for verdadeira, e outra coisa se outra condição for verdadeira. Por exemplo, uma sequência de instruções calcula a raiz quadrada de um número. No início da sequência, o sinal do número é testado. Se o número for negativo, o cálculo não é realizado, mas uma condição de erro é informada.
3. Compor corretamente um programa de computador de tamanho grande, ou mesmo médio, é uma tarefa extremamente difícil. É útil que haja mecanismos para dividir a tarefa em pedaços menores, que possam ser trabalhados um de cada vez.

Agora, vamos passar a uma discussão das operações de transferência de controle mais comuns encontradas nos conjuntos de instruções: desvio, salto e chamada de procedimento.

INSTRUÇÕES DE DESVIO Uma instrução de desvio, também chamada de instrução de salto, tem como um de seus operandos o endereço da próxima instrução a ser executada. Normalmente, é uma instrução de ***desvio condicional***, ou seja, o desvio é tomado (atualizar o contador de programa para que seja igual ao endereço especificado no operando) somente se a condição for atendida. Caso contrário, a próxima instrução na sequência é executada (incrementar contador de programa normalmente). Uma instrução de desvio em que o desvio sempre é tomado é um ***desvio incondicional***.

Existem duas maneiras comuns de gerar a condição a ser testada em uma instrução de desvio condicional. Primeiro, a maioria das máquinas oferece um código de condição de 1 ou mais bits, que é definido como o resultado de algumas operações. Esse código pode ser imaginado como um registrador pequeno, visível ao usuário. Como um exemplo, uma operação aritmética (ADD, SUBTRACT e assim por diante) poderia definir um código de condição de 2 bits com um dos quatro valores a seguir: 0, positivo, negativo, *overflow*. Em tal máquina, poderia haver quatro instruções de desvio condicional diferentes:

BRP X	Desvia para local X se resultado for positivo.
BRN X	Desvia para local X se resultado for negativo.
BRZ X	Desvia para local X se resultado for zero.
BRO X	Desvia para local X se houver *overflow*.

Em todos esses casos, o resultado referenciado é o resultado da operação mais recente que define o código de condição.

Outra técnica que pode ser usada com um formato de instrução de três endereços é realizar uma comparação e especificar um desvio na mesma interface. Por exemplo,

BRE R1, R2, X   Desvia para X se conteúdo de R1 = conteúdo de R2.

A Figura 10.7 mostra exemplos dessas operações. Observe que um desvio pode ser *para frente* (uma instrução com um endereço mais alto) ou *para trás* (endereço mais baixo). O exemplo mostra como um desvio incondicional e um desvio condicional podem ser usados para criar um loop repetitivo de instruções. As instruções nos locais de 202 a 210 serão executadas repetidamente, até que o resultado de subtrair Y de X seja 0.

***INSTRUÇÕES DE SALTO* (SKIP)** Outra forma de instrução de transferência de controle é a instrução de salto. A instrução de salto inclui um endereço implícito. Normalmente, o salto implica que uma instrução seja pulada; assim, o endereço implícito é igual ao endereço da próxima instrução mais o tamanho de uma instrução.

Como a instrução de salto não exige um campo de endereço de destino, ela está livre para realizar outras coisas. Um exemplo típico é a instrução de incrementar e pular se for zero (ISZ — *Increment-and-Skip-if-Zero*). Considere o seguinte pedaço de programa:

```
301
 •
 •
 •
309 ISZ R1
310 BR 301
311
```

Figura 10.7 Instruções de desvio

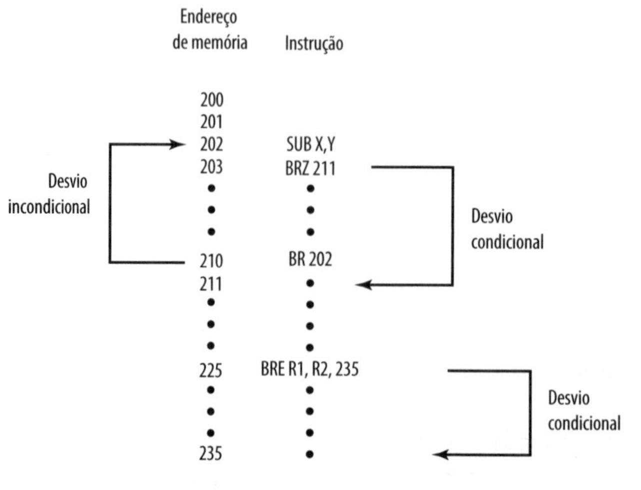

Nesse pedaço, as duas instruções de transferência de controle são usadas para implementar um loop iterativo. R1 é definido como o negativo do número de iterações a serem realizadas. Ao final do loop, R1 é incrementado. Se não for 0, o programa desvia de volta ao início do loop. Caso contrário, o desvio é pulado, e o programa continua com a próxima instrução após o final do loop.

INSTRUÇÕES DE CHAMADA DE PROCEDIMENTO Talvez a inovação mais importante no desenvolvimento de linguagens de programação seja o *procedimento*. Um procedimento é um programa de computação autocontido, que é incorporado em um programa maior. Em qualquer ponto no programa, o procedimento pode ser invocado, ou *chamado*. O processador é instruído a ir e executar o procedimento inteiro e depois retornar ao ponto onde ocorreu a chamada.

Os dois motivos principais para o uso de procedimentos são economia e modularidade. Um procedimento permite que o mesmo trecho de código seja usado muitas vezes. Isso é importante por economia no esforço de programação e para fazer um uso mais eficiente do espaço de armazenamento no sistema (o programa precisa ser armazenado). Os procedimentos também permitem que grandes tarefas de programação sejam subdivididas em unidades menores. Esse uso da *modularidade* facilita bastante a tarefa de programação.

O mecanismo de procedimento envolve duas instruções básicas: uma instrução de chamada que desvia do local atual para o procedimento, e uma instrução de retorno que retorna do procedimento para o local do qual ele foi chamado. Ambas são formas de instruções de desvio.

A Figura 10.8a ilustra o uso de procedimentos para construir um programa. Nesse exemplo, existe um programa principal começando no local 4000. Esse programa inclui uma chamada ao procedimento PROC1, começando no local 4500. Quando essa instrução de chamada é encontrada, o processador suspende a execução do programa principal e inicia a execução de PROC1 buscando a próxima instrução do local 4500. Dentro de PROC1, existem duas chamadas a PROC2 no local 4800. Em cada caso, a execução de PROC1 é suspensa e PROC2 é executado. A instrução RETURN faz com que o processador retorne ao programa que chamou e continue a execução na instrução após a instrução CALL correspondente. Esse comportamento é ilustrado na Figura 10.8b.

Três pontos precisam ser observados:

Figura 10.8 Procedimentos aninhados

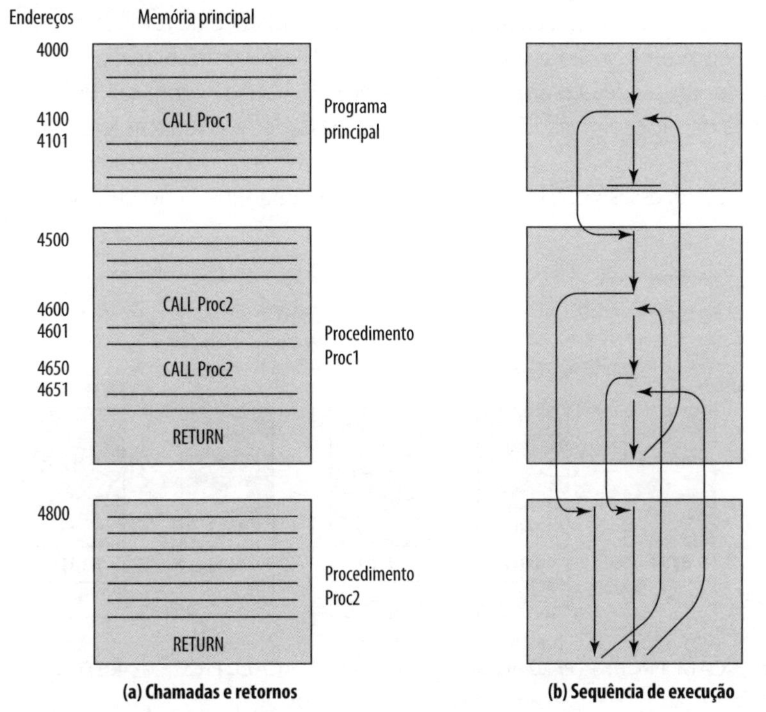

1. Um procedimento pode ser chamado de mais de um local.
2. Uma chamada de procedimento pode aparecer em outro procedimento. Isso permite o *aninhamento* de procedimentos até uma profundidade qualquer.
3. Cada chamada de procedimento corresponde a um retorno no programa chamado.

Como gostaríamos de poder chamar um procedimento a partir de diversos pontos, o processador precisa, de alguma forma, salvar o endereço de retorno para que este possa ocorrer corretamente. Existem três locais comuns para armazenar o endereço de retorno:

- Registrador.
- Início do procedimento chamado.
- Topo da pilha.

Considere uma instrução em linguagem de máquina CALL X, que significa *chamar procedimento no local X*. Se a técnica de registrador for usada, CALL X causa as seguintes ações:

$$RN \longleftarrow PC + \Delta$$
$$PC \longleftarrow X$$

onde RN é um registrador que sempre é usado para essa finalidade, PC é o contador de programa e Δ é o tamanho da instrução. O procedimento chamado agora pode salvar o conteúdo de RN a ser usado para o retorno posterior.

Uma segunda possibilidade é armazenar o endereço de retorno no início do procedimento. Nesse caso, CALL X causa

$$X \longleftarrow PC + \Delta$$
$$PC \longleftarrow X + 1$$

Isso é muito prático. O endereço de retorno foi armazenado de forma segura.

As duas técnicas anteriores funcionam e têm sido usadas. A única limitação dessas técnicas é que elas complicam o uso dos procedimentos *reentrantes*. Um procedimento reentrante é aquele em que é possível ter várias chamadas abertas ao mesmo tempo. Um procedimento recursivo (aquele que chama a si mesmo) é um exemplo do uso desse recurso (veja Apêndice H). Se os parâmetros forem passados por meio de registradores ou da memória para o procedimento reentrante, algum código deverá ser responsável por salvar os parâmetros, de modo que os registradores ou o espaço da memória estejam disponíveis para outras chamadas de procedimento.

Uma técnica mais geral e poderosa é usar uma pilha (veja, no Apêndice 10A, uma discussão sobre as pilhas). Quando o processador executa uma chamada, ele coloca o endereço de retorno na pilha. Quando ele executa um retorno, usa o endereço armazenado na pilha. A Figura 10.9 ilustra o uso da pilha.

Além de oferecer um endereço armazenado de retorno, normalmente também é preciso passar parâmetros com uma chamada de procedimento. Estes podem ser passados em registradores. Outra possibilidade é armazenar os parâmetros na memória logo após a instrução CALL. Nesse caso, o retorno precisa ser para o local após os parâmetros. Novamente, essas duas técnicas possuem desvantagens. Se forem usados registradores, o programa

Figura 10.9 Uso da pilha para implementar sub-rotinas aninhadas da Figura 10.8

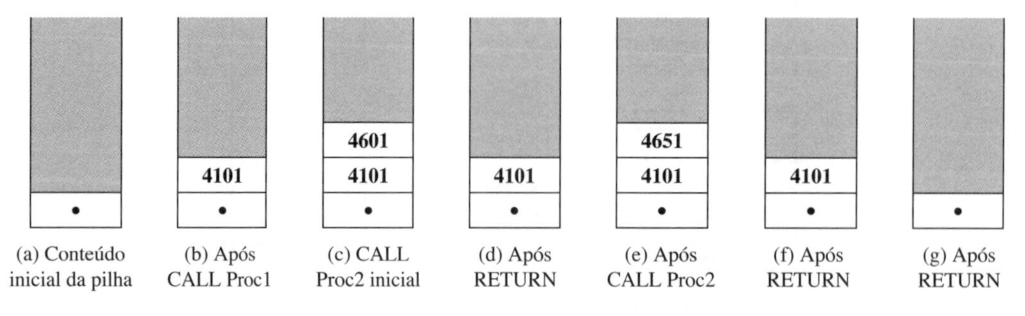

chamado e o programa que chama precisam ser escritos para garantir que os registradores sejam usados devidamente. O armazenamento de parâmetros na memória dificulta a troca de um número variável de parâmetros. As duas técnicas impedem o uso de procedimentos reentrantes.

Uma técnica mais flexível para a passagem de parâmetros é a pilha. Quando o processador executa uma chamada, ele não apenas empilha o endereço de retorno, mas os parâmetros a serem passados ao procedimento chamado. O procedimento chamado pode acessar os parâmetros a partir da pilha. Ao retornar, os parâmetros de retorno também podem ser colocados na pilha. O conjunto inteiro de parâmetros, incluindo endereço de retorno, que é armazenado para uma chamada de procedimento é chamada de stack frame.

Um exemplo aparece na Figura 10.10. O exemplo refere-se ao procedimento P em que as variáveis locais *x*1 e *x*2 são declaradas, e o procedimento Q, que P pode chamar e no qual as variáveis locais *y*1 e *y*2 são declaradas. Nessa figura, o ponto de retorno para cada procedimento é o primeiro item armazenado no stack frame de pilha correspondente. Em seguida, é armazenado um ponteiro para o início do stack frame anterior. Isso é necessário se o número ou o tamanho dos parâmetros a serem empilhados for variável.

10.5 Tipos de operação Intel x86 e do ARM

Tipos de operação do x86

O x86 oferece uma complexa gama de tipos de operação, incluindo uma série de instruções especializadas. A intenção foi oferecer ferramentas para quem implementa compiladores, capazes de produzir códigos otimizados em linguagem de máquina a partir dos programas em linguagens de alto nível. A Tabela 10.8 lista os tipos e oferece exemplos de cada um. A maioria destes refere-se a instruções convencionais, encontradas na maioria dos conjuntos de instrução de máquina, mas vários tipos de instruções são ajustados à arquitetura x86 e são de interesse particular. O Apêndice A de Carter (1996[b]) lista as instruções do x86, junto com os operandos para cada uma e o efeito da instrução sobre os códigos de condição. O Apêndice B do manual da linguagem de montagem NASM oferece uma descrição mais detalhada de cada instrução do x86. Os dois documentos estão disponíveis no site Web deste livro.

Figura 10.10 Crescimento do frame de pilha usando procedimentos de exemplo P e Q

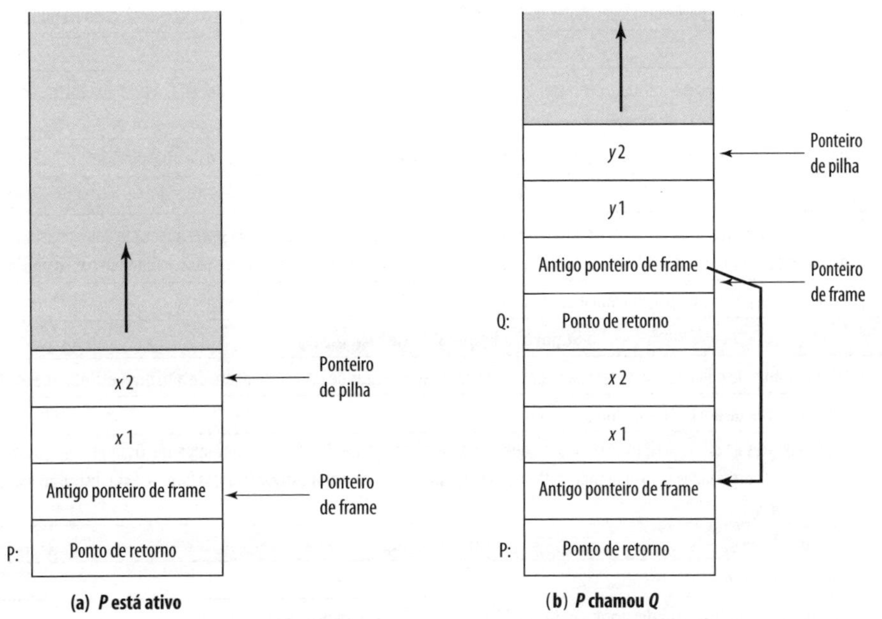

Tabela 10.8 Tipos de operação do x86 (com exemplos de operações típicas)

Instrução	Descrição
	Movimentação de dados
MOV	Operação de movimentação entre registradores ou entre registrador e memória.
PUSH	Coloca operando na pilha.
PUSHA	Coloca todos os registradores na pilha.
MOVSX	Move byte, palavra, palavra dupla, com extensão de sinal. Move um byte para uma palavra, ou uma palavra para uma palavra dupla, com extensão de sinal para complemento de dois.
LEA	Carrega endereço efetivo. Carrega o deslocamento do operando de origem, em vez do seu valor, ao operando de destino.
XLAT	Tradução de tabela de pesquisa. Substitui um byte em AL por um byte de uma tabela de tradução codificada pelo usuário. Quando XLAT é executada, AL deverá ter um índice sem sinal para a tabela. XLAT muda o conteúdo de AL do índice de tabela para a entrada de tabela.
IN, OUT	Operando de entrada, saída do espaço de E/S.
	Aritméticas
ADD	Adiciona operandos.
SUB	Subtrai operandos.
MUL	Multiplicação de inteiro sem sinal, com operandos de byte, palavra ou palavra dupla, e resultado de palavra, palavra dupla ou quatro palavras.
IDIV	Divisão com sinal.
	Lógicas
AND	AND dos operandos.
BTS	Teste e definição de bit. Opera sobre um operando de campo de bit. A instrução copia o valor atual de um bit para o flag CF e define o bit original como 1.
BSF	Varredura de bit adiante. Varre uma palavra ou palavra dupla para o bit 1 e armazena o número do primeiro bit 1 em um registrador.
SHL/SHR	Deslocamento lógico à esquerda ou à direita.
SAL/SAR	Deslocamento aritmético à esquerda ou à direita.
ROL/ROR	Rotação à esquerda ou à direita.
SETcc	Define um byte como zero ou 1, dependendo de qualquer uma das 16 condições definidas pelos flags de status.
	Transferência de controle
JMP	Salto incondicional.
CALL	Transfere o controle para outro local. Antes da transferência, o endereço da instrução após o CALL é colocado na pilha.
JE/JZ	Salto se igual/zero.
LOOPE/LOOPZ	Loop se igual/zero. Esse é um salto condicional usando um valor armazenado no registrador ECX. A primeira instrução decrementa ECX antes de testá-lo para a condição de desvio.
INT/INTO	Interrompe/Interrompe se houver *overflow*. Transfere o controle para uma rotina de serviço de interrupção.
	Operações de *string*
MOVS	Move *string* de byte, palavra, palavra dupla. A instrução opera sobre um elemento de uma *string*, indexado pelos registradores ESI e EDI. Após cada operação de *string*, os registradores são automaticamente incrementados ou decrementados para apontarem para o próximo elemento da *string*.
LODS	Carrega byte, palavra ou palavra dupla de *string*.
	Suporte a linguagem de alto nível
ENTER	Cria um frame de pilha que pode ser usado para implementar as regras de uma linguagem de alto nível estruturada em bloco.
LEAVE	Reverte a ação de um ENTER anterior.
BOUND	Verifica limites de *array*. Verifica se o valor no operando 1 está dentro dos limites inferior e superior. Os limites estão em dois locais de memória adjacentes referenciados pelo operando 2. Uma interrupção ocorre se o valor estiver fora dos limites. Essa instrução é usada para verificar um índice de *array*.
	Controle de flag
STC	Define flag de *carry*.
LAHF	Carrega registro AH a partir dos flags. Copia bits SF, ZF, AF, F e CF para o registrador A.

(Continua)

Tabela 10.8 Tipos de operação do x86 (com exemplos de operações típicas) (*continuação*)

Instrução	Descrição
	Registrador de segmento
LDS	Carrega ponteiro para DS e para outro registrador.
	Controle do sistema
HLT	Termina a execução do programa.
LOCK	Ativa uma suspensão na memória compartilhada de modo que o Pentium tenha uso exclusivo dela durante a instrução que vem imediatamente após o LOCK.
ESC	Escape para uma extensão do processador. Um código de escape que indica que as instruções seguintes devem ser executadas por um processador numérico que admite cálculos com inteiro e ponto flutuante de alta precisão.
WAIT	Espera até BUSY# negado. Suspende a execução do programa no Pentium até que o processador detecte que o pino BUSY esteja inativo, indicando que o coprocessador numérico terminou a execução.
	Proteção
SGDT	Armazena tabela de descritor global.
LSL	Carrega limite de segmento. Carrega um registrador especificado pelo usuário com um limite de segmento.
VERR/VERW	Verifica segmento para leitura/gravação.
	Gerenciamento de cache
INVD	Esvazia a memória cache interna.
WBINVD	Esvazia a memória cache interna após gravar linhas modificadas na memória.
INVLPG	Invalida uma entrada no *translation lookaside buffer* (TLB).

INSTRUÇÕES CALL/RETURN O x86 oferece quatro instruções para dar suporte à chamada ou ao retorno de procedimento: CALL, ENTER, LEAVE, RETURN. Será instrutivo examinarmos o suporte oferecido por essas instruções. Lembre-se, pela Figura 10.10, que um meio comum de implementar o mecanismo de chamada/retorno de procedimento é por meio de stack frame. Quando um novo procedimento é chamado, o seguinte deverá ser realizado na entrada do novo procedimento:

- Levar o ponto de retorno para a pilha.
- Levar o ponteiro do frames atual para a pilha.
- Copiar o ponteiro de pilha como o novo valor do ponteiro de frames.
- Ajustar o ponteiro de pilha para alocar um frames.

A instrução CALL coloca o valor do ponteiro de instrução atual na pilha e causa um salto para o ponto de entrada do procedimento, colocando o endereço do ponto de entrada no ponteiro de instrução. Nas máquinas 8088 e 8086, o procedimento típico começava com a sequência

```
PUSH    EBP
MOV     EBP, ESP
SUB     ESP, espaço_para_locais
```

onde EBP é o ponteiro de frame e ESP é o ponteiro de pilha. No 80286 e em máquinas posteriores, a instrução ENTER realiza todas as operações mencionadas em uma única instrução.

A instrução ENTER foi acrescentada ao conjunto de instruções para oferecer suporte direto para o compilador. A instrução também inclui um recurso para dar suporte aos chamados procedimentos aninhados em linguagens como Pascal, COBOL e Ada (não encontrados em C ou FORTRAN). Acontece que existem melhores maneiras de tratar de chamadas de procedimentos aninhados para essas linguagens. Além do mais, embora a instrução ENTER economize alguns bytes de memória em comparação com a sequência PUSH, MOV, SUB (4 bytes contra 6 bytes), ela na realidade leva mais tempo para executar (10 ciclos de clock contra 6 ciclos de clock). Assim, embora possa parecer uma boa ideia para os projetistas de conjunto de instruções acrescentar esse recurso, ele complica a implementação do processador, enquanto oferece pouco ou nenhum benefício. Veremos que, em comparação, uma técnica RISC para o projeto de processador evitaria instruções complexas, como ENTER, e poderia produzir uma implementação mais eficiente com uma sequência de instruções mais simples.

GERENCIAMENTO DE MEMÓRIA Outro conjunto de instruções especializadas lida com a segmentação da memória. Estas são instruções privilegiadas que só podem ser executadas a partir do sistema operacional. Elas permitem que tabelas de segmento locais e globais (chamadas tabelas de descritores) sejam carregadas e lidas, e permitem que o nível de privilégio de um segmento seja verificado e alterado.

As instruções especiais para lidar com a cache no chip foram discutidas no Capítulo 4.

FLAGS DE STATUS E CÓDIGOS DE CONDIÇÃO Os flags de *status* são bits em registradores especiais que podem ser definidos por certas operações e usados em instruções de desvio condicional. O termo *código de condição* refere-se às configurações de um ou mais flags de *status*. No x86 e em muitas outras arquiteturas, os flags de *status* são definidos por operações aritméticas e de comparação. A operação de comparação na maioria das linguagens subtrai dois operandos, assim como uma operação de subtração. A diferença é que uma operação de comparação só define flags de *status*, enquanto uma operação de subtração também armazena o resultado da subtração no operando de destino. Algumas arquiteturas também definem os flags de *status* para instruções de transferência de dados.

A Tabela 10.9 lista os flags de *status* usados no x86. Cada flag, ou combinações de flags, podem ser testados para um salto condicional. A Tabela 10.10 mostra os códigos de condição (combinações de valores de flag de *status*) para os quais os *opcodes* de salto foram definidos.

Várias observações interessantes podem ser feitas sobre essa lista. Primeiro, podemos querer testar dois operandos para determinar se um número é maior que outro. Mas isso dependerá de os números terem sinal ou não. Por exemplo, o número de 8 bits 11111111 é maior que 00000000 se os dois números forem interpretados como inteiros sem sinal (255 > 0), mas é menor se eles forem considerados como números de 8 bits por complemento de dois (–1 < 0). Muitas linguagens *assembly*, portanto, introduzem dois conjuntos de termos para distinguir os dois casos: se estivermos comparando dois números como inteiros com sinal, usamos os termos *menor que* e *maior que*; se os estivermos comparando como inteiros sem sinal, usamos os termos *abaixo* e *acima*.

Uma segunda observação refere-se à complexidade da comparação de inteiros com sinal. Um resultado com sinal é maior ou igual a zero se (1) o bit de sinal for zero e não houver *overflow* (S = 0 AND O = 0), ou (2) o bit de sinal for 1 e houver um *overflow*. Um estudo da Figura 9.4 deverá convencê-lo de que as condições testadas para as várias operações com sinal são apropriadas.

INSTRUÇÕES SIMD DO X86 Em 1996, a Intel introduziu a tecnologia MMX em sua linha de produtos Pentium. MMX é um conjunto de instruções altamente otimizado para tarefas de multimídia. Existem 57 novas instruções que tratam de dados em um padrão SIMD (única instrução, múltiplos dados), possibilitando realizar a mesma operação, como adição ou multiplicação, sobre múltiplos elementos de dados ao mesmo tempo. Cada instrução

Tabela 10.9 Flags de status do x86

Bit de status	Nome	Descrição
C	Carry	Indica a existência do bit de transporte ou empréstimo (*carry bit*) na posição do bit mais à esquerda após uma operação aritmética. Também modificado por algumas das operações de deslocamento e rotação.
P	Parity	Paridade do byte menos significativo do resultado de uma operação aritmética ou lógica. 1 indica paridade par; 0 indica paridade ímpar.
A	Auxiliary carry	Representa a existência do bit de transporte ou empréstimo (*carry bit*) na posição entre dois bytes após uma operação aritmética ou lógica de 8 bits. Usado na aritmética BCD.
Z	Zero	Indica que o resultado de uma operação aritmética ou lógica é 0.
S	Sign	Indica o sinal do resultado de uma operação aritmética ou lógica.
O	Overflow	Indica um *overflow* aritmético após uma adição ou subtração de aritmética de complemento a dois.

Tabela 10.10 Códigos de condição do x86 para instruções de salto condicional e SETcc

Símbolo	Condição testada	Comentário
A, NBE	C = 0 AND Z = 0	Acima; Não abaixo ou igual (maior que, sem sinal)
AE, NB, NC	C = 0	Acima ou igual; Não abaixo (maior que ou igual, sem sinal); Sem carry
B, NAE, C	C = 1	Abaixo; Não acima ou igual (menor que, sem sinal); Carry definido
BE, NA	C = 1 OR Z = 1	Abaixo ou igual; Não acima (menor que ou igual, sem sinal)
E, Z	Z = 1	Igual; Zero (com ou sem sinal)
G, NLE	[(S = 1 AND 0 = 1) OR (S = 0 e 0 = 0)] AND [Z = 0]	Maior que; Não menor que ou igual (com sinal)
GE, NL	(S = 1 AND 0 = 1) OR (S = 0 AND 0 = 0)	Maior que ou igual; Não menor que (com sinal)
L, NGE	(S = 1 AND ∅ = 0) OR (S = 0 AND 0 = 1)	Menor que; Não maior que ou igual (com sinal)
LE, NG	(S = 1 AND 0 = 0) OR (S = 0 AND 0 = 1) OR (Z=1)	Menor que ou igual; Não maior que (com sinal)
NE, NZ	Z = 0	Não igual; Não zero (com ou sem sinal)
NO	0 = 0	Sem overflow
NS	S = 0	Sem sinal (não negativo)
NP, PO	P = 0	Sem paridade; Paridade ímpar
0	0 = 1	Overflow
P	P = 1	Paridade; Paridade par
S	S = 1	Sinal (negativo)

normalmente utiliza um único ciclo de clock para ser executada. Para a aplicação correta, essas operações paralelas rápidas podem gerar um ganho de velocidade de 2 a 8 vezes em comparação com algoritmos que não usam as instruções MMX (Atkins, 1996 [c]). Com a introdução da arquitetura x86 de 64 bits, a Intel expandiu essa extensão para incluir operandos de quatro palavras (*double quadwords*) duplos (128 bits) e operações de ponto flutuante. Nesta subseção, descrevemos os recursos do MMX.

O foco do MMX é a programação multimídia. Dados de vídeo e áudio normalmente são compostos de grandes arrays de pequenos tipos de dados, como 8 ou 16 bits, enquanto as instruções convencionais são ajustadas para operar sobre dados de 32 ou 64 bits. Aqui estão alguns exemplos: em gráficos e vídeo, uma única cena consiste em um *array* de pixels,[2] e existem 8 bits para cada pixel ou 8 bits para cada componente de cor do pixel (vermelho, verde, azul). As amostras de áudio típicas são quantizadas usando 16 bits. Para alguns algoritmos gráficos 3D, 32 bits são comuns para os tipos de dados básicos. Para permitir operação paralela sobre esses tamanhos de dados, três novos tipos de dados são definidos em MMX. Cada tipo de dados tem 64 bits de extensão e consiste em múltiplos campos de dados menores, cada um mantendo um inteiro de ponto fixo. Os tipos são os seguintes:

- **Pacote de bytes:** oito bytes agrupados em uma quantidade de 64 bits.
- **Pacote de palavras:** quatro palavras de 16 bits agrupadas em 64 bits.
- **Pacote de palavras duplas:** duas palavras duplas de 32 bits agrupadas em 64 bits.

2 Um pixel, ou elemento de imagem, é o menor elemento de uma imagem digital que pode receber um nível de cinza. De modo equivalente, um pixel é um ponto individual em uma representação de matriz de pontos de uma figura.

A Tabela 10.11 lista o conjunto de instruções MMX. A maior parte das instruções envolve a operação paralela sobre bytes, palavras ou palavras duplas. Por exemplo, a instrução PSLLW realiza um deslocamento lógico à esquerda separadamente em cada uma das quatro palavras no operando de pacote de palavras; a instrução PADDB apanha os operandos de pacotes de bytes como entrada e realiza adições paralelas em cada posição de byte independentemente para produzir uma saída de pacotes de bytes.

Tabela 10.11 Conjunto de instruções MMX

Categoria	Instrução	Descrição
Aritmética	PADD [B, W, D]	Adição paralela de oito pacotes de bits, quatro palavras de 16 bits ou duas palavras duplas de 32 bits, com contorno.
	PADDS [B, W]	Adição com saturação.
	PADDUS [B, W]	Adição sem sinal com saturação.
	PSUB [B, W, D]	Subtração com contorno.
	PSUBS [B, W]	Subtração com saturação.
	PSUBUS [B, W]	Subtração sem sinal com saturação.
	PMULHW	Multiplicação paralela de quatro palavras de 16 bits com sinal, com 16 bits de alta ordem do resultado de 32 bits escolhidos.
	PMULLW	Multiplicação paralela de quatro palavras de 16 bits com sinal, com 16 bits de baixa ordem do resultado de 32 bits escolhidos.
	PMADDWD	Multiplicação paralela de quatro palavras de 16 bits com sinal; soma pares adjacentes de resultados de 32 bits
Comparação	PCMPEQ [B, W, D]	Comparação paralela de igualdade; resultado é máscara de 1s se verdadeiro ou 0s se falso.
	PCMPGT [B, W, D]	Comparação paralela de maior; resultado é máscara de 1s se verdadeiro ou 0s se falso.
Conversão	PACKUSWB	Agrupa palavras em bytes com saturação sem sinal.
	PACKSS [WB, DW]	Agrupa palavras em bytes, ou palavras duplas em palavras, com saturação com sinal.
	PUNPCKH [BW, WD, DQ]	Desagrupa em paralelo (mesclagem intervalada) bytes, palavras ou palavras duplas de alta ordem do registrador MMX.
	PUNPCKL [BW, WD, DQ]	Desagrupa em paralelo (mesclagem intervalada) bytes, palavras ou palavras duplas de baixa ordem do registrador MMX.
Lógica	PAND	AND lógico bit a bit com 64 bits.
	PNDN	AND NOT lógico bit a bit com 64 bits.
	POR	OR lógico bit a bit com 64 bits.
	PXOR	XOR lógico bit a bit com 64 bits.
Deslocamento	PSLL [W, D, Q]	Deslocamento lógico paralelo à esquerda de pacotes de palavra, palavras duplas ou quatro palavras pela quantidade especificada no registrador MMX ou valor imediato.
	PSRL [W, D, Q]	Deslocamento lógico paralelo à direita de pacotes de palavra, palavras duplas ou quatro palavras agrupadas.
	PSRA [W, D]	Deslocamento aritmético paralelo à direita de pacotes de palavra, palavras duplas ou quatro palavras.
Transferência de dados	MOV [D, Q]	Move palavras duplas ou quatro palavras de/para registrador MMX.
Ger. de estado	EMMS	Esvazia estado MMX (esvazia bits de tag dos registradores FP).

Nota: se uma instrução aceitar vários tipos de dados [byte (B), palavra (W), *doubleword* (D), *quadword* (Q)], os tipos de dados são indicados entre colchetes.

Um recurso incomum do novo conjunto de instruções é a introdução da ***aritmética de saturação*** para operandos de byte e palavra de 16 bits. Com a aritmética sem sinal comum, quando em uma operação ocorre *overflow* (ou seja, um *carry* sai pelo bit mais significativo), o bit extra é truncado. Isso é conhecido como contorno, pois o efeito do truncamento pode ser, por exemplo, produzir um resultado de adição menor que os dois operandos da entrada. Considere a adição das duas palavras, em hexadecimal, F00H e 3000h. A soma seria expressa como

$$\begin{aligned} \text{F000h} &= 1111\ 0000\ 0000\ 0000 \\ +3000\text{h} &= \underline{0011\ 0000\ 0000\ 0000} \\ & \quad 10010\ 0000\ 0000\ 0000 = 2000\text{h} \end{aligned}$$

Se os dois números representassem intensidade de imagem, então o resultado da adição é tornar a combinação dos dois tons escuros mais clara. Isso normalmente não é o que foi intencionado. Com a aritmética de saturação, se a adição resultar em *overflow* ou a subtração resultar em *underflow*, o resultado é definido para o maior ou menor valor representável. Para o exemplo anterior, com a aritmética de saturação, temos

$$\begin{aligned} \text{F000h} &= 1111\ 0000\ 0000\ 0000 \\ +3000\text{h} &= \underline{0011\ 0000\ 0000\ 0000} \\ & \quad 10010\ 0000\ 0000\ 0000 \\ & \quad 1111\ 1111\ 1111\ 1111 = \text{FFFFh} \end{aligned}$$

Para dar uma ideia para uso de instruções MMX, examinamos um exemplo, tomado de Peleg, Wilkie e Weiser (1997[d]). Uma aplicação de vídeo comum é o efeito *fade-out, fade-in*, em que uma cena gradualmente se dissolve em outra. Duas imagens são combinadas com uma média ponderada:

$$\text{Pixel\_resultado} = \text{Pixel\_A} \times \text{fade} + \text{Pixel\_B} \times (1 - \text{fade})$$

Esse cálculo é realizado sobre cada posição de pixel em A e B. Se uma série de frames de vídeo for produzida enquanto se muda gradualmente o valor de *fade* de 1 para 0 (escalados devidamente para um inteiro de 8 bits), o resultado é o *fade* da imagem A para a imagem B.

A Figura 10.11 mostra a sequência de etapas exigidas para um conjunto de pixels. Os componentes de pixel de 8 bits são convertidos para elementos de 16 bits para acomodar a capacidade de multiplicação em 16 bits do MMX. Se essas imagens utilizarem resolução de 640 × 480, e a técnica de dissolução usar todos os 255 valores possíveis do valor de *fade*, então o número total de instruções executadas usando MMX é 535 milhões. O mesmo cálculo, realizado sem as instruções MMX, requer 1,4 bilhão de execuções de instruções (Intel, 1998[e]).

Tipos de operação do ARM

A arquitetura ARM oferece uma grande variedade de tipos de operando. A seguir estão as principais categorias:

- **Instruções *load e store*:** na arquitetura ARM, somente instruções *load* e *store* acessam locais da memória; instruções aritméticas e lógicas são realizadas apenas sobre registradores e os valores imediatos são codificados na instrução. Essa limitação é característica do projeto RISC e é explorada com mais detalhes no Capítulo 13. A arquitetura ARM admite dois tipos gerais de instruções que carregam ou armazenam o valor de um único registrador, ou um par de registradores, de ou para a memória: (1) carregar ou armazenar uma palavra de 32 bits ou um byte sem sinal de 8 bits, e (2) carregar ou armazenar uma meia-palavra sem sinal de 16 bits, e carregar e estender o sinal de uma meia-palavra de 16 bits ou um byte de 8 bits.
- **Instruções de desvio:** o ARM admite uma instrução de desvio que permite um desvio condicional para frente ou para trás em até 32 MB. Como o contador de programa é um dos registradores de uso geral (R15), um desvio ou salto também pode ser gerado escrevendo um valor em R15. Uma chamada de sub-rotina pode ser realizada por uma variante da instrução de desvio padrão. Além de permitir um desvio para frente ou para trás em até 32 MB, a instrução *Branch with Link* (BL) guarda o endereço da instrução após o desvio (o endereço de retorno) no LR (R14). Os desvios são determinados por um campo de condição de 4 bits na instrução.
- **Instruções de processamento de dados:** essa categoria inclui instruções lógicas (AND, OR, XOR), instruções de adição e subtração, e instruções de teste e comparação.
- **Instruções de multiplicação:** as instruções de multiplicação de inteiros operam sobre operandos de palavra ou meia-palavra e podem produzir resultados normais ou grandes. Por exemplo, existe uma instrução de multiplicação que apanha dois operandos de 32 bits e produz um resultado de 64 bits.
- **Instruções paralelas de adição e subtração:** além das instruções normais de processamento de dados e multiplicação, existe um conjunto de instruções paralelas de adição e subtração, em que partes dos dois

Figura 10.11 Composição de imagem na representação do plano de cores

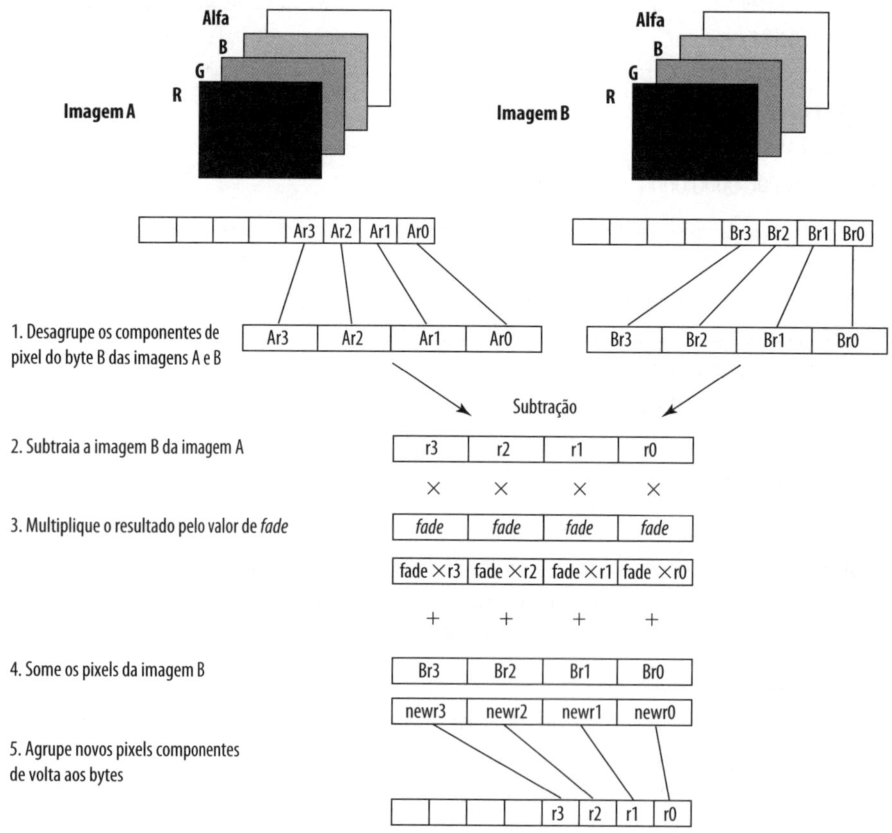

Sequência de código MMX realizando esta operação:

```
pxor        mm7, mm7        ; zera mm7
movq        mm3, fad_val    ; carrega valor de fade replicado 4 vezes
movd        mm0, imageA     ; carrega 4 componentes de pixel vermelhos da imagem A
movd        mm1, imageB;    carrega 4 componentes de pixel vermelhos da imagem B
punpckblw   mm0, mm7        ; desagrupa 4 pixels para 16 bits
punpckblw   mm1, mm7        ; desagrupa 4 pixels para 16 bits
psubw       mm0, mm1        ; subtrai imagem B da imagem A
pmulhw      mm0, mm3        ; multiplica o resultado da subtração por valores de fade
padddw      mm0, mm1        ; soma resultado à imagem B
packuswb    mm0, mm7        ; agrupa resultados de 16 bits de volta para bytes
```

operandos são operadas em paralelos. Por exemplo, ADD16 soma as meias-palavras do topo dos dois registradores para formar a meia-palavra superior do resultado e soma as meias-palavras inferiores dos mesmos dois registradores para formar a meia-palavra inferior do resultado. Essas instruções são úteis em aplicações de processamento de imagem, semelhantes às instruções MMX do x86.

- **Instruções de extensão:** existem várias instruções para desagrupar dados, estendendo por sinal ou com zeros, de bytes para meias-palavras ou palavras, ou de meias-palavras para palavras.
- **Instruções de acesso do registrador de *status*:** o ARM oferece a capacidade de ler e também escrever em partes do registrador de *status*.

CÓDIGOS DE CONDIÇÃO A arquitetura ARM define quatro flags de condição que são armazenados no registrador de *status* do programa: N, Z, C e V (Negativo, Zero, *Carry* e *Overflow*), com significados basicamente iguais aos flags S, Z, C e V na arquitetura x86. Esses quatro flags constituem um código de condição no ARM. A Tabela 10.12 mostra a combinação de condições para as quais a execução condicional é definida.

Tabela 10.12 Condições do ARM para execução de instrução condicional

Código	Símbolo	Condição Testada	Comentário
0000	EQ	Z = 1	Igual
0001	NE	Z = 0	Não igual
0010	CS/HS	C = 1	*Carry* 'setado'/acima ou igual sem 'sinal'
0011	CC/LO	C = 0	*Carry* zerado/abaixo sem sinal
0100	MI	N = 1	Menos/negativo
0101	PL	N = 0	Mais/positivo ou zero
0110	VS	V = 1	*Overflow*
0111	VC	V = 0	Nenhum *overflow*
1000	HI	C = 1 AND Z = 0	Acima sem sinal
1001	LS	C = 0 OR Z = 1	Abaixo ou igual sem sinal
1010	GE	N = V [(N = 1 AND V = 1) OR (N = 0 AND V = 0)]	Sinalizado maior que ou igual
1011	LT	N ≠ V [(N = 1 AND V = 0) OR (N = 0 AND V = 1)]	Sinalizado menor que
1100	GT	(Z = 0) AND (N = V)	Sinalizado maior que
1101	LE	(Z = 1) OR (N ≠ V)	Sinalizado menor que ou igual
1110	AL	—	Sempre (incondicional)
1111	—	—	Esta instrução só pode ser executada incondicionalmente

Existem dois aspectos incomuns no uso dos códigos de condição no ARM:

1. Todas as instruções, não apenas as de desvio, incluem um campo de código de condição, o que significa que praticamente todas as instruções podem ser executadas condicionalmente. Qualquer combinação de valores de flag, exceto 1110 ou 1111 no campo de código de condição de uma instrução significa que a instrução só será executada se a condição for atendida.
2. Todas as instruções de processamento de dados (aritméticas, lógicas) incluem um bit S, que indica se a instrução atualiza os flags de condição.

O uso da execução condicional e de valores condicionais dos flags de condição ajuda no projeto de programas mais curtos, que usam menos memória. Por outro lado, todas as instruções incluem 4 bits para o código de condição, de modo que existe uma escolha, porque menos bits na instrução de 32 bits estão disponíveis para o *opcode* e os operandos. Como o ARM é um projeto RISC que conta bastante com o endereçamento do registrador, essa parece ser uma escolha razoável.

10.6 Leitura recomendada

O conjunto de instruções do x86 é muito bem explicado por Brey (2009[f]). O conjunto de instruções do ARM é explicado em Sloss, Symes e Wright (2004[g]) e Knaggs e Welsh (2004[h]). Intel (2004[i]) descreve considerações de software relacionadas à arquitetura *endian* do microprocessador, e discute diretrizes para o desenvolvimento de código independente do tipo *endian*.

Principais termos, perguntas de revisão e problemas

Principais termos

Acumulador	Salto	Chamada de procedimento
Endereço	*Little-endian*	Retorno de procedimento
Deslocamento aritmético	Deslocamento lógico	Push
Bi-endian	Instrução de máquina	Procedimento reentrante
Big-endian	Operando	Notação polonesa invertida
Desvio	Operação	Rotação
Desvio condicional	Decimal agrupado	Salto
Conjunto de instruções	Pop	Pilha

Perguntas de revisão

10.1 Quais são os elementos típicos de uma instrução de máquina?

10.2 Que tipos de locais podem manter operandos de origem e destino?

10.3 Se uma instrução contém quatro endereços, qual poderia ser a finalidade de cada endereço?

10.4 Liste e explique resumidamente cinco questões importantes no projeto do conjunto de instruções.

10.5 Que tipos de operandos são típicos nos conjuntos de instrução de máquina?

10.6 Qual é o relacionamento entre o código de caracteres IRA e a representação decimal agrupada?

10.7 Qual é a diferença entre um deslocamento aritmético e um deslocamento lógico?

10.8 Por que são necessárias instruções de transferência de controle?

10.9 Liste e explique resumidamente duas maneiras comuns de gerar a condição a ser testada em uma instrução de desvio condicional.

10.10 O que significa o termo *aninhamento de procedimentos*?

10.11 Liste três locais possíveis para armazenar o endereço de retorno para um retorno de procedimento.

10.12 O que é um procedimento reentrante?

10.13 O que é notação polonesa invertida?

10.14 Qual é a diferença entre *big-endian* e *little-endian*?

Problemas

10.1 Mostre em notação hexa:

a. O formato decimal agrupado para 23

b. Os caracteres ASCII 23

10.2 Para cada um dos seguintes números decimais agrupados, mostre o valor decimal:

a. 0111 0011 0000 1001

b. 0101 1000 0010

c. 0100 1010 0110

10.3 Determinado microprocessador tem palavras de 1 byte. Qual é o menor e o maior inteiro que pode ser representado nas seguintes representações:

a. Sem sinal

b. Sinal-magnitude

c. Complemento a um

d. Complemento a dois

e. Decimal agrupado sem sinal

f. Decimal agrupado com sinal

10.4 Muitos processadores oferecem uma lógica para realizar aritmética sobre números decimais agrupados. Embora as regras para a aritmética decimal sejam semelhantes àquelas para operações binárias, os resultados decimais podem exigir algumas correções aos dígitos individuais se a lógica binária for usada.

Considere a adição decimal de dois números sem sinal. Se cada número consistir em *N* dígitos, então existem 4*N* bits em cada número. Os dois números devem ser somados usando um somador binário. Sugira uma regra simples para corrigir o resultado. Realize a adição dessa forma sobre os números 1698 e 1786.

10.5 O complemento de dez do número decimal *X* é definido como sendo $10^N - X$, onde *N* é a quantidade de dígitos decimais no número. Descreva o uso da representação em complemento de dez para realizar subtração decimal. Ilustre o procedimento subtraindo $(0326)_{10}$ de $(0736)_{10}$.

10.6 Compare máquinas de zero, um, dois e três endereços escrevendo programas para calcular

$$X = (A + B \times C)/(D - E \times F)$$

para cada uma das quatro máquinas. As instruções disponíveis para uso são as seguintes:

0 endereço	1 endereço	2 endereços	3 endereços
PUSH M	LOAD M	MOVE (X ← y)	MOVE (X ← Y)
POP M	STORE M	ADD (X ← X + Y)	ADD (X ← Y + Z)
ADD	ADD M	SUB (X ← X − Y)	SUB (X ← Y − Z)
SUB	SUB M	MUL (X ← X × Y)	MUL (X ← Y × Z)
MUL	MUL M	DIV (X ← X/Y)	DIV (X ← Y/Z)
DIV	DIV M		

10.7 Considere um computador hipotético com um conjunto de instruções de apenas duas instruções de *n* bits. O primeiro bit especifica o *opcode*, e os bits restantes especificam uma das 2^{n-1} palavras de *n* bits da memória principal. As duas instruções são as seguintes:

SUBS X Subtrai o conteúdo do local X do acumulador e armazena o resultado no local X e no acumulador.

JUMP X Coloca o endereço X no contador de programa.

Uma palavra na memória principal pode conter uma instrução ou um número binário na notação de complemento a dois. Demonstre que esse repertório de instruções é razoavelmente completo, especificando como as seguintes operações podem ser programadas:

a. Transferência de dados: local X para acumulador, acumulador para local X.

b. Adição: adicionar conteúdo do local X para acumulador.

c. Desvio condicional.

d. OR lógico.

e. Operações de E/S.

10.8 Muitos conjuntos de instruções contêm a instrução NOOP, significando nenhuma operação, a qual não tem efeito sobre o estado do processador, além de incrementar o contador de programa. Sugira alguns usos dessa instrução.

10.9 Na Seção 10.4, afirmamos que um deslocamento aritmético à esquerda e um deslocamento lógico à esquerda correspondem a uma multiplicação por 2 quando não existe *overflow*, e se houver *overflow*, as operações de deslocamento aritmético e lógico à esquerda produzem resultados diferentes, mas o deslocamento aritmético à esquerda retém o sinal do número. Demonstre que essas afirmações são verdadeiras para inteiros em complemento de dois com 5 bits.

10.10 De que maneira os números são arredondados usando o deslocamento aritmético à direita (por exemplo, arredondar para $+q$, arredondar para $-q$, para zero, para longe de 0)?

10.11 Suponha que uma pilha deva ser usada pelo processador para gerenciar chamadas e retornos de procedimento. O contador de programa pode ser eliminado usando o topo da pilha como um contador de programa?

10.12 A arquitetura x86 inclui uma instrução chamada *Decimal Adjust after Addition* (DAA). DAA realiza a seguinte sequência de instruções:

```
if ((AL AND 0FH) >9) OR (AF = 1) then
      AL←AL + 6;
      AF←1;
else
      AF←0;
endif;
if   (AL > 9FH) OR (CF = 1) then
      AL←AL + 60H;
      CF←1;
else
      CF←0;
endif.
```

"H" indica hexadecimal. AL é um registrador de 8 bits que mantém o resultado da adição de dois inteiros sem sinal com 8 bits. AF é um flag que é 'setado' se houver um *carry* do bit 3 ao bit 4 no resultado de uma adição. CF é um flag 'setado' se houver um *carry* do bit 7 ao bit 8. Explique a função realizada pela instrução DAA.

10.13 A instrução x86 Compare (CMP) subtrai o operando de origem do operando de destino; ela atualiza os flags de *status* (C, P, A, Z, S, O), mas não altera operando algum. A instrução CMP pode ser usada para determinar se o operando de destino é maior, igual ou menor que o operando de origem.

a. Suponha que os dois operandos sejam tratados como inteiros sem sinal. Mostre quais flags de *status* são relevantes para determinar o tamanho relativo dos dois inteiros e que valores dos flags correspondem a maior, igual ou menor.

b. Suponha que os dois operandos sejam tratados como inteiros com sinal em complemento de dois. Mostre quais flags de *status* são relevantes para determinar o tamanho relativo dos dois inteiros e que valores dos flags correspondem a maior, igual ou menor.

c. A instrução CMP pode ser seguida por uma instrução *Jump condicional* (Jcc) ou *Set Condition* (SETcc), onde cc refere-se a uma das 16 condições listadas na Tabela 10.10. Demonstre que as condições testadas para uma comparação numérica com sinal são corretas.

10.14 Suponha que queiramos aplicar a instrução CMP do x86 aos operandos de 32 bits que contenham números em um formato de ponto flutuante. Para obter resultados corretos, que requisitos precisam ser atendidos nas áreas a seguir?

a. A posição relativa dos campos de significando, sinal e expoente.

b. A representação do valor zero.

c. A representação do expoente.

d. O formato do IEEE cumpre esses requisitos? Explique.

10.15 Muitos conjuntos de instrução de microprocessador incluem uma instrução que testa uma condição e define um operando de destino se a condição for verdadeira. Alguns exemplos incluem o SETcc no x86, o Scc no Motorola MC68000 e o Scond no National NS32000.

a. Existem algumas diferenças entre essas instruções:

- SETcc e Scc operam apenas sobre um byte, enquanto Scond opera sobre operandos de byte, palavra e palavra dupla.
- SETcc e Scond definem o operando como o inteiro 1 se verdadeiro e zero se falso. Scc define o byte com 1s binários se verdadeiro e 0s se falso.

Quais são as vantagens e desvantagens relativas dessas diferenças?

b. Nenhuma dessas instruções define qualquer um dos flags de código de condição, e assim é preciso haver um teste explícito do resultado da instrução para determinar seu valor. Discuta se os códigos de condição devem ser definidos como um resultado dessa instrução.

c. Uma instrução IF simples como IF $a > b$ THEN pode ser implementada com um método de representação numérica, ou seja, tornando o valor booleano explícito, ao contrário de um método de *fluxo de controle*, que representa o valor de uma expressão booleana por um certo ponto no programa. Um compilador poderia implementar IF $a > b$ THEN com o seguinte código x86:

```
        SUB    CX, CX   ; atualizar CX com 0
        MOV    AX, B    ; mover o conteúdo da localização de memória B para o registrador AX
        CMP    AX, A    ; comparar o conteúdo do registrador AX e da localização de memória A
        JLE    TEST     ; salta se A ≤ B
        INC    CX       ; somar 1 ao conteúdo do registrador CX
TEST    JCXZ   OUT      ; salta se o conteúdo de CX é igual a 0
THEN           OUT
```

O resultado de (A > B) é um valor booleano mantido em um registrador e disponível depois, fora do contexto do fluxo de código mostrado. É conveniente usar o registrador CX para isso, pois muitos dos *opcodes* de desvio e loop possuem um teste embutido para CX.

Mostre uma implementação alternativa usando a instrução SETcc que economize memória e tempo de execução. (*Dica*: nenhuma instrução x86 nova é necessária, além de SETcc.)

d. Agora considere a instrução em linguagem de alto nível:

A: = (B > C) OR (D = F)

Um compilador poderia gerar o seguinte código:

```
        MOV   EAX, B     ; move conteúdo da localização B para registrador EAX
        CMP   EAX, C     ; compara conteúdo do registrador EAX e da localização C
        MOV   BL, 0      ; 0 representa falso
        JLE   N1         ; salta se B ≤ C
        MOV   BL, 1      ; 1 representa falso
N1      MOV   EAX, D
        CMP   EAX, F
        MOV   BH, 0
        JNE   N2
        MOV   BH, 1
N2      OR    BL,BH
```

Mostre uma implementação alternativa usando a instrução SETcc que economize memória e tempo de execução.

10.16 Suponha que dois registradores contenham os seguintes valores hexadecimais: AB0890C2, 4598EE50. Qual é o resultado de somá-los usando instruções MMX?

a. Para pacote de bytes

b. Para pacote de palavras

Considere que a aritmética de saturação não é utilizada.

10.17 O Apêndice 10A indica que não existem instruções orientadas a pilha em um conjunto de instruções se a pilha tiver que ser usada apenas pelo processador para finalidades tais como tratamento de procedimento. Como o processador pode usar uma pilha para qualquer finalidade sem instruções orientada a pilha?

10.18 Converta as seguintes fórmulas da notação polonesa invertida para infixo:

a. AB + C + D ×

b. AB/CD/ +

c. ABCDE +××/

d. ABCDE + F/ + G − H/ × +

10.19 Converta as seguintes fórmulas da notação infixo para polonesa invertida:

a. A + B + C + D + E

b. (A + B) × (C + D) + E

c. (A × B) + (C × D) + E

d. (A −B) × (((C −D × E)/F)/G) × H

10.20 Converta a expressão A + B − C para a notação de pós-fixo usando o algoritmo de Dijkstra. Mostre as etapas envolvidas. O resultado é equivalente a (A + B) − C ou A + (B − C)? Isso faz diferença?

10.21 Usando o algoritmo para converter infixo para pós-fixo, definido no Apêndice 10A, mostre as etapas envolvidas na conversão da expressão da Figura 10.15 para pós-fixo. Use uma apresentação semelhante à da Figura 10.17.

10.22 Mostre o cálculo da expressão na Figura 10.17, usando uma apresentação semelhante à da Figura 10.16.

10.23 Redesenhe o layout *little-endian* da Figura 10.18 de modo que os bytes apareçam como numerados no layout *big-endian*. Ou seja, mostre a memória em linhas de 64 bits, com os bytes listados da esquerda para a direita, de cima para baixo.

10.24 Para as seguintes estruturas de dados, desenhe os layouts *big-endian* e *little-endian*, usando o formato da Figura 10.18, e comente os resultados.

a.
```
struct {
    double i;    //0x1112131415161 7
} s1;
```
b.
```
struct {
    int i;       //0x11121314
    int j;       //0x15161718
} s2;
```
c.
```
struct {
    short i;     //0x1112
    short j;     //0x1314
    short k;     //0x1516
    short l;     //0x1718
} s3;
```

10.25 A especificação de arquitetura IBM Power não dita como um processador deve implementar o modo *little-endian*. Ela especifica apenas a visão da memória que um processador precisa ter ao operar no modo *little-endian*. Ao converter uma estrutura de dados de *big-endian* para *little-endian*, os processadores são livres para implementar um mecanismo de troca de byte ou usar algum tipo de mecanismo de modificação de endereço. Os processadores Power atuais são todos máquinas *big-endian* por padrão e usam a modificação de endereço para tratar dados como *little-endian*.

Considere a estrutura s definida na Figura 10.18. O layout na parte inferior direita da figura mostra a estrutura s conforme vista pelo processador. Na verdade, se a estrutura s for compilada no modo *little-endian*, seu layout na memória aparece na Figura 10.12. Explique o mapeamento envolvido, descreva um modo fácil de implementar o mapeamento e discuta a eficácia dessa técnica.

10.26 Escreva um pequeno programa para determinar o tipo de *endian* da máquina e informar os resultados. Execute o programa em qualquer computador que lhe esteja disponível e informe a saída.

10.27 O processador MIPS pode ser definido para operar no modo *big-endian* ou *little-endian*. Considere a instrução *Load Byte unsigned* (LBU), que carrega um byte da memória para os 8 bits de baixa ordem de um registrador e preenche os 24 bits de alta ordem do registrador com zeros. A descrição de LBU é dada no manual de referência do MIPS, usando uma linguagem de transferência de registrador como

mem ← LoadMemory(...)
byte ← $\text{VirtualAddress}_{1..0}$
if CONDITION **then**
  GPR[rt] ← $0^{24} \,||\, \text{mem}_{31-8 \times \text{byte} \,..\, 24-8 \times \text{byte}}$
else
  GPR[rt] ← $0^{24} \,||\, \text{mem}_{7+8 \times \text{byte} \,..\, 8 \times \text{byte}}$
endif

onde *byte* refere-se aos dois bits de baixa ordem do endereço efetivo e *mem* refere-se ao valor carregado da memória. No manual, em vez da palavra CONDITION, uma das duas palavras a seguir é usada: *BigEndian*, *LittleEndian*. Qual palavra é usada?

Figura 10.12 Estrutura s *little-endian* da arquitetura Power na memória

Mapeamento de endereço *little-endian*

Endereço de byte								
					11	**12**	**13**	**14**
00	00	01	02	03	04	05	06	07
	21	**22**	**23**	**24**	**25**	**26**	**27**	**28**
08	08	09	0A	0B	0C	0D	0E	0F
	'D'	**'C'**	**'B'**	**'A'**	**31**	**32**	**33**	**34**
10	10	11	12	13	14	15	16	17
			51	**52**		**'G'**	**'F'**	**'E'**
18	18	19	1A	1B	1C	1D	1E	1F
					61	**62**	**63**	**64**
20	20	21	22	23	24	25	26	27

10.28 A maior parte, mas não todos os processadores, utiliza a ordenação de bits *big-endian* ou *little-endian* dentro de um byte que é coerente com a ordenação *big* ou *little-endian* dos bytes dentro de um escalar multibytes. Vamos considerar o Motorola 68030, que usa a ordenação de bytes *big-endian*. A documentação do 68030 referente a formatos é confusa. O manual do usuário explica que a ordenação de bit dos campos de bit é o oposto da ordenação de bit dos inteiros. A maior parte das operações com campo de bit opera com uma ordenação *endian*, mas algumas operações com campo de bit exigem a ordenação oposta. A descrição a seguir, do manual do usuário, ilustra a maior parte das operações de campo de bit:

Um operando de bit é especificado por um endereço de base que seleciona um byte na memória (o byte de base), e um número de bit que seleciona um bit nesse byte. O bit mais significativo é o bit sete. O operando de campo de bit é especificado por: **(1)** um endereço de base que seleciona um byte na memória; **(2)** um deslocamento de campo de bit que indica o bit mais à esquerda (base) do campo de bit em relação ao bit mais significativo do byte de base; e **(3)** uma largura de campo de bit que determina quantos bits à direita do byte de base estão no campo de bit. O bit mais significativo do byte de base é o deslocamento do campo de bit 0, o bit menos significativo do byte de base é o deslocamento do campo de bit 7.

Essas instruções utilizam a ordenação de bits *big-endian* ou *little-endian*?

Apêndice 10A Pilhas

Pilhas

Uma pilha é um conjunto ordenado de elementos dos quais somente um pode ser acessado de cada vez. O ponto de acesso é chamado de *topo* da pilha. O número de elementos na pilha, ou *tamanho* da pilha, é variável. O último elemento na pilha é a *base* da pilha. Os itens só podem ser acrescentados ou excluídos do topo da pilha. Por esse motivo, uma pilha também é conhecida como *lista pushdown*[3] ou *lista último-a-entrar-primeiro-a-sair* (*ou LIFO—Last In First Out*).

A Figura 10.13 mostra as operações básicas da pilha. Começamos em algum ponto no tempo em que a pilha contém alguma quantidade de elementos. Uma operação PUSH acrescenta um novo item ao topo da pilha. Uma operação POP remove o item do topo da pilha. Nos dois casos, o topo da pilha se move conforme a operação. Os operadores binários, que exigem dois operandos (por exemplo, multiplicar, dividir, somar, subtrair), utilizam os dois itens do topo da pilha como operandos, removem os dois itens e colocam o resultado de volta à pilha. As operações unárias, que exigem apenas um operando (por exemplo, NOT lógico), utilizam o item no topo da pilha. Todas essas operações são resumidas na Tabela 10.13.

Figura 10.13 Operação básica da pilha (cheia/decrescente)

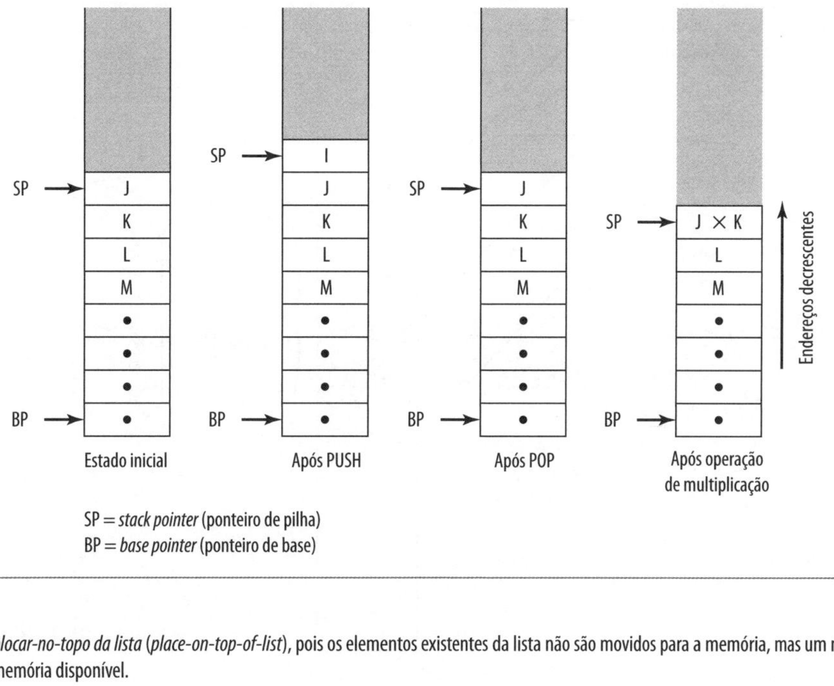

3 Um termo melhor seria *colocar-no-topo da lista* (*place-on-top-of-list*), pois os elementos existentes da lista não são movidos para a memória, mas um novo elemento é acrescentado no próximo endereço de memória disponível.

Tabela 10.13 Operações orientadas à pilha

PUSH	Acrescenta um novo elemento ao topo da pilha.
POP	Retira o elemento do topo da pilha.
Operação unária	Realiza operação sobre o elemento do topo da pilha. Substitui o elemento do topo pelo resultado.
Operação binária	Realiza operação sobre os dois elementos do topo da pilha. Exclui os dois elementos da pilha. Coloca o resultado da operação no topo da pilha.

Implementação da pilha

A pilha é uma estrutura útil para ser fornecida como parte da implementação de um processador. Um de seus usos, já discutido na Seção 10.4, é gerenciar as chamadas e os retornos de procedimento. As pilhas também podem ser úteis ao programador. Um exemplo disso é a avaliação de expressões, discutida mais adiante nesta seção.

A implementação de uma pilha depende em parte dos seus usos em potencial. Se for desejado tornar as operações da pilha disponíveis ao programador, então o conjunto de instruções incluirá operações orientadas a pilha, como PUSH, POP e operações que usam um ou dois elementos do topo da pilha como operandos. Como todas essas operações se referem a um local exclusivo, a saber, o topo da pilha, o endereço do operando ou operandos é implícito e não precisa ser incluído na instrução. Estas são as instruções de zero endereços, a que nos referimos na Seção 10.1.

Se o mecanismo de pilha tiver que ser usado apenas pelo processador, para fins como tratamento de procedimento, então não haverá instruções explícitas orientadas a pilha no conjunto de instruções. De qualquer forma, a implementação de uma pilha requer que haja algum conjunto de locais usados para armazenar os elementos da pilha. Uma técnica típica é ilustrada na Figura 10.14. Um bloco contíguo de locais é reservado na memória principal (ou memória virtual) para a pilha. Quase sempre, o bloco é parcialmente preenchido com os elementos da pilha e o restante está disponível para crescimento da pilha.

Figura 10.14 Típica organização da pilha (completa/decrescente)

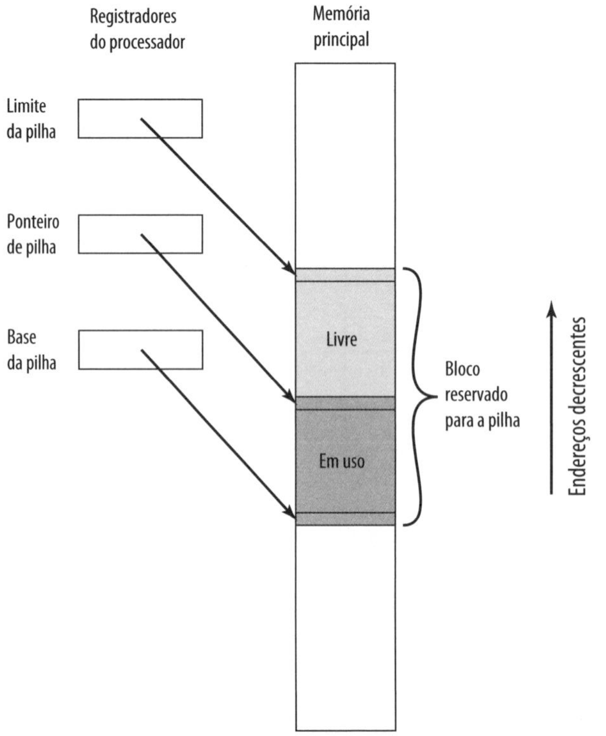

Três endereços são necessários para a operação correta, e estes normalmente são armazenados nos registradores do processador:

- **Ponteiro de pilha (SP,** do inglês ***stack pointer*****):** Contém o endereço do topo da pilha. Se um item for acrescentado ou removido da pilha, o ponteiro é incrementado ou decrementado para conter o endereço do novo topo da pilha.
- **Base da pilha:** contém o endereço do local inferior do bloco reservado. Se for feita uma tentativa de POP quando a pilha estiver vazia, um erro é informado.
- **Limite da pilha:** contém o endereço da outra extremidade do bloco reservado. Se for feita uma tentativa de PUSH quando o bloco estiver totalmente utilizado para a pilha, um erro é informado.

As implementações de pilha possuem dois atributos-chave:

- **Crescente/decrescente:** uma pilha crescente cresce na direção dos endereços maiores, começando de um endereço baixo e prosseguindo para um endereço mais alto. Ou seja, uma pilha crescente é aquela em que o SP é incrementado quando os itens são acrescentados e decrementado quando os itens são removidos. Uma pilha decrescente cresce na direção dos endereços menores, começando de um endereço alto e prosseguindo para um endereço mais baixo. A maioria das máquinas implementa pilhas decrescentes como padrão.
- **Cheio/vazio:** essa é uma terminologia confusa, pois não se refere a se a pilha está completamente cheia ou completamente vazia. Em vez disso, o SP pode apontar para o item do topo na pilha (método cheio) ou para o próximo espaço livre na pilha (método vazio). Para o método cheio, quando a pilha está completamente cheia, o SP aponta para o limite superior da pilha. Para o método vazio, quando a pilha está completamente vazia, o SP aponta para a base da pilha.

A Figura 10.13 é um exemplo de uma implementação decrescente/cheia (supondo que os endereços numericamente inferiores sejam representados mais no alto da página). A arquitetura ARM permite que o programador de sistemas especifique o uso de operações de pilha crescente ou decrescente, vazia ou cheia. A arquitetura x86 utiliza uma convenção decrescente/vazia.

Avaliação de expressão

As fórmulas matemáticas normalmente são expressas no que é conhecido como notação de ***infixo***. Nessa forma, um operador binário aparece entre os operandos (por exemplo, $a + b$). Para expressões complexas, parênteses são usados para determinar a ordem de avaliação das expressões. Por exemplo, $a + (b \times c)$ gerará um resultado diferente de $(a + b) \times c$. Para diminuir o uso de parênteses, as operações possuem uma precedência implícita. Geralmente, a multiplicação tem precedência sobre a adição, de modo que $a + b \times c$ é equivalente a $a + (b \times c)$.

Uma técnica alternativa é conhecida como notação ***polonesa invertida***, ou ***pós-fixo***. Nessa notação, o operador vem após seus dois operandos. Por exemplo,

$a + b$	torna-se $a\ b\ +$
$a + (b \times c)$	torna-se $a\ b\ c \times +$
$(a + b) \times c$	torna-se $a\ b + c\ \times$

Observe que, independentemente da complexidade de uma expressão, nenhum parêntese é exigido quando se usa a notação polonesa invertida.

A vantagem da notação de pós-fixo é que uma expressão nessa forma é facilmente avaliada usando uma pilha. Uma expressão em notação de pós-fixo é varrida da esquerda para a direita. Para cada elemento da expressão, as seguintes regras são aplicadas:

1. Se o elemento for uma variável ou constante, coloque-a na pilha.
2. Se o elemento for um operador, remova os dois itens do topo da pilha, realize a operação e coloque o resultado no topo da pilha.

Após a expressão inteira ter sido varrida, o resultado está no topo da pilha.

A simplicidade desse algoritmo torna-o conveniente para avaliar expressões. Consequentemente, muitos compiladores apanharão uma expressão em uma linguagem de alto nível, a converterão para a notação de pós-fixo e depois gerarão as instruções de máquina a partir da notação. A Figura 10.15 mostra a sequência de instruções de máquina para avaliar $f = (a - b)/(c + d \times e)$ usando instruções orientadas a pilha. A figura também mostra o uso de instruções de um endereço e dois endereços. Observe que, embora as regras orientadas a pilha não fossem usadas nos dois últimos casos, a notação de pós-fixo serviu como um guia para gerar as instruções de máquina. A sequência de eventos para o programa na pilha aparece na Figura 10.16.

O processo de converter uma expressão de infixo para uma expressão de pós-fixo por si só é facilmente realizado usando uma pilha. O algoritmo a seguir é atribuído a Dijkstra (1963[j]).A expressão de infixo é verificada da esquerda para a direita e a expressão de pós-fixo é desenvolvida e gerada durante a verificação. As etapas são as seguintes:

1. Examine o próximo elemento na entrada.
2. Se for um operando, mande-o para a saída.
3. Se for um parêntese inicial, coloque-o na pilha.
4. Se for um operador, então

Figura 10.15 Comparação de três programas para calcular $f = \dfrac{a - b}{c + (d \times e)}$

	Pilha	Registradores gerais	Registrador único
	Push a Push b Subtract Push c Push d Push e Multiply Add Divide Pop f	Load R1, a Subtract R1, b Load R2, d Multiply R2, e Add R2, c Divide R1, R2 Store R1, f	Load d Multiply e Add c Store f Load a Subtract b Divide f Store f
Número de instruções	10	7	8
Acesso à memória	10 op + 6 d	7 op + 6 d	8 op + 8 d

- Se o topo da pilha for um parêntese inicial, então coloque o operador no topo da pilha.
- Se tiver uma prioridade mais alta que o topo da pilha (multiplicação e divisão têm maior prioridade do que adição e subtração), então coloque o operador na pilha.
- Se não, remova a operação da pilha e mande-a para a saída, e repita a etapa 4.

5. Se for um parêntese final, remova os operadores para a saída até que um parêntese inicial seja encontrado. Remova e descarte o parêntese inicial.
6. Se houver mais entrada, vá para a etapa 1.
7. Se não houver mais entrada, desempilhe os operandos restantes.

A Figura 10.17 ilustra o uso desse algoritmo. Este exemplo deverá dar ao leitor alguma ideia do poder dos algoritmos baseados em pilha.

Figura 10.16 Uso da pilha para calcular f = (a – b)/[(d × e) + c]

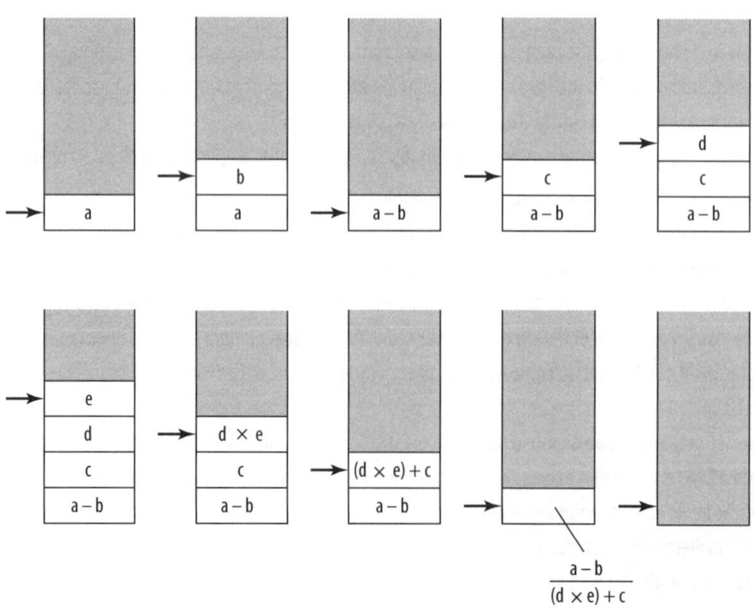

Figura 10.17 Conversão de uma expressão da notação de infixo para pós-fixo

Entrada	Saída	Pilha (topo à direita)
A + B × C + (D + E) × F	vazio	vazio
+ B × C + (D + E) × F	A	vazio
B × C + (D + E) × F	A	+
× C + (D + E) × F	A B	+
C + (D + E) × F	A B	+ ×
+ (D + E) × F	A B C	+ ×
(D + E) × F	A B C × +	+
D + E) × F	A B C × +	+ (
+ E) × F	A B C × + D	+ (
E) × F	A B C × + D	+ (+
) × F	A B C × + DE	+ (+
× F	A B C × + DE +	+
F	A B C × + DE +	+ ×
vazio	A B C × + DE + F	+ ×
vazio	A B C × + DE + F ×	vazio

Apêndice 10B *Little, big* e *bi-endian*

Um fenômeno incômodo e curioso se relaciona como os bytes dentro de uma palavra e os bits dentro de um byte são referenciados e representados. Primeiro, examinamos o problema da ordenação de bytes e depois consideramos a dos bits.

Ordenação de byte

O conceito do tipo de *endian* foi discutido inicialmente na literatura por Cohen (1981[k]). Com relação aos bytes, o tipo de *endian* tem a ver com a ordenação dos bytes de valores escalares em múltiplos bytes. A questão é mais bem entendida com um exemplo. Suponha que tenhamos o valor hexadecimal de 32 bits 12345678 e que ele seja armazenado em uma palavra de 32 bits na memória endereçável por byte no local de byte 184. O valor consiste em 4 bytes, com o byte menos significativo contendo o valor 78 e o byte mais significativo contendo o valor 12. Existem duas maneiras óbvias de armazenar esse valor:

Endereço	Valor
184	12
185	34
186	56
187	78

Endereço	Valor
184	78
185	56
186	34
187	12

O mapeamento à esquerda armazena o byte mais significativo no endereço de byte numérico mais baixo; isso é conhecido como ***big-endian***, e é equivalente à ordem da esquerda para a direita da escrita nas linguagens de cultura ocidental. O mapeamento à direita armazena o byte menos significativo no endereço de byte numérico mais baixo; isso é conhecido como ***little-endian***, e é um remanescente da ordem da direita para a esquerda das operações aritméticas em unidades aritméticas.[4] Para determinado valor escalar em múltiplos bytes, *big-endian* e *little-endian* são mapeamentos com inversão de bytes um em relação ao outro.

O conceito de tipo de *endian* surge quando é necessário tratar uma entidade de múltiplos bytes como um único item de dados com um único endereço, embora seja composto de unidades endereçáveis menores. Algumas máquinas, como Intel 80x86, x86, VAX e Alpha, são máquinas *little--endian*, enquanto outras, como IBM System 370/390, Motorola 680x0, Sun SPARC e a maioria das máquinas RISC, são *big-endian*. Isso apresenta problemas quando os dados são transferidos de uma máquina de um tipo de *endian* para a outra e quando um programador tenta manipular bytes ou bits individuais dentro de um escalar de múltiplos bytes.

4 Os termos *big endian* e *little endian* vêm da Parte I, Capítulo 4 de *As Viagens de Gulliver*, de Jonathan Swift. Eles se referem a uma guerra religiosa entre dois grupos, um que quebra ovos na ponta grande (*big end*) e o outro que quebra ovos na ponta pequena (*little end*).

A propriedade de tipo de *endian* não se estende além de uma unidade de dados individual. Em qualquer máquina, agregados como arquivos, estruturas de dados e *arrays* são compostas de múltiplas unidades de dados, cada uma com um tipo de *endian*. Assim, a conversão de um bloco de memória de um estilo de tipo de *endian* para outro requer conhecimento da estrutura de dados.

A Figura 10.18 ilustra como o tipo de *endian* determina o endereçamento e a ordem de byte. A estrutura em C no topo contém uma série de tipos de dados. O layout da memória no canto inferior esquerdo resulta da compilação da estrutura para uma máquina *big-endian*, e a do canto inferior esquerdo, daquela para uma máquina *little-endian*. De qualquer forma, a memória é representada como uma série de linhas de 64 bits. Para o caso do *big-endian*, a memória normalmente é vista da esquerda para a direita, de cima para baixo, enquanto para o caso *little-endian*, a memória normalmente é vista como da direita para a esquerda, de cima para baixo. Observe que esses layouts são arbitrários. Qualquer esquema poderia ser da esquerda para a direita ou da direita para a esquerda dentro de uma linha; essa é uma questão de representação, e não de atribuição de memória. De fato, examinando os manuais de programador para diversas máquinas, diversas representações podem ser encontradas, até mesmo dentro do mesmo manual.

Podemos fazer várias observações sobre essa estrutura de dados:

- Cada item de dados tem o mesmo endereço nos dois esquemas. Por exemplo, o endereço da palavra dupla com valor hexadecimal 2122232425262728 é 08.
- Dentro de determinado valor escalar multibyte, a ordenação dos bytes na estrutura little-endian é o reverso daquela para a estrutura *big-endian*.
- O tipo de *endian* não afeta a ordenação dos itens de dados dentro de uma estrutura. Assim, a palavra de quatro caracteres *c* exibe reversão de byte, mas o *array* de bytes de sete caracteres d não. Logo, o endereço de cada elemento individual de *d* é o mesmo nas duas estruturas.

O efeito do tipo de *endian* talvez seja demonstrado mais claramente quando vemos a memória como um *array* vertical de bytes, como mostra a Figura 10.19.

Não existe um consenso geral sobre qual é o estilo superior de tipo de *endian*.[5] Os pontos a seguir favorecem o estilo *big-endian*:

- **Classificação de *string* de caracteres:** um processador *big-endian* é mais rápido em comparação com *strings* de caracteres alinhadas por inteiros; a ALU de inteiros pode comparar múltiplos bytes em paralelo.
- **Listagem de valores decimais IRA:** todos os valores podem ser impressos da esquerda para a direita sem causar confusão.

Figura 10.18 Exemplo de estrutura de dados em C e seus mapas de *endian*

```
struct{
   int      a;      //0x1112_1314                  word
   int      pad;    //
   double   b;      //0x2122_2324_2526_2728        doubleword
   char*    c;      //0x3132_3334                  word
   char     d[7];   //'A'.'B','C','D','E','F','G'  byte array
   short    e;      //0x5152                       halfword
   int      f;      //0x6162_6364                  word
} s;
```

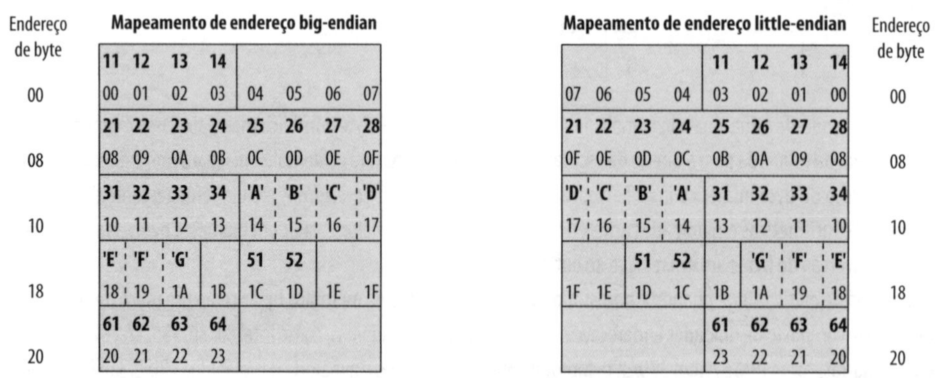

5 O profeta reverenciado pelos dois grupos nas Endian Wars de *Viagens de Gulliver* disse isto: "Todos os que me acreditam verdadeiramente deverão quebrar seus ovos pela ponta mais conveniente". Isso não ajuda muito!

Figura 10.19 Outra visão da Figura 10.18

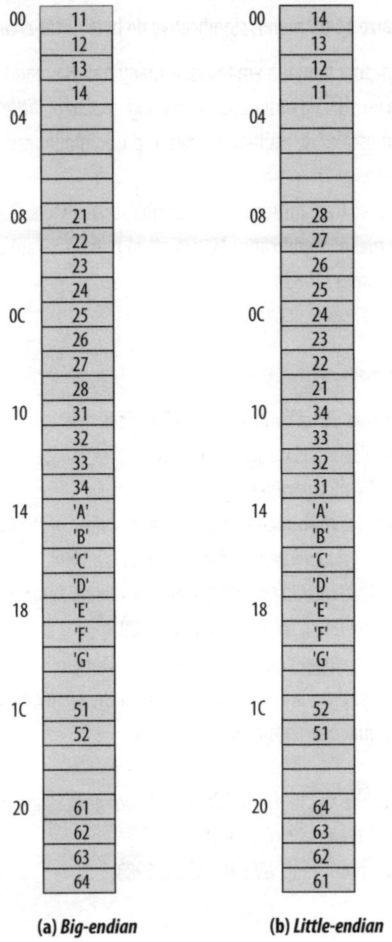

- **Ordem coerente:** processadores *big-endian* armazenam seus inteiros e *strings* de caracteres na mesma ordem (byte mais significativo vem primeiro).

Os seguintes pontos favorecem o estilo *little-endian*:

- O processador *big-endian* precisa realizar adição quando converte um endereço de inteiros de 32 bits para um endereço de inteiros de 16 bits, para usar os bytes menos significativos.
- É mais fácil realizar a aritmética de alta precisão com o estilo *little-endian*; você não precisa encontrar o byte menos significativo e recuar.

As diferenças são menores e a escolha do estilo de *endian* normalmente é mais uma questão de acomodar as máquinas anteriores do que qualquer outra coisa.

O PowerPC é um processador *bi-endian*, que tem suporte para os modos *big-endian* e *little-endian*. A arquitetura *bi-endian* permite que os desenvolvedores de software escolham qualquer um desses modos ao migrar sistemas operacionais e aplicações de outras máquinas. O sistema operacional estabelece o modo de *endian* em que os processos são executados. Quando um modo é selecionado, todos os loads e stores de memória subsequentes são determinados pelo modelo de endereçamento de memória desse modo. Para dar suporte a esse recurso do hardware, 2 bits são mantidos no registrador de estado de máquina (*MSR*, do inglês *machine state register*) mantido pelo sistema operacional como parte do estado do processo. Um bit especifica o modo de *endian* em que o kernel executa; o outro especifica o modo operacional atual do processador. Assim, o modo pode ser alterado com base em cada processo.

Ordenação de bit

Na ordenação dos bits dentro de um byte, encaramos imediatamente duas questões:

1. Você conta o primeiro bit como bit zero ou como bit um?
2. Você atribui o número de bit mais baixo ao bit menos significativo do byte (*little-endian*) ou ao bit mais significativo do byte (*big-endian*)?

Essas questões não são respondidas da mesma maneira em todas as máquinas. Na realidade, em algumas máquinas, as respostas são diferentes em diferentes circunstâncias. Além do mais, a escolha da ordenação de bits *big-endian* ou *little-endian* dentro de um byte nem sempre é coerente com a ordenação *big* ou *little-endian* dentro de um escalar de múltiplos bytes. O programador precisa se preocupar com essas questões ao manipular bits individuais.

Outra área de interesse é quando os dados são transmitidos por uma linha serial de bits. Quando um byte individual é transmitido, o sistema transmite primeiro o bit mais significativo ou o bit menos significativo? O projetista precisa garantir que os bits que chegam sejam tratados corretamente. Para obter uma discussão dessa questão, veja James (1983[l]).

Referências

a HAYES, J. *Computer architecture and organization*. Nova York: McGraw-Hill, 1998.

b CARTER, P. *PC Assembly Language*. Jul. 2006. Disponível no site deste livro.

c ATKINS, M. "PC software performance tuning". *IEEE Computer*, ago. 1996.

d PELEG, A.; WILKIE, S. e WEISER, U. "Intel MMX for multimedia PCs". *Communications of the ACM*, jan. 1997.

e Intel Corp. *Pentium Pro and Pentium II processors and related products*. Aurora, CO. 1998.

f BREY, B. *The Intel microprocessors: 8086/8066, 80186/80188, 80286, 80386, 80486, Pentium, Pentium Pro Processor, Pentium II, Pentium III, Pentium 4 and Core2 with 64-bit extensions*. Upper Saddle River, NJ: Prentice Hall, 2009.

g SLOSS, A.; Symes, D. e Wright, C. *ARM system developer's guide*. San Francisco: Morgan Kaufmann, 2004.

h KNAGGS, P. e Welsh, S. *ARM: assembly language programming*. Bournemouth University, School of Design, Engineering, and Computing, ago 2004. www.freetechbooks.com/arm-assembly-language-programming-t729.html

i Intel Corp. *Endianness white paper*. Nov. 2004.

j DIJKSTRA, E. "Making an ALGOL translator for the X1". In *Annual Review of Automatic Programming, Volume 4*. Pergamon, 1963.

k COHEN, D. "On holy wars and a plea for peace". *Computer*, out. 1981.

l JAMES, D. "Multiplexed buses: the endian wars continue". *IEEE Micro*, set. 1983.

CAPÍTULO

0 1 2 3 4 5 6 7 8 9 10 **11** 12 13 14 15 16 17 18

Conjuntos de instruções: modos e formatos de endereçamento

PRINCIPAIS PONTOS

- Uma referência a um operando dentro de uma instrução contém o valor atual do operando (imediato) ou uma referência para o endereço do operando. Uma grande variedade de modos de endereçamento é usada em vários conjuntos de instruções. Isso inclui modo direto (endereço do operando está no campo de endereço), modo indireto (o campo de endereço aponta para um local que contém o endereço do operando), modo de registrador, modo de registrador indireto e várias formas de deslocamento nos quais um valor de registrador é adicionado a um valor de endereço para produzir o endereço do operando.
- O formato da instrução define o layout dos campos dentro da instrução. A definição do formato da instrução é uma tarefa complexa que envolve considerações como tamanho da instrução, tamanho fixo ou variável, número de bits atribuído para *opcode* e para cada referência de operando e como o modo de endereçamento é definido.

No Capítulo 10 focamos *no que* um conjunto de instruções faz. Mais precisamente, examinamos os tipos de operandos e operações que podem ser especificados pelas instruções da máquina. Este capítulo se concentra na questão de *como* definir operandos e operações das instruções. Duas questões surgem. A primeira é como é especificado o endereço de um operando e a segunda, como são organizados os bits de uma instrução para definir o endereço do operando e a operação dessa instrução.

11.1 Endereçamento

O campo ou os campos de endereço num formato de instrução típico são relativamente pequenos. Nós gostaríamos de poder referenciar um grande intervalo de posições da memória principal ou, em alguns sistemas, da memória virtual. Para alcançar esse objetivo, uma grande variedade de técnicas de endereçamento foi desenvolvida. Todas envolvem algum tipo de troca entre intervalo de endereços e/ou flexibilidade de endereçamento por um lado e o número de referências de memória dentro da instrução e/ou a complexidade de cálculo de endereços por outro. Nesta seção, examinaremos as técnicas de endereçamento mais comuns:

- Imediato.
- Direto.
- Indireto.
- Registrador.
- Indireto por registrador.
- Deslocamento.
- Pilha.

Os modos são ilustrados na Figura 11.1. Nesta seção utilizamos a seguinte notação:
A = conteúdos de um campo de endereço dentro da instrução.

Figura 11.1 Modos de endereçamento

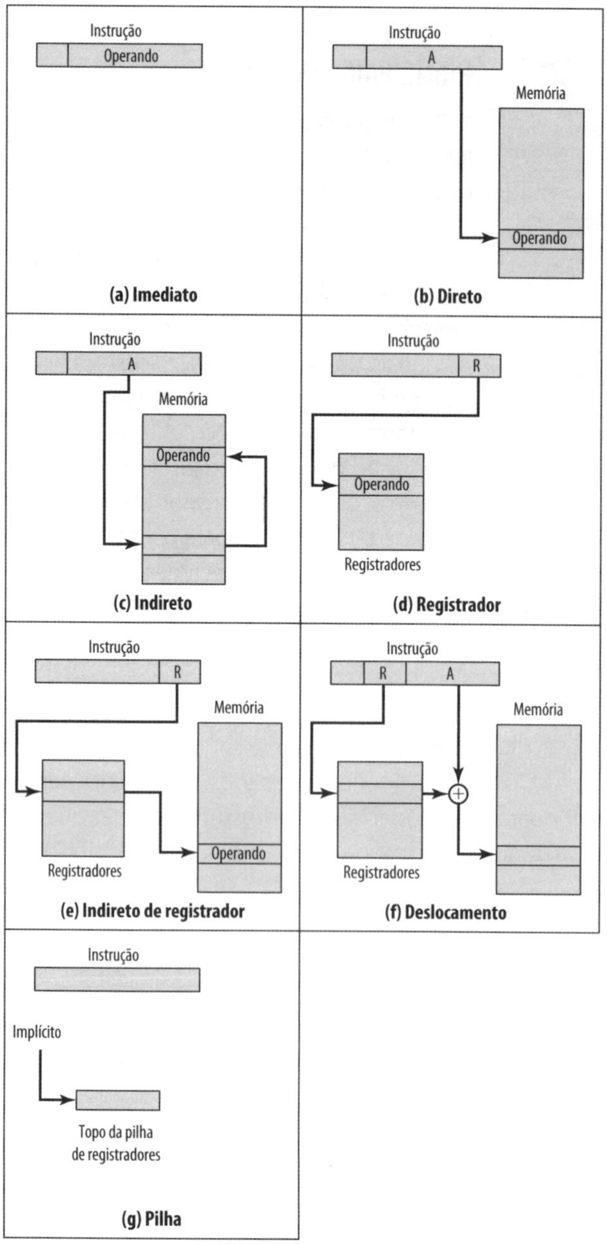

R = conteúdos de um campo de endereço dentro da instrução que se refere a um registrador.

EA = endereço real (efetivo) do local que contém o operando referenciado.

(X) = conteúdos do local de memória X ou do registrador X.

A Tabela 11.1 mostra o cálculo de endereço efetuado para cada modo de endereçamento.

Antes de iniciar esta discussão, dois comentários precisam ser feitos. Primeiro: a princípio, todas as arquiteturas de computadores oferecem mais do que um modo de endereçamento. A questão é como o processador pode determinar qual modo de endereçamento está sendo usado em uma determinada instrução. Existem diversas abordagens. Frequentemente, *opcodes* diferentes irão usar modos de endereçamento diferentes. Além disso, um ou mais bits dentro do formato da instrução podem ser usados como um *campo de modo*. O valor do campo de modo determina qual modo de endereçamento será usado.

O segundo comentário diz respeito à interpretação do endereço efetivo (EA). Em um sistema sem a memória virtual, o endereço efetivo será um endereço da memória principal ou um registrador. Em um sistema com memória virtual, o endereço efetivo é um endereço virtual ou um registrador. O mapeamento para um endereço físico é uma função da unidade de gerenciamento de memória (MMU — *memory management unit*) e é transparente para o programador.

Endereçamento imediato

A forma mais simples de endereçamento é o endereçamento imediato, no qual o valor do operando está presente na instrução

$$\text{Operando} = \text{A}$$

Este modo pode ser usado para definir e utilizar constantes ou definir valores iniciais das variáveis. Normalmente, o número será armazenado em duas formas complementares; o bit à esquerda do campo do operando é usado como bit de sinal. Quando o operando é carregado num registrador de dados, o bit de sinal é estendido para esquerda até o tamanho total da palavra de dados. Em alguns casos, o valor binário imediato é interpretado como um número inteiro e sem sinal.

A vantagem do endereçamento imediato é que nenhuma referência de memória, além de obter a instrução em si, é necessária para obter operando, economizando dessa forma um ciclo de memória ou cache dentro do ciclo da instrução. A desvantagem é que o tamanho do número é limitado ao tamanho do campo de endereço, o qual é, na maioria dos conjuntos de instruções, pequeno se comparado ao tamanho da palavra.

Endereçamento direto

Uma forma muito simples de endereçamento é o endereçamento direto, onde o campo de endereço contém o endereço efetivo do operando:

$$\text{EA} = \text{A}$$

Tabela 11.1 Modos básicos de endereçamento

Modo	Algoritmo	Principal vantagem	Principal desvantagem
Imediato	Operando = A	Nenhuma referência de memória	Magnitude de operando limitada
Direto	EA = A	Simples	Espaço de endereçamento limitado
Indireto	EA = (A)	Espaço de endereçamento grande	Múltiplas referências de memória
Registrador	EA = R	Nenhuma referência de memória	Espaço de endereçamento limitado
Indireto de registrador	EA = (R)	Espaço de endereçamento grande	Referência extra de memória
Deslocamento	EA = A + (R)	Flexibilidade	Complexidade
Pilha	EA = topo da pilha	Nenhuma referência de memória	Aplicabilidade limitada

A técnica era comum nas primeiras gerações dos computadores, porém não é comum em arquiteturas atuais. Ela requer apenas uma referência de memória e nenhum cálculo especial. A limitação óbvia é que ela oferece um espaço de endereços limitado.

Endereçamento indireto

No endereçamento direto, o tamanho do campo de endereço é normalmente menor do que o tamanho da palavra, limitando dessa forma o intervalo de endereços. Uma solução é ter um campo de endereço se referindo ao endereço de uma palavra na memória, o qual, por sua vez, contém o endereço completo do operando. Esta técnica é conhecida como ***endereçamento indireto***:

$$EA = (A)$$

Os parênteses devem ser interpretados como *conteúdo de*. A vantagem óbvia desta abordagem é que, para o tamanho N de uma palavra, um espaço de endereçamento 2^N estará disponível. A desvantagem é que a execução da instrução requer duas referências de memória para obter o operando: um para obter o seu endereço e outra para obter o seu valor.

Embora o número de palavras que agora podem ser endereçadas seja igual a 2^N, o número de endereços efetivos diferentes que podem ser referenciados em qualquer momento é limitado a 2^K, onde K é o tamanho do campo de endereço. Normalmente isso não é um incômodo e pode até ser uma vantagem. Em um ambiente de memória virtual, todos os locais de endereços efetivos podem ser colocados na página 0 de qualquer processo. Como o campo de endereço de uma instrução é pequeno, ele irá naturalmente produzir endereços diretos de números pequenos, os quais aparecem na página 0. (A única restrição é que o tamanho da página deve ser igual ou maior que 2^K). Quando um processo está ativo, há referências repetidas na página 0, o que faz com que elas permaneçam na memória real. Assim, uma referência de memória indireta irá envolver, no máximo, uma falha de página em vez de duas.

Uma variação de endereçamento indireto raramente usada é o endereçamento indireto de vários níveis ou de cascata:

$$EA = (\ldots (A) \ldots)$$

Neste caso, um bit de um endereço de palavra inteira é um flag indireto (I). Se o bit I é 0, então a palavra contém EA. Se o bit I é 1, então outro nível de indireção é usado. Aparentemente não há nenhuma vantagem nesta abordagem e a sua desvantagem é que três ou mais referências de memória podem ser necessárias para obter um operando.

Endereçamento de registradores

Endereçamento de registradores é semelhante ao endereçamento direto. A única diferença é que o campo de endereço se refere a um registrador em vez de um endereço da memória principal:

$$EA = R$$

Para esclarecer mais, se o conteúdo de um campo de endereço de registrador dentro de uma instrução for 5, então o registrador R5 é o endereço pretendido e o valor do operando está contido em R5. Normalmente, um campo de endereço que referencia registradores terá de 3 a 5 bits, então um total de 8 a 32 registradores de uso geral pode ser referenciado.

As vantagens de endereçamento de registradores são: (1) apenas um pequeno campo de endereço é necessário dentro da instrução, (2) nenhuma referência de memória que consome tempo é necessária. Conforme discutido no Capítulo 4, o tempo de acesso à de um registrador interno do processador é muito menor do que para um endereço da memória principal. A desvantagem do endereçamento de registradores é o espaço de endereçamento muito limitado.

Se o endereçamento de registradores for muito usado em um conjunto de instruções, isso implicará utilização pesada dos registradores do processador. Por causa do número muito limitado de registradores (se comparado ao número de endereços da memória principal), o seu uso desta maneira apenas faz sentido se forem utilizados eficientemente. Se cada operando for trazido para um registrador a partir da memória principal, usado uma vez e depois retornado à memória principal, então um passo intermediário desnecessário será introduzido. Se, por outro lado, o operando permanecer no registrador durante várias operações, então uma economia real será obtida. Um exemplo é o resultado intermediário dentro de uma operação de cálculo. Para este caso, suponha que o algoritmo para multiplicar complementos de dois seja implementado via software. O local, dentro do fluxograma, chamado A (Figura 9.12) é referenciado muitas vezes e deve ser implementado preferencialmente em um registrador do que em um local da memória principal.

Cabe ao programador ou ao compilador decidir quais valores devem permanecer em registradores e quais devem ser armazenados na memória principal. A maioria dos processadores modernos implementa vários registradores de uso geral, colocando a responsabilidade de uma execução eficiente nas mãos de um programador de linguagem de montagem (por exemplo, um projetista de compiladores).

Endereçamento indireto por registradores

Assim como endereçamento de registradores é análogo ao endereçamento direto, endereçamento indireto por registradores é análogo ao endereçamento indireto. Em ambos os casos, a única diferença é se o campo de endereço referencia um local de memória ou um registrador. Assim temos para endereçamento indireto de registradores:

$$EA = (R)$$

As vantagens e as limitações do endereçamento indireto por registradores são basicamente as mesmas do endereçamento indireto. Em ambos os casos, a limitação do espaço de endereçamento (intervalo de endereços limitado) do campo de endereço é superada fazendo com que o campo se refira a um local de memória do tamanho de uma palavra contendo um endereço. Além disso, o endereçamento indireto por registradores utiliza uma referência de memória a menos do que o endereçamento indireto.

Endereçamento por deslocamento

Uma forma muito poderosa de endereçamento combina as capacidades do endereçamento direto e do endereçamento indireto de registradores. Ela é conhecida por vários nomes dependendo do contexto do seu uso, mas o mecanismo básico é o mesmo. Nós iremos chamá-la de *endereçamento por deslocamento*:

$$EA = A + (R)$$

O endereçamento por deslocamento requer que a instrução tenha dois campos de endereço, dos quais ao menos um é explícito. O valor contido em um campo de endereço (valor = A) é usado diretamente. O outro campo de endereço, ou uma referência implícita baseada em *opcode*, refere-se a um registrador cujos conteúdos são adicionados a A para produzir um endereço efetivo.

Iremos descrever três dos usos mais comuns do endereçamento por deslocamento:

- Endereçamento relativo.
- Endereçamento por registrador base.
- Indexação.

ENDEREÇAMENTO RELATIVO Para endereçamento relativo, também chamado de endereçamento PC-relativo, o registrador implicitamente referenciado é o contador do programa (PC). Ou seja, o endereço da próxima instrução é adicionado ao campo de endereço para produzir EA. Normalmente, o campo de endereço é tratado como um número complementar para esta operação. Dessa forma, o endereço efetivo é o deslocamento relativo ao endereço da instrução.

Endereçamento relativo explora o conceito de localidade que foi discutido nos capítulos 4 e 8. Se a maioria das referências de memória está relativamente próxima à instrução sendo executada, então o uso de endereçamento relativo economiza bits de endereço dentro da instrução.

ENDEREÇAMENTO POR REGISTRADOR BASE Para endereçamento baseado em registradores, temos a seguinte interpretação: o registrador base contém um endereço da memória principal e o campo de endereço contém um deslocamento (normalmente um número inteiro sem sinal) desse endereço. A referência registrador pode ser explícita ou implícita.

O endereçamento por registrador base também explora a posição das referências de memória. É um meio conveniente para implementar a segmentação, a qual foi discutida no Capítulo 8. Em algumas implementações, um único registrador de segmento é empregado e usado implicitamente. Em outras, o programador pode escolher um registrador para guardar o endereço base de um segmento e a instrução deve referenciá-lo explicitamente. Neste último caso, se o tamanho do campo de endereço é K e o número de possíveis registradores é N, então uma instrução pode referenciar qualquer uma de N áreas de 2^K palavras.

INDEXAÇÃO Para indexação, normalmente temos a seguinte interpretação: o campo de endereço referencia um endereço da memória principal e o registrador referenciado contém um deslocamento positivo desse endereço. Observe que este uso é exatamente o oposto da interpretação do endereçamento por registrador base. É claro que isto é mais do que apenas uma interpretação do usuário. Pelo fato de o campo de endereço ser considerado um endereço de memória na indexação, normalmente ele contém mais bits quando comparado a um campo de endereço de uma instrução com endereçamento por registrador base. Além disso, devemos observar que existem alguns refinamentos na indexação que não seriam úteis em um contexto por registrador base. Apesar disso, o método para calcular EA é o mesmo para endereçamento por registrador base e indexação e, em ambos os casos, a referência do registrador é algumas vezes explícita e algumas vezes implícita (para diferentes tipos de processadores).

Um uso importante da indexação é permitir um mecanismo eficiente para efetuar operações iterativas. Considere, por exemplo, uma lista de números armazenada iniciando na posição A. Suponha que queiramos adicionar *1* para cada elemento da lista. Precisamos obter cada valor, adicionar 1 a ele e armazená-lo de volta. A sequência de endereços efetivos que precisamos é A, A + 1, A + 2, ..., até a última posição da lista. Com indexação, isso é feito facilmente. O valor A é armazenado no campo de endereço da instrução e o registrador escolhido, chamado de *registrador indexador*, é inicializado com 0. Depois de cada operação, o registrador indexador é incrementado por 1.

Como os registradores indexadores são comumente usados para essas tarefas iterativas, é normal que haja necessidade de incrementar e decrementar o registrador indexador depois de cada referência a ele. Por ser uma operação tão comum, alguns sistemas farão isso automaticamente como sendo parte do mesmo ciclo de instrução. Isso é conhecido como *autoindexação*. Se determinados registradores forem usados exclusivamente como indexadores, então a autoindexação pode ser chamada implícita e automaticamente. Se registradores de uso geral forem usados, a operação de autoindexação pode precisar ser sinalizada por um bit dentro da instrução. A autoindexação com uso de incremento pode ser descrita da seguinte forma

$$\text{EA} = \text{A} + (\text{R})$$
$$(\text{R}) \leftarrow (\text{R}) + 1$$

Em algumas máquinas, o endereçamento indireto e a indexação são oferecidos e é possível usar os dois dentro da mesma instrução. Existem duas possibilidades: a indexação é executada antes ou depois da indireção.

Se a indexação for executada depois da indireção, ela é chamada de *pós-indexação*:

$$\text{EA} = (\text{A}) + (\text{R})$$

Primeiramente, os conteúdos dos campos de endereço são usados para acessar o local de memória contendo o endereço direto. Esse endereço é então indexado por um valor de registrador. Esta técnica é útil para acessar um dentro de vários blocos de dados de formato fixo. Por exemplo, foi descrito no Capítulo 8 que os sistemas operacionais precisam implementar um bloco para controle de processos para cada processo. A operação executada é a mesma, independentemente de qual bloco está sendo manipulado. Assim, os endereços nas instruções que referenciam o bloco poderiam apontar para um local (valor = A) contendo um ponteiro para o início do bloco de controle de processos. O registrador indexador contém o deslocamento dentro do bloco.

Com *pré-indexação*, a indexação é executada antes da indireção:

$$\text{EA} = (\text{A} + (\text{R}))$$

Um endereço é calculado da mesma maneira como na indexação simples. Neste caso, no entanto, o endereço calculado não contém o operando, mas o endereço do operando. Um exemplo do uso desta técnica é a construção de uma tabela com múltiplos endereços de desvios. Em um determinado ponto do programa, pode haver uma ramificação para uma série de posições diferentes dependendo da condição. Uma tabela de endereços pode ser definida com início em A. Usando indexação nesta tabela, a localização desejada pode ser encontrada.

Normalmente, um conjunto de instruções não irá incluir ambos os modos de pré-indexação e pós-indexação.

Endereçamento de pilha

O último modo de endereçamento que iremos considerar é endereçamento de pilha. Conforme definido no Apêndice 9A, uma pilha é um vetor linear de posições. Às vezes é chamada de *lista pushdown* ou *lista último-a-entrar-primeiro-a-sair* (*last-in*). A pilha é um bloco reservado de posições. Itens são adicionados ao topo da pilha para que, a qualquer momento, o bloco esteja parcialmente preenchido. Associado à pilha, temos um ponteiro cujo valor é o endereço do topo da pilha. Alternativamente, dois elementos do topo podem estar nos registradores do processador. Nesse caso, o ponteiro da pilha referencia o terceiro elemento da pilha (Figura 10.14b). O ponteiro da pilha é mantido em um registrador. Assim, as referências das posições da pilha em memória são na verdade endereços indiretos dos registradores.

O modo de endereçamento de pilha é uma forma de endereçamento implícito. As instruções da máquina não precisam incluir uma referência de memória e sim operar no topo da pilha.

11.2 Modos de endereçamento x86 e ARM

Modos de endereçamento x86

Na Figura 8.21, o mecanismo de tradução de endereços x86 produz um endereço, chamado de endereço virtual ou efetivo, que é um offset dentro de um segmento. A soma do endereço inicial do segmento e do endereço efetivo produz um endereço linear. Se a paginação estiver sendo usada, este endereço linear tem que passar pelo mecanismo de tradução endereço de página para produzir um endereço físico. A seguir iremos ignorar este último passo porque ele é transparente para o conjunto de instruções e para o programador.

O x86 é equipado com uma série de formas de endereçamento que vieram possibilitar execução eficiente de linguagens de alto nível. A Figura 11.2 demonstra a lógica envolvida. O registrador de segmento determina o segmento que é objetivo da referência. Existem seis registradores de segmento; aquele usado para uma referência específica depende do contexto da execução e da instrução. Cada registrador de segmento

Figura 11.2 Cálculo do modo de endereçamento x86

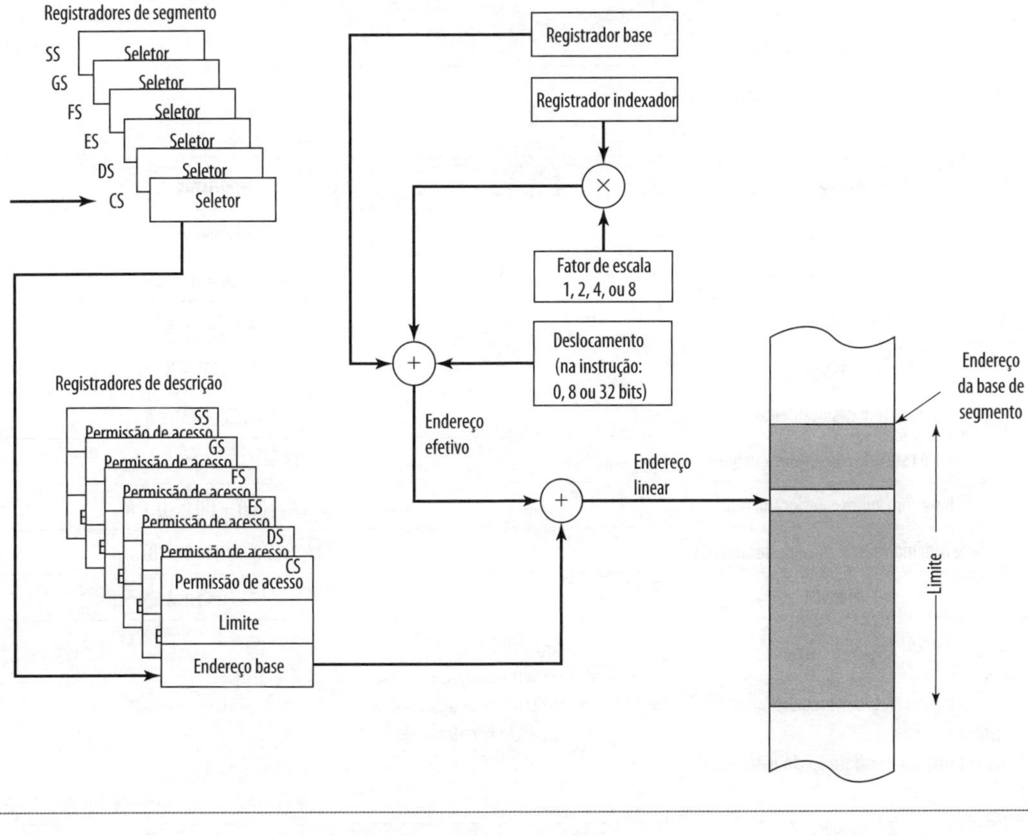

mantém um índice da tabela de descritores de segmentos (Figura 8.20), a qual, por sua vez, mantém o endereço inicial dos segmentos correspondentes. Associado a cada registrador de segmento visível a usuário temos um registrador de descritor de segmento (não visível para programador), o qual grava as permissões de acesso para o segmento assim como o endereço inicial e o limite (tamanho) do segmento. Além disso, existem dois registradores que podem ser usados na construção do endereço: registrador básico e registrador indexador.

A Tabela 11.2 mostra os modos de endereçamento x86. Vamos analisar cada um deles.

No ***modo imediato***, o operando está incluído na instrução. O operando pode ser um byte, uma palavra ou uma palavra dupla de dados.

No ***modo em registrador operando***, o operando está localizado em um registrador. Para instruções gerais, tais como transferência de dados e instruções aritméticas e lógicas, o operando pode ser um dos registradores gerais de 32 bits (EAX, EBX, ECX, EDX, ESI, EDI, ESP, EBP), um dos registradores gerais de 16 bits (AX, BX, CX, DX, SI, DI, SP, BP) ou um dos registradores gerais de 8 bits (AH, BH, CH, DH, AL, BL, CL, DL). Existem também algumas instruções que referenciam registradores selecionadores de segmentos (CS, DS, ES, SS, FS, GS).

Os modos de endereçamento restantes referenciam posições da memória. A posição da memória precisa estar especificada em termos do segmento que contém a posição e offset do começo do segmento. Em alguns casos, o segmento é especificado explicitamente; em outros, ele é especificado pelas regras simples que definem um segmento padrão.

No ***modo de deslocamento***, offset do operando (o endereço efetivo da Figura 11.2) é mantido como parte da instrução sendo um deslocamento de 8, 16 ou 32 bits. Com segmentação, todos os endereços das instruções se referem meramente a um offset dentro de um segmento. O modo de endereçamento por deslocamento é encontrado em poucas máquinas porque, conforme mencionado anteriormente, leva a instruções longas. No caso de x86, o valor de deslocamento pode ser de 32 bits, gerando uma instrução de 6 bytes. Endereçamento por deslocamento pode ser útil para referenciais variáveis globais.

Os modos de endereçamento restantes são indiretos, porque a parte da instrução que se refere ao endereço diz ao processador onde procurar pelo endereço. O ***modo base*** especifica que um dos registradores de 8, 16 ou 32 bits contém o endereço efetivo. Isto é equivalente ao que definimos como endereçamento indireto de registradores.

Tabela 11.2 Modos de endereçamento x86

Modo	Algoritmo
Imediato	Operando = A
Operando em registrador	LA = R
Deslocamento	LA = (SR) + A
Base	LA = (SR) + B
Base com deslocamento	LA = (SR) + (B) + A
Índice escalado com deslocamento	LA = (SR) + (I) × S + A
Base com índice e deslocamento	LA = (SR) + (B) + (I) + A
Base com índice escalado e deslocamento	LA = (SR) + (I) × S + (B) + A
Relativo	LA = (PC) + A

LA = endereço linear (*linear address*)
(X) = conteúdo de X
SR = registrador de segmento (*segment register*)
PC = contador de programador
A = conteúdo de um campo de endereço da instrução
R = registrador
B = registrador base
I = registrador indexado
S = fator de escalar

No ***modo base com deslocamento***, as instruções incluem um deslocamento a ser adicionado ao registrador base, o qual pode ser qualquer um dos registradores de uso geral. Seguem os exemplos de uso deste modo:

- Usado pelo compilador para apontar o início de uma área de variável local. Por exemplo, o registrador básico pode indicar o início de um *stackframe*, a qual contém as variáveis locais para o procedimento correspondente.
- Usado para indexar um vetor quando o número de elementos não for 1, 2, 4 ou 8 bytes e por isso não puder ser indexado usando um registrador indexador. Neste caso, o deslocamento aponta para o começo do vetor e o registrador base mantém o resultado do cálculo para determinar o offset até um determinado elemento dentro do vetor.
- Usado para acessar um campo de um registro. O registrador base aponta para o início do registro, enquanto o deslocamento é um offset até o campo.

No ***modo de índice escalado com deslocamento***, a instrução inclui um deslocamento a ser adicionado a um registrador, chamado neste caso de registrador indexador. O registrador indexador pode ser qualquer um dos registradores de uso geral exceto aquele chamado de ESP, o qual é normalmente usado para processamento de pilhas. Ao calcular o endereço efetivo, o conteúdo do registrador indexador é multiplicado por um fator escalar de 1, 2, 4 ou 8 e depois adicionado ao deslocamento. Este modo é muito conveniente para indexar vetores. O fator escalar de 2 pode ser usado para um vetor de inteiros de 16 bits. O fator escalar de 4 pode ser usado para inteiros de 32 bits ou números de ponto flutuante. Finalmente, o fator escalar de 8 pode ser usado para um vetor números de ponto flutuante de precisão dupla.

O ***modo base com índice e deslocamento*** soma os conteúdos do registrador base, registrador indexador e deslocamento para formar um endereço efetivo. Novamente, o registrador base pode ser qualquer um dos registradores de uso geral, exceto ESP. Por exemplo, este modo de endereçamento pode ser usado para acessar um vetor local dentro de uma estrutura de pilha. Ele também pode ser usado para suportar vetores bidimensionais; neste caso o deslocamento aponta para o início do vetor e cada registrador lida com uma dimensão do vetor.

O ***modo base com índice escalado e deslocamento*** soma o conteúdo do registrador indexador multiplicado por um fator escalar, o conteúdo do registrador base e deslocamento. Isso é útil se um vetor está armazenado dentro de uma pilha; neste caso, os elementos do vetor teriam tamanho de 2, 4 ou 8 bytes cada. Este modo fornece também indexação eficiente de um vetor bidimensional quando os elementos do vetor têm tamanho de 2, 4 ou 8 bytes.

Finalmente, o ***modo relativo*** pode ser usado em instruções de transferência de controle. Um deslocamento é adicionado ao valor do contador de programa, o qual aponta para a próxima instrução. Neste caso, o deslocamento é tratado como um valor com sinal de um byte, palavra ou palavra dupla e esse valor incrementa ou decrementa o endereço dentro do contador de programa.

Modos de endereçamento ARM

Normalmente, uma máquina RISC, diferentemente de uma máquina CISC, usa um conjunto de modos de endereçamento relativamente simples e direto. A arquitetura ARM difere um tanto dessa tradição ao prover um conjunto de modos de endereçamento relativamente rico. A forma mais conveniente de classificar esses modos é de acordo com o tipo da instrução.[1]

ENDEREÇAMENTO DE CARGA/ARMAZENAMENTO (LOAD/STORE) Instruções para carregar e armazenar são as únicas instruções que referenciam a memória. Isso é feito sempre indiretamente através de um registrador básico e um offset. Existem três alternativas no que diz respeito à indexação (Figura 11.3):

- **Offset**: para este modo de endereçamento, a indexação não é usada. Um valor de offset é adicionado ou subtraído do valor que está no registrador base para formar o endereço de memória. Como um exemplo, a Figura 11.3a ilustra esse método com a instrução STRB r0, [r1, #12] da linguagem de montagem. Esta é a instrução para armazenar byte. Neste caso, o endereço base está no registrador r1 e o deslocamento é um valor imediato 12 decimal. O endereço resultante (base mais offset) é a posição onde o byte menos significativo de r0 será armazenado.

1 De acordo com a nossa discussão sobre endereçamento x86, ignoramos a tradução do endereço virtual para o físico durante a discussão a seguir.

- **Pré-indexação**: o endereço de memória é formado da mesma maneira como no endereçamento de offset. O endereço de memória é também armazenado de volta no registrador base. Em outras palavras, o valor do registrador base é incrementado ou decrementado pelo valor do offset. A Figura 11.3b ilustra este método com a instrução STRB r0, [r1, #12]! da linguagem de montagem. O ponto de exclamação significa pré-indexação.
- **Pós-indexação**: o endereço de memória é o valor do registrador base. Um offset é adicionado ou subtraído do valor do registrador base e o resultado é armazenado de volta no registrador base. A Figura 11.3c ilustra este método com a instrução STRB r0, [r1], #12 da linguagem de montagem.

Observe que aquilo a que ARM se refere como registrador base atua, na verdade, como um registrador indexador para endereçamento de pré-indexação e pós-indexação. O valor de offset pode ser ou um valor imediato armazenado na instrução ou pode estar em outro registrador. Se o valor de offset estiver em um registrador, outro recurso útil estará disponível: endereçamento de registrador escalado. O valor no registrador de offset é escalado por um dos operadores de deslocamento: operador de deslocamento lógico esquerdo, operador de deslocamento

Figura 11.3 Métodos de indexação ARM

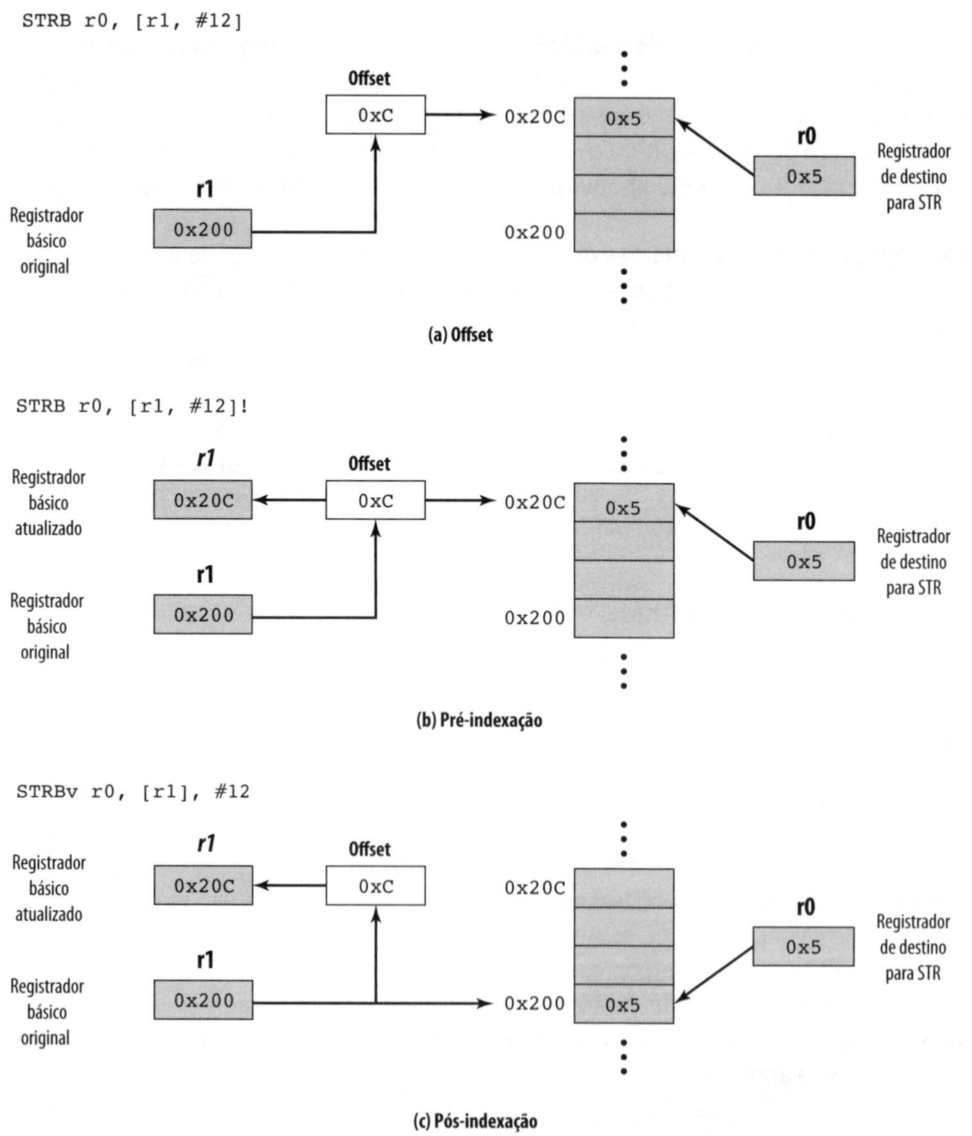

lógico direito, operador de deslocamento aritmético direito, operador rotacional direito ou operador rotacional direito estendido (o qual inclui bit de carry na rotação). A quantidade de deslocamento é especificada como um valor imediato na instrução.

ENDEREÇAMENTO DE INSTRUÇÕES DE PROCESSAMENTO DE DADOS As instruções de processamento de dados usam endereçamento de registradores ou uma mistura de endereçamento de registradores e endereçamento imediato. Para endereçamento de registradores, o valor em um dos operandos do registrador pode ser escalado usando um dos cinco operadores de deslocamento definidos no parágrafo anterior.

INSTRUÇÕES DE DESVIOS A única forma de endereçamento para instruções de desvios é o endereçamento imediato. A instrução de desvio contém um valor de 24 bits. Para calcular o endereço, o valor é deslocado à esquerda por 2 bits para que o endereço esteja dentro do limite de uma palavra. Por isso, o intervalo de endereços efetivos é de mais ou menos 32 MB a partir do contador de programa.

ENDEREÇAMENTO DE CARGA/ARMAZENAMENTO MÚLTIPLO Instruções de carga múltipla carregam dados da memória para um subconjunto (possivelmente todos) de registradores de uso geral. Instruções de armazenamento múltiplo armazenam dados um subconjunto (possivelmente todos) de registradores de uso geral na memória. A lista de registradores para carregar ou armazenar é especificada dentro de um campo de 16 bits na instrução onde cada bit corresponde a um dos 16 registradores. Os modos de endereçamento de carga e armazenamento múltiplo produzem um intervalo sequencial de endereços de memória. O registrador de número mais baixo é armazenado no endereço de memória mais baixo e o registrador de número mais alto no endereço de memória mais alto. Quatro modos de endereçamento são usados (Figura 11.4): incremento depois, incremento antes, decremento depois e decremento antes. Um registrador básico especifica um endereço da memória principal onde os valores dos registradores são armazenados ou carregados em posições ascendentes (incremento) ou descendentes (decremento). O incremento ou decremento inicia ou antes ou depois do primeiro acesso à memória.

Essas instruções são úteis para bloqueios de leitura ou escrita, operações de pilha e sequências de saída dos procedimentos.

11.3 Formatos de instruções

Um formato da instrução define o layout de bits de uma instrução, no que diz respeito aos campos que a constituem. Um formato da instrução tem que incluir um *opcode* e, implícita ou explicitamente, zero ou mais operandos. Cada operando explícito é referenciado usando um dos modos de endereçamento descritos na Seção 11.1. O formato deve, implícita ou explicitamente, indicar o modo de endereçamento para cada operando. Na maioria dos conjuntos de instruções, mais do que um formato de instrução é usado.

Figura 11.4 Endereçamento de carga/armazenamento múltiplo

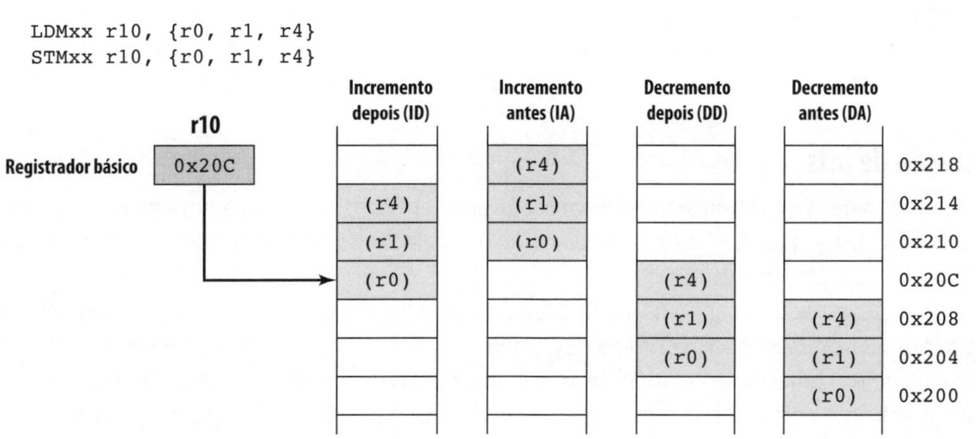

O projeto de um formato da instrução é uma arte complexa e uma variedade impressionante de designs têm sido implementados. Analisaremos os principais pontos de projeto, observando alguns rapidamente para ilustrar esses pontos, e depois analisaremos as soluções x86 e ARM em detalhes.

Tamanho da instrução

A questão mais básica enfrentada durante o projeto é o tamanho do formato da instrução. Esta decisão afeta, e é afetada pelo, tamanho da memória, organização da memória, estrutura do barramento, complexidade e velocidade do processador. Esta decisão determina a riqueza e a flexibilidade da máquina do ponto de vista do programador da linguagem de montagem.

A troca mais óbvia aqui está entre o desejo por um conjunto poderoso de instruções e a necessidade de economizar o espaço. Programadores querem mais *opcodes*, mais operandos, mais modos de endereçamento e maior intervalo de endereços. Mais *opcodes* e mais operandos tornam a vida do programador mais fácil, porque programas mais curtos podem ser escritos para executar uma determinada tarefa. Da mesma forma, mais modos de endereçamento dão maior flexibilidade ao programador para implementar certas funções, tais como manipulação de tabelas e múltiplos destinos de desvios. E, obviamente, com o aumento do tamanho da memória principal e com o uso crescente da memória virtual, os programadores querem poder endereçar intervalos de memória maiores. Todas estas coisas (*opcodes*, operandos, modos de endereçamento, intervalos de endereços) requerem bits e levam a tamanhos maiores das instruções. Mas tamanhos maiores das instruções podem ser um desperdício. Uma instrução de 64 bits ocupa o dobro de espaço de uma instrução de 32 bits, mas provavelmente não é duas vezes mais útil.

Por trás desta negociação básica, existem outras considerações. Ou o tamanho da instrução deveria ser igual ao tamanho transferência de memória (em um sistema de barramento isso seria o tamanho da informação do barramento) ou um deveria ser múltiplo do outro. Caso contrário, não teremos um número inteiro de instruções durante um ciclo de busca. Uma consideração relacionada é a taxa de transferência da memória. Esta taxa não acompanhou o aumento na velocidade dos processadores. Assim, a memória pode se tornar um gargalo se o processador puder executar as instruções mais rapidamente do que as obtém. Uma solução para este problema é usar memória cache (veja a Seção 4.3); outra é usar instruções mais curtas. Desta forma, uma instrução de 16 bits pode ser obtida em uma taxa duas vezes maior do que uma instrução de 32 bits, mas provavelmente pode ser executada numa velocidade menos que duas vezes mais.

Um recurso aparentemente mais comum, mas não menos importante, é que o tamanho da instrução deve ser um múltiplo do tamanho de um caractere, o que é normalmente de 8 bits, e do tamanho de números de ponto fixo. Para perceber isso, precisamos fazer o uso da definição infeliz da palavra, *palavra* (Frailey, 1983[a]). O tamanho de memória de uma palavra é, de uma certa forma, uma unidade "natural" de organização. O tamanho de uma palavra normalmente determina o tamanho dos números de ponto fixo (normalmente os dois são iguais). O tamanho de uma palavra é também comumente igual a, ou pelo menos totalmente relacionado ao, tamanho de transferência da memória. Como uma forma comum de dado é o caractere, gostaríamos que uma palavra armazenasse um número inteiro de caracteres. Caso contrário, haverá bits desperdiçados em cada palavra quando múltiplos caracteres forem armazenados ou um caractere terá que ultrapassar o limite de uma palavra. A importância deste ponto é tanta que a IBM, quando introduziu System/360 e quis empregar caracteres de 8 bits, tomou a radical decisão de mudar da arquitetura de 36 bits das séries 700/7000 para uma arquitetura de 32 bits.

Alocação de bits

Analisamos alguns dos fatores que devem ser levados em consideração na hora de decidir o tamanho do formato instrução. Uma questão igualmente difícil é como alocar os bits nesse formato. As negociações aqui são complexas.

Para um determinado tamanho da instrução, existe uma negociação clara entre o número de *opcodes* e da capacidade de endereçamento. Mais *opcodes* obviamente significam mais bits no campo de *opcode*. Para um formato da instrução de um determinado tamanho, isso reduz o número de bits disponíveis para endereçamento. Existe um refinamento interessante nesta negociação: o uso de *opcodes* de tamanho variável. Nesta abordagem, existe um tamanho mínimo de *opcode*, mas, para alguns *opcodes*, operações adicionais podem ser especificadas com uso de bits adicionais na instrução. Para uma instrução de tamanho fixo, isso deixa menos bits para endereçamento. Por isso este recurso é usado para aquelas instruções que requerem menos operandos e/ou endereçamento menos poderoso.

Os seguintes fatores relacionados são importantes para determinar o uso de bits de endereçamento.

- **Número de modos de endereçamento**: às vezes um modo de endereçamento pode ser indicado implicitamente. Por exemplo, alguns *opcodes* podem sempre chamar a indexação. Em outros casos, os modos de endereçamento devem ser explícitos e um ou mais bits de modo serão necessários.
- **Número de operandos**: vimos que menos endereços podem produzir programas mais longos e estranhos (Figura 10.3). Instruções comuns em máquinas atuais fornecem dois operandos. Cada endereço de operando na instrução pode requerer seu próprio indicador de modo ou o uso de um indicador de modo pode ser limitado a apenas um dos campos de endereço.
- **Registrador *versus* memória**: uma máquina tem que ter registradores para que os dados possam ser trazidos dentro do processador para serem processados. Com apenas um único registrador visível ao usuário (normalmente chamado de acumulador), um endereço de operando é implícito e não consome nenhum bit da instrução. No entanto, programação com um único registrador é estranha e requer muitas instruções. Mesmo com vários registradores, apenas alguns poucos bits são necessários para especificar o registrador. Quanto mais esses registradores puderem ser usados para referenciar operandos, menos bits serão necessários. Uma série de estudos indica que um total de 8 a 32 registradores é desejável (Lunde, 1977[b], Huck, 1983[c]). A maioria das arquiteturas atuais possui pelo menos 32 registradores.
- **Número de conjuntos de registradores**: a maioria das máquinas atuais possui um conjunto de registradores de uso geral, normalmente com 32 ou mais registradores dentro do conjunto. Esses registradores podem ser usados para armazenar dados e para armazenar endereços para endereçamento por deslocamento. Algumas arquiteturas, incluindo a x86, possuem dois ou mais conjuntos especializados (como dados e deslocamento). Uma vantagem desta última abordagem é que, para um número fixo de registradores, uma divisão funcional requer menos bits para serem usados na instrução. Por exemplo, com dois conjuntos de oito registradores, apenas 3 bits são requeridos para identificar um registrador; o *opcode* ou registrador de modo irá determinar qual conjunto dos registradores está sendo referenciado.
- **Intervalo de endereços**: para endereços que referenciam a memória, o intervalo de endereços que pode ser referenciado está relacionado com o número de bits de endereço. Como isso impõe uma limitação séria, endereçamento direto é raramente usado. Com endereçamento por deslocamento, o intervalo está aberto até o tamanho do registrador de endereço. Mesmo assim, ainda é conveniente permitir deslocamentos grandes a partir do endereço no registrador, o que requer um número de bits de endereço relativamente grande dentro da instrução.
- **Granularidade do endereço**: para endereços que referenciam memória no lugar de registradores, outro fator é a granularidade do endereçamento. Em um sistema com palavras de 16 ou 32 bits, um endereço pode referenciar uma palavra ou um byte de acordo com a preferência do projeto. Endereçamento de bytes é conveniente para manipulação de caracteres, porém exige mais bits de endereço para um tamanho fixo de memória.

Assim, a pessoa responsável pelo projeto tem que considerar e equilibrar diversos fatores. Não está claro o quão críticas são algumas dessas escolhas. Como exemplo podemos citar um estudo (Cragon, 1979[d]) que comparou várias abordagens de formatos das instruções, inclusive o uso de pilha, registradores de uso geral, um acumulador e abordagens exclusivamente memória-para-registrador. Usando um conjunto consistente de hipóteses, nenhuma diferença significativo foi observada no espaço de código ou tempo de execução.

Vamos observar rapidamente como dois projetos históricos de máquinas equilibram esses vários fatores.

PDP-8 Um dos projetos de instrução mais simples para um computador de uso geral foi o feito para PDP-8 (Bell, Newell e Siewiorek, 1978[e]). PDP-8 usa instruções de 12 bits e trata palavras de 12 bits. Existe um único registrador de uso geral, o acumulador.

Apesar das limitações deste projeto, o endereçamento é bastante flexível. Cada referência de memória consiste de 7 bits mais dois modificadores de 1 bit. A memória é dividida em páginas de tamanho fixo de $2^7 = 128$ palavras cada. O cálculo de endereços é baseado em referências à página 0 ou página corrente (página contendo esta instrução) conforme determinado pelo bit de página. O segundo bit modificador indica se endereçamento direto ou indireto está sendo usado. Estes dois modos podem ser usados em conjunto, então um endereço indireto é um endereço de 12 bits contido em uma palavra da página 0 ou na página corrente. Além disso, 8 palavras dedicadas na página 0 são "registradores" autoindexados. Quando uma referência indireta é feita a uma dessas posições, ocorre a pré-indexação.

A Figura 11.5 mostra o formato da instrução PDP-8. Existe um *opcode* de 3 bits e três tipos de instruções. Para *opcodes* de 0 a 5, o formato é uma instrução de referência à memória de endereço único incluindo um bit de página e um bit indireto. Assim, existem apenas seis operações básicas. Para aumentar o grupo de operações, *opcode* 7 define uma referência de registrador ou *microinstrução*. Neste formato, os bits restantes são usados para codificar operações adicionais. Em geral, cada bit define uma operação específica (por exemplo, limpar o acumulador) e esses bits podem ser combinados em uma única instrução. A estratégia de microinstrução tem sido usada desde o antigo PDP-1 e é, de certa forma, o precursor das máquinas microprogramadas de hoje, o que será discutido na Parte 4. *Opcode* 6 é operação de E/S; 6 bits são usados para selecionar um dos 64 dispositivos e 3 bits especificam um comando de E/S em particular.

O formato da instrução PDP-8 é incrivelmente eficiente. Ele suporta endereçamento indireto, endereçamento por deslocamento e indexação. Com uso da extensão de *opcode*, ele suporta um total de aproximadamente 35 instruções. Dada a limitação do tamanho da instrução de 12 bits, os projetistas dificilmente poderiam ter feito algo melhor.

PDP-10 Um grande contraste ao conjunto de instruções PDP-8 é o PDP-10. Ele foi projetado para ser um sistema de tempo compartilhado em grande escala, com ênfase em ser fácil de programar, mesmo que hardware adicional fosse envolvido.

Dentre os princípios empregados ao se projetar o conjunto de instruções, estão os seguintes (Bell, 1978[f]):

- **Ortogonalidade**: ortogonalidade é o princípio onde duas variáveis são independentes uma da outra. No contexto de um conjunto de instruções, o termo significa que outros elementos de uma instrução são independentes do (não determinados por) *opcode*. Os projetistas de PDP-10 usam o termo para descrever o fato de que um endereço é computado sempre do mesmo jeito, independentemente da *opcode*. Isto é diferente de muitas máquinas onde o modo de endereçamento às vezes depende implicitamente do operador que está sendo usado.

Figura 11.5 Formato da Instrução de PDP-8

Instruções de referência de memória

Opcode (0–2)	D/I (3)	Z/C (4)	Deslocamento (5–11)

Instruções de Entrada/Saída

1	1	0	Dispositivo (3–8)	*Opcode* (9–11)
0		2		

Instruções de referência de registradores

Microinstruções de Grupo 1

0	1	2	3	4	5	6	7	8	9	10	11
1	1	1	0	CLA	CLL	CMA	CML	RAR	RAL	BSW	IAC

Microinstruções de Grupo 2

0	1	2	3	4	5	6	7	8	9	10	11
1	1	1	0	CLA	SMA	SZA	SNL	RSS	OSR	HLT	0

Microinstruções de Grupo 3

0	1	2	3	4	5	6	7	8	9	10	11
1	1	1	0	CLA	MQA	0	MQL	0	0	0	1

D/I	= endereço Direto/Indireto	IAC	= incrementar acumulador
Z/C	= página 0 ou atual	SMA	= pular quando acumulador negativo
CLA	= limpar acumulador	SZA	= pular quando acumulador zero
CLL	= limpar link	SNL	= pular quando link não é zero
CMA	= acumulador de complemento	RSS	= reverter sentido quando pular
CML	= link de complemento	OSR	= ou com troca de registrador
RAR	= rotacionar acumulador para direita	HLT	= parar
RAT	= rotacionar acumulador para esquerda	MQA	= quociente múltiplo no registrador
BSW	= trocar byte	MQL	= carregar quociente múltiplo

- **Integridade**: cada tipo aritmético de dados (inteiro, ponto fixo, ponto flutuante) deve ter um conjunto de operações completo e idêntico.
- **Endereçamento direto**: endereçamento básico com deslocamento, o qual deixa a organização da memória a cargo do programador, foi substituído pelo endereçamento direto.

Cada um destes princípios colabora em atingir o objetivo principal que é a facilidade de programação.

O PDP-10 possui uma palavra de 36 bits e uma instrução de 36 bits. O formato fixo da instrução é mostrado na Figura 11.6. O *opcode* ocupa 9 bits, permitindo até 512 operações. Na verdade, um total de 365 instruções foi definido. A maioria das instruções possui dois endereços, um dos quais é um dos 16 registradores de uso geral. Desta forma, a referência deste operando ocupa 4 bits. A referência do outro operando começa com um campo de endereço de memória de 18 bits, que pode ser usado como um operando imediato ou um endereço de memória. No último uso, são permitidos endereçamento indireto e indexação. Os mesmos registradores de uso geral são usados também como registradores indexadores.

Uma instrução com tamanho de 36 bits é um verdadeiro luxo. Não há necessidade de inventar coisas espertas para obter mais *opcodes*; um campo de *opcode* de 9 bits é mais do que suficiente. O endereçamento também é direto. Um campo de endereço de 18 bits torna endereçamento direto desejável. Indireção é fornecida para tamanhos de memória maiores que 2^{18}. Para facilitar a programação, é fornecida a indexação para manipular tabelas e para programas iterativos. Além disso, com um campo de operando de 18 bits, o endereçamento imediato se torna atraente.

O projeto do conjunto de instruções PDP-10 atinge os objetivos mencionados anteriormente (Lunde, 1977[b]). Ele facilita a tarefa do programador ou compilador com o custo de uma utilização de espaço ineficiente. Essa foi uma escolha consciente tomada por projetistas e, portanto, não pode ser considerada como uma falha no projeto.

Instruções de tamanho variável

Os exemplos que vimos até agora usam um único tamanho fixo de instrução e discutimos as negociações implicitamente nesse contexto. Mas, em vez disso, os projetistas poderiam ter escolhido oferecer uma variedade de formatos de instruções de tamanhos diferentes. Esta tática torna fácil fornecer um grande repertório de *opcodes* com tamanhos diferentes. O endereçamento pode ser mais flexível com várias combinações de referências a registradores e à memória e com modos de endereçamento. Com instruções de tamanho variável, estas variações podem ser fornecidas de uma forma eficiente e compacta.

O principal preço a ser pago pelas instruções de tamanho variável é o aumento na complexidade do processador. A queda nos preços de hardware, o uso de microprogramação (discutida na Parte 4) e um aumento geral no entendimento dos princípios de projeto dos processadores contribuíram para que esse preço se tornasse pequeno. No entanto, veremos que as máquinas RISC e as superescaláveis podem explorar o uso de instruções de tamanho fixo para melhorar desempenho.

O uso de instruções de tamanho variável não acaba com a necessidade de relacionar integralmente todos os tamanhos das instruções com o tamanho da palavra. Como o processador não conhece o tamanho da próxima instrução a ser obtida, uma estratégia comum é buscar o número de bytes ou palavras pelo menos igual ao tamanho da maior instrução possível. Isso significa que, às vezes, várias instruções são lidas. No entanto, como veremos no Capítulo 12, esta é uma boa estratégia a ser seguida em todos os casos.

PDP-11 O PDP-11 foi projetado para oferecer um conjunto de instruções poderoso e flexível dentro das limitações de um minicomputador de 16 bits (Bell *et al.* 1970[9]).

Figura 11.6 Formato da instrução PDP-10

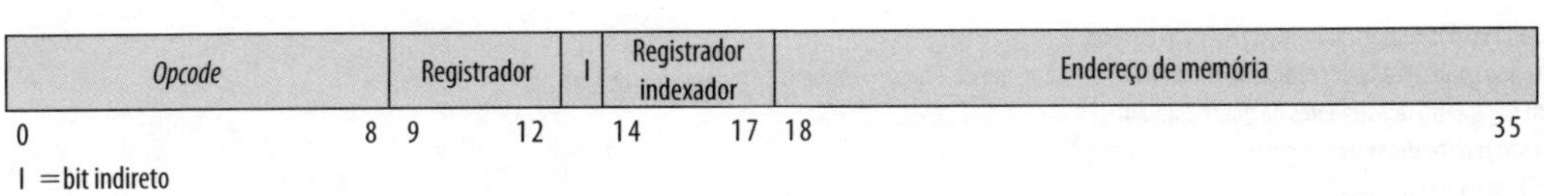

O PDP-11 utiliza um conjunto de oito registradores de uso geral de 16 bits. Dois desses registradores têm uma importância adicional: um é usado como ponteiro de pilha para operações especiais de pilha e outro é usado como contador de programa, o qual contém o endereço da próxima instrução.

A Figura 11.7 mostra os formatos da instrução do PDP-11. Treze formatos diferentes são usados, incluindo tipos de instrução de zero, um e dois endereços. O *opcode* pode variar de tamanho de 4 a 16 bits. Referências à registradores têm o tamanho de 6 bits. Três bits identificam o registrador e 3 bits restantes identificam o modo de endereçamento. O PDP-11 possui um conjunto rico de modos de endereçamento. Uma vantagem de ligar o modo de endereçamento ao operando em vez do *opcode*, como é feito às vezes, é que qualquer modo de endereçamento pode ser usado com qualquer *opcode*. Conforme mencionamos, esta independência é conhecida como *ortogonalidade*.

As instruções PDP-11 normalmente têm o tamanho de uma palavra (16 bits). Para algumas instruções, um ou dois endereços de memória são adicionados para que instruções de 32 e 42 bits estejam disponíveis. Isso possibilita maior flexibilidade no endereçamento.

O conjunto de instruções e a capacidade de endereçamento do PDP-11 é complexo. Isso aumenta o custo de hardware e a complexidade de programação. A vantagem é que programas mais eficientes e compactos podem ser desenvolvidos.

VAX A maioria das arquiteturas fornece um número relativamente pequeno de formatos fixos de instruções. Isso pode causar dois problemas para os programadores. Primeiro, o modo de endereçamento e *opcode* não são ortogonais. Por exemplo, para uma certa operação, um operando deve vir a partir de um registrador e outro da memória, ou ambos dos registradores e assim por diante. Segundo, apenas um número limitado de operandos pode

Figura 11.7 Formatos das instruções do PDP-11

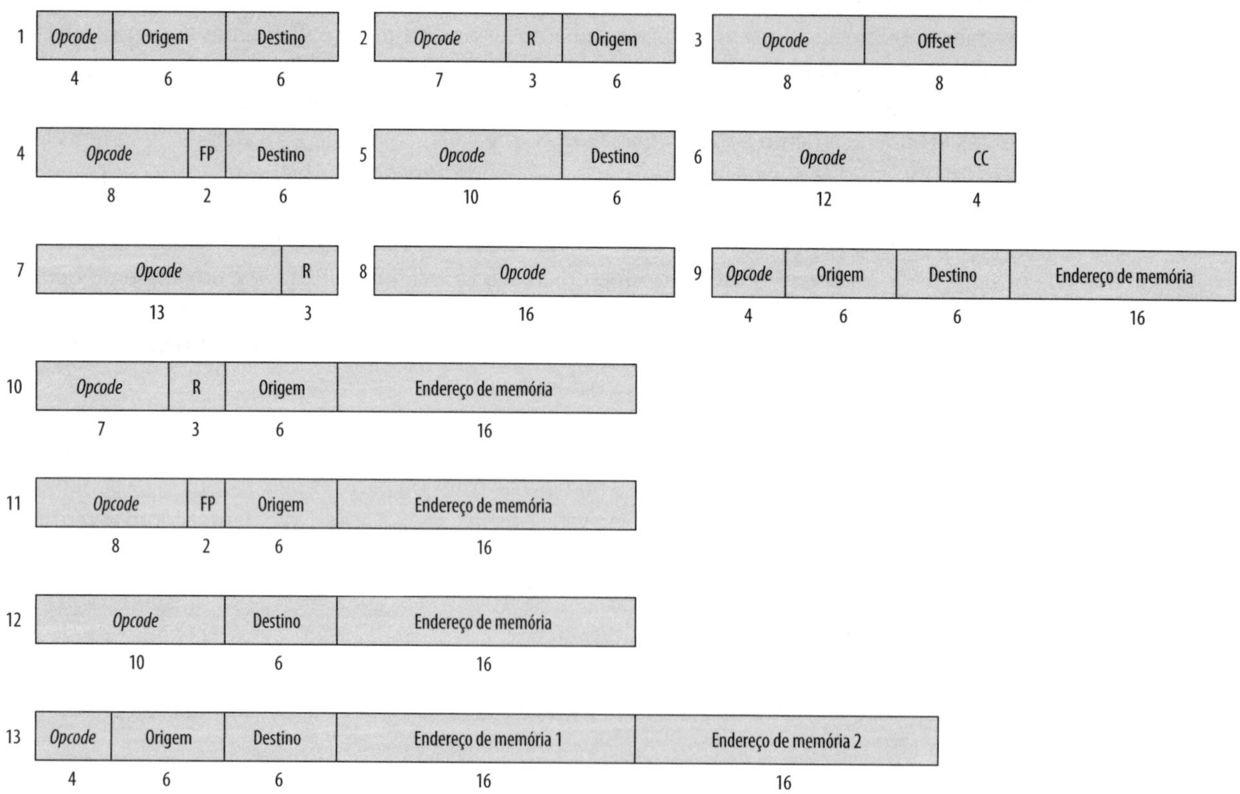

Os números abaixo dos campos indicam o tamanho em bits.
Origem e destino contêm cada um campo de modo de endereçamento de 3 bits e o número de registrador de 3 bits.
FP indica um dos quatro registradores de ponto flutuante.
R indica um dos registradores de uso geral.
CC é campo de código condicional.

ser acomodado: normalmente de dois a três. Como algumas operações inerentemente requerem mais operandos, diversas estratégias devem ser empregadas para alcançar o resultado desejado usando duas ou mais instruções.

Para evitar esses problemas, dois critérios foram usados ao projetar o formato de instrução VAX (Strecker, 1978[h]):

1. Todas as instruções devem ter um número "natural" de operandos.
2. Todos os operandos devem ter a mesma generalidade na especificação.

O resultado é um formato de instrução altamente variável. Uma instrução consiste de um *opcode* de 1 ou 2 bytes seguido de especificadores de operando de 0 a 6, dependendo do *opcode*. O tamanho mínimo da instrução é 1 byte e instruções até 37 bytes podem ser construídas. A Figura 11.8 mostra alguns exemplos.

A instrução VAX começa com um *opcode* de 1 byte. Isso é suficiente para lidar com a maioria das instruções VAX. No entanto, como existem mais de 300 instruções diferentes, 8 bits não são suficientes. Os códigos hexadecimais FD e FF indicam um *opcode* estendido, com o *opcode* atual sendo especificado no segundo byte.

O restante da instrução consiste de até seis especificadores de operandos. Um especificador de operando está, no mínimo, num formato de 1 byte onde os quatros bits da esquerda representam o modo de endereçamento. A única exceção a esta regra é o modo literal, o qual é sinalizado com 00 nos dois bits à extrema esquerda, deixando um espaço para um literal de 6 bits. Por causa desta exceção, um total de 12 modos de endereçamento diferentes pode ser especificado.

Um especificador de operando frequentemente consiste de apenas um byte, onde os 4 bits da extrema direita especificam um dos 16 registradores de uso geral. O tamanho do especificador de operando pode ser estendido de duas formas. Primeira: um valor constante de um ou mais bytes podem seguir imediatamente o primeiro byte do especificador de operando. Um exemplo disto é o modo por deslocamento, onde um deslocamento de 8, 16 ou

Figura 11.8 Exemplos de instruções do VAX

Formato hexadecimal	Explicação	Notação Assembler e Descrição
8 bits 0 5	*Opcode* para RSB	RSB Retorno da sub-rotina
D 4 5 9	*Opcode* para CLRL Registrador R9	CLRL R9 Limpar registrador R9
B 0 C 4 6 4 0 1 A B 1 9	*Opcode* para MOVW Modo de deslocamento da palavra, Registrador R4 356 em hexadecimal Modo de deslocamento de byte Registrador R11 25 em hexadecima	MOVW 356(R4), 25(R11) Move uma palavra de um endereço que é 356 mais conteúdo de R4 para endereço que é 25 mais conteúdo de R11
C 1 0 5 5 0 4 2 D F (bytes de deslocamento)	*Opcode* para ADDL3 Número 5 literal Registrador de modo R0 Índice pré-fixado R2 palavra relativa indireta (deslocamento de PC) Quantidade de deslocamento de relativa à posição A	ADDL3 #5, R0, @A[R2] Adiciona 5 a um inteiro de 32 bits em R0 e armazena o resultado na posição cujo endereço é soma de A e quatro vezes o conteúdo de R2.

32 bits é usado. Segunda: um modo indexado de endereçamento pode ser usado. Neste caso, o primeiro byte do especificador de operando consiste de um código de modo de endereçamento de 4 bits 0100 e de um identificador de um registrador índice de 4 bits. O restante do especificador de operando consiste do especificador básico de endereço, o qual, por sua vez, pode ter um tamanho de um ou mais bytes.

O leitor pode estar se perguntando, conforme o fez o autor, que tipo de instrução requer seis operandos? Surpreendentemente, VAX possui uma série dessas instruções. Considere

ADDP6 OP1, OP2, OP3, OP4, OP5, OP6

Esta instrução soma dois números decimais agrupados. OP1 e OP2 especificam o tamanho e o endereço inicial de uma cadeia de números decimais; OP3 e OP4 especificam uma segunda *string*. Essas duas *strings* são somadas e o resultado é armazenado na cadeia de números decimais cujo tamanho e posição inicial são especificados por OP5 e OP6.

O conjunto de instruções VAX fornece uma grande variedade de operações e modos de endereçamento. Isso dá ao programador, como, por exemplo, um desenvolvedor de compiladores, uma ferramenta para desenvolvimento de programas muito poderosa e flexível. Na teoria, isso deveria levar a compilações eficientes de programas escritos em linguagem de alto nível, para a linguagem de máquina e, em geral, ao uso efetivo e eficiente de recursos do processador. O preço a ser pago por esses benefícios é o aumento da complexidade do processador se comparado a um processador com um conjunto de instruções e formatos mais simples.

Retornaremos a este assunto no Capítulo 13 onde examinamos uma situação para conjuntos de instruções muito simples.

11.4 Formatos de instruções x86 e ARM

Formatos de instruções x86

O x86 é equipado com uma variedade de conjuntos de instruções. Dos elementos descritos nesta seção apenas o campo *opcode* está sempre presente. A Figura 11.9 ilustra o formato de instrução geral. As instruções são feitas de 0 a 4 prefixos opcionais, um *opcode* de 1 ou 2 bytes, um especificador de endereço opcional (que consiste de byte ModR/m e byte de Índice Escalar), um deslocamento opcional e um campo imediato opcional.

Figura 11.9 Formato da instrução x86

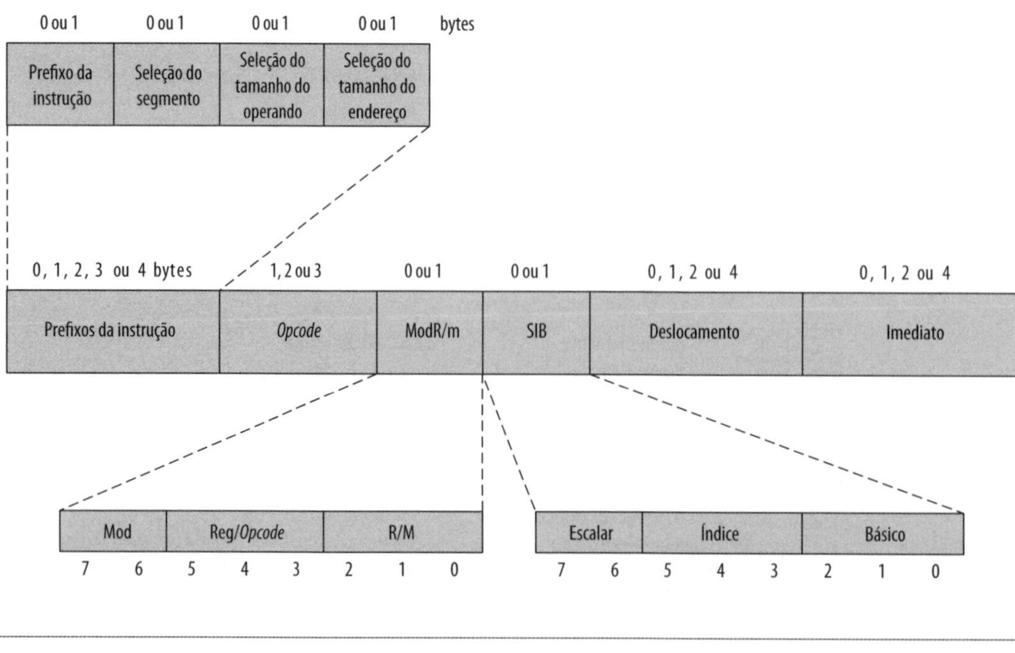

Vamos primeiramente considerar os bytes de prefixo:

- **Prefixos da instrução**: o prefixo da instrução, se estiver presente, consiste do prefixo LOCK ou de um dos prefixos de repetição. O prefixo LOCK é usado para garantir o uso exclusivo da memória compartilhada em ambientes multiprocessados. Os prefixos de repetição especificam operações repetidas de uma *string*, o que possibilita que x86 processe *strings* muito mais rapidamente do que com laços normais de software. Existem cinco prefixos de repetição diferentes: REP, REPE, REPZ, REPNE e REPNZ. Quando o prefixo absoluto REP está presente, a operação especificada na instrução é executada repetidamente em elementos sucessivos da *string*; o número de repetições é especificado no registrador CX. O prefixo REP condicional faz com que a operação seja repetida até que o contador em CX chegue a zero ou até que a condição seja satisfeita.
- **Seleção do segmento**: determina explicitamente qual registrador de segmento que uma instrução deve usar, alterando o registrador do segmento padrão gerado pelo x86 para essa instrução.
- **Tamanho do operando**: uma instrução possui um tamanho padrão de operando de 16 ou 32 bits e o prefixo do operando alterna entre operandos de 32 e 16 bits.
- **Tamanho do endereço**: o processador pode endereçar memória usando endereços de 16 ou 32 bits. O tamanho do endereço determina o tamanho do deslocamento usado nas instruções e o tamanho dos offsets de endereço gerados durante o cálculo do endereço efetivo. Um desses tamanhos é definido como padrão e o prefixo do tamanho do endereço alterna entre geração de endereço de 16 e 32 bits.

A instrução em si inclui os seguintes campos:

- ***Opcode***: o campo *opcode* tem o tamanho de 1, 2 ou 3 bytes. O *opcode* pode também incluir bits que especificam se a informação é byte ou tamanho cheio (16 ou 32 bits dependendo do contexto), direção da operação dos dados (para ou de memória) e se um campo de dados imediato deve ser estendido por um sinal.
- **ModR/m**: este byte, e o próximo, fornece o endereçamento da informação. O byte ModR/m especifica se um operando está em um registrador ou na memória; se estiver na memória, então os campos dentro do byte especificam o modo de endereçamento a ser usado. O byte ModR/m consiste de três campos: campo Mod (2 bits) é combinado com o campo r/m para formar 32 valores possíveis: 8 registradores e 24 modos de indexação; o campo Reg/*Opcode* (3 bits) especifica ou um número de registrador ou mais três bits da informação do *opcode*; o campo r/m (3 bits) pode especificar um registrador como sendo a posição de um operando ou pode fazer parte do código do modo de endereçamento em combinação com o campo Mod.
- **SIB**: codificação do byte ModR/m especifica a inclusão do byte SIB para determinar totalmente o modo de endereçamento. O byte SIB consiste de três campos: campo Escalar (2 bits) define o fator de escala para indexação escalar; o campo Índice (3 bits) determina o registrador indexador; campo Base (3 bits) especifica o registrador base.
- **Deslocamento**: quando o especificador do modo de endereçamento indica que o deslocamento é usado, um campo de valor inteiro com sinal para deslocamento de 8, 16 ou 32 bits é adicionado.
- **Imediato**: fornece o valor de um operando de 8, 16 ou 32 bits.

Diversas comparações podem ser úteis aqui. No formato x86, o modo de endereçamento é fornecido como parte da sequência de *opcode* em vez de com cada operando. Como apenas um operando pode ter a informação sobre o modo de endereçamento, apenas um operando de memória pode ser referenciado em uma instrução. Ao contrário disso, o VAX carrega a informação sobre o modo de endereçamento com cada operando, possibilitando operações do tipo memória-para-memória. Por isso, as instruções x86 são mais compactas. No entanto, se uma operação memória-para-memória é necessária, o VAX pode executá-la em uma única instrução.

O formato x86 permite o uso de offset para indexação de não apenas 1 byte, mas também de 2 e 4. Embora o uso de offsets maiores para indexação resulte em instruções maiores, esse recurso permite a flexibilidade necessária. Por exemplo, é útil ao endereçar grandes vetores ou grandes *stackframes*. Ao contrário disso, o formato de instrução de IBM S/370 não permite offsets maiores que 4K bytes (12 bits da informação de offset) e o offset deve ser positivo. Quando uma posição não está ao alcance desse offset, o compilador precisa de código extra para gerar o endereço necessário. Esse problema aparece especialmente quando se lida com *stackframes* que possuem variáveis locais ocupando um espaço maior que 4K bytes. Segundo Dewar (1990[i]), "gerar código para S/370 é tão doloroso por causa dessa restrição que houve até compiladores para S/370 que simplesmente optavam por limitar o tamanho do *stackframe* a 4K bytes".

Como podemos ver, a codificação do conjunto de instruções x86 é muito complexa. Isso tem a ver parcialmente com a necessidade de manter compatibilidade com as máquinas 8086 e parcialmente com o desejo de uma parte dos projetistas para fornecer toda a assistência possível ao projetista de compiladores para produzir um código eficiente. É uma questão a ser discutida se um conjunto de instruções complexo como este é preferível ao extremo oposto, que é o conjunto de instruções RISC.

Formatos de instruções ARM

Todas as instruções na arquitetura ARM têm o tamanho de 32 bits e seguem um formato regular (Figura 11.10). Os quatro primeiros bits da instrução são código condicional. Conforme discutido no Capítulo 10, na teoria todas as instruções ARM podem ser executadas condicionalmente. Os três próximos bits definem o tipo geral da instrução. Para a maioria das instruções, exceto as do tipo *branch*, os próximos cinco bits constituem um *opcode* e/ou bits modificadores para a operação. Os 20 bits restantes são para endereçamento de operando. A estrutura regular dos formatos da instrução facilita o trabalho das unidades de decodificação da instrução.

CONSTANTES IMEDIATAS Para atingir um intervalo maior de valores imediatos, o formato de processamento dos dados imediato especifica o valor imediato e o valor rotacional. O valor imediato de 8 bits é estendido para 32 bits e depois rotacionado para direita por um número de bits igual a duas vezes o valor de rotação de 4 bits. Diversos exemplos são mostrados na Figura 11.11.

CONJUNTO DE INSTRUÇÕES THUMB O conjunto de instruções Thumb é um subconjunto recodificado do conjunto de instruções ARM. O Thumb foi projetado para melhorar o desempenho das implementações ARM que usam um barramento de dados de memória de 16 bits ou limitado e para permitir uma melhor densidade de código do que a fornecida pelo conjunto de instruções ARM. O conjunto de instruções Thumb contém um subconjunto do conjunto de instruções ARM de 32 bits recodificadas para instruções de 16 bits. A economia é obtida da seguinte maneira:

1. As instruções Thumb não são condicionais, então o campo de código da condição não é usado. Além disso, todas as instruções Thumb aritméticas e lógicas atualizam os flags de condição, então o bit para o flag de atualização não é necessário. Economia: 5 bits.

Figura 11.10 Formatos da instrução ARM

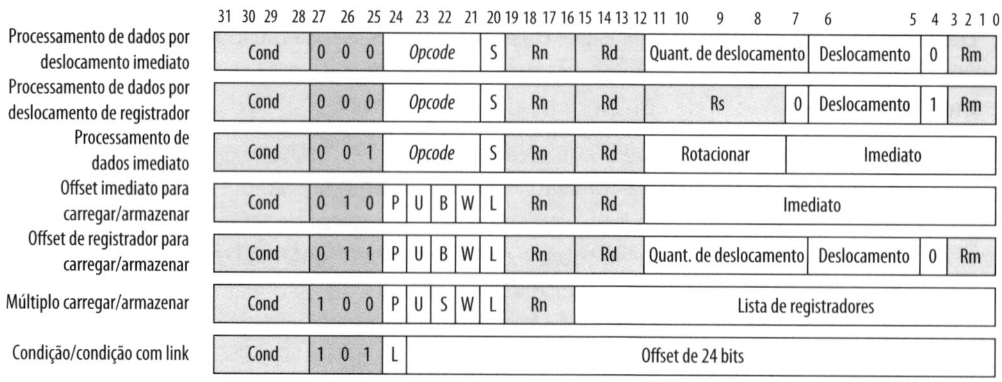

S = para instruções de processamento de dados, significa que a instrução atualiza o código da condição.

S = para instruções múltiplas de carregar/armazenar, significa se a execução da instrução é restrita ao modo supervisor.

P, U, W = bits usados para distinguir diferentes tipos de modo de endereçamento.

B = diferença entre um byte sem sinal (B == 1) e uma palavra (B == 0).

L = para instruções de carregar/armazenar, usado para diferenciar entre carregar (L == 1) e armazenar (L == 0).

L = para instruções condicionais, determina se o endereço de retorno é armazenado no registrador vinculado.

Figura 11.11 Exemplos de uso de contantes imediatas ARM

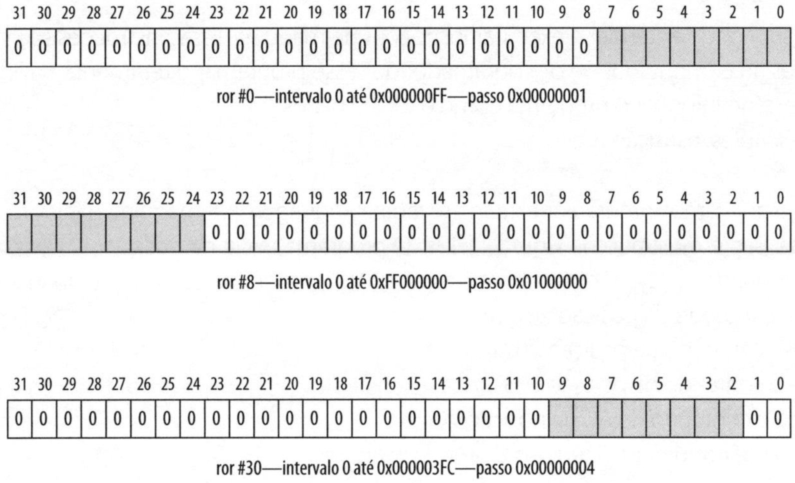

2. O Thumb possui apenas um subconjunto de operações do conjunto de instruções completo e usa apenas um campo de *opcode* de 2 bits mais um campo de tipo de 3 bits. Economia: 2 bits.
3. A economia restante de 9 bits vem da redução na especificação do operando. Por exemplo, as instruções Thumb referenciam apenas os registradores de r0 até r7, então apenas 3 bits são necessários para referências dos registradores, em vez de 4 bits. Os valores imediatos não incluem um campo rotacional de 4 bits.

O processador ARM pode executar um programa consistindo de uma mistura de instruções Thumb e instruções ARM de 32 bits. Um bit no registrador de controle do processador determina qual tipo de instrução está sendo executada no momento. A Figura 11.12 mostra um exemplo. A figura mostra tanto o formato geral como uma instância específica de uma instrução em ambos os formatos, 16 e 32 bits.

Figura 11.12 Transformando a instrução ADD Thumb na instrução ARM equivalente

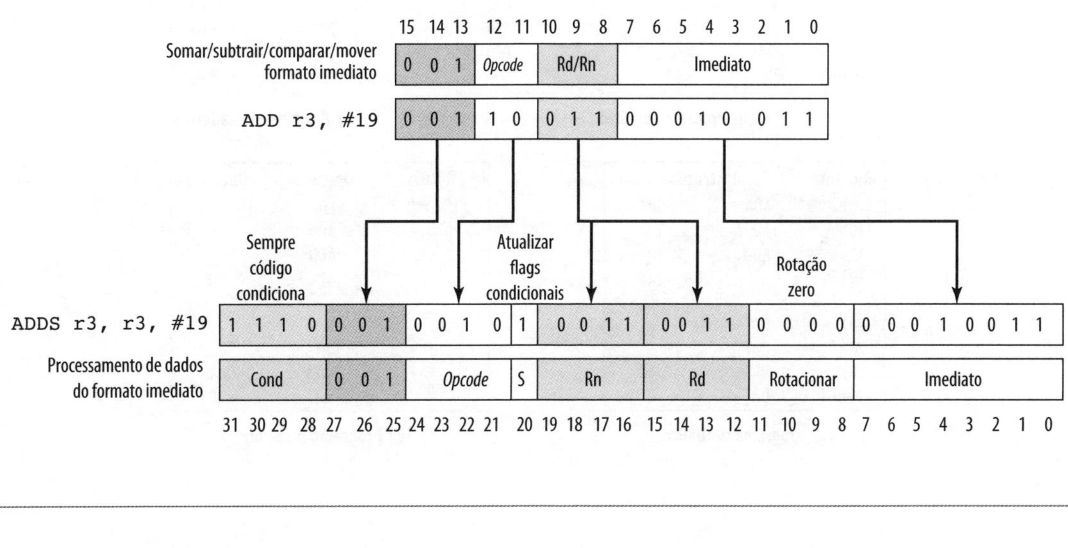

11.5 Linguagem de montagem

Um processador pode entender e executar instruções de máquina. Essas instruções são simples números binários armazenados no computador. Se o programador quisesse programar diretamente na linguagem de máquina, então seria necessário informar o programa como dados binários.

Considere a simples instrução BASIC:

N = I + J + K

Suponha que queiramos programar esta instrução na linguagem de máquina e inicializar I, J e K para 2, 3 e 4, respectivamente. Isso é mostrado na Figura 11.13a. O programa inicia na posição 101 (hexadecimal). Memória é reservada para as quatro variáveis iniciando na posição 201. O programa consiste de quatro instruções:

1. Carrega o conteúdo da posição 201 em AC.
2. Adiciona o conteúdo da posição 202 a AC.
3. Adiciona o conteúdo da posição 203 a AC.
4. Armazena o conteúdo de AC na posição 204.

Este é claramente um processo tedioso e propenso a erros.

Um pequeno avanço seria escrever o programa em hexadecimal no lugar de binário (Figura 10.11b). Podemos escrever o programa como uma série de linhas. Cada linha contém o endereço de uma posição de memória e o código hexadecimal do valor binário para ser armazenado nessa posição. Depois precisamos de um programa que irá aceitar essa entrada, traduzir cada linha em um número binário e armazená-lo em uma posição específica.

Para melhorar mais, podemos usar o nome simbólico ou o mnemônico de cada instrução. Isso resulta em um *programa simbólico* mostrado na Figura 10.11c. Cada linha de entrada ainda representa uma posição de memória. Cada linha consiste de três campos, separados por espaços. O primeiro campo contém o endereço de uma posição. Para uma instrução, o segundo campo contém um símbolo de três letras para *opcode*. Quando se trata de uma instrução que referencia à memória, então o terceiro campo contém o endereço. Para armazenar dados arbitrários em uma

Figura 11.13 Computação na fórmula N = I + J + K

Endereço	Conteúdo			
101	0010	0010	101	2201
102	0001	0010	102	1202
103	0001	0010	103	1203
104	0011	0010	104	3204
201	0000	0000	201	0002
202	0000	0000	202	0003
203	0000	0000	203	0004
204	0000	0000	204	0000

(a) Programa binário

Endereço	Conteúdo
101	2201
102	1202
103	1203
104	3204
201	0002
202	0003
203	0004
204	0000

(b) Programa hexadecimal

Endereço	Instrução	
101	LDA	201
102	ADD	202
103	ADD	203
104	STA	204
201	DAT	2
202	DAT	3
203	DAT	4
204	DAT	0

(c) Programa simbólico

Rótulo	Operação	Operando
FORMUL	LDA	I
	ADD	J
	ADD	K
	STA	N
I	DATA	2
J	DATA	3
K	DATA	4
N	DATA	0

(d) Programa *assembly*

posição, inventamos uma *pseudoinstrução* com o símbolo DAT. Isso é apenas uma indicação de que o terceiro campo da linha contém um número hexadecimal para ser armazenado na posição especificada no primeiro campo.

Para este tipo de entrada precisamos de um programa um pouco mais complexo. O programa aceita cada linha de entrada, gera um número binário com base no segundo e terceiro (se estiver presente) campos e o armazena na posição definida no primeiro campo.

A utilização de um programa simbólico torna a vida muito mais fácil, mas ainda é estranho porque precisamos dar um endereço absoluto para cada palavra. Isso significa que o programa e os dados podem ser carregados em apenas uma posição da memória e nós precisamos saber essa posição antecipadamente. Pior ainda, suponha que queiramos mudar o programa um dia adicionando ou excluindo uma linha. Isso irá alterar os endereços de todas as palavras subsequentes.

Um sistema bem melhor, e normalmente utilizado, é usar endereços simbólicos. Isso é ilustrado na Figura 10.11d. Cada linha ainda consiste de três campos. O primeiro campo ainda é para endereço, porém um símbolo é usado no lugar de um endereço numérico absoluto. Algumas linhas não possuem endereço, o que implica que o endereço dessa linha é um a mais do que o endereço da linha anterior. Para instruções que referenciam memória, o terceiro campo também contém um endereço simbólico.

Com estas últimas melhorias nós temos uma *linguagem de montagem* (*linguagem assembly*). Programas escritos em linguagem de montagem (programas *assembly*) são traduzidos para linguagem de máquina por um *assembler* (montador). Esse programa precisa fazer não apenas a tradução simbólica discutida anteriormente, como deve também atribuir endereços de memória para endereços simbólicos.

O desenvolvimento da linguagem de montagem foi um grande marco na evolução da tecnologia de computadores. Foi o primeiro passo para linguagens de alto nível usadas atualmente. Embora poucos programadores usem linguagem de montagem, teoricamente todas as máquinas fornecem uma. Elas são usadas, quando usadas, para programas de sistema como compiladores e rotinas de E/S.

O Apêndice B fornece uma explicação mais detalhada sobre a linguagem de montagem.

11.6 Leitura recomendada

As referências citadas no Capítulo 10 são igualmente aplicáveis ao material deste capítulo. Blaauw e Brooks (1997[j]) contém uma discussão detalhada sobre formatos das instruções e modos de endereçamento. Além disso, o leitor pode querer consultar Flynn, Johnson e Wakefield (1985[k]) que discutem e analisam questões de projeto do conjuntos de instruções, particularmente aquelas relacionadas com formatos.

Principais termos, perguntas de revisão e problemas

Principais termos

Auto-indexação	Endereçamento imediato	Pré-indexação
Endereçamento por registrador base	Indexação	Endereçamento por registradores
Endereçamento direto	Endereçamento indireto	Endereçamento indireto por registradores
Endereçamento por deslocamento	Formato da instrução	Endereçamento relativo
Endereço efetivo	Pós-indexação	Palavra

Perguntas de revisão

11.1 Defina resumidamente endereçamento imediato.

11.2 Defina resumidamente endereçamento direto.

11.3 Defina resumidamente endereçamento indireto.

11.4 Defina resumidamente endereçamento de registradores.

11.5 Defina resumidamente endereçamento indireto por registradores.

11.6 Defina resumidamente endereçamento por deslocamento.

11.7 Defina resumidamente endereçamento relativo.

11.8 Qual é a vantagem da autoindexação?

11.9 Qual é a diferença entre pós-indexação e pré-indexação?

11.10 Quais fatores devem ser levados em conta para determinar o uso de bits de endereçamento de uma instrução?

11.11 Quais são as vantagens e as desvantagens de usar o formato da instrução de tamanho variável?

Problemas

11.1 Dados os seguintes valores de memória e uma máquina de um endereço com um acumulador, quais valores as instruções a seguir carregam no acumulador?

- Palavra 20 contém 40.
- Palavra 30 contém 50.
- Palavra 40 contém 60.
- Palavra 50 contém 70.

a. CARREGAR IMEDIATO 20
b. CARREGAR DIRETO 20
c. CARREGAR INDIRETO 20
d. CARREGAR IMEDIATO 30
e. CARREGAR DIRETO 30
f. CARREGAR INDIRETO 30

11.2 O endereço armazenado no contador de programa é representado pelo símbolo X1. A instrução armazenada em X1 tem uma parte de endereço (referência de operando) X2. O operando necessário para executar a instrução é armazenado na palavra de memória com endereço X3. Um registrador indexador contém o valor X4. Qual é a relação entre essas diversas grandezas se o modo de endereçamento for (a) direto; (b) indireto; (c) PC relativo; (d) indexado?

11.3 Um campo de endereço em uma instrução contém o valor decimal 14. Onde está o operando correspondente para

a. endereçamento imediato?
b. endereçamento direto?
c. endereçamento indireto?
d. endereçamento de registradores?
e. endereçamento indireto de registradores?

11.4 Considere um processador de 16 bits no qual aparece dentro da memória principal o seguinte conteúdo, começando na posição 200:

200	Carregar em AC	Modo
201	500	
202	Próxima instrução	

A primeira parte da primeira palavra indica que esta instrução carrega um valor em um acumulador. O campo Modo especifica um modo de endereçamento e, se apropriado, indica um registrador de origem; assuma que, quando usado, o registrador de origem é R1 e tem o valor 400. Há também um registrador base que contém o valor 100. O valor 500 na posição 201 pode ser uma parte do cálculo do endereço. Suponha que a posição 399 contém o valor 999, a posição 400 contém o valor 1.000, e assim por diante. Determine o endereço efetivo e o operando a ser carregado para os seguintes modos de endereçamento:

a. Direto **b.** Imediato **c.** Indireto	**d.** PC relativo **e.** Deslocamento **f.** Registrador	**g.** Registrador indireto **h.** Autoindexação com incremento usando R1

11.5 A instrução de desvio no modo PC-relativo tem o tamanho de 3 bytes. O endereço da instrução, decimal, é 256028. Determine o endereço de destino do desvio se o deslocamento com sinal na instrução for –31.

11.6 A instrução de desvio no modo PC relativo é armazenada na memória no endereço 620_{10}. Um desvio é feito para posição 530_{10}. O campo de endereço da instrução tem o tamanho de 10 bits. Qual é o valor binário na instrução?

11.7 Quantas vezes o processador precisa referenciar a memória quando obtém e executa uma instrução no modo de endereçamento indireto se a instrução for (a) um cálculo requerendo um único operando; (b) um desvio?

11.8 O IBM 370 não oferece endereçamento indireto. Suponha que o endereço de um operando esteja na memória principal. Como você acessaria o operando?

11.9 Em Cook e Dande (1982[!]) os autores propõem que o modo de endereçamento PC-relativo seja substituído por outros modos, como o uso de uma pilha. Qual é a desvantagem dessa proposta?

11.10 O x86 inclui a seguinte instrução:

IMUL op1, op2, immediate

Esta instrução multiplica op2, o qual pode ser registrador ou memória, pelo valor do operando imediato e guarda o resultado em op1, o qual tem que ser um registrador. Não existe nenhuma outra instrução de três operandos deste tipo no conjunto de instruções. Qual o possível uso dessa instrução? (*Dica*: considere a indexação).

11.11 Considere um processador que inclui um modo de endereçamento base com indexação. Suponha que uma instrução que emprega esse modo de endereçamento e especifica um deslocamento de 1970 em decimal seja encontrada. Atualmente, o registrador base e o indexador contêm os números decimais 48022 e 8, respectivamente. Qual é o endereço do operando?

11.12 EA = (X)+ é o endereço efetivo igual ao conteúdo da posição X, com X sendo incrementado em tamanho de uma palavra depois que o endereço efetivo é calculado; EA = – (X) é o endereço efetivo igual ao conteúdo da posição X, com X sendo decrementado em tamanho de uma palavra antes que o endereço efetivo seja calculado; EA = (X) – é o endereço efetivo igual ao conteúdo da posição X, com X sendo decrementado em tamanho de uma palavra depois que o endereço efetivo é calculado. Considere as seguintes instruções, cada uma no formato (Operação, Operando de Origem, Operando de Destino) e o resultado da operação sendo guardado no operando de destino.

a. OP X, (X)
b. OP (X), (X) +
c. OP (X) +, (X)
d. OP – (X), (X)
e. OP – (X), (X) +
f. OP (X) +, (X) +
g. OP (X) – , (X)

Usando X como ponteiro da pilha, qual destas instruções pode pegar os dois primeiros elementos do topo da pilha, executar uma determinada operação (por exemplo, SOMAR origem com destino e armazenar no destino) e colocar o resultado de volta na pilha? Para cada instrução dessas, a pilha cresce em direção à posição 0 da memória ou na direção oposta?

11.13 Suponha um processador baseado em pilha que inclui as operações de pilha PUSH e POP. As operações aritméticas envolvem automaticamente um ou dois elementos do topo da pilha. Comece com uma pilha vazia. Quais elementos restam na pilha depois que as instruções a seguir são executadas?

PUSH 4
PUSH 7
PUSH 8
ADD
PUSH 10
SUB
MUL

11.14 Justifique a afirmação de que uma instrução de 32 bits é provavelmente menos do que duas vezes mais útil do que uma instrução de 16 bits.

11.15 Por que a decisão da IBM de mudar de 36 bits para 32 bits por palavra foi dolorosa e para quem ela o foi?

11.16 Suponha um conjunto de instruções que usa um tamanho fixo de instrução de 16 bits. Especificadores de operandos têm o tamanho de 6 bits.

Existem instruções *K* de dois operandos e instruções *L* de zero operandos. Qual é o número máximo de instruções de um operando que podem ser suportadas?

11.17 Projete um *opcode* de tamanho variável que permita que tudo que está relacionado a seguir seja codificado em uma instrução de 36 bits:

- instruções com dois endereços de 15 bits e um registrador numérico de 3 bits
- instruções com um endereço de 15 bits e um registrador numérico de 3 bits
- instruções sem endereços ou registradores

11.18 Considere os resultados do Problema 10.6. Suponha que M seja um endereço de memória de 16 bits e que X, Y e Z sejam ou endereços de 16 bits ou registradores numéricos de 4 bits. A máquina de um endereço usa um acumulador e as máquinas de dois e três endereços possuem 16 registradores e instruções operando em todas as combinações de posições de memória e registradores. Assumindo *opcodes* de 8 bits e tamanhos das instruções que sejam múltiplos de 4 bits, quantos bits cada máquina precisa para calcular X?

11.19 Existe alguma justificativa possível para uma instrução com dois *opcodes*?

11.20 O Zilog Z8001 de 16 bits possui o seguinte formato geral da instrução:

<table>
<tr><td>15</td><td>14</td><td>13</td><td>12</td><td>11</td><td>10</td><td>9</td><td>8</td><td>7</td><td>6</td><td>5</td><td>4</td><td>3</td><td>2</td><td>1</td><td>0</td></tr>
<tr><td colspan="2">Modo</td><td colspan="5">Opcode</td><td>w/b</td><td colspan="4">Operando 2</td><td colspan="4">Operando 1</td></tr>
</table>

O campo *modo* define como localizar operandos a partir dos campos *operando*. O campo *w/b* é usado em certas instruções para determinar se os operandos são bytes ou palavras de 16 bits. O campo *operando 1* pode (dependendo do conteúdo do campo *modo*) definir um dos 16 registradores de uso geral. O campo *operando 2* pode definir qualquer registrador de uso geral exceto registrador 0. Quando o campo *operando 2* for todo zero, cada um dos *opcodes* originais assume um novo significado.

a. Quantos *opcodes* são fornecidos em Z8001?

b. Sugira uma maneira eficiente para prover mais *opcodes* e indique a negociação envolvida.

Referências

a FRAILEY, D. "Word length of a computer architecture: definitions and applications". *Computer Architecture News*, jun. 1983.

b LUNDE, A. "Empirical evaluation of some features of instruction set processor architectures". *Communications of the ACM*, mar. 1977.

c HUCK, T. *Comparative analysis of computer architectures*. Stanford University Technical Report No. 83-243, mai. 1983.

d CRAGON, H. "An evaluation of code space requirements and performance of various architectures". *Computer Architecture News*, fev. 1979.

e BELL, C.; NEWELL, A. e SIEWIOREK, D. "Structural levels of the PDP-8". Em: BELL, C; MUDGE, J. e McNAMARA, J. *Computer engineering: a DEC view of hardware systems design*. Bedford, MA: Digital Press, 1978.

f BELL, C.; KOTOK, A. HASTINGS, T. e HILL, R. "The evolution of the DEC system-10". *Communications of the ACM*, jan. 1978.

g BELL, C; CADY, R.; McFARLAND, H.; DELAGI, B.; O'LOUGHLIN, J. e NOONAN, R. "A new architecture for minicomputers—the DEC PDP-11". *Proceedings, Spring Joint Computer Conference*, 1970.

h STRECKER, W. "VAX-11/780: a virtual address extension to the DEC PDP-11 family". *Proceedings, National Computer Conference*, 1978.

i DEWAR, R. e SMOSNA, M. *Microprocessors: a programmer's view*. Nova York: McGraw-Hill, 1990.

j BLAAUW, G. e BROOKS, F. *Computer architecture: concepts and evolution*. Reading, MA: Addison-Wesley, 1997.

k FLYNN, M.; JOHNSON, J.; e WAKEFIELD, S. "On instruction sets and their formats." *IEEE Transactions on Computers*, mar. 1985.

l COOK, R. e DANDE, N. "An experiment to improve operand addressing". *Proceedings, Symposium on Architecture Support for Programming Languages and Operating Systems*, mar. 1982.

CAPÍTULO 12

Estrutura e função do processador

PRINCIPAIS PONTOS

- Um processador inclui tanto os registradores visíveis ao usuário como os registradores de controle/estado. Os primeiros podem ser referenciados, implícita ou explicitamente, em instruções de máquina. Os registradores visíveis ao usuário podem ser de uso geral ou de uso específico, como para armazenamento de números de ponto fixo ou ponto flutuante, endereços, índices e ponteiros de segmento. Os registradores de controle e estado são usados para controlar a operação do processador. Um exemplo óbvio é o contador de programa (*program counter*). Outro exemplo importante é palavra de estado do programa (PSW, do inglês *program status word*) que contém uma série de bits de estado e condição. Isso inclui os bits para refletir o resultado da mais recente operação aritmética, bits que habilitam interrupção e um indicador para saber se o processador está executando no modo supervisor ou usuário.
- Os processadores usam pipeline de instruções para acelerar a execução. Basicamente, o pipeline envolve quebrar o ciclo da instrução em um número de estágios separados que ocorrem em sequência, como ler a instrução, decodificar a instrução, determinar o endereço do operando, ler os operandos, executar a instrução e escrever o resultado do operando. As instruções se movem por esses estágios como em uma linha de montagem, então cada estágio pode trabalhar em uma instrução diferente ao mesmo tempo. A ocorrência de desvios e dependências entre instruções complicam o projeto e uso de pipelines.

Este capítulo discute os aspectos do processador que não foram cobertos na Parte Três e nos prepara para uma discussão sobre as arquiteturas RISC e superescalares nos capítulos 13 e 14.

Começamos com um resumo sobre a organização do processador. Depois analisaremos os registradores, os quais formam a memória interna do processador. Estaremos então aptos para retornar à discussão (iniciada na Seção 3.2) sobre o ciclo da instrução. Uma descrição do ciclo da instrução e uma técnica comum conhecida como pipelining de instruções completam a nossa descrição. O capítulo termina com uma análise de alguns aspectos das organizações x86 e ARM.

12.1 Organização do processador

Para entender a organização do processador, vamos considerar os requisitos que lhe são exigidos:

- **Buscar instrução**: o processador lê uma instrução da memória (registrador, cache, memória principal).
- **Interpretar a instrução**: a instrução é decodificada para determinar qual ação é requerida.
- **Obter os dados**: a execução de uma instrução pode requerer leitura de dados da memória ou um módulo de E/S.
- **Processar os dados**: a execução de uma instrução pode requerer efetuar alguma operação aritmética ou lógica com os dados.
- **Gravar os dados**: os resultados de uma execução podem requerer gravar dados para memória ou um módulo E/S.

Para fazer essas coisas, deve estar claro que o processador precisa armazenar alguns dados temporariamente. Ele deve lembrar a posição da última instrução executante para que possa saber onde obter a próxima instrução a ser executada. Ele precisa armazenar instruções e dados temporariamente enquanto uma instrução está sendo executada. Em outras palavras, o processador precisa de uma pequena memória interna.

A Figura 12.1 é uma visão simplificada do processador, indicando a sua conexão com o restante do sistema por meio do barramento do sistema. Uma interface similar seria necessária para qualquer estrutura de interconexão entre as descritas no Capítulo 3. O leitor irá lembrar que os principais componentes do processador são uma ***unidade lógica e aritmética*** (ALU) e uma *unidade de controle*. A ALU faz os cálculos ou processamento de dados de fato. A unidade de controle controla a movimentação de dados e das instruções que entram e saem do processador e controla a operação de ALU. Além disso, a figura mostra uma memória interna pequena que consiste de um conjunto de locais de armazenamento chamados de *registradores*.

A Figura 12.2 é uma visão um pouco mais detalhada do processador. Os caminhos de transferência de dados e controle lógico são destacados, inclusive um elemento chamado *barramento interno do processador*. Este elemento é necessário para transferir dados entre vários registradores e ALU, porque a ALU na verdade opera apenas os dados que estejam na memória interna do processador. A figura mostra também os elementos básicos típicos dela. Observe a semelhança entre a estrutura interna do computador como um todo e a estrutura interna do processador. Em ambos os casos, existe um pequeno conjunto de elementos principais (computador: processador, E/S, memória; processador: unidade de controle, ALU, registradores) conectados por caminhos de dados.

Figura 12.1 CPU com barramento de sistema

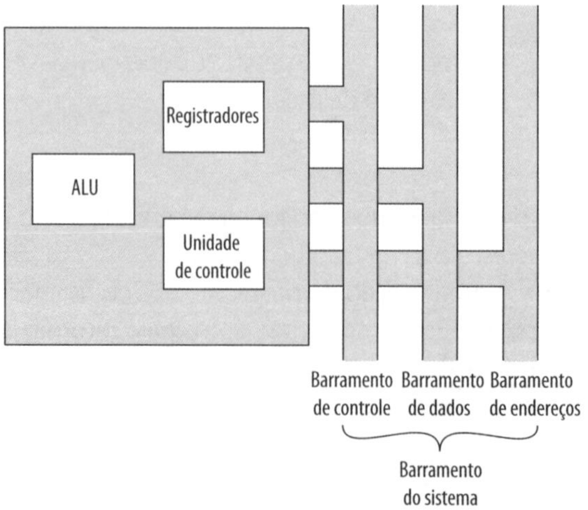

Figura 12.2 Estrutura interna da CPU

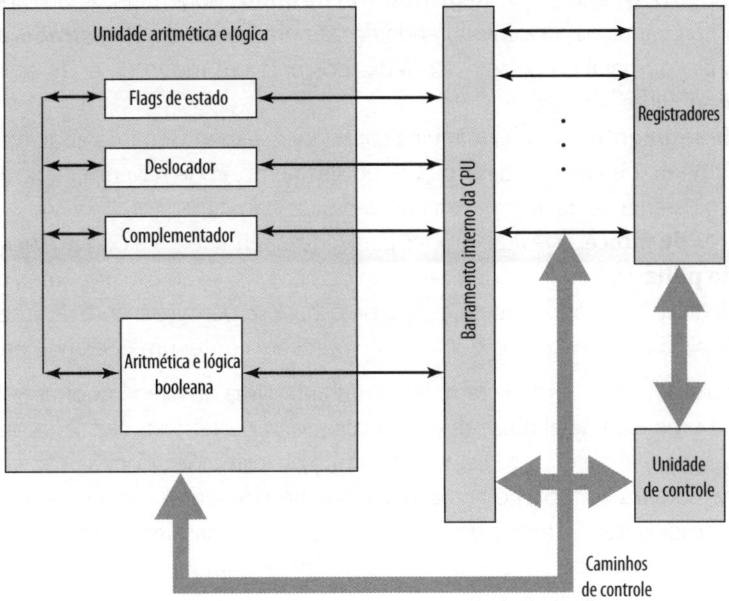

12.2 Organização dos registradores

Conforme discutimos no Capítulo 4, um sistema de computador emprega uma hierarquia de memória. Em níveis mais altos da hierarquia, a memória é mais rápida, menor e mais cara (por bit). Dentro do processador, existe um conjunto de registradores que funcionam como um nível de memória acima da memória principal e da cache dentro desta hierarquia. Os registradores no processador desempenham dois papéis:

- **Registradores visíveis ao usuário**: possibilitam que o programador de linguagem de máquina ou assembly minimize as referências à memória, pela otimização do uso de registradores.
- **Registradores de controle e estado**: usados pela unidade de controle para controlar a operação do processador e por programas privilegiados do Sistema Operacional para controlar a execução de programas.

Não há uma separação clara de registradores nessas duas categorias. Por exemplo, em algumas máquinas, o contador de programas é visível ao usuário (por exemplo, o x86) mas, em muitos outros, não é. No entanto, para o propósito da discussão que segue, usaremos essas categorias.

Registradores visíveis ao usuário

Um registrador visível ao usuário é aquele que pode ser referenciado pelos recursos da linguagem de máquina que o processador executa. Podemos dividi-los em seguintes categorias:

- Uso geral.
- Dados.
- Endereços.
- Códigos condicionais.

Registradores de propósito geral podem ser atribuídos para uma variedade de funções pelo programador. Algumas vezes, seu uso dentro do conjunto de instruções é ortogonal para a operação. Isto é, qualquer registrador de uso geral pode conter um operando para qualquer *opcode*. Isso permite o verdadeiro uso dos registradores de propósito geral. No entanto, frequentemente existem restrições. Por exemplo, pode haver registradores dedicados para ponto flutuante e operações de pilha.

Em alguns casos, os registradores de propósito geral podem ser usados para funções de endereçamento (por exemplo, indireto por registradores, deslocamento). Em outros casos, existe uma separação clara ou parcial entre os registradores de dados e os de endereços. ***Registradores de dados*** podem ser usados apenas para guardar dados e não podem ser empregados para calcular o endereço de um operando. ***Registradores de endereços*** podem ser, de certa forma, de uso geral ou podem ser dedicados para um modo de endereçamento em particular. Os exemplos incluem o seguinte:

- **Ponteiros de segmento**: em uma máquina com endereçamento segmentado (veja a Seção 8.3), um registrador de segmento guarda o endereço base do segmento. Pode haver múltiplos registradores: por exemplo, um para o sistema operacional e um para o processo atual.
- **Registradores de índice**: estes são usados para indexar endereços e podem ser autoindexados.
- **Ponteiros de pilha**: se houver endereçamento de pilha visível ao usuário, então normalmente haverá um registrador dedicado que aponta para o topo da pilha. Isso permite o endereçamento implícito: ou seja, as instruções de pilha como *push*, *pop* e outras não precisam conter um operando de pilha explícito.

Existem várias questões de projeto a serem discutidas aqui. Uma questão importante é se devemos usar registradores somente de propósito geral ou se devemos especializar o seu uso. Nós já tocamos nessas questões em capítulos anteriores porque isso afeta o projeto do conjunto de instruções. Com a utilização de registradores específicos, normalmente pode estar implícito no *opcode* a que tipo de registrador um determinado especificador de operando se refere. O especificador de operando deve identificar apenas um registrador dentro de um conjunto de registradores específicos em vez de um conjunto de todos os registradores, o que economiza bits. Por outro lado, esta especialização limita a flexibilidade do programador.

Outra questão de projeto é o número de registradores a serem oferecidos, registradores de propósito geral ou de dados mais os de endereços. Isso afeta novamente o conjunto de instruções porque mais registradores requerem mais bits para especificadores de operandos. Conforme discutido anteriormente, algo entre 8 e 32 registradores parece ideal (LUNDE, 1977[a]). Menos registradores resultam em mais referências de memória; mais registradores não reduzem de forma notável as referências de memória (por exemplo, veja WILLIAMS e STEVEN, 1990[b]). No entanto, uma nova abordagem que encontra vantagem no uso de centenas de registradores é mostrada em alguns sistemas RISC e discutida no Capítulo 13.

Finalmente, temos a questão de tamanho do registrador. Registradores que guardam endereços obviamente precisam ter pelo menos o tamanho suficiente para guardar o maior endereço possível. Registradores de dados deveriam ser capazes de guardar valores da maioria de tipos de dados. Algumas máquinas permitem que dois registradores contínuos sejam usados em conjunto para guardar valores de tamanho duplo.

Uma categoria final de registradores, a qual é ao menos parcialmente visível ao usuário, guarda *códigos condicionais* (também chamados de *flags*). Códigos condicionais são bits definidos pelo hardware do processador como resultado das operações. Por exemplo, uma operação aritmética pode produzir um resultado positivo, negativo, zero ou fora da capacidade. Além do resultado que é guardado no registrador ou na memória, um código condicional também é definido. O código pode ser testado na sequência como parte de uma operação de desvio condicional.

Os bits de códigos condicionais são coletados em um ou mais registradores. Normalmente eles fazem parte do registrador de controle. Geralmente, as instruções de máquina permitem que esses bits sejam lidos por referência implícita, mas o programador não pode alterá-los.

Muitos processadores, inclusive aqueles baseados na arquitetura IA-64 e os processadores MIPS, nem sequer usam códigos condicionais. Em vez disso, as instruções de desvios condicionais especificam uma comparação para ser feita e atuam no resultado dessa comparação, sem armazenar um código condicional. A Tabela 12.1, baseada em DeRosa e Levy (1987[c]), mostra as principais vantagens e desvantagens dos códigos condicionais.

Em algumas máquinas, uma chamada de sub-rotina resultará automaticamente no salvamento de todos os registradores visíveis ao usuário para serem restaurados no retorno. O processador efetua salvamento e restauração como parte da execução das instruções de chamada e retorno. Isso permite que cada sub-rotina use os registradores visíveis ao usuário independentemente. Em outras máquinas, é responsabilidade do programador salvar os conteúdos dos registradores visíveis ao usuário relevantes antes de uma chamada de sub-rotina, incluindo as instruções para este propósito dentro do programa.

Tabela 12.1 Códigos condicionais

Vantagens	Desvantagens
1. Como os códigos condicionais são definidos por instruções normais aritméticas ou de movimentação de dados, eles devem reduzir o número de instruções de comparação e teste (COMPARE, TEST) necessárias.	1. Códigos condicionais acrescentam complexidade, tanto para hardware como para software. Os bits dos códigos condicionais são frequentemente modificados de maneiras diferentes por instruções diferentes, tornando a vida do microprogramador e do projetista de compiladores mais difícil.
2. Instruções condicionais, como BRANCH, são simplificadas em relação a instruções compostas como TEST AND BRANCH.	2. Códigos condicionais são irregulares; normalmente eles não fazem parte do caminho principal de dados e, por isso, requerem conexões extras de hardware.
3. Códigos condicionais facilitam desvios múltiplos. Por exemplo, uma instrução TEST pode ser seguida de dois desvios, um para menor ou igual a zero e outro para maior que zero.	3. Frequentemente, máquinas com códigos condicionais precisam adicionar instruções especiais que não usam códigos condicionais para situações especiais de qualquer forma, como verificação de bits, controle de laços e operações atômicas de semáforos.
	4. Em uma implementação de pipeline, códigos condicionais requerem sincronização especial para evitar conflitos.

Registradores de controle e estado

Existe uma variedade de registradores do processador que são empregados para controlar a operação do processador. Grande parte deles, na maioria das máquinas, não é visível ao usuário. Alguns podem ser visíveis às instruções da máquina executadas no modo de controle ou de sistema operacional.

É claro que máquinas diferentes terão diferentes organizações dos registradores e usarão terminologia diferente. Mostramos aqui uma lista razoavelmente completa de tipos de registradores com uma breve descrição.

Quatro registradores são essenciais para execução das instruções:

- **Contador de programas (PC)**: contém o endereço de uma instrução a ser lida.
- **Registrador da instrução (IR)**: contém a instrução lida mais recentemente.
- **Registrador de endereço de memória (MAR)**: contém o endereço de uma posição de memória.
- **Registrador de buffer de memória (MBR)**: contém uma palavra de dados para ser escrita na memória ou a palavra lida mais recentemente.

Nem todos os processadores possuem registradores internos designados como MAR e MBR, mas é necessário algum mecanismo de buffer equivalente pelo qual os bits a serem transferidos ao barramento do sistema são processados e os bits a serem lidos do barramento de dados são armazenados temporariamente é necessário.

Normalmente, o processador atualiza o PC depois de ler cada instrução para que o PC sempre aponte para a próxima instrução a ser executada. Uma instrução de desvio ou salto também irá modificar o conteúdo de PC. A instrução lida é colocada em IR, onde o *opcode* e os especificadores de operando são analisados. Os dados são trocados com a memória com o uso de MAR e MBR. Em um sistema organizado com barramentos, MAR se conecta diretamente ao barramento de endereços e MBR se conecta diretamente ao barramento de dados. Registradores visíveis ao usuário, por sua vez, trocam dados com MBR.

Os quatro registradores mencionados são usados para movimentar dados entre o processador e a memória. Dentro do processador, os dados precisam ser apresentados à ALU para serem processados. Ela pode ter acesso direto ao MBR e aos registradores visíveis ao usuário. Alternativamente, pode haver outros registradores de buffer na vizinhança do ALU; esses registradores servem como registradores de entrada e saída para a ALU e para trocar dados com o MBR e com os registradores visíveis ao usuário.

Muitos modelos de processador incluem um registrador ou conjunto de registradores frequentemente conhecido como *palavra de* estado *do programa* (PSW), o qual contém as informações de estado. Normalmente a PSW contém códigos condicionais e outras informações de estado. Campos comuns ou flags incluem:

- **Sinal**: contém o bit de sinal do resultado da última operação aritmética.
- **Zero**: marcado quando o resultado é 0.

- ***Carry***: marcado se uma operação resultou em transportar (adição) para empréstimo (subtração) de um bit de ordem maior. Usado para operações aritméticas de múltiplas palavras.
- **Igual**: marcado se uma comparação lógica resultou em igualdade.
- ***Overflow***: usado para indicar sobrecarga aritmética.
- **Habilitar/desabilitar interrupção**: usado para habilitar ou desabilitar interrupções.
- **Supervisor**: indica se o processador está executando no modo supervisor ou usuário. Algumas instruções privilegiadas podem ser executadas apenas no modo supervisor e algumas áreas de memória podem ser acessadas apenas no modo supervisor.

Vários outros registradores relacionados com estado e controle podem ser encontrados em um determinado modelo de processador. Pode haver um ponteiro para um bloco de memória contendo informações adicionais de estado (por exemplo, blocos de controle de processo). Em máquinas que usam interrupções vetoradas, um registrador de interrupção vetorada pode ser fornecido. Se uma pilha é usada para implementar algumas funções (por exemplo, chamada de sub-rotinas), então um ponteiro de pilha de sistema é necessário. O ponteiro da tabela de página é usado em um sistema de memória virtual. Finalmente, registradores podem ser usados no controle de operações E/S.

Uma série de fatores influencia o projeto da organização dos registradores de controle e estado. Uma questão fundamental é o suporte ao sistema operacional. Certos tipos de informações de controle são específicas do Sistema Operacional. Se o projetista do processador tem o entendimento funcional do sistema operacional a ser usado, então uma parte da responsabilidade da organização dos registradores pode ser designada ao sistema operacional.

Outra decisão fundamental do projeto é a alocação da informação de controle entre registradores e memória. É comum dedicar algumas primeiras centenas (mais baixas) ou milhares de palavras de memória para propósitos de controle. O projetista deve decidir quanto da informação de controle deve estar nos registradores e quanto em memória. Aparece a comum negociação entre custos *versus* velocidade.

Exemplo de organização de registradores de microprocessadores

É instrutivo examinar e comparar a organização de registradores entre sistemas semelhantes. Nesta seção, iremos analisar dois microprocessadores de 16 bits que foram projetados quase ao mesmo tempo: Motorola MC68000 (STRITTER e GUNTER, 1979[d]) e Intel 8086 (MORSE, POHLMAN e RAVENEL, 1978[e]). As Figuras 12.3a e 12.3b ilustram a organização de registradores de cada um deles; registradores totalmente internos, como um registrador de endereços de memória, não são mostrados.

O MC68000 divide seus registradores de 32 bits em oito registradores de dados e nove registradores de endereços. Os oito registradores de dados são usados principalmente para manipulação de dados e também no endereçamento como registradores indexadores. O tamanho dos registradores permite operações de dados de 8, 16 ou 32 bits determinadas por *opcode*. Os registradores de endereço contêm endereços de 32 bits (sem segmentação); dois desses registradores são usados também como ponteiros da pilha, um para usuários e outro para o sistema operacional, dependendo do atual modo de execução. Os dois registradores são numerados como 7, porque apenas um pode ser usado por vez. O MC68000 inclui também um contador de programa de 32 bits um registrador de estado de 16 bits.

A equipe da Motorola quis um conjunto de registradores muito regular, sem nenhum registrador de uso especializado. A preocupação com a eficiência do código o levou a dividir os registradores em dois componentes funcionais, economizando um bit em cada especificador de registrador. Este parece ser um compromisso razoável entre generalização total e compactação de código.

O Intel 8086 usa uma abordagem diferente para organização de registradores. Cada registrador é de uso específico, embora alguns registradores possam ser usados como registradores de uso geral. O 8086 contém quatro registradores de dados de 16 bits que podem ser endereçados como um byte ou como 16 bits e quatro registradores indexadores e ponteiros de 16 bits. Os registradores de dados podem ser de propósito geral em algumas instruções. Em outras, os registradores são usados implicitamente. Por exemplo, uma instrução de multiplicação sempre usa o acumulador. Os quatro registradores de ponteiro também são usados implicitamente em várias operações; cada um contém um offset de segmento. Existem também quatro registradores de segmento de 16 bits. Três dos quatro registradores de segmento são usados de forma dedicada e implícita para apontar o segmento da instrução atual

Figura 12.3 Exemplo das organizações de registradores do microprocessador

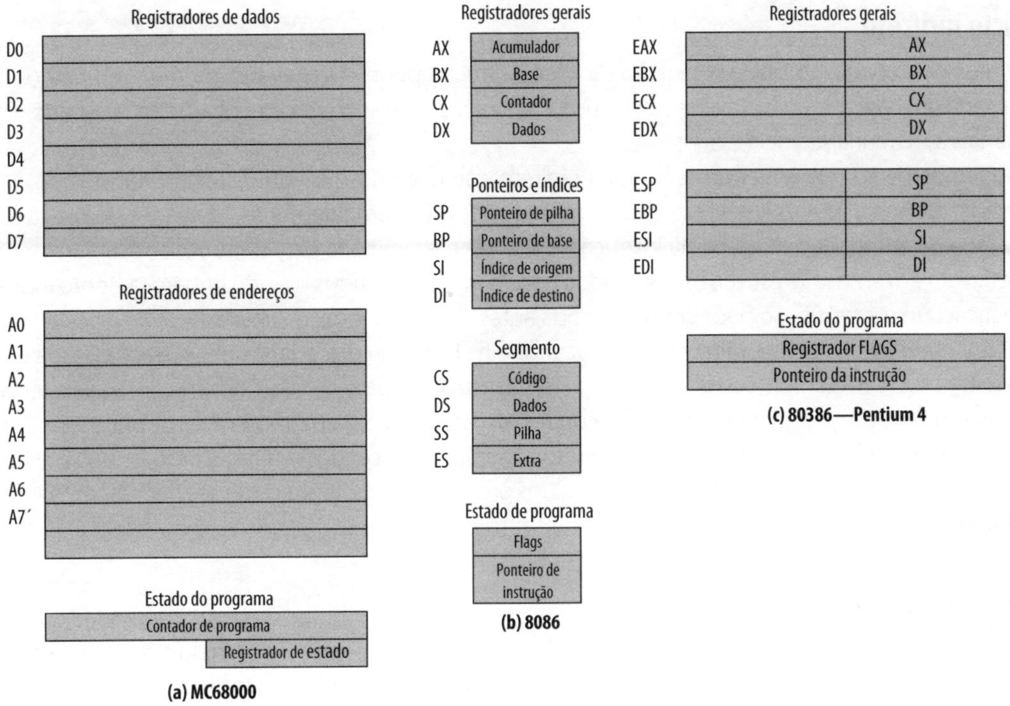

(útil para instruções de desvio), um segmento contendo os dados e um segmento contendo pilha, respectivamente. Este uso dedicado e implícito possibilita a compactação de código com o custo da redução da flexibilidade reduzida. O 8086 inclui também um ponteiro de instrução e um conjunto de flags de 1 bit de estado e controle.

O objetivo desta comparação deve ser claro. Não há uma filosofia universalmente aceita no que diz respeito à melhor forma para organizar registradores de um processador (TOONG e GUPTA, 1981[f]). Como acontece com o projeto do conjunto de instruções e tantas outras questões sobre o projeto dos processadores, tudo isso é ainda uma questão de gosto e julgamento.

Outro ponto instrutivo a respeito do projeto da organização de registradores está ilustrado na Figura 12.3c. Esta figura mostra a organização de registradores visíveis ao usuário para Intel 80386 (EL-AYAT e AGARWAL,1985[g]), o qual é um microprocessador de 32 bits projetado como uma extensão do 8086.[1] O 80386 usa registradores de 32 bits. No entanto, para permitir a compatibilidade de programas escritos para máquinas anteriores, o 80386 mantém a organização de registradores original embutida na nova organização. Dada essa limitação do projeto, os projetistas dos processadores de 32 bits tiveram flexibilidade limitada ao projetar a organização dos registradores.

12.3 Ciclo da instrução

Na Seção 3.2 descrevemos o ciclo da instrução do processador (Figura 3.9). Para relembrar, um ciclo de instrução inclui os seguintes estágios:

- **Buscar**: lê a próxima instrução da memória para dentro do processador.
- **Executar**: interpreta *opcode* e efetua a operação indicada.
- **Interromper**: se as interrupções estão habilitadas e uma interrupção ocorre, salva o estado do processo atual a atende a interrupção.

1 Como o MC68000 já usava registradores de 32 bits, MC68020 (MACDOUGALL, 1984[h]) o qual tem uma arquitetura totalmente de 32 bits, usa a mesma organização de registradores.

Estamos na posição agora de poder elaborar algo a mais no ciclo da instrução. Primeiramente temos que introduzir um estágio adicional, conhecido como ciclo indireto.

Ciclo indireto

Vimos no Capítulo 11 que a execução de uma instrução pode envolver um ou mais operandos na memória, onde cada um deles requer um acesso à memória. Além disso, se o endereçamento indireto é usado, então acessos adicionais à memória são necessários.

Podemos pensar em obter um endereço indireto como sendo mais um estágio da instrução. O resultado é mostrado na Figura 12.4. A linha principal da atividade consiste em alternar as atividades de buscar a instrução e executar a instrução. Depois que uma instrução é lida, ela é examinada para determinar se algum endereçamento indireto está envolvido. Se estiver, os operandos necessários são obtidos usando endereçamento indireto. Durante a execução, uma interrupção pode ser processada antes de obter a próxima instrução.

Outra maneira de ver este processo está mostrada na Figura 12.5, a qual é uma versão revisada da Figura 12.4. Isso ilustra mais corretamente a natureza do ciclo da instrução. Uma vez lida a instrução, os seus especificadores de operandos devem ser identificados. Cada operando de entrada na memória é, então, lidos na memória e este processo pode requerer endereçamento indireto. Operandos baseados em registradores não precisam ser obtidos da memória. Uma vez o *opcode* executado, um processo semelhante pode ser necessário para armazenar o resultado na memória principal.

Fluxo de dados

A sequência exata de eventos durante um ciclo de instrução depende do modelo do processador. No entanto, podemos indicar de uma maneira geral o que deve acontecer. Vamos supor um processador que emprega um registrador de endereço de memória (MAR), um registrador de buffer de memória (MBR), um contador de programa (PC) e um registrador de instrução (IR).

Durante o *ciclo de leitura*, uma instrução é lida da memória. A Figura 12.6 mostra o fluxo de dados durante esse ciclo. PC contém o endereço da próxima instrução a ser lida. Esse endereço é movido para MAR e colocado no barramento de endereços. A unidade de controle requer uma leitura de memória e o resultado é colocado no barramento e copiado para MBR e depois movido para IR. Enquanto isso, o PC é incrementado por 1, preparando-se para próxima leitura.

Uma vez terminado o ciclo de leitura, a unidade de controle examina o conteúdo de IR para determinar se ele contém um especificador de operando que use endereçamento indireto. Se for esse o caso, um *ciclo indireto* é efetuado. Conforme mostrado na Figura 12.7, este é um ciclo simples. Os *N* bits da extrema direita de MBR, o qual contém a referência de endereço, são transferidos para MAR. Depois, a unidade de controle requisita uma leitura de memória para obter o endereço desejado do operando em MBR.

Figura 12.4 O ciclo da instrução

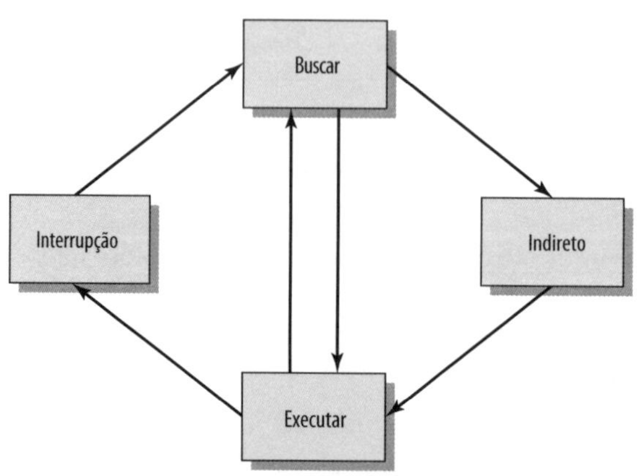

Figura 12.5 Diagrama de estado do ciclo da instrução

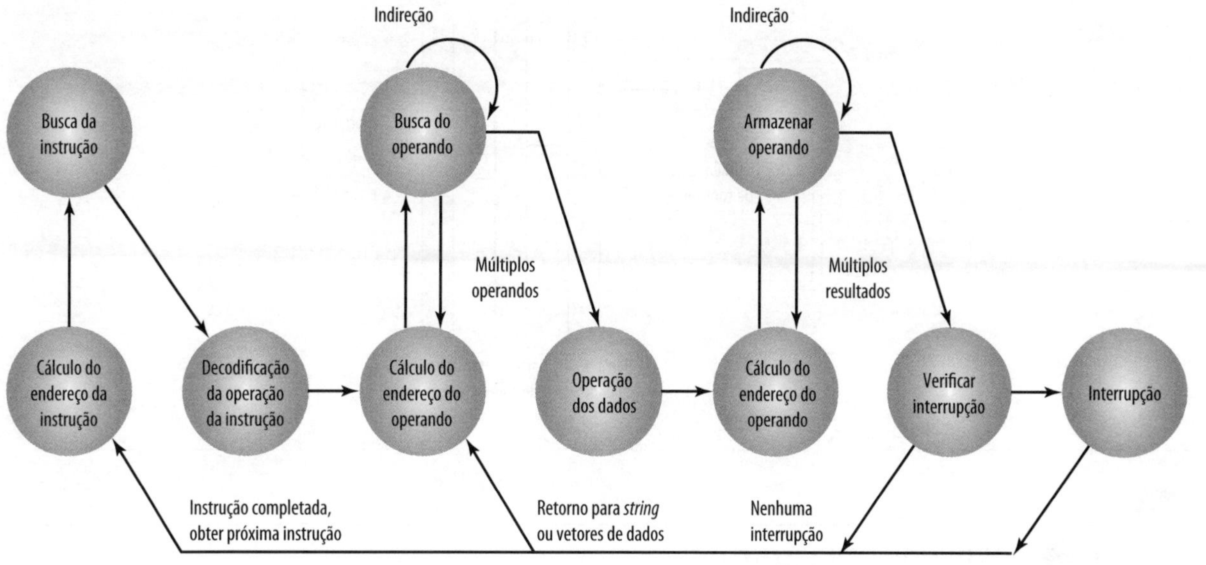

Os ciclos de leitura e indiretos são simples e previsíveis. O *ciclo de execução* assume muitas formas; a forma depende de qual das várias instruções de máquina está em IR. Este ciclo pode envolver a transferência de dados entre registradores, leitura ou escrita de memória ou E/S e/ou a utilização de ALU.

Assim como o ciclo de leitura e o indireto, o *ciclo de interrupção* é simples e previsível (Figura 12.8). O conteúdo atual de PC deve ser salvo para que o processador possa resumir a atividade normal depois da interrupção. Assim, os conteúdos de PC são transferidos para MBR para serem gravados na memória. A posição especial de memória reservada para este fim é carregada em MAR a partir da unidade de controle. Isso poderia ser, por exemplo, um ponteiro de pilha. O PC é preenchido com o endereço da rotina de interrupção. Como resultado disso, o próximo ciclo de instrução começará obtendo a instrução apropriada.

Figura 12.6 Fluxo de dados do ciclo de busca

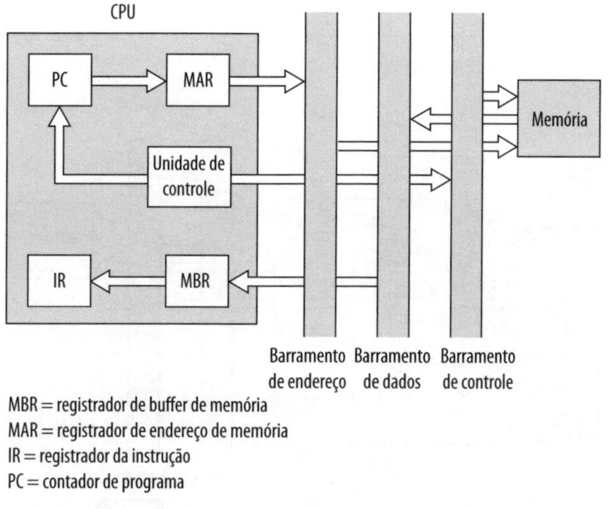

Figura 12.7 Fluxo de dados do ciclo indireto

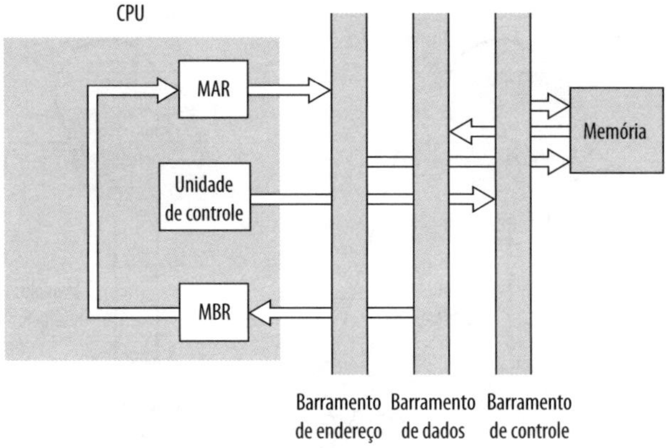

12.4 Pipeline de instruções

À medida que os sistemas computacionais evoluem, um melhor desempenho pode ser obtido tirando vantagens das melhorias na tecnologia, como por exemplo circuitos mais rápidos. Além disso, melhorias organizacionais no processador podem melhorar o desempenho. Nós já vimos alguns exemplos disso, como o uso de múltiplos registradores no lugar de um único acumulador e o uso de memória cache. Outra abordagem organizacional bastante comum é o pipeline da instrução.

Estratégia do pipeline

Pipeline de instrução é semelhante ao uso de uma linha de montagem numa planta industrial. Uma linha de montagem tira a vantagem do fato de que um produto passa por vários estágios da produção. Ao implantar o processo de produção em uma linha de montagem, produtos em vários estágios podem ser trabalhados simultaneamente. Este processo é também chamado de *pipelining*, porque assim como em uma tubulação, novas entradas são aceitas num lado antes que as entradas aceitas anteriormente apareçam como saídas do outro lado.

Para aplicar este conceito à execução da instrução, precisamos reconhecer o fato de que uma instrução possui vários estágios. A Figura 12.5, por exemplo, quebra o ciclo da instrução em 10 tarefas que ocorrem em sequência. Certamente deve existir alguma oportunidade para aplicar o conceito de pipeline.

Figura 12.8 Fluxo de dados do ciclo de interrupção

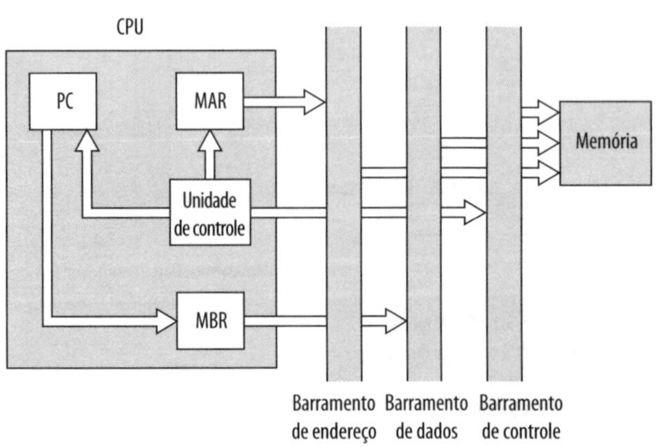

Como uma abordagem simplificada, considere dividir o processamento da instrução em dois estágios: ler instrução e executar instrução. Existem momentos durante a execução de uma instrução em que a memória principal não está sendo acessada. Esse tempo poderia ser usado para obter a próxima instrução paralelamente com a execução da instrução atual. A Figura 12.9a ilustra essa abordagem. O pipeline possui dois estágios independentes. O primeiro obtém a instrução e a coloca no buffer. Quando o segundo estágio está livre, o primeiro passa para ele a instrução do buffer. Enquanto o segundo estágio está executando a instrução, o primeiro estágio aproveita qualquer ciclo de memória não utilizado para obter a próxima instrução e colocá-la no buffer. Isso é chamado de busca antecipada (*prefetch*) ou ***busca sobreposta***. Observe que esta abordagem, que envolve buffer da instrução, requer mais registradores. Em geral, pipeline requer registradores que guardem os dados entre os estágios.

Deve estar claro que este processo irá acelerar a execução da instrução. Se os estágios de leitura e execução forem de duração igual, o ciclo da instrução será reduzido pela metade. No entanto, se olharmos este pipeline mais de perto (Figura 12.9b), veremos que dobrar essa taxa de execução é pouco provável por dois motivos:

1. O tempo de execução normalmente será maior que o tempo de leitura. Execução envolve ler e armazenar operandos e o desempenho de alguma operação. Assim, o estágio de leitura pode ter que esperar por algum tempo antes de poder esvaziar o seu buffer.
2. Uma instrução de desvio condicional faz com que o endereço da próxima instrução a ser obtida não seja conhecido. Assim, o estágio de leitura deve esperar até que receba o endereço da próxima instrução do estágio de execução. O estágio de execução pode então ter que esperar até que a próxima instrução seja obtida.

Adivinhar pode reduzir o tempo perdido no segundo motivo. Uma regra simples é: quando uma instrução de desvio condicional passa do estágio de leitura para o de execução, o estágio de leitura obtém a próxima instrução na memória depois da instrução de desvio. Então, se o desvio não for tomado, nenhum tempo é perdido. Se o desvio for tomado, a instrução obtida deve ser descartada e uma nova instrução é lida.

Enquanto estes fatores reduzem a eficiência potencial de um pipeline de dois estágios, alguma aceleração ocorre. Para obter mais velocidade, o pipeline deve ter mais estágios. Vamos supor a seguinte decomposição do processamento da instrução:

- **Buscar instrução (FI, do inglês *Fetch Instruction*)**: ler a próxima instrução esperada em um buffer.
- **Decodificar instrução (DI)**: determinar o *opcode* e os especificadores dos operandos.
- **Calcular operandos (CO)**: calcular o endereço efetivo de cada operando de origem. Isto pode envolver endereçamento por deslocamento, registrador indireto, indireto ou outras formas de cálculo de endereço.

Figura 12.9 Pipeline de instrução de dois estágios

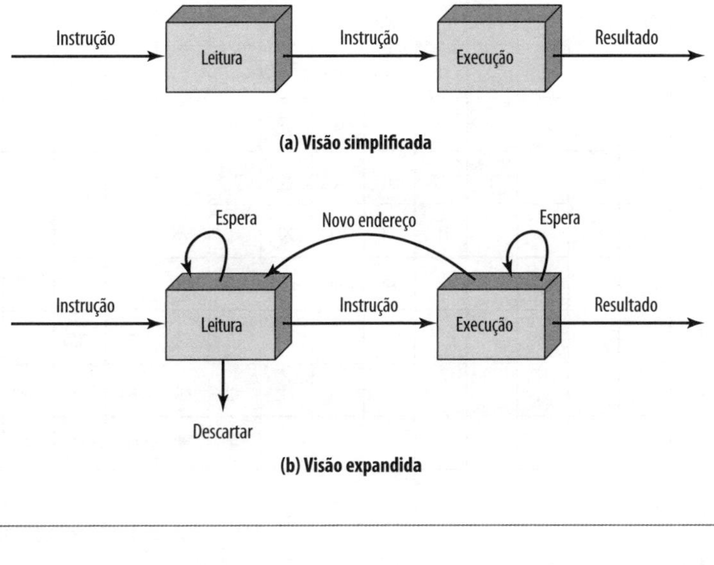

- **Obter operandos (FO, do inglês *Fetch Operands*)**: obter cada operando da memória. Operandos que estão nos registradores não precisam ser lidos da memória.
- **Executar instrução (EI)**: efetuar a operação indicada e armazenar o resultado, se houver, na posição do operando de destino especificado.
- **Escrever operando (WO, do inglês *Write Operands*)**: armazenar o resultado na memória.

Com esta decomposição, os vários estágios terão uma duração mais aproximada. Usando essa suposição, a Figura 12.10 mostra que um pipeline de seis estágios pode reduzir o tempo de execução de 9 instruções de 54 para 14 unidades de tempo.

Vários comentários devem ser levados em consideração: o diagrama supõe que cada instrução passa por todos os seis estágios do pipeline. Este nem sempre será o caso. Por exemplo, uma instrução de carga não precisa do estágio WO. No entanto, para simplificar o hardware do pipeline, o tempo é ajustado supondo-se que cada instrução requer todos os seis estágios. Além disso, o diagrama assume que todos os estágios podem ser executados em paralelo. Supõe-se também que não haverá conflitos de memória. Por exemplo, FI, FO e WO envolvem um acesso à memória. O diagrama implica que todos esses acessos podem ocorrer simultaneamente. A maioria de sistemas de memória não permitirá isso. No entanto, o valor desejado pode estar no cache, ou os estágios FO ou WO podem estar nulos. Assim, na maioria das vezes, os conflitos de memória não desacelerarão o pipeline.

Vários outros fatores limitam o aumento do desempenho. Se os seis estágios não forem de duração igual, haverá espera em vários estágios do pipeline, conforme discutido anteriormente para pipeline de dois estágios. Outra dificuldade é a instrução de desvio condicional, a qual pode invalidar várias leituras de instruções. Um evento imprevisível semelhante é a interrupção. A Figura 12.11 ilustra os efeitos do desvio condicional, usando o mesmo programa da Figura 12.10. Suponha que a instrução 3 seja um desvio condicional para instrução 15. Até que a instrução seja executada, não há nenhuma maneira de saber qual instrução virá a seguir. O pipeline, neste exemplo, simplesmente carrega a próxima instrução na sequência (instrução 4) e prossegue. Na Figura 12.10, o desvio não ocorre e obtivemos o benefício total do aumento do desempenho. Na Figura 12.11, o desvio ocorre. Isso não é determinado até o fim da unidade de tempo 7. Neste ponto, precisamos limpar o pipeline das instruções que não são úteis. Durante a unidade de tempo 8, a instrução 15 entra no pipeline. Nenhuma instrução é completada durante as unidades de tempo de 9 a 12; esta é uma penalidade de

Figura 12.10 Diagrama de tempo para operação do pipeline da instrução

Tempo →

	1	2	3	4	5	6	7	8	9	10	11	12	13	14
Instrução 1	FI	DI	CO	FO	EI	WO								
Instrução 2		FI	DI	CO	FO	EI	WO							
Instrução 3			FI	DI	CO	FO	EI	WO						
Instrução 4				FI	DI	CO	FO	EI	WO					
Instrução 5					FI	DI	CO	FO	EI	WO				
Instrução 6						FI	DI	CO	FO	EI	WO			
Instrução 7							FI	DI	CO	FO	EI	WO		
Instrução 8								FI	DI	CO	FO	EI	WO	
Instrução 9									FI	DI	CO	FO	EI	WO

Figura 12.11 O efeito de um desvio condicional na operação do pipeline da instrução

Tempo → Penalidade por desvio ←→

	1	2	3	4	5	6	7	8	9	10	11	12	13	14
Instrução 1	FI	DI	CO	FO	EI	WO								
Instrução 2		FI	DI	CO	FO	EI	WO							
Instrução 3			FI	DI	CO	FO	EI	WO						
Instrução 4				FI	DI	CO	FO							
Instrução 5					FI	DI	CO							
Instrução 6						FI	DI							
Instrução 7							FI							
Instrução 15								FI	DI	CO	FO	EI	WO	
Instrução 16									FI	DI	CO	FO	EI	WO

desempenho porque não pudemos antecipar o desvio. A Figura 12.12 indica a lógica necessária para pipeline computar desvios e interrupções.

Outro problema que não tinha aparecido na nossa organização simples de dois estágios surge agora. O estágio CO pode depender do conteúdo de um registrador que pode ser alterado por uma instrução anterior que ainda esteja no pipeline. Outros conflitos de registradores e memória desse tipo podem ocorrer. O sistema precisa ter uma lógica para lidar com esse tipo de conflitos.

Para esclarecer a operação do pipeline, pode ser útil olhar uma solução alternativa. As figuras 12.10 e 12.11 mostram o progresso de tempo horizontalmente através das figuras, onde cada linha mostra o progresso de uma instrução específica. A Figura 12.13 mostra a mesma sequência de eventos com o tempo sendo mostrado verticalmente e cada linha representando o estado do pipeline em um dado ponto no tempo. Na Figura 12.13a (que corresponde à Figura 12.10), o pipeline está cheio no tempo 6, com 6 instruções diferentes em vários estágios da execução e permanece cheio até o tempo 9; supondo que a instrução I9 seja a última a ser executada. Na Figura 12.13b (que corresponde à Figura 12.11), o pipeline está cheio nos tempos 6 e 7. No tempo 7, a instrução 3 está no estágio de execução e executa um desvio para instrução 15. Neste ponto, as instruções de I4 até I7 são retiradas do pipeline de tal forma que, no tempo 8, apenas duas instruções estão no pipeline, I3 e I15.

Da discussão anterior seria possível concluir que quanto maior o número de estágios no pipeline, maior será a taxa de execução. Alguns dos projetistas de IBM S/360 apontaram dois fatores que frustram este aparentemente simples padrão para projetos de alto desempenho (ANDERSON, SPARACIO e TOMASULO, 1967[i]), ao passo que eles continuam sendo elementos que projetistas ainda precisam considerar:

1. Em cada estágio do pipeline, existe algum esforço extra envolvido para movimentação de dados de buffer para buffer e para efetuar várias funções de preparações e entregar de dados. Esse esforço extra pode desacelerar sensivelmente o tempo total de execução de uma única instrução. Isso é significativo quando instruções sequenciais são dependentes logicamente umas das outras, ou pelo uso pesado de desvios ou pelas dependências de acesso à memória.
2. A quantidade de lógica de controle necessária para lidar com dependências de memória e registradores e para otimizar o uso do pipeline aumenta imensamente com o número de estágios. Isso pode levar a uma situação onde a lógica que controla a passagem entre os estágios é mais complexa do que os estágios sendo controlados.

Figura 12.12 Pipeline de instrução de uma CPU de seis estágios

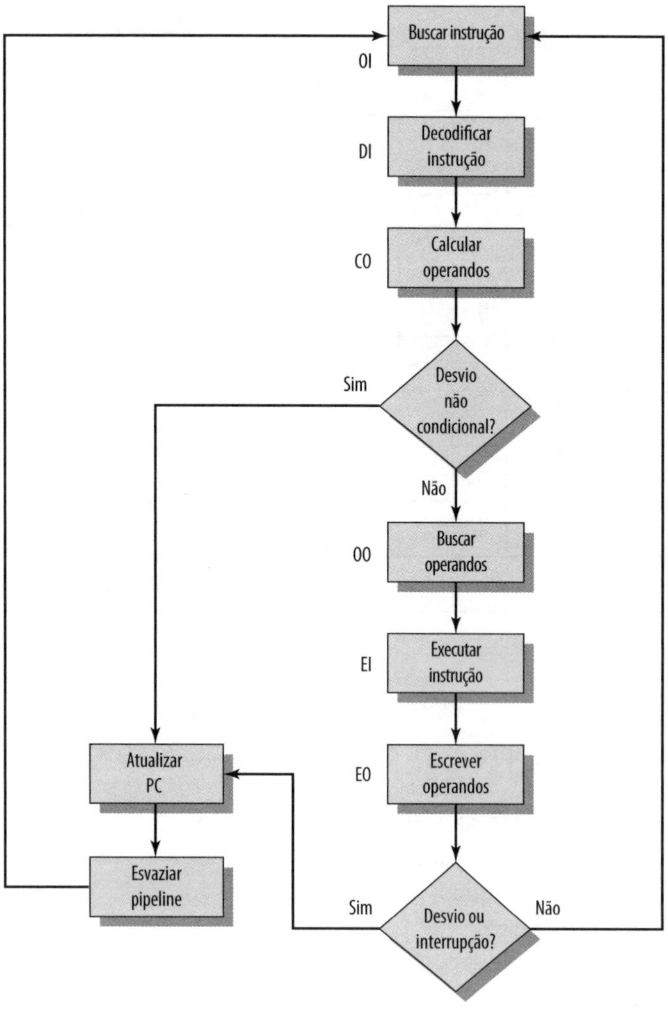

Outra consideração é o tempo de resposta: leva tempo para os buffers do pipeline operarem e isso aumenta o tempo do ciclo da instrução.

Pipeline de instrução é uma técnica poderosa para melhorar o desempenho, porém requer um projeto cuidadoso para alcançar ótimos resultados com uma complexidade razoável.

Desempenho do pipeline

Nesta subseção desenvolvemos algumas medições simples de desempenho do pipeline e a correspondente melhoria da velocidade (baseado em uma discussão em Hwang (1993[j]). O tempo de ciclo τ de uma instrução do pipeline é o tempo necessário para que a instrução avance um estágio dentro do pipeline; cada coluna nas figuras 12.10 e 12.11 representa um tempo de ciclo. O tempo de ciclo pode ser determinado como

$$\tau = max[\tau_i] + d = \tau_m + d \qquad 1 \leq i \leq k \ ,$$

onde

τ_i = tempo de demora de resposta do circuito no estágio *i* do pipeline.

τ_m = tempo de demora máximo do estágio (demora do estágio que apresenta o maior tempo de demora de resposta).

k = número de estágios na instrução do pipeline.

d = tempo de resposta de um ciclo necessário para avançar sinais e dados de um estágio para o próximo.

Figura 12.13 Descrição alternativa de um pipeline

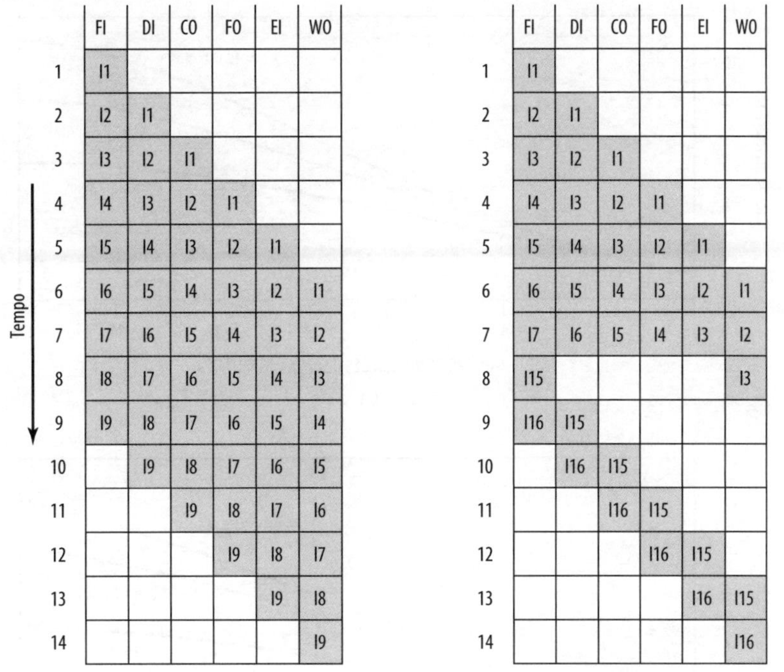

(a) Sem desvios

(b) Com desvios condicionais

Em geral, o tempo de resposta d é equivalente a um pulso de clock e $\tau_m >> d$. Suponha agora que n instruções são processadas, sem desvios. Seja $T_{k,n}$ o tempo total necessário para que um pipeline com k estágios processe n instruções. Então

$$T_{k,n} = [k + (n - 1)]\tau \qquad \textbf{(12.1)}$$

Um total de k ciclos é necessário para completar a execução da primeira instrução e o restante de n – 1 instruções requerem n – 1 ciclos.[2] Esta equação é facilmente verificada a partir da Figura 12.10. A nona instrução completa no ciclo de tempo 14:

$$14 = [6 + (9 - 1)]$$

Considere agora um processador com funções equivalentes, mas sem pipeline, e suponha que o tempo do ciclo da instrução seja $k\tau$. O fator de aceleração para a instrução do pipeline comparado com a execução sem pipeline é definido como

$$S_k = \frac{T_{1,n}}{T_{k,n}} = \frac{nk\tau}{[k + (n - 1)]\tau} = \frac{nk}{k + (n - 1)} \qquad \textbf{(12.2)}$$

A Figura 12.14a mostra o fator de aceleração como sendo uma função do número de instruções que são executadas sem um desvio. Conforme esperado, no limite ($n \rightarrow \infty$), temos uma aceleração pelo fator k. A Figura 12.14b mostra o fator de aceleração como uma função do número de estágios no pipeline da instrução.[3] Neste caso, o fator de aceleração se aproxima do número de instruções que podem ser inseridas no pipeline

---

2 Estamos sendo um pouco negligentes aqui. O tempo de ciclo apenar irá se igualar ao valor máximo de τ quando todos os estágios estiverem cheios. No começo, o tempo de ciclo pode ser menor para o primeiro ou alguns primeiros ciclos.

3 Observe que o eixo x é logarítmico na Figura 12.4a e linear na Figura 12.14b.

Figura 12.14 Fatores de aceleração com pipeline da instrução

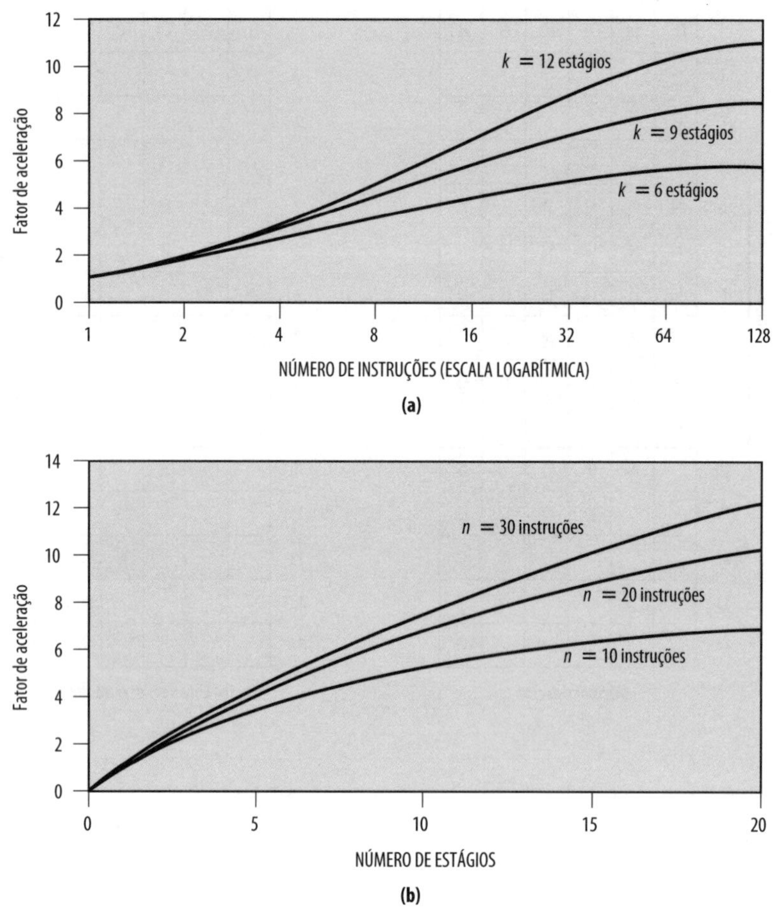

sem desvios. Assim, quanto maior o número de estágios do pipeline, maior o potencial para aceleração. No entanto, por uma questão prática, os ganhos potenciais dos estágios adicionais do pipeline são confrontados pelo aumento do custo, demoras entre estágios e pelo fato de que os desvios irão requerer o esvaziamento do pipeline.

Hazards do pipeline

Na subseção anterior mencionamos algumas das situações que podem resultar em um desempenho de pipeline menor que a ótima. Nesta subseção examinaremos essa questão de uma forma mais sistemática. O Capítulo 14 retoma esta questão em mais detalhes, depois que tivermos introduzido as complexidades encontradas em organizações de pipelines superescalares.

Um **hazard de pipeline** ocorre quando o pipeline, ou alguma parte dele, precisa parar porque as condições não permitem a execução contínua. Tal parada do pipeline é também conhecida como *bolha de pipeline*. Existem três tipos de hazards: recurso, dados e controle.

HAZARDS DE RECURSOS Um hazard de recursos ocorre quando duas (ou mais) instruções que já estão no pipeline precisam do mesmo recurso. O resultado é que as instruções precisam ser executadas em série em vez de em paralelo para uma parte do pipeline. Um hazard de recursos às vezes é chamado de *hazard estrutural*.

Vamos ver um exemplo simples de um hazard de recursos. Suponha um pipeline simplificado de cinco estágios no qual cada estágio ocupa um ciclo de clock. A Figura 12.15a mostra o caso ideal onde uma nova instrução entra no pipeline a cada ciclo de clock. Suponha agora que a memória principal tenha uma única porta e que todas as leituras e escritas de instruções e dados devam ser executadas uma por vez. Além disso, ignore a memória cache. Neste caso, uma leitura ou escrita do operando na memória não pode ser executada em paralelo com o processo de se ler uma instrução. Isso é ilustrado na Figura 12.15b, onde assumimos que o operando de origem para instrução I1 está na memória, em vez de em um registrador. Portanto, o estágio de busca da instrução deve ficar ocioso por um ciclo antes de começar a busca da instrução para instrução I3. A figura assume que todos os outros operandos estejam nos registradores.

Outro exemplo de um conflito de recurso é uma situação onde várias instruções estão prontas para entrar na fase de execução da instrução e existe apenas uma ALU. Uma solução para tal hazard de recursos é aumentar os recursos disponíveis, como ter múltiplas portas para memória principal ou múltiplas unidades de ALU.

Analisador de tabela de reservas

Uma abordagem para analisar conflitos de recursos e ajudar no projeto de pipelines é a tabela de reservas. Nós examinamos as tabelas de reservas no Apêndice I.

HAZARDS DE DADOS Um hazard de dados ocorre quando há um conflito no acesso de uma posição de operando. De um modo geral, podemos definir o hazard da seguinte forma: duas instruções em um programa estão para ser executadas na sequência e ambas acessam um determinado operando de memória ou registrador. No entanto, se as instruções são executadas em um pipeline, então é possível que o valor do operando seja atualizado de tal forma que produza um resultado diferente do que seria com uma execução estritamente sequencial. Em outras palavras, o programa produz um resultado incorreto por causa do uso do pipelining.

Como um exemplo, considere a seguinte sequência de instrução de máquina para x86:

```
ADD EAX, EBX     /* EAX = EAX + EBX
SUB ECX, EAX     /* ECX = ECX - EAX
```

Figura 12.15 Exemplo de hazard de recursos

Ciclo de clock

Instrução	1	2	3	4	5	6	7	8	9
I1	FI	DI	FO	EI	WO				
I2		FI	DI	FO	EI	WO			
I3			FI	DI	FO	EI	WO		
I4				FI	DI	FO	EI	WO	

(a) Pipeline de cinco estágios, caso ideal

Ciclo de clock

Instrução	1	2	3	4	5	6	7	8	9
I1	FI	DI	FO	EI	WO				
I2		FI	DI	FO	EI	WO			
I3			Ocioso	FI	DI	FO	EI	WO	
I4					FI	DI	FO	EI	WO

(b) Operando de origem de I1 na memória

A primeira instrução soma o conteúdo dos registradores de 32 bits EAX e EBX e armazena o resultado em EAX. A segunda instrução subtrai o conteúdo de EAX de ECX e armazena o resultado em ECX. A Figura 12.16 mostra o comportamento do pipeline. A instrução ADD não atualiza EAX até o fim do estágio 5, o qual ocorre no ciclo 5 de clock, mas a instrução SUB precisa desse valor no começo do seu estágio 2, o qual ocorre no ciclo 4 de clock. Para manter a operação correta, o pipeline deve atrasar por dois ciclos de clock. Assim, na falta de hardware especial e de algoritmos específicos para evitar isso, o hazard de dados pode resultar no uso ineficiente do pipeline.

Existem três tipos de hazards de dados:

- **Leitura após escrita ou dependência verdadeira**: uma instrução modifica um registrador ou uma posição de memória e uma instrução subsequente lê os dados dessa posição de memória ou registrador. O hazard ocorre quando a operação de leitura acontece antes da escrita ter sido completada.
- **Escrita após leitura ou antidependência**: uma instrução lê um registrador ou uma posição de memória e uma instrução subsequente escreve nessa posição. O hazard ocorre se a operação de escrita é completada antes da operação de leitura.
- **Escrita após escrita ou dependência de saída**: duas instruções escrevem na mesma posição. O perigo ocorre se as operações de escrita acontecerem na sequência inversa da esperada.

O exemplo da Figura 12.16 é um hazard de dados do tipo verdadeira dependência. Outros dois hazards são entendidos melhor no contexto de organizações superescalares, discutidas no Capítulo 14.

HAZARDS DE CONTROLE Um hazard de controle, também conhecido como *hazard de desvio*, acontece quando o pipeline toma decisão errada ao prever um desvio e assim acaba trazendo instruções dentro do pipeline que precisam ser descartadas logo em seguida. Discutimos abordagens para lidar com hazards de controle a seguir.

Lidando com desvios

Um dos principais problemas ao se projetar um pipeline de instruções é garantir um fluxo estável de instruções para os estágios iniciais do pipeline. O primeiro impedimento, conforme já vimos, é a instrução condicional de desvio condicional. Até que a instrução seja executada de fato, é impossível dizer se o desvio será tomado ou não.

Uma série de abordagens foram implementadas para lidar com desvios condicionais:

- Múltiplos fluxos.
- Busca antecipada do alvo do desvio.
- Buffer de laço de repetição.
- Previsão de desvio (*branch prediction*).
- Desvio atrasado.

MÚLTIPLOS FLUXOS Um pipeline simples tem penalidades na execução de uma instrução de desvio, pois precisa buscar duas instruções e pode fazer a escolha errada. Uma abordagem tipo força bruta é replicar as partes inicias do pipeline e permitir que pipeline obtenha as duas instruções, fazendo assim uso de dois fluxos. Existem dois problemas com esta abordagem:

Figura 12.16 Exemplo de perigo de dados

Ciclo de clock	1	2	3	4	5	6	7	8	9	10
ADD EAX, EBX	FI	DI	FO	EI	EO					
SUB ECX, EAX		FI	DI	Ocioso		FO	EI	WO		
I3			FI			DI	FO	EI	WO	
I4						FI	DI	FO	EI	WO

- Com múltiplos pipelines, existem atrasos no acesso aos registradores e à memória.
- Instruções de desvio adicionais podem entrar no pipeline (ou em qualquer dos fluxos) antes que a decisão de desvio original seja resolvida. Cada uma dessas instruções precisa de um fluxo adicional.

Apesar dessas desvantagens, esta estratégia pode melhorar o desempenho. Exemplos de máquinas com dois ou mais fluxos de pipeline são IBM 370/168 e IBM 3033.

BUSCA ANTECIPADA DO ALVO DO DESVIO Quando um desvio condicional é reconhecido, o alvo do desvio é lido antecipadamente, além da instrução que segue o desvio. Esse alvo é então salvo até que a instrução de desvio seja executada. Se o desvio for tomado, o alvo já foi obtido.

IBM 360/91 utiliza esta abordagem.

BUFFER DE LAÇO DE REPETIÇÃO Um buffer de laço de repetição é uma memória pequena e extremamente rápida mantida pelo estágio do pipeline de busca da instrução e que contém *n* instruções mais recentemente lidas na sequência. Se um desvio está para ser tomado, o hardware primeiro verifica se o alvo do desvio já está no buffer. Se estiver, a próxima instrução é obtida do buffer. O buffer de laço de repetição possui três benefícios:

1. Com o uso de busca antecipada, o buffer de laço conterá algumas instruções em sequência na frente do endereço da instrução atual. Assim, as instruções obtidas na sequência estarão disponíveis sem o tempo usual de acesso à memória.
2. Se um desvio para um alvo estiver apenas algumas posições à frente do endereço da instrução de desvio, o alvo já estará no buffer. Isso é útil para ocorrências muito comuns das sequências *IF-THEN* e *IF-THEN-ELSE*.
3. Esta estratégia é particularmente bem adaptada para lidar com laços ou iterações; por isso o nome de *buffer de laço de repetição*. Se o buffer de laço de repetição for suficientemente grande para conter todas as instruções de um laço, então essas instruções precisam ser obtidas da memória apenas uma vez, na primeira iteração. Para iterações subsequentes, todas as instruções necessárias já estão no buffer.

O buffer de laço é semelhante em princípio a um cache dedicado para instruções. A diferença é que buffer de laço guarda apenas instruções na sequência e tem um tamanho menor, tendo assim um custo menor também.

A Figura 12.17 mostra um exemplo de buffer de laço. Se buffer contém 256 bytes, e endereçamento de byte é usado, então os oito bits menos significativos são usados para indexar o buffer. Os bits mais significantes restantes são verificados para determinar se o alvo do desvio se encontra dentro do ambiente capturado pelo buffer.

Entre as máquinas que usam o buffer de laço de repetição estão algumas máquinas CDC (Star-100, 6600, 7600) e CRAY-1. Uma forma especial de buffer de laço de repetição está disponível no Motorola 68010 para executar um laço de três instruções envolvendo uma instrução DBcc (decremento e desvio na condição) (veja o Problema 12.14). Um buffer de três palavras é mantido e o processador executa estas instruções repetidamente até que a condição do laço seja satisfeita.

Figura 12.17 Buffer de laço de repetição

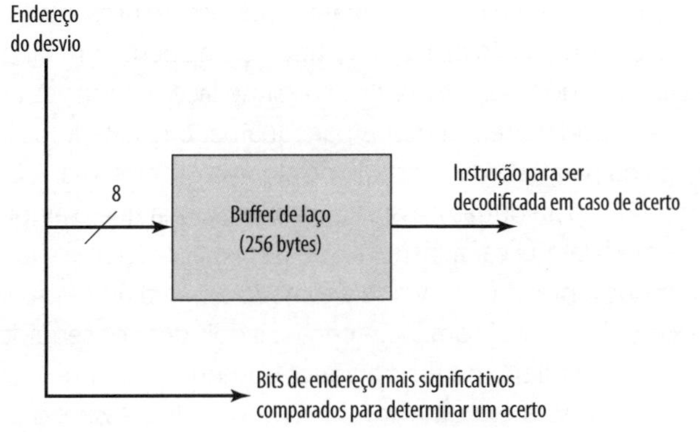

Simulador de previsão de desvio
Buffer de alvo de desvio

PREVISÃO DE DESVIO Várias técnicas podem ser usadas para prever se um desvio será tomado. Entre as mais comuns estão as seguintes:

- Previsão nunca tomada.
- Previsão sempre tomada.
- Previsão por *opcode*.
- Chave tomada/não tomada.
- Tabela de histórico de desvio.

As três primeiras abordagens são estáticas: elas não dependem ao histórico da execução até o momento da instrução do desvio condicional. As duas últimas são dinâmicas: elas dependem do histórico da execução.

As duas primeiras abordagens são mais simples. Ou elas assumem que o desvio nunca será tomado e continuam obtendo as instruções na sequência ou elas sempre assumem que o desvio será tomado e sempre obtêm o alvo do desvio. A abordagem de previsão nunca tomada é a mais popular de todos os métodos de previsão de desvios.

Estudos que analisaram o comportamento dos programas mostraram que os desvios condicionais são tomados em mais que 50% das vezes (Lilja, 1988[k]), então se o custo de busca antecipada dos dois caminhos é o mesmo, fazer a busca antecipada sempre do endereço do alvo do desvio deveria oferecer um desempenho melhor do que sempre fazer busca antecipada do caminho sequencial. No entanto, em uma máquina com paginação, fazer busca antecipada do alvo do desvio terá maior probabilidade de causar uma falha de página do que fazer busca antecipada da próxima instrução na sequência e, por isso, esta penalidade de desempenho deve ser levada em conta. Um mecanismo para evitar isso poderia ser empregado para reduzir tal penalidade.

A abordagem estática final toma a decisão com base no *opcode* da instrução de desvio. O processador assume que o desvio será feito para determinados *opcode*s de desvio e não para outros. Lilja (1988[k]) reporta taxas de sucesso superiores a 75% com esta estratégia.

As estratégias dinâmicas tentam melhorar a precisão da previsão armazenando um histórico de instruções de desvios condicionais de um programa. Por exemplo, um ou mais bits podem ser associados com cada instrução de desvio condicional que reflete o histórico recente da instrução. Estes bits são conhecidos como uma chave tomada/não tomada que direciona o processador a tomar uma determinada decisão na próxima vez que a instrução for encontrada. Normalmente esses bits de histórico não são associados com a instrução na memória principal. Em vez disso, eles são guardados em um armazenamento temporário de alta velocidade. Uma possibilidade é associar esses bits com qualquer instrução de desvio condicional que esteja na cache. Quando a instrução é substituída no cache, o seu histórico é perdido. Outra possibilidade é manter uma pequena tabela para instruções de desvio recentemente executadas com um ou mais bits de históricos para cada entrada. O processador poderia acessar a tabela de forma associativa, com uma cache, ou usando os bits de ordem mais baixa do endereço da instrução de desvio.

Com um bit único, tudo o que pode ser guardado é se a última execução dessa instrução resultou em um desvio ou não. Uma desvantagem de usar um bit único aparece no caso de uma instrução de desvio condicional que é quase sempre tomada como uma instrução de laço repetitiva. Com apenas um bit de histórico, um erro de previsão ocorrerá duas vezes para cada uso do laço: uma vez ao entrar no laço e outra vez ao sair.

Se dois bits são usados, eles podem ser utilizados para guardar o resultado das duas últimas instâncias da execução da instrução associada ou para guardar o estado de alguma outra forma. A Figura 12.18 mostra uma abordagem típica (veja o Problema 12.13 para outras possibilidades). Suponha que o algoritmo começa no canto superior esquerdo do fluxograma. À medida que cada instrução de desvio condicional subsequente encontrada é tomada, o processo de decisão prevê que o próximo desvio será tomado. Se uma única previsão for errada, o algoritmo continua prevendo que o próximo desvio será tomado. Apenas se dois desvios seguidos não forem tomados fará com que o algoritmo mude para o lado direito do fluxograma. Subsequentemente, o algoritmo irá prever que desvios não são tomados até que dois desvios em uma linha sejam tomados. Assim, o algoritmo requer duas previsões erradas em seguida para mudar a decisão da previsão.

Figura 12.18 Fluxograma de previsão de desvio

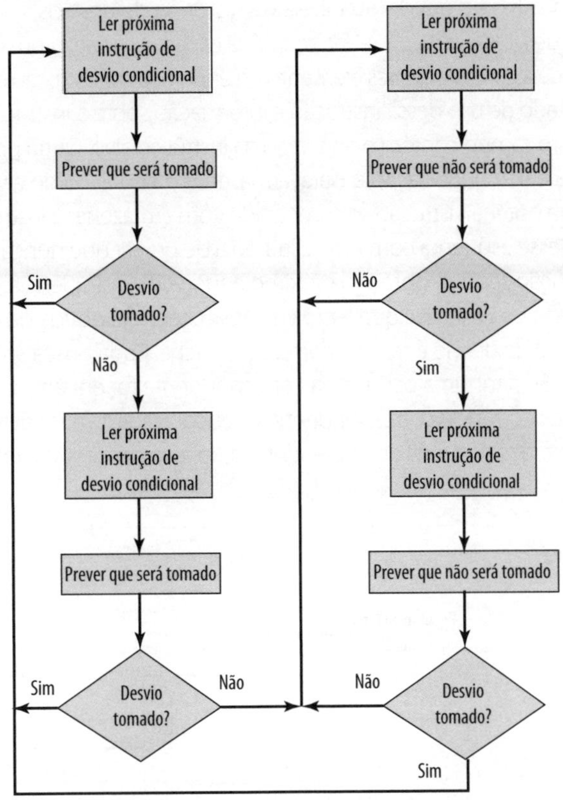

O processo de decisão pode ser representado de maneira mais compacta por uma máquina de estados finitos, mostrada na Figura 12.19. A representação de uma máquina de estados finitos é comumente usada na literatura.

O uso de bits de histórico, conforme descrito agora, tem uma desvantagem: se for decidido tomar o desvio, a instrução alvo não pode ser obtida até que o endereço do alvo, que é um operando dentro da instrução de desvio

Figura 12.19 Diagrama de estados de previsão de desvio

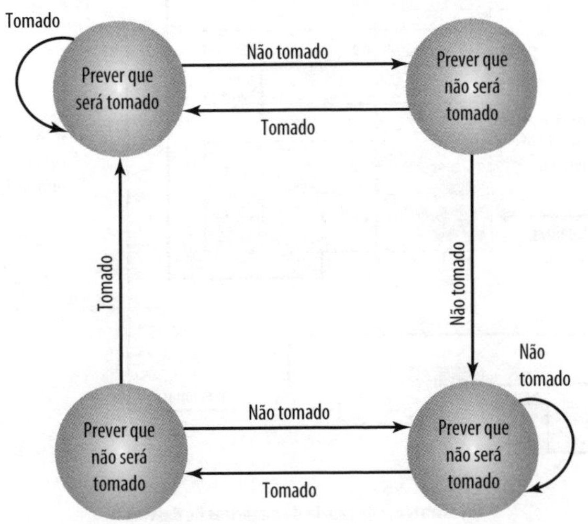

condicional, seja decodificada. Uma eficiência maior pode ser alcançada se a leitura da instrução puder ser iniciada assim que a decisão de tomada de desvio for feita. Para este propósito, mais informações precisam ser salvas no que é conhecido como buffer de alvo do desvio ou tabela de histórico de desvios.

A tabela de histórico de desvios é uma pequena memória cache associada com o estágio de leitura da instrução do pipeline. Cada entrada da tabela consiste de três elementos: o endereço da instrução de desvio, algum número de bits de histórico que guardam o estado de uso dessa instrução e informação sobre a instrução alvo. Na maioria das propostas e implementações, esse terceiro campo contém o endereço da instrução alvo. Outra possibilidade é que o terceiro campo contenha a instrução alvo em si. A negociação é clara: armazenar o endereço do alvo necessita de uma tabela menor, porém um tempo maior para obter a instrução se comparado com armazenar a instrução alvo (RECHES e WEISS, 1998[!]).

A Figura 12.20 contraria esse esquema com uma estratégia de prever que nunca será tomada. Com essa estratégia, o estágio de leitura da instrução sempre obtém o próximo endereço na sequência. Se um desvio for tomado, alguma lógica no processador detecta isso e instrui que a próxima instrução seja obtida do endereço alvo (além de esvaziar o pipeline). A tabela de histórico de desvio é tratada como uma cache. Cada busca antecipada dispara uma busca na tabela de histórico de desvios. Se nenhuma ocorrência correspondente for encontrada, o próximo endereço sequencial é usado para leitura. Se uma ocorrência correspondente for encontrada, uma previsão é feita com base no estado da instrução: ou o próximo endereço sequencial ou o endereço do alvo do desvio é informado para lógica selecionada.

Figura 12.20 Lidando com desvios

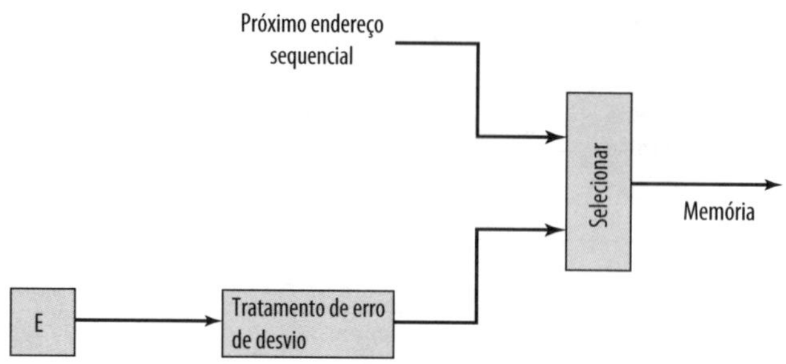

(a) Estratégia de previsão de desvio nunca tomada

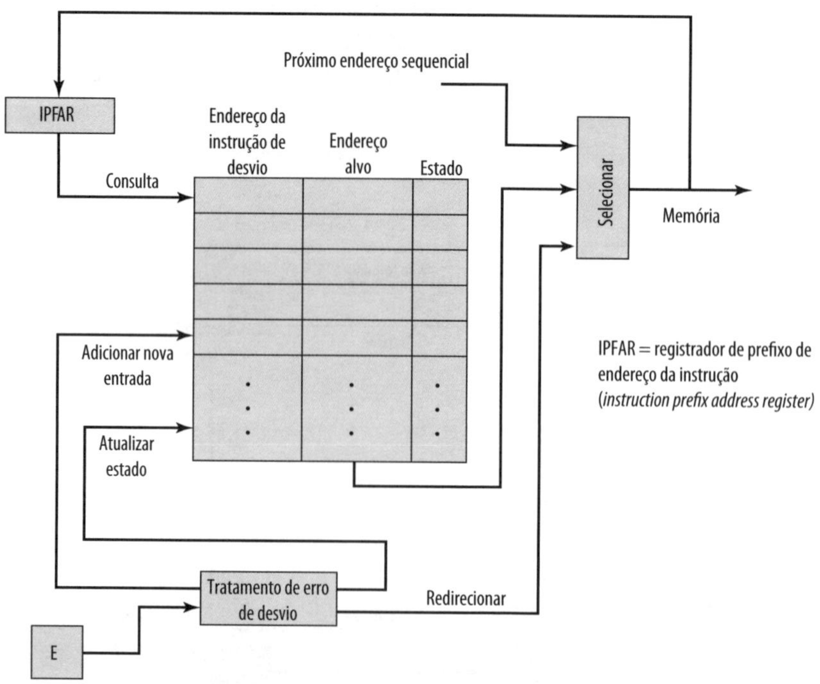

(b) Estratégia de tabela de históricos de desvios

Quando uma instrução de desvio é executada, o estágio de execução sinaliza a lógica da tabela de histórico de desvios com o resultado. O estado da instrução é atualizado para refletir uma previsão correta ou incorreta. Se a previsão for incorreta, a lógica de seleção é redirecionada para o endereço correto para próxima leitura. Quando uma instrução de desvio condicional que não esteja na tabela é encontrada, ela é adicionada à tabela e uma das entradas existentes é descartada com uso de um dos algoritmos de substituição de cache discutidos no Capítulo 4.

Um refinamento da abordagem do histórico de desvios é referenciado como histórico de desvios de dois níveis ou baseado em correlação (YEH e PATT, 1991[m]). Esta abordagem é baseada na suposição de que, apesar de nos desvios de laço o histórico de uma determinada instrução de desvio ser uma boa forma de previsão de comportamentos futuros, com estruturas de controle de fluxo mais complexas, a direção de um desvio é frequentemente correlacionada com a direção de desvios relacionados. Um exemplo disso é uma estrutura de *if-then-else* ou *case*. Existem diversas estratégias possíveis. Normalmente, o histórico global de desvios recentes (ou seja, o histórico de desvios mais recentes e não apenas desta instrução de desvio) é usado junto com o histórico da instrução de desvio atual. A estrutura geral é definida como uma correlação (m, n) que usa o comportamento dos últimos m desvios para escolher uma previsão de desvio a partir de 2^m n-bits para a atual instrução de desvio. Em outras palavras, um histórico de n-bits é guardado para um dado desvio para cada combinação possível de desvios tomada por m desvios mais recentes.

DESVIO ATRASADO É possível melhorar o desempenho do pipeline rearranjando automaticamente as instruções dentro de um programa, para que as instruções ocorram depois do que realmente desejado. Esta abordagem intrigante é examinada no Capítulo 13.

Pipeline de Intel 80486

Um exemplo instrutivo de um pipeline de instruções é o de Intel 80486. Ele implementa um pipeline de cinco estágios:

- **Leitura**: instruções são obtidas a partir da cache ou da memória externa e são colocadas em um de dois buffers de busca antecipada de 16 bits. O objetivo do estágio de leitura é preencher os buffers de busca antecipada com dados novos assim que os dados antigos tenham sido consumidos pelo decodificador da instrução. Como as instruções têm tamanhos variáveis (de 1 a 11 bytes sem contar prefixos), o estado do estágio da busca antecipada em relação a outros estágios varia de instrução para instrução. Em média, em torno de cinco instruções são obtidas com cada carga de 16 bytes (CRAWFORD, 1990[n]). O estágio de leitura opera independentemente de outros estágios para manter os buffers de busca antecipada cheios.
- **Estágio de decodificação 1**: toda a informação de *opcode* e modo de endereçamento é decodificada no estágio D1. A informação requerida, assim como a informação sobre o tamanho da instrução, é incluída em, no máximo, nos 3 primeiros bytes da instrução. Por isso, os 3 bytes são passados para o estágio D1 a partir dos buffers de busca antecipada. O decodificador D1 pode então direcionar o estágio D2 para pegar o restante da instrução (dados imediatos e de deslocamento), a qual não está envolvida na decodificação em D1.
- **Estágio de decodificação 2**: o estágio D2 traduz cada *opcode* em sinais de controle para ALU. Ele também controla o cálculo de modos de endereçamento mais complexos.
- **Execução**: este estágio inclui operações de ALU, acesso a cache e atualização de registradores.
- **Escrita**: este estágio, se necessário, atualiza registradores e flags de estado modificados durante o processo da execução anterior. Se a instrução corrente atualiza a memória, o valor computado é enviado para a cache e a interface de barramento escreve nos buffers ao mesmo tempo.

Com uso de dois estágios de decodificação, o pipeline pode sustentar um fluxo de quase uma instrução por ciclo de clock. Instruções complexas e desvios condicionais podem diminuir essa taxa.

A Figura 12.21 mostra exemplos da operação do pipeline. A parte (a) mostra que não há atraso introduzido no pipeline quando um acesso à memória é necessário. No entanto, conforme a parte (b) mostra, pode haver um atraso para valores usados para calcular endereço de memória. Isto é, se um valor é carregado da memória em um registrador e esse registrador é então usado como um registrador base na próxima instrução, o processador irá atrasar por um ciclo. Neste exemplo, o processador acessa a cache no estágio EX da primeira execução e armazena o valor obtido no registrador durante o estágio Escrita. No entanto, a próxima instrução precisa desse registrador no seu estágio D2. Quando o estágio D2 se alinha com o estágio Escrita da instrução anterior, caminhos de passa-

Figura 12.21 Exemplos de pipeline da instrução do 80486

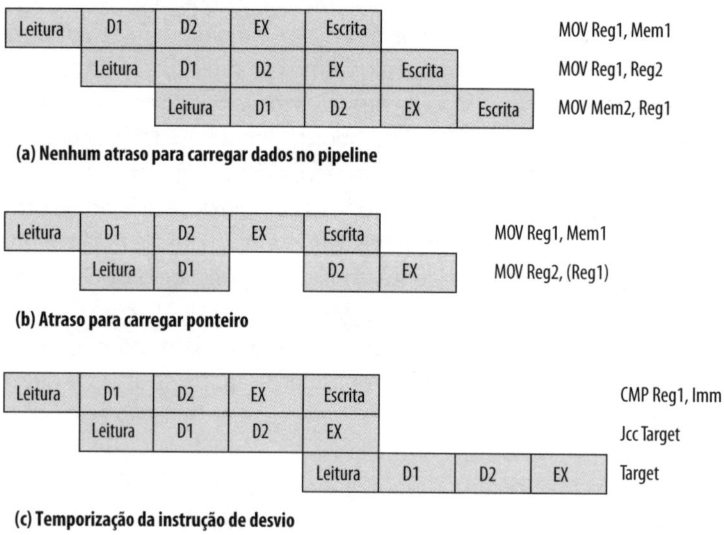

gem de sinal permitem que o estágio D2 tenha acesso aos mesmos dados usados pelo estágio Escrita para escrita, economizando um estágio do pipeline.

A Figura 12.21c ilustra a temporização de uma instrução de desvio, supondo que desvio seja tomado. A instrução de comparação atualiza os códigos condicionais no estágio Escrita e os caminhos de passagem tornam isso disponível para o estágio EX da instrução de salto ao mesmo tempo. Em paralelo, o processador executa o ciclo de busca especulativo para o alvo do salto durante o estágio EX da instrução de salto. Se o processador determinar uma condição de desvio falsa, ele descarta a busca antecipada e continua a execução com a próxima instrução da sequência (já lida e decodificada).

12.5 Família de processadores x86

A organização x86 evoluiu consideravelmente ao longo dos anos. Nesta seção analisamos alguns dos detalhes das mais recentes organizações dos processadores, focando em elementos comuns em processadores únicos. O Capítulo 14 fala sobre aspectos superescalares de x86 e o Capítulo 18 analisa organização de múltiplos núcleos. Uma visão da organização do processador Pentium 4 é mostrada na Figura 4.18.

Organização dos registradores

A organização dos registradores inclui os seguintes tipos de registradores (Tabela 12.2):

- **Propósito geral**: existem oito registradores de 32 bits de uso geral (veja Figura 12.3c). Eles podem ser usados para todos os tipos de instruções x86 e também podem guardar operandos para cálculo de endereços. Além disso, alguns desses registradores servem também para propósitos específicos. Por exemplo, as instruções de *string* usam o conteúdo dos registradores ECX, ESI e EDI como operandos sem precisar referenciar esses registros explicitamente na instrução. Como resultado, uma série de instruções pode ser codificada de forma mais compactada. No modo 64 bits, existem 16 registradores de propósito geral de 64 bits.
- **Segmento**: seis registradores de segmento de 16 bits contêm seletores de segmento, os quais indexam as tabelas de segmentos, conforme discutido no Capítulo 8. O registrador de segmento de código (CS) referencia o segmento contendo as instruções a serem executadas. O registrador de segmento de pilha (SS) referencia o segmento contendo uma pilha visível ao usuário. Os registradores de segmento restantes (DS, ES, FS e GS) possibilitam ao usuário referenciar até quatro segmentos de dados separados ao mesmo tempo.

Tabela 12.2 Registradores do processador x86

(a) Unidade de inteiros no modo 32-bits

Tipo	Número	Tamanho (bits)	Propósito
Propósito geral	8	32	Registradores de propósito geral do usuário
Segmento	6	16	Contém seletores de segmento
EFLAGS	1	32	Bits de estado e controle
Ponteiro da instrução	1	32	Ponteiro da instrução

(b) Unidade de inteiros no modo 64-bits

Tipo	Número	Tamanho (bits)	Propósito
Propósito geral	16	32	Registradores de uso geral do usuário
Segmento	6	16	Contém seletores de segmento
RFLAGS	1	64	Bits de estado e controle
Ponteiro da instrução	1	64	Ponteiro da instrução

(c) Unidade de ponto flutuante

Tipo	Número	Tamanho (bits)	Propósito
Numérico	8	80	Armazena números de ponto flutuante
Controle	1	16	Bits de controle
Estado	1	16	Bits de estado
Palavra de marcação	1	16	Especifica o conteúdo de registradores numéricos
Ponteiro da instrução	1	48	Aponta para instrução interrompida pela execução
Ponteiro de dados	1	48	Aponta para operando interrompido pela exceção

- **Flags**: os registradores EFLAGS de 32 bits contêm códigos condicionais e vários bits de modo. No modo 64 bits, o registrador é estendido para 64 bits e é referenciado como RFLAGS. Na atual definição da arquitetura, os 32 bits superiores de RFLAGS não são usados.
- **Ponteiro da instrução**: contém o endereço da instrução corrente.

Existem também registradores dedicados especialmente para unidade de ponto flutuante:

- **Numérico**: cada registrador guarda um número de ponto flutuante de 80 bits de precisão estendida. Existem 8 registradores que funcionam como uma pilha, com operações push e pop disponíveis no conjunto de instruções.
- **Controle**: o registrador de controle de 16 bits contém bits que controlam a operação da unidade de ponto flutuante, incluindo o tipo de arredondamento; precisão única, dupla ou estendida; e bits para habilitar ou desabilitar diversas condições de exceção.
- **Estado**: o registrador de estado de 16 bits contém bits que refletem o atual estado da unidade de ponto flutuante, incluindo um ponteiro de 3 bits para o topo da pilha; códigos condicionais que reportam a saída da última operação; e flags de exceção.
- **Palavra de marcação**: este registrador de 16 bits contém uma marca de 2 bits para cada registrador numérico de ponto flutuante, que indica a natureza do conteúdo do registrador correspondente. Quatro valores possíveis são válidos, zero, especial (NaN, infinito, desnormalizado e vazio. Esses marcadores possibilitam que os programas verifiquem o conteúdo de um registrador numérico sem executar decodificação complexa dos dados atuais no registrador. Por exemplo, quando há uma troca de contexto, o processador não precisa salvar nenhum registrador de ponto flutuante que esteja vazio.

O uso da maioria dos registradores previamente mencionados é facilmente compreendido. Vamos analisar brevemente alguns dos registradores.

REGISTRADOR EFLAGS Registrador EFLAGS (Figura 12.22) indica a condição do processador e ajuda a controlar suas operações. Isso inclui os seis códigos condicionais definidos na Tabela 10.9 (*carry*, paridade, auxiliar, zero, sinal, *overflow*) que reportam os resultados de uma operação inteira. Além disso, existem bits no registrador que podem ser chamados de bits de controle:

- **Flag de trap (TF, do inglês *trap flag*)**: quando definida, causa uma interrupção depois da execução de cada instrução. Isso é usado para depuração.
- **Flag para habilitar interrupção (IF, do inglês *interrupt e enable flag*)**: quando definida, o processador reconhece interrupções externas.
- **Flag direcional (DF, do inglês *direction flag*)**: determina se as instruções de processamento de string incrementam ou decrementam os registradores de 16 bits SI e DI (para operações de 16 bits) ou os registradores de 32 bits ESI e EDI (para operações de 32 bits).
- **Flag de privilégio de E/S (IOPL, do inglês *I/O privilege level*)**: quando definida, faz com que o processador gere uma exceção em todos os acessos para dispositivos de E/S durante a operação no modo protegido.
- **Flag de reinício (RF, do inglês *resume flag*)**: permite que o programador desabilite exceções de depuração para que a instrução possa ser reiniciada depois de uma exceção de depuração sem causar imediatamente outra exceção de depuração.
- **Verificação de alinhamento (AC, do inglês *alighment check*)**: ativado se uma palavra ou palavra dupla é endereçada em um limite de não palavra ou não palavra dupla.
- **Flag de identificação (ID, do inglês *identification flag*)**: se este bit pode ser definido e limpo, então o processador suporta a instrução processorID. Esta instrução provê a informação sobre fabricante, família e modelo.

Além disso, existem 4 bits que são relacionados com o modo de operação. Flag Tarefa Aninhada (NT, do inglês *nested task flag*) que indica que a tarefa atual é aninhada dentro da outra tarefa no modo de operação protegida. O bit de Modo Virtual (VM) permite ao programador habilitar ou desabilitar modo virtual 8086, o qual determina se o processador está trabalhando como uma máquina 8086. Flag de Interrupção Virtual (VIF, do inglês *virtual interrupt flag*) e Interrupção Virtual Pendente (VIP, do inglês *virtual interrupt pending*) são usadas num ambiente multitarefa.

REGISTRADORES DE CONTROLE O x86 usa quatro registradores de controle (o registrador CR1 não é usado) para controlar os vários aspectos da operação do processador (Figura 12.23). Todos os registradores, exceto CR0, têm o tamanho de 32 ou 64 bits, de acordo com a implementação: se ela suporta arquitetura x86 de 64 bits ou não. O registrador CR0 contém flags de controle do sistema que controlam o modo ou indicam estados que se aplicam normalmente ao processador em vez da execução de uma determinada tarefa. Os flags são as seguintes:

- **Habilitação de proteção (PE, do inglês *protection enable*)**: habilita/desabilita modo de operação protegido.
- **Monitor do coprocessador (MP — *monitor coprocessor*)**: interessante apenas quando os programas de máquinas anteriores são executados em x86; ele define a presença de um coprocessador aritmético.

Figura 12.22 Registrador EFLAGS de Pentium II

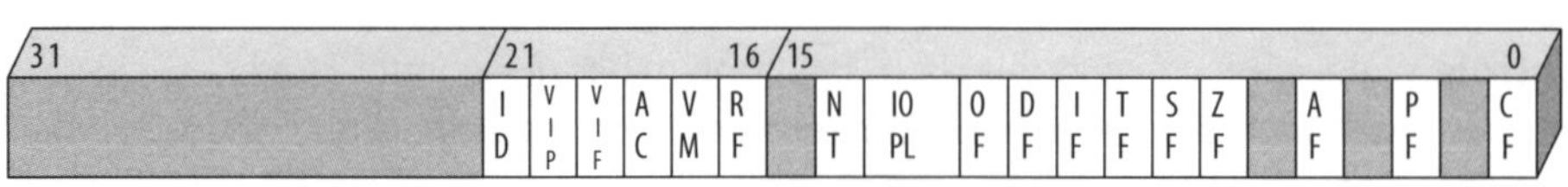

ID	= flag de identificação	DF	= flag direcional
VIP	= Interrupção virtual pendente	IF	= flag para habilitar interrupção
VIF	= flag de interrupção virtual	TF	= flag de *trap*
AC	= Verificação de alinhamento	SF	= flag de *sinal*
VM	= 8086 modo virtual	ZF	= flag Zero
RF	= flag de resumo	AF	= flag de *carry* auxiliar
NT	= flag tarefa aninhada	PF	= flag de paridade
IOPL	= de privilégio de EIS	CF	= flag de *carry*
OF	= flag de *overflow*		

Figura 12.23 Registradores de controle de x86

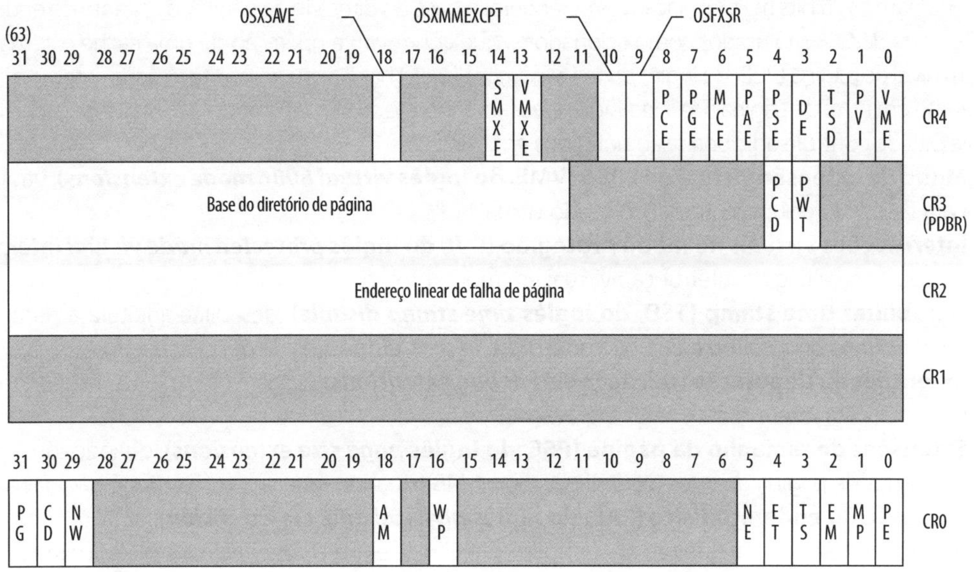

Áreas sombreadas indicam bits reservados.

OSXSAVE = habilita bit XSAVE
SMXE = habilita extensões do modo de segurança
VMXE = habilita extensões de máquina virtual
OSXMMEXCPT = Suporta excessões SIMD FP não mascaradas
OSFXSR = Suporta FXSAVE, FXSTOR
PCE = habilita conector de desempenho
PGE = habilita paginação global
MCE = habilita verificação de máquina
PAE = extensão de endereço físico
PSE = extensões de tamanho de página
DE = extensões de depuração
TSD = desabilitar *time stamp*
PVI = interrupções virtuais no modo protegido
VME = modo de extensão virtual de 8086

PCD = desabilita cache de página
PWT = escrita transparente em nível de página
PG = paginação
CD = desabilita cache
NW = not write through
AM = máscara de alinhamento
WP = proteção de escrita
NE = erro numérico
ET = tipo de extensão
TS = troca de tarefa
EM = emulação
MP = monitor do coprocessador
PE = habilitação de proteção

- **Emulação (EM)**: definido quando o processador não possui uma unidade de ponto flutuante e causa uma interrupção quando uma tentativa é feita para execução de instruções de ponto flutuante.
- **Troca de tarefa (TS, do inglês *task switched*)**: indica que o processador trocou tarefas.
- **Tipo de extensão (ET, do inglês *extension type*)**: não é usado em Pentium e máquinas posteriores; usado para indicar suporte para instruções de coprocessador matemático em máquinas anteriores.
- **Erro numérico (NE, do inglês *numeric error*)**: habilita o mecanismo padrão para reportar erros de ponto flutuante em linhas de barramento externo.
- **Proteção de escrita (WP, do inglês *write protect*)**: quando este bit é igual, páginas a zero de usuário com permissão de somente leitura podem ser escritas por um processo supervisor. Este recurso é útil para suportar criação de processos em alguns sistemas operacionais.
- **Máscara de alinhamento (AM, do inglês *alignment mask*)**: habilita/desabilita verificação de alinhamento.
- **Not write through (NW)**: seleciona o modo de operação de cache de dados. Quando o bit é igual a um cache de dados é inibido para atualizações de cache *write through*.
- **Desabilitar cache (CD — *cache disable*)**: habilita/desabilita o mecanismo interno de preenchimento de cache.
- **Paginação (PG)**: habilita/desabilita paginação.

Quando paginação está habilitada, os registradores CR2 e CR3 são válidos. O registrador CR2 guarda o endereço linear de 32 bits da última página acessada antes de uma interrupção de falha de página. Os 20 bits da extrema esquerda de CR3 guardam os 20 bits mais significativos do endereço base do diretório de página; o restante do endereço contém zeros. Dois bits de CR3 são usados como acionadores que controlam a operação de uma cache externa. Desabilitar a cache em nível de página (PCD, do inglês *page-level cache disable*) habilita ou desabilita a cache externa e o bit de escrita transparente em nível de página (PWT, do inglês *page-level writer transparent*) controla a escrita na cache externa.

Nove bits de controle adicionais são definidos em CR4:

- **Modo de extensão virtual de 8086 (VME, do inglês *virtual 8086 mode extensions*)**: habilita o suporte para flag de interrupção virtual no modo virtual 8086.
- **Interrupções virtuais no modo protegido (PVI, do inglês *protected mode virtual interrupt*)**: habilita o suporte para flag de interrupção virtual em modo protegido.
- **Desabilitar time stamp (TSD, do inglês *time stamp disable*)**: desabilita a leitura a partir da instrução contadora de time stamp (RDTSC), a qual é usado para propósitos de depuração.
- **Extensões de depuração (DE, do inglês *debug extensions*)**: habilita *breakpoints* de E/S; isto permite que o processador interrompa leituras e gravações de E/S.
- **Extensões de tamanho da página (PSE, do inglês *page size extensions*)**: quando igual a um, habilita tamanhos de página grandes (páginas de 2 ou 4 MB); quando igual a zero, restringe páginas a 4 KB.
- **Extensão do endereço físico (PAE, do inglês *physical address extension*)**: habilita linhas de endereço de A35 até A32 sempre que um novo modo especial de endereçamento, controlado por PSE, é habilitado.
- **Habilita verificação de máquina (MCE, do inglês *machine check enable*)**: habilita interrupção de verificação de máquina, a qual ocorre quando um erro de paridade de dados acontece durante o ciclo de leitura de barramento ou quando um ciclo de barramento não é completado com sucesso.
- **Habilitar paginação global (PGE, do inglês *page global enable*)**: habilita o uso de páginas globais. Quando PGE = 1 e uma troca de tarefa é efetuada, todas as entradas de TLB são excluídas com exceção daquelas marcadas como globais.
- **Habilita contador de desempenho (PCE, do inglês *performance counter enable*)**: habilita a execução da instrução RDPMC (leitura de contador de desempenho) em qualquer nível de privilégio. Dois contadores de desempenho são usados para medir a duração de um tipo de evento específico e o número de ocorrências e um tipo de evento específico.

REGISTRADORES MMX Lembre da Seção 10.3 em que o x86 MMX usa vários tipos de dados de 64 bits. As instruções MMX fazem uso de campos de endereço de registrador de 3 bits para que oito registradores MMX sejam suportados. Na verdade, o processador não inclui registradores MMX específicos. Em vez disso, o processador usa uma técnica de mapeamento (Figura 12.24). Os registradores de ponto flutuante existentes são usados para armazenar valores MMX. Especificamente, 64 bits de baixa ordem (mantissa) de cada registrador de ponto flutuante são usados para formar oito registradores MMX. Assim, a antiga arquitetura x86 de 32 bits é facilmente estendida para suportar a capacidade MMX. Algumas das principais características do uso MMX desses registradores são as seguintes:

- Lembre que registradores de ponto flutuante são tratados como uma pilha para operações de ponto flutuante. Para operações MMX, esses mesmos registradores são acessados diretamente.
- Na primeira vez que uma instrução MMX é executada depois de qualquer operação de ponto flutuante, a palavra de marcação FP (do inglês *floating point*)é marcada como válida. Isso reflete na mudança de operação de pilha para endereçamento direto de registradores.
- Instrução EMMS (estado MMX vazio) define bits da marcação da palavra FP para indicar que todos os registradores estão vazios. É importante que o programador insira essa instrução no final de bloco de código MMX para que as operações de ponto flutuante subsequentes funcionem corretamente.
- Quando um valor é escrito para um registrador MMX, bits [79:64] do registrador FP correspondente (bits de expoente e de sinal) são todos definidos para o valor 1. Isso define o valor no registrador FP para NN (não numérico) ou infinito quando visto como um valor de ponto flutuante. Isso garante que um valor de dados MMX não se pareça com um valor de ponto flutuante válido.

Processamento de interrupção

O processamento de interrupção dentro de um processador é uma facilidade oferecida para suportar o sistema operacional. Isso permite que uma aplicação seja suspensa para que uma variedade de condições de interrupção possa ser atendida e depois seja reiniciada.

Figura 12.24 Mapeamento de registradores MMX para registradores de ponto flutuante

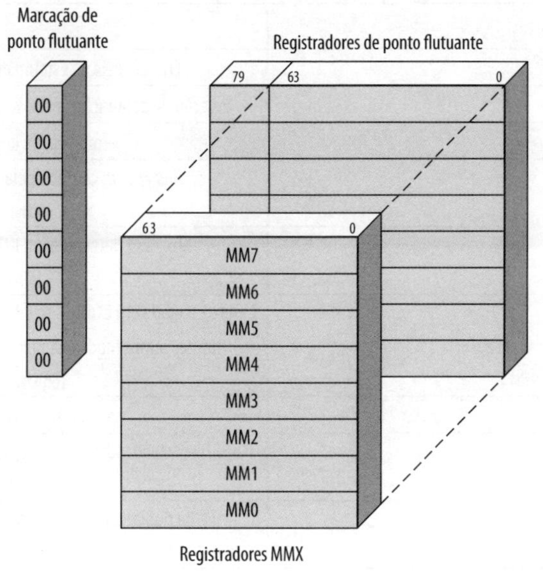

INTERRUPÇÕES E EXCEÇÕES Duas classes de eventos fazem com que o x86 suspenda a execução da corrente da instrução corrente e responda ao evento: interrupções e exceções. Em ambos os casos, o processador salva o contexto do processo atual e transfere para uma rotina predefinida atender a condição. Uma interrupção é gerada por um sinal de hardware e pode ocorrer um número aleatório de vezes durante a execução de um programa. Uma ***exceção*** é gerada a partir do software e é provocada pela execução de uma instrução. Existem duas origens das interrupções e duas origens das exceções:

1. Interrupções
   - **Interrupções mascaráveis**: recebidas no pino INTR do processador. O processador não reconhece uma interrupção mascarável se o flag habilitar interrupção (IF) não estiver definido.
   - **Interrupções não mascaráveis**: recebidas no pino NMI do processador. Reconhecimento de tais interrupções não pode ser evitado.
2. Exceções
   - **Exceções detectadas pelo processador**: resultam quando processador encontra um erro enquanto tenta executar uma instrução.
   - **Exceções programadas**: essas são as instruções que geram uma exceção (por exemplo, INTO, INT3, INT e BOUND).

TABELA DE VETORES DE INTERRUPÇÕES O processamento de interrupção em x86 usa tabela de vetor de interrupções. Cada tipo de interrupção possui um número vinculado e esse número é usado para indexar a tabela de vetor de interrupções. Essa tabela contém 256 vetores de interrupção de 32 bits, que representa o endereço (segmento e offset) da rotina para atender a interrupção para esse determinado número de interrupção.

A Tabela 12.3 mostra a atribuição de números na tabela de vetores de interrupções; os campos sombreados representam interrupções, enquanto os não sombreadas são exceções. A interrupção NMI de hardware é do tipo 2. Às interrupções INTR de hardware são atribuídos os números do intervalo de 32 até 255; quando uma interrupção INTR é gerada, ela precisa ser acompanhada dentro do barramento pelo número de vetor de interrupção para essa interrupção. Os números de vetores restantes são usados para exceções.

Se mais do que uma exceção ou interrupção está pendente, o processador as atende de maneira previsível. A posição de números do vetor dentro da tabela não reflete a prioridade. Em vez disso, a prioridade entre exceções e interrupções é organizada em cinco classes. Em ordem descendente de prioridade aqui estão:

Tabela 12.3 Tabela de vetores de interrupções e exceções para x86

Número do vetor	Descrição
0	Erro de divisão; estouro de divisão (*overflow*) ou divisão por zero
1	Exceção de depuração; inclui várias falhas e traps relacionadas com depuração
2	Interrupção do pino NMI; sinal no pino NMI
3	*Breakpoint*; causado pela instrução INT 3 que é uma instrução de 1 byte útil para depuração
4	*Overflow* detectado em INTO; ocorre quanto o processador executa INTO e o flag com valor 1
5	Limite excedido em BOUND excedido; instrução BOUND compara um registrador com limites armazenados na memória e gera uma interrupção se o conteúdo do registrador está fora dos limites
6	*Opcode* indefinido
7	Dispositivo indisponível; tentativa de uso da instrução ESC ou WAIT falha por causa da demora do dispositivo externo
8	Falha dupla; duas interrupções ocorrem durante a mesma instrução e não podem ser tratadas em série
9	Reservado
10	Segmento de estado de tarefa inválido; segmento que descreve a tarefa requerida não é inicializado ou não é válido
11	Segmento ausente; segmento requerido não está presente
12	Falha de pilha; limite do segmento da pilha excedido ou segmento da pilha ausente
13	Proteção geral; violação da proteção que não causa outra exceção (por exemplo, escrever no segmento que é somente para leitura)
14	Falha de página
15	Reservado
16	Erro de ponto flutuante; gerado por uma instrução aritmética de ponto flutuante
17	Verificação de alinhamento; acesso a uma palavra armazenada em um endereço de byte ímpar ou uma palavra dupla armazenada em um endereço não múltiplo de 4
18	Verificação de máquina; específico para cada modelo
19-31	Reservado
32-255	Vetores de interrupções de usuário; fornecido quando sinal INTR é ativado

Sem sombra: exceções.

Com sombra: interrupções.

- **Classe 1**: paradas (*traps*) na instrução anterior (vetor número 1).
- **Classe 2**: interrupções externas (2, 32-255).
- **Classe 3**: falhas na busca da próxima instrução (3, 14).
- **Classe 4**: falhas na decodificação da próxima instrução (6, 7).
- **Classe 5**: falhas na execução de uma instrução (0, 4, 5, 8, 10-14, 16, 17).

TRATAMENTO DE INTERRUPÇÃO Assim como acontece com a transferência da execução usando uma instrução CALL, uma transferência para uma rotina de tratamento de interrupção usa a pilha do sistema para armazenar o estado do processador. Quando ocorre uma interrupção e é reconhecida pelo processador, uma sequência de eventos acontece:

1. Se a transferência envolve uma mudança do nível de privilégio, então o registrador atual de segmento de pilha e o registrador atual ponteiro estendido de pilha (ESP) são colocados na pilha.

2. O valor atual do registrador EFLAGS é colocado na pilha.
3. Flags de interrupção (IF) e trap (TF) são definidos com valor zero. Isso desabilita interrupções INTR e a *trap* ou recurso de passo único.
4. Ponteiro de segmento de código corrente (CS) e ponteiro da instrução corrente (IP ou EIP) são colocados na pilha.
5. Se a interrupção é acompanhada por um código de erro, então o código de erro é colocado na pilha.
6. O conteúdo do vetor de interrupção é obtido e carregado nos registradores CS e IP ou EIP. A execução continua a partir da rotina que atende a interrupção.

Para retornar de uma interrupção, a rotina que atende a interrupção executa uma instrução IRET. Isso faz com que todos os valores salvos na pilham sejam recuperados; a execução continua a partir do ponto da interrupção.

12.6 Processador ARM

Nesta seção analisamos alguns elementos-chave da arquitetura e organização ARM. Deixamos a discussão de aspectos da organização e pipeline mais complexos para Capítulo 14. Para a discussão desta seção e do Capítulo 14, é útil ter em mente as principais características da arquitetura ARM. ARM é, em primeiro lugar, um sistema RISC com os seguintes características principais:

- Um conjunto moderado de registradores uniformes, mais do que são encontrados em alguns sistemas CISC, porém menos do que encontrados em muitos sistemas RISC.
- Modelo carregar/armazenar (*load/store*) de processamento de dados, no qual as operações executam apenas com os operandos nos registradores e não diretamente na memória. Todos os dados precisam ser carregados em registradores antes que uma operação possa ser efetuada; o resultado então pode ser usado para o processamento posterior ou armazenado em memória.
- Uma instrução uniforme de tamanho fixo de 32 bits para o conjunto padrão e 16 bits para o conjunto de instruções Thumb.
- Para tornar cada instrução de processamento de dados mais flexível, um deslocamento ou uma rotação pode pré-processar um dos registradores de origem. Para suportar esse recurso eficientemente, a unidade aritmética lógica (ALU) e unidades de deslocamento são separadas.
- Um número pequeno de modos de endereçamento com todos os endereços de carga/armazenamento sendo determinados a partir dos registradores e campos da instrução. Endereçamento indireto ou indexado envolvendo valores na memória não é usado.
- Modos de endereçamento com autoincremento e autodecremento são usados para melhorar a operação de laços de repetição dos programas.
- Execução condicional das instruções minimiza a necessidade das instruções de desvios condicionais, melhorando assim a eficiência do pipeline, porque a limpeza do pipeline é reduzida.

Organização do processador

A organização do processador ARM varia substancialmente de uma implementação para outra, particularmente quando são usadas diferentes versões da arquitetura ARM. No entanto, é útil para a discussão desta seção apresentar uma organização ARM simplificada e genérica, a qual é ilustrado na Figura 12.25. Nessa figura as setas indicam o fluxo de dados. Cada caixa apresenta uma unidade de hardware funcional ou uma unidade de armazenamento.

Dados são trocados com o processador a partir da memória externa por meio de um barramento de dados. O valor transferido é um item de dados, como resultado de uma instrução de carregar (*load*) ou armazenar (*store*), ou uma leitura de instrução. Instruções obtidas passam por um decodificador de instruções antes da execução, sob controle de uma unidade de controle. O último inclui lógica de pipeline e fornece sinais de controle (não mostrados) para todos os elementos de hardware do processador. Itens de dados são colocados no banco de registradores (*register file*) que consiste de um conjunto de registradores de 32 bits. Itens do tamanho de um byte ou meia palavra tratados como números de complemento de dois são estendidos com sinal até 32 bits.

As instruções de processamento de dados ARM normalmente têm dois registradores de origem, *Rn* e *Rm*, e um resultado único ou registrador de destino, *Rd*. Os valores dos registradores de origem alimentam ALU ou uma unidade de multiplicação separada que usa um registrador adicional para acumular resultados parciais. O processador ARM inclui também uma unidade de hardware que pode deslocar ou rotacionar o valor de *Rm* antes de entrar em

Figura 12.25 Organização ARM simplificada

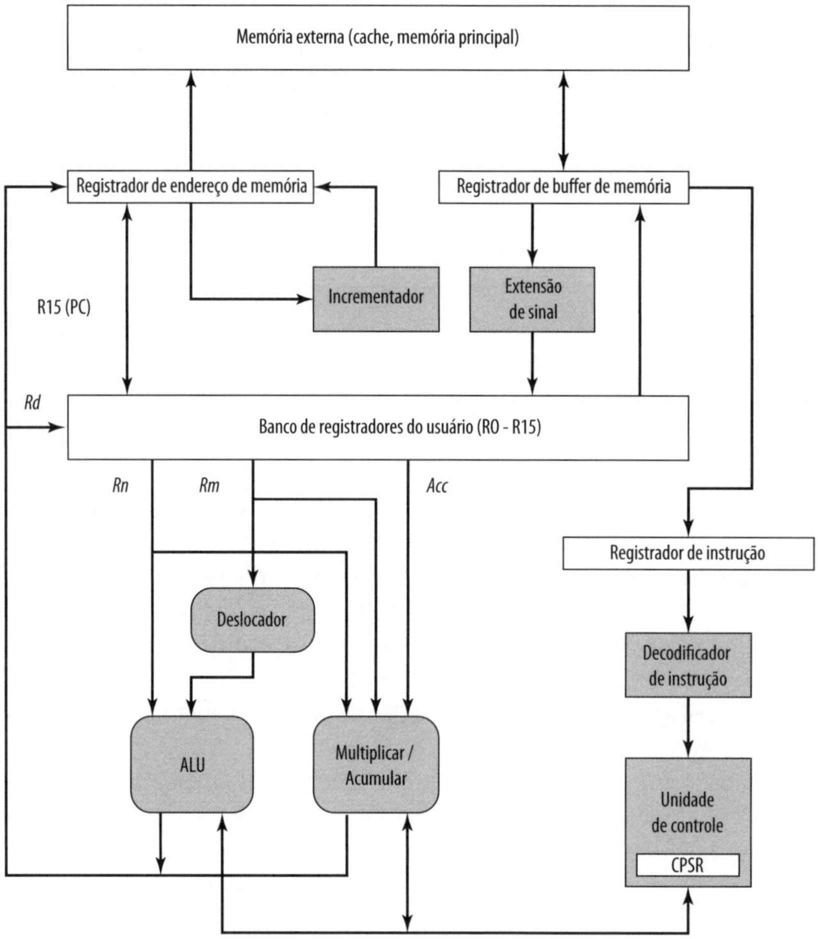

CPSR = registrador de estado de programa corrente (do inglês *current program status register*)

ALU. Esse deslocamento ou rotação ocorre dentro do tempo de ciclo da instrução e aumenta o poder e a flexibilidade de muitas operações de processamento de dados.

Os resultados de uma operação são retornados para o registrador de destino. As instruções de *load/store* também podem usar a saída das unidades aritméticas para gerar o endereço de memória para carga ou armazenamento.

Modos do processador

É comum para um processador suportar apenas um número pequeno de modos do processador. Por exemplo, muitos sistemas operacionais usam apenas dois modos: modo usuário e modo kernel, este último sendo usado para executar software de sistema privilegiado. Ao contrário disso, a arquitetura ARM permite uma base flexível para que os sistemas operacionais possam impor uma variedade de políticas de proteção.

A arquitetura ARM suporta sete modos de execução. A maioria das aplicações executa em ***modo usuário***. Enquanto o processador está no modo usuário, o programa sendo executado é incapaz de acessar os recursos protegidos do sistema ou de alterar o modo, causando uma exceção nesse caso.

Os seis modos de execução restantes são referidos como modos privilegiados. Esses modos são usados para executar o software de sistema. Existem duas vantagens principais para definir tantos modos privilegiados diferentes: (1) O SO pode adequar o uso do software de sistema para uma variedade de circunstâncias e (2) certos registradores são dedicados para uso para cada um dos modos privilegiados, permitindo mudanças mais rápidas no contexto.

Os modos de exceção têm acesso total aos recursos do sistema e podem mudar os modos livremente. Cinco desses modos são conhecidos como modos de exceção. Eles são ativados quando exceções específicas ocorrem.

Cada um desses modos possui alguns registradores dedicados que substituem alguns registradores do modo usuário e que são usados para evitar a corrupção das informações de estado do modo de usuário quando exceção acontece. Os modos de exceção são os seguintes:

- **Modo supervisor**: normalmente é o modo em que executa o SO. Ele é ativado quando o processador encontra uma instrução de interrupção de software. Interrupções de software são um jeito padrão para invocar os serviços do sistema operacional no ARM.
- **Modo de abortamento**: ativado como resposta a falhas de memória.
- **Modo indefinido**: ativado quando o processador tenta executar uma instrução que não é suportada nem pelo núcleo principal nem por um dos coprocessadores.
- **Modo de interrupção rápido**: ativado sempre que o processador recebe um sinal de interrupção a partir de uma fonte designada de interrupção rápida. Uma interrupção rápida não pode ser interrompida, porém uma interrupção rápida pode interromper uma interrupção normal.
- **Modo de interrupção**: ativado sempre que o processador recebe um sinal de interrupção a partir de qualquer outra origem de interrupção (diferente da interrupção rápida). Uma interrupção apenas pode ser interrompida por uma interrupção rápida.

O modo privilegiado restante é o ***modo de sistema***. Este não é ativado por nenhuma exceção e usa os mesmos registradores disponíveis no modo usuário. O modo de sistema é usado para executar certas tarefas privilegiadas do sistema operacional. As tarefas do modo de sistema podem ser interrompidas por qualquer uma das cinco categorias de exceções.

Organização dos registradores

A Figura 12.26 ilustra os registradores visíveis ao usuário para ARM. O processador ARM possui um total de 37 registradores de 32 bits, classificados como segue:

- 31 registradores referenciados no manual de ARM como sendo registradores de propósito geral. Na verdade, alguns deles, como contadores de programa, possuem propósitos específicos.
- Seis registradores de estado de programa.

Registradores são arranjados em bancos parcialmente sobrepostos, sendo que o modo atual do processador define qual banco está disponível. A qualquer momento, 16 registradores numerados e um ou dois registradores de estado de programa estão visíveis, para um total de 17 ou 18 registradores visíveis ao software. A Figura 12.26 deve ser interpretada da seguinte forma:

- Registradores de R0 a R7, registrador R15 (contador de programa) e registrador de estado de programa corrente (CPSR) são visíveis e compartilhados por todos os modos.
- Registradores de R8 até R12 são compartilhados por todos os modos exceto interrupção rápida, a qual possui seus próprios registradores dedicados de R8_fiq até R12_fiq.
- Todos os modos de exceção têm suas próprias versões de registradores R13 e R14.
- Todos os modos de exceção têm um registrador próprio de estado de programa dedicado salvo (SPSR, do inglês *saved program status register*)

REGISTRADORES DE PROPÓSITO GERAL O registrador R13 é normalmente usado como ponteiro de pilha e é conhecido também como SP (*Stock points*). Como cada modo de exceção possui um R13 separado, cada modo de exceção pode ter a sua própria dedicada pilha de programa. R14 é conhecido como registrador de ligação (LR — *link register*) e é usado para guardar endereço de retorno da sub-rotina e retornos do modo de exceção. O registrador R15 é o contador de programas (PC — *Program Counter*).

REGISTRADORES DE ESTADOS DE PROGRAMA O CPSR é acessível em todos os modos do processador. Cada modo de exceção também possui um SPSR dedicado que é usado para preservar o valor de CPSR quando a exceção associada acontece.

Os 16 bits mais significativos do CPSR contêm flags de usuário visíveis no modo usuário e que podem ser usadas para afetar a operação de um programa (Figura 12.27). Aqui estão elas:

- **Flags de código condicional**: flags N, Z, C e V, discutidas no Capítulo 10.
- **Flag Q**: usado para indicar se um *overflow* e/ou saturação ocorreu em alguma instrução orientada a SIMD.
- **Bit J**: indica o uso de instruções especiais de 8 bits, conhecidas como instruções Jazelle e que estão fora do escopo do nosso estudo.

Figura 12.26 Organização dos registradores do ARM

Modos						
	Modos privilegiados					
		Modos de exceção				
Usuário	**Sistema**	**Supervisor**	**Abortamento**	**Indefinido**	**Interrupção**	**Interrupção rápida**
R0	R0	R0	R0	R0	R0	R0
R1	R1	R1	R1	R1	R1	R1
R2	R2	R2	R2	R2	R2	R2
R3	R3	R3	R3	R3	R3	R3
R4	R4	R4	R4	R4	R4	R4
R5	R5	R5	R5	R5	R5	R5
R6	R6	R6	R6	R6	R6	R6
R7	R7	R7	R7	R7	R7	R7
R8	R8	R8	R8	R8	R8	R8_fiq
R9	R9	R9	R9	R9	R9	R9_fiq
R10	R10	R10	R10	R10	R10	R10_fiq
R11	R11	R11	R11	R11	R11	R11_fiq
R12	R12	R12	R12	R12	R12	R12_fiq
R13(SP)	R13(SP)	R13_svc	R13_abtR	13_und	R13_irq	R13_fiq
R14(LR)	R14(LR)	R14_svc	R14_abt	R14_und	R14_irq	R14_fiq
R15(PC)	R15(PC)	R15(PC)	R15(PC)	R15(PC)	R15(PC)	R15(PC)
CPSR	CPSR	CPSR	CPSR	CPSR	CPSR	CPSR
		SPSR_svc	SPSR_abt	SPSR_und	SPSR_irq	SPSR_fiq

Sombreado indica que o registrador normal usado pelo modo usuário ou de sistema foi substituído por um registrador específico para modo de exceção.

SP = ponteiro de pilha
LR = registrador de ligação
PC = contador de programa

CPSR = registrador de estado de programa corrente
SPSR = registrador de estado de programa salvo

- **Bits GE[3:0]**: instruções SIMD usam bits[19:16] como flags maior que ou igual (GE — *greater than or equal*) para bytes individuais ou meias palavras do resultado.

Os 16 bits menos significantes de CPSR contêm flags de controle de sistema que podem ser alterados apenas quando o processador está num modo privilegiado. Os campos estão descritos a seguir:

Figura 12.27 Formato de CPSR e SPSR de ARM

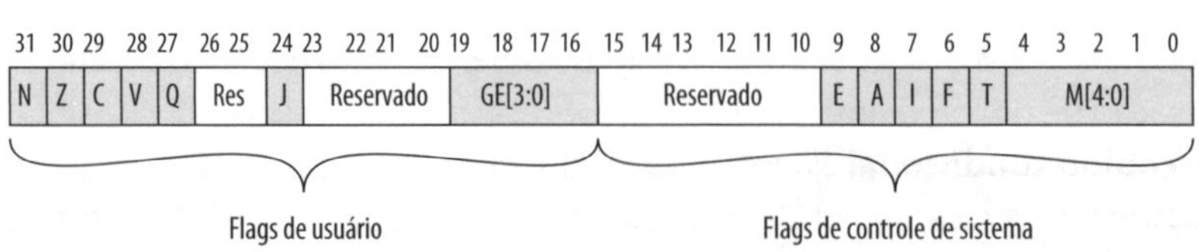

- **Bit E**: controla carga e armazenamento *endianness* de dados; ignorado para leitura de instruções.
- **Bits para desabilitar interrupção**: o bit A, quando definido com valor 1, desabilita o abortamento impreciso de dados; bit I, quando definido com valor 1, desabilita interrupções IRQ; e bit F, quando definido com valor 1, desabilita interrupções FIQ.
- **Bit T**: indica se a instrução deve ser interpretada como uma instrução ARM normal ou uma instrução Thumb.
- **Bits de modo**: indica o modo do processador.

Processamento de interrupção

Como em qualquer outro processador, o ARM inclui um dispositivo que permite ao processador interromper o programa corrente para lidar com condições de exceção. Exceções são geradas por fontes internas e externas para fazer com que o processador trate um evento. O estado do processador logo antes de tratar uma exceção é normalmente preservado para que o programa original possa ser reiniciado quando a rotina de exceção esteja completa. Mais de uma exceção pode ocorrer ao mesmo tempo. A arquitetura ARM suporta sete tipos de exceções. A Tabela 12.4 lista os tipos de exceções e o modo do processador que é usado para processar cada tipo. Quando uma exceção ocorre, a execução é forçada de um endereço fixo de memória correspondente ao tipo de exceção. Esses endereços fixos são chamados de vetores de exceção.

Se mais do que uma interrupção está aguardando, elas são tratadas em ordem de prioridade. A Tabela 12.4 mostra as exceções em ordem de prioridade, das mais altas até as mais baixas.

Quando ocorre uma exceção, o processador para a execução depois da instrução corrente. O estado do processador é preservado em SPSR que corresponde ao tipo de exceção, para que o programa original possa ser reiniciado quando a rotina de exceção estiver completa. O endereço da instrução que o processador estava para executar é colocado no registrador de ligação do modo do processador apropriado. Para retornar depois do tratamento da exceção, SPSR é movido para dentro de CPSR e R14 é movido para dentro de PC.

Tabela 12.4 Vetor de interrupção ARM

Tipo de exceção	Modo	Endereço normal de entrada	Descrição
Reset	Supervisor	0x00000000	Ocorre quando o sistema é inicializado
Abortar dados	Abortamento	0x00000010	Ocorre quando um endereço de memória inválido foi acessado, como se não houvesse memória física para o endereço ou falta permissão correta de acesso.
FIQ (interrupção rápida)	FIQ	0x0000001C	Ocorre quando um dispositivo externo ativa o pino FIQ no processador. Uma interrupção não pode ser interrompida exceto por uma FIQ. A FIQ é projetada para suportar uma transferência de dados ou processo de canal e tem registradores privados suficientes para tirar a necessidade de salvar os registradores em tais aplicações, economizando a sobrecarga da troca de contexto. Uma interrupção rápida não pode ser interrompida.
IRQ (interrupção)	IRQ	0x00000018	Ocorre quando um dispositivo externo ativa o pino IRQ do processador. Uma interrupção não pode ser interrompida, exceto por uma FIQ.
Abortamento de busca antecipada	Abortamento	0x0000000C	Ocorre quando uma tentativa de obter uma instrução resulta em uma falha de memória. A exceção é levantada quando a instrução entra no estágio de execução do pipeline.
Instrução indefinida	Indefinido	0x00000004	Ocorre quando uma instrução que não esteja no conjunto de instruções atinge o estágio de execução do pipeline
Interrupção de software	Supervisor	0x00000008	Geralmente usado para permitir que os programas do modo usuário chamem o SO. O programa de usuário executa uma instrução SWI com um argumento que identifica a função que usuário quer executar.

12.7 Leitura recomendada

Patt (2001[o]) e Moshovos e Sohi (2001[p]) fornecem uma cobertura excelente de questões de pipeline discutidas neste capítulo. Hennessy e Joupi (1991[q]) contém uma discussão detalhada sobre pipeline. Sohi (1990[r]) fornece uma discussão excelente e detalhada sobre questões de projeto de hardware envolvidas em um pipeline de instruções. Ramamoorthy (1977[s]) é um artigo clássico sobre o assunto e ainda vale muito a leitura.

Evers e Yeh (2001[t]) examina a evolução de estratégias de previsão de desvios. Cragon (1992[u]) é um estudo detalhado sobre previsão de desvios e pipelines de instruções. Dubey e Flynn (1991[v]) e Lilja (1988[k]) examinam várias estratégias de previsão de desvios que podem ser usadas para melhorar o desempenho de pipeline de instruções. Kaeli e Emma (1991[w]) analisa a dificuldade introduzida na previsão de desvios pelas instruções cujo endereço do alvo é variável.

Brey (2009[x]) fornece uma boa cobertura de processamento de interrupções em x86. Fog (2008[y]) fornece uma discussão detalhada sobre arquitetura de pipeline para família x86.

Principais termos, perguntas de revisão e problemas

Principais termos

Previsão de desvios	Flag	Busca antecipada de instrução
Código condicional	Ciclo da instrução	Palavra de estado de programa (PSW)
Desvio atrasado	Pipeline de instrução	

Perguntas de revisão

12.1 Quais papéis gerais são desempenhados pelos registradores do processador?

12.2 Quais categorias de dados são normalmente suportadas pelos registradores visíveis ao usuário?

12.3 Qual é a função de códigos condicionais?

12.4 O que é uma palavra de estado do programa?

12.5 Por que um pipeline de instrução de dois estágios dificilmente diminuirá o tempo do ciclo da instrução pela metade, quando comparado a um sistema sem pipeline?

12.6 Liste e explique resumidamente várias formas em que um pipeline de instruções pode lidar com instruções de desvio condicional.

12.7 Como são usados os bits de histórico para previsão de desvios?

Problemas

12.1 **a.** Se a última operação executada em um computador com uma palavra de 8 bits foi uma adição em que dois operandos eram 00000010 e 00000011, qual seria o valor dos seguintes flags?

- *Carry.*
- Zero.
- *Overflow.*
- Sinal.
- Paridade igual.
- Half-*Carry* (*carry* auxiliar).

b. Repita para adição de – 1 (complemento a dois) e +1

12.2 Repita o Problema 12.1 para operação A – B, onde A contém 11110000 e B contém 0010100.

12.3 Um microprocessador tem um clock de 5 Ghz.

a. Quanto tempo leva um ciclo de clock?

b. Qual é a duração de um tipo particular de instrução de máquina que consiste de três ciclos de clock?

12.4 Um microprocessador fornece uma instrução capaz de mover uma cadeia de bytes de uma área de memória para outra. A leitura e decodificação inicial da instrução levam 10 ciclos de clock. Depois demora 15 ciclos de clock para transferir cada byte. O microprocessador possui um clock de 10 Ghz.

a. Determine o tamanho do ciclo da instrução para o caso de uma cadeia de 64 bytes.

b. Qual é o pior atraso para aceitar uma interrupção se a instrução não puder ser interrompida?

c. Repita a parte (b) assumindo que a instrução possa ser interrompida no começo da transferência de cada byte.

12.5 O Intel 8088 consiste de uma unidade de interface de barramento (UIB) e uma unidade de execução (UE), o que forma um pipeline de dois estágios. A UIB obtém as instruções para uma fila de instruções de 4 bytes. Ela também participa dos cálculos de endereço, obtém operandos e escreve os resultados na memória conforme requisitado por UE. Se nenhuma dessas requisições estiver aguardando e o barramento estiver livre, UIB preenche quaisquer folgas na fila de instruções. Quando UE completa a execução de uma instrução, ela passa quaisquer resultados para UIB (destinados para memória ou E/S) e procede com a próxima instrução.

a. Suponha que tarefas executadas por UIB e UE levem o mesmo tempo. Com que fator pipeline melhora o desempenho de 8088? Ignore os efeitos de instruções de desvio.

b. Repita os cálculos assumindo que UE demore duas vezes mais que UIB.

12.6 Suponha que um 8088 esteja executando um programa no qual a probabilidade de um salto de programa é 0.1. Para simplificar, assuma que todas as instruções sejam do tamanho de 2 bytes.

a. Qual fração do ciclo de leitura do barramento de instrução é desperdiçada?

b. Repita para fila de instrução de tamanho de 8 bytes.

12.7 Considere o diagrama de tempo da Figura 12.10. Suponha que exista apenas um pipeline de dois estágios (busca e execução). Redesenhe o diagrama para mostrar quantas unidades de tempo são necessárias agora para quatro instruções.

12.8 Suponha um pipeline com quatro estágios: busca da instrução (FI), decodificação de instrução e cálculo dos endereços (DE), busca dos operandos (FO) e executar (EX). Desenhe um diagrama semelhante à Figura 12.10 para uma sequência de 7 instruções onde a terceira instrução é um desvio que é tomado e onde não haja dependências de dados.

12.9 Um processador de pipeline tem um taxa de clock de 2,5 GHz e executa um programa com 1,5 milhões de instruções. O pipeline possui cinco estágios e as instruções são emitidas numa taxa de uma por ciclo de clock. Ignore penalidades por causa das instruções de desvio e execuções fora de ordem.

a. Qual a diferença de velocidade deste processador para este programa comparado a um processador sem pipeline, fazendo a mesma suposição usada na Seção 12.4?

b. Qual o rendimento (em MIPS) do processador com pipeline?

12.10 Um processador sem pipeline tem uma taxa de clock de 2.5 GHz e um CPI (ciclos por instrução) médio de 4. Uma atualização no processador introduz um pipeline de cinco estágios. No entanto, por causa dos atrasos internos do pipeline, a taxa de clock do novo processador deve ser reduzida para 2 GHz.

a. Qual o aumento de velocidade obtido para um programa típico?

b. Qual a taxa em MIPS para cada processador?

12.11 Considere uma sequência de instruções de tamanho *n* que está sendo executada pelo pipeline de instruções. Seja *p* a probabilidade de encontrar um desvio condicional ou incondicional e seja *q* a probabilidade de a execução da instrução de desvio I causar um salto para um endereço não consecutivo. Assuma que cada salto desses requer que o pipeline seja esvaziado, destruindo todo o processamento das instruções, quando I emerge do último estágio. Revise as equações 12.1 e 12.2 para levar essas probabilidades em conta.

12.12 Uma limitação da abordagem de múltiplos fluxos para lidar com desvios em um pipeline é que desvios adicionais serão encontrados antes que o primeiro desvio seja resolvido. Sugira mais duas limitações ou desvantagens.

12.13 Considere os diagramas de estado da Figura 12.28.

a. Descreva o comportamento de cada um deles.

b. Compare-os com o diagrama de estado de previsão de desvios da Seção 12.4. Discuta os méritos relativos de cada uma das três abordagens de previsão de desvios.

Figura 12.28 Dois diagramas de estado de previsão de desvios

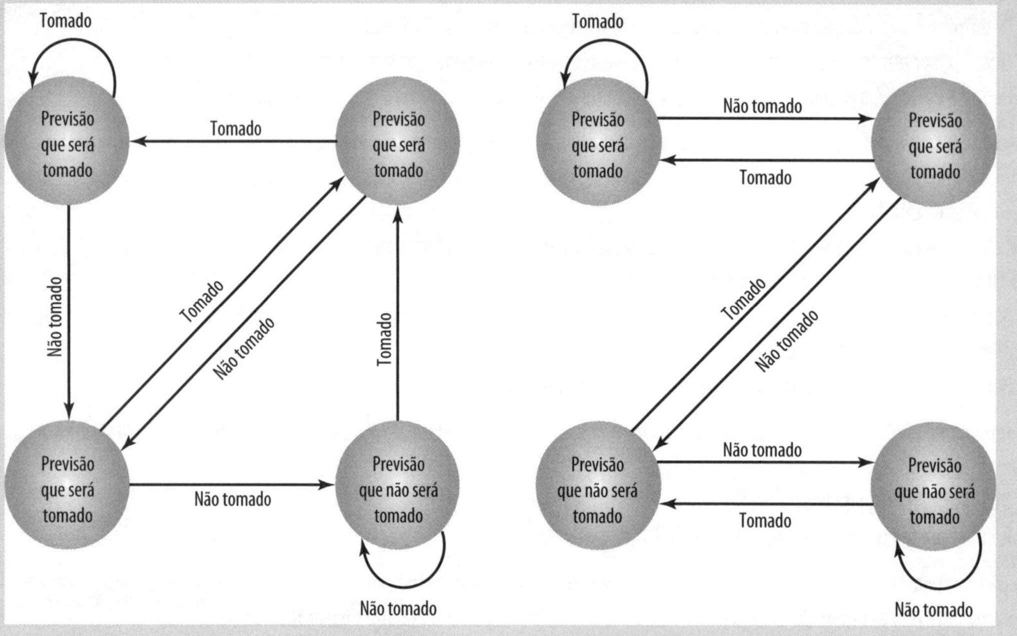

12.14 Máquinas Motorola 680x0 incluem a instrução Decrementar e Desvio de Acordo com Condição, a qual tem a seguinte forma:

DBcc Dn, displacement

onde cc é uma das condições testáveis, Dn é um registrador de uso geral e *displacement* (deslocamento) especifica o endereço alvo relativo ao endereço atual. A instrução pode ser definida da seguinte forma:

```
if (cc = False)
then begin
    Dn : =(Dn)  −1;
    if Dn ≠ − 1 then PC : =(PC)  + displacement end
else PC : = (PC)  +2;
```

Quando a instrução é executada, a condição é primeiramente testada para determinar se a condição de término para o laço é satisfeita. Se for, nenhuma operação é executada e a execução continua na próxima instrução da sequência. Se a condição for falsa, o registrador de dados específico é decrementado e verificado para ver se é menor que zero. Se for menor que zero, o laço é terminado e a execução continua na próxima instrução da sequência. Caso contrário, o programa desvia para a posição especificada. Considere agora o seguinte fragmento de um programa na linguagem de montagem:

```
AGAIN   CMPM.L   (A0)+,(A1) +
        DBNE     D1, AGAIN
        NOP
```

Duas *strings* endereçadas por A0 e A1 são comparadas pela igualdade; os ponteiros de *string* são incrementados em cada referência. D1 inicialmente contém o número de palavras grandes (4 bytes) para serem comparadas.

a. O conteúdo inicial dos registradores é A0 = \$00004000, A1 = \$00005000 e D1 = \$000000FF (\$ indica notação hexadecimal). A memória entre \$4000 e \$6000 é preenchida com palavras \$AAAA. Se o programa acima mencionado for executado, especifique o número de vezes que o laço DBNE é executado e o conteúdo dos três registradores quando a instrução NOP é alcançada.

b. Repita (a), mas suponha agora que memória entre \$4000 e \$4FEE é preenchida com \$0000 e entre \$5000 e \$6000 é preenchida com \$AAA.

12.15 Redesenhe a Figura 12.19c, supondo que o desvio condicional não seja tomado.

12.16 A Tabela 12.5 sumariza estatísticas de MacDougall (1984[h]) com respeito ao comportamento de desvios para várias classes de aplicações. Com exceção do tipo 1 para comportamento de desvios não há diferença notável entre os tipos de aplicações. Determine a fração de todos os desvios que vão para o endereço alvo do desvio para o ambiente científico. Repita para ambientes comerciais e de sistemas.

Tabela 12.5 Comportamento de desvios em exemplos de aplicações

Ocorrências de classes de desvios			
Tipo 1: Desvio 72,5%			
Tipo 2: Controle de laço 9,8%			
Tipo 3: Chamada de procedimento, retorno 17,7%			
Desvio tipo 1: para onde vai	**Científico**	**Comercial**	**Sistemas**
Incondicional – 100% vai para alvo	20%	40%	35%
Condicional – foi para alvo	43,2%	24,3%	32,5%
Condicional – não foi para alvo	36,8%	35,7%	32,5%
Desvio tipo 2 (todos os ambientes)			
Vai para alvo		91%	
Não vai para alvo		9%	
Desvio tipo 3			
100% vai para alvo			

12.17 O pipelining pode ser aplicado dentro de ALU para acelerar operações de ponto flutuante. Considere o caso de adição e subtração de ponto flutuante. Em termos simplificados, pipeline poderia ter quatro estágios: (1) Comparar expoentes; (2) Escolher o expoente e alinhar os coeficientes; (3) Adicionar ou subtrair coeficientes; (4) Normalizar os resultados. O pipeline pode ser considerado como tendo duas *threads* paralelas, uma tratando dos expoentes e outra tratando dos coeficientes, e poderia começar desta forma:

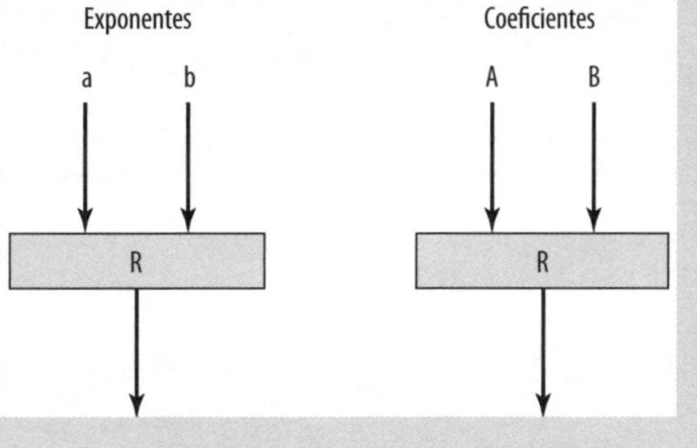

Nesta figura, as caixas nomeadas R se referem a um conjunto de registradores usados para guardar resultados temporários. Complete o diagrama de blocos que mostra a estrutura do pipeline em nível mais alto.

Referências

a LUNDE, A. "Empirical evaluation of some features of instruction set processor architectures". *Communications of the ACM,* mar. 1977.

b WILLIAMS, F. e STEVEN, G. "Address and data register separation on the M68000 family". *Computer Architecture News,* jun. 1990.

c DeROSA, J. e LEVY, H. "An evaluation of branch architectures". *Proceedings, Fourteenth Annual International Symposium on Computer Architecture,* 1987.

d STRITTER, E. e GUNTER, T. "A microprocessor architecture for a changing world: the Motorola 68000". *Computer,* fev. 1979.

e MORSE, S.; POHLMAN, W. e RAVENEL, B. "The Intel 8086 microprocessor: a 16-bit evolution of the 8080". *Computer,* jun. 1978.

f TOONG, H. e GUPTA, A. "An architectural comparison of contemporary 16-bit microprocessors". *IEEE Micro,* mai. 1981.

g El-Ayat, K. e AGARWAL, R. "The Intel 80386—Architecture and implementation". *IEEE Micro,* dez. 1985.

h MACDOUGALL, M. "Instruction-level program and process modeling". *IEEE Computer,* jul. 1984.

i ANDERSON, D.; SPARACIO, F. e TOMASULO, F. "The IBM system/360 model 91: machine philosophy and instruction handling". *IBM Journal of Research and Development,* jan. 1967.

j HWANG, K. *Advanced computer architecture.* Nova York: McGraw-Hill, 1993.

k LILJA, D. "Reducing the branch penalty in pipelined processors". *Computer,* jul. 1988.

l RECHES, S. e WEISS, S. "Implementation and analysis of path history in dynamic branch prediction schemes". *IEEE Transactions on Computers,* ago. 1998.

m YEH, T. e PATT, N. "Two-level adapting training branch prediction". *Proceedings, 24th Annual International Symposium on Microarchitecture,* 1991.

n CRAWFORD, J. "The i486 CPU: executing instructions in one clock cycle". *IEEE Micro,* fev. 1990.

o PATT, Y. "Requirements, bottlenecks, and good fortune: agents for microprocessor evolution". *Proceedings of the IEEE,* nov. 2001.

p MOSHOVOS, A. e SOHI, G. "Microarchitectural innovations: boosting microprocessor performance beyond semiconductor technology scaling". *Proceedings of the IEEE,* nov. 2001.

q HENNESSY, J. e JOUPPI, N. "Computer technology and architecture: an evolving interaction". *Computer,* set. 1991.

r SOHI, G. "Instruction issue logic for high-performance interruptable, multiple functional unit, pipelined computers". *IEEE Transactions on Computers,* mar. 1990.

s RAMAMOORTHY, C. "Pipeline architecture". *Computing Surveys,* mar. 1977.

t EVERS, M. e YEH, T. "Understanding branches and designing branch predictors for high-performance microprocessors". *Proceedings of the IEEE,* nov. 2001.

u CRAGON, H. *Branch strategy taxonomy and performance models.* Los Alamitos, CA: IEEE Computer Society Press, 1992.

v DUBEY, P. e FLYNN, M. "Branch strategies: modeling and optimization". *IEEE Transactions on Computers,* out. 1991.

w KAELI, D. e EMMA, P. "Branch history table prediction of moving target branches due to subroutine returns". *Proceedings, 18th Annual International Symposium on Computer Architecture,* maio 1991.

x BREY, B. *The Intel microprocessors: 8086/8066, 80186/80188, 80286, 80386, 80486, Pentium, Pentium Pro Processor, Pentium II, Pentium III, Pentium 4 and Core2 with 64-bit extensions*. Upper Saddle River, NJ: Prentice Hall, 2009.

y FOG, A. *The microarchitecture of Intel and AMD CPUs.* Copenhagen University College of Engineering, 2008. Disponível em: <http://www.agner.org/optimize/>.

CAPÍTULO

0 1 2 3 4 5 6 7 8 9 10 11 12 **13** 14 15 16 17 18

Computadores com conjunto reduzido de instruções (RISC)

PRINCIPAIS PONTOS

- Estudos do comportamento de execução dos programas de linguagem de alto nível forneceram um guia para projetar um novo tipo de arquitetura de processador: computador com conjunto reduzido de instruções (RISC — *reduced instructions set computer*). As instruções de atribuição predominam, sugerindo que os movimentos simples de dados deveriam ser otimizados. Há também muitas instruções IF e LOOP, o que sugere que o mecanismo de controle de sequências subjacentes necessita ser otimizado para permitir pipeline eficiente. Estudos sobre padrões de referência de operando sugerem que deveria ser possível melhorar o desempenho guardando um número moderado de operandos nos registradores.
- Esses estudos motivaram as principais características das máquinas RISC: (1) um conjunto de instruções limitado com um formato fixo, (2) um número grande de registradores ou o uso do compilador que otimize o uso de registradores e (3) uma ênfase na otimização do pipeline de instruções.
- O conjunto de instruções simples de uma máquina RISC leva por si só a um pipeline eficiente porque há menos operações por instrução e elas são mais previsíveis. Uma arquitetura com conjunto de instruções RISC também leva por si só à técnica de desvio atrasado, na qual instruções de desvio são rearranjadas com outras instruções para melhorar a eficiência do pipeline.

Desde o desenvolvimento de computadores que armazenavam programas nos anos 1950, houve consideravelmente poucas inovações verdadeiras nas áreas de organização e arquitetura de computadores. A seguir, temos alguns dos maiores avanços desde o nascimento do computador:

- **Conceito de família**: introduzido pela IBM com seu System/360 em 1964, seguido logo depois por DEC com seu PDP-8. O conceito de família separa a arquitetura de uma máquina da sua implementação. Um conjunto de computadores é oferecido, com características de preço/desempenho diferentes e que apresentam a mesma arquitetura ao usuário. As diferenças em preço e desempenho se devem às diferentes implementações da mesma arquitetura.

- **Unidade de controle microprogramada**: sugerida por Wilkes em 1951 e introduzida pela IBM na linha S/360 em 1964. A microprogramação facilita a tarefa de projetar e implementar a unidade de controle e fornece suporte para conceito de família.
- **Memória cache**: introduzida pela primeira vez comercialmente no S/360 Model 85 da IBM em 1968. A inserção deste elemento na hierarquia de memória melhora o desempenho consideravelmente.
- **Pipeline**: um meio para introduzir paralelismo na natureza essencialmente sequencial de um programa de instruções de máquina. Exemplos são pipeline de instruções e processamento vetorial.
- **Múltiplos processadores**: esta categoria cobre um número de organizações e objetivos diferentes.
- **Arquitetura de computadores com conjunto de instruções reduzido (RISC)**: este é o foco deste capítulo.

A arquitetura RISC é um grande avanço da tendência histórica na arquitetura de processadores. Uma análise da arquitetura RISC traz à tona muitas questões importantes da organização de arquitetura de computadores.

Embora os sistemas RISC tenham sido definidos e projetados de muitas maneiras diferentes e por grupos diferentes, aqui estão os principais elementos compartilhados pela maioria dos projetos:

- Um grande número de registradores de propósito geral e/ou o uso de tecnologia de compiladores para otimizar uso de registradores.
- Um conjunto de instruções simples e limitado.
- Uma ênfase na otimização do pipeline de instruções.

A Tabela 13.1 compara vários sistemas RISC e não RISC.

Começamos este capítulo com um breve resumo de alguns resultados nos conjuntos de instruções e depois analisamos cada um dos três tópicos que acabamos de mencionar. Segue, depois, uma descrição de dois projetos RISC mais bem documentados.

13.1 Características da execução de instruções

Uma das formas mais visíveis da evolução associada a computadores são as linguagens de programação. À medida que o preço de hardware caiu, o custo relativo de software aumentou. Juntamente com isso, a carência crônica de programadores elevou os custos de software em termos absolutos. Assim, o principal custo no ciclo de vida de um sistema é o software, não o hardware. Somado ao custo e à inconveniência, está o elemento da falta

Tabela 13.1 Características de alguns processadores CISC, RISC e superescalares

	Computadores com conjuntos de instruções complexos (CISC)			Computadores com conjuntos de instruções reduzidos (RISC)		Superescalares		
Característica	IBM 370/168	VAX 11/780	Intel 80486	SPARC	MIPS R4000	Power PC	Ultra SPARC	MIPS R10000
Ano de desenvolvimento	1973	1978	1989	1987	1991	1993	1996	1996
Número de instruções	208	303	235	69	94	225		
Tamanho de instrução em bytes	2–6	2–57	1–11	4	4	4	4	4
Modos de endereçamento	4	22	11	1	1	2	1	1
Número de registradores de uso geral	16	16	8	40–520	32	32	40–520	32
Tamanho da memória de controle (Kb)	420	480	246	—	—	—	—	—
Tamanho da cache (KB)	64	64	8	32	128	16–32	32	64

de confiabilidade: é comum que programas, tanto sistemas como aplicações, continuem a apresentar novas falhas depois de anos de operação.

A resposta dos pesquisadores e da indústria foi desenvolver linguagens de programação de alto nível ainda mais poderosas e complexas. Essas linguagens de alto nível (HHLs — *high level languages*) permitem que o programador expresse algoritmos de forma mais concisa, cuide de mais detalhes e frequentemente suporte de maneira natural o uso de programação estruturada ou modelagem orientada a objetos.

Além disso, esta solução trouxe outro problema, conhecido como *diferença semântica*, a diferença entre operações fornecidas em linguagens de alto nível e aquelas fornecidas na arquitetura do computador. Sintomas dessa diferença são suspeitas de incluir ineficiências da execução, tamanho excessivo do programa de máquina e complexidade de compiladores. Os projetistas responderam com arquiteturas voltadas para acabar com essa diferença. Principais recursos incluem grandes conjuntos de instruções, dúzias de modos de endereçamento e várias instruções das linguagens de alto nível implementadas no hardware. Um exemplo deste último é a instrução de máquina CASE em VAX. Tais conjuntos de instruções complexos têm a intenção de:

- Facilitar a tarefa do programador de compiladores.
- Melhorar a eficiência da execução, porque sequências complexas de operações podem ser implementadas no microcódigo.
- Fornecer suporte para linguagens de programação de alto nível ainda mais complexas e sofisticadas.

Enquanto isso, um número de estudos foi feito durante anos para determinar as características e padrões de execução das instruções de máquina geradas a partir de programas das linguagens de alto nível. Os resultados desses estudos inspiraram alguns pesquisadores a procurar por uma abordagem diferente: mais precisamente, tornar a arquitetura que suporta linguagens de alto nível mais simples, em vez de mais complexa.

Para entender a linha de raciocínio dos defensores do RISC, começamos com uma breve revisão das características da execução de instruções. Os aspectos de interesse computacional são:

- **Operações efetuadas**: estas determinam as funções a serem efetuadas pelo processador e a sua interação com memória.
- **Operandos usados**: os tipos de operandos e a frequência do seu uso determinam a organização da memória para armazená-los e os modos de endereçamento para acessá-los.
- **Sequência da execução**: isto determina a organização e o controle do pipeline.

No restante desta seção, resumimos os resultados de uma série de estudos sobre programas das linguagens de alto nível. Todos os resultados são baseados em medições dinâmicas. Isto é, as medições são coletadas executando o programa e contando o número de vezes que algum recurso apareceu ou que alguma propriedade permaneceu verdadeira. Ao contrário disso, medições estáticas apenas fazem essas contagens no código fonte de um programa. Elas não dão nenhuma informação útil sobre desempenho, porque elas não são avaliadas em relação ao número de vezes que cada instrução é executada.

Operações

Uma série de estudos foi feita para analisar o comportamento dos programas de linguagens de programação de alto nível. A Tabela 4.8, discutida no Capítulo 4, inclui os principais resultados de vários estudos. Há uma coerência bastante boa nos resultados dessa mistura de linguagens e aplicações. Instruções de atribuição predominam, sugerindo que a simples movimentação de dados é de alta importância. Há também uma preponderância de instruções condicionais (IF, LOOP). Essas instruções são implementadas na linguagem de máquina com algum tipo de instruções de comparação e desvio. Isso sugere que o mecanismo de controle sequencial do conjunto de instruções é importante.

Esses resultados são instrutivos para os projetistas das instruções de máquina, indicando que tipo de instruções ocorre com mais frequência e, por isso, deveriam ser suportadas de uma maneira "otimizada". No entanto, esses resultados não revelam quais instruções usam mais tempo de execução de um programa típico. Isto é, dado um programa compilado na linguagem de máquina, quais instruções na linguagem de origem causam a execução da maioria da instruções na linguagem de máquina?

Para chegar a informações neste nível, os programas de Patterson (PATTERSON e SEQUIN, 1982[a]), descritos no Apêndice 4A, foram compilados em VAX, PDP-11 e Motorola 68000 para determinar o número médio de instruções de máquina e as referências à memória por tipo de instrução. A segunda e a terceira colunas da Tabela 13.2 mostram a frequência relativa de ocorrência de várias instruções de linguagens de programação de alto nível em uma variedade de programas; os dados foram obtidos observando as ocorrências nos programas em execução, em vez de observar apenas o número de vezes que as instruções ocorrem no código fonte.

Estas estatísticas são de frequência dinâmica. Para obter os dados nas colunas quatro e cinco (avaliação das instruções de máquina), cada valor na segunda e terceira coluna é multiplicado pelo número de instruções de máquina produzidas pelo compilador. Esses resultados são então normalizados para que as colunas quatro e cinco mostrem a frequência relativa da ocorrência, com peso sendo atribuído pelo número de instruções de máquina por cada instrução da linguagem de programação de alto nível. De forma semelhante, a sexta e a sétima coluna são obtidas multiplicando-se a frequência de ocorrência de cada tipo de instrução pelo número relativo de referências de memória causadas por cada instrução. Os dados da coluna 4 até a coluna 7 mostram medidas que correspondem ao tempo que realmente foi gasto com a execução de vários tipos de instrução. Os resultados sugerem que a chamada/retorno do procedimento é a operação que consome mais tempo em programas típicos das linguagens de programação de alto nível.

Deve estar claro para o leitor o significado da Tabela 13.2. Ela indica a relação de vários tipos de instrução em uma linguagem de programação de alto nível, quando essa linguagem é compilada para uma arquitetura com um conjunto de instruções atual. Algumas outras arquiteturas poderiam produzir resultados diferentes. No entanto, este estudo produz resultados que são representativos para arquiteturas CISC atuais. Assim, esses resultados podem fornecer um guia para aqueles que estão procurando pelas maneiras mais eficientes para suportar linguagens de programação de alto nível.

Operandos

Muito menos trabalho foi feito na ocorrência de tipos de operandos, apesar da importância deste tópico. Vários aspectos são significantes.

O estudo de Patterson e Sequin, que já foi referenciado (PATTERSON e SEQUIN, 1982[a]), analisou também a frequência dinâmica de ocorrência de classes de variáveis (Tabela 13.3). Os resultados, consistentes entre programas C e Pascal, mostram que a maioria das referências é de variáveis escalares simples. Além disso, mais de 80% de escalares eram variáveis locais (para o procedimento). As referências para vetores/estruturas requerem uma referência prévia para o seu índice ou ponteiro, o qual é novamente um escalar local. Assim, existe uma predominância de referências para escalares, e estas são altamente localizadas.

O estudo de Patterson analisou o comportamento dinâmico dos programas de linguagens de programação de alto nível, independentemente da arquitetura subjacente. Conforme discutido antes, é necessário lidar com arquiteturas atuais para examinar o comportamento dos programas mais a fundo. Um estudo (LUNDE, 1977[b]) analisou as instruções do DEC-10 dinamicamente e concluiu que cada instrução referencia em média 0,5 operandos e 1,4 registradores. Resultados semelhantes são reportados em Huck (1983[c]) para programas C, Pascal e FORTRAN em S/370, PDP-11 e VAX. É claro que essas figuras dependem muito tanto da arquitetura como do compilador, mas elas ilustram, sim, a frequência de acesso a operandos.

Tabela 13.2 Frequência dinâmica relativa ponderada das linguagens de programação de alto nível (Patterson e Sequin, 1982[a])

	Ocorrência dinâmica		Avaliação das instruções de máquina		Avaliação de referências de memória	
	Pascal	C	Pascal	C	Pascal	C
ATRIBUIÇÃO	45%	38%	13%	13%	14%	15%
LOOP	5%	3%	42%	32%	33%	26%
CHAMADA	15%	12%	31%	33%	44%	45%
IF	29%	43%	11%	21%	7%	13%
GOTO	—	3%	—	—	—	—
OUTROS	6%	1%	3%	1%	2%	1%

Tabela 13.3 Frequência dinâmica de operandos

	Pascal	C	Média
Constante inteira	16%	23%	20%
Variável escalar	58%	53%	55%
Array/Estrutura	26%	24%	25%

Estes últimos estudos sugerem a importância de uma arquitetura que leve por si só a um acesso rápido aos operandos, porque essa operação é efetuada com muita frequência. O estudo de Patterson sugere que o principal candidato para otimização é o mecanismo para armazenar e acessar variáveis locais escalares.

Chamadas de procedimento

Vimos que as chamadas e os retornos de procedimento são um aspecto dos programas de alto nível. A evidência (Tabela 13.2) sugere que essas são as operações que consomem mais tempo em programas compilados de alto nível. Assim, será lucrativo considerar as maneiras para implementar essas operações de forma eficiente. Dois aspectos são significativos: o número de parâmetros e variáveis com os quais um procedimento lida e a profundidade de aninhamento.

O estudo de Tanenbaum (1978[d]) concluiu que para 98% de procedimentos chamados dinamicamente foram passados menos do que seis argumentos e que 92% deles usaram menos do que seis variáveis locais escalares. Resultados semelhantes foram reportados pela equipe RISC de Berkeley (KATEVENIS, 1983[e]), conforme mostrado na Tabela 13.4. Esses resultados mostram que o número de palavras requeridas por ativação de procedimento não é grande. Os estudos reportados anteriormente indicaram que uma grande parte de referências de operandos é para variáveis locais escalares. Esses estudos mostram que essas referências são, na verdade, resumidas a poucas variáveis.

O mesmo grupo de Berkeley analisou também o padrão de chamadas e retornos de procedimentos em programas de alto nível. Eles concluíram que é raro haver uma grande sequência ininterrupta de chamadas de procedimento seguida pela correspondente sequência de retornos. Em vez disso, eles concluíram que um programa permanece confinado a uma janela relativamente estreita de profundidade de chamadas de procedimentos. Isso é ilustrado na Figura 4.21, que foi discutida no Capítulo 4. Esses resultados reforçam a conclusão de que referências de operandos são altamente localizadas.

Implicações

Vários grupos analisaram os resultados como os que acabamos de reportar e concluíram que a tentativa de criar uma arquitetura com um conjunto de instruções parecida com as linguagens de programação de alto nível não é a estratégia de projeto mais eficaz. Em vez disso, as linguagens de programação de alto nível podem ser mais bem suportadas com otimização de desempenho de recursos de programas típicos escritos em linguagem de alto nível que consomem mais tempo.

Tabela 13.4 Argumentos de procedimentos e variáveis escalares locais

Percentagem de chamadas de procedimento executadas com	Compiladores, interpretadores e editores de texto	Pequenos programas não numéricos
> 3 argumentos	0–7%	0–5%
> 5 argumentos	0–3%	0 %
> 8 palavras de argumentos e escalares locais	1–20%	0–6%
> 12 palavras de argumentos e escalares locais	1–6%	0–3%

Generalizando a partir do trabalho de uma série de pesquisadores, surgem três elementos que caracterizam as arquiteturas RISC. Primeiro, o uso de um grande número de registradores ou o uso de um compilador para otimizar uso de registradores. A intenção disso é otimizar referências à operandos. Os estudos que acabamos de discutir mostram que existem várias referências para cada instrução de linguagem de alto nível e que existe uma grande proporção de instruções de movimentação (atribuições). Isso, junto com a localidade e a predominância de referências escalares, sugere que o desempenho pode ser melhorado com redução de referências à memória à custa de mais referências a registradores. Por causa da localidade dessas referências, um conjunto de registradores expandido parece prático.

Segundo, uma atenção cuidadosa precisa ser dedicada ao projeto de pipelines de instruções. Por causa de alta proporção de instruções de desvio e chamadas de procedimentos, um pipeline de instruções direto não será eficiente. Isso se manifesta pela grande proporção de instruções que são obtidas, mas nunca são executadas.

Finalmente, um conjunto de instruções simplificado (reduzido) é indicado. Este ponto não é óbvio como outros, mas se tornará mais claro na discussão seguinte.

13.2 Uso de um banco grande de registradores

Os resultados apresentados na Seção 13.1 salientam a conveniência de acesso rápido a operandos. Vimos que existe uma grande proporção de instruções de atribuição em programas de alto nível e muitas delas são do tipo simples A ← B. Também há um número significativo de acessos a operandos por instrução de um programa de alto nível. Se juntarmos esses resultados com o fato de a maioria de acessos ser para escalares locais, então podemos sugerir forte dependência do armazenamento em registradores.

A razão pela qual o armazenamento em registradores é indicado é que esse é o dispositivo de armazenamento mais rápido disponível, mais rápido que a memória principal e que a cache. O banco de registradores é fisicamente pequeno, no mesmo chip como a ALU e a unidade de controle, e emprega endereços bem menores do que os endereços para memória e cache. Assim, é necessária uma estratégia que irá permitir que operandos acessados mais frequentemente sejam guardados em registradores, minimizando operações registrador-memória.

Duas abordagens básicas são possíveis, uma baseada em software e outra baseada em hardware. A abordagem em software depende do compilador para maximizar o uso de registradores. O compilador tentará alocar registradores para aquelas variáveis que serão mais usadas em um determinado período. Esta abordagem requer o uso de algoritmos sofisticados para análise de programas. A abordagem de hardware é simplesmente usar mais registradores para que mais variáveis possam ser guardadas em registradores por mais tempo.

Nesta seção discutiremos a abordagem de hardware. Esta abordagem foi primeiramente utilizada pelo grupo RISC de Berkeley (Patterson e Sequin, 1982[a]); foi usada no primeiro produto RISC comercial, Pyramid (RAGAN-KELLEY e CLARK, 1983[f]); e é, atualmente, usada na popular arquitetura SPARC.

Janelas de registradores

Em face disto, o uso de um conjunto grande de registradores deveria diminuir a necessidade de acessar a memória. A tarefa de projeto é organizar os registradores de tal maneira que esse objetivo seja alcançado.

Como a maioria das referências de operandos é para escalares locais, a abordagem óbvia é armazená-los em registradores, com talvez alguns registradores reservados para variáveis globais. O problema é que a definição do que é *local* muda a cada chamada e retorno de procedimento e com operações que ocorrem frequentemente. A cada chamada, variáveis locais precisam ser salvas dos registradores para memória, para que os registradores possam ser reutilizados pelo programa chamado. Além disso, parâmetros precisam ser passados. No retorno, as variáveis do programa-pai devem ser restauradas (carregadas de volta em registradores) e os resultados devem ser passados de volta para o programa-pai.

A solução é baseada em outros dois resultados vistos na Seção 13.1. Primeiro, um procedimento típico emprega apenas alguns parâmetros passados e variáveis locais (Tabela 13.4). Segundo, a profundidade da ativação do procedimento flutua dentro de um intervalo relativamente estreito (Figura 4.21). Para explorar essas propriedades, vários conjuntos pequenos de registradores são usados, sendo cada um atribuído para um procedimento diferente. Uma chamada de procedimento direciona automaticamente o processador para usar uma janela de registradores diferentes e de tamanho fixo, em vez de salvar os registradores na memória. Janelas para procedimentos adjacentes são sobrepostas para permitir passagem de parâmetros.

O conceito é ilustrado na Figura 13.1. A qualquer momento, apenas uma janela de registradores é visível e endereçável, como se fosse o único conjunto de registradores (por exemplo, endereços de 0 até $N - 1$). A janela é dividida em três áreas de tamanho fixo. Registradores de parâmetros guardam parâmetros passados a partir do procedimento que chamou o procedimento atual e guardam os resultados a serem passados de volta. Registradores locais são usados para variáveis locais, conforme atribuído pelo compilador. Registradores temporários são usados para trocar parâmetros e resultados com o próximo nível abaixo (procedimentos chamados pelo procedimento atual). Os registradores temporários em um nível são fisicamente os mesmos que os registradores de parâmetro no próximo nível abaixo. Essa sobreposição permite que os parâmetros sejam passados sem o movimento real de dados. Tenha em mente que, exceto para sobreposição, os registradores em dois níveis diferentes são fisicamente distintos. Isto é, os registradores de parâmetros e os registradores locais no nível J são separados dos registradores locais e de parâmetros do nível $J + 1$.

Para poder lidar com qualquer padrão possível de chamadas e retornos, o número de janelas de registradores teria que ser ilimitado. Em vez disso, as janelas de registradores podem ser usadas para guardar algumas ativações de procedimentos mais recentes. Ativações mais antigas têm que ser salvas em memória e restauradas depois — quando a profundidade de aninhamento diminui. Assim, a verdadeira organização do banco de registradores é como um buffer circular de janelas sobrepostas. Dois exemplos importantes desta abordagem são a arquitetura SPARC da SUN, descritas na Seção 13.7, e a arquitetura IA-64 usada no processador Itanium da Intel, descrita no Capítulo 21.

A organização circular é mostrada na Figura 13.2 que ilustra um buffer circular de seis janelas. O buffer é preenchido até uma profundidade de 4 (A chama B; B chama C; C chama D) com o procedimento estando ativo. O ponteiro da janela atual (PJA) aponta para a janela do procedimento atualmente ativo. Registradores referenciados por uma instrução de máquina são deslocados por esse ponteiro para determinar o registrador físico atual. O ponteiro da janela salva (PJS) identifica a janela mais recentemente salva na memória. Se o procedimento D agora chamar procedimento E, os argumentos para E são armazenados nos registradores temporários de D (sobreposição entre w3 e w4) e o PJA é avançado por uma janela.

Se o procedimento E então fizer uma chamada para o procedimento F, a chamada não poderá ser feita com o *status* atual do buffer. Isso acontece porque janela F sobrepõe janela A. Se F começar a carregar seus registradores temporários, preparatórios para uma chamada, ele irá sobrescrever registradores de parâmetros de A (A.in). Assim, quando PJA é incrementado (módulo 6) e se torna igual a PJS, ocorre uma interrupção e a janela A é salva. Apenas duas primeiras partes (A.in e A.loc) precisam ser salvas. Depois, o PJS é incrementado e o chamado para F procede. Uma interrupção semelhante acontece nos retornos. Por exemplo, subsequente à chamada F, quando B retorna para A, PJA é decrementado e se torna igual ao PJS. Isso causa uma interrupção que resulta em restauração da janela A.

Pode-se concluir, com base na explanação anterior, que um arquivo de registradores com N janelas pode guardar apenas $N - 1$ ativações de procedimentos. O valor de N não precisa ser grande. Conforme mencionado no Apêndice 4A, um estudo (Tamir e Sequin, 1983[9]) concluiu que, com 8 janelas, salvar ou restaurar torna-se necessário em apenas 1% de chamadas ou retornos. Computadores RISC de Berkeley usam 8 janelas com 16 registradores cada uma. Computadores Pyramid possuem 16 janelas de 32 registradores cada uma.

Figura 13.1 Sobreposição das janelas de registradores

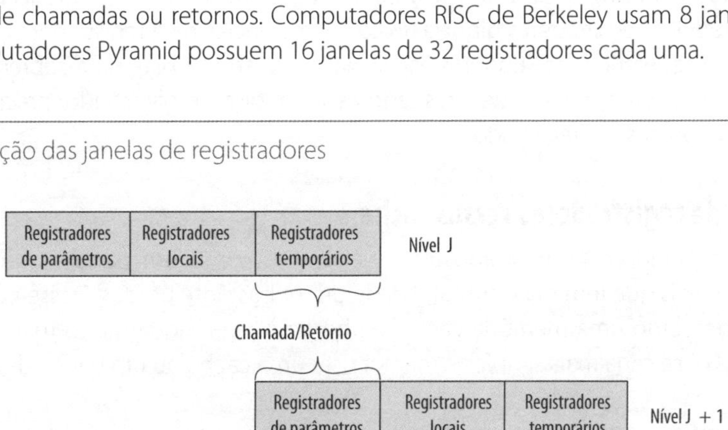

Figura 13.2 Organização do buffer circular de janelas sobrepostas

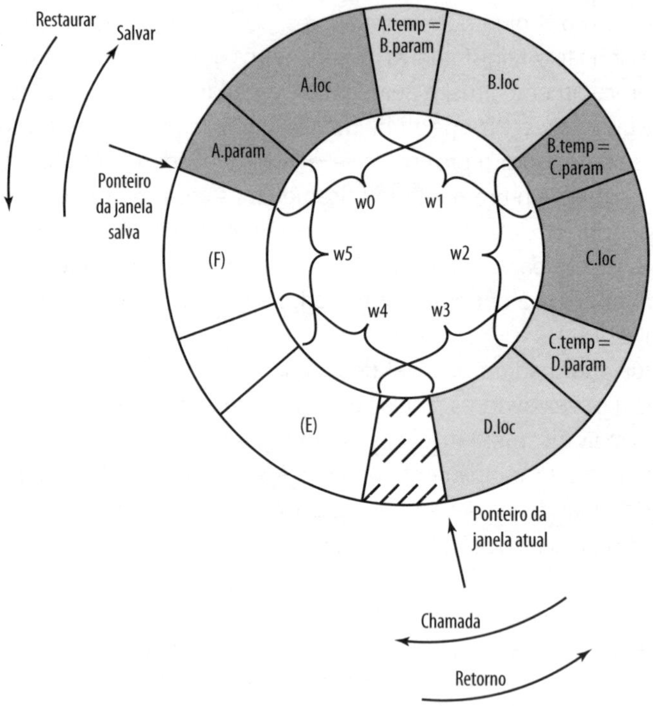

Variáveis globais

O esquema de janelas que acabamos de descrever oferece uma organização eficiente para armazenar variáveis em registradores. No entanto, este esquema não atende à necessidade de armazenar variáveis globais, aquelas acessadas por mais de um procedimento. Duas opções são sugeridas por si só. Primeiro, às variáveis declaradas como globais em uma linguagem de alto nível podem ser atribuídas posições de memória pelo compilador e todas as instruções de máquina que referenciam essas variáveis usarão operandos referenciados em memória. Isso é bem direto, do ponto de vista de hardware e de software (compilador). No entanto, para variáveis globais acessadas frequentemente, este esquema é ineficiente.

Uma alternativa é incorporar um conjunto de registradores globais no processador. Esses registradores seriam em número fixo e estariam disponíveis para todos os procedimentos. Um esquema uniforme de numeração pode ser usado para simplificar o formato da instrução. Por exemplo, referências para registradores de 0 a 7 poderiam se referir a registradores globais únicos e referências para registradores de 8 a 31 poderiam ser o deslocamento para se referir a registradores físicos na janela atual. Existe uma sobrecarga no hardware para acomodar a divisão no endereçamento de registradores. Além disso, o compilador precisa decidir que variáveis globais devem ser atribuídas aos registradores.

Grande banco de registradores *versus* cache

O arquivo de registradores, organizado em janelas, age como um pequeno buffer para guardar um subconjunto de variáveis que têm mais probabilidade de ser bastante usadas. Desse ponto de vista, o arquivo de registradores age como uma memória cache, embora uma memória muito mais rápida. A questão que aparece neste ponto é se seria mais simples e melhor usar uma cache ou um banco de registradores pequeno e tradicional.

A Tabela 13.5 compara as características das duas abordagens. O banco de registradores baseado em janelas guarda todas as variáveis locais escalares (exceto em raros casos de sobrecarga da janela) de $N - 1$ mais recentes

Tabela 13.5 Características do arquivo grande de registradores e organizações de cache

Grandes arquivos de registradores	Cache
Todas variáveis locais escalares	Variáveis locais recentemente usadas
Variáveis individuais	Blocos de memória
Variáveis globais assinaladas pelo compilador	Variáveis globais recentemente usadas
Salvar/restaurar baseados na profundidade de aninhamento do procedimento	Salvar/restaurar baseado em algoritmos de atualização da cache
Endereçamento de registrador	Endereço de memória

ativações de procedimentos. A cache guarda uma seleção de variáveis escalares recentemente usadas. O arquivo de registradores deveria economizar tempo, porque todas as variáveis locais escalares são mantidas. Por outro lado, a cache pode fazer uso mais eficiente do espaço, porque ela reage dinamicamente a situações. Além disso, a cache geralmente trata todas as referências de memória da mesma forma, incluindo instruções e outros tipos de dados. Assim, salvamentos nessas outras áreas são possíveis com uso de cache e não são possíveis com um arquivo de registradores.

Um banco de registradores pode fazer uso ineficiente de espaço, porque nem todos os procedimentos vão precisar do espaço inteiro da janela dedicado somente para eles. Por outro lado, a cache sofre de outro tipo de ineficiência: os dados são lidos da cache em blocos. Enquanto o banco de registradores contém apenas as variáveis em uso, a cache lê um bloco de dados do qual uma parte menor ou até maior não será usada.

A cache é capaz de lidar bem com variáveis globais e locais. Existem normalmente muitos escalares globais, mas apenas alguns deles são muito usados (Katevenis, 1983[e]). A cache descobrirá dinamicamente essas variáveis e irá guardá-las. Se um banco de registradores baseado em janelas for acrescido de registradores globais, ele também pode guardar alguns escalares globais. No entanto, é difícil para um compilador determinar quais variáveis globais serão muito usadas.

Com banco de registradores, o movimento de dados entre registradores e memória é determinado pela profundidade de aninhamento do procedimento. Como essa profundidade normalmente se encontra dentro de um intervalo pequeno, o uso da memória é relativamente infrequente. A maioria das memórias cache possui tamanho pequeno. Assim, existe o perigo de que outros dados ou instruções sobrescrevam variáveis frequentemente usadas.

Com base na discussão até agora, a escolha entre um banco grande de registradores baseado em janelas e uma cache não está totalmente clara. No entanto, existe uma característica pela qual a abordagem de registrador é claramente superior e que sugere que um sistema baseado em cache será sensivelmente mais lento. Essa distinção aparece na quantidade de *overhead* de endereçamento experienciada pelas duas abordagens.

A Figura 13.3 ilustra a diferença. Para referenciar um escalar local em um arquivo de registradores baseado em janelas, um número de registrador virtual e um número de janela são usados. Esses podem passar por um decodificador relativamente simples para selecionar um dos registradores físicos. Para referenciar uma posição de memória na cache, um endereço de memória de tamanho completo deve ser gerado. A complexidade desta operação depende do modo de endereçamento. Em uma cache associativa por conjunto, uma parte do endereço é usada para ler um número de palavras e rótulos iguais ao tamanho do conjunto. Outra parte do endereço é comparada com as marcações e uma das palavras que foram lidas é selecionada. Deve estar claro que, mesmo que a cache fosse tão rápida quanto o arquivo de registradores, o tempo de acesso seria consideravelmente maior. Assim, do ponto de vista de desempenho, o banco de registradores baseado em janelas é superior para escalares locais. Outras melhorias de desempenho podem ser alcançados com a adição de uma cache apenas para instruções.

Figura 13.3 Referenciando um escalar

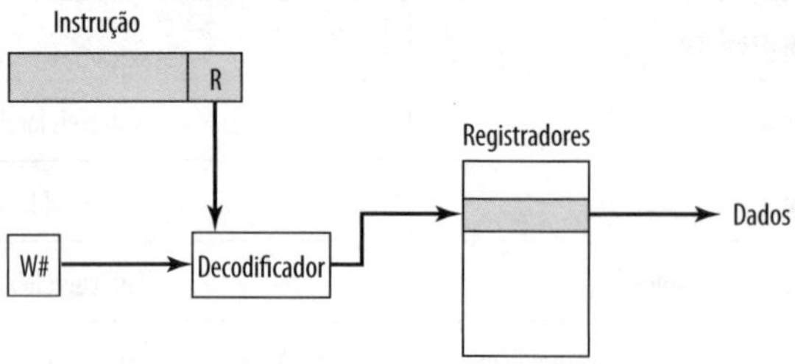

(a) Banco de registradores baseado em janelas

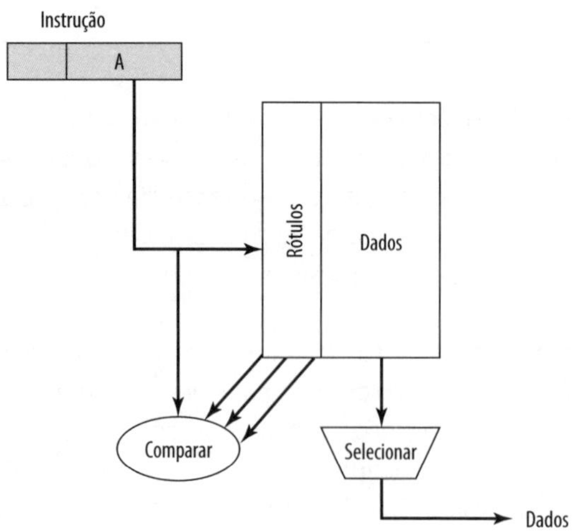

(b) Cache

13.3 Otimização de registradores baseada em compiladores

Vamos supor agora que apenas um número pequeno (16 a 32, por exemplo) de registradores esteja disponível na máquina RISC alvo. Neste caso, o uso otimizado de registradores é de responsabilidade do compilador. Um programa escrito em uma linguagem de alto nível não possui, obviamente, nenhuma referência explícita a registradores. Em vez disso, as grandezas do programa são referenciadas simbolicamente. O objetivo do compilador é guardar os operandos nos registradores durante o máximo de operações possível em vez de usar memória e minimizar operações de carregar-e-armazenar.

Em geral, a abordagem usada é a seguinte. Cada grandeza do programa que é candidata a residir em um registrador é atribuída para um registrador simbólico ou virtual. O compilador, então, mapeia o número ilimitado de registradores simbólicos para um número fixo de registradores reais. Se, em uma determinada parte do programa, houver mais grandezas para tratar do que registradores reais, então algumas das grandezas são atribuídas para posições de memória. As instruções de carregar-e-armazenar são usadas para posicionar as grandezas nos registradores temporariamente para operações computacionais.

A essência da tarefa de otimização é decidir quais grandezas devem ser atribuídas para registradores em qualquer ponto do programa. A técnica mais comumente usada em compiladores RISC é conhecida como coloração de grafos, uma técnica emprestada da disciplina de topologia (CHAITIN, 1982[h], CHOW et al., 1986[i], COUTANT, HAMMOND e KELLEY, 1986[j], CHOW e HENNESSY, 1990[k]).

O problema de coloração de grafos é este: dado um grafo que consiste de nós e bordas, atribuir cores para nós de tal forma que nós adjacentes tenham cores diferentes e que sejam usadas menos cores possíveis. Este problema é adaptado ao problema do compilador da seguinte maneira. Primeiramente, o programa é analisado para construir um grafo de interferência entre registradores. Os nós do grafo são registradores simbólicos. Se dois registradores simbólicos estão "vivos" durante o mesmo fragmento do programa, então eles são unidos por uma linha para demonstrar uma interferência. Uma tentativa é feita então para colorir o grafo com *n* cores, onde *n* é o número de registradores. Nós que compartilham a mesma cor podem ser atribuídos para o mesmo registrador. Se este processo não completar totalmente, então esses nós que não podem ser coloridos devem ser colocados em memória, e cargas e armazenamentos devem ser usados para criar espaço para grandezas afetadas quando elas forem necessárias.

A Figura 13.4 é um exemplo simples do processo. Admita um programa com seis registradores simbólicos para ser compilado em três registradores reais. A Figura 13.4a mostra a sequência de tempo de uso ativo de cada registrador simbólico. Linhas horizontais pontilhadas indicam execuções sucessivas de instruções. A Figura 13.4b mostra o grafo de interferência de registradores (sombreamentos e listras são usados no lugar de cores). Uma coloração possível com três cores é mostrada. Como os registradores A e D não interferem, o compilador pode atribuir ambos ao registrador físico R1. De forma semelhante, registradores simbólicos C e E podem ser atribuídos ao registrador R3. Um registrador simbólico, F, é deixado sem cor e deve ser tratado com leitura e escrita em memória.

Em geral, há uma troca entre o uso de um conjunto grande de registradores e a otimização de registradores baseada em compiladores. Por exemplo, Bradlee, Eggers e Henry (1991[l]) mostram em um estudo que modelou uma arquitetura RISC com recursos similares do Motorola 88000 e do MIPS R2000. Os pesquisadores variaram o número de registradores de 16 a 128 e consideraram o uso tanto de registradores de uso geral como de registradores divididos entre uso inteiro e de ponto flutuante. O seu estudo mostrou que mesmo com uma pequena otimização de registradores, há um benefício pequeno no uso de mais de 64 registradores. Com técnicas de otimização de registradores razoavelmente sofisticadas, há apenas uma melhoria mínima com mais de 32 registradores. Finalmente, eles observaram que, com um número pequeno de registradores (por exemplo, 16), uma máquina com uma organização de registradores compartilhada executa mais rapidamente do que uma com organização dividida. Conclusões semelhantes podem ser tiradas de Huguet e Lang (1991[m]) que reportam um estudo preocupado, em primeiro lugar, com a otimização de um número pequeno de registradores em vez de comparar conjuntos de registradores grandes com técnicas de otimização.

13.4 Arquitetura com conjunto reduzido de instruções

Nesta seção analisamos algumas características gerais e as motivações de uma arquitetura com conjunto de instruções reduzido. Exemplos específicos serão vistos mais à frente neste capítulo. Começamos com uma discussão sobre motivações para arquitetura atuais com conjuntos de instruções complexas.

Figura 13.4 Abordagem de coloração de grafos

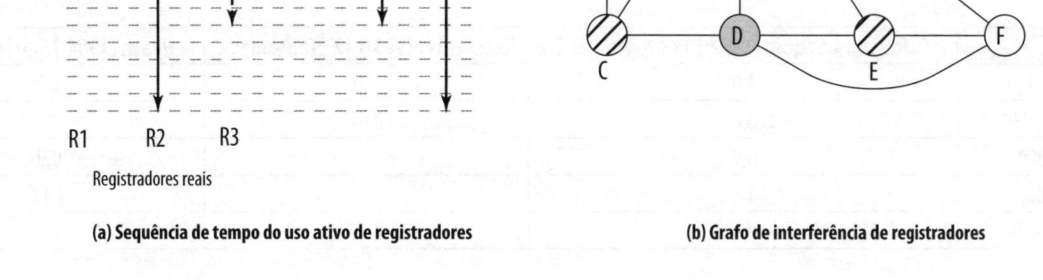

(a) Sequência de tempo do uso ativo de registradores **(b) Grafo de interferência de registradores**

Por que CISC

Observamos a tendência para conjuntos de instruções mais ricos, o que inclui um número maior de instruções e instruções mais complexas. Dois motivos principais motivaram esta tendência: um desejo para simplificar compiladores e um desejo para melhorar o desempenho. Sob essas duas motivações estava a mudança para linguagens de programação de alto nível por parte dos programadores; projetistas tentaram projetar máquinas que oferecessem melhor suporte para linguagens de programação de alto nível.

Não é o intuito deste capítulo afirmar que os projetistas CISC tomaram a direção errada. Na verdade, como a tecnologia continua evoluindo e como as arquiteturas existem dentro de um espectro de categorias muito grande, uma avaliação preto no branco provavelmente nunca existirá. Por isso, os comentários que seguem têm apenas a intenção de identificar algumas falhas na abordagem CISC e de fornecer algum entendimento da motivação dos adeptos da abordagem RISC.

O primeiro motivo citado, a simplificação do compilador, parece óbvia. A tarefa do programador de compilador é gerar uma sequência de instruções de máquina para cada instrução de uma linguagem de alto nível. Se houver instruções de máquina que se assemelhem às instruções da linguagem de alto nível, esta tarefa será simplificada. Esta motivação foi disputada pelos pesquisadores RISC (HENNESSY et al., 1982 [n]; RADIN, 1983[o]; PATTERSON e PIEPHO, 1982[p]). Eles concluíram que instruções de máquina complexas são frequentemente difíceis de serem exploradas porque o compilador precisa encontrar os casos em que essa construção se encaixa perfeitamente. A tarefa de otimizar o código gerado para minimizar o tamanho do código, reduzir o total de execução de instruções e melhorar pipeline é muito mais difícil com um conjunto de instruções complexo. Uma prova disso são os estudos citados anteriormente neste capítulo que indicam que a maioria das instruções em um programa compilado são as relativamente simples.

Outro motivo importante citado é a expectativa de que um CISC produza programas menores e mais rápidos. Vamos analisar os dois aspectos desta declaração: que os programas serão menores e que executarão mais rapidamente.

Existem duas vantagens de programas menores. Primeira: como o programa ocupa menos memória, há uma economia nesse recurso. Com a memória hoje em dia ficando cada vez mais em conta, a vantagem potencial não é mais atraente. Mais importante ainda, programas menores devem melhorar o desempenho e isso irá acontecer de duas maneiras. Primeiro, menos instruções significam menos bytes de instruções para serem obtidos. Segundo, em um ambiente de paginação, programas menores ocupam menos páginas, reduzindo falhas de página.

O problema com esta linha de raciocínio é que está longe de ser certo que um programa CISC será menor que um programa RISC correspondente. Em muitos casos, o programa CISC expresso na linguagem de máquina simbólica pode ser *mais curto* (ou seja, menos instruções), porém o número de bits de memória ocupados pode não ser notavelmente *menor*. A Tabela 13.6 mostra os resultados de três estudos que compararam o tamanho de programas C compilados em uma variedade de máquinas, incluindo RISC I, a qual possui uma arquitetura de conjunto de instruções reduzido. Observe que há pouca ou nenhuma economia ao se usar um CISC no lugar de um RISC. É também interessante observar que o VAX, o qual tinha um conjunto de instruções muito mais complexo do que PDP-11, obtém muito pouca economia em relação a este último. Estes resultados foram confirmados pelos pesquisadores da IBM (Radin, 1983[o]) que concluíram que IBM 801 (um RISC) produzia código que era 0,9 vez o tamanho do código de um IBM S/370. O estudo utilizou uma série de programas PL/I.

Tabela 13.6 Tamanho de código relativo a RISC I

	Patterson e Sequin (1982[a]) 11 programas C	Katevenis (1983[e]) 12 programas C	Heath (1984[q]) 5 programas C
RISC I	1,0	1,0	1,0
VAX-11/780	0,8	0,67	
M68000	0,9		0,9
Z8002	1,2		1,12
PDP-11/70	0,9	0,71	

Há várias razões para esses resultados tão surpreendentes. Nós já observamos que os compiladores CISC tendem a favorecer instruções mais simples, de tal forma que a concisão de instruções complexas raramente vem em jogo. Além disso, como existem mais instruções em um CISC, *opcodes* maiores são necessários, produzindo instruções maiores. Finalmente, RISC tende a favorecer referências a registrador no lugar da memória, e o primeiro requer menos bits. Um exemplo deste último efeito será discutido em breve.

Então, a expectativa de que um CISC produza programas menores, com devidas vantagens, pode não se realizar. O segundo fator da motivação pelos conjuntos de instruções mais complexos era que a execução da instrução seria mais rápida. Parece fazer sentido que uma operação complexa da linguagem de alto nível vai executar mais rapidamente como sendo uma única instrução de máquina em vez de uma série de instruções mais primitivas. No entanto, por causa da tendência do uso dessas instruções mais simples, isso pode não ser verdade. A unidade de controle inteira deve ser feita de forma mais complexa e/ou o controle de armazenamento do microprograma deve ser maior para acomodar um conjunto de instruções mais rico. Cada fator desses aumenta o tempo de execução de instruções simples.

Na verdade, alguns pesquisadores concluíram que a aceleração da execução de funções complexas se deve não muito ao poder das instruções de máquina complexas, mas sim à sua permanência em memórias de controles de alta velocidade (Radin, 1983°). Na realidade, a memória de controle de armazenamento age como uma cache de instruções. Assim, o projetista de hardware está em posição de tentar determinar que sub-rotinas ou funções serão usadas mais frequentemente e atribuí-las à memória do controle de armazenamento implementando-as no microcódigo. Os resultados foram menos que encorajadores. Nos sistemas S/390, instruções como Translate and Extended-Precision-Floating-Point-Divide residem em memórias de alta velocidade, enquanto a sequência envolvida em definir a chamada do procedimento ou iniciar ou tratar de interrupção estão na memória principal mais lenta.

Assim, não está nem um pouco claro que uma tendência pelo aumento na complexidade dos conjuntos de instruções seja apropriada. Isso levou vários grupos a seguirem o caminho oposto.

Características da arquitetura com conjuntos reduzidos de instruções

Embora várias abordagens para arquitetura com conjunto reduzido de instruções tenham sido implementadas, algumas características são comuns a todas elas:

- Uma instrução por ciclo.
- Operações registrador-para-registrador.
- Modos de endereçamento simples.
- Formatos de instruções simples.

Aqui faremos uma breve discussão sobre essas características. Exemplos específicos são explorados mais à frente neste capítulo.

A primeira característica relacionada é que há ***uma instrução de máquina por ciclo de máquina***. Um *ciclo de máquina* é definido como o tempo necessário para obter dois operandos dos registradores, executar uma operação de ALU e armazenar o resultado em um registrador. Assim, as instruções de máquina RISC não deveriam ser mais complicadas do que as microinstruções em máquinas CISC (discutidas na Parte 4) e deveriam executar quase ao mesmo tempo. Com instruções simples de ciclo único, há pouca ou nenhuma necessidade de microcódigo; as instruções de máquina podem ser embutidas no hardware. Tais instruções deveriam executar mais rapidamente do que instruções de máquina comparáveis em outras máquinas, porque não é necessário acessar um microprograma de controle durante a execução da instrução.

A segunda característica é que a maioria das operações deve ser ***registrador-para-registrador***, com apenas operações simples LOAD e STORE (CARREGAR e ARMAZENAR) acessando a memória. Este recurso de projeto simplifica o conjunto de instruções e, portanto, a unidade de controle também. Por exemplo, uma instrução RISC pode incluir apenas uma ou duas instruções ADD (por exemplo, adição inteira, adição com *carry*); o VAX possui 25 instruções ADD diferentes. Outro benefício é que uma arquitetura dessas encoraja a otimização do uso de registradores, para que os operandos frequentemente acessados permaneçam em armazenamentos de alta velocidade.

Esta ênfase em operações registrador-para-registrador é comum em projetos RISC. Máquinas CISC atuais fornecem tais instruções, mas também incluem operações memória-para-memória e operações mistas registrador/memória. Tentativas de comparar estas abordagens foram feitas em 1970, antes do surgimento do RISC. A Figura 13.5a ilustra a abordagem. Arquiteturas hipotéticas evoluíram em tamanho de programas e número de bits de tráfego de memória. Resultados como este levaram um pesquisador a sugerir que futuras arquiteturas não deveriam conter registrador nenhum (MYERS, 1978'). Alguém poderia se perguntar o que ele pensaria naquele tempo da máquina RISC Pyramid uma vez produzida e que tinha não menos do que 528 registradores.

O que faltava nesses estudos era o reconhecimento do acesso frequente a um número pequeno de escalares locais e que, com um banco grande de registradores ou um compilador otimizado, a maioria dos operandos poderia ser mantida nos registradores por longos períodos. Assim, a Figura 13.5b poderia ser uma comparação mais justa.

A terceira característica é o uso de ***modos de endereçamento simples***. Quase todas as instruções RISC usam endereçamento de registradores simples. Vários modos adicionais, tais como deslocamento relativo a PC, podem ser incluídos. Outros modos mais complexos podem ser sintetizados pelo software a partir dos mais simples. Novamente, este recurso de projeto simplifica o conjunto de instruções e a unidade de controle.

A característica comum final é o uso de ***formatos de instruções simples***. Geralmente, apenas um ou alguns poucos formatos são usados. O tamanho da instrução é fixo e ajustado dentro do limite da palavra. A posição de campos, especialmente o *opcode*, é fixa. Este recurso tem uma série de benefícios. Com campos fixos, decodificação de *opcode* e o acesso a registradores de operandos podem ocorrer ao mesmo tempo. Formatos simples simplificam a unidade de controle. A leitura de instruções é otimizada porque são obtidas unidades do tamanho da palavra são obtidas. Esse ajuste a limites da palavra significa também que uma única instrução não ultrapassa os limites da página.

Consideradas juntas, estas características podem ser avaliadas para determinar os benefícios potenciais de desempenho da abordagem RISC. Certa quantidade de "evidência circunstancial" pode ser demonstrada. Primeiro, compiladores com otimização mais eficientes podem ser desenvolvidos. Com instruções mais primitivas, existem mais oportunidades para mover funções fora dos laços de repetição, reorganizar o código visando à eficiência, maximizando o uso de registradores e assim por diante. É até possível computar partes das instruções complexas em tempo de compilação. Por exemplo, a instrução Mover Caracteres (MVC) do S/390 move uma cadeia de caracteres de uma posição para outra. Cada vez que ela é executada, o movimento vai depender do tamanho da cadeia, se e em qual direção as posições se sobrepõem e quais são as características do alinhamento. Na maioria dos casos, todas essas situações serão conhecidas em tempo de compilação. Assim, o compilador poderia produzir uma sequência otimizada de instruções primitivas para essa função.

Figura 13.5 Duas comparações de abordagens registrador-para-registrador e memória-para-memória

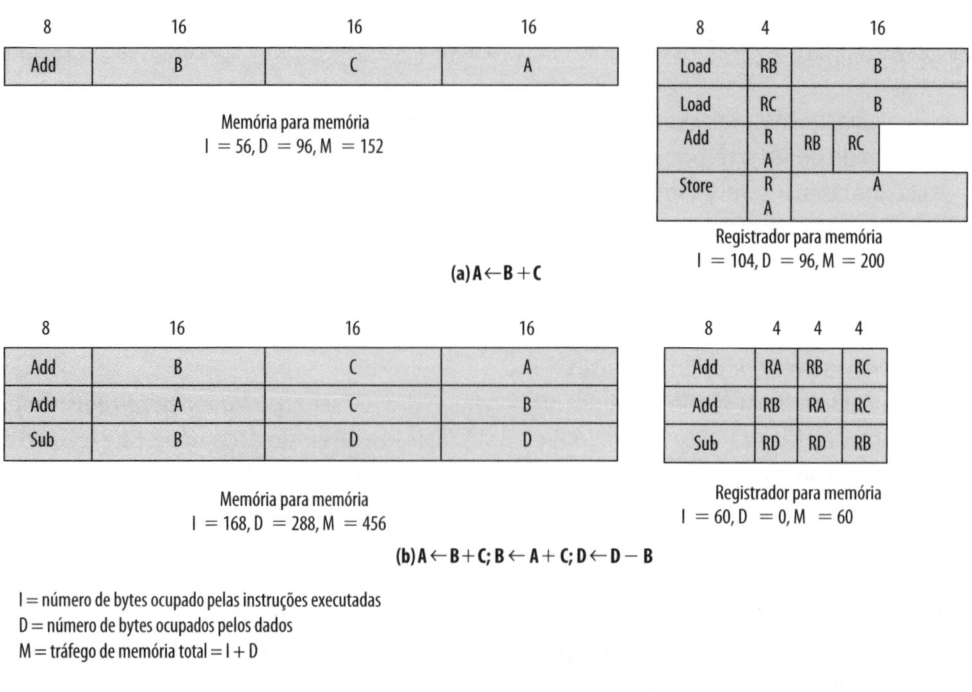

Um segundo ponto já observado é que a maioria de instruções geradas por um compilador são relativamente simples. Parece razoável que uma unidade de controle construída especialmente para essas instruções com uso de pouco ou nenhum microcódigo possa executá-las mais rapidamente do que um CISC comparável.

Um terceiro ponto tem a ver com o uso de pipeline de instruções. Os pesquisadores RISC acharam que a técnica de pipeline de instruções pode ser aplicada muito mais eficientemente com um conjunto de instruções reduzido. Nós analisamos este ponto em mais detalhes daqui a pouco.

Um último ponto, e de certa forma menos significativo, indica que os processadores RISC respondem melhor às interrupções porque estas são verificadas entre operações elementares. As arquiteturas com instruções complexas ou restringem interrupções aos limites da instrução ou precisam definir pontos de interrupção especiais e implementar mecanismos para reiniciar a instrução.

As vantagens para um desempenho melhorado estão do lado da arquitetura de conjunto reduzido de instruções, mas talvez alguém ainda poderia ter um argumento para o CISC. Um número de estudos tem sido feito, mas não em máquinas de tecnologia e potência comparáveis. Além disso, a maioria desses estudos não tentou separar os efeitos de um conjunto reduzido de instruções e os efeitos de um banco grande de registradores. "A prova circunstancial", no entanto, é sugestiva.

Características CISC *versus* RISC

Depois do entusiasmo inicial pelas máquinas RISC, houve uma entendimento crescente de que: (1) o projeto RISC pode se beneficiar da inclusão de alguns recursos CISC e (2) o projeto CISC pode se beneficiar da inclusão de alguns recursos RISC. O resultado é que os projetos RISC mais recentes, notavelmente o PowerPC, não são mais "puramente" RISC, e os projetos CISC mais recentes, notavelmente Pentium II e últimos modelos do Pentium, incorporam de fato algumas características RISC.

Uma comparação interessante em Mashey (1995[5]) fornece algum esclarecimento sobre essa questão. A Tabela 13.7 mostra uma série de processadores e os compara por uma série de características. Para os propósitos desta comparação, os seguintes itens são considerados típicos de um RISC clássico:

1. Um tamanho único de instrução.
2. O tamanho é normalmente de 4 bytes.
3. Um número menor de modos de endereçamento, normalmente menos de cinco. Este parâmetro é difícil de determinar. Na tabela, modos literais e de registradores não são contados e formatos diferentes com tamanhos de offset diferentes são contados separadamente.
4. Nenhum endereçamento indireto que requer um acesso à memória para obter o endereço de um operando na memória.
5. Nenhuma operação que combina leitura/escrita com aritmética (por exemplo, adicionar da memória, adicionar para memória).
6. Não mais do que um operando endereçado em memória por instrução.
7. Não suporta alinhamento arbitrário de dados para operações de leitura/escrita.
8. Número máximo de usos da unidade de gerenciamento de memória (MMU) para um endereço de dados em uma instrução.
9. Número de bits para especificadores registradores inteiros igual a cinco ou mais. Isto significa que ao menos 32 registradores inteiros podem ser explicitamente referenciados em um momento.
10. Número de bits para especificadores de registradores de ponto flutuante igual a quatro ou mais. Isto significa que ao menos 16 registradores de ponto flutuante podem ser referenciados explicitamente em um momento.

Os itens de 1 a 3 são uma indicação da complexidade de decodificação da instrução. Os itens 4 a 8 sugerem a facilidade ou dificuldade de pipeline, especialmente na presença de requisitos da memória virtual. Os itens 9 e 10 são relacionados à habilidade para obter uma boa vantagem dos compiladores.

Os primeiros oito processadores da tabela são claramente arquiteturas RISC, os próximos 5 são claramente CISC e os dois últimos são processadores frequentemente pensados como RISC que possuem muitas características CISC.

Tabela 13.7 Características de alguns processadores

Processador	Número de tamanhos de instrução	Tamanho máximo da instrução em bytes	Número de modos de endereçamento	Endereçamento indireto	Leitura/escrita combinada com aritmética	Número máximo de operandos de memória	Endereçamento não alinhado permitido	Número máximo de usos da MMU	Número de bits para especificadores de registradores inteiros	Número de bits para especificadores de registradores PF
AMD29000	1	4	1	não	não	1	não	1	8	3[a]
MIPS R2000	1	4	1	não	não	1	não	1	5	4
SPARC	1	4	2	não	não	1	não	1	5	4
MC88000	1	4	3	não	não	1	não	1	5	4
HP PA	1	4	10[a]	não	não	1	não	1	5	4
IBM RT/PC	2[a]	4	1	não	não	1	não	1	4[a]	3[a]
IBM RS/6000	1	4	4	não	não	1	sim	1	5	5
Intel i860	1	4	4	não	não	1	não	1	5	4
IBM 3090	4	8	2[b]	não[b]	sim	2	sim	4	4	2
Intel 80486	12	12	15	não[b]	sim	2	sim	4	3	3
NSC 32016	21	21	23	sim	sim	2	sim	4	3	3
MC68040	11	22	44	sim	sim	2	sim	8	4	3
VAX	56	56	22	sim	sim	6	sim	24	4	0
Clipper	4[a]	8[a]	9[a]	não	não	1	0	2	4[a]	3[a]
Intel 80960	2[a]	8[a]	9[a]	não	não	1	sim[a]	—	5	3[a]

[a] RISC que não está conforme a esta característica.
[b] CISC que não está conforme a esta característica.

13.5 Pipeline no RISC

Pipeline com instruções regulares

Conforme discutimos na Seção 12.4, o pipeline de instruções é frequentemente usado para melhorar o desempenho. Vamos reconsiderar isso dentro do contexto de uma arquitetura RISC. A maioria das instruções é do tipo registrador-para-registrador e um ciclo da instruções possui os dois estágios a seguir:

- I: Busca da instrução.
- E: Execução. Efetua uma operação de ALU com saída e entrada de registradores.

Para operações de carregar e armazenar, três estágios são requeridos:

- I: Busca da instrução.
- E: Execução. Cacular endereço de memória.
- D: Memória. Operação registrador-para-memória ou memória-para-registrador.

A Figura 13.6a ilustra o tempo de uma sequência de instruções sem pipeline. Claramente, este é um processo de muito desperdício. Até um pipeline muito simples pode substancialmente melhorar o desempenho. A Figura 13.6b mostra um esquema de pipeline de dois estágios, onde os estágios I e E de duas instruções diferentes são efetuados simultaneamente. Os dois estágios do pipeline são um de busca da instrução e um estágio de execução/memória que executa uma instrução, incluindo operações registrador-para-memória e memória-para-registrador. Desta forma

Figura 13.6 Os efeitos de pipeline

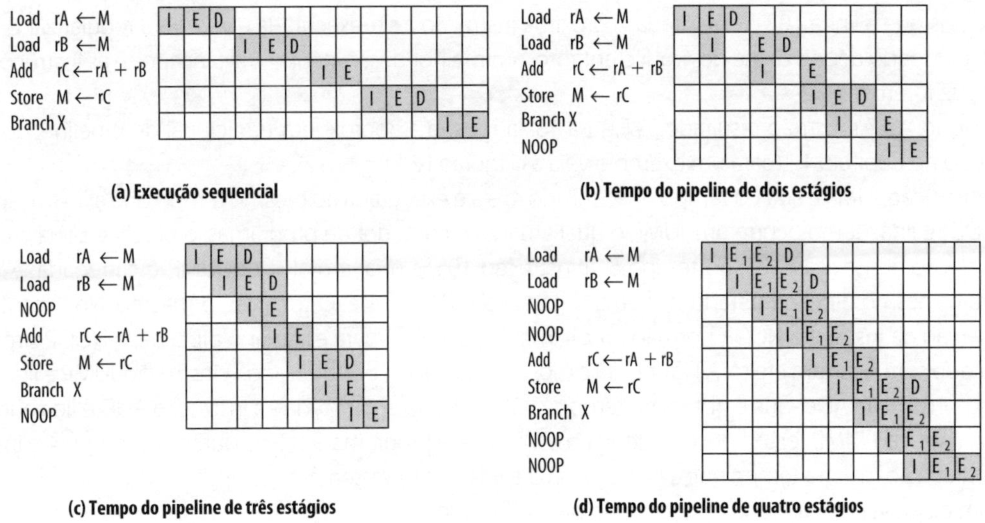

podemos observar que o estágio de busca de instrução da segunda instrução pode ser executado em paralelo com a primeira parte do estágio execução/memória. No entanto, o estágio execução/memória da segunda instrução deve ser atrasado até que a primeira instrução esvazie o segundo estágio do pipeline. Este esquema pode aumentar em até duas vezes a taxa de execução de um esquema em série. Dois problemas impedem que o aumento máximo da velocidade seja alcançada. Primeiro, assumimos que uma memória de acesso único é usada e que apenas um acesso à memória é possível por estágio. Isso requer a adição de um estágio de espera em algumas instruções. Segundo, uma instrução de desvio interrompe o fluxo sequencial da execução. Para acomodar isso com o uso menor de circuitos, uma instrução NOOP pode ser inserida no fluxo das instruções pelo compilador ou assembler.

O pipeline pode ainda ser melhorado permitindo dois acessos à memória por estágio. Isso produz a sequência mostrada na Figura 13.6c. Agora, até três instruções podem ser sobrepostas e o melhoramento é de fator de 3. Novamente, instrução de desvio faz com que a aceleração não atinja o máximo possível. Além disso, observe que as dependências de dados são afetadas. Se uma instrução precisa de um operando que é alterado por uma instrução anterior, um atraso é necessário. Novamente, isso pode ser conseguido com um NOOP.

O pipeline discutido até agora funciona melhor se os três estágios forem de duração aproximadamente igual. Como o estágio E normalmente envolve uma operação ALU, ele pode ser mais demorado. Neste caso, podemos dividi-lo em dois subestágios:

- E_1: leitura do banco de registradores.
- E_2: operação da ALU e escrita em registrador.

Por causa da simplicidade e regularidade de um conjunto de instruções RISC, o projeto de três ou quatro estágios é facilmente alcançado. A Figura 13.6d mostra o resultado com um pipeline de quatro estágios. Até quatro instruções podem estar em curso ao mesmo tempo e o potencial máximo do aumento da velocidade é um fator de 4. Observe novamente o uso de NOOPs por causa dos atrasos de desvios e dados.

Otimização de pipeline

Por causa da natureza simples e regular das instruções RISC, os esquemas de pipeline podem ser eficientemente empregados. Há poucas variações na duração da execução de instruções e o pipeline pode ser elaborado para refletir isso. No entanto, vimos que as dependências de dados e os desvios reduzem a taxa de execução total.

DESVIO ATRASADO Para compensar essas dependências, técnicas de reorganização de código foram desenvolvidas. Primeiro, vamos considerar as instruções de desvio. *Desvio atrasado*, uma maneira de aumentar a eficiência do pipeline, faz uso de um desvio que não toma efeito até depois da execução da instrução seguinte (por isso o tempo *atrasado*). A posição da instrução imediatamente depois do desvio é referida como *delay slot*. Este procedimento estranho é ilustrado na Tabela 13.8. Na coluna chamada de "desvio normal" podemos ver uma instrução normal em linguagem de máquina.

Depois que a linha 102 é executada, a próxima instrução a ser executada é 105. Para regularizar o pipeline, um NOOP é inserido depois desse desvio. No entanto, um melhor desempenho é alcançado se as instruções nas linhas 101 e 102 forem trocadas.

A Figura 13.7 mostra o resultado. A Figura 13.7a mostra a abordagem tradicional de pipeline, do tipo que foi discutido no Capítulo 12 (para um exemplo veja as Figuras 12.11 e 12.12).

A instrução JUMP é lida no tempo 3. No tempo 4, ela é executada ao mesmo tempo que a instrução 103 (instrução ADD) é lida. Como ocorre um JUMP, o qual atualiza o contador de programas, o pipeline precisa ser esvaziado com relação à instrução 103; no tempo 5, a instrução 105, a qual é o alvo de JUMP, é carregada. A Figura 13.7b mostra o mesmo pipeline tratado por uma organização RISC típica. O tempo é o mesmo. No entanto, por causa da inserção da instrução NOOP, nós não precisamos de circuitos para esvaziar o pipeline; o NOOP simplesmente é executado sem nenhum efeito. A Figura 13.7c mostra o uso do desvio atrasado. A instrução JUMP é lida no tempo 2, antes da instrução ADD, que é obtida no tempo 3. Observe, no entanto, que a instrução ADD é lida antes da execução da instrução JUMP ter a chance de alterar o contador de programa. Por isso, durante o tempo 4, a instrução ADD é executada ao mesmo tempo que a instrução 105 é lida. Assim, as semânticas originais do programa são mantidas, mas um ciclo de clock a menos é necessário para execução.

Esta troca de instruções funciona com sucesso para desvios incondicionais, chamadas e retornos. Para desvios condicionais, este procedimento não pode ser aplicado cegamente. Se a condição testada para o desvio pode ser alterada pela instrução imediatamente anterior, então o compilador não deve fazer a troca, mas sim inserir uma instrução NOOP. Caso contrário, o compilador pode procurar inserir uma instrução útil depois do desvio. A experiência com os sistemas RISC de Berkeley e o IBM 801 é que a maioria das instruções de desvio condicional pode ser otimizada dessa maneira (Patterson e Sequin, 1982[a]; Radin, 1983[o];).

LEITURA ATRASADA Uma tática semelhante, chamada leitura atrasada (*delay load*), pode ser usada em instruções LOAD. Em instruções LOAD, o registrador que é o alvo da leitura é bloqueado pelo processador. O processador então continua a execução do fluxo de instruções até que alcance uma instrução que precisa desse registrador, ponto no qual ele fica ocioso até que a leitura esteja completada. Se o compilador puder rearranjar as instruções para que o trabalho útil possa ser feito enquanto ocorre leitura dentro do pipeline, a eficiência será aumentada.

Simulador de laço desenrolado

LAÇO DESENROLADO Outra técnica de compiladores para melhorar o paralelismo de instruções é o laço desenrolado (BACON, GRAHAM e SHARP, 1994[u]). Desenrolar replica, algumas vezes, o corpo de um laço em um número de vezes chamado de fator de desenrolar (*u*), e faz a iteração pelo passo *u* em vez de passo 1.

Tabela 13.8 Desvio normal e atrasado

Endereço	Desvio normal	Desvio atrasado	Desvio atrasado otimizado
100	LOAD X, rA	LOAD X, rA	LOAD X, rA
101	ADD 1, rA	ADD 1, rA	JUMP 105
102	JUMP 105	JUMP 106	ADD 1, rA
103	ADD rA, rB	NOOP	ADD rA, rB
104	SUB rC, rB	ADD rA, rB	SUB rC, rB
105	STORE rA, Z	SUB rC, rB	STORE rA, Z
106		STORE rA, Z	

Figura 13.7 Uso de desvio atrasado

Time →

	1	2	3	4	5	6	7
100 LOAD X, rA	I	E	D				
101 ADD 1, rA		I	E				
102 JUMP 105			I	E			
103 ADD rA, rB				I	E		
105 STORE rA, Z					I	E	D

(a) Pipeline tradicional

	1	2	3	4	5	6	7
100 LOAD X, rA	I	E	D				
101 ADD 1, rA		I	E				
102 JUMP 106			I	E			
103 NOOP				I	E		
106 STORE rA, Z					I	E	D

(b) Pipeline RISC com adição de NOOP

	1	2	3	4	5	6
100 LOAD X, Ar	I	E	D			
101 JUMP 105		I	E			
102 ADD 1, rA			I	E		
105 STORE rA, Z				I	E	D

(c) Instruções invertidas

Desenrolar pode melhorar o desempenho:

- Reduzindo a sobrecarga de laço.
- Aumentando o paralelismo de instruções, melhorando o desempenho do pipeline.
- Melhorando a localidade de registradores, cache de dados ou TLB.

A Figura 13.8 ilustra todas essas três melhorias em um único exemplo. A sobrecarga de laço é cortada pela metade porque duas iterações são executadas antes do teste e o desvio é feito no topo do laço. Cresce o paralelismo de instruções porque a segunda atribuição pode ser efetuada enquanto os resultados da primeira estão sendo armazenados, e as variáveis do laço sendo atualizadas. Se os elementos do vetor são atribuídos aos registradores, o posicionamento dos registradores vai melhorar porque a[*i*] e a[*i* + 1] são usados duas vezes no corpo do laço, reduzindo o número de leituras por iteração de três para dois.

Como uma observação final, podemos destacar que o projeto do pipeline de instruções não deve ser usado de maneira isolada de outras técnicas de otimização aplicadas ao sistema. Por exemplo, Bradlee, Eggers e Henry (1991[u]) mostram que o escalonamento de instruções para o pipeline e a alocação dinâmica de registradores devem ser considerados juntos para alcançar a melhor eficiência.

13.6 MIPS R4000

Um dos primeiros chips RISC disponível comercialmente foi desenvolvido por MIPS Technology Inc. O sistema foi inspirado por um sistema experimental, que também usava o nome MIPS, desenvolvido em Standford (HENNESSY, 1984[v]). Nesta seção, analisamos o MIPS R4000. Ele possui substancialmente a mesma arquitetura e o mesmo

Figura 13.8 Laço desenrolado

```
do i=2, n-1
       a[i] = a[i] + a[i-1] * a[i+1]
end do
```

(a) Laço original

```
do i=2, n-2, 2
       a[i] = a[i] + a[i-1] * a[i+1]
       a[i+1] = a[i+1] + a[i] * a[i+2]
end do

if (mod(n-2, 2) = i) then
    a[n-1] = a[n-1] + a[n-2] * a[n]
end if
```

(b) Laço desenrolado duas vezes

conjunto de instruções de projetos MIPS anteriores: R2000 e R3000. A diferença mais significativa é que o R4000 usa 64 em vez de 32 bits para os caminhos de dados internos e externos, endereços, registradores e ALU.

O uso de 64 bits possui uma série de vantagens em relação a uma arquitetura de 32 bits. Ele permite um espaço de endereçamento maior — grande o suficiente para um sistema operacional mapear mais do que um terabyte de arquivos diretamente para a memória virtual facilitando o acesso. Com 1 terabyte e discos maiores, comuns hoje em dia, o espaço de endereçamento de 4 GB de uma máquina de 32 bits torna-se limitado. Além disso, a capacidade de 64 bits permite ao R4000 processar dados como números de ponto flutuante de precisão dupla e cadeias de caracteres de até oito caracteres em uma única ação.

O chip do processador R4000 é particionado em duas seções, uma contendo CPU e outra contendo um coprocessador para gerenciamento de memória. O processador possui uma arquitetura muito simples. A intenção foi projetar um sistema no qual a lógica de execução de instruções fosse a mais simples possível, deixando espaço disponível para lógica de melhoria de desempenho (por exemplo, a unidade de gerenciamento de memória inteira).

O processador suporta 32 registradores de 64 bits. Ele também possui uma cache de alta velocidade de 128 KB, sendo metade para instruções e metade para dados. Cache relativamente grande (IBM 3090 fornece cache de 128 a 256 KB) possibilita que o sistema guarde grandes conjuntos de códigos de programa e de dados locais para o processador, desocupando o barramento da memória principal e evitando a necessidade de um banco grande de registradores pela lógica de janelas.

Conjunto de instruções

A Tabela 13.9 mostra o conjunto de instruções básico para todos os processadores da série MIPS R. Todas as instruções do processador são codificadas em um formato de uma única palavra de 32 bits. Todas as operações de dados são de registrador para registrador; as únicas referências de memória são operação puramente de leitura/escrita.

O R4000 não faz uso de códigos condicionais. Se uma instrução gera uma condição, os flags correspondentes são armazenadas em um registrador de uso geral. Isso evita a necessidade, de uma lógica especial, para lidar com códigos condicionais porque eles afetam o mecanismo de pipeline e a reordenação de instruções pelo compilador. Em vez disso, os mecanismos já implementados para lidar com dependências de valores de registradores são empregados. Além disso, as condições mapeadas para bancos de registradores são sujeitas às mesmas otimizações em tempo de compilação de alocações e reúso como outros valores armazenados nos registradores.

Como acontece com a maioria das máquinas RISC, o MIPS usa um tamanho único da instrução de 32 bits. Este tamanho único da instrução simplifica a leitura e a decodificação da instrução e simplifica também a interação da

Tabela 13.9 Conjunto de instruções da série R de MIPS

OP	Descrição	OP	Descrição
	Instruções de Carregar/Armazenar	SLLV	Deslocamento à esquerda lógico variável
LB	Carregar byte	SRLV	Deslocamento à direita lógico variável
LBU	Carregar byte sem sinal	SRAV	Deslocamento à direita aritmético variável
LH	Carregar metade da palavra		**Instruções de multiplicação/divisão**
LHU	Carregar metade da palavra sem sinal	MULT	Multiplicar
LW	Carregar palavra	MULTU	Multiplicar sem sinal
LWL	Carregar palavra da esquerda	DIV	Dividir
LWR	Carregar palavra da direita	DIVU	Dividir sem sinal
SB	Armazenar byte	MFHI	Mover de HI
SH	Armazenar metade da palavra	MTHI	Mover para HI
SW	Armazenar palavra	MFLO	Mover de LO
SWL	Armazenar palavra da esquerda	MTLO	Mover para LO
SWR	Armazenar palavra da direita		**Instruções de salto e desvio**
	Instruções aritméticas (ALU, com operando imediato)	J	Saltar
ADDI	Adicionar imediato	JAL	Saltar com ligação
ADDIU	Adicionar imediato sem sinal	JR	Saltar com registrador
SLTI	Atribuir 1 se menor que imediato	JALR	Saltar e ligar com registrador
SLTIU	Atribuir 1 se menor que imediato sem sinal	BEQ	Desviar quando igual
ANDI	AND imediato	BNE	Desviar quando não igual
ORI	OR imediato	BLEZ	Desviar quando menor ou igual a zero
XORI	Exclusive-OR imediato	BGTZ	Desviar quando maior que zero
LUI	Carregar metade superior com o imediato	BLTZ	Desviar quando menor que zero
	Instruções aritméticas (operando 3, tipo R)	BGEZ	Desviar quando maior ou igual a zero
ADD	Adicionar	BLTZAL	Desviar quando menor que zero com ligação
ADDU	Adicionar sem sinal	BGEZAL	Desviar quando maior ou igual a zero com ligação
SUB	Subtrair		**Instruções do coprocessador**
SUBU	Subtrair sem sinal	LWCz	Carregar palavra no coprocessador
SLT	Definir em menos que	SWCz	Armazenar palavra do coprocessador
SLTU	Definir em menos que sem sinal	MTCz	Mover para coprocessador
AND	AND	MFCz	Mover do coprocessador
OR	OR	CTCz	Mover controle para coprocessador
XOR	Exclusive-DR	CFCz	Mover controle do coprocessador
NOR	NOR	COPz	Operação do coprocessador
	Instruções de deslocamento	BCzT	Desviar quando coprocessador *z* verdadeiro
SLL	Deslocamento à esquerda lógico	BCzF	Desviar quando coprocessador *z* falso
SRL	Deslocamento à direita lógico		**Instruções especiais**
SRA	Deslocamento à direita aritmético	SYSCALL	Chamada de sistema
		Break	Parada

leitura de instrução com a unidade de gerenciamento da memória virtual (isto é, as instruções não ultrapassam os limites da palavra ou da página). Os três formatos de instrução (Figura 13.9) compartilham formatação comum de *opcodes* e referências a registradores, simplificando a decodificação das instruções. O efeito das instruções mais complexas pode ser sintetizado em tempo de compilação.

Apenas o modo de endereçamento de memória mais simples e mais frequentemente usado é implementado no hardware. Todas as referências de memória consistem de um offset de 16 bits de um registrador de 32 bits. Por exemplo, a instrução "carregar palavra" (*load word* — lw) tem o formato de

```
lw r2, 128(r3)   /* carrega palavra no registrador 2 do offsett 128 a partir do endereço armazenado no registrador 3*/
```

Cada um dos 32 registradores de uso geral pode ser usado como registrador base. Um registrador, r0, sempre contém 0.

O compilador faz uso de múltiplas instruções de máquina para sintetizar modos de endereçamento típicos em máquinas convencionais. Aqui está um exemplo de Chow et al. (1987[w]), o qual usa a instrução LUI (carregar superior imediato na parte superior — *load upper imediatte*). Esta instrução carrega a metade superior de um registrador com um valor imediato de 16 bits, definindo a metade inferior igual zero. Considere uma instrução da linguagem de montagem que usa um argumento imediato de 32 bits

```
lw r2, #imm(r4)      /* carrega palavra no registrador usando um offset imediato #imm de 32 bits
                     /* offset do endereço no registrador 4 para registrador 2
```

Esta instrução pode ser compilada para as seguintes instruções MIPS

```
lui r1, #imm-hi      /* onde #imm-hi são os 16 bits de ordem mais alta de #imm

addu r1, r1, r4      /* adiciona #imm-hi sem sinal para r4 e coloca em r1

lw r2, #imm-lo(r1)   /* onde #imm-lo são 16 bits de ordem mais baixa de #imm
```

Pipeline de instruções

Com a sua arquitetura simplificada de instruções, o MIPS pode alcançar uma eficiência grande em seu pipeline. É instrutivo analisar a evolução do pipeline do MIPS, porque ela ilustra a evolução do pipeline no RISC de um modo geral.

Figura 13.9 Formatos das instruções MIPS

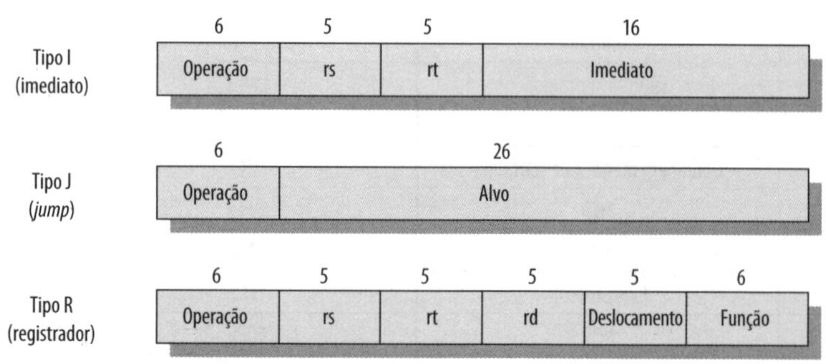

Operação = código da operação
rs = especificador de registrador de origem
rt = especificador de registrador de origem/destino
Imediato = deslocamento imediato, desvio ou endereço
Alvo = endereço alvo do salto
rd = especificador de registrador de destino
Deslocamento = quantidade de deslocamento
Função = especificador de função de ALU/deslocamento

Os primeiros sistemas RISC experimentais e a primeira geração de processadores RISC comerciais alcançam velocidades de execução que se aproximam de uma instrução por um ciclo de clock do sistema. Para melhorar esse desempenho, duas classes de processadores evoluíram para oferecer a execução de múltiplas instruções por ciclo de clock: arquiteturas superescalares e superpipeline. Uma arquitetura superescalares basicamente replica cada um dos estágios do pipeline para que duas ou mais instruções no mesmo estágio do pipeline possam ser processadas simultaneamente. Uma arquitetura superpipeline é aquela que usa estágios do pipeline cada vez mais minuciosos. Com mais estágios, mais instruções podem estar no pipeline ao mesmo tempo, aumentando o paralelismo.

Ambas as abordagens possuem limitações. Com pipeline superescalar, as dependências entre as instruções em diferentes pipelines podem tornar o sistema mais lento. Além disso, um aumento de lógica é necessário para coordenar essas dependências. Com superpipeline, existe um *overhead* associado com a transferência de instruções de um estágio para outro.

O Capítulo 14 é dedicado a um estudo de arquiteturas superescalares. O MIPS R4000 é um bom exemplo de uma arquitetura RISC com superpipeline.

Simulador de pipeline de cinco estágios do MIPS R3000

A Figura 13.10a mostra o pipeline de instruções de R3000. No R3000, o pipeline avança uma vez por ciclo de clock. O compilador MIPS é capaz de reordenar instruções para preencher os *delay slots* com código de 70 a 90% do tempo. Todas as instruções seguem a mesma sequência dos cinco estágios do pipeline:

- Busca de instrução.
- Busca operando de origem no arquivo de registradores

Figura 13.10 Melhorando pipeline do R3000

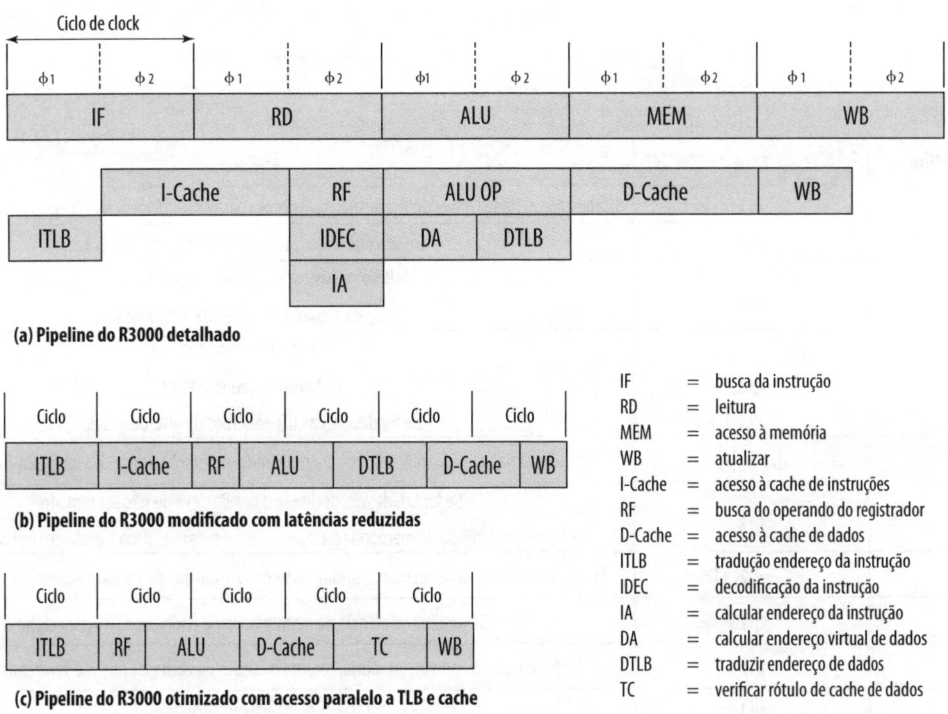

- Operação de ALU ou geração de endereço de operando de dados.
- Referência a dados de memória.
- Atualizar o banco de registradores.

Conforme ilustrado na Figura 13.10a, não há apenas um paralelismo por causa do pipeline mas também um paralelismo dentro da execução de uma única instrução. Um ciclo de clock de 60 ns é dividido em dois estágios de 30 ns. Instruções externas e operações de acesso a dados da cache requerem, cada uma, 60 ns, assim como as principais operações internas (OP, DA, IA). A decodificação de uma instrução é uma operação mais simples, requerendo apenas um único estágio de 30 ns, sobreposta com leitura de registrador na mesma instrução. Cálculo de um endereço para uma instrução de desvio também sobrepõe a decodificação da instrução e leitura do registrador, de tal forma que um desvio na instrução *i* pode endereçar o acesso ICACHE da instrução *i* + 2. De maneira semelhante, uma leitura na instrução *i* obtém os dados que são usados imediatamente por OP da instrução *i* + 1, enquanto um resultado de ALU/deslocamento passa diretamente pela instrução *i* + 1 sem nenhum atraso. Este acoplamento forte entre instruções torna o pipeline altamente eficiente.

Analisando em mais detalhes, cada ciclo de clock é dividido em estágios separados denotados como $\phi 1$ e $\phi 2$. As funções efetuadas em cada estágio são resumidas na Tabela 13.10.

O R4000 incorpora uma série de avanços técnicos em relação ao R3000. O uso de tecnologia mais avançada permite que o tempo do ciclo de clock seja diminuído pela metade, para 30 ns, e que o tempo de acesso ao arquivo de registradores seja diminuídos pela metade. Além disso, há uma densidade maior no chip, o que possibilita que o cache de instruções e a de dados sejam incorporados nele. Antes de analisar o pipeline final do R4000, vamos considerar como o pipeline do R3000 pode ser modificado para melhorar o desempenho usando a tecnologia do R4000.

A Figura 13.10b mostra o primeiro passo. Lembre que os ciclos desta figura são metade dos da Figura 13.10a. Como não estão no mesmo chip, os estágios de cache de instrução e de dados demoram apenas metade do tempo; então eles ainda ocupam apenas um ciclo de clock. Novamente, por causa do aumento da velocidade de acesso ao banco de registradores, leituras e escritas de registradores ainda ocupam apenas metade de um ciclo de clock.

Como as caches do R4000 estão no chip, a tradução do endereço virtual para físico pode atrasar o acesso à cache. Este atraso é reduzido com a implementação de caches indexadas virtualmente e usando o acesso à cache e tradução de endereços em paralelo. A Figura 13.10c mostra o pipeline otimizado do R3000 com suas melhorias. Por causa da compressão de eventos, a verificação do rótulo (*tag*) da cache de dados é feita separadamente no próximo ciclo depois do acesso à cache. Esta verificação determina se o item de dados está na cache.

Tabela 13.10 Estágios do pipeline do R3000

Estágio do pipeline	Fase	Função
IF	$\phi 1$	Usando a TLB, traduz um endereço virtual da instrução para um endereço físico (depois da decisão do desvio)
IF	$\phi 2$	Envia o endereço físico para endereço da instrução
RD	$\phi 1$	Retorna instrução da cache de instruções Compara rótulos e validade da instrução lida
RD	$\phi 2$	Decodifica instrução Lê banco de registradores Se for desvio, calcula endereço do alvo do desvio
ALU	$\phi 1 + \phi 2$	Se for uma operação registrador para registrador, operação aritmética ou lógica é executada
ALU	$\phi 1$	Se for um desvio, decide se o desvio deve ou não ser tomado Se for uma referência de memória (carregar ou armazenar), calcula o endereço virtual dos dados
ALU	$\phi 2$	Se for uma referência de memória, traduz endereço virtual dos dados para endereço físico usando TLB
MEM	$\phi 1$	Se for uma referência de memória, envia endereço físico para cache
MEM	$\phi 2$	Se for uma referência de memória, retorna os dados da cache de dados e verifica as marcações
WB	$\phi 1$	Escreve no banco de registradores

Em um sistema com superpipeline, o hardware existente é usado várias vezes por ciclo inserindo registradores de pipeline para dividir cada estágio. Essencialmente, cada estágio de superpipeline opera em um múltiplo da frequência base do clock, onde o múltiplo depende do grau do superpipeline. A tecnologia do R4000 tem a velocidade e a densidade para permitir superpipeline de grau 2. A Figura 13.11a mostra o pipeline do R3000 otimizado usando este superpipeline. Observe que isto é essencialmente a mesma estrutura dinâmica da Figura 13.10c.

Outras melhorias podem ser feitas. Para o R4000, foi projetado um somador maior e mais especializado. Isso torna possível executar operações da ALU com o dobro da velocidade. Outras melhorias permitem a execução de leituras e gravações com o dobro da velocidade. O pipeline resultante é mostrado na Figura 13.11b.

O R4000 possui oito estágios de pipeline, o que significa que no máximo oito instruções podem estar no pipeline ao mesmo tempo. O pipeline avança numa taxa de dois estágios por ciclo de clock. Os oito estágios do pipeline são:

- **Busca da instrução primeira metade**: endereço virtual é apresentado à cache de instruções e à TLB.
- **Busca da instrução segunda metade**: cache de instrução retorna a instrução e TLB gera endereço físico.
- **Banco de registradores**: três atividades ocorrem em paralelo:
  - Instrução é decodificada e a verificação de condições de bloqueios é feita (ou seja, esta instrução depende do resultado de uma instrução anterior).
  - Verificação do rótulo de cache de instruções é feita.
  - Operandos são obtidos do banco de registradores.
- **Executar instrução**: uma das três atividades pode ocorrer:
  - Se a instrução é uma operação registrador-para-registrador, ALU executa a operação aritmética ou lógica.
  - Se a instrução é leitura ou escrita, o endereço virtual de dados é calculado.
  - Se a instrução é um desvio, o endereço virtual do alvo do desvio é calculado e as condições de desvio são verificadas.
- **Primeira cache de dados**: endereço virtual é apresentado à cache de dados e à TLB.
- **Segunda cache de dados**: TLB gera o endereço físico e a cache de dados retorna a instrução.
- **Verificação de rótulos**: marcações de cache são verificadas para leitura e escrita.
- **Atualização**: o banco de registradores é atualizado com o resultado da instrução.

Figura 13.11 Superpipeline teórico do R3000 e superpipeline real do R4000

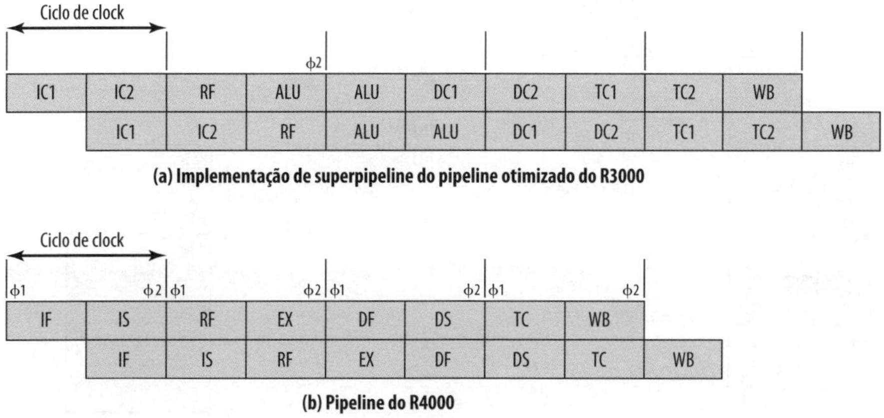

IF = busca de instrução primeira metade
IS = busca de instrução segunda metade
RF = busca do operandos do registrador
EX = executar instrução
IC = cache de instrução
DC = cache de dados
DF = cache de dados primeira metade
DS = cache de dados segunda metade
TC = verificação de rótulos

13.7 SPARC

A arquitetura SPARC (arquitetura de processador escalável — *scalable processor architecture*) refere-se a uma arquitetura definida pela Sun Microsystems. A Sun desenvolveu a sua própria implementação do SPARC, mas também licencia a arquitetura para outros fabricantes para produzirem máquinas compatíveis com SPARC. A arquitetura SPARC é inspirada na máquina RISC I de Berkeley e o seu conjunto de instruções e a sua organização de registradores é baseada no modelo RISC da Berkeley.

Conjunto de registradores do SPARC

Assim como acontece com o RISC de Berkeley, a SPARC também faz uso de janelas de registradores. Cada janela consiste de 24 registradores e o número total de janelas depende da implementação e varia de 2 a 32 janelas. A Figura 13.12 ilustra uma implementação que suporta 8 janelas, usando um total de 136 registradores físicos; conforme indica a discussão na Seção 13.2, este parece ser um número razoável de janelas. Registradores físicos de 0 a 7 são registradores globais compartilhados por todos procedimentos. Cada processador enxerga registradores lógicos de 0 a 31. Registradores lógicos de 24 a 31, referenciados como *ins*, são compartilhados com o procedimento-pai; e registradores lógicos de 8 a 15, referenciados como *outs*, são compartilhados com qualquer procedimento-filho. Estas duas partes se sobrepõem com outras janelas. Novamente, como indica a discussão na Seção 12.1, a disponibilidade de 8 registradores para passagem de parâmetros deveria ser adequada na maioria dos casos (como exemplo, veja a Tabela 13.4).

Figura 13.12 Layout das janelas de registradores SPARC com três procedimentos

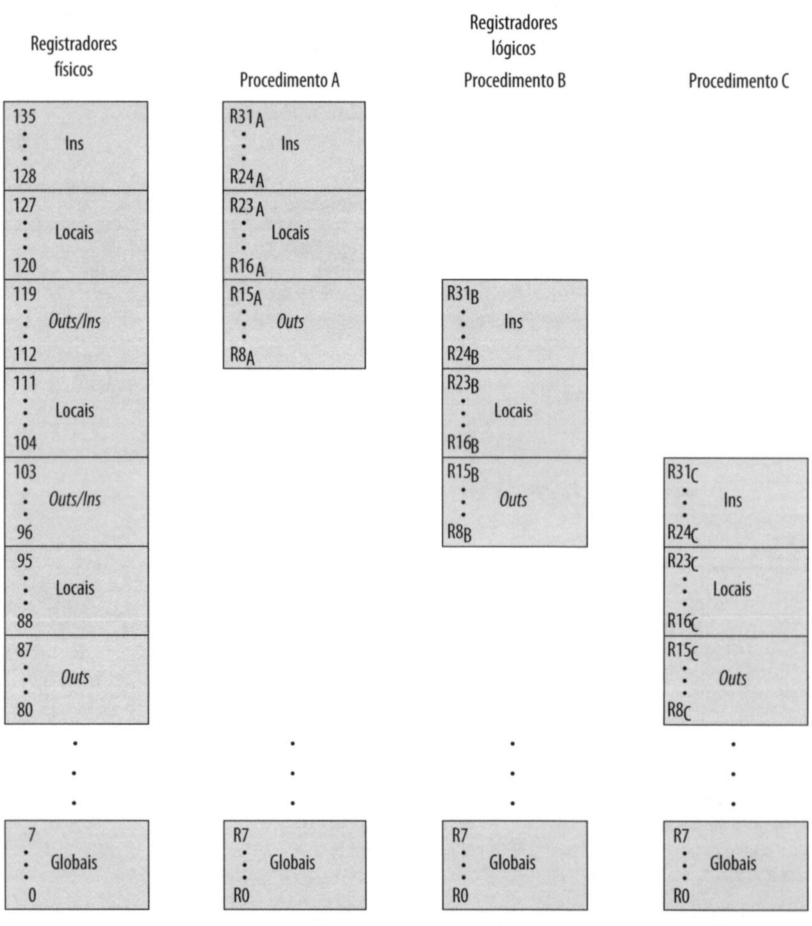

A Figura 13.13 é outra visão de sobreposição de registradores. O procedimento que faz a chamada coloca quaisquer parâmetros a serem passados em seus registradores *outs*; o procedimento chamado trata esses mesmos registradores como seus registradores *ins*. O processador mantém um ponteiro da janela atual (CWP — *current window pointer*), localizado no registrador de *status* do processador (PSR — *processor status register*), o qual aponta para a janela do procedimento atualmente em execução. A máscara da janela inválida (WIM — *window invalid mask*), também em PSR, indica quais janelas estão inválidas.

Com a arquitetura SPARC de registradores, normalmente não é necessário salvar e restaurar registradores para uma chamada de procedimento. O compilador é simplificado porque ele precisa se preocupar apenas com a alocação de registradores locais para um procedimento de uma maneira eficiente e não precisa se preocupar com a alocação de registradores entre procedimentos.

Conjunto de instruções

A Tabela 13.11 lista as instruções para arquitetura SPARC. A maioria das instruções referencia apenas operandos de registradores. Instrução registrador-para-registrador possui três operandos e pode ser expressa desta forma

$$R_d \leftarrow R_{S1} \text{ op } S2$$

onde R_d e R_{S1} são referências de registradores; S_2 pode se referir ou a um registrador ou a um operando imediato de 13 bits. Registrador zero (R_0) é definido no hardware com o valor 0. Esta forma é bem adaptada a programas típicos que possuem uma grande proporção de escalares e constantes locais.

As operações de ALU disponíveis podem ser agrupadas da seguinte forma:

- Adição de inteiros (com ou sem *carry*).
- Subtração de inteiros (com ou sem *carry*).
- Operadores booleanos AND, OR, XOR e suas negações.
- Deslocamento lógico à esquerda, lógico ou aritmético à direita.

Figura 13.13 Janelas com oito registradores formando uma pilha circular no SPARC

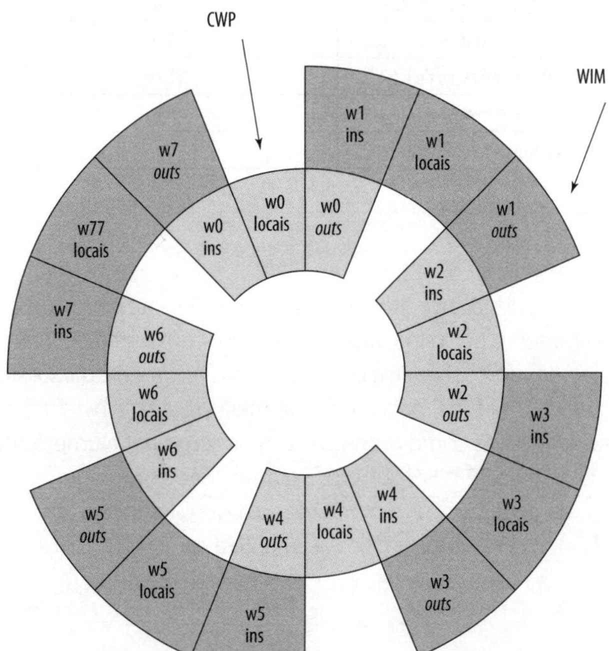

Tabela 13.11 Conjunto de instruções SPARC

OP	Descrição	OP	Descrição
Instruções Carregar/Armazenar		**Instruções aritméticas**	
LDSB	Carregar byte com sinal	ADD	Adicionar
LDSH	Carregar meia palavra com sinal	ADDCC	Adicionar, modificação do ICC
LDUB	Carregar byte sem sinal	ADDX	Adicionar com transporte
LDUH	Carregar meia palavra sem sinal	ADDXCC	Adicionar com transporte, modificação do ICC
LD	Carregar palavra	SUB	Subtrair
LDD	Carregar palavra dupla	SUBCC	Subtrair, modificação do ICC
STB	Armazenar byte	SUBX	Subtrair com *carry*
STH	Armazenar meia palavra	SUBXCC	Subtrair com transporte, modificação do ICC
STD	Armazenar palavra	MULSCC	Passo múltiplo, modificação do ICC
STDD	Armazenar palavra dupla	**Instruções de salto/desvio**	
Instruções de deslocamento		BCC	Desvio condicional
SLL	Deslocamento à esquerda lógico	FBCC	Desvio condicional de ponto flutuante
SRL	Deslocamento à direita lógico	CBCC	Desvio condicional do coprocessador
SRA	Deslocamento à direita aritmético	CALL	Chamada de procedimento
Instruções booleanas		JMPL	Saltar e ligar
AND	AND	TCC	Trap na condição
ANDCC	AND, modificação do ICC	SAVE	Avançar janela de registradores
ANDN	NAND	RESTORE	Mover janelas para trás
ANDNCC	NAND, modificação do ICC	RETT	Retornar de trap
OR	OR	**Outras instruções**	
ORCC	OR, modificação do ICC	SETHI	Modifica os 22 bits mais significativos
ORN	NOR	UNIMP	Instrução não implementada (trap)
ORNCC	NOR, modificação do ICC	RD	Ler um registrador especial
XOR	XOR	WR	Escrever um registrador especial
XORCC	XOR, modificação do ICC	IFLUSH	Esvaziar cache de instruções
XNOR	NOR exclusivo		
XNORCC	NOR exclusivo, modificação do ICC		

Todas estas instruções, exceto os deslocamentos, podem opcionalmente definir quatro código condicionais (ZERO, NEGATIVO, OVERFLOW, CARRY). Inteiros com sinal são representados em forma de dois complementos de 32 bits.

Apenas instruções simples de carregar e armazenar referenciam memória. Existem instruções de carregar e armazenar separadas para palavra (32 bits), palavra dupla, meia palavra e byte. Para dois últimos casos, existem instruções para carregar essas grandezas como números com ou sem sinal. Números com sinal são estendidos para preencher o registrador de destino de 32 bits. Números sem sinal são completados com zeros.

O único modo de endereçamento disponível além do modo de registrador é o modo por deslocamento. Isto é, o endereço efetivo (EA) de um operando consiste de um deslocamento a partir de um endereço contido em um registrador:

$$EA = (R_{S1}) + S2$$

ou

$$EA = (R_{S1}) + (R_{S2})$$

dependendo se o segundo operando é imediato ou uma referência de registrador. Para executar uma leitura ou escrita, um estágio extra é adicionado ao ciclo de instrução. Durante o segundo estágio, o endereço da memória é calculado usando o ALU; leitura ou escrita ocorre no terceiro estágio. Este modo de endereçamento único é bem versátil e pode ser usado para sintetizar outros modos de endereçamento, conforme indicado na Tabela 13.12.

É instrutivo comparar a capacidade de endereçamento do SPARC com a do MIPS. O MIPS faz uso de um offset de 16 bits, comparado com o offset de 32 bits do SPARC. Por outro lado, o MIPS não permite que um endereço seja construído a partr dos conteúdos de dois registradores.

Formato da instrução

Assim como MIPS R4000, SPARC usa um conjunto simples de formatos da instrução de 32 bits (Figura 13.14). Todas as instruções começam com um *opcode* de 2 bits. Para maioria das instruções, isso é estendido com bits de *opcode* adicionais em outros lugares do formato. Para a instrução de Chamada (*call*), um operando de 30 bits é estendido com dois bits 0 para direita para formar um endereço relativo ao PC de 32 bits na forma de complemento de dois. As instruções são alinhadas dentro de um limite de 32 bits para que esta forma de endereçamento seja suficiente.

A instrução de Desvio inclui um campo condicional de 4 bits que corresponde ao padrão de 4 bits de código de condição, para que qualquer combinação de condições possa ser testada. O endereço relativo ao PC de 22 bits é estendido com dois zeros para a direita para formar um endereço de 24 bits em complemento de dois. Um recurso incomum da instrução Desvio é o bit de anulação. Quando o bit de anulação é igual a zero, a instrução depois do desvio é sempre executada, independentemente se o desvio é tomado. Esta é a típica operação de atraso de desvio encontrada em muitas máquinas RISC e descrita na Seção 13.5 (veja a Figura 13.7). No entanto, quando o bit de anulação é igual a um, a instrução depois do desvio só é executada se o desvio é tomado. O processador suprime o efeito dessa instrução mesmo que ela já esteja no pipeline. Esse bit de anulação é útil porque torna mais fácil para o compilador preencher o *delay slot* que segue um desvio condicional. A instrução que é alvo do desvio sempre pode ser colocada no *delay slot*, porque se o desvio não for tomado, a instrução pode ser anulada. Esta técnica é desejável porque os desvios condicionais geralmente são tomados mais da metade das vezes.

A instrução SETHI é uma instrução especial usada para carregar ou armazenar um valor de 32 bits. Este recurso é necessário para carregar e armazenar endereços e constantes grandes. A instrução SETHI define os 22 bits de ordem mais alta de um registrador com seu operando imediato de 22 bits e os 10 bits de ordem mais baixa com zeros. Uma constante imediata de até 13 bits pode ser especificada em um dos formatos gerais e tal instrução pode ser usada para preencher os 10 bits restantes do registrador. Uma instrução de carregar ou armazenar também pode ser usada para alcançar um modo de endereçamento direto. Para carregar um valor da posição K na memória, poderíamos usar as seguintes instruções SPARC:

```
sethi   %hi(K), %r8             ;carrega 22 bits de ordem mais alta do endereço da posição
                                ;K para o registrador r8
ld      [%r8 + %lo(K)], %r8     ;carrega conteúdo da posição K em r8
```

As macros %hi e %lo são usadas para definir operandos imediatos consistindo de bits de endereço apropriado de uma posição. Este uso de SETHI é semelhante ao uso da instrução LUI no MIPS.

O formato de ponto flutuante é usado para operações de ponto flutuante. Dois registradores de origem e um de destino são definidos.

Tabela 13.12 Sintetizando outros modos de endereçamento com modos de endereçamento do SPARC

Tipo de instrução	Modo de endereçamento	Algoritmo	Equivalente do SPARC
Registrador-para-registrador	Imediato	Operando = A	S2
Carregar, armazenar	Direto	EA = A	$R_0 + S2$
Registrador-para-registrador	Registrador	EA = R	$R_{S1} + R_{S2}$
Carregar, armazenar	Indireto de registrador	EA = (R)	$R_{S1} + 0$
Carregar, armazenar	Deslocamento	EA = (R) + A	$R_{S1} + S2$

S2 = pode ser um operando de registrador ou um operando imediato de 13 bits.

Figura 13.14 Formatos da instrução SPARC

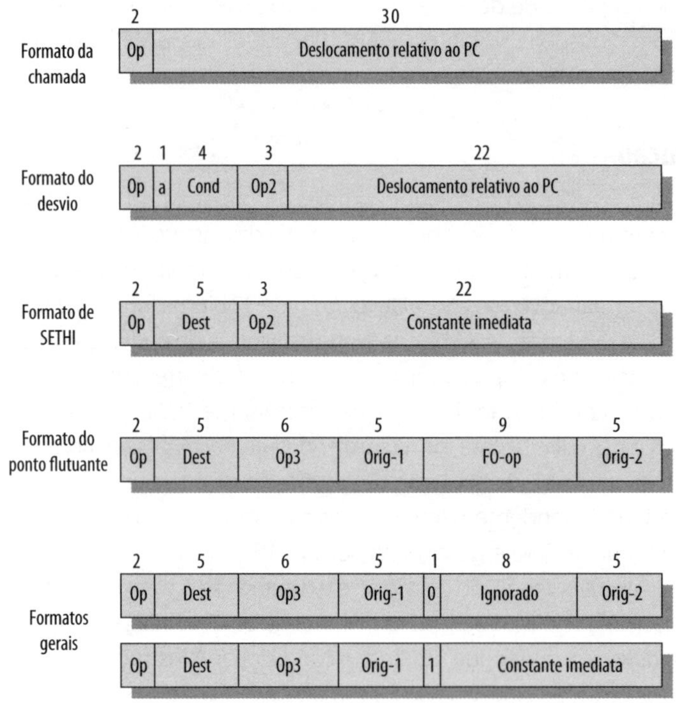

Finalmente, todas as outras operações, incluindo carregar, armazenar, operações aritméticas e lógicas usam um dos dois últimos formatos mostrados na Figura 13.14. Um dos formatos usa dois registradores de origem e um registrador de destino, enquanto outro usa um registrador de origem, um operando de 13 bits imediato e um registrador de destino.

13.8 Controvérsia de RISC *versus* CISC

Durante muitos anos, a tendência geral na arquitetura e organização de computadores foi aumentar a complexidade do processador: mais instruções, mais modos de endereçamento, mais registradores especializados e assim por diante. O movimento RISC representa uma quebra fundamental com a filosofia por trás desta tendência. Naturalmente, o aparecimento de sistemas RISC e a publicação de artigos pelos seus proponentes exaltando as virtudes de RISC levaram a uma reação por parte daqueles envolvidos no projeto de arquiteturas CISC.

O trabalho que foi feito avaliando os méritos da abordagem RISC pode ser agrupado em duas categorias:

- **Quantitativa**: tenta comparar o tamanho do programa e a velocidade de execução dos programas em máquinas RISC e CISC que usam tecnologias comparáveis.
- **Qualitativa**: analisa questões como suporte para linguagem de alto nível e uso otimizado do estado atual de VLSI.

A maior parte do trabalho em avaliações quantitativas foi feito por aqueles que trabalham em sistemas RISC (PATTERSON e PIEPHO, 1982[p]; HEATH, 1984[q]; PATTERSON, 1984[x]) e foi, em grande parte, favorável à abordagem RISC. Outros analisaram a questão e não ficaram convencidos (COLWELL et al., 1985[y]; FLYNN, MITCHELL e MULDER, 1987[z]; DAVIDSON e VAUGHAN, 1987[aa]). Existem vários problemas ao se tentar fazer tais comparações (SERLIN, 1986[bb]):

- Não existem pares de máquinas RISC e CISC que sejam comparáveis em custo de ciclo de vida, nível de tecnologia, sofisticação do compilador, suporte de sistema operacional e assim por diante.
- Não existe nenhum conjunto de programas de teste definitivo. Os desempenhos variam com o programa.
- É difícil separar os efeitos de hardware dos efeitos provenientes da capacidade em escrever compiladores.

- A maioria das análises comparativas sobre RISC foram feitas em máquinas "brinquedos" em vez de produtos comerciais. Além disso, a maioria das máquinas comercialmente disponíveis possui propagandas que as destacam como uma mistura de características RISC e CISC. Assim, uma comparação justa com uma máquina comercial real CISC (por exemplo, VAX, Pentium) é difícil.

A avaliação qualitativa é, quase que por definição, subjetiva. Vários pesquisadores voltaram a sua atenção para tal avaliação (COLWELL et al., 1985[y]; WALLICH, 1985[cc]), mas os resultados são, na melhor das hipóteses, ambíguos e certamente sujeitos à replica (PATTERSON e HENNESSY, 1985[dd]) e, é claro, à tréplica (COLWELL et al., 1985[ee]).

Em anos mais recentes, a controvérsia RISC *versus* CISC sumiu quase que totalmente. Isso aconteceu porque houve uma convergência gradual das tecnologias. Com o aumento da densidade dos chips e da velocidade do hardware, os sistemas RISC se tornaram mais complexos. Ao mesmo tempo, em um esforço para obter o máximo desempenho, os modelos CISC focaram em questões tradicionalmente associadas com RISC, como um aumento no número de registradores de uso geral e mais ênfase no projeto do pipeline de instruções.

13.9 Leitura recomendada

Dois artigos clássicos sobre RISC são Patterson (1985[ff]) e Henneessy (1984[v]). Outro artigo de pesquisa é Stallings (1988[gg]). Descrições de dois esforços pioneiros RISC são fornecidos por Radin (1983[o]) e Patterson e Sequin (1982[a]).

Kane e Heinrich (1992 [hh]) cobrem a máquina comercial MIPS em detalhes. Mirapuri, Woodacre e Vasseghi (1992[ii]) fornecem uma boa visão de MIPS R4000. Basheteen, Lui e Mullan (1991[jj]) discutem a evolução do pipeline do R3000 para superpipeline do R4000. SPARC é coberto com bastantes detalhes em Dewar e Smosna (1990[kk]).

Principais termos, perguntas de revisão e problemas

Principais termos

Computador com conjunto complexo de instruções (CISC)	Linguagem de alto nível (HLL)	Banco de registradores
Desvio atrasado	Computador com conjunto reduzido de instruções (RISC)	Janela de registradores
Leitura atrasada		SPARC

Perguntas de revisão

13.1 Quais são algumas das características peculiares típicas da organização RISC?

13.2 Explique brevemente duas abordagens básicas para minimizar operações registrador-memória em máquinas RISC.

13.3 Se um buffer circular de registradores é usado para tratar variáveis locais para procedimentos aninhados, descreva duas abordagens para lidar com variáveis globais.

13.4 Quais são algumas características típicas de uma arquitetura de conjunto de instruções RISC?

13.5 O que é um desvio atrasado?

Problemas

13.1 Considerando o padrão chamada-retorno da Figura 4.21, quantos *overflows* e *underflows* (dos quais cada um causa um salvar/restaurar do registrador) irão ocorrer com um tamanho de janela de:

a. 5?

b. 8?

c. 16?

13.2 Na discussão sobre a Figura 13.2, foi afirmado que apenas as duas primeiras partes de uma janela são salvas ou restauradas. Por que não é necessário salvar os registradores temporários?

13.3 Desejamos determinar o tempo de execução para um certo programa usando vários esquemas de pipeline discutidos na Seção 13.5. Seja

N = número de instruções executadas

D = número de acessos à memória

J = número de instruções de salto

Para o esquema sequencial simples (Figura 13.6a), o tempo de execução é $2N + D$ estágios. Desenvolva fórmulas para pipeline de dois, três e quatro estágios.

13.4 Reorganize a sequência de código da Figura 13.6d para reduzir número de NOOPs.

13.5 Considere o seguinte pedaço de código em uma linguagem de alto nível: for I in...100 loop

```
for I in 1...100 loop
    S ← S + Q(I).VAL
end loop;
```

Assuma que Q seja um vetor de registros de 32 bits e o campo VAL está nos 4 primeiros bytes de cada registro. Usando código x86, podemos compilar este pedaço de programa a seguir

```
    MOV   ECX, 1        ;usa registrador ECX para guardar I
LP: IMUL  EAX, ECX, 32  ;obtém offset em EAX
    MOV   EBX, Q[EAX]   ;carrega campo VAL
    ADD   S, EBX        ;adiciona para S
    INC   ECX           ;incrementa I
    CMP   ECX, 101      ;compara com 101
    JNE   LP            ;laço até I = 100
```

Este programa faz uso da instrução IMUL, a qual multiplica o segundo operando pelo valor imediato no terceiro operando e coloca o resultado no primeiro operando (veja o Problema 10.13). Um defensor de RISC gostaria de demonstrar que um compilador inteligente pode eliminar instruções complexas desnecessárias como IMUL. Forneça demonstração reescrevendo o programa x86 acima sem o uso da instrução IMUL.

13.6 Considere o seguinte laço:

```
S := 0;
for K := 1 to 100 do
    S : = S – K;
```

Uma tradução direta disso para uma linguagem de montagem genérica ficaria parecida com algo assim:

```
      LD    R1, 0          ;guarda valor de S em R1
      LD    R2, 1          ;guarda valor de K em R2
LP    SUB   R1, R1, R2     ;S : = S – K
      BEQ   R2, 100, EXIT  ;feito se K = 100
      ADD   RE, RE, 1      ;senão incrementa K
      JMP   LP             ;de volta para o início do laço
```

Um compilador para uma máquina RISC irá introduzir encaixes de atraso neste código para que o processador possa empregar o mecanismo de desvio atrasado. Instrução JMP é fácil de lidar, porque esta instrução é sempre seguida de instrução SUB; portanto, podemos simplesmente guardar uma cópia da instrução SUB em um *delay slot* depois de JMP. BEQ representa uma dificuldade. Não podemos deixar o código como está, porque a instrução ADD seria então executada muitas vezes a mais. Portanto, uma instrução NOP é necessária. Mostre o código resultante.

13.7 Uma máquina RISC pode fazer mapeamento de registradores simbólicos para registradores reais e também o rearranjo de instruções para eficiência do pipeline. Uma questão interessante surge relacionada à ordem em que essas duas instruções deveriam ser feitas. Considere o seguinte pedaço do programa:

```
LD   SR1, A          ;carregar A no registrador simbólico 1
LD   SR2, B          ;carregar B no registrador simbólico 2
ADD  SR3, SR1, SR2   ;adicionar conteúdo de SR1 e SR2 e armazenar SR3
LD   SR4, C
LD   SR5, D
ADD  SR6, SR4, SR5
```

a. Faça primeiro o mapeamento de registradores e depois qualquer reordenação possível de instruções. Quantos registradores de máquinas são usados? Houve alguma melhoria do pipeline?

b. Começando com o programa original, faça agora a reordenação de instruções e depois qualquer mapeamento possível. Quantos registradores de máquinas são usados? Houve alguma melhoria do pipeline?

13.8 Adicione entradas para os seguintes processadores na Tabela 13.7:

a. Pentium II

b. ARM

13.9 Em muitos casos, instruções de máquinas comuns que não estão listadas como parte do conjunto de instruções do MIPS podem ser sintetizadas com uma única instrução MIPS. Mostre isso para o seguinte:

a. Mover de registrador para registrador.

b. Incrementar, decrementar.

c. Complementar.

d. Negar.

e. Esvaziar.

13.10 Uma implementação SPARC possui *K* janelas de registradores. Qual é o número *N* de registradores físicos?

13.11 SPARC não possui uma série de instruções comumente usadas em máquinas CISC. Algumas delas são facilmente simuladas usando ou registrador R0, o qual é sempre definido como 0, ou um operando constante. Essas instruções simuladas são chamadas de pseudoinstruções e são reconhecidas pelo compilador SPARC. Mostre como simular as seguintes pseudoinstruções, cada uma com uma única instrução SPARC. Em todas elas, src e dst se refere a registradores. (*Dica*: um armazenamento em R0 não tem nenhum efeito).

a. MOV src, dst

b. COMPARE src1, src2

c. TEST src1

d. NOT dst

e. NEG dst

f. INC dst

g. DEC dst

h. CLR dst

i. NOP

13.12 Considere o seguinte pedaço de código:

```
if K > 10
      L := K + 1
else
      L := K − 1;
```

Uma tradução direta para *assembler* SPARC poderia ficar da seguinte forma:

```
      sethi  %hi(K),%r8                    ;carrega 22 bits de ordem mais alta do endereço da posição
                                           ;K no registrador r8
      ld     [%r8 + %lo(k)] %r8            ;carrega conteúdo da posição K em r8
      cmp    %r8, 10                       ;compara conteúdo de r8 com 10
      ble    L1                            ;desvio se (r8) ≤ 10
      noop
      sethi  %hi(k), %r9
      ld     [%r9 + %lo(k)] %r9            ;carrega conteúdo da posição K em r9
      inc    %r9                           ;adiciona 1 para (r9)
      sethi  %hi(L), %r10
      st     %r9, [%r10 + %lo(L)]          ;armazena (r9) na posição L
      b      L2
      nop
L1:   sethi  %hi(K),%r11
      ld     [%r11 + %lo(K)], %r12         ;carrega conteúdo da posição K em r12
      dec    %r12                          ;subtrai 1 de (r12)
      sethi  %hi(L), %r13
      st     %r12, [%r13 + %lo(L)] + %lo(L)  ;armazena (r12) na posição L
L2:
```

O código contém um *nop* depois de cada instrução de desvio para permitir operação de desvio atrasado.

a. Otimizações comuns de compiladores, que nada têm a ver com máquinas RISC, são geralmente eficientes em efetuar duas transformações no código acima mencionado. Observe que duas leituras são desnecessárias e que duas escritas podem ser combinadas se a escrita for movida para um lugar diferente no código. Mostre o programa após fazer essas duas alterações.

b. Agora é possível fazer algumas otimizações específicas do SPARC. Nop depois de ble pode ser substituído movendo outra instrução para esse *delay slot* e definindo o bit de anulação na instrução ble (expresso como ble,a L1). Mostre o programa depois dessa mudança.

c. Existem agora duas instruções desnecessárias. Remova-as e mostre o programa resultante.

Referências

a PATTERSON, D. e SEQUIN, C. "A VLSI RISC". *Computer,* set. 1982.

b LUNDE, A. "Empirical evaluation of some features of instruction set processor architectures". *Communications of the ACM,* mar. 1977.

c HUCK, T. *Comparative analysis of computer architectures.* Stanford University Technical Report No. 83-243, mai. 1983.

d TANENBAUM, A. "Implications of structured programming for machine architecture". *Communications of the ACM,* mar. 1978.

e KATEVENIS, M. *Reduced instruction set computer architectures for VLSI.* Dissertação de PhD. Computer Science Department, University of California at Berkeley, outubro de 1983. Reimpresso por MIT Press, Cambridge, MA, 1985.

f RAGAN-KELLEY, R. e CLARK, R. "Applying RISC theory to a large computer". *Computer Design,* nov. 1983.

g TAMIR, Y. e SEQUIN, C. "Strategies for managing the register file in RISC". *IEEE Transactions on Computers,* nov. 1983.

h CHAITIN, G. "Register allocation and spilling via graph coloring". *Proceedings, SIGPLAN Symposium on Compiler Construction,* jun. 1982.

i CHOW, E. et al. "Engineering a RISC compiler system". *Proceedings, COMPCON Spring '86,* mar. 1986.

j COUTANT, D.; Hammond, C.; e Kelley, J. "Compilers for the new generation of Hewlett-Packard computers". *Proceedings, COMPCON Spring '86,* mar. 1986.

k CHOW, F. e HENNESSY, J. "The priority-based coloring approach to register allocation". *ACM Transactions on Programming Languages,* out. 1990.

l BRADLEE, D.; EGGERS, S. e HENRY, R. "The effect on risc performance of register set size and structure versus code generation strategy". *Proceedings, 18th Annual International Symposium on Computer Architecture,* mai. 1991.

m HUGUET, M. e LANG, T. "Architectural support for reduced register saving/restoring in single-window register files". *ACM Transactions on Computer Systems,* fev. 1991.

n HENNESSY, J., et al. "Hardware/software tradeoffs for increased performance". *Proceedings, Symposium on Architectural Support for Programming Languages and Operating Systems,* mar. 1982.

o RADIN, G. "The 801 minicomputer". *IBM Journal of Research and Development,* mai. 1983.

p PATTERSON, D. e PIEPHO, R. "Assessing RISCs in high-level language support". *IEEE Micro,* nov. 1982.

q HEATH, J. "Re-evaluation of RISC 1". *Computer Architecture News,* mar. 1984.

r MYERS, G. "The evaluation of expressions in a storage-to-storage architecture". *Computer Architecture News,* jun. 1978.

s MASHEY, J. "CISC vs. RISC (or what is RISC really)". *USENET comp.arch newsgroup, article 46782,* fev. 1995.

t BACON, F.; GRAHAM, S. e SHARP, O". Compiler transformations for high-performance computing". *ACM Computing Surveys,* dez. 1994.

u BRADLEE, D.; EGGERS, S. e HENRY, R. "Integrating register allocation and instruction scheduling for RISCs". *Proceedings, Fourth International Conference on Architectural Support for Programming Languages and Operating Systems,* abr. 1991.

v HENNESSY, J. "VLSI processor architecture". *IEEE Transactions on Computers,* dez. 1984.

w CHOW, E. et al. "How many addressing modes are enough?" *Proceedings, Second International Conference on Architectural Support for Programming Languages and Operating Systems,* out. 1987.

x PATTERSON, D. "RISC watch". *Computer Architecture News,* mar. 1984.

y COLWELL, R. et al. "Computers, complexity, and controversy". *Computer,* set. 1985.

z FLYNN, M.; MITCHELL, C. e MULDER, J. "And now a case for more complex instruction sets". *Computer,* set. 1987.

aa DAVIDSON, J. e VAUGHAN, R. "The effect of instruction set complexity on program size and memory performance". *Proceedings, Second International Conference on Architectural Support for Programming Languages and Operating Systems,* out. 1987.

bb SERLIN, O. "MIPS, dhrystones, and other tales". *Datamation,* jun. 1986.

cc WALLICH, P. "Toward simpler, faster computers". *IEEE Spectrum,* ago. 1985.

dd PATTERSON, D. e HENNESSY, J. "Response to 'computers, complexity, and controversy.'" *Computer,* nov. 1985.

ee COLWELL, R. et al. "More controversy about 'computers, complexity, and controversy'". *Computer,* dez. 1985.

ff PATTERSON, D. "Reduced instruction set computers". *Communications of the ACM.* jan. 1985.

gg STALLINGS, W. "Reduced instruction set computer architecture". *Proceedings of the IEEE,* jan. 1988.

hh KANE, G. e HEINRICH, J. *MIPS RISC architecture.* Englewood Cliffs, NJ: Prentice Hall, 1992.

ii MIRAPURI, S.; WOODACRE, M. e VASSEGHI, N. "The MIPS R4000 processor". *IEEE Micro,* abr. 1992.

jj BASHTEEN, A., LUI, I. e MULLAN, J. "A superpipeline approach to the MIPS architecture". *Proceedings, COMPCON Spring '91,* fev. 1991.

kk DEWAR, R. e SMOSNA, M. *Microprocessors: a programmer's view.* Nova York: McGraw Hill, 1990.

CAPÍTULO

14

Paralelismo em nível de instruções e processadores superescalares

PRINCIPAIS PONTOS

- Um **processador superescalar** é aquele em que múltiplos e independentes pipelines de instruções são usados. Cada pipeline consiste de múltiplos estágios, de tal forma que cada pipeline possa lidar com múltiplas instruções ao mesmo tempo. Os pipelines múltiplos introduzem um nível de paralelismo, possibilitando que múltiplos fluxos de instruções sejam processados ao mesmo tempo. Um processador superescalar explora o que é conhecido como **paralelismo em nível de instruções**, o que se refere ao grau em que as instruções de um programa podem ser executadas em paralelo.
- Um processador superescalar normalmente busca múltiplas instruções ao mesmo tempo e depois tenta localizar instruções próximas que sejam independentes umas das outras e, portanto, podem ser executadas em paralelo. Se a entrada de uma instrução depende da saída da instrução anterior, então a instrução posterior não pode completar a execução ao mesmo tempo ou antes da instrução anterior. Uma vez identificadas tais dependências, o processador pode executar e completar instruções em uma ordem diferente do código de máquina original.
- O processador pode eliminar algumas dependências desnecessárias com o uso de registradores adicionais e renomeando referências de registradores no código original.
- Considerando que os processadores RISC puros frequentemente empregam desvios atrasados para maximizar a utilização do pipeline de instruções, este método é menos apropriado para uma máquina superescalar. Em vez disso, a maioria de máquinas superescalares usa a previsão de desvio tradicional para melhorar a eficiência.

Uma implementação superescalar de uma arquitetura de processador é aquela onde as instruções comuns — aritméticas de inteiros e de pontos flutuantes, leituras, escritas e desvios condicionais — podem ser iniciadas simultaneamente e executadas independentemente. Tais implementações levantam uma série de complexas questões de projeto relacionadas ao pipeline de instruções.

O projeto superescalar chegou à cena pouco depois da arquitetura RISC. Embora a arquitetura de conjunto de instruções simplificada de uma máquina RISC leve, por si só, a técnicas superescalares, a abordagem superescalares pode ser usada tanto e nas arquiteturas RISC como nas CISC.

Considerando que o período de espera para a chegada de máquinas RISC comerciais desde o início da verdadeira pesquisa RISC com o IBM 801 e o RISC I de Berkeley foi de sete ou oito anos, as primeiras máquinas superescalares se tornaram disponíveis comercialmente dentro de apenas um ou dois anos depois de inventado o termo *superescalar*. A abordagem superescalar se tornou agora o método padrão para implementação de microprocessadores de alto desempenho.

Neste capítulo, começamos com uma introdução à abordagem superescalar, confrontando-a com superpipeline. A seguir, apresentamos as principais questões de projeto associadas com a implementação superescalar. Depois analisamos vários exemplos importantes da arquitetura superescalar.

14.1 Introdução

O termo *superescalar*, criado em 1987 (AGERWALA e COCKE, 1987[a]), refere-se a uma máquina que é projetada para melhorar o desempenho da execução de instruções escalares. Na maioria das aplicações, a maior parte das operações é de grandezas escalares. Consequentemente, a abordagem superescalar representa o próximo passo na evolução de processadores de uso geral e de alto desempenho.

A essência da abordagem superescalar é a habilidade de executar instruções independente e concorrentemente em pipelines diferentes. O conceito pode ser ainda mais explorado permitindo que as instruções sejam executadas em uma ordem diferente da ordem do programa. A Figura 14.1 mostra, em termos gerais, a abordagem superescalar. Existem muitas unidades funcionais onde cada uma é implementada com um pipeline, o que suporta execução paralela de várias instruções. Neste exemplo, duas instruções de inteiros, duas introduções de pontos flutuantes e uma de memória (leitura ou escrita) podem ser executadas ao mesmo tempo.

Muitos pesquisadores investigaram processadores superescalar e suas pesquisas indicam que algum grau de melhoria de desempenho é possível. A Tabela 14.1 apresenta as vantagens de desempenho reportadas. As diferenças em resultados surgem das diferenças tanto no hardware da máquina simulada quanto das aplicações sendo simuladas.

Superescalar *versus* superpipeline

Uma abordagem alternativa para alcançar melhor desempenho é conhecida como superpipeline, termo criado em 1988 (JOUPPI, 1988[b]). O superpipeline explora o fato de que muitos estágios de pipeline executam tarefas que requerem menos do que metade de um ciclo de clock. Assim, a velocidade interna de clock dobrada possibilita o desempenho de duas tarefas em um ciclo de clock externo. Vimos um exemplo desta abordagem com o MIPS R4000.

A Figura 14.2 compara as duas abordagens. A parte superior do diagrama ilustra um pipeline comum, usado como base para comparação. O pipeline base consegue iniciar uma instrução por ciclo de clock e pode executar um estágio de pipeline por ciclo de clock.

O pipeline tem quatro estágios: busca instrução, decodificação da operação, executar operação e atualização do resultado. O estágio de execução é preenchido com linhas cruzadas para facilidade de compreensão. Observe

Figura 14.1 Organização superescalar geral

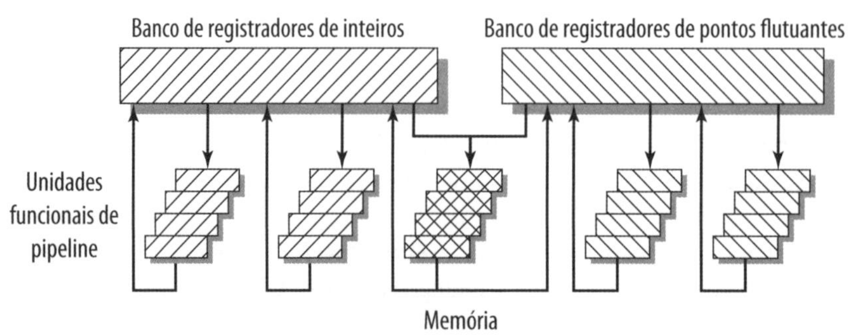

Tabela 14.1 Acelerações reportadas das máquinas do tipo superescalar

Referência	Aumento de velocidade (*speed up*)
Tjaden e Flynn, 1970[c]	1,8
Kuck, Parker e Sameh, 1977[d]	8
Weiss e Smith, 1984[e]	1,58
Acosta, Kjelstup e Torng, 1986[f]	2,7
Sohi, 1990[g]	1,8
Smith, Johnson e Horowitz, 1989[h]	2,3
Jouppi, 1989[i]	2,2
Lee, Kwok e Briggs, 1991[j]	7

Figura 14.2 Comparação da abordagem superescalar e superpipeline

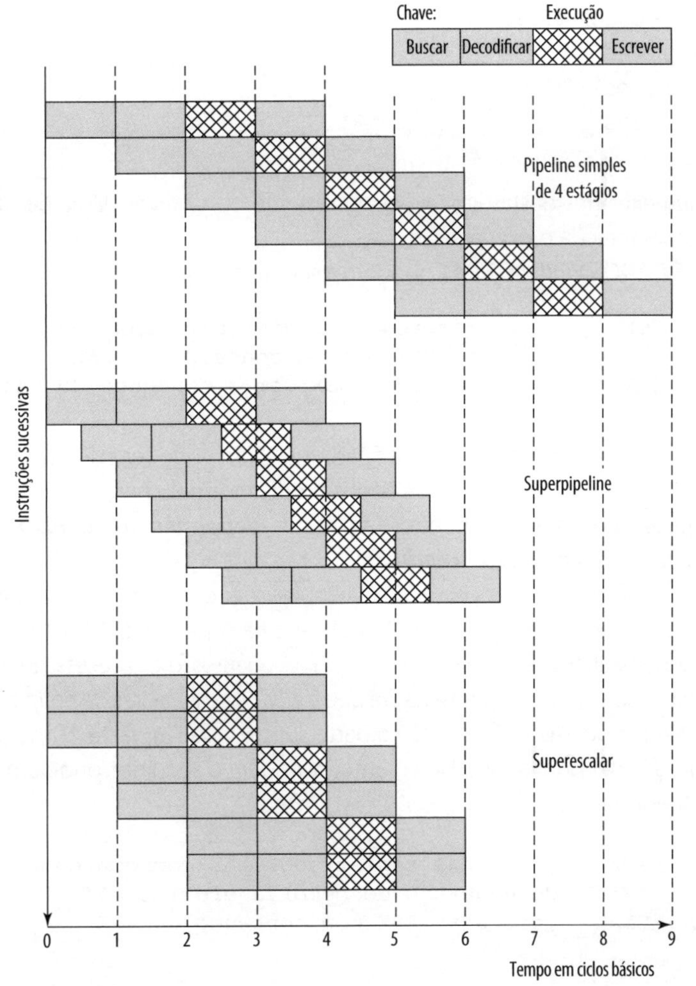

que, embora várias instruções estejam sendo executadas concorrentemente, apenas uma está no seu estágio de execução a qualquer tempo.

A próxima parte do diagrama mostra uma implementação de superpipeline capaz de executar dois estágios de pipeline por ciclo de clock. Uma forma alternativa de analisar isso é que as funções executadas em cada estágio podem ser divididas em duas partes que não se sobrepõem e cada uma pode ser executada na metade de ciclo de clock. Uma implementação de superpipeline que se comporta desta forma é considerada como de nível 2. Finalmente, a parte mais baixa do diagrama mostra uma implementação superescalares capaz de executar duas instâncias de cada estágio em paralelo. Implementações de superpipeline e as superescalares de níveis mais altos também são possíveis.

Tanto a implementação de superpipeline como a superescalar ilustradas na Figura 14.2 possuem o mesmo número de instruções executando ao mesmo tempo em determinado estado. O processador de superpipeline fica para trás do processador superescalar no início do programa e a cada alvo de desvio.

Limitações

A abordagem superescalar depende da habilidade de executar múltiplas instruções em paralelo. O termo ***paralelismo em nível de instruções*** refere-se ao grau em que, em média, as instruções de um programa podem ser executadas em paralelo. Uma combinação de otimização baseada em compilador e técnicas de hardware pode ser usada para maximizar o paralelismo em nível de instruções. Antes de analisar as técnicas de design usadas em máquinas superescalares para aumentar o paralelismo em nível de instruções, precisamos olhar as limitações fundamentais do paralelismo com as quais o sistema deve lidar. Johnson (1991[k]) apresenta cinco limitações:

- Dependência de dados verdadeira.
- Dependência procedural.
- Conflitos de recursos.
- Dependência de saída.
- Antidependência.

Analisamos as primeiras três destas limitações no restante desta seção. Uma discussão sobre as duas últimas precisa aguardar o desenrolar da próxima seção.

DEPENDÊNCIA DE DADOS VERDADEIRA Considere a seguinte sequência:[1]

```
ADD   EAX,   ECX          ;carrega o registrador EAX com o conteúdo
                          de ECX mais o conteúdo de EAX
MOV   EBX,   EAX          ;carrega EBX com o conteúdo de EAX
```

A segunda instrução pode ser obtida e decodificada, mas não pode ser executada até que a primeira execute. O motivo é que a segunda instrução precisa de dados produzidos pela primeira. Esta situação é conhecida como ***dependência de dados verdadeira*** (também chamada de ***dependência de fluxo*** ou dependência de ***escrita após leitura* [WAR,** do inglês ***write after read*]**).

A Figura 14.3 do inglês esse dependência em uma máquina superescalar de nível 2. Sem dependências, duas instruções podem ser obtidas e executadas em paralelo. Se houver uma dependência de dados entre a primeira e a segunda instrução, então a segunda é atrasada por tantos ciclos de clock quantos forem necessários para remover a dependência. Em geral, qualquer instrução tem que ser atrasada até que todos os seus valores de entrada tenham sido produzidos.

Em um pipeline simples, como o mostrado na parte superior da Figura 14.2, a sequência de instruções acima mencionada não causaria nenhum atraso. No entanto, considere o seguinte, onde uma das leituras ocorre na memória em vez de um registrador:

```
MOV   EAX,   eff    ;carregar registrador EAX com conteúdo
                    do endereço de memória efetivo eff
MOV   EBX,   EAX    ;carregar EBX com conteúdo de EAX
```

1 Para linguagem de montagem Intel x86, o símbolo ";" (ponto e vírgula) inicia um campo de comentário.

Figura 14.3 Efeito das dependências

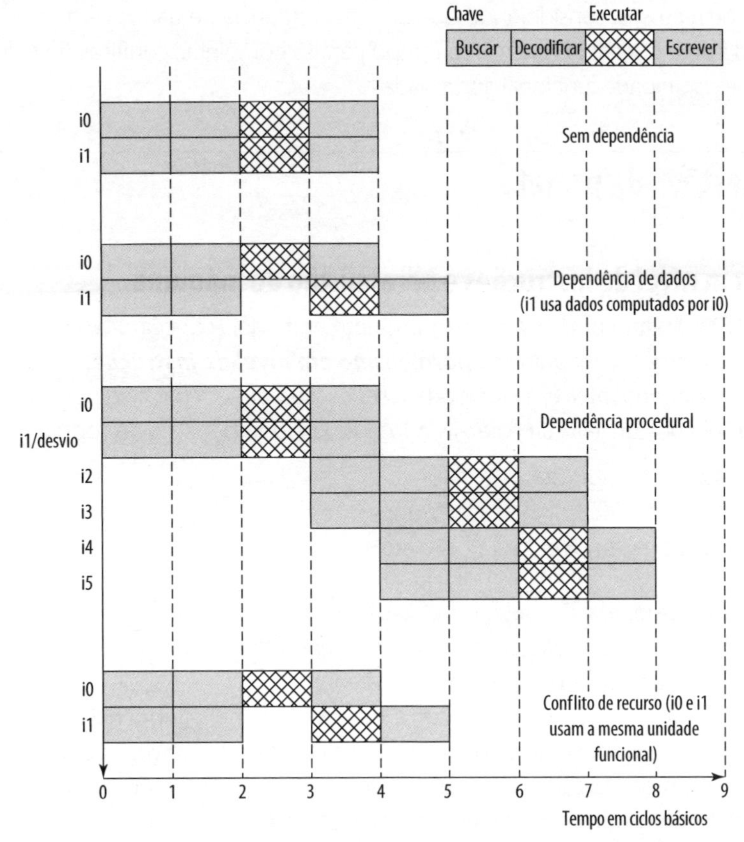

Um processador RISC típico leva dois ou mais ciclos para executar uma leitura de memória quando a leitura é um acesso à cache. Pode levar dezenas ou até centenas de ciclos para uma falha de cache em todos os níveis de cache por causa do atraso de um acesso à memória fora do chip. Uma maneira de compensar este atraso é o compilador reordenar as instruções para que uma ou mais instruções subsequentes que não dependem da leitura de memória possam seguir pelo pipeline. Este esquema é menos eficiente no caso de um pipeline superescalar: as instruções independentes executadas durante a leitura provavelmente serão executadas no primeiro ciclo da leitura, deixando o processador sem fazer nada até que a leitura complete.

DEPENDÊNCIAS PROCEDURAIS Conforme discutimos no Capítulo 12, a presença de desvios em uma sequência de instruções complica a operação do pipeline. As instruções que vêm depois de um desvio (tomado ou não) possuem uma dependência procedural com o desvio e não podem ser executadas até que o desvio seja executado. A Figura 14.3 ilustra o efeito de um desvio em um pipeline superescalar de nível 2.

Como já vimos, este tipo de dependência procedural afeta também um pipeline escalar. A consequência para um pipeline superescalar é mais severa, porque uma oportunidade de magnitude maior é perdida com cada atraso.

Se as instruções de tamanho variável forem usadas, então outro tipo de dependência procedural surge. Como o tamanho de nenhuma instrução particular é conhecido, ela deve ser pelo menos parcialmente decodificada antes que a próxima possa ser obtida. Esta é uma das razões por que as técnicas superescalares são mais prontamente aplicáveis para uma arquitetura RISC, ou uma parecida com RISC, com seu tamanho fixo de instruções.

CONFLITO DE RECURSOS Um conflito de recursos é uma competição de duas ou mais instruções pelo mesmo recurso e ao mesmo tempo. Exemplos de recursos incluem memória, cache, barramentos, entradas para banco de registradores e unidades funcionais (por exemplo, somador da ALU).

Em termos de pipeline, um conflito de recurso mostra o comportamento parecido de uma dependência de dados (Figura 14.3). No entanto, há algumas diferenças. Para começar, os conflitos de recursos podem ser evitados com a duplicação de recursos, considerando que uma dependência de dados verdadeira não pode ser eliminada. Além disso, quando uma operação leva muito tempo para se completar, conflitos de recursos podem ser minimizados pelo pipeline na unidade funcional apropriada.

14.2 Questões de projeto

Paralelismo em nível de instruções e paralelismo de máquina

Jouppi e Wall (1989[l]) fazem uma distinção importante entre dois conceitos relacionados: paralelismo em nível de instruções e paralelismo de máquina. O ***paralelismo em nível de instruções*** existe quando as instruções de uma sequência são independentes e, assim, podem ser executadas em paralelo por sobreposição.

Como um exemplo do conceito de paralelismo, considere dois pedaços de código a seguir (JOUPPI, 1989[l]):

```
Load R1 ← R2          Add R3 ← R3, "1"
Add R3 ← R3, "1"      Add R4 ← R3, R2
Add R4 ← R4, R2       Store [R4] ← R0
```

As três instruções à esquerda são independentes e, na teoria, todas poderiam ser executadas em paralelo. Ao contrário disso, as três instruções à direita não podem ser executadas em paralelo porque a segunda instrução usa o resultado da primeira e a terceira usa o resultado da segunda.

O grau do paralelismo em nível de instruções é determinado pela frequência da dependência de dados verdadeira e das dependências procedurais no código. Estes fatores, por sua vez, são dependentes da arquitetura do conjunto de instruções e da aplicação. O paralelismo em nível de instruções é também determinado pelo que Jouppi e Wall (1989[l]) denominam como latência da operação: o tempo até que o resultado de uma operação esteja disponível para uso como um operando em uma instrução subsequente. A latência determina quanto atraso uma dependência de dados ou procedural irá causar.

O ***paralelismo de máquina*** é uma medida da habilidade do processador para obter vantagem do paralelismo em nível de instruções. Ele é determinado pelo número de instruções que podem ser obtidas e executadas ao mesmo tempo (o número de pipelines paralelos) e pela velocidade e sofisticação dos mecanismos que o processador usa para localizar instruções independentes.

O paralelismo em nível de instruções e o de máquina são fatores importantes para melhorar o desempenho. Um programa pode não ter paralelismo em nível de instruções suficiente para obter a vantagem total do paralelismo de máquina. O uso de uma arquitetura com conjunto de instruções de tamanho fixo, como em RISC, melhora o paralelismo em nível de instruções. Por outro lado, o paralelismo de máquina limitado irá limitar o desempenho, não se importando com qual a natureza do programa.

Política de emissão de instruções

Conforme mencionado, o paralelismo de máquina não é simplesmente uma questão de ter múltiplas instâncias de cada estágio do pipeline. O processador também deve ser capaz de identificar o paralelismo em nível de máquina e orquestrar a busca, a decodificação e a execução de instruções em paralelo. Johnson (1991[k]) usa o termo ***emissão da instrução (instruction issue)*** para se referir ao processo de iniciação da execução da instrução em unidades funcionais do processador e o termo ***política de emissão de instruções*** para se referir ao protocolo usado para a emissão instruções. Em geral, podemos dizer que a emissão da instrução ocorre quando a instrução é movida do estágio de decodificação para o primeiro estágio de execução do pipeline.

Basicamente, o processador está tentando olhar para frente do ponto atual de execução para localizar instruções que podem ser trazidas no pipeline e executadas. Três tipos de ordenação são importantes nesta consideração:

- A ordem em que as instruções são lidas.
- A ordem em que as instruções são executadas.
- A ordem em que as instruções atualizam o conteúdo dos registradores e as posições de memória.

Quanto mais sofisticado o processador, menos ele é ligado por um relacionamento estrito entre essas ordens. Para otimizar a utilização de vários elementos do pipeline, o processador precisa alterar uma ou mais dessas ordens respeitando a ordem a ser encontrada em uma execução estritamente sequencial. Uma restrição do processador é que o resultado tem que ser correto. Assim, o processador deve acomodar várias dependências e conflitos discutidos anteriormente.

Em termos gerais, podemos agrupar políticas de emissão de instruções superescalares em seguintes categorias:

- Emissão em-ordem com conclusão em-ordem.
- Emissão em-ordem com conclusão fora-de-ordem.
- Emissão fora-de-ordem com conclusão fora-de-ordem.

EMISSÃO EM-ORDEM COM CONCLUSÃO EM-ORDEM A política mais simples de emissão de instruções é a ordem exata que seria alcançada pela execução sequencial (emissão em-ordem) e pela escrita de resultados na mesma ordem (conclusão em-ordem). Nem mesmo pipelines escalares seguem uma política tão simplista. No entanto, é útil considerar esta política como uma base de comparação para abordagens mais sofisticadas.

A Figura 14.4a oferece um exemplo dessa política. Supomos um pipeline superescalar capaz de obter e decodificar duas instruções ao mesmo tempo, com três unidades funcionais (por exemplo, duas aritméticas de inteiros

Figura 14.4 Políticas de emissão e conclusão de instruções superescalares

Decodificar		Executar			Escrever		Ciclo
I1	I2						1
I3	I4	I1	I2				2
I3	I4	I1					3
	I4			I3	I1	I2	4
I5	I6			I4			5
	I6		I5		I3	I4	6
			I6				7
					I5	I6	8

(a) Emissão em-ordem e conclusão em-ordem

Decodificar		Executar			Escrever		Ciclo
I1	I2						1
I3	I4	I1	I2				2
	I4	I1		I3	I2		3
I5	I6			I4	I1	I3	4
	I6		I5		I4		5
			I6		I5		6
					I6		7

(b) Emissão em-ordem e conclusão fora-de-ordem

Decodificar		Janela	Executar			Escrever		Ciclo
I1	I2							1
I3	I4	*I1, I2*	I1	I2				2
I5	I6	*I3, I4*	I1		I3	I2		3
		I4, I5, I6		I6	I4	I1	I3	4
		I5		I5		I4	I6	5
						I5		6

(c) Emissão fora-de-ordem e conclusão fora-de-ordem

e uma aritmética de ponto flutuante) e duas instâncias de estágio de escrita no pipeline. O exemplo assume as seguintes restrições em um fragmento de código de seis instruções:

- I1 requer dois ciclos para executar.
- I3 e I4 competem pela mesma unidade funcional.
- I5 depende do valor produzido por I4.
- I5 e I6 competem pela mesma unidade funcional.

Duas instruções são obtidas ao mesmo tempo e passadas para a unidade de decodificação. Como as instruções são obtidas em pares, as duas próximas instruções precisam esperar até que o par de estágios de decodificação do pipeline esteja limpo. Para garantir a conclusão em-ordem, quando ocorre um conflito por uma unidade funcional ou quando uma unidade funcional requer mais do que um ciclo para gerar um resultado, a emissão da instrução para temporariamente.

Neste exemplo, o tempo gasto desde a decodificação da primeira instrução até a escrita dos últimos resultados é de oito ciclos.

EMISSÃO EM ORDEM COM CONCLUSÃO FORA-DE-ORDEM A conclusão fora-de-ordem é usada em processadores RISC escalar para melhorar o desempenhar das instruções que requerem múltiplos ciclos. A Figura 14.4b ilustra o seu uso em um processador superescalar. A instrução I2 tem permissão para concluir antes da I1. Isso permite que a I3 seja completada antes, com resultando na economia de um ciclo.

Com conclusão fora-de-ordem, qualquer número de instruções pode estar no estágio de execução em qualquer tempo até o nível máximo do paralelismo da máquina através de todas as unidades funcionais. A emissão de instruções é parada por um conflito de recurso, uma dependência de dados ou uma dependência procedural.

Além das limitações acima mencionadas, uma nova dependência, a qual chamamos anteriormente de ***dependência de saída*** (também chamada de ***dependência de escrita após escrita* (WAW, do inglês *write after write*)**), aparece. O seguinte pedaço de código ilustra esta dependência (***op*** representa qualquer operação):

```
I1: R3  ←  R3 op R5
I2: R4  ←  R3 + 1
I3: R3  ←  R5 + 1
I4: R7  ←  R3 op R4
```

A instrução I2 não pode executar antes da instrução I1, porque ela precisa do resultado no registrador R3 produzido por I1; este é um exemplo de uma dependência de dados verdadeira, conforme descrito na Seção 14.1. De forma semelhante, I4 precisa esperar pela I3 porque ela usa um resultado produzido por I3. E sobre o relacionamento entre I1 e I3? Aqui não há dependência, conforme definimos. No entanto, se I3 conclui a execução depois de I1, então o valor errado do conteúdo de R3 será obtido para execução de I4. Consequentemente, I3 precisa completar antes de I1 para produzir os valores de saída corretos. Para garantir isso, a emissão da terceira instrução deve ser parada se o seu resultado pode ser sobrescrito posteriormente por uma instrução mais antiga que leva mais tempo para completar.

A conclusão fora-de-ordem requer uma lógica de emissão de instruções mais complexa do que a conclusão em-ordem. Além disso, é mais difícil lidar com interrupções e exceções de instruções. Quando uma interrupção ocorre, a execução da instrução atual é suspensa, para ser continuada depois. O processador deve garantir que a continuação leva em conta que, no momento da interrupção, as instruções à frente da instrução que causou a interrupção já devem ter sido completadas.

EMISSÃO FORA-DE-ORDEM COM CONCLUSÃO FORA-DE-ORDEM Com emissão em-ordem, o processador irá apenas decodificar as instruções até o ponto de uma dependência ou conflito. Nenhuma instrução adicional é decodificada até que o conflito seja resolvido. Como resultado, o processador não pode procurar à frente do ponto de conflito pelas instruções subsequentes que podem ser independentes daquelas que já estão no pipeline e que podem ser utilmente introduzidas no pipeline.

Para permitir emissão fora-de-ordem, é necessário separar os estágios de decodificação e execução do pipeline. Isso é feito com um buffer conhecido como ***janela de instruções***. Com esta organização, depois que o processador termina de decodificar uma instrução, ela é colocada na janela de instruções. Enquanto este buffer não estiver cheio, o processador pode continuar a obter e decodificar novas instruções. Quando uma unidade funcional se torna disponível no estágio de execução, uma instrução da janela de instruções pode ser emitida para o estágio de execução. Qualquer instrução pode ser emitida considerando que (1) ela precisa de uma unidade funcional particular que esteja disponível e (2) que nenhum conflito ou dependência bloqueie esta instrução.

O resultado desta organização é que o processador tem a capacidade de olhar para frente, o que permite que ele identifique instruções independentes que podem ser trazidas para o estágio de execução. As instruções são emitidas a partir da janela de instruções sem se preocupar com a ordem do programa original. Assim como antes, a única restrição é que a execução do programa se comporte corretamente.

A Figura 14.4c ilustra essa política. Durante cada um dos três primeiros ciclos, duas instruções são obtidas para o estágio de decodificação. Durante cada ciclo, sujeito a restrição do tamanho do buffer, duas instruções são movidas do estágio de decodificação para a janela de instruções. Neste exemplo é possível emitir a instrução I6 na frente de I5 (lembre que I5 depende de I4, mas I6 não). Assim, um ciclo é economizado no estágio de execução e no de escrita, e a economia total, se comparada à Figura 14.4b, é de um ciclo.

A janela de instruções é apresentada na Figura 14.4c para ilustrar o seu papel. No entanto, essa janela não é um estágio adicional do pipeline. Uma instrução estando na janela simplesmente significa que o processador tem informação suficiente sobre essa instrução para decidir quando ela pode ser emitida.

A política de emissão fora-de-ordem e conclusão fora-de-ordem é sujeita às mesmas restrições descritas anteriormente. Uma instrução não pode ser emitida se violar uma dependência ou um conflito. A diferença é que mais instruções estão disponíveis para emissão, reduzindo a probabilidade que um estágio do pipeline tenha que parar. Além disso, uma nova dependência que anteriormente chamamos de ***antidependência*** (também chamada de ***dependência ler após escrever* (RAW, do inglês *read after write*)**) aparece. O pedaço de código considerado anteriormente ilustra essa dependência:

```
I1: R3  ←  R3 op R5
I2: R4  ←  R3 + 1
I3: R3  ←  R5 + 1
I4: R7  ←  R3 op R4
```

A instrução I3 não pode completar a execução antes de instrução I2 começar a executar e obter os seus operandos. Isso é assim porque I3 atualiza o registrador R3, o qual é o operando de origem para I2. O termo *antidependência* é usado porque a restrição é semelhante àquela da dependência de dados verdadeira, só que inversa: em vez de a primeira instrução produzir um valor que é usado pela segunda, a segunda instrução destrói o valor que é usado pela primeira instrução.

Simulador de reordenação de buffer
Simulador de algoritmo de Tomasulo
Simulação alternativa do algoritmo de Tomasulo

Uma técnica comum, usada para suportar conclusão fora-de-ordem, é o buffer de reordenação. Trata-se de um armazenamento temporário para resultados completados fora de ordem que depois são colocados no banco de registradores na ordem do programa. Um conceito relacionado é o algoritmo de Tomasulo. O Apêndice I analisa esses conceitos.

Renomeação de registradores

Quando a emissão de instruções fora-de-ordem e/ou conclusão de instruções fora-de-ordem são permitidas, nós vimos que aumenta a possibilidade de dependências WAW e WAR. Estas dependências diferem das dependências de dados RAW e dos conflitos de recursos que refletem o fluxo de dados através de um programa e sequência da execução. As dependências WAW e WAR, por outro lado, surgem porque os valores nos registradores podem não refletir mais a sequência de valores definida pelo fluxo do programa.

Quando as instruções são emitidas e completadas na sequência, é possível especificar o conteúdo de cada registrador em cada ponto da execução. Quando as técnicas fora-de-ordem são usadas, os valores nos registradores não podem ser totalmente conhecidos em cada momento apenas considerando a sequência de instruções definida pelo programa. Na verdade, os valores estão em conflito pelo uso de registradores e o processador precisa resolver esses conflitos parando ocasionalmente um estágio do pipeline.

As antidependências e dependências de saída são exemplos de conflitos de armazenamento. As instruções múltiplas competem pelo uso de mesmas posições de registradores, gerando restrições de pipeline que retardam o desempenho. O problema se torna mais sério quando técnicas de otimização de registradores são usadas (conforme discutido no Capítulo 13), porque essas técnicas de compilação tentam aumentar o uso de registradores, maximizando dessa forma o número de conflitos de armazenamento.

Uma maneira de enfrentar esses tipos de conflitos de armazenamento é baseada em uma solução tradicional de conflitos de recursos: duplicação de recursos. Neste contexto, a técnica é conhecida como ***renomeação de registradores***. Basicamente, registradores são alocados dinamicamente pelo hardware do processador e são associados com valores usados pelas instruções em vários pontos do tempo. Quando um novo valor de registrador é criado (por exemplo, quando uma instrução que tem um registrador como um operando de destino é executado), um novo registrador é alocado para esse valor. As instruções subsequentes que acessam esse valor como operando de origem nesse registrador têm que passar pelo processo de renomeação: as referências de registradores nessas instruções precisam ser revisadas para que se refiram ao registrador que contém o valor necessário. Assim, a mesma referência do registrador original em várias instruções diferentes pode se referir a registradores reais diferentes, se valores diferentes são pretendidos.

Vamos considerar como a renomeação de registradores poderia ser usada no pedaço de código que estávamos analisando:

$$
\begin{aligned}
&\mathtt{I1:}\ R3_b \leftarrow R3_a\ \mathtt{op}\ R5_a\\
&\mathtt{I2:}\ R4_b \leftarrow R3_b + 1\\
&\mathtt{I3:}\ R3_c \leftarrow R5_a + 1\\
&\mathtt{I4:}\ R7_b \leftarrow R3_c\ \mathtt{op}\ R4_b
\end{aligned}
$$

A referência de registrador sem a subscrição diz respeito à referência lógica de registrador encontrada na instrução. A referência de registrador com subscrição se refere a um registrador de hardware alocado para guardar um novo valor. Quando uma nova alocação é feita para um registrador lógico em particular, as referências das instruções subsequentes para esse registrador lógico com um operando de origem são feitas para se referir ao registrador de hardware alocado mais recentemente (recente em termo de sequência de instruções do programa).

Neste exemplo, a criação do registrador $R3_c$ na instrução I3 evita a dependência RAW da segunda instrução e a dependência de saída da primeira instrução e não interfere no valor correto sendo acessado por I4. O resultado é que I3 pode ser emitida imediatamente; sem renomeação, I3 não pode ser emitida até que a primeira instrução seja completada e a primeira instrução emitida.

Simulador de *scoreboarding*

Uma alternativa para renomeação de registradores é um *scoreboarding*. Basicamente, *scoreboarding* é uma técnica de contabilidade que permite que as instruções sejam executadas sempre quando não são dependentes das instruções anteriores e nenhum perigo estrutural está presente. Veja uma discussão sobre o assunto no Apêndice I.

Paralelismo de máquinas

Analisamos anteriormente três técnicas de hardware que podem ser usadas em um processador superescalar para melhorar o desempenho: duplicação de recursos, emissão fora-de-ordem e renomeação. Um estudo que esclarece a relação entre essas técnicas foi reportado em Smith, Johnson e Horowitz (1989[h]). O estudo usa uma simulação que modelou uma máquina com características do MIPS R2000, acrescida de vários recursos superescalares. Uma série de diferentes sequências de programa foi simulada.

A Figura 14.5 mostra os resultados. Em cada um dos gráficos, o eixo vertical corresponde ao aumento médio de velocidade (*speed up*) da máquina superescalar em relação à maquina escalar. O eixo horizontal mostra os resultados para quatro organizações alternativas de processadores. A máquina base não duplica nenhuma das unidades funcionais, mas pode emitir instruções fora de ordem. A segunda configuração duplica a unidade funcional de

Figura 14.5 Acelerações de várias organizações de máquinas sem dependências procedurais

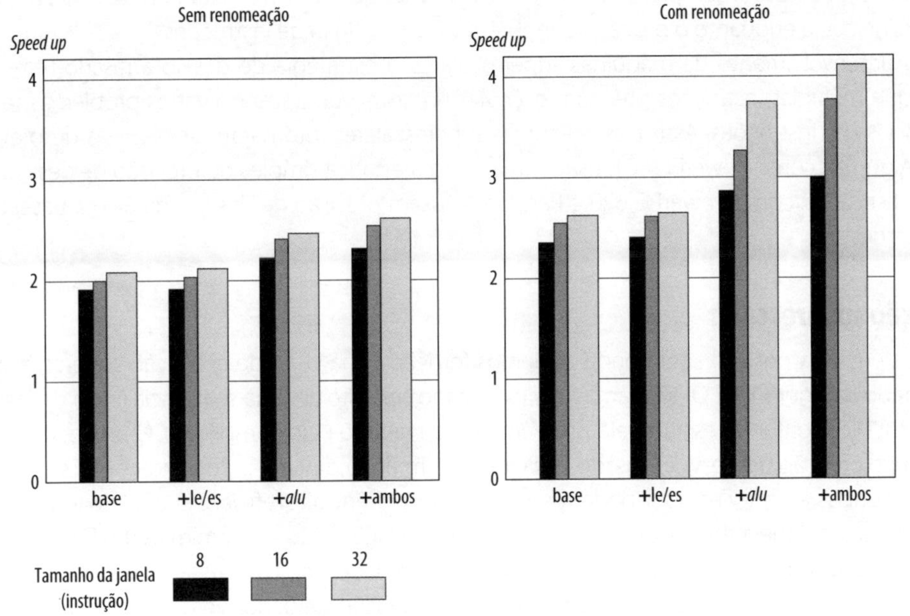

leitura/escrita que acessa dados da cache. A terceira configuração duplica a ALU e a quarta organização duplica ambos, leitura/escrita e ALU. Em cada gráfico, os resultados são mostrados para tamanhos das janelas de instruções de 8, 16 e 32 instruções, o que define a quantidade de análise antecipada que o processador consegue fazer. A diferença entre os dois gráficos é que, no segundo, a renomeação de registradores é permitida. Isso equivale a dizer que o primeiro gráfico representa uma máquina limitada por todas as dependências, enquanto o segundo corresponde a uma máquina limitada apenas por dependências verdadeiras.

Os dois gráficos combinados produzem algumas conclusões importantes. A primeira é que provavelmente não vale a pena adicionar unidades funcionais sem renomeação de registradores. Existe uma pequena melhoria de desempenho, mas a custo de aumento da complexidade do hardware. Com a renomeação de registradores, que elimina antidependências e dependências de saída, ganhos notáveis são alcançados ao se adicionarem mais unidades funcionais. Observe, no entanto, que há uma diferença significativa na quantidade de ganhos obtidos entre usar uma janela de instruções de 8 *versus* uma janela de instruções maior. Isso indica que se o tamanho da janela de instruções for pequeno demais, as dependências de dados irão evitar a utilização eficiente de unidades funcionais extras: o processador deve ser capaz de analisar muito à frente para localizar instruções independentes para utilizar o hardware mais completamente.

Simulador de pipeline com agendamento estático *versus* dinâmico

Previsão de desvio

Qualquer máquina de alto desempenho com pipeline deve ter algum tipo de tratamento para lidar com desvios. Por exemplo, o Intel 80486 tratava o problema tanto obtendo a próxima instrução sequencial depois de um desvio, quanto obtendo especulativamente a instrução alvo do desvio. No entanto, como há dois estágios de pipeline entre leitura e execução, esta estratégia provoca um atraso de dois ciclos quando o desvio é tomado.

Com a chegada da máquinas RISC, a estratégia de desvio atrasado foi explorada. Isso permite ao processador calcular o resultado de instruções de desvio condicional antes que qualquer instrução inutilizável seja obtida. Com este método, o processador sempre executa a única instrução que vem imediatamente depois do desvio. Isso mantém o pipeline cheio enquanto o processador obtém um novo fluxo de instruções.

Com o desenvolvimento de máquinas superescalares, a estratégia de desvio atrasado tem menos apelo. O motivo é que múltiplas instruções precisam executar no *delay slot*, trazendo vários problemas relacionados com dependências das instruções. Assim, as máquinas superescalares retornaram às técnicas de previsão de desvios pré-RISC. Algumas, como PowerPC 601, usam uma técnica estática simples de previsão de desvio. Os processadores mais sofisticados, como PowerPC 620 e Pentium 4, usam previsão de desvios dinâmica baseada na análise do histórico de desvios.

Execução superescalar

Estamos em uma posição agora onde podemos fornecer uma visão de execução superescalar de programas; isso é ilustrado na Figura 14.6. O programa a ser executado consiste de uma sequência linear de instruções. Esse é o programa estático conforme escrito pelo programador ou gerado pelo compilador. O processo de obter instrução, o que inclui a previsão de desvio, é usado para formar um fluxo dinâmico de instruções. Este fluxo é examinado para dependências e o processador pode remover as dependências artificiais. O processador então despacha as instruções para uma janela de execução. Nesta janela, as instruções não formam mais um fluxo sequencial, mas são estruturadas de acordo com suas dependências de dados verdadeiras. O processador efetua o estágio de execução de cada instrução numa ordem determinada pelas dependências de dados verdadeiras e pela disponibilidade de recursos de hardware. Finalmente, as instruções são conceitualmente colocadas de volta na ordem sequencial e seus resultados são reordenados.

O passo final mencionado no parágrafo anterior é conhecido como ***concluir*** (*commit*) ou ***retirar*** a instrução. Este passo é necessário pelo seguinte motivo. Por causa do uso de pipelines múltiplos e paralelos, as instruções podem completar em uma ordem diferente daquela mostrada no programa estático. Além disso, o uso da previsão de desvio e da execução especulativa significa que algumas instruções podem completar a execução e depois têm que ser abandonadas porque o desvio que elas representam não foi tomado. Portanto, armazenamento permanente e registradores visíveis ao programa não podem ser atualizados imediatamente quando as instruções completam a execução. Os resultados precisam ser guardados em algum tipo de armazenamento temporário que possa ser usado pelas instruções dependentes e depois são tornados permanentes quando for determinado que o modelo sequencial já tenha executado a instrução.

Figura 14.6 Ilustração conceitual de processamento superescalar

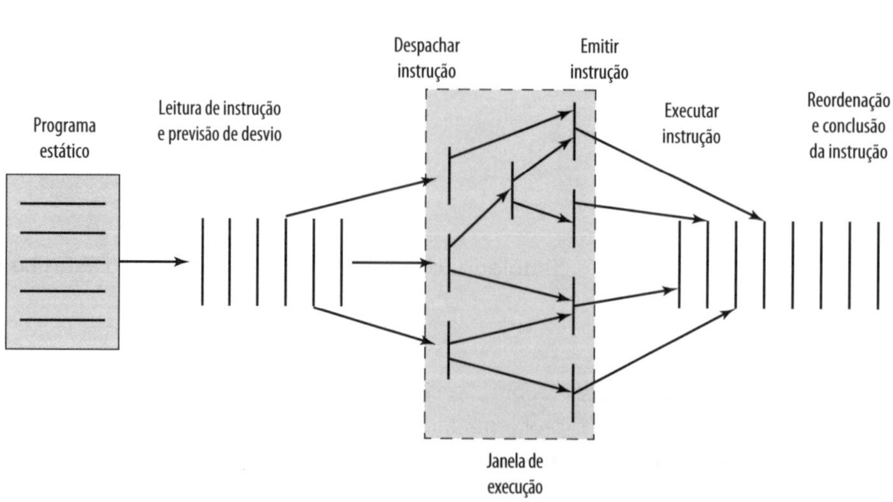

Implementação superescalar

Com base nessa discussão, podemos fazer alguns comentários gerais sobre o hardware de processador necessário para abordagem superescalar. Smith e Sohi (1995[m]) listam os seguintes elementos-chave:

- As estratégias de busca de instrução que obtêm simultaneamente várias instruções, frequentemente prevendo os resultados das instruções de desvios condicionais. Estas funções requerem o uso de múltiplos estágios de busca e decodificação e lógica de previsão de desvios.
- Lógica para determinar dependências verdadeiras envolvendo valores de registradores e mecanismos para transferir esses valores para onde eles forem necessários durante a execução.
- Mecanismo para iniciar, ou emitir, múltiplas instruções em paralelo.
- Recursos para execução paralela de múltiplas instruções, incluindo múltiplas unidades funcionais de pipeline e hierarquias de memória capazes de atender simultaneamente várias referências de memória.
- Mecanismos para concluir o estado do processo na ordem correta.

14.3 Pentium 4

Embora o conceito de projeto superescalar seja geralmente associado à arquitetura RISC, os mesmos princípios superescalares podem ser aplicados a uma máquina CISC. Talvez o exemplo mais notável disso seja o Pentium. A evolução de conceitos superescalares na linha Intel é interessante para ser observada. O 386 é uma máquina CISC tradicional sem pipeline. O 486 introduz o primeiro processador x86 com pipeline, reduzindo a latência média de operações de inteiros de dois a quatro ciclos para um ciclo, mas é ainda limitada a executar uma única instrução a cada ciclo, sem elementos superescalares. O Pentium original tinha um componente superescalar modesto, consistindo de uso de duas unidades de execução de inteiros. O Pentium Pro introduziu um design superescalar completo. Modelos Pentium subsequentes refinaram e melhoraram o projeto superescalar.

Um diagrama de bloco geral de Pentium 4 é mostrado na Figura 4.18. A Figura 14.7 ilustra a mesma estrutura em uma maneira mais adequada para discussão sobre pipeline. A operação de Pentium 4 pode ser resumida do seguinte modo:

Figura 14.7 Diagrama de blocos do Pentium 4

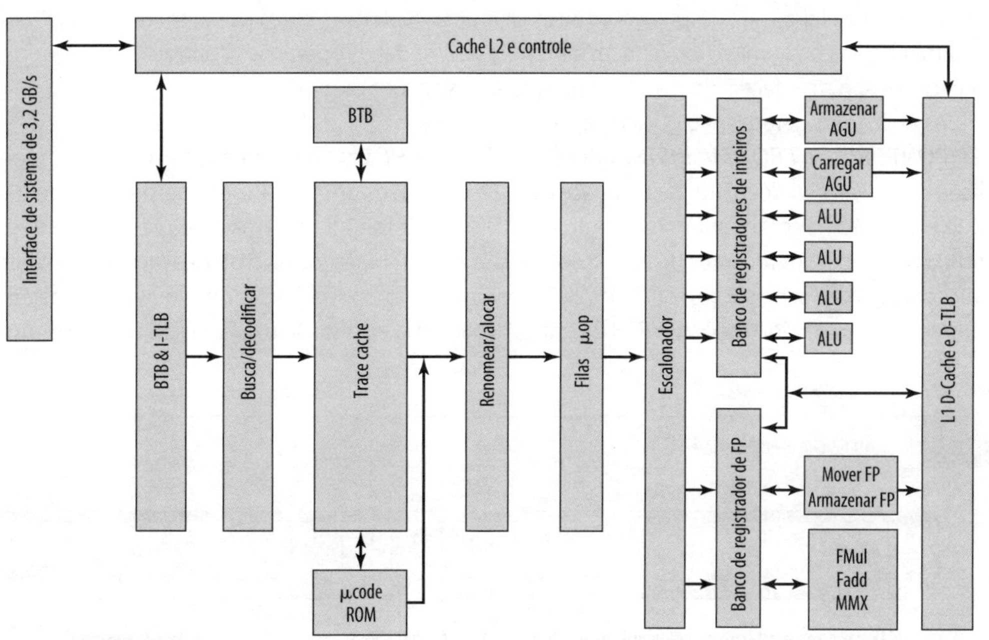

AGU= unidade de geração de endereço (do inglês *address generation unit*)
BTB = buffer de alvo de desvio (do inglês *branch target buffer)*
FP = pontos flutuantes (do inglês *floating points*)
D-TLB = TLB de dados
I-TLB = TLB de instruções

1. O processador busca a instrução na memória na ordem do programa estático.
2. Cada instrução é traduzida em uma ou mais instruções RISC de tamanho fixo, conhecidas como ***micro-operações*** ou ***micro-ops***.
3. O processador executa as micro-ops em uma organização de pipeline superescalar para que as micro-ops possam ser executadas fora de ordem.
4. O processador submete o resultado de cada execução de micro-op para o conjunto de registradores do processador na ordem do fluxo do programa original.

Na verdade, a arquitetura do Pentium 4 consiste de uma casca exterior CISC com um núcleo RISC. As micro-ops RISC internas passam por um pipeline de pelo menos 20 estágios (Figura 14.8); em alguns casos, a micro-op requer múltiplos estágios de execução, resultando em um pipeline ainda maior. Isso contraria o pipeline de cinco estágios (Figura 12.21) usado em processadores Intel x86 anteriores e em Pentium.

Nós seguiremos agora o pipeline de Pentium 4, usando a Figura 14.9 para ilustrar sua operação.

Front end

GERAÇÃO DE MICRO-OPS A organização de Pentium 4 inclui um *front end in-order* (Figura 14.9a) que pode ser considerado fora do escopo do pipeline ilustrado na Figura 14.8. Este *front end* alimenta uma cache de instruções L1, chamado de trace cache, que é onde o pipeline começa de fato. Normalmente, o processador opera a partir da trace cache; quando ocorre uma falha na trace cache, o front end *in-order* coloca novas instruções na trace cache.

Com a ajuda do buffer de alvo do desvio e do buffer de análise antecipada (BTB e I-TLB), a unidade de busca/decodificação obtém as instruções de máquina de Pentium 4 a partir da cache L2, 64 bytes por vez. Por padrão, as instruções são obtidas sequencialmente para que cada linha obtida da cache L2 inclua a próxima instrução a ser lida. A previsão de desvio através da unidade BTB e I-TLB pode alterar essa operação sequencial de leitura. O I-TLB traduz o endereço do ponteiro linear da instrução dado para o endereço físico requerido para acessar a cache L2. A previsão de desvio estática no *front end* BTB é usada para determinar quais instruções obter a seguir.

Uma vez obtidas as instruções, a unidade de busca/decodificação procura pelos bytes para determinar os limites da instrução; isso é uma operação necessária por causa do tamanho variável das instruções x86. O decodificador traduz cada instrução de máquina para um até quatro micro-ops, cada uma sendo uma instrução RISC de 118 bits. Observe, para efeitos de comparação, que as máquinas RISC mais puras possuem um tamanho da instrução 32 bits. O tamanho maior de micro-op é necessário para acomodar as operações complexas de Pentium. Mesmo assim, as micro-ops são mais fáceis de gerenciar do que as instruções originais das quais derivam.

As micro-ops geradas são guardadas na trace cache.

PONTEIRO DA PRÓXIMA INSTRUÇÃO DA TRACE CACHE Os dois primeiros estágios do pipeline (Figura 14.9b) lidam com seleção de instruções na *trace cache* e envolvem um mecanismo de previsão de desvios separado daquele descrito na seção anterior. O Pentium 4 usa uma estratégia dinâmica de previsão de desvio baseada no histórico de execuções recentes de instruções de desvio. Um buffer de alvo do desvio (BTB) é mantido para guardar as informações de cache sobre instruções de desvio recém-encontradas. Sempre que é encontrada uma instrução de desvio no fluxo de instruções, o BTB é verificado. Se uma entrada já existir em BTB, então a unidade de instrução

Figura 14.8 Pipeline de Pentium 4

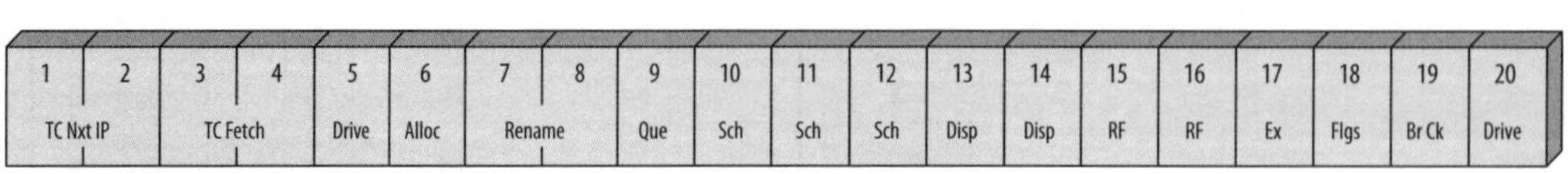

TC Next IP = ponteiro da próxima instrução da trace cache
TC Fetch = busca na trace cache
Alloc = alocar
Rename = renomeação de registrador
Que = fila micro-op
Sch = escalonamento micro-op
Disp = despachar
RF = banco de registradores
Ex = executar
Flgs = flags
Br Ck = verificar desvio

é direcionada pela informação do histórico para que essa entrada determine a previsão sobre a tomada do desvio. Se um desvio for previsto, então o endereço do destino do desvio associado a essa entrada é usado para pré-leitura da instrução alvo do desvio.

Uma vez executada a instrução, o histórico da entrada apropriado é atualizado para refletir o resultado da instrução de desvio. Se essa instrução não estiver representada em BTB, então o endereço desta instrução é carregado em uma entrada em BTB; se necessário, uma entrada mais antiga é excluída.

A descrição dos dois parágrafos anteriores se encaixa em termos gerais na estratégia de previsão de desvio usada no modelo original de Pentium, assim como em modelos posteriores de Pentium, incluindo o Pentium 4. No entanto, no caso de Pentium, um esquema de histórico relativamente simples de 2 bits é usado. Os modelos de Pentium posteriores possuem pipelines muito maiores (20 estágios para Pentium 4 comparados com 5 estágios

Figura 14.9 Operação do pipeline do Pentium

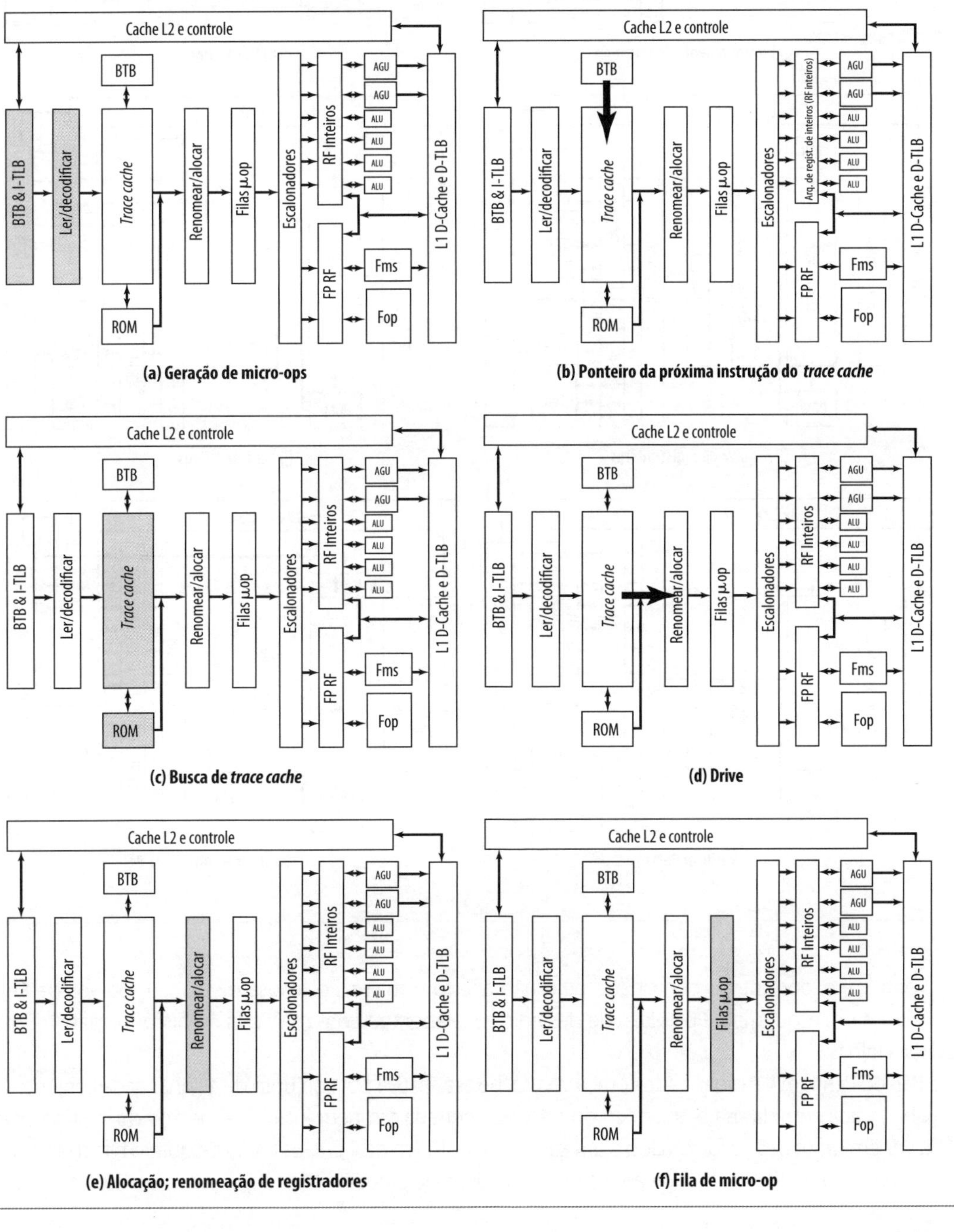

(a) Geração de micro-ops

(b) Ponteiro da próxima instrução do *trace cache*

(c) Busca de *trace cache*

(d) Drive

(e) Alocação; renomeação de registradores

(f) Fila de micro-op

(continua)

Figura 14.9 Operação do pipeline do Pentium (*continuação*)

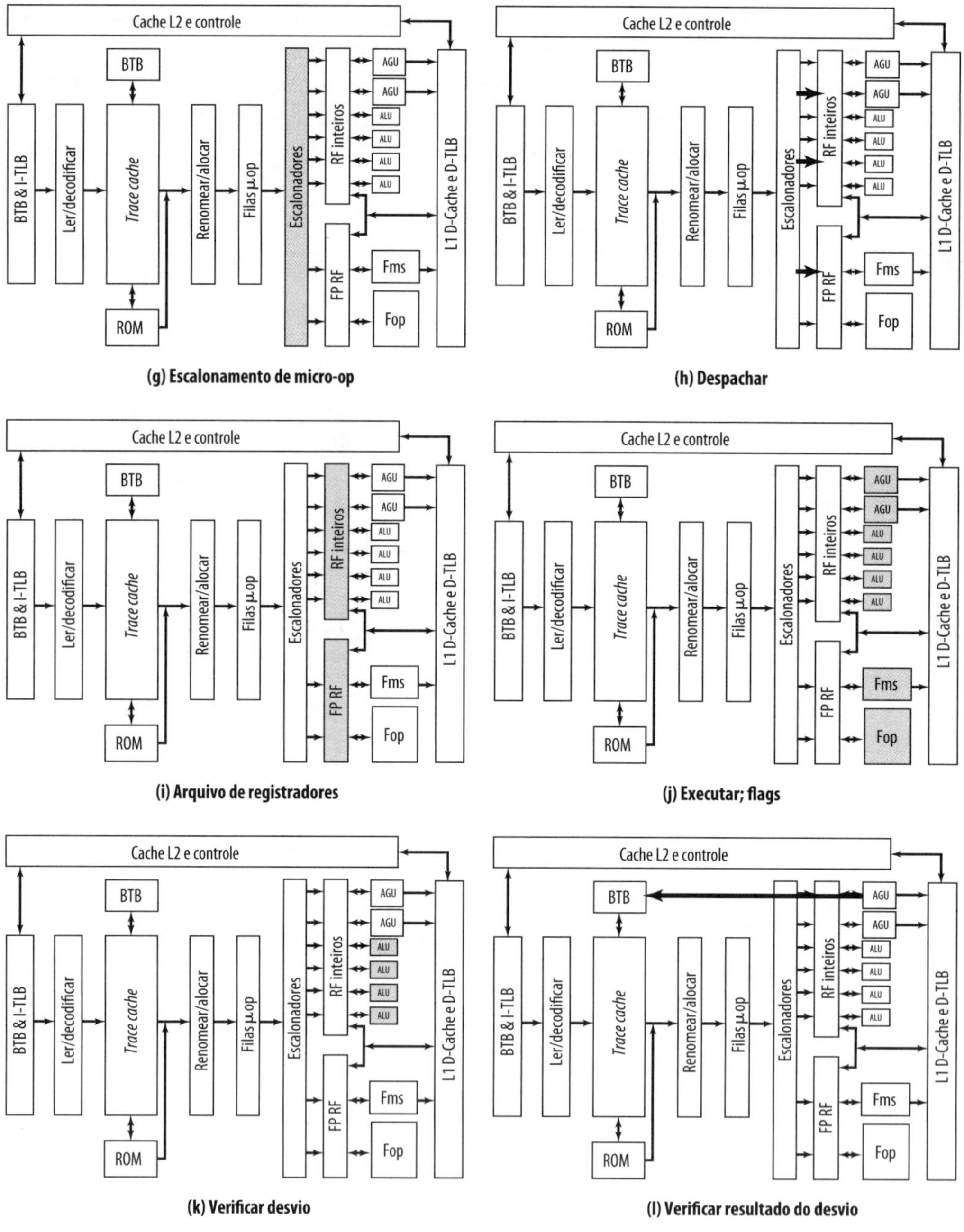

para Pentium) e, portanto, a penalidade pelo não acerto é maior. Por causa disso, os modelos de Pentium mais novos usam um esquema de previsão de desvio mais elaborado com mais bits de histórico para reduzir a taxa de previsões falhas.

O BTB do Pentium 4 é organizado como uma cache associativa por conjunto de 4 linhas cada conjunto (*4-way*) com 512 linhas. Cada entrada usa o endereço do desvio. A entrada também inclui o endereço do destino do desvio para última vez em que o desvio foi tomado e um campo de histórico de 4 bits. Esse uso de quatro bits de histórico contraria com 2 bits usados no Pentium original e usados na maioria de processadores superescalares. Com 4 bits, o mecanismo do Pentium 4 pode levar em conta um histórico maior ao prever desvios. O algoritmo usado é conhecido como algoritmo de Yeh (YEH e PATT, 1991[n]). Os desenvolvedores desse algoritmo demonstraram que ele provê uma redução significativa de previsões de falhas se comparado aos algoritmos que usam apenas 2 bits de histórico (Evers et al. 1998[o]).

Desvios condicionais que não possuem um histórico em BTB são previstos usando um algoritmo estático de previsão, de acordo com as seguintes regras:

- Para endereços de desvio que não são relativos a IP, prever que será tomado se o desvio for um retorno e em outros casos prever que não será tomado.
- Para desvios condicionais relativos a IP para trás, prever que será tomado. Esta regra reflete o comportamento típico de laços de repetição.
- Para desvios condicionais relativos a IP para frente, prever que não será tomado.

BUSCA NA TRACE CACHE A *trace cache* (Figura 14.9c) recebe as micro-ops já decodificadas do decodificador de instruções e as monta em sequências ordenadas de micro-ops (chamadas de *traces*) como no programa. As micro-ops são obtidas sequencialmente a partir da *trace cache*, sujeito a lógica de previsão de desvios.

Poucas instruções requerem mais do que quatro micro-ops. Essas instruções são transferidas para ROM de microcódigo que contém uma série de micro-ops (cinco ou mais) associadas a uma instrução de máquina complexa. Por exemplo, uma instrução de *string* pode ser traduzida em uma sequência muito grande (até centenas) e repetitiva de micro-ops. Assim, a ROM de microcódigo é uma unidade microprogramada conforme discutido na Parte 4. Depois que a ROM de microcódigo terminar de sequenciar as micro-ops para a instrução atual do Pentium, a leitura continua a partir do trace cache.

DRIVE O quinto estágio (Figura 14.9d) do pipeline do Pentium 4 entrega instruções decodificadas do *trace cache* para o módulo de renomeação/alocação.

Lógica de execução fora de ordem (*out-of-order execution*)

Esta parte do processador reordena as micro-ops para permitir que elas sejam executadas assim que seus operandos de entrada estiverem prontos.

ALOCAÇÃO O estágio de alocação (Figura 14.9e) aloca os recursos necessários para execução. Ele desempenha as seguintes funções:

- Se um recurso necessário, como um registrador, está indisponível para uma das três micro-ops que estão chegando no alocador durante o ciclo de clock, o alocador para o pipeline.
- O alocador aloca uma entrada no buffer de reordenação (ROB), a qual acompanha o *status* da conclusão de uma das 126 micro-ops que podem estar em processamento a qualquer momento.[2]
- O alocador aloca um dos 128 registradores de inteiro ou de ponto flutuante para o valor dos dados resultantes da micro-op e possivelmente uma leitura ou uma escrita no buffer usado para acompanhar uma das 48 leituras ou 24 escritas no pipeline de máquina.
- O alocador aloca uma entrada em uma das duas filas de micro-ops na frente do escalonador de instruções.

O ROB é um buffer circular que pode guardar até 126 micro-ops e também contém 128 registradores físicos. Cada entrada do buffer consiste dos campos a seguir:

- **Estado**: indica se a micro-op está escalonada para execução, se foi despachada para execução ou se completou a execução e está pronta para ser retirada.
- **Endereço de memória**: o endereço da instrução Pentium que gerou a micro-op.
- **Micro-op**: a operação atual.
- **Registrador apelido (*alias register*)**: se a micro-op referencia um dos 16 registradores arquiteturais, esta entrada redireciona essa referência para um dos 128 registradores de hardware.

As micro-ops entram no ROB na ordem. Elas são, então, despachadas do ROB para unidade de despacho/execução fora de ordem. O critério para despacho é que a unidade de execução apropriada e todos os itens de dados requeridos para essa micro-op estejam disponíveis. Finalmente, as micro-ops são retiradas do ROB na ordem. Para conseguir a retirada em-ordem, as micro-ops são retiradas em ordem das mais antigas primeiro depois que cada micro-op foi definida como pronta para retirada.

2 Veja Apêndice I para uma discussão sobre buffers de reordenação.

RENOMEAÇÃO DE REGISTRADORES O estágio de renomeação (Figura 14.9e) remapeia as referências a 16 registradores arquiteturais (8 registradores de ponto flutuante mais EAX, EBX, ECX, EDX, ESI, EDI, EBP e ESP) para um conjunto de 128 registradores físicos. O estágio remove falsas dependências causadas por um número limitado de registradores arquiteturais enquanto preserva as dependências de dados verdadeiras (leituras após escritas).

FILAS DE MICRO-OPS Depois da alocação de recursos e renomeação de registradores, as micro-ops são colocadas em uma das duas filas de micro-ops (Figura 14.9f), onde são mantidas até que haja espaço nos escalonadores. Uma das duas filas é para operações de memória (leituras e escritas) e a outra é para micro-ops que não envolvem referências de memória. Cada fila obedece à disciplina FIFO (primeiro a entrar, primeiro a sair), mas nenhuma ordem é mantida entre as filas. Isto é, uma micro-op pode ser lida a partir de uma fila fora de ordem em relação às micro-ops da outra fila. Isto oferece uma flexibilidade maior para escalonadores.

ESCALONAMENTO DE DESPACHO DE MICRO-OPS Os escalonadores (Figura 14.9g) são responsáveis por obter micro-ops a partir das filas de micro-ops e despachá-las para execução. Cada escalonador procura por micro-ops cujo *status* indica que a micro-op possui todos os seus operandos. Se a unidade de execução requerida por essa micro-op estiver disponível, então o escalonador obtém a micro-op e despacha-a para unidade de execução apropriada (Figura 14.9h). Até seis micro-ops podem ser despachadas em um ciclo. Se mais de uma micro-op estiver disponível para uma determinada unidade de execução, então o escalonador as despacha na sequência da fila. Este é um tipo de disciplina FIFO que favorece a execução em-ordem, porém, nesse ponto, o fluxo de instrução foi tão rearranjado pelas dependências e desvios que está substancialmente fora de ordem.

Quatro portas ligam os escalonadores às unidades de execução. A porta 0 é usada para instruções de inteiros e as de ponto flutuante, com exceção de operações de inteiros simples e de tratamento de falhas de previsão de desvios, os quais são alocados para a Porta 1. Além disso, as unidades de execução MMX são alocadas entre essas duas portas. As portas restantes são para leituras e escritas de memória.

Unidades de execução de inteiros e de pontos flutuantes

Os bancos de registradores de inteiros e de ponto flutuante são a origem das operações pendentes para unidades de execução (Figura 14.9i). Estas obtêm valores a partir dos bancos de registradores assim como a partir da cache de dados L1 (Figura 14.9j). Um estágio separado do pipeline é usado para calcular os flags (por exemplo, zero, negativo); essas são normalmente a entrada para uma instrução de desvio.

Um estágio de pipeline subsequente efetua verificação de desvios (Figura 14.9k). Esta função compara o resultado atual do desvio com a previsão. Se a previsão de desvio falhar, então há micro-ops em vários estágios do processamento que precisam ser removidas do pipeline. O destino do desvio apropriado é então enviado para o previsor de desvios durante o estágio drive (Figura 14.9l), o qual reinicia o pipeline inteiro a partir do novo endereço do alvo.

14.4 ARM Cortex-A8

Implementações recentes da arquitetura ARM viram a introdução de técnicas superescalares para o pipeline de instruções. Nesta seção, focamos no ARM Cortex-A8, o qual oferece um bom exemplo de um projeto RISC superescalares.

O Cortex-A8 é um processador da família ARM, referido como processador de aplicação. Um processador de aplicações ARM é um processador embarcado que executa sistemas operacionais complexos para aplicações sem fio, de eletrônica de consumo e de imagens. Cortex-A8 têm por alvo uma grande variedade de aplicações móveis e consumidoras incluindo telefones móveis, caixas set-top, consoles de jogos e navegação de automóveis/sistemas de entretenimento.

A Figura 14.10 mostra uma visão lógica da arquitetura do Cortex-A8, enfatizando o fluxo das instruções dentro das unidades funcionais. O fluxo principal das instruções se dá por meio de três unidades funcionais que implementam um pipeline duplo de 13 estágios e com emissão em-ordem. Os projetistas de Cortex decidiram usar emissão em-ordem para manter a potência adicional reduzida a mínimo. Emissões fora-de-ordem e retirada podem requerer quantidades grandes de lógica que consome potência extra.

Figura 14.10 Diagrama de blocos da arquitetura do ARM Cortex-A8

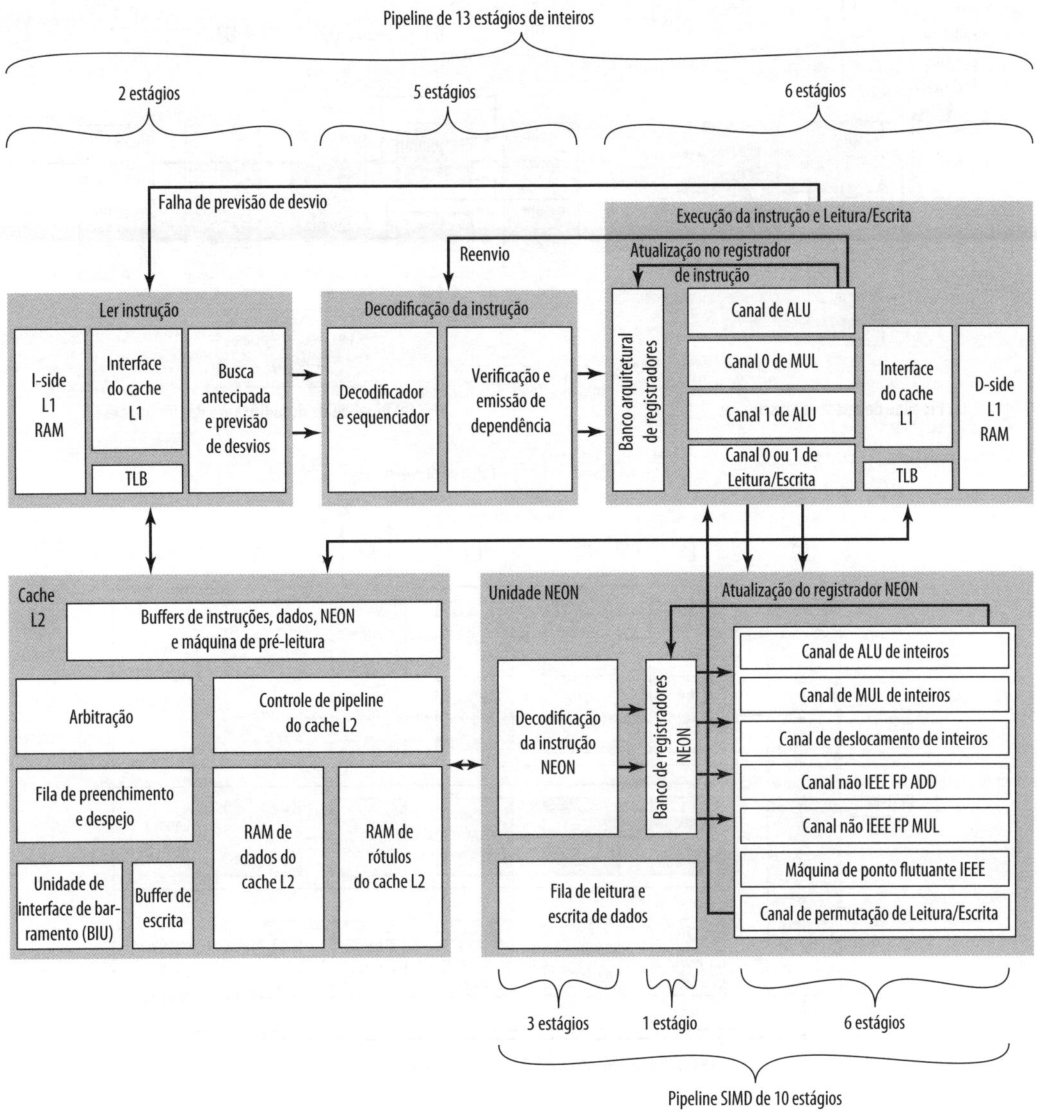

A Figura 14.11 mostra os detalhes do pipeline principal do Cortex-A8. Existe uma unidade separada para SIMD (única-instrução-múltiplos-dados) que implementa um pipeline de 10 estágios.

Unidade de busca das instruções

A unidade de leitura de instruções prevê o fluxo de instruções, obtém instruções da cache L1 de instruções e coloca as instruções obtidas em um buffer para serem consumidas pelo pipeline de decodificação. A unidade de leitura de instruções inclui também a cache L1 de instruções. Como pode haver vários desvios não resolvidos no pipeline, as leituras das instruções são especulativas, o que significa que não há garantia que elas serão executadas. Um desvio ou uma instrução excepcional no fluxo de código pode causar o esvaziamento do pipeline, descartando instruções lidas. A unidade de busca das instruções pode ler até quatro instruções por ciclo e passa pelos seguintes estágios:

F0 A unidade de geração de endereços (AGU) gera um novo endereço virtual. Normalmente, este endereço é o próximo endereço na sequência do endereço obtido anteriormente. O endereço também pode ser um endereço

Figura 14.11 Pipeline de inteiros do ARM Cortex-A8

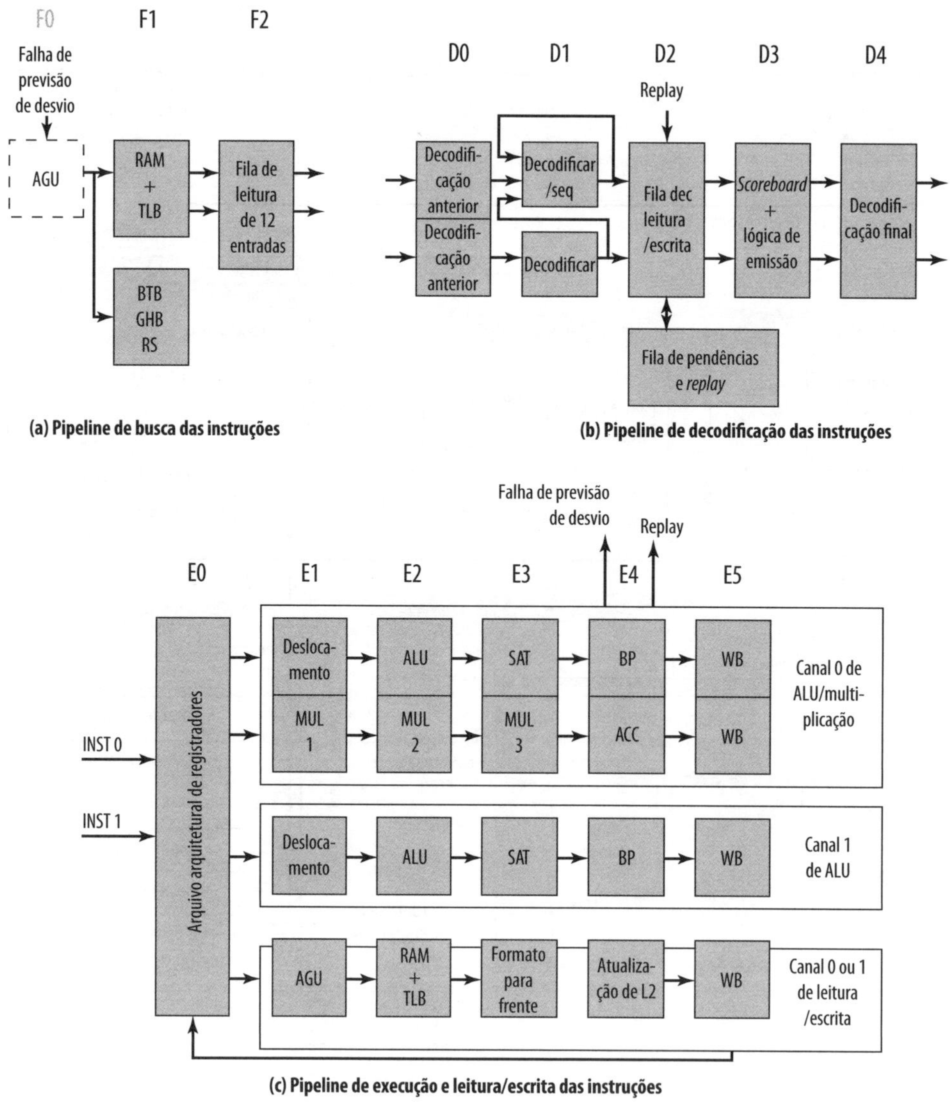

(a) Pipeline de busca das instruções

(b) Pipeline de decodificação das instruções

(c) Pipeline de execução e leitura/escrita das instruções

de alvo do desvio fornecido por uma previsão de desvio para uma instrução anterior. F0 não é contado como parte do pipeline de 13 estágios, porque os processadores ARM têm tradicionalmente definido como primeiro estágio o acesso à cache de instruções.

F1 O endereço calculado é usado para obter instruções da cache de instruções L1. Em paralelo, a leitura de endereço é usada para acessar o vetor de previsões de desvio para determinar se a próxima leitura de endereço deve ser baseada em uma previsão de desvio.

F3 Dados da instrução são colocados na fila de instruções. Se uma instrução resultar em previsão de desvio, o novo endereço-alvo é enviado para unidade de geração de endereços.

Para minimizar as penalidades de desvios normalmente associadas com um pipeline mais profundo, o processador Cortex-A8 implementa um previsor de desvios com histórico global de dois níveis, consistindo do buffer de alvos de desvios (BTB) e buffer de histórico global (GHB). Essas estruturas de dados são acessadas em paralelo com a busca das instruções. O BTB indica se a leitura do endereço atual vai ou não retornar uma instrução de desvio e o endereço do seu alvo de desvio. Ele contém 512 entradas. Em um passo apenas no BTB, um desvio é previsto e GHB é acessado. O GHB consiste de 4.096 contadores de 2 bits que codificam a força e a informação da direção de desvios. Ele é indexado por um histórico de 10 bits da direção de dez últimos desvios encontrados e 4 bits de PC. Além do previsor dinâmico de desvios, uma pilha de retorno é usada para prever os endereços de retorno das sub-rotinas. A pilha de retorno tem oito entradas de 32 bits que armazenam o valor de registrador de ligação em r14 e o estado ARM ou Thumb da função que fez a chamada. Quando é feita uma previsão de que uma instrução do tipo retorno será tomada, a pilha de retorno fornece o último endereço e estado empilhado.

A unidade busca das de instruções pode obter e enfileirar até 12 instruções. Ela emite duas instruções para a unidade de decodificação por vez. A fila possibilita que a unidade de leitura de instruções faça pré-leitura do restante do pipeline de inteiros e crie uma reserva de instruções prontas para decodificação.

Unidade de decodificação de instruções

A unidade de decodificação de instruções decodifica e sequencia todas as instruções ARM e Thumb. Ela possui uma estrutura de pipeline dupla, chamada de ***canal0*** e ***canal1***, para que duas instruções possam passar pela unidade ao mesmo tempo. Quando duas instruções são emitidas a partir do pipeline de decodificação de instruções, o canal0 sempre conterá a instrução mais antiga na ordem do programa. Isto significa que se a instrução no canal0 não puder ser emitida, então a instrução no canal1 não será emitida. Todas as instruções emitidas são processadas na ordem pelo pipeline de execução com resultados sendo atualizados no banco de registradores ao final do pipeline de execução. Esta emissão e retirada em-ordem das instruções previne perigos do tipo WAR e mantém diretos o acompanhamento de hazards do tipo WAW e a recuperação das condições de esvaziamento. Assim, a preocupação principal do pipeline de decodificação de instruções é a prevenção de hazards RAW.

Cada instrução passa por cinco estágios de processamento.

D0 Instruções Thumb são descompactadas em instruções ARM de 32 bits. Uma função de decodificação preliminar é efetuada.

D1 A função de decodificação de instruções é completada.

D2 Este estágio escreve instruções em e lê instruções da estrutura de fila pendente/*replay*.

D3 Este estágio contém a lógica de agendamento de instruções. Um *scoreboard* prevê a disponibilidade de registradores usando técnicas de agendamento estáticas.[3] A verificação de perigos é feita também neste estágio.

D4 Efetua a decodificação final para todos os sinais de controle requeridos pelas unidades de execução de inteiros e de leitura/escrita.

Nos dois primeiros estágios são determinados o tipo de instrução, operandos de origem e destino e requisitos de recursos para instrução. Algumas instruções normalmente pouco usadas são referidas como instruções de multiciclo. O estágio D1 quebra essas instruções em múltiplos *opcodes* de instrução que são sequenciados individualmente pelo pipeline de execução.

A fila pendente serve para dois propósitos. Primeiro, ela previne que um sinal de parada de D3 circule pelo resto do pipeline. Segundo, ao colocar as instruções em um buffer, sempre deveria haver duas instruções disponíveis para o pipeline duplo. Quando apenas uma instrução é emitida, a fila pendente possibilita que duas instruções prossigam pelo pipeline juntas, mesmo que originalmente tenham sido enviadas da unidade de leitura em ciclos diferentes.

A operação de reenvio é projetada para lidar com os efeitos do sistema de memória sobre o tempo da instrução. As instruções são agendadas estaticamente no estágio D3 com base numa previsão de quando o operando de origem estará disponível. Qualquer atraso do sistema de memória pode resultar em um atraso mínimo de 8 ciclos. Este atraso mínimo de 8 ciclos é equilibrado com o número mínimo de ciclos possíveis para receber dados da cache L2 caso ocorra alguma falha na leitura de L1. A Tabela 14.2 mostra os casos mais comuns que podem resultar em um replay de instruções por causa de um atraso da memória do sistema.

Para lidar com esses atrasos, um mecanismo de recuperação é usado para esvaziar todas as instruções subsequentes no pipeline de execução e reemiti-las (reenvio). Para suportar atrasos, as instruções são copiadas para fila de reenvio antes de serem emitidas e removidas. Se um sinal de reenvio é emitido, as instruções são obtidas da fila de reenvio e entram no pipeline novamente.

---

3 Veja Apêndice I para uma discussão sobre *scoreboarding*.

Tabela 14.2 Efeitos do sistema de memória de Cortex-A8 no tempo de instruções

Evento de reenvio	Atraso	Descrição
Falha na leitura de dados	8 ciclos	1. Uma falha na leitura da instrução na cache de dados L1. 2. Uma requisição é feita então para a cache de dados L2. 3. Se a falha ocorrer também na cache de dados L2, então ocorre um segundo reenvio. O número de ciclos de atraso depende do tempo do sistema de memória externo. O tempo mínimo necessário para receber a palavra crítica no caso de uma falha de cache L2 é de aproximadamente 25 ciclos, mas pode ser bem maior por causa das latências da memória L3.
Falha de dados TLB	24 ciclos	1. Uma passada pela tabela porque uma falha em L1 TLB causa um atraso de 24 ciclos, assumindo que as entradas da tabela de tradução sejam encontradas na cache L2. 2. Se as entradas da tabela de tradução não estiverem presentes na cache L2, o número de ciclos de atraso depende do tempo do sistema de memória externa.
Buffer de armazenamento cheio	8 ciclos mais a latência para liberar buffer	1. Uma falha no armazenamento da instrução não resulta em nenhum atraso, a não ser que o buffer de armazenamento esteja cheio. 2. No caso de um buffer de armazenamento cheio, o atraso é de no mínimo 8 ciclos. O atraso pode ser maior se demorar mais para liberar algumas entradas do buffer de armazenamento
Requisição de leitura ou escrita não alinhada	8 ciclos	1. Se o endereço de uma instrução de leitura não é alinhado e o acesso cheio não está contido dentro de um limite de 128 bits, há uma penalidade de 8 ciclos. 2. Se o endereço de uma instrução de escrita não é alinhado e o acesso cheio não está contido dentro de um limite de 64 bits, há uma penalidade de 8 ciclos.

A unidade de execução emite duas instruções em paralelo para unidade de execução, a não ser que encontre uma restrição de emissão. A Tabela 14.3 mostra os casos mais comuns de restrições.

Unidade de execução de inteiros

A unidade de execução de instruções consiste de dois pipelines de unidades lógicas aritméticas (ALU) simétricos, um gerador de endereços para ler e armazenar instruções e um pipeline de multiplicação. Os pipelines de execução efetuam também a atualização nos registradores. A unidade de execução de instruções:

- Executa todas as operações de inteiros de ALU e multiplicação, incluindo geração de flags.
- Gera os endereços virtuais para leituras e escritas e o valor base de retorno, quando requerido.
- Fornece dados formatados para escritas e encaminha para frente dados e flags.
- Processa desvios e outras alterações do fluxo de instruções e avalia os códigos condicionais das instruções.

Para instruções da ALU, cada pipeline pode ser usado, consistindo dos seguintes estágios:

E0 Acessar o banco de registradores. Até seis registradores podem ser lidos a partir do arquivo de registradores para duas instruções.

Tabela 14.3 Restrições de emissão dupla do Cortex-A8

Tipo de restrição	Descrição	Exemplo	Ciclo	Restrição

Hazard de leitura/escrita de recursos	Existe apenas um pipeline de LE. Apenas uma instrução de LE pode ser emitida por ciclo. Ela pode estar no pipeline 0 ou pipeline 1	LDR r5, [r6]
		STR r7, [r8]
		MOV r9, r10
			1
			2
			2
				
				Esperar pela unidade LE
				Emissão dupla possível

Hazard de recurso da multiplicação	Existe apenas um pipeline de multiplicação e está disponível apenas no pipeline 0.	ADD r1, r2, r3
		MUL r4, r5, r6
		MUL r7, r8, r9
			1
			2
			3
				
				Esperar pelo pipeline 0
				Esperar pela unidade de multiplicação

Hazard de recurso de desvio	Pode haver apenas um desvio por ciclo. Ele pode estar no pipeline 0 ou no pipeline 1. Um desvio é qualquer instrução que altera PC.	BX r1 BEQ 0x1000 ADD r1, r2, r3	1 2 2	 Esperar por desvio Emissão dupla possível

Hazard de saída de dados	Instruções com o mesmo destino não podem ser emitidas no mesmo ciclo. Isto pode acontecer com código condicional.	MOVEQ r1, r2
		MOVNE r1, r3
		LDR r5, [r6]
			1
			2
			2
				
				Esperar por causa da dependência de saída
				Emissão dupla possível

Hazard de origem de dados	Instruções não podem ser emitidas se os seus dados não estão disponíveis. Veja as tabelas de escalonamento para origem dos requisitos e os resultados dos estágios.	ADD r1, r2, r3
		ADD r4, r1, r6
		LDR r7, [r4]
			1
			2
			4
				
				Esperar por r1
				Esperar dois ciclos por r4

Instruções multiciclo	Instruções multiciclo devem emitir no pipeline 0 e podem fazer emissão dupla apenas na sua última iteração	MOV r1, r2
		LDM r3, {r4-r7}
		LDM (ciclo 2)
		LDM (ciclo 3)
		ADD r8, r9, r10
			1
			2
			3
			4
			4
				Esperar por pipeline 0, Transferir r4
				Transferir r5, r6
				Transferir r7
				Emissão dupla possível na última transferência

E1 O deslocador rápido (Figura 12.25) efetua a sua função, se necessário.

E2 A unidade de ALU (Figura 12.25) efetua a sua função.

E3 Se necessário, este estágio completa saturação aritmética usada por algumas instruções ARM de processamento de dados.

E4 Qualquer alteração no fluxo de controle, incluindo falhas na previsão de desvios, exceções e reenvios do sistema de memória são priorizados e processados.

E5 Resultados das instruções ARM são atualizados no arquivo de registradores.

As instruções que invocam a unidade de multiplicação (Figura 12.25) são encaminhadas para canal0; a operação de multiplicação é feita nos estágios E1 até E3 e a operação de acumulação da multiplicação é feita no estágio E4.

Pipeline de leitura/escrita ocorre em paralelo ao pipeline de inteiros. Os estágios são seguintes:

E1 O endereço de memória é gerado a partir do registrador base e indexador.

E2 O endereço é aplicado a vetores da cache.

E3 No caso de uma leitura, os dados são retornados e formatados para serem encaminhados para unidade ALU ou MUL. No caso de uma escrita, os dados são formatados e prontos para serem escritos na cache.

E4 Atualiza a cache L2, se necessário.

E5 Resultados das instruções ARM são escritos de volta no banco de registradores.

A Tabela 14.4 mostra um pedaço de código como exemplo e indica como o processador poderia agendá-lo.

Tabela 14.4 Sequência exemplo de emissão dupla de instruções para pipeline de inteiros no Cortex-A8

Ciclo	Contador de programa	Instrução	Descrição de tempo
1	0x00000ed0	BX r14	Emissão dupla pipeline 0
1	0x00000ee4	CMP r0,#0	Emissão dupla no pipeline 1
2	0x00000ee8	MOV r3,#3	Emissão dupla no pipeline 0
2	0x00000eec	MOV r0,#0	Emissão dupla no pipeline 1
3	0x00000ef0	STREQ r3,[r1,#0]	Emissão dupla no pipeline 0, r3 não necessário até E3
3	0x00000ef4	CMP r2,#4	Emissão dupla no pipeline 1
4	0x00000ef8	LDRLS pc,[pc,r2,LSL #2]	Emissão única no pipeline 0, +1 ciclo para carregar para PC nenhum ciclo extra para deslocamento desde LSL #2
5	0x00000f2c	MOV r0,#1	Emissão dupla com segunda iteração de leitura no pipeline 1
6	0x00000f30	B {pc} + 8	#0xf38 emissão dupla no pipeline 0
7	0x00000f38	STR r0,[r1,#0]	Emissão dupla no pipeline 1
7	0x00000f3c:	LDRpc,[r13],#4	Emissão única no pipeline 0, +1 ciclo para carregar para PC
8	0x0000017c	ADD r2,r4,#0xc	Emissão dupla com segunda iteração de leitura no pipeline 1
9	0x00000180	LDR r0,[r6,#4]	Emissão dupla no pipeline 0
9	0x00000184	MOV r1,#0xa	Emissão dupla no pipeline 1
12	0x00000188	LDR r0,[r0,#0]	Emissão única no pipeline 0: r0 produzido em E3, requerido em E1, então +2 ciclos de atraso
13	0x0000018c	STR r0,[r4,#0]	Emissão única no pipeline 0 por causa de perigo de leitura/escrita de recurso, nenhum atraso extra para r0 desde que foi produzido em E3 e consumido em E3
14	0x00000190	LDR r0,[r4,#0xc]	Emissão única no pipeline 0 por causa de perigo de leitura/escrita de recurso
15	0x00000194	LDMFD r13!,{r4--r6, r14}	Leitura de múltiplas leituras de r4 no primeiro ciclo, r5 e r6 no segundo ciclo, r14 no terceiro ciclo, 3 ciclos no total
17	0x00000198	B{pc} + 0xda8	#0xf40 emissão dupla no pipeline 1 com terceiro ciclo de LDM
18	0x00000f40	ADD r0,r0,#2 ARM	Emissão única no pipeline 0
19	0x00000f44	ADD r0,r1,r0 ARM	Emissão única no pipeline 0, nenhuma emissão dupla por causa do perigo em r0 produzido em E2 e requerido em E2

Pipeline SIMD e de ponto flutuante

Todas as instruções SIMD e de ponto flutuante passam pelo pipeline de inteiros e são processadas em um pipeline separado de 10 estágios (Figura 14.12). Esta unidade, conhecida como unidade NEON, trata as instruções SIMD empacotadas e fornece dois tipos de suporte para ponto flutuante. Se implementado, um coprocessador vetorial de ponto flutuante (VFP) efetua uma operação de ponto flutuante de acordo com o padrão IEEE 754. Se o coprocessador não estiver presente, então pipelines separados de multiplicação e adição implementam as operações de ponto flutuante.

14.5 Leitura recomendada

Dois bons de livros sobre projeto superescalar são Shen e Lipasti (2005[p]) e Omondi (1999[q]). Artigos de pesquisa que valem a pena sobre o assunto são Smith e Sohi (1995[m]) e Sima (1997[r]). Jouppi e Wall (1989[e]) examinam o paralelismo em nível de instruções, analisam várias técnicas para maximizar paralelismo e comparam abordagem superescalar e superpipeline usando simulação. Artigos recentes que oferecem boa cobertura sobre questões de designs superescalares incluem Sima (2004[s]), Patt (2001[t]) e Moshovos e Sohi (2001[u]).

Figura 14.12 Pipeline NEON e de ponto flutuante do ARM Cortex-A8

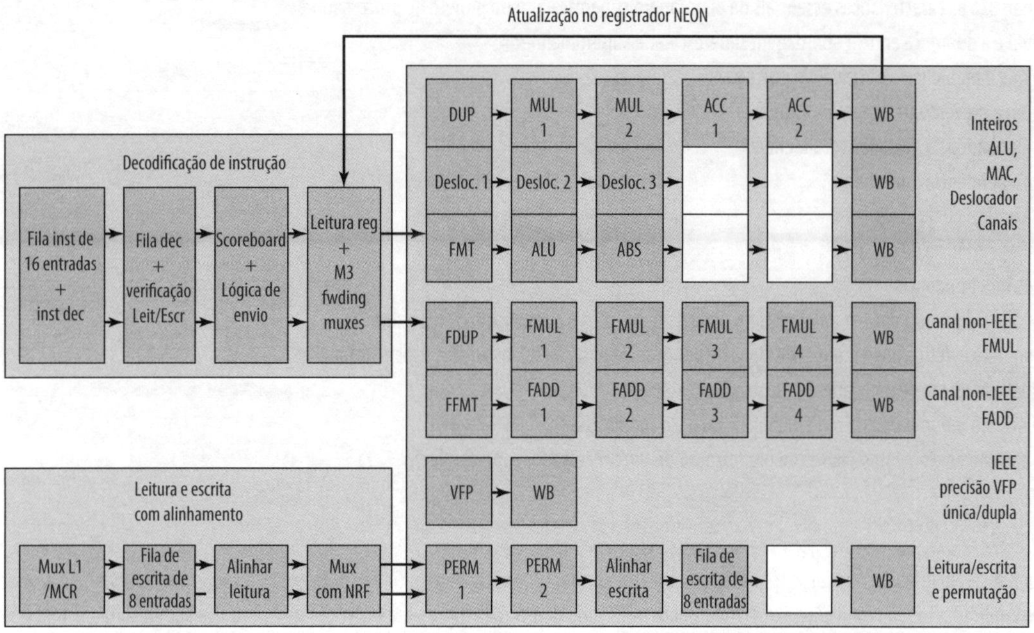

Popescu et al. (1991)[v] fornecem uma análise detalhada sobre uma máquina superescalar proposta, bem como um tutorial excelente sobre questões de projeto relacionadas a políticas de instruções fora-de-ordem. Outra análise de um sistema proposto é encontrada em Kuga, Murakami e Tomita (1991[w]); este artigo levanta e considera a maioria das questões de projeto mais importantes para implementação superescalar. Lee, Kwok e Briggs (1991[m]) examinam técnicas de software que podem ser usadas para melhorar o desempenho superescalar. Wall (1991[x]) é um estudo interessante sobre como o paralelismo em nível de instruções pode ser explorado em um processador superescalar.

O Volume I de Intel (2004[y]) provê uma descrição geral do pipeline do Pentium 4; mais detalhes podem ser encontrados em Intel (2001[z]) e Intel (2001[aa]). Outro tratado detalhado é Fog (2008[bb]).

John e Rubio (2008[cc]) e ARM (2008[dd]) fornecem uma cobertura completa sobre pipeline do ARM Cortex-A8. Riches et al. (2007[ee]) é uma boa visão geral.

Principais termos, perguntas de revisão e problemas

Principais termos

Antidependência	Paralelismo de máquinas	Renomeação de registradores
Previsão de desvios	Micro-operações	Conflito de recursos
Conclusão	Micro-ops	Retirada
Dependência de fluxo	Conclusão fora-de-ordem	Superpipeline
Emissão em-ordem	Emissão fora-de-ordem	Superescalar
Conclusão em-ordem	Dependência de saída	Dependência de dados verdadeira
Emissão de instrução	Dependência procedural	Dependência de leitura-escrita
Paralelismo em nível de instruções	Dependência de leitura-escrita	Dependência de escrita-escrita
Janela de instruções		

Perguntas de revisão

14.1 Quais são as características essenciais da abordagem superescalar para projeto de processadores?

14.2 Qual é a diferença entre a abordagem superescalar e superpipeline?

14.3 O que é paralelismo em nível de instruções?

14.4 Defina brevemente os seguintes itens:

- Dependência de dados verdadeira
- Dependência procedural
- Conflito de recursos
- Dependência de saída
- Antidependência

14.5 Qual é a diferença entre paralelismo em nível de instruções e paralelismo de máquina?

14.6 Enumere e defina brevemente três tipos de políticas de emissão de instruções superescalar.

14.7 Qual é a função de uma janela de instruções?

14.8 O que é a renomeação de registradores e qual é a sua função?

14.9 Quais são os elementos-chaves da organização de um processador superescalar?

Problemas

14.1 Quando a conclusão fora-de-ordem é usada em um processador superescalar, a continuação da execução após um processamento interrompido é complicada, porque condições excepcionais podem ter sido detectadas como uma instrução que produziu seus resultados fora de ordem. O programa não pode ser reiniciado na instrução que segue a instrução de exceção porque instruções subsequentes já completaram e fazendo isso, essas instruções executariam duas vezes. Sugira um mecanismo ou mecanismos para lidar com esta situação.

14.2 Considere a seguinte sequência de instruções, onde a sintaxe consiste de um *opcode* seguido por um registrador de destino seguido por um ou dois registradores de origem:

```
 0    ADD     R3, R1, R2
 1    LOAD    R6, [R3]
 2    AND     R7, R5, 3
 3    ADD     R1, R6, R0
 4    SRL     R7, R0, 8
 5    OR      R2, R4, R7
 6    SUB     R5, R3, R4
 7    ADD     R0, R1, R10
 8    LOAD    R6, [R5]
 9    SUB     R2, R1, R6
10    AND     R3, R7, 15
```

Suponha o uso de um pipeline de quatro estágios: busca, decodificação/emissão, execução, atualização. Suponha que todos os estágios do pipeline ocupem um ciclo de clock exceto o estágio de execução. Para instruções lógicas e aritméticas de inteiros simples, o estágio de execução ocupa um ciclo, mas para ler da memória cinco ciclos são consumidos no estágio de execução.

Se temos um pipeline escalar simples mas que permita execução fora de ordem, podemos construir a seguinte tabela para execução das sete primeiras instruções:

Instrução	Busca	Decodificação	Execução	Atualização
0	0	1	2	3
1	1	2	4	9
2	2	3	5	6
3	3	4	10	11
4	4	5	6	7
5	5	6	8	10
6	6	7	9	12

As entradas abaixo do pipeline de quatro estágios indicam o ciclo de clock em que cada instrução inicia cada fase. Neste programa, a segunda instrução ADD (instrução 3) depende da instrução LOAD (instrução 1) para um dos seus operandos, r6. Como a instrução LOAD ocupa cinco ciclos de clock e a lógica de emissão encontra a instrução ADD dependente depois de dois ciclos, a lógica de emissão deve atrasar a instrução ADD para três ciclos de clock. Com a capacidade fora-de-ordem, o processador pode parar a instrução 3 no ciclo de clock 4 e depois continuar para emitir as três instruções independentes a seguir, as quais entram em execução em ciclos 6, 8 e 9. O LOAD termina a execução no ciclo 9 e então o ADD dependente pode ser enviado para execução no ciclo 10.

a. Complete a tabela anterior.

b. Refaça a tabela supondo que não há capacidade fora-de-ordem. Quais são as economias usando a capacidade?

c. Refaça a tabela supondo uma implementação superescalar que pode tratar duas instruções ao mesmo tempo em cada estágio.

14.3 Considere o seguinte programa na linguagem de montagem:

```
I1: Move R3, R7         /R3 ← (R7)/
I2: Load R8, (R3)       /R8 ← Memory (R3)/
I3: Add R3, R3, 4       /R3 ← (R3) + 4/
I4: Load R9, (R3)       /R9 ← Memory (R3)/
I5: BLE R8, R9, L3      /Branch if (R9) > (R8)/
```

Este programa inclui dependências WAW, RAW e WAR. Mostre-as.

14.4 **a.** Identifique as dependências leitura-escrita, escrita-escrita e leitura-escrita na sequência de instruções a seguir:

```
I1:  R1 = 100
I2:  R1 = R2 + R4
I3:  R2 = r4 – 25
I4:  R4 = R1 + R3
I5:  R1 = R1 + 30
```

b. Renomeie os registradores da parte (a) para prevenir problemas de dependência. Identifique referências para valores iniciais de registradores usando subscrição "a" para referência de registrador.

14.5 Considere a sequência de execução "emissão-em-ordem/conclusão-em-ordem" mostrada na Figura 14.13.

a. Identifique o motivo mais provável por que I2 poderia não entrar no estágio de execução até o quarto ciclo. "Emissão em-ordem/conclusão fora-de-ordem" ou "emissão fora-de-ordem/conclusão fora-de-ordem" consertará isso? Se sim, como?

b. Identifique o motivo pelo qual I6 não poderia entrar o estágio de escrita até o nono ciclo. "Emissão em-ordem/conclusão fora-de-ordem" ou "emissão fora-de-ordem/conclusão fora-de-ordem" consertará isso? Se sim, como?

14.6 A Figura 14.14 mostra um exemplo de organização de um processador superescalar. O processador pode emitir duas instruções por ciclo se não houver conflito de recursos e problemas de dependência de dados. Existem essencialmente dois pipelines com quatro estágios de processamento (leitura, decodificação, execução e escrita). Cada pipeline possui a sua própria unidade de busca, decodificação e escrita. Quatro unidades funcionais (multiplicador, somador, unidade lógica e unidade de leitura) estão disponíveis para uso no estágio de execução e são compartilhadas pelos dois pipelines de uma maneira dinâmica. As duas unidades de escrita podem ser usadas dinamicamente pelos dois pipelines, dependendo da disponibilidade em um determinado ciclo. Existe uma janela de análise antecipada com sua própria lógica de leitura e decodificação. Esta janela é usada para análise antecipada de instruções para emissão de instruções fora-de-ordem.

Figura 14.13 Uma sequência de execução de emissão em-ordem, conclusão em-ordem

Decodificação		Execução			Escrita		Ciclo
I1	I2						1
	I2			I1			2
	I2			I1			3
I3	I4		I2				4
I5	I6		I4	I3	I1	I2	5
I5	I6	I5		I3			6
		I5	I6		I3	I4	7
							8
					I5	I6	9

Considere o seguinte programa a ser executado nesse processador:

```
I1: Load R1, A      /R1 ← Memory (A)/
I2: Add R2, R1      /R2 ← (R2) + R(1)/
I3: Add R3, R4      /R3 ← (R3) + R(4)/
I4: Mul R4, R5      /R4 ← (R4) + R(5)/
I5: Comp R6         /R6 ← (R6)/
I6: Mul R6, R7      /R3 ← (R3) + R(4)/
```

a. Quais dependências existem no programa?

b. Mostre a atividade do pipeline para este programa no processador da Figura 14.14 usando políticas de emissão em-ordem e conclusão em-ordem e usando uma apresentação semelhante à Figura 14.2.

c. Repita para emissão em-ordem com conclusão fora-de-ordem.

d. Repita para emissão fora-de-ordem com conclusão fora-de-ordem.

14.7 A Figura 14.15 é de um artigo sobre projeto superescalar. Explique as três partes da figura e defina w, x, y e z.

14.8 O algoritmo dinâmico de previsão de desvio de Yeh, usado no Pentium 4, é um algoritmo de previsão de desvio de dois níveis. O primeiro nível é o histórico de últimos *n* desvios. O segundo nível é o comportamento das últimas *s* ocorrências desse padrão único dos últimos *n* desvios. Para cada instrução de desvio condicional em um programa, há uma entrada em uma Tabela de Histórico de Desvios (BHT). Cada entrada consiste de *n* bits correspondendo a *n* últimas execuções da instrução de desvio, com um 1 se o desvio foi tomado e 0 se não foi tomado. Cada entrada em BHT é indexada em uma Tabela de Padrões (PT) que possui 2*n* entradas, uma para cada padrão possível de *n* bits. Cada entrada PT consiste de *s* bits que são usados na previsão de desvios, conforme descrito no Capítulo 12 (Figura 12.19). Quando um desvio condicional é encontrado durante leitura e decodificação de instrução, o endereço da instrução é usado para obter a entrada em BHT apropriada, o que mostra o histórico recente da instrução. Depois, a entrada BHT é usada para obter a entrada PT apropriada para previsão de desvio. Depois que o desvio é executado, a entrada BHT é atualizada e depois a entrada PT apropriada é atualizada.

a. Testando o desempenho deste esquema, Yeh tentou cinco esquemas diferentes de previsão, ilustrados na Figura 14.16. Identifique quais três esquemas que correspondem àqueles mostrados nas figuras 12.19 e 12.28. Descreva dois esquemas restantes.

b. Com este algoritmo, a previsão não é baseada apenas no histórico recente dessa instrução de desvio em particular. Em vez disso, ela é baseada no histórico recente de todos os padrões de desvios que correspondem ao padrão de *n* bits na entrada em BHT para essa instrução. Sugira uma base lógica para tal estratégia.

Figura 14.14 Um processador superescalar com pipeline duplo

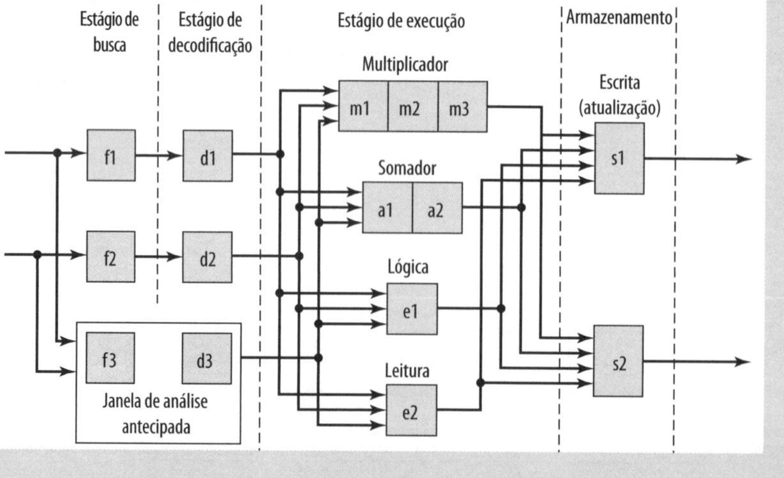

Figura 14.15 Figura para o Problema 14.7

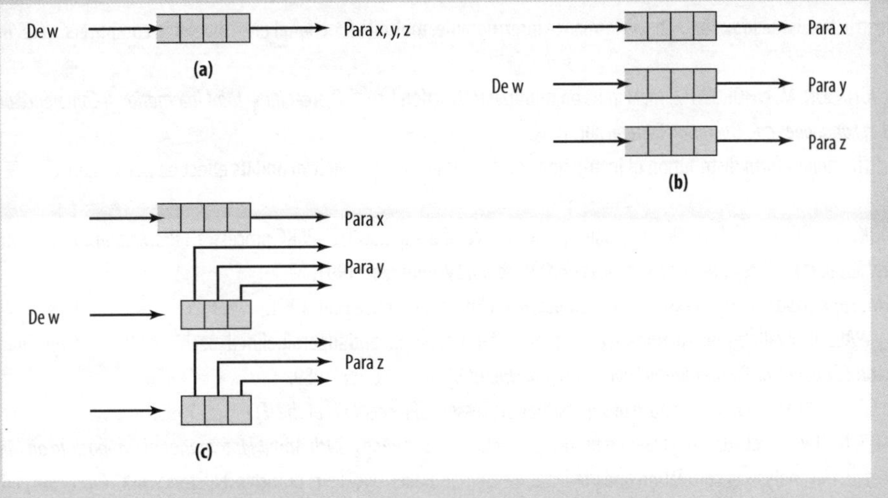

Figura 14.16 Figura para o Problema 14.8

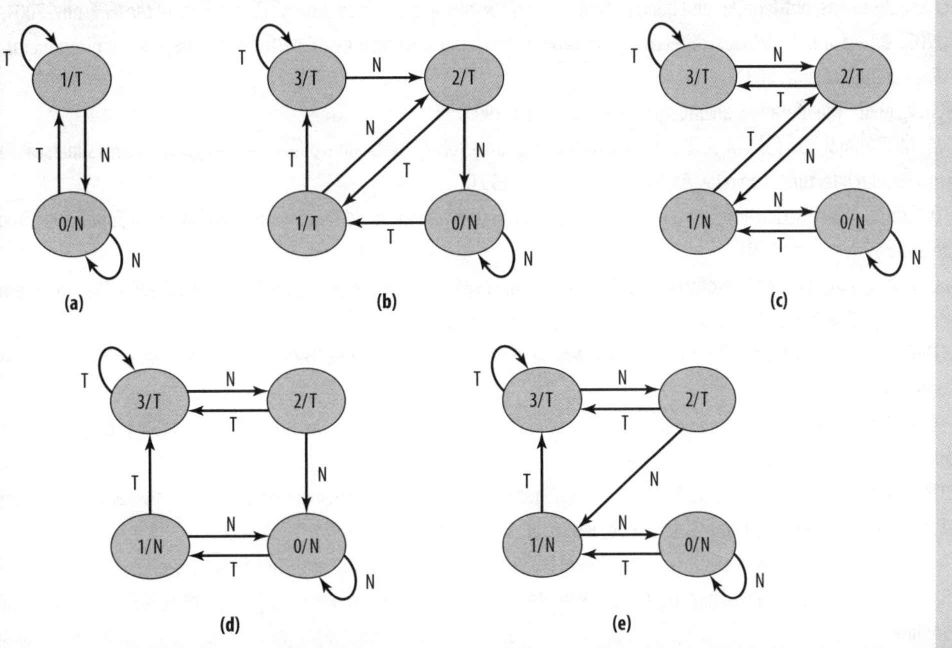

Referências

a AGERWALA, T. e COCKE, J. *High performance reduced instruction set processors*. Technical Report RC12434 (#55845). Yorktown, NY: IBM Thomas J. Watson Research Center, jan. 1987.

b JOUPPI, N. "Superscalar *versus* superpipelined machines". *Computer Architecture News*, jun. 1988.

c TJADEN, G. e FLYNN, M. "Detection and parellel execution of independent instructions". *IEEE Transactions on Computers*, out. 1970.

d KUCK, D.; PARKER, D. e SAMEH, A. "An analysis of round methods in floating-point arithmetic". *IEEE Transactions on Computers,* jul. 1977.

e WEISS, S. e SMITH, J. "Instruction issue logic in pipelined supercomputers". *IEEE Transactions on Computers,* nov. 1984.

f ACOSTA, R.; KJELSTRUP, J. e TORNG, H. "An instruction issue approach to enhancing performance in multiple functional unit processors". *IEEE Transactions on Computers,* set. 1986.

g SOHI, G. "Instruction issue logic for high-performance interruptable, multiple functional unit, pipelined computers". *IEEE Transactions on Computers,* mar. 1990.

h SMITH, M.; JOHNSON, M. e HOROWITZ, M. "Limits on multiple instruction issue". *Proceedings, Third International Conference on Architectural Support for programming Languages and Operating System,* abr. 1989.

i JOUPPI, N. "The nonuniform distribution of instruction-level and machine parallelism and its effect on performance". *IEEE Transaction on computer,* dez. 1989.

j LEE, R.; KNOK, A. e BRIGGS, F. "The floating-point performance of a superscalar SPARC processor". *Proceedings, Fourth International Conference on Architectural Support for Programming Languages and Operating Systems,* abr. 1991.

k JOHNSON, M. *Superscalar microprocessor design.* Englewood Cliffs, NJ: Prentice Hall, 1991.

l JOUPPI, N. e WALL, D. "Available instruction-level parallelism for superscalar and superpipelined machines". *Proceedings, Third International Conference on Architectural Support for Programming Languages and Operating Systems,* abr. 1989.

m SMITH, J. e SOHI, G. "The microarchitecture of superscalar processors". *Proceedings of the IEEE,* dez. 1995.

n YEH, T. e PATT, N. "Two-level adapting training branch prediction". *Proceedings, 24th Annual International Symposium on Microarchitecture,* 1991.

o EVERS, M., et al. "An analysis of correlation and predictability: what makes two-level branch predictors work". *Proceedings, 25th Annual International Symposium on Microarchitecture,* jul. 1998.

p SHEN, J. e LIPASTI, M. *Modern processor design: fundamentals of superscalar processors.* New York: McGraw-Hill, 2005.

q OMONDI, A. *The microarchitecture of pipelined and superscalar computers.* Boston: Kluwer, 1999.

r SIMA, D. "Superscalar instruction issue". *IEEE Micro,* set./out. de 1997.

s SIMA, D. "Decisive aspects in the evolution of microprocessors". *Proceedings of the IEEE,* dez. 2004.

t PATT, Y. "Requirements, bottlenecks, and good fortune: agents for microprocessor evolution". *Proceedings of the IEEE,* nov. 2001.

u MOSHOVOS, A. e SOHI, G. "Microarchitectural innovations: boosting microprocessor performance beyond semiconductor technology scaling". *Proceedings of the IEEE,* nov. 2001.

v POPESCU, V., et al. "The metaflow architecture". *IEEE Micro,* jun. 1991.

w KUGA, M.; MURAKAMI, K. e TOMITA, S. "DSNS (dynamically-hazard resolved, statically-code-scheduled, nonuniform superscalar): yet another superscalar processor architecture". *Computer Architecture News,* jun. 1991.

x WALL, D. "Limits of instruction-level parallelism". *Proceedings, Fourth International Conference on Architectural Support for Programming Languages and Operating Systems*, abr. 1991.

y INTEL CORP. *IA-32 Intel architecture software developer's manual (4 volumes).* Documento 253665 a 253668. 2004. Disponível em: <http://developer.intel.com/design/Pentium4/ documentation.htm>.

z INTEL CORP. *Intel Pentium 4 processor optimization reference manual.* Document 248966-04 2001. Disponível em: <http://developer.intel.com/design/Pentium4/documentation.htm>.

aa INTEL CORP. *Desktop performance and optimization for Intel Pentium 4 Processor.* Documento 248966-04 2001. Disponível em: <http://developer.intel.com/design/Pentium4/documentation.htm>.

bb FOG, A. *The microarchitecture of Intel and AMD CPUs.* Copenhagen University College of Engineering, 2008. Disponível em: <www.agner.org/optimize/>.

cc JOHN, E. e RUBIO, J. *Unique chips and systems.* Boca Raton, FL: CRC Press, 2008.

dd ARM Limited. *Cortex-A8 technical reference manual.* ARM DDI 0344E, 2008. Disponível em: <www.arm.com>.

ee RICHES, S., et al. "A fully automated high performance implementation of ARM Cortex-A8". *IQ Online,* Vol. 6, No. 3,2007. Disponível em: <www.arm.com/iqonline>.

PARTE

1 2 3 **4**

A unidade de controle

ASSUNTOS DA PARTE 4

Na Parte 3, concentramo-nos em instruções de máquina e operações efetuadas pelo processador para executar cada instrução. O que foi deixado de lado dessa discussão é exatamente como cada operação individual acontece. Esse é o trabalho da unidade de controle.

A unidade de controle é a parte do processador que faz com que as coisas aconteçam de fato. A unidade de controle emite sinais de controle externos ao processador para possibilitar a troca de dados com memória e módulos de E/S. A unidade de controle também emite sinais de controle internos ao processador para mover dados entre os registradores, para fazer com que ALU efetue uma determinada função e para regular outras operações internas. A entrada para unidade de controle consiste de registrador de instrução, flags e sinais de controle de fontes externas (por exemplo, sinais de interrupção).

MAPA DA PARTE 4

Capítulo 15 Operação da unidade de controle

No Capítulo 15, nos voltamos para uma discussão sobre como as funções do processador são efetuadas ou, mais especificamente, como os vários elementos do processador são controlados para oferecer essas funções por meio da unidade de controle. É mostrado que cada ciclo de instrução é feito de um conjunto de micro-operações que gera sinais de controle. A execução é conseguida com o efeito desses sinais de controle que se originam na unidade de controle e vão para ALU, registradores e estrutura de interconexão do sistema. Finalmente, uma abordagem de uma implementação de unidade de controle, conhecida como implementação por hardware, é apresentada.

Capítulo 16 Controle microprogramado

No Capítulo 16, analisamos como o conceito de micro-operações leva a uma abordagem elegante e poderosa de uma implementação da unidade de controle conhecida como microprogramação. Basicamente, uma linguagem de programação de baixo nível é desenvolvida. Cada instrução na linguagem de máquina do processador é traduzida em uma sequência de instruções da unidade de controle de baixo nível. Essas instruções de baixo nível são conhecidas como microinstruções e o processo de tradução é conhecido como microprogramação. O capítulo descreve o layout de uma memória de controle contendo um microprograma para cada instrução de máquina que é descrita. A estrutura e a função da unidade de controle microprogramada então poderão ser explicadas.

CAPÍTULO

0 1 2 3 4 5 6 7 8 9 10 11 12 13 14 **15** 16 17 18

Operação da unidade de controle

PRINCIPAIS PONTOS

- A execução de uma instrução envolve a execução de uma sequência de subpassos, geralmente chamados de ciclos. Por exemplo, uma execução pode consistir de ciclos de busca, indireto, execução e interrupção. Cada ciclo é, por sua vez, feito de uma sequência de operações mais básicas chamadas de micro-operações. Uma única micro-operação geralmente envolve uma transferência entre registradores, uma transferência entre um registrador e um barramento externo ou uma simples operação da ALU.
- A unidade de controle de um processador efetua duas tarefas: (1) ela faz com que o processador execute uma série de micro-operações na sequência correta, com base no programa que está sendo executado e (2) ela gera os sinais de controle que fazem com que cada micro-operação seja executada.
- Os sinais de controle gerados pela unidade de controle causam a abertura e o fechamento de portas lógicas, resultando na transferência de dados para e de registradores e na operação da ALU.
- Uma técnica para implementar uma unidade de controle é conhecida como implementação por hardware (*hardwired*), onde a unidade de controle é um circuito combinatório. Seus sinais lógicos de entrada, governados pela instrução de máquina corrente, são transferidos para um conjunto de sinais de controle de saída.

No Capítulo 10, destacamos que um conjunto de instruções de máquina nos leva à definição de um processador. Se conhecemos o conjunto de instruções de máquina, incluindo o entendimento do efeito de cada *opcode* e o entendimento de modos de endereçamento, e se conhecemos o conjunto de registradores visíveis ao usuário, então sabemos as funções que o processador deve efetuar. Esta não é uma imagem completa. Precisamos conhecer as interfaces externas, normalmente por meio de um barramento, e como as interrupções são tratadas. Com esta linha de raciocínio, surge a seguinte lista de itens necessários para especificar o funcionamento de um processador:

1. Operações (*opcode*).
2. Modos de endereçamento.
3. Registradores.
4. Interface com módulos de E/S.

5. Interface com o módulo de memória.
6. Interrupções.

Esta lista, embora generalizada, é bastante completa. Os itens de 1 até 3 são definidos pelo conjunto de instruções. Os itens 4 e 5 são normalmente definidos ao se especificar o barramento do sistema. E o item 6 é definido parcialmente pelo barramento do sistema e parcialmente pelo tipo de suporte que o processador oferece ao sistema operacional.

Esta lista de seis itens pode ser denominada como os requisitos funcionais para um processador. Eles determinam o que um processador tem que fazer. Foi isso o que nos ocupou nas partes dois e três. Agora nos voltamos para a questão de como essas funções são efetuadas ou, mais especificamente, como os vários elementos do processador são controlados para oferecer essas funções. Assim chegamos à discussão sobre a unidade de controle, a qual controla a operação do processador.

15.1 Micro-operações

Vimos que a operação de um computador, ao executar um programa, consiste de uma sequência de ciclos de instrução, com uma instrução de máquina por ciclo. É claro que devemos lembrar que essa sequência de ciclos de instruções não é necessariamente a mesma que a *sequência da escrita* das instruções no programa por causa da existência de instruções de desvio. Aqui nos referimos à sequência de instruções em tempo de execução.

Vimos também que cada ciclo de instrução é feito de um número de pequenas unidades. Uma subdivisão conveniente é busca, indireto, execução e interrupção, sendo que apenas os ciclos de busca e execução sempre ocorrem.

No entanto, para projetar uma unidade de controle, precisamos detalhar ainda mais a descrição. Na nossa discussão sobre pipeline no Capítulo 12, nós começamos a ver que uma decomposição maior é possível. Na verdade, veremos que cada um dos ciclos menores envolve uma série de passos, onde cada um destes envolve os registradores do processador. Iremos nos referir a esses passos como *micro-operações*. O prefixo *micro* refere-se ao fato de que cada passo é muito simples e realiza muito pouco. A Figura 15.1 ilustra a relação entre vários conceitos que estivemos discutindo. Para resumir, a execução de um programa consiste da execução sequencial de instruções. Cada instrução é executada durante um ciclo de instrução feito de subciclos menores (por exemplo, busca, indireto, execução, interrupção). A execução de cada subciclo envolve uma ou mais operações mais curtas, ou seja, micro-operações.

As micro-operações são operações funcionais, ou atômicas, de um processador. Nesta seção, analisamos micro-operações para obter um entendimento sobre como os eventos de um ciclo de instrução podem ser descritos como uma sequência dessas micro-operações. Um exemplo simples será usado. No restante deste

Figura 15.1 Elementos que constituem uma execução de programa

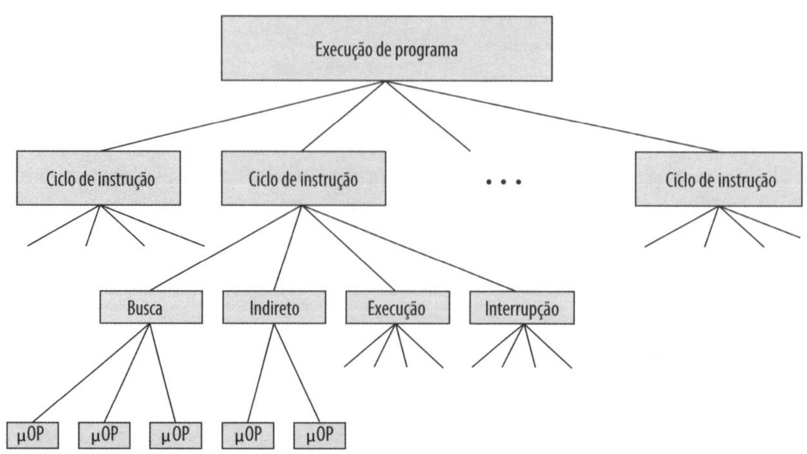

capítulo mostramos como o conceito de micro-operações serve como uma orientação para projetar uma unidade de controle.

Ciclo de busca

Começamos com a análise do ciclo de busca, o qual ocorre no início de cada ciclo de instrução e faz com que uma instrução seja obtida da memória. Para propósitos desta discussão assumimos a organização ilustrada na Figura 12.6. Quatro registradores estão envolvidos:

- **Registrador de endereço de memória (MAR)**: conectado às linhas de endereço do barramento de sistema. Ele especifica o endereço na memória para uma operação de leitura ou escrita.
- **Registrador de buffer de memória (MBR)**: conectado às linhas de dados do barramento de sistema. Ele contém o valor a ser guardado na memória ou o último valor lido da memória.
- **Contador de programa (PC)**: guarda o endereço da próxima instrução a ser lida.
- **Registrador de instrução (IR)**: guarda a última instrução lida.

Vamos olhar a sequência de eventos para ciclo de leitura do ponto de vista dos seus efeitos nos registradores do processador. Um exemplo aparece na Figura 15.2. No início do ciclo de instrução, o endereço da próxima instrução a ser executada está no contador de programa (PC); neste caso, o endereço é 1100100. O primeiro passo é mover esse endereço para o registrador de endereço de memória (MAR) porque este é o único registrador conectado às linhas de endereços do barramento de sistema. O segundo passo é trazer a instrução. O endereço desejado (em MAR) é colocado no barramento do endereços, a unidade de controle emite um comando READ no barramento de controle e o resultado aparece no barramento de dados e é copiado para o registrador de buffer de memória (MBR). Precisamos também incrementar PC pelo tamanho da instrução para se preparar para a próxima instrução. Como estas duas ações (ler da memória e incrementar PC) não interferem uma com a outra, podemos executá-las simultaneamente para economizar tempo. O terceiro passo é mover o conteúdo de MBR para registrador de instrução (IR). Isto libera MBR para uso durante um possível ciclo indireto.

Assim, o simples ciclo de leitura na prática consiste de três passos e quatro micro-operações. Cada micro-operação envolve movimentação de dados para dentro ou fora de um registrador. Enquanto essas movimentações não interferem umas nas outras, várias delas podem ocorrer durante um passo, economizando tempo. Simbolicamente, podemos escrever esta sequência de eventos da seguinte forma:

Figura 15.2 Sequência de eventos, ciclo de leituras

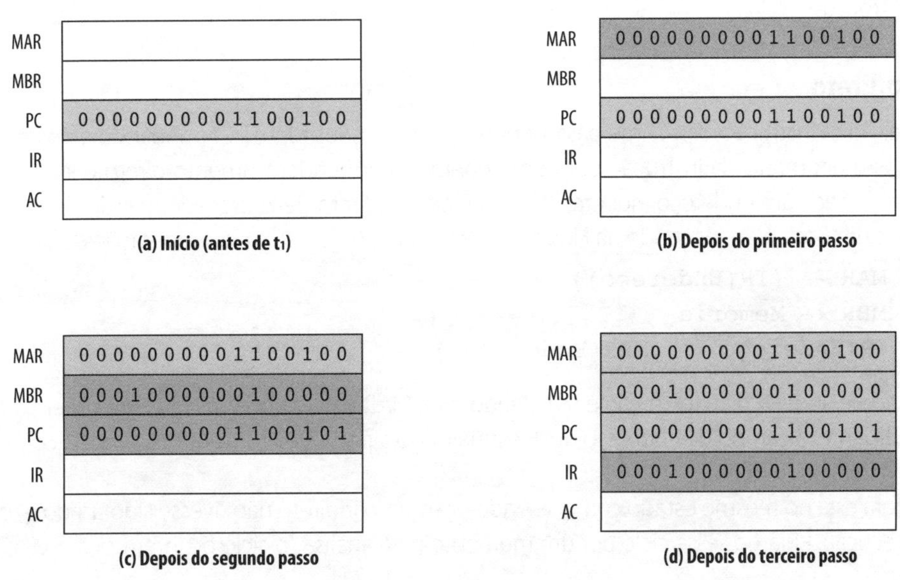

```
t1: MAR ← (PC)
t2: MBR ← Memory
    PC ← (PC) + I
t3: IR ← (MBR)
```

onde *I* é o tamanho da instrução. Precisamos fazer vários comentários sobre esta sequência. Assumimos que um clock está disponível para propósitos de tempo e que ele emite pulsos de clock em intervalos regulares. Cada pulso de clock define uma unidade de tempo. Assim, todas as unidades de tempo são de duração igual. Cada micro-operação pode ser efetuada dentro do tempo de uma única unidade de tempo. A notação (t_1, t_2, t_3) representa unidades de tempo sucessivas. Desta forma temos:

- **Primeira unidade de tempo**: move conteúdo de PC para MAR.
- **Segunda unidade de tempo**: move conteúdo da posição de memória especificada por MAR para MBR. Incrementado em *I* o conteúdo de PC.
- **Terceira unidade de tempo**: move o conteúdo de MBR para IR.

Observe que a segunda e a terceira micro-operações ocorrem durante a segunda unidade de tempo. A terceira micro-operação poderia ser agrupada com a quarta sem afetar a operação de leitura:

```
t1: MAR ← (PC)
t2: MBR ← Memory
t3: PC ← (PC) + I
    IR ← (MBR)
```

O agrupamento de micro-operações deve seguir duas regras simples:

1. A sequência de eventos apropriada deve ser seguida. Assim (MAR ← (PC)) deve preceder (MBR ← Memória) porque as operações de leitura de memória usam o endereço em MAR.
2. Conflitos devem ser evitados. Não se deve tentar ler e escrever no mesmo registrador em uma unidade de tempo, porque os resultados seriam imprevisíveis. Por exemplo, as micro-operações (MBR ← Memória) e (IR ← MBR) não devem ocorrer durante a mesma unidade de tempo.

Um último ponto que deve ser observado é relacionado com as micro-operações que envolvem uma adição. Para evitar a duplicidade de circuitos, essa adição poderia ser efetuada ela ALU. O uso da ALU pode envolver micro-operações adicionais, dependendo da funcionalidade da ALU e da organização do processador. Deixamos a discussão sobre este ponto para mais à frente neste capítulo.

É útil comparar eventos descritos nesta e nas próximas subseções com a Figura 3.5. Apesar da micro-operações serem ignoradas nessa figura, esta discussão mostra as micro-operações necessárias para efetuar os subciclos do ciclo de instrução.

Ciclo indireto

Uma vez lida a instrução, o próximo passo é busca os operandos fontes. Continuando o nosso exemplo simples, imaginemos um formato da instrução com um endereço, com endereçamento direto e indireto permitido. Se a instrução especifica um endereço indireto, então um ciclo indireto deve preceder o ciclo de execução. O fluxo de dados difere um pouco do mostrado na Figura 12.7 e inclui as seguintes micro-operações:

```
t1: MAR ← (IR(Endereço))
t2: MBR ← Memória
t3: IR(Endereço)← (MBR(Endereço))
```

O campo de endereço da instrução é transferido para MAR. Este é então usado para obter o endereço do operando. Finalmente, o campo de endereço de IR é atualizado a partir de MBR, então agora ele contém um endereço direto em vez de um indireto.

O IR agora está no mesmo estado como se endereçamento indireto não tivesse sido usado e está pronto para o ciclo de execução. Pulamos esse ciclo por um momento para analisar o ciclo de interrupção.

Ciclo de interrupção

Ao completar o ciclo de execução, um teste é feito para determinar se houve qualquer interrupção habilitada. Se sim, ocorre o ciclo de interrupção. A natureza deste ciclo varia muito de uma máquina para outra. Apresentamos uma sequência muito simples de eventos, conforme ilustrado na Figura 12.8. Temos

```
t1: MBR ← (PC)
t2: MAR ← Endereço_salvar
    PC ← Endereço_rotina
t3: Memória← (MBR)
```

No primeiro passo, o conteúdo de PC é transferido para MBR, para que ele possa ser salvo para o retorno da interrupção. O MAR é então carregado com o endereço onde o conteúdo de PC deve ser salvo e o PC é carregado com o endereço do início da rotina do tratamento de interrupção. Cada uma destas duas ações pode ser uma única micro-operação. No entanto, como a maioria dos processadores fornece vários tipos e/ou níveis de interrupções, pode levar uma ou mais micro-operações adicionais para obter Endereço_Salvar e Endereço_Rotina antes que eles possam ser transferidos para MAR e PC, respectivamente. De qualquer forma, uma vez feito isso, o passo final é armazenar MBR, o qual contém o valor antigo de PC, em memória. O processador está pronto agora para começar o próximo ciclo de instrução.

Ciclo de execução

Os ciclos de busca, indireto e interrupção são simples e previsíveis. Cada um deles envolve uma sequência pequena e fixa de micro-operações e, em cada caso, as mesmas micro-operações são repetidas a cada vez.

Isso não é verdade para o ciclo de execução. Por causa da variedade de *opcode*s, existe uma série de diferentes sequências de micro-operações que podem ocorrer. Vamos considerar alguns exemplos hipotéticos.

Primeiro, considere uma instrução de soma:

```
ADD R1, X
```

a qual adiciona o conteúdo da posição X para o registrador R1. A seguinte sequência de micro-operações pode ocorrer:

```
t1: MAR ← (IR(endereço))
t2: MBR ← Memória
t3: R1 ← (R1) + (MBR)
```

Começamos com IR contendo a instrução ADD. No primeiro passo, a parte de endereço de IR é carregado em MAR. Então a posição de memória referenciada é lida. Finalmente, os conteúdos de R1 e MBR são adicionados por ALU. Novamente, este é um exemplo simplificado. Micro-operações adicionais podem ser necessárias para extrair a referência do registrador de IR e talvez para armazenar entradas e saídas da ALU em alguns registradores intermediários.

Vamos olhar dois exemplos mais complexos. Uma instrução comum é incrementar e pular se zero:

```
ISZ X
```

O conteúdo da posição X é incrementado por 1. Se o resultado for 0, a próxima instrução é pulada. Uma sequência possível de micro-operações é

```
t1: MAR ← (IR(endereço))
t2: MBR ← Memória
t3: MBR ← (MBR) + 1
t4: Memória ← (MBR)
    se ((MBR) = 0) então (PC ← (PC) + I)
```

Um novo recurso introduzido aqui é a ação condicional. O PC é incrementado se (MBR) = 0. Este teste e ação podem ser implementados com uma micro-operação. Observe também que esta micro-operação pode ser efetuada durante a mesma unidade de tempo em que o valor atualizado em MBR está sendo armazenado de volta em memória.

Finalmente, considere uma instrução de chamada de sub-rotina chamando instrução. Considere como exemplo uma instrução de desvio-e-salvar-endereço:

```
BSA X
```

O endereço da instrução que segue a instrução BSA é salvo na posição X e a execução continua na posição X + I. O endereço salvo será usado posteriormente para retorno. Esta é uma técnica simples para permitir chamadas de sub-rotinas. A seguinte micro-operação é suficiente:

t_1: MAR ← (IR(endereço))
    MBR ← (PC)
t_2: PC ← (IR(endereço))
    Memória ← (MBR)
t_3: PC ← (PC) + I

O endereço em PC no início da instrução é o endereço da próxima instrução na sequência. Isto é salvo no endereço designado em IR. O endereço posterior é incrementado também para fornecer o endereço da instrução para o próximo ciclo de instrução.

Ciclo de instrução

Vimos que cada fase do ciclo de instrução pode ser decomposto em uma sequência de micro-operações básicas. No nosso exemplo há uma sequência para cada ciclo de busca, indireto e interrupção e para o ciclo de execução há uma sequência de micro-operações para cada *opcode*.

Para completar o quadro precisamos ligar as sequências de micro-operações juntas e isso é feito na Figura 15.3. Supomos um novo registrador de 2 bits chamado de código de ciclo de instrução (ICC). O ICC define o estado do processador, ou seja, em qual parte do ciclo o mesmo se encontra:

00: Busca.
01: Indireto.
10: Execução.
11: Interrupção.

No fim de cada um dos quatro ciclos, ICC é definido apropriadamente. O ciclo indireto é sempre seguido de ciclo de execução. O ciclo de interrupção é sempre seguido do ciclo de busca (veja Figura 12.4). Para ciclo de leitura e para o de execução, o próximo ciclo depende do estado do sistema.

Assim, o fluxograma da Figura 15.3 define a sequência completa de micro-operações, dependendo apenas da sequência de instruções e do padrão de interrupção. É claro que este é um exemplo simplificado. O fluxograma para um processador real seria mais complexo. De qualquer maneira, nós alcançamos o ponto em nossa discussão onde a operação do processador é definida como desempenho de uma sequência de micro-operações. Podemos agora considerar como a unidade de controle faz com que essa sequência ocorra.

15.2 Controle do processador

Requisitos funcionais

Como resultados das nossas análises da seção anterior, decompusemos o comportamento ou o funcionamento do processador em operações básicas, chamadas de micro-operações. Ao reduzir a operação do processador para o seu nível mais básico, somos capazes de definir o que exatamente a unidade de controle deve fazer acontecer. Assim, podemos definir os *requisitos funcionais* para a unidade de controle: aquelas funções que a unidade de controle tem que executar. Uma definição desses requisitos funcionais é a base para o projeto e a implementação da unidade de controle.

Com a informação em mãos, o próximo processo de três passos leva a uma caracterização da unidade de controle:

1. Definir elementos básicos do processador.
2. Descrever as micro-operações que o processador executa.
3. Determinar as funções que a unidade de controle deve realizar para fazer com que as micro-operações sejam executadas.

Figura 15.3 Fluxograma do ciclo de instrução

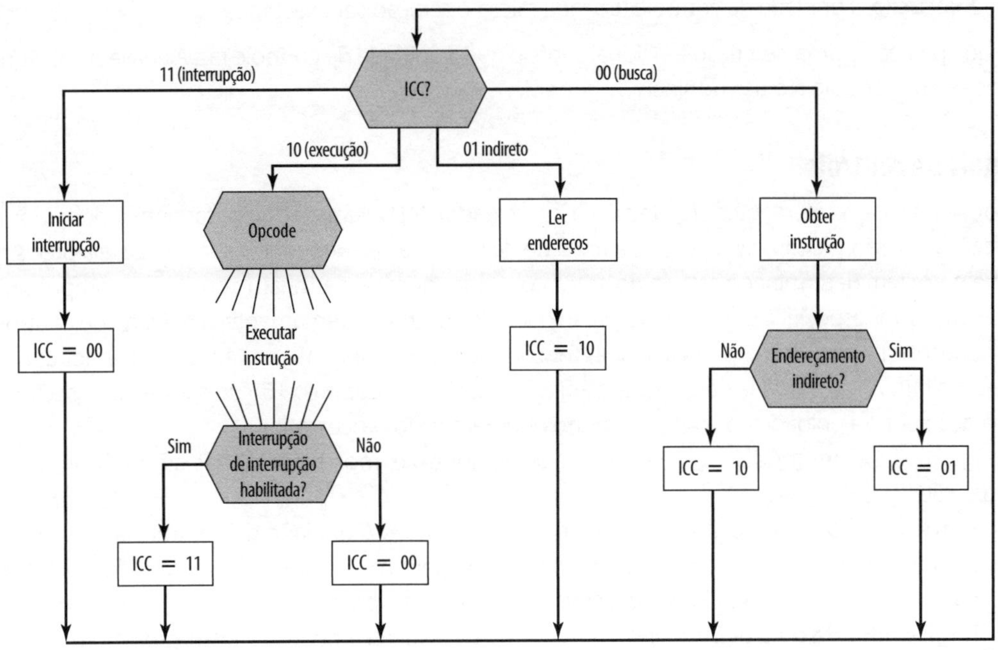

Nós já fizemos os passos 1 e 2. Vamos resumir o resultado. Primeiro, os elementos funcionais básicos do processador são os seguintes:

- ALU.
- Registradores.
- Caminhos de dados internos.
- Caminhos de dados externos.
- Unidade de controle.

Alguma reflexão deverá convencê-lo de que esta lista está completa. A ALU é a essência funcional do computador. Os registradores são usados para armazenar os dados internamente ao processador. Alguns registradores contêm a informação de estado necessária para gerenciar o sequenciamento de instruções (por exemplo, uma palavra de estado de programa). Outros contêm os dados que vêm de ou vão para ALU, memória e módulos de E/S. Caminhos de dados internos são usados para mover dados entre registradores e entre registrador e ALU. Caminhos de dados externos ligam os registradores com memória e módulos de E/S, frequentemente por meio de um barramento do sistema. A unidade de controle faz com que as operações aconteçam dentro do processador.

A execução de um programa consiste em operações envolvendo esses elementos do processador. Conforme vimos, essas operações consistem em uma sequência de micro-operações. Depois de rever a Seção 15.1, o leitor deveria perceber que todas as micro-operações se enquadram em uma das categorias a seguir:

- Transferência de dados de um registrador para outro.
- Transferência de dados de um registrador para uma interface externa (por exemplo, barramento do sistema).
- Transferência de dados de uma interface externa para um registrador.
- Efetuar uma operação aritmética ou lógica, usando registradores para entrada e saída.

Todas as micro-operações necessárias para efetuar um ciclo de instrução, incluindo todas as micro-operações para executar cada instrução dentro do conjunto de instruções, encaixam-se em uma dessas categorias.

Podemos agora ser mais explícitos sobre a maneira como funciona a unidade de controle. A unidade de controle desempenha duas tarefas básicas:

- **Sequenciamento**: a unidade de controle faz o processador executar por uma série de micro-operações na sequência correta, com base no programa que está sendo executado.
- **Execução**: a unidade de controle faz cada micro-operação ser executada.

O que precede é uma descrição funcional sobre o que a unidade de controle faz. A chave para o funcionamento da unidade de controle é o uso de sinais de controle.

Sinais de controle

Nós definimos os elementos que fazem o processador (ALU, registradores, caminhos de dados) e as micro-operações que são executadas. Para que a unidade de controle desempenhe a sua função, ela precisa ter entradas que lhe permitam determinar o estado do sistema e saídas que lhe permitam controlar o comportamento do sistema. Essas são as especificações externas da unidade de controle. Internamente, a unidade de controle precisa ter a lógica necessária para desempenhar as suas funções de sequenciamento e execução. Adiamos a discussão sobre a operação interna da unidade de controle para a Seção 15.3 e o Capítulo 16. O restante desta seção concentra-se na interação entre a unidade de controle e outros elementos do processador.

A Figura 15.4 é um modelo geral da unidade de controle, mostrando todas as suas entradas e saídas. As entradas são:

- **Clock**: é como a unidade de controle "mantém o tempo". A unidade de controle faz uma micro-operação (ou um conjunto de micro-operações simultâneas) ser executada em cada pulso de clock. Isso, às vezes é chamado de tempo de ciclo do processador ou tempo de ciclo do clock.
- **Registrador de instrução**: o *opcode* e o modo de endereçamento da instrução corrente são usados para determinar qual micro-operação executar durante o ciclo de execução.
- **Flags**: estas são necessárias para a unidade de controle determinar o estado do processador e das saídas das operações anteriores da ALU. Por exemplo, para a instrução incrementar-e-pular-se-zero (ISZ), a unidade de controle irá incrementar PC se o flag zero tiver calor igual a 1.
- **Sinais de controle do barramento de controle**: barramento de controle é uma parte do barramento de sistema que fornece sinais para a unidade de controle.

As saídas são:

- **Sinais de controle dentro do processador**: existem dois tipos: aqueles que fazem os dados serem movidos de um registrador para outro e aqueles que ativam as funções específicas da ALU.
- **Sinais de controle para barramento de controle**: existem dois tipos também: sinais de controle para memória e sinais de controle para módulos de E/S.

Figura 15.4 Diagrama de blocos da unidade de controle

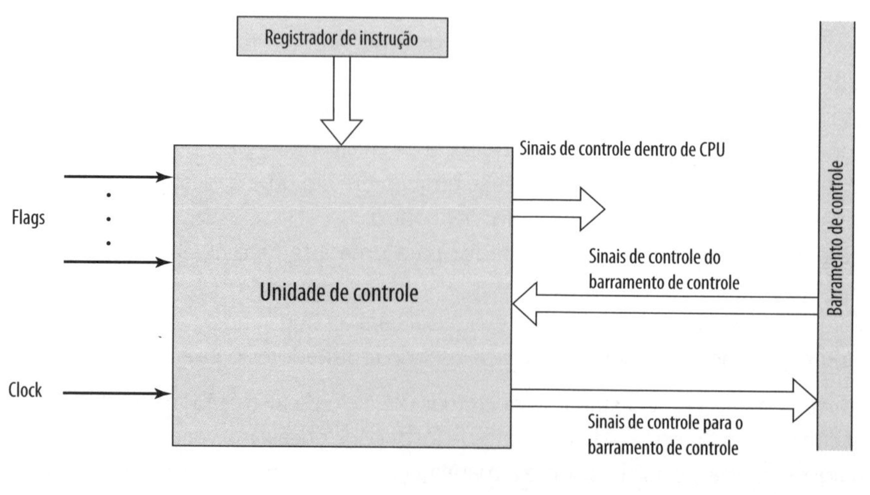

Três tipos de sinais de controle são usados: os que ativam uma função da ALU, os que ativam um caminho de dados e os que são sinais para o barramento externo do sistema ou para outra interface externa. Todos estes sinais no final das contas são aplicados como entradas binárias para portas lógicas individuais.

Vamos considerar novamente o ciclo de busca para ver como a unidade de controle mantém o controle. A unidade de controle mantém a informação sobre onde está dentro do ciclo de instrução. Em um determinado ponto, ela sabe que o ciclo de leitura será executado a seguir. O primeiro passo é transferir o conteúdo de PC para MAR. A unidade de controle faz isso ativando o sinal de controle que abre as portas lógicas entre os bits de PC e bits de MAR. O próximo passo é ler uma palavra da memória para dentro de MBR e incrementar PC. A unidade de controle faz isso enviando os seguintes sinais de controle simultaneamente:

- Um sinal de controle que abre portas lógicas, permitindo que o conteúdo de MAR seja transferido para o barramento de endereços.
- Um sinal de controle de leitura de memória é colocado no barramento de controle.
- Um sinal de controle que abre as portas, permitindo que o conteúdo do caminho de dados seja armazenado em MBR.
- Sinais de controle para lógica que adicionam 1 ao conteúdo de PC e armazenam o resultado de volta em PC.

Depois disso, a unidade de controle envia um sinal de controle que abre portas lógicas entre MBR e IR.

Isso completa o ciclo de leitura exceto para uma coisa: a unidade de controle precisa decidir se executa um ciclo indireto ou um ciclo de execução a seguir. Para decidir isso, ela examina IR para ver se uma referência indireta de memória é feita.

O ciclo indireto e o de interrupção funcionam de maneira semelhante. Para o ciclo de execução, a unidade de controle começa examinando o *opcode* e, com base nisso, decide qual sequência de micro-operações deve executar no ciclo de execução.

Exemplo de sinais de controle

Para ilustrar o funcionamento da unidade de controle, vamos analisar um exemplo simples. A Figura 15.5 ilustra o exemplo. Trata-se de um processador simples com um único acumulador (AC). Os caminhos de dados entre os elementos estão indicados. Os caminhos de controle para sinais que se originam da unidade de controle não são mostrados, porém as terminações dos sinais de controle são marcadas como C_i e indicadas por um círculo.

Figura 15.5 Caminhos de dados e sinais de controle

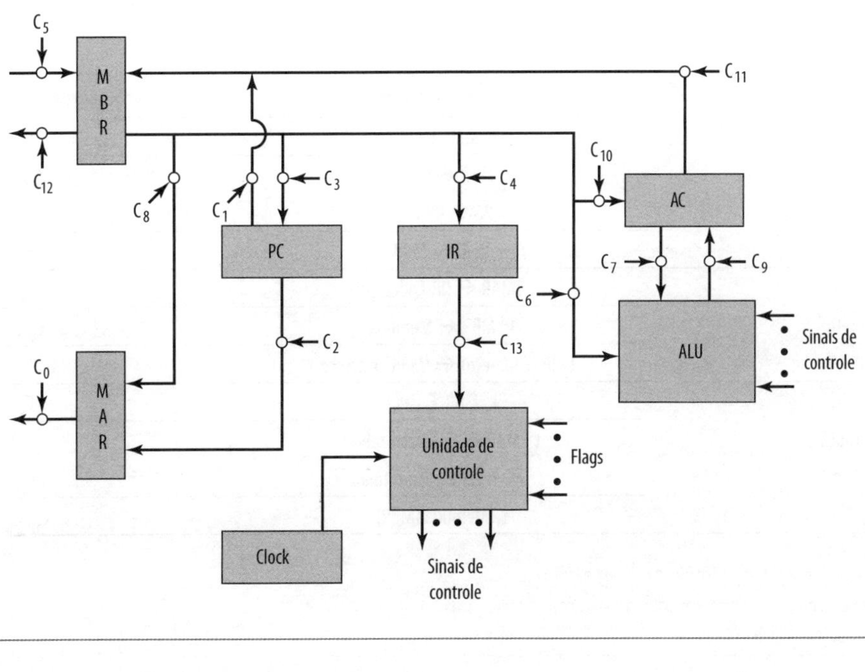

A unidade de controle recebe entradas a partir do clock, do registrador de instrução e flags. A cada ciclo de clock, a unidade de controle lê todas as suas entradas e emite um conjunto de sinais de controle. Os sinais de controle vão para três destinos diferentes:

- **Caminhos de dados**: a unidade de controle controla o fluxo interno de dados. Por exemplo, durante a leitura da instrução, o conteúdo do registrador de buffer de memória (MBR) é transferido para o registrador de instrução. Para cada caminho a ser controlado, há uma chave (indicado por um círculo na figura). Um sinal de controle da unidade de controle abre as portas temporariamente para deixar os dados passarem.
- **ALU**: a unidade de controle controla a operação de ALU por meio de um conjunto de sinais de controle. Esses sinais ativam vários circuitos e portas lógicas dentro da ALU.
- **Barramento de sistema**: a unidade de controle envia sinais de controle para linhas de controle do barramento de sistema (por exemplo, READ para leitura de memória).

A unidade de controle deve manter a informação sobre onde está dentro do ciclo de instrução. Usando esse conhecimento e lendo todas as suas entradas, a unidade de controle emite uma sequência de sinais de controle que fazem com que as micro-operações ocorram. Ela usa pulsos de clock para temporizar a sequência de eventos, permitindo um tempo entre eventos para os níveis de sinal estabilizarem-se. A Tabela 15.1 indica os sinais de controle que são necessários para algumas sequências de micro-operações descritas anteriormente. Por simplicidade, os caminhos de dados e de controle para incrementar PC e para carregar endereços fixos em PC e MAR não são mostrados.

Vale a pena analisar a natureza mínima da unidade de controle. Ela é a máquina que faz funcionar todo o computador inteiro. E faz isso sabendo apenas as instruções a serem executadas e a natureza dos resultados das operações aritméticas e lógicas (por exemplo, positivo, *over-flow* etc.). Ela nunca verifica os dados sendo processados ou os resultados produzidos, e ela controla tudo com poucos sinais de controle dentro do processador e no barramento de sistema.

Organização interna do processador

A Figura 15.5 indica o uso de vários caminhos de dados. A complexidade desse tipo de organização deve ficar clara. Normalmente algum tipo de arranjo de barramento interno, como o sugerido na Figura 12.2, será usado.

Usando um barramento interno do processador, a Figura 15.5 pode ser rearranjada conforme mostrado na Figura 15.6. Um único barramento interno conecta a ALU e todos os registradores do processador.

Tabela 15.1 Micro-operações e sinais de controle

	Micro-operações	Sinais de controle ativos
Busca:	t_1: MAR ← (PC)	C_2
	t_2: MBR ← Memória PC ← (PC) +1	C_5, C_R
	t_3: IR ← MBR	C_4
Indireto:	t_1: MAR ← (IR(Endereço))	C_8
	t_2: MBR ← Memória	C_5, C_R
	t_3: IR (Endereço) ← (MBR(Endereço))	C_4
Interrupção	t_1: MBR ← (PC)	C_1
	t_2: MAR ← Endereço-salvar PC ← Endereço-rotina	
	t_3: Memória (MBR)	C_{12}, C_W

C_R = Sinal de controle de leitura para o barramento de sistema.

C_W = Sinal de controle de escrita para o barramento de sistema.

Figura 15.6 CPU com barramento interno

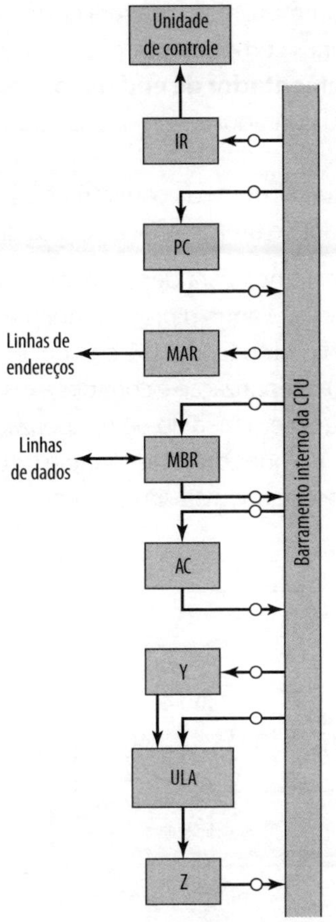

Portas e sinais de controle são disponibilizados para a movimentação de dados do barramento para cada registrador e vice-versa. Sinais de controle adicionais controlam a transferência de dados para e do barramento do sistema (externo) e a operação da ALU.

Dois novos registradores, definidos como Y e Z, foram adicionados à organização. Estes são necessários para a correta operação da ALU. Quando uma operação que envolve dois operandos é executada, um pode ser obtido do barramento interno, mas outro tem que ser obtido de outra fonte. O AC pode ser usado para esse propósito, mas isso limita a flexibilidade do sistema e não funcionaria com um processador com vários registradores de propósito geral. O registrador Y permite armazenamento temporário para outra entrada. A ALU é um circuito combinatório (veja o Capítulo 20) sem nenhum local de armazenamento interno. Assim, quando o sinal de controle ativa uma função da ALU, a entrada para a ALU é transformada em saída. Assim, a saída da ALU não pode ser conectada diretamente ao barramento, porque essa saída alimentaria de volta a entrada. O registrador Z permite o armazenamento temporário de saída. Com esse arranjo, uma operação para adicionar um valor da memória para AC teria os seguintes passos:

t_1: MAR ← (IR(endereço))
t_2: MBR ← Memória
t_3: Y ← (MBR)
t_4: Z ← (AC) + (Y)
t_5: AC ← (Z)

Outras organizações são possíveis, mas em geral algum tipo de barramento interno ou conjunto de barramentos internos é usado. O uso de caminhos de dados comuns simplifica o layout de interconexão e o controle do processador. Outra razão prática para uso de um barramento interno é para economizar espaço.

Intel 8085

Para ilustrar alguns dos conceitos introduzidos até agora neste capítulo, vamos analisar o Intel 8085. A sua organização é mostrada na Figura 15.7. Vários componentes-chave que podem não ser autoexplicativos são:

- **Latch incrementador/decrementador de endereço**: lógica que pode adicionar 1 a ou subtrair 1 de conteúdo do ponteiro de pilha ou contador de programa. Isto economiza tempo evitando o uso de ALU para esse propósito.
- **Controle de interrupção**: este módulo lida com múltiplos níveis de sinais de interrupção.
- **Controle E/S serial**: este módulo é uma interface para os dispositivos que comunicam 1 bit por vez.

A Tabela 15.2 descreve os sinais externos para dentro e fora do 8085. Eles são ligados com o barramento do sistema externo. Esses sinais são a interface entre o processador 8085 e o restante do sistema (Figura 15.8).

A unidade de controle é identificada como tendo dois componentes chamados de (1) decodificador de instrução e codificação de ciclo de máquina e (2) temporização e controle. A discussão sobre o primeiro é adiada para a próxima seção. A essência da unidade de controle é o módulo de temporização e controle. Este módulo inclui um relógio e aceita como entradas a instrução atual e alguns sinais de controle externos. As suas saídas consistem de sinais de controle para outros componentes do processador mais sinais de controle para o barramento de sistema externo.

Figura 15.7 Diagrama de blocos da CPU Intel 8085

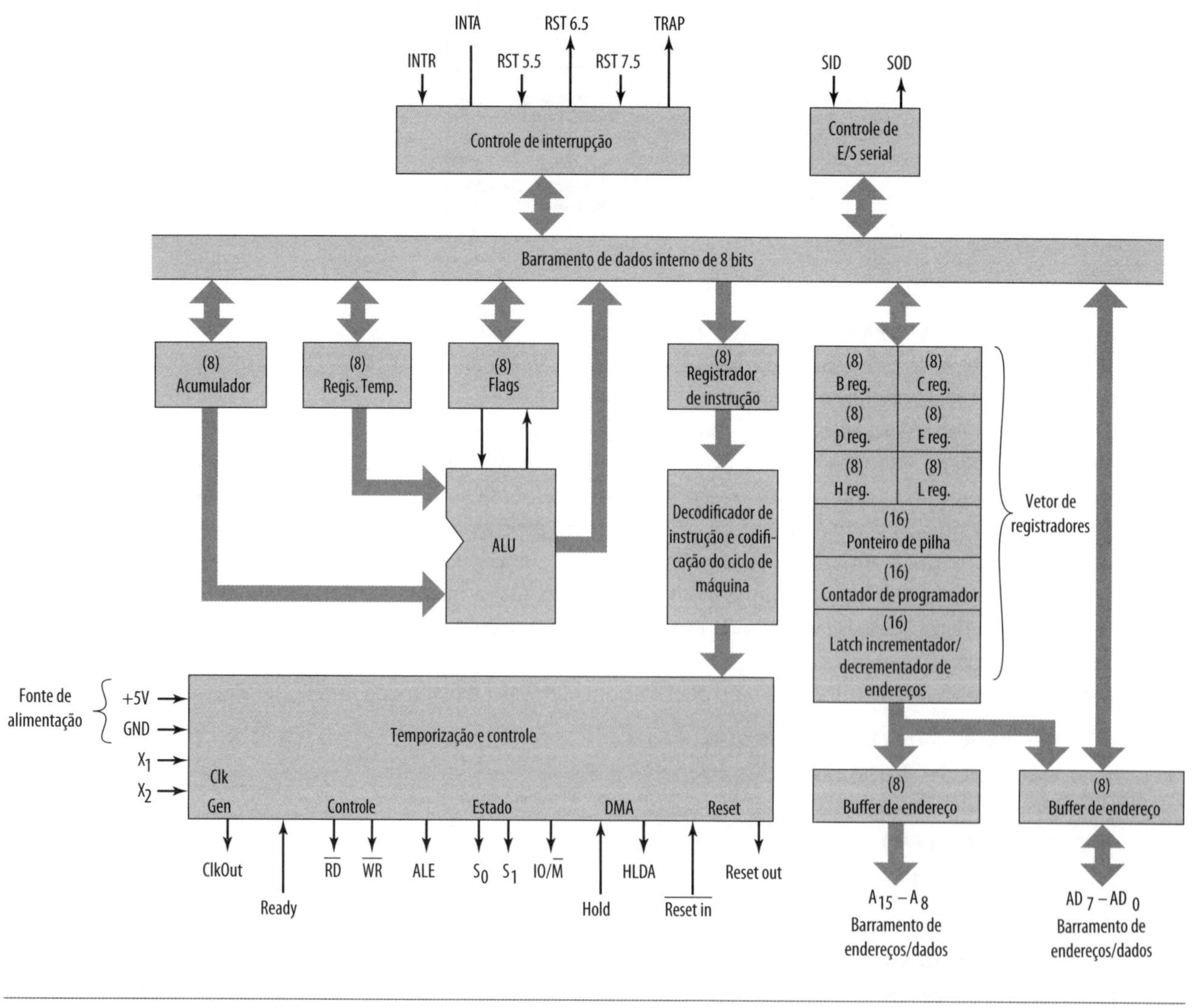

Tabela 15.2 Sinais externos de Intel 8085

Sinais de endereços e dados	
Endereços altos (A15-A8)	8 bits superiores de um endereço de 16 bits.
Endereço/Dados (AD7-AD0)	8 bits inferiores de um endereço de 16 bits ou 8 bits de dados. Esta multiplexação economiza pinos.
Dados de entrada serial (SID)	Uma entrada de um único bit para acomodar dispositivos que transmitem serialmente (um bit por vez).
Dados de saída serial (SOD)	Uma saída de um único bit para acomodar dispositivos que recebem serialmente.
Sinais de temporização e controle	
CLK (OUT)	O clock do sistema. Sinal CLK vai para chips periféricos e sincroniza as suas temporizações.
X1, X2	Estes sinais vêm de um cristal externo ou outro dispositivo para controlar o gerador de clock interno.
Habilitar Latch de endereços (ALE)	Ocorre durante o primeiro estado do clock de um ciclo de máquina e faz com que os chips periféricos armazenem linhas de endereços. Isto permite que o módulo de endereço (por exemplo, memória, E/S) reconheça que está sendo endereçado.
Estado (S0, S1)	Sinais de controle usados para indicar se está ocorrendo uma operação de leitura ou escrita.
IO/M	Usado para habilitar módulo de E/S ou de memória para operações de leitura e escrita.
Controle de leitura (RD)	Indica que a memória selecionada ou módulo de E/S está para ser lido e que o barramento de dados está disponível para transferência de dados.
Controle de escrita (WR)	Indica que os dados no barramento de dados estão para ser escritos na posição de memória ou E/S selecionada.
Símbolos iniciados pela memória ou pela E/S	
Espera (HOLD)	Requisita a CPU que abandone o controle e o uso do barramento externo de sistema. A CPU irá completar a execução da instrução atualmente em IR e depois irá entrar em um estado de espera durante o qual nenhum sinal é inserido pela CPU para os barramentos de controle, endereços ou dados. Durante o estado de espera, o barramento pode ser usado para operações DMA.
Reconhecimento de espera (HOLDA)	Este sinal de controle da unidade de controle que reconhece o sinal HOLD e indica que o barramento está disponível agora.
READY (PRONTO)	Usado para sincronizar a CPU com dispositivos de memória ou E/S mais lentos. Quando um dispositivo endereçado envia um READY, a CPU pode proceder com uma operação de entrada (DBIN) ou saída (WR). Caso contrário, a CPU entra em um estado de espera até que o dispositivo esteja pronto.
Sinais relacionados com interrupções	
TRAP	Interrupções de reinicialização (RST 7.5, 6.5, 5.5).
Requisição de interrupção (INTR)	Estas cinco linhas são usadas por um dispositivo externo para interromper a CPU. Ela não atenderá a requisição se estiver no estado de espera ou se a interrupção estiver desabilitada. Uma interrupção é atendida apenas na conclusão de uma instrução. As interrupções estão na ordem descendente de prioridade.
Reconhecimento	Reconhece uma interrupção.
Inicialização de CPU	
RESET IN	Faz o conteúdo de PC ser definido para zero. A CPU continua a execução na posição zero.
RESET OUT	Reconhece que a CPU foi reiniciada. O sinal pode ser usado para reiniciar o restante do sistema.
Voltagem e aterramento	
VCC	Fonte de alimentação de +5 volts.
VSS	Aterramento elétrico.

Figura 15.8 Configuração de pinos de Intel 8085

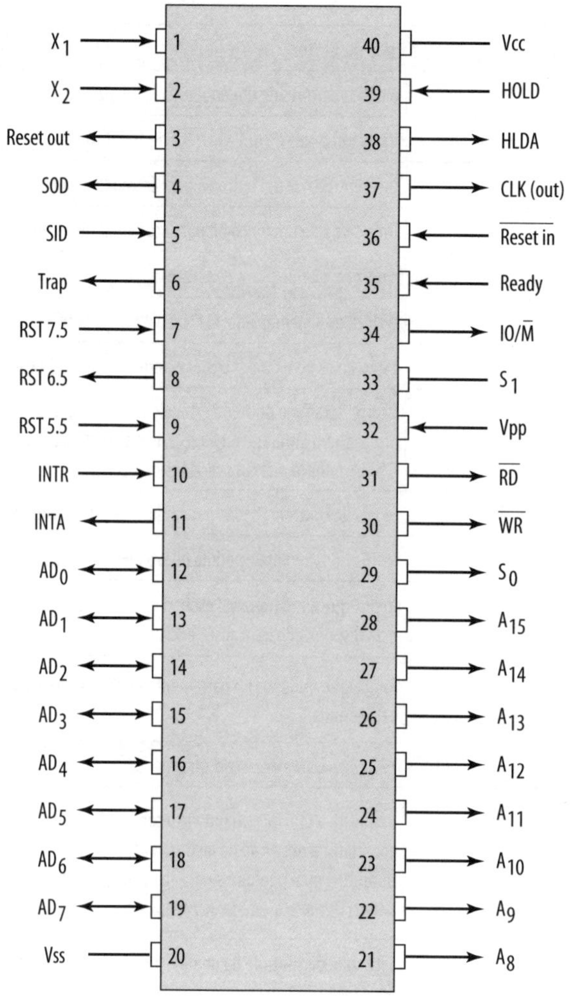

A temporização das operações do processador é sincronizada pelo clock e controlada pela unidade de controle por meio de sinais de controle. Cada ciclo de instrução é dividido em um até cinco *ciclos de máquina*; cada ciclo de máquina por sua vez é dividido em três a cinco *estados*. Cada estado dura um ciclo de clock. Durante um estado, o processador executa uma ou um conjunto de micro-operações simultâneas conforme determinado pelos sinais de controle.

O número de ciclos de máquina é fixo para uma determinada instrução, mas varia de uma instrução para outra. Os ciclos de máquina são definidos para serem equivalentes a acessos ao barramento. Assim, o número de ciclos de máquina para uma instrução depende do número de vezes que o processador precisa se comunicar com dispositivos externos. Por exemplo, se uma instrução consiste de duas partes de 8 bits, então dois ciclos de máquina são necessários para obter a instrução. Se essa instrução envolve uma operação de memória ou E/S de 1 byte, então um terceiro ciclo de máquina é necessário para execução.

A Figura 15.9 mostra um exemplo de temporização do 8085, mostrando o valor dos sinais de controle externos. É claro que, ao mesmo tempo, a unidade de controle gera sinais de controle internos que controlam transferências de dados internas. O diagrama mostra o ciclo de instrução para uma instrução OUT. Três ciclos de máquina (M_1, M_2, M_3) são necessários. A instrução OUT é obtida durante o primeiro ciclo. O segundo ciclo de máquina obtém a segunda metade da instrução, a qual contém o número do dispositivo I/O selecionado para saída. Durante o terceiro ciclo, o conteúdo de AC é escrito no dispositivo selecionado através do barramento de dados.

Figura 15.9 Diagrama de temporização para instrução OUT do Intel 8085

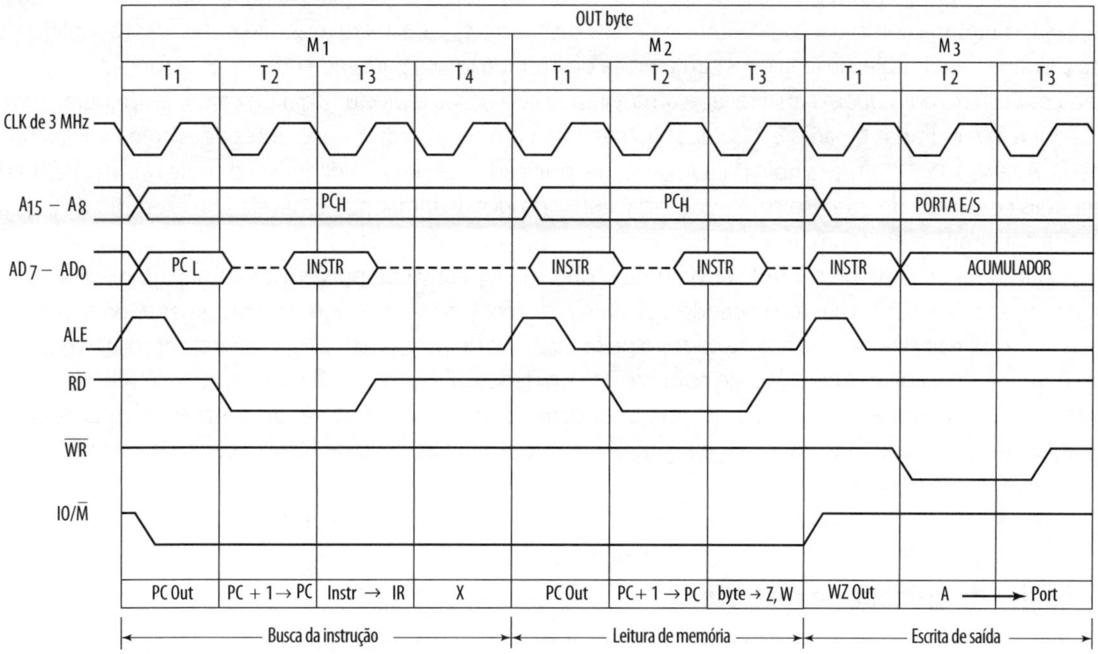

O pulso Habilitar Latch de Endereço (ALE, do inglês *address latch enable*) sinaliza o início da cada ciclo de máquina a partir da unidade de controle. Ele alerta os circuitos externos. Durante o estado de tempo T_1 do ciclo de máquina M_1 a unidade de controle define o sinal IO/M para indicar que se trata de uma operação de memória. Além disso, a unidade de controle faz com que o conteúdo de PC seja colocado no barramento de endereços (A_{15} até A_8) e no barramento de endereços/dados (AD_7 até AD_0). Na borda de descida do pulso ALE, os outros módulos no barramento armazenam o endereço.

Durante o estado de tempo T_2, o módulo de memória endereçado coloca o conteúdo da posição de memória endereçada no barramento de endereços/dados. A unidade de controle define o sinal de Controle de Leitura (RD) para indicar uma leitura, porém aguarda até T_3 para copiar dados do barramento. Isso dá tempo ao módulo de memória para colocar dados no barramento e aos níveis de sinal para se estabilizarem. O estado final T_4 é o estado de barramento ocioso durante o qual o processador decodifica a instrução. Os ciclos de máquina restantes procedem de maneira semelhante.

15.3 Implementação por hardware

Discutimos a unidade de controle em termos de suas entradas, saídas e funções. Abordaremos agora o assunto sobre a implementação da unidade de controle. Uma grande variedade de técnicas têm sido usadas. A maioria se enquadra em uma das duas categorias:

- Implementação por hardware.
- Implementação microprogramada.

Em uma implementação por hardware, a unidade de controle é basicamente um circuito que implementa uma máquina de estado. Seus sinais lógicos de entrada são transformados em um conjunto de sinais lógicos de saída, que são os sinais de controle. Esta abordagem é analisada nesta seção. A implementação microprogramada é assunto do Capítulo 16.

Entradas da unidade de controle

A Figura 15.4 ilustra a unidade de controle da forma que a discutimos até agora. As principais entradas são o registrador de instrução, o clock, os flags e os sinais do barramento de controle. No caso das flags e dos sinais do barramento de controle, cada bit individual normalmente possui algum significado (por exemplo, *overflow*). No entanto, duas outras entradas não são diretamente úteis para a unidade de controle.

Considere primeiro o registrador de instrução. A unidade de controle faz uso do *opcode* e irá efetuar diferentes ações (emitir uma combinação diferente de sinais de controle) para instruções diferentes. Para simplificar a lógica da unidade de controle, deveria haver uma única de entrada lógica para cada *opcode*. Esta função pode ser executada por um *decodificador*, o qual recebe uma entrada codificada e produz uma única saída. Em geral, um decodificador terá n entradas binárias e 2^n saídas binárias. Cada um de 2^n padrões diferentes de entrada ativará uma única saída. A Tabela 15.3 é um exemplo para $n = 4$. O decodificador de uma unidade de controle normalmente terá que ser mais complexo do que isso para poder lidar com *opcode*s de tamanhos variáveis. Um exemplo da lógica digital usada para implementar um decodificador é apresentado no Capítulo 20.

O clock da unidade de controle envia uma sequência repetitiva de pulsos. Isto é útil para medir a duração de micro-operações. Basicamente, o período dos pulsos de clock deve ser longo suficientemente para permitir a propagação de sinais pelos caminhos de dados e pelos circuitos do processador. No entanto, como já vimos, a unidade de controle envia diferentes sinais de controle em unidades diferentes de tempo dentro de um mesmo ciclo de instrução. Desta forma, é necessário um contador como entrada para unidade de controle, com um sinal de controle diferente sendo usado para T_1, T_2 e assim por diante. Ao fim do ciclo de instrução, a unidade de controle deve reiniciar o contador para reiniciá-lo em T_1.

Com estes dois refinamentos, a unidade de controle pode ser ilustrada como na Figura 15.10.

Lógica da unidade de controle

Para definir a implementação por hardware de uma unidade de controle, tudo o que resta é discutir a lógica interna da unidade de controle, que produz sinais de controle de saída como uma função de seus sinais de entrada.

Basicamente, o que deve ser feito para cada sinal de controle é derivar uma expressão lógica desse sinal como uma função das entradas. Isto é explicado melhor com um exemplo. Vamos considerar novamente nosso exemplo ilustrado na Figura 15.5. Vimos na Tabela 15.1, as sequências de micro-operações e sinais de controle necessários para controlar três das quatro fases do ciclo de instrução.

Vamos considerar um único sinal de controle, C_5. Este sinal faz os dados serem lidos a partir do barramento de dados externos para MBR. Podemos ver que ele é usado duas vezes na Tabela 15.1. Vamos definir dois novos sinais de controle, P e Q, que possuem a seguinte interpretação:

Tabela 15.3 Um decodificador com quatro entradas e 16 saídas

I1	I2	I3	I4	o1	o2	o3	o4	o5	o6	o7	o8	o9	o10	o11	o12	o13	o14	o15	o16
0	0	0	0	0	0	0	0	0	0	0	0	0	0	0	0	0	0	0	1
0	0	0	1	0	0	0	0	0	0	0	0	0	0	0	0	0	0	1	0
0	0	1	0	0	0	0	0	0	0	0	0	0	0	0	0	0	1	0	0
0	0	1	1	0	0	0	0	0	0	0	0	0	0	0	0	1	0	0	0
0	1	0	0	0	0	0	0	0	0	0	0	0	0	0	1	0	0	0	0
0	1	0	1	0	0	0	0	0	0	0	0	0	0	1	0	0	0	0	0
0	1	1	0	0	0	0	0	0	0	0	0	0	1	0	0	0	0	0	0
0	1	1	1	0	0	0	0	0	0	0	0	1	0	0	0	0	0	0	0
1	0	0	0	0	0	0	0	0	0	0	1	0	0	0	0	0	0	0	0
1	0	0	1	0	0	0	0	0	0	1	0	0	0	0	0	0	0	0	0
1	0	1	0	0	0	0	0	0	1	0	0	0	0	0	0	0	0	0	0
1	0	1	1	0	0	0	0	1	0	0	0	0	0	0	0	0	0	0	0
1	1	0	0	0	0	0	1	0	0	0	0	0	0	0	0	0	0	0	0
1	1	0	1	0	0	1	0	0	0	0	0	0	0	0	0	0	0	0	0
1	1	1	0	0	1	0	0	0	0	0	0	0	0	0	0	0	0	0	0
1	1	1	1	1	0	0	0	0	0	0	0	0	0	0	0	0	0	0	0

Figura 15.10 Unidade de controle com entradas decodificadas

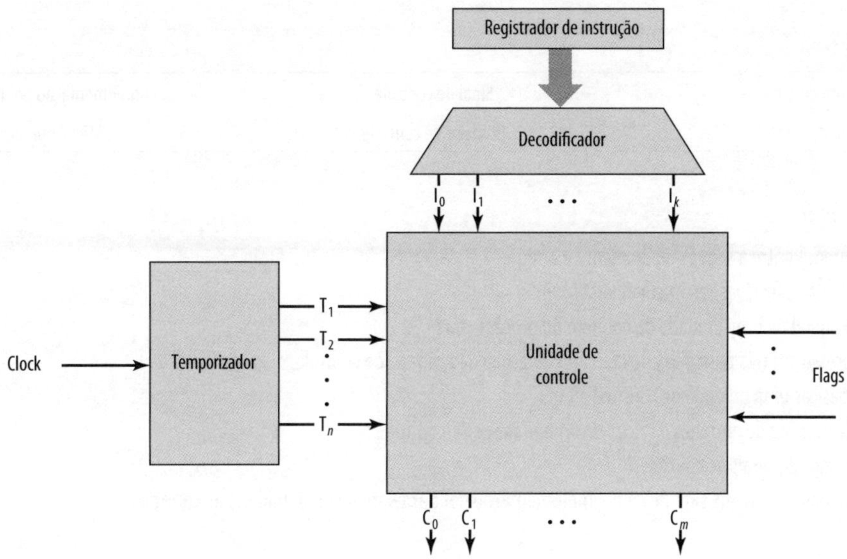

PQ = 00 Ciclo de busca
PQ = 01 Ciclo indireto
PQ = 10 Ciclo de execução
PQ = 11 Ciclo de interrupção

Então, a seguinte expressão lógica define C_5:

$$C_5 = \overline{P} \cdot \overline{Q} \cdot T_2 + \overline{P} \cdot Q \cdot T_2$$

Ou seja, o sinal de controle C_5 será definido durante a segunda unidade de tempo do ciclo de busca e do ciclo indireto.

Esta expressão não está completa. C_5 é necessário também durante o ciclo de execução. Para nosso simples exemplo, vamos supor que existam apenas três instruções que leem da memória: LDA, ADD e AND. Agora definimos C_5 como:

$$C_5 = \overline{P} \cdot \overline{Q} \cdot T_2 + \overline{P} \cdot Q \cdot T_2 + P \cdot \overline{Q} \cdot (\text{LDA} + \text{ADD} + \text{AND}) \cdot T_2$$

Este mesmo processo poderia ser repetido para cada sinal de controle gerado pelo processador. O resultado seria um conjunto de equações lógicas que definem o comportamento da unidade de controle e do processador.

Para juntar tudo, a unidade de controle deve controlar o estado do ciclo de instrução. Conforme mencionamos, ao fim de cada subciclo (busca, indireto, execução, interrupção), a unidade de controle emite um sinal que faz o temporizador reiniciar e gere T_1. A unidade de controle precisa também definir os valores apropriados de P e Q para definir o próximo subciclo a ser executado.

O leitor deveria ser capaz de compreender que, em um processador moderno complexo, o número de equações lógicas necessário para definir a unidade de controle é muito grande. A tarefa de implementar um circuito combinatório que satisfaça todas essas equações se torna extremamente difícil. O resultado é que uma abordagem bem mais simples, conhecida como *microprogramação*, normalmente é usada. Este é o assunto do próximo capítulo.

15.4 Leitura recomendada

Uma série de livros trata dos princípios básicos da função da unidade de controle; dois tratamentos bastantes esclarecedores são Farhat (2004[a]) e Mano (2004[b]).

Principais termos, perguntas de revisão e problemas

Principais termos

Barramento de controle	Sinal de controle	Implementação por hardware
Caminho de controle	Unidade de controle	Micro-operações

Perguntas de revisão

15.1 Explique a diferença entre a sequência de escrita e a sequência de tempo de uma instrução.

15.2 Qual é a relação entre instruções e micro-operações?

15.3 Qual é a função geral de uma unidade de controle do processador?

15.4 Defina um processo em três passos que leva à caracterização da unidade de controle.

15.5 Quais tarefas básicas uma unidade de controle efetua?

15.6 Forneça uma lista típica de entradas e saídas de uma unidade de controle.

15.7 Relacione três tipos de sinais de controle.

15.8 Explique resumidamente o que significa uma implementação por hardware de uma unidade de controle.

Problemas

15.1 Sua ALU pode adicionar seus dois registradores de entrada e pode logicamente complementar os bits de cada um dos registradores de entrada, mas não pode subtrair. Números devem ser armazenados na representação de complemento de dois. Quais micro-operações a sua unidade de controle deve efetuar para fazer a subtração.

15.2 Mostre as micro-operações e os sinais de controle da mesma forma como na Tabela 15.1 para o processador da Figura 15.5 para seguintes instruções:

- Carregar acumulador.
- Armazenar acumulador.
- Adicionar para acumulador.
- AND para acumulador.
- Salto.
- Salto se AC = 0.
- Complementar acumulador.

15.3 Suponha que os atrasos de propagação pelo barramento e pela ALU da Figura 15.6 sejam de 20 e 100 ns, respectivamente. O tempo necessário para um registrador copiar dados do barramento é 10 ns. Qual é o tempo que deve ser permitido para

a. transferir dados de um registrador para outro?

b. incrementar o contador de programa?

15.4 Escreva a sequência de micro-operações necessária para a estrutura de barramento da Figura 15.6 adicionar um número para AC quando o número for:

a. um operando imediato.

b. um operando de endereço direto.

c. um operando de endereço indireto.

15.5 Uma pilha é implementada conforme mostrado na Figura 10.14. Mostre a sequência de micro-operações para:

a. tirar elemento da pilha.

b. colocar elemento na pilha.

Referências

a FARHAT, H. *Digital design and computer organization.* Boca Raton, FL: CRC Press, 2004.

b MANO, M. *Logic and computer design fundamentals.* Upper Saddle River, NJ: Prentice Hall, 2004.

CAPÍTULO

0 1 2 3 4 5 6 7 8 9 10 11 12 13 14 15 **16** 17 18

Controle microprogramado

PRINCIPAIS PONTOS

- Uma alternativa para unidade de controle por hardware é a unidade de controle microprogramada, na qual a lógica da unidade de controle é especificada por um microprograma. Um microprograma consiste de uma sequência de instruções em uma linguagem de microprogramação. Trata-se de instruções que especificam micro-operações.
- Uma unidade de controle microprogramada é um circuito lógico relativamente simples que é capaz de (1) sequenciar pelas microinstruções e (2) gerar sinais de controle para executar cada microinstrução.
- Assim como em uma unidade de controle por hardware, os sinais de controle gerados por uma microinstrução são usados para causar transferências de registradores e operações de ALU.

O termo *microprograma* foi criado por M. V. Wilkes no começo dos anos 1950 (WILKES, 1951[a]). Wilkes propôs uma abordagem para design de unidade de controle que era organizado e sistemático e evitava a complexidade de uma implementação embutida. A ideia intrigou muitos pesquisadores, mas parecia inviável porque iria requerer uma memória de controle rápida e relativamente cara.

A tecnologia de microprogramação foi revista na revista *Datamation* na sua edição de fevereiro de 1964. Nenhum sistema microprogramado estava em grande uso naquele tempo e um dos artigos (HILL, 1964[b]) sumarizou a visão popular daquela época de que o futuro da microprogramação "é um tanto nebuloso. Nenhum dos grandes fabricantes mostrou o interesse na técnica, embora aparentemente todos a tenham analisado".

Esta situação mudou consideravelmente poucos meses depois. O System/360 da IBM foi anunciado em abril e todos os modelos, exceto os maiores, eram microprogramados. Embora a série 360 tenha antecedido a disponibilidade da memória ROM semicondutora, as vantagens de microprogramação eram suficientemente atraentes para IBM fazer esse movimento. A microprogramação se tornou uma técnica popular para implementar a unidade de controle dos processadores CISC. Nos últimos anos a microprogramação começou a ser menos usada, mas permanece como uma ferramenta disponível para os projetistas de computadores. Por exemplo, conforme já vimos no Pentium 4, as instruções de máquina são convertidas em um formato parecido com RISC e a maioria delas é executada sem o uso de microprogramação. Entretanto, algumas das instruções são executadas usando a microprogramação.

16.1 Conceitos básicos

Microinstruções

A unidade de controle parece um dispositivo bastante simples. Mesmo assim, implementar uma unidade de controle como uma interconexão de elementos lógicos básicos não é uma tarefa simples. O projeto deve incluir a lógica para sequenciamento por meio de micro-operações, execução de instruções, interpretação de *opcodes* e decisões tomadas com base em flags do ALU. É difícil projetar e testar tal peça de hardware. Além disso, o projeto é relativamente inflexível. Por exemplo, é difícil alterá-lo se alguém quiser adicionar uma nova instrução de máquina.

Uma alternativa usada em vários processadores CISC é implementar uma unidade de controle microprogramada.

Considere a Tabela 16.1. Além de usar os sinais de controle, cada micro-operação é descrita em notação simbólica. Esta notação parece-se de forma suspeita com uma linguagem de programação. De fato, é uma linguagem, conhecida como ***linguagem de microprogramação***. Cada linha descreve um conjunto de micro-operações ocorrendo ao mesmo tempo e é conhecida como uma ***microinstrução***. Uma sequência de instruções é conhecida como um ***microprograma*** ou *firmware*. Este último termo reflete o fato de que um microprograma é uma ponte entre hardware e software. É mais fácil projetar um *firmware* do que um hardware, mas é mais difícil escrever um programa *firmware* do que um programa software.

Como podemos usar o conceito de microprogramação para implementar uma unidade de controle? Considere que, para cada micro-operação, tudo o que é permitido para a unidade de controle fazer é gerar um conjunto de sinais de controle. Assim, para cada micro-operação, cada linha de controle que se origina da unidade de controle

Tabela 16.1 Conjunto de instruções de máquina para exemplo de Wilkes

Ordem	Efeito da ordem
A n	$C(Acc) + C(n)$ para Acc_1
S n	$C(Acc) - C(n)$ para Acc_1
H n	$C(n)$ para Acc_2
V n	$C(Acc_2) \times C(n)$ para Acc, onde $C(n) \geq 0$
T n	$C(Acc_1)$ para *n*, 0 para Acc
U n	$C(Acc_1)$ para *n*
R n	$C(Acc) \times 2^{-(n+1)}$ para Acc
L n	$C(Acc) \times 2^{n+1}$ para Acc
G n	IF $C(Acc) < 0$, transferir controle para *n*; se $C(Acc) \geq 0$, ignorar (isto é, proceder serialmente)
I n	Ler próximo caractere do mecanismo de entrada para *n*
O n	Enviar $C(n)$ para mecanismo de saída

Acc = acumulador
Acc_1 = metade mais significativo do acumulador
Acc_2 = metade menos significativo do acumulador
n = localização de armazenamento *n*
C(X) = conteúdo de *X* (*X* = registrador da localização de armazenamento)

está ligada ou desligada. É claro que esta condição pode ser representada por um dígito binário para cada linha de controle. Assim, podemos construir uma palavra de controle onde cada bit represente uma linha de controle. Então, cada micro-operação seria representada por um padrão diferente de 1 e 0 na palavra de controle.

Suponha que façamos uma cadeia de uma sequência de palavras de controle para representar a sequência de micro-operações executadas pela unidade de controle. A seguir, devemos reconhecer que a sequência de micro-operações não é fixa. Às vezes temos um ciclo indireto, às vezes não. Vamos então colocar as nossas palavras de controle em uma memória onde cada palavra possui um endereço único. Adicionamos agora um campo de endereço para cada palavra de controle indicando a posição da próxima palavra de controle a ser executada se uma determinada condição for verdadeira (por exemplo, o bit indireto em uma referência de memória for 1). Além disso, adicionamos alguns bits para especificar a condição.

O resultado é conhecido como uma ***microinstrução horizontal*** e um exemplo é mostrado na Figura 16.1a. O formato da microinstrução ou palavra de controle está descrito a seguir. Existe um bit para cada linha de controle interna do processador e um bit para cada linha de controle do barramento do sistema. Há um campo de condição indicando a condição em que deve haver um desvio e há um campo com o endereço da microinstrução a ser executada depois que um desvio é tomado. Tal microinstrução é interpretada como segue:

1. Para executar esta microinstrução, ligar todas as linhas de controle indicadas por um bit 1; desligar todas as linhas de controle indicadas por um bit 0. Os sinais de controle resultantes farão com que uma ou mais micro-operações sejam executadas.
2. Se a condição indicada pelos bits de condição for falsa, executar a próxima microinstrução na sequência.
3. Se a condição indicada pelos bits de condição for verdadeira, a próxima microinstrução a ser executada é indicada no campo de endereço.

A Figura 16.2 mostra como essas palavras de controle ou microinstruções poderiam ser arranjadas em uma ***memória de controle***. As microinstruções em cada rotina serão executadas sequencialmente. Cada rotina termina com uma instrução de desvio ou salto indicando para onde deve ir a seguir. Existe um ciclo de execução especial cujo único propósito é sinalizar que uma das rotinas de instrução de máquina (AND, ADD e outras) está para ser executada a seguir, dependendo do *opcode* corrente.

A memória de controle da Figura 16.2 é uma descrição concisa da operação completa da unidade de controle. Ela define a sequência de micro-operações para serem executadas durante cada ciclo (busca, indireto, execução, interrupção) e especifica o sequenciamento desses ciclos. Esta notação seria uma maneira útil para documentar o

Figura 16.1 Formatos típicos de microinstruções

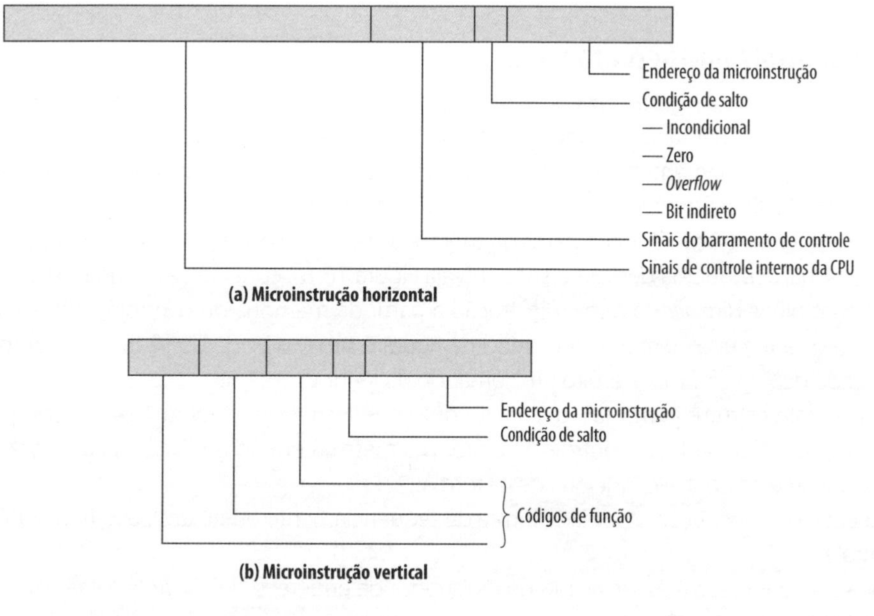

Figura 16.2 Organização da memória de controle

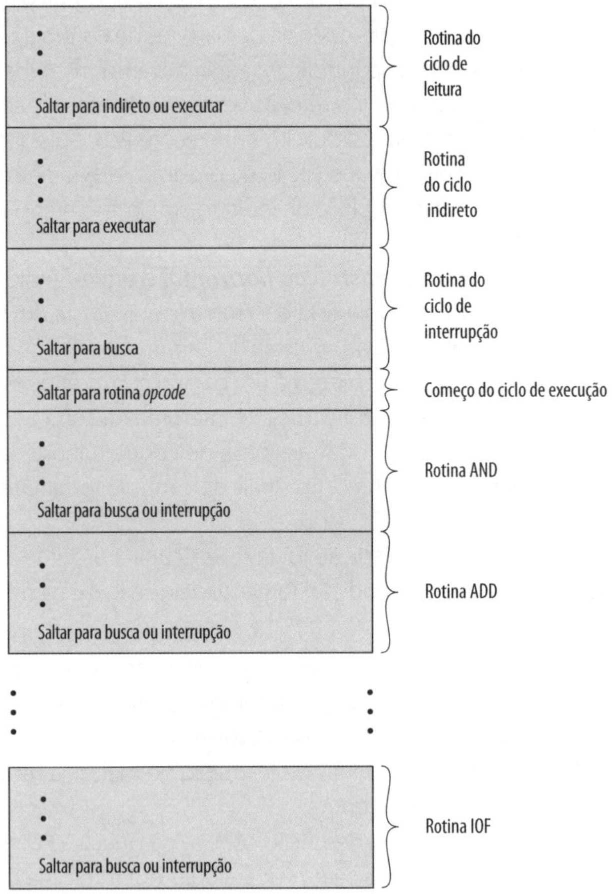

funcionamento de uma unidade de controle de um computador específico, mas ela é mais do que isso. Ela é também uma forma de implementar a unidade de controle.

Unidade de controle microprogramada

A memória de controle da Figura 16.2 contém um programa que descreve o comportamento da unidade de controle. Poderíamos implementar a unidade de controle simplesmente executando o programa.

A Figura 16.3 mostra os elementos-chave de tal implementação. O conjunto de microinstruções é armazenado na *memória de controle*. O *registrador de endereço de controle* contém o endereço da próxima microinstrução a ser lida. Quando uma microinstrução é lida a partir da memória de controle, ela é transferida para um *registrador de buffer de controle*. A parte esquerda desse registrador (veja Figura 16.1a) conecta-se às linhas de controle que saem da unidade de controle. Assim, *ler* uma microinstrução a partir da memória de controle é o mesmo que *executar* essa microinstrução. O terceiro elemento mostrado na figura é uma unidade de sequenciamento que carrega o registrador de endereço de controle e emite um comando de leitura.

Vamos analisar esta estrutura em mais detalhes, conforme ilustrado na Figura 16.4. Ao comparar isto com a Figura 16.4, vemos que a unidade de controle ainda tem as mesmas entradas (IR, ALU, flags, clock) e saídas (sinais de controle). A unidade de controle funciona desta forma:

1. Para executar uma instrução, a unidade lógica de sequenciamento emite um comando READ para memória de controle.
2. A palavra cujo endereço é especificado no registrador de endereço de controle é lida para dentro do registrador de buffer de controle.

Figura 16.3 Microarquitetura da unidade de controle

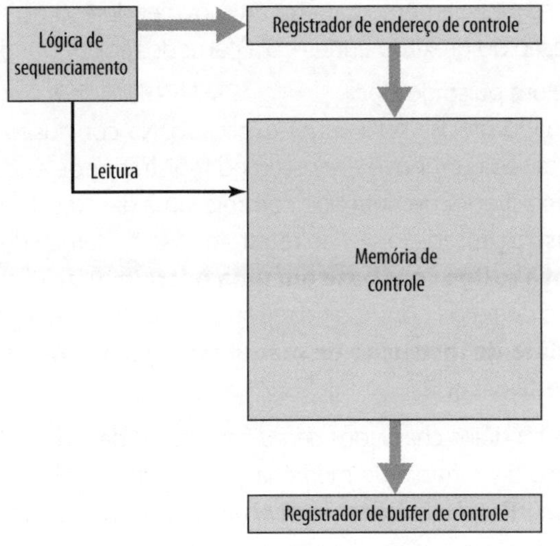

Figura 16.4 Funcionamento da unidade de controle microprogramada

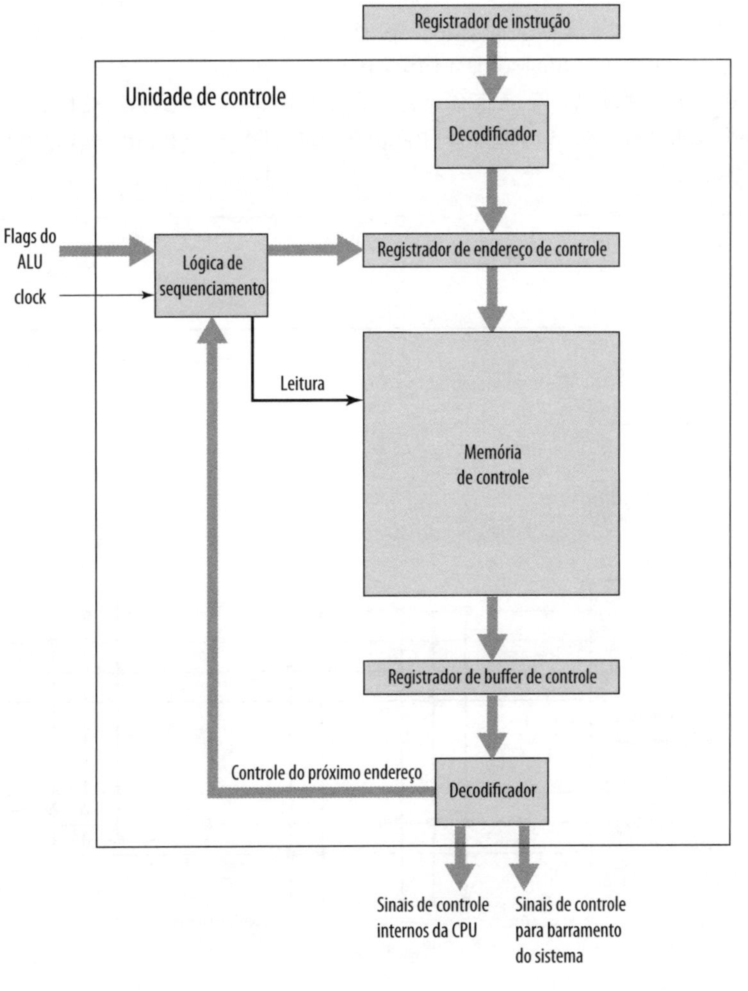

3. O conteúdo do registrador de buffer de controle gera sinais de controle e a informação do próximo endereço para a unidade lógica de sequenciamento.
4. A unidade lógica de sequenciamento carrega um novo endereço no registrador de endereço de controle com base na informação do próximo endereço a partir do registrador de buffer de controle e flags do ALU.

Tudo isto ocorre durante um pulso de clock.

O último passo mencionado precisa ser melhor explicado. Na conclusão de cada microinstrução, a unidade lógica de sequenciamento carrega um novo endereço no registrador de endereço de controle. Dependendo do valor das flags da ALU e do registrador de buffer de controle, uma das três decisões é tomada:

- **Obter a próxima instrução**: adiciona 1 ao registrador de endereço de controle.
- **Saltar para uma nova rotina com base em uma microinstrução de salto**: carregar o campo de endereço do registrador de buffer de controle no registrador de endereço de controle.
- **Saltar para uma rotina de instrução de máquina**: carregar o registrador de endereço de controle com base no *opcode* que está em IR.

A Figura 16.4 mostra dois módulos chamados *decodificadores*. O decodificador superior traduz o *opcode* armazenado em IR para um endereço de controle de memória. O decodificador inferior não é usado para microinstruções horizontais, mas é usado para ***microinstruções verticais*** (Figura 16.1b). Conforme mencionado, em uma instrução horizontal um código é usado para cada ação a ser executada (por exemplo, MAR ← (PC)) e o decodificador traduz este código em sinais de controle individuais. A vantagem de microinstruções verticais é que elas são mais compactas (menos bits) do que as microinstruções horizontais, a custo de uma pequena de lógica e tempo de atraso condicionais.

Controle de Wilkes

Conforme mencionamos antes, Wilkes foi o primeiro a propor o uso de uma unidade de controle microprogramada, em 1951 (WILKES, 1951[a]). A seguir, esta proposta foi elaborada para um projeto mais detalhado (WILKES e STRINGER, 1953[c]). É interessante a análise desta importante proposta.

A configuração proposta por Wilkes é ilustrada na Figura 16.5. O coração do sistema é uma matriz parcialmente preenchida com diodos. Durante um ciclo de máquina, uma linha da matriz é ativada com um pulso. Isto gera

Figura 16.5 A unidade de controle microprogramada de Wilkes

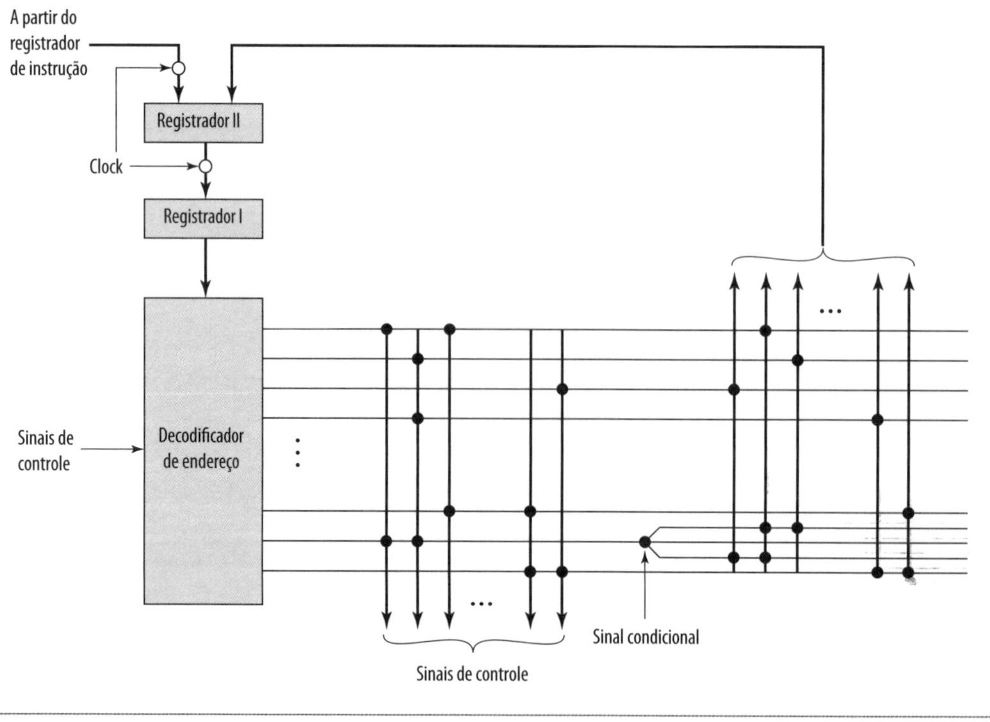

sinais naqueles pontos onde um diodo está presente (indicado por um ponto no diagrama). A primeira parte da linha gera sinais de controle que controlam a operação do processador. A segunda parte gera o endereço da linha a ser estimulada com um pulso no próximo ciclo de máquina. Assim, cada linha da matriz é uma microinstrução e o layout da matriz é a memória de controle.

No início do ciclo, o endereço da linha a ser estimulada com um pulso é contido no Registrador I. Este endereço é a entrada para o decodificador que, quando ativado por um pulso de clock, ativa uma linha da matriz. Dependendo dos sinais de controle, ou o *opcode* no registrador de instrução ou a segunda parte da linha pulsada é passada para Registrador II durante o ciclo. O Registrador II é então chaveado para Registrador I por um pulso de clock. Os pulsos de clock alternados são usados para ativar uma linha da matriz e para transferir do Registrador II para o Registrador I. O arranjo de dois registradores é necessário porque o decodificador é simplesmente um circuito combinatório; com apenas um registrador, a saída se tornaria entrada durante um ciclo, causando uma condição instável.

Este esquema é muito parecido com a abordagem de microprogramação horizontal descrita anteriormente (Figura 16.1a). A principal diferença é: na descrição anterior, o registrador de endereço de controle poderia ser incrementado por 1 para obter a próxima instrução. No esquema de Wilkes, o próximo endereço é contido na microinstrução. Para permitir desvios, uma linha deve conter duas partes do endereço controladas por um sinal condicional (por exemplo, flag), conforme mostrado na figura.

Tendo proposto este esquema, Wilkes fornece um exemplo do seu uso para implementar a unidade de controle de uma máquina simples. Este exemplo, o primeiro projeto conhecido de um processador microprogramado, vale a pena ser repetido aqui porque ele ilustra muitos princípios modernos da microprogramação.

O processador da máquina hipotética inclui os seguintes registradores:

A multiplicando.
B acumulador (metade menos significativa).
C acumulador (metade mais significativa).
D registrador de deslocamento.

Além disso, existem três registradores e dois flags de 1 bit acessíveis apenas para a unidade de controle. Os registradores são:

E serve tanto como um registrador de endereço de memória (MAR) ou como um registrador de armazenamento temporário.
F contador de programa.
G outro registrador temporário; usado para contagem.

A Tabela 16.1 mostra o conjunto de instruções de máquina para este exemplo. A Tabela 16.2 é o conjunto de microinstruções completo, expresso em forma simbólica, que implementa a unidade de controle. Desta forma, um total de 38 microinstruções é tudo o que é necessário para definir o sistema completamente.

A primeira coluna cheia dá o endereço (número da linha) de cada microinstrução. Aqueles endereços correspondentes aos *opcodes* são rotulados. Assim, quando o *opcode* para a instrução de adição (A) é encontrado, a microinstrução na posição 5 é executada. As colunas 2 e 3 expressam as ações a serem tomadas pela ALU e pela unidade da controle, respectivamente. Cada expressão simbólica deve ser traduzida em um conjunto de sinais de controle (bits da microinstrução). As colunas 4 e 5 especificam o sinal que define as flags. Por exemplo, (1)C_S significa que o flag número 1 é definida pelo bit de sinal do número no registrador C. Se a coluna 5 contém um identificador de flag, então as colunas 6 e 7 contêm dois endereços de microinstrução alternativos para serem usados. Caso contrário, a coluna especifica o endereço da próxima microinstrução a ser obtida.

As instruções de 0 a 4 constituem o ciclo de leitura. A microinstrução 4 apresenta o *opcode* para um decodificador, o qual gera o endereço de uma microinstrução correspondendo à instrução de máquina a ser obtida. O leitor deve ser capaz de deduzir o funcionamento completo da unidade de controle a partir de um estudo cuidadoso da Tabela 16.2.

Vantagens e desvantagens

A principal vantagem do uso da microprogramação para implementar uma unidade de controle é que ela simplifica o projeto da unidade de controle. Assim a implementação fica mais barata e menos propensa a erros. Uma unidade de controle por hardware deve conter uma lógica complexa para sequenciamento por meio de várias micro-operações do ciclo de instrução. Por outro lado, os decodificadores e a unidade de sequenciamento lógico de uma unidade de controle microprogramada tem uma lógica muito simples.

Tabela 16.2 Microinstruções do exemplo de Wilkes

Notação: *A, B, C* . . . simbolizam vários registradores da unidade aritmética e da unidade de controle de registradores. *C* para *D* indica que o chaveamento de circuitos conecta a saída do registrador *C* para entrada do registrador *D*; (*D* + *A*) para *C* indica que o registrador de saída de *A* é conectado a uma entrada da unidade de adição (a saída de *D* é permanentemente conectada para outra entrada) e a saída do somador ao registrador *C*. Um símbolo numérico *n* entre aspas (por exemplo, '*n*') indica a origem cuja saída é o número *n* em unidades do dígito menos significativo.

		Unidade aritmética	Unidade de controle de registradores	*Flip-flop* condicional		Próxima microinstrução	
				Definir	Usar	0	1
	0		F para G e E			1	
	1		(G para '1') para F			2	
	2		Armazenamento para G			3	
	3		G para E			4	
	4		E para decodificador			–	
A	5	C para D				16	
S	6	C para D				17	
H	7	Armazenamento para B				0	
V	8	Armazenamento para A				27	
T	9	C para armazenamento				25	
U	10	C para armazenamento				0	
R	11	B para D	E para G			19	
L	12	C para D	E para G			22	
G	13		E para G	(1)C_5		18	
I	14	Entrada para armazenamento				0	
0	15	Armazenamento para saída				0	
	16	(D + Armazenamento) para C				0	
	17	(D – Armazenamento) para C				0	
	18				1	0	1
	19	D para B (R)*	(G – '1') para E			20	
	20	C para D		(1) E_5		21	
	21	D para C (R)			1	11	0
	22	D para C (L)[†]	(G – '1') para E			23	
	23	B para D		(1)E_5		24	
	24	D para B (L)			1	12	0
	25	'0' para B				26	
	26	B para C				0	
	27	'0' para C	'18' para E			28	
	28	B para D	E para G	(1) B_1		29	
	29	D para B (R)	(G – '1') para E			30	
	30	C para D (R)		(2)E_5	1	31	32
	31	D para C			2	28	33
	32	(D + A) para C			2	28	33
	33	B para D		(1)B_1		34	
	34	D para B (R)				35	
	35	C para D (R)			1	36	37
	36	D para C				0	
	37	(D – A) para C				0	

*Deslocamento para direita. Os circuitos de comutação na unidade aritmética são arranjados de tal forma que o dígito menos significativo do registrador C seja colocado na parte mais significativa do registrador B durante as micro-operações de deslocamento para a direita e o dígito mais significativo do registrador C (dígito de sinal) é repetido (fazendo desta forma a correção para números negativos).

[†]Deslocamento para esquerda. Os circuitos de comutação são arranjados de forma semelhante para passar o dígito mais significativo do registrador B para o menos significativo do registrador C durante as micro-operações de deslocamento para a esquerda.

A principal desvantagem de uma unidade microprogramada é que ela será um pouco mais lenta do que uma unidade por hardware de tecnologia comparável. Apesar disso, a microprogramação é a técnica dominante para implementar unidades de controle em arquiteturas CISC puras, por causa da facilidade de sua implementação. Os processadores RISC, com seu formato de instrução mais simples, normalmente usam unidades de controle por hardware. Analisamos a seguir a abordagem de microprogramação em mais detalhes.

16.2 Sequenciamento de microinstruções

As duas tarefas básicas desempenhadas por uma unidade de controle microprogramada são as seguintes:

- **Sequenciamento de microinstruções**: obter a próxima microinstrução da memória de controle.
- **Execução de microinstruções**: gerar os sinais de controle necessários para executar a microinstrução.

Ao se projetar uma unidade de controle, estas tarefas devem ser consideradas juntas, porque ambas afetam o formato da microinstrução e a temporização da unidade de controle. Nesta seção, nos concentramos no sequenciamento e falamos o mínimo possível sobre questões de formato e temporização. Essas questões são analisadas em mais detalhes na próxima seção.

Considerações sobre projeto

Duas preocupações são envolvidas no projeto de uma técnica de sequenciamento de microinstruções: o tamanho da microinstrução e o tempo de geração do endereço. A primeira preocupação é óbvia; minimizar o tamanho da memória de controle reduz o custo desse componente. A segunda preocupação é simplesmente o desejo de executar as microinstruções o mais rapidamente possível.

Ao executar um microprograma, o endereço da próxima microinstrução a ser executada se encaixa em uma destas categorias:

- Determinado pelo registrador de instrução.
- Próximo endereço sequencial.
- Desvio.

A primeira categoria ocorre apenas uma vez por ciclo de instrução, logo depois que uma instrução é obtida. A segunda categoria é a mais comum na maioria dos projetos. No entanto, o projeto não pode ser otimizado apenas para o acesso sequencial. Desvios, condicionais e incondicionais, são uma parte necessária de um microprograma. Além disso, as sequências de microinstruções tendem a ser curtas: uma de cada três ou quatro microinstruções poderia ser um desvio (SIEWIOREK, BELL e NEWELL, 1982[d]). Assim, é importante projetar técnicas compactas e eficientes para desvio de microinstruções.

Técnicas de sequenciamento

Com base na microinstrução corrente, nos flags de condição e no conteúdo do registrador de instrução, um endereço de memória de controle deve ser gerado para a próxima microinstrução. Uma grande variedade de técnicas tem sido usada. Podemos agrupá-las em três categorias gerais, conforme ilustrado nas figuras 16.6 até 16.8. Estas categorias são baseadas no formato da informação de endereço na microinstrução:

- Dois campos de endereço.
- Campo de endereço único.
- Formato variável.

A abordagem mais fácil é fornecer dois campos de endereço em cada microinstrução. A Figura 16.6 sugere como essa informação deve ser usada. Um multiplexador existente e serve como destino para os campos de endereço e para o registrador de instrução. Com base em uma entrada de seleção de endereço, o multiplexador transmite o *opcode* ou um dos dois endereços para o registrador de endereço de controle (CAR, do inglês *control address register*). A seguir, o CAR é decodificado para produzir o endereço da próxima microinstrução. Os sinais de seleção de endereço são fornecidos por um módulo de lógica de desvio cuja entrada consiste de flags da unidade de controle mais os bits da parte de controle da microinstrução.

Figura 16.6 Lógica de controle de desvio: dois campos de endereço

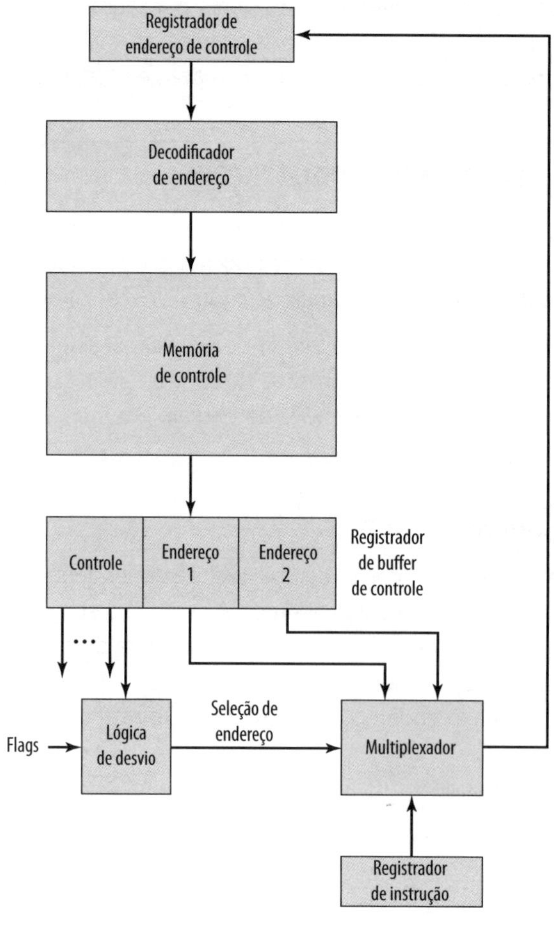

Embora a abordagem de dois endereços seja simples, ela requer mais bits dentro da microinstrução do que outras abordagens. Economias podem ser alcançadas com alguma lógica adicional. Uma abordagem comum é ter um campo de endereço único (Figura 16.7). Com esta abordagem, as opções para o próximo endereço são:

- Campo de endereço.
- Código do registrador de instrução.
- Próximo endereço sequencial.

Os sinais de seleção de endereço determinam qual opção está selecionada. Esta abordagem reduz o número de campos de endereço para 1. Observe, no entanto, que o campo de endereço frequentemente não é usado. Assim, há alguma ineficiência no esquema de codificação da microinstrução.

Outra abordagem é fornecer dois formatos de instrução totalmente diferentes (Figura 16.8). Um bit define qual formato está sendo usado. Em um formato, os bits restantes são usados para ativar sinais de controle. No outro formato, alguns bits conduzem o módulo de lógica de desvio e os bits restantes fornecem o endereço. Com o primeiro formato, o próximo endereço é o próximo endereço sequencial ou um endereço derivado a partir do registrador de instrução. Com o segundo formato, é especificado um desvio condicional ou um incondicional. Uma desvantagem desta abordagem é que um ciclo inteiro é consumido com cada microinstrução de desvio. Com outras abordagens, a geração de endereço ocorre como parte do mesmo ciclo da geração de sinais de controle, minimizando acessos à memória de controle.

As abordagens que acabamos de descrever são gerais. Implementações específicas frequentemente irão envolver uma variação ou uma combinação dessas técnicas.

Figura 16.7 Lógica de controle de desvio: campo de endereço único

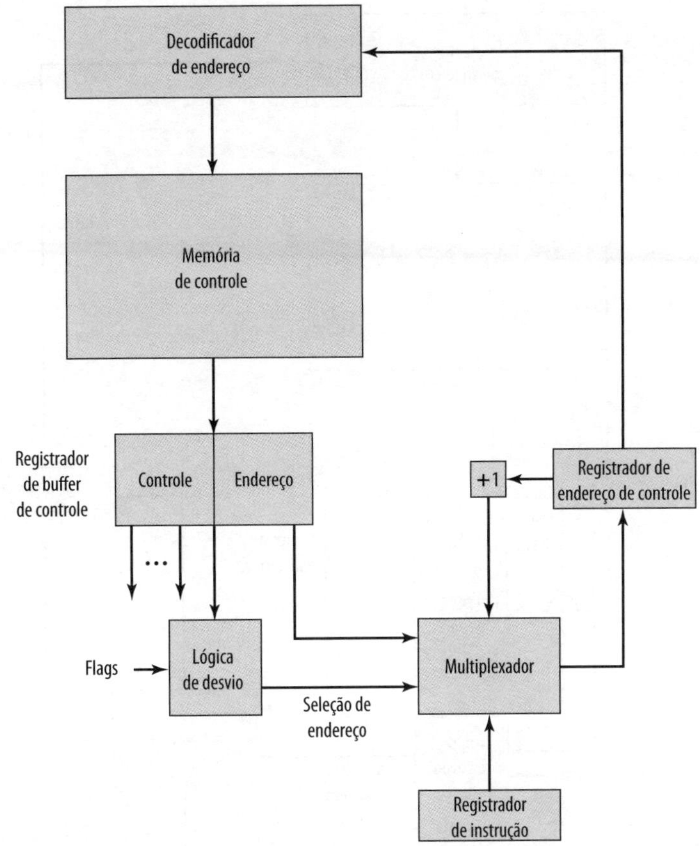

Geração de endereços

Analisamos o problema de sequenciamento do ponto de vista da consideração de formato e dos requisitos de lógica gerais. Outro ponto de vista é considerar várias maneiras em que o próximo endereço pode ser derivado ou computado.

A Tabela 16.3 mostra várias técnicas de geração de endereços. Elas podem ser divididas em técnicas explícitas, onde o endereço está disponível explicitamente na microinstrução, e técnicas implícitas, que requerem lógica adicional para gerar o endereço.

Nós lidamos basicamente com técnicas explícitas. Com a abordagem de dois campos, dois endereços alternativos estão disponíveis em cada microinstrução. Usando o campo de endereço único ou o formato variável, várias

Tabela 16.3 Técnicas de geração de endereço da microinstrução

Explícita	Implícita
Dois campos	Mapeamento
Desvio incondicional	Adição
Desvio condicional	Controle residual

Figura 16.8 Lógica de controle de desvio: formato variável

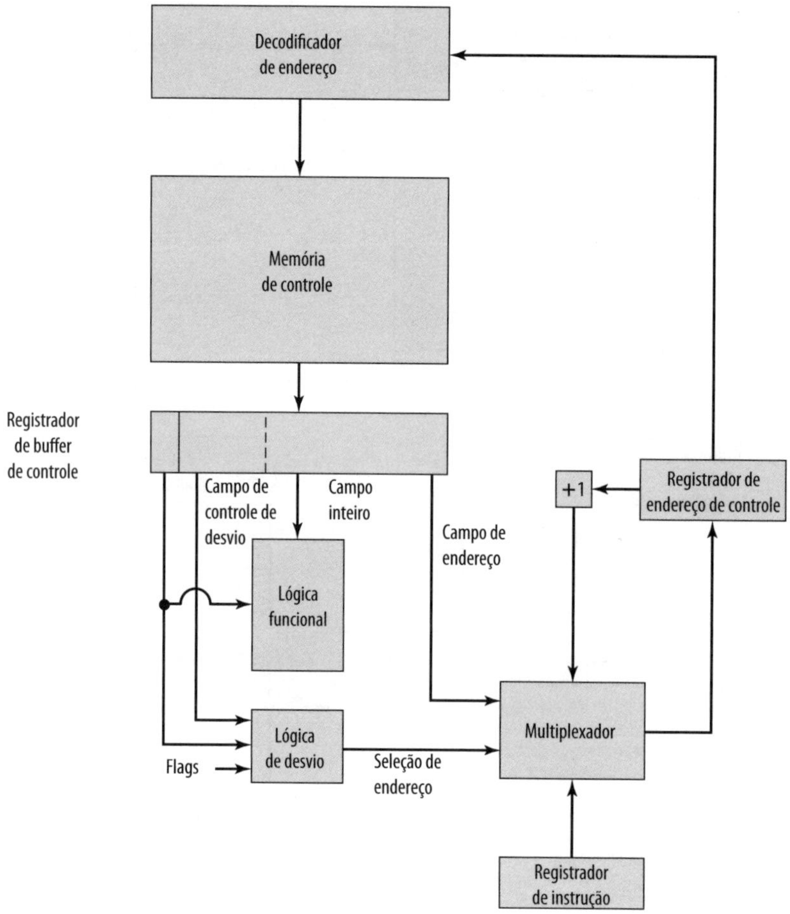

instruções de desvio podem ser implementadas. Uma instrução de desvio condicional depende dos seguintes tipos de informação:

- Flags da ALU.
- Parte do *opcode* ou campo de modo de endereço da instrução de máquina.
- Partes do registrador selecionado, como o bit de sinal.
- Bits de *status* dentro da unidade de controle.

Várias técnicas implícitas também são comumente usadas. Uma delas, o mapeamento, é necessária em quase todos os projetos. A parte *opcode* de uma instrução de máquina deve ser mapeada em um endereço de microinstrução. Isto ocorre apenas uma vez por ciclo de instrução.

Uma técnica implícita comum é a que envolve a combinação ou a adição de duas partes de um endereço para formar o endereço completo. Esta abordagem foi usada na família IBM S/360 (TUCKER, 1967[e]) e também em muitos modelos S/370. Usaremos o IBM 3033 como exemplo.

O registrador de endereço de controle do IBM 3033 possui o tamanho de 13 bits e está ilustrado na Figura 16.9. Duas partes do endereço podem ser diferenciadas; 8 bits de ordem mais alta (00-07) normalmente não mudam de um ciclo de microinstrução para outro. Durante a execução de uma microinstrução, estes 8 bits são copiados diretamente de um campo de 8 bits da microinstrução (campo BA) para os 8 bits de ordem mais alta do registrador de endereço de controle. Isto define um bloco de 32 microinstruções na memória de controle. Os 5 bits restantes do registrador de endereço de controle são definidos para especificar o endereço específico da microinstrução a ser obtida. Cada um destes bits é determinado por um campo de 4 bits (exceto um que é um campo de 7 bits) da

Figura 16.9 Registrador de endereço de controle do IBM 3033

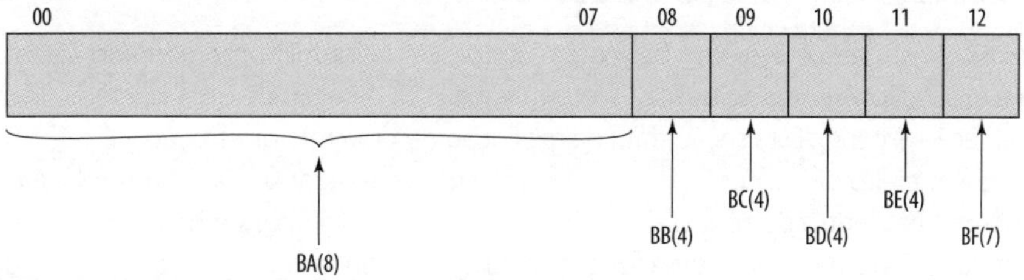

microinstrução corrente; o campo especifica a condição para definir o bit correspondente. Por exemplo, um bit no registrador de endereço de controle pode ser definido para 1 ou 0, dependendo de o carry ter acontecido na última operação da ALU.

A abordagem final listada na Tabela 16.3 é chamada de ***controle residual***. Esta abordagem envolve o uso de um endereço da microinstrução que foi salvo previamente em armazenamento temporário dentro da unidade de controle. Por exemplo, alguns conjuntos de microinstruções incluem com uma facilidade para sub-rotinas. Um registrador interno ou uma pilha de registradores é usado para guardar os endereços de retorno. Um exemplo desta abordagem é usado em LSI-11, o qual analisaremos agora.

Sequenciamento de microinstruções do LSI-11

O LSI-11 é uma versão de microcomputador de um PDP-11, com os componentes principais do sistema residindo em uma placa única. Ele é implementado usando uma unidade de controle microprogramada (SEBERN, 1976[f]).

O LSI-11 faz uso de uma microinstrução de 22 bits e uma memória de controle de palavras de 2K e 22 bits. O endereço da próxima microinstrução é determinado em uma das cinco maneiras:

- **Próximo endereço sequencial**: na ausência de outras instruções, o registrador de endereço de controle da unidade de controle é incrementado por 1.
- **Mapeamento de *opcode***: no começo da cada ciclo de instrução, o próximo endereço de microinstrução é determinado pelo *opcode*.
- **Facilidade de subrotina**: explicado a seguir.
- **Testes de interrupção**: certas microinstruções especificam um teste para interrupção. Se uma interrupção ocorre, isso determina o endereço da próxima microinstrução.
- **Desvio**: microinstruções de desvio condicionais e incondicionais são usadas.

Um mecanismo de sub-rotina de um nível é fornecida. Um bit em cada microinstrução é dedicado a esta tarefa. Quando o bit está definido com valor 1, um registrador de retorno de 11 bits é carregado com o conteúdo atualizado do registrador de endereço de controle. Uma microinstrução subsequente que especifica um retorno irá fazer com que o registrador de endereço de controle seja carregado a partir do registrador de retorno.

O retorno é uma forma de instrução de desvio incondicional. Outra forma de desvio incondicional faz com que os bits do registrador de endereço de controle sejam carregados a partir dos 11 bits da microinstrução. A instrução de desvio condicional faz uso de um código de teste de 4 bits dentro da microinstrução. Este código especifica testes de vários códigos condicionais da ALU para determinar a decisão de desvio. Se a condição não for verdadeira, o próximo endereço sequencial é selecionado. Se for verdadeira, os 8 bits de ordem mais baixa do registrador de endereço de controle são carregados a partir dos 8 bits da microinstrução. Isto permite desvios dentro de uma página de memória de 256 palavras.

Como pode ser visto, o LSI-11 inclui uma facilidade de sequenciamento de endereços poderosa dentro da unidade de controle. Isso permite ao microprogramador uma flexibilidade considerável e pode facilitar a tarefa de microprogramação. Por outro lado, esta abordagem requer mais lógica de unidade de controle do que potencialidades mais simples.

16.3 Execução de microinstruções

O ciclo de microinstrução é o evento básico em um processador microprogramado. Cada ciclo é feito de duas partes: busca e execução. A parte de busca é determinada pela geração de um endereço de microinstrução e tratamos disso na seção anterior. Esta seção trata da execução de uma microinstrução.

Lembre-se que o efeito da execução de uma microinstrução é gerar sinais de controle. Alguns desses sinais de controle apontam para dentro do processador. Os sinais restantes vão para o barramento de controle externo ou para outras interfaces externas. Como uma função secundária, o endereço de uma microinstrução é determinado.

A descrição anterior sugere a organização de uma unidade de controle mostrada na Figura 16.10. Esta versão levemente revisada da Figura 16.4 é o foco desta seção. Os principais módulos neste diagrama deveriam estar claros até agora. O módulo lógico de sequenciamento contém a lógica para efetuar as funções discutidas na seção anterior. Ele gera o endereço da próxima microinstrução, usando como entradas o registrador de instrução, os flags da ALU, o registrador de endereço de controle (para incrementar) e o registrador de buffer de controle. O último pode fornecer um endereço real, bits de controle ou ambos. O módulo é controlado por um clock que determina o tempo do ciclo de microinstrução.

O módulo lógico de controle gera sinais de controle em função de alguns bits da microinstrução. Deve estar claro que o formato e o conteúdo da microinstrução irão determinar a complexidade do módulo lógico de controle.

Taxonomia de microinstruções

As microinstruções podem ser classificadas de várias formas. As diferenças feitas comumente na literatura incluem:

Figura 16.10 Organização da unidade de controle

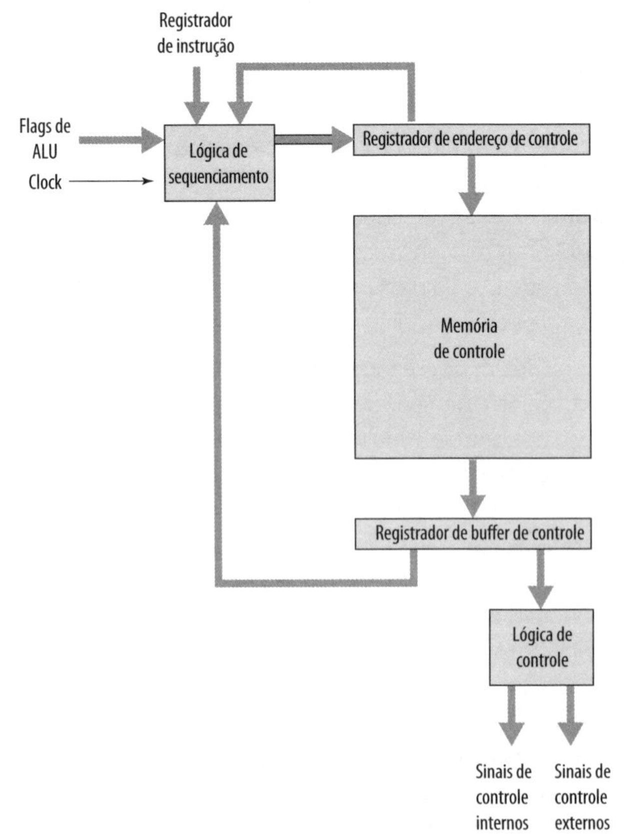

- Vertical/horizontal.
- Empacotada/não empacotada.
- Microprogramação hard/soft.
- Codificação direta/indireta.

Todas elas têm a ver com o formato da microinstrução. Nenhum destes termos foi usado de forma consistente e precisa na literatura. No entanto, uma análise desses pares de termos serve para esclarecer as alternativas para projeto de microinstruções. Nos próximos parágrafos, analisamos primeiro a principal questão que forma a base de todos esses pares de características e depois analisamos os conceitos sugeridos por cada par.

Na proposta original de Wilkes (1951[a]), cada bit de uma microinstrução produz diretamente um sinal de controle ou produz diretamente um bit do próximo endereço. Vimos na seção anterior que esquemas de sequenciamento de endereços mais complexos usando menos bits de microinstrução são possíveis. Esses esquemas requerem um módulo lógico de sequenciamento mais complexo. Um compromisso similar existe para a parte da microinstrução referente aos sinais de controle. Ao codificar a informação de controle e subsequentemente decodificando-a para produzir sinais de controle, os bits da palavra de controle podem ser economizados.

Como essa codificação pode ser feita? Para responder à questão, considere que existe um total de *K* diferentes sinais de controle internos e externos para serem conduzidos pela unidade de controle. No esquema de Wilkes, *K* bits da microinstrução seriam dedicados para esse propósito. Isso permite que todas as 2^K combinações possíveis de sinais de controle sejam geradas durante qualquer ciclo de instrução, mas nós podemos fazer melhor que isso se observarmos que nem todas as combinações possíveis serão usadas. Exemplos incluem o seguinte:

- Duas origens não podem ser chaveadas para o mesmo destino (por exemplo, C_2 e C_8 na Figura 16.5).
- Um registrador não pode ser a fonte e ao mesmo tempo destino ao mesmo tempo (por exemplo, C_5 e C_{12} na Figura 16.5).
- Apenas um padrão de sinais de controle pode ser apresentado à ALU ao mesmo tempo.
- Apenas um padrão de sinais de controle pode ser apresentado para o barramento de controle externo ao mesmo tempo.

Então, para um dado processador, todas as possíveis combinações de sinais de controle permitidas poderiam ser listadas, dado algum número $Q < 2^K$ de possibilidades. Estas poderiam ser codificadas com $\log_2 Q$ bits, com $(\log_2 Q) < K$. Esta seria a forma mais compacta de codificação que preserva todas as combinações permitidas de sinais de controle. Na prática, esta forma de codificação não é usada por dois motivos:

- É difícil de programar tanto quanto um esquema de decodificação (Wilkes) puro. Este ponto é discutido logo a seguir.
- Ele requer um módulo lógico de controle complexo e, portanto, lento.

Em vez disso, alguns compromissos são adotados. Existem dois tipos deles:

- São usados mais bits do que estritamente necessário para codificar as combinações possíveis.
- Algumas combinações que são permitidas fisicamente não são possíveis de codificar.

O último tipo de compromisso tem o efeito de reduzir o número de bits. O resultado final, no entanto, é usar mais do que $\log_2 Q$ bits.

Na próxima subseção, vamos discutir técnicas de codificação específicas. O restante desta subseção trata dos efeitos da codificação e dos vários termos usados para descrevê-la.

Com base no anterior, podemos ver que a parte de sinal de controle do formato da microinstrução falha em um espectro. Em uma extremidade, há um bit para cada sinal de controle; em outra extremidade, um formato altamente codificado é usado. A Tabela 16.4 mostra que outras características de uma unidade de controle microprogramada também falham em um espectro e que esses espectros são, em grande parte, determinados pelo espectro do grau de codificação.

O segundo par de itens na tabela é bastante óbvio. O esquema de Wilkes puro requer a maioria dos bits. Também deve estar claro que este extremo representa a visão detalhada do hardware. Cada sinal de controle é controlável individualmente pelo microprogramador. A codificação é feita de maneira a agregar funções ou recursos, para que o microprogramador possa ver o processador de um nível mais alto e menos detalhado. Além disso, a codificação é desenvolvida para facilitar o trabalho de microprogramação. Novamente, deve estar claro que a tarefa de entender e combinar o uso de todos os sinais de controle é difícil. Conforme mencionamos, uma das consequências comuns da codificação é prevenir o uso de algumas combinações que seriam permitidas de outra forma.

Tabela 16.4 Espectro de microinstruções

Características	
Não codificado	Altamente codificado
Muitos bits	Poucos bits
Visão detalhada de hardware	Visão agregada de hardware
Dificuldade de programar	Facilidade de programar
Concorrência totalmente explorada	Concorrência não totalmente explorada
Pequena ou nenhuma lógica de controle	Lógica de controle complexa
Execução rápida	Execução lenta
Desempenho otimizado	Programação otimizada
Terminologia	
Não empacotada	Empacotada
Horizontal	Vertical
Hard	Soft

O parágrafo anterior discute o projeto da microinstrução do ponto de vista do microprogramador. Mas o nível de codificação pode ser visto também a partir dos seus efeitos de hardware. Com um formato puro não codificado, nenhuma ou pouca lógica é necessária; cada bit gera um sinal de controle particular. Conforme são usados os esquemas de codificação mais compactos e mais agregados, uma lógica de decodificação mais complexa é necessária. Isto, por sua vez, pode afetar o desempenho. Mais tempo é necessário para propagar sinais pelas portas do módulo lógico de controle mais complexo. Assim, a execução das microinstruções codificadas pode levar mais tempo do que a execução das não codificadas.

Assim, todas as características listadas na Tabela 16.4 estão dentro de um espectro de estratégias de projeto. Em geral, um projeto que segue o lado esquerdo do espectro tem a intenção de otimizar o desempenho da unidade de controle. Os projetos do lado direito são mais preocupados em otimizar o processo de microprogramação. Na verdade, os conjuntos de instruções próximos do lado direito do espectro se parecem muito com conjuntos de instruções de máquina. Um bom exemplo disso é o projeto do LSI-11, descrito anteriormente neste capítulo. Normalmente, quando o objetivo é simplesmente implementar uma unidade de controle, o projeto tenderá mais para o lado esquerdo do espectro. O projeto do IBM 3033, discutido agora, está nessa categoria. Conforme discutiremos depois, alguns sistemas permitem que vários usuários construam diferentes microprogramas usando a mesma facilidade de microinstruções. Nos últimos exemplos, o projeto estará mais próximo do lado direito do espectro.

Podemos agora lidar com alguma terminologia introduzida anteriormente. A Tabela 16.4 indica como três desses pares de termos se relacionam com o espectro de microinstruções. Basicamente, todos esses pares descrevem a mesma coisa, porém enfatizam características de projeto diferentes.

O grau de empacotamento relaciona-se com o grau de identificação entre uma determinada tarefa de controle e bits específicos de microinstruções. À medida que os bits se tornam mais *empacotados*, certo número de bits contém mais informação. Assim, o empacotamento implica codificação. Os termos *horizontal e vertical* referem-se ao tamanho relativo da microinstrução. Siewiorek, Bell e Newell (1982[d]) sugerem como regra que as microinstruções verticais possuam o tamanho no intervalo entre 16 e 40 bits e que as microinstruções horizontais possuam o tamanho no intervalo entre 40 e 100 bits. Os termos microprogramação *hard* e *soft* são usados para sugerir o grau de proximidade com os sinais de controle e layout de hardware subjacentes. Microprogramas hard são normalmente fixos e dedicados para memória ROM. Microprogramas soft são mais mutáveis e são sugestivos da microprogramação do usuário.

O outro par de termos mencionado no início desta subseção refere-se à codificação direta *versus* a indireta, um assunto que analisaremos agora.

Codificação de microinstruções

Na prática, as unidades de controle microprogramadas não são projetadas usando um formato de microinstrução puramente horizontal ou não codificado. Pelo menos algum grau de codificação é usado para reduzir o tamanho da memória de controle e para simplificar a tarefa de microprogramação.

A técnica básica de codificação é ilustrada na Figura 16.11a. A microinstrução é organizada como um conjunto de campos. Cada campo contém um código que, depois de decodificado, ativa um ou mais sinais de controle.

Vamos considerar as implicações deste layout. Quando a microinstrução é executada, cada campo é decodificado e gera sinais de controle. Assim, com *N* campos, *N* ações simultâneas são especificadas. Cada ação resulta na ativação de um ou mais sinais de controle. Geralmente, mas nem sempre, queremos projetar o formato de tal forma que cada sinal de controle seja ativado por não mais do que um campo. No entanto, é claro que deve ser possível para cada sinal de controle ser ativado por pelo menos um campo.

Considere agora um campo individual. Um campo que consiste de *L* bits pode conter um de 2^L códigos, cada um deles podendo ser codificado para um padrão de sinal de controle diferente. Como apenas um código pode aparecer em um campo ao mesmo tempo, os códigos são mutuamente exclusivos e, por isso, as ações que eles causam são mutuamente exclusivas.

O projeto de um formato de microinstrução codificado pode ser definido agora de forma simples:

- Organize o formato em campos independentes. Ou seja, cada campo ilustra um conjunto de ações (padrões de sinais de controle) de tal forma que ações de campos diferentes possam ocorrer simultaneamente.
- Defina cada campo de tal forma que ações alternativas que podem ser especificadas pelo campo sejam mutuamente exclusivas. Ou seja, apenas uma das ações especificadas para um determinado campo pode ocorrer por vez.

Figura 16.11 Codificação da microinstrução

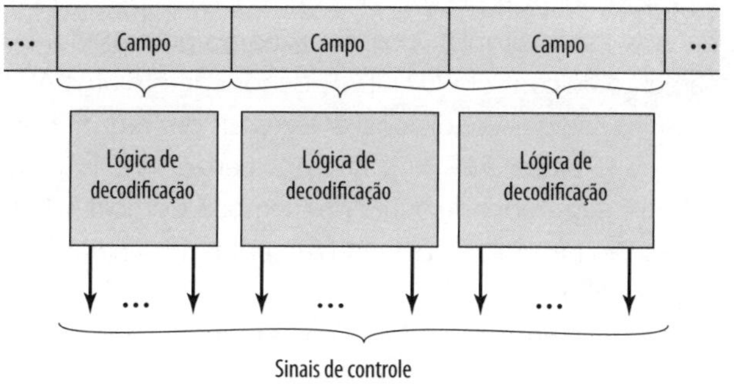

(a) Codificação direta

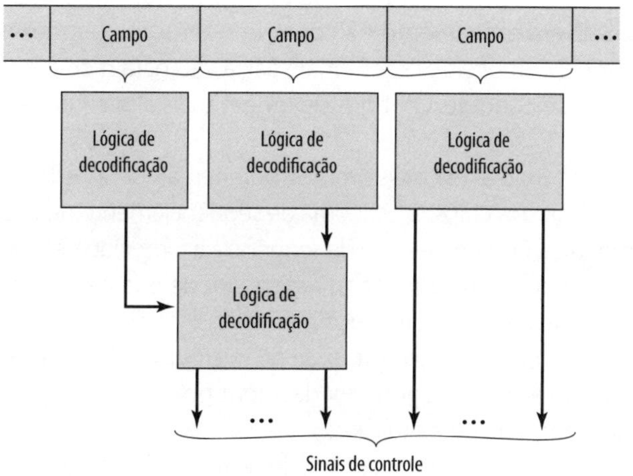

(b) Codificação indireta

Duas abordagens podem ser adotadas para organizar uma microinstrução codificada em campos: a funcional e a de recursos. O método de *codificação funcional* identifica funções dentro da máquina e define os campos pelo tipo de função. Por exemplo, se várias fontes podem ser usadas para transferir dados para o acumulador, um campo pode ser projetado para este propósito, com cada código especificando uma fonte diferente. A *codificação de recursos* vê a máquina como um conjunto de recursos independentes e dedica um campo para cada um deles (por exemplo, E/S, memória, ALU).

Outro aspecto de codificação é se ela é direta ou indireta (Figura 16.11b). Com codificação indireta, um campo é usado para determinar a interpretação de outro campo. Por exemplo, considere uma ALU que é capaz de efetuar oito operações aritméticas diferentes e oito operações de deslocamento diferentes. Um campo de 1 bit poderia ser usado para indicar se uma operação de deslocamento ou aritmética deve ser usada; um campo de 3 bits indicaria a operação. Esta técnica implica geralmente dois níveis de decodificação, aumentando os atrasos de propagação.

A Figura 16.12 é um exemplo simples destes conceitos. Suponha um processador com um acumulador único e vários registradores internos, como um contador de programa e um registrador temporário para entradas da ALU. A Figura 16.12a mostra um formato altamente vertical. Os três primeiros bits indicam o tipo de operação, os três próximos codificam a operação e dois últimos selecionam um registrador interno. A Figura 16.12b é uma abordagem mais horizontal, embora codificação ainda seja usada. Neste caso, funções diferentes aparecem em campos diferentes.

Execução de microinstruções no LSI-11

O LSI-11 (SEBERN, 1976[f]) é um bom exemplo de uma abordagem de microinstrução vertical. Analisamos primeiro a organização da unidade de controle e depois o formato da microinstrução.

ORGANIZAÇÃO DA UNIDADE DE CONTROLE DO LSI-11 O LSI-11 é o primeiro membro da família PDP-11 que foi disponibilizado como um processador de placa única. A placa contém três chips LSI, um barramento interno conhecido como *barramento de microinstruções* (MIB) e alguma lógica adicional para interfaces.

A Figura 16.13 ilustra de uma forma simples a organização do processador LSI-11. Os três chips são chips de dados, controle e armazenamento de controle. O chip de dados contém uma ALU de 8 bits, 26 registradores de 8 bits e armazenamento para vários códigos condicionais. Dezesseis dos registradores são usados para implementar oito registradores de uso geral de 16 bits de PDP-11. Outros incluem uma palavra de *status* de programa, registrador de endereço de memória (MAR) e registrador de buffer de memória. Como a ALU lida com apenas 8 bits ao mesmo tempo, duas passagens por ela são necessárias para implementar um operação aritmética de 16 bits do PDP-11. Isto é controlado pelo microprograma.

O chip ou os chips de armazenamento de controle contêm a memória de controle com largura de 22 bits. O chip de controle contém a lógica para sequenciamento e execução de microinstruções. Ele contém o registrador de endereço de controle, registrador de controle de dados e uma cópia do registrador de instrução de máquina.

O MIB junta todos os componentes. Durante a leitura da microinstrução, o chip de controle gera um endereço de 11 bits em MIB. O armazenamento de controle é acessado, produzindo uma microinstrução de 22 bits que é colocada em MIB. Os 16 bits de ordem mais baixa vão para o chip de dados, enquanto os 18 bits de ordem baixa vão para o chip de controle. Os 4 bits de ordem mais alta controlam as funções especiais da placa do processador.

A Figura 16.14 fornece uma visão ainda mais simples, porém mais detalhada, da unidade de controle de LSI-11: a figura ignora limites individuais dos chips. O esquema de sequenciamento de endereços descrito na Seção 16.2 é implementado em dois módulos. O controle geral de sequência é fornecido pelo módulo de controle de sequência microprogramado, o qual é capaz de incrementar o registrador de endereço da microinstrução e efetuar desvios incondicionais. Outras formas de calcular o endereço são realizadas por um vetor de tradução separado. Este é um circuito combinatório que gera um endereço com base na microinstrução, na instrução de máquina, no contador de programa de microinstrução e em um registrador de interrupção.

O vetor de tradução atua nas seguintes situações:

- Quando o *opcode* é usado para determinar o início de uma microrrotina.
- Em tempos apropriados, bits de modo de endereço da microinstrução são testados para efetuar endereçamento apropriado.

Figura 16.12 Formatos de microinstrução alternativos para um máquina simples

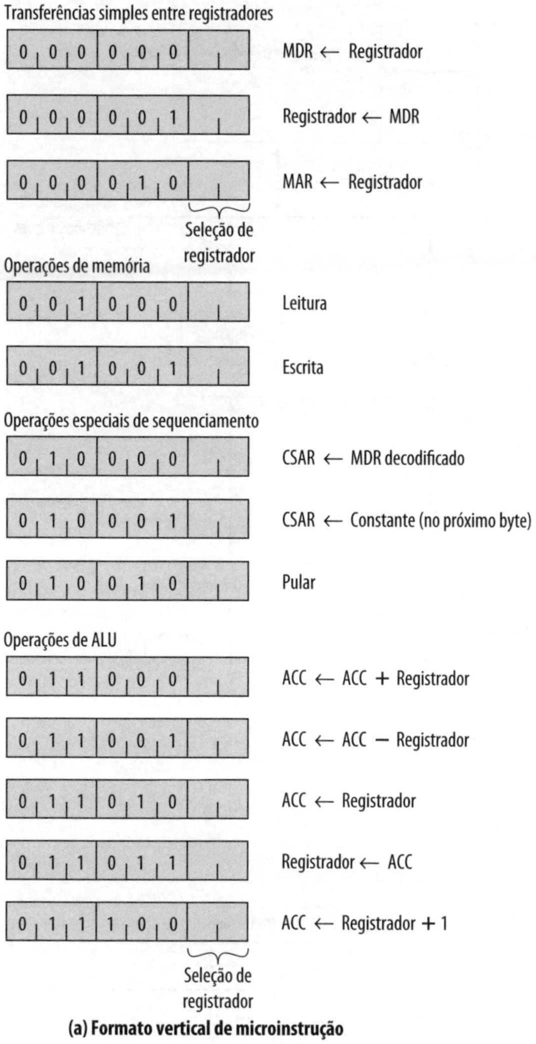

(a) Formato vertical de microinstrução

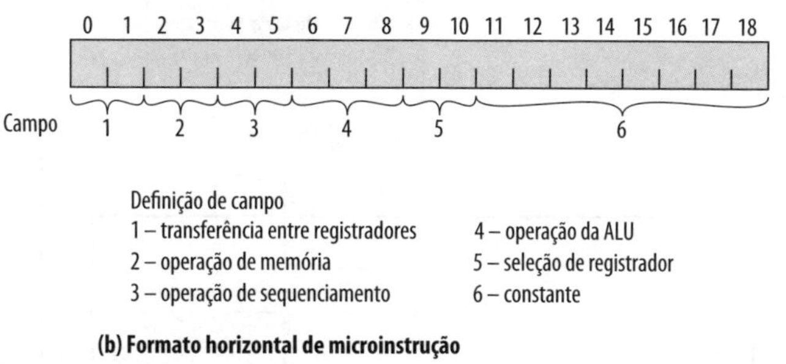

(b) Formato horizontal de microinstrução

- Quando condições de interrupção são testadas periodicamente.
- Quando microinstruções de desvios condicionais são avaliadas.

FORMATO DA MICROINSTRUÇÃO DO LSI-11 O LSI-11 usa um formato extremamente vertical de microinstrução com tamanho de apenas 22 bits. O conjunto de microinstruções assemelha-se muito ao conjunto de instruções de máquina do PDP-11 que ele implementa. Este projeto tem a intenção de otimizar o desempenho da unidade de controle dentro das restrições de um projeto vertical, facilmente programado. A Tabela 16.5 mostra algumas das microinstruções de LSI-11.

Figura 16.13 Diagrama de blocos simplificado do processador LSI-11

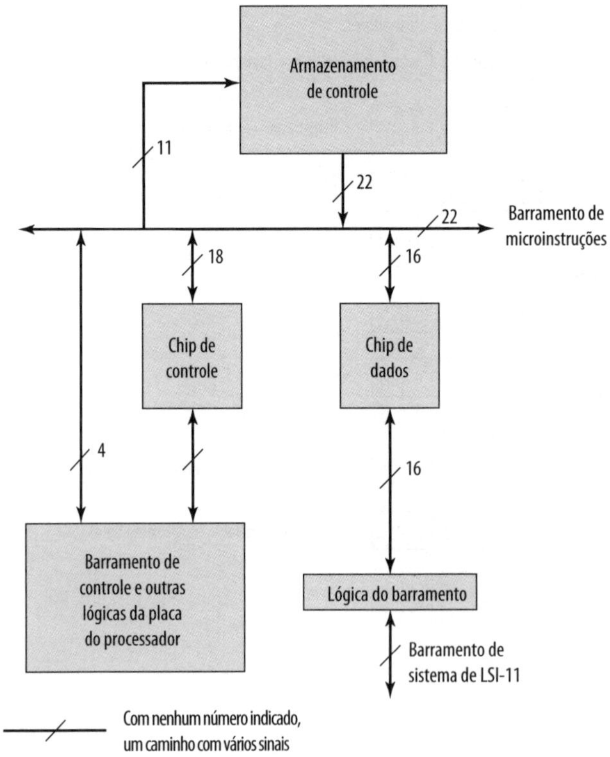

Figura 16.14 Organização da unidade de controle de LSI-11

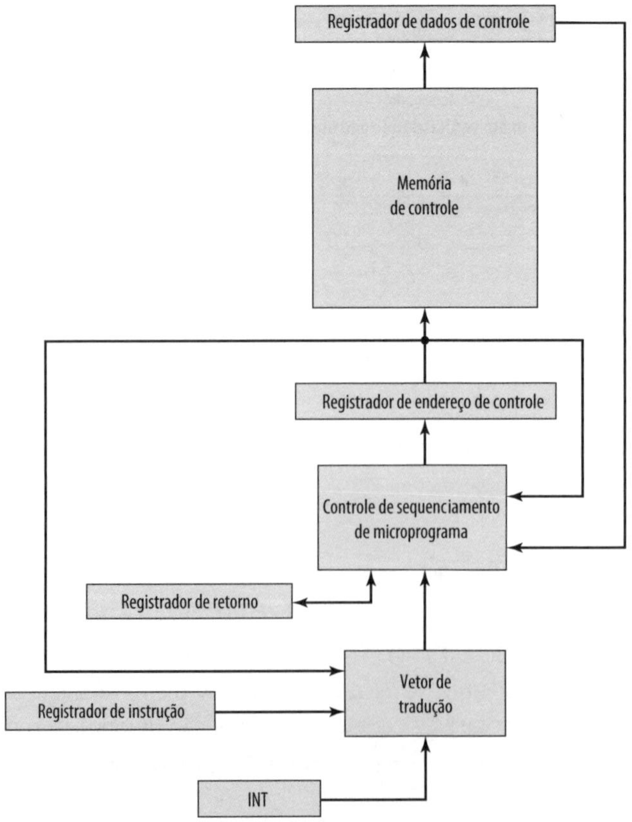

Tabela 16.5 Algumas microinstruções de LSI-11

Operações aritméticas	Operações gerais
Adicionar palavra (byte, literal)	MOV palavra (byte)
Testar palavra (byte, literal)	Salto
Incrementar palavra (byte) por 1	Retorno
Incrementar palavra (byte) por 2	Salto condicional
Negar palavra (byte)	Ativar (desativar) flags
Incrementar (decrementar) byte condicionalmente	Carregar G baixo
Adicionar palavra (byte) condicionalmente	Condicional MOV palavra (byte)
Adicionar palavra (byte) com carry	**Operações de Entrada/Saída**
Adicionar dígitos condicionalmente	
Subtrair palavra (byte)	Entrada palavra (byte)
Comparar palavra (byte, literal)	Entrada palavra de status (byte)
Subtrair palavra (byte) com carry	Ler
Decrementar palavra (byte) por 1	Escrever
Operações lógicas	Ler (escrever) e incrementar palavra (byte) por 1
	Ler (escrever) e incrementar palavra (byte) por 2
AND palavra (byte, literal)	Reconhecimento de leitura (escrita)
Testar palavra (byte)	Saída de palavra (byte, *status*)
OR palavra (byte)	
OR-exclusivo palavra (byte)	
Bit limpar palavra (byte)	
Deslocar palavra (byte) para direita (esquerda) com (sem) carry	
Complementar palavra (byte)	

A Figura 16.15 mostra o formato da microinstrução LSI-11 de 22 bits. Os 4 bits de ordem mais alta controlam funções especiais da placa do processador. O bit de tradução habilita que o vetor de tradução verifique interrupções pendentes. O bit do registrador de leitura de retorno é usado no final de uma microrrotina para fazer com que o endereço da próxima microinstrução seja carregado a partir do registrador de retorno.

Os 16 bits restantes são usados para micro-operações altamente codificadas. O formato se parece com uma instrução de máquina, com um *opcode* de tamanho variável e um ou mais operandos.

Execução de microinstruções no IBM 3033

A memória de controle padrão do IBM 3033 consiste de palavras de 4K. A primeira parte delas (0000-07FF) contém microinstruções de 108 bits, enquanto o restante (0800-0FFF) é usado para armazenar microinstruções de 126 bits. O formato é ilustrado na Figura 16.16. Embora este seja um formato mais horizontal, a codificação é muito usada. Os principais campos desse formato são resumidos na Tabela 16.6.

Figura 16.15 Formato da microinstrução LSI-11

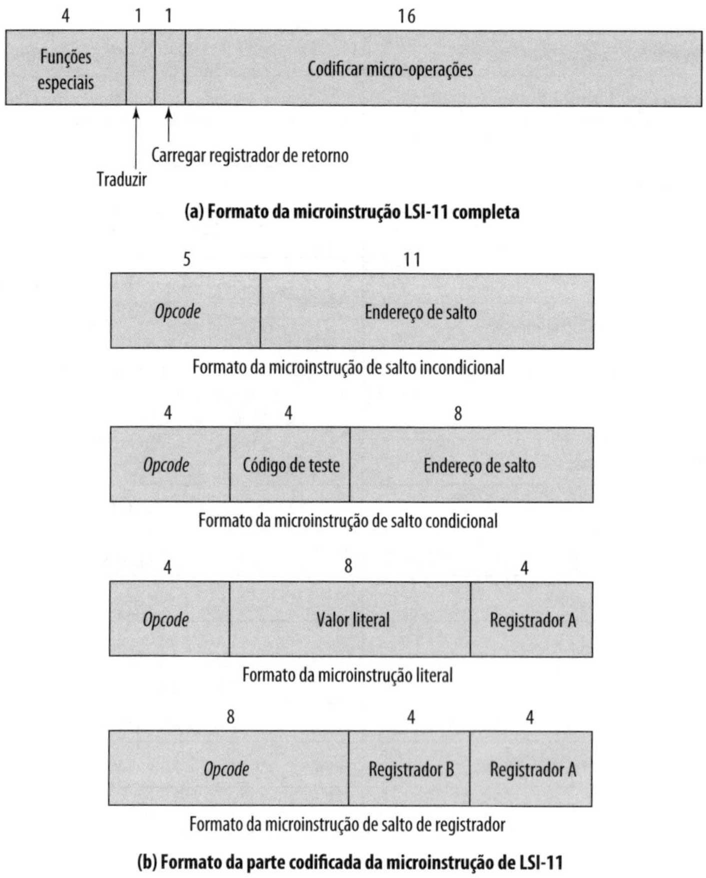

Figura 16.16 Formato da microinstrução de IBM 3033

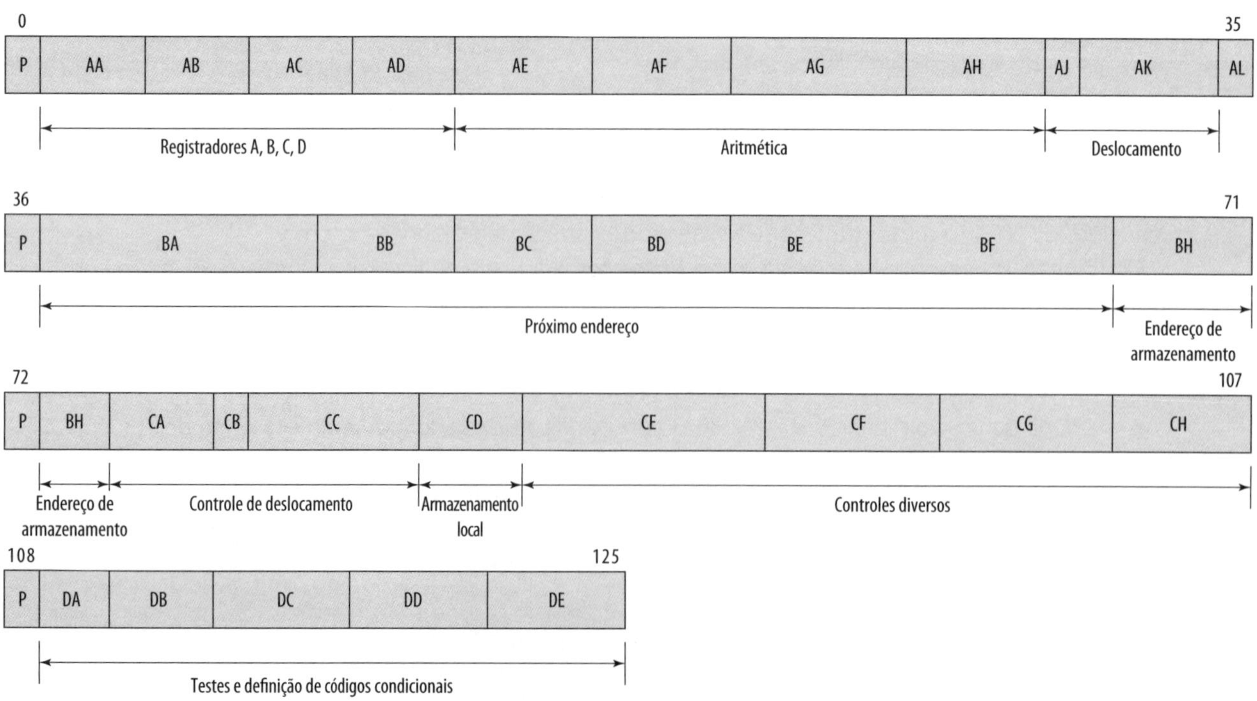

Tabela 16.6 Campos de controle da microinstrução do IBM 3033

Campos de controle de ALU	
AA(3)	Carregar registrador A a partir de um dos registradores de dados
AB(3)	Carregar registrador B a partir de um dos registradores de dados
AC(3)	Carregar registrador C a partir de um dos registradores de dados
AD(3)	Carregar registrador D a partir de um dos registradores de dados
AE(4)	Direciona bits especificados A para ALU
AF(4)	Direciona bits especificados B para ALU
AG(5)	Especifica operação aritmética da ALU para entrada A
AH(4)	Especifica operação aritmética da ALU para entrada B
AJ(1)	Especifica entrada D ou B para ALU do lado B
AK(4)	Direciona saída aritmética para o deslocador
CA(3)	Carrega registrador F
CB(1)	Ativa deslocador
CC(5)	Especifica funções lógicas e de carry
CE(7)	Especifica a quantidade de deslocamento
Campos para sequenciamento de desvios	
AL(1)	Termina operação e executa desvio
BA(8)	Ativa bits de ordem mais alta (00-07) do registrador de endereço de controle
BB(4)	Especifica a condição para ativar o bit 8 do registrador de endereço de controle
BC(4)	Especifica a condição para ativar o bit 9 do registrador de endereço de controle
BD(4)	Especifica a condição para ativar o bit 10 do registrador de endereço de controle
BE(4)	Especifica a condição para ativar o bit 11 do registrador de endereço de controle
BF(7)	Especifica a condição para ativar o bit 12 do registrador de endereço de controle

A ALU opera com entradas provenientes de quatro registradores dedicados e não visíveis ao usuário, A, B, C e D. O formato da microinstrução contém campos para carregar esses registradores a partir dos registradores visíveis ao usuário, efetuar uma função da ALU e especificar um registrador visível ao usuário para armazenar o resultado. Há também campos para carregar e armazenar dados entre registradores e memória.

O mecanismo de sequenciamento para IBM 3033 foi discutido na Seção 16.2.

16.4 TI 8800

A *Texas Instruments 8800 Software Development Board* (SDB) é uma placa de computador de 32 bits microprogramável. O sistema possui um armazenamento de controle que pode ser escrito, implementado em RAM em vez de ROM. Tal sistema não alcança a velocidade ou a densidade de um sistema microprogramado com um armazenamento de controle ROM. No entanto, ele é útil para desenvolver protótipos e para fins educacionais.

O 8800 SDB consiste dos componentes a seguir (Figura 16.17):

- Memória de microcódigo.
- Microssequenciador.

Figura 16.17 Diagrama de blocos do TI 8800

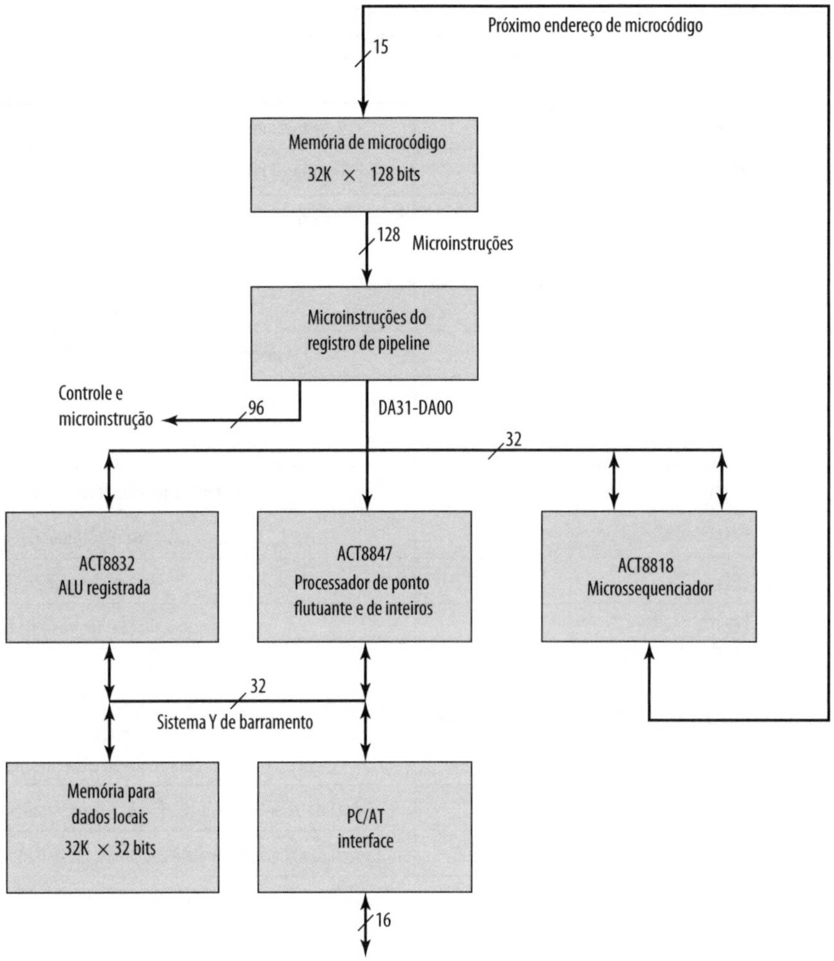

- ALU de 32 bits.
- Processador de ponto flutuante e de inteiros.
- Memória para dados locais.

Dois barramentos ligam os componentes internos do sistema. O barramento DA fornece dados a partir do campo de dados da microinstrução para ALU, para o processador de ponto flutuante ou para o microssequenciador. No último caso, os dados consistem de um endereço para ser usado para uma instrução de desvio. O barramento também pode ser usado pela ALU ou microssequenciador para fornecer dados para outros componentes. O barramento Y do sistema conecta a ALU e o processador de ponto flutuante com memória local e com módulos externos por meio de interface PC.

A placa se encaixa em um computador compatível com padrão IBM PC. O computador fornece uma plataforma adequada para a montagem e depuração do microcódigo.

Formato da microinstrução

O formato da microinstrução do 8800 consiste de 128 bits separados em 30 campos funcionais, conforme indicado na Tabela 16.7. Cada campo consiste de um ou mais bits e os campos são agrupados em cinco principais categorias:

- Controle da placa.
- Chip de processador 8847 de ponto flutuante e de inteiros.

Tabela 16.7 Formato da microinstrução de TI 8800

Número do campo	Número de bits	Descrição
Controle da placa		
1	5	Seleciona entrada do código condicional
2	1	Habilita/desabilita sinal externo de requisição de E/S
3	2	Habilita/desabilita operações de leitura/escrita em memória de dados locais
4	1	Carrega *status*/não carrega *status*
5	2	Determina a unidade que tem controle barramento Y
6	2	Determina a unidade que tem controle barramento DA
Chip de processador 8847 de ponto flutuante e de inteiros		
7	1	Controle do registrador C: usar, não usar clock
8	1	Seleciona bits mais ou menos significativos para barramento Y
9	1	Fonte de dados do registrador C: ALU, multiplexador
10	4	Seleciona modo IEEE ou FAST para ALU e MUL
11	8	Seleciona fontes para operandos de dados: registradores RA, registradores RB, registrador P, registrador 5, registrador C
12	1	Controle do registrador RB: usar, não usar clock
13	1	Controle do registrador RA: usar, não usar clock
14	2	Confirmação da fonte de dados
15	2	Habilita/desabilita registradores do pipeline
16	11	Função 8847 de ALU
ALU 8832 registrada		
17	2	Habilitar/desabilitar escuta de dados de saída para registrador selecionado: metade mais significativa, metade menos significativa
18	2	Seleciona fonte de dados do arquivo de registradores: barramento DA, barramento DB, saída ALU Y MUX, barramento Y de sistema
19	3	Modificador de instrução de deslocamento
20	1	Passagem: forçar, não forçar
21	2	Define modo de configuração de ALU: 32, 16 ou 8 bits.
22	2	Seleciona entrada para multiplexador S: arquivo de registradores, barramento DB, registrador MQ
23	1	Seleciona entrada para multiplexador R: arquivo de registradores, barramento DA
24	6	Seleciona registrador no banco C para escrita
25	6	Seleciona registrador no banco B para escrita
26	6	Seleciona registrador no banco A para escrita
27	8	Função de ALU
Microssequenciador 8818		
28	12	Sinais de controle de entrada para 8818
Campo de dados WCS		
29	16	Bits mais significativos do campo de dados de armazenamento de controle
30	16	Bits menos significativos do campo de dados de armazenamento de controle

- ALU 8832 com registradores.
- Microssequenciador 8818.
- Campo de dados WCS.

Conforme indicado na Figura 16.17, os 32 bits do campo de dados WCS são alimentados no barramento DA para serem fornecidos como dados para a ALU, o processador de ponto flutuante ou o microssequenciador. Outros

96 bits (campos 1-27) da microinstrução são sinais de controle alimentados diretamente para o módulo apropriado. Para simplificar, essas outras conexões não são mostradas na Figura 16.17.

Os primeiros seis campos tratam das operações que pertencem ao controle da placa, em vez de controlar um componente individual. As operações de controle incluem:

- Selecionar códigos condicionais para controle do sequenciador. O primeiro bit do campo 1 indica se o flag de condição deve ser definida para 1 ou 0 e os 4 bits restantes indicam qual flag deve ser definida.
- Enviar uma requisição de E/S para PC/AT.
- Habilitar operações de leitura/escrita em memória de dados locais.
- Determinar a unidade que detém o controle barramento Y do sistema. Um dos quatro dispositivos anexos ao barramento (Figura 16.17) é selecionado.

Os últimos 32 bits são o campo de dados que contém a informação específica para uma determinada microinstrução.

Os campos restantes da microinstrução são discutidos melhor dentro do contexto do dispositivo que eles controlam. No restante desta seção, analisamos o microssequenciador e a ALU com registradores. A unidade de ponto flutuante não introduz nenhum conceito novo e é omitida.

Microssequenciador

A função principal do microssequenciador 8818 é gerar o endereço da próxima microinstrução para o microprograma. Este endereço de 15 bits é fornecido para memória do microcódigo (Figura 16.17).

O próximo endereço pode ser selecionado a partir de uma das cinco origens:

1. O registrador contador de microprograma (MPC), usado para repetir (reutilizar o mesmo endereço) e continuar (incrementar endereço por 1) instruções.
2. A pilha, que suporta chamadas de sub-rotinas do microprograma assim como laços iterativos e retornos das interrupções.
3. Portas DRA e DRB que fornecem dois caminhos adicionais a partir do hardware externo pelos quais os endereços do microprograma podem ser gerados. Estas duas portas são conectadas aos 16 bits mais e menos significativos do barramento DA, respectivamente. Isto permite que o microssequenciador obtenha o endereço da próxima instrução a partir do campo de dados WCS da microinstrução atual ou a partir de um resultado calculado pela ALU.
4. Contadores de registradores RCA e RCB, os quais podem ser usados para armazenamento de endereços adicionais.
5. Uma entrada externa para porta bidirecional Y para suportar interrupções externas.

A Figura 16.18 é um diagrama de blocos lógico de 8818. O dispositivo consiste dos seguintes grupos funcionais principais:

- Um contador de microprograma (MPC) de 16 bits consistindo de um registrador e um incrementador.
- Dois registradores contadores, RCA e RCB, para contar laços e iterações, armazenar endereços dos desvios e conduzir dispositivos externos.
- Uma pilha de 65 palavras de 16 bits que possibilita chamadas de sub-rotinas dos programas e interrupções.
- Um registrador de retorno de interrupção e saída Y possibilitam o processamento de interrupções em nível de microinstruções.
- Um multiplexador Y de saída pelo qual o próximo endereço pode ser selecionado de RCA, RCB, barramentos externos DRA e DRB ou pilha.

REGISTRADORES/CONTADORES Os registradores RCA e RCB podem ser carregados do barramento DA, a partir da microinstrução corrente ou a partir da saída da ALU. Os valores podem ser usados como contadores para controlar o fluxo de execução e podem ser decrementados automaticamente quando acessados. Os valores podem ser usados também como endereços das microinstruções para serem fornecidos ao multiplexador Y de saída. O controle independente de ambos os registradores durante um único ciclo de microinstrução é suportado, exceto decremento simultâneo de ambos os registradores.

PILHA A pilha permite vários níveis de chamadas ou interrupções aninhadas e pode ser usada para suportar desvios e laços. Tenha em mente que estas operações referem-se à unidade de controle, não ao processador como todo, e que os endereços envolvidos são os das microinstruções na memória de controle.

Figura 16.18 Microssequenciador de TI 8818

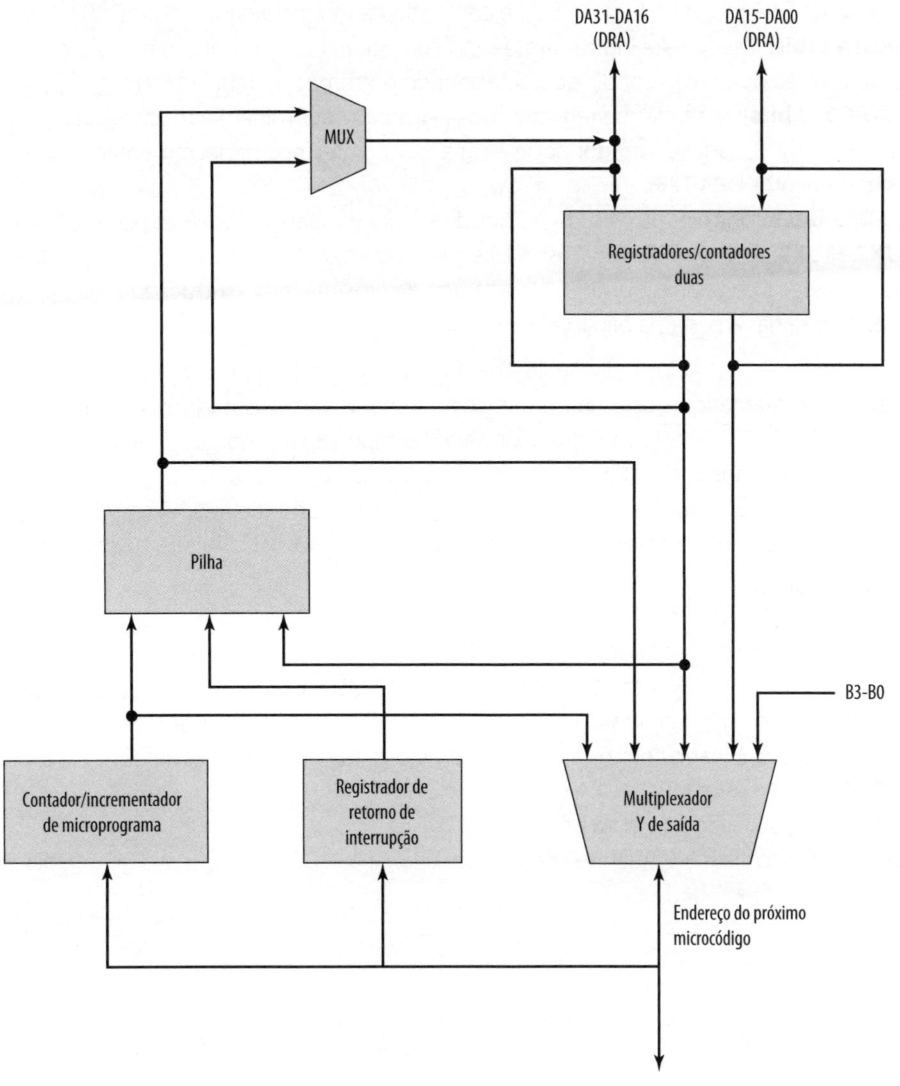

Seis operações de pilha são possíveis:

1. Limpar, o que define o ponteiro da pilha para zero, esvaziando a pilha.
2. Desempilhar, o que decrementa o ponteiro da pilha.
3. Empilhar, o que coloca o conteúdo de MPC, registrador de retorno da interrupção, ou do barramento DRA na pilha e incrementa o ponteiro da pilha.
4. Ler, que torna o endereço indicado pelo ponteiro de leitura disponível no multiplexador Y de saída.
5. Manter, o que faz o endereço do ponteiro da pilha permanecer inalterado.
6. Carregar ponteiro da pilha, que carrega os sete bits menos significativos de DRA no ponteiro da pilha.

CONTROLE DO MICROSSEQUENCIADOR O microssequenciador é controlado principalmente pelo campo de 12 bits da microinstrução atual, campo 28 (Tabela 16.7). Este campo consiste de seguintes subcampos:

- **OSEL (1 bit)**: seleciona saída. Determina qual valor será colocado na saída do multiplexador que alimenta o barramento DRA (canto superior esquerdo da Figura 16.18). A saída é selecionada para vir da pilha ou do registrador RCA. O DRA então serve como entrada para o multiplexador Y de saída ou para registrador RCA.

- **SELDR (1 bit)**: seleciona barramento DR. Se definido para 1, este bit seleciona barramento DA externo como entrada para barramentos DRA/DRB. Se definido para 0, seleciona a saída do multiplexador DRA para barramento DRA (controlado por OSEL) e conteúdo de RCB para barramento DRB.
- **ZEROIN (1bit)**: usado para indicar um desvio condicional. O comportamento do microssequenciador dependerá então do código condicional selecionado no campo 1 (Tabela 16.7).
- **RC2-RC0 (3 bits)**: controles de registradores. Estes bits determinam a mudança no conteúdo dos registradores RCA e RCB. Cada registrador pode permanecer o mesmo, ser decrementado ou ser carregado a partir dos barramentos DRA/DRB.
- **S2-S0 (3 bits)**: controles da pilha. Estes bits determinam qual operação de pilha será executada.
- **MUX2-MUX0**: controles da saída. Estes bits, juntos com o código condicional quando usado, controlam o multiplexador Y de saída e, portanto, o endereço da próxima microinstrução. O multiplexador pode selecionar as suas saídas a partir da pilha, DRA, DRB ou MPC.

Estes bits podem ser definidos individualmente pelo programador. No entanto, normalmente isso não é feito. Em vez disso, os programadores usam mnemônicos que equivalem aos padrões de bits que seriam necessários normalmente. A Tabela 16.8 lista 15 mnemônicos para o campo 28. Um montador de microcódigo os converte em padrões de bits apropriados.

Como um exemplo, a instrução INC88181 é usada para fazer com que a próxima microinstrução na sequência seja selecionada, se o código condicional selecionado atualmente for 1. Da Tabela 16.8 temos

$$\text{INC88181} = 000000111110$$

o que é decodificado diretamente para

- **OSEL = 0**: seleciona RCA como saída de DRA saída de MUX; neste caso, a seleção é irrelevante.
- **SELDR = 0**: conforme definido anteriormente; novamente, isto é irrelevante para esta instrução.
- **ZEROIN = 0**: combinado com o valor para MUX indica que nenhum desvio deve ser tomado.
- **R = 000**: retém o valor atual de RA e RC.
- **S = 111**: retém o estado atual da pilha.
- **MUX = 110**: escolhe MPC quando código condicional = 1, DRA quando código condicional = 0.

Tabela 16.8 Bits da microinstrução do microssequenciador TI 8818 (Campo 28)

Mnemônico	Valor	Descrição
RST8818	000000000110	Instrução de reinicialização
BRA88181	011000111000	Desvia para instrução DRA
BRA88180	010000111110	Desvia para instrução DRA
INC88181	000000111110	Instrução de continuação
INC88180	000000000000	Instrução de continuação
CAL88181	010000110000	Salta para sub-rotina no endereço especificado por DRA
CAL88180	010000101110	Salta para sub-rotina no endereço especificado por DRA
RET8818	000000011010	Retorno de sub-rotina
PUSH8818	000000110111	Empilha endereço de retorno da interrupção na pilha
POP8818	100000010000	Retorno de interrupção
LOADDRA	000010111110	Carrega contador DRA do barramento DA
LOADDRB	000110111110	Carrega contador DRB do barramento DA
LOADDRAB	000110111100	Carrega DRA/DRB
DECRDRA	010001111100	Decrementa contador DRA e desvia se não for zero
DECRDRB	010101111100	Decrementa contador DRB e desvia se não for zero

ALU com registradores

A 8832 é uma ALU de 32 bits com 64 registradores que pode ser configurada para operar como quatro ALUs de 8 bits, duas ALUs de 16 bits ou uma única ALU de 32 bits.

Ela é controlada pelos 39 bits que constituem os campos de 17 a 27 da microinstrução (Tabela 16.7); estes são fornecidos para a ALU como sinais de controle. Além disso, conforme indicado na Figura 16.17, a 8832 possui conexões externas com o barramento DA de 32 bits e o barramento Y do sistema de 32 bits. As entradas de DA podem ser fornecidas simultaneamente como dados de entrada para arquivo de registradores de 64 palavras e para módulo lógico da ALU. A entrada do barramento Y do sistema é fornecida para módulo lógico da ALU. Os resultados das operações da ALU e de deslocamento são saídas para barramento DA ou barramento Y do sistema. Os resultados podem ser também alimentados de volta para o banco interno de registradores.

Três portas com endereço de 6 bits permitem que uma leitura de dois operandos e uma escrita de operando sejam executadas dentro do banco de registradores simultaneamente. Um deslocador MQ e um registrador MQ podem também ser configurados para funcionar independentemente para implementar operações de deslocamento de precisão dupla de 8, 16 e 32 bits.

Os campos de 17 até 26 de cada microinstrução controlam o caminho em que os dados fluem dentro de 8832 e entre o 8832 e o ambiente externo. Os campos são os seguintes:

17. **Habilitar escrita.** Estes dois bits especificam escrita de 32 bits, ou 16 bits mais significantes ou 16 bits menos significativos ou não escrevem no banco de registradores. O registrador de destino é definido pelo campo 24.
18. **Selecionar origem de dados do arquivo de registradores.** Se uma escrita está para ocorrer no arquivo de registradores, estes dois bits especificam a origem: barramento DA, barramento DB, saída de ALU ou barramento Y do banco sistema.
19. **Modificador da instrução de deslocamento.** Especifica opções relacionadas ao fornecimento de bits finais de preenchimento e bits de leitura que são deslocados durante as instruções de deslocamento.
20. **Carry in.** Este bit indica se um bit é passado na ALU para esta operação.
21. **Modo de configuração da ALU.** A 8832 pode ser configurada para operar como uma ALU de 32 bits, duas ALUs de 16 bits ou quatro ALUs de 8 bits.
22. **Entrada S.** Entradas do módulo lógico de ALU são fornecidas por dois multiplexadores internos conhecidos como multiplexadores S e R. Este campo seleciona a entrada para ser fornecida pelo multiplexador S: arquivo de registradores, barramento DB ou registrador MQ. Registrador de origem é definido pelo campo 25.
23. **Entrada R.** Seleciona entrada para ser fornecida pelo multiplexador R: arquivo de registradores ou barramento DA.
24. **Registrador destino.** Endereço ou registrador no arquivo de registradores para ser usado para operando destino.
25. **Registrador de origem.** Endereço ou registrador no arquivo de registradores para ser usado para operando fonte, fornecido pelo multiplexador S.
26. **Registrador fonte.** Endereço ou registrador no arquivo de registradores para ser usado para operando de origem, fornecido pelo multiplexador R.

Finalmente, o campo 27 é um *opcode* de 8 bits que especifica a função aritmética ou lógica a ser executada pela ALU. A Tabela 16.9 lista operações diferentes que podem ser executadas.

Como um exemplo de codificação usada para especificar campos de 17 até 27, considere a instrução para adicionar conteúdo do registrador 1 para registrador 2 e colocar resultado no registrador 3. A instrução simbólica é

$$\text{CONT11}[17], \text{WELH}, \text{SELRYFYMX}, [24], \text{R3}, \text{R2}, \text{R1}, \text{PASS} + \text{ADD}$$

O montador traduzirá isso em padrão de bits apropriado. Os componentes individuais da instrução podem ser descritos a seguir:

- CONT11 é a instrução NOP básica.
- Campo [17] é alterado para WELH (habilitar escrita, baixa e alta), para que seja feita uma escrita em um registrador de 32 bits seja da saída Y para a ALU.
- Campo [18] é alterado para SELRFYMX para selecionar o retorno da saída ALU Y MUX.

Tabela 16.9 Campo de instrução da ALU 8832 registrada (Campo 27)

Grupo 1		Função
ADD	H#01	R + S + *Cn*
SUBR	H#02	(NOT R) + S + *Cn*
SUBS	H#03	R = (NOT S) + *Cn*
INSC	H#04	S + *Cn*
INCNS	H#05	(NOT S) + *Cn*
INCR	H#06	R + *Cn*
INCNR	H#07	(NOT R) + *Cn*
XOR	H#09	R XOR S
AND	H#0A	R AND S
OR	H#0B	R OR S
NAND	H#0C	R NAND S
NOR	H#0D	R NOR S
ANDNR	H#0E	(NOR R) AND S
Grupo 2		**Função**
SRA	H#00	Deslocamento aritmético à direita com precisão única
SRAD	H#10	Deslocamento aritmético à direita com precisão dupla
SRL	H#20	Deslocamento lógico à direita com precisão única
SRLD	H#30	Deslocamento lógico à direita com precisão dupla
SLA	H#40	Deslocamento aritmético à esquerda com precisão única
SLAD	H#50	Deslocamento aritmético à esquerda com precisão dupla
SLC	H#60	Deslocamento circular à esquerda com precisão única
SLCD	H#70	Deslocamento circular à esquerda com precisão dupla
SRC	H#80	Deslocamento circular à direita com precisão única
SRCD	H#90	Deslocamento circular à direita com precisão dupla
MQSRA	H#A0	Deslocamento aritmético à direita do registrador MQ
MQSRL	H#B0	MQ para deslocamento lógico à direita do registrador MQ
MQSLL	H#C0	MQ para deslocamento lógico à esquerda do registrador MQ
MQSLC	H#D0	Deslocamento circular à esquerda do registrador MQ
LOADMQ	H#E0	Carregar registrador MQ
PASS	H#F0	Passar ALU para Y (sem operação de deslocamento)
Grupo 3		**Função**
SET1	H#08	Ativar bit 1
SET0	H#18	Ativar bit 0
TB1	H#28	Testar bit 1
TB0	H#38	Testar bit 0
ABS	H#48	Valor absoluto
SMTC	H#58	Sinal e magnitude/complemento de dois
ADDI	H#68	Adicionar imediato
SUBI	H#78	Subtrair imediato
BADD	H#88	Adicionar byte R para S
BSUBS	H#98	Subtrair byte S de R
BSUBR	H#A8	Subtrair byte R de S
BINCS	H#B8	Incrementar byte S
BINCNS	H#C8	Incrementar byte S negativo

(Continua)

Tabela 16.9 Campo de instrução da ALU 8832 registrada (Campo 27) *(continuação)*

Grupo 3		Função
BXOR	H#D8	XOR de byte R e S
BAND	H#E8	AND de byte R e S
BOR	H#F8	OR de byte R e S
Grupo 4		**Função**
CRC	H#00	Acumular caractere com redundância cíclica
SEL	H#10	Selecionar S ou R
SNORM	H#20	Normalizar tamanho simples
DNORM	H#30	Normalizar tamanho duplo
DIVRF	H#40	Ajustar resto de divisão
SDIVQF	H#50	Fixar quociente de divisão com sinal
SMULI	H#60	Iteração de multiplicação com sinal
SMULT	H#70	Término de multiplicação com sinal
SDIVIN	H#80	Inicializar divisão com sinal
SDIVIS	H#90	Começar divisão com sinal
SDIVI	H#A0	Iterar divisão com sinal
UDIVIS	H#B0	Iniciar divisão sem sinal
UDIVI	H#C0	Iterar divisão sem sinal
UMULI	H#D0	Iterar multiplicação sem sinal
SDIVIT	H#E0	Terminar divisão com sinal
UDIVIT	H#F0	Terminar divisão sem sinal
Grupo 5		**Função**
LOADFF	H#0F	Carregar flip-flops da divisão/BCD
CLR	H#1F	Limpar
DUMPFF	H#5F	Saída dos flip-flops da divisão/BCD
BCDBIN	H#7F	BCD para binário
EX3BC	H#8F	Correção de excesso de-3 de palavra
EX3C	H#9F	Correção de excesso de-3 de palavra
SDIVO	H#AF	Teste de overflow de divisão com sinal
BINEX3	H#DF	Binário para excesso – 3
NOP32	H#FF	Nenhuma operação

- Campo [24] é alterado para definir o registrador R3 como registrador destino.
- Campo [25] é alterado para definir o registrador R2 como um dos registradores de origem.
- Campo [26] é alterado para definir o registrador R1 como um dos registradores de origem.
- Campo [27] é alterado para especificar uma operação ADD da ALU. A instrução do deslocador de ALU é PASS; assim, a saída de ALU não é deslocada pelo deslocador.

Vários comentários podem ser feitos a respeito da notação simbólica. Não é necessário especificar o número do campo para campos consecutivos. Ou seja,

CONT11[17], WELH, [18], SELRFYMX

pode ser escrito como

CONT11[17], WELH, SELRFYMX

porque SELRFYMX está no campo 18.

As instruções da ALU do Grupo 1 da Tabela 16.9 devem ser sempre usadas em conjunto com Grupo 2. As instruções de ALU do Grupo 3 até 5 não devem ser usadas com Grupo 2.

16.5 Leitura recomendada

Há vários livros dedicados à microprogramação. Talvez o mais compreensivo seja Lynch (1993[g]). Segee e Field (1991[h]) apresentam os fundamentos de microcódigos e projeto de sistemas microcodificados por meio de um projeto passo a passo de um processador simples de 16 bits. Carter (1996[i]) também apresenta os conceitos básicos usando uma máquina simples. Parker e Hamblen (1989[j]) e Texas Instruments (1990[k]) fornecem uma descrição detalhada de *TI 8800 Software Development Board*.

Vassiliadis, Wong e Cotofana (2003[l]) discutem a evolução do uso de microcódigo no projeto de computadores e seu *status* atual.

Principais termos, perguntas de revisão e problemas

Principais termos

Memória de controle	Codificação de microinstruções	Unidade de controle microprogramada
Palavra de controle	Execução de microinstruções	Linguagem de microprogramação
Firmware	Sequenciamento de microinstruções	Microprogramação soft
Microprogramação hard	Microinstruções	Microinstrução não empacotada
Microprogramação horizontal	Microprograma	Microinstrução vertical

Perguntas de revisão

16.1 Qual é a diferença entre uma implementação por hardware e uma implementação microprogramada de uma unidade de controle?

16.2 Como é interpretada um microinstrução horizontal?

16.3 Qual é o propósito de uma memória de controle?

16.4 Qual é a sequência típica na execução de uma microinstrução horizontal?

16.5 Qual é a diferença entre microinstruções horizontais e verticais?

16.6 Quais são tarefas básicas executadas por uma unidade de controle microprogramada?

16.7 Qual é a diferença entre microinstruções empacotadas e não empacotadas?

16.8 Qual é a diferença entre programação hard e soft?

16.9 Qual é a diferença entre codificação funcional e de recursos?

16.10 Enumere algumas aplicações comuns da microprogramação.

Problemas

16.1 Descreva a implementação da instrução múltipla na máquina hipotética projetada por Wilkes. Use narrativa e um fluxograma.

16.2 Suponha um conjunto de microinstruções que inclui uma microinstrução com a seguinte forma simbólica:

$$\text{IF } (AC_0 = 1) \text{ THEN CAR} \leftarrow (C_{0-6}) \text{ ELSE CAR} \leftarrow (\text{CAR}) + 1$$

onde AC_0 é o bit de sinal do acumulador e C_{0-6} são primeiros sete bits da microinstrução. Usando esta microinstrução, escreva um microprograma que implementa uma instrução de máquina Branch Register Minus (BRM) que desvia se AC for negativo. Suponha que os bits de C_1 até C_n da microinstrução especificam um conjunto paralelo de micro-operações. Expresse o programa simbolicamente.

16.3 Um processador simples possui quatro fases principais para o seu ciclo de instrução: busca, indireto, execução e interrupção. Dois flags de 1 bit definem a fase atual em uma implementação por hardware.

a. Por que estes flags são necessários?

b. Por que eles não são necessários em uma unidade de controle microprogramada?

16.4 Considere a unidade de controle da Figura 16.7. Suponha que a memória de controle tenha um tamanho de 24 bits. A parte de controle do formato da microinstrução é dividida em dois campos. Um campo de micro-operação de 13 bits que especifica as micro-operações a serem efetuadas. Um campo de seleção de endereço que especifica uma condição, com base em flags, que causará um desvio de microinstrução. Existem oito flags.

a. Quantos bits há no campo de seleção de endereço?

b. Quantos bits há no campo de endereço?

c. Qual é o tamanho da memória de controle?

16.5 Como pode ser feito o desvio incondicional sob circunstâncias do problema anterior? Como o desvio pode ser evitado; ou seja, descreva uma microinstrução que não especifica nenhum desvio, condicional ou incondicional.

16.6 Queremos fornecer 8 palavras de controle para cada rotina de instrução de máquina. Os *opcodes* da instrução de máquina têm 5 bits e a memória de controle possui 1.024 palavras. Sugira um mapeamento do registrador de instrução para registrador de endereço de controle.

16.7 Um formato de microinstrução codificado é usado. Mostre como um campo de micro-operação de 9 bits pode ser dividido em subcampos para especificar 46 ações diferentes.

16.8 Um processador tem 16 registradores, uma ALU com 16 funções lógicas e 16 aritméticas e um deslocador com 8 operações, todos conectados por um barramento interno do processador. Projete um formato de microinstrução para especificar várias micro-operações para o processador.

Referências

a WILKES, M. "The best way to design an automatic calculating machine". *Proceedings, Manchester University Computer Inaugural Conference,* jul. 1951.

b HILL, R. "Stored logic programming and applications". *Datamation*, fev. 1964.

c WILKES, M. e STRINGER, J. "Microprogramming and the design of the control circuits in an electronic digital computer". *Proceedings of the Cambridge Philosophical Society,* abr. 1953. Reimpresso em Siewiorek, Bell e Newell, 1982.

d SIEWIOREK, D.; BELL, C; e NEWELL, A. *Computer Structures: Principles and Examples.* Nova York: McGraw-Hill, 1982.

e TUCKER, S. "Microprogram control for System/360". *IBM Systems Journal,* No. 4,1967.

f SEBERN, M. "A Minicomputer-compatible microcomputer system: The DEC LSI-11". *Proceedings of the IEEE,* jun. 1976.

g LYNCH, M. *Microprogrammed state machine design.* Boca Raton, FL: CRC Press, 1993.

h SEGEE, B. e FIELD, J. *Microprogramming and computer architecture.* Nova York: Wiley, 1991.

i CARTER, J. *Microprocesser architecture and microprogramming.* Upper Saddle River, NJ: Prentice Hall, 1996.

j PARKER, A. e HAMBLEN, J. *An introduction to microprogramming with exercises designed for the Texas Instruments SN74ACT8800 Software Development Board.* Dallas, TX: Texas Instruments, 1989.

k TEXAS INSTRUMENTS INC. *SN74ACT880 Family Data Manual.* SCSS006C, 1990.

l VASSILIADIS, S.; WONG, S. e COTOFANA, S. "Microcode processing: positioning and directions". *IEEE Micro,* jul./ago. de 2003.

PARTE

1 2 3 4 **5**

Organização paralela

ASSUNTOS DA PARTE 5

A parte final do livro analisa uma importante área em constante crescimento que é a organização paralela. Em uma organização paralela, várias unidades de processamento cooperam para executar aplicações. Enquanto um processador superescalar explora as oportunidades para execução paralela em nível de instruções, uma organização de processamento paralelo procura um nível mais abrangente de paralelismo, um que possibilite que o trabalho seja feito em paralelo e de forma cooperativa por vários processadores. Uma série de questões vem à tona com tais organizações. Por exemplo, se múltiplos processadores, cada um com sua cache, compartilham acesso à mesma memória, então alguns mecanismos, em hardware ou em software, devem ser empregados para garantir que todos os processadores compartilhem uma imagem válida da memória principal: isto é conhecido como problema de coerência de cache. Esta e outras questões de projeto são analisadas na Parte 5.

MAPA DA PARTE 5

Capítulo 17 Processamento paralelo

O Capítulo 17 fornece uma visão sobre as considerações do processamento paralelo. Depois, o capítulo analisa três abordagens para organizar vários processadores: multiprocessadores simétricos (SMP, do inglês *symmetric multiprocessor*), *clusters* e máquinas de acesso não uniforme à memória (NUMA, do inglês *nonuniform memory access*). O SMP e os *clusters* são duas maneiras mais comuns de organizar múltiplos processadores para melhorar o desempenho e a disponibilidade. Sistemas NUMA são um conceito mais novo que ainda não atingiu um sucesso comercial grande, mas que se mostra bastante promissor. Finalmente, o Capítulo 17 analisa uma organização especial conhecida como processador vetorial.

Capítulo 18 Computadores multicore

Um computador multicore é um chip de computador que contém mais do que um processador (núcleo). Chips com vários núcleos possibilitam aumento maior na capacidade computacional quando comparados a uma única capacidade computacional feita continuamente para executar mais rapidamente. O Capítulo 18 analisa algumas questões fundamentais de projeto dos computadores de múltiplos núcleos e fornece exemplos das arquiteturas Intel x86 e ARM.

CAPÍTULO 17

Processamento paralelo

PRINCIPAIS PONTOS

- Um jeito tradicional para melhorar o desempenho do sistema é usar múltiplos processadores que possam executar em paralelo para suportar uma certa carga de trabalho. Duas organizações mais comuns de múltiplos processadores são ***multiprocessadores simétricos*** (SMP, do inglês *symmetric multiprocessor*) e *clusters*. Mais recentemente, sistemas de ***acesso não uniforme à memória*** (NUMA, do inglês *nonuniform memory acess*) foram introduzidos comercialmente.
- Um SMP consiste de vários processadores semelhantes dentro de um mesmo computador, interconectados por um barramento ou algum tipo de arranjo de comutação. O problema mais crítico a ser resolvido em um SMP é a coerência de cache. Cada processador possui a sua própria cache e, assim, é possível que uma determinada informação esteja presente em mais de uma cache. Se tal informação for alterada em uma cache, então a memória principal e a outra cache possuem uma versão inválida dessa informação. Os protocolos de coerência de cache são projetados para lidar com esse problema.
- Quando mais de um processador é implementado em um chip único, a configuração é conhecida como ***chip de multiprocessamento***. Um esquema de projeto relacionado é replicar alguns dos componentes de um único processador para que o processador possa executar várias threads de forma concorrente; isto é conhecido como um ***processador multithread***.
- Um ***cluster*** é um grupo de computadores completo conectados trabalhando juntos como um recurso computacional unificado que pode criar a ilusão de ser apenas uma máquina. O termo *computador completo* significa um sistema que pode funcionar por conta própria, separado do *cluster*.
- Um sistema NUMA é um multiprocessador de memória compartilhada em que o tempo de acesso para determinado processador a uma palavra na memória varia de acordo com a posição da palavra na memória.
- Um propósito especial de organização paralela é o recurso vetorial, o qual é dedicado ao processamento de vetores ou matrizes de dados.

Tradicionalmente, o computador tem sido visto como uma máquina sequencial. A maioria das linguagens de programação de computadores requer que o programador especifique algoritmos como uma sequências de instruções. Os processadores executam programas executando as instruções de máquina em sequência e uma por vez. Cada instrução é executada em uma sequência de operações (obter instrução, obter operandos, executar operação, armazenar resultados).

Esta visão do computador nunca foi totalmente verdadeira. Em nível de micro-operações, vários sinais de controle são gerados ao mesmo tempo. O pipeline de instruções, pelo menos quando há sobreposição de operações de leitura e execução, está presente há muito tempo. Ambos são exemplos de desempenho de funções em paralelo. Esta abordagem é aprofundada com a organização superescalar, a qual explora paralelismo em nível de instruções. Em uma máquina superescalar existem várias unidades de execução dentro de um único processador e estes podem executar várias instruções de um mesmo programa em paralelo.

À medida que a tecnologia computacional evoluiu e o custo de hardware computacional baixou, os projetistas procuraram mais e mais oportunidades para paralelismo, normalmente para melhorar o desempenho e, em alguns casos, para aumentar a disponibilidade. Depois de uma introdução, este capítulo analisa algumas abordagens mais promissoras para organização paralela. Primeiro, analisamos multiprocessadores simétricos (SMP), um dos primeiros e ainda mais comuns exemplos da organização paralela. Em uma organização SMP, vários processadores compartilham uma memória comum. Esta organização levanta a questão da coerência de cache, a qual uma seção separada é dedicada. Depois descrevemos os *clusters*, os quais consistem em vários computadores independentes organizados de forma cooperativa. A seguir, o capítulo analisa os processadores multithread e chips multiprocessadores. *Clusters* tornaram-se muito comuns para suportar cargas de trabalho que estão além da capacidade de um único SMP. Outra abordagem para uso de vários processadores que analisamos são máquinas de acesso não uniforme à memória (NUMA). A abordagem NUMA é relativamente nova e ainda não aprovada no mercado, mas é frequentemente considerada como uma alternativa para abordagem SMP ou *cluster*. Finalmente, este capítulo analisa as abordagens de organização de hardware para computação vetorial. Estas abordagens otimizam a ALU para processamento de vetores ou matrizes de números de ponto flutuante. Elas são comuns na classe de sistemas conhecida como ***supercomputadores***.

17.1 Organizações de múltiplos processadores

Tipos de sistemas de processadores paralelos

Uma taxonomia introduzida inicialmente por Flynn (FLYNN, 1972[a]) é ainda a maneira mais comum de categorizar sistemas com capacidade de processamento paralelo. Flynn propôs as seguintes categorias de sistemas computacionais:

- **Instrução única, único dado (SISD, do inglês *single instruction, single data*)**: um processador único executa uma única sequência de instruções para operar nos dados armazenados em uma única memória. Uniprocessadores enquadram-se nesta categoria.
- **Instrução única, múltiplos dados (SIMD, do inglês *single instruction, multiple data*)**: uma única instrução de máquina controla a execução simultânea de uma série de elementos de processamento em operações básicas. Cada elemento de processamento possui uma memória de dados associada, então cada instrução é executada em um conjunto diferente de dados por processadores diferentes. Processadores de vetores e matrizes se enquadram nesta categoria e são discutidos na Seção 18.7.
- **Múltiplas instruções, único dado (MISD, do inglês *multiple instruction, single data*)**: uma sequência de dados é transmitida para um conjunto de processadores, onde cada um executa uma sequência de instruções diferente. Esta estrutura não é implementada comercialmente.
- **Múltiplas instruções, múltiplos dados (MIMD, do inglês *multiple instruction, multiple data*)**: Um conjunto de processadores que executam sequências de instruções diferentes simultaneamente em diferentes conjuntos de dados. SMPs, *clusters* e sistemas NUMA enquadram-se nesta categoria.

Com a organização MIMD, os processadores são de uso geral; cada um é capaz de processar todas as instruções necessárias para efetuar transformação de dados apropriada. MIMDs podem ser ainda divididos pelos meios de comunicação do processador (Figura 17.1). Se os processadores compartilham uma memória comum, então cada processador acessa programas e dados armazenados na memória compartilhada e os processadores se comunicam uns com os outros por meio dessa memória. A forma mais comum desse sistema é conhecida como ***multiprocessador simétrico* (SMP)**, o qual examinamos na Seção 17.2. Em um SMP, múltiplos processadores compartilham uma única memória ou um pool de memória por um barramento compartilhado ou algum outro mecanismo de interconexão; um recurso diferenciado é que o tempo de acesso à memória de qualquer região de memória é aproximadamente o mesmo para cada processador. Um desenvolvimento mais recente é a organização de ***acesso não uniforme à memória* (NUMA)**, a qual é descrita na Seção 17.5. Como o próprio nome sugere, o tempo de acesso à memória de diferentes regiões da memória pode diferir para um processador NUMA.

Uma coleção de uniprocessadores independentes ou SMPs pode ser interconectada para formar um ***cluster***. A comunicação entre os computadores é feita por caminhos fixos ou por alguma facilidade de rede.

Organizações paralelas

A Figura 17.2 ilustra a organização geral da taxonomia da Figura 17.1. A Figura 17.2a mostra a estrutura de um SISD. Existe um tipo de unidade de controle (CU, do inglês *control unit*) que fornece um fluxo de instruções (IS, do inglês *instruction stream*) para a unidade de processamento (PU , do inglês *processing unit*). A unidade de processamento opera em cima de um único fluxo de dados (DS , do inglês *data stream*) de uma unidade de memória (MU , do inglês *memory unit*). Com um SIMD, ainda há uma única unidade de controle, alimentando agora um único fluxo de instruções para várias PUs. Cada PU pode ter a sua própria memória dedicada (Figura 17.2b) ou pode haver uma memória compartilhada. Finalmente, com MIMD, há várias unidades de controle, cada uma alimentando um fluxo de instruções separado para a sua própria PU. O MIMD pode ser um multiprocessador de memória compartilhada (Figura 17.2c) ou um computador de memória distribuída (Figura 17.2d).

As questões de projeto relativas a SMPs, *clusters* e NUMA são complexas e envolvem pontos de organização física, estruturas de interconexão, comunicação entre processadores, projeto de sistemas operacionais e técnicas de aplicações de software. O nosso foco aqui é, em primeiro lugar, a organização, embora analisamos brevemente as questões sobre projeto de sistemas operacionais.

Figura 17.1 Uma taxonomia de arquiteturas de processadores paralelos

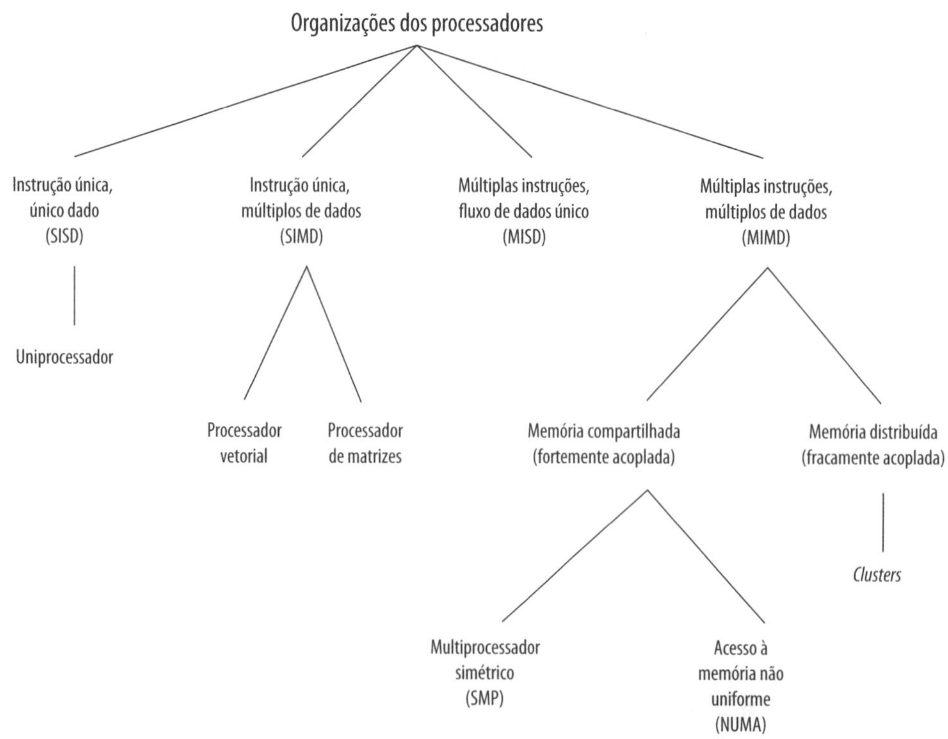

Figura 17.2 Organizações alternativas de computadores

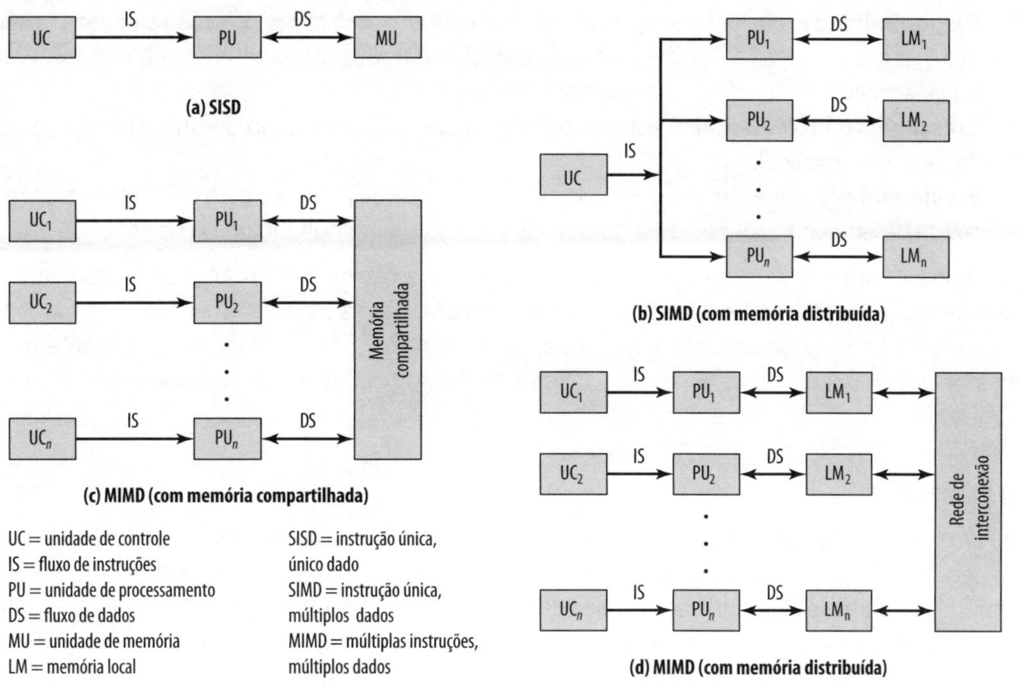

17.2 Multiprocessadores simétricos

Até recentemente, quase todos os computadores pessoais e a maioria de estações de trabalho continham um único microprocessador de propósito geral. À medida que a demanda por desempenho aumenta e o custo de microprocessadores continua a baixar, os fabricantes têm introduzido sistemas com uma organização SMP. O termo *SMP* refere-se a uma arquitetura de hardware computacional e também ao comportamento do sistema operacional que reflete essa arquitetura. Um SMP pode ser definido como um sistema de computação independente com as seguintes características:

1. Há dois ou mais processadores semelhantes de capacidade comparável.
2. Esses processadores compartilham a mesma memória principal e os recursos de E/S, e são interconectados por um barramento ou algum outro esquema de conexão interna, de tal forma que o tempo de acesso à memória é aproximadamente igual para cada processador.
3. Todos os processadores compartilham acesso aos dispositivos de E/S, ou pelos mesmos canais ou por canais diferentes que fornecem caminhos para o mesmo dispositivo.
4. Todos os processadores desempenham as mesmas funções (daí o termo *simétrico*).
5. O sistema é controlado por um sistema operacional integrado que fornece interação entre processadores e seus programas em nível de trabalhos, tarefas, arquivos ou elementos de dados.

Os itens de 1 a 4 são autoexplicativos. O item 5 ilustra um dos contrastes com um sistema de multiprocessamento fracamente acoplado, como um *cluster*. No último, a unidade física de interação é normalmente uma mensagem ou um arquivo completo. Em um SMP, elementos individuais de dados podem constituir o nível de interação e pode haver um alto grau de cooperação entre processos.

O sistema operacional de um SMP faz o agendamento de processos ou threads por meio de todos os processadores. Uma organização SMP possui um número de vantagens potenciais em relação a uma organização de uniprocessador, incluindo o seguinte:

- **Desempenho**: se o trabalho a ser feito por um computador pode ser organizado de tal forma que algumas partes do trabalho possam ser feitas em paralelo, então um sistema com vários processadores vai atingir desempenho melhor do que um com um único processador do mesmo tipo (Figura 17.3).
- **Disponibilidade**: em um multiprocessador simétrico, como todos os processadores podem efetuar as mesmas funções, a falha de um único processador não trava a máquina. Em vez disso, o sistema pode continuar a funcionar com desempenho reduzido.
- **Crescimento incremental**: o usuário pode melhorar o desempenho de um sistema acrescentando um processador adicional.
- **Escalabilidade**: fornecedores podem oferecer uma série de produtos com diferentes preços e características de desempenho com base no número de processadores configurado no sistema.

É importante observar que estes benefícios são potenciais e não garantidos. O sistema operacional deve fornecer ferramentas e funções para explorar o paralelismo em um sistema SMP.

Um recurso atraente de um SMP é que a existência de vários processadores é transparente para usuário. O sistema operacional toma conta do escalonamento de threads ou processos em processadores individuais e da sincronização entre processadores.

Organização

A Figura 17.4 ilustra, em termos gerais, a organização de um sistema multiprocessado. Existem dois ou mais processadores. Cada um é autossuficiente, incluindo uma unidade de controle, uma ALU, registradores e, normalmente, um ou mais níveis de cache. Cada processador possui acesso à memória principal compartilhada e aos dispositivos de E/S por meio de alguma forma de mecanismo de interconexão. Os processadores podem comunicar-se uns com outros pela memória (mensagens e informações de estado são colocadas em áreas comuns da memória). Os processadores também podem trocar sinais diretamente. A memória é frequentemente

Figura 17.3 Multiprogramação e multiprocessamento

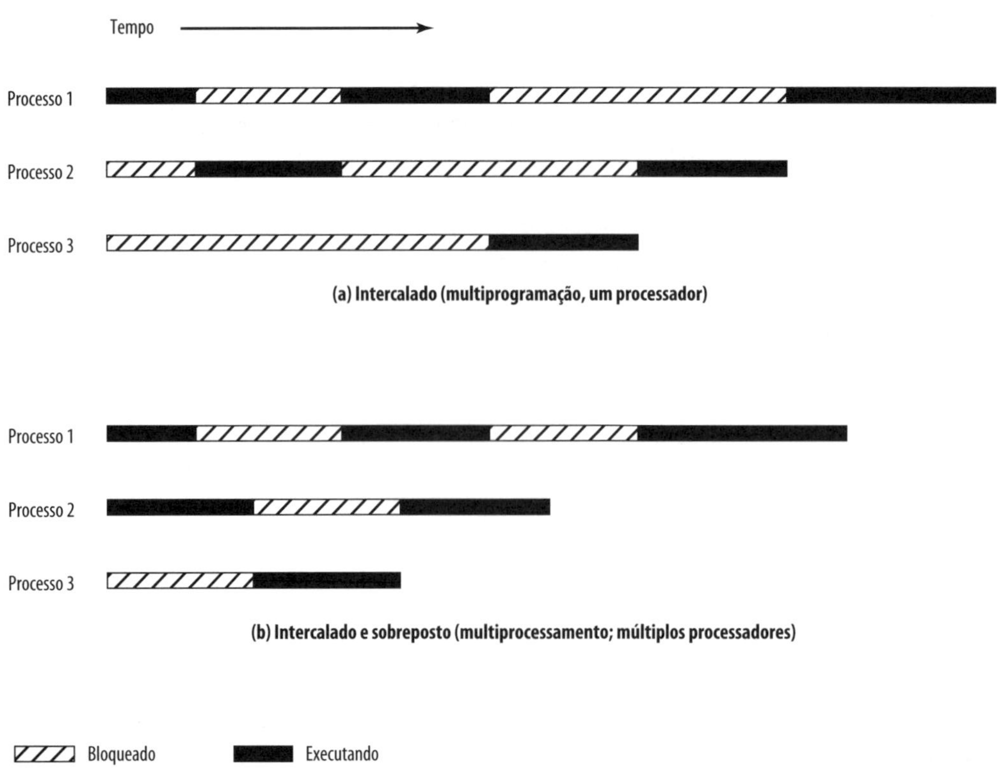

Figura 17.4 Diagrama de blocos genérico de um multiprocessador fortemente acoplado

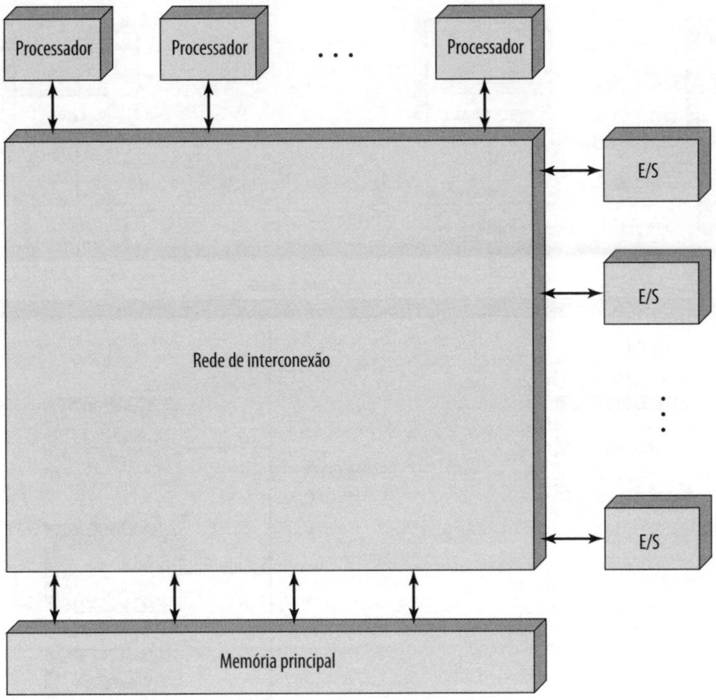

organizada de tal forma que vários acessos simultâneos a blocos de memória separados sejam possíveis. Em algumas configurações, cada processador pode ter a sua própria memória principal e seus próprios canais de E/S além dos recursos compartilhados.

A organização mais comum para computadores pessoais, estações de trabalho e servidores é o barramento de tempo compartilhado. O barramento de tempo compartilhado é o mecanismo mais simples para construir um sistema multiprocessador (Figura 17.5). As estruturas e as interfaces são basicamente as mesmas para um sistema de um processador único que usa um barramento de interconexão. O barramento consiste de linhas de controle, endereço e dados. Para facilitar transferências DMA pelos processadores de E/S, os seguintes recursos são fornecidos:

- **Endereçamento**: deve ser possível distinguir os módulos no barramento para determinar a origem e o destino dos dados.
- **Arbitração**: qualquer módulo de E/S pode funcionar temporariamente como "mestre". Um mecanismo é fornecido para arbitrar requisições concorrentes para o controle do barramento, usando algum tipo de esquema de prioridade.
- **Tempo compartilhado**: quando um módulo está controlando o barramento, outros módulos são bloqueados e devem, se necessário, suspender a operação até que o acesso ao barramento seja possível.

Estes recursos de uniprocessadores são utilizáveis diretamente em uma organização SMP. Neste último caso, existem agora múltiplos processadores, assim como múltiplos processadores de E/S, tentando obter o acesso a um ou mais módulos de memória pelo barramento.

A organização de barramento possui vários recursos atraentes:

- **Simplicidade**: esta é a abordagem mais simples para organização de multiprocessadores. A interface física e lógica de endereçamento, arbitração e tempo compartilhado de cada processador permanecem as mesmas, como em um sistema de um único processador.
- **Flexibilidade**: normalmente é fácil expandir o sistema anexando mais processadores ao barramento.
- **Confiabilidade**: o barramento é basicamente um meio passivo, e uma falha de qualquer dispositivo conectado não deve causar uma falha do sistema todo.

Figura 17.5 Organização de um multiprocessador simétrico

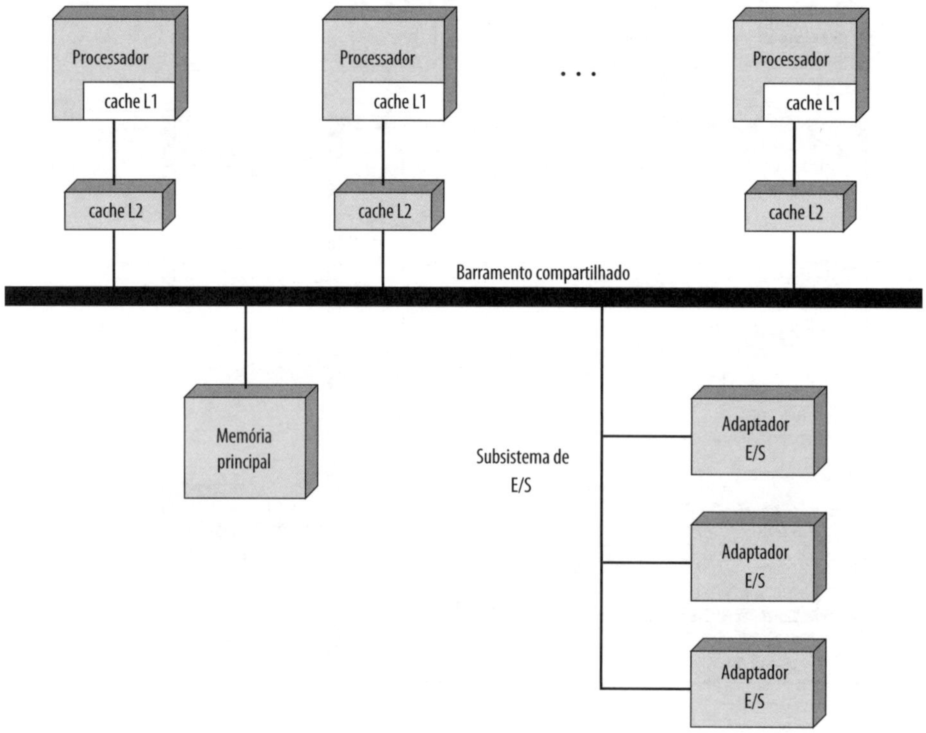

A principal desvantagem da organização de barramento é o desempenho. Todas as referências à memória passam pelo barramento comum. Assim, o tempo de ciclo do barramento limita a velocidade do sistema. Para melhorar o desempenho, é desejável equipar cada processador com uma memória cache. Isto deveria reduzir drasticamente o número de acessos ao barramento. Normalmente, as estações de trabalho e computadores pessoais SMP possuem dois níveis de cache, a cache L1 interno (o mesmo chip do processador) e cache L2 interno ou externo. Alguns processadores, hoje em dia, usam também uma cache L3.

O uso da cache introduz algumas novas considerações sobre projeto. Como cada cache local contém uma imagem de uma parte da memória, se uma palavra é alterada em uma cache, isso poderia, de uma maneira concebível, invalidar essa palavra em outra cache. Para prevenir isso, outros processadores devem ser avisados que ocorreu uma atualização. Este problema é conhecido como problema de *coerência de cache* e é normalmente resolvido pelo hardware, em vez de ser solucionado pelo sistema operacional. Discutimos esta questão na Seção 17.4.

Considerações sobre projeto dos sistemas operacionais para multiprocessadores

Um sistema operacional SMP gerencia processadores e outros recursos computacionais para que o usuário perceba um único sistema operacional controlando os recursos do sistema. Na verdade, tal configuração deveria aparecer como um sistema multiprogramado de um único processador. Tanto em SMP como em uniprocessadores, vários trabalhos ou processos podem estar ativos ao mesmo tempo e é responsabilidade do sistema operacional escalonar a sua execução e alocar recursos. O usuário pode construir aplicações que usam vários processos ou várias threads dentro do processo sem se preocupar se um processador único ou vários processadores estarão disponíveis. Assim, um sistema operacional para multiprocessadores deve fornecer toda a funcionalidade de um sistema multiprogramado mais os recursos adicionais para acomodar múltiplos processadores. Temos, dentre as principais questões de projeto:

- **Processos concorrentes simultâneos**: rotinas do SO precisam ser reentrantes para permitir que vários processadores executem o mesmo código do SO simultaneamente. Com múltiplos processadores executando mesmas ou diferentes partes do SO, tabelas do SO e estruturas de gerenciamento devem ser gerenciadas de acordo para evitar deadlock ou operações inválidas.

- **Escalonamento**: qualquer processador pode efetuar escalonamento, portanto os conflitos devem ser evitados. O escalonador deve atribuir processos prontos para processadores disponíveis.
- **Sincronização**: com múltiplos processos ativos tendo acesso potencial a espaços da memória compartilhada ou recursos de E/S compartilhados, cuidados devem ser tomados para fornecer sincronização eficiente. A sincronização é um recurso que reforça a exclusão mútua e ordenação de eventos.
- **Gerenciamento de memória**: gerenciamento de memória em um multiprocessador precisa lidar com todas as questões encontradas em máquinas de um processador, conforme discutido no Capítulo 8. Além disso, o sistema operacional precisa explorar o paralelismo disponível no hardware, tais como memórias com multiplas portas para alcançar o melhor desempenho. Os mecanismos de paginação em diferentes processadores devem ser coordenados para reforçar a consistência quando vários processadores compartilham uma página ou um segmento para decidir sobre substituição de página.
- **Confiabilidade e tolerância a falhas**: o sistema operacional deve prover uma degradação sutil perante uma falha do processador. O escalonador e outras partes do sistema operacional devem reconhecer a perda de um processador e reestruturar as tabelas de gerenciamento de acordo.

Um mainframe SMP

A maioria dos PCs e estações de trabalho SMP usa uma estratégia de barramento de interconexão conforme ilustrado na Figura 17.5. É instrutivo analisar uma abordagem alternativa, a qual é usada para uma implementação recente da família de mainframes zSeries da IBM (SIEGEL, PFEFFER e MAGEE, 2004[b], MAK ET AL., 2004[c]), chamada de z990. Esta família abrange uma faixa desde um uniprocessador com um cartão de memória até sistemas de alto nível com 48 processadores e 8 placas de memória. Os principais componentes da configuração são mostrados na Figura 17.6:

- **Chip de processador de dois núcleos (Dual-Core)**: cada processador inclui dois processadores centrais idênticos (CP). O CP é um microprocessador CISC superescalar onde a maioria das instruções é executada por hardware e o restante é executado pelo microcódigo vertical. Cada CP inclui uma cache de instruções L1 de 256 KB e uma cache de dados L1 de 256 KB.
- **Cache L2**: cada cache L2 contém 32 MB. Caches L2 são arranjadas em grupos de cinco, com cada grupo suportando oito chips de processador e fornecendo acesso a todo o espaço da memória principal.
- **Elemento de controle do sistema (SCE, do inglês *system control element*)**: o SCE faz arbitração da comunicação do sistema e tem um papel central em manter a coerência de cache.
- **Controle do armazenamento principal (MSC, do inglês *main store control*)**: o MSC interconecta caches L2 e a memória principal.
- **Cartão de memória**: cada cartão contém 32 GB de memória. O máximo configurável de memória consiste de 8 placas de memória para um total de 256 GB. Placas de memória se interconectam à MSC pelas interfaces de memória síncrona (SMI, do inglês *synchronous memory interfaces*).
- **Adaptador de barramento de memória (MBA, do inglês *memory bus adapter*)**: o MBA provê uma interface para vários tipos de canais de E/S. Tráfego para/de canais vai diretamente para cache L2.

O microprocessador em z990 é relativamente incomum se comparado com outros processadores modernos porque, embora seja superescalar, ele executa instruções em ordem estritamente arquitetural. No entanto, ele compensa isso tendo um pipeline mais curto, e caches e TLB muito maiores, se comparado com outros processadores, além de outros recursos que melhoram a desempenho.

O sistema z990 engloba de um a quatro ***livros***. Cada livro é uma unidade conectável contendo até 12 processadores com até 64 GB de memória, adaptadores de E/S e um elemento de controle de sistema (SCE) que conecta esses outros elementos. O SCE dentro de cada livro contém uma cache L2 de 32 MB que serve como um ponto central de coerência para esse livro específico. A cache L2 e a memória principal são acessíveis por um processador ou adaptador de E/S dentro desse livro ou qualquer outros dos três livros no sistema. Os chips SCE e cache L2 também se conectam com elementos correspondentes em outros livros em uma configuração de anel.

Existem vários recursos interessantes na configuração de SMP de z990, os quais discutimos agora:

- Interconexão chaveada.
- Caches L2 compartilhadas.

Figura 17.6 Estrutura do multiprocessador IBM z990

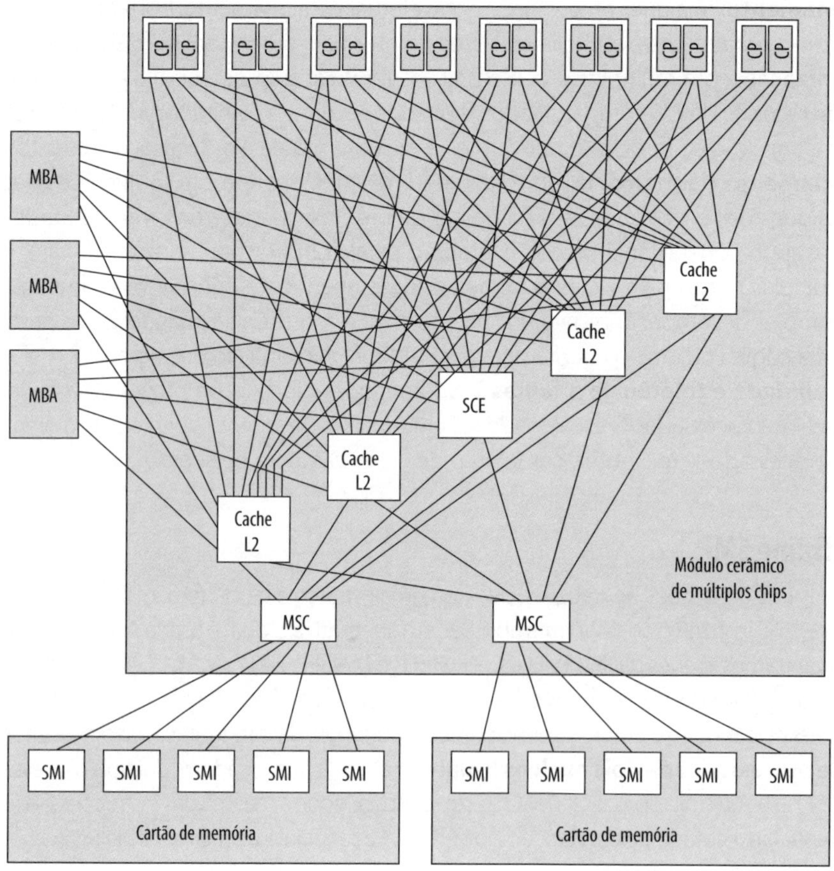

CP = processador central
MBA = adaptador do barramento de memória
MSC = controle do armazenamento principal
SCE = elemento de controle do sistema
SMI = interface de memória síncrona

INTERCONEXÃO CHAVEADA Um único barramento compartilhado é um arranjo comum em SMPs para PCs e estações de trabalho (Figura 17.5). Com este arranjo, o barramento único se torna um gargalo que afeta a escalabilidade (habilidade de expansão para tamanhos maiores) do projeto. O z990 lida com o problema de duas maneiras. Primeiro, a memória principal é dividida em múltiplos cartões, cada um com o seu controlador de armazenamento próprio que consegue lidar com acessos à memória em altas velocidades. A carga média de tráfego para memória principal é reduzida por causa dos caminhos independentes para partes separadas da memória. Cada livro inclui dois cartões de memória, para um total de oito cartões para a configuração máxima. Segundo, a conexão a partir dos processadores (mais precisamente a partir de caches L2) para um único cartão de memória não está na forma de um barramento compartilhado, e sim na forma de ligações ponto a ponto. Cada chip de processador possui uma ligação para cada uma das caches L2 no mesmo livro e cada cache L2 possui uma ligação, por meio de MSC, para cada um dos cartões de memória no mesmo livro.

Cada cache L2 se conecta apenas com os dois cartões de memória no mesmo livro. O controlador do sistema fornece ligações (não mostradas) para outros livros na configuração, de tal forma que toda a memória principal seja acessível para todos os processadores.

As ligações ponto a ponto em vez de um barramento fornecem conexões para os canais de E/S. Cada cache L2 em um livro se conecta com cada MBA desse livro. As MBAs, por sua vez, se conectam com os canais de E/S.

CACHES L2 COMPARTILHADAS Em um esquema típico de cache de dois níveis em um SMP, cada processador possui uma cache L1 dedicada e uma cache L2 também dedicada. Nos últimos anos, tem crescido o interesse pelo conceito de uma cache L2 compartilhada. Em uma versão anterior do seu mainframe SMP, conhecido como geração 3 (G3), a IBM fez uso de caches L2 dedicadas. Em suas versões posteriores (séries G4, G5 e série z900), uma cache L2 compartilhada foi usada. Duas considerações definiram esta mudança:

1. Ao mudar de G3 para G4, a IBM duplicou a velocidade dos microprocessadores. Se a organização G3 fosse mantida, um aumento significativo de tráfego no barramento teria ocorrido. Ao mesmo tempo, houve um desejo de reutilizar o máximo possível de componentes G3. Sem uma atualização significativa do barramento, o BSN teria se tornado um gargalo.
2. Análises de cargas de trabalho típicas de mainframe revelaram um alto grau de compartilhamento de instruções e dados entre os processadores.

Estas considerações levaram os projetistas da G4 a considerar o uso de uma ou mais caches L2, cada uma sendo compartilhada por vários processadores (cada processador tendo um uma cache L1 dedicada no chip). À primeira vista, compartilhar uma cache L2 pode parecer uma ideia ruim. O acesso à memória a partir dos processadores deveria ser mais lento porque os processadores devem agora competir pelo acesso a uma única cache L2. No entanto, se uma quantidade suficiente de dados é, de fato, compartilhada por vários processadores, então uma cache compartilhada pode aumentar o rendimento ao invés de diminuí-lo. Dados que são compartilhados e encontrados na cache compartilhada são obtidos mais rapidamente do que se tivessem que ser obtidos pelos barramentos.

17.3 Coerência de cache e protocolo MESI

Nos atuais sistemas multiprocessadores, é comum haver um ou dois níveis de cache associados a cada processador. Esta organização é essencial para alcançar um desempenho razoável. No entanto, isso cria um problema conhecido como problema de ***coerência de cache***. Em essência, o problema é: várias cópias dos mesmos dados podem existir em caches diferentes simultaneamente e, se for permitido aos processadores atualizarem as suas próprias cópias livremente, isso pode resultar em uma imagem da memória inconsistente. No Capítulo 4, definimos duas políticas de escrita comuns:

- **Write-back**: operações de escrita são feitas normalmente apenas na cache. A memória principal é atualizada apenas quando a linha de cache correspondente é retirada da cache.
- **Write-through**: todas as operações de escrita são feitas na memória principal e na cache, garantindo que a memória principal sempre esteja válida.

É claro que uma política de write-back pode resultar em inconsistência. Se duas caches contêm a mesma linha, e a linha é atualizada em uma cache, a outra cache terá um valor inválido sem saber. Leituras subsequentes dessa linha inválida produzem resultados inválidos. Mesmo com a política de write-through, inconsistências podem ocorrer a não ser que outras caches monitorem o tráfego de memória ou recebam alguma notificação direta sobre a atualização.

Nesta seção, analisamos brevemente várias abordagens para o problema de coerência de cache e depois focamos na abordagem que é a mais usada: protocolo MESI, do inglês *Modified, Exclusive, Shared, Invalid*. Uma versão deste protocolo é usada nas implementações de Pentium 4 e PowerPC.

Para qualquer protocolo de coerência de cache, o objetivo é deixar que variáveis locais recém-usadas cheguem à cache apropriada e permaneçam aí durante várias leituras e escritas, enquanto o protocolo é usado para manter a consistência das variáveis compartilhadas que podem estar em várias caches ao mesmo tempo. Abordagens para coerência de cache geralmente têm sido divididas em abordagens por hardware e por software. Algumas implementações adotam uma estratégia que envolve tanto elementos de software quanto de hardware. Mesmo assim, a classificação em abordagens por software e por hardware ainda é instrutiva e comumente usada ao analisar as estratégias de coerência de cache.

Soluções por software

Esquemas de coerência por cache por software tentam evitar a necessidade de hardware adicional, circuitos e lógicas, contando com compilador e sistema operacional para lidar com o problema. Abordagens de software são atraentes porque a sobrecarga de detectar problemas potenciais é transferida do tempo de execução para o tempo de compilação e a complexidade de projeto é transferida do hardware para o software. Por outro lado, abordagens de software em tempo de compilação geralmente devem tomar decisões conservadoras, levando à utilização ineficiente da cache.

Os mecanismos de coerência baseados em compiladores efetuam uma análise do código para determinar que itens de dados podem se tornar problemas se armazenados na cache; eles ainda marcam esses itens de maneira adequada. O sistema operacional ou hardware, então, evitam que esses itens indevidos sejam colocados em cache.

A abordagem mais simples é evitar que quaisquer variáveis de dados compartilhadas sejam colocadas na cache. Isto é conservador demais, porque uma estrutura de dados pode ser usada exclusivamente durante alguns períodos e pode ser efetivamente usada somente para leitura durante outros períodos. A coerência de cache se torna um problema apenas durante os períodos nos quais pelo menos um processo pode atualizar a variável e pelo menos um outro processado pode acessar a variável.

Abordagens mais eficientes analisam o código para determinar períodos seguros para variáveis compartilhadas. O compilador, então, insere instruções no código gerado para reforçar coerência de cache durante os períodos críticos. Uma série de técnicas tem sido desenvolvidas para efetuar a análise e para reforçar os resultados; veja análises em Lilja (1993[d]) e Stenstrom (1990[e]).

Soluções por hardware

Soluções baseadas em hardware são geralmente conhecidas como protocolos de coerência de cache. Estas soluções fornecem reconhecimento dinâmico em tempo de execução de condições de inconsistência potenciais. Como o problema é tratado apenas quando aparece de fato, há um uso mais eficiente de cache, o que leva a um desempenho melhor se comparado com a abordagem de software. Além disso, estas abordagens são transparentes ao programador e ao compilador, reduzindo o trabalho no desenvolvimento de software.

Esquemas de hardware diferem em uma série de particularidades, incluindo onde a informação sobre estado das linhas por dados é guardada, como essa informação é organizada, onde a coerência é reforçada e os mecanismos de reforço. Em geral, os esquemas por hardware podem ser divididos em duas categorias: protocolos de diretório e protocolos de detecção.

PROTOCOLOS DE DIRETÓRIO Protocolos de diretório coletam e mantêm a informação sobre onde as cópias das linhas residem. Normalmente, há um controlador centralizado que é parte do controlador da memória principal e um diretório que é guardado na memória principal. O diretório contém informação de estado global sobre o conteúdo de várias caches locais. Quando um controlador de cache individual faz uma requisição, o controlador centralizado verifica e emite comandos necessários para transferência de dados entre memória e caches e entre caches. Ele é responsável também por guardar a informação de estado atualizada; portanto, cada ação local que pode afetar o estado global de uma linha deve ser reportada para o controlador central.

Normalmente, o controlador mantém a informação sobre quais processadores têm uma cópia de quais linhas. Antes que um processador possa escrever em uma cópia local de uma linha, ele deve requisitar o acesso exclusivo para a linha ao controlador. Antes de conceder esse acesso exclusivo, o controlador envia uma mensagem para todos os processadores com uma cópia da cache dessa linha, forçando cada processador a invalidar a sua cópia. Depois de receber o reconhecimento de volta de cada processador, o controlador concede acesso exclusivo para o processador requisitante. Quando outro processador tenta ler uma linha que está exclusivamente concedida para outro processador, ele envia uma notificação de falha para o controlador. O controlador, então, emite um comando para o processador que guarda essa linha para que o processador escreva-a de volta na memória principal. A linha agora pode ser compartilhada para leitura pelo processador original e processador requisitante.

Esquemas de diretório tem a desvantagem de um gargalo central e de uma sobrecarga de comunicação entre os vários controladores de cache e o controlador central. No entanto, eles são eficientes em sistemas de grande escala que envolvem vários barramentos ou algum outro esquema complexo de interconexão.

PROTOCOLOS DE MONITORAÇÃO (Snoopy Protocols) Protocolos *snoopy* distribuem a responsabilidade de manter a coerência de cache entre todos os controladores de cache em um multiprocessador. Uma cache deve reconhecer quando uma linha que ela guarda é compartilhada com outras caches. Quando uma ação de atualização é feita em uma linha compartilhada na cache, ela deve ser anunciada para todas as outras caches por meio de um mecanismo de difusão (*broadcast*). Cada controlador de cache é capaz de "monitorar" na rede essas notificações de dispersão e reagir de acordo.

Protocolos de *snoopy* encaixam-se perfeitamente em um multiprocessador baseado em barramento, porque o barramento compartilhado fornece um meio simples para difusão e monitoramento. No entanto, como um dos objetivos do uso de caches locais é evitar acessos ao barramento, cuidado deve ser tomado para que o tráfego de barramento aumentado para difusão e monitoramento não anule os ganhos do uso de caches locais.

Duas abordagens básicas para protocolo de detecção foram exploradas: write invalidate e write update (ou write broadcast). Com um protocolo de write invalidate, pode haver vários leitores, mas apenas um escritor ao mesmo tempo. Inicialmente, uma linha pode ser compartilhada entre várias caches para propósitos de leitura. Quando uma das caches deseja escrever na linha, ela primeiramente emite um aviso que invalida essa linha em outras caches, tornando a linha exclusiva para a cache que estará escrevendo. Uma vez a linha se tornando exclusiva, o processador proprietário pode fazer as escritas locais e baratas até que algum outro processador solicite a mesma linha.

Em um protocolo de write updates, pode haver vários escritores como também vários leitores. Quando um processador deseja atualizar uma linha compartilhada, a palavra a ser atualizada é distribuída para todas as outras e as caches que contêm essa linha podem atualizá-la.

Nenhum destes dois protocolos é superior a outro em todas as situações. O desempenho depende do número de caches locais e do padrão de leituras e escritas de memória. Alguns sistemas implementam protocolos adaptáveis que implementam ambos os mecanismos, write invalidate e write update.

A abordagem write invalidate é a mais usada em sistemas multiprocessadores comerciais, como Pentium 4 e PowerPC. Ela marca o estado de cada linha de cache (usando dois bits extras na marcação da cache) como modificada, exclusiva, compartilhada ou inválida. Por esta razão, o protocolo write invalidate é chamado de MESI.[1] No restante desta seção, analisamos o seu uso entre caches locais por meio de um multiprocessador. Para simplicidade da apresentação, não analisamos os mecanismos envolvidos em coordenação entre os níveis 1 e 2 localmente, assim como o tempo de coordenação pelo multiprocessador distribuído. Isso não adicionaria nenhum princípio novo, porém complicaria muito a discussão.

O protocolo MESI

Para fornecer a consistência de cache em um SMP, a cache de dados frenquentemente suporta um protocolo conhecido como MESI. Para o MESI, a cache de dados inclui dois bits de estado para cada *tag*, para que cada linha possa estar em um dos quatro estados:

- **Modificada**: a linha na cache foi modificada (diferente da memória principal) e está disponível apenas nesta cache.
- **Exclusiva**: a linha na cache é a mesma da memória principal e não está presente em nenhuma outra cache.
- **Compartilhada**: a linha na cache é a mesma da memória principal e pode estar presente em outra cache.
- **Inválida**: a linha na cache não contém dados válidos.

A Tabela 17.1 resume o significado dos quatro estados, e a Figura 17.7 mostra um diagrama de estado para o protocolo MESI. Tenha em mente que cada linha de cache tem os seus próprios bits de estado e, portanto, a sua própria instância do diagrama de estado. A Figura 17.7a mostra as transições que ocorrem por causa das ações iniciadas pelo processador associado a essa cache. A Figura 17.7b mostra as transições que ocorrem por causa dos eventos que são detectados no barramento comum. Esta apresentação de diagramas de estado separados para ações de iniciar processador e iniciar bar-

Tabela 17.1 Estado das linhas da cache MESI

	M Modificada	E Exclusiva	S (*shared*) Compartilhada	I Inválida
Esta linha da cache está válida?	Sim	Sim	Sim	Não
A cópia da memória está...	desatualizada	válida	válida	—
Há cópias em outras caches?	Não	Não	Talvez	Talvez
Uma escrita nesta linha...	não vai para barramento	não vai para barramento	vai para barramento e atualiza a cache	vai diretamente para barramento

1 Nota do tradutor: a letra S na sigla MESI vem do inglês *Shared* (compartilhada).

ramento ajuda a esclarecer a lógica do protocolo MESI. A qualquer momento, a linha da cache está em um estado único. Se o próximo evento vem do processador anexo, então a transição é ditada pela Figura 17.7a, e se o próximo evento vem do barramento, a transição é ditada pela Figura 17.7b. Vamos analisar essas transições em mais detalhes.

LEITURA COM FALHA (READ MISS) Quando ocorre uma falha de leitura em uma cache local, o processador inicia uma leitura de memória para ler a linha da memória principal que contém o endereço que está faltando. O processador insere um sinal no barramento que avisa todos os outros processadores/unidades de cache para detectarem a transação. Há vários desfechos possíveis:

- Se outra cache possui uma cópia limpa (não modificada desde a leitura da memória) da linha no estado exclusivo, ela retorna um sinal indicando que compartilha essa linha. O processador que respondeu passa o estado da sua cópia de exclusiva para compartilhada e o processador que iniciou lê a linha da memória principal e passa a linha na sua cache de inválida para compartilhada.
- Se uma ou mais caches têm uma cópia limpa da linha no estado compartilhado, cada uma delas sinaliza que compartilha essa linha. O processador que iniciou lê a linha e passa a linha na sua cache de inválida para compartilhada.
- Se outra cache tem uma cópia modificada da linha, então essa cache bloqueia a leitura de memória e fornece a linha para a cache que requisitou por meio do barramento compartilhado. A cache que respondeu muda, então, a sua linha de modificada para compartilhada.[2] A linha enviada para a cache requisitante é também recebida e processada pelo controlador de memória, que guarda o bloco na memória.

Figura 17.7 Diagrama de transição do estado do protocolo MESI

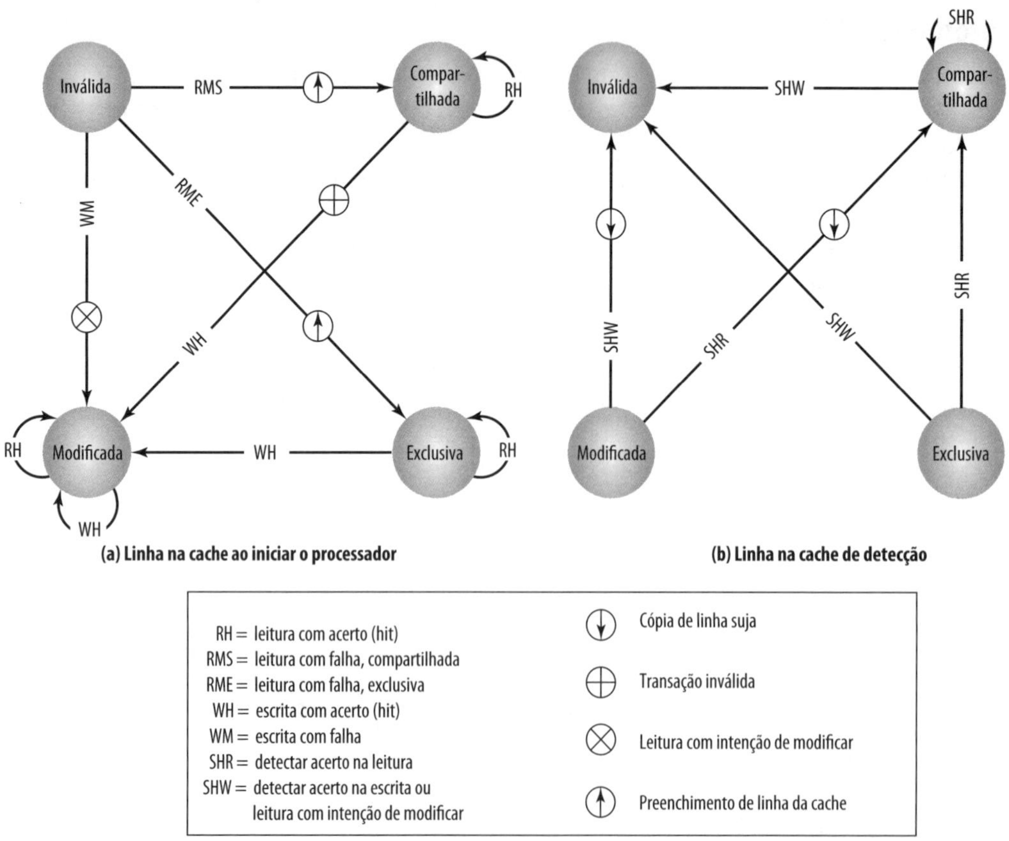

2 Em algumas implementações, a cache com a linha modificada sinaliza o processador que iniciou para tentar novamente. Enquanto isso, o processador com a cópia modificada segura o barramento, escreve a linha modificada de volta na memória principal e passa a linha na sua cache de modificada para compartilhada. Subsequentemente, o processador requisitante tenta novamente e descobre que um ou mais processadores possuem uma cópia limpa da linha no estado compartilhado, conforme descrito no ponto anterior.

- Se nenhuma outra cache tem uma cópia da linha (limpa ou modificada), então nenhum sinal é retornado. O processador que iniciou lê a linha e passa a linha na sua cache de inválida para exclusiva.

LEITURA COM ACERTO (READ HIT) Quando uma leitura com acerto ocorre em uma linha que está atualmente na cache local, o processador simplesmente lê o item requerido. Não há mudança de estado: o estado permanece modificado, compartilhado ou exclusivo.

ESCRITA COM FALHA Quando ocorre uma escrita com falha na cache local, o processador inicia uma leitura de memória para ler a linha da memória principal contendo o endereço que faltou. Para este propósito, o processador emite um sinal no barramento que significa *leitura com intenção de modificar* (RWITM, do ingês *read-with-intent-to-modify*). Quando a linha é carregada, ela é imediatamente marcada como modificada. Em relação a outras caches, dois cenários possíveis antecedem o carregar da linha de dados.

Primeiro, alguma outra cache pode ter uma cópia modificada dessa linha (estado = modificado). Neste caso, o processador alertado sinaliza ao processador iniciante que outro processador tem uma cópia modificada da linha. O processador que iniciou entrega o barramento e espera. O outro processador obtém acesso ao barramento, escreve a linha de cache modificada de volta na memória principal e passa o estado da linha de cache para inválida (porque o processador que iniciou vai modificar esta linha). Subsequentemente, o processador que iniciou emite novamente um sinal RWITM para o barramento e depois lê a linha da memória principal, modifica a linha na cache e muda a linha para estado modificado.

O segundo cenário é quando nenhuma outra cache possui uma cópia modificada da linha requisitada. Neste caso, nenhum sinal é retornado e o processador que iniciou continua a ler a linha e a modificá-la. Enquanto isso, se uma ou mais caches possuem uma cópia limpa da linha no estado compartilhado, cada cache invalida a sua cópia da linha e se uma cache tiver uma cópia limpa da linha no estado exclusivo, ela invalida a sua cópia da linha.

ESCRITA COM ACERTO (WRITE HIT) Quando ocorre uma escrita com sucesso em uma linha que está atualmente na cache local, o efeito depende do estado atual dessa linha na cache local:

- **Compartilhada**: antes de efetuar atualização, o processador deve obter a propriedade exclusiva da linha. O processador sinaliza a sua intenção no barramento. Todo processador que tem uma cópia compartilhada da linha na sua cache passa-a de compartilhada para inválida. O processador que iniciou então efetua a atualização e passa a sua cópia da linha de compartilhada para modificada.
- **Exclusiva**: o processador já possui o controle exclusivo desta linha, então ele simplesmente efetua a atualização e passa a sua cópia da linha de exclusiva para modificada.
- **Modificada**: o processador já possui o controle exclusivo desta linha e a linha está marcada como modificada, então ele simplesmente efetua a atualização.

CONSISTÊNCIA DE CACHE L1-L2 Até agora descrevemos protocolos de coerência de cache em termos de atividade cooperativa entre caches conectadas ao mesmo barramento ou outro recurso de interconexão de SMP. Normalmente, estas caches são caches L2 e cada processador possui também uma cache L1 que não se conecta diretamente ao barramento e, portanto, não pode fazer parte de um protocolo de detecção. Assim, algum esquema é necessário para manter a integridade de dados entre ambos os níveis de cache e entre todas as caches na configuração SMP.

A estratégia é estender o protocolo MESI (ou qualquer protocolo de coerência de cache) para caches L1. Assim, cada linha na cache L1 inclui bits para indicar o estado. Basicamente, o objetivo é o seguinte: para cada linha que está presente na cache L2 e na sua cache L1 correspondente, o estado da linha L1 deve seguir o estado da linha L2. Uma forma simples de fazer isso é adotar a política de write through na cache L1; neste caso, a escrita direta é para a cache L2 e não para a memória. A política de write through de L1 força qualquer modificação em uma linha L1 para a cache L2 e assim a torna visível para outras caches L2. O uso da política de write through de L1 requer que o conteúdo de L1 seja um subconjunto do conteúdo L2. Isso, por sua vez, sugere que a associatividade da cache L2 seja igual ou maior que a associatividade de L1. A política de *write-through* de L1 é usada no IBM S/390 SMP.

Se a cache L1 tem uma política write-back, a relação entre as duas caches é mais complexa. Existem várias abordagens para manter a coerência. Por exemplo, a abordagem usada no Pentium II é descrita em detalhes em Shanley (2005[f]).

17.4 *Multithreading* e chips multiprocessadores

A medida mais importante de desempenho para um processador é a taxa em que ele executa as instruções. Isso pode ser expresso como:

$$\text{Taxa MIPS} = f \times IPC$$

onde f é a frequência de clock do processador, em MHz, e IPC (instruções por ciclo) é o número médio de instruções executadas por ciclo. De acordo com isso, os projetistas têm perseguido o objetivo de aumentar o desempenho em duas frentes: aumento de frequência de clock e aumento de número de instruções executadas ou, mais apropriadamente, o número de instruções completadas durante um ciclo do processador. Conforme vimos em capítulos anteriores, os projetistas aumentaram o IPC usando um pipeline de instruções e pipelines múltiplos paralelos de instruções em uma arquitetura superescalar. Com projetos de pipeline e pipelines múltiplos, o principal problema é maximizar a utilização de cada estágio do pipeline. Para melhorar o rendimento, os projetistas criaram mecanismos cada vez mais complexos, como executar algumas instruções em uma ordem diferente da forma que ocorrem no fluxo de instruções e começar a execução de instruções que podem nunca ser necessárias. Mas como foi discutido na Seção 2.2, esta abordagem pode estar alcançando o limite por causa da complexidade e dos problemas de consumo de energia.

Uma abordagem alternativa, a qual permite um grau mais alto de paralelismo em nível de instruções sem aumentar a complexidade dos circuitos ou consumo de energia, é chamada de *multithreading*. Basicamente, o fluxo de instruções é dividido em vários fluxos menores, conhecidos como *threads*, de modo que cada *thread* possa ser executada em paralelo.

A variedade de projetos específicos de *multithreading* realizada nos sistemas comerciais e nos experimentais é muito grande. Nesta seção, fazemos uma breve análise dos principais conceitos.

Multithreading implícito e explícito

O conceito de *thread* usado na discussão sobre processadores *multithread* pode ou não ser o mesmo que o conceito de *threads* de software em sistemas operacionais multiprogramados. Será útil definir os termos rapidamente:

- **Processo**: uma instância de um programa executando em um computador. Um processo engloba duas características principais:
  - **Posse do recurso**: um processo inclui um espaço de endereço virtual para guardar a imagem do processo; a imagem do processo é coleção de programa, dados, pilhas e atributos que definem o processo. De tempos em tempos, a um processador pode ser dada a posse (ou controle) de recursos, como memória principal, canais de E/S, dispositivos de E/S e arquivos.
  - **Escalonamento/execução**: a execução de um processo segue um caminho de execução (rastro) por um ou mais programas. Esta execução pode ser intercalada com a de outros processos. Assim, um processo possui um estado de execução (Executando, Pronto etc.) e uma prioridade de despacho, e é a entidade que é escalonada e despachada pelo sistema operacional.
- **Troca de processos**: uma operação que troca em um processador de um processo para outro, salvando todos os dados de controle do processador, registradores e outras informações do primeiro e substituindo-as com informações de processo do segundo.[3]
- ***Thread***: uma unidade de trabalho dentro de um processo que pode ser despachada. Ela inclui um contexto de processador (o qual inclui o contador de programa e o ponteiro de pilha) e sua própria área de dados para uma pilha (para possibilitar desvio de subrotinas). Uma *thread* executa sequencialmente e pode ser interrompida para que o processador possa se dedicar a outra *thread*.
- **Troca de *thread***: o ato de trocar o controle do processador de uma *thread* para outra dentro do mesmo processo. Normalmente, este tipo de troca é muito menos custoso do que uma troca de processo.

3 O termo ***troca de contexto*** é frequentemente encontrado em literatura e livros sobre SO. Infelizmente, embora a maior parte da literatura use este termo para se referir ao que é chamado aqui de troca de processo, outras fontes o usam para se referir à troca de *thread*. Para evitar ambiguidade, o termo não é usado neste livro.

Desta forma, uma *thread* preocupa-se com escalonamento e execução, enquanto um processo se preocupa com escalonamento/execução e posse de recursos. Várias *threads* dentro de um processo compartilham os mesmos recursos. É por isso que uma troca de *thread* consome bem menos tempo do que uma troca de processo. Os sistemas operacionais tradicionais, como versões anteriores do Unix, não suportavam *threads*. A maioria de sistemas operacionais modernos, como Linux, outras versões de Unix e Windows, suporta *threads*. Uma distinção é feita entre *threads* em nível de usuário, as quais são visíveis para o programa da aplicação, e *threads* em nível de kernel, as quais são visíveis apenas para o sistema operacional. Ambas podem ser referidas como *threads* explícitas, definidas em software.

Todos os processadores comerciais e a maioria de processadores experimentais até hoje têm usado *multithreading* explícito. Esses sistemas executam instruções de diferentes *threads* explícitas diferentes de forma concorrente, ou com intercalação de instruções de diferentes *threads* em pipelines compartilhados ou com execução paralela em pipelines paralelos. *Multithreading* implícito refere-se à execução concorrente de múltiplas *threads* extraídas de um único programa sequencial. Estas *threads* implícitas podem ser definidas estaticamente pelo compilador ou dinamicamente pelo hardware. No restante desta seção, consideramos *multithreading* explícito.

Abordagens para *multithreading* explícito

Um processador *multithread* deve prover no mínimo um contador de programa separado para cada *thread* de execução a ser executada concorrentemente. Os projetos diferem em quantidade e tipo de hardware adicional usado para suportar execução de *threads* concorrentes. Em geral, a busca de instruções ocorre na base de *threads*. O processador trata cada *thread* separadamente e pode usar uma série de técnicas para otimizar a execução de uma *thread*, incluindo previsão de desvio, renomeação de registradores e técnicas superescalares. Desta forma, alcança-se paralelismo em nível de *threads*, o que pode prover melhor desempenho quando casado com paralelismo em nível de instruções.

Em termos gerais, existem quatro abordagens principais para *multithreading*:

- ***Multithreading* intercalado**: isto é conhecido também como ***multithreading* de granularidade fina**. O processador lida com dois ou mais contextos de *thread* ao mesmo tempo, trocando de uma *thread* para outra a cada ciclo de clock. Se uma *thread* é bloqueada por causa das dependências de dados ou latências de memória, ela é pulada e uma *thread* pronta é executada.
- ***Multithreading* bloqueado**: isto é conhecido também como ***multithreading* de granularidade grossa**. As instruções de uma *thread* são executadas sucessivamente até que ocorra um evento que possa causar atraso, como uma falha de cache. Este evento induz uma troca para outra *thread*. Esta abordagem é eficiente em um processador em-ordem que iria parar o pipeline num evento de atraso como uma falha de cache.
- ***Multithreading* simultâneo (SMT)**: instruções são enviadas simultaneamente a partir de múltiplas *threads* para unidades de execução de um processador superescalar. Isto combina a capacidade de envio de instruções superescalares com o uso de múltiplos contextos de *threads*.
- **Chip multiprocessadores**: neste caso, o processador inteiro é replicado em um único chip e cada processador lida com *threads* separadas. A vantagem desta abordagem é que a área de lógica disponível em um chip é usada eficientemente sem depender da sempre crescente complexidade no projeto do pipeline. Isto é conhecido como multicore; analisamos este tópico separadamente no Capítulo 18.

Para as duas primeiras abordagens, instruções de diferentes *threads* não são executadas simultaneamente. Em vez disso, o processador é capaz de trocar rapidamente de uma *thread* para outra, usando um conjunto de registradores diferente e outra informação de contexto. Isso resulta em uma utilização melhor dos recursos de execução do processador e evita uma penalidade grande por causa das falhas de cache e outros eventos de atraso. A abordagem SMT envolve a verdadeira execução simultânea de instruções de diferentes *threads*, usando recursos de execução replicados. Chips multiprocessadores possibilitam também execução simultânea de instruções de diferentes *threads*.

A Figura 17.8, baseada em uma figura de Ungerer, Rubic e Silc (2002[9]), ilustra algumas arquiteturas possíveis de pipeline, que envolvem *multithreading,* e as compara com as abordagens que não usam *multithreading*. Cada linha horizontal representa um slot (ou slots) de envio em potencial para um ciclo de execução único; ou seja, a largura de cada linha corresponde ao número máximo de instruções que podem ser emitidas em um único ciclo de clock.[4] A dimensão vertical representa a sequência de tempo de ciclos de clock.

---

4 Slots de envio são as posições das quais as instruções podem ser enviadas em um dado ciclo de clock. Lembre que, no Capítulo 14, vimos que o envio de instrução é o processo de inicializar a execução da instrução em unidades funcionais do processador. Isto ocorre quando uma instrução se move do estágio de decodificação no pipeline para o primeiro estágio de execução no pipeline.

Figura 17.8 Abordagens para execução de múltiplos *threads*

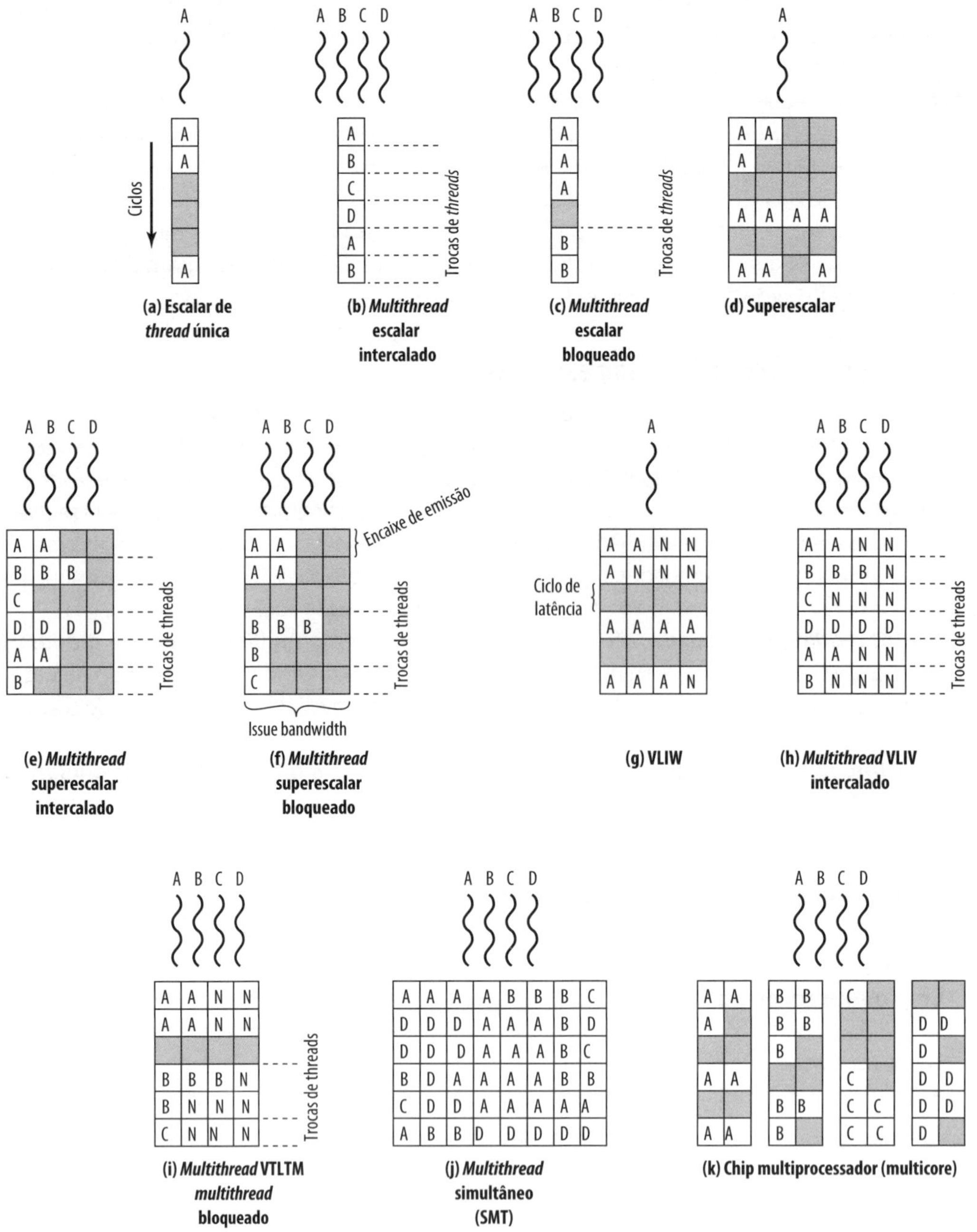

Um slot vazio (sombreado) representa um slot de execução não usado em um pipeline. Um no-op (*no operation*) é indicado por um N.

As três primeiras ilustrações na Figura 17.8 mostram abordagens diferentes com um processador escalar (isto é, emissão única):

- ***Thread* escalar único**: este é o pipeline simples encontrado em máquinas RISC e CISC tradicionais, sem *multithreading*.
- ***Multithread* escalar intercalado**: esta é a abordagem de *multithreading* mais fácil de ser implementada. Ao trocar de uma *thread* para outra em cada ciclo de clock, os estágios do pipeline podem ser mantidos

totalmente ocupados, ou quase totalmente ocupados. O hardware deve ser capaz de trocar de um contexto de *thread* para outro entre os ciclos.

- ***Multithread* escalar bloqueado**: neste caso, uma única *thread* é executada até que ocorra um evento de atraso que pararia o pipeline, momento em que o processador troca para outra *thread*.

A Figura 17.8c mostra uma situação na qual o tempo para executar uma troca de *thread* é de um ciclo, enquanto a 17.8b mostra que a troca de *thread* ocorre em zero ciclos. No caso de *multithread* intercalado, assume-se que não há dependências de dados ou controle entre *threads*, o que simplifica o projeto do pipeline e deveria, portanto, permitir a troca de *thread* sem nenhum atraso. No entanto, dependendo do projeto e da implementação específica, *multithread* de bloqueio pode requerer um ciclo de clock para efetuar a troca de *thread*, conforme ilustrado na Figura 17.8. Isso é verdade se a instrução obtida dispara a troca de *thread* e deve ser descartada do pipeline (UNGERER, RUBIC E SILC 2003[h]).

Embora a *multithread* intercalado pareça oferecer melhor utilização do processador do que a *multithread* de bloqueio, ele consegue isso sacrificando o desempenho de *thread* únicos. Vários *threads* competem pelos recursos de cache, o que eleva a probabilidade de uma falha de cache para uma determinada *thread*.

Mais oportunidades para execução paralela estão disponíveis se o processador puder enviar várias instruções por ciclo. As figuras de 17.8d a 17.8i ilustram um número de variações entre processadores que possuem hardware para enviar quatro instruções por ciclo. Em todos estes casos, apenas as instruções de uma única *thread* são emitidas em um único ciclo. As seguintes alternativas são ilustradas:

- **Superescalar**: esta é a abordagem superescalar básica sem nenhum *multithread*. Até há relativamente pouco tempo, esta era a abordagem mais poderosa para permitir paralelismo dentro de um processador. Observe que, durante alguns ciclos, nem todos os slots de envio são usados. Durante esses ciclos, menos que o número máximo de instruções é usado; chamamos isso de *perda horizontal*. Durante outros ciclos de instrução, nenhum slot de envio é usado; estes são os ciclos quando nenhuma instrução pode ser enviada; chamamos isso de *perda vertical*.
- ***Multithread* superescalar intercalado**: durante cada ciclo são emitidas tantas instruções quantas forem possíveis a partir de um único *thread*. Com esta técnica, atrasos potenciais por causa das trocas de *threads* são eliminados, conforme discutido anteriormente. No entanto, o número de instruções enviado em qualquer ciclo ainda é limitado pelas dependências que existem dentro de qualquer *thread*.
- ***Multithread* superescalar bloqueado**: novamente, as instruções de apenas uma *thread* podem ser emitidas durante qualquer ciclo e a *multithread* bloqueado é usado.
- **Slot de envio (VLIW, do inglês *very long instruction word*)**: uma arquitetura VLIW, como IA-64, coloca várias instruções em uma única palavra. Normalmente, uma VLIW é construída pelo compilador, o qual coloca operações que podem ser executadas em paralelo na mesma palavra. Em uma máquina VLIW simples (Figura 17.8g), se não for possível preencher a palavra completamente com instruções a serem emitidas em paralelo, no-ops são usados.
- **VLIW *Multithread* intercalado**: esta abordagem deveria fornecer eficácia semelhante àquela provida por *multithreading* intercalada em uma arquitetura superescalar.
- ***Multithread* VLIW bloqueado**: esta abordagem deveria fornecer eficácia semelhante àquela provida por *multithread* bloqueado em uma arquitetura superescalar.

Duas últimas abordagens ilustradas na Figura 17.8 possibilitam execução paralela e simultânea de várias *threads*:

- ***Multithreading* simultâneo**: a Figura 17.8i mostra um sistema capaz de emitir 8 instruções ao mesmo tempo. Se um *thread* possui um alto grau de paralelismo em nível de instruções, ela pode, em alguns ciclos, ser capaz de preencher todos os slots horizontais. Em outros ciclos, as instruções de duas ou mais *threads* podem ser enviados. Se *threads* suficientes estão ativos, normalmente seria possível enviar o número máximo de instruções em cada ciclo, fornecendo um nível alto de eficiência.
- **Chip multiprocessador (multicore)**: a Figura 17.8k mostra um chip que contém quatro processadores, cada um tendo um processador superescalar de envio dupla. A cada processador é atribuído um *thread* a partir do qual ele pode enviar até duas instruções por ciclo. Discutiremos computadores multicore no Capítulo 18.

Comparando as figuras 17.8j e 17.8k, vemos que um chip multicore com a mesma capacidade de enviados de instruções como um SMT não pode alcançar o mesmo grau de paralelismo em nível de instruções. Isso ocorre porque o chip multicore não é capaz de esconder os atrasos enviando instruções de outros *threads*. Por outro lado, o chip multicore deve ter um desempenho melhor que um processador superescalar com a mesma capacidade de envio de instruções porque as perdas horizontais serão maiores para o processador superescalar. Além disso, é possível usar *multithread* dentro de cada processador em um chip multicore, e isso é feito em algumas máquinas atuais.

Exemplo de sistemas

PENTIUM 4 Modelos mais recentes de Pentium 4 usam uma técnica de *multithread* à qual a literatura da Intel refere-se como *hyperthreading* (MARR et al. 2002[i]). Basicamente, a abordagem do Pentium 4 é usar SMT com suporte para dois *threads*. Assim, um único processador *multithread* torna-se logicamente dois processadores.

IBM POWER5 O chip IBM Power5, o qual é usado em produtos PowerPC de alto nível, combina o chip multiprocessador com SMT (KALLA, SINHAROY e TENDLER, 2004[j]). O chip possui dois processadores separados, sendo que cada um é um processador *multithread* capaz de suportar dois *threads* concorrentemente usando SMT. É interessante que os projetistas simularam várias alternativas e descobriram que dois processadores SMT two-way em um único chip fornecem desempenho superior do que um processador SMT único four-ways. As simulações mostraram que *multithread* adicional, além do suporte para dois *threads*, pode diminuir o desempenho por causa do trabalho com a cache, os dados de uma *thread* deslocam os dados necessários para outra *thread*.

A Figura 17.9 mostra o diagrama de fluxo da instrução de IBM Power5. Apenas poucos elementos no processador precisam ser replicados, com elementos separados dedicados a *threads* separadas. Dois contadores de programa são usados. O processador alterna a leitura de instruções, até oito por vez, entre dois *threads*. Todas as instruções são armazenadas em uma cache comum de instruções e compartilham um recursos de tradução de instruções que fazem a decodificação parcial da instrução. Quando um desvio condicional é encontrado, o recurso de previsão de desvio prevê a direção do desvio e, se possível, calcula o endereço alvo. Para prever o alvo do retorno de uma sub-rotina, o processador usa uma pilha de retorno, uma para cada *thread*.

Instruções então movem-se para dois buffers de instruções separados. Depois, com base na prioridade de *threads*, um grupo de instruções é selecionado e decodificado em paralelo. A seguir, as instruções fluem por um recurso de renomeação de registradores na ordem do programa. Os registradores lógicos são mapeados para registradores físicos. O Power5 possui 120 registradores físicos de uso geral e 120 registradores físicos de ponto flutuante. As instruções então são movidas para filas de envio. A partir das filas de envio, as instruções são emitidas usando *multithread* simétrico. Isto é, o processador tem uma arquitetura superescalar e pode emitir instruções a partir de uma ou ambos os threads em paralelo. No fim do pipeline, os recursos de *threads* separados são necessários para encerrar a instrução.

17.5 *Clusters*

Um recurso importante e relativamente recente no projeto de computadores é o *clustering*. *Clusters* são uma alternativa para multiprocessamento simétrico como uma abordagem para fornecer alto desempenho e disponibilidade e são bastante atraentes para aplicações de servidores. Podemos definir um *cluster* como um grupo de computadores completos interconectados trabalhando juntos, como um recurso computacional unificado que pode criar a ilusão de ser uma única máquina. O termo *computador completo* significa um sistema que pode funcionar por si só, à parte do *cluster*; na literatura, cada computador em um *cluster* normalmente é chamado de um ***nó***.

Brewer (1997[k]) lista quatro benefícios que podem ser conseguidos com *cluster*. Estes podem ser pensados também como objetivos ou requisitos de projeto:

- **Escalabilidade absoluta**: é possível criar *clusters* grandes que ultrapassam em muito o poder de máquinas maiores máquinas que trabalham sozinhos. Um *cluster* pode ter dezenas, centenas ou até milhares de máquinas, cada uma sendo um multiprocessador.
- **Escalabilidade incremental**: um *cluster* é configurado de tal forma que é possível adicionar novos sistemas ao *cluster* em incrementos pequenos. Assim, um usuário pode começar com um sistema modesto e expandi-lo conforme a necessidade, sem ter que fazer uma atualização grande onde um sistema existente pequeno é substituído por um sistema maior.

Figura 17.9 Fluxo de dados da instrução do Power5

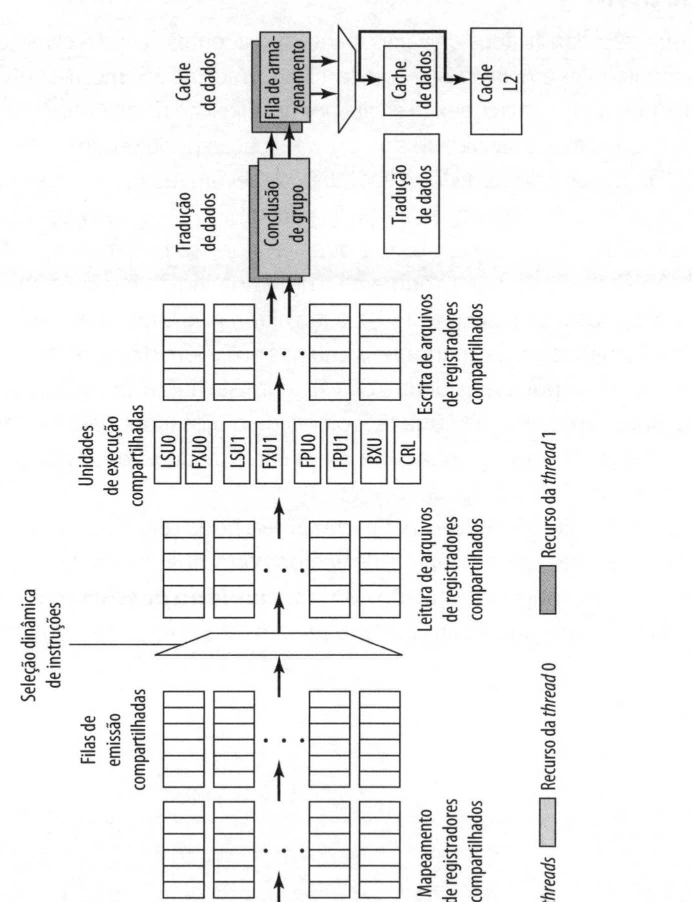

- **Alta disponibilidade**: como cada nó no *cluster* é um computador independente, a falha de um nó não significa a perda do serviço. Em muitos produtos, a tolerância a falhas é tratada automaticamente por software.
- **Preço/desempenho superior**: usando a ideia de blocos de construção, é possível montar um *cluster* com poder computacional igual ou maior do que uma única máquina de grande porte, com custo bem menor.

Configurações de *cluster*

Na literatura, os *clusters* são classificados de várias maneiras diferentes. Talvez a classificação mais simples seja baseada no fato de os computadores em um *cluster* compartilharem acesso aos mesmos discos. A Figura 17.10a mostra um *cluster* de dois nós onde a única interconexão é feita por uma ligação da alta velocidade que pode ser usada para troca de mensagens para coordenar as atividade do *cluster*. A ligação pode ser uma LAN compartilhada com outros computadores que não fazem parte do *cluster* ou a ligação pode ser um recurso de interconexão dedicado. No último caso, um ou mais computadores no *cluster* terão a ligação para uma LAN ou WAN para que haja uma conexão entre o *cluster* servidor e sistemas clientes remotos. Observe que, na figura, cada computador é ilustrado como sendo um multiprocessador. Isso não é necessário, porém aumenta o desempenho e a disponibilidade.

Na classificação simples mostrada na Figura 17.10, outra alternativa é um *cluster* de disco compartilhado. Neste caso, geralmente ainda há uma ligação de mensagens entre os nós. Além disso, existe um subsistema de discos que é diretamente ligado a vários computadores dentro do *cluster*. Nesta figura, um subsistema de discos comum é um sistema RAID. O uso de RAID ou de alguma outra tecnologia de discos redundante é comum em *clusters* para que a alta disponibilidade conseguida com a presença de vários computadores não seja comprometida com um disco compartilhado como um ponto único de falha.

Uma ideia mais clara das possibilidades de opções de *clusters* pode ser obtida ao se analisarem alternativas funcionais. A Tabela 17.2 fornece uma classificação útil de acordo com linhas funcionais, as quais analisamos agora.

Um método comum e mais antigo, conhecido como ***secundário passivo (passive standby)***, resume-se a ter um computador lidando com toda a carga de processamento enquanto outro permanece inativo, pronto

Figura 17.10 Configurações de *clusters*

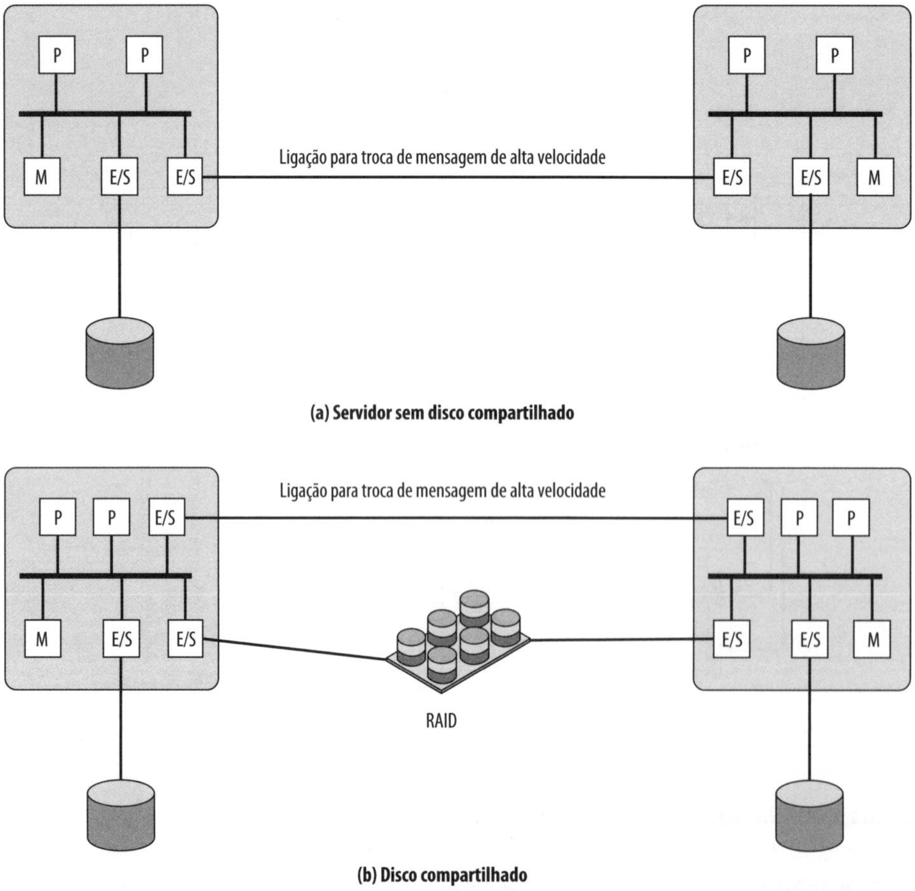

Tabela 17.2 Métodos de *clustering*: benefícios e limitações

Método de *clustering*	Descrição	Benefícios	Limitações
Secundário passivo (*passive standby*)	Um servidor secundário assume em caso de falha do servidor primário.	Fácil de implementar.	Custo alto porque o servidor secundário está indisponível para outras tarefas de processamento.
Secundário ativo	O servidor secundário é usado também para tarefas de processamento.	Custo reduzido porque servidores secundários podem ser usados para processamento.	Complexidade aumentada.
Servidores separados	Possuem seus próprios discos. Dados são copiados continuamente do servidor primário para o secundário.	Alta disponibilidade.	Grande sobrecarga de rede e servidores por causa das operações de cópia.
Servidores conectados aos discos	Servidores são ligados aos mesmos discos, mas cada servidor possui seus discos. Se um servidor falha, seus discos são assumidos por outro servidor.	Carga de rede e servidores reduzida por causa da eliminação das operações de cópia.	Normalmente requer espelhamento de discos ou tecnologia RAID para compensar o risco da falha de disco.
Servidores compartilham discos	Vários servidores compartilham simultaneamente o acesso a discos.	Baixa carga de rede e servidores. Risco reduzido de inatividade causada por falha de disco.	Requer software de gerenciamento de bloqueio. Normalmente usado com tecnologia de espelhamento ou RAID.

para assumir em caso de uma falha do primário. Para coordenar as máquinas, o sistema ativo, ou primário, envia periodicamente uma mensagem de reconhecimento para a máquina secundária. Se essas mensagens pararem de chegar, a máquina secundária supõe que o servidor primário falhou e começa a operar. Esta abordagem aumenta a disponibilidade, porém não melhora o desempenho. Além disso, se a única informação trocada entre os dois sistemas é a mensagem de reconhecimento e se os dois sistemas não compartilham discos comuns, então o computador secundário oferece um backup funcional, porém não tem acesso aos bancos de dados gerenciados pelo primário.

O secundário passivo geralmente não é considerada como um *cluster*. O termo *cluster* é reservado para vários computadores interconectados onde todos efetuam processamento ativamente enquanto mantêm a imagem de um sistema único para o mundo externo. O termo ***secundário ativo*** é frequentemente usado para se referir a esta configuração. Três classificações de *clusters* podem ser identificadas: servidores separados, sem compartilhamento e memória compartilhada.

Em uma abordagem para *clusters*, cada computador é um ***servidor separado*** com seus próprios discos e não há discos compartilhados entre os sistemas (Figura 17.10a). Este arranjo fornece alto desempenho e disponibilidade. Neste caso, algum tipo de software de gerenciamento ou escalonamento é necessário para atribuir as requisições vindas dos clientes aos servidores para que a carga seja balanceada e alta utilização, alcançada. É desejável que haja a capacidade de tolerância a falhas, o que significa que se um computador falha ao executar uma aplicação, outro computador no *cluster* pode assumir e completar a aplicação. Para que isso aconteça, os dados devem ser constantemente copiados entre os sistemas para que cada um tenha acesso aos dados atuais dos outros sistemas. A sobrecarga dessa troca de dados garante a alta disponibilidade a custo de uma penalidade de desempenho.

Para reduzir a sobrecarga de comunicação, a maioria dos *clusters* consiste agora de servidores conectados aos discos comuns (Figura 17.10b). Em uma variação desta abordagem, chamada de ***sem compartilhamento***, os discos comuns são particionados em volumes e cada volume é propriedade de um único computador. Se esse computador falha, o *cluster* deve ser reconfigurado para que algum outro computador tenha posse dos volumes do computador que falhou.

É possível também fazer com que vários computadores compartilhem os mesmos discos ao mesmo tempo (chamada abordagem de ***disco compartilhado***), para que cada computador tenha acesso a todos os volumes de todos os discos. Esta abordagem requer o uso de algum tipo de recurso de bloqueio para garantir que os dados possam ser acessados apenas por um computador por vez.

Questões sobre projeto dos sistemas operacionais

O aproveitamento completo de uma configuração de um hardware de *cluster* requer alguns aprimoramentos em sistemas operacionais voltados para sistemas únicos.

GERENCIAMENTO DE FALHAS Como as falhas são gerenciadas pelo *cluster* que depende do método de *clustering* usado (Tabela 17.2). Em geral, duas abordagens podem ser usadas para lidar com falhas: *clusters* de alta disponibilidade e *clusters* com tolerância a falhas. Um *cluster* com alta disponibilidade provê uma alta probabilidade de que todos os recursos estejam em funcionamento. Caso ocorra uma falha, como um desligamento de sistema ou perda de um volume de disco, então as consultas em progresso são perdidas. Qualquer consulta perdida, se tentada novamente, será executada por um computador diferente no *cluster*. No entanto, o sistema operacional de *cluster* não dá garantia alguma sobre o estado de transações executadas parcialmente. Isso deve ser tratado em nível de aplicações.

Um *cluster* com tolerância a falhas garante que todos os recursos estejam sempre disponíveis. Isso é alcançado com o uso de discos compartilhados redundantes e mecanismos para retornar as transações não encerradas e encerrar transações completadas.

A função de trocar as aplicações e recursos de dados de um sistema que falhou para um sistema alternativo no *cluster* é conhecida como ***failover*** (*recuperação de falhas*). Uma função relacionada é a restauração de aplicações e recursos de dados para o sistema original quando o mesmo for consertado; isto é chamado de ***failback*** (*retorno à operação*). O *failback* pode ser automatizado, mas isso é desejável apenas se o problema é corrigido realmente e é pouco provável que ocorra novamente. Caso contrário, o failback automáticos pode fazer com que os recursos que falharam sejam passados entre os computadores para lá e para cá, resultando em problemas de desempenho e restauração.

BALANCEAMENTO DE CARGA Um *cluster* requer uma capacidade eficiente para balancear a carga entre computadores disponíveis. Isto inclui o requisito de que o *cluster* seja incrementalmente escalável. Quando um novo computador é adicionado ao *cluster*, o recurso de balanceamento de carga deve automaticamente incluir esse computador no agendamento de aplicações. Mecanismos de *middleware* precisam reconhecer que serviços podem aparecer em diferentes membros do *cluster* e muitos podem migrar de um membro para outro.

COMPUTAÇÃO PARALELA Em alguns casos, o uso eficiente de um *cluster* requer executar software de uma única aplicação em paralelo. Kapp (2000[l]) lista três abordagens gerais para o problema:

- **Compilação paralela**: uma compilação paralela determina, em tempo de compilação, quais partes de uma aplicação podem ser executadas em paralelo. Elas são então separadas para serem atribuídas a diferentes computadores no *cluster*. O desempenho depende da natureza do problema e quão bem o computador é projetado. Em geral, tais compiladores são difíceis de desenvolver.
- **Aplicações paralelas**: nesta abordagem, o programador escreve a aplicação desde o começo para ser executada em um *cluster* e utiliza passagem de mensagens para mover dados, conforme necessário, entre os nós do *cluster*. Isso coloca uma grande responsabilidade no programador, mas pode ser a melhor abordagem para explorar *clusters* para algumas aplicações.
- **Computação paramétrica**: esta abordagem pode ser usada se a essência da aplicação for um algoritmo ou um programa que deva ser executado um grande número de vezes, cada vez com um conjunto diferente de condições iniciais ou parâmetros. Um bom exemplo é um modelo de simulação, o qual vai executar um grande número de cenários e depois desenvolver resumos estatísticos dos resultados. Para que esta abordagem seja eficiente, ferramentas de processamento paramétrico são necessárias para organizar, executar e gerenciar os trabalhos de uma forma eficiente.

Arquitetura de um *cluster* computacional

A Figura 17.11 mostra uma típica arquitetura de *cluster*. Os computadores individuais são conectados por alguma LAN de alta velocidade ou hardware de comutação. Cada computador é capaz de operar independentemente. Além disso, uma camada intermediária de software é instalada em cada computador para possibilitar a operação do *cluster*. O middleware do *cluster* fornece uma imagem unificada do sistema para o usuário, conhecida como ***imagem de sistema único***. O middleware é responsável também por fornecer alta disponibilidade pelo balanceamento de carga e respostas a falhas em componentes individuais. Hwang et al. (1999[m]) listam estes como os serviços e as funções desejáveis para um *middleware* de *cluster*:

Figura 17.11 Arquitetura de um *cluster* computacional (Buyya, 1999[a])

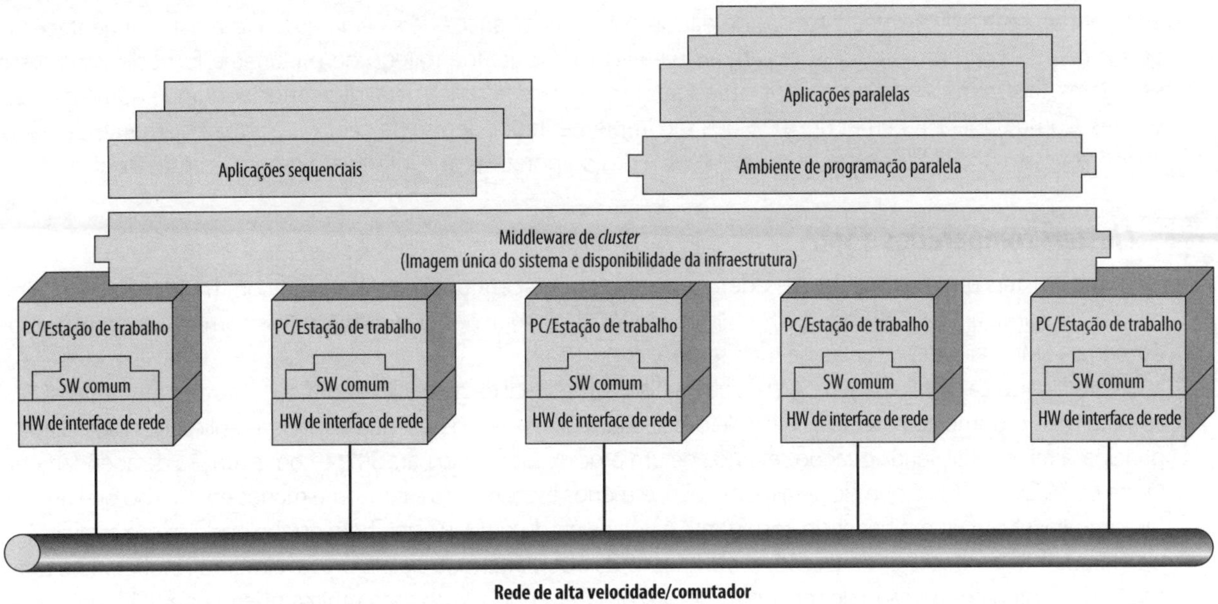

- **Ponto de entrada único**: o usuário efetua logon no *cluster* em vez de fazê-lo em um computador individual.
- **Hierarquia única de arquivos**: o usuário vê uma hierarquia única de diretórios de arquivos abaixo do mesmo diretório raiz.
- **Ponto de controle único**: há uma estação de trabalho padrão usada para gerenciamento e controle do *cluster*.
- **Rede virtual única**: qualquer nó pode acessar qualquer outro ponto no *cluster*, mesmo que a configuração atual do *cluster* consista em múltiplas redes interconectadas. Há uma operação de rede virtual única.
- **Espaço único de memória**: Memória compartilhada distribuída possibilita que os programas compartilhem variáveis.
- **Sistema único de gerenciamento de trabalhos**: com um agendador de trabalhos do *cluster*, um usuário pode submeter um trabalho sem especificar qual computador executará o trabalho.
- **Interface de usuário única**: uma interface gráfica comum suporta todos os usuários, independentemente da estação de trabalho da qual acessaram o *cluster*.
- **Espaço de E/S único**: qualquer nó pode acessar remotamente qualquer periférico de E/S ou dispositivo de disco sem conhecer a sua localização física.
- **Espaço único de processos**: um esquema uniforme de identificação de processos é usado. Um processo em qualquer nó pode criar ou se comunicar com qualquer outro processo em um nó remoto.
- **Pontos de verificação**: esta função periodicamente salva o estado dos processos e resultados computacionais intermediários para permitir recuperação em caso de falhas.
- **Migração de processos**: esta função habilita o balanceamento de carga.

Os quatro últimos itens da lista anterior aprimoram a disponibilidade do *cluster*. Os itens restantes se preocupam em fornecer uma imagem única do sistema.

Retornando à Figura 17.11, um *cluster* incluirá também ferramentas de software para habilitar a execução eficiente de programas que são capazes de efetuar execução paralela.

Servidores blade

Uma implementação comum da abordagem de *clusters* é o servidor blade. Um servidor blade é uma arquitetura de servidor que hospeda múltiplos módulos servidores ("blades") em um chassi único. Ela é usada amplamente em centro de armazenamento de dados para economizar espaço e melhorar o gerenciamento de sistemas.

Independentes ou montados no rack, os chassis fornecem fonte de energia e cada blade possui processador, memória e disco rígido próprios.

Um exemplo da aplicação é mostrado na Figura 17.12, retirada de Nowell, Vusirikala e Hays (2007°). A tendência em grandes centro de armazenamento de dados, com vários bancos de servidores *blade*, é a implementação de portas de 10 Gbps em servidores individuais para lidar com grande tráfego de multimídia fornecidos por esses servidores. Tais arranjos estressam os comutadores Ethernet necessários para interconectar grande número de servidores. Comutadores Ethernet de 100 Gbps são implementados dentro de centro de armazenamento de dados, assim como as conexões de grande alcance para redes corporativas que interligam prédios, campi e outros.

Clusters comparados a SMP

Tanto clusters quanto multiprocessadores simétricos fornecem uma configuração com múltiplos processadores para suportar aplicações com grande demanda. As duas soluções estão disponíveis comercialmente, embora esquemas SMP estejam presentes há mais tempo.

A principal força da abordagem SMP é que um SMP é mais fácil de gerenciar e configurar do que um *cluster*. O SMP é muito mais próximo ao modelo original de processador único para o qual quase todas as aplicações são escritas. A principal alteração requerida quando se muda de um processador único para SMP é com a função de agendamento. Outro benefício de SMP é que ele geralmente ocupa menos espaço físico e consome menos energia do que um *cluster* comparável. Um último benefício importante é que os produtos SMP estão bem estabelecidos e são estáveis.

No entanto, ao decorrer do tempo, as vantagens da abordagem de *cluster* provavelmente resultarão na dominação de *clusters* no mercado de servidores de alto desempenho. *Clusters* são muito superiores a SMPs em termos de escalabilidade incremental e absoluta. Eles são superiores também em termos de disponibilidade, porque todos os componentes podem se tornar altamente redundantes.

17.6 Acesso não uniforme à memória

Em termos de produtos comerciais, duas abordagens comuns para fornecer sistemas com vários processadores para suportar aplicações são SMPs e *clusters*. Por alguns anos, outra abordagem, conhecida como acesso não uniforme à memória (NUMA), foi assunto de pesquisa e produtos comerciais NUMA estão disponíveis agora.

Figura 17.12 Exemplo de configuração de Ethernet de 100 Gbps para processamento massivo do servidor blade

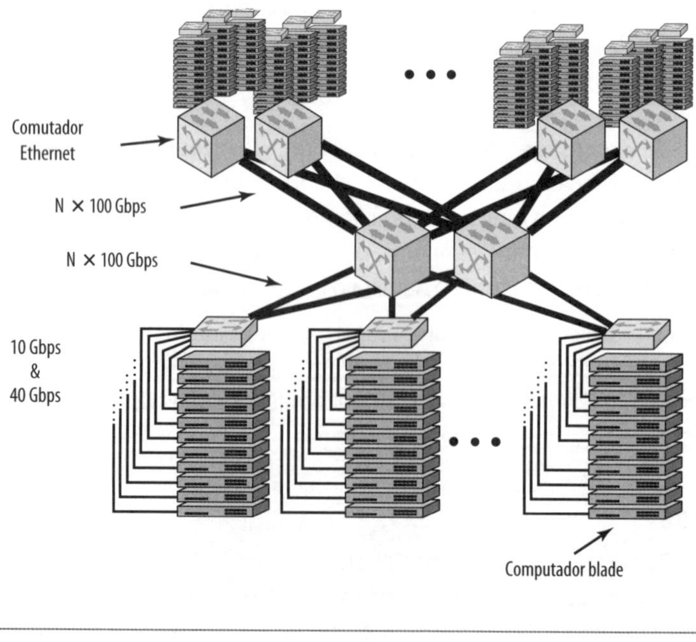

Antes de prosseguir, devemos definir alguns termos encontrados frequentemente na literatura sobre NUMA:

- **Acesso uniforme à memória (UMA, do inglês *Uniform memory acess*)**: todos os processadores têm acesso a todas as partes da memória principal usando leituras e escritas. O tempo de acesso à memória de um processador para todas as regiões da memória é o mesmo. Os tempos de acesso de processadores diferentes são os mesmos. A organização SMP discutida nas seções 17.2 e 17.3 é UMA.
- **Acesso não uniforme à memória (NUMA)**: todos os processadores têm acesso a todas as partes da memória principal usando leituras e escritas. O tempo de acesso à memória de um processador difere dependendo de qual região da memória está sendo acessada. Isto é verdade para todos os processadores; no entanto, para processadores diferentes, as regiões de memória mais lentas e mais rápidas diferem.
- **NUMA com coerência de cache (CC-NUMA)**: um sistema NUMA no qual a coerência de cache é mantida entre caches de vários processadores.

Um sistema NUMA sem coerência de cache é mais ou menos equivalente a um *cluster*. Os produtos comerciais que receberam muita atenção recentemente são sistemas CC-NUMA, os quais são bastante diferentes de SMPs e *clusters*. Em geral, mas infelizmente nem sempre, tais sistemas são referidos na literatura comercial como sistemas CC-NUMA. Esta seção dedica-se apenas a estes sistemas.

Motivação

Com um sistema SMP, há um limite prático do número de processadores que podem ser usados. Um esquema de cache eficiente reduz o tráfego de barramento entre qualquer um dos processadores e a memória principal. À medida que aumenta o número de processadores, esse tráfego de barramento também aumenta. Além disso, o barramento é usado para trocar sinais de coerência de cache, o que piora ainda mais a situação. Em algum ponto, o barramento torna-se um gargalo de desempenho. A degradação do desempenho parece limitar o número de processadores em uma configuração SMP para algo em torno de 16 até 64 processadores. Por exemplo, o Power Challenge SMP da Silicon Graphics é limitado a 64 processadores R10000 em um sistema único; além desse número, o desempenho degrada substancialmente.

O limite de processadores em um SMP é uma das principais motivações por trás do desenvolvimento de sistemas *clusters*. No entanto, em um *cluster*, cada nó possui sua memória principal privada, as aplicações não enxergam uma memória global maior. Na prática, a coerência é mantida em software em vez de em hardware. Esta granularidade da memória afeta o desempenho e, para alcançar o desempenho máximo, o software deve ser adaptado para esse ambiente. Uma abordagem para alcançar multiprocessamento em grande escala e ao mesmo tempo manter as características de SMP é NUMA. Por exemplo, o sistema Silicon Graphics Origin NUMA é projetado para suportar até 1024 processadores MIPS R10000 (WHITNEY et al., 1997[p]) e o sistema Sequent NUMA-Q é projetado para suportar até 252 processadores Pentium II (LOVETT e CLAPP, 1996[q]).

O objetivo com a NUMA é manter uma memória transparente através do sistema, permitindo ao mesmo tempo vários nós multiprocessadores, cada um com seu próprio barramento ou outro sistema de interconexão interna.

Organização

A Figura 17.13 ilustra uma típica organização CC-NUMA. Existem vários nós independentes e cada um, na prática, é uma organização SMP. Dessa forma, cada nó contém vários processadores, cada um com suas próprias caches L1 e L2, mais a memória principal. O nó é o bloco de construção básico de uma organização CC-NUMA. Por exemplo, cada nó do Silicon Graphics Origin inclui quatro processadores Pentium II. Os nós são interconectados por algum recurso de comunicação, o qual pode ser um comutador, um anel ou algum outro recurso de rede.

Cada nó no sistema CC-NUMA inclui alguma memória principal. No entanto, do ponto de vista dos processadores, existe apenas uma única memória endereçável, onde cada posição possui um endereço único no sistema inteiro. Quando um processador inicia um acesso à memória, se a posição de memória requisitada não estiver na cache do processador, então a cache L2 inicia uma operação de leitura. Se a linha desejada estiver na parte local da memória principal, a linha é obtida pelo barramento local. Se a linha desejada estiver numa parte remota da memória principal, então uma requisição automática é enviada para obter essa linha pela rede de interconexão, entregá-la ao barramento local e depois entregá-la à cache requisitante nesse barramento. Toda esta atividade é automática e transparente ao processador e sua cache.

Figura 17.13 Organização CC-NUMA

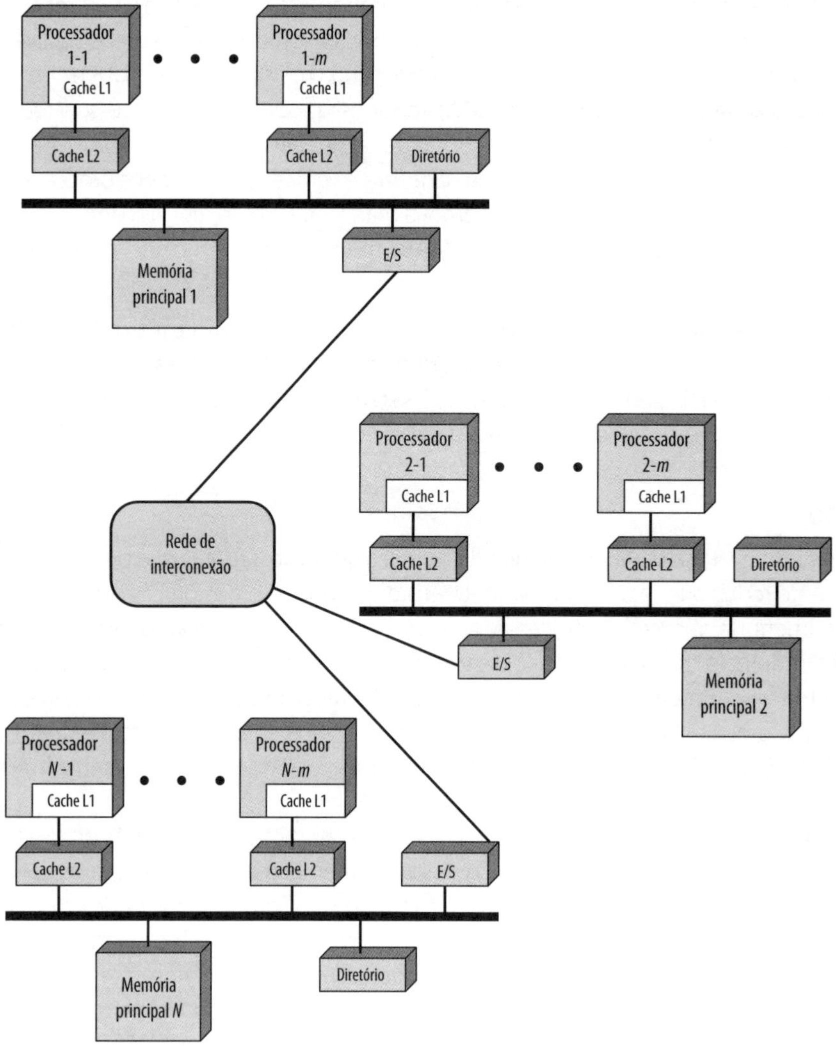

Nesta configuração, a coerência de cache é uma preocupação central. Embora as implementações sejam diferentes nos detalhes, em termos gerais podemos dizer que cada nó deve manter algum tipo de diretório que lhe dá uma indicação da posição de várias partes da memória e também a informação sobre o estado da cache. Para ver como este esquema funciona, temos um exemplo retirado de Pfister (1998'). Suponha que o processador 3 no nó 2 (P2-3) requisite uma posição de memória 798, a qual está na memória do nó 1. Ocorre a seguinte sequência:

1. P2-3 emite uma requisição de leitura no barramento de monitoração do nó 2 para posição 798.
2. O diretório no nó 2 vê a requisição e reconhece que a posição está no nó 1.
3. O diretório do nó 2 envia uma requisição para o nó 2, a qual o diretório do nó 1 pega.
4. O diretório do nó 1, agindo como suplente de P2-3, requisita o conteúdo de 798, como se fosse um processador.
5. A memória principal do nó 1 responde colocando os dados requisitados no barramento.
6. O diretório do nó 1 pega os dados do barramento.
7. O valor é transferido de volta para o diretório do nó 2.
8. O diretório do nó 2 coloca os dados de volta no barramento do nó 2, agindo como suplente para memória que o guardava originalmente.
9. O valor é apanhado e colocado na cache do P2-3 e entregue ao P2-3.

A sequência anterior explica como os dados são lidos de uma memória remota usando mecanismos de hardware que tornam a transação transparente ao processador. Em cima desses mecanismos, algum tipo de protocolo de coerência de cache é necessário. Vários sistemas diferem nos detalhes de como isso é feito exatamente. Fazemos aqui apenas algumas considerações gerais. Primeiro, como parte da sequência anterior, diretório do nó 1 guarda um registro de que alguma cache remota possui uma cópia da linha contendo a posição 798. Depois, deve haver algum protocolo cooperativo para cuidar das modificações. Por exemplo, se a modificação é feita numa cache, esse fato pode ser enviado via dispersão para outros nós. O diretório de cada nó que recebe essa dispersão pode então determinar se alguma cache local possui essa linha e, se sim, faz com que seja excluída. Se a posição de memória atual está no nó que recebeu a notificação de dispersão, então o diretório do nó precisa manter uma entrada indicando que essa linha de memória está inválida e permanece assim até que ocorra uma escrita de volta. Se outro processador (local ou remoto) requisita a linha inválida, então o diretório local deve forçar um uma escrita de volta para atualizar a memória antes de fornecer os dados.

Prós e contras de NUMA

A principal vantagem de um sistema CC-NUMA é que ele pode permitir desempenho eficiente em níveis mais altos de paralelismo do que SMP, sem requerer maiores mudanças no software. Com vários nós NUMA, o tráfego do barramento de qualquer nó individual está limitado a uma demanda com qual o barramento pode lidar. No entanto, se muitos dos acessos à memória forem para nós remotos, o desempenho começa a falhar. Há uma razão para acreditar que essa falha de desempenho pode ser evitada. Primeiro, o uso de caches L1 e L2 é projetado para minimizar todos os acessos à memória, incluindo os remotos. Se uma boa parte do software tiver uma boa localidade temporal, então acessos remotos à memória não devem ser excessivos. Segundo, se o software tiver uma boa localidade espacial e se a memória virtual está em uso, então os dados necessários para uma aplicação residirão em um número limitado de páginas frequentemente usadas que podem ser carregadas inicialmente na memória local da aplicação em execução. Os projetistas do Sequent reportaram que tal localidade espacial aparece, sim, em aplicações representativas (LOVETT e CLAPP 1996[q]). Finalmente, o esquema de memória virtual pode ser aprimorado ao incluir no sistema operacional um mecanismo de migração de página que move uma página da memória virtual para um nó que a está usando frequentemente; os projetistas da Silicon Graphics reportaram sucesso com essa abordagem (WHITNEY et al., 1997[l]).

Mesmo que a diminuição do desempenho por causa do acesso remoto seja tratada, existem duas outras desvantagens para a abordagem CC-NUMA. Duas em particular são discutidas em detalhes em Pfister (1998[r]). Primeiro, o CC-NUMA não se parece transparentemente como um SMP; alterações de software serão necessárias para mover um sistema operacional e aplicações de um sistema SMP para um CC-NUMA. Isso inclui alocação de página, alocação de processos e balanceamento de carga pelo sistema operacional. Uma segunda preocupação é em relação à disponibilidade. Esta é uma questão complexa e depende da implementação exata do sistema CC-NUMA; encontramos uma leitura interessante em Pfister (1998[r]).

Simulador de processador vetorial

17.7 Computação vetorial

Embora o desempenho de computadores mainframes de uso geral continue a crescer implacavelmente, ainda existem aplicações que estão além do alcance dos mainframes atuais. Existe uma necessidade por computadores para resolver problemas matemáticos dos processos físicos, tais como os que ocorrem em disciplinas incluindo aerodinâmica, sismologia meteorológica e física atômica, nuclear e dos plasmas.

Normalmente, esses problemas são caracterizados pela necessidade de alta precisão e um programa que efetue repetitivamente operações aritméticas de ponto flutuante em grandes matrizes de números. A maioria desses problemas se enquadra na categoria conhecida como *simulação de campos contínuos*. Basicamente, uma situação física pode ser descrita por uma superfície ou região em três dimensões (por exemplo, o fluxo de ar adjacente à área de um foguete). Esta superfície é aproximada por uma grade de pontos. Um conjunto de equações diferenciais define o comportamento físico da superfície em cada ponto. As equações são representadas como matriz de valores e coeficientes e a solução envolve operações aritméticas repetidas em matrizes de dados.

Supercomputadores foram desenvolvidos para lidar com esses tipos de problemas. Essas máquinas são normalmente capazes de efetuar bilhões de operações de ponto flutuante por segundo. Diferente dos mainframes, os quais são projetados para multiprogramação e E/S intensivo, o supercomputador é otimizado para o tipo de cálculo numérico que acabamos de descrever.

Ele possui uso limitado e, por causa do seu preço, um mercado limitado. Comparativamente falando, poucas dessas máquinas são operacionais, na maioria das vezes em centros de pesquisa e algumas agências governamentais com funções científicas ou de engenharia. Assim como ocorre com outras áreas de tecnologia computacional, há uma demanda constante para aumentar o desempenho dos supercomputadores. Desta forma, a tecnologia e o desempenho dos supercomputadores continuam a evoluir.

Há outro tipo de sistema que foi projetado para atender à necessidade de computação vetorial, conhecido como ***processador matricial***. Embora um supercomputador seja otimizado para computação vetorial, trata-se de um computador de uso geral, capaz de lidar com processamento escalar e com tarefas comuns de processamento de dados. Processadores matriciais não incluem processamento escalar; eles são configurados como dispositivos periféricos pelos usuários do computador e do mainframe para executarem partes vetoriais dos programas.

Abordagens para computação vetorial

O principal ponto para projetar um supercomputador ou um processador matricial é reconhecer que a tarefa principal é executar operações aritméticas de matrizes ou vetores de números de ponto flutuante. Em um computador de propósito geral, isso vai requerer iteração por meio de cada elemento da matriz. Por exemplo, considere dois vetores (matrizes unidimensionais) de números, *A* e *B*. Gostaríamos de somá-los e colocar o resultado em *C*. No exemplo da Figura 17.14, isso requer seis adições separadas. Como poderíamos acelerar esse cálculo? A resposta é introduzir alguma forma de paralelismo.

Várias abordagens foram tomadas para alcançar o paralelismo em computação vetorial. Ilustramos isso com um exemplo. Considere a multiplicação de vetores $C = A \times B$, onde *A*, *B* e *C* são matrizes $N \times N$. A fórmula para cada elemento de ***C*** é

$$c_{i,j} = \sum_{k=1}^{N} a_{i,k} \times b_{k,j}$$

onde *A*, *B* e *C* possuem elementos $a_{i,j}$, $b_{i,j}$ e $c_{i,j}$, respectivamente. A Figura 17.15a mostra um programa FORTRAN para esse cálculo que pode ser executado em um processador escalar comum.

Uma abordagem para melhorar o desempenho pode ser referida como *processamento vetorial*. Isto supõe que seja possível operar em um vetor de dados unidimensional. A Figura 17.15b é um programa FORTRAN com uma nova forma de instrução que permite que computação vetorial seja especificada. A notação (J = 1, N) indica que as operações em todos os índices J no dado intervalo serão executadas como uma única operação.

Figura 17.14 Exemplo de soma de vetores

$$\begin{bmatrix} 1{,}5 \\ 7{,}1 \\ 6{,}9 \\ 100{,}5 \\ 0 \\ 59{,}7 \end{bmatrix} + \begin{bmatrix} 2{,}0 \\ 39{,}7 \\ 1000{,}003 \\ 11 \\ 21{,}1 \\ 19{,}7 \end{bmatrix} = \begin{bmatrix} 3{,}5 \\ 46{,}8 \\ 1006{,}093 \\ 111{,}5 \\ 21{,}1 \\ 79{,}4 \end{bmatrix}$$

$$A \quad + \quad B \quad = \quad C$$

Figura 17.15 Multiplicação de matrizes (C = A × B)

```
      DO 100 I = 1, N
      DO 100 J = 1, N
      C(I, J) = 0.0
      DO 100 K = 1, N
      C(I, J) = C(I, J) + A(I, K) + B(K, J)
100   CONTINUE
```

(a) Processamento escalar

```
      DO 100 I = 1, N
      C(I, J) = 0.0 (J = 1, N)
      DO 100 K = 1, N
      C(I, J) = C(I, J) + A(I, K) + B(K, J) (J = 1, N)
100   CONTINUE
```

(b) Processamento vetorial

```
      DO 50 J = 1, N − 1
      FORK 100
50    CONTINUE
      J = N
100   DO 200 I = 1, N
      C(I, J) = 0.0
      DO 200 K = 1, N
      C(I, J) = C(I, J) + A(I, K) + B(K, J)
200   CONTINUE
      JOIN IN
```

(c) Processamento paralelo

O programa da Figura 17.15b indica que todos os elementos da *i*-ésima linha serão calculados em paralelo. Cada elemento da linha é um somatório e os somatórios (pelos K) são feitos serialmente em vez de em paralelo. Mesmo assim, apenas N^2 multiplicações de vetores são necessárias para este algoritmo se comparado com N^3 multiplicações escalares para o algoritmo escalar.

Outra abordagem, *processamento paralelo*, é ilustrada na Figura 17.15c. Esta abordagem assume que tenhamos *N* processadores independentes que podem funcionar em paralelo. Para utilizar processadores de modo eficiente, temos que dividir de alguma forma os cálculos em vários processadores. Duas primitivas são usadas. A primitiva FORK ***n*** faz com que um processo independente seja iniciado na posição *n*. Ao mesmo tempo, o processo original continua a execução na instrução que vem imediatamente depois de FORK. Cada execução de um FORK gera um processo novo. A instrução JOIN é basicamente o inverso de FORK. A cláusula JOIN N faz com que *N* processos independentes sejam unidos em um que continua a execução na instrução que segue JOIN. O sistema operacional deve coordenar essa junção e assim a execução não continua até que todos os *N* processos tenham alcançado a instrução JOIN.

O programa na Figura 17.15c é escrito para imitar o comportamento de um programa de processamento vetorial. No programa de processamento paralelo, cada coluna de *C* é calculada por um processo separado. Assim, os elementos em uma dada linha de *C* são computados em paralelo.

A discussão anterior descreve abordagens para computação vetorial em termos lógicos ou arquiteturais. Vamos focar agora em uma consideração sobre os tipos de organização de processadores que podem ser usados para implementar essas abordagens. Uma grande variedade de organizações foi e está sendo praticada. Três principais categorias se destacam:

- ALU com pipeline.
- ALUs paralelas.
- Processadores paralelos.

A Figura 17.16 ilustra as duas primeiras abordagens. Já discutimos o pipeline no Capítulo 12. Aqui o conceito é estendido para operação da ALU. Como as operações de ponto flutuante são bastante complexas, há uma oportunidade para decompor uma operação de ponto flutuante em estágios, para que estágios diferentes possam operar em conjuntos de dados diferentes concorrentemente. Isso é ilustrado na Figura 17.17a. Adição de ponto flutuante é quebrada em quatro estágios (veja Figura 9.22): comparar, deslocar, adicionar e normalizar. Um vetor de números é apresentado subsequentemente para o primeiro estágio. À medida que o processamento procede, quatro conjuntos diferentes de números serão processados concorrentemente no pipeline.

Deve estar claro que esta organização é adequada para processamento vetorial. Para perceber isso, considere o pipeline de instruções descrito no Capítulo 12. O processador passa por um ciclo repetitivo de ler e processar instruções. Na ausência de desvios, o processador está continuamente obtendo instruções de posições sequenciais. Consequentemente, o pipeline é mantido cheio e economia em tempo é conseguida. De forma semelhante, uma ALU com pipeline irá economizar tempo apenas se for alimentada com um fluxo de dados a partir das posições sequenciais. Uma operação única, isolada do ponto flutuante, não é acelerada por um pipeline. A aceleração é conseguida quando um vetor de operandos é apresentado para a ALU. A unidade de controle envia os dados através da ALU até que o vetor inteiro seja processado.

A operação do pipeline pode ser melhorada ainda mais se os elementos do vetor estiverem disponíveis nos registradores, e não na memória. De fato, isso é sugerido na Figura 17.16a. Os elementos de cada operando do vetor são carregados como um bloco em um registrador vetorial, o qual é simplesmente um grande banco de registradores idênticos. O resultado é guardado também em um registrador vetorial. Desta forma, a maioria das operações envolve apenas o uso de registradores, e apenas as operações de leitura e escrita e começo e fim de uma operação vetorial requerem acesso à memória.

Figura 17.16 Abordagens para computação vetorial

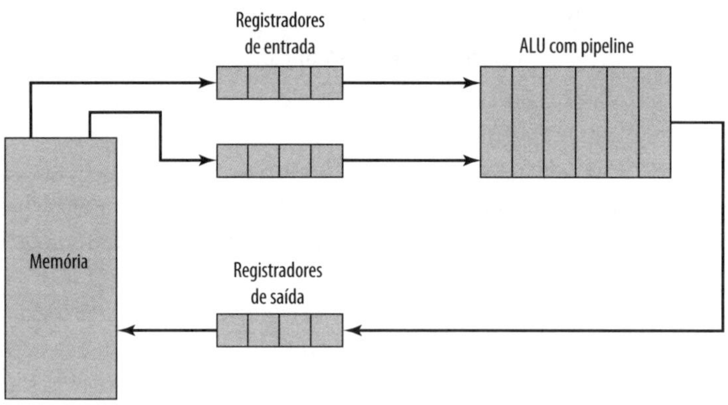

(a) ALU com pipeline

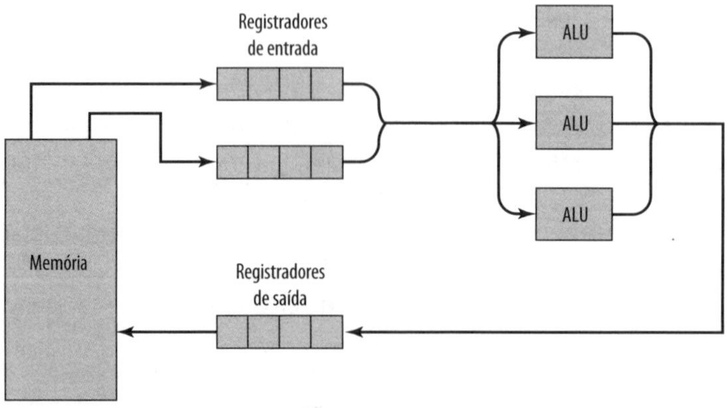

(b) ALUs paralelas

O mecanismo ilustrado na Figura 17.17 pode ser referido como *pipeline dentro de uma operação*. Isto é, temos uma única operação aritmética (por exemplo, $C = A + B$) que será aplicada os operandos do vetor, e o uso do pipeline permite que vários elementos do vetor sejam processados em paralelo. Este mecanismo pode ser aumentado com *pipeline através de operações*. Neste último caso, há uma sequência de operações vetoriais aritméticas e o pipeline de instruções é usado para acelerar o processamento. Uma abordagem para isso, conhecida como ***encadeamento (chaining)***, é encontrada nos supercomputadores Cray. A regra básica para encadeamento é: uma operação vetorial pode começar assim que o primeiro elemento do(s) vetor(es) do operando estiver disponível e a unidade funcional (por exemplo, adicionar, subtrair, multiplicar, dividir) estiver livre. Basicamente, o encadeamento faz com que a emissão de resultados de uma unidade funcional seja alimentada em outra unidade funcional e assim por diante. Se os registradores vetoriais forem usados, resultados intermediários não precisam ser armazenados em memória e podem ser usados até antes que a operação vetorial que os criou execute até a conclusão.

Por exemplo, quando computar $C = (s \times A) + B$, onde A, B e C são vetores e s é um escalar, o Cray pode executar três instruções ao mesmo tempo. Os elementos obtidos entram imediatamente no multiplicador com pipeline, os produtos são enviados para um somador com pipeline e as somas são guardadas em um registrador vetorial assim que o somador as completa:

1. Carregar vetor A → Registrador vetorial (VR1)
2. Carregar vetor B → VR2
3. Multiplicar vetor s × VR1 → VR3
4. Adicionar vetor VR3 + VR2 → VR4
5. Armazenar vetor VR4 → C

Figura 17.17 Processamento com pipeline de operações de ponto flutuante

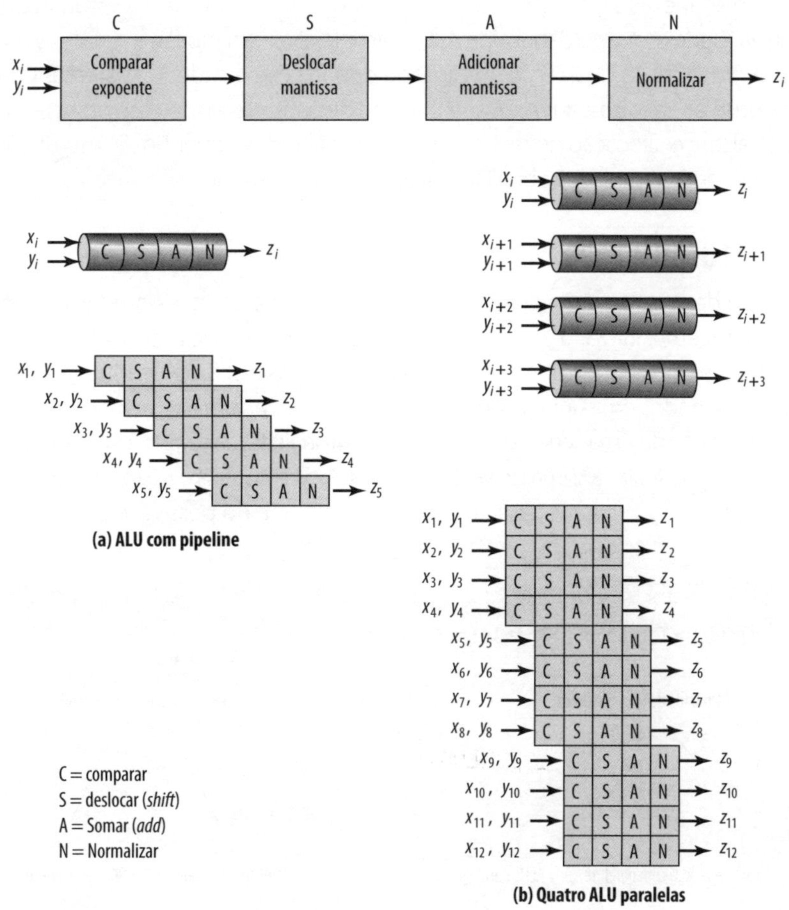

As instruções 2 e 3 podem ser encadeadas porque elas envolvem posições de memória e registradores diferentes. A instrução 4 precisa dos resultados das instruções 2 e 3, mas pode ser encadeada com elas também. Assim que os primeiros elementos dos registradores vetoriais 2 e 3 estiverem disponíveis, a operação na instrução 4 pode começar.

Outra forma de alcançar processamento vetorial é pelo uso de múltiplas ALUs em um único processador, sob controle de uma única unidade de controle. Neste caso, a unidade de controle roteia os dados para as ALUs para que elas possam funcionar em paralelo. É possível também usar pipeline em cada ALUs paralela. Isso é ilustrado na Figura 17.17b. O exemplo mostra um caso onde quatro ALUs operam em paralelo.

Assim como acontece com organização de pipeline, uma organização paralela de ALUs é adequada para processamento vetorial. A unidade de controle encaminha elementos vetoriais para ALUs no modo *round-robin* até que todos os elementos sejam processados. Este tipo de organização é mais complexo que uma única ALU CPI.

Finalmente, o processamento vetorial pode ser alcançado com uso de vários processadores paralelos. Neste caso, é necessário quebrar a tarefa em vários processos para serem executados em paralelo. Esta organização é eficiente apenas se tivessem software e hardware eficientes para a coordenação de processadores paralelos.

Podemos expandir a nossa taxonomia da Seção 17.1 para refletir essas estruturas novas, conforme mostrado na Figura 17.18. Organizações computacionais podem ser diferenciadas pela presença de uma ou mais unidades de controle. Várias unidades de controle implicam em vários processadores. Segundo a nossa discussão anterior, se vários processadores podem funcionar de forma cooperativa em uma determinada tarefa, eles podem ser chamados de *processadores paralelos*.

O leitor deve estar ciente de alguma terminologia infeliz bastante encontrada na literatura. O termo *processador vetorial* é frequentemente igualado a uma organização de ALU com pipeline, embora uma organização paralela de ALUs seja projetada também para processamento vetorial e, conforme já discutimos, uma organização de processadores paralelos também pode ser projetada para processamento vetorial. O *processamento matricial* às vezes é usado para se referir a ALUs paralela, embora, novamente, qualquer uma das três organizações seja otimizada para processamento de matrizes. Para piorar ainda mais as coisas, *processador matricial* normalmente refere-se a um processador auxiliar anexado a um processador de uso geral e usado para executar computação vetorial. Um processador matricial pode usar abordagem de ALUs paralelas ou com pipeline.

No momento, a organização de ALUs com pipeline domina o mercado. Os sistemas com pipeline são menos complexos que as duas outras abordagens. A sua unidade de controle e o projeto do sistema operacional são bem desenvolvidos para alcançar alocação de recursos eficiente e alto desempenho. O restante desta seção é dedicado para uma análise mais detalhada dessa abordagem, usando um exemplo específico.

Recurso vetorial do IBM 3090

Um bom exemplo de uma organização de ALU com pipeline para processamento vetorial é o recurso vetorial desenvolvido para arquitetura IBM 370 e implementado nas séries 3090 de alto nível (PADEGS et al., 1988[s], TUCKER, 1987[t]). Este recurso é um opcional adicional ao sistema básico, mas é altamente integrado a ele e se assemelha aos recursos vetoriais encontrados em supercomputadores, como os da família Cray.

O recurso da IBM faz uso de uma série de registradores vetoriais. Cada registrador é, na verdade, um banco de registradores escalares. Para calcular a soma de vetores $C = A + B$, os vetores A e B são carregados em dois registradores vetoriais. Os dados desses registradores passam pela ALU o mais rápido possível e os resultados são guardados em

Figura 17.18 Uma taxonomia de organizações computacionais

um terceiro registrador vetorial. A sobreposição computacional e a leitura de dados de entrada nos registradores em um bloco resultam em uma aceleração significativa em relação a uma operação de uma ALU comum.

ORGANIZAÇÃO Arquitetura vetorial da IBM e ALUs vetoriais com pipeline similares fornecem um aumento no desempenho em relação a laços de instruções aritméticas escalares de três maneiras:

- A estrutura fixa e predeterminada de dados do vetor permite que instruções guardadas dentro do laço sejam substituídas por operações de máquina internas mais rápidas (de hardware ou microcódigo).
- O acesso a dados e operações aritméticas em vários elementos vetoriais sucessivos pode proceder concorrentemente por meio da sobreposição de tais operações em um projeto com pipeline ou por meio da execução de operações de múltiplos elementos em paralelo.
- O uso de registradores vetoriais para resultados intermediários evita referências adicionais de armazenamento.

A Figura 17.19 mostra a organização geral do recurso vetorial. Embora ele seja visto como um adicional físico separado do processador, a sua arquitetura é uma extensão da arquitetura do System/370 e é compatível com ela. O recurso vetorial é integrado na arquitetura do System/370 de seguintes maneiras:

- Instruções existentes de System/370 são usadas para todas as operações escalares.
- Operações aritméticas em elementos vetoriais individuais produzem exatamente o mesmo resultado como instruções escalares do System/370 correspondentes. Por exemplo, uma decisão de projeto a respeito da definição do resultado em uma operação DIVIDE de ponto flutuante. O resultado deve ser exato, como é para divisão escalar de ponto flutuante, ou uma aproximação deve ser aceita para que seja permitida uma implementação de velocidade maior, mas que pode introduzir às vezes um erro em uma ou mais posições de bits de ordem mais baixa? A decisão foi feita para manter a compatibilidade total com a arquitetura de System/370 a custo de uma pequena degradação do desempenho.
- Instruções vetoriais podem ser interrompidas e sua execução pode ser continuada do ponto da interrupção depois que a ação adequada foi tomada, de uma forma compatível com esquema de interrupção de programa do System/370.
- Exceções aritméticas são as mesmas que, ou extensões de, exceções para instruções aritméticas escalares do System/370 e rotinas de ajustes similares podem ser usadas. Para acomodar isso, um índice de interrupção vetorial é empregado e indica a posição dentro de um registrador vetorial que é afetado por uma exceção

Figura 17.19 IBM 3090 com recurso vetorial

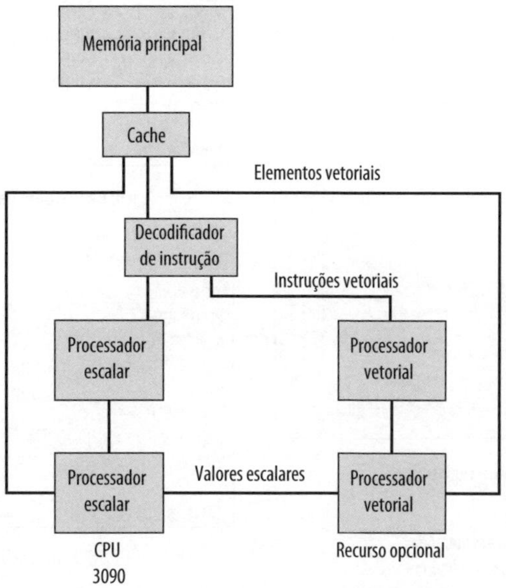

(por exemplo, *overflow*). Desta forma, quando a execução da instrução vetorial continua, o lugar adequado em um registrador vetorial é acessado.

- Os dados vetoriais residem em armazenamento vetorial, com falhas de página sendo tratadas de forma padrão.

Este nível de integração fornece vários benefícios. Os sistemas operacionais existentes podem suportar o recurso vetorial com pequenas extensões. As aplicações existentes, compiladores e outros softwares podem ser executados sem mudanças. O software que poderia obter vantagem do recurso vetorial pode ser modificado conforme desejado.

REGISTRADORES O principal ponto em projetar um recurso vetorial é se os operandos são localizados em registradores ou memória. A organização da IBM é chamada de *registrador para registrador*, porque os operandos vetoriais de saída e entrada podem ser guardados em registradores vetoriais. Esta abordagem é usada também no supercomputador Cray. Uma abordagem alternativa, usada em máquinas Control Data, é obter operandos diretamente da memória. A principal desvantagem do uso de registradores vetoriais é que programador ou compilador deve considerá-los para um bom desempenho. Por exemplo, suponha que o tamanho dos registradores vetoriais seja K e o tamanho dos vetores a serem processados seja $N > K$. Neste caso, um laço de vetor deve ser executado, no qual a operação é executada em K elementos ao mesmo tempo e o laço é repetido N/K vezes. A principal vantagem do registrador vetorial é que a operação é desacoplada da memória principal mais lenta e, em vez disso, ocorre principalmente em registradores.

A aceleração que pode ser alcançada com uso de registradores é demonstrada na Figura 17.20. A rotina FORTRAN multiplica o vetor A pelo vetor B para produzir o vetor C, onde cada vetor possui uma parte real (AR, BR, CR) e uma

Figura 17.20 Programas alternativos para cálculos de vetores

ROTINA FORTRAN:

```
      DO 100 J = 1,50
      CR(J) = AR(J) * BR(J) − AI(J) * BI(J)
100   CI(J) = AR(J) * BI(J) + AI(J) * BR(J)
```

Operação	Ciclos
AR(J) * BR(J) → T1(J)	3
AI(J) * BI(J) → T2(J)	3
T1(J) −T2(J) → CR(J)	3
AR(J) * BI(J) → T3(J)	3
AI(J) * BR(J) → T4(J)	3
T3(J) +T4(J) → CI(J)	3
Total	18

(a) Memórias para memória

Operação	Ciclos
AR(J) → V1(J)	1
BR(J) → V2(J)	1
V1(J) * V2(J) → V3(J)	1
AI(J) → V4(J)	1
BI(J) → V5(J)	1
V4(J) * V5(J) → V6(J)	1
V3(J) − V6(J) → V7(J)	1
V7(J) → CR(J)	1
V1(J) * V5(J) → V8(J)	1
V4(J) * V2(J) → V9(J)	1
V8(J) + V9(J) → V0(J)	1
V0(J) → CI(J)	1
Total	12

(b) Registrador para registrador

Operação	Ciclos
AR(J) → V1(J)	1
V1(J) * BR(J) → V2(J)	1
AI(J) → V3(J)	1
V3(J) * BI(J) → V4(J)	1
V2(J)− V4(J) → V5(J)	1
V5(J) → CR(J)	1
V1(J) * BI(J) → V6(J)	1
V4(J) * BR(J) → V7(J)	1
V6(J)+ V7(J) → V8(J)	1
V8(J) → CI(J)	1
Total	10

(c) Memórias para registrador

Operação	Ciclos
AR(J) → V1(J)	1
V1(J) * BR(J) → V2(J)	1
AI(J) → V3(J)	1
V2(J) − V3(J) * BI(J) → V2(J)	1
V2(J) → CR(J)	1
V1(J) * BI(J) → V4(J)	1
V4(J) + V3(J) * BR(J) → V5(J)	1
V5(J) → CI(J)	1
Total	8

(d) Instrução composta

Vi = registradores vetoriais
AR, BR, AI, BI = operandos em memória
Ti = posições temporárias em memória

parte imaginária (AI, BI, CI). O 3090 pode executar um acesso ao armazenamento principal por ciclo de processador, ou clock (leitura ou escrita); possui registradores que podem sustentar dois acessos para leitura e um para escrita por ciclo; e produz um resultado por ciclo na sua unidade aritmética. Vamos supor o uso de instruções que podem especificar dois operandos fontes e um resultado.[5] A Figura 17.20a mostra que, com instruções memória-para-memória, cada iteração do processamento requer um total de 18 ciclos. Com arquitetura puramente registrador-para-registrador (Figura 17.20b), esse tempo é reduzido para 12 ciclos. É claro que, com operações registrador-para-registrador as grandezas vetoriais devem ser carregadas nos registradores vetoriais antes do processamento e armazenadas em memória logo depois. Para vetores grandes, esta punição fixa é relativamente pequena. A Figura 17.20c mostra que a habilidade de especificar operandos de memória e de registrador em uma instrução reduz o tempo ainda mais para 10 ciclos por iteração. Este último tipo de instrução é incluído na arquitetura vetorial.[6]

A Figura 17.21 ilustra os registradores que são parte do recurso vetorial do IBM 3090. Existem 16 registradores vetoriais de 32 bits. Os registradores vetoriais também podem ser acoplados para formar oito registradores vetoriais de 32 bits. Qualquer elemento registrador pode guardar um valor inteiro ou de ponto flutuante. Assim, registradores vetoriais podem ser usados para valores inteiros de 32 e 64 bits e para valores de ponto flutuante de 32 e 64 bits.

Figura 17.21 Registradores para recurso vetorial do IBM 3090

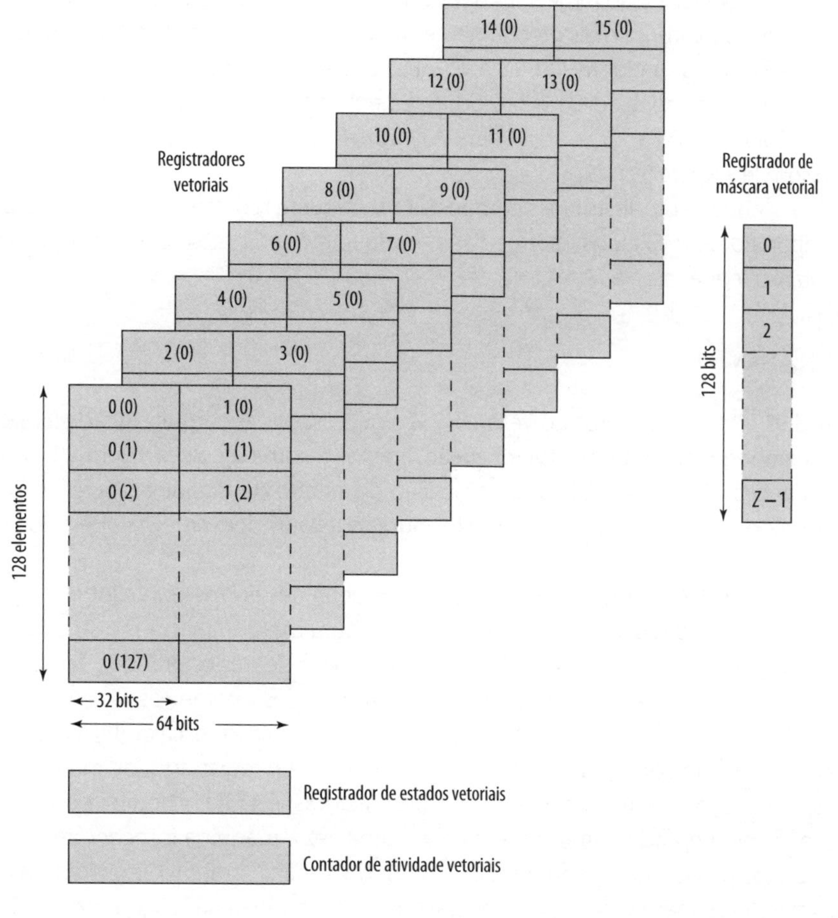

5 Para arquitetura 370/390, as únicas instruções de três operandos (instruções de registradores e armazenamento, RS) especificam dois operandos nos registradores e um em memória. Na parte (a) do exemplo, assumimos a existência de instruções de três operandos nas quais todos os operandos estão na memória principal. Isto é feito para propósitos de comparação e, de fato, tal formato de instrução poderia ser escolhido para arquitetura vetorial.

6 Instruções compostas, discutidas a seguir, possibilitam uma redução ainda maior.

A arquitetura especifica que cada registrador contenha de 8 a 512 elementos escalares. A escolha do tamanho atual envolve uma negociação de projeto. O tempo para fazer uma operação vetorial consiste basicamente da sobrecarga para inicializar o pipeline e preencher registradores mais um ciclo por elemento vetorial. Desta forma, o uso de um número grande de elementos registradores reduz a inicialização relativa para uma computação. No entanto, esta eficiência deve ser equilibrada com o tempo adicional necessário para salvar e restaurar registradores vetoriais em uma troca de processos e o custo prático e os limites de espaço. Estas considerações levem ao uso de 128 elementos por registrador na atual implementação do 3090.

Três registradores adicionais são necessários para o recurso vetorial. O registrador de máscara vetorial contém bits da máscara que podem ser usados para selecionar quais elementos nos registradores vetoriais devem ser processados para uma determinada operação. O registrador de estado vetorial contém campos de controle, como contador vetorial que determina quantos elementos nos registradores vetoriais estão para ser processados. O contador de atividade vetorial acompanha o tempo gasto executando instruções vetoriais.

INSTRUÇÕES COMPOSTAS Conforme discutimos anteriormente, execução da instrução pode ser sobreposta usando encadeamento para melhorar o desempenho. Os projetistas do recurso vetorial da IBM escolheram não incluir essa capacidade por vários motivos. A arquitetura do System/370 teria que ser estendida para tratar interrupções complexas (incluindo o seu efeito no gerenciamento da memória virtual) e as alterações correspondentes seriam necessárias no software. Uma questão mais básica foi o custo de incluir os controles adicionais e caminhos de acesso aos registradores no recurso vetorial para um encadeamento geral.

Em vez disso, três operações são fornecidas que combinam, em uma instrução (um *opcode*), as sequências mais comuns em computação vetorial, mais precisamente multiplicação seguida de adição, subtração ou somatório. A instrução memória-para-registrador MULTIPLY-AND-ADD, por exemplo, obtém um vetor da memória, multiplica-o por um vetor de um registrador e adiciona o produto de um terceiro vetor em um registrador. Com uso de instruções compostas MULTIPLY-AND-ADD e MULTIPLY-AND-SUBTRACT no exemplo da Figura 17.20, o tempo total para iteração é reduzido de 10 para 8 ciclos.

Diferente do encadeamento, instruções compostas não requerem o uso de registradores adicionais para armazenamento temporário ou resultados intermediários e requerem um acesso a registrador a menos. Por exemplo, considere a seguinte sequência:

$$A \rightarrow VR1$$
$$VR1 + VR2 \rightarrow VR1$$

Neste caso, dois armazenamentos no vetor VR1 são necessários. Na arquitetura da IBM existe uma instrução ADD memória-para-registrador. Com essa instrução, apenas a soma é colocada em VR1. A instrução composta evita também a necessidade para refletir, na descrição do estado da máquina, a execução concorrente de um número de instruções, o que simplifica salvar e restaurar o estado pelo sistema operacional e o tratamento de interrupções.

CONJUNTO DE INSTRUÇÕES A Tabela 17.3 resume as operações aritméticas e lógicas que são definidas para arquitetura vetorial. Além disso, existem instruções de leitura memória-para-registrador e escrita registrador-para-memória. Observe que muitas instruções usam o formato de três operandos. Também, muitas instruções possuem uma série de variantes, dependendo da localização dos operandos. Um operando de origem pode ser um registrador vetorial (V), armazenamento (S) ou um registrador escalar (Q). O alvo é sempre um registrador vetorial, exceto para comparação, cujo resultado vai para o registrador de máscara de vetor. Com todas estas variantes, o número total de *opcodes* (instruções distintas) é 171. No entanto, este número grande não é tão caro para ser implementado como pode parecer. Uma vez a máquina fornecendo as unidades aritméticas e caminhos de dados para alimentar operandos a partir do armazenamento, registradores escalares e registradores vetoriais para pipelines vetoriais, o principal custo de hardware já foi coberto. A arquitetura pode, com pouca diferença no custo, fornecer um conjunto rico de variantes para uso desses registradores e pipelines.

A maioria das instruções da Tabela 17.3 é autoexplicativa. Duas instruções de somatório exigem uma explicação adicional. A operação de acumular agrupa os elementos de um único vetor (ACCUMULATE) ou os elementos do produto de dois vetores (MULTIPLY-AND-ACCUMULATE). Essas instruções apresentam um problema de projeto interessante. Nós gostaríamos de executar essa operação o mais rapidamente possível, obtendo a total vantagem da ALU com pipeline. A dificuldade é que a soma de dois números colocada no

Tabela 17.3 Recurso vetorial de IBM 3090: instruções aritméticas e lógicas

Operação	Tipos de dados			Localizações dos operandos			
	Ponto flutuante						
	Longo (*long*)	Curto (*short*)	Binário ou Lógico				
Somar	FL	FS	BI	V+V→V	V+S→V	Q+V→V	Q+S→V
Subtrair	FL	FS	BI	V−V→V	V−S→V	Q−V→V	Q−S→V
Multiplicar	FL	FS	BI	V×V→V	V×V→V	Q×V→V	Q×S→V
Dividir	FL	FS	–	V/V→V	V/S→V	Q/V→V	Q/S→V
Comparar	FL	FS	BI	V.V→V	V.S→V	Q.V→V	Q.S→V
Multiplicar e somar	FL	FS	–	V+V×S→V	V+Q×V→V	V+Q×S→V	
Multiplicar e subtrair	FL	FS	–	V−V×S→V	V−Q×V→V	V−Q×S→V	
Multiplicar e acumular	FL	FS	–	P+.V→V	P+.S→V		
Complemento	FL	FS	BI	−V→V			
Positivo absoluto	FL	FS	BI	|V|→V			
Negativo absoluto	FL	FS	BI	−|V|→V			
Máximo	FL	FS	–			Q.V→Q	
Máximo absoluto	FL	FS	–			Q.V→Q	
Mínimo	FL	FS	–			Q.V→Q	
Deslocamento lógico para esquerda	–	–	LO	.V→V			
Deslocamento lógico para direita	–	–	LO	.V→V			
And	–	–	LO	V&V→V	V&S→V	Q&V→V	Q&S→V
OR	–	–	LO	V|V→V	V|S→V	Q|V→V	Q|S→V
Exclusive-OR	–	–	LO	V⊕V→V	V⊕S→V	Q⊕V→V	Q⊕S→V

Explicação:

Tipos de dados

FL = ponto flutuante longo (*long*)

FS = ponto flutuante curto (*short*)

BI = inteiro binário

LO = lógico

Localizações dos operandos

V = Registrador vetorial

S = Armazenamento

Q = Escalar (registrador geral ou de ponto flutuante)

P = Somas parciais no registrador vetorial

. = Operação especial

pipeline não está disponível até vários ciclos depois. Assim, o terceiro elemento no vetor não pode ser adicionado à soma dos dois primeiros elementos até que eles passem pelo pipeline inteiro. Para tratar esse problema, os elementos do vetor são adicionados de tal forma que produzem quatro somas parciais. Em particular, elementos 0, 4, 8, 12, ..., 124 são adicionados nessa ordem para produzir a soma parcial 0; elementos 1, 5, 9, 13, ..., 125 para soma parcial 1; elementos 2, 6, 10, 14, ..., 126 para soma parcial 2; e elementos 3, 7, 11, 15, ..., 127 para soma parcial 4. Cada uma dessas somas parciais pode prosseguir pelo pipeline à velocidade máxima máxima porque o atraso do pipeline é de aproximadamente quatro ciclos. Um registrador vetorial separado é usado para guardar as somas parciais. Quando todos os elementos do vetor original forem processados, as quatro somas parciais são totalizadas para produzir o resultado final. O desempenho desta segunda fase não é crítico, porque apenas quatro elementos vetoriais são envolvidos.

17.8 Leitura recomendada e sites Web

Catanzaro (1994[u]) analisa os princípios dos multiprocessadores e examina SMP baseados em SPARC em detalhes. SMPs também estão cobertos em bastante detalhes em Stone (1993[v]) e Hwang (1993[w]).

Milenkovic (2000[x]) é uma introdução a algoritmos e técnicas de coerência de cache para multiprocessadores, com ênfase em questões de desempenho. Outra análise das questões referentes à coerência de cache em multiprocessadores é Lilja (1993[d]). Tomasevic e Milutinovied (1993[y]) contém reimpressão de vários artigos importantes sobre o assunto.

Ungerer, Rubic e Silc (2002[g]) é uma análise excelente dos conceitos de processadores *multithread* e chips multiprocessadores. Ungerer, Rubic e Silc (2003[h]) fazem uma longa análise de processadores *multithread* propostos e atuais que usam *multithread* explícito.

Um tratamento completo sobre *clusters* pode ser encontrado em Buyya (1999[n]) e Buyya (1999[z]). Weygant (2001[aa]) é uma análise menos técnica sobre *clusters*, com bons comentários sobre vários produtos comerciais. Desai et al. (2005[bb]) descreve a arquitetura do servidor blade da IBM.

Uma boa discussão sobre computação vetorial pode ser encontrada em Stone (1993[x]) e Hwang (1993[w]).

Sites Web recomendados

IEEE Computer Society Task Force on *Cluster* Computing: um fórum internacional para promover pesquisa e educação sobre computação em *cluster*.

Principais termos, perguntas de revisão e problemas

Principais termos

Secundário ativo (*active standby*)	*Failover*	Protocolo de monitoramento (*snoopy*)
Coerência de cache	Protocolo MESI	Multiprocessador simétrico (SMP)
Cluster	Multiprocessador	Acesso uniforme à memória (UMA)
Protocolo de diretório	Acesso não uniforme à memória (NUMA)	Uniprocessador
Failback	Secundário passivo (*passive standby*)	Recurso vetorial

Perguntas de revisão

17.1 Relacione e defina brevemente três tipos de organização de sistemas computacionais.

17.2 Quais são as principais características de um SMP?

17.3 Quais são algumas vantagens potenciais de um SMP comparado com um uniprocessador?

17.4 Quais são algumas das principais questões a respeito de projeto de um sistema operacional para um SMP?

17.5 Qual é a diferença entre esquemas de coerência de cache por software e por hardware?

17.6 Qual é o significado de cada um dos quatro estados no protocolo MESI?

17.7 Quais são alguns dos principais benefícios de *clusters*?

17.8 Qual é a diferença entre *failover* e *failback*?

17.9 Quais são as diferenças entre UMA, NUMA e CC-NUMA?

Problemas

17.1 Seja α a percentagem do código do programa que pode ser executado simultaneamente por *n* processadores em um sistema de computação. Suponha que o código restante deve ser executado sequencialmente por um único processador. Cada processador tem uma taxa de execução de *x* MIPS.

a. Derive uma expressão para taxa MIPS efetiva quando usado o sistema para execução exclusiva deste programa, em termos de *n, a* e *x*.

b. Se $n = 16$ e $x = 4$ MIPS, determine o valor de α que produzirá um desempenho de sistema de 40 MIPS.

17.2 Um multiprocessador com oito processadores possui 20 unidades de fitas anexados. Há um grande número de trabalhos submetidos ao sistema onde cada um deles requer um máximo de quatro unidades de fitas para completar a execução. Suponha que cada trabalho inicie a execução com apenas três unidades de fitas por um período longo antes de requerer a quarta fita por um período curto próximo do fim da execução. Suponha também um fornecimento interminável desses trabalhos.

a. Suponha que o agendador do SO não iniciará um trabalho sem que haja quatro unidades de fitas disponíveis. Quando um trabalho é iniciado, quatro unidades são atribuídos imediatamente e não são liberados até que o trabalho termine. Qual é o número máximo de trabalhos que podem estar em progresso ao mesmo tempo? Quais são os números mínimo e máximo de drives de fita que podem estar ociosos como resultado desta estratégia?

b. Sugira uma política alternativa para melhorar a utilização da unidade de fita e, ao mesmo tempo, evitar *deadlock* de sistema. Qual é o número máximo de trabalhos que pode estar em progresso ao mesmo tempo? Quais são os limites do número de fitas ociosas.

17.3 Você consegue ver algum problema com a abordagem de cache escrever-uma-vez (*write once*) em multiprocessadores baseados em barramento? Se sim, sugira uma solução.

17.4 Considere uma situação onde dois processadores em uma configuração SMP, ao longo do tempo, requerem acesso à mesma linha de dados da memória principal. Ambos possuem cache e usam protocolo MESI. Inicialmente, as duas caches possuem uma cópia inválida da linha. A Figura 17.22 ilustra a consequência de uma leitura da linha *x* pelo processador P1. Se este for o começo da sequência de acessos, desenhe as figuras subsequentes para a seguinte sequência:

a. P2 lê *x*.

b. P1 escreve em *x* (para ficar mais claro, marque a linha na cache do P1 como x').

c. P1 escreve em *x* (marque a linha na cache do P1 como x'').

d. P2 lê *x*.

Figura 17.22 Exemplo MESI: Processador 1 lê a linha *x*

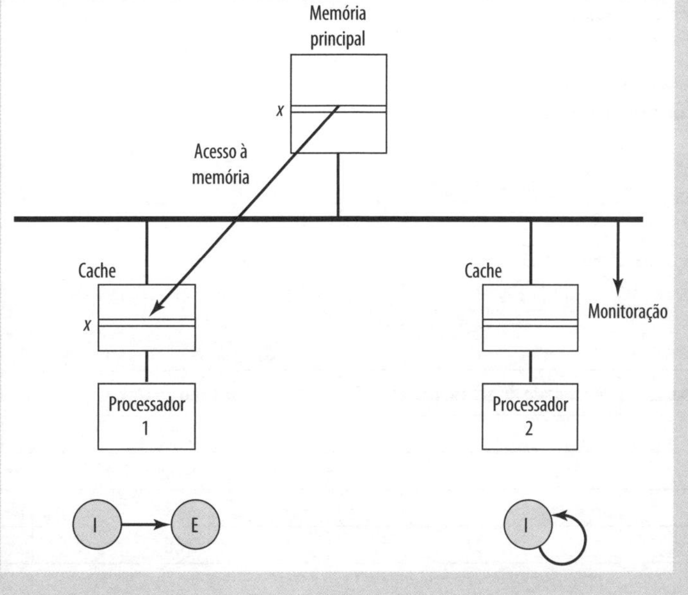

17.5 A Figura 17.23 mostra um diagrama de estados de dois protocolos possíveis para coerência de cache. Deduza e explique cada protocolo e compare-os com MESI.

17.6 Considere um SMP com caches L1 e L2 usando protocolo MESI. Conforme explicado na Seção 17.3, um dos quatro estados é associado com cada linha da cache L2. Todos os quatro estados também são necessários para cada linha da cache L1? Se sim, por quê? Se não, explique quais estados podem ser excluídos.

17.7 Uma versão anterior do mainframe da IBM, S/390 G4, usava três níveis de cache. Assim como no z990, apenas o primeiro nível estava no chip do processador, chamado de unidade de processamento (PU). A cache L2 também era parecida com o z990. Uma cache L3 estava em um chip separado que agia como um controlador de memória e estava interposto entre as caches L2 e cartões de memória. A Tabela 17.4 mostra o desempenho de um arranjo de cache em três níveis para o IBM S/390. O propósito deste problema é determinar se a inclusão de um terceiro nível de cache vale à pena. Determine a penalidade de acesso (número médio de ciclos de CPU) para um sistema com apenas uma cache L1 e normalize esse valor para 1.0. Determine então a penalidade de acesso normalizado quando caches L1 e L2 são usadas e a penalidade de acesso quando todas as três caches são usadas. Observe a quantidade de melhoria em cada caso e dê a sua opinião sobre o valor da cache L3.

17.8

a. Considere um uniprocessador com caches separadas de dados e instruções, com taxa de acerto H_d e H_i, respectivamente. O tempo de acesso do processador à cache é de *c* ciclos de clock e tempo de transferência para um bloco entre memória e cache é de *b* ciclos de clock. Seja f_i a fração dos acessos à memória que são para as instruções e seja f_d a fração de linhas sujas na cache de dados entre linhas substituídas. Suponha uma política de write-back e determine o tempo efetivo de acesso à memória em termos dos parâmetros que acabamos de definir.

Figura 17.23 Protocolos de coerência de duas caches

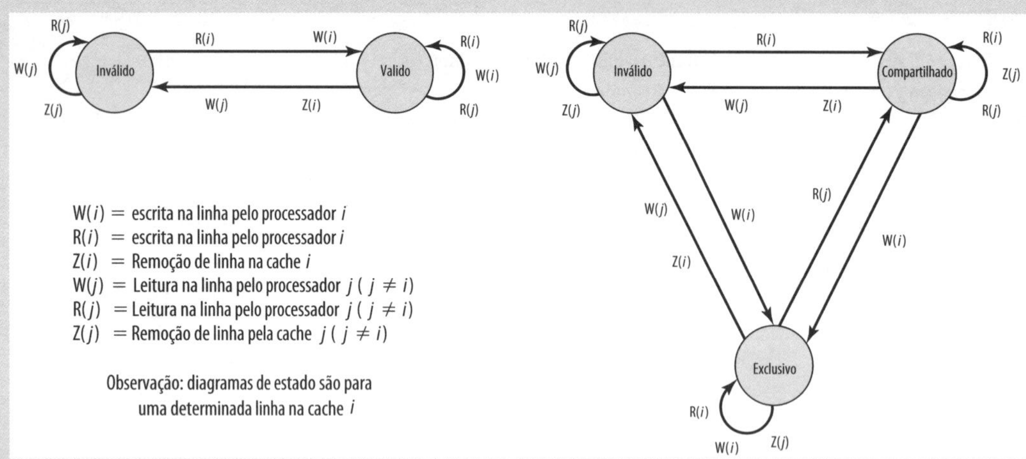

Tabela 17.4 Taxa de sucesso de cache típica na configuração S/390 SMP [MAK97]

Subsistema de memória	Penalidade de acesso (ciclos de PU)	Tamanho de cache	Taxa de acerto (hit) (%)
Cache L1	1	32 KB	89
Cache L2	5	256 KB	5
Cache L3	14	2 MB	3
Memória	32	8 GB	3

b. Suponha agora um SMP baseado em barramento onde cada processador tem características da parte (a). Cada processador deve lidar com invalidação de cache além das leituras e escritas de memória. Isto afeta o tempo efetivo de acesso à memória. Seja f_{inv} a fração de referências de dados que fazem com que sinais de invalidação sejam enviados para outras caches de dados. Para o processador enviar sinais, são requeridos *t* ciclos de clock para completar a operação da invalidação. Outros processadores não são envolvidos na operação da invalidação. Determine o tempo efetivo de acesso à memória.

17.9 Qual alternativa organizacional é sugerida por cada uma das ilustrações na Figura 17.24?

17.10 Na Figura 17.8, alguns dos diagramas mostram linhas horizontais preenchidas parcialmente. Em outros casos, há linhas totalmente vazias. Isto representa dois tipos diferentes de perda da eficiência. Explique.

17.11 Considere o desenho do pipeline na Figura 12.13b, o qual é redesenhado na Figura 17.25a, onde os estágios de busca e decodificação são ignorados, para representar a execução de thread A. A Figura 17.25 ilustra a execução de uma thread B separada. Em ambos os casos, um processador com pipeline simples é usado.

a. Mostre um diagrama de envio de instruções, semelhante à Figura 17.8a, para cada uma das duas threads.

b. Suponha que duas threads estão para ser executadas em paralelo em um chip multiprocessador, onde cada um dos dois processadores do chip usam um pipeline simples. Mostre um diagrama de emissão de instruções semelhante à Figura 17.8k. Mostre também um diagrama de execução de pipeline no estilo da Figura 17.25.

c. Suponha uma arquitetura superescalar de envio dupla. Repita a parte (b) para uma implementação superescalar multithread intercalada, supondo que não haja nenhuma dependência de dados. *Observação*: não há uma resposta única; você precisa fazer suposições a respeito de latências e prioridades.

d. Repita a parte (c) para uma implementação superescalar *multithread* bloqueada.

e. Repita para uma arquitetura SMT com quatro envios.

17.12 O seguinte segmento de código precisa ser executado 64 vezes para avaliar a expressão aritmética vetorial: $D(I) = A(I) + B(I) \times C(I)$ para $0 \leq I \leq 63$.

Load R1, B(I)	$/R1 \leftarrow \text{Memory}(\alpha + I)/$
Load R2, C(I)	$/R2 \leftarrow \text{Memory}(\beta + I)/$
Multiply R1, R2	$/R1 \leftarrow (R1) \times (R2)/$
Load R3, A(I)	$/R3 \leftarrow \text{Memory}(\gamma + I)/$
Add R3, R1	$/R3 \leftarrow (R3) + (R1)/$
Load D1, R3	$/\text{Memory}(\theta + I) \leftarrow (R3)/$

onde R1, R2 e R3 são registradores do processador, e $\alpha, \beta, \gamma, \theta$ são os endereços iniciais de memória dos vetores B(I), C(I), A(I) e D(I), respectivamente. Suponha quatro ciclos para cada *Load* ou *Store*, dois ciclos para *Add* e oito ciclos para *Multiply* em um uniprocessador ou em um único processador em uma máquina SIMD.

a. Calcule o número total de ciclos de processador necessários para executar este segmento de código repetidamente 64 vezes em um uniprocessador SISD sequencialmente, ignorando todos os outros atrasos de tempo.

Figura 17.24 Diagrama para Problema 17.9

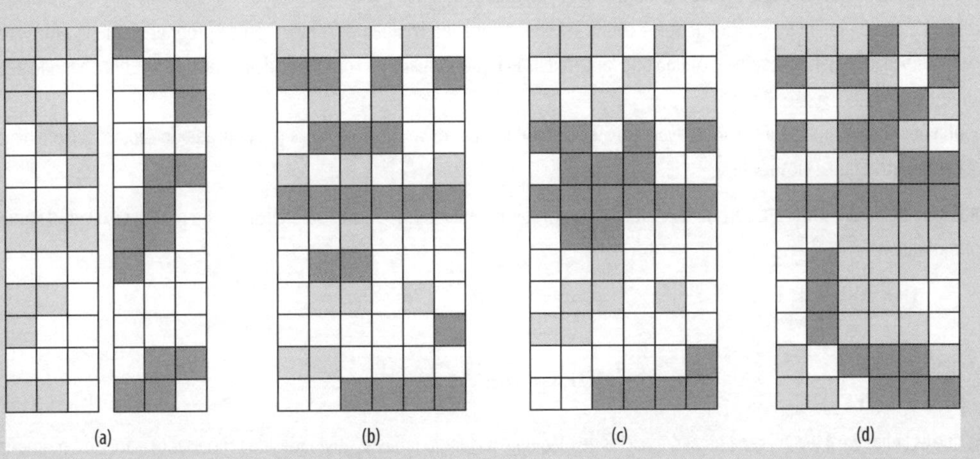

Figura 17.25 Duas threads de execução

Ciclo	CO	FO	EI	WO
1	A1			
2	A2	A1		
3	A3	A2	A1	
4	A4	A3	A2	A1
5	A5	A4	A3	A2
6				A3
7				
8	A15			
9	A16	A15		
10		A16	A15	
11			A16	A15
12				A16

(a)

Ciclo	CO	FO	EI	WO
1	B1			
2	B2	B1		
3	B3	B2	B1	
4	B4	B3	B2	B1
5			B3	B2
6				B3
7	B5	B4		
8	B6	B5	B4	
9	B7	B6	B5	B4
10		B7	B6	B5
11			B7	B6
12				B7

(b)

b. Considere o uso de um computador SIMD com 64 elementos de processamento para executar operações vetoriais em seis instruções vetoriais sincronizadas em cima de um vetor de 64 componentes de dados e todos conduzidos por uma mesma velocidade de clock. Calcule o tempo total de execução na máquina SIMD, ignorando broadcast (difusão) de instruções e outros atrasos.

c. Qual o aumento de velocidade ganho pelo computador SIMD em relação ao computador SISD?

17.13 Produza uma versão vetorial do seguinte programa: **DO** 20 I = 1, N

```
       B(I, 1) = 0
       DO 10 J = 1, M
       A(I) = A(I) + B(I, J) × C(I, J)
  10   CONTINUE
       D(I) = E(I) + A(I)
  20   CONTINUE
```

17.14 Uma aplicação é executada em um *cluster* de nove computadores. Um programa que mede desempenho levou tempo *T* neste *cluster*. Depois foi encontrado que 25% de *T* foi o tempo durante o qual a aplicação estava executando simultaneamente em todos os nove computadores. No tempo restante, a aplicação teve que executar em um único computador.

a. Calcule o aumento efetivo de velocidade sob a condição anterior quando comparado à execução do programa em um único computador. Calcule também α, a percentagem de código que foi paralelizada (programada ou compilada de tal forma que utilize o modo de *cluster*) no programa anterior.

b. Suponha que somos capazes de usar efetivamente 17 computadores em vez de 9 na parte paralelizada do código. Calcule o aumento de velocidade efetivo que é alcançado.

17.15 O seguinte programa FORTRAN está para ser executado em um computador e uma versão paralelizada está para ser executada em um *cluster* de 32 computadores.

```
L1:       DO 10 I = 1, 1024
L2:              SUM(I) = 0
L3:              DO 20 J = 1, I
L4:  20                 SUM(I) = SUM(I) + I
L5:  10   CONTINUE
```

Suponha que as linhas 2 e 4 levem, cada uma, dois ciclos de máquina, incluindo todas as atividades do processador e acesso à memória. Ignore o *overhead* causado pelo controle do software sobre laços (linhas 1, 3, 5) e todas as outras sobrecargas do sistema e conflitos de recursos.

a. Qual o tempo total de execução (em número de ciclos de máquina) do programa em um único computador?

b. Divida as iterações do laço I entre 32 computadores da seguinte forma: computador 1 executa as primeiras 32 iterações (I = 1 até 32), processador 2 executa próximas 32 alterações, e assim por diante. Quais são os fatores de aumento de velocidade e tempo de execução quando comparado com parte (a)? (Observe que a carga computacional, ditada pelo laço J, não está equilibrada entre os computadores.)

c. Explique como modificar o paralelismo para facilitar uma execução paralela balanceada de toda a carga computacional através de 32 computadores. Uma carga balanceada significa aqui que um número igual de adições é atribuído para cada computador com respeito a ambos os laços.

d. Qual o tempo mínimo de execução resultante da execução paralela em 32 computadores? Qual o aumento de velocidade resultante em relação a um único computador?

17.16 Considere duas versões de um programa para somar dois vetores:

```
L1:      DO 10 I = 1, N
L2:        A(I) = B(I) + C(I)
L3: 10   CONTINUE
L4:      SUM = 0
L5:      DO 20 J = 1, N
L6:        SUM = SUM + A(J)
L7: 20   CONTINUE
```

```
     DOALL K = 1, M
       DO 10 I = L(K - 1) + 1, KL
         A(I) = B(I) + C(I)
10     CONTINUE
       SUM(K) = 0
       DO 20 J = 1, L
         SUM(K) = SUM(K) + A(L(K-1) + J)
20     CONTINUE
     ENDALL
```

a. O programa da esquerda executa em um uniprocessador. Suponha que cada linha de código L2, L4 e L6 leve um ciclo de clock do processador para executar. Para simplicidade, ignore o tempo necessário para outras linhas de código. Inicialmente todas as matrizes já estão carregadas na memória principal e o pequeno pedaço do programa está na cache de instruções. Quantos ciclos de clock são necessários para executar este programa?

b. O programa da direita é escrito para executar em um multiprocessador com *M* processadores. Particionamos as operações de iteração em seções *M* com $L = N/M$ elementos por seção. DOALL declara que todas as seções *M* são executadas em paralelo. O resultado deste programa é produzir *M* somas parciais. Suponha que *k* ciclos de clock são necessários para cada operação de comunicação entre processadores através da memória compartilhada e que, por isso, a adição de cada soma parcial requer *k* ciclos. Uma árvore binária de soma de *l* níveis pode juntar todas as somas parciais, onde $l = \log_2 M$. Quantos ciclos são necessários para produzir a soma final?

c. Suponha $N = 2^{20}$ elementos na matriz e $M = 256$. Qual o aumento de velocidade obtido com uso do multiprocessador? Suponha $k = 200$. Qual percentagem é esta do aumento teórico de velocidade de um fator de 256?

Referências

a FLYNN, M. "Some computer organizations and their effectiveness". *IEEE Transactions on Computers,* set. 1972.

b SIEGEL, T.; PFEFFER, E. e MAGEE, A. "The IBM z990 microprocessor". *IBM Journal of Research and Development,* maio/jul. 2004.

c MAK, P., et al. "Processor subsystem interconnect for a large symmetric multiprocessing system". *IBM Journal of Research and Development,* mai./jul. 2004.

d LILJA, D. "Cache coherence in large-scale shared-memory multiprocessors: issues and comparisons". *ACM Computing Surveys,* set. 1993.

e STENSTROM, P. "A survey of cache coherence schemes of multiprocessors". *Computer,* jun. 1990.

f SHANLEY, T. *Unabridged Pentium 4, the: IA32 processor genealogy.* Reading, MA: Addison-Wesley, 2005.

g UNGERER, T.; RUBIC, B. e SILC, J. "Multithreaded Processors". *The Computer Journal,* No. 3,2002.

h UNGERER, T.; RUBIC, B.; e SILC, J. "A survey of processors with explicit multithreading". *ACM Computing Surveys,* mar. 2003.

i MARR, D., et al. "Hyper-threading technology architecture and microarchitecture". *Intel Technology Journal,* primeiro trimestre de 2002.

j KALLA, R.; SINHAROY, B. e TENDLER. J. "IBM Power5 chip: a dual-core multithreaded processor". *IEEE Micro,* mar./abr. 2004.

k BREWER, E. "Clustering: multiply and conquer". *Data Communications,* jul. 1997.

l KAPP, C. "Managing cluster computers". *Dr. Dobb's Journal,* jul. 2000.

m HWANG, K., et al. "Designing SSI clusters with hierarchical checkpointing and single I/O space". *IEEE Concurrency,* jan./mar. 1999.

n BUYYA, R. *High performance cluster computing: architectures and systems.* Upper Saddle River, NJ: Prentice Hall. 1999.

o NOWELL, M.; VUSIRIKALA, V. e HAYS, R. "Overview of requirements and applications for 40 gigabit and 100 gigabit ethernet". *Ethernet Alliance White Paper,* ago. 2007.

p WHITNEY, S., et al. "The SGI origin software environment and application performance". *Proceedings, COMPCON Spring '97*, fev. 1997.

q LOVETT, T. e CLAPP, R. "Implementation and performance of a CC-Numa system". *Proceedings, 23rd Annual International Symposium on Computer Architecture*, mai. 1996.

r PFISTER, G. *In search of clusters.* Upper Saddle River, NJ: Prentice Hall, 1998.

s PADEGS, A. et al. "The IBM System/370 vector architecture: design considerations". *IEEE Transactions on Communications*, mai. 1988.

t TUCKER, S. "The IBM 3090 System design with emphasis on the vector facility". *Proceedings, COMPCON Spring '87*, fev. 1987.

u CATANZARO, B. *Multiprocessor system architectures.* Mountain View, CA: Sunsoft Press, 1994.

v STONE, H. *High-performance computer architecture.* Reading, MA: Addison-Wesley, 1993.

w HWANG, K. *Advanced computer architecture.* Nova York: McGraw-Hill, 1993.

x MILENKOVIC, A. "Achieving high performance in bus-based shared-memory multiprocessors". *IEEE Concurrency*, jul./set. 2000.

y TOMASEVIC, M. e MILUTINOVIC, V. *The cache coherence problem in shared-memory multiprocessors: hardware solutions.* Los Alamitos, CA: IEEE Computer Society Press, 1993.

z BUYYA, R. *High performance cluster computing: programming and applications*. Upper Saddle River, NJ: Prentice Hall. 1999.

aa WEYGANT, P. *Clusters for high availability.* Upper Saddle River, NJ: Prentice Hall, 2001.

bb DESAI, D., et al. "BladeCenter system overview". *IBM Journal of Research and Development*, nov. 2005.

CAPÍTULO 18

Computadores multicore

PRINCIPAIS PONTOS

- Um computador multicore, ou chip multiprocessador, combina dois ou mais processadores em um único chip de computador.
- O uso de chips com processador único cada vez mais complexo atingiu o limite por conta do desempenho do hardware, incluindo limites no paralelismo em nível de instruções e limitações de energia.
- Por outro lado, a arquitetura multicore oferece desafios para desenvolvedores de software para explorar a capacidade do multithreading por meio de vários núcleos.
- As principais variáveis em uma organização multicore são o número de processadores no chip, o número de níveis da memória cache e a extensão em que a memória cache é compartilhada.
- Outra decisão sobre projeto organizacional em um sistema multicore é se os núcleos individuais serão superescalares ou se implementarão multithreading simultâneo (SMT).

Um computador ***multicore***, conhecido também como ***chip multiprocessador***, combina dois ou mais processadores (chamados núcleos — core) em uma única peça de silício (chamada pastilhas — *die*). Normalmente, cada núcleo consiste de todos os componentes de um processador independente, como registradores, ALU, hardware de pipeline e unidade de controle, mais caches L1 de dados e de instruções. Além de vários núcleos, os chips multicore atuais incluem também cache L2 e, em alguns casos, cache L3.

Este capítulo fornece uma visão geral sobre sistemas multicore. Começamos com uma análise sobre fatores de desempenho de hardware que levaram ao desenvolvimento de computadores multicore e dos desafios de software de explorar o poder de um sistema multicore. A seguir, analisamos a organização multicore. Finalmente, examinamos dois exemplos de produtos multicore, um da Intel e outro da ARM.

18.1 Questões sobre desempenho de hardware

Conforme discutimos no Capítulo 2, os sistemas dos microprocessadores experimentaram um aumento sólido e exponencial do desempenho de execução durante décadas. A Figura 2.12 mostra que este aumento deve-se parcialmente aos refinamentos na organização do processador no chip e parcialmente ao aumento na frequência de clock.

Aumento em paralelismo

As mudanças organizacionais no projeto dos processadores se concentraram, em primeiro lugar, no aumento do paralelismo em nível de instruções, para que mais trabalho pudesse ser feito em cada ciclo de clock. Estas mudanças incluem, em ordem cronológica (Figura 18.1):

- **Pipeline**: instruções individuais são executadas por um pipeline de estágios de tal forma que, durante a execução de uma instrução em um estágio do pipeline, outra instrução é executada em outro estágio do pipeline.
- **Superescalar**: vários pipelines são construídos pela replicação de recursos da execução. Isto possibilita execução paralela de instruções em pipelines paralelos, assim que os hazards são evitados.
- **Multithreading simultâneo (SMT)**: bancos de registradores são replicados para que várias threads possam compartilhar o uso dos recursos do pipeline.

Para cada uma destas inovações, os projetistas tentaram, ao longo dos anos, aumentar o desempenho do sistema acrescentando a complexidade. No caso do uso de pipeline, pipelines simples de três estágios foram substituídos

Figura 18.1 Organizações alternativas do chip

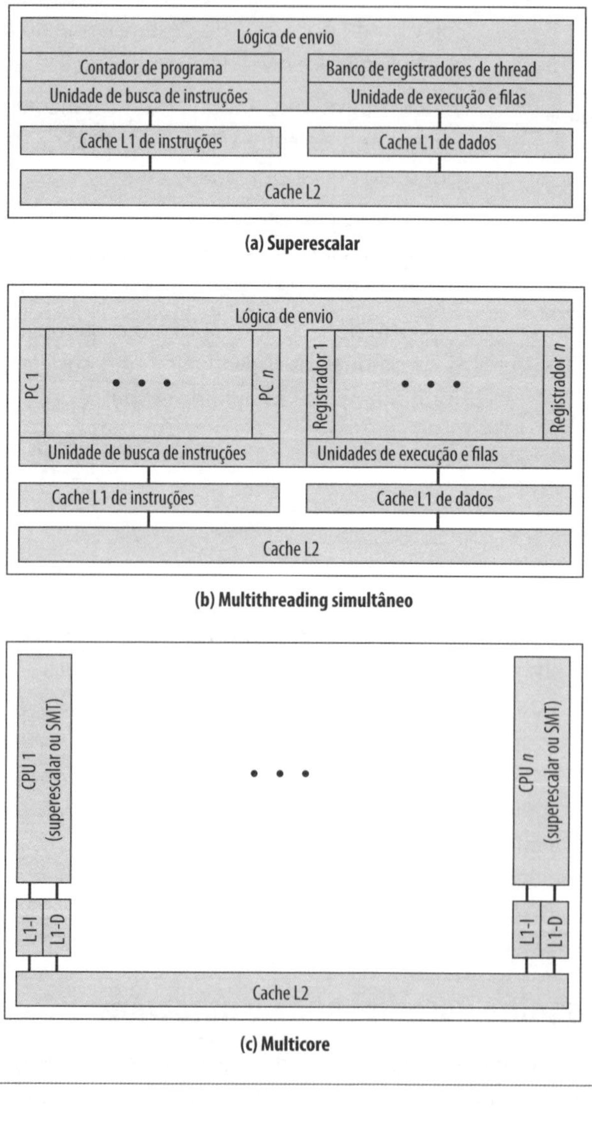

pelos pipelines com cinco estágios e depois com muito mais estágios, com algumas implementações tendo mais de doze estágios. Há um limite prático para até onde essa tendência pode ser levada porque, com mais estágios, há necessidade por mais lógica, mais interconexões e mais sinais de controle. Com a organização superescalar, aumentos de desempenho podem ser alcançados ao se aumentar o número de pipelines paralelos. Novamente, o retorno diminui à medida que o número de pipelines aumenta. Mais lógica é necessária para gerenciar os hazards e para recursos do estágio de instruções. Eventualmente, uma única thread de execução alcança o ponto onde os hazards e dependências de recursos impedem o uso total de vários pipelines disponíveis. Este mesmo ponto da diminuição de retornos acontece com o SMT, à medida que a complexidade de gerenciar várias threads por meio de um conjunto de pipelines limita o número de threads e o número de pipelines que podem ser usados efetivamente.

A Figura 18.2, retirada de Olukotun e Hammond (2005[a]), é ilustrativa neste contexto. O gráfico superior mostra o aumento exponencial do desempenho dos processadores Intel ao longo dos anos.[1] O gráfico do meio é calculado ao se combinarem figuras publicadas de SPEC CPU da Intel e a frequência de clock dos processadores para se ter uma medida de quanto da melhoria de desempenho se deve ao aumento de exploração do paralelismo em nível

Figura 18.2 Algumas tendências do hardware da Intel

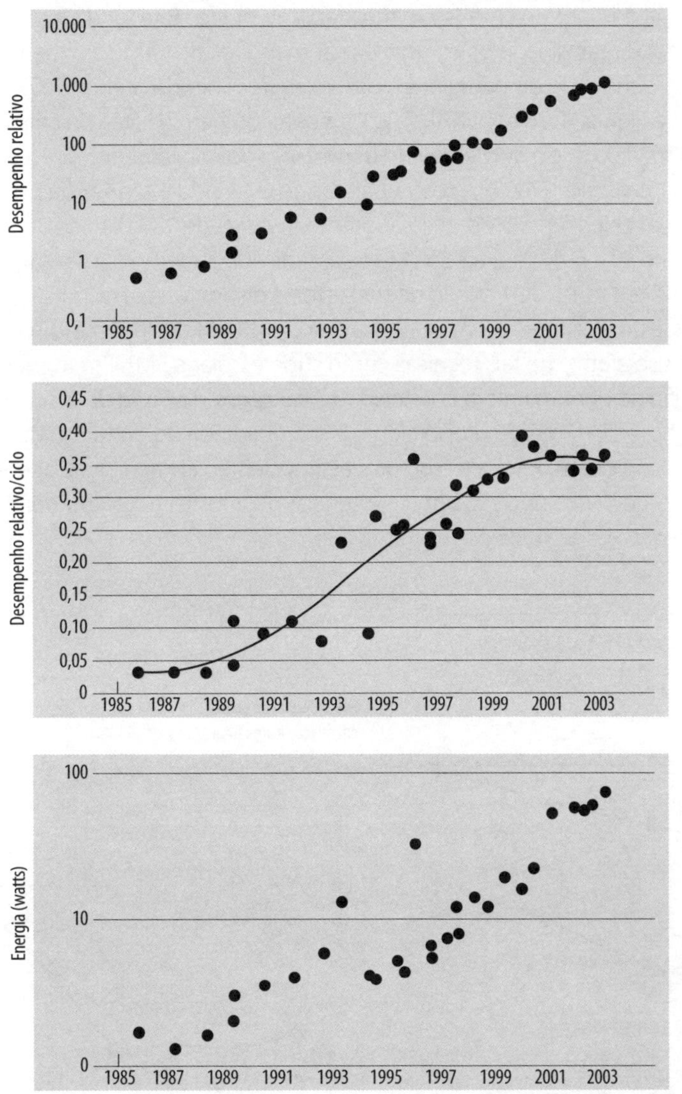

1 Os dados são baseados em figuras SPEC CPU publicadas pela Intel e normalizadas em vários conjuntos.

de instruções. Há uma região achatada no começo dos anos 1980 antes de o paralelismo ser explorado extensivamente. Segue-se a isso uma forte subida quando os projetistas foram capazes de explorar substancialmente o pipeline, técnicas superescalares e o SMT. Mas, no início de 2000, uma nova região achatada na curva aparece, à medida que foram sendo alcançados os limites da exploração de paralelismo em nível de instruções.

Há um conjunto de problemas relatado que trata de questões relacionadas ao projeto e à fabricação de chips de computadores. O aumento na complexidade para lidar com todas as questões de lógica relacionadas com pipelines muitos longos, vários pipelines superescalares e vários bancos de registradores SMT significa que uma grande área do chip é ocupada com lógica de coordenação e transferência de sinais. Isso aumenta a dificuldade de projeto, fabricação e depuração de chips. O difícil e crescente desafio de engenharia relacionado à lógica do processador é uma das razões pelo aumento de uma parte do chip dedicada à lógica de memória mais simples. Questões de energia, discutidas a seguir, dão outra razão.

Consumo de energia

Para manter a tendência de desempenho mais alta à medida que o número de transistores por chip aumenta, os projetistas recorreram aos projetos de processadores mais elaborados (pipeline, superescalar, SMT) e às altas frequências de clock. Infelizmente, requisitos de energia cresceram exponencialmente à medida que aumentaram a densidade e a frequência de clock do chip. Isso é mostrado no gráfico inferior da Figura 18.2

Uma maneira de controlar densidade da energia é usar mais área do chip para memória cache. Os transistores são menores e têm uma densidade de energia em ordem de magnitude menor do que a da lógica (veja Figura 18.3a). Conforme mostra a Figura 18.3b (BORKAR, 2003[b]), a percentagem da área do chip dedicada à memória cresceu para mais de 50% à medida que a densidade de transistores do chip aumentou.

A Figura 18.4, retirada de Borkar (2007[c]), mostra para onde está indo a tendência do consumo de energia. Até 2015, podemos esperar ver chips de microprocessadores com cerca de 100 bilhões de transistores em um molde de 300 mm^2. Supondo que 50 a 60% da área do chip seja dedicado à memória, ele suportará memória cache em torno de 100 MB e deixará em torno de 1 bilhão de transistores disponíveis para lógica.

Como usar todos esses transistores é um ponto-chave do projeto. Conforme discutido anteriormente nesta seção, existe limite para uso efetivo de tais técnicas como superescalar e SMT. Em termos gerais, a experiência das décadas recentes foi definida por uma regra conhecida como ***regra de Pollack*** (POLLACK, 1999[d]), que diz que o aumento de desempenho é diretamente proporcional à raiz quadrada do aumento de complexidade. Em outras palavras, se você dobrar a lógica em um núcleo do processador, então ele apresenta apenas 40% a mais de desempenho. A princípio, o uso de vários núcleos tem o potencial para fornecer um aumento de desempenho quase linear com aumento em número de núcleos.

Figura 18.3 Considerações sobre energia e memória

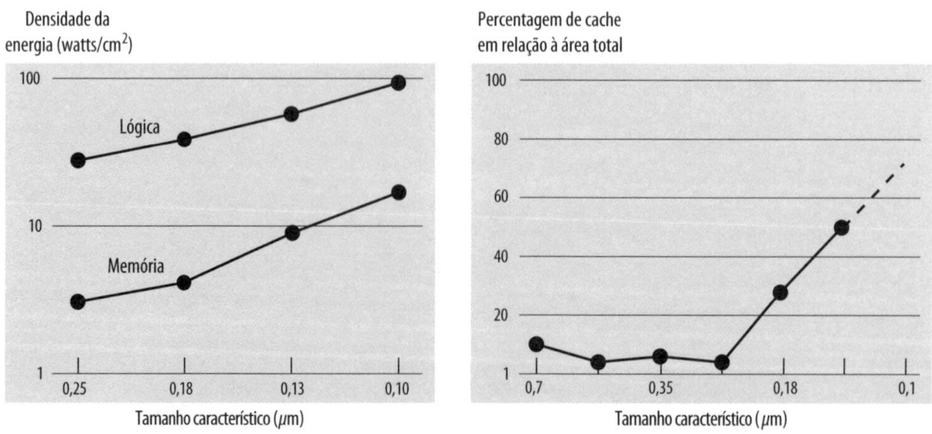

(a) Densidade da energia

(b) Área do chip

Figura 18.4 Utilização de transistores do chip

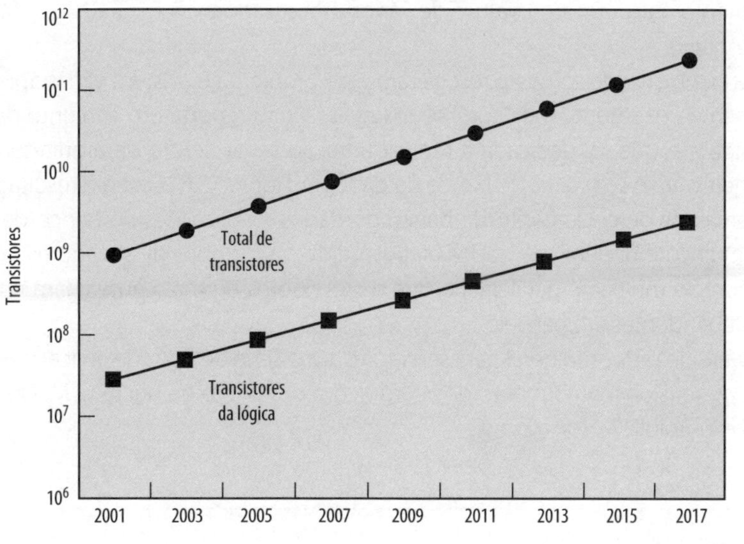

Considerações sobre energia fornecem outro motivo para ir em direção a uma organização multicore. Como o chip tem tanta quantidade de memória cache, torna-se improvável que uma única thread de execução possa efetivamente usar toda essa memória. Mesmo com SMT, você está fazendo multithreading de forma relativamente limitada e não pode, portanto, explorar totalmente uma cache gigante, enquanto que um número de threads ou processos relativamente independentes tem uma oportunidade maior de obter a total vantagem da memória cache.

18.2 Questões sobre desempenho de software

Uma análise mais detalhada sobre questões de desempenho de software relacionada à organização multicore está além do nosso escopo. Nesta seção, primeiro fornecemos uma visão geral dessas questões e depois analisamos um exemplo de uma aplicação projetada para explorar capacidades multicore.

Software em multicore

Os benefícios potenciais de desempenho de uma organização multicore dependem da habilidade de explorar efetivamente os recursos paralelos disponíveis para a aplicação. Vamos focar primeiro em uma única aplicação executando em um sistema multicore. Relembre do Capítulo 2 que a lei de Amdahl afirma que:

$$\text{Aumento de velocidade} = \frac{\text{tempo para executar o programa em um único processador}}{\text{tempo para executar o programa em } N \text{ processadores paralelos}}$$

$$= \frac{1}{(1-f)+\dfrac{f}{N}}. \qquad \textbf{(18.1)}$$

A lei supõe um programa no qual uma fração $(1 - f)$ do tempo de execução envolve o código que é inerentemente serial e uma fração f que envolve código infinitamente paralelizável com nenhuma sobrecarga de escalonamento.

Essa lei surge para tornar mais atraente a possibilidade de uma organização multicore. Mas, como mostra Figura 18.5a, até uma quantidade pequena de código serial tem um impacto notável. Se apenas 10% do código for inerentemente serial ($f = 0{,}9$), executar o programa em um sistema multicore com 8 processadores produz um ganho de desempenho de um fator de apenas 4,7. Além disso, o software normalmente provoca sobrecarga como o resultado de comunicação e a distribuição de trabalho para vários processadores e sobrecarga de coerência de cache. Isso resulta em uma curva na qual o desempenho alcança picos e depois começa a degradar por causa do aumento da sobrecarga de uso de vários processadores. A Figura 18.5b (MCDOUGALL, 2005[e]) é um exemplo representativo.

No entanto, engenheiros de software resolveram esse problema e existem várias aplicações em que é possível explorar efetivamente um sistema multicore. McDougall (2005[e]) reporta um conjunto de aplicações de banco de dados onde grande atenção foi dedicada a reduzir a fração serial dentro de arquiteturas de hardware, sistemas operacionais, middleware e softwares de banco de dados. A Figura 18.6 mostra o resultado. Conforme mostra este exemplo, os sistemas de gerenciamento de banco de dados e aplicações de banco de dados são uma área em que os sistemas multicore podem ser usados efetivamente. Vários tipos de servidores também podem usar efetivamente a organização multicore paralela, porque os servidores normalmente lidam com numerosas transações relativamente independentes em paralelo.

Além do software de propósito geral para servidores, uma série de tipos de aplicações se beneficia diretamente da habilidade de dimensionar rendimento de acordo com o número de núcleos. McDougall e Laudon (2006[f]) listam os seguintes exemplos:

Figura 18.5 Efeitos de desempenho de múltiplos cores

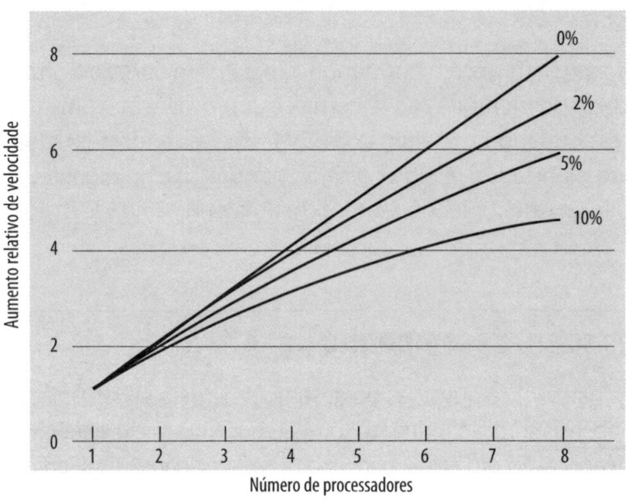

(a) Aumento de velocidade com partes sequenciais de 0%, 2%, 5% e 10%

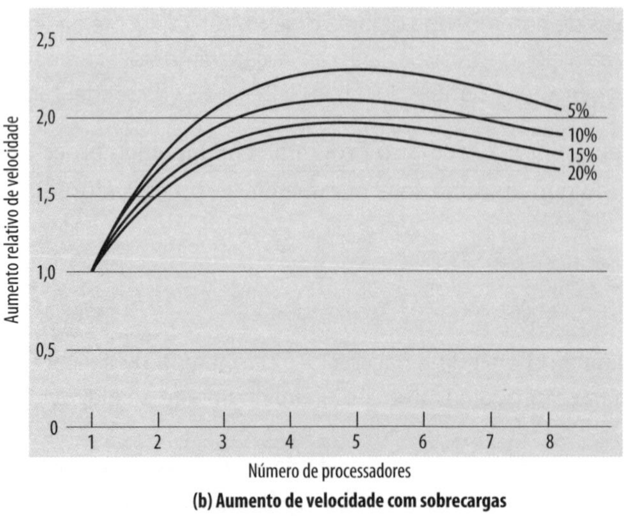

(b) Aumento de velocidade com sobrecargas

Figura 18.6 Dimensionamento de trabalhos de bancos de dados em hardware com vários processadores

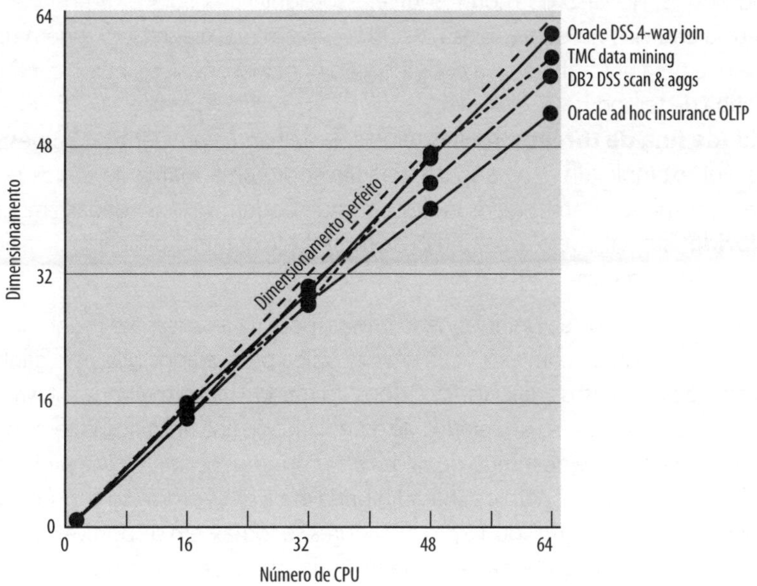

- **Aplicações multithread nativas**: aplicações multithread são caracterizadas por ter um pequeno número de processos com ótimas condições para o uso de multithread. Exemplos de aplicações com ótimas condições para o uso de multitrhead incluem Lotus Domino ou Siebel CRM (Customer Relationship Manager).
- **Aplicações com múltiplos processos**: aplicações com múltiplos processos são caracterizadas pela presença de muitos processos de thread única. Exemplo de aplicações com múltiplos processos incluem banco de dados Oracle, SAP e PeopleSoft.
- **Aplicações Java**: aplicações Java abraçam threads de uma maneira fundamental. Não apenas a linguagem Java facilita muito aplicações multithread, mas a Java Virtual Machine é um processo multithread que provê agendamento e gerenciamento de memória para aplicações Java. Aplicações Java podem, então, se beneficiar diretamente dos recursos multicore incluindo servidores de aplicação como Java Application Server da Sun, Weblogic da BEA, Websphere da IBM e servidor de aplicação de código fonte aberto Tomcat. Todas as aplicações que usam um servidor de aplicações da plataforma Java 2 Enterprise Edition (plataforma J2EE) podem se beneficiar imediatamente da tecnologia multicore.
- **Aplicações com multiplas instâncias**: mesmo que uma aplicação individual não possa ser dimensionada para obter vantagem de um número grande de threads, ainda é possível se beneficiar da arquitetura multicore executando várias instâncias da aplicação em paralelo. Se várias instâncias de aplicação requerem algum tipo de isolamento, a tecnologia de virtualização (para o hardware do sistema operacional) pode ser usada para fornecer a cada uma delas o seu próprio ambiente separado e seguro.

Exemplo de aplicação: software de jogo da Valve

A Valve é uma empresa de entretenimento e tecnologia que desenvolveu uma série de jogos populares, assim como o motor Source, um dos motores de jogos disponíveis mais usados. Source é um motor de animação usado pela Valve para seus jogos e licenciado para outros desenvolvedores de jogos.

Nos últimos anos, a Valve reprogramou o software do motor Source para usar multithreading a fim de explorar a capacidade dos chips de processadores multicore da Intel e AMD (REIMER, 2006[9]). O código revisado do motor Source fornece suporte mais poderoso para jogos da Valve como Half Life 2.

Da perspectiva da Valve, as opções de granularidade de threads são definidas a seguir (HARRIS, 2006[h]):

- **Granularidade grossa de threads**: módulos individuais, chamados de sistemas, são atribuídos a processadores individuais. No caso do motor Source, isso significaria colocar renderização em um processador, IA (inteligência artificial) no outro, física no outro, e assim por diante. Isto é bem direto. Basicamente, cada módulo maior é uma única thread e a coordenação principal envolve sincronizar todas as threads com uma thread da linha de tempo.
- **Granularidade fina de threads**: muitas tarefas semelhantes ou idênticas são espalhadas por vários processadores. Por exemplo, um laço que faz iteração sobre uma matriz de dados pode ser dividido em um número de laços menores em threads individuais que podem ser agendadas em paralelo.
- **Thread híbrido**: isto envolve o uso seletivo de threads de granularidade fina para alguns sistemas e threads únicas para outros sistemas.

A Valve concluiu que, por meio da granularidade grossa, poderia alcançar até o dobro do desempenho em dois processadores quando comparado com execução em um único processador. Mas este ganho de desempenho apenas poderia ser alcançado com casos artificiais. Para jogos do mundo real, a melhoria estava na ordem de um fator de 1,2. A empresa também concluiu que o uso efetivo de granularidade fina era difícil. O tempo por unidade de trabalho pode ser variável e gerenciar a linha de tempo de saídas e as consequências envolvia programação complexa.

A Valve concluiu que uma abordagem de thread híbrida era a mais promissora e seria mais bem dimensionada à medida que sistemas multicore com 8 ou 16 processadores se tornassem disponíveis. Ela identificou sistemas que operam com muita eficiência, sendo permanentemente atribuídos a um único processador. Um exemplo é a mixagem de som, a qual tem pouca interação do usuário, não é restringida pela configuração do quadro das janelas e funciona no seu próprio conjunto de dados. Outros módulos, como renderização de cenas, podem ser organizados em um número de threads para que o módulo possa executar em um único processador, mas que possa alcançar desempenho melhor quando é espalhado por mais e mais processadores.

A Figura 18.7 ilustra a estrutura de threads para o módulo de renderização. Nesta estrutura hierárquica, threads de níveis mais altos geram threads de níveis mais baixos conforme necessário. O módulo de renderização depende de uma parte crítica do motor Source, a lista mundial, que é um banco de dados que representa os elementos visuais no mundo dos jogos. A primeira tarefa é determinar quais são as áreas do mundo que precisam ser renderi-

Figura 18.7 Threading híbrido para módulo de renderização

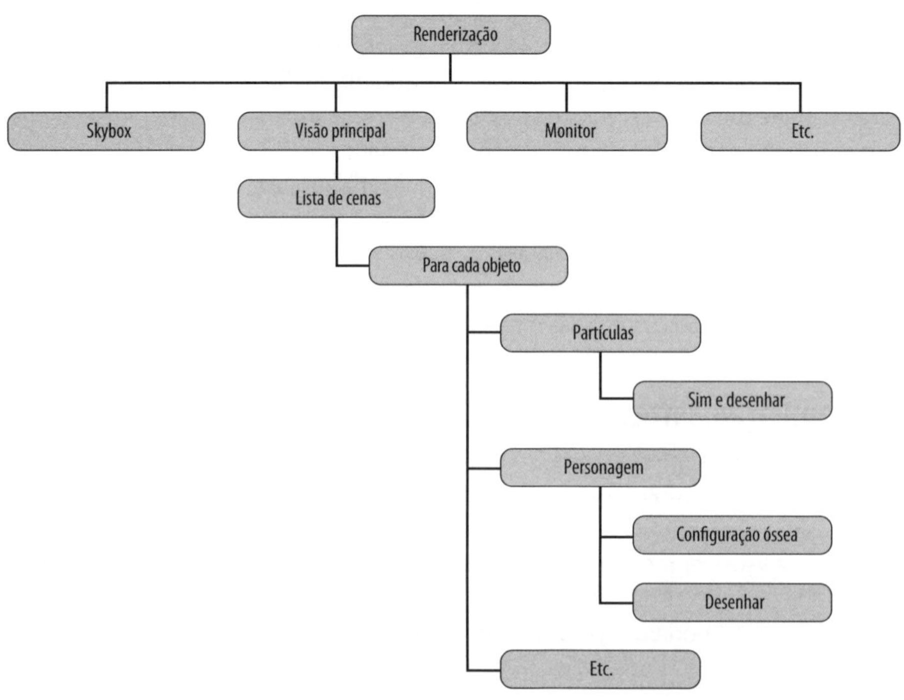

zadas. A próxima tarefa é determinar quais objetos estão em cena conforme vistos de vários ângulos. Depois vem o trabalho intensivo do processador. O módulo de renderização tem que trabalhar a renderização de cada objeto de vários pontos de vista, como visão do jogador, visão dos monitores de TV e o ponto de vista dos reflexos na água.

Alguns dos principais elementos da estratégia de thread para o módulo de renderização estão relacionados em Leonard (2007') e incluem o seguinte:

- Construir listas de renderização de cenas para várias cenas em paralelo (por exemplo, o mundo e o seu reflexo na água).
- Sobrepor simulação dos gráficos.
- Transformação do personagem computacional para todos os personagens em todas as cenas em paralelo.
- Permitir que várias threads desenhem em paralelo.

Os projetistas descobriram que simplesmente bloquear os principais bancos de dados, como a lista mundial, para uma thread era ineficiente demais. Em mais de 95% do tempo, uma thread está tentando ler de um conjunto de dados e apenas 5% do tempo, no máximo, é gasto escrevendo no conjunto de dados. Assim, um mecanismo de concorrência conhecido como modelo escritor-único-múltiplos-leitores funciona eficientemente.

18.3 Organização multicore

No nível mais alto da descrição, as principais variáveis em uma organização multicore são as seguintes:

- Número de núcleos processadores no chip.
- Número de níveis da memória cache.
- Quantidade de memória cache que é compartilhada.

A Figura 18.8 mostra quatro organizações gerais para sistemas multicore. A Figura 18.8a é uma organização encontrada em alguns computadores com chips multicores anteriores e encontra-se ainda nos chips embutidos.

Figura 18.8 Alternativas da organização multicore

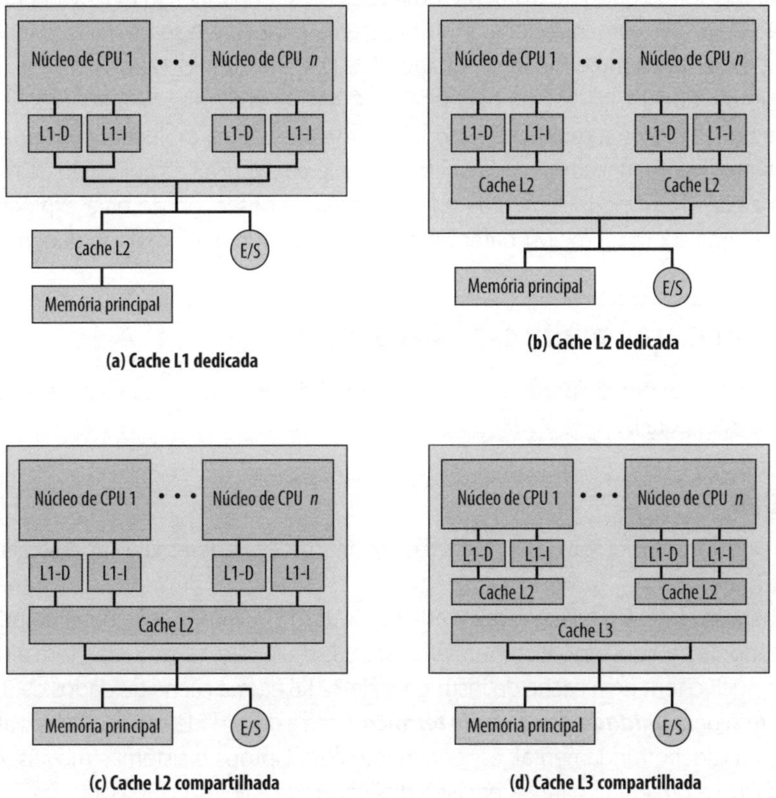

Nesta organização, a única cache no chip é L1, com cada núcleo tendo a sua cache L1 dedicada. Quase invariavelmente, a cache L1 é dividida em caches de dados e instruções. Um exemplo desta organização é ARM11 MPCore.

A organização da Figura 18.8b é também uma onde não há compartilhamento da cache no chip. Neste caso, há bastante área disponível no chip para permitir a cache L2. Um exemplo desta organização é o AMD Opteron. A Figura 18.8c mostra uma alocação semelhante de espaço do chip para memória, porém com uso de cache L2 compartilhada. O Core Duo da Intel tem essa organização. Finalmente, à medida que a quantidade de memória cache disponível no chip continua a crescer, as considerações sobre desempenho ditam a divisão de uma cache L3 separada e compartilhada, com caches L1 e L2 dedicadas para cada núcleo do processador. O Core i7 da Intel é um exemplo desta organização.

O uso de uma cache L2 compartilhada na cache tem várias vantagens em relação à dependência exclusiva das caches dedicadas:

1. Interferência construtiva pode reduzir as taxas gerais de falhas. Ou seja, se uma thread em um núcleo acessa uma posição da memória principal, isso traz um quadro contendo a posição referenciada para a cache compartilhada. Se uma thread em outro núcleo acessar logo depois o mesmo bloco de memória, as posições de memória já estarão disponíveis na cache compartilhada no chip.
2. Uma vantagem relacionada é que dados compartilhados por vários núcleos não são replicados em nível de cache compartilhada.
3. Com algoritmos adequados de substituição de quadros, a quantidade de cache compartilhada alocada para cada núcleo é dinâmica, para que as threads que têm menos espaço possam empregar mais cache.
4. A comunicação entre processadores é fácil de implementar por meio das posições de memória compartilhadas.
5. O uso de uma cache L2 compartilhada confina o problema de coerência de cache para o nível da cache L1, o que pode acarretar algumas vantagens adicionais para o desempenho.

Uma vantagem potencial em se ter apenas caches L2 dedicadas no chip é que cada núcleo usufrui de acesso mais rápido à sua cache L2 privada. Isto é vantajoso para threads que têm forte localidade.

À medida que a quantidade de memória disponível e o número de núcleos crescem, o uso de uma cache L3 compartilhada combinada com uma cache L2 compartilhada ou cache L2 dedicada por núcleo tende a fornecer um desempenho melhor do que simplesmente uma cache L2 compartilhada massivamente.

Outra decisão de projeto organizacional em um sistema multicore é se os núcleos individuais serão superescalares ou se implementarão multithread simultâneo (SMT). Por exemplo, o Core Duo da Intel usa núcleos superescalares, enquanto o Core i7 da Intel usa núcleos SMT. O SMT tem o efeito de aumentar o número de threads em nível de hardware que o sistema multicore suporta. Assim, um sistema multicore com quatro núcleos e SMT que suporta quatro threads simultâneas em cada núcleo aparece para o nível da aplicação da mesma forma, como um sistema multicore com 16 núcleos. À medida que o software é desenvolvido para explorar mais profundamente recursos paralelos, uma abordagem SMT parece ser mais atraente do que uma abordagem superescalar.

18.4 Organização multicore x86 da Intel

A Intel introduziu uma série de produtos multicore nos últimos anos. Nesta seção analisamos dois exemplos: o Intel Core Duo e o Intel Core i7.

Intel Core Duo

O Intel Core Duo, introduzido em 2006, implementa dois processadores x86 superescalares com uma cache L2 compartilhada (Figura 18.8c).

A estrutura geral de Intel Core Duo é mostrada na Figura 18.9. Vamos considerar os principais elementos começando pelo topo da figura. Como é comum em sistemas multicore, cada núcleo tem a sua ***cache L1*** dedicada. Neste caso, cada núcleo tem uma cache de instruções de 32 KB e uma cache de dados de 32 KB.

Cada núcleo tem uma ***unidade de controle térmica***. Com a densidade maior de chips atuais, o gerenciamento térmico é uma capacidade fundamental, especialmente para laptops e sistemas móveis. A unidade de controle térmico de Core Duo é projetada para gerenciar a dissipação de calor do chip para maximizar o desempenho do

Figura 18.9 Diagrama de blocos do Intel Core Duo

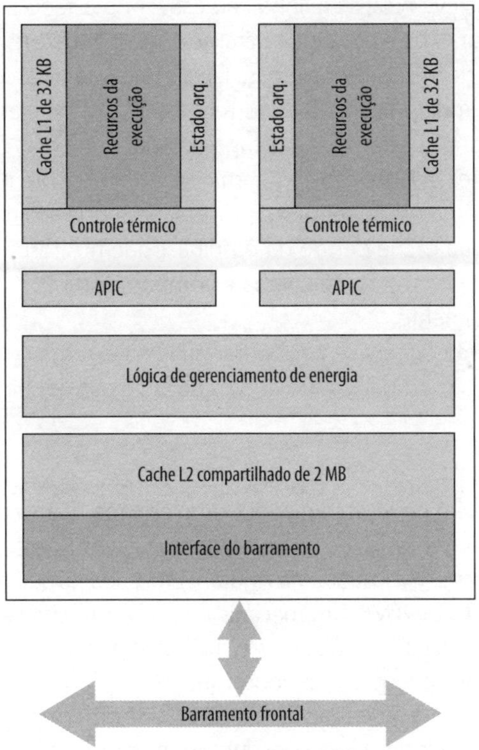

processador dentro das restrições térmicas. O gerenciamento térmico melhora também a ergonomia para o sistema de esfriamento e menor barulho acústico do ventilador. Basicamente, a unidade de gerenciamento térmico monitora sensores digitais de alta precisão para medição de temperatura de alta precisão. Cada núcleo pode ser definido como uma zona térmica independente. A temperatura máxima para cada zona térmica é reportada separadamente por meio registradores dedicados que podem ser consultados pelo software. Se a temperatura em um núcleo exceder o limite, a unidade de controle térmica reduz a taxa de clock para diminuir a geração de calor.

O próximo elemento-chave da organização Core Duo é o ***controlador programável avançado de interrupções*** (*APIC*, do inglês *advanced programmable interrupt controller*). O APIC desempenha uma série de funções, incluindo as seguintes:

1. O APIC pode prover interrupções entre processadores, o que permite que qualquer processador interrompa qualquer outro processador ou conjunto de processadores. No caso do Core Duo, uma thread em um núcleo pode gerar uma interrupção que é aceita pelo APIC local, encaminhada para o APIC do outro núcleo e comunicada como uma interrupção para outro núcleo.
2. O APIC aceita interrupções de E/S e encaminha-as para o núcleo adequado.
3. Cada APIC inclui um temporizador, o qual pode ser ajustado pelo SO para gerar uma interrupção no núcleo local.

A ***lógica de gerenciamento de energia*** é responsável por reduzir o consumo de energia quando possível, aumentando a vida das baterias em plataformas móveis, como laptops. Basicamente, a lógica de gerenciamento de energia monitora as condições térmicas e a atividade da CPU e ajusta os níveis de voltagem e consumo de energia de acordo. Ela inclui uma capacidade avançada de chaveamento de energia que possibilita um controle lógico de granularidade muito fina que liga subsistemas lógicos individuais do processador apenas se e quando eles forem necessários. Além disso, muitos barramentos e vetores são divididos para que os dados necessários em alguns modos de operação possam ser colocados em estado de energia baixo quando não são necessários.

O chip Core Duo inclui uma ***cache L2*** de 2 MB compartilhada. A lógica da cache permite alocação dinâmica do espaço da cache com base nas necessidades atuais do núcleo, de tal forma que a um núcleo possa ser atribuído até

100 por cento de cache L2. A cache L2 inclui a lógica para suportar o protocolo MESI para caches L1 anexadas. O principal ponto para ser considerado é quando uma escrita é feita em nível L1. Uma linha de cache obtém o estado M quando um processador escreve nela; se a linha não estiver no estado E ou M antes de escrever nela, a cache envia uma requisição Leitura-Para-Posse (RFO) que garante que a linha existe na cache L1 e está no estado I na outra cache L1. Intel Core Duo estende esse protocolo para levar em conta o caso quando há múltiplos chips Core Duo organizados como um sistema multiprocessador simétrico (SMP). O controlador da cache L2 permite que o sistema diferencie entre uma situação onde os dados são compartilhados entre dois núcleos locais, mas não com o restante do mundo, e uma situação onde os dados são compartilhados por uma ou mais caches na pastilha assim como por um agente no barramento externo (pode ser outro processador). Quando um núcleo emite uma RFO, se a linha é compartilhada apenas pela outra cache dentro da pastilha, podemos resolver a RFO internamente muito rápido, sem ir para o barramento externo. Apenas se a linha é compartilhada com outro agente no barramento externo temos que emitir a RFO externamente.

A ***interface de barramento*** conecta-se com o barramento externo, conhecido como barramento frontal, o qual se conecta com a memória principal, controladores de E/S e outros chips processadores.

Intel Core i7

O Intel Core i7, introduzido em novembro de 2008, implementa quatro processadores x86 SMT, cada um com uma cache L2 dedicada e com uma cache L3 compartilhada (Figura 18.8d).

A estrutura geral do Intel Core i7 é mostrada na Figura 18.10. Cada núcleo tem a sua ***cache L2 dedicada*** e quatro núcleos compartilham a ***cache L3*** de 8 MB. Um mecanismo que a Intel usa para tornar suas caches mais eficientes é pré-busca, onde o hardware analisa padrões de acesso à memória e tenta preencher as caches de forma especulativa com dados que provavelmente serão requisitados logo. É interessante comparar o desempenho desta organização da cache no chip de três níveis com uma organização comparável de dois níveis da Intel. A Tabela 18.1 mostra a latência de acesso à cache em termos de ciclos de clock para dois sistemas multicore da Intel executando na mesma frequência de clock. Core 2 Quad tem uma cache L2 compartilhada, semelhante ao Core Duo. Core i7 melhora o desempenho da cache L2 com uso de caches L2 dedicadas e provê um acesso relativamente rápido à cache L3.

O chip Core i7 suporta duas formas de comunicação externa com outros chips. O ***controlador de memória DDR3*** traz o controlador de memória para a memória[2] principal DDR para o chip. A interface suporta três canais com tamanho de 8 bytes para um barramento total de 192 bits, para uma taxa de dados agregada até 32 GB/s. Com o controlador de memória no chip, o barramento frontal é eliminado.

Figura 18.10 Diagrama de blocos do Intel Core i7

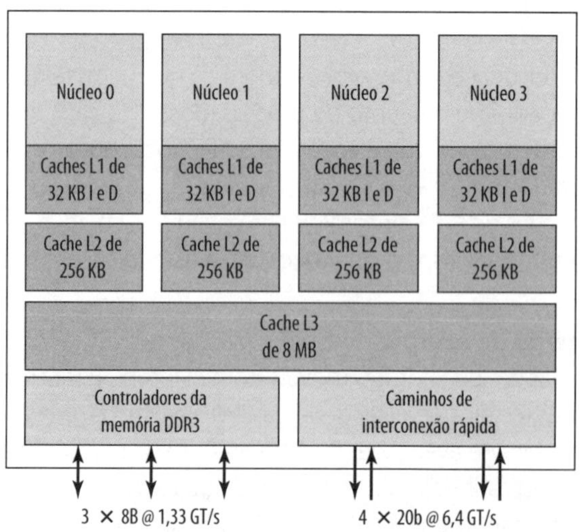

2 Memória RAM síncrona DDR é discutida no Capítulo 5.

Tabela 18.1 Latência de cache (em ciclos de clock)

CPU	Frequência de clock	Cache L1	Cache L2	Cache L3
Core 2 Quad	2,66 GHz	3 ciclos	15 ciclos	—
Core i7	2,66 GHz	4 ciclos	11 ciclos	39 ciclos

O ***caminho de interconexão rápida*** (QPI, do inglês *quick-path interconnect*) é uma especificação de interconexão elétrica ponto a ponto, com coerência de cache para processadores e chipsets da Intel. Ele possibilita comunicação de alta velocidade entre chips de processadores conectados. A ligação QPI opera a 6,4 GT/s (transferências por segundo). A 16 bits por transferência, isso atinge até 12,8 GB/s e, como ligações QPI envolvem pares bidirecionais dedicados, a largura de banda total é 25,6 GB/s.

18.5 ARM11 MPCore

O ARM11 MPCore é um produto multicore baseado na família de processadores ARM11. O ARM11 MPCore pode ser configurado com até quatro processadores, onde cada um tem as suas próprias caches L1 de instruções e dados, por chip. A Tabela 18.2 lista as opções de configuração para o sistema, incluindo os valores padrão.

A Figura 18.11 apresenta um diagrama de bloco de ARM11 MPCore. Os principais elementos do sistema são:

- **Controlador distribuído de interrupções** (DIC, do inglês *distributed interrupt controller*): lida com detecção de interrupções e priorização de interrupções. O DIC distribui interrupções para processadores individuais.
- **Temporizador**: cada CPU tem o seu próprio temporizador privado que gera interrupções.
- **Watchdog**: emite avisos de alertas no caso de falhas de software; se o watchdog estiver habilitado, ele é ajustado para um valor predeterminado e conta até 0. Ele é reiniciado periodicamente. Se o valor do watchdog chegar a zero, um alerta é emitido.
- **Interface de CPU**: lida com confirmação de interrupções, mascaramento de interrupções e reconhecimento da conclusão de interrupções.
- **CPU**: um processador ARM11 único. CPUs individuais são referidas como ***CPUs MP11***.
- **Unidade vetorial de ponto flutuante** (VFP, do inglês *vector floating-point*): um coprocessador que implementa operações de ponto flutuante em hardware.
- **Cache L1**: Cada CPU tem sua própria cache L1 de dados e cache L1 de instruções.
- **Unidade de controle de monitoramento** (SCU, do inglês *snoop control unit*): responsável por manter a coerência entre caches L1 de dados.

Tabela 18.2 Opções de configuração de ARM11 MPCore

Recurso	Intervalo de opções	Valor padrão
Processadores	1 a 4	4
Tamanho da cache de instruções por processador	16 KB, 32 KB ou 64 KB	32 KB
Tamanho da cache de dados por processador	16 KB, 32 KB ou 64 KB	32 KB
Portas mestres	1 ou 2	2
Tamanho do barramento de interrupções	0 a 224 em incrementos de 32 pinos	32 pinos
Coprocessador vetorial de ponto flutuante (VFP) por processador	Incluído ou não	Incluído

Tratamento de interrupções

O DIC recebe interrupções de um grande número de origens. Ele provê:

- Mascaramento de interrupções.
- Priorização de interrupções.
- Distribuição de interrupções para CPUs MP11-alvo.
- Rastreamento do estado das interrupções.
- Geração de interrupções pelo software.

O DIC é uma unidade funcional única que é colocada no sistema ao lado das CPUs MP11. Isso possibilita que uma série de interrupções suportadas no sistema sejam independentes do projeto da CPU MP11. DIC é mapeado em memória, isto é, registradores de controle de DIC são definidos com relação a um endereço base da memória principal. O DIC é acessado pela CPUs MP11 usando uma interface privada por meio da SCU.

O DIC é projetado para satisfazer dois requisitos funcionais:

- Fornecer um meio de rotear uma requisição de interrupção para uma única CPU ou várias CPUs, conforme necessário.
- Fornecer um meio para comunicação entre processadores para que uma thread em uma CPU possa causar uma atividade em outra thread em outra CPU.

Como um exemplo que faz uso dos dois requisitos, considere uma aplicação multithread que possui threads executando em vários processadores. Admita uma aplicação que aloca alguma memória virtual. Para manter

Figura 18.11 Diagrama de blocos do processador ARM11 MPcore

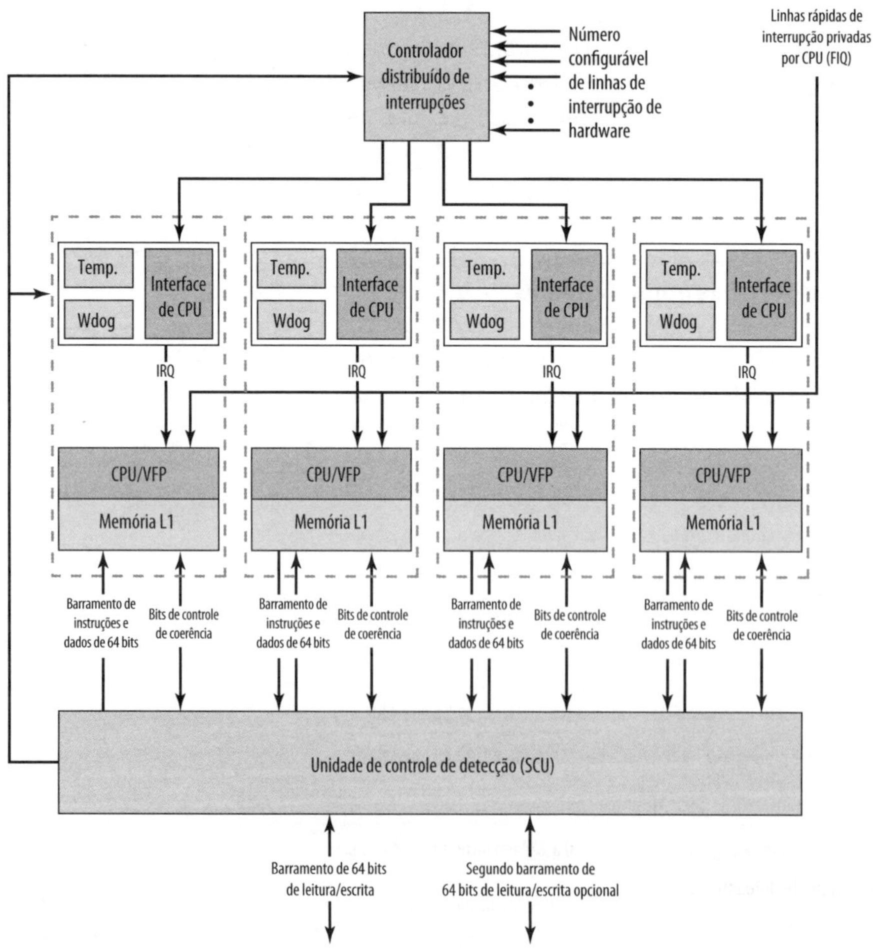

consistência, o sistema operacional precisa atualizar as tabelas de tradução de memória em todos os processadores. O SO poderia atualizar as tabelas no processador onde ocorreu a alocação da memória virtual e depois emitir uma interrupção para todos os outros processadores que executam a aplicação. Outros processadores poderiam, então, usar a ID dessa interrupção para determinar que eles precisam atualizar suas tabelas de tradução de memória.

O DIC pode encaminhar uma interrupção para uma ou mais CPUs de três maneiras:

- Uma interrupção pode ser direcionada apenas para um processador específico.
- Uma interrupção pode ser direcionada para um grupo definido de processadores. O MPCore enxerga o primeiro processador para aceitar a interrupção, normalmente o menos ocupado, como sendo o mais bem posicionado para tratar a interrupção.
- Uma interrupção pode ser direcionada para todos os processadores.

Do ponto de vista do software que executa em uma determinada CPU, o SO pode gerar uma interrupção para todos menos para si mesmo ou para outras CPUs específicas. Para a comunicação entre threads que executam em CPUs diferentes, o mecanismo de interrupção é normalmente combinado com a memória compartilhada para passagem de mensagens. Desta forma, quando uma thread é interrompida por uma interrupção de comunicação entre processadores, ela lê do bloco apropriado da memória compartilhada para obter uma mensagem da thread que disparou a interrupção. Um total de 16 IDs de interrupções por CPU está disponível para a comunicação entre processadores.

Do ponto de vista de uma CPU MP11, uma interrupção pode estar:

- **Inativa**: é aquela que não está confirmada ou que foi totalmente processada em um ambiente de multiprocessamento por essa CPU, mas que ainda pode estar pendente ou ativa em algumas CPUs para as quais está destinada e por isso pode não ter sido retirada da origem da interrupção.
- **Pendente**: é aquela que foi confirmada e para qual o processamento não começou nessa CPU.
- **Ativa**: uma interrupção ativa é aquela que foi iniciada por essa CPU, porém o processamento não está completo. Uma interrupção ativa pode ser substituída quando uma interrupção nova, de prioridade maior, interrompe o processamento da CPU MP11.

As interrupções vêm das seguintes origens:

- **Interrupções entre processadores** *(interprocessor interrupts — IPI)*: cada CPU possui interrupções privadas, de ID0 até ID15, que podem ser disparadas pelo software. A prioridade de uma IPI depende da CPU de destino, não da CPU da origem.
- **Temporizador privado e/ou interrupções de watchdog**: estas usam IDs de interrupção 29 e 30.
- **Linha FIQ legada**: no modo legado de IRQ, o pino legado FIQ, um por CPU base, não utiliza a lógica do distribuidor de interrupção e envia diretamente as requisições de interrupção para dentro da CPU.
- **Interrupções de hardware**: interrupções do hardware são disparadas por eventos programáveis em linhas de entrada de interrupção associadas. As CPUs podem suportar até 224 linhas de entrada de interrupção. Interrupções de hardware iniciam em ID32.

A Figura 18.12 é um diagrama de blocos de DIC. O DIC é configurável para suportar entre 0 e 255 entradas de interrupções de hardware. Ele mantém uma lista de interrupções, mostrando a sua prioridade e estado. O distribuidor de interrupções transmite para cada interface da CPU a interrupção pendente mais alta para essa interface. Ele recebe de volta a informação que a interrupção foi recebida e pode então mudar o estado da interrupção correspondente. A interface de CPU também transmite a informação de fim da interrupção (*end of interrupt information* — EOI), o qual habilita o distribuidor de interrupções para atualizar o estado dessa interrupção de ativa para inativa.

Coerência de cache

A unidade de controle de monitoramento de MPCore (*MPCore's snoop control unit)* — SCU) é projetada para resolver a maioria dos gargalos tradicionais relacionados com acesso a dados compartilhados e limitações de escalabilidade introduzidas pelo tráfego de coerência.

O esquema de coerência da cache L1 é baseado no protocolo MESI descrito no Capítulo 17. A SCU monitora os dados compartilhados das operações para otimizar migração de estados do MESI. Ela introduz três tipos de otimização: intervenção direta de dados, tags duplicadas de RAMs e linhas migratórias.

Figura 18.12 Diagrama de blocos do distribuidor de interrupções

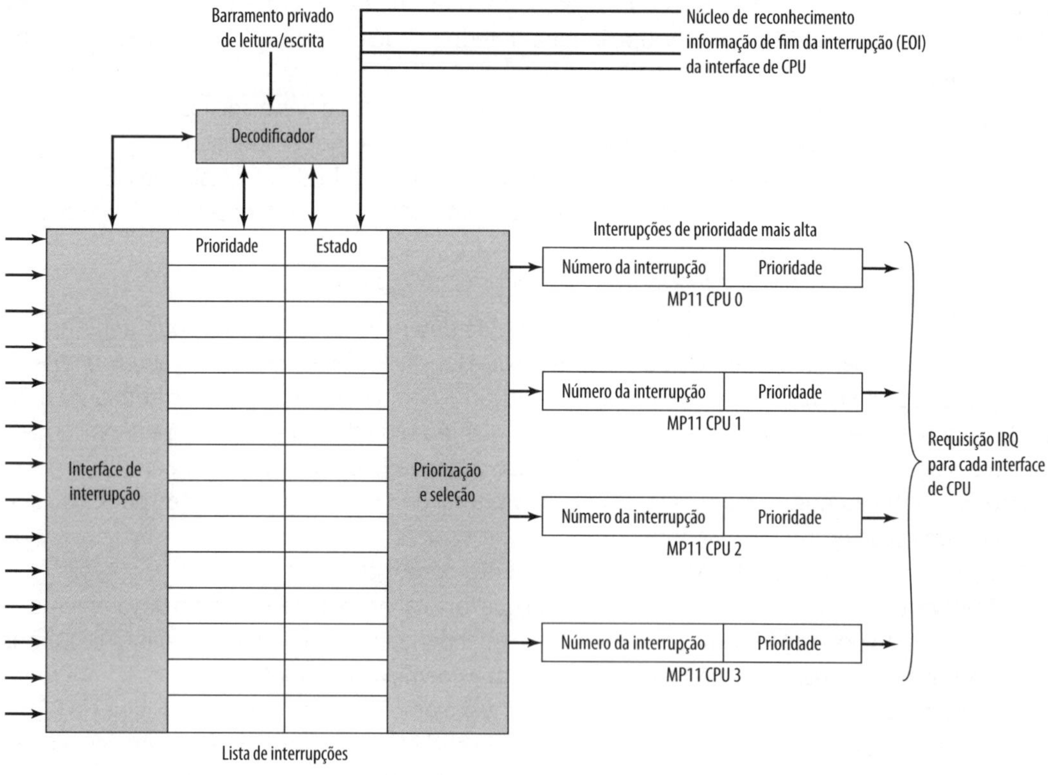

Intervenção direta de dados *(direct data intervention — DDI)* possibilita copiar dados limpos de cache L1 de dados de uma CPU para cache L1 de dados de outra CPU sem acessar a memória externa. Isto reduz a atividade de leitura após a leitura de cache L1 para cache L2. Assim, uma falha de cache L1 local é resolvida em uma cache L1 remota em vez de acesso à cache L2 compartilhada.

Lembre que a posição da memória principal de cada linha dentro de uma cache é identificada por um rótulo (tag) para essa linha. Os tags podem ser implementadas como um bloco separado de RAM do mesmo tamanho do número de linhas na cache. Na SCU, ***tags duplicadas de RAM*** são versões duplicadas de tags de RAM da L1 usadas pela SCU para verificar a disponibilidade de dados antes de enviar comandos de coerência para CPUs relevantes. Comandos de coerência são enviados apenas para CPUs que precisam atualizar sua cache de dados coerente. Isto reduz o consumo de energia e o impacto em desempenho por causa da detecção e manipulação de cache de cada processador em cada atualização de memória. Ter dados das marcações disponíveis localmente permite que a SCU limite a manipulação de cache para processadores que possuem linhas de cache em comum.

O recurso de ***linhas migratórias*** permite mover dados sujos de uma CPU para outra sem escrever na L2 e ler dados de volta a partir da memória externa. A operação pode ser descrita conforme segue. Em um protocolo MESI típico, quando um processador tem uma linha modificada e outro processador tenta ler essa linha, ocorrem as seguintes ações:

1. O conteúdo da linha é transferido da linha modificada para o processador que iniciou a leitura.
2. O conteúdo da linha é lido de volta para memória principal.
3. A linha é colocada no estado compartilhado em ambas as caches.

O MPCore SCU lida com esta situação de forma diferente. O SCU monitora o sistema por uma linha migratória. Se um processador tem uma linha modificada e outro processador lê e depois escreve nela, SCU supõe que tal posição sofrerá a mesma operação no futuro. Quando essa operação começar novamente, a SCU automaticamente moverá a linha da cache diretamente para um estado inválido em vez de gastar energia movendo-a primeiramente para estado compartilhado. Esta otimização também faz com que o processador transfira a linha da cache diretamente para outro processador sem intervenção das operações de memória externa.

18.6 Leitura recomendada e sites Web

Dois livros que oferecem boa cobertura sobre questões deste capítulo são Olukotun, Hammond e Laudon (2007[j]) e Jerraya e Wolf (2005[k]). Gochman et al. (2006[l]) e Mendelson (2006[m]) descrevem Intel Core Duo. Fog (2008[n]) fornece uma descrição detalhada da arquitetura de pipeline de Core Duo.

ARM (2008[o]) fornece cobertura completa sobre o pipeline de ARM Cortex-A8. Hirata e Goodacre (2007[p]) e Goodacre e Sloss (2005[q]) são bons artigos para uma visão geral.

Sites Web recomendados

Multicore Association: organização de fabricantes que promove o desenvolvimento e o uso de tecnologia multicore.

Principais termos, perguntas de revisão e problemas

Principais termos

Lei de Amdahl	Multicore	Superescalar
Chip multiprocessador	Multithreading simultâneo (SMT)	

Perguntas de revisão

18.1 Resuma a diferença entre pipeline de instruções simples, superescalar e multithreading simultâneo.

18.2 Dê várias razões para a escolha dos projetistas para migrar para uma organização multicore em vez de aumentar o paralelismo dentro de um único processador.

18.3 Por que há uma tendência para se aumentar a fração da área do chip para memória cache?

18.4 Relacione alguns exemplos de aplicações que se beneficiam diretamente da habilidade de aumentar rendimento com número de núcleos.

18.5 No nível mais alto, quais são as principais variáveis do projeto em uma organização multicore?

18.6 Relacione algumas vantagens de cache L2 compartilhada entre núcleos comparada com caches L2 separadas dedicadas para cada núcleo.

Problemas

18.1 Considere o seguinte problema. Um projetista tem um chip disponível e decide qual fração dele será dedicada para memória cache (L1, L2, L3). O restante do chip pode ser dedicado para um complexo superescalar único e/ou núcleo SMT ou vários núcleos mais simples. Defina os seguintes parâmetros:

n = número máximo de núcleos que podem ser contidos no chip.

k = número atual de núcleos implementados ($1 \leq k \leq n$, onde $r = n/k$ é um inteiro).

$perf(r)$ = desempenho sequencial obtido com uso de recursos equivalentes para r núcleos para formar um processador único, onde $perf(1) – 1$.

f = fração do software que é paralelizável por vários núcleos.

Assim, se construirmos um chip com n núcleos, esperamos que cada núcleo forneça desempenho sequencial de 1 e que, para n núcleos, seja capaz de explorar o paralelismo até um nível de n threads paralelas. De forma semelhante, se o chip tiver k núcleos, então cada núcleo deveria demonstrar um desempenho de $perf(r)$ e o chip é capaz de explorar paralelismo até um nível de k threads paralelas.

$$\text{Aumento de velocidade} = \frac{1}{\dfrac{1-f}{perf\,(r)} + \dfrac{f \times r}{perf\,(r) \times n}}$$

a. Justifique esta modificação da lei de Amdahl.

b. Usando a regra de Pollack, definimos $perf(r) = \sqrt{r}$. Seja $n = 16$. Queremos desenhar o aumento de velocidade como uma função de r para $f = 0{,}5$; $f = 0{,}9$; $f = 0{,}975$; $f = 0{,}99$; $f = 0{,}999$. Os resultados estão disponíveis em um documento no site deste livro (multicore-desempenho.pdf). Que conclusões você pode tirar?

c. Repita a parte (b) para $n = 256$.

18.2 O manual de referência técnica para ARM11 MPCore diz que o controlador de instruções distribuído é mapeado em memória. Isto é, os núcleos processadores usam E/S mapeada em memória para se comunicar com DIC. Lembre do Capítulo 7 que, com E/S mapeada em memória, há um espaço de endereço único para posições de memória e dispositivos de E/S. O processador trata o estado e os registradores de dados dos módulos de E/S como posições de memória e usa as mesmas instruções de máquina para acessar memória e dispositivos E/S. Com base nesta informação, qual o caminho através do diagrama de blocos da Figura 18.11 é usado para o processador de núcleo se comunicar com DIC?

Referências

a OLUKOTUN, K. e HAMMOND, L. "The future of microprocessors". *ACM Queue,* set. 2005.

b BORKAR, S. "Getting gigascale chips: challenges and opportunities in continuing Moore's law". *ACM Queue,* out. 2003.

c BORKAR, S. "Thousand core chips—a technology perspective". *Proceedings, ACM/IEEE Design Automation Conference,* 2007.

d POLLACK, F. "New microarchitecture challenges in the coming generations of cmos process technologies (keynote address)". *Proceedings of the 32nd annual ACM/IEEE International Symposium on Microarchitecture,* 1999.

e MCDOUGALL, R. "Extreme software scaling". *ACM Queue,* set. 2005.

f MCDOUGALL, R. e LAUDON, J. "Multi-core microprocessors are Here"; *login,* out. 2006.

g REIMER, J. "Valve goes multicore". ars technica, nov. 2006. Disponível em: <arstechnica.com/articles/paedia/cpu/valve-multicore.ars>.

h HARRIS, W. "Multi-core in the source engine". bit-tech.net technical paper, nov. 2006. Disponível em: <bit-tech.net/gaming/2006/11/02/Multi_core_in_the_Source_Engin/1>.

i LEONARD, T. "Dragged kicking and screaming: source multicore". *Proceedings, Game Developers Conference 2007,* mar. 2007.

j OLUKOTUN, K.; HAMMOND, L. e LAUDON, J. *Chip multiprocessor architecture: techniques to improve throughput and latency.* San Rafael, CA: Morgan & Claypool, 2007.

k JERRAYA, A. e WOLF, W., eds. *Multiprocessor systems-on-chips.* San Francisco: Morgan Kaufmann, 2005.

l GOCHMAN, S., et al. "Introduction to Intel Core Duo processor architecture". *Intel Technology Journal,* mai. 2006.

m MENDELSON, A., et al. "CMP implementation in systems based on the Intel Core Duo processor". *Intel Technology Journal,* mai. 2006.

n FOG, A. *The microarchitecture of Intel and AMD CPUs.* Copenhagen University College of Engineering, 2008. Disponível em: <www.agner.org/optimize>.

o ARM LIMITED. *ARM11 MPCore processor technical reference manual.* ARM DDI 0360E, 2008. Disponível em: <www.arm.com>.

p HIRATA, K. e GOODACRE, J. "ARM MPCore: the streamlined and scalable ARM11 processor core". *Proceedings, 2007 Conference on Asia South Pacific Design Automation,* 2007.

q GOODACRE, J. e SLOSS, A. "Parallelism and the ARM instruction set architecture". *Computer,* jul. 2005.

Apêndice A

Projetos para ensinar organização e arquitetura de computadores

Muitos professores acreditam que as pesquisas ou os projetos de implementação sejam cruciais para o claro entendimento dos conceitos da organização e arquitetura de computadores. Sem os projetos, pode ser difícil para os estudantes compreenderem alguns conceitos básicos e as interações entre os componentes. Os projetos reforçam os conceitos introduzidos no livro, dão aos estudantes uma compreensão melhor do trabalho interno dos processadores e dos sistemas computacionais e podem motivar os estudantes e dar-lhes a confiança de que dominaram a matéria.

Neste texto tentei apresentar os conceitos da arquitetura e organização de computadores da forma mais clara possível e forneci vários problemas para trabalhos de casa para reforçar esses conceitos. Muitos professores desejarão complementar este material com projetos. Este apêndice fornece uma orientação para esse fim e descreve o material de suporte disponível no manual do professor. O material de suporte cobre seis tipos de projetos e outros exercícios para estudantes:

- Simulações interativas.
- Projetos de pesquisa.
- Projetos de simulação.
- Projetos da linguagem de montagem.
- Atividades de leitura/relatórios.
- Atividades de escrita.
- Banco de testes.

A.1 Simulações interativas

A novidade desta edição é a incorporação de simulações interativas. Elas fornecem uma ferramenta poderosa para o entendimento dos recursos de um projeto complexo de um sistema computacional moderno. Os estudantes de hoje querem ser capazes de visualizar vários mecanismos de sistemas de computadores complexos nas telas dos seus próprios computadores. Um total de 200 simulações é usado para ilustrar as funções principais e os algoritmos na organização e arquitetura de computadores. A Tabela A.1 lista as simulações por capítulo. Em pontos relevantes deste livro, um ícone indica que uma simulação interativa relevante está disponível online para uso dos estudantes.

Tabela A.1 Organização e arquitetura do computador — Simulações interativas por capítulo

Capítulo 4 — Memória cache	
Simulador de cache	Emula caches pequenas com base em um simples modelo de cache inserido pelo usuário e mostra o conteúdo da cache no final do ciclo simulado, baseado na inserção de uma sequência de escrita feita pelo usuário, ou gerada randomicamente, se selecionada.
Análise de tempo da cache	Demonstra a média de tempo de acesso à memória para os parâmetros de cache que você especificar.
Simulador de cache multitarefa	Modela a cache em um sistema que suporta multitarefa.
Simulador de cache Selective victim	Compara três políticas de cache diferentes.
Capítulo 5 — Memória interna	
Simulador de memória intercalada	Demonstra o efeito de memória intercalada.
Capítulo 6 — Memória externa	
RAID	Determina a eficiência e a confiabilidade de armazenamento.
Capítulo 7 — Entrada/Saída	
Sistema e ferramenta de projeto de E/S	Avalia custos e desempenhos comparativos de diferentes sistemas de E/S.
Capítulo 8 — Suporte do SO	
Algoritmos de substituição de página	Compara LRU, FIFO e Optimal.
Mais algoritmos de substituição de página	Compara várias políticas.
Capítulo 12 — Estrutura e funcionamento da CPU	
Analisador de tabela de reserva	Avalia tabelas de reserva, que é um meio de representar o modelo do fluxo de para um sistema pipeline.
Branch Prediction	Demonstra três diferentes esquemas de previsão de desvio.
Branch Target Buffer	Simulador que combina branch predictor/branch target buffer.
Capítulo 13 — Computadores com conjunto de instruções reduzido (RISC)	
Política de estado — MIPS 5	Simula o pipeline.
Desdobramento do Loop	Simula a técnica de desdobramento do loop para explorar o paralelismo no nível de instruções.
Capítulo 14 — Paralelismo em nível de instruções e processadores superescalares	
Pipeline com agendamento estático *versus* dinâmico	Uma simulação mais complexa do pipeline MIPS.
Simulador de reordenação de buffer	Simula reordenação de instrução em um pipeline RISC.
Técnica para simulador de scoreboarding dinâmico	Simulação de uma técnica de escalonamento de instrução usada em um número de processadores.
Algoritmo de Tomasulo	Simulação de outra técnica de escalonamento de instrução.
Simulação alternativa do algoritmo de Tomasulo	Outra simulação do algoritmo de Tomasulo.
Capítulo 17 — Organização paralela	
Simulação de processamento vetorial	Demonstra a execução de instruções de processamento vetorial.

Como as simulações possibilitam que o usuário defina condições iniciais, elas podem servir como base para as tarefas dos estudantes.

As simulações interativas foram desenvolvidas sob a direção do professor Israel Koren, da *University of Massachusetts Department of Electrical and Computer Engineering*. Aswin Sreedhar, da *University of Massachusetts* desenvolveu atividades de simulação interativa.

A.2 Projetos de pesquisa

Uma forma eficiente de reforçar os conceitos básicos do curso e de ensinar aos alunos habilidades de pesquisa é atribuir-lhes um projeto de pesquisa. Tal projeto pode envolver uma pesquisa de literatura assim como uma pesquisa pela Internet dos produtos dos fabricantes, atividades nos laboratórios de pesquisa e esforços para padronização. Os projetos podem ser atribuídos para equipes ou, para projetos menores, para indivíduos. Em todo caso, o melhor é requerer algum tipo de proposta de projeto logo cedo, para que o professor tenha tempo de avaliar a proposta para determinado assunto e o nível de esforço adequado. O folheto dos alunos para projetos de pesquisa deve conter:

- Um formato para proposta.
- Um formato para relatório final.
- Uma agenda com prazos intermediários e finais.
- Uma lista de possíveis assuntos do projeto.

Os estudantes podem selecionar um dos assuntos relacionados ou inventar seus próprios projetos comparáveis.

A.3 Projetos de simulação

Uma maneira excelente de obter a compreensão da operação interna do processador e para estudar e apreciar algumas negociações de projeto e implicações de desempenho é simular os principais elementos do processador. Duas ferramentas úteis para este propósito são o SimpleScalar e o SMPCache.

Comparada à implementação de hardware real, a simulação oferece duas vantagens para uso educacional e de pesquisa:

- Com a simulação, fica fácil modificar vários elementos de uma organização, variar as características de diferentes elementos e depois analisar os efeitos de tais modificações.
- A simulação oferece uma coleção de estatísticas detalhadas de desempenho, que pode ser usado para entender as relações da desempenho.

SimpleScalar

O SimpleScalar (BURGER e AUSTIN, 1997[a]; MANJIKIAN, 2001[b]; MANJIKIAN, 2001[c]) é um conjunto de ferramentas que pode ser usado para simular programas reais em vários processadores e sistemas modernos. O conjunto de ferramentas inclui compilador, *assembler*, *linker* e ferramentas de simulação e visualização. Ele fornece simuladores de processadores que variam de um simulador funcional extremamente rápido até um simulador detalhado de processador superescalar com envio fora de ordem, que suporta caches sem bloqueio e execução especulativa. A arquitetura do conjunto de instruções e os parâmetros organizacionais podem ser modificados para criar uma variedade de experimentos.

O SimpleScalar é um pacote de software portável que executa na maioria de plataformas UNIX. O software SimpleScalar pode ser debatido no site de SimpleScalar. Está disponível sem custo para uso não comercial.

SMPCache

O SMPCache é um simulador orientado a rastreamento para análise e ensino de sistemas de memória cache em multiprocessadores simétricos (RODRIGUEZ, PEREZ e PULIDO, 2001[d]). A simulação é baseada em um modelo construído de acordo com os princípios básicos de arquitetura desses sistemas. O simulador possui uma interface gráfica completa e amigável. Alguns dos parâmetros que podem ser estudados com o simulador são: localidade do programa, influência do número de processadores, protocolos de coerência de cache, esquemas para arbitração do barramento, mapeamento, políticas de substituição, tamanho da cache (blocos na cache), número de conjuntos de cache (para conjuntos de caches associativas) e número de palavras por bloco (tamanho do bloco de memória).

O SMPCache é um pacote de software portável que executa em sistemas PC com Windows. Ele pode ser obtido no site de SMPCache e está disponível sem custo para uso não comercial.

A.4 Projetos da linguagem de montagem

A programação na linguagem de montagem é usada para ensinar aos alunos os componentes de hardware de baixo nível e os fundamentos da arquitetura computacional. O CodeBlue é um programa simplificado para linguagem de montagem desenvolvido pela *Academia de Força Aérea Americana* O objetivo do trabalho foi desenvolver e ensinar os conceitos da linguagem de montagem usando um simulador visual que permita que os estudantes aprendam em uma única aula. Os desenvolvedores quiseram também que os alunos achassem a linguagem motivadora e divertida de usar. A linguagem CodeBlue é muito mais simples do que a maioria de conjuntos de instruções de arquitetura simplificados como SC123. Mesmo assim, ela permite que alunos desenvolvam programas *assembly* interessantes que competem em torneios, da forma semelhante ao simulador SPIMbot – muito mais complexo. Mais importante, por meio da programação com CodeBlue, os estudantes aprendem os conceitos básicos da arquitetura computacional como coexistência de instruções e dados em memória, implementação da estrutura de controle e modos de endereçamento.

Para fornecer uma base para projetos, os desenvolvedores construíram um ambiente visual de desenvolvimento que permite que alunos criem um programa, vejam a sua representação em memória, passem pela execução do programa e simulem uma batalha de programas que competem em um ambiente de memória visual.

Os projetos podem ser construídos em cima do conceito de um torneio de Guerra de Núcleo (Core War). O Guerra de Núcleo é um jogo de programação introduzido para o público no começo dos anos 1980 e que foi popular durante um período de mais ou menos 15 anos. Ele possui quatro componentes principais: uma matriz de memória de 8.000 endereços, uma linguagem de montagem simplificada Redcode, um programa executável chamado MARS (um acrônimo para *Memory Array Redcode Simulator* – Simulador Redcode para Matriz de Memória) e o conjunto de programas de batalha que competem. Dois programas de batalhas são inseridos na matriz de memória em posições aleatórias; nenhum programa sabe onde o outro está. O MARS executa os programas em uma versão simples de tempo compartilhado. Os dois programas se alternam: uma única instrução do primeiro programa é executada, depois uma do segundo e assim por diante. O que um programa de batalha faz durante os ciclos de execução a ele atribuídos depende inteiramente do programador. O objetivo é destruir o outro programa arruinando as suas instruções. O ambiente CodeBlue substitui CodeBlue para Redcode e fornece a sua própria interface interativa de execução.

A.5 Atividades de leitura/relatórios

Outra maneira excelente para reforçar os conceitos do curso e dar aos estudantes a experiência em pesquisa é atribuir artigos da literatura para serem lidos e analisados. O site deste livro inclui uma lista sugerida de artigos que podem ser utilizados para atividades de leitura e relatórios.

A.6 Atividades de escrita

Atividades de escrita podem ter um eficiente efeito multiplicador no processo de aprendizagem em uma disciplina técnica como comunicação de dados e redes. Adeptos do movimento Writing Across the Curriculum (WAC — Escrever Através do Currículo: <http://wac.colostate.edu/>) reportam benefícios substanciais de atividades de escrita para facilitar a aprendizagem. Elas levam ao pensamento mais detalhado e completo sobre um determinado assunto. Além disso, atividades de escrita ajudam a superar a tendência dos alunos de seguir um assunto com o mínimo de engajamento pessoal, apenas aprendendo fatos e técnicas de resolução de problemas sem obter um entendimento profundo do assunto.

Referências

a BURGER, D. e AUSTIN. T. "The SimpleScalar tool set, version 2.0". *Computer Architecture News,* jun. 1997.

b MANJIKIAN, N. "More enhancements of the SimpleScalar tool set". *Computer Architecture News,* set. 2001.

c MANJIKIAN, N. "Multiprocessor enhancements of the SimpleScalar tool set". *Computer Architecture News,* mar. 2001.

d RODRIGUEZ, M.; PEREZ, J. e PULIDO, J. "An educational tool for testing caches on symmetric multiprocessors". *Microprocessors and Microsystems,* jun. 2001.

Apêndice B

Linguagem de montagem (*assembly*) e assuntos relacionados

PRINCIPAIS PONTOS

- Uma linguagem de montagem (*assembly*) é uma representação simbólica da linguagem de máquina de um processador específico, acrescida de tipos de instruções adicionais que facilitam a escrita do programa e que fornecem as instruções para o montador (*assembler*).
- Um montador é um programa que traduz a linguagem de montagem em código de máquina.
- O primeiro passo na criação de um processo ativo é carregar um programa na memória principal e criar uma imagem do processo.
- Um linker (ligador) é usado para resolver quaisquer referências entre os módulos carregados.

O assunto sobre a linguagem de montagem foi introduzido brevemente no Capítulo 11. Este apêndice fornece mais detalhes e cobre também uma série de assuntos relacionados. Há várias razões para estudar a linguagem de programação de montagem (quando comparada com uma linguagem de programação de alto nível), incluindo o seguinte:

1. Ela esclarece a execução de instruções.
2. Ela mostra como os dados são representados na memória.
3. Ela mostra como um programa interage com o sistema operacional, o processador e o sistema de E/S.
4. Ela esclarece como um programa acessa dispositivos externos.
5. Permite entender programadores de linguagem de montagem, fazendo com que os alunos se tornem programadores melhores de linguagens de programação de alto nível (HLL), dando-lhes uma ideia melhor da linguagem alvo para a qual a HLL deve ser traduzida.

Começamos este apêndice com um estudo de elementos básicos de uma linguagem de montagem, usando arquitetura x86 para nossos exemplos.[1] A seguir, analisamos a operação do montador. Isso é seguido por uma discussão de linkers e carregadores (loaders).

A Tabela B.1 define alguns dos principais termos usados neste apêndice.

---

1 Existem vários montadores para arquitetura x86. Nossos exemplos usam NASM (*Netwide Assembler*), um montador de código fonte aberto. Uma cópia do manual de NASM está no site Web deste livro.

Tabela B.1 Principais termos para este apêndice

Montador
Um programa que traduz a linguagem de montagem para código de máquina.
Linguagem de montagem (Linguagem de montagem)
Uma representação simbólica da linguagem de máquina de um processador específico, acrescida de tipos de instruções adicionais que facilitam a escrita do programa e que fornecem instruções para o montador.
Compilador
Um programa que converte outro programa de alguma linguagem fonte (ou linguagem de programação) para linguagem de máquina (código objeto). Alguns compiladores geram saída em linguagem de montagem que é então convertida para linguagem de máquina por um montador diferente. Um compilador se distingue de um montador pelo fato de que cada instrução de entrada, em geral, não corresponde a uma única instrução de máquina ou uma sequência fixa de instruções. Um compilador pode suportar recursos como alocação automática de variáveis, expressões aritméticas arbitrárias, estruturas de controle de laços como FOR e WHILE, escopo de variável, operações de entrada/saída, funções de alto nível e portabilidade de código fonte.
Código executável
O código de máquina gerado por um processador da linguagem de código fonte como um montador ou um compilador, isto é, software em uma forma que pode ser executada no computador.
Conjunto de instruções
O conjunto de todas as instruções possíveis para um determinado computador, isto é, conjunto de instruções de linguagem de máquina que um determinado processador entende.
Linker (Ligador)
Um programa utilitário que combina um ou mais arquivos contendo código objeto de módulos de programa compilados separadamente para um arquivo único contendo código carregável ou executável.
Loader (Carregador)
Uma rotina de programa que carrega um programa executável na memória para execução.
Linguagem de máquina ou código de máquina
Representação binária de um programa de computador que é lido e interpretado de fato pelo computador. Um programa em código de máquina consiste de uma sequência de instruções de máquina (possivelmente intercaladas com dados). Instruções são cadeias binárias que podem ser todas do mesmo tamanho (por exemplo, uma palavra de 32 bits para muitos microprocessadores RISC modernos) ou de tamanhos diferentes.
Código objeto
Representação, em linguagem de máquina, do código fonte de programação. O código objeto é criado por um compilador ou montador e é transformado em código executável pelo linker.

B.1 Linguagem de montagem

A linguagem de montagem é uma linguagem de programação que está a um passo de distância da linguagem de máquina. Normalmente, cada instrução da linguagem de montagem é traduzida em uma instrução de máquina pelo montador. A linguagem de montagem é dependente do hardware, com uma linguagem de montagem diferente para cada tipo de processador. Em particular, as instruções da linguagem de montagem devem fazer referência aos registradores específicos do processador, incluir todos os *opcodes* do processador e refletir o tamanho em bits de vários registradores do processador e dos operandos da linguagem de máquina. Portanto, um programador de linguagem de montagem deve compreender a arquitetura do computador.

Programadores raramente usam linguagem de montagem para aplicações ou até programas de sistemas. Linguagens de programação de alto nível fornecem capacidades expressivas de concisões que facilitam consideravelmente as tarefas de programação. As desvantagens de usar uma linguagem de montagem em vez de linguagem HLL são (FOG, 2008[a]):

1. **Tempo de desenvolvimento.** Escrever código em linguagem de montagem leva muito mais tempo do que escrever em uma linguagem de alto nível.

2. **Confiabilidade e segurança.** É fácil cometer erros no código em linguagem de montagem. O montador não verifica se as convenções de chamada e convenções para salvar registradores são obedecidas. Ninguém verifica se o número de instruções PUSH e POP é o mesmo em todos os desvios e caminhos possíveis. Existem tantas possibilidades para erros escondidos em código em linguagem de montagem que isso afeta a confiabilidade e a segurança do projeto, a não ser que se tenha uma abordagem muito sistemática para testes e verificações.
3. **Depuração e verificação.** O código em linguagem de montagem é mais difícil de depurar e verificar porque há mais possibilidades para erros do que em código de alto nível.
4. **Manutenção.** O código em linguagem de montagem é mais difícil de modificar e manter porque a linguagem permite código "espaguete" não estruturado e todo tipo de truques que são difíceis de serem entendidos por outras pessoas. Documentação minuciosa e um estilo de programação consistente são necessários.
5. **Portabilidade.** O código em linguagem de montagem é específico para plataforma. Portar para uma plataforma diferente é difícil.
6. **Código de sistemas podem usar funções intrínsecas em vez de linguagem de montagem.** Os melhores compiladores modernos para C++ possuem funções intrínsecas para acessar registradores de controle do sistema e outras instruções do sistema. O código em linguagem de montagem não é mais necessário para drivers de dispositivos e outros códigos do sistema quando funções intrínsecas estão disponíveis.
7. **Código da aplicação pode usar funções intrínsecas ou classes vetoriais em vez de linguagem de montagem.** Os melhores compiladores modernos para C++ possuem funções intrínsecas para operações vetoriais e outras instruções especiais que antes requeriam programação em linguagem de montagem.
8. **Compiladores melhoraram muito nos últimos anos.** Os melhores compiladores atualmente são muito bons. É necessário ter muita perícia e experiência para otimizar melhor do que o melhor compilador C++.

Mesmo assim, ainda existem algumas vantagens para uso ocasional de linguagem de montagem, incluindo o seguinte (FOG, 2008[a]):

1. **Depuração e verificação.** Analisar código em linguagem de montagem gerado pelo compilador ou olhar a janela de montagem em um depurador é útil para localizar erros e verificar a qualidade da otimização feita pelo compilador para um determinado pedaço de código.
2. **Desenvolver compiladores.** Entender técnicas de codificação em linguagem de montagem é necessário para criar compiladores, depuradores e outras ferramentas de desenvolvimento.
3. **Sistemas embarcados.** Sistemas embarcados pequenos possuem menos recursos do que PCs e mainframes. A programação em linguagem de montagem pode ser necessária para otimizar o código em velocidade ou em tamanho em sistemas embarcados pequenos.
4. **Drivers para hardware e códigos de sistemas.** Acessar hardware, registradores de controle do sistema e etc. às vezes pode ser difícil ou impossível com código de alto nível.
5. **Acessar instruções que não são acessíveis a partir das linguagens de alto nível.** Certas instruções em linguagem de montagem não possuem um equivalente na linguagem de alto nível.
6. **Código que se modifica por si.** O código que se modifica por si normalmente não é lucrativo porque interfere com um código eficiente para uso de cache. No entanto, ele pode ser vantajoso, por exemplo, para incluir um pequeno compilador em programas matemáticos, onde uma função definida pelo usuário precisa ser calculada várias vezes.
7. **Otimizar o tamanho do código.** O espaço de armazenamento e a memória são tão baratos hoje em dia que não vale a pena usar linguagem de montagem para reduzir o tamanho do código. No entanto, o tamanho da cache ainda é um recurso crítico que pode se tornar útil em alguns casos e otimizar o tamanho de um pedaço de código para que caiba dentro da cache de código.
8. **Otimizar velocidade do código.** Compiladores C++ modernos geralmente otimizam o código muito bem na maioria dos casos. Mas ainda há situações nas quais os compiladores são fracos e aumentos dramáticos de velocidade podem ser alcançados por meio de uma cuidadosa programação em linguagem de montagem.
9. **Bibliotecas de funções.** O benefício total de otimizar código é maior em bibliotecas de funções que são usadas por muitos programadores.
10. **Tornar bibliotecas de funções compatíveis com vários compiladores e sistemas operacionais.** É possível criar funções de biblioteca com várias entradas que sejam compatíveis com diferentes compiladores e diferentes sistemas operacionais. Isso requer programação em linguagem de montagem.

Os termos *linguagem de montagem* e *linguagem de máquina* às vezes são usados, erroneamente, como sinônimos. A linguagem de máquina consiste de instruções executadas diretamente pelo processador. Cada instrução de linguagem de máquina é uma cadeia binária contendo um *opcode*, referências a operandos e talvez outros bits relacionados à execução, como flags. Por conveniência, em vez de escrever uma instrução com uma cadeia de bits, ela pode ser escrita simbolicamente, com nomes para *opcodes* e registradores. Uma linguagem de montagem faz uso muito maior de nomes simbólicos, incluindo atribuição de nomes a posições específicas da memória principal e posições específicas das instruções. Ela inclui também instruções que não são executadas diretamente, mas servem como instruções para o montador que produz código de máquina a partir de um programa na linguagem de montagem.

Elementos da linguagem de montagem

Uma sentença em uma linguagem de montagem típica tem a forma mostrada na Figura B.1. Ela consiste de quatro elementos: rótulo, mnemônico, operando e comentário.

RÓTULO Se um rótulo está presente, o montador define o rótulo como equivalente ao endereço no qual o primeiro byte do código objeto gerado para essa instrução será carregado. O programador pode usar o rótulo subsequentemente como um endereço ou como dados no campo de endereço de outra instrução. O montador substitui o rótulo com o valor atribuído quando cria o programa objeto. Rótulos são usados com mais frequência em instruções de desvio.

Como um exemplo, aqui está uma parte de um programa:

```
L2: SUB  EAX,  EDX ; subtrai conteúdo do registrador EDX do conteúdo
                   ; de EAX e armazena o resultado em EAX
    JG   L2        ; salta para L2 se resultado da subtração for positivo
```

O programa continuará no laço de volta para posição L2 até que o resultado seja zero ou negativo. Desta forma, quando a instrução jg é executada, se o resultado é positivo, o processador coloca o endereço equivalente ao rótulo L2 no contador de programa.

Motivos para usar um rótulo incluem:

1. Um rótulo torna uma posição do programa mais fácil de localizar e lembrar.
2. O rótulo pode ser facilmente movido para corrigir um programa. O montador automaticamente mudará o endereço em todas as instruções que usam o rótulo quando o programa for remontado.
3. O programador não precisa calcular endereços de memória relativos ou absolutos, mas apenas usa rótulos conforme necessário.

MNEMÔNICO O mnemônico é o nome da operação ou função da sentença da linguagem de montagem. Conforme discutido a seguir, uma sentença pode corresponder a uma instrução de máquina, uma diretiva do montador ou uma macro. No caso de uma instrução de máquina, um mnemônico é o nome simbólico associado com um determinado *opcode*.

A Tabela 10.8 mostra o mnemônico, ou nome da instrução, de muitas instruções x86. O Apêndice A de Carter (2006[b]) mostra as instruções x86 junto com os operandos de cada uma e o efeito da instrução nos códigos condicionais. O Apêndice B do manual de NASM fornece uma descrição mais detalhada de cada instrução x86. Ambos os documentos estão disponíveis no site deste livro.

Figura B.1 Estrutura da sentença da linguagem de montagem

OPERANDO(S) Uma sentença da linguagem de montagem inclui zero ou mais operandos. Cada operando identifica um valor imediato, um registrador ou uma posição de memória. Normalmente, a linguagem de montagem fornece convenções para distinguir entre os três tipos de referências de operandos, assim como convenções para indicar o modo de endereçamento.

Para arquitetura x86, um comando da linguagem de montagem pode referir-se ao operando registrador pelo nome. A Figura B.2 ilustra os registradores de propósito geral do x86 e do com o seu nome simbólico e sua codificação em bits. O montador vai traduzir o nome simbólico em um identificador binário do registrador.

Conforme discutido na Seção 11.2, a arquitetura x86 possui um conjunto rico de modos de endereçamento, cada um tendo que ser expresso simbolicamente na linguagem de montagem. Aqui citamos alguns dos exemplos mais comuns. Para ***endereçamento de registrador***, o nome do registrador é usado na instrução. Por exemplo, `MOV ECX, EBX` copia o conteúdo do registrador EBX para o registrador ECX. O endereçamento imediato indica que o valor é codificado dentro da instrução. Por exemplo, `MOV EAX, 100H` copia o valor hexadecimal 100 no registrador EAX. O valor imediato pode ser expresso como um número binário com sufixo B ou um número decimal sem sufixo. Assim, as sentenças equivalentes à anterior são `MOV EAX, 100000000B` e `MOV EAX, 256`. O ***endereçamento direto*** refere-se a uma posição de memória e é expresso como um deslocamento a partir do registrador de segmento DS. Isto é explicado melhor com um exemplo. Suponha que o registrador de segmentos de dados de 16 bits DS contenha o valor 1000H. Então, ocorre a seguinte sequência:

```
MOV AX, 1234H
MOV [3518H], AX
```

Primeiro, o registrador AX de 16 bits é inicializado com 1234H. Depois, na linha dois, o conteúdo de AX é movido para endereço lógico DS:3518H. Este endereço é formado pelo deslocamento do conteúdo de DS de 4 bits para esquerda e adicionando 3518H para formar o endereço lógico 13518H de 32 bits.

COMENTÁRIO Todas as linguagens de montagem permitem colocar comentários dentro do programa. Um comentário pode ocorrer do lado direito de um comando em linguagem ou pode ocupar uma linha de texto inteira.

Figura B.2 Registradores de execução de programa do Intel x86

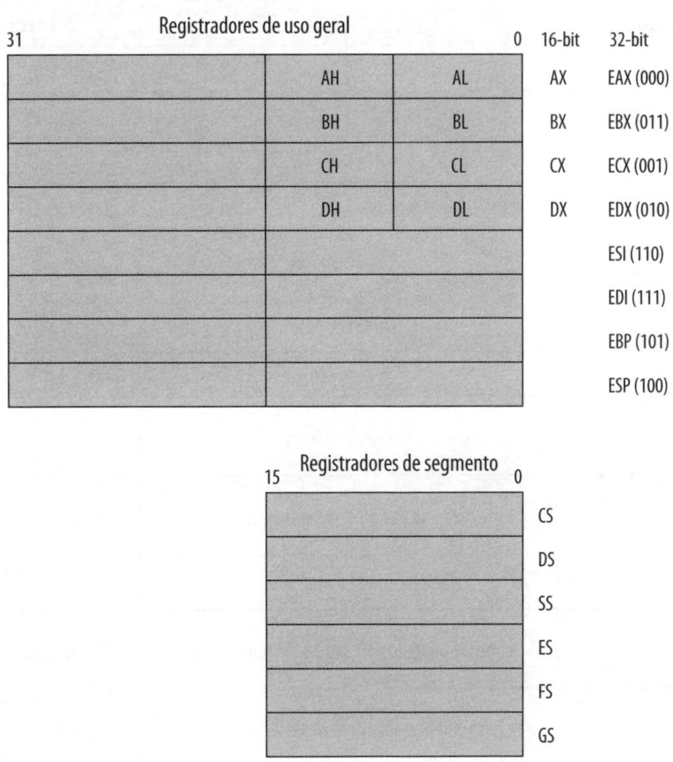

Nos dois casos, o comentário começa com um caractere especial que sinaliza para o montador que o restante da linha é um comentário e deve ser ignorado pelo montador. Normalmente, as linguagens de montagem para arquitetura x86 usam ponto e vírgula (`;`) como caractere especial.

Tipos de sentenças da linguagem de montagem

As sentenças da linguagem de montagem podem ser de um dos quatro tipos: instrução, diretiva, definição de macro e comentário. Uma sentença comentário é simplesmente uma sentença que consiste inteiramente de um comentário. Outros tipos são descritos brevemente nesta seção.

INSTRUÇÕES Muitas das sentenças em um programa da linguagem de montagem são representações simbólicas de instruções de linguagem de máquina. Quase que invariavelmente, há um relacionamento de um para um entre uma instrução da linguagem de montagem e uma instrução de máquina. O montador resolve quaisquer referências simbólicas e traduz instruções da linguagem de montagem em cadeias binárias que representam uma instrução de máquina.

DIRETIVAS Diretivas, também chamadas de ***pseudoinstruções***, são sentenças da linguagem de montagem que não são diretamente traduzidas para instruções da linguagem de máquina. Em vez disso, as diretivas são instruções para o montador executar ações específicas durante o processo de montagem. Exemplos incluem o seguinte:

- Definir constantes.
- Designar áreas da memória para armazenar dados.
- Inicializar áreas da memória.
- Colocar tabelas ou outros dados fixos na memória.
- Permitir referências para outros programas.

A Tabela B.2 lista algumas diretivas do NASM. Como um exemplo, considere a seguinte sequência de sentenças:

Tabela B.2 Algumas diretivas da linguagem de montagem do NASM

(a) Letras para diretivas RESx e Dx

Unidade	Letra
Byte	B
Palavra (2 bytes)	W
Palavra dupla (4 bytes)	D
Palavra quádrupla (8 bytes)	Q
Dez bytes	T

(b) Diretivas

Nome	Descrição	Exemplo
DB, DW, DD, DQ, DT	Inicializa posições	`L6 DD 1A92H ; palavra dupla em L6 inicializada com 1A92H`
RESB, RESW, RESD, RESQ, REST	Reserva posições não inicializadas	`BUFFER RESB 64 ; reserva 64 bytes começando em BUFFER`
INCBIN	Inclui arquivo binário na saída	`INCBIN "file.dat" ; inclui este arquivo`
EQU	Define um símbolo para um dado valor constante	`MSGLEN EQU 25 ; constante MSGLEN equivale ao decimal 25`
TIMES	Repete instrução várias vezes	`ZEROBUF TIMES 64 DB 0 ; inicializa buffer de 64 bytes todo para zeros`

```
L2 DB    "A"         ; byte inicializado para código ASCII de A (65)
   MOV   AL, [L1]    ; copiar byte que está em L1 para AL
   MOV   EAX, L1     ; armazenar endereço do byte que está em L1 em EAX
   MOV   [L1], AH    ; copiar conteúdo de AH dentro do byte que está em L1
```

Se um rótulo direto é usado, ele é interpretado como endereço (ou offset) de dados. Se o rótulo é colocado dentro de colchetes, ele interpretado como dado no endereço.

DEFINIÇÕES DE MACRO Uma definição de macro é semelhante a uma sub-rotina de várias formas. Uma sub-rotina é uma seção do programa que é escrita uma vez e pode ser usada várias vezes, chamando a sub-rotina a partir de qualquer ponto do programa. Quando o programa é compilado ou montado, a sub-rotina é carregada apenas uma vez. Uma chamada da sub-rotina transfere controle para a sub-rotina e uma instrução da sub-rotina retorna o controle para o ponto de chamada. De forma semelhante, uma definição de macro é uma seção de código que o programador escreve uma vez e pode depois usar várias vezes. A principal diferença é que quando o montador encontra uma chamada de macro, ele substitui a chamada de macro pela macro em si. O processo é chamado de ***expansão de macro***. Então, se uma macro é definida em um programa da linguagem de montagem e é chamada 10 vezes, então 10 instâncias da macro irão aparecer no código montado. Basicamente, sub-rotinas são tratadas pelo hardware em tempo de execução, enquanto que as macros são tratadas pelo montador em tempo de montagem. Macros fornecem a mesma vantagem que as sub-rotinas em termos de programação modular, mas sem a sobrecarga em tempo de execução de chamada e retorno de uma sub-rotina. O custo disso é que a abordagem de macro usa mais espaço no código objeto.

No NASM e em muitos outros montadores, uma distinção é feita entre uma macro de uma única linha e uma macro de várias linhas. No NASM, macros de linha única são definidas usando diretiva %DEFINE. Aqui está um exemplo em que várias macros de única linha são expandidas. Primeiro definimos duas macros:

```
%DEFINE  B(X) = 2*X
%DEFINE  A(X) = 1 + B(X)
```

Em algum ponto do programa da linguagem de montagem, aparecem as seguintes sentenças:

```
MOV AX, A(8)
```

O montador expande esta sentença para:

```
MOV AX, 1+2*8
```

o que é montado para uma instrução de máquina para mover o valor imediato 17 para o registrador AX.

Macros de várias linhas são definidas usando o mnemônico % MACRO. Aqui está o exemplo de uma definição de macro de várias linhas:

```
%MACRO PROLOGUE 1
       PUSH EBP      ; coloca conteúdo de EBP na pilha
                     ; apontada por ESP e
                     ; decrementa conteúdo de ESP em 4
       MOV EBP, ESP  ; copia conteúdo de ESP para EBP
       SUB ESP, %1   ; subtrai o valor do primeiro parâmetro de ESP
       %ENOMACRO
```

O número 1 depois do nome da macro na linha %MACRO define o número de parâmetros que a macro espera receber. O uso de %1 dentro da definição da macro refere-se ao primeiro parâmetro da chamada da macro.

A chamada da macro

```
MYFUNC:  PROLOGUE 12
```

expande para as seguintes linhas de código:

```
MYFUNC:  PUSH   EBP
         MOV    EBP,  ESP
         SUB    ESP,  12
```

Exemplo: programa do maior divisor comum

Como um exemplo de uso da linguagem de montagem, analisamos um programa para calcular o maior divisor comum de dois números inteiros. Definimos o maior divisor comum dos inteiros ***a*** e ***b*** da seguinte forma:

$$\text{gcd}(a,b) = \max[k, \text{ tal que } k \text{ é divisor de } a \text{ e } k \text{ divisor de } b]$$

onde dizemos que ***k*** é divisor de ***a*** se não houver resto de divisão. O algoritmo de Euclides para o maior divisor comum é baseado no seguinte teorema. Para quaisquer inteiros positivos ***a*** e ***b***,

$$\text{gcd}(a, b) = \text{gcd}(b, a \bmod b)$$

Aqui está um programa na linguagem C que implementa algoritmo de Euclides:

```
unsigned int gcd (unsigned int a, unsigned int b)
{
      if (a == 0 && b == 0)
          b = 1;
      else if (b == 0)
          b = a;
      else if (a != 0)
          while (a != b)
             if (a <b)
                 b -= a;
             else
                 a -= b;
      return b;
}
```

A Figura B.3 mostra duas versões na linguagem de montagem do programa anterior. O programa à esquerda foi feito por um compilador C; o programa à direita foi programado à mão. O último usa uma série de truques de programação para produzir uma implementação mais compacta e eficiente.

B.2 Montadores

O montador é um software utilitário que recebe como entrada um programa em linguagem de máquina (*assembly*) e produz o código objeto como saída. O código objeto é um arquivo binário. O montador enxerga esse arquivo como um bloco de memória iniciando na posição relativa 0.

Existem duas abordagens gerais para os montadores: montador de dois passos e montador de um passo.

Montador de dois passos

Analisamos primeiro o montador de dois passos, que é mais comum e um pouco mais fácil de entender. O montador faz duas passagens pelo código fonte (Figura B.4):

PRIMEIRO PASSO No primeiro passo, o montador se preocupa apenas com definições dos rótulos. O primeiro passo é usado para construir uma *tabela de símbolos* que contém uma lista de todos os rótulos e seus valores de *contador de posição* (LC, do inglês *location counter*). O primeiro byte do código objeto terá o valor 0 como LC.

Figura B.3 Programas de montagem para o maior divisor comum

```
gcd:    mov     ebx,eax
        mov     eax,edx
        test    ebx,ebx
        jne     L1
        test    edx,edx
        jne     L1
        mov     eax,1
        ret
L1:     test    eax,eax
        jne     L2
        mov     eax,ebx
        ret
L2:     test    ebx,ebx
        je      L5
L3;     cmp     ebx,eax
        je      L5
        jae     L4
        sub     eax,ebx
        jmp     L3
L4:     sub     ebx,eax
        jmp     L3
L5:     ret
```

(a) Programa compilado

```
gcd:    neg     eax
        je      L3
L1:     neg     eax
        xchg    eax,edx
L2:     sub     eax,edx
        jg      L2
        jne     L1
L3:     add     eax,edx
        jne     L4
        inc     eax
L4:     ret
```

(b) Escrito diretamente na linguagem de montagem

O primeiro passo examina cada sentença em linguagem de montagem. Embora o montador ainda não esteja pronto para traduzir instruções, ele tem que examinar cada instrução suficientemente para determinar o tamanho da instrução de máquina correspondente e, portanto, em quanto incrementar o LC. Isso pode requerer não apenas a análise do *opcode*, mas também a análise dos operandos e dos modos de endereçamento.

Diretivas como DQ e REST (veja Tabela B.2) fazem o contador de posição ser ajustado de acordo com a quantidade de armazenamento necessário.

Quando o montador encontra uma sentença com um rótulo, ele coloca o rótulo na tabela de símbolos, junto com o valor corrente de LC. O montador continua até que tenha lido todas as sentenças da linguagem de montagem.

SEGUNDO PASSO O segundo passo lê o programa novamente desde o começo. Cada instrução é traduzida no código binário de máquina apropriado. A tradução envolve as seguintes operações:

1. Traduzir mnemônico em *opcode* binário.
2. Usar o *opcode* para determinar o formato da instrução, a posição e o tamanho de vários campos na instrução.
3. Traduzir o nome de cada operando para o registrador ou código de memória apropriado.
4. Traduzir cada valor imediato em uma cadeia binária.
5. Traduzir quaisquer referências a rótulos em valores de LC apropriados usando a tabela de símbolos.
6. Definir quaisquer outros bits necessários dentro da instrução, incluindo indicadores do modo de endereçamento, bits de códigos condicionais e assim por diante.

Um exemplo simples, usando linguagem de montagem ARM, é mostrado na Figura B.5. A instrução da linguagem de montagem ARM ADDS, r3, r9, #19 é traduzida para instrução binária de máquina 1110 0010 0101 0011 0011 0000 0001 0011.

PASSO ZERO A maioria das linguagens de montagem inclui a capacidade de definir macros. Quando elas estão presentes, há um passo adicional que o montador deve fazer antes do primeiro passo. Normalmente, a linguagem de montagem requer que todas as definições de macro apareçam no início do programa.

Figura B.4 Fluxograma do montador de dois passos

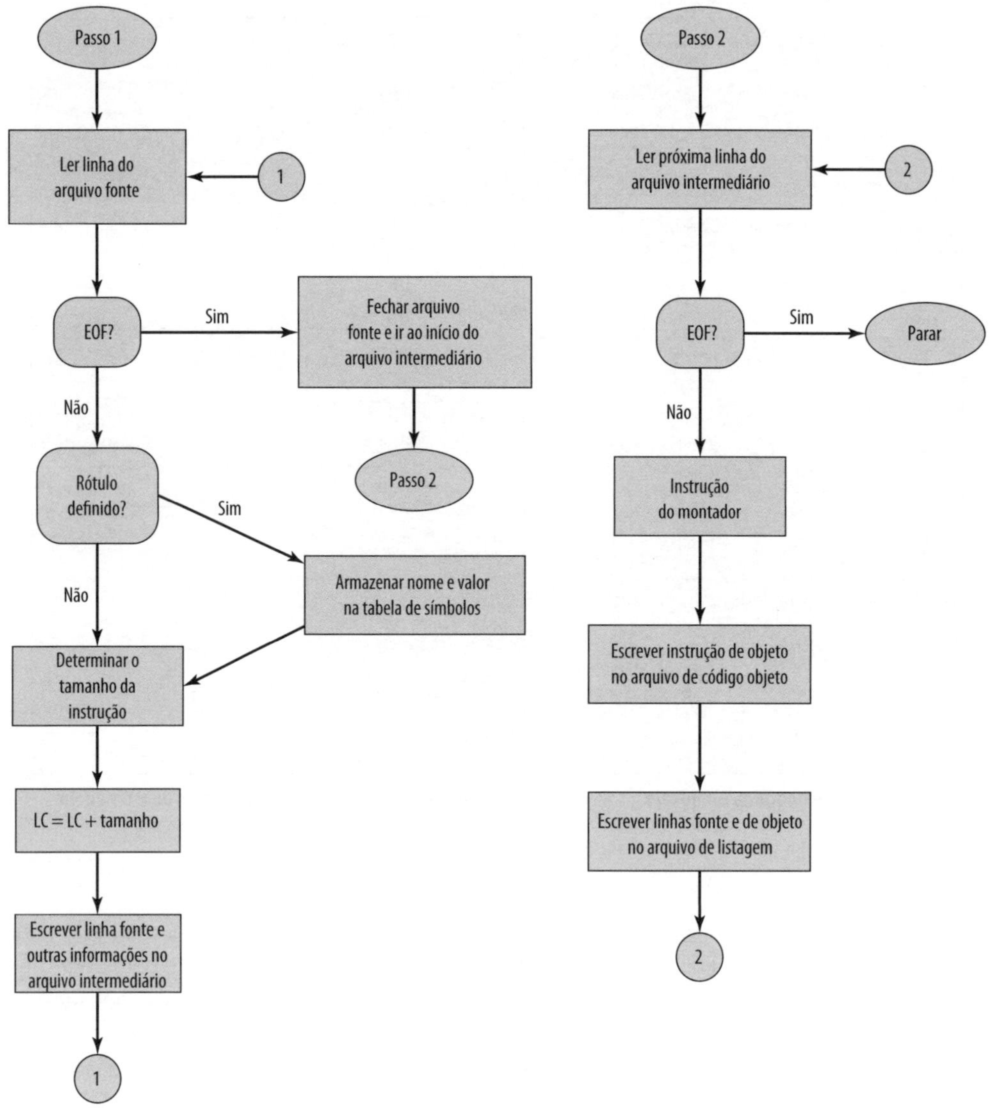

O montador inicia este "passo zero" lendo todas as definições de macro. Uma vez reconhecidas todas as macros, o montador vai pelo código fonte e as expande, com seus parâmetros associados, sempre que uma chamada de macro é encontrada. O passo de processamento de macros gera um nova versão do código fonte com todas as expansões das macros no devido lugar e todas as definições de macro removidas.

Figura B.5 Traduzindo uma instrução em linguagem de montagem do ARM para uma instrução binária de máquina

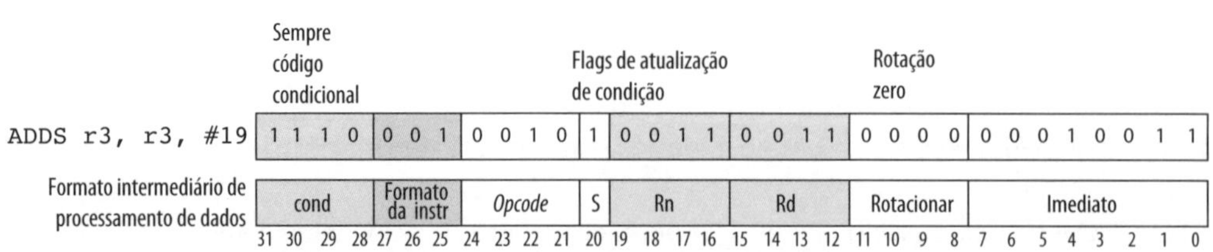

Montador de um passo

É possível implementar um montador que faz uma única passagem pelo código fonte (sem contar o passo para processar macros). A principal dificuldade em tentar montar um programa em uma única passagem envolve referências futuras a rótulos. Os operandos das instruções podem ser símbolos que ainda não foram definidos no programa fonte. Portanto, o montador não sabe qual endereço relativo inserir na instrução traduzida.

Basicamente, o processo para resolver referências futuras funciona da seguinte forma. Quando o montador encontra um operando da instrução que é um símbolo ainda não definido, ele:

1. Deixa o campo do operando da instrução vazio (tudo zero) na instrução binária montada.
2. Insere o símbolo usado como um operando na tabela de símbolos. A entrada da tabela é marcada para indicar que o símbolo não está definido.
3. Adiciona o endereço do campo de operando da instrução que se refere ao símbolo indefinido a uma lista de referências futuras associadas com a entrada na tabela de símbolos.

Quando a definição de símbolo é encontrada de tal forma que o valor LC possa ser associado a ele, o montador insere o valor LC na entrada adequada dentro da tabela de símbolos. Se há uma lista de referência futura associada com o símbolo, então o montador insere o endereço apropriado em qualquer instrução gerada previamente que esteja na lista de referência futura.

Exemplo: programa de números primos

Analisamos agora um exemplo que inclui diretivas. Este exemplo analisa um programa que acha números primos. Lembre que os números primos são divisíveis apenas por 1 e por si mesmos. Não há uma fórmula para fazer isso. O método básico usado por este programa é localizar fatores de todos os números ímpares abaixo de um dado limite. Se nenhum fator puder ser encontrado para um número ímpar, então ele é um número primo. A Figura B.6 mostra o algoritmo básico escrito em C. A Figura B.7 mostra o mesmo algoritmo escrito na linguagem de montagem NASM.

Figura B.6 Programa C para verificar os números primos

```
unsigned guess;              /* suposição atual para primo  */
unsigned factor;             /* fator possível para suposição */
unsigned limit;              /* encontrar primos até este valor */

printf ("Find primes up to : ");
scanf("%u", &limit);
printf ("2\n");              /* tratar dois primeiros primos */
printf ("3\n");              /* caso especial */
guess = 5;                   /* suposição inicial */
while (guess < = limit) {    /* procurar por um fator da suposição */
    factor = 3;
    while (factor * factor < guess && guess% factor != 0)
    factor + = 2;
    if (guess % factor != 0)
        printf ("%d\n", guess);
    guess += 2;              /* analisar apenas números ímpares */
}
```

Figura B.7 Programa em linguagem de montagem para verificar números primos

```
%include "asm_io.inc"
segment .data
Message db "Find primes up to: ", 0

segment .bss
Limit resd 1                        ; encontrar primos até este limite
Guess resd 1                        ; suposição atual para primo

segment .text
     global _asm_main
_asm_main:
     enter 0,0                      ; rotina de setup
     pusha

     mov eax, Message
     call print_string
     call read_int                  ; scanf("%u", & limit);
     mov [Limit], eax
     mov eax, 2                     ; printf("2\n");
     call print_int
     call print_nl
     mov eax, 3                     ; printf("3\n");
     call print_int
     call print_nl

     mov dword [Guess], 5           ; Guess = 5;
while_limit:                        ; while (Guess <= Limit)
     mov eax, [Guess]
     cmp eax, [Limit]
     jnbe end_while_limit           ; usar jnbe porque os números não têm sinal

     mov ebx, 3                     ; ebx is factor = 3;
while_factor:
     mov eax,ebx
     mul eax                        ; edx:eax = eax*eax
     jo end_while_factor            ; se a resposta não couber apenas em eax
     cmp eax, [Guess]
     jnb end_while_factor           ; if !(factor*factor < guess)
     mov eax,[Guess]
     mov edx,0
     div ebx                        ; edx = edx:eax% ebx
     cmp edx, 0
     je end_while_factor            ; if !(guess% factor != 0)

     add ebx,2; factor += 2;
     jmp while_factor
end_while_factor:
     je end_if                      ; if !(guess% factor != 0)
     mov eax,[Guess]                ; printf("%u\n")
     call print_int
     call print_nl
end_if:
     add dword [Guess], 2           ; guess += 2
     jmp while_limit
end_while_limit:

     popa
     mov eax, 0                     ; volta para C
     leave
     ret
```

B.3 Carregamento e ligação

O primeiro passo na criação de um processo ativo é carregar o programa na memória principal e criar uma imagem de processo (Figura B.8). A Figura B.9 ilustra um cenário típico para a maioria dos sistemas. A aplicação consiste de uma série de módulos compilados ou montados na forma de código objeto. Estes são vinculados para resolver quaisquer referências entre módulos. Ao mesmo tempo, referências às rotinas de biblioteca são resolvidas. As rotinas de biblioteca, por sua vez, podem ser incorporadas no programa ou referenciadas como código compartilhado que deve ser fornecido pelo sistema operacional em tempo de execução. Nesta seção resumimos os principais recursos dos ligadores e carregadores (linkers e loaders). Primeiramente discutimos o conceito de relocação. Depois, para esclarecer a apresentação, descrevemos a tarefa de carregamento quando um único módulo de programa está envolvido; nenhuma ligação é necessária. Depois podemos analisar vinculação e carregamento de funções como um todo.

Realocação

Em um sistema multiprogramado, a memória principal disponível geralmente é compartilhada entre uma série de processos. Normalmente, não é possível que o programador saiba de antemão quais outros processos estarão residentes na memória principal no momento da execução do seu programa. Além disso, gostaríamos de poder transferir processos ativos para dentro e para fora da memória principal para maximizar a utilização do processador fornecendo um conjunto grande de processos prontos para executar. Uma vez o processo sendo transferido para o disco, seria muito limitante declarar que, quando fosse transferido de volta, deveria ser colocado na mesma região da memória principal como antes. Em vez disso, podemos ter que ***realocar*** o processo para uma área diferente da memória.

Desta forma, não conseguimos saber de antemão onde o programa será colocado e temos que permitir que o programa possa ser movido dentro da memória principal por causa das transferências. Estes fatos trazem à tona algumas preocupações técnicas relacionadas com endereçamento, conforme ilustrado na Figura B.10. Ela ilustra uma imagem de processo. Para simplificar, vamos supor que a imagem de processo esteja ocupando uma região contínua da memória principal. Claramente, o sistema operacional terá que saber a posição da informação de

Figura B.8 Função de carregamento

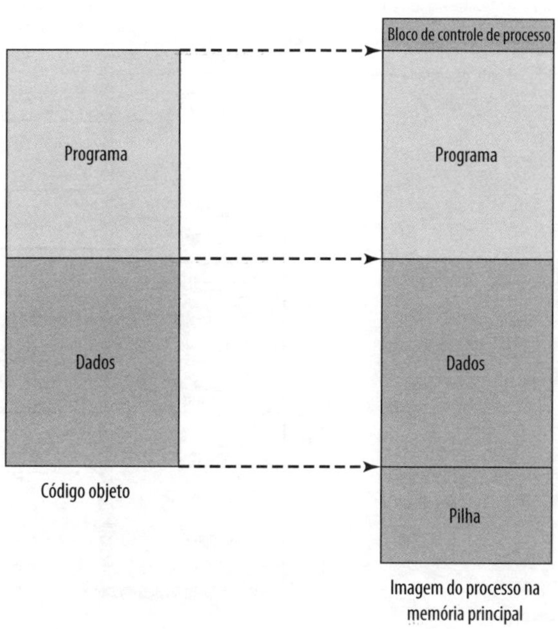

Figura B.9 Um cenário de ligação e carregamento

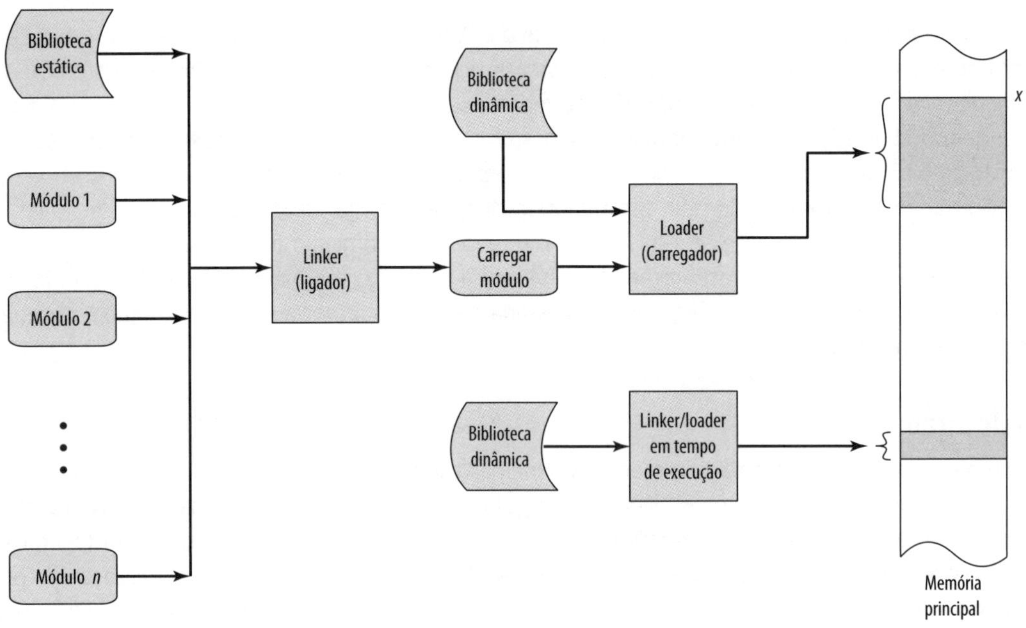

controle do processo e da pilha de execução, assim como o ponto de entrada para começar a execução do programa para este processo. Como o sistema operacional está gerenciando a memória e é responsável por trazer esse processo para a memória principal, é fácil chegar até esses endereços. Além disso, o processador precisa lidar com referências de memória dentro do programa. As instruções de desvio contêm um endereço para referenciar a instrução a ser executada a seguir. As instruções de referência a dados contêm o endereço do byte ou da palavra

Figura B.10 Requisitos de endereçamento para um processo

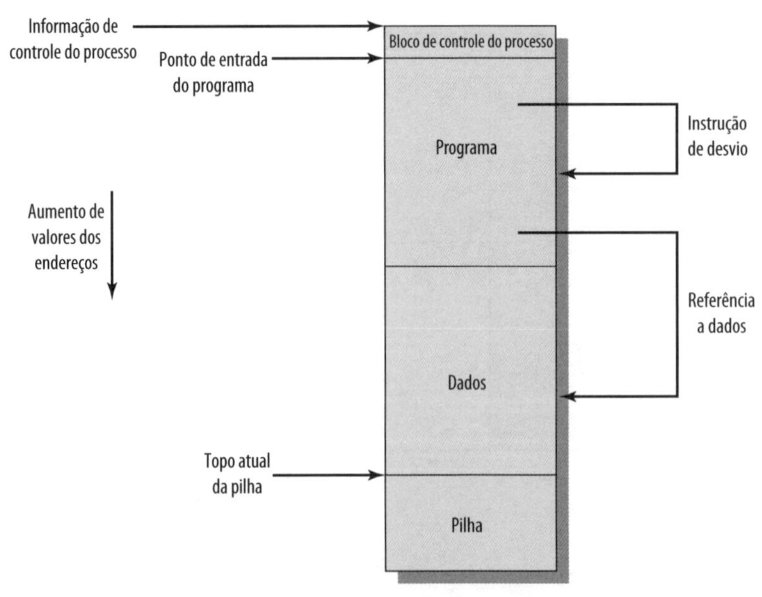

de dados referenciados. De alguma forma, o hardware do processador e o software do sistema operacional devem ser capazes de traduzir as referências de memória encontradas no código do programa para endereços físicos de memória reais, refletindo a posição atual do programa na memória principal.

Carregamento

Na Figura B.9, o carregador (loader) coloca o módulo na memória principal iniciando em posição ***x***. Ao carregar o programa, o requisito de endereçamento ilustrado na Figura B.10 deve ser satisfeito. Em geral, três abordagens podem ser tomadas:

- Carregamento absoluto.
- Carregamento realocável.
- Carregamento dinâmico em tempo de execução.

CARREGAMENTO ABSOLUTO Um carregador absoluto requer que um dado módulo sempre seja carregado na mesma posição da memória principal. Assim, no módulo carregável apresentado ao carregador, todas as referências de endereço devem ser para endereços específicos, ou absolutos, da memória principal. Por exemplo, se ***x*** na Figura B.9 for posição 1024, então a primeira palavra em um módulo a ser carregado destinado para essa região da memória tem endereço 1024.

A atribuição de valores de endereço específicos para referências de memória dentro de um programa pode ser feita pelo programador ou em tempo de compilação ou execução (Tabela B.3a). Existem várias desvantagens para abordagem anterior. Em primeiro lugar, todo programador deveria saber a estratégia de atribuição pretendida para colocar módulos na memória principal. Em segundo lugar, se quaisquer modificações forem feitas para o programa que envolva inclusão ou exclusão no corpo do módulo, então todos os endereços terão que ser alterados. Consequentemente, é preferível permitir que as referências de memória dentro dos programas sejam expressas simbolicamente e depois resolver essas referências simbólicas em tempo de compilação ou montagem. Isso é

Tabela B.3 Ligação de endereços

(a) Loader (carregador)

Tempo da ligação	Função
Tempo de programação	Todos os endereços físicos reais são especificados diretamente pelo programador dentro do próprio programa.
Tempo de compilação ou montagem	O programa contém referências de endereços simbólicas e estas são convertidas para endereços físicos reais pelo compilador ou montador.
Tempo de carregamento	O compilador ou o montador produz endereços relativos, que são traduzidos, pelo carregador para endereços absolutos em tempo de carregamento do programa.
Tempo de execução	O programa carregado retém endereços relativos. Estes são convertidos dinamicamente para endereços absolutos pelo hardware do processador.

(b) Linker (ligador)

Tempo de vinculação	Função
Tempo de programação	Nenhuma referência a programas externos ou dados é permitida. O programador deve colocar no programa o código fonte para todos os subprogramas que são referenciados.
Tempo de compilação ou montagem	O montador deve obter o código fonte de cada subrrotina que é referenciada e montá-la como uma unidade.
Criação do módulo a ser carregado	Todos os módulos objetos foram montados usando endereços relativos. Esses módulos são vinculados entre si e todas as referências são refeitas com relação à origem do último módulo.
Tempo de carregamento	Referências externas não são resolvidas até que o módulo esteja para ser carregado na memória principal. Nesse momento, os módulos de vinculação dinâmica referenciados são acrescidos ao módulo a ser carregado e o pacote inteiro é carregado na memória principal ou virtual.
Tempo de execução	Referências externas não são resolvidas até que a chamada externa seja executada pelo processador. Nesse momento, o processo é interrompido e o módulo desejado é vinculado ao programa que fez a chamada.

ilustrado na Figura B.11. Toda referência para uma instrução ou item de dados é representada inicialmente por um símbolo. Ao preparar o módulo para entrar em um carregador absoluto, o montador ou o compilador converterá todas essas referências para endereços específicos (neste exemplo, para um módulo para ser carregado iniciando na posição 1024), conforme mostrado na Figura B.11b.

CARREGAMENTO REALOCÁVEL A desvantagem de ligar referências de memória a endereços específicos antes do carregamento é que o módulo resultante a ser carregado pode ser colocado em apenas uma região da memória principal. No entanto, quando muitos programas compartilham a memória principal, pode não ser desejável decidir antecipadamente em qual região da memória um determinado módulo deve ser carregado. É melhor tomar essa decisão em tempo de carregamento. Precisamos, assim, de um módulo que pode ser alocado em qualquer lugar da memória principal.

Para satisfazer esse novo requisito, o montador ou compilador produz não os endereços reais da memória principal (endereços absolutos), e sim os endereços relativos a algum ponto conhecido, como o início do programa. Esta técnica é ilustrada na Figura B.11c. Ao início do módulo carregável é atribuído o endereço relativo 0, e todas as outras referências de memória dentro do módulo são expressas com relação ao início do módulo.

Com todas as referências de memória expressas no formato relativo, torna-se fácil para o carregador colocar o módulo na posição desejada. Se o módulo for carregado começando na posição ***x***, então o carregador deve simplesmente adicionar ***x*** para cada referência de memória à medida que carrega o módulo na memória. Para ajudar nesta tarefa, o módulo carregável deve incluir informação que diz ao carregador onde estão as referências de memória e como devem ser interpretadas (normalmente serão relativas à origem do programa, mas também possivelmente relativas a algum outro ponto no programa, como por exemplo a posição atual). Este conjunto e informações é preparado pelo compilador ou montador e normalmente é chamado de dicionário de realocação.

CARREGAMENTO DINÂMICO EM TEMPO DE EXECUÇÃO Carregadores realocáveis são comuns e fornecem benefícios óbvios se comparados aos carregadores absolutos. No entanto, em um ambiente de multiprogramação, até naquele que não depende da memória virtual, o esquema de carregamento realocável é inadequado. Já mencionamos a necessidade de transferir imagens de processo para dentro e para fora da memória principal para maximizar a utilização do processador. Para maximizar a utilização da memória principal, gostaríamos de ser capazes de

Figura B.11 Carregamento de módulos absoluto e realocável

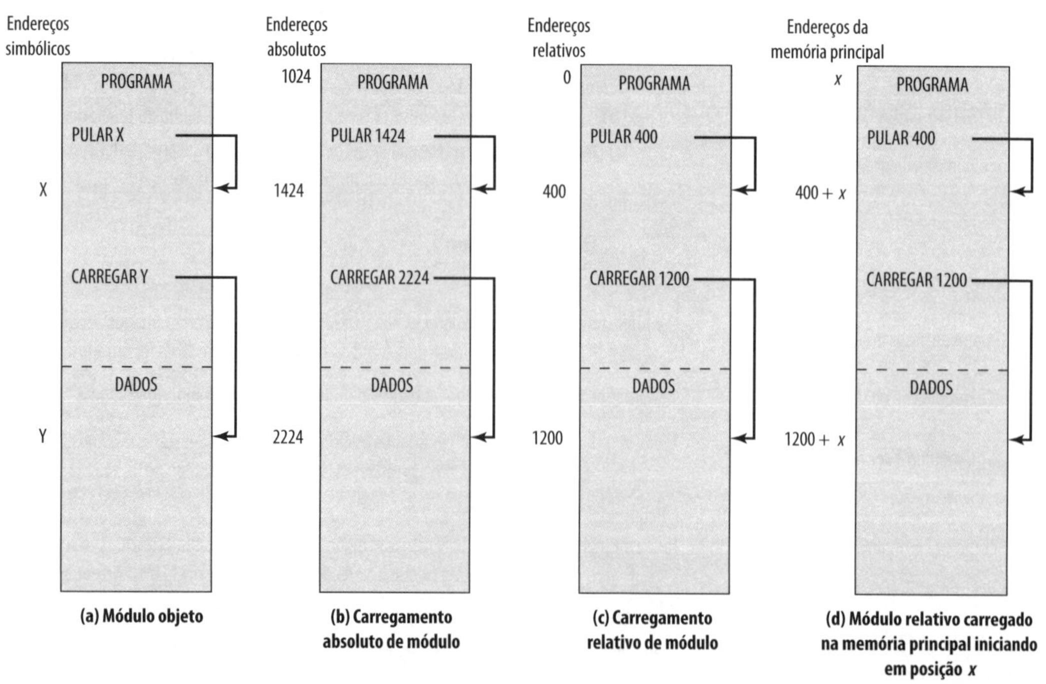

transferir a imagem do processo de volta para posições diferentes em tempos diferentes. Assim, uma vez carregado, um programa pode ser transferido para o disco e depois ser transferido de volta para uma posição diferente. Isto seria impossível se as referências de memória tivessem sido ligadas a endereços absolutos no momento do carregamento inicial.

A alternativa é adiar o cálculo de um endereço absoluto até que seja realmente necessário em tempo de execução. Para este propósito, o módulo é carregado na memória principal com todas as referências de memória na forma relativa (Figura B.11c). O endereço absoluto não é calculado até que uma instrução seja executada. Para garantir que essa funcionalidade não prejudique o desempenho, ela deve ser executada pelo hardware do processador especial em vez do software. Este hardware é descrito no Capítulo 8.

O cálculo dinâmico de endereços fornece flexibilidade completa. Um programa pode ser carregado em qualquer região da memória principal. Subsequentemente, a execução do programa pode ser interrompida e o programa pode ser transferido para fora da memória principal, para depois ser transferido de volta para uma posição diferente.

Ligação

A função de um ligador (linker) é receber como entrada uma coleção de módulos de objeto e produzir um módulo carregável, consistindo de um conjunto integrado de módulos de programa e dados para ser passado para o carregador. Em cada módulo objeto pode haver referências de endereços para posições em outros módulos. Cada referência dessas apenas pode ser expressa simbolicamente em um módulo objeto não vinculado. O linker cria um único módulo carregável que é uma junção contínua de todos os módulos objeto. Por exemplo, o módulo A na Figura B.12a contém uma chamada de um procedimento do módulo B. Quando esses módulos são combinados no módulo carregável, esta referência simbólica para o módulo B é alterada para uma referência específica na posição do ponto de entrada de B dentro do módulo carregável.

EDITOR DE LIGAÇÃO (linkage editor) A natureza desta ligação de endereços vai depender do tipo de módulo carregável a ser criado e de quando a ligação ocorre (Tabela B.3b). Se, como acontece normalmente, um módulo carregável realocável for desejado, então a ligação é normalmente feita da seguinte maneira. Cada módulo objeto compilado ou montado é criado com referências relativas ao início do módulo objeto. Todos esses módulos são juntados em um único módulo carregável realocável com todas as referências relativas à origem do módulo carregável. Este módulo pode ser usado com entrada para carregamento realocável ou carregamento dinâmico em tempo de execução.

Um linker que produz um módulo carregável realocável frequentemente é referido como um editor de ligação (linkage editor). A Figura B.12 ilustra a função do editor de ligação.

LIGAÇÃO DINÂMICA Como acontece com carregamento, é possível adiar algumas funções de ligação. O termo *ligação dinâmica* é usado para se referir à prática de adiar a ligação de alguns módulos externos até depois de o módulo carregável ter sido criado. Desta forma, o módulo carregável contém referências não resolvidas para outros programas. Essas referências podem ser resolvidas em tempo de carregamento ou em tempo de execução.

Para ***ligação dinâmica em tempo de carregamento*** (envolvendo biblioteca dinâmica superior na Figura B.9), ocorrem os seguintes passos. O módulo carregável (módulo da aplicação) a ser carregado é lido para memória. Qualquer referência para um módulo externo (módulo alvo) faz com que o carregador localize o módulo alvo, carregue-o e altere a referência para um endereço na memória relativa ao início do módulo da aplicação. Existem várias vantagens para esta abordagem quando comparada ao que podemos chamar de ligação estática:

- Torna-se mais fácil incorporar versões alteradas ou atualizadas do módulo alvo, o que pode ser um utilitário do sistema operacional ou alguma outra rotina de propósito geral. Com ligação estática, uma mudança em um módulo de suporte como esse iria requerer a religação do módulo da aplicação inteiro. Não apenas isso é ineficiente, mas pode ser impossível em algumas circunstâncias. Por exemplo, no campo de computadores pessoais, a maioria dos softwares comerciais é distribuída na forma de módulo carregável; versões fonte e objeto não são fornecidas.
- Ter código alvo em um arquivo de ligação dinâmico cria o caminho para compartilhamento automático de código. O sistema operacional pode reconhecer que mais do que uma aplicação está usando o mesmo código alvo porque ela carregou e ligou esse código. Ele pode usar essa informação para carregar uma única cópia do código alvo e ligá-lo para ambas as aplicações, em vez de ter que carregar uma cópia para cada aplicação.

Figura B.12 A função de vinculação

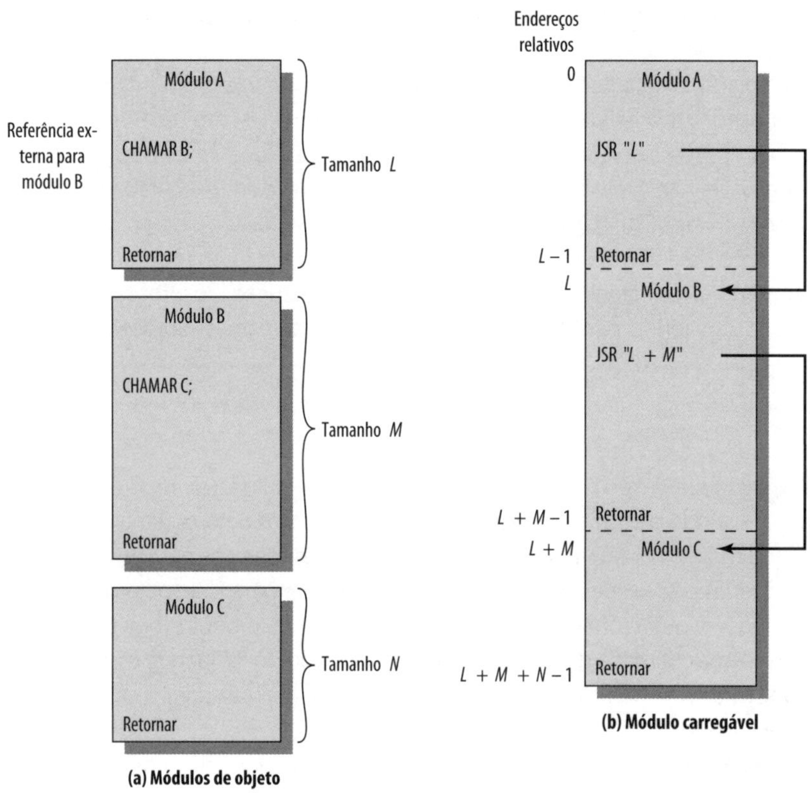

- Torna-se mais fácil para desenvolvedores independentes de software estender as funcionalidades de um sistema amplamente usado como Linux. Um desenvolvedor pode aparecer com uma nova função que pode ser útil para uma variedade de aplicações e distribuí-la como um módulo de ligação dinâmica.

Com a ***ligação dinâmica em tempo de execução*** (envolvendo biblioteca dinâmica inferior na Figura B.9), algumas ligações são adiadas até o momento da execução. Referências externas para módulos alvos permanecem no programa carregado. Quando uma chamada é feita para módulo ausente, o sistema operacional localiza o módulo, carrega-o e liga-o com o módulo que fez a chamada. Tais módulos normalmente são compartilhados. No ambiente Windows, esses módulos são chamados de bibliotecas de ligação dinâmico (DLL, do inglês *dynamic-link libraries*). Assim, se um processo já está fazendo uso de um módulo compartilhado ligado dinamicamente, então o módulo está na memória principal e um novo processo pode simplesmente ligar o módulo já carregado.

O uso de DLL pode levar a um problema normalmente chamado de ***inferno de DLL***. Isso ocorre se dois ou mais processos estão compartilhando um módulo DLL, porém esperam versões diferentes do módulo. Por exemplo, uma aplicação ou uma função do sistema pode ser reinstalada e trazer consigo uma versão mais antiga de um arquivo DLL.

Vimos que carregamento dinâmico permite que um módulo carregável inteiro seja movido; no entanto, a estrutura do módulo é estática, permanecendo inalterada durante a execução do processo e de uma execução para outra. No entanto, em alguns casos, não é possível determinar antes da execução quais módulos de objeto serão necessários. Esta situação é comum em aplicações com processamento transacional, como um sistema de reservas aéreas ou uma aplicação bancária. A natureza da transação dita quais módulos de programa são necessários e eles são carregados conforme necessário e ligados ao programa principal. A vantagem do uso de tal ligado dinâmico é que não é necessário alocar memória para unidades do programa a não ser que essas unidades sejam referenciadas. Essa capacidade é usada para suportar sistemas de segmentação.

Um aprimoramento adicional é possível: uma aplicação não precisa saber os nomes de todos os módulos ou pontos de entrada que podem ser chamados. Por exemplo, um programa gráfico pode ser escrito para trabalhar com variedades de ploters, dos quais cada um é controlado por um driver diferente. A aplicação pode aprender o nome do ploter que está instalado atualmente no sistema a partir de outro processo ou procurando por ele em um arquivo de configuração. Isso permite ao usuário da aplicação instalar um novo ploter que não existia no tempo em que a aplicação foi escrita.

B.4 Leitura recomendada e sites Web

Salomon (1993[c]) cobre o projeto e a implementação de montadores e carregadores.

Os assuntos sobre ligação e carregamento são cobertos em muitos livros sobre desenvolvimento de programas, arquitetura de computação e sistemas operacionais. Uma obra particularmente detalhada é Beck (1997[d]). Clarke e Merusi (1998[e]) também contém uma boa discussão. Uma discussão prática aprofundada deste assunto, com vários exemplos de SO, é Levine (2000[f]).

Bartlett (2003[g]) é uma obra excelente para aprender linguagem de montagem para processadores x86, adequada para autoestudo. Carter (2006[b]) cobre linguagem de montagem para máquinas x86. Para o programador x86 sério, Fog (2008[a]) é muito útil. Knaggs e Welsh (2004[h]) é uma obra aprofundada sobre linguagem de montagem ARM.

Sites Web recomendados

Gavin's Guide to 80x86 Assembly: uma boa e concisa visão geral sobre linguagem de montagem x86.

The Art of Assembly Language Programming: um megalivro online de 1 500 páginas sobre o assunto. Deve ser suficiente para qualquer estudante do assunto.

Principais termos, perguntas de revisão e problemas

Principais termos

Montador (*assembler*)	Rótulo	Mnemônico
Linguagem de montagem (*assembly*)	Editor de ligação	Montador de um passo
Comentário	Ligação	Operando
Diretiva	Ligação dinâmica em tempo de carregamento	Realocação
Ligador dinâmico	Carregamento	Ligação dinâmica em tempo de execução
Instrução	Macro	Montador de dois passos

Perguntas de revisão

B.1 Relacione alguns motivos por que vale a pena estudar programação na linguagem de montagem.

B.2 O que é uma linguagem de montagem?

B.3 Relacione algumas desvantagens da linguagem de montagem quando comparada a linguagens de alto nível.

B.4 Relacione algumas vantagens da linguagem de montagem quando comparada a linguagens de alto nível.

B.5 Quais são os elementos típicos de uma sentença da linguagem de montagem?

B.6 Relacione e defina brevemente quatro tipos diferentes de sentenças da linguagem de montagem.

B.7 Qual é a diferença entre um montador de um passo e um montador de dois passos?

Problemas

B.1 Guerra de Núcleo é um jogo de programação introduzido para o público no começo dos anos 1980 (DEWDNEY, 1984[i]), que foi popular por um período de mais ou menos 15 anos. O Guerra de Núcleo possui quatro componentes principais: uma matriz de memória de 8 000 endereços, uma linguagem de montagem simplificada chamada Redcode, um programa executável chamado MARS (um acrônimo para *Memory Array Redcode Simulator* – Simulador de Matriz de Memória Redcode) e um conjunto de programas de batalha que competem. Dois programas de batalha são inseridos na matriz de memória em posições escolhidas aleatoriamente; nenhum programa sabe onde está o outro. O MARS executa os programas em uma versão simples de tempo compartilhado. Dois programas se alternam: uma única instrução do primeiro programa é executada, depois uma única instrução do segundo e assim por diante. O que um programa de batalha faz durante os seus ciclos de execução depende completamente do programador. O objetivo é destruir o outro programa arruinando suas instruções. Neste problema e em vários seguintes, usamos uma linguagem ainda mais simples, chamada de CodeBlue, para explorar alguns conceitos do Guerra de Núcleos.

O CodeBlue contém apenas cinco sentenças de linguagem de montagem e usa três modos de endereçamento (Tabela B.4). Para a última posição da memória, o endereço relativo +1 se refere à primeira posição da memória. Por exemplo, `ADD #4, 6` adiciona 4 para o conteúdo da posição relativa 6 e armazena o resultado na posição 6; `JUMP @5` transfere a execução para o endereço de memória contido na posição cincos slots depois da instrução `JUMP` atual.

a. O programa Imp é uma única instrução `COPY 0, 1.` O que ele faz?

b. O programa Dwarf é a seguinte sequência de instruções:

```
ADD #4, 3
COPY 2, @2
JUMP –2
DATA 0
```

O que ele faz?

c. Reescreva Dwarf usando símbolos para que ele se pareça mais com um programa típico da linguagem de montagem.

B.2 O que acontece se fizermos Imp e Dwarf brigarem?

B.3 Escreva um programa de "bombardeamento" em CodeBlue que zera toda a memória (com a possível exceção das posições do programa).

B.4 Como o programa a seguir se sairia contra Imp?

```
Loop    COPY #0, -1
        JUMP -1
```

Dica: lembre que a execução de instruções alterna entre dois programas adversários.

B.5 **a.** Qual é o valor da flag C de estado depois da seguinte sequência:

```
mov al, 3
add al, 4
```

Tabela B.4 Linguagem de montagem CodeBlue

(a) Conjunto de instruções

Formato	Significado
DATA <value>	<value> definido na posição atual
COPY A, B	Copia origem A para destino B
ADD A, B	Adiciona A para B, colocando resultado em B
JUMP A	Transfere execução para A
JUMPZ A, B	Se B = 0, transfere para A

(b) Modos de endereçamento

Modo	Formato	Significado
Literal	# seguido de valor	Este é um modo imediato, o valor do operando está na instrução.
Relativo	Valor	O valor representa um deslocamento da posição atual, a qual contém o operando.
Indireto	@ seguido de valor	O valor representa um deslocamento da posição atual; a posição no deslocamento contém o endereço relativo da posição que contém o operando.

b. Qual é o valor da flag C de estado depois da seguinte sequência:

```
mov al,  3
sub al,  4
```

B.6 Considere a seguinte instrução NASM:

```
cmp vleft, vright
```

Para inteiros com sinal, existem três flags de estado que são relevantes. Se vleft = vright, então ZF é definida para 1. Se vleft > vright, ZF é definida para 0 e SF = OF. Se vleft < vright, ZF é definida para 0 e SF ≠ OF. Por que SF = OF se vleft > vright?

B.7 Considere o seguinte fragmento de código NASM:

```
mov al, 0
cmp al, al
je  next
```

Escreve um programa equivalente de uma única instrução.

B.8 Considere o seguinte programa em C:

```
/*um simples programa C para encontrar média de 3 inteiros*/
main ()
{ int avg;
  int i1 = 20;
  int i2 = 13;
  int i3 = 82;
  avg = (i1 + i2 + i3)/3;
}
```

Escreva uma versão NASM deste programa.

B.9 Considere o seguinte fragmento de código em C:

```
if (EAX == 0) EBX = 1;
else EBX = 2;
```

Escreva um fragmento de código NASM equivalente.

B.10 As diretivas de inicialização de dados podem ser usadas para inicializar várias posições. Por exemplo,

```
db 0x55, 0x56, 0x57
```

reserva três bytes e inicializa seus valores.

O NASM suporta o simbolo especial $ para permitir que cálculos envolvam a posição de montagem corrente, ou seja, $ avalia até a posição de montagem no início da linha que contém a expressão. Tendo em mente os dois fatos anteriores, considere a seguinte sequência de diretivas:

```
message db 'hello, world'
msglen equ $-message
```

Qual é o valor atribuído ao símbolo msglen?

B.11 Suponha três variáveis simbólicas V1, V2 e V3 que contêm valores inteiros. Escreva um fragmento de código NASM que move o menor valor inteiro para ax. Use apenas as instruções `mov`, `cmp` e `jbe`.

B.12 Descreva o efeito desta instrução: `cmp eax, 1`

Suponha que uma instrução anterior tenha atualizado o conteúdo de eax.

B.13 A instrução `xchg` pode ser usada para trocar os conteúdos de dois registradores. Suponha que o conjunto de instruções x86 não suporte essa instrução.

a. Implemente `xchg ax, bx` usando apenas instruções `push` e `pop`.

b. Implemente `xchg ax, bx` usando apenas instrução xor (não envolva outros registradores).

B.14 No seguinte programa, suponha que a, b, x, y sejam símbolos para posições da memória principal. O que o programa faz? Você pode responder à pergunta escrevendo a lógica equivalente em C.

```
mov   eax,a
mov   ebx,b
xor   eax,x


          xor   ebx,y
          or    eax,ebx
          jnz   L2
L1:                     ; sequência de instruções...
          jmp   L3
L2:                     ; outra sequência de instruções...
L3:
```

B.15 A Seção B.1 inclui um programa C que calcula o maior divisor comum de dois inteiros.

a. Descreva o algoritmo em palavras e mostre como o programa implementa a abordagem do algoritmo de Euclides para calcular o maior divisor comum.

b. Adicione comentários para o programa em linguagem de máquina da Figura B.3a para deixar claro que ele implementa a mesma lógica que o programa C.

c. Repita a parte (b) para o programa da Figura B.3b.

B.16 **a.** Um montador de dois passos pode lidar com símbolos futuros e, por isso, uma instrução pode usar um símbolo futuro como um operando. Isso nem sempre é verdadeiro para diretivas. A diretiva EQU, por exemplo, não pode usar um símbolo futuro. A diretiva 'A EQU B+1' é fácil de executar se B for definido previamente, porém é impossível se B for um símbolo futuro. Qual é razão disso?

b. Sugira uma maneira para o montador eliminar esta limitação de tal forma que qualquer linha de código fonte possa usar símbolos futuros.

B.17 Considere uma diretiva com símbolo MAX que possui a seguinte forma:

símbolo MAX lista de expressões

O rótulo é obrigatório e possui o valor da maior expressão no campo de operando. Exemplo:

```
MSGLEN MAX A, B, C ; onde A, B, C são símbolos definidos
```

Como MAX é executado pelo montador e em que passo?

Referências

a FOG, A. *Optimizing subroutines in assembly language: an optimization guide for x86 platforms.* Copenhagen University College of Engineering, 2008. Disponível em: <http://www.agner.org/optimize/>.

b CARTER, P. *PC Assembly Language.* 23 jul. 2006. Disponível no site web deste livro.

c SALOMON, D. *Assemblers and loaders.* Ellis Horwood Ltd, 1993. Disponível no site Web deste livro.

d BECK, L. *System software.* Reading, MA: Addison-Wesley, 1997.

e CLARKE, D. e MERUSI, D. *System software programming: the way things work.* Upper Saddle River, NJ: Prentice Hall, 1998.

f LEVINE, J. *Linkers and Loaders.* San Francisco: Morgan Kaufmann, 2000.

g BARTLETT, J. *Programming from the Ground Up.* 2003. Disponível no site Web deste livro.

h KNAGGS, P. e WELSH, S. *ARM: Assembly Language Programming.* Bournemouth University, School of Design, Engineering, and Computing, ago. 2004. Disponível em: <www.freetechbooks.com/arm-assembly-language-programming-t729.html>.

i DEWDNEY, A. "In the game called core war hostile programs engage in a battle of bits." *Scientific American,* mai. 1984.

Glossário

acesso direto A capacidade de obter dados de um dispositivo de armazenamento ou de entrar com dados para um dispositivo de armazenamento em uma sequência independente de sua posição relativa, por meio de endereços que indicam o local físico dos dados.

acesso direto à memória (DMA, do inglês *direct memory access*) Uma forma de E/S em que um módulo especial, chamado *módulo de DMA (ou controlador DMA)*, controla a transferência de dados entre a memória principal e um módulo de E/S. A CPU envia uma solicitação para a transferência de um bloco de dados ao módulo de DMA e é interrompida somente depois que o bloco inteiro tiver sido transferido.

acumulador O nome de um registrador da CPU, especificado em um formato de instrução de único endereço. O acumulador, ou AC, é implicitamente um dos dois operandos da instrução.

arbitração de barramento O processo de determinar qual *bus master* concorrente terá permissão para acessar o barramento.

memória de controle Parte da memória que contém microcódigos.

memória virtual O espaço de armazenamento que pode ser considerado como armazenamento principal endereçável pelo usuário de um sistema de computação em que os endereços virtuais são mapeados para endereços reais. O tamanho da memória virtual é limitado pelo esquema de endereçamento do sistema de computação e pela quantidade de armazenamento auxiliar disponível, e não pelo número real de locais na memória principal.

arquitetura de computador Os recursos de um sistema visíveis a um programador ou, em outras palavras, os recursos que possuem um impacto direto sobre a execução lógica de um programa. Alguns exemplos de recursos da arquitetura de um computador incluem o conjunto de instruções, o número de bits (tamanho das palavras) utilizados para representar diversos tipos de dados (por exemplo, números, caracteres), mecanismos de E/S e técnicas para endereçar a memória.

***array* lógico programável (PLA, do inglês *programmable logic array*)** Um conjunto de portas lógicas cujas interconexões podem ser programadas para realizar uma função lógica específica.

***array* redundante de discos independentes (RAID, do inglês *redundant array of independent disks*)** Um conjunto de discos em que parte da capacidade física de armazenamento é usada para armazenar informações redundantes sobre os dados de usuário, armazenados no restante da capacidade de armazenamento. A informação redundante permite a regeneração de dados do usuário caso um dos discos membros do conjunto ou o caminho de acesso falhe.

ASCII Do inglês *American Standard Code for Information Interchange*. O ASCII é um código de 7 bits usado para representar caracteres numéricos, alfabéticos e especiais, imprimíveis. Ele também inclui códigos para ***caracteres de controle***, que não são impressos ou exibidos, mas especificam alguma função de controle.

autoindexação Uma forma de endereçamento indexado em que o registrador de índice é incrementado ou decrementado automaticamente, a cada referência de memória.

barramento Um caminho de comunicações compartilhado consistindo em uma única linha ou uma coleção de linhas. Em alguns sistemas de computação, CPU, memória e componentes de E/S são conectados por um barramento comum. Como as linhas são compartilhadas por todos os componentes, somente um componente de cada vez pode transmitir com sucesso.

barramento de controle A parte de um barramento de um sistema de computação usada para a transferência de sinais de controle.

barramento de dados A parte de um barramento de um sistema de computação usada para transferência de dados.

barramento de endereço A parte de um barramento de um sistema de computação usada para transferência de um endereço. Normalmente, o endereço identifica um local da memória principal ou um dispositivo de E/S.

barramento do sistema Um barramento utilizado para interconectar os principais componentes do computador (CPU, memória, E/S).

base No sistema de numeração normalmente usado em artigos científicos, o número que é elevado à potência indicada pelo expoente e depois multiplicado pela mantissa, para determinar o número real representado (por exemplo, o número 10 na expressão $2{,}7 \times 10^2 = 270$).

bit Dígito binário. No sistema de numeração binário puro, um dos dígitos 0 e 1.

bit de paridade Um dígito binário anexado a um grupo de dígitos binários para fazer com que a soma de todos os dígitos binários sempre seja ímpar (paridade ímpar) ou par (paridade par).

bloco de controle de processo A manifestação de um processo em um sistema operacional. Ele é uma estrutura de dados contendo informações sobre as características e o estado do processo.

buffer Armazenamento usado para compensar a diferença na taxa de fluxo de dados, ou no tempo de ocorrência de eventos, ao transferir dados de um dispositivo para outro.

bus master Um dispositivo conectado a um barramento capaz de iniciar e controlar a comunicação no barramento.

byte Uma sequência de oito bits. Também chamado de *octeto*.

cache Uma memória rápida relativamente pequena, interposta entre uma memória maior e mais lenta, e a lógica que acessa a memória maior. A cache mantém dados acessados recentemente, e é projetada para agilizar o acesso subsequente aos mesmos dados, ou a dados com localizações adjacentes.

canal de E/S Um módulo de E/S relativamente complexo, que libera a CPU dos detalhes das operações de E/S. Um canal de E/S executa uma sequência de comandos de E/S a partir da memória principal sem a necessidade de envolvimento da CPU.

canal multiplexador Um canal projetado para operar com uma série de dispositivos de E/S simultaneamente. Diversos dispositivos de E/S podem transferir registros ao mesmo tempo, intercalando itens de dados. Ver também *canal multiplexador de byte, canal multiplexador de bloco*.

canal multiplexador de bloco Um canal multiplexador que intercala blocos de dados. Ver também *canal multiplexador de byte*. Compare com *canal seletor*.

canal multiplexador de byte Um canal multiplexador que intercala bytes de dados. Ver também *canal de multiplexador de bloco*. Compare com *canal seletor*.

canal seletor Um canal de E/S projetado para operar com apenas um dispositivo de E/S de cada vez. Quando o dispositivo de E/S é selecionado, um registro completo é transferido, com um byte de cada vez. Compare com *canal multiplexador de bloco, canal multiplexador*.

CD-ROM Do inglês *Compact Disk Read-Only Memory*. Um disco não apagável usado para armazenar dados do computador. O sistema padrão utiliza discos de 12 cm e pode manter mais de 550 MB.

ciclo de busca A parte do ciclo de instrução durante a qual a CPU busca da memória a instrução a ser executada.

ciclo de execução A parte do ciclo de instrução durante a qual a CPU realiza a operação especificada pelo *opcode* da instrução.

ciclo de instrução O processamento realizado por uma CPU para executar uma única instrução.

ciclo de interrupção A parte do ciclo da instrução durante a qual a CPU verifica as interrupções. Se uma interrupção habilitada estiver pendente, a CPU salva o estado atual do programa e retoma o processamento em uma rotina de tratamento de interrupção.

ciclo indireto A parte do ciclo de instrução durante a qual a CPU realiza um acesso à memória para converter um endereço indireto em um endereço direto.

circuito combinacional Um circuito lógico digital cujos valores de saída, em qualquer instante, dependem apenas dos valores de entrada nesse instante. Um circuito combinacional é um caso especial de um circuito sequencial, que não tem uma capacidade de armazenamento. Sinônimo de *circuito combinatório*.

circuito integrado (CI) Um pequeno pedaço de material sólido, como o silício, no qual é gravado ou impresso um conjunto de componentes eletrônicos e suas interconexões.

circuito sequencial Um circuito lógico digital cuja saída depende da entrada atual e do estado do circuito. Os circuitos sequenciais, portanto, possuem o atributo de memória.

cluster Um grupo de computadores interconectados, completos, trabalhando juntos como um recurso de computação unificado, que pode criar a ilusão de ser uma única máquina. O termo *computador completo* significa um sistema que pode funcionar por conta própria, separado do *cluster*.

código de condição Um código que reflete o resultado de uma operação anterior (por exemplo, aritmética). Uma CPU pode incluir um ou mais códigos de condição, que podem ser armazenados separadamente dentro da CPU ou como parte de um registrador de controle maior. Também conhecido como *flag*.

código de correção de erro Um código em que cada caractere ou sinal se ajusta a regras específicas da construção, de modo que a quebra dessas regras indica a presença de um erro e que alguns ou todos os erros detectados podem ser corrigidos automaticamente.

código de detecção de erro Um código em que cada caractere ou sinal se ajusta a regras específicas da construção, de modo que a quebra dessas regras indica a presença de um erro.

Código de operação Código usado para representar as operações do computador. Normalmente abreviado para *opcode*.

Compact disk (CD) Um disco não apagável que armazena informações de áudio digitalizado.

componente em estado sólido Um componente cuja operação depende do controle de fenômenos elétricos ou magnéticos nos sólidos (por exemplo, transistor, diodo a cristal, núcleo de ferrite).

computação de alto desempenho (HPC, do inglês *high-performance computing*) Uma área de pesquisa que lida com supercomputadores e o software que é executado neles. A ênfase é nas aplicações científicas, que podem envolver um uso pesado de cálculos de vetores e matrizes e algoritmos paralelos.

comunicação de dados Transferência de dados entre dispositivos. O termo geralmente exclui a E/S.

conjunto de instruções do computador Um conjunto completo dos operadores das instruções de um computador, junto com uma descrição dos tipos de significados que podem ser atribuídos aos seus operandos. Sinônimo de *conjunto de instruções de máquina*.

contador de programa (PC, do inglês *program counter*) Registrador de endereço da instrução.

controlador de E/S Um módulo de E/S relativamente simples, que requer o controle da CPU ou de um canal de E/S. Sinônimo de *controlador de dispositivo*.

CPU microprogramada Uma CPU cuja unidade de controle é implementada usando microprogramação.

daisy chain Um método de interconexão de dispositivo para determinar a prioridade de interrupção conectando as fontes, que geram a interrupção, em série.

decodificador Um dispositivo que tem um número de linhas de entrada das quais qualquer número de linhas pode transportar sinais e um número de linhas de saída das quais não mais do que uma pode transportar um sinal, havendo uma correspondência um-para-um entre as saídas e as combinações de sinais de entrada.

envio de instrução O processo de iniciar a execução da instrução nas unidades funcionais do processador. Isso ocorre quando uma instrução se movimenta do estágio de decodificação do pipeline para o primeiro estágio de execução do pipeline.

disco magnético Um prato circular com uma camada de superfície magnetizável, em um ou em ambos os lados, nos quais os dados podem ser armazenados.

disco óptico apagável Um disco que usa tecnologia óptica, mas que pode ser facilmente apagado e regravado. Estão em uso discos de 3,25 polegadas e de 5,25 polegadas. Uma capacidade típica é de 650 MB.

disquete Um disco magnético flexível envolvido em um recipiente protetor. Sinônimo de *disco flexível*.

E/S controlada por interrupção Uma forma de E/S. A CPU emite um comando de E/S, continua a executar instruções subsequentes e é interrompida pelo módulo de E/S quando seu trabalho estiver completo.

E/S isolada Um método de endereçar módulos de E/S e dispositivos externos. O espaço de endereços de E/S é tratado separadamente do espaço de endereços da memória principal. Instruções de máquina específicas de E/S precisam ser usadas. Compare com *E/S mapeada na memória*.

E/S mapeada na memória Um método de endereçamento de módulos de E/S e dispositivos externos. Um único espaço de endereços é usado para a memória principal e para os endereços de E/S, e as mesmas instruções de máquina são usadas para leitura/escrita da memória e de E/S.

E/S programada Uma forma de E/S em que a CPU emite um comando de E/S a um módulo de E/S e necessita esperar o término da operação, antes de prosseguir seu processamento.

emulação A imitação de todo ou parte de um sistema por outro, principalmente pelo hardware, de modo que o sistema que está imitando aceita os mesmos dados, executa os mesmos programas e alcança os mesmos resultados do sistema imitado.

endereço absoluto Um endereço em uma linguagem de computação que identifica um local de armazenamento ou um dispositivo, sem o uso de qualquer referência intermediária.

endereço base Um valor numérico que é usado como uma referência no cálculo dos endereços, na execução de um programa de computador.

endereço direto Um endereço que designa o local de armazenamento de um item de dados a ser tratado como operando. Sinônimo de *endereço de nível um*.

endereço imediato Conteúdo de um campo de endereço que contém o valor do operando e não o endereço do operando. Sinônimo de *endereço de nível zero*.

endereço indexado Um endereço que é modificado pelo conteúdo de um registrador de índice antes ou durante a execução de uma instrução do computador.

endereço indireto Um endereço de um local de armazenamento que contém outro endereço.

entrada/saída (E/S) Pertencente a entrada, saída ou ambos. Refere-se à movimentação de dados entre um computador e um periférico ligado diretamente.

equipamento periférico Em um sistema de computação, com relação a uma unidade de processamento em particular, qualquer equipamento que oferece comunicação externa para a unidade de processamento. Sinônimo de *dispositivo periférico*.

escalar Uma quantidade caracterizada por um único valor.

espaço de endereçamento O intervalo de endereços (memória ou E/S) que pode ser referenciado.

execução especulativa A execução das instruções ao longo de um caminho de um desvio. Se mais tarde esse desvio não for tomado, então os resultados da execução especulativa são descartados.

execução prevista Um mecanismo que admite a execução condicional de instruções individuais. Isso possibilita a execução especulativa de desvios de uma instrução de desvio, e manutenção dos resultados do último desvio que foi tomado.

falta de página Ocorre quando uma página contendo uma palavra referenciada não está na memória principal. Isso causa uma interrupção e exige que o sistema operacional traga a página necessária.

firmware Microcódigo armazenado em uma memória somente de leitura.

fita magnética Uma fita com uma camada de superfície magnetizável, onde os dados podem ser armazenados por gravação magnética.

flip-flop Um circuito ou dispositivo contendo elementos ativos, capazes de assumir um ou dois estados estáveis em um determinado momento. Sinônimo de *circuito biestável, toogle*.

formato de instrução O layout de uma instrução de computador como uma sequência de bits. O formato divide a instrução em campos, correspondentes aos elementos constituintes da instrução (por exemplo, *opcode*, operandos).

frame de página Uma área do armazenamento principal usada para manter uma página.

G Prefixo significando 2^{30}.

indexação Uma técnica de modificação de endereço por meio de registradores de índice.

instrução de computador Uma instrução que pode ser reconhecida pela unidade de processamento do computador para o qual ela foi projetada. Sinônimo de *instrução de máquina*.

interrupção Uma suspensão de um processo, como a execução de um programa do computador, causada por um evento externo a esse processo, e realizada de modo que o processo possa ser retomado.

interrupção desabilitada Uma condição, normalmente criada pela CPU, durante a qual esta ignora os sinais de solicitação de interrupção de uma classe especificada.

interrupção habilitada Uma condição, normalmente criada pela CPU, durante a qual esta responde a sinais de solicitação de interrupção de uma classe especificada.

K Prefixo significando 2^{10} = 1.024. Assim, 2Kb = 2.048 bits.

linguagem de montagem (linguagem assembly) Uma linguagem orientada ao computador cujas instruções normalmente têm correspondência um-para-um com as instruções do computador, e que pode oferecer facilidades como o uso de macroinstruções. Sinônimo de *linguagem dependente do computador*.

linguagem de microprogramação Um conjunto de instruções usado para especificar microprogramas.

linha de cache Um bloco de dados que constitui a unidade de transferência entre cache e memória. A ela está associada uma *tag*, que a identifica na memória cache.

localidade de referência A tendência de um processador de acessar o mesmo conjunto de locais de memória repetidamente por um curto período.

M Prefixo significando 2^{20} = 1.048.576. Assim, 2 Mb = 2.097.152 bits.

mainframe Um termo originalmente referenciando o gabinete que contém a unidade central de processamento ou "*main frame*" de uma grande máquina de processamento em lotes (*batch*). Após o surgimento do projeto de minicomputadores, no início da década de 1970, as máquinas tradicionais maiores foram descritas como computadores mainframe, ou mainframes. As características típicas de um mainframe são que ele suporta um banco de dados grande, possui um hardware de E/S elaborado e é usado em uma instalação de processamento de dados central.

memória associativa Uma memória cujos locais de armazenamento são identificados por seu conteúdo, ou por uma parte de seu conteúdo, em vez de suas posições.

memória cache É um buffer especial para armazenamento, menor e mais rápido que o armazenamento principal, usado para manter uma cópia de instruções e dados, obtidos do armazenamento principal, que provavelmente serão utilizados em seguida, pelo processador.

memória de acesso aleatório (RAM, do inglês *random-access memory*) Memória em que cada local endereçável tem um mecanismo de endereçamento. O tempo para acessar um determinado local independe da sequência de acesso anterior.

memória não volátil Memória cujo conteúdo é estável e não exige uma fonte de alimentação constante.

memória principal Armazenamento endereçável pelo programa, do qual as instruções e outros dados podem ser carregados diretamente em registradores para subsequente execução ou processamento.

memória secundária Memória localizada fora do próprio sistema de computação, ou seja, ela não pode ser processada diretamente pelo processador. Ela primeiro deve ser copiada para a memória principal. Alguns exemplos incluem discos e fitas.

memória somente de leitura (ROM, do inglês *ready-only memory*) Memória semicondutora cujo conteúdo não pode ser alterado, exceto destruindo a unidade de armazenamento. Memória não apagável.

memória somente de leitura programável (PROM, do inglês *programmable read-only memory*) Memória semicondutora cujo conteúdo pode ser definido apenas uma vez. O processo de escrita é realizado eletricamente e pode ser realizado pelo usuário em um momento posterior à fabricação original do chip.

memória volátil Uma memória em que uma fonte de alimentação elétrica constante é necessária para manter o conteúdo da memória. Se a energia for desligada, a informação armazenada é perdida.

microcomputador Um sistema de computador cuja unidade de processamento é um microprocessador. Um microcomputador básico inclui um microprocessador, armazenamento e uma facilidade para entrada/saída, que podem ou não estar em um único chip.

microinstrução Uma instrução que controla o fluxo e a sequência de dados em um processador em um nível mais fundamental do que as instruções de máquina. Instruções de máquina individuais e talvez outras funções podem ser implementadas por microprogramas.

micro-operação Uma operação elementar da CPU, realizada durante um pulso de clock.

microprocessador Um processador cujos elementos foram minimizados para um ou alguns circuitos integrados.

microprograma Uma sequência de microinstruções que estão em um armazenamento especial, onde podem ser acessadas dinamicamente para realizar diversas funções.

módulo de E/S Um dos principais tipos de componente de um computador. Ele é responsável pelo controle de um ou mais dispositivos externos (periféricos) e pela troca de dados entre esses dispositivos e a memória principal e/ou registradores da CPU.

multiplexador Um circuito combinatório que conecta múltiplas entradas a uma única saída. A qualquer momento, apenas uma das entradas é selecionada para ser passada para a saída.

multiprocessador Um computador que tem dois ou mais processadores, que possuem acesso comum a um armazenamento principal.

multiprocessador de acesso não uniforme à memória (NUMA, do inglês *monuniform memory access*) Um multiprocessador de memória compartilhada, em que o tempo de acesso para determinado processador a uma palavra na memória varia com o local desta palavra na memória.

multiprocessamento simétrico (SMP, do inglês *symmetric multiprocessing*) Uma forma de multiprocessamento que permite que o sistema operacional seja executado em qualquer processador disponível ou em diversos processadores disponíveis, simultaneamente.

multiprogramação Um modo de operação que permite a execução intervalada de dois ou mais programas de computador por um único processador.

multitarefa Um modo de operação que oferece desempenho concorrente ou execução intervalada de duas ou mais tarefas do computador. O mesmo que multiprogramação, usando uma terminologia diferente.

núcleo (*kernel*) A parte de um sistema operacional que contém suas funções básicas e usadas com mais frequência. Normalmente o núcleo permanece residente na memória principal.

opcode Forma abreviada para *operation code*. Ver *código operacional*.

operador binário Um operador que representa uma operação sobre dois e somente dois operandos.

operador unário Um operador que representa uma operação sobre um e somente um operando.

operando Uma entidade sobre a qual uma operação é realizada.

organização do computador Refere-se às unidades operacionais e suas interconexões, que realizam as especificações da arquitetura do computador. Os recursos da organização do computador incluem os detalhes do hardware transparentes ao programador, tais como sinais de controle, interfaces entre o computador e periféricos e a tecnologia de memória utilizada.

ortogonalidade Um princípio pelo qual duas variáveis ou dimensões são independentes umas das outras. No contexto de um conjunto de instruções, o termo geralmente é usado para indicar que outros elementos de uma instrução (modo de endereçamento, número de operandos, tamanho do operando) são independentes do (não determinados pelo) *opcode*.

***pack* de discos** Uma montagem de discos magnéticos que podem ser removidos como um todo de uma unidade de disco, junto com um recipiente do qual a montagem deverá ser separada quando estiver operando.

página Em um sistema de armazenamento virtual, um bloco de tamanho fixo que tem um endereço virtual e que é transferido como uma unidade entre o armazenamento real e o armazenamento auxiliar.

paginação por demanda A transferência de uma página do armazenamento auxiliar para o armazenamento real, quando necessário.

palavra (*word*) Um conjunto ordenado de bytes ou bits, que é a unidade normal em que a informação pode ser armazenada, transmitida ou operada dentro de determinado computador. Normalmente, se um processador tem um conjunto de instruções de tamanho fixo, então o tamanho da instrução é igual ao tamanho da palavra.

palavra de instrução muito longa (VLIW, do inglês *very long instruction word*) Refere-se ao uso de instruções que contêm múltiplas operações. Com efeito, múltiplas instruções estão contidas em uma única palavra. Normalmente, uma VLIW é construída pelo compilador, que coloca operações que possam ser executadas em paralelo na mesma palavra.

palavra de estado do programa (PSW, do inglês *program status word*) Uma área no armazenamento usada para indicar a ordem em que as instruções são executadas, e para manter e indicar o estado do sistema de computação. Sinônimo de *palavra de estado do processador*.

pilha Uma lista ordenada em que os itens são inseridos e excluídos da mesma extremidade da lista, conhecida como topo. Ou seja, o próximo item inserido à lista é colocado no topo, e o próximo item a ser removido da lista é o item que estava na lista por menos tempo. Esse método é caracterizado como "último a entrar, primeiro a sair" (*last-in-first-out*).

pipeline Uma organização de processador em que o processador consiste de uma série de estágios, permitindo que múltiplas instruções sejam executadas simultaneamente.

porta lógica Um circuito eletrônico que produz um sinal de saída que é uma operação booleana simples de seus sinais de entrada.

previsão de desvio (*branch prediction*) Um mecanismo utilizado pelo processador para prever o resultado de um desvio condicional do programa, antes de sua execução.

processador Em um computador, uma unidade funcional que interpreta e executa instruções. Um processador consiste em pelo menos uma unidade de controle de instrução e uma unidade aritmética.

processador de E/S Um módulo de E/S com seu próprio processador, capaz de executar suas próprias instruções, específicas, de E/S ou, em alguns casos, instruções de máquina de uso geral.

processador superescalar Um projeto ou processador que inclui pipelines de múltiplas instruções, de modo que mais de uma instrução pode ser executada no mesmo estágio de pipeline simultaneamente.

processador com superpipeline Um projeto de processador em que o pipeline de instrução consiste em muitos estágios pequenos, de modo que mais de um estágio de pipeline pode ser executado durante um ciclo de clock e, com isto, um grande número de instruções pode estar no pipeline ao mesmo tempo.

processo Um programa em execução. Um processo é controlado e escalonado pelo sistema operacional (SO).

protocolo de coerência de cache Um mecanismo para manter a validade dos dados entre múltiplas caches, de modo que cada acesso aos dados sempre adquira a versão mais recente do conteúdo de uma palavra da memória principal.

RAM dinâmica Uma memória RAM cujas células são implementadas usando capacitores. Uma RAM dinâmica perderá seus dados gradualmente, a menos que os dados sejam reescritos periodicamente (*refresh* de memória).

RAM estática Uma memória RAM cujas células são implementadas por meio de flip-flops. Uma RAM estática manterá seus dados enquanto houver energia nela; os dados não necessitam ser reescritos periodicamente (*refresh* de memória).

registrador de buffer de memória (MBR, do inglês *memory buffer register*) Um registrador que contém os dados lidos da memória ou os dados a serem escritos na memória.

registrador de endereço de instrução Um registrador de uso especial, utilizado para manter o endereço da próxima instrução a ser executada.

registrador de endereço de memória (MAR, do inglês *memory address register*) Um registrador, em uma unidade de processamento, que contém o endereço do local de memória que está sendo acessado.

registrador de índice Um registrador cujo conteúdo pode ser usado para modificar um endereço de operando durante a execução de instruções; ele também pode ser usado como um contador. Um registrador de índice pode ser usado para controlar a execução de um loop, para controlar o uso de um *array*, como uma chave, para pesquisa em uma tabela de pesquisa ou como um ponteiro.

registrador de instrução Um registrador que é usado para manter uma instrução para interpretação.

registrador de propósito geral Um registrador, normalmente endereçável explicitamente, dentro de um conjunto de registradores, que pode ser usado para diferentes finalidades como, por exemplo, um acumulador, um registrador de índice ou um manipulador especial de dados.

registradores A memória de alta velocidade, interna à CPU. Alguns registradores são visíveis ao usuário, ou seja, estão disponíveis ao programador por meio do conjunto de instruções da máquina. Outros registradores são usados apenas pela CPU, para fins de controle.

registradores de controle Registradores da CPU empregados para controlar a operação desta. A maioria deles não é visível ao usuário.

registradores visíveis ao usuário Registradores da CPU que podem ser referenciados pelo programador. O formato do conjunto de instruções permite que um ou mais registradores sejam especificados como operandos ou endereços de operandos.

representação em complemento de um Usada para representar inteiros binários. Um inteiro positivo é representado como na representação sinal-magnitude. Um inteiro negativo é representado pela reversão de cada bit, na representação de um inteiro positivo de mesma magnitude.

representação em complemento de dois Usada para representar inteiros binários. Um inteiro positivo é representado como na representação sinal-magnitude. Um número negativo é representado calculando o complemento booleano de cada bit do número positivo correspondente, somando, depois, 1 ao padrão de bits resultante, considerando o padrão de bits resultante como um inteiro sem sinal.

representação sinal-magnitude Usada para representar inteiros binários. Em uma palavra de *N bits*, o bit mais à esquerda é o sinal (0 = positivo, 1 = negativo) e os *N* – 1 bits restantes compreendem a magnitude do número.

salto condicional Um salto que ocorre somente quando a instrução que o especifica é executada e as condições especificadas são satisfeitas. Compare com *salto incondicional*.

salto incondicional Um salto que ocorre sempre que a instrução que o especificou é executada.

semicondutor Uma substância sólida cristalina, como o silício ou o germânio, cuja condutividade elétrica é intermediária entre os isolantes e os bons condutores. Usado para fabricar transistores e componentes em estado sólido.

sistema de representação de ponto fixo Na representação em ponto fixo, sistema em que a posição da vírgula da raiz (binário ou decimal, ou octal, ou hexadecimal) é fixa para um fator de escala (expoente) implícito (não representado) e constante.

sistema de representação de ponto flutuante Um sistema de numeração em que um número real é representado por um par de numerais distintos: o primeiro é o produto da parte de ponto fixo; o segundo é um valor obtido elevando-se a base de ponto flutuante, implícita, a uma potência indicada pelo expoente da representação de ponto flutuante.

sistema operacional (SO) Software que controla a execução dos programas e que oferece serviços como alocação de recursos, escalonamento, controle de entrada/saída e gerenciamento de dados.

***stripping* de disco** Um tipo de mapeamento de um conjunto de disco em que blocos de dados logicamente contíguos, ou *strips*, são mapeados em um padrão *round-robin* a membros consecutivos do array. Um conjunto de *strips* logicamente consecutivos que mapeia exatamente um *strip* a cada membro do conjunto é conhecido como um *stripe*.

tabela verdade Uma tabela que descreve uma função lógica listando todas as combinações possíveis de valores de entrada e indicando, para cada combinação, o valor de saída.

tempo de ciclo da memória O inverso da taxa em que a memória pode ser acessada. Esse é o tempo mínimo entre a resposta a uma solicitação de acesso (leitura ou escrita) e a resposta à próxima solicitação de acesso.

tempo de ciclo de processador O tempo exigido para a menor micro-operação bem definida da CPU. Ela é a unidade de tempo básica para medir todas as ações da CPU. Sinônimo de *tempo de ciclo de máquina*.

temporização assíncrona Uma técnica em que a ocorrência de um evento em um barramento acompanha e depende da ocorrência de um evento anterior.

temporização síncrona Uma técnica em que a ocorrência de eventos em um barramento é determinada por um clock. Um clock define *slots* de tempo de mesma largura, e os eventos começam apenas no início de um *slot* de tempo.

unidade central de processamento (UCP ou CPU, do inglês *central processing unit*) A parte de um computador que busca e executa instruções. Ela consiste em uma unidade lógica e aritmética (ALU), uma unidade de controle e registradores. Normalmente chamada apenas de *processador*.

unidade de controle A parte da CPU que controla suas operações, incluindo as operações da ALU, a movimentação de dados dentro da CPU e a troca de dados e de sinais de controle por meio de interfaces externas (por exemplo, o barramento do sistema).

unidade lógica e aritmética (ULA ou ALU, do inglês *arithmetic logic unit*) Uma parte de um computador que realiza operações aritméticas e lógicas.

uniprocessamento Execução sequencial de instruções por uma unidade de processamento, ou uso independente de uma unidade de processamento, em um sistema de multiprocessamento.

variável global Uma variável definida em uma parte de um programa de computador e usada em pelo menos uma outra parte desse mesmo programa.

variável local Uma variável que é definida e usada apenas em uma parte especificada de um programa de computador.

vetor (vector ou *array*) Uma quantidade normalmente caracterizada por um conjunto ordenado de escalares.

Referências

ANDERSON, D.; SPARACIO, E. e TOMASULO, F. "The IBM System/360 Model 91: machine philosophy and instruction handling". *IBM journal of research and development*, jan. 1967.

BELL, C.; CADY, R.; McFARLAND, H.; DELAGI, B.; O'LOUGHLIN, J. e NONAN, R. "A new architecture for minicomputers — the DEC PDP-11". *Proceedings, spring joint computer conference*, 1970.

BHARANDWAJ, J. et al. "The Intel IA-64 compiler code generator". *IEEE Micro*, set./out. 2000.

BROWN, S. e ROSE, S. "Architecture of FPGAs and CPLDs: a tutorial". *IEEE design and test of computers*, vol. 13, n. 2, 1996.

CHASIN, A. "Predication, speculation, and modern CPUs". *Dr. Dobb's journal*, mai. 2000.

COLWELLI, R.; HITCHCOCK, C; JENSEN, E. e SPRUNT, H. "More controversy about 'computers, complexity, and controversy.'" *Computer*, dez. 1985.

DULONG, C. "The IA-64 architecture at work". *Computer*, jul. 1998.

ECKERT, R. "Communication between computers and peripheral devices — an analogy". *ACM SIGCSE Bulletin*, set. 1990.

EVANS, J. e TRIMPER, G. *Itanium architecture for programmers*. Upper Saddle River, NJ: Prentice Hall, 2003.

FURHT, B. e MILUTINOVIC, V. "A survey of microprocessor architectures for memory management". *Computer*, mar. 1987.

FUTRAL, W. *InfiniBand architecture: development and deployment*. Hillsboro, OR: Intel Press, 2001.

GOLDBERG, D. "What every computer scientist should know about floating-point arithmetic". *ACM Computing surveys*, mar. 1991.

GREGG, J. *Ones and zeros: understanding boolean algebra, digital circuits, and the logic of sets*. Nova York: Wiley, 1998.

HALFHILL, T. "Beyond Pentium II". *Byte*, dez. 1997.

HAEUSSER, B. et al. *IBM system storage tape library guide for open systems*. IBM Redbook SG24-5946-05, out. 2007. Disponível em <ibm.com/redbooks>.

HENNING, J. "SPEC CPU2006 benchmark descriptions". *Computer architecture news*, set. 2006.

HINTON, G. et al. "The microarchitecture of the Pentium 4 processor". *Intel technology journal*, Q1 2001. Disponível em <http://developer.intel.com/technology/itj/>.

HUCK, J. et al. "Introducing the IA-64 architecture". *IEEE Micro*, set./out. 2000.

HWU, W. "Introduction to predicated execution". *Computer*, jan. 1998.

HWU, W.; AUGUST, D. e SIAS, J. "Program decision logic optimization using predication and control speculation". *Proceedings of the IEEE*, nov. 2001.

INTEL CORP. *Intel IA-64 Architecture Software Developer's Manual (4 volumes)*. Documentos 245317 a 245320. Aurora, CO, 2000.

INTEL CORP. *Itanium processor microarchitecture reference for software optimization*. Aurora, CO, Documento 245473, ago. 2000.

JARP, S. "Optimizing IA-64 Performance". *Dr. Dobb's journal*, jul. 2001.

JOUPPI, N. "The nonuniform distribution of instruction-level and machine parallelism and its effect on performance". *IEEE transactions on computers*, dez. 1989.

KAGAN, M. "InfiniBand: thinking outside the box design". *Communications system design*, set. 2001. Disponível em www.csdmag.com>.

KATHAIL. B.; SCHLANSKER, M. e RAU, B. "Compiling for EPIC architectures". *Proceedings of the IEEE*, nov. 2001.

LEONG, P. "Recent trends in FPGA architectures and applications". *Proceedings, 4th IEEE international symposium on electronic design, test, and applications*, 2008.

MAHLKE, S. et al. "A comparison of full and partial predicated execution support for ILP processors". *Proceedings, 22nd international symposium on computer architecture*, jun. 1995.

MAHLKE, S. et al. "Characterizing the impact of predicated execution on branch prediction". *Proceedings, 27th international symposium on micro architecture*, dez. 1994.

MAZIDI, M. e MAZIDI, J. *The 80x86 IBM PC and compatible computers: assembly language, design and interfacing*. Upper Saddle River, NJ: Prentice Hall, 2003.

McNAIRY, C. e SOLTIS, D. "Itanium 2 processor microarchitecture". *IEEE Micro*, mar.-abr. 2003.

NAFFZIGER, S. et al. "The implementation of the itanium 2 microprocessor". *IEEE journal of solid-state circuits*, nov. 2002.

PATTERSON, D. e HENNESSY, J. "Response to 'computers, complexity, and controversy.'" *Computer*, nov. 1985.

SCHLANSKER, M. e RAU, B. *EPIC: an architecture for instruction-level parallel processors*. HPL Technical Report HPL-1999-111, Hewlett-Packard Laboratories (www.hpl.hp.com), fev. 2000.

SCHLANSKER, M. e RAU, B. "EPIC: explicitly parallel instruction computing". *Computer*, fev. 2000.

SEGARS, S.; CLARKE, K. e GOUDGE, L. "Embedded control problems, thumb, and the ARM7TDMI". *IEEE Micro*, out. 1995.

SHANNON, C. "Symbolic analysis of relay and switching circuits". *AIEE transactions*, vol. 57, 1938.

SHANLEY, T. *InfinBand network architecture*. Reading, MA: Addison-Wesley, 2003.

SHARANGPANI, H. e ARONA, K. "Itanium processor microarchitecture". *IEEE Micro*, set./out. 2000.

SODERQUIST, P. e LEESER, M. "Area and performance tradeoffs in floating-point divide and square-root implementations". *ACM computing surveys*, set. 1996.

STALLINGS, W. *Data and computer communications, eighth edition*. Upper Saddle River, NJ: Prentice Hall, 2007.

STENSTROM, P. "A survey of cache coherence schemes of multiprocessors". *Computer*, jun. 1990.

STONHAM, T. *Digital logic techniques*. Londres: Chapman & Hall, 1996.

THOMPASON, D. "IEEE 1394: changing the way we do multimedia communications". *IEEE multimedia*, abri.-jun. 2000.

TRIEBEL, W. *Itanium architecture for software developers*. Intel Press, 2001.

WILKES, M. "Slave memories and dynamic storage allocation", *IEEE transactions on electronic computers*, abr. 1965. Reimpresso em Hill, 2000.

Índice

J

Sobre o autor

William Stallings tem contribuído de maneira singular para a compreensão da grande gama de desenvolvimentos técnicos em segurança, redes e arquitetura de computadores: é autor de 17 títulos e, contando com as diversas edições revisadas, tem publicados 42 livros que abordam diferentes aspectos de tais disciplinas. Seus escritos fizeram parte de publicações da ACM e IEEE, incluindo *Proceedings of the IEEE* e *ACM Computing Reviews*, e ele já recebeu 10 vezes o prêmio de melhor livro-texto de ciência da computação do ano da *Text and Academic Authors Association*.

Com mais de 30 anos na área, Stallings foi colaborador técnico, gerente técnico e executivo de várias empresas de alta tecnologia. Ele projetou e implementou conjuntos de protocolos baseados em TCP/IP e OSI em diversos computadores e sistemas operacionais, variando desde microcomputadores até mainframes. Como consultor, assessorou agências do governo, fabricantes de computadores e softwares, e importantes usuários em questões relacionadas a projeto, seleção e uso de software e produtos de rede.

O autor criou e mantém o *Computer Science Student Resource Site*, em <WilliamStallings.com/StudentSupport.html>. Esse site oferece documentos e links sobre assuntos de interesse geral aos alunos (e profissionais) de ciência da computação. Ele é membro da redação do *Cryptologia*, um jornal dedicado aos diversos aspectos que envolvem a criptologia.

Dr. Stallings possui PhD pelo M.I.T. em ciência da computação e B.S. pela Universidade de Notre Dame em engenharia elétrica.